国家档案局与国家财政部重点档案开发项目

陕西省档案局（馆） 编

雍兴实业股份有限公司档案
史料选编（上册）

王建领 主 编

郑惠姿 王展志 王民权 副主编

西北大学出版社

图书在版编目（CIP）数据

雍兴实业股份有限公司档案史料选编/王建领主编．
—西安：西北大学出版社，2018.11
ISBN 978-7-5604-4277-8

Ⅰ.①雍… Ⅱ.①王… Ⅲ.①股份有限公司—经济史—史料—天水—民国 Ⅳ.①F279.296

中国版本图书馆 CIP 数据核字（2018）第 261041 号

雍兴实业股份有限公司档案史料选编

主　　编：王建领
出版发行：西北大学出版社
地　　址：西安市太白北路 229 号
邮　　编：710069
电　　话：029-88303404
经　　销：全国新华书店
印　　装：中煤地西安地图印刷有限公司
开　　本：787 毫米×1092 毫米　1/16
印　　张：86.25　插页 32
字　　数：1501 千字
版　　次：2018 年 11 月第 1 版　2018 年 11 月第 1 次印刷
书　　号：ISBN 978-7-5604-4277-8
定　　价：460.00 元

《雍兴实业股份有限公司档案史料选编》
编辑部组成人员

主　编	王建领
副主编	郑惠姿　王展志　王民权
编　辑	王立成　张文峰　张　青　张若筠　邱晓艳　李　艳 杨凯雯　李　晓　罗维央　张一诺　尹　恒　郭　青 沈文君　周红怡　陈梦凡　郑江利　赵晓娜　姚梦婕 徐宛思　窦婉娜　董宇航　李顺鹏　余文祥　侯　韬 黄　熙　周诗璇　高　洁　张文红
审　稿	李云峰　张世民　曹　敏　郝银霞　张建辉

雍兴公司首任董事长宋子文

雍兴公司继任董事长孔祥熙

雍兴公司总经理束云章

雍兴公司总经理协理沈钥

雍兴公司总经理协理杨毓琇

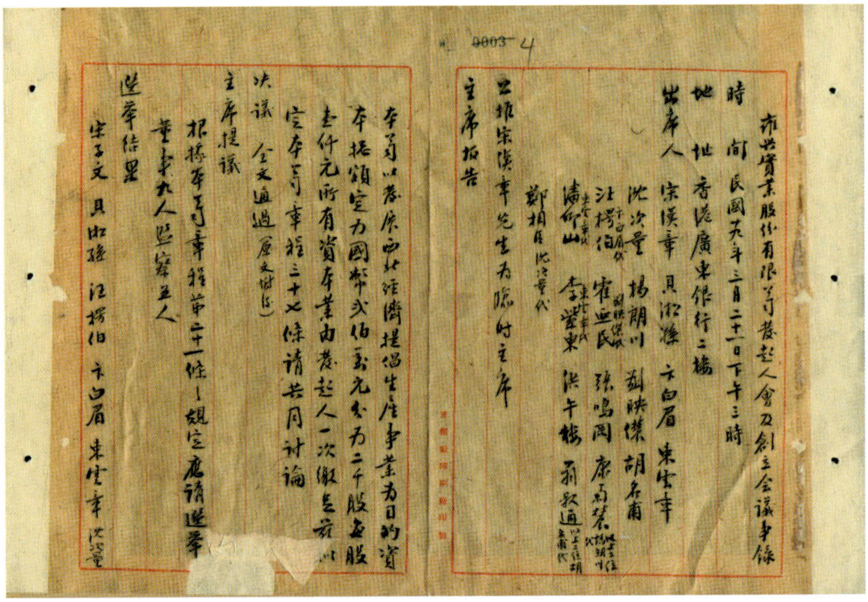

雍興實業股份有限公司發起人會及創立會議事錄

時　間　民國卅年三月二十一日下午三時

地　址　香港廣東銀行二樓

出席人　宋漢章　貝淞蓀　卞白眉　宋子文

沈次量　楊朗川　劉映傑　胡名甫

汪楞伯（卞白眉代）　霍亞民（劉映傑代）　張鳴岡　康心茶（以上三位楊朗川代）

潘仰山（宋漢章代）　李馨東（宋子文代）　張午樓　翁叔通（以上三位胡名甫代）

鄭柏庭（沈次量代）

公推宋漢章先生為臨時主席

主席報告

本公司以發展西北經濟提倡生產事業為目的資本總額定為國幣弍佰萬元分為二千股每股壹仟元所有資本業由發起人一次繳足並訂定本公司章程三十七條請共同討論

決議　全文通過（原文附後）

主席提議

根據本公司章程第二十一條之規定應請選舉董事九人監察五人

選舉結果

宋子文　貝淞蓀　汪楞伯　卞白眉　宋漢章　沈次量

雍兴实业股份有限公司发起人会及创立会议事录

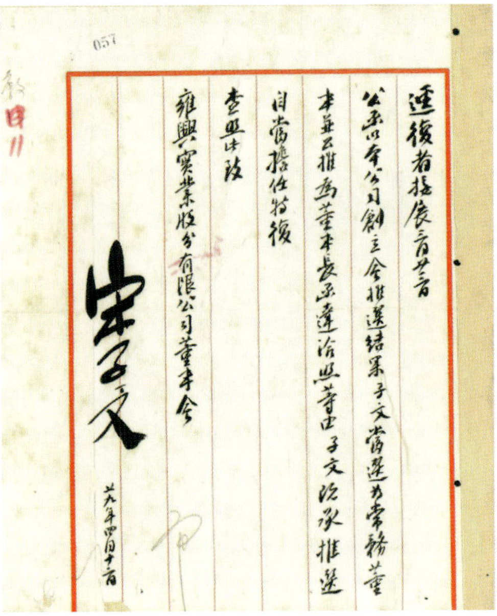

逕復者接展貴廿二日

公函以本公司創立會推選結果子文當選為常務董事

並公推為董事長承蓬諮照等由子文謹承推選

自當擔任特復

查照此致

雍興實業股份有限公司董事會

宋子文

卅年四月十日

宋子文为担任公司董事长复雍兴公司董事会函

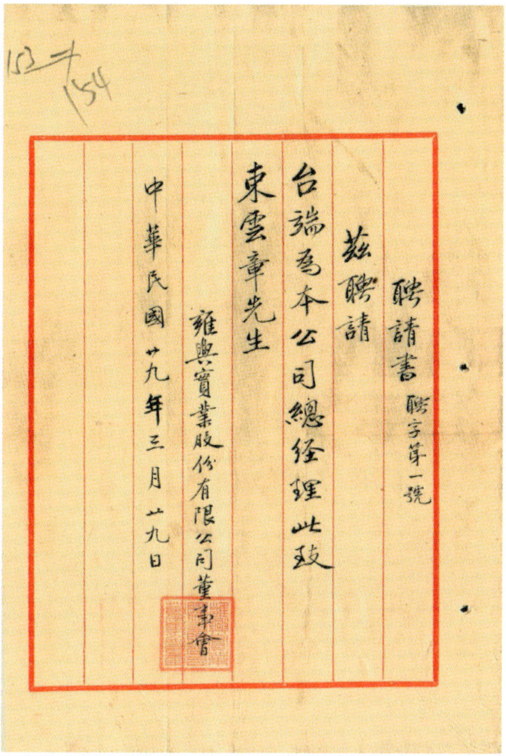

聘請書　聘字第一號

茲聘請

台端為本公司總經理此致

東雲章先生

雍興實業股份有限公司董事會

中華民國廿九年三月廿九日

雍兴公司董事会聘束云章任公司总经理的聘书

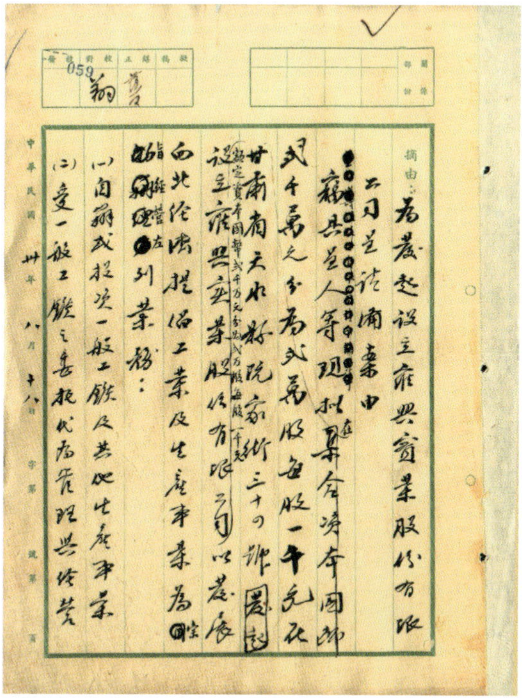

雍兴公司全体发起人为设立公司给甘肃省建设厅的呈文

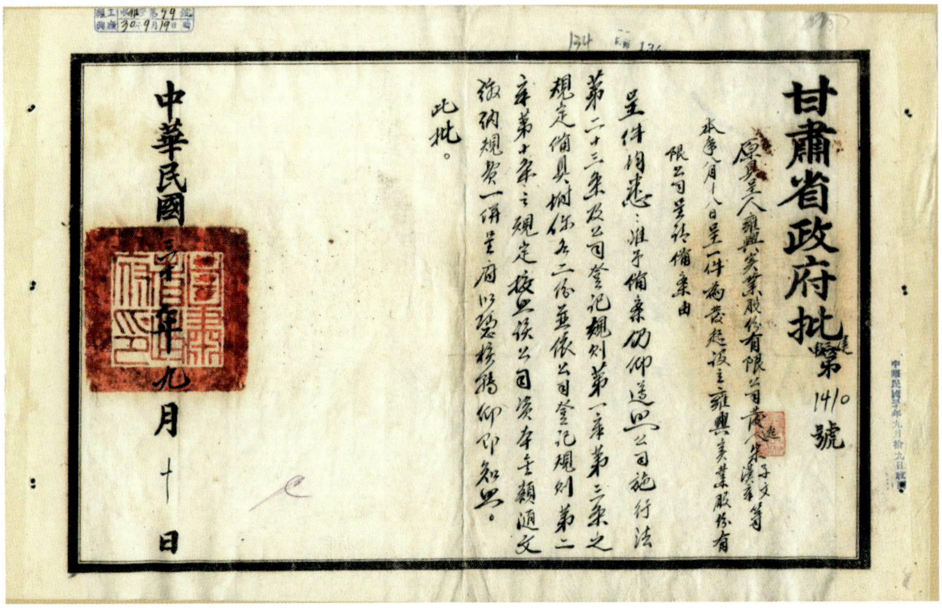

甘肅省政府批 建字第1410號

原具呈人雍興實業股份有限公司發起人宋子文宋漢章等本年八月十八日呈一件為發起設立雍興實業股份有限公司呈請備案由

呈件均悉。准予備案，仍仰遵照公司施行法第二十三條及公司登記規則第一章第三條之規定備具附件各二份並依公司登記規則第二章第十條之規定按照該公司資本金額照文繳納規費一併呈府以憑核轉，仰即知照。

此批。

中華民國三十年九月十日

甘肃省政府为同意办理雍兴公司登记给宋子文等公司董事的批示

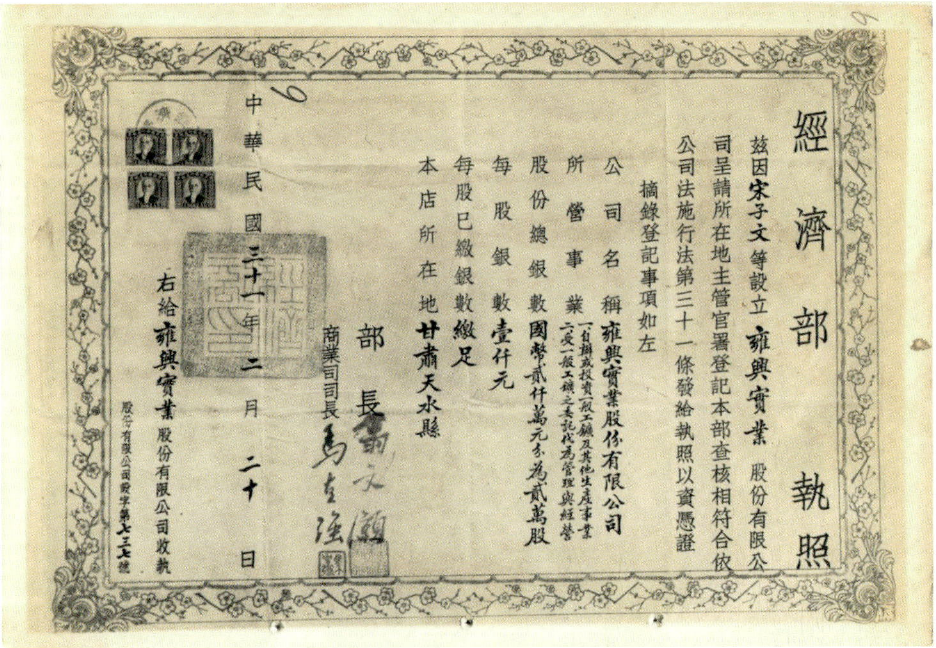

經濟部執照

茲因宋子文等設立雍興實業股份有限公司呈請所在地主管官署登記本部查核相符合依公司法施行法第三十一條發給執照以資憑證

摘錄登記事項如左

公司名稱 雍興實業股份有限公司

所營事業 （甲）自辦或投資一般工礦及其他生產事業（乙）受一般工礦之委託代為管理與經營

股份總銀數 國幣貳仟萬元分為貳萬股

每股銀數 壹仟元

每股已繳銀數 繳足

本店所在地 甘肅天水縣

部長 翁文灝

商業司司長

右給雍興實業股份有限公司收執

中華民國三十一年二月二十日

股份有限公司數字第七三七號

经济部颁给雍兴公司的营业执照

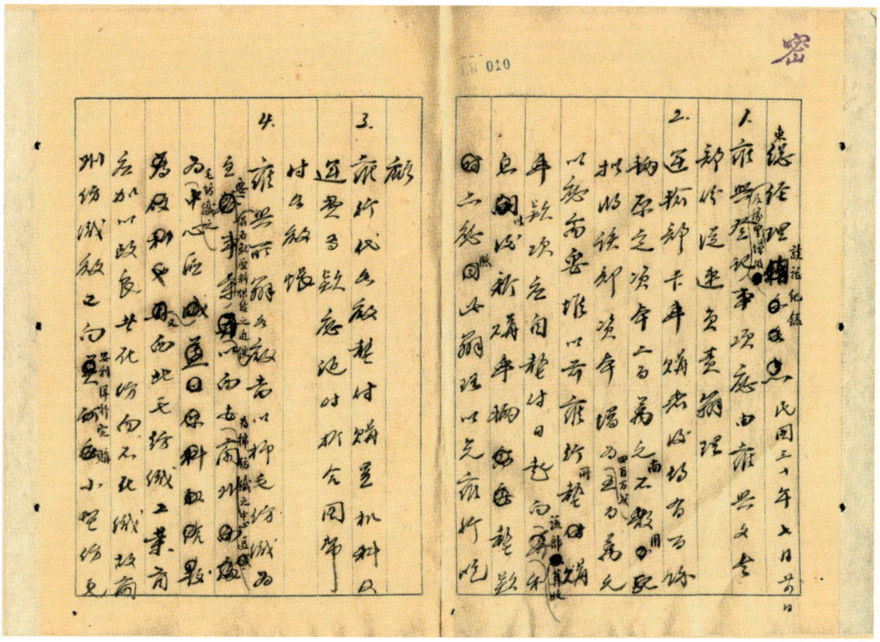

束云章 1941 年 7 月 24 日谈话记录

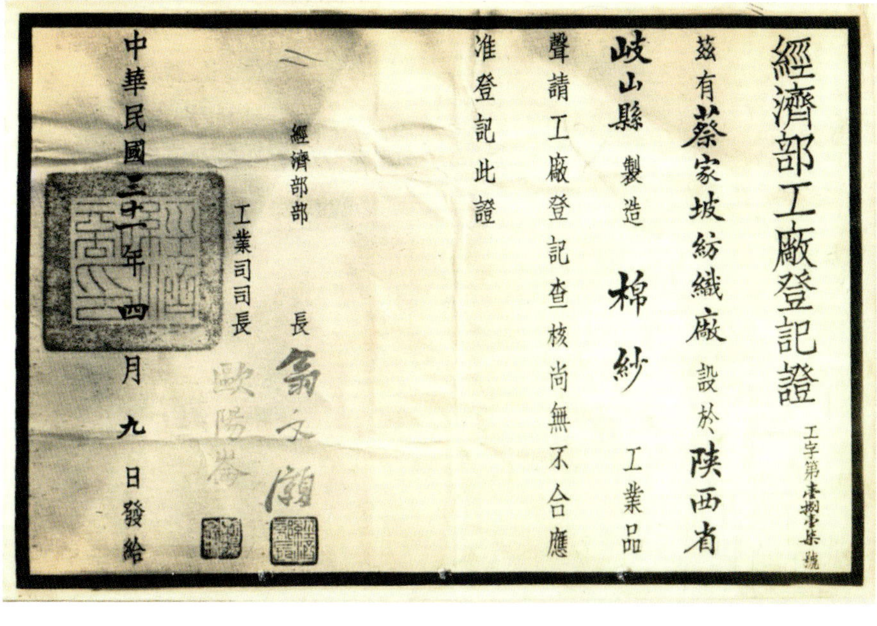

經濟部工廠登記證

工字第壹捌壹柒號

茲有蔡家坡紡織廠設於陝西省岐山縣製造棉紗工業品聲請工廠登記查核尚無不合應准登記此證

經濟部部長翁文灝

工業司司長歐陽崙

中華民國三十一年四月九日發給

蔡家坡纺织厂工厂登记执照

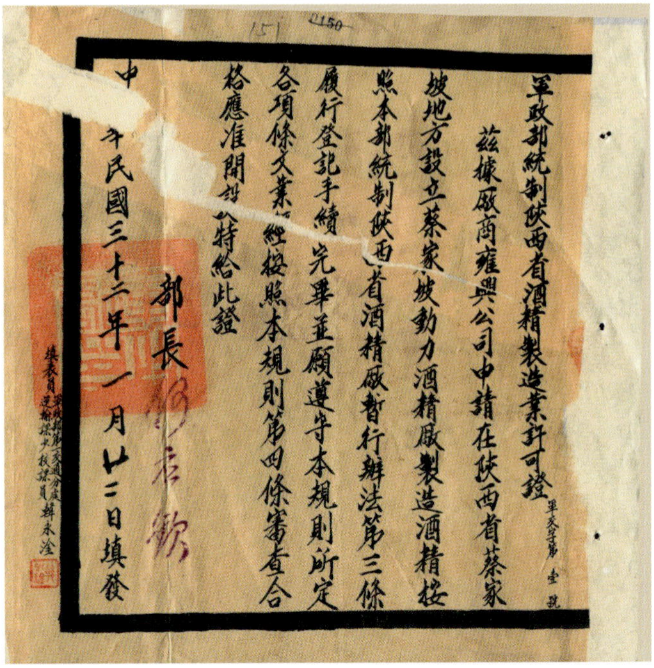

軍政部統制陝西省酒精製造業許可證　軍天字第壹號

玆據廠商雍興公司申請在陝西省蔡家坡地方設立蔡家坡動力酒精廠製造酒精按照本部統制陝西省酒精廠暫行辦法第三條履行登記手續完畢並願遵守本規則所定各項條文業經按照本規則第四條審查合格應准開設特給此證

部長　何應欽

中華民國三十二年一月廿二日填發

蔡家坡动力酒精厂开业许可证

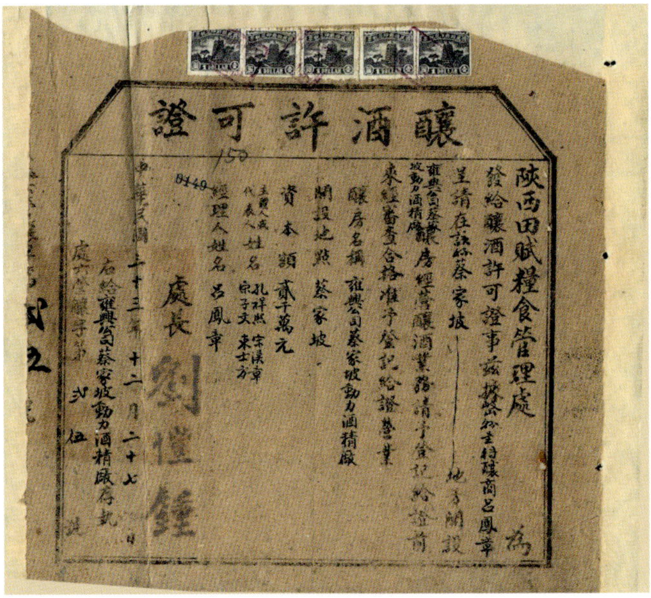

釀酒許可證

陝西田賦糧食管理處　為

發給釀酒許可證事玆據主持釀商呂鳳章

呈請在蔡家坡地方開設

雍興公司蔡家坡動力酒精廠釀房經營釀酒業務請予登記給證前來經審查合格准予登記給證營業

釀房名稱　雍興公司蔡家坡動力酒精廠

開設地點　蔡家坡

資本額　貳千萬元

主體人或代表人姓名　孔祥熙　宋子文　宋漢章　宋士方

經理人姓名　呂鳳章

處長　劉樸鍾

右給雍興公司蔡家坡動力酒精廠存執

中華民國三十三年十二月二十七日

蔡家坡动力酒精厂酿酒许可证

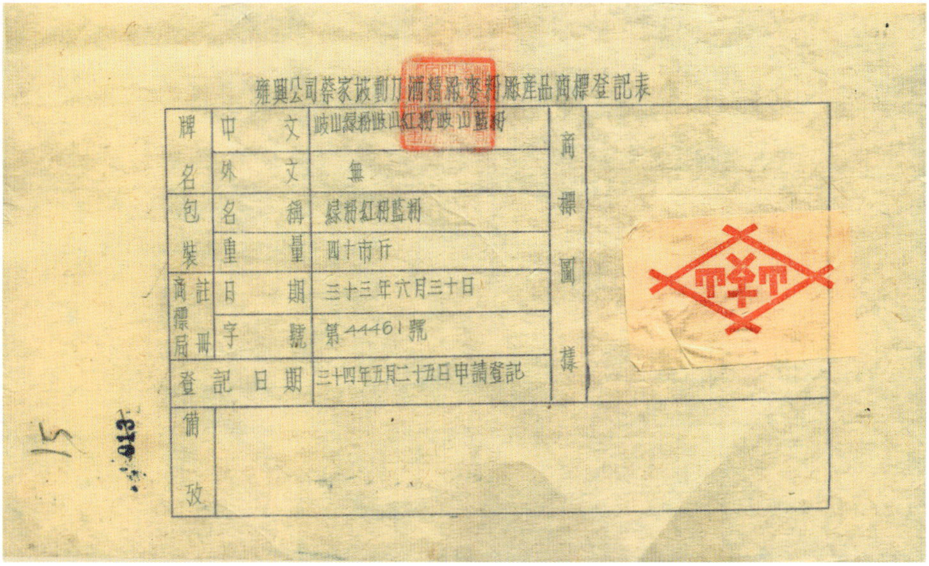

雍興公司蔡家坡動力酒精廠麥粉廠產品商標登記表

牌名	中文	岐山綠粉岐山紅粉岐山藍粉	商標圖樣
	外文	無	
包裝	名稱	綠粉紅粉藍粉	
	重量	四十市斤	
商標局註冊	日期	三十三年六月三十日	
	字號	第44461號	
登記日期		三十四年五月二十五日申請登記	
備考			

蔡家坡动力酒精厂麦粉厂商标登记表

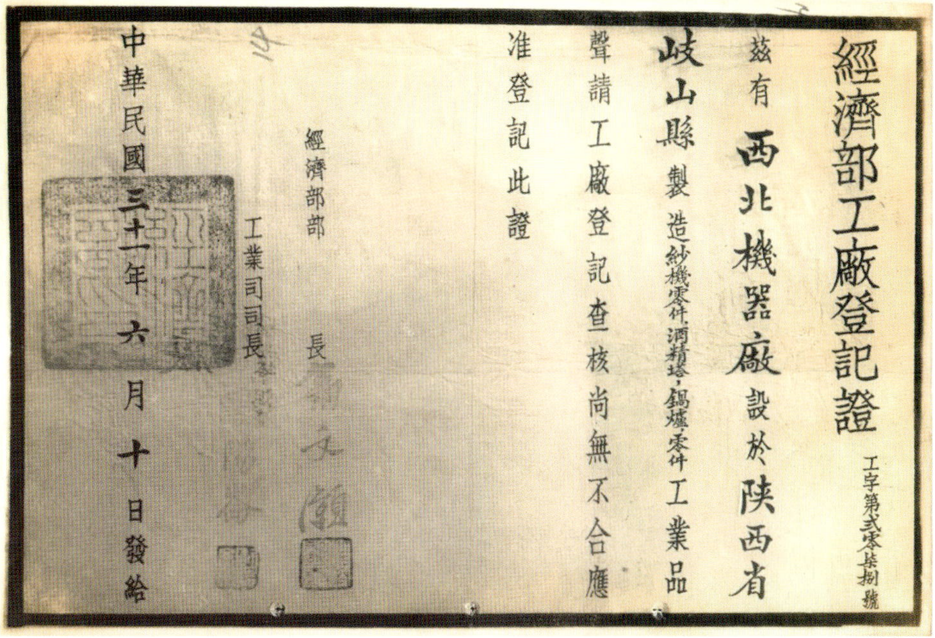

經濟部工廠登記證

工字第贰零柒捌號

茲有西北機器廠設於陝西省岐山縣製造紗機零件、酒精塔、鍋爐零件工業品聲請工廠登記查核尚無不合應准登記此證

經濟部部長 翁文灝

工業司司長

中華民國三十一年六月十日發給

西北机器厂工厂登记证

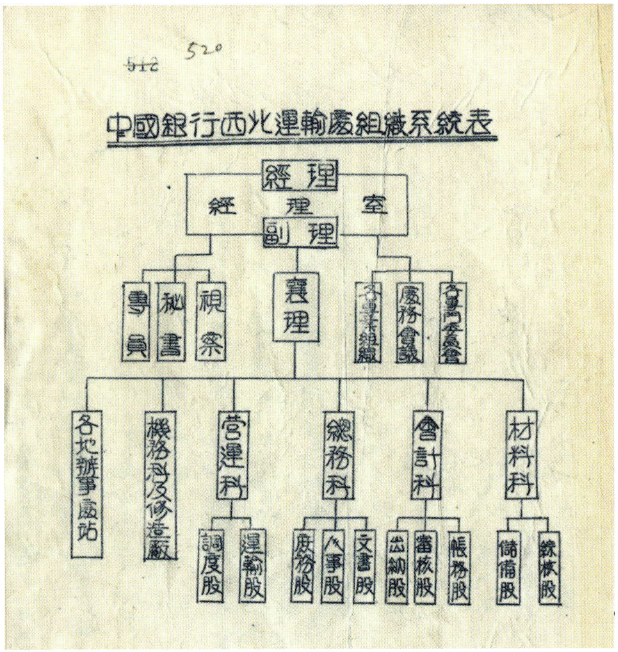

中国银行西北运输处组织系统表

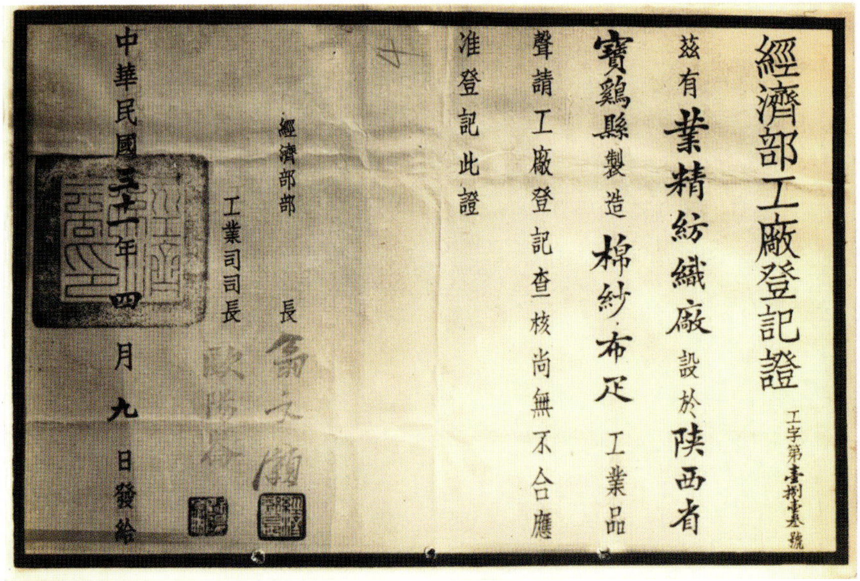

經濟部工廠登記證

工字第壹捌壹叁號

茲有業精紡織廠設於陝西省寶鷄縣製造棉紗、布疋工業品聲請工廠登記查核尚無不合應准登記此證

經濟部部長　翁文灝

工業司司長　歐陽崙

中華民國三十一年四月九日發給

业精纺织厂工厂登记证

业精纺织厂宝鸡牌商标

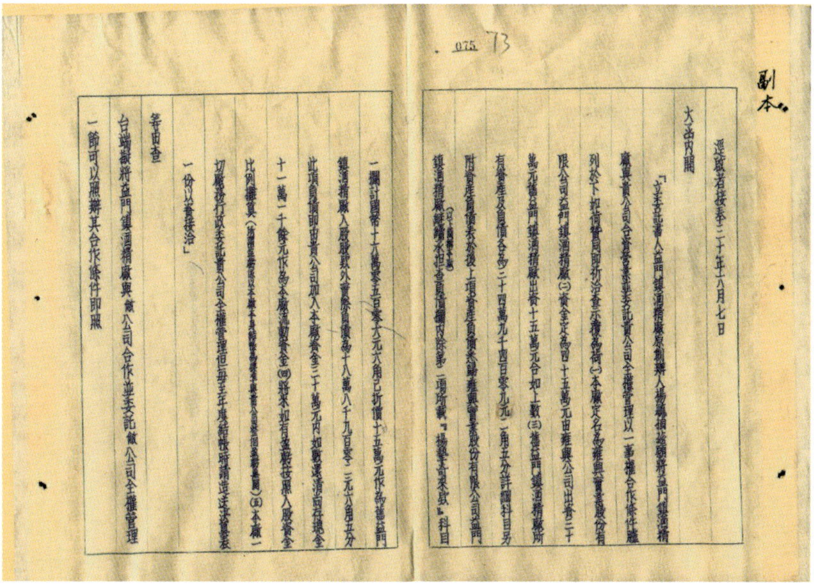

075 73

副本

逕啟者接奉三十年六月七日
大函内開
「立委託書人益門鎮酒精廠原創辦人楊毓楨茲願將益門鎮酒精
廠與貴公司合資經營並委託貴公司全權管理以一事權合作條件臚
列於下祈詢會同即祈洽查示復為荷(一)本廠定名為雍興實業股份有
限公司益門鎮酒精廠(二)資金定為四十五萬元由雍興公司出資三十
萬元楊毓楨出資十五萬元合如上數(三)楊毓楨前益門鎮酒精廠所
有資產及負債合為二十四萬九千四百零九元一角五分許開科目另
附資產負債表於後上項資產負債表歸雍興實業股份有限公司益門
鎮酒精廠經辦承担[illegible]第二項所載「楊毓楨出資」科目
一撥計國幣十八萬零五百零六元六角已折價十五萬元作為楊毓楨益門
鎮酒精廠入股股款外實際負債為十八萬八千九百零三元六角五分
此項負債即由貴公司加入本廠資金三十萬元內如數還清尚存現金
十一萬一千餘元作為本廠流動資金(四)將來如有盈虧按照入股資金
比例攤算[illegible](五)本廠一
切廠務行政委託貴公司全權管理但每至年度結帳時請造送決算表
一份以資接洽」
等由查
台端願將益門鎮酒精廠與敝公司合作並委託敝公司全權管理
一節可以照辦其合作條件即照

東云章为与益门酒精厂合作致杨毓桢函

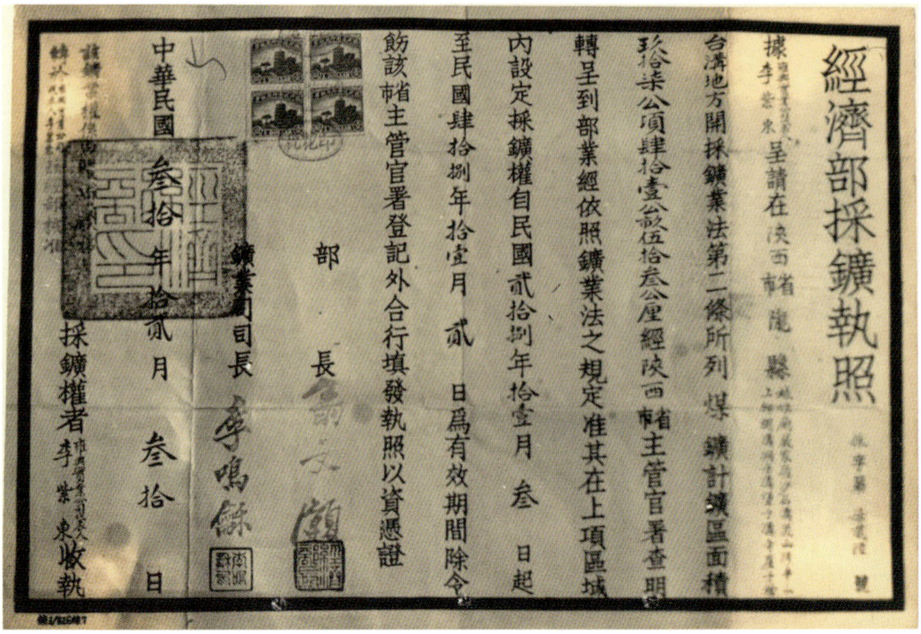

經濟部採鑛執照

據李崇東呈請在陝西省隴縣依照台濟地方開採鑛業法第二條所列煤鑛計鑛區面積玖拾柒公頃肆拾壹公畝伍拾叁公厘經陝西省主管官署查明轉呈到部業經依照鑛業法之規定准其在上項區域內設定採鑛權自民國貳拾捌年拾壹月叁日起至民國肆拾捌年拾壹月貳日爲有效期間除令飭該省主管官署登記外合行填發執照以資憑證

部長 翁文灝

鑛業司司長 李鳴龢

中華民國叁拾年拾貳月叁拾日

採鑛權者 李崇東 收執

陇县煤矿采矿执照

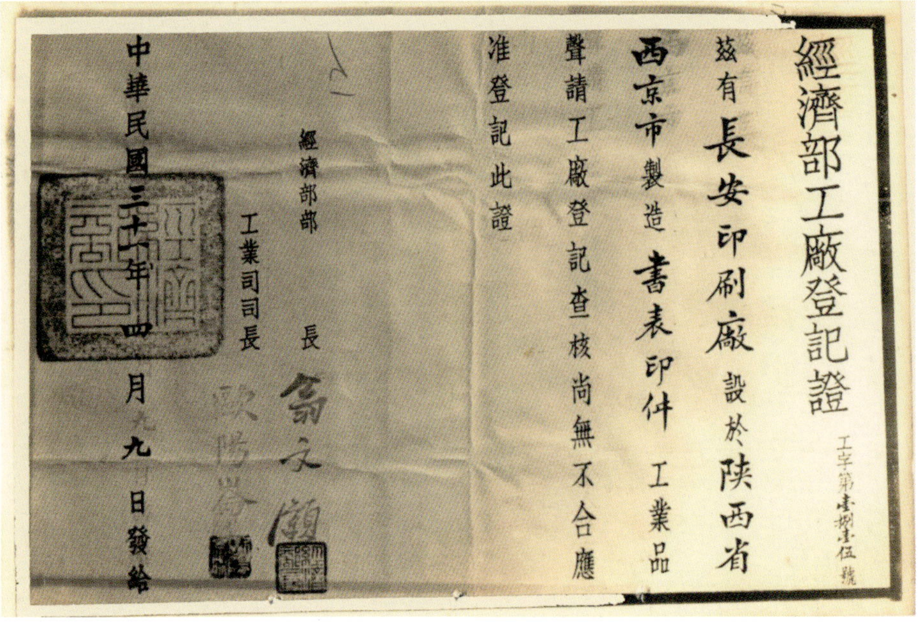

經濟部工廠登記證

工字第壹捌壹伍號

茲有長安印刷廠設於陝西省西京市製造書表印件工業品聲請工廠登記查核尚無不合應准登記此證

經濟部部長 翁文灝

工業司司長 歐陽崙

中華民國三十一年四月九日發給

长安印刷厂工厂登记证

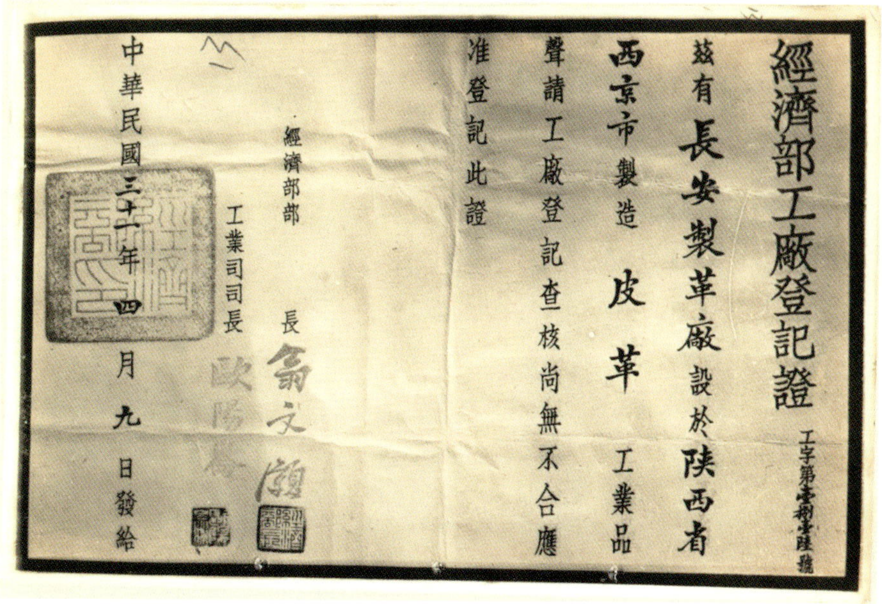

經濟部工廠登記證 工字第壹捌壹陸號

茲有長安製革廠設於陝西省

西京市製造皮革工業品

聲請工廠登記查核尚無不合應

准登記此證

經濟部部長 翁文灝

工業司司長 歐陽崙

中華民國三十一年四月九日發給

长安制革厂工厂登记证

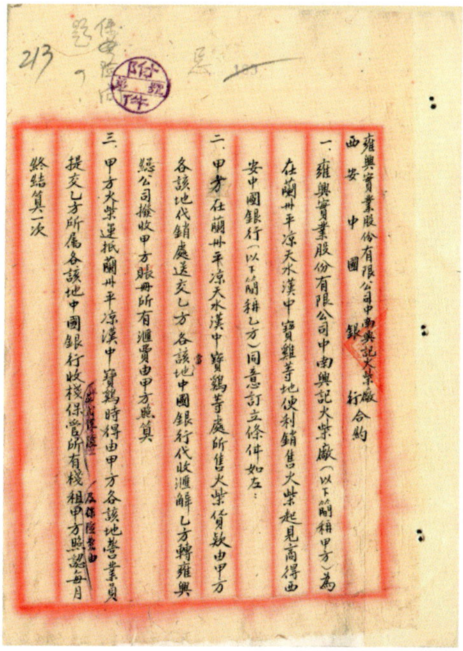

雍興實業股份有限公司中南興記火柴廠

西安中國銀行合約

一、雍興實業股份有限公司中南興記火柴廠（以下簡稱甲方）為在蘭州平涼天水漢中寶雞等地便利銷售火柴起見商得西安中國銀行（以下簡稱乙方）同意訂立條件如左：

二、甲方在蘭州平涼天水漢中寶雞等處所售火柴貨款由甲方各該地代銷處送交乙方各該地中國銀行代收滙解乙方轉雍興總公司撥收甲方賬冊所有滙費由甲方照算

三、甲方火柴運抵蘭州平涼漢中寶雞時得由甲方各該地營業員提交乙方所屬各該地中國銀行收棧保管所有棧租甲方照認每月終結算一次

兴记中南火柴厂与西安中国银行促销火柴合约

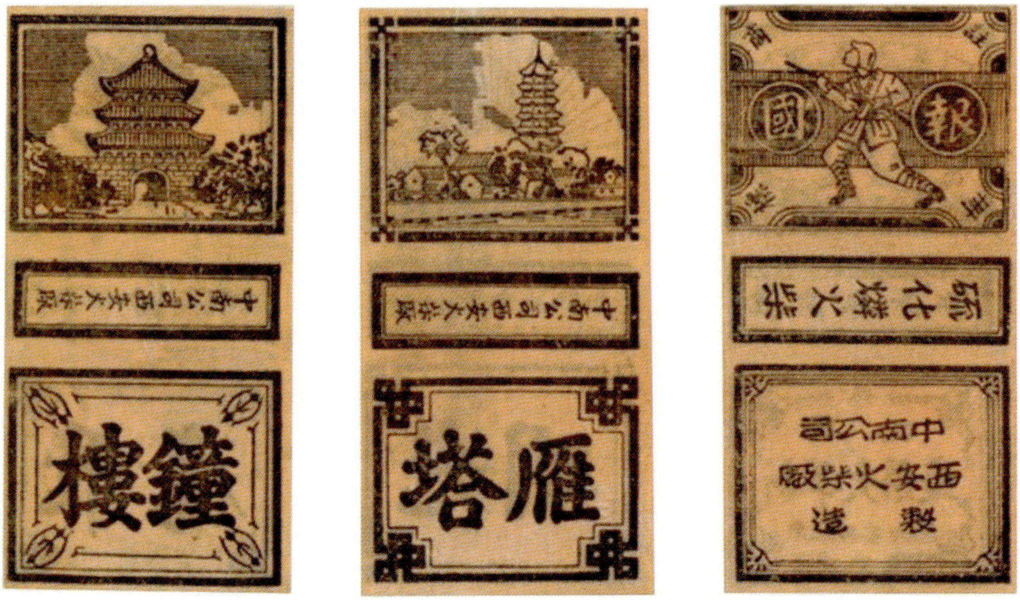

兴记中南火柴厂火柴商标（火花）

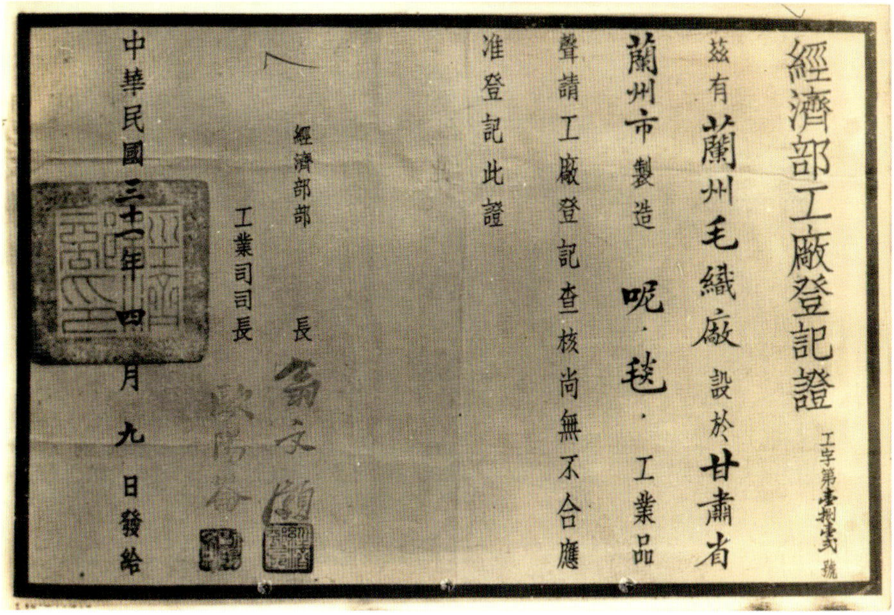

經濟部工廠登記證 工字第壹捌壹貳號

茲有蘭州毛織廠設於甘肅省
蘭州市製造呢·毯·工業品
聲請工廠登記查核尚無不合應
准登記此證

經濟部部長 翁文灝
工業司司長 歐陽崙

中華民國三十一年四月九日發給

兰州毛纺厂工厂登记证

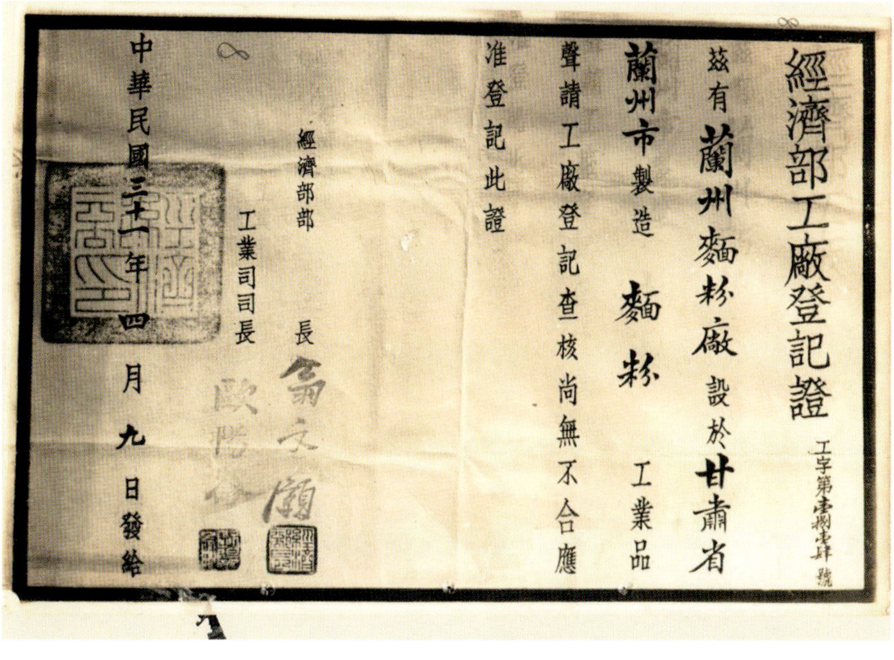

經濟部工廠登記證 工字第壹捌壹肆號

茲有蘭州麵粉廠設於甘肅省
蘭州市製造麵粉工業品
聲請工廠登記查核尚無不合應
准登記此證

經濟部部長 翁文灝
工業司司長 歐陽崙

中華民國三十一年四月九日發給

兰州面粉厂工厂登记证

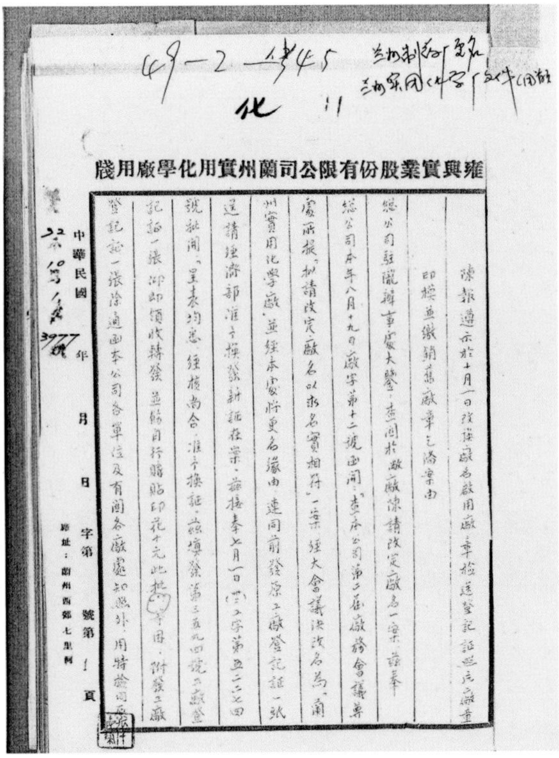

雍興實業股份有限公司蘭州實用化學廠用箋

陳報遵示於十月一日改換廠名啟用廠章檢送登記証照底並重
印模並繳銷舊廠章之緣由
總公司駐隴辦事處大鑒：查關於敝廠陳請改定廠名一案，茲奉
總公司本年八月十九日廠字第十二號函開："查本公司第二屆廠務會議尊
處所擬'擬請改定廠名以求名實相符'一案，經大會議決改名為'蘭
州實用化學廠'，並經本處將更名緣由，連同前發原工廠登記証一張
逕請經濟部准予換發新証在案，茲接本七月一日(卅)工字第五二二七四
號批開：'呈表均悉，經核尚合，准予換証，茲填發第三五九四號工廠登
記証一張，仰即領收轉發，並飭自行購貼印花十元，此批'等因，附發工廠
登記証一張，除通函本公司各單位及有關各廠處知照外，用特檢同原

中華民國 年 月 日 字第 號第 1 頁

廠址：蘭州西郊七里河

兰州实用化学厂变更名称相关文件

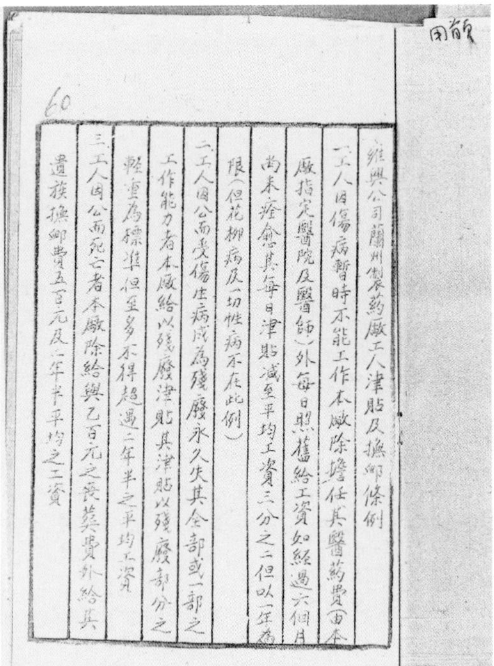

雍興公司蘭州製藥廠工人津貼及撫卹條例
一、工人因傷病暫時不能工作本廠除擔任其醫藥費(由本廠指定醫院及醫師)外每日照舊給工資如經過六個月尚未痊愈其每日津貼減至平均工資三分之二但以一年為限(但花柳病及一切性病不在此例)
二、工人因公而受傷生病成為殘廢永久失其全部或一部之工作能力者本廠給以殘廢津貼其津貼以殘廢部分之輕重為標準但至多不得超過二年半之平均工資
三、工人因公而死亡者本廠除給與乙百元之喪葬費外給其遺族撫卹費五百元及二年半平均之工資

兰州制药厂工人待遇及管理办法

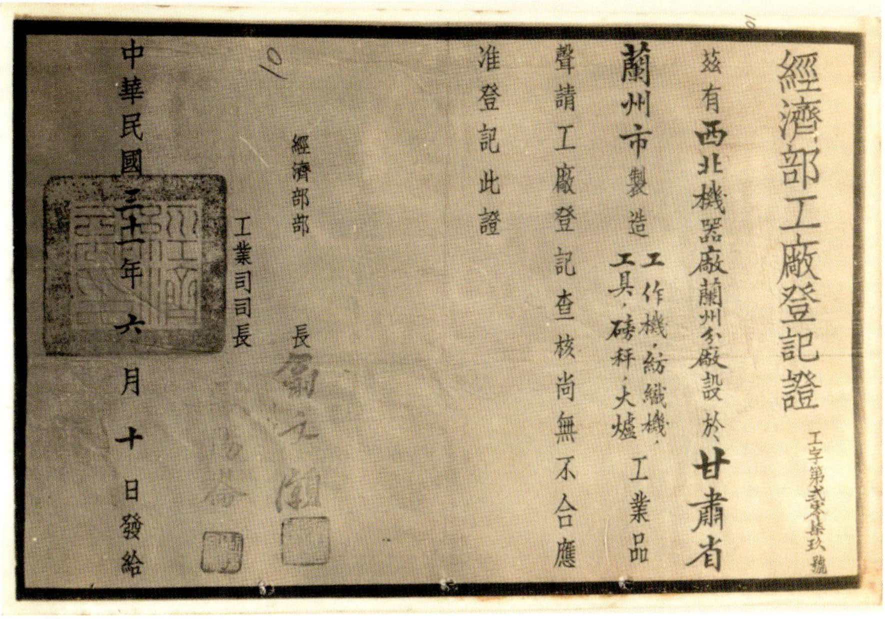
經濟部工廠登記證
工字第弍零柒玖號
茲有西北機器廠蘭州分廠設於甘肅省
蘭州市製造工作機、紡織機、工具、磅秤、火爐工業品
聲請工廠登記查核尚無不合應
准登記此證
經濟部部長
工業司司長
中華民國三十一年六月十日發給

西北机器厂兰州分厂工厂登记证

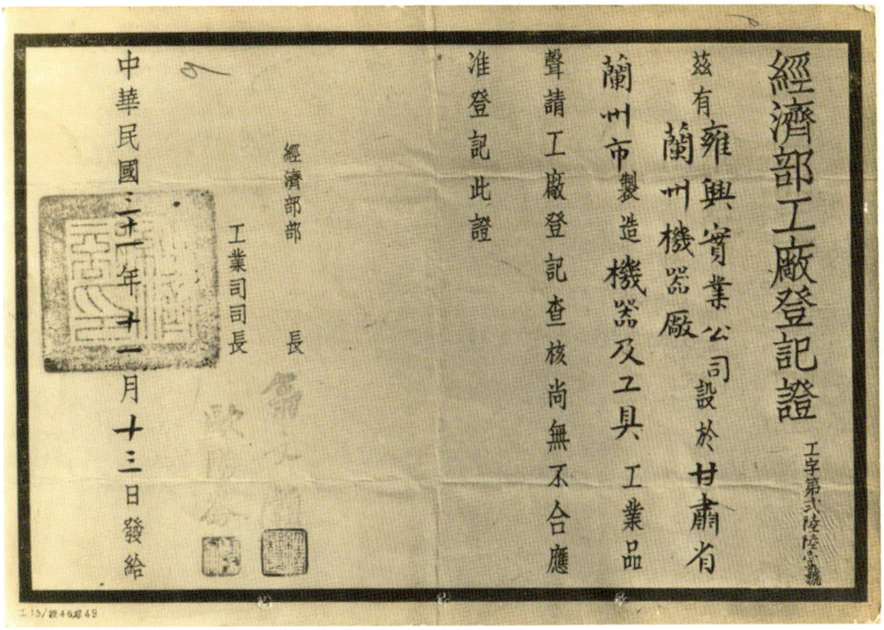
經濟部工廠登記證
工字第弍陸陸陸號
茲有雍興實業公司蘭州機器廠設於甘肅省
蘭州市製造機器及工具工業品
聲請工廠登記查核尚無不合應
准登記此證
經濟部部長
工業司司長
中華民國三十一年十一月十三日發給

兰州机器厂工厂登记证

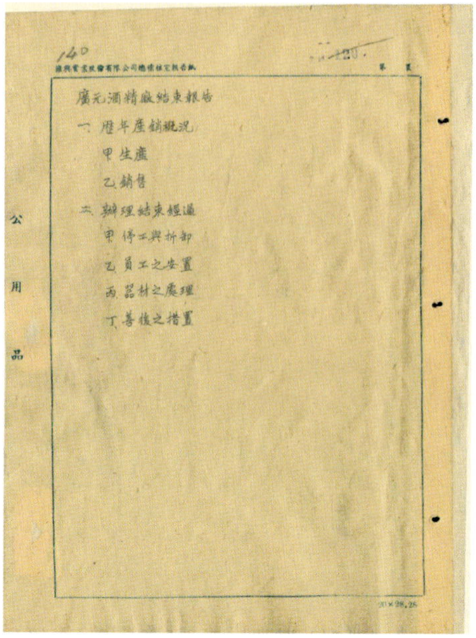

第　頁

廣元酒精廠結束報告

一、歷年產銷概況

甲、生產

乙、銷售

二、辦理結束經過

甲、停工與拆卸

乙、員工之安置

丙、器材之處理

丁、善後之措置

公用品

广元动力酒精厂结束报告

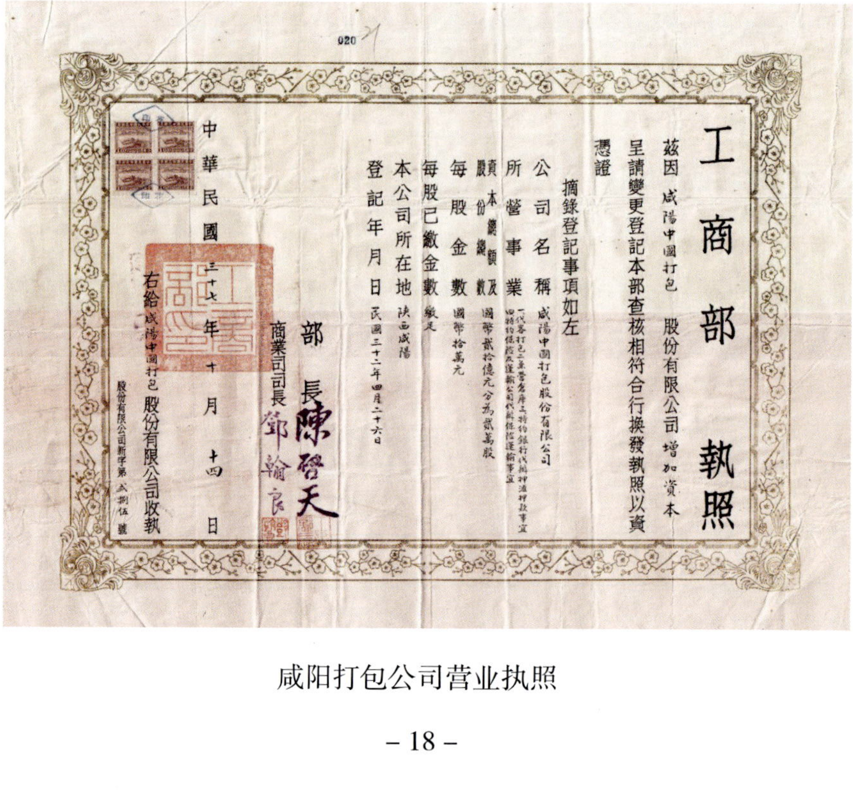

工商部執照

茲因咸陽中國打包股份有限公司增加資本呈請變更登記本部查核相符合行換發執照以資憑證

摘錄登記事項如左

公司名稱　咸陽中國打包股份有限公司

所營事業　一代客打包二兼營倉庫三特約銀行代辦押匯押款事宜四特約保險及運輸公司代辦保險運輸事宜

資本總額及股份總數　國幣貳拾億元分為貳萬股

每股金數　國幣拾萬元

每股已繳金數　繳足

本公司所在地　陝西咸陽

登記年月日　民國三十二年四月二十六日

部長　陳啓天

商業司司長　鄧翰良

右給咸陽中國打包股份有限公司收執

股份有限公司新字第貳捌伍號

中華民國三十七年十月十四日

咸阳打包公司营业执照

豫丰纱厂合川支厂开幕纪念（一）

豫丰纱厂合川支厂开幕纪念（二）

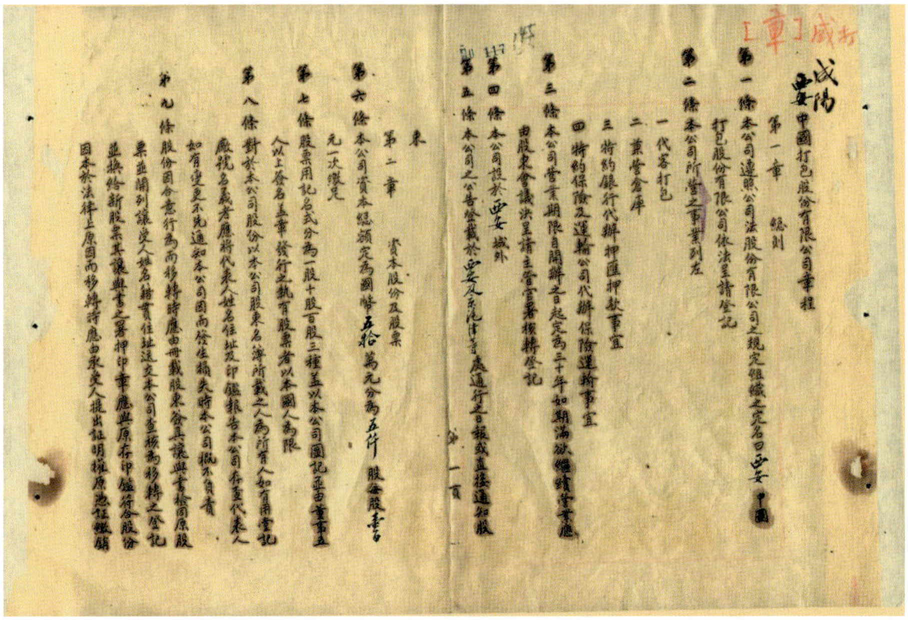

咸陽 西安 中國打包股份有限公司章程

第一章 總則

第一條 本公司遵照公司法股份有限公司之規定組織之定名曰西安中國打包股份有限公司依法呈請登記

第二條 本公司所營之事業列左

一 代客打包

二 兼營倉庫

三 特約銀行代辦押匯押款事宜

四 特約保險及運輸公司代辦保險運輸事宜

第三條 本公司營業期限自開辦之日起定為三十年如期滿欲繼續營業應由股東會議決呈請主管官署核轉登記

第四條 本公司設於西安城外

第五條 本公司之公告登載於西安及京滬津等處通行之日報或直接通知股東

第一頁

第二章 資本股份及股票

第六條 本公司資本總額定為國幣五拾萬元分為五仟股每股壹百元一次繳足

第七條 股票用記名式分為一股十股百股三種並以本公司圖記並由董事五人以上簽名盖章發行之執有股票者以本國人為限

第八條 對於本公司股份以本公司股東名簿所載之人為所有人如有用堂記廠號名義者應將代表人姓名住址及印鑑報告本公司存查代表人如有變更不先通知本公司因而發生損失時本公司概不負責

第九條 股份因合意行為而移轉時應由册載股東簽具讓與書檢同原股票並開列讓受人姓名籍貫住址送交本公司查核為移轉之登記並換給新股票其讓與書之署押印章應與原存印鑑符合股份因本於法律上原因而移轉時應由承受人提出証明移原憑証繳銷

灵宝中国打包有限公司章程

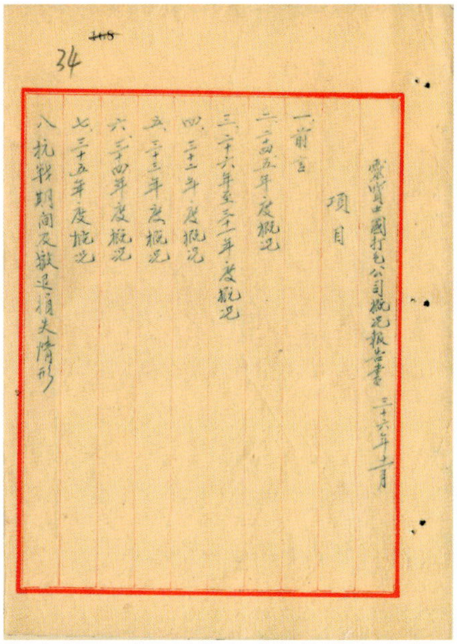

34

靈寶中國打包公司概況報告書 三十六年十月

項目

一、前言

二、二十五年度概況

三、二十六年至三十一年度概況

四、三十二年度概況

五、三十三年度概況

六、三十四年度概況

七、三十五年度概況

八、抗戰期間及撤退損失情形

灵宝中国打包公司概况报告书

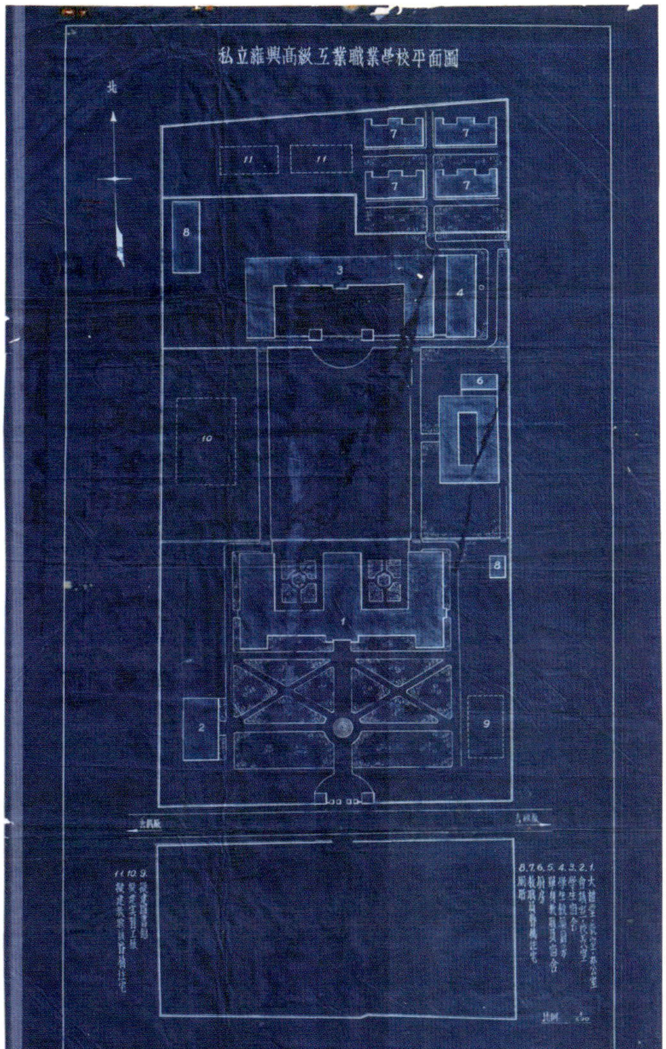

私立雍兴高级工业职业学校平面图

私立雍兴高级工业职业学校第二届毕业生照

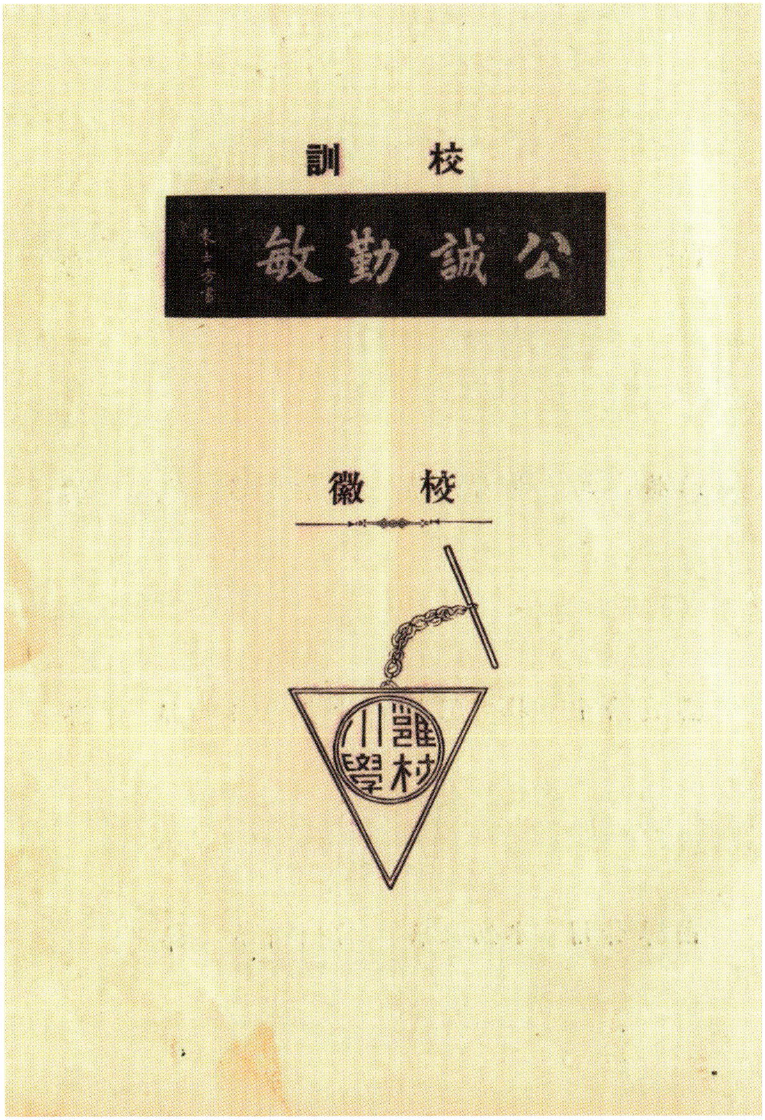

私立西安雍村小学校徽

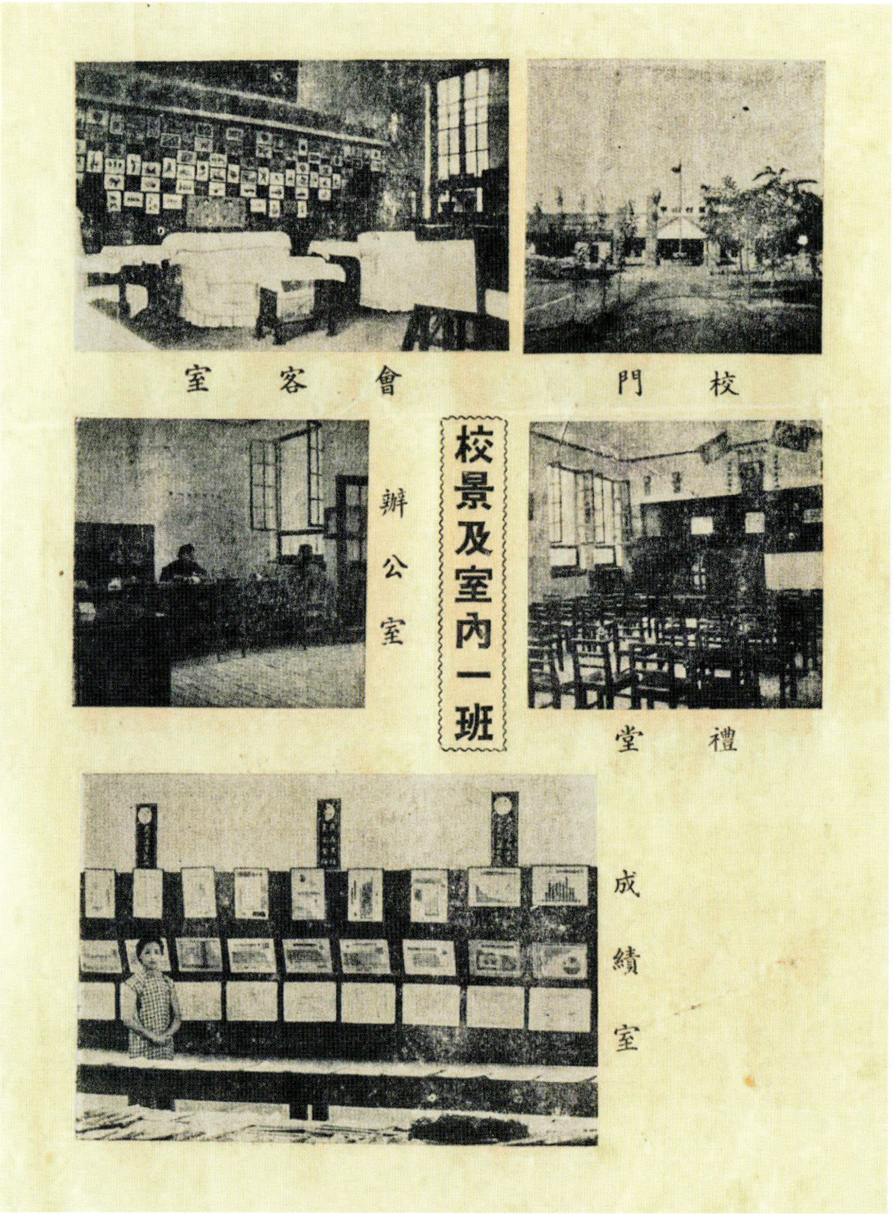

私立西安雍村小学校门

校歌
西京巍巍遠 溯漢唐雍 村絃誦洋 洋 崇
基植本篤 實輝光芊 芊學子醇 良 雲
蒸霞蔚千 柱百樑育 才多難興 邦 終
南翠聳渭 水流長雍 村絃誦洋 洋

私立西安雍村小学校歌

本校全體教師

各級保長

升旗

早操

各級模範生

私立西安雍村小学全体教师合影

束士方致吴树谷等函

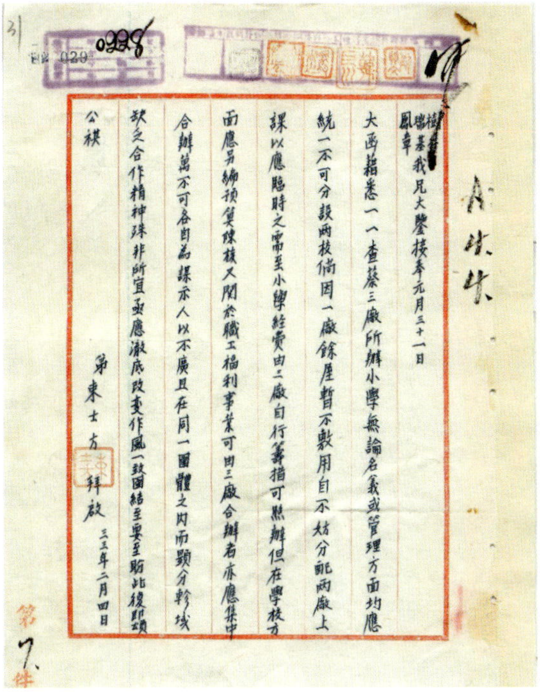

樹基、瑞華、鳳章我兄大鑒：接奉元月三十一日
大函，藉悉一一。查蔡三廠所辦小學，無論名義或管理方面均應
統一，不可分設兩校。倘因一廠餘屋暫不敷用，自不妨分配兩廠上
課，以應臨時之需。至小學經費由三廠自行籌措，可照辦。但在學校方
面應另編預算，隨核又關於職工福利事業，可由三廠合辦者，亦應集中
合辦，萬不可各自為謀，示人以不廣，且在同一團體之內而顯分畛域
狀之合作精神殊非所宜，亟應澈底改變作風，一致團結至要至盼。此複，即頌
公祺

弟束士方拜啟 三三年二月四日

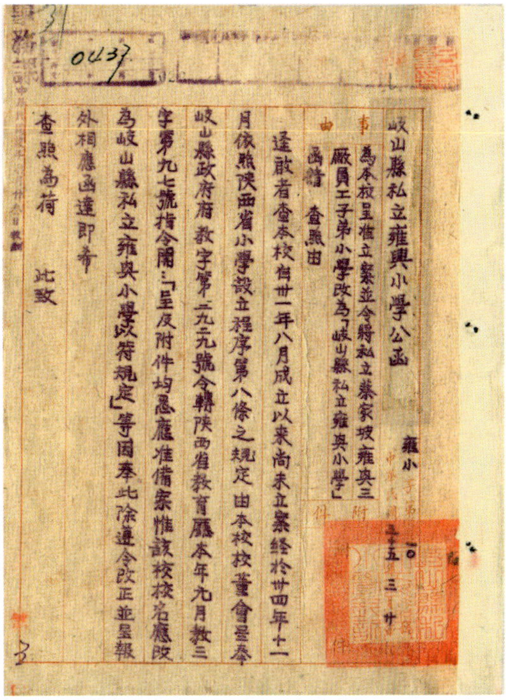

岐山縣私立雍興小學公函　雍小字第一〇號

事由：為本校呈准立案並令將私立蔡家坡雍興三廠員工子弟小學改為「岐山縣私立雍興小學」函請 查照由

逕啟者：查本校自卅一年八月成立以來尚未立案，經於卅四年十一月依照陝西省小學設立程序第八條之規定，由本校校董會呈奉岐山縣政府府教字第二九二九號令轉陝西省教育廳本年九月教三字第九七號指令開：「呈及附件均悉，應准備案，惟該校校名應改為岐山縣私立雍興小學，以符規定」等因，奉此，除遵令改正並呈報外，相應函達，即希
查照為荷。此致

岐山县雍兴小学公函

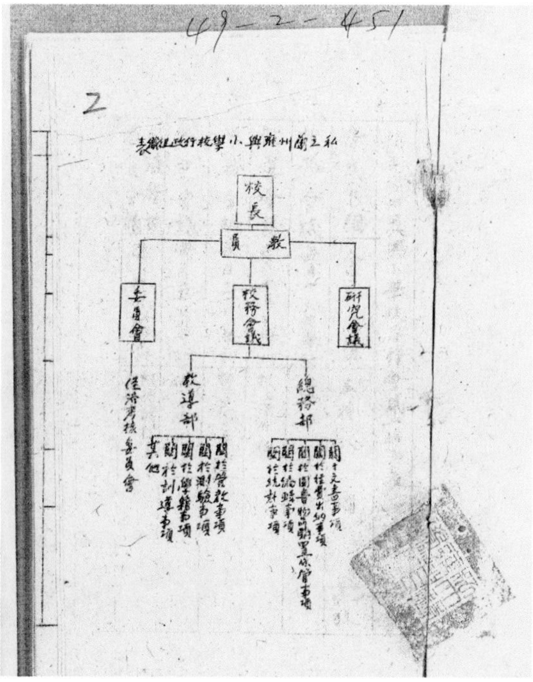

私立兰州雍兴小学校行政组织表

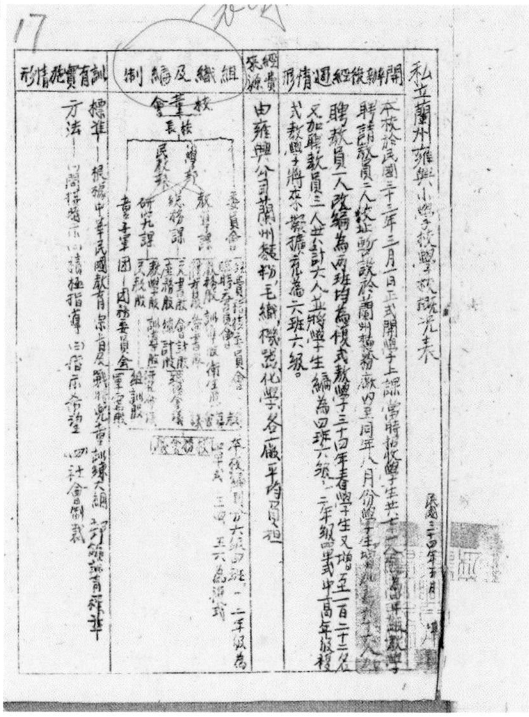

私立兰州雍兴小学校学校概况表

序

震惊中外的九一八事变后，日本亡我中华的战略意图显现，面对中华民族生死存亡的历史抉择，全民抗战民众运动风起云涌。

1932 年“一·二八”事变后，鉴于上海及东南沿海受战火威胁日甚，在国防比较安全的内地，建立新的工业基地成为普遍呼声。通过工业内迁，在保存工业实力的前提下，延续纺织等事关国计民生的轻工业和具有国防意义的重工业，特别是机器制造业的生机，进而构建战时经济体系，以时间换空间战略逐步形成主导，西渐运动提上日程。

1937 年 7 月，日本全面侵华的卢沟桥事件爆发，国民政府为保存民族工业命脉，响应大众呼吁，紧急动员和组织沿海沿江工业企业、科研院所、高等学校陆续迁入西南、西北大后方地区，这个以工矿企业的陆续内迁为标志的战略行动，被称为“西渐运动”。西渐运动不但给西北带来了先进的技术、设备、人才以及管理经验，而且改变了中国民族工业发展的战略布局，填补了西北新型工业的空白。这一时期，国民政府也因应形势制定了相关政策，资金投入开始向西部倾斜，推动西部的开发与发展，通过迅速建立新的工业基础，营建抗日战争可靠的大后方。虽然这次工业内迁是在特殊的历史背景下的战时政治经济的产物，在很大程度上受制于战争的进程和时局的转换，但它却使西部地区的工业在战时短短的数年，便走完了平时需要数十年才能走完的历程，并为日后西部地区工业的发展创设了条件，奠定了基础。

工业西渐作为以国防为中心的经济建设，为战争持久进行提供了有力的物质支持，有力地支撑了抗日战争有效的战略纵深。资料显示：内迁企业中以机器厂居多，从上海迁出的 146 家工厂中，机器厂就占 66 家，占上海原有机器厂的 10%，整个后方各省到 1942 年有大小机器厂 436 家，而当时整个国统区也只有 682 家，大部分已经分布在大后方各省。与战前相比，西渐运动中，陕西厂家已超过 3700 家，资本总额达 20 亿元，工人共约24万人，动力约为14万马力，与上海1933—1934年间工厂情形不相上下。在工厂数方面，陕西占全国总工厂数的10.2%，排第三位；资本方面，陕西占5.4%；动力设备陕西占10.8%。针对中国民族资本工业以轻工业为主的现状，国民政府经济部在一份报告中指出，“应以基础工业为中心”，认为“大后方工业已经不能依照一般国家由轻工业向重工业发展的自然顺序”，而是应突出国防军事之需要。由于是被抗战逼上马的，无论军工还是民用企业，投产后军事作用、经济社会效益很好。

工业西渐实现了中国历史上最大的经济转移。旧中国的经济发展极不平衡，工业布局畸形集中在东南沿海，这种长期形成的历史问题，因沿海工厂在西南、西北各地迅速建厂复工、扩建新厂，使后方工业出现了蓬勃发展的兴旺景象，中国经济板块发生了历史性变化。

工业西渐促进了西部开发。国民政府战前在1931年5月3日就通过了《实业建设程序案》，提出“对于东北、西北及西南之开发”；1935年11月，又通过了《西北国防之经济建设案》，其开发是直接突出为战争服务主旨的，尤其是西安曾被多次提及并设为“陪都”。战争迫使西部开发付诸实施，工业西渐则形成了西部工业的门类和发展框架，也带动了金融资本和政府财政及其投资的内移。像陕西就成为抗战的重要物资供应基地，西安也被作为全国经济文化发展的中心之一。陕西作为大后方，雍兴实业股份有限公司作为工业西渐运动的有生力量，在西北近代工业发展史上具有重大意义。

雍兴实业股份有限公司（以下简称雍兴公司）是抗战时期，中国银行以陕西西安为中心投资创办的一家适应社会需要的国营工业企业，它的发展贯穿整个20世纪40年代。雍兴公司通过单独投资设厂经营、参加投资或代管中行主办厂矿等方式开展各项业务活动，它的经营区域分布在西北陕甘和西南川渝，又以陕西为主；经营范围涵盖纺织业、机器制造业、动力燃料业及其他，又以纺织工业为中心。雍兴公司是近代西北地区规模最大的工业企业，其在内陆的十年发展历程，书写了中国近代经济史尤其是西北近代工业史的生动篇章。西北地区的工业发展和中国银行的工业投资共同构成雍兴公司的创立背景。1940年3月，以发展西北经济、提倡生产事业为目的的雍兴公司正式成立，总公司于次年从天水迁至西安。雍兴公司根据实际需要不断增加资本总额、完善组织结构、健全规章制度、加强会计研讨，各项工作稳步有序地展开。雍兴公司依托西北自然资源，坚持走以棉纺织业为中心，兼营机器制造、动力燃料等工业的经营道路。另外，雍兴公司作为中国银行的附属事业，对中行享有权益的棉纺织业相关工厂实行代管，并对个别纱厂作参与性投资，也参加投资了西北地区的其他工厂，并开设相关学校。抗战时期，雍兴公司迅速发展，规模宏大，实力雄厚，是当时西北地区仅次于资源委员会的工业系统，像日后的陕棉三厂、陕棉八厂、陕棉九厂、西安火柴厂、西北机器厂、地方国营煤矿，就是在此时期初具规模的。1945年抗战胜利后，国民政府经济政策发生变化，雍兴公司随之调整经营管理，新参加投资一家纱厂，继续推进其他厂矿业务。由于国内战事爆发，社会政治、经济形势持续恶化，雍兴公司整体发展渐趋停滞。

在全民抗战的大义面前，工业领域的前辈们虽然没有在充满硝烟的抗战前线浴血奋战，但是他们在祖国的大西部、大西北，在抗战的大后方，用自己的聪明才智和必胜信念，积极参加了经济抗战，书写了忠于祖国、发展经济、服务民生的精彩华章！以雍兴公司为代表的企业志士，在西部地区极端困难的条件下，竭尽全力，兴办实业，其忠勇的爱国主义精神令人钦佩！

古人云："以史为鉴，可以知兴替。"雍兴公司档案史料对陕西而言是一份独特而宝贵的人文财富，这部史料汇编虽然呈现的只是中国近代民族工业的沧海一粟，但其具有的典型代表意义，是利用档案资源研究中国抗战史、陕西民族工业史的一次成功尝试，堪称目前相关研究最系统和权威的出版物，其存史价值和对当代企业的宏微观管理乃至今天地方经济建设的启示，意义重大。

程安东（陕西省人民政府原省长）

2018年5月20日

凡　例

〇此编名曰《雍兴实业股份有限公司档案史料选编》，旨在选取若干档案文献和相关史料，系统概要揭示抗战时期工业西迁的背景之下，雍兴公司这个早期现代企业创建、发展、衰变的历程及其对全国抗战和陕西经济的影响，给这段历史立此存照，并为相关的研究提供信实可靠的文献支持。

〇此编共收档案史料770件，全部辑自陕西省档案馆、西安市档案馆、宝鸡市档案馆和甘肃、四川、重庆、上海等省市档案部门，而以陕西省档案馆和西安、宝鸡两市档案馆为重；所有档案文献均在文后标示其所在馆名及档号，其他入选史料，也都在其后面注明出处或藏所。

〇此编所收档案史料，按内容所属，大要分为"雍兴实业股份有限公司"和"雍兴实业股份有限公司厂矿学校"上、下两部分，各部分下复视需要分章若干，章下各目所收之文献，则基本依照时间先后顺序编排。

〇此编所辑档案史料，有全文移录，有节录或摘录，标题亦有照录和重拟之分。其中节录、摘录者，在标题后直接括注说明；标题新拟、重拟者，以脚注说明原标题为何，或在新拟、重拟标题末字右上角加星※号以表示之。

〇此编所辑档案史料的整理编纂，忠实并遵从其原始文本，仅依现行的出版规定，将版式由竖排改为横排，字体由繁体改为简体，无句读者悉予标点，及若干混用文字稍作统一（如"部分""部份"统一为"部分"，"账务""帐务"统一为"账务"，"家具""家俱"统一为"家具"等，特别是将原文中"会议纪录"一词按现在的使用规范均改为"会议记录"）之外，内容则不轻做任何改动（如"味晶"一词作为专用名词，不更改，部分原文使用"味精"，亦保留），并保留原文层级。凡遇讹夺衍倒、残损漫漶等情况，均以有关符号指出并加以处理。其中错别字以脚注方式注明，【 】表示补脱漏字，〔 〕表示去除衍字，〈 〉表示颠倒字词纠正，(?)表示字词存疑，(略)或(上略)(下略)表示附件省略或文字有所删节，字迹残损或甲乙莫辨之处，则据实括注“此处残损若干字”“此处若干字漫漶莫辨”或径以若干个□代替之。原有抬头格式，一律不再照转。

〇此编所辑档案史料，其中以汉字著录民国纪年的，仍之不动，仅在其后括注公元纪年。计量的整数、分数、小数、概数、百分比及段落序数，亦均一仍原文之旧，仅将表格的计数汉字，统一改为阿拉伯数字，且整数部分四位以上每三位一分节，四位以下和小数不予分节；文中数字大写繁体与简体混用、汉字数目与阿拉伯数目混用者，分别统一为简体或汉字。有关处置格式，均按出版规范执行。大写数字若非法律文书或财务票据，一律以简体汉字行之。

〇此编所辑档案史料，悉成于民国时期，并取民国执政者立场，囿于历史与事实的局限，其中涉及中共及其军队和领导人时，时或出现“共匪”“匪军”或径呼为“匪”等污蔑用词，均于相应文字特别加引以提醒读者注意。

〇此编所收档案史料，所涉地名繁夥，其今已改为新名者（如盩厔县之改周至县，鄠县之改鄠邑区），将今之地名相应括注其后。所见相关单位省称，如“雍兴实业股份有限公司”之称“雍兴公司”，“蔡家坡动力酒精厂”之称“蔡酒厂”，“兰州面粉厂”之称“兰粉厂”，“咸阳纺织工厂”之称“咸工厂”等，悉出彼时习惯，理解上亦无大碍，不特别加注，重拟或新拟标题，为节省字数，亦可能时有借用。

2016年12月初稿

2017年3月14日改定

概　述

一、雍兴公司的创办暨组织

雍兴公司，全称雍兴实业股份有限公司，是宋子文为董事长的中国银行（简称“中行”），在全民族抗战初期国民政府组织东南沿海工矿企业大举内迁西南、西北等地，和朝野“开发西北”的呼声持续高涨的背景之下，“为发展西北实业，增加后方生产”而在甘肃天水创办的一家粗具现代企业品格的集团公司。公司所以冠名“雍兴”，盖以包括陕甘天水、关中在内的广大西北地区古属雍州，而当时的天水中国银行（即中行西北分行，1940 年 1 月设立）也已简称“雍行”，因以名之。公司创议于“廿八（1939）年冬间，廿九（1940）年开始筹备”，1940 年 3 月 1 日在香港广东银行召开发起人暨公司创立会议。其发起人计有：宋子文（香港中国银行）、宋汉章（香港中国银行）、贝淞荪（香港中国银行）、汪楞伯（香港中国银行）、霍亚民（重庆中国银行）、刘映依（重庆中国银行）、卞白眉（重庆豫丰纱厂）、束云章（重庆豫丰纱厂）、沈次量（天水中国银行）、杨朗川（天水中国银行）、张鸣冈（天水中国银行）、胡名甫（天水中国银行）、康菊农（天水中国银行）、潘仰山（重庆中国银行）、李紫东（西安中国银行）、郑相臣（兰州中国银行）、翁叔通（西宁中国银行）、洪午楼（宁夏中国银行）等，均为中行人马，而以西北分行（雍行）及其所属西安、兰州、西宁、宁夏诸行为基本班底，会议决定公司“以发展西北经济、提倡生产事业为目的。资本总额定为国币二百万元，分为二千股，每股一千元，所有资本业由发起人一次缴足”，并通过了拟定的章程，选举宋子文、贝淞荪、汪楞伯、卞白眉、束云章（士方）、沈次量（钥）、杨朗川（毓琇）、张鸣冈、胡名甫九人为董事，霍亚民、刘映依、郑相臣、潘仰山、李紫东五人为监事，又由各董事互推宋子文、卞白眉、束云章、沈次量、杨朗川为常务董事，宋子文为董事长。1940 年 3 月 29 日，公司董事会聘请束云章（时已出任雍行经理）为公司总经理，沈次量、杨朗川二人为公司总经理协理，并于8月18日由宋子文领衔以公司全体发起人的名义，连同公司营业计划书一份，呈请甘肃省建设厅备案。是年9月10日，甘肃省政府行文准予备案，10月29日又通过验资，准予其依法办理登记。

依照其所定《章程》和《组织大纲》，雍兴公司“以发展西北经济，提倡工业及生产事业为宗旨”，主要经营业务为自办或投资一般工矿及其他生产事业，和受一般工矿之委托代为管理与经营，营业年限定为30年。公司总部初设于天水，后因业务发展需要，在雍行1942年1月1日改由天水迁设西安的同时，亦迁至西安尚仁路（即今解放路）中行西安分行南邻。其最高组织为董事会，由中行董事长兼任董事长并代表董事会行使职权。董事会之下聘设总经理一人，协理二人，分别秉承董事会亦即中行意旨综理公司一切事务和协助总经理处理公司各项事务。内部设总秘书室、总稽核室、总会计室和总营业室（后又增设总经理室），各室又视业务之简繁分设若干组股，并由总经理提请董事会核准任命总秘书、总稽核、总会计和总营业，分别主持其事，于每组股设专员一人、办事员若干人，承总经理之命分隶各室办事。此外，公司还设总工程师、工程师若干人，由总经理任免，负责生产技术；设稽核若干人，承总经理之命、受各室主管人之指挥担任稽核事务。鉴于旗下一众企业散布于陕、甘、川三省，为便于管理起见，公司还在西安、兰州、重庆设有专门办事机构，分别称驻秦办事处（亦称西安办事处）、驻陇办事处（亦称兰州办事处）和驻渝办事处（简称“渝处”），一度还设过成都办事处（称“驻蓉办事处”），以代表公司就近管理设在该省的企业，且由各省中行经理兼任办事处主任，由公司简派专员一人、办事员若干人开展工作。

作为中国银行所办所属之实业公司，雍兴公司的主要职员均来自中行系统。除总经理、协理之外，所有厂矿的会计人员，固悉由中国银行调派，所聘各总和厂矿经理，亦多系中行系统骨干或实业耆英，如袁雪厓（首任总稽核）、尹仁甫（副总稽核）、杨毓桢（字挚奇，留德化学博士，首任总工程师，蔡三厂创办者）、王瑞基（历任业精、蔡纺经理，公司总工程师）、吴本蕃（蔡机厂经理、高工职校校长）、孙镜清（广酒厂经理）、潘炳星（兰毛厂经理）、傅道伸（总工程师）、张仲实（蔡纺厂副经理、经理）等；有些还是束云章本人的戚党，如总秘书贺书绅、总营业陈叔虎是束的侄女婿，总稽核吕凤章是束的外甥，副总秘书束樵如（若）是束的同宗。副总会计吕心莱、副总营业魏公权也都是束的亲戚。其余各级职员则由各总和厂矿经理推荐，报请公司批准。全体职员均按中行的用人制度，填具保证书，并觅殷实铺保一家担保，或由社会知名人士两名、荐任以上文官一员担保，且规定推荐者不能同时又是保证人，并每年例行对保一次，保证人如果不愿继续承保，必须在有效期限六个月以内提出声明，否则一旦发生事故，则须全部赔偿被保之人所造成的损失。上下一体秉持“公诚勤敏”的训诫，强调尽职尽责，甚至“尽忠报国”，并从公司到所有旗下厂矿学校，都建有一系列堪称严整的规章制度，以规范和保证整个公司的正常运行。

二、雍兴公司旗下的厂矿、学校

雍兴公司自创办至结束，前后存续约10年时间。公司旗下既有企业，又有学校。其学校共有雍兴私立高级工业职业学校（简称雍兴高职校或高职校）、西安私立雍村小学（简称雍村小学）、私立岐山雍兴小学、私立兰州雍兴小学四所。而其企业则大致分为三类：一类即公司单独投资厂矿，亦称直属企业，如在陕的蔡家坡纺织厂（简称“蔡纺”或“蔡纺厂”）、蔡家坡动力酒精厂（简称“蔡酒”或“蔡酒厂”）、西北机器厂（简称“蔡机”或“蔡机厂”）、业精纺织厂（简称“业纺”或“业纺厂”）、陇县煤矿（简称“陇煤”）、长安皮革厂、长安印刷厂，及在甘的兰州毛纺厂（简称“兰毛”或“兰毛厂”）、兰州制药厂（简称“兰药”或“兰药厂”）、兰州面粉厂（简称“兰粉”或“兰粉厂”、兰州机器厂（简称“兰机”或兰机厂）和在川的广元动力酒精厂（简称“广酒”或“广酒厂”）等；一类为公司参与投资各厂，亦称合资企业，如益门动力酒精厂（简称“益酒”或“益酒厂”）、中南兴记火柴股份有限公司（亦称中南兴记火柴厂，简称“中南兴记”）、陕西冶铁公司、新疆新丰纱厂等；还有一类为中行投资，而以战时和束云章本人交叉任职的关系而委托雍兴公司就近管理的企业，亦称代管企业（或联枝企业），如中行西北运输处（简称“西运处”）、咸阳中国打包公司（简称“咸阳打包公司”或“咸阳打包厂”）、咸阳纺织工厂（简称“咸阳纺织厂”或“咸工厂”）、灵宝中国打包公司（简称灵宝打包厂）、豫丰和记纱厂的重庆、合川两个支厂（简称“渝、川支厂”）。其中新丰纱厂系1944年前后雍兴公司拟由重庆豫丰纱厂调拨一部分纺织机器，与新疆省政府在今乌鲁木齐合作筹建，后因机器运疆遇阻而中途搁浅；陕西冶铁公司系闻人杜月笙1942年冬在宝鸡益门创办，雍兴先后投资60万元，1943年5月开工后，情况则无由得闻，其他企业及学校的情况，则简介如次：

（一）直属企业

蔡家坡纺织厂　址在陕西岐山县蔡家坡火车站东铁路以北，占地375亩。

1941 年 1 月创办，同年 11 月开工。建设资金 500 万(嗣后又有增加)，为一共有千余人的大厂。所用原棉悉由财政部花纱布管制局供给，所产棉纱主要供花纱布局征购，仅有少量销往陇海沿线及四川等地，产品商标为“太白积雪”。经理先由王瑞基担任，王去世后由张仲实接充。1949 年 7 月宝鸡解放后，该厂作为官僚资本被解放军宝鸡军事管制委员会接管，改称西北第二棉纺厂，亦即后来的陕棉九厂。

西北机器厂 址在岐山县蔡家坡火车站东，距蔡纺厂约 1 公里，占地约 116.4 亩。建设资金 150 万元(嗣后又有增加)，系雍兴公司为经营其所办棉纺织业等而专门设立的机械修造配套企业。1940 年 11 月创办，1941 年 4 月下旬即渐次开工。经理初为杨毓桢，1942 年 3 月杨病逝后，束云章短期兼任，不久即由吴本蕃接充。抗战胜利前已拥有各种生产设备 260 多台，职工 800 多人，差可承担全程纺织机械的制造，并满足公司各厂矿之需要。国民党政权溃退前曾企图解散该厂，先将 100 余台生产设备和部分员工迁至江苏丹阳，后复转至台湾，同时大批裁减职工，致其生产能力显著下降。在中国共产党地下组织领导下，广大工人组织护厂“请愿”斗争，加之厂长陈辉汉等高级职员和工程技术人员从中周旋，终于使工厂得以保存。1949 年 7 月宝鸡解放，该厂作为官僚资本为解放军宝鸡军事管制委员会接管，一度保留原名，后改称国营第七〇九厂。

蔡家坡动力酒精厂 址在岐山县蔡家坡火车站东，与蔡机厂相邻，占地约 245 亩。1940 年 10 月创办，1941 年 8 月开工。建设资金 150 万(嗣后又有增加)，有职工 500 余人。经理先为杨毓桢，1942 年 3 月杨病逝后，束云章短期兼任，不久即由吕凤章兼任。初为解决中行西北运输 120 辆卡车的动力用油而建，附设面粉加工，后以汽车用油来源解决，停止酒精生产转而生产面粉，兼营酱油、味晶、食醋、淀粉等调味品，并在兰州设有分厂(即兰粉厂)，鼎盛时可月产面粉 2500 袋。面粉分为绿粉、红粉、蓝粉三种，产品商标为岐山牌。1949 年 7 月宝鸡解放后，该厂作为官僚资本为解放军宝鸡军事管制委员会接管，改称西北人民面粉厂，1951 年整厂迁至新疆，房地产全部捐给西北机器厂。

业精纺织厂 址在今属宝鸡陈仓区虢镇车站东闸口北，占地 100 余亩。初系天津中国银行在冀、豫、晋诸省自办及代管各纺织厂相继沦陷，“所有各该厂技术人员及办事员之有成绩者，不愿留为敌用相率退集西安”，于 1938 年 11 月间投资 10 万元创办的业精纺织股份有限公司，旨在使这些人有所托庇(一说为山西晋华纱厂、晋生纱厂、雍裕纱厂诸厂 1939 年由晋迁陕)，以经营手工纺纱和手工织布为主，经理是原雍裕纱厂之经理王瑞基。1941 年元旦起雍兴公司将其收归旗下，易名雍兴公司业精纺织厂，并将资本增加为30万元（嗣又增至100万元），以扩充营业并实行统一管理，经理仍为王瑞基。职工约达千人，主要生产包皮布、平布、毛巾和粗毛呢子，产品商标呢子为人字牌，平布为宝鸡牌。1949年7月宝鸡解放后，作为官僚资本为解放军宝鸡军事管制委员会接管，几经变迁，改称为西北有色地质冶金机械厂。

陇县煤矿　址在陇县娘娘庙，占地197.42亩。原系傅冠英、张玉衡、高敬如等人联办之新陇煤矿股份有限公司，1941年5月21日为雍兴公司全部收购。建设资金100万元。经理先后为赵保章和王蓝甫。有提升力为半吨的高车2部，25匹和50匹马力单心卧式锅拖机各1部，工人800余人，矿区及井下照明用电灯。井下各巷道铺设小铁轨，用翻斗车运煤至巷口，向外则铺设小铁路用铁轮小车箱运至虢镇火车站。1949年7月陇县解放后，为解放军宝鸡军事管制委员会接管，成立矿务管理委员会，改私营为国营。

长安制革厂　址在西安建国路信义巷十五号，占地11.91亩。1941年开始筹备，同年8月8日正式开工，11月30日举行开幕式。建设资金35万元（嗣后又有增加），有职工六七十人，经理刘履之曾任西安新履制革公司经理。全部手工操作，主要生产轮带并制作传动轮带，兼制牛底革、牛面革、衣服革等。解放前夕奉公司命令关闭。

长安印刷厂　址在西安建国路信义巷十六号，占地将近10亩。1941年6月成立，当年10月开工。建设资金35万元（嗣后又有增加），在洛阳设有外庄并在南院门开有门市部，经理为杨集生。“以发扬文化，促进教育并服务于本（雍兴）公司各厂之印刷便利为宗旨，承印各种铅、石印刷品，出版多种书籍，经营各种纸张及印刷材料，兼营文具、书籍及各种教育用品”。1944年3月因故以土地、房屋、机器、生财及门市部全部货品估值930万元折股，并另拨付现金50万元，共计折成股份980万元作为投资，托名“合作”，转由端木恺等所办《正报》股份有限公司经营。

兰州毛纺厂　址在兰州城外七里河，占地66.97亩。1940年11月成立，1941年3月开工。建设资金240万元（嗣后又有增加），经理先后为潘炳星、张宜斋。旨在“就近利用甘、青两省羊毛，准备为战后建立现代化毛纺织工业奠定基础”。开始仅有数百枚纺锭、20台织呢机、10台织毯机及若干简单整染设备，400多名职工，产品商标为吉羊牌。1947年经公司派员整顿，纺锭增加，整染设备和地毯设备均有充实，曾计划生产敦煌牌地毯出口，旋因国民党政权崩溃而止歇。1949年8月兰州解放后，被解放军兰州军事管制委员会接管，复产后更名兰州第一毛纺厂。

兰州面粉厂　址在兰州城外七里河，占地41.35亩。1940年6月成立，1941年因“内部情形异常紊乱”而停办整饬，将经理曹裕民调公司服务，遗缺由兰州中行襄理洪德官兼代。1941年9月开工，建设资金100万元（嗣后又有增加），经理先后为洪德官、凌子惟两人。原拟“采用机器磨粉，以开风气而利民食”，但以当地政府限价赔累不堪，遂转向为第八战区代磨军粉，而以余力酌量磨粉应付市面之需。因历年产粉数量与所得规定者相差悬殊，且地处偏远、技术员工不易罗致，机器损坏日甚，1946年1月起划归蔡酒厂接管，对外称雍兴公司蔡家坡动力酒精厂兰州面粉厂，由韩巨川担任经理，生产始趋稳定，效率、粉质均有提高。产品商标亦为岐山牌，主要行销兰州附近。1949年8月兰州解放后，被解放军兰州军事管制委员会接管。

兰州制药厂　址在兰州城外七里河，占地60余亩。初为1940年春宋子文、束云章、郑相臣、张心一等创办的中国制药股份有限公司，暂假中行西北货栈设厂。是年秋“因股本太少，无法周转，乃改并于雍兴公司”，易名雍兴公司兰州制药厂，并拨建设资金200万元，在七里河附近选购民地另设新厂，于1941年11月间部署就绪，次第开始生产。承袭中药公司原有制药、酒精、硫酸、肥皂甘油、玻璃五部架构，内部仍设五部，唯将硫酸部改为制碱部，一度因水灾损失惨重，曾暂停酒精、玻璃两部，暂设肥皂、甘油、碱部、漆墨四部。经理先后由曹柏年、张鸣冈充任。产品商标为吉星牌。因屡遭挫折，制药困难重重，1943年10月1日起，改名为兰州实用化学厂。抗战结束后，业务锐减，公司为免占用资金起见，责其办理结束，所有房产设备及未售出之料品，一并拨交兰毛厂接管。

兰州机器厂　址先设兰州中行河路仓库，后迁至中行西北货栈。1941年3月开始筹备，建设资金50万元（后复增至100万元）。初为雍兴公司西北机器厂分厂，经理为杨毓桢，1942年元月起更名雍兴公司兰州机器厂，经理一直由马文芳担任。以全力修配在兰各厂机件为主，原则上不事扩充，少接外活，兼以交通不便导致人才罗致较难和设备简陋、原料缺乏，生产一直不甚畅旺。抗战结束后，业务尤不景气，公司为免占用资金起见，责其办理结束，所有房产设备及未售出之料品，一并拨交兰毛厂接管。

广元动力酒精厂　址在四川广元城郊须家河，占地43亩。以广元地当川陕交通要冲，为汽车往返必经，设之以就近供给汽车燃料而利运输。初系蔡酒分厂，旋改雍兴公司直辖。建设资金80万元。经理先后为杨毓桢、孙镜清。日产酒精250加仑，什九为政府征购，兼以技术、设备、运输诸般困难，1946年9月即奉令结束。自 1942 年 2 月开工至结束，存续仅“五年另八阅月”。1949 年 8 月兰州解放后，被解放军兰州军事管制委员会接管。

（二）合资企业

益门动力酒精厂 址在宝鸡益门镇。原为杨毓桢等人创办，1941 年 5 月，雍兴公司出资 30 万元，杨等出资 15 万元，委托雍兴公司经营，并定名雍兴公司益门动力酒精厂，经理改由吕凤章担任。时间不长即并入蔡家坡动力酒精厂。

中南兴记火柴厂 址在西安中山门外北廓门内，占地约 11 亩。系雍兴公司与中南火柴公司合资企业，并由雍兴公司管理，董事长束云章，经理冯尚文（中南公司经理）。资本初为 60 万元，雍兴占 32 万元，后为供给后方、抵制仇货，总额增至 240 万元，雍兴占 128 万元。1941 年 5 月签订合约，7 月 8 日恢复生产。嗣以雍兴公司直辖业务日渐发展，难以兼顾，加以通货膨胀，中南公司面临破产危险，1944 年 5 月起，雍兴即不再管理，本厂又分出单独经营，遂以股本作价分期撤出。其间曾出品钟楼、雁塔、报国等商标的火柴，销往兰州、平凉、汉中、宝鸡等地。

（三）代管企业

中行西北运输处 址在岐山县蔡家坡。1941 年 4 月 1 日成立。原为西安中行内部机构，嗣委雍兴公司代管。经理为许庸令。建设资金初为 200 万元，后复增至 500 万元。主要承运中行钞券及其西北所办各厂的材料，并以富裕运力参与西北生产物资的转运和广元、宝鸡间的客运，或被征调协助政府运输军公物资与专案军品，曾参加过从缅甸运进机器和独山军运及从军知识青年的转运等。后因军事征用频繁、车辆损毁严重，难以为继，1944 年 9 月奉公司函示，将其修车厂及机务科即日起归并西北机器厂，更名为该厂益门分厂；材料科归并公司接办，仍维持“中国银行西北运输处材料库”不变；所有一百多辆卡车陆续折价出让与军地有关机构，遂告结束。

咸阳中国打包公司 址在咸阳北关火车站附近，占地 221 亩，并在泾阳永乐店设有仓库、筹设分厂。1934 年由周作民、杜月笙、束云章等在天津发起成立，卞白眉任董事会主席，束云章、沈次量为常务董事，汪晴江为公司经理。初拟设于西安北门外，嗣以陇海路继续西展，遂参照陕棉产品及运输情形，移设咸阳。1936 年 10 月开始营业。建设资金 60 万元。主要经营代客打包，兼营仓库及特约银行代办押汇押款、特约保险和运输公司代办保险。有 200 匹马力蒸汽引擎两座、旋风式打包机一座、卧式锅炉两具，每小时可打包 40 件。1939 年 3 月，还与湖北纱布局联建有咸阳纺织工厂。1949 年 5 月咸阳解放前夕，国民党当局命令迁往台湾,汪晴江拒不从命,并电示厂长傅道伸于解放后将公司设备、原料、账目、资金,全部交由解放军西安军事管制委员会监管清理。

咸阳纺织工厂 全称湖北纺织局咸阳纺织工厂,址在咸阳县北关咸阳打包厂内。1940年3月1日由湖北省纱布局和咸阳中国打包厂合组成立。总经理束云章,经理先后为刘绍远(湖北纱布局所派)、汪晴江。湖北纱布局投资,1938年秋奉令运往陕西宝鸡的纱机,原动、房屋则由咸阳打包厂提供。1946年合租期满,复协议按照原合约续延三年。有职员、工人、警役1200余名,机器除原有旧纱机外,后又新添置若干。所需原棉除由当地采购外,多在三原、泾阳、渭南及河南灵宝等处采购。主要生产黄鹤楼牌16支和20支棉纱,及咸阳古渡牌14磅棉布。1949年5月咸阳解放后,先由解放军西安军事管制委员会实行监管,旋应湖北有关部门要求改行接管。

灵宝中国打包公司 原在河南灵宝城外。1934年7月由卞白眉、金颂匋、束云章等人发起成立,卞白眉任董事会主席,束云章、金颂匋为常务董事,经理先后为吴祥凤等。1935年3月开工。七七事变后,晋南各县先后沦陷,灵宝与晋南隔河相望,时受炮火威胁,形势日非,交通梗阻,董事会函托雍兴公司束云章就近主持。1944年,灵宝一度失陷,渭白段轻便铁路管理处乘时强将其原动机件及器材抢拆运陕,后经董事会核准,将部分收回机件等租与咸阳工厂,租期定为两年,拟俟时局好转复厂,但却一再受阻,后续情况不明。

豫丰和记纱厂(渝、合支厂) 初称豫丰纱厂,厂址河南郑州,系穆藕初等筹资创办。1934年3月由天津中国银行接管,更名裕丰和记纱厂。1938年3月迁往重庆设立分厂,1940年6月恢复生产。为避免敌机轰炸,先后在重庆余家背与合川县建立两个支厂,时称渝、合支厂。厂董事长为卞白眉,束云章兼任总经理,潘仰山兼任经理。生产10支、16支、32支、42支棉纱,主要供应军需,产品商标为飞艇牌(后改绿飞艇)。抗战胜利后一度停工整顿,至1947年始恢复生产并有所发展。1949年11月重庆解放后,由人民政府接管,改名为重庆第一棉纺厂。

(四)学校

雍兴私立高级工业职业学校 址在蔡家坡机厂与纱厂之间,面积约46亩,系依托蔡三厂(包括蔡酒厂)之独特优势而设,由公司及其所属各厂分担经费。1942年夏成立,1943年元月即正式开学。校董有沈次量、杨朗川、李紫东、王瑞基、刘持钧、吕凤章、潘仰山、郑彦之等,均为公司及其所属企业精英人物。束云章亲任董事长,校长则由蔡机场经理吴本蕃兼任。开设机械、纺织两科,兼学高中阶段知识，招考初中毕业生入校学习，学生多为陕、甘两省籍，亦有河北、天津、山东、山西、河南、江苏、浙江、安徽、湖南、湖北、福建、广东等省籍。1948 年 9 月因故停办，解放后迁至咸阳，拆分为咸阳机器制造工业学校和咸阳纺织工业学校。

西安市私立雍村小学 址在西安建国路玄风桥之雍村（即当时雍行职员宿舍所在）。其设立系为“谋同人子女求学便利”，遂将在建雍村内眷属宿舍西边一部分房屋，借作校舍，雍行暨公司合捐 50 万元作为基金，经费则由各厂比例分担。1943 年 2 月开始筹办，1944 年 5 月底呈准长安县政府立案。束云章亲任董事长并兼校长，沈次量、杨朗川、蒋均如、袁雪厓等出任校董，胡镜霞为校务主任。主要招收一至六年级单式各一班；各级除容纳西安中国银行及雍兴实业公司同人子女外，遇有空额，亦招收附近学龄儿童。初名西安私立雍村小学，1944 年改隶西安市政府后，更名西安市私立雍村小学。1949 年 5 月西安解放后，学校停办，雍村成为中共中央西北局驻地。

私立岐山县雍兴小学 址在岐山县蔡家坡，本部在蔡纺厂内，西北机器厂设有分校。系为解决蔡三厂同人子弟就学而设，经费由三厂分担。1942 年 8 月成立，开始附设于扶轮中学（铁路中学），1943 年决定自办。董事长先后为吴树谷、张仲实，董事有吴树谷、张仲实、刘持钧、韩巨川（后由狄玮接替）、王瑞基、吕凤章、杨瑞人等，校长相继由刘冠杰、王共图担任。初名私立蔡家坡雍兴三厂员工子弟小学，1945 年 11 月依照陕西省小学设立程序第八条之规定，呈奉陕西省教育厅批准改名私立岐山县雍兴小学。1948 年 9 月雍兴高职校停办后，校址迁入高职校内，通称“三厂小学”。1949 年 7 月宝鸡解放后，以各厂独立自办学校而告结束。

私立兰州雍兴小学 址在兰州面粉厂内。1944 年 3 月 1 日正式开学。校长先后为韦锡武、秦亚云，均由校董会聘任；内设民教、小学两部；经费由公司兰州面粉、兰州毛纺、兰州机器和兰州化学各厂平均负担。初为单级教学，教员仅 2 人，同年 8 月即改为复式教学，加聘教员 1 人，来年春又实行一二年级单式、中高年级复式教学，教员加聘至 6 人，学生由 71 名相继增至 96 名、120 名，班级亦由一班一级陆续增至两班多级和四班六级，并拟扩充至六班六级。1949 年 8 月兰州解放后，由解放军兰州军事管制委员会接管，改名兰州市私立雍兴小学。

三、雍兴公司的结束及其余绪

雍兴公司创办于国难正亟、工业内迁的背景之下，其创办的动机，固然出乎资本逐利本性的驱使,见机而起,但毕竟也是高擎实业救国的大旗,亟欲在民族解放的奋斗中有所贡献,而坚信抗战必胜,指望在抗战中奠定基础,于战后建设中一鞭先著谋取自身更大的发展,更是其倾心向往之愿景蓝图。“战后建设,经纬万端,人生需要衣食住行,同关重要。故雍兴各厂首重纺织,次为面粉,其他各厂除制药厂系因西北药产丰富,为提倡制药而设外,余如机器、酒精、制革、印刷等厂,以及运输部,均系应各厂及社会之需要而设。一俟时局平定,纺织、面粉、机器三种工业均拟加以扩充;制革厂、印刷厂妥为经营,必能立足并可谋适当之推展;酒精厂当于战后视环境情形另图久远之计;运输部在西北各铁路尚未完成以前,仍为交通上有力工具。此外将来尚拟择地设一规模较大之洋灰厂,期于一般房屋及道路建筑上稍有贡献。”公司发轫之初束云章这次“精神讲话”,已将其“大体计划”说得再明白不过,故其广揽才贤、精心布厂的同时,又复极重视教育,尤其是与其所办厂矿堪称配套的职业教育,洵称深谋远虑而在在了无闲笔。然而因陋就简,基础薄弱,固是其所有厂矿先天的通病,而战争环境下的物价腾贵、原料与机器并感困绌导致业务不振,也是其长期面对的巨大束缚。所以,尽管是雍行所办的企业,尽管有着中行雄厚的金融支持,艰苦竭蹶,举步维艰,仍适足以形容其坎坷前行的途程,其广酒、益酒、长印、兰粉诸厂的变迁,即为不移之铁证。

另外,作为官僚资本企业,国内的政局动荡不靖、战争不断乃至江山易手,也是影响并决定其前途命运至关重要的因素。抗战胜利之后,虽然雍兴公司在拆除日本在华遗留的军火企业中因为宋子文的特殊关照,获得了不菲的设备赔偿,并采取了一系列调整措施,诸如紧缩机构,裁减人员;集中营业,统一材料供应;实行生产测定,改进工艺流程;借鉴他山经验,加强经营管理等,似乎有所振作,可是随着国共内战的再次爆发和愈演愈烈,很快即变得风雨飘摇,惊恐如在逆旅,以致1948年4月间西北野战军发动以摧毁宝鸡敌后供应基地为目标的西府战役推进到蔡家坡前夕,吕凤章率领一批高级职员仓皇逃往四川、上海等地,继之又通过束云章向董事会建议收缩西北各厂矿,把未曾安装的机器运往南方设厂,即:(一)蔡纺、业精两厂仍维持现状,不拟再事扩充;(二)将一部分机件迁移至华南与豫丰纱厂和丹阳纱厂在丹阳合作设厂,另谋发展;(三)紧缩蔡机、蔡酒两厂,前者资遣工友60%以上,后者资遣32%;(四)将陇县煤矿事务及营业课合并改为总务课,并撤销其虢镇堆栈以资撙节;(五)与中南工业公司合作在上海和台湾筹设味晶厂。而其后数月间,西北野战军又接连发动秋季攻势和冬季攻势,即所谓澄合战役、荔北战役和永丰战役,极大地动摇了国民党当局在西北的统治;淮海战役期间,“国军撤守,蚌宿相持终亦失利,苏北据点俱呈危岌,丹阳密迩,镇江尤受威胁,筹建工作无法展开”,丹阳建厂的计划亦成泡影,导致公司又进一步决定:1. 总公司各总西迁重庆、西安仍设办事处,由总工程师傅道伸代理公司协理兼办事处主任,以副总稽核尹仁甫、副总营业魏公权为副主任。2. 蔡纺、业精、陇矿仍维现状;蔡酒厂裁减员三分之一,面粉部维现状,味晶部即日停止生产,与中南化学公司合作在台设厂经营,仍用岐山商标;蔡机厂裁减员工二分之一,此后出品以本公司急切需要者为限;兰粉直隶总公司,业务以维持现状为原则;长革厂予以结束;宝鸡办事处裁撤,改为宝鸡运输站。3. 将各厂未经装用之机器及一部分物料由陕而渝,由渝而沪,由沪而台,就其可以移动并能组成生产单位者,尽速设法运赴比较安全地带,另建生产基地。表面似心有不甘而留有后手,实际上回天无望已完全停摆。直到1949 年5 月20 日西安解放,西安市军事管制委员会5 月25 日接管雍兴公司及咸阳打包和咸阳纱厂;7 月 14 日宝鸡解放,宝鸡军事管制委员会相继接管了蔡三厂和陇县煤矿;8 月 26 日兰州解放,兰州军事管制委员会相继接管了兰州各厂;就是最晚的豫丰渝厂,也在是年 11 月 30 日重庆解放之后,为新生人民政权接管,一度名头甚响的雍兴公司,终于随着国民党政权的垮台,彻底画上了句号。

有史料显示,后来经过几个月的整顿,已被收归国有的雍兴公司,1949 年9 月1 日被更名为西北人民纺织公司(后复易名陕西省纺织工业公司),焕发出新的生命,投身于新中国火热的建设当中。作为民国时期西北最大的官僚资本企业,雍兴公司的历史并不算长,业绩也远谈不上“辉煌”,甚至其原先某些“宏伟”的计划,也格于时势而未能或没有来得及展开。但是它留在陕甘,留在西北,乃至留在中国近代工业演进史上的影响,却赫然巨大,长远而深刻,以至半个多世纪以来,尤其是改革开放之后,仍然持续地成为人们谈论的话题或研究对象,而其本部及其旗下诸多厂矿当年形成的万千档案,作为这段历史的真实记录,亦因其足以使雍兴的形象栩栩如生或让后之来者觉得立体可感,而显得愈加珍贵。设使有暇读得这些文献,相信诸君自必会在惊异其于筚路蓝缕、救国逐利的同时,又颇孜孜于现代企业制度之在近代中国的实践与探索,从而引发出许多的感慨,启发新的思考和新的认识。

2018 年4 月10 日

目 录

第一章 创设、构架与落幕

一、公司创设

二、公司架构

三、公司落幕

第二章　基本章则

第三章　会议记录

一、股东大会记录

二、董事会议记录

三、厂务会议记录

(一)第一届厂务会议记录

二、生活待遇

第六章　来往函件

一、人事任免

二、厂务管理

三、战后接收

四、落幕

第七章　所属单位概况

第八章　直属企业(上)

陕西各厂

(四)蔡家坡动力酒精厂

第八章　直属企业(下)

一、兰州各厂

(一)筹设会议记录

(二)兰州毛纺厂

1. 企业概况

2. 企业章则

第九章　合资企业

一、益门镇动力酒精厂

二、中南兴记火柴厂

第十章　代管企业

一、西北运输处

二、咸阳打包厂

四、灵宝打包厂

五、豫丰和记纱厂（渝合支厂）

第十一章　附属事业

一、私立雍兴高级工业职业学校

1. 学校概况

2. 学校章则

3. 来往函电

二、私立西安雍村小学

1. 学校概况

四、私立兰州雍兴小学

第一章　创设、构架与落幕

一、公司创设

雍兴实业股份有限公司发起人会及创立会议事录

（1940 年 3 月 21 日）

时　期　民国二十九年三月二十一日下午三时

地　址　香港广东银行二楼

出席者　宋汉章　贝淞荪　卞白眉　束云章　沈次量　杨朗川
　　　　刘映侬　胡名甫　汪楞伯（卞白眉代）　　霍亚民（刘映侬代）
　　　　张鸣冈　康菊农（以上二位杨朗川代）　　潘仰山
　　　　李紫东（以上二位束云章代）　翁叔通
　　　　洪午楼（以上二位胡名甫代）　郑相臣（沈次量代）

公推宋汉章先生为临时主席。

主席报告：本公司以发展西北经济、提倡生产事业为目的。资本总额定为国币二百万元，分为二千股，每股一千元，所有资本业由发起人一次缴足。兹拟定本公司章程三十七条，请共同讨论。

决议：全文通过（原文附后）。

主席提议：根据本公司章程第二十一条之规定，应请选举董事九人、监察五人。

选举结果：

（1）宋子文、贝淞荪、汪楞伯、卞白眉、束云章、沈次量、杨朗川、张鸣冈、胡名甫先生当选为董事。

(2)霍亚民、刘映依、郑相臣、潘仰山、李紫东先生当选为监察人。

又根据本公司章程第二十三条之规定,由董事九人中互推宋子文、卞白眉、束云章、沈次量、杨朗川先生为常务董事,宋子文先生为董事长。

下午四时散会。

(件存陕西省档案馆民国档案 82 - 1 - 395 - 2 卷)

雍兴实业股份有限公司发起人姓名、经历、住址及认股数目清单

(1940 年 3 月 21 日)

雍兴实业股份有限公司发起人姓名、经历、住址及认股数目清单

发起人姓名	经理	住址	认股数目
宋子文	中国银行董事长	香港中国银行	壹千贰佰股
宋汉章	中国银行总经理	香港中国银行	壹千贰佰股
贝淞荪	中国银行副总经理	香港中国银行	壹千贰佰股
汪楞伯	中国银行总稽核	香港中国银行	壹千贰佰股
霍亚民	中国银行副总稽核	重庆中国银行	壹千贰佰股
刘映依	中国银行总管理处稽核	重庆中国银行	壹千贰佰股
卞白眉	重庆豫丰纱厂董事长	重庆豫丰纱厂	壹千贰佰股
束云章	重庆豫丰纱厂常务董事长	重庆豫丰纱厂	壹千贰佰股
沈次量	天水中国银行副经理	天水中国银行	壹千贰佰股
杨朗川	天水中国银行副经理	天水中国银行	壹千贰佰股
张鸣冈	天水中国银行经理	天水中国银行	壹千股
胡名甫	天水中国银行经理	天水中国银行	壹千股
康菊农	天水中国银行经理	天水中国银行	壹千股
潘仰山	重庆豫丰纱厂经理	重庆豫丰纱厂	壹千股
李紫东	西安中国银行经理	西安中国银行	壹千股
郑相臣	兰州中国银行经理	兰州中国银行	壹千股
翁叔通	西宁、宁夏中国银行	宁夏中国银行	壹千股
洪午楼	宁夏、青海、西宁中国银行	西宁中国银行	壹千股

(件存陕西省档案馆民国档案 82 - 1 - 143 - 1 卷)

雍兴实业股份有限公司股东名簿

（1940 年 9 月 6 日）[①]

雍兴实业股份有限公司股东名簿

股款股据号数	股东姓名	股东住所	股数	股款(元)	已缴股款	缴纳股款年月日	银行以外出资种类及价格或估价标准
1	宋子文	香港中国银行	壹千贰百股	1,200,000	一次缴足	1941 年 9 月 6 日	无
2	宋汉章	香港中国银行	壹千贰百股	1,200,000	一次缴足	1941 年 9 月 6 日	无
3	贝淞荪	香港中国银行	壹千贰百股	1,200,000	一次缴足	1941 年 9 月 6 日	无
4	汪楞伯	香港中国银行	壹千贰百股	1,200,000	一次缴足	1941 年 9 月 6 日	无
5	霍亚民	重庆中国银行	壹千贰百股	1,200,000	一次缴足	1941 年 9 月 6 日	无
6	刘映侬	重庆中国银行	壹千贰百股	1,200,000	一次缴足	1941 年 9 月 6 日	无
7	卞白眉	重庆豫丰纱厂	壹千贰百股	1,200,000	一次缴足	1941 年 9 月 6 日	无
8	束云章	重庆豫丰纱厂	壹千贰百股	1,200,000	一次缴足	1941 年 9 月 6 日	无
9	沈次量	天水中国银行	壹千贰百股	1,200,000	一次缴足	1941 年 9 月 6 日	无
10	杨朗川	天水中国银行	壹千贰百股	1,200,000	一次缴足	1941 年 9 月 6 日	无
11	张鸣冈	天水中国银行	壹千股	1,000,000	一次缴足	1941 年 9 月 6 日	无
12	胡名甫	天水中国银行	壹千股	1,000,000	一次缴足	1941 年 9 月 6 日	无
13	康菊农	天水中国银行	壹千股	1,000,000	一次缴足	1941 年 9 月 6 日	无
14	潘仰山	重庆中国银行	壹千股	1,000,000	一次缴足	1941 年 9 月 6 日	无
15	李紫东	西安中国银行	壹千股	1,000,000	一次缴足	1941 年 9 月 6 日	无
16	郑相臣	兰州中国银行	壹千股	1,000,000	一次缴足	1941 年 9 月 6 日	无
17	翁叔通	西宁中国银行	壹千股	1,000,000	一次缴足	1941 年 9 月 6 日	无
18	洪午楼	宁夏中国银行	壹千股	1,000,000	一次缴足	1941 年 9 月 6 日	无

（件存陕西省档案馆民国档案 82－1－143－2 卷）[②]

---

① 时间根据缴纳股款日期而定。

② 据《雍兴实业股份有限公司股东、股数、权数及金额一览表》（件存陕西省档案馆民国档案 82－1－395－1 卷），刘映侬、郑相臣 1945 年已退股，另增孔祥熙、廖云皋、常绢甫三人，股东总数为 19 人。其中孔祥熙等 11 人股数调整为 2400 股，股款为 240 万元；张鸣冈等 4 人股数调整为 2000 股，股款为 200 万元；李紫东等 4 人股数调整为 1400 股，股款为 140 万元。

雍兴实业股份有限公司发起人选举董事监察人名单

（1940 年 3 月 21 日）

雍兴实业股份有限公司发起人选举董事监察人名单

董　事	宋子文
	贝淞荪
	汪楞伯
	卞白眉
	束云章
	沈次量
	杨朗川
	张鸣冈
	胡名甫
监察人	霍亚民
	刘映侬
	郑相臣
	潘仰山
	李紫东
发起人会临时主席宋汉章	

（件存陕西省档案馆民国档案 82－1－143－2 卷）

宋子文为担任公司董事长复雍兴实业股份有限公司董事会函※

（1940 年 3 月 23 日）

径复者：接展三月二十三日公函以本公司创立会推选结果，子文当选为常务董事并公推为董事长，函达洽照等由。子文既承推选，自当担任。特复查照。

此致

雍兴实业股份有限公司董事会

宋子文

二十九年四月十二日

（件存陕西省档案馆民国档案 82－1－151－2 卷）

雍兴实业股份有限公司董事会聘请束云章任公司总经理书※

聘字第一号

（1940 年 3 月 29 日）

兹聘请台端为本公司总经理。此致

束云章先生

雍兴实业股份有限公司董事会

中华民国二十九年三月二十九日

（件存陕西省档案馆民国档案 82 – 1 – 443 – 3 卷）

雍兴实业股份有限公司董事会聘请杨朗川为公司协理书※

聘字第三号

（1940 年 3 月 29 日）

兹聘请台端为本公司协理。此致

杨朗川先生

雍兴实业股份有限公司董事会

中华民国二十九年三月二十九日

（件存陕西省档案馆民国档案 82 – 1 – 443 – 3 卷）

宋子文等为设立雍兴实业股份有限公司并请备案呈甘肃省建设厅文※

（1941 年 8 月 18 日）

为发起设立雍兴实业股份有限公司呈请备案由。

窃具呈人等，现拟在甘肃省天水县阮家街三十四号设立雍兴实业股份有限公司，额定资本国币二千万元，分为二万股，每股一千元，以发展西北经济、提倡工业及生产事业为宗旨，经营左列业务：

（一）自办或投资一般工矿及其他生产事业；

（二）受一般工矿之委托，代为管理与经营。

所有股份均由具呈人等自行认定。兹特遵照《公司法》[①]施行法第二十三条

① 指 1929 年 12 月 6 日南京国民政府颁布，1931 年 7 月 1 日起施行的《公司法》。

之规定,备文并附具营业计划书,发起人姓名、经历、住址及认股数目清单,呈请钧厅鉴核,敬乞准予备案,以利进行,实为德便。谨呈

甘肃省政府建设厅

附件:

营业计划书一份(略)

发起人姓名、经历、住址及认股数目清单一份(略)

具呈人:雍兴事业股份有限公司全体发起人

宋子文	宋汉章	贝淞荪	汪楞伯	霍亚民	刘映侬	卞白眉
束云章	沈次量	杨朗川	张鸣冈	胡名甫	康菊农	潘仰山
李紫东	郑相臣	翁叔通	洪午楼			

公司筹备处地址:甘肃省天水县阮家街三十四号。

(件存陕西省档案馆民国档案 82 - 1 - 62 - 1 卷)

雍兴实业股份有限公司营业计划书

(1941 年 8 月 18 日)

兹为发展西北实业、增加后方生产起见,拟办各厂矿如下:

1. 兰州制药厂	资本二百万元	每年预计盈余十九万七千元
2. 兰州面粉厂	资本一百万元	每年预计盈余十八万元
3. 兰州毛织厂	资本二百四十万元	每年预计盈余三十三万元
4. 兰州西北机器厂	资本一百万元	每年预计盈余五万元
5. 蔡家坡纺织厂	资本五百万元	每年预计盈余五十八万四千元
6. 蔡家坡动力酒精厂	资本一百五十万元	每年预计盈余十万元
7. 蔡家坡西北机器厂	资本一百五十万元	每年预计盈余十二万元
8. 业精纺织厂	资本一百万元	每年预计盈余三十三万四千元
9. 长安制革厂	资本三十五万元	每年预计盈余四万元
10. 长安印刷厂	资本三十五万元	每年预计盈余五万元
11. 益门镇动力酒精厂	资本六十万元	每年预计盈余五万五千元
12. 广元动力酒精厂	资本八十万元	每年预计盈余八万元
13. 陇县煤矿	资本一百万元	每年预计盈余十三万元
14. 总公司营运资金	资本一百四十五万	

以上共需资金二千万元，各厂矿个别营业计划书附后。

（件存陕西省档案馆民国档案 82－1－143－1 卷）

雍兴实业股份有限公司各厂矿营业计划书

（1941 年 8 月 18 日）

兰州制药厂

一、资金国币二百万元，支配用途如左：

机　　器	七十二万元
用　　具	三万六千元
厂　　房	五十万元
原　　料	六十万元
流动资金	十四万四千元

二、营业收入（以一年计算）

销售药品	四百八十一万三千元
销售酒精	三十九万六千元
销售玻璃	八十六万四千元
销售肥皂	三十七万四千元
销售石碱	三十六万元
每年预计收入	六百八十万七千元

三、营业支出（以一年计算）

原料物料	二百四十八万元
薪　　工	三十六万元
制造费用	一百一十七万元
营业费用	一百九十一万元
管理费用	四十一万元
财务费用	二十八万元
每年预计支出	六百六十一万元

四、收支相抵，每年预计约盈余十九万七千元

兰州面粉厂

一、资金国币一百万元，支配如左：

机　　器	四十五万元
用　　具	五万元
厂　　房	三十万元
原　　料	十五万元
流动资金	五万元

二、营业收入（以一年计算）

销售面粉	四百二十万元
销售麸皮	二百四十万元
每年预计收入	六百六十万元

三、营业支出（以一年计算）

原料物料	五百六十万元
薪　　工	十五万元
制造费	二十万元
营业费	二十五万元
管理费	十万元
财务费	十二万元
每年支出共计	国币六百四十二万元

四、收支相抵，预计约盈余十八万元

兰州毛织厂

一、资金国币二百四十万元，支配用途如左：

机　　器	一百五十二万元
用　　具	一十万元
厂　　房	二十万元
原　　料	一十万元
流动资金	四十八万元

二、营业收入(以一年计算)

销售毛呢　　六百七十二万元

销售毛毯　　九十三万六千元

其他收入　　二万四千元

每年预计收入　共计国币七百六十八万元

三、营业支出(以一年计算)

原料物料　　三百六十万元

薪　　工　　二百零四万元

制 造 费　　九十六万元

营 业 费　　三十五万元

管 理 费　　一十六万元

财 务 费　　二十四万元

每年预计支出　共计国币七百三十五万元

四、收支两抵,每年预计约盈余三十三万元

兰州西北机器厂

一、资金国币共计一百万元,支配用途如左:

厂房建筑及地基　　四十万元

机　　器　　二十万元

用　　具　　一十万元

原　　料　　一十五万元

流动资金　　一十五万元

二、营业收入(以一年计算)

销工作机及工具　　一百万元

代客修理　　三十万元

每年预计收入　共计国币一百三十万元

三、营业支出(以一年计算)

原料物料　　八十万元

薪　　工　　一十万元

制造费用　　一十五万元

营业费用　　　　一十万元
管理费用　　　　　五万元
财务费用　　　　　五万元
每年预计支出　共计国币一百二十五万元
四、收支两抵，每年预计约盈余五万元

蔡家坡纺织厂

一、资金国币五百万元，支配用途如左：
机　　器　　　　二百五十万元
用　　具　　　　　二十万元
厂房及地基　　　一百二十万元
原　　料　　　　　二十万元
流动资金　　　　　九十万元
二、营业收入（以一年计算）
销售棉纱　　　　一千八百万元
其他收入　　　　　四万四千元
每年预计收入　共计国币一千八百零四万四千元
三、营业支出（以一年计算）
原料物料　　　　　六百万元
薪　　工　　　　一百五十六万元
制 造 费　　　　三百九十万元
营 业 费　　　　一百八十万元
管 理 费　　　　三百六十万元
财 务 费　　　　　六十万元
每年预计支出　国币一千七百四十六万元
四、收支两抵，每年预计约盈余国币五十八万四千元

蔡家坡动力酒精厂

一、资金国币一百五十万元，支配用途如左：
厂房建筑及地基　五十万元

机　　器　　　　三十万元
用　　具　　　　　五万元
原　　料　　　　五十万元
流动资金　　　一十五万元

二、营业收入（以一年计算）

酒　精　　　　　九十万元
酒　糟　　　　　　五万元
每年预计收入　共计国币九十五万元

三、营业支出（以一年计算）

原料物料　　　　六十万元
薪　　工　　　　　三万元
制 造 费　　　　一十万元
营 业 费　　　　　五万元
管 理 费　　　　　四万元
财 务 费　　　　　三万元
每年预计支出　共计国币八十五万元

四、收支两抵，每年预计约盈余一十万元

蔡家坡西北机器厂

一、资金国币一百五十万元，支配用途如左：

建筑厂房及地基　　　　三十万元
机　器　　　　　　　五十六万元
用　具　　　　　　　　二十万元
原　料　　　　　　　　二十万元
流动资金　　　　　　二十四万元

二、营业收入（以一年计算）

销 纱 锭　　　　　　　九十万元
销工作机及工具　　一百七十五万元
代客修理　　　　　　　三十万元
每年预计收入　共计国币三百三十七万元

三、营业支出(以一年计算)

原料物料	一百零五万元
薪　　工	一十五万元
制造费用	一百二十七万元
营业费用	一十一万元
管理费用	四十二万元
财务费用	二十五万元
每年预计支出	国币三百二十五万元

四、收支两抵,每年预计约盈余一十二万元

虢镇业精纺织厂

一、资金国币共计一百万元,支配用途如左:

建筑厂房及地基	三十三万八千元
机　　器	二十八万二千元
用　　具	二十一万五千元
原　　料	六万五千元
流动资金	一十万元

二、营业收入(以一年计算)

销纱收入	五百三十二万八千元
销布收入	二十四万元
其他收入	五千六百元
每年预计收入	共计国币五百五十七万三千六百元

三、营业支出(以一年计算)

原料物料	三百二十七万六千五百元
薪　　工	八万九千六百元
制 造 费	一百五十万元
营 业 费	一十三万元
管 理 费	一十二万一千元
财 务 费	一十二万二千元
每年预计支出	共计国币五百二十三万九千四百元

四、收支两抵，每年预计约盈余三十三万四千二百元

长安制革厂

一、资金国币四十万元，支配用途如左：

建筑厂房及地基	二十六万元
机　　器	六万元
用　　具	二万元
原　　料	二万元
流动资金	四万元

二、营业收入（以一年计算）

销售皮革	一百四十万元
其他收入	二万元
每年预计收入	共计国币一百四十二万元

三、营业支出（以一年计算）

原料物料	一百万元
薪　　工	八万元
制 造 费	一十万元
营 业 费	一十二万元
管 理 费	四万元
财 务 费	四万元
每年预计支出	共计国币一百三十八万元

四、收支两抵，每年预计约盈余国币四万元

长安印刷厂

一、资金国币三十五万元，支配用途如左：

建筑厂房及地基	一十五万元
机　　器	五万元
用　　具	三万元
原　　料	八万元

流动资金　　　　　　四万元

二、营业收入(以一年计算)

印刷收入　　　　　八十万元

其他收入　　　　　　一万元

每年预计收入　共计国币八十一万元

三、营业支出(以一年计算)

原料物料　　　　　五十万元

薪　　工　　　　　　五万元

制 造 费　　　　　　六万元

营 业 费　　　　　　八万元

管 理 费　　　　　　三万元

财 务 费　　　　　　四万元

每年预计支出　共计国币七十六万元

四、收支两抵,每年预计约盈余国币五万元

益门镇动力酒精厂

一、资金国币共计六十万元,支配用途如左:

建筑厂房及地基　　二十八万元

机　　器　　　　　二十五万元

用　　具　　　　　　三万元

原　　料　　　　　　一万元

流动资金　　　　　　三万元

二、营业收入(以一年计算)

销售酒精　　　三百四十五万元

销售酒糟　　　　　十五万元

其他收入　　　　　　五千元

每年预计收入　共计国币三百六十万五千元

三、营业支出(以一年计算)

原料物料　　　　二百八十万元

薪　　工　　　　　　　八万元

制造费	三十二万元
营业费	一十万元
管理费	一十五万元
财务费	一十万元
每年预计支出	共计国币三百五十五万元

四、收支两抵，每年预计约盈余国币五万五千元

广元动力酒精厂

一、资金国币八十万元，支配用途如左：

建筑厂房及地基	二十五万元
机器	二十万元
用具	一十万元
原料	一十五万元
流动资金	一十万元

二、营业收入（以一年计算）

酒精	五十四万元
酒糟	三万元
每年预计收入	共计国币五十七万元

三、营业支出（以一年计算）

原料及物料	三十万元
薪工	六万元
制造费用	三万元
营业费用	三万元
管理费用	四万元
财务费用	三万元
每年预计支出	共计国币四十九万元

四、收支两抵，每年预计约盈余国币八万元

陇县煤矿

一、资金国币一百万元,支配用途如左:

建筑厂房及地基	二十七万元
机　　器	四十七万元
用　　具	六万元
开 办 费	一十二万元
流动资金	八万元

二、营业收入(以一年计算)

销售煤炭　　一百八十九万元

每年预计收入　共计国币一百八十九万元

三、营业支出(以一年计算)

材　　料	二十一万元
薪　　工	八十二万元
杂　　费	二十五万元
营 业 费	一十八万元
管 理 费	二十万元
财 务 费	一十万元

每年预计支出　共计国币一百七十六万元

四、收支两抵,每年预计约盈余国币一十三万元

(件存陕西省档案馆民国档案 82－1－143－1 卷)

甘肃省政府为准予雍兴实业股份有限公司备案等事批宋子文、宋汉章等文※

建三申第一四一〇号

(1941 年 9 月 10 日)

原具呈人雍兴实业股份有限公司发起人宋子文、宋汉章等本年八月十八日呈一件,为发起设立雍兴实业股份有限公司呈请备案由。

呈件均悉,准予备案。仍仰遵照公司施行法第二十三条及公司登记规则第一章第三条之规定,备具附件各二份,并依公司登记规则第二章第十条之规定,按照该公司资本金额随文缴纳规费,一并呈府,以凭核转,仰即知照。

此批。

中华民国三十年九月十日

（件存陕西省档案馆民国档案82－1－143－2卷）

甘肃省政府为依法办理雍兴实业股份有限公司登记批示宋子文等※

建三酉第二九七八号

（1941年10月29日）

原具呈雍兴实业股份有限公司董事宋子文等：

建设厅案呈该公司本年九月三十日呈一件为设立雍兴实业股份有公司请予验资由。呈悉。经本府派员前往兰州中国银行，依法查验，尚属确当，仰即依法办理登记。

此批。

中华民国三十年十月二十九日

（件存陕西省档案馆民国档案82－1－143－2卷）

雍兴实业股份有限公司董事会为请开具存款票据并立临时借据致中国银行天水分行函※

（1941年9月25日）

兹因敝公司呈请甘肃省政府验资，特请由贵行开具国币贰千万元存款票据一纸（此票据系为贵行代敝公司经收股本之证明，不凭支款），以便呈验，除另具公函外，立此临时借据为凭。

此致

天水中国银行

雍兴实业股份有限公司董事会

三十年九月二五日

一俟验资手续办竣，即将该项票据缴还贵行注销，并将此据撤回作废。

（件存陕西省档案馆民国档案82－1－143－2卷）

中国银行天水分行为检还借款凭条、查收注销前所开具存款票据致雍兴实业股份有限公司董事会函※

雍字第四五八号

(1941 年 12 月 22 日)

径复者:接准十二月十三日台函,贵公司验资手续业已办竣送还,敝行前开国币贰千万元本票一纸,嘱将贵公司前出临时借条检还等由聆悉。时下上项贰千万元本票一纸收到,兹将贵公司所出临时借条检出送还,至祈查收注销为荷。

此致

中国银行天水分行

三十年十二月廿二日

(件存陕西省档案馆民国档案 82-1-143-2 卷)

雍兴实业股份有限公司章程

(民国三十一年二月二十日奉经济部核准登记并颁发股份有限公司设字第七三七号执照)

(1942 年 2 月 20 日)

第一章　总　则

第一条　本公司遵照《公司法》股份有限公司之规定组织之,定名曰雍兴实业股份有限公司,依法呈请主管官署登记。

第二条　本公司以发展西北经济、提倡工业及生产事业为目的,办理下列业务:

(一)自办或投资一般工矿及其他生产事业;

(二)受一般工矿之委托,代为管理与经营。

第三条　本公司营业年限定为三十年,自呈准登记之日起计算之,期满时得由股东会议决,呈请主管官署核准延长之。

第四条　本公司设总公司于甘肃天水县,视事实上之需要设分公司于各地。

第五条　本公司之公告登载于总公司所在地之日报,必要时并择国内各重要城市之日报登载之。

第二章　股　份

第六条　本公司资本总额定为国币四千万元，分为四万股，每股一千元，一次收足①。

第七条　本公司股票概用记名式，由公司董事五人以上签名盖章发行之，本公司股东以中国民国国籍为限。

第八条　本公司股东应将其本人或用堂记厂号名义者之代表人姓名、住址及印鉴报明本公司存查，遇有变更时亦同。

第九条　股份转让时，应由转让人于股票背面签名盖章，交由承受人将股票送请本公司验明过户。其因继承关系请求变更户名者，应提出证据，本公司认为必要时得令其觅保。

第十条　股票污损或须分合时，得向本公司请求调换，但污损程度至不易辨识时，本公司得令登报公告或令其觅保。

第十一条　股票遗失或毁灭时，应即报告本公司挂失，并自行公告登载本公司同意之日报三天以上；自公告日起经过两个月别无纠葛，方可觅保补领股票。

第十二条　股票过户每次应纳手续费国币五角，调换或补领股票每张应纳手续费国币一元及其应贴之印花税费。

第十三条　股东常会前一个月内、股东临时会前十五日内，均停止股份过户。

第三章　股东会

第十四条　本公司股东会分为常会及临时会两种。常会于每年总决算后三个月内，由董事会就总公司所在地召集之；临时会由董事会或监察人认为必要时，或有股份总数二十分之一以上之股东提出理由，联名请求召集之。

第十五条　股东常会之日期、地点及议题，应于一个月前通知各股东，但临时会于十五日前通知之。

第十六条　股东表决权每股一权，但超过十股以上者每二股递增一权。

第十七条　股东因事不能到会者，得出具委托书委托其他股东为代表，但代表者连其本人所有之表决权，至多以全体股东表决权总数五分之一为限②。

---

① 1948年7月5日，本条修正为“本公司资本总额度定为国币五百亿元，分为四万股，每股一百二十五万元，一次收足”。

② 1948年8月31日，本条修正为“股东因事不能到会者，得出具委托书委托代理人为代表，但代表者连其本人所有之表决权，至多以全体股东表决权总数五分之一为限。”

第十八条　股东会之主席由董事长任之，董事长缺席时，由董事会于董事中互推一人代理之。

第十九条　股东会之决议除《公司法》有特别规定者外，应有股东户数四分之一以上、股数三分之一以上到会，而以其表决权过半数之同意行之，可否同数时取决于主席①。

第二十条　东会议决事项应载明于《决议录》，由主席签名或盖章，连同出席股东名簿、代表出席委托书，一并交由董事会保存于公司。

第四章　董事监察人

第二十一条　本公司设董事九人，由股东会就五股以上之股东中选任之；监察人五人，就两股以上之股东中选任之，被选权数相同者以抽签法决定之。

第二十二条　董事任期三年，监察人任期一年，连选均得连任。任期内遇有缺额，以同届候补当选人代行职权。

第二十三条　本公司设常务董事五人，由董事互选之，并由常务董事中互推一人为董事长。遇有重要事务，由董事会开会议决之，并以董事长为主席。

第二十四条　董事会由董事长召集之。

第二十五条　董事会议须有董事过半数之出席方得开议，并须经出席董事过半数之同意方得决议，可否同数时取决于主席。

第二十六条　监察人除依法执行职务外，得列席董事会议陈述意见，但无表决权。

第五章　职　员

第二十七条　本公司设总经理一人，由董事会聘任之，并得因事务之繁简设协理一人或二人，由董事会议决延用之。

第二十八条　总经理秉承董事会处理本公司一切事务。

第二十九条　经理因有事故不能执行职务时，得由董事长会同常务董事指定协理一人代理之。

第三十条　本公司重要职员由总经理提请董事会议核准分别延用之。

第六章　决　算

第三十一条　本公司每年决算期分为两期，一月至六月为上期，七月至十二月为下期。俟年终总决算后，应依法造具各项表册，委托会计师查核证明并送交

---

① 1948年8月31日，本条修正为“股东会之决议，除《公司法》有特别规定者外，应有股东代表股份总数过半数到会，而以其表决权过半数之同意行之，可否同数时取决于主席。”

监察人复核后，由董事会提出于股东常会请求追认[①]。

第三十二条　本公司每年纯益应先提法定公积金及所得税，次提股息（按年息八厘）。如尚有余，再照十成分配，以一成为特别公积【金】，以六成为股东红利，三成为董事、监察人及职员酬劳金。

第三十三条 纯益分配于股东常会议决通过后行之，股息及股东红利之发给，按照停止过户日之股东名簿分配。

第七章　附　则

第三十四条　本公司内部组织系统及办事细则，由董事会订定之。

第三十五条　本章程未尽事宜悉照《公司法》股份有限公司之规定办理。

第三十六条 本章程自呈奉主管官署核准登记之日施行，嗣后如有应行修改之处，由股东会依法议决，呈请核准备案。

第三十七条　本公司之发起人姓名、住址如下：

宋子文　宋汉章　贝淞荪　汪楞伯　霍亚民　刘映侬　卞白眉

束云章　沈次量　杨朗川　张鸣冈　胡名甫　康菊农　潘仰山

李紫东　郑相臣　翁叔通　洪午楼

（件存陕西省档案馆民国档案 82－1－1641－2 卷）

二、公司架构

雍兴实业股份有限公司组织大纲

（1943 年 1 月 1 日实行）

第一条　本公司之组织依本大纲之规定。

第二条　本公司设总经理一人、协理二人，由董事会聘任。

第三条　总经理秉承董事会综理本公司一切事务，协理协助总经理处理本公司各事务。

第四条　本公司设总秘书、总稽核、总会计、总营业各一人，由总经理提请董

① 1948 年 8 月 31 日，本条修正为“本公司每年决算期分为两期，一至六月为上期，七至十二月为下期，俟年终决算后，应依法造具各项表册，委托会计师查核证明并送交监察人复核后，由董事会提出于股东常会请求承认。”

事会议核准任免之,均设室办事。

第五条　总秘书、总稽核、总会计、总营业各室视业务之繁简分设若干组,每组设专员一人、办事员若干人,承总经理、协理之命分隶各室办事。

第六条　本公司设总工程师若干人、主任技师若干人,由总经理任免之。

第七条　本公司设稽核若干人,承总经理协理之命、受各室主管人之指挥担任稽核事务。

第八条　本公司设设计委员会,其章则另定之。

第九条　本公司举行厂务会议,其章则另定之。

第十条　本公司办事细则另定之。

第十一条　本大纲未尽事宜由董事会或由总经理提请董事会议决修改之。

第十二条　本大纲自董事会通过实行。

（件存陕西省档案馆民国档案 82 －1 －1058 －1 卷）

雍兴实业股份有限公司组织系统图

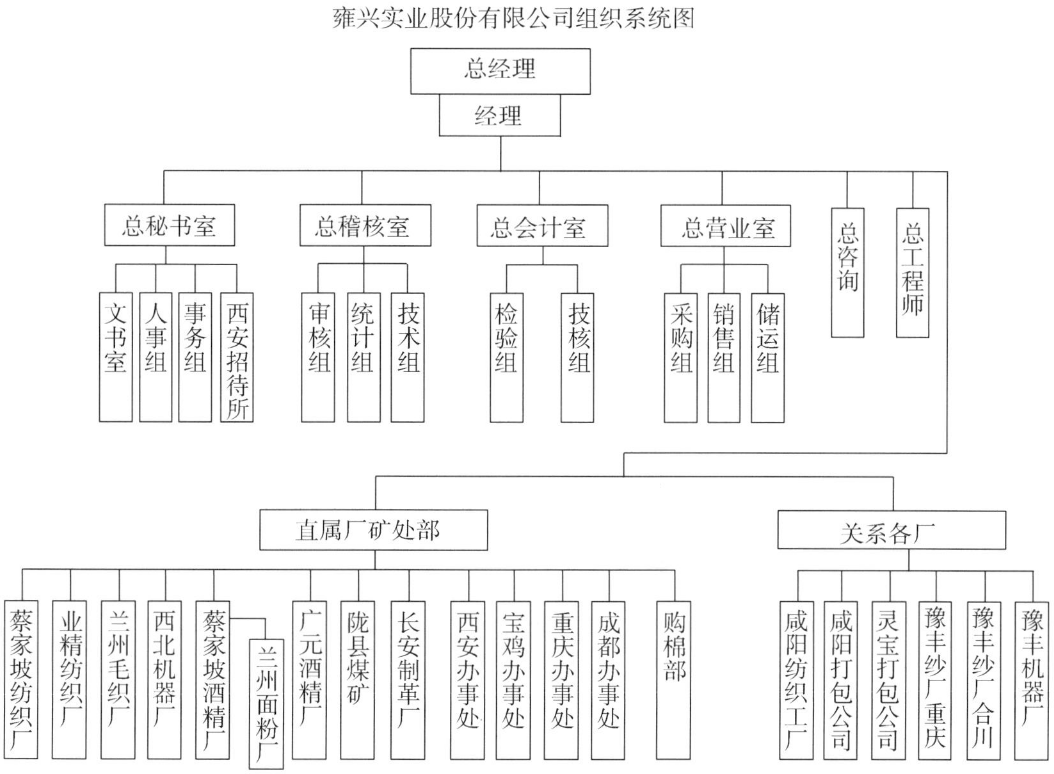

（件存陕西省档案馆民国档案 82－1－1539－4 卷）

雍兴实业股份有限公司组织概况表

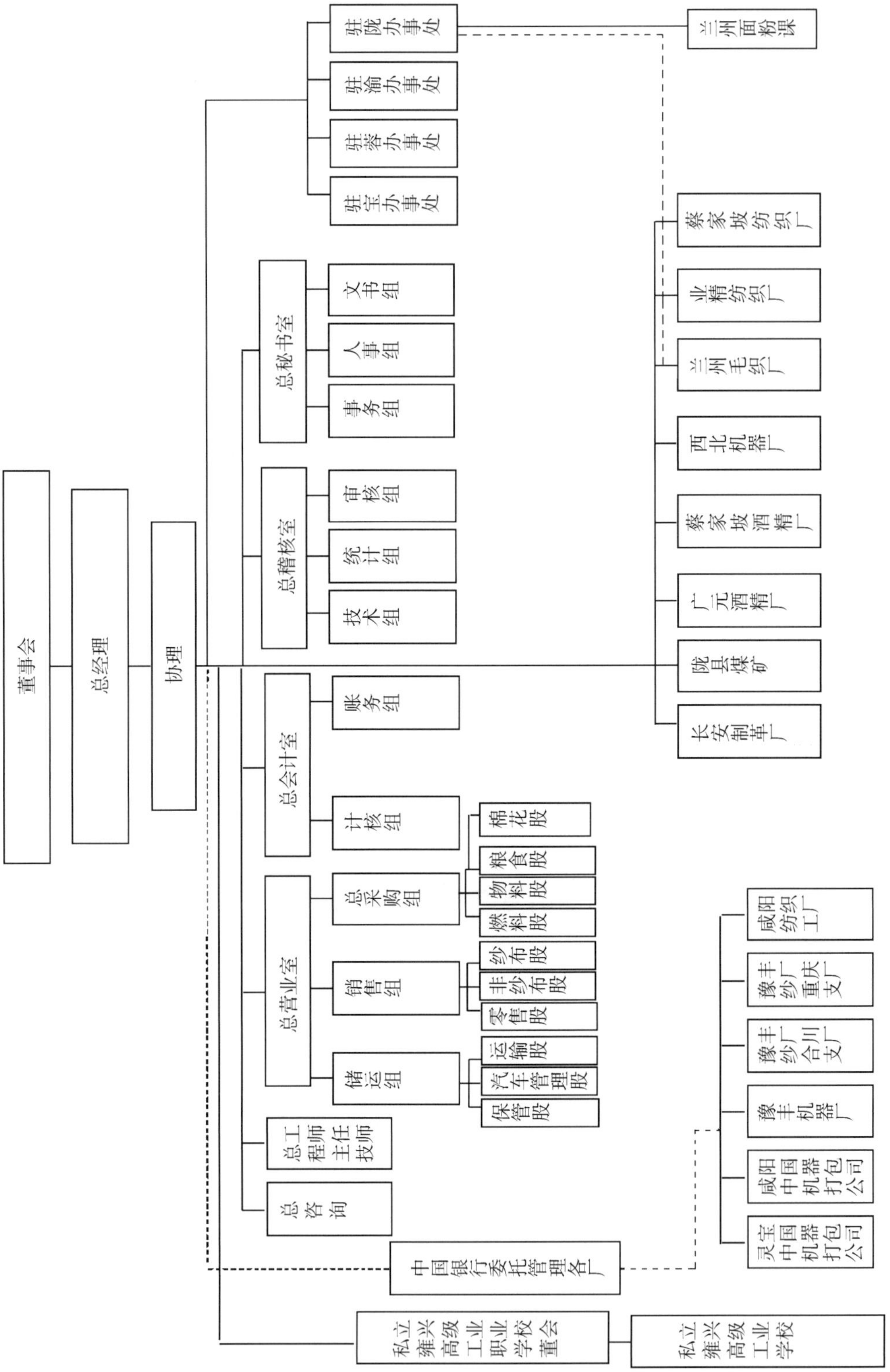

（件存陕西省档案馆民国档案82-1-1539-4卷）

雍兴实业股份有限公司及所属厂矿各部门代用号码表

0 总公司 00 总经理室 01 总秘书室 01－1 文书组 01－2 人事组 01－3 事务组 01－31 联合招待所 02 总稽核室 02－1 统计组 02－2 审核组 02－3 技术组 03 总营业室 03－1 采购组 03－11 棉花股 03－12 粮食股 03－12.1 蔡家坡庄 03－12.2 岐山庄 03－12.3 绛帐庄 03－12.4 虢镇庄 03－13 物料股 03－14 燃料股	03－2 销售组 03－21 纱布股 03－22 非纱布股 03－23 零售股 03－231 西安门市部 03－232 宝鸡门市部 03－3 储运组 03－31 运输股 03－32 汽车管理股 03－33 保管股 03－331 西安仓库 03－332 兴平仓库 03－333 绛帐仓库 03－334 宝鸡仓库 03－4 宝鸡□□处 03－5 成都□□处 04 总会计室 04－1 账务组 04－2 计核组 05 总工程师 06 总咨询	**1 总公司外埠办事处** 11 西安办事处 12 驻陇处 13 驻渝处 **2 陕西境各厂矿** 21 蔡家坡纺织厂 21－0 经理室 21－1 工务课(处) 21－11 ××股(课) 21－2 总务(事务)课 21－3 会计课 22 业精纺织厂 23 西北机器厂 24 蔡家坡酒精厂 25 长安制革厂 26 陇县煤矿	**3 甘肃境各厂矿** 31 兰州毛织厂 32 兰州面粉课 **4 四川境各厂** 41 广元酒精厂 **9 代管各厂** 91 豫丰纱厂重庆分厂 92 豫丰纱厂合川支厂 93 豫丰纱厂机器厂 94 咸阳工厂 95 咸阳打包厂 96 灵宝打包厂	**本符号之用法及其优点：** 甲： 此项符号实用于本公司对内一切记录（如函电、登账、簿册、统计以及各单位内部填写传票□□矿相互往来文件之记述，甚至同一单位内各部门电话通话等） 乙： 节省缮写字数，便于记忆，且有保守业务机要之益处

（件存陕西省档案馆民国档案 82－1－976－1 卷）

三、公司落幕

雍兴公司现状报告

一、现状

敝公司原设陕甘川等厂矿十二处，均系抗战时期创办，因陋就简，基础薄弱，旋以业务不振，先后停办兰州机器、化工两厂，广元、益门镇两酒精厂，长安印刷、制革两厂。现在陕境者为蔡家坡三厂：虢镇及陇县厂矿各一，兰州两厂，另有与湖北省府合办之咸阳工厂；设备方面计有纱锭二万余枚，布机百台，工作母机百余部及面粉机与采矿设备等；职员总数二百余人，工友（直、间接工）三千余，连咸阳纱厂则为四千余人。

二、业务

去年八一九以前[1]，全部资金中约有五分之三由中行供给。自中央停办工贷后，中行因限于法令迫而收缩贷款，但仍以巨额资金协助，始能勉强维持。在营业收入方面，以机厂出品不易脱售，以致入不敷出。该厂数年所制之全程纱机在一万锭以上，除由蔡纺、业精及咸工三厂安装一部分外，对外出路有限，积压资金极巨（负担利息过重），遂于去年六月间，忍痛资遣工友五百余人，冀图勉强支撑。又蔡酒厂所制之淀粉、盐酸及味精等产品占用资金甚多，为减轻负担计，陆续停办，并遣散工友二六〇余人。此外其他各厂，亦采取紧缩政策，无论员、工，只去不添，共计总公司及各厂矿于一年之内业已先后遣散职员四十余人、工友七百余人。迄至目前，尚有职员二百余人，工友三千余人。

三、困难

在各厂矿之中，以机厂最难维持。现有职员及工人四百余名，每月所需原物料、薪工以及一切费用，为数极巨。该厂历年来之最多收入，仅占支出十分之一左右，余者必须贴赔，逐月亏损，负债累累，其影响于敝公司财务状况者至为严重。近年以来，由于资金耗损过巨，遂使各厂存料渐趋减少，任何一厂绝无一月以上之存量（战时平均每厂最少保持三个月以上），而所存燃料尤为空虚，竟不敷一个月

① 国民政府于1948年8月19日起实行“八一九”限价。

之需。由于资金与存料之减少，维持再生产确乎大成问题。以前尚可以此厂之收益补助他厂之不足，奈以近来物价变动反常，纱布价格惨跌，几较战前跌落一半，而支出反形增加，以致纱厂尚不能自给自足（读开支表），欲补助其他各厂更不可能。即以四月份为例，抛售成品之所得，无法应付各厂一切开支出，其不足之数，过去尚可申请中行设法供给，今则整个（央行除外）国家行局已濒绝境，绝无扶助工业之可能，足觇工业资金确已枯竭，短期内无法取得国家行局之援助。处此情势，确乎难以为继，各厂经济破产势所必至，然而各种摊派层出不穷（读摊派项目及数额），原则应允，无力缴纳，抗拒又为情势所不许，敝公司之境况，艰险万状，能否克服，殊深焦虑。

四、前途

目前之经济情况益趋恶化，在币值极度变动之中，硬币奇昂，物价惨跌，趸售货物无法推销，敝公司之严重危机，日益加深，生产未能增加而开支激增不已，生产与支出既不能平衡而又将中行拖累（说明中行贷款之重大损失），遂失融通资金之奥援。近两旬以来，虽在拼命挣扎之中（说明吁请救济及电请沪上援助情形）尚无任何转机，故敝公司之崩溃恐难幸免。瞻念前途，不寒而栗。以言挽救之道，不外政府救济或自力更生，以谋生存。前者事实上困难甚多，非短期内所能实现，而情势之危急，已是迫不及待；至如何自力更生，求生存之办法，亟应集思广益，共同研讨，尤盼各位工友贡献意见。

最后，万一本公司各厂虽力谋生存，而无法达到目的，则数千员工势必陷于失业之悲惨命运，必演成社会最严重之问题。敝公司负责人对此深感忧虑，不得不将此真实情况，掬诚向政府及在座诸公报告，敬希鉴查。

（件存陕西省档案馆民国档案 82－1－334－1 卷）

雍兴公司疏散工厂计划大纲

（1947 年 12 月）

甲、疏散地点

一、广元（以下运输款算以广元为目的地）

二、兰州

乙、关于机器及原物料

一、疏散之机器

1. 一千瓦发电设备（全部）；

2. 全程纱机二一，〇〇〇锭（人工），内有本公司机厂新造之纱机八千余锭；

3. 全部配备之布机百台；

4. 全部配备之工作机一五〇部；

5. 全部配备之面粉机（千袋一套）。

二、拆装工程

1. 全体员工总动员昼夜工作，可能于二十五至三十日内全部拆装蒇事；

2. 全部机器及其配备连同包装材料以及重要物料等，共重一，八二五吨；

3. 原料及机物料共计六五〇吨；

4. 全部疏散物资总计装箱及包扎共七，三〇〇件。

三、包装用料

1. 各种木板（一至二吋半）	二，四〇〇丈
2. 各种洋钉（二至四吋）	三六，〇〇〇斤
3. 箍铁皮	二八，〇〇〇斤
4. 白铁皮（3’×7’）	二〇〇张
5. 煤油	三一〇升
6. 凡士林	二，一〇〇磅
7. 砂布	一五〇打
8. 麻绳	一，一〇〇斤
9. 油布	三五〇尺
10. 油纸	二七，〇〇〇张
11. 回丝	一，二〇〇磅
12. 白铅油	二〇〇磅
13. 松烟	一〇〇磅
14. 桐油	一〇〇磅
15. 稻草及麦草	二六，〇〇〇斤
16. 打字纸	三令
17. 各种装运报单等	一〇〇，〇〇〇张

以上各项数字，系根据敝公司历年办理运输之实际使用数量统计而得。

丙、关于人员

一、疏散之员工

1. 职员一三八人（共有一五八人，预留廿人克任守厂之责）；

2. 技术工人一，九二〇名；

3. 警卫及杂役一四九人（疏散者为总人数四分之一，以四分之三留厂）；

4. 员工眷属约计二，一〇〇人；

总计疏散之员工及其眷属四，三〇七人。

丁、运输工作

一、自蔡家坡及虢镇两处至宝鸡由火车装运，需要卅吨平车六〇辆，十五吨平车四五辆；

二、由宝鸡至广元装汽车，需要五吨卡车四三〇辆；

三、疏散之员工及其眷属除有一部分搭乘机器车外，尚需三吨卡车五十四辆；

四、共计需用五吨卡车四三〇辆及三吨卡车五十四辆，总数四八四辆。

戊、各种费用（以银元为单位）

一、全部包装用料	八一，五〇〇元
二、拆装及起卸费用	二七，九七三元
三、运输费用（计火车一六，〇〇〇元，汽车一五二，七五〇元）一六八，七五〇元	
四、员工及其眷属疏散费	四四，四五六元
五、杂项开支	三〇，〇〇〇元
以上备宗费用总计	三五二，六七九元

己、困难问题

一、一次大量采购木板、洋钉及箍铁需款浩大，难于筹措，且西安及宝鸡不易购齐。

二、拆装工程必须动员全体员工参加，在工友群情惶惑与厂方无法使其信赖之情形下，极易引起误会，造成混乱状态。

三、疏运机器所需之车辆甚多，必须妥为准备庶不致贻误时机。

四、现以营业不振，日常开支极度拮据，而员工薪资尚未发出，所有疏散经费毫无着落，苦于无从筹措。

五、到达目的地后物资及员工之安置均成问题，因限于时间无法事前筹办，除请政府协助外，毫无任何办法。

六、机器保管诸多困难，倘长期搁置，极易毁损，如何重建新厂，希望政府予以扶植并给予最大之财力及物力，以期早日恢复生产。

（件存陕西省档案馆民国档案 82－1－334－1 卷）

雍兴公司各厂矿修理部紧缩办法

一、遵照总经理紧缩各厂矿修理部并集中蔡机厂修配之指示，特订定本办法。

二、除兰州各厂前已另有规定外，陕境各厂矿之机器修配工作，均集中蔡机厂办理。

三、各厂矿现有之修理部除保留应急之修配机器设备及工人外，余剩机器应即拆卸，所余工人照第八条办理。

四、各厂矿保留应急之设备及工人，限额规定如左：

甲、蔡酒厂（拉丝机系麦粉厂特殊工作机应予保留）

（一）机器

1. 车床　　　一部

2. 钻床　　　一部

3. 拉丝机　　一部

4. 牛头铯　　一部

（二）工人以十二名为限

乙、蔡纺厂（略）

丙、业纺厂（略）

丁、陇煤（略）

五、各厂矿修理部之紧缩，为兼顾事实计分两期办理：第一期三十六年底，将铸工部分结束；第二期三十七年四月底，除修理部紧缩至第四条规定之限度外，其他有关修理之部分应于同时完全结束。

六、蔡机之修理场应根据各厂矿之需要予以充实，并规定于本办法实施之日起，接受各厂矿全部铸件之委托。三十七年二月一日起，部分接受各厂矿委托之修配工作；至三十七年四月一日起，即全部接受各厂矿委托之一切修配工作。

七、各厂矿修理部紧缩后，剩余之机器及料品应即价拨蔡机厂以供充实修理场之需。

八、各厂矿修理部紧缩后，除本厂留用一部分工人外，再由蔡机厂酌予甄别录用，余则分由各厂矿改调其他部门或予资遣。

九、各厂矿修理部紧缩后，所有未完之工作均移交蔡机厂继续完成。

十、各厂矿委托蔡机厂之修理工作及铸件等工料费用，每届月终由蔡机厂按照总公司调查之西安物价行市单价计算，报请总公司分别划付各厂矿账。

十一、蔡机厂于接到各种修配工作后，应按各厂矿委托之先后，依次排定施工程序限期完成。如有紧急工作必须提前赶工者，得照第十条计算办法将工费加倍算收。

十二、本办法所指之修配范围，以各厂矿之作业机、原动机及工具本体与附属机件等之修配工作为限，不包括各种机械暨大量配件之制造以及特殊铸件之翻制。

（件存陕西省档案馆民国档案82－1－1029－2卷）

陕西省建设厅为命令限期疏散重要工矿及商民给雍兴公司的通知※

建四字第七〇二号

（1949年5月7日）

事由：密不录由。

雍兴实业公司：案奉陕西省政府本年五月命令内开："业奉西安绥靖主任胡本年五月六日邦字第六四二号代电节开：'一、本署为适应当前情况，以期实施总体战后积戡平匪乱，计所有人力、物力应即妥为处置，免资匪军利用。兹规定贵省府应即办理事项如次：……重要工矿及商民物资疏散，由省、市政府妥拟办法，尽可能向四川、陕南、陇南后迁，限五月十五日前迁移完毕'等因。自应遵办，合并令仰遵照办理是报"等因。奉此自应遵办，除分行外，合行通知该公司，迅即于文到后设法妥为后迁，仍将迁赴地点及迁移日期具报，以凭转报为要。

（件存陕西省档案馆民国档案82－1－334－1卷）

宝鸡运输站长王继泽为请克日发表戴少泉负责一切站务呈公司总秘书室、总稽核室书※

（1949年6月3日）

查西北时局自太原宣告撤守后，陕西当局为配合戡乱既定政策起见，乃于五月七日宣告紧急强迫疏散，并限定于五月十五日以前，各界一律疏散完毕。延至十六日，陇海火车即告停开，次日（十七日）长宝电讯中断，咸阳大桥亦被炸断，咸阳失守，宝鸡骤形紧张，即奉当局【命】令，各机关限于两昼夜紧急疏散入川。截至十八日，各机关相继疏散告罄。因军运当局扣车关系，于百难中将本公司在宝九车设法交涉前后放出（本公司车应编为公车六队第九分队，归辎汽八团管辖）。职始于五月十九日十时押运装运宝站文卷及豫丰机棉四吨离宝（关于宝站撤退事宜，曾请准秦处指示必要时撤退重庆）。至宝站一切，交由服务生白金铎率同工友三人及警卫厨役各一名留守照顾。又张（白?）金铎现住广元外，会计曹旭初及服务生李天庆并宝站汽车十七部及各该车司助亦先后抵渝。在宝除留有房产及办公桌椅，并由渝运到转运蔡机厂铁料十余吨及卸存豫丰广库生铁等二十余吨（在宝生铁等，以该厂运费无着，宣告不运。故遗存宝鸡、广元生铁，一俟业务开展，可否由广交船运渝）。兹以宝站车辆及油料等，均经集中重庆。复查自本年以来，宝鸡曾前于一月间及此次疏散【期间】当局扣车，均经积极设法交涉，幸免应征。已心力交瘁，精神疲敝已极，今后工作日益艰巨，职一介铨才，不堪胜任，除已面恳陈总稽核另派干员接替外，复于本月二日召集宝站全体同仁座谈，并邀请戴专员出席指导，商讨今后业务推进计划，当经一致决议面恳戴专员少泉①重负直接管理责任，当蒙其俯允。特此谨将撤退经过情形备文呈报，敬祈鉴核备查，并祈克日发表戴专员负责一切，不胜迫切待命之至。谨呈

总秘书束②

总稽核陈

职：王继泽谨启

（件存陕西省档案馆民国档案82－1－106－1卷）

沈钥、杨毓琇为采用应急会计账务处理办法致吕凤章、孙镜清函※

（1947年9月18日）

凤章经理、镜清我兄大鉴：

径密启者：兹以时局关系，为预防万一，计拟定会计账务处理办法如下：

（一）贵厂八月底月报应尽速赶制，除照规定寄本公司者外，并应加制二份，以一份寄上海董联处（地址：上海乍浦路蟠龙街十一号），一份存会计课长手边，遇紧急时随身携带（表列对外债权债务各款，均应特别详细）。

---

① 戴仲虎字，时为雍兴公司专员。

② 即束诺，束云章之子。

（二）自九月一日起，每日日记账、日计表应加制两份，由贵厂经理、会计课长各执一份，以便遇紧急时随身携带（日记账上有关对外债权债务之款，其摘要应行详记）。

（三）其他有关账务，一切证件、账据应由会计课长随时检集手边，遇必要时一并随身携带。

以上办法系备万一仓猝暂避时，可以随时随地制成完全账表，用特密函奉达。至希察照，弗露声色妥为部署为荷。

祗颂

公绥。

弟：沈钥 杨毓琇 拜启

三十六年九月十八日

（件存陕西省档案馆民国档案 82－1－1029－2 卷）

沈钥、杨毓琇为紧缩雍兴公司各厂矿修理部事宜致吕凤章、孙镜清函※

（1947 年 12 月 19 日）

凤章经理、涤尘①我兄大鉴：

兹奉总经理函示"本公司陕境各厂矿修理部应予紧缩，所有机器修配工作均集中机厂办理"等因，自当照办，用特参照实际情形拟定《雍兴公司各厂矿修理部紧缩办法》一份，随函附发，即希察照，径与蔡机厂接洽办理并见复为荷。

此颂

台绥。

弟：沈钥 杨毓琇 拜启

三十六年十二月十九日

（件存陕西省档案馆民国档案 82－1－1029－2 卷）

① 涤尘为孙镜清字。

陈叔虎、束樵如陈报战时公司情形致束云章、沈次量函※

（1949 年 7 月 1 日）

云公总经理、次公协理[①]钧鉴：

前接涤尘兄六月十六日函告（由蔡家坡寄出）关中战事进行期间蔡虢各厂情形，特摘要转陈于左：

（一）共军先头部队于五月二十日上午进入西安时，城内东北隅莠民趁机抢劫，秦处仓库及咸工办事处被劫一空，幸留秦同人及公司同人宿舍均未波及。

（二）五月二十日午夜，西进共军先以轻炮向蔡三厂射击，即于当晚进驻各厂。蔡纺、蔡机工友各一人被流弹轻伤，其余各厂员工均幸平安。

（三）西安弃守时，华丰、大华等厂及西京电厂略有破坏，唯陇海路长安迤西一段破坏尤重。

（四）五月二十五日，共军西安军管会企业处派员接收秦处，同时由秦处派张工程师秉刚会同共方代表前赴咸工办理接收。六月三日，秦处又派潘工程师焕隆，会同共方代表四十余人赴蔡接收三厂。嗣以国军反击，共方代表遂于六月十日仓猝东返。十一日，国军越蔡东进，马兵团同时向武功侧击，迫使共军退守咸阳，现在双方在咸阳、泾阳、三原地区对峙中。

（五）战事进行期间，三厂员工团结一致维护厂产，各厂分别轮班值岗看守，昼夜无间。自五月十九日迄六月十一日，共经四次炮火，三厂员工皆庆平安，厂房亦无重大损失，惟蔡纺损失存纱二百余件，蔡酒损失存麦二十余万斤、面粉二千余袋，闻系被共方运往西安。

（六）共军西进时，止于蔡镇迤西之汤平镇附近，故蔡纺始终在国军控制区内，无何损失。

以上各点用特，特陈查核。

又：此间自国军收复岐山、扶风等地后，即分函蔡、虢、陇各厂慰问，并探问西安城内情形，俟得有详报，再为转陈。肃此。

祗请

---

① 即束云章、沈次量。次量为沈钥别字。

崇安

职:陈【叔虎】束【诺】拜启

（件存陕西省档案馆民国档案 82－1－106－1 卷）

宝鸡市军管会财经处接管之工厂概况一览表

（1949 年 8 月）

厂名		蔡家坡纺织厂	西北机器厂	蔡家坡面粉厂	业精纺织厂	卅一兵工厂	陇县煤矿	合计
负责人		张仲实	陈辉汉	孙镜清	张仲实(兼)		王蓝甫	
地址		蔡家坡	蔡家坡	蔡家坡	虢镇	虢镇	陇县	
现有职员	职员	39	44	23	42	4	27	179
	工人	1,200	366	220	842	16	600	3,244
	合计	1,239	410	243	884	20	627	3,423
机器设备		纱锭 16,440 支	工作母机 140 台	面粉机 6 部	纱锭 4,200 支 布机 105 台	五节卧式锅炉一座	10 吨绞车及半吨绞车各一部等	
原生产量		日夜产 20 支纱 35 件	年产全程纱机 400 锭	日夜产粉 900 袋	日夜产纱 9 件 布 160 匹		日产 1,000 吨 月产 30,000 吨	
复工时间		7 月 17 日	7 月 19 日	7 月 14 日	8 月 8 日		7 月 29 日	
军事代表		秦天泽	李丹	赵庭凯	续章文	刘银河	刘纯陶	
干部配备		7	4	4	4	2	4	25
备考		各厂之原料燃料如煤、麦、棉在交通未完全恢复前难以供应,如业精纺织厂战时环境于五月十九日停工,迄至八月八日始得复工						

（件存陕西省档案馆革命历史档案 14－185 卷）

西北财经委员会实际接管对象与延安预定计划对照表

（1949 年 7 月 7 日）

序数	单位名称	延安所定计划	实际执行情形
1	西京电厂	接管	五月下旬派陈志远接管
2	中国纺织建设公司西安办事处	接管	派李景新去调查，月初公司已接管
3	酒泉石油公司西安办事处	接管	五月二十九日派阎沚如接管
4	陕西省企业公司及所属单位	接管	五月二十七日派秦□□等接管
5	西京机器厂	接管	五月二十一日派刘希敏接管
6	工矿调整处西安办事处	接管	派人调查，根本没有这个机关
7	中纺公司仓库	接管	贸易局接管
8	三十一兵工厂修机所	接管	派王云龙去接管，结果没有这个厂子
9	雍兴公司及所属长安制革厂门市部	接管	五月下旬派吴生秀、关保林接管，制革厂已停业
10	大华纱厂	代管	派安仁军管
11	瑞丰面粉公司（即战干面粉厂）	调查后再决定	六月初派人调查，本处报为私营，住习武园 38 号，而战干面粉厂已停业，将其不动产租给和丰面粉厂，住习武园 24 号，已派胡友三接管
12	华峰面粉公司	调查后再决定	六月四日派张加繁、延先文二人去调查过，不得要领而归，现又正派人去调查
13	咸阳纺织厂	监管清理	派刘邦彦接管，在延安决定监管清理是因不了解其资本性质，而现在所以接管是因该厂自己申明系湖北省管，要求接管之故
14	打包公司	监管清理	同上
15	西北机器厂	没收	派郝继、□□□接管
16	动力酒厂	没收	派冯直一度接管
17	蔡家坡纺织厂	没收	派秦天泽一度接管
18	虢镇三十一兵工厂	接管	尚未解放
19	业精纺织厂	调查后处理	尚未解放
20	雍兴公司宝鸡营业处	没收	尚未解放
21	雍兴公司宝鸡供销门市部	没收	尚未解放

续表

序数	单位名称	延安所定计划	实际执行情形
22	西安建设厅工业试验所	—	经农林处介绍军管会批准,五月三十一派张东明接管
23	三十一兵工厂制造所留守处	—	五月三十一日派陈正、冉瑞峰去接管
24	西北制造厂驻西安办事处	—	五月三十一日派赵锐正式去接管
25	西北实业建设公司西安办事处	—	六月初派张全明、周纪如去接管
26	合众面粉公司	—	军管会批准接管,因无适当人,故尚未派人去
27	西北工学院	—	派张威配合文教处接受
28	西安高级机械科职业学校	—	派陈滋德去帮助工作
29	雍兴公司蔡酒厂西安农场	—	派陈正去接收
30	裕晋煤业有限公司	—	□动报告派冉瑞峰接管

（件存陕西省档案馆革命历史档案 14－61 卷）

关宝林接管雍兴公司工作总结

（1949 年 7 月 10 日）

一、雍兴公司是一个官僚领导机构,它直接领导的工厂有蔡家坡纺织厂、西北机器厂、蔡家坡酒精厂、虢镇业精纺织厂、陇县煤矿;代管的有兰粉厂、兰毛厂、咸阳纺织厂、打包公司。直属蔡酒厂领导的有长安东关农场,附属的有购粮部、购棉部、宝鸡运输站、长安制革厂、雍村小学。现在我们接管【的】是一个领导机构及一库房、一个东关农场,但长安制革厂奉令移交西北局(并有清册陈报西北局),我们所拿了的仅有灶具、床板等家具(另有清册)。雍村小学我们只接收了十四捆图书、仪器、卷宗及布匹(另有清册),其房产及办公用具、娱乐等器具已奉令移交西北局(并陈报有清册),共有职员二十五人(内有农场一人)、工友五十二人(内有农场十一人),资产另有移交清册。该公司以前总的账表是总公司负责的,总的账表、文卷于去年十二月运往重庆,而公司本身并无总账,因此现在并无法结出总资产表,而只是把所有家具造成清册,重新估价。全部清册我们一般地看了一下,而没有具体研究,尚未发现问题。

二、接收方式:是各按系统造就移交清册,我们根据清册进行清点,清点中重于实物上的对象家具、文具等及库房的物资，其他资料档案，根据清册大数清查，待后研究细阅。

（件存陕西省档案馆革命历史档案 14－199 卷）

西北财经委员会企业处接管兰州情形的报告①

（1949 年 9 月 4 日）

八月二十六日进城，至二十八日上午已将应接管单位之代表完全派出。依其重要性先后派出代表十七人，接管了九个工厂、两个所、四个处，共十五个单位。为：

兰州电厂	化工材料厂	工业试验所
雍兴公司毛织厂	制革厂	石油公司营运处
雍兴公司面粉厂	煤矿厂	石油公司探勘处
甘肃机器厂	西北毛纺厂	水泥公司办事处
西北面粉厂	地质调查所	自来水工程处

与我们原调查材料不符者，计：

1. 西北面粉厂、西北毛纺厂均为公私合办，现宣布只接收官股部分及对该厂在军管会时期施行军管。

2. 建成面粉厂、资委会办事处、友化联工社、天合玻璃厂、赵家庄纸厂、××纸厂、雍兴公司门市部等单位无有或已不存在。

3. 西北玻璃厂系私人典卖伪西北防疫处锅炉、房产、工具，早已还清并超过原价甚多，现尚纠缠不清，故未派代表，嘱其先安心生产。

4. 平民工厂纯系救济性质，为救济院举办，故改由市政府派去代表。

在已派代表接管的单位，至八月二十九日，均已先后举行了全体职工大会，慰问工人职员，讲解形势，宣布政策，积极复工等，从宣布各归原职，各守岗位，积极工作，有职有权，及各按系统办理移交，要清楚、明了、迅速。各单位均可于九月六日前做完移交清册，准备清点，部分单位已做出清册。两个厂已初步发动了群众，选出了工人代表会（代表是工人拥护的），以增强工人与代表联系，并准备进行移

---

① 西北财经委员会接管干部，曾奉命与吴生秀接管雍兴公司本部。

此文节自《西北财经委员会企业处第一次综合报告》（8.26—9.4）为接管干部杨一木、冯直报处报告的原文。

交。清点时，工人之监交代表[①]。西北毛纺织厂选举组成了复工委员会，委员尚好。

在所接管【的】十五个单位中，除甘肃机器厂机器全部搬走，工业试验所房屋家具略有损坏，电厂西郊黄河北线路损坏外，其余单位全部完整无损。解放前员工共有二七一四人，至九月一日统计，已有二三五一人（现可能增至二六〇〇人）。一直未停工的为电厂、煤厂、制革厂。八月二十七日复工的为雍兴公司面粉厂、毛织厂、十里店修车厂、庙滩子化工材料厂等。二十九日复工的为西北面粉厂。各所处均于八月二十六、二十七两日恢复办公。甘肃机器厂进行登记人员，清理遗留资材，组织寻找机器，救济员工，慰问被伤害捆缚职工，组织学习。工业试验所整理房屋地址，日内恢复电池生产。西北毛纺织厂全部安装机器，已部分开工，九月十三日可全部开工。

工人情绪高涨，积极参加恢复及修理工作，要求成立自己的组织。部队入城时没有通知他们，积极要求开庆祝大会前通知他们。准备毛主席、朱总司令大画像，还要扭秧歌，找人教新歌曲……是普遍情况。少数工人有“解放”了的思想，想干即干，不想干即不干，也有怕我们而剃光头的，此种思想已渐克服。下级职员积极要求书报，接近工人活动，看了戏后，自己做了个帐子送剧团，上写“人民的心声”。

高级职员有不安情绪。工人代表会成立，他们表示工人不好管了，乱了，不敢管了。现正进行座谈会，已获初步成效。

杨一木　冯直

九月四日

（件存陕西省档案馆革命历史档案 14－200 卷）

① 此句疑为“有工人之监交代表参加”。原文前后均有脱字。

第二章 基本章则

雍兴实业股份有限公司厂务会议规则

（1943 年 1 月 1 日起实行）

第一条　本公司于每年春季召开厂务会议。

第二条　出席厂务会议人员名单如左：

甲、总公司专员、稽核以上之重要职员；

乙、各厂经理、副经理、厂长；

丙、总经理指定出席人员。

第三条　厂务会议由总经理主席。

第四条　会议地点、时间及议事日程由总公司临时规定之。

第五条　议决案作成记录经总经理之签约定为本公司年度工作之最高指导原则。

第六条　本规则陈奉总经理核准实行，修改时同。

（件存陕西省档案馆民国档案 82 －1 －1058 －1 卷）

雍兴实业股份有限公司职员待遇规则

（1943 年 1 月 1 日起实行）

第一条　本公司职员之薪给依本规则支给之。

第二条　职员薪给分为三等计五十三级，如附表所规定。

第三条　初任人员之薪给由总经理核定，以从各该职务本薪最低级起支为原则，但特别聘任或征用者不在此限。

第四条　初任人员在试用期内者得酌给津贴，俟试用期满补实再行核定正薪。

第五条　职员薪给于每月十四日发付,不得预支。又初任人员薪给或试用津贴自到职之日起算。

第六条　职员之加薪或减薪于每年一月份经各部分主管人员根据考绩表分别酌拟,陈请总经理、协理核定后行之。

第七条　职员服务成绩优良者每年得加薪一级,其有特殊劳绩者得酌予增晋,但一次不得过四级。

第八条　非常时期本薪以外之各项津贴随时另定之。

第九条　本规则陈准董事会实行,修改时同。

薪给表　计三等五十三级

一等 四〇〇—七〇〇　递加二十元计十六级															
1	2	3	4	5	6	7	8	9	10	11	12	13	14	15	16
700	680	660	640	620	600	580	560	540	520	500	480	460	440	420	400

二等 一九〇—三〇〇　递加十元计十二级 三二〇—三八〇　递加二十元计四级															
1	2	3	4	5	6	7	8	9	10	11	12	13	14	15	16
380	360	340	320	300	290	280	270	260	250	240	230	220	210	200	190

三等 三〇—八〇　递加五元计十一级 九〇—一八〇　递加十元计十级																				
1	2	3	4	5	6	7	8	9	10	11	12	13	14	15	16	17	18	19	20	21
180	170	160	150	140	130	120	110	100	90	80	75	70	65	60	55	50	45	40	35	30

总经理　五〇〇—七〇〇　　一等十一级——等一级

协　理　四〇〇—六〇〇　　一等十六级——等六级

总稽查

总秘书

总工程师　三六〇—五二〇　　二等二级——等十级

总会计		
总营业		
主任技师	二四〇—四〇〇	二等十一级——等十级
专　　员	一八〇—三四〇	三等一级—二等三级
稽　　查		
技　　师	一〇〇—二四〇	三等九级—二等十一级
办 事 员	六〇—二〇〇	三等十五级—二等十五级
助　　员	三〇——五五	三等二十一级—三等十六级

（件存陕西省档案馆民国档案 82－1－1058－1 卷）

雍兴实业股份有限公司职员任用规则

（1943 年 1 月 1 日起实行）

第一条　本公司职员之任用依照本公司规则办理。

第二条　本公司职员分聘任、征用、考选三项：

甲、聘任

国内外大学毕业曾任重要职务五年以上卓有成绩或学验丰富具有专长者，经总经理之特许聘为高级职员。

乙、征用

国内大学或专科学校毕业曾任相当职务三年以上卓有成绩者，经总经理之核准不经考试征用为办事员。

丙、考选

国内大学或专科学校甫经毕业，或高级中学毕业曾任相当职务二年以上者，得经考试合格后视其学力、资历分别征用为办事员或助员；年在十八岁以上甫经高中毕业者，得经考试合格后征用为练习生。

第三条　前条丙项考选之办事员、助员应先经三个月之试用，视成绩优良再行补实。

第四条　练习生录取后其练习期间为二年，期满成绩优良者升为初级助员，其【次】尚堪造就者得酌量延长其练习时间。

第五条　凡征用员生除前条规定资格外，以身家清白、性格健全、品行端正，经指定医师检查证明并觅有妥实保人者为合格。

第六条　前项考选事宜于需要补充员生时举行，并应组织考试委员会办理，以总秘书、总稽核会计、总营业暨文书、人事两组专员及总经理临时指定之员为委员，其考试办法另定之。

第七条　本规则陈奉总经理核准实行，修改时同。

（件存陕西省档案馆民国档案82－1－1058－1卷）

雍兴实业股份有限公司职员服务规则

（1943年1月1日起实行）

第一条　本公司职员在服务期间应忠于职务并遵行下列守则：

甲、遵守本公司各项规则，服从上级之指挥；

乙、爱护本公司事业，保守公务上应守之秘密；

丙、发扬和衷共济之精神，遇有疑难应商洽上级处理，遇有与其他部分并连之事应互相商洽切取联系；

丁、尊重集体之令誉，凡个人意见涉及公司业务者，非经许可不得以文字对外刊布，除办理公司指定任务而外，个人对外不得用本公司名义；

戊、注重德行，切戒沾染一切不良嗜好；

己、严谨操守，不得私自经营商业，或假借名义向本公司及附属各单位作希图营利之交易；

庚、负责办事不得在公司范围以外兼任有给职务，但经总经理特许者不在此限；

辛、交际接洽谨守正当范围，不受外间馈赠与招待。

第二条　职员因违反前条守则应受之惩戒，由各主管部分考核轻重陈明总经理协理核办。

第三条　办公时间依本公司规定准时到公，不得怠惰及迟到早退。

第四条　签到簿应于开始办公前亲自签写，漏签者以缺勤论；其因公出差及奉准请假人员，均由人事组于签到簿内注明。

第五条　每日应办事件应迅速办毕，不得积压。

第六条　办公时间不得接见宾客，其因公务接洽之来宾亦宜于别室会晤，不得于办公室内延见。

第七条　星期日及放假日值日人员，由文书组将轮值人名列表陈明总秘书按名轮值。

第八条　非常时期对于公物之爱护、经办文件之保管，除别有规定外应特别注意存放安全。

第九条　本规则陈奉总经理核准实行，修改时同。

（件存陕西省档案馆民国档案 82－1－1058－1 卷）

雍兴实业股份有限公司练习生服务规则

（1943 年 1 月 1 日起实行）

第一条　本公司练习生以年龄满十八岁以上、二十二岁以下具有下列资格之一者，经考选征用之：

一、高级中学毕业或有同等之学力者；

二、完全小学毕业，曾在工商业学习三年以上者。

第二条　练习生应有一人以上之保证人签具正、副保证书方能到职，到职前并应亲填本公司员生征用调查表及志愿书。

第三条　练习生由总秘书秉承总经理、协理之命分配在各室练习。

第四条　练习生在各室练习期间，由各室主管员报告成绩于该管最高主管员，以备他调练习。

第五条　练习生服务期以满两年为限。

第六条　练习生服务期满并无过失者得升为助员；其成绩优异者满一年后，经各该管最高级主管员开列成绩陈由总经理、协理核准【者】，亦得特予提升。

第七条　练习生薪给第一年月支二十元，第二年月支二十五元，在非常时期得酌支临时津贴。

第八条　练习生服务勤劳年终得酌给奖金。

第九条　练习生膳宿由本公司供给。

第十条　练习生服务期内有下列情事之一者即行开除：

一、不遵主管员告诫者；

二、怠惰而屡戒不能振作者。

第十一条　职员服务规则练习生均应遵守，如有违犯，适用职员服务规则关于惩戒各条办理。

第十二条　本规则陈奉总经理核准实行，修改时同。

（件存陕西省档案馆民国档案 82－1－1058－1 卷）

雍兴实业股份有限公司职员请假规则

（1943 年 1 月 1 日起实行）

第一条　本公司员生非因婚丧疾病不得已之事由不得请假。

第二条　每年请假日数规定如次：

亲丧准假三星期；

成婚准假二星期；

事假与病假全年合计不得逾五个星期。

第三条　事假、病假如超过规定期限应按日扣支薪津，但遇有因病缠绵经医师诊断证明，而该员平时服务成绩优良者，得由主管人员陈明总经理核准，酌予免扣。

第四条　职员请假时应填具请假书，由各主管部分核准并送陈总经理、协理核批，其请假在三日以上者，并应声叙事由或证明文件转陈总经理核准。又职员请假书均应送交人事组登记后保存备查。

第五条　请假不满一日者，应将经手事务托同组人员代办，并报明主管人员备查；如在一日以上者，应由主管部分指定代理之人接办。

第六条　请假未经核准或未将经手事务交与代理人以前不得擅离，否则以旷职论。

第七条　假满如必须续假应声明事由，照第四条办理，如假期届满而未续假者以旷职论。

第八条　员生全年未请假者年终得酌给奖金，其数额以不逾十五天薪津为度（指本薪及临时生计津贴而言，其家属生活津贴除外），由各主管人员陈请总经理、协理核定。

第九条　本规则陈奉总经理核准实行，修改时同。

（件存陕西省档案馆民国档案 82－1－1058－1 卷）

雍兴实业股份有限公司职员旅费规则

（1943 年 1 月 1 日起实行）

第一条　本公司职员因公派遣或职迁调所支旅费均依本规则办理。

第二条　旅费分舟车费、日用费、邮电费三种。

第三条　舟车费包括旅行上必需之舟车舆马等费，但乘坐本公司交通工具免其收费者不得再支；如因特殊关系可付半价或减付一部分者，据实开报。日用费包括上下舟车费、行李搬运及每日膳宿零用等费，但经过地方有本公司属厂或联厂可供膳宿者，其日用费内应即减除膳宿费，余仍照支。邮电费以因公所发函电为限。

第四条　舟车费、日用费按下列等级支给：

舟车费：（凡通火车、轮船地方，以火车、轮船等级为标准）

总秘书、总稽核、总会计、总营业、总工程师均开支头等；

主任技师、专员、稽核、办事员均开支二等；

助员、练习生均开支三等；

交通不便之处，所有舟车、舆马等费均实用实报陈候核销。

日用费：

总秘书、总稽核、总会计、总营业、总工程师每日开支不得逾五十元；主任技师、专员、稽核、办事员每日开支不得逾四十元；助员、练习生每日开支不得逾二十五元。

上列日用费规定限度，必要时得视物价指数及各地实际情形随时调整。又在生活程度特别昂贵地方，如照上项规定不敷开支得实报实销。

第五条　邮电费均实用实报。

第六条　各项费用事实上应有单据者，均应随同旅费表附送以凭审核。

第七条　运送重要公物为途次慎重起见，经主管部分陈明总经理、协理之许可，得乘坐头等，但归途不携带重要公物者，其回程旅费仍按等开支。

第八条　因公派遣或调职人员有搭乘飞机之必要者，应事前陈明总经理、协理核准。

第九条　因公派遣人员其工作地方有本公司属厂或者其附属机关者，应由当地之厂或者机关供给膳宿，开报日用费时应将宿费减除，其零用费开明事由实用实报，不论日期久暂均照此办理。

第十条　因公派遣者自出发之日起至事竣回公司之日止，调职者自启程之日起至到达新职地点之日止，旅费均按日计算，除有特别事由迟缓经陈明核准者外，其因私事延滞者不得支给。又途程应以通常必经之路为准，其因特殊情形必须绕道者，应陈经理核准始得支给。

第十一条　旅费应于事竣回到公司或到达调职地方七日以内开报，连同单据送经主管部分核转总稽核核销，不得无故稽延。

第十二条　本公司特别聘任或征用之职员，经总经理之许可得依本规则支给到职旅费。

第十三条　本规则陈奉总经理核准实行，修改时同。

（件存陕西省档案馆民国档案 82－1－1058－1 卷）

雍兴实业股份有限公司职员考绩规则

（1943 年 1 月 1 日起实行）

第一条　本公司职员之考绩依本规则办理。

第二条　考绩标准分下列四则：

一、工作质量；

二、工作效能；

三、品学修养；

四、特殊成绩。

第三条　考绩分平时考绩与年终考绩二种，平时考绩每三个月举行一次，年终考绩于年度终了时行之。

第四条　考绩之奖惩分下列各种：

甲、奖励：书面嘉奖、记功、记大功、加薪、升职；

乙、惩戒：书面申诫、记过、记大过、减薪、解职。

以上奖惩除书面嘉奖或申诫外，其余各项应以书面通知其本人。

第五条　平时考绩应以书面嘉奖、申诫或记功、记过为限，但有特殊劳绩者亦得加薪或升职，有成绩过劣者亦得减薪或解职，均由各室列举事实陈请总经理、协理核定。

第六条　年终考绩应由各室主管专员填具考绩表，以专员任初核逐级复核，分别签拟意见送人事组专员汇陈总秘书，转呈总经理、协理核定。又各部专员之考绩，由总秘书等分别核填径陈总经理、协理审核之。

第七条　不论平时或年终考绩，应予加薪者以不超过四级为限。又一年内每人以加一次为限，但因有异常劳绩经总经理特许者不受本条限制。

第八条　凡对于本公司业务、工务有特殊贡献，或对于所管职务能努力推进或研究改善卓著成效者,得由总经理随时予以特奖,或由各该部分主管人商明各该室列举事实陈请总经理特奖之。

第九条　本规则陈奉总经理核准实行,修改时同。

(件存陕西省档案馆民国档案 82 -1 -1058 -1 卷)

雍兴实业股份有限公司及所属各厂矿职员抚恤规则

(1943 年 1 月 1 日起实行)

第一条　凡本公司及所属各厂矿职员之给恤暂依本规则行之。

第二条　职员因执行职务而致残废或死亡者,经本公司审核属实后得给予残废恤养金或死亡抚恤金。其标准如左:

残废终身恤养金计算表

服务满足年数	不足二年者	12	23	44	45	46	47	88	89	110	111	112	113	114	115	116	117	118	119	220
支给月薪百分比率	15%	25%	35%	38%	41%	44%	47%	50%	53%	56%	60%	64%	68%	72%	76%	80%	85%	90%	95%	100%

甲、职员因公而致残废永久失其全部或一部之工作能力者,得由本公司或各厂矿给以一次残废恤养金,其恤养金数额视残废部分之轻重而定,但至多不得超过该员最终月份薪额三年,至少不得低于一年,由本公司总经理核定发给。

(附注)因公而致残废永久失其全部工作能力者,除发给上项残废恤养金外,并得按其最后月份薪额依左表所列按月发给终身恤养金(下列恤金遇有尾数时概作一元计算)。

乙、职员因执行公务而遭遇意外以致死亡者,得由本公司或各厂矿给其遗族一次恤金,其恤金数额视其死亡情形及在职服务年限而定(服务年限按到职月份起至最后月份止计算),但至多不得超过该员最后月份薪额五年,至少不得低于三年,由本公司总经理核定发给。

服务满足年数	2	3	4	5	6	7	8	9	10	11	12	13	14	15	16	17	18	19	20	21	22	23	24	25
一次支给本薪月数	4	6	8	10	12	14	16	18	20	22	24	26	28	30	33	36	39	42	45	48	51	54	57	60

第三条　在职病故之职员(非因公死亡者)其在职继续服务满二年以上者,

得由其遗族按该员最后月份薪额,依左表规定请领一次抚恤金。

第四条　对于本公司或各厂矿有特殊劳绩之职员,除照上列各项规定给恤外,得由总经理提请董事会酌加优恤。

第五条　凡领受残废终身恤养金之职员,一旦病故时得自卸职之月起推算其以前在本公司各厂矿服务年限,按照本规则第三条之规定给予一次抚恤金,但应将已领残废终身恤养金之累计数扣除,如所领残废终身恤养金之累计数已超过其应得之一次抚恤金时,上项抚恤金即不另行发给。

第六条　受领上项抚恤金者为职员之妻或夫,无妻或夫者依下列次序代位受领,但职员有遗嘱者依遗嘱办理。

一、子女;二、父母;三、孙;四、同胞兄弟姊妹。

第七条　本公司或各厂矿对于上项规定受领人有疑义时,应由具领人觅保证明。

第八条　领受残废终身恤养金之职员,除由本公司或各厂矿发给恤养金折以凭支领外,应由领恤之员填具印鉴二份,交由本公司或各厂矿备验。又每月领取终身恤养金时,应将恤养金折送本公司或各厂矿登记,并照所留印鉴填具正副收条。

第九条　领受残废终身恤养金之职员如遇死亡时,应由其遗族缴还恤养金折具报停领,如发现有延报冒领情事,即将其冒领之款加息追缴。

第十条　本规则自董事会通过实行,修改时同。

（件存陕西省档案馆民国档案82－1－1058－1卷）

雍实业股份有限公司各厂矿材料管理办法

（1944年2月23日）

一、总则

1. 关于原料、物料、燃料(以下简称材料)之管理均须依照本办法办理。

2. 材料之管理应由材料课负责,其未设材料课者应由经理指定其他课股办理之。

3. 材料课发料应规定一定时间,凡各部分向材料课领用材料,除因急需应用者外,均应在规定时间以内领取。

4. 材料课收发材料,均应采用标准度量衡及规定之单位。

二、收料

1. 经管购料部分购进材料应填具交库单一式三联，连同材料送交材料课。

2. 材料课应照交库单所列之材料名称、规格、数量验明相符后，由验收员及材料课长于交库单上盖章签收，并将该单第一联留存本课记账，第二联送会计课转账，第三联发回原购料部分备查。

各部分用余材料送回材料课，应由送回部分按照前条规定同样办理。

三、发料

1. 各部分领用材料应填具领料单一式三联，均送交本课课长及经副理、厂长中一人核准发签章后，再持向材料课领料。

2. 材料课根据前项领料单所开材料名称、规格、数量将材料发讫后，应在领料单上加盖“发讫”之戳记（并注明发讫日期）或批明实发数量，并将该单之第一联留存本课记账，第二联送回会计课转账，第三联发还领料部分。

3. 领料单所领材料之单位以与材料课标注之单位相同为原则，否则由材料课折算后通知领料部分改正，俾于盘存时可减少缺溢数量。

4. 领料手续不完善者不得发料。

四、保管

1. 各项材料除体积庞大不易为风雨所侵蚀者得在露天空场存放外，其余材料应依其性质、大小、轻重、存量及流动性，放置于库内适宜之地点。

2. 库房应特别注意防杜水火、盗贼、潮湿及虫蚀、鼠咬。

3. 库内不准存入违禁品，并禁止吸烟。

4. 材料堆存应力求整齐，不得凌乱。

5. 危险性之材料应与其他材料隔离，另辟库房存储。又仪器、贵重材料应存储箱内或柜内，以免损坏遗失。

6. 各项材料均应悬挂卡片标志品名及其用途。

7. 材料出进增减应注意投保及退保火险。

8. 非库内人员除有公事接洽者外，不得任意进内。

9. 库房应随时加锁，但平时有专人驻库办事者不在此限。

10. 材料如有存量过少必须预为购储者，材料课应随时陈明经副理、厂长通知经管购料部分采购，以免临时添购不及有碍工作进行。

五、记账

1. 材料科应备材料收付登记卡片，凡材料之收付均计入片内。

2. 登记材料卡片应以收料单、领料单为根据。

3. 各项材料均采取继续盘存制，使每一种材料结存数量随时均可在卡片内表示。

4. 每月终应将本月收进材料、领用材料及库存材料抄具库存表送会计课查对。

5. 材料课账务处理应与会计课取得联系（会计课登记之材料分户账，各厂矿并得依事实上之便利委托材料课代为登记，但该记账人员应受会计科之指挥）。

六、检查

1. 库存材料每日有变动者，应于办公时间后盘查一次。

2. 库存材料每三个月至少检查一次，每期决算材料课应将库存材料彻底盘查一次，如有溢亏，应填具盘存报告表二份，以一份存库备查，一份送会计课转陈经副理厂长转陈总公司核办。

3. 如遇不可抗力或其他原因致材料发生损坏时，材料课应随时报告经副理、厂长派员会同盘点，填具报告陈请总公司核办。

（件存陕西省档案馆民国档案 82－1－1058－2 卷）

雍兴公司各厂职员考绩办法

（1943 年 7 月 15 日起实行）

1. 本厂职员考绩依照本办法办理之。

2. 本厂职员考绩每半年举行一次（一月至六月，七月至十二月）。

3. 考绩标准计分：

甲、责任心：是否尽职，是否勤苦耐劳，是否努力进取，是否专心办事；

乙、能力：是否称职，对自身工作有无分析及自动能力，工作有无耽误，有无指挥及组织能力；

丙、品格：是否爱护本厂及公司，是否遵守一切章则，平时操守如何，公德心及节省公物之程度如何，处世接物之态度如何；

丁、修养：阅读写作否，讲求清洁卫生否，私生活正常否，早操及公共进修之集会参加否；

戊、特殊劳绩：计分六项：一、有所发明；二、业务推进已见成果；三、对厂方管理有特殊成效；四、防止重大灾害；五、对国家社会事业有显著贡献；六、其他。

4. 考绩务求具体确实,且采计分法以资比较。

5. 考绩分数之分配如下:

项目	责任心	能力	品格	修养	特殊劳绩	考勤	最近未加薪添分	共计
绩分	0—15	0—15	0—20	0—15	0—15	0—10	0—10	100

6. 最近未加薪添分概按下表核算:

最近加薪相距时间	三月以下	三月以上	六月以上	九月以上	十二月以上	十八月以上	廿四月以上
最近加一级	0	1	3	5	7	9	10
最近加二级	0	0	1	3	5	7	9
最近加三级	0	0	0	1	3	5	7

7. 考勤绩分按下表核算:

请事假日数	0	1	2	3	4	5—6	7—8	9—10	11—13	1—15	15 以上
绩　分	10	9	8	7	6	5	4	3	2	1	0

病假二日作事假一日计;

迟到或早退一次作事假一日计;

旷职一日作事假四日计;

婚丧假二星期内不计。

8. 绩分总数不及六十分时得以不称职论,予以申诫或黜退。

9. 绩分总数超过八十五分时,得按下表予以升进:

总分	加薪级
70—80	一级
80—90	二级
95 以上	三级并呈总公司予以嘉奖

10. 年终考绩由各课长填具考绩表送交经理室核定绩分,陈报总公司备案后发表之。

11. 本办法陈准总公司后施行。

(件存陕西省档案馆民国档案 82 – 1 – 1317 卷)

雍兴实业股份有限公司检查总则

（1943 年 12 月 23 日公布）

第一条　本公司所派检查人员执行职务时，除临时另有指定者外，悉依账务、工务、业务、人事四种检查细则办理。

第二条　本公司所派检查人员需持有本公司之证明函件或检查证，否则各厂得拒绝检查。

第三条　检察人员应持公正态度执行职务，各厂矿处负责人员应充分予以便利并供给一切材料，以期发挥检查制度之精神，而收共图改进之效果。

第四条　检察人员派赴各厂矿处检查时应迅即前往，事竣即返，非因特殊事由未经本公司核准者不得耽延或滞留。

第五条　检察人员派赴各厂矿处检查时，除遇紧要事件随时函电报告本公司外，应全部检查完竣后善制总报告书陈核。

第六条　本总则及账务、工务、业务、人事四种细则均自公布之日施行。

（件存陕西省档案馆民国档案 82－1－1058－3 卷）

雍兴实业股份有限公司账务检查细则

（1943 年 12 月 23 日公布）

第一条　本细则根据第一届厂务会议《建立检查制度》议决案内之账务检查一项订定之。

第二条　本公司所派检查人员，其检查事项如左：

（一）关于各厂及所属机构库存、现金、票据、证券之检查事项；

（二）关于各厂及其所属机构银行、商务往来款项之检查事项；

（三）关于各厂及其所属机构会计簿册、凭证及其他文件之检查事项；

（四）关于各厂及其所属机构成品、原料、材料、物料、机器设备之检查及盘点估价事项；

（五）关于各厂及其所属机构财务上收支之检查及考核事项；

（六）关于各厂实行本公司会计制度之得失及其建议之事项；

（七）关于各厂制品成本直接、间接开支一切考核事项；

(八)关于各厂会计事务、人事之设施一切考核事项。

第三条　检查人员为执行职务向被检查各厂查阅簿册、凭证及一切文件,或盘点现金、料品库存时,各厂负责人员不得隐匿或拒绝,遇有疑问时应为翔实之解答。

第四条　检查人员为执行职务遇有须向有关之公私机关、团体、商号或个人查询事项时,被查各厂应予以协助;检查人员执行前项职务遇必要时,应先电请本公司核示。

第五条　检查人员为执行职务遇必要时,在不妨碍被查厂工作范围内,得会同该厂经理临时封存各项有关簿册、凭证及其他文件,并得提取其全部或一部。

第六条　检查人员检查各项库存事前应严守秘密,并在不妨碍被查厂工作范围内根据库存表逐一点查,必要时得会同各厂负责人员协助点查;视察库房时应注意其防范水火、盗劫及防空设备是否周密。

第七条　检查人员遇发现被查各厂财务上有何弊端或料品有短缺情事,应密报本公司核办;倘其情节重大,认为有紧急处置之必要者,得延行告知该厂经理从速执行之。

第八条　检查人员应注意事项如左:

(一)检查人员在实施检查前,应拟定检查工作预定进程表及规划检查前之各项准备;

(二)检查人员应备置空白手册摘记每日工作要务,以免遗忘;

(三)检查人员应于其检查完毕之各种账册末笔上加盖名章,以资证明。

第九条　检查人员对被查各厂如发现会计事务上有不合于本公司会计规定或记账手续未臻妥善之处,得径行予以纠正。

(件存陕西省档案馆民国档案 82 - 1 - 1058 - 3 卷)

雍兴实业股份有限公司工务检查细则

(1943 年 12 月 23 日公布)

第一条　本细则根据第一届厂务会议《建立检查制度》议决案内之工务检查一项订定之。

第二条　检查生产方面之要点于左:

(一)生产工作与其他辅助工作之配合及联系是否合理。

（二）生产部分及辅助各部分之工作日记是否详确：

（A）生产部分所用工数与辅助各部分所用工数之比例；

（B）生产部分所用动力物料与辅助各部分所用动力之比例；

（C）生产技术是否精良。

（三）参照市场情形及厂中各种记录研究生产计划是否适当。

（四）关于提高品质、减轻成本之研究。

第三条　检查成品及原、物料之要点如左：

（一）成品之成色及品质如何。

（二）成品之设计图样或其实验之步骤。

（三）成品改进之情形如何，如进步、迟缓，并研究其原因及如何加速促进。

（四）成品所用原料、物料之数量是否合理。

（五）所用原料品质之优劣如何，并研究有无较廉或较佳之代用品。

（六）所存原料、物料、燃料有无过多、过少情形，并研究每一单位之合理之储存量。

（七）原料、物料库存之组织与储存方法是否完善。

（八）废料是否利用及如何利用。

第四条　检查工作方面之要点如左：

（一）工人工作能力及其效率如何。

（二）工人及工厂内管理情形如何。

（三）工人训练设施情形如何。

（四）工人工资之标准如何。

（五）工作时间之分配如何。

第五条　检查设备方面之要点如左：

（一）各部分设备是否已充分发挥其效能。

（二）各种机器之保金及管理情形如何。

（三）各部分设备有无应行改善或调整之处。

第六条　考察厂内关于工务及与工务有联系之一般规则实施情形及其成效如何。

第七条　征询各厂技术及工务人员对于本厂改良技术与增进工作效率之意见，以供研究。

（件存陕西省档案馆民国档案 82－1－1058－3 卷）

雍兴实业股份有限公司业务检查细则

（1943年12月23日公布）

第一条　本细则根据第一届厂务会议《建立检察制度》议决案之业务检查一项订定之。

第二条　关于业务全面检查之要点如下：

（一）资金调度是否得宜；

（二）营业计划是否紧密；

（三）一般管理（除属于专门技术者外）是否完善；

（四）营业部分与工务部分及会计部分联系是否密切；

（五）营业负责人员是否能积极推动，对于市场消息是否灵通。

第三条　关于原料、物料检查要点如下：

（一）原料、物料之品质如何；

（二）原料、物料之存储数量是否适当，有无过多、过少及不合需要情事；

（三）原料、物料之购进与用出手续是否严密；

（四）原料、物料之来源及运输情形如何。

第四条　关于成品检查之要点如下：

（一）成品之生产量与销售量是否配合；

（二）成品之品质（包括色泽、花样、精粗、种类及其他规定之标准）及价格是否合于销场；

（三）成品销售地点及数量；

（四）成品推销方法如何；

（五）产品运输及包装方法是否完善，有无应行改良之处（指运销外埠之货）；

（六）成品有无积存过多并考察其原因；

（七）本厂出品与同业出品之比较（分成色、产量、价格、销场、成本五项）；

（八）往来较多之机关、商号应详查其交易情形。

第五条　各厂对于所需原、物料及所产成品之本、外埠市面商情有无充分调查资料。

第六条　各厂营业部分表报账册以及各项单据是否齐全。

第七条　各厂对于原料、物料、成品之保管方法如何。

第八条　征询各厂营业人员对于本厂业务前途及出口质量之意见，以供研究。

（件存陕西省档案馆民国档案 82－1－1058－3 卷）

雍兴实业股份有限公司职员请假回籍暂行办法※

（1946 年 5 月公布）

一、兹值抗战胜利，为籍隶收复区职员因必要事故短期回家料理起见，得依本办法申请给假。

二、凡本公司职员申请回籍假，须备下列各条件：

甲、到职两年以上而本年度请假未逾两星期者；

乙、原籍系收复区而其眷属或直系尊亲属在抗战期内确在原籍居住者；

丙、确有必要事故须回籍料理者；

丁、其原籍所在地现已秩序恢复，交通便利，一个半月内可以往返不致耽误工作者；

戊、请假期间经主管部分核定，有相当人员可以代理者。

三、具有前条各项之职员如拟请假者，应于办法公布后十日以内填申请书，经核准后给假（逾期停止登记）。总公司职员请假申请书由该主管部分送交总秘书室人事组登记后陈请总协理核定，各厂矿职员请假申请书由主管人事部分登记后，陈请各厂矿经理核定并陈报总公司备案。

四、在同一部门之职员（在总公司以各室为单位，在各厂矿以课为单位）每次请假人数视各单位人数之多寡与业务之繁简酌定，以同时不超过各部门现有职员十分之一为原则，须俟前一批请假职员销假后，下一批请假职员方得依次给假。

五、在同一部门之职员其申请假人数超过第四条规定时，其先后次序用抽签法定之。

六、职员到职三年以上者给假两个月，两年以上者给假一个半月，均包括往返程期，逾期未返即以旷职论，并不得以任何理由申请续假及请免扣支薪津。

七、此次核准给假之职员得由公家酌贴旅费，但以舟车费为限，每个人至多不得超过五万元至二十万元（如由公家予以交通工具之便利者应酌量核减，视路程之远近定之）。

八、请假职员如有携眷一同返籍者，其眷属旅费公家概不贴给。

九、所给假期一律自轮到给假交替职务后之第三日起算。

十、此次已请回籍假之职员如销假后在同年度再请事假，一律照章扣支薪津。

十一、本办法自公布日实行，供核准请假人员依次请假完毕即行废止。

雍兴实业股份有限公司各厂矿训练工人办法

（1947年2月22日公布）

本公司为训练各厂矿生产工人之技能，培养其勤劳服务之精神与善良之品德起见，特别订定本办法。

甲、训练机构：各厂矿视本身范围大小、工人多寡，斟酌情形设立训练机构，指派专人负责并抽派各课股干员负责训练。（上项指派人员均为无给职）

乙、训练方法：分集体讲话及分班训练两种。

丙、训练目标：分纪律、智能、体格等三项。

丁、实施方法：关于纪律方面者，由训练机构每月规定日期，采取集体讲演方式，讲述负责、守法、自立、自爱诸德目之意义（可由训练机构主持人预拟各种德目，依次讲述，遇有偶发事项则变通顺序行之），并举行个别谈话，指示其生活行为；关于智能训练方面，开办进修班，视工人知识程度分班训练（补习班之种类亦应视事实需要先为规定，最近西安《正报》所载刘季洪先生《补习学校述要》一文可资参考）；关于体格训练方面，举办球类（如篮球、足球、乒乓球等）、国术等体格锻炼，鼓励工人自动参加。

本办法所订各款，其最大目的在使工人之技能、智识、品德均由训练而趋于进步，并寓提拔及考核人材于训练之中。如有未尽事宜得随时修正之。

（件存陕西省档案馆民国档案82－1－1079－2卷）

雍兴公司发给战时生活补充费办法

（1941年3月公布）

一、本公司为体念同人生活，俾能安心服务起见，特于各职员原支薪津外，概自三十年三月份起规定，已婚同人另给战时生活补充费五十元，未婚同人另给战时生活补充费二十元，以示体恤（上项战时生活费得视物价之涨落随时增减或取消之）。

二、本公司所有职员无论已婚、未婚均应填具雍兴公司职员家庭报告表（报告表应填事项详见另纸），由主管机关送陈当地办事处转陈总公司备查，将来发给此项战时生活补充费时即以所填表格为准。

三、已婚职员未经携眷同居于所在服务地者，应将其眷属照片（包括子女在内）拍印四张，由主管机关送陈当地办事处转陈总公司存查，并另觅保证人以资证明（此项照片主管机关及当地办事处各留一张，其余一张送陈总公司备查）。

四、在上项照片尚未寄到经过本公司调查以前，或未经主管机关重要职员证明本人确已婚娶者，上项战时生活补充费暂按未婚待遇一律发给二十元，俟后调查清楚再行一次补发。

五、未婚同人谎报已婚希图多领战时生活补充费者，一经查出，即予开革，以杜欺诈。

（件存陕西省档案馆民国档案82－1－535－3卷）

雍兴实业股份有限公司陇属各厂联席会议简则

（1945年2月1日第一次联席会议审查通过）

一、本会议为谋各厂之厂务发展，举凡人事管理、技术改良、推广营业及其他厂务推进事项，均得提出研讨。

二、本会议暂定每月开会两次（即每月十五日及三十日各开会一次，逢礼拜及例假顺延之），时间定为下午两时。如将来有必要时，可于每礼拜内开会一次，日期、时间另定之。

三、本会议出席人员暂定如次：

1. 驻陇处主任、副主任、专员、秘书；

2. 各厂经理、厂长、工程师、课长、技师；

3. 临时指定人员。

四、本会议由驻陇处主任为主席，主席缺席时得请副主任或厂经理代理。

五、每次开会时间暂定两小时，照下列程序办理，如有未了事宜得召开临时会议讨论之。

甲、报告

1. 各厂经理或厂长报告：

A. 预定步骤是否做到，进行程度如何；

B. 生产情形品质与数量是否进步；

C. 今后之进行步骤；

D. 原、物料之敷用时期及应有准备；

E. 其他有关工务方面应行报告事项。

上项报告次序为面、机、化。[①]

2. 总务专员报告：

A. 预定事宜是否做到；

B. 各厂之建筑与修理进度如何；

C. 今后之准备工作；

D. 其他有关总务方面应行报告事项。

3. 营业专员报告：

A. 预定事项已否做到；

B. 各厂购销与市面情形；

C. 各厂库存成品之金额；

D. 各厂准备购销事项；

E. 其他有关营业应行报告事项。

4. 会计专员报告：

A. 预定事项已否做到；

B. 各厂期收货款及应收账款、暂记欠款催收与清理情形；

C. 各厂财务情形；

D. 其他有关会计方面应行报告事项。

上项报告如报告人因事不能出席时，应预为指定人员代理报告。

5. 其他。

乙、议决

1. 报告内发生□□；

2. 提案（此项提案应于开会前三日送驻陇处文书组）；

3. 临时动议。

六、每次会议制成记录，分送各出席人员并寄总公司。

七、本简则自三十四年二月份起实行，并报总公司备案。

---

① 指兰州面粉厂、兰州机器厂和兰州化工厂。

八、本简则如有未尽事宜得随时修改之。

（件存陕西省档案馆民国档案82－1－211－1卷）

雍兴实业股份有限公司各厂资金拨账办法※

一、雍兴公司兰州三厂资金共计三百四十万元（计制药厂二百万元、毛织厂四十万元、面粉厂一百万元）；西安三厂[①]资金共计五百三十万元（计纺织厂三百万元、机器厂一百五十万元、酒精厂八十万元），两【项】共计八百七十万元。秦、陇两支行应即日将上项资金分别拨交各该厂，一面付雍行账，一面收支该厂往来存款账。

二、各厂收到总公司所拨上项资金，一面应收“总公司”科目资金户账，一面【应】付“存放银行”科目本行秦、陇两支行往来账。

三、各厂所有资金未拨账以前，在秦、陇两支行借支购置机器材料、原料、物料及其他一切开支之款，应于此次资金拨到后即行还清。

四、各厂资金系由总公司向雍行订借（担负欠款利息），为减轻总公司利息担负计，各厂应按第三条规定将所欠秦、陇两支行款项清还后，估计最近期内需用之款，仍在秦、陇两支行往来户内收存备用外，其近期内尚不需用之款应即【支出】交由秦、陇两支行划收雍行转收总公司账，俟将来支用时再向秦、陇两支行支取。上项划回总公司之款，各厂应在“总公司”科目账内另立往来户四户账，勿与资金户混合。

（件存陕西省档案馆民国档案82－1－151－2卷）

雍兴实业股份有限公司各工厂筹备期间通用会计科目

一、本公司所属各工厂在筹备期间通用之会计科目，计分左列三类：

1. 负债类；

2. 资产类；

3. 资产负债共同类。

二、负债类之科目如左：

1. 总公司　由总公司拨付本厂之资金及往来调拨款项归此科目；

---

① 据其括注表述应为蔡家坡三厂。

2. 存入保证金　凡存入客户之保证金款项归此科目；

3. 预收款项　凡收入客户定款及有预收性质之款项归此科目；

4. 应付账款　凡已购入各种料品而价款尚未支付者归此科目；

5. 暂时存款　凡收入之款属暂时性质或一时未能确定科目者归此科目；

6. 期付价款　凡购入各种料品已定契约而尚未交割者，其应付价款归此科目（此科目与订购料品对转）。

三、资产类之科目如左：

1. 土地　凡购入建筑厂屋之地基（包括税契登记等费用）归此科目；

2. 建筑物　凡建筑厂房、仓库、宿所及其他一切建筑物归此科目；

3. 机器　凡买入供制造用之各种机器（包括运费、捐税、装置等费）归此科目；

4. 设备　凡供制造用机器以外之土木相关各项设备归此科目；

5. 工具　凡买入供制造用之各项工具归此科目；

6. 仪器　凡购入供化验、绘图、测量等用之各种仪器归此科目；

7. 生财器具 凡购入各种生财器具归此科目；

8. 原料　凡购入各种原料归此科目；

9. 物料　凡购入制造用及包装用各种物料及零星机器配件归此科目；

10. 建筑材料　凡购入建筑用砖瓦、灰石、木材等归此科目；

11. 运输中机料　凡购入机器原料材料价款已付清，机料未运到者归此科目；

12. 存出保证金　凡付出保证之款项归此科目；

13. 预付款项　凡预付订购各种料品之定金及预付投保建筑物原料、物料等之保险费均归此科目（保险费每月应将实付数收回此科目，转付开办费科目账）；

14. 银行往来　凡以款项存放银行【银】号归此科目；

15. 暂记欠款　凡付出之款系属暂时性质或一时无相当科目可归者归此科目；

16. 开办费　凡本厂在筹备期间一切开支归此科目，并应分细目如下：

（1）薪俸	（2）膳费	（3）津贴	（4）战时津贴
（5）交际费	（6）警役工资	（7）警役伙食	（8）房地租
（9）车马费	（10）保险费	（11）文具费	（12）书报费
（13）灯炭费	（14）邮电费	（15）营膳费	（16）旅费
（17）广告费	（18）印刷费	（19）捐税	（20）杂费

17. 建筑中未分配工料　凡建筑厂房支付砖瓦、灰石以及五金木料等一切材

料价款,又付出关于建筑各项工人工费均归此科目;

18. 订购料品　凡订约购入各种料品归此科目(与期付价款对转);

19. 现金　凡现金及转账之收付归此科目。

四、资产负债共同之科目如左:

1. 办事处往来　凡与本厂派遣之办事处往来款项均归此科目,此科目之贷借方余额即各该办事处之存欠数;

2. 外庄　凡与本厂派出之外庄款项往来归此科目,此科目之贷借方余额即各该庄之存欠数。

(件存陕西省档案馆民国档案 82－1－631－2 卷)

雍兴实业股份有限公司陇属各厂消防救护队组织办法

(1941 年 7 月 7 日)

一、本办法依据《雍兴公司陇属各厂预防空袭补充办法》第三项之规定订定之。

二、各队设队长、副队长各一人,由各厂经理、副经理或厂长分别兼任,主持全队一切事务。

三、队下设总务、警戒、扑灭、救护等四组,组长由各厂课长或股长兼任,秉承队长、副队长之命,执行本组一切事务。其各组职掌如下:

A. 总务组之职掌:关于消防器具之保管及火警空袭等通传事项;

B. 警戒组之职掌:关于维持秩序及瞭望警报等事项;

C. 扑灭组之职掌:关于扑灭及截断燃烧物等事项;

D. 救护组之职掌:关于救护及搬移重要财物等事项。

四、各厂员工除依照本办法指定职务外,其余均为本队队员,遇有事故听受本队层峰指挥。

五、所有本队人员均为义务职,不另支薪。

六、对于火灾及战时消防,于工余之暇应召集全体员工,由各组组长轮流讲演,俾冀唤起每个人之特别注意。

七、本办法经函陈总公司备案,即日施行。

八、本办法如有未尽事宜得随时修正之。

(件存陕西省档案馆民国档案 82－1－151－2 卷)

雍兴实业股份有限公司各厂预防空袭办法

(1941 年 4 月 13 日公布)

(甲)关于文件方面

A. 合同、契约及重要文件均应各备副本,分寄给本公司及本公司秦、陇两办事处妥为保管。其以前所立合同、契约及重要文件未备副本者,均应迅即补办齐全分寄给各工厂,一时补办不及得斟酌情形即用照像留影作为副本。

B. 重要图章、厂密电本、最重要文件及职工保证书等,应由经管人员归纳一皮箱,常置身旁以便紧急时可以随身携带。

(乙)关于账务方面

A. 应照各厂现定日计表于当日填制三份,以一份自存,以其余两份分寄本公司及本公司秦、陇两办事处保管;

B. 各项账表、传票应妥存安全地点;

C. 每日传票应随时登记日记账,遇空袭警报时各部分管账人员应将当日日记账之副本随身携带;

D. 每日用款应以当日用当日取为原则。

(丙)关于机器及材料方面

A. 重要机件如原动等应设法掩护以轻目标;

B. 厂房最好用稻草或芦席覆盖,以防万一被□□□□不致因分量过重将下面机器全部压坏。

(丁)关于运输工具

A. 各厂有自备运输工具如卡车、大车等应于郊外,预觅适当地点,一遇空袭警报时即开往躲避。

(戊)关于人事方面

A. 遇空袭时应将个人经手事件处理完毕再行趋避;

B. 各厂自身有防空洞设备者,应规定人数发给入洞证以资识别,以免厂外人员混杂其中发生意外;

C. 警报解除后无论职、工应立即归厂恢复工作;

D. 遇空袭时为维持全厂秩序及遭遇轰炸抢护起见,各厂应事先组织义勇救护队,此项义勇救护队以征集本厂职工有志愿者充任之,须规定时间勤加演习,庶于发生变故时不致仓皇失措。

（己）关于一般消防设备

A. 各厂应于厂中隙地在可能范围内挖掘蓄水池多处，以防万一；

B. 无蓄水池设备者应多备水桶及小沙袋，以备临时抢救之用。

上项办法应由各厂指定负责人员分别照办。

（件存陕西省档馆民国档案 82－1－499－2 卷）

雍兴实业公司陇属各厂预防空袭补充办法

（1941 年 7 月公布）

一、【本办法】依据总公司颁发《预防空袭办法》，参照各厂实际需要特订定本办法。

二、除仍恪遵总公司所颁之《预防空袭办法》外，并须依照本办法之规定办理。

三、各厂应组织消防救护队，规定时间勤加演习，其组织办法另定之。

四、厂内应挖掘地下室，室上设以六公尺厚之沙袋，以作存放账表文件及其他重要物品之用，并于室之附近多置小沙袋及水桶，用备消防。

五、厂外应就附近择相应地点挖建防空洞，并在厂之周围挖掘防空坑，以备空袭时厂内同人隐避之用。

六、每日经常以救护队组长轮流为本厂总值日，各课股部分别派员轮流值班。

七、得悉预行空袭警报后，应照常工作，惟应由总值日指挥总务、警戒二组，分别将有关消防器具布置就绪，以免空袭警报发出时临时慌乱。

八、闻得空袭警报后，即由总值日指挥各值班，分课将各课股之账表文件及其他重要物品迅即收入地下室内，并将烟筒蔽塞，以灭目标。除当值人员仍暂留厂外，其余职工悉听救护队长之指挥，带至防空洞内隐避。

九、紧急警报发出后，在厂内之各当值人员，立即分布场外临近防空坑内，以求安全并监视本厂情况。

十、各厂或附近遭受袭击有殃及各厂之虞时，于敌机离去上空后，由各当值人员立即通知各救护队一律驰赴救护，不得稍有退缩不前之举动。

十一、警报解除后，于三十分钟内各课股部必须立即恢复经常工作状态，以补足工作时间，如有迟到或竟不到者，即以旷工论。至因警报发生旷工处置办法，由各厂妥拟具报。

十二、本办法经函陈总公司备案，即日施行。

十三、本办法如有未尽事宜得随时修正之。

（件存陕西省档案馆民国档案 82 －1 －151 －2 卷）

雍兴实业股份有限公司兰州制药厂整理职工伙食标准暂行办法

（1941 年 2 月 3 日公布）

一、本厂职工伙食，以【应】在抗建环境应行之节约及适合职工健康营养而提高工作效率之中和条件下，力求完善之办理。

二、职工伙食因工作上之需要，每日订为三餐。

三、早餐一律馒头、稀饭、小菜。

四、午、晚餐主食米或面、副食，职工及技工以八人一桌为单位四菜（三荤一素）一汤，学徒与工役以六人一桌为单位两素菜（大锅菜）（每于月半、月终各加肉食一次）。

五、如遇物价昂涨关系而厂方月给之规定膳费数不能做到本办法第三、四项时，其不足之数由本厂设法津贴之。

六、不在厂内入伙之职工，每月仍按所规定之膳费数发给，不另津贴。

七、本办法自□□施行之。

（件存陕西省档案馆民国档案 82 －1 －151 －2 卷）

雍兴实业股份有限公司暨有关各厂职员西安联合招待所规则

一、本招待所设于西安崇忠路[①] 144 号。

二、本所专供雍兴暨有关各厂职员因公出差西安住宿之用（仅可临时寄宿，不得长期借住），以房间无多，暂不招待眷属。

三、本所内设客厅一间、饭厅一间、甲种房间三间（专作各厂经副理、厂长住所）、乙种房间五间。

四、各厂前来住宿人员除经副理及厂长外，均须携带各该厂证明函件交由本

① 即今西安东、西三路。

所主管员处登记。

五、本所一律不收宿费，如遇客满经本所出具证明，始可另觅住所，向各该厂报支宿费。

六、本所各房间均备有床单、被褥，冬季并置有火盆。

七、本所备有茶水及伙食（伙食系试办性质，每份客饭暂收国币四百元，早点□百元，均给收据。每日开放饭时间如左：早点上午七时至八时半，午饭上午十一时半至十二时半，晚饭下午五时至六时）。

八、本所备有细致瓷器，各厂出差职员如因公宴客时，可由本所代办筵席，惟须前一日通知本所主管员。

九、本所设有信差二人，每日往返西安蔡家坡一次，专为蔡三厂与总公司递送邮件。

十、本规则系试办时期暂行办法，如有未尽事宜得随时修改之。

（件存陕西省档案馆民国档案 82－1－976－2 卷）

雍兴实业股份有限公司各厂会计记账暂行规则

第一条　本公司规定各厂会计科目及记账填制表报一切办法，非经陈准本公司后不得随意变更。

第二条　本公司各厂账表之记载应以国币为本位币（外币应假定换算价合成国币记账，但对外债权债务仍以实际原货币为准）。

第三条　本位币以元为单位，小数点至分位为止，厘位五去六收。

第四条　账簿、表报内之字体须缮写清楚，其地位以占账格三分之二为标准，并不得草率。

第五条　账簿、表报内之数字如缮写错误，应将误写部分全数划红线两道注销更正，不得涂擦，并于划线处由记账人盖章证明。

第六条　账簿每页记满，应将贷借数目结总 < 总结 > 连同结余过入次页。

第七条　账簿、表报凡总结数字之处，上端应用红笔画单线，下端画双线。凡结转次页总结数字之处，上端应用红笔画单线。

第八条　传票、账簿、表报均应用钢笔墨水填写，但属复写得用考具铅笔填写。

第九条　每日交易应随时填制传票，又应记之账均须当日记载完毕，不得延至次日。

第十条　期货交易应于订约时填制传票记账，不得延至交货时始行记账。

第十一条　账簿内记载之科目及一切事实应与传票中所记载相符。

第十二条　各种账表填写完毕须由会计主任或其指定人员复核，并由复核人员盖章证明。

第十三条　填报本公司之一切账表，均应复写留底一份，以备考查。

第十四条　各项账簿、表报应由各厂经理、会计主任及关系记账人员盖章。

第十五条　每一传票之关系单据应附定于该页传票之后，并于传票上注明附件张数，又前项附件单据应于将账转讫后，在该单据上加盖转讫年月日戳记。

第十六条　传票、账簿、表报除各厂经理会计主任得随时查阅，经管记账人员不得擅自示人。

第十七条　暂存暂欠、应收应付及成本损益类之账目，应于每月底详细整理一次，能转账者尽月底以前转出。

第十八条　购进原料、物料应将该项料品本身运输上一切费用及消耗，分摊于该项料品价值之内。

第十九条　本公司各厂决算规定每年度两次，上半年以六月三十日为决算期，下半年以十二月三十一日为决算期，每期结算损益均应于结出后收付本公司账。

第二十条　传票为一切账目之凭证，记载完毕应即装订并由经理会计主任于装订封志之处盖章。

第二十一条　日记账及总账均系活页式，日记账应每月装订一次，总账应每半年装订一次。

第二十二条　科目账及其他辅助账活页者，应每一年度装订一次，成册者应每年更换新账一次。

第二十三条　已用过归档保管之传票、账簿、表单均应分别种类装订成册，并编列号码、填制目录登记保管，不得任其散乱。

第二十四条　规定应报本公司各项日报应于次日寄出，各项月报应于下一月五日以前寄出。

第二十五条　收到本公司或本厂分支机关有关账项之表报，于收到后均应加盖收到日期戳记。

第二十六条　日常所用传票、账簿、表单、折据，每日用毕后均应装入铁柜内保存，不得随意放置或携回私寓（规定有特别保存办法者不在此限）。

第二十七条　凡与本公司往来账目，应不时抄列账单查对（至少每月一次）。

第二十八条　各项账簿、单据均应照章粘贴印花。

（件存陕西省档案馆民国档案82－1－819卷）

雍兴实业股份有限公司稽核人员稽核各厂及所属机构会计事务暂行办法

第一条　本公司赴外稽核人员执行职务时，除另有规定者外悉依本办法之规定理。

第二条　本公司所派稽核人员其稽核事项如左：

（一）关于各厂及其所属机构库存现金、票据、证券之检查事项；

（二）关于各厂及其所属机构银行、商号往来款项之检查事项；

（三）关于各厂及其所属机构会计薄册、凭证及其他文件之检查事项；

（四）关于各厂及其所属机构成品、原料、材料、物料、机器、设备之检查及盘点估价事项；

（五）关于各厂及其所属机构财务上收支之检查及考核事项；

（六）关于各厂实行本公司会计制度之得失及其建议事项；

（七）关于各厂制品成本直接、间接开支一切考核事项；

（八）关于各厂会计、事务、人事之设施一切考核事项。

第三条　本公司派员稽核时持有本公司之命令（或证件）前往，否则被查之各厂得拒绝之。

第四条　稽核人员为行使职权向被查各厂查阅薄册凭证及一切文件，或盘点现金、料品库存时，各该负责人员不得隐匿或拒绝，遇有疑问时应为翔实之答复。

第五条　稽核人员为行使职权遇有须向有关之公私机关、团体、商号或个人查询事项，被查各厂应予以协助。

稽核人员行使前项职权遇必要时，应先电请本公司核示。

第六条　稽核人员为行使稽核职权遇必要时，在不妨碍被查厂工作范围内，得会同该厂经理临时封存各项有关薄册、凭证或其他文件，并得提取其全部或一部。

第七条　稽核人员检查各项库存事前应该严守秘密，并在不妨碍被查厂工作范围内,根据库存表逐一点查,必要时得会同各厂负责人员协助点查。

视察库房时,应注意其防范水、火、盗、劫及防空设备是否周密。

第八条　稽核人员遇发现被查各厂财务上有何弊端或料品有短缺情事,应密报本公司核办,倘其情节重大,认为有紧急处置之必要者,得径行告知该厂经理从速执行之。

第九条　稽核人员应该注意事项如左:

(一)稽核人员于实施稽核前应拟预定稽核工作进程表及规划稽核前之各项准备;

(二)稽核人员在其查核完竣之各种账册末笔上,应加盖名章以资证明;

(三)稽核人员派往各厂办理稽核事务应迅即前往,事毕后即返,非因特殊事由经呈准者不得耽误或者逗留;

第十条　稽核人员对被查各厂,如发现会计事务上有不合于本公司会计规定,或记账手续未臻妥善之处,得径行予以纠正。

第十一条　稽核人员派往各厂办理稽核事务,应逐月向本公司呈送工作报告,并于全部工作完竣时编制总报告书呈核。

第十二条　本办法自公布日施行。

(件存陕西省档案馆民国档案 82 -1 -631 -1 卷)

雍兴股份有限公司及所属各厂会计主任交代暂行办法

第一条　本公司及所属各厂新旧会计主任办理交代时,除另有规定外悉依本办法办理。

第二条　旧会计主任经解除或更调职务时,应照本办法之规定办理交代,但短期请假或因公出差者不在此限。

第三条　新旧会计主任办理交代时,在本公司由总经理或其代表监交,在所属各厂由该厂经理或其代表监交。

第四条　旧会计主任应于交代之日造具日计表及各科目余额表,交由新会计主任根据该余额表与科目账逐笔核对各户余额,再与总账核对各科目结余,如查明相符,应在各关系账簿上总结之处双方盖章,以证明在交代之日科目账与总账相符。

本公司或各厂会计主任如经管有公司图记、文件、档案及其他公用物品,并应开具清单交由新任接管。

第五条　库存新旧账簿、传票、表册及未启用之空白账表、重要单据材料等，旧会计主任应检点齐全，开具清册交由新会计主任接管。但各厂对于上项旧账簿、传票、表册及空白材料等已登载有保管目录者，得照目录点交，免予另制清册。

第六条　新会计主任在可能范围以内应照下列方法，根据各项补助有关账簿查对各科目之内容，藉以证明在前任交代之日止，账上各资产、负债、损益数目均相符合：

1. 库存现金、料品及可以移动之资产或寄存物品，应根据补助关系簿册查对；

2. 对外债权债务一切账款应开寄对账单或函件与关系对方查对；

3. 损益及其他不属于上项之一切内部资负，应抽查关系转账凭证单据是否无误。

第七条　新会计主任为明了会计账目内容起见，对于接管账目上如有疑问得向旧会计主任详询，旧会计主任不得拒绝，遇必要时并得请求以书面答解。

第八条　新旧会计主任办理交代应以迅速手续行之，至多以二星期为限，但在事务繁剧之厂或因特殊缘由得酌量延长其期限。

第九条　新旧会计主任交代完毕后，应造具移交清册，由新旧会计主任及监交员分别签名盖章。此项清册在本公司由总务股归档保存在所属各厂，应编制二份，除由各该厂保存一份外，并应以一份陈报本公司。

第十条　新会计主任接管后，对于旧任经管之账目仍须随时抽查，倘发现有不符之处，仍归前任负责。

第十一条　本公司所属各厂如有裁并或将此厂之一部分事务移归他厂接管者，其交代人员视为旧任，接收人员视为新任，均得适用本办法之规定。

第十二条　本办法自公布之日施行。

（件存陕西省档案馆民国档案 82－1－631－1 卷）

雍兴实业股份有限公司所属厂会计股（课）审核购置机器料品及建筑费用凭证单据规则

第一条　本公司及所属各厂购置机器、料品及建筑费用支出凭证单据之审查，除本公司另有规定外悉依本规则办理。

第二条　本公司及所属各厂购置一切机器、料品及建筑费用款项之支出，应取得正当受款人之正式签章凭证单据方能付款。

第三条　凡购置机器、料品实付价款，除应由承售商号开具正式收据外，并应加具发票载明所售货物种类、数量、单价及金额作为附件。

第四条　凡建筑工程款项之支出，除应由包工人出具正式收据外，并应由监工人员加具工程证明书及各项图说，其订有合同或招商投标者，并应抄附合同及投标文件作为附件。如系分批付款者，则图说合同等件应于第一批付款时抄附。

前项工程如系由本公司或各厂自行经办者，并应由主管工务人员开具工料支配清单签章证明之。

第五条　凡购买各项零星日用物品除照第三条之规定办理外，如系琐屑物品，其支付货价数目在十元以下，而承售商号不能开具单据者，得由经手人开具单据并签章证明之。

第六条　各项凭证单据均应缮写清楚，如数字或文意不能明了或有涂改等情事，应嘱令更换或由经手人附注说明，并于改涂之处由该经手人盖章证明。

第七条　各项凭证单据均应按照印花税法贴足印花，如有粘贴不全者，应令一律补贴足额。

第八条　凭证单据上如有杂列各种货币者，应注明实际交付之货币，并注明其折合价率。

第九条　凡非华文凭证之单据，应由经手人将其中重要条件注明华文。

第十条　本公司及所属各厂无论购置机器、料品及建筑费用之一切凭证单据，除由经手人员签章外，并应由各股课主管人员签章负责。

第十一条　本公司及所属各厂一切凭证单据经转账后，应以订入传票保管为原则，但为便于随时检查起见，得备粘存薄将该凭证单据编号粘存，由会计主任于粘贴之处加盖骑缝印章，并于该凭证单据上注明所属科目及记账日期。

第十二条　本规则自公布之日施行。

（件存陕西省档案馆民国档案 82－1－631－1 卷）

雍兴公司驻秦办事处所属各厂购料简则

（一）本公司驻秦办事处所属各厂购办原料、物料，应由请购机关填具购料申请书（申请格式附后）复缮三份，以一份留底，其余二份送请驻秦办事处核准后始得采购。他如庶务方面采购日常应用物品，其每种物品单价超过三百元时，亦应照上项手续办理。惟各厂所购物料因系急用,或因时价关系必须在本厂所在地(如咸阳、蔡家坡、益门镇、陇县、广元等处)就地购置,不及先行陈请者,得由各该厂经理负责核准先行采购,一面立即补办申请手续。

(二)驻秦办事处对于所属各厂申请所购物料应要加审核,并于接到购料申请时即行批注意见,决定办法,以一份留存办事处备查,余一份发还原请购机关以作购料之根据。

(三)各厂购料员采购物料应就当地各商店多方调查行市以资比较,并将购得物料列表二份报告驻秦办事处查核(报告表格式附发),办事处留存一份,其余一份转寄总公司备查。

(四)各厂会计对于购料项款,须凭业经核准之购料申请书及购料正式收据,始能照付。

(五)各厂会计如认为所购物料有疑问时,得说明理由,呈请经理核办。

(六)如所购物料当地缺货或价格不相宜必须向外埠采购时,应由请购机关照样填具购料申请书,陈由驻秦办事处,请本公司驻渝办事处或委托天水中国银行其他各分支机关代为办理。

(七)各厂所购物料如必须向国外订购时,应由请购机关填具购料申请书,陈由驻秦办事处,转陈总公司代为办理。

(八)各厂以前所购物料应即依照购料报告表格式(申请书核准号数一栏可不填)汇造同样报告表三份,一份留底,余两份陈送驻秦办事处查核(驻秦办事处存一份,另以一份寄陈总公司备查)。

(九)本简则自即日起实行。如有未尽事宜,由总公司随时修改之。

(件存陕西省档案馆民国档案 82－1－631－1 卷)

雍兴实业股份有限公司分室职掌规则

(1943 年 1 月 1 日实行)

第一条　总秘书室设文书、人事、事务三组,其职掌如左:

甲、关于文书之收发、编译、缮拟、校印事项;

乙、关于会议记录及档案之保管;

丙、关于图记、印章、契据、合同之守护;

丁、关于管理人事之一切事务;

戊、关于员工福利事项；

己、关于庶务事项；

庚、关于对外接洽事项；

辛、其他不属于各室事项。

第二条　总稽核室设审核、统计、技术三组，其职掌如左：

甲、关于本公司各厂矿事业之建设计划核定事项；

乙、关于本公司各厂矿事业之一般技术上之指导事项；

丙、关于本公司各厂矿工务及工作效率之比较、统计及审核事项；

丁、关于本公司各厂矿购备原料、物料之审核；

戊、关于本公司各厂矿出品成本之审核；

己、关于本公司各厂矿成品推销之审核；

庚、关于本公司各厂矿各项开支之审核；

辛、关于本公司各厂矿一般事项之审核。

第三条　总营业务室设采购、运销、保管三组，其职掌如左：

甲、关于物料之采购及运输事项；

乙、关于成品之推销事项；

丙、关于物品之存储保管及保险事项；

丁、关于营业方针之筹划及报告事项；

戊、关于市场状况之调查及统计事项；

己、关于购料售品价格之拟定及评估事项；

庚、关于营业方面对外接洽及其他事项。

第四条　总会计室设账务、计核二组，其职掌如左：

甲、关于本公司及各厂矿资金头寸调度事项及与各厂矿往来拨账事项；

乙、关于考核各厂矿业务、账务事项；

丙、关于编制各厂矿资金运用及产销之金额统计事项；

丁、关于办理本公司及各厂矿年度总决算事项；

戊、关于本公司日行一切账务及办理月算决算事项；

己、关于本公司各厂矿财产集中保险事项；

庚、关于本公司及各厂矿账务检查事项；

辛、关于各厂矿账务、表报格式之核定及集中印刷事项；

壬、关于本公司及各厂矿稽核账务表报保管事项；

癸、关于本公司及各厂矿其他一切会计事项。

第五条　本规则陈奉总经理核准实行，修改时同。

（件存陕西省档案馆民国档案 82－1－1058－1 卷）

雍兴公司总营业室采购组粮食股办事细则

粮食股（03－12）①采购粮食办事细则

Ⅰ　**总则**

一、凡本公司及各厂矿需用之粮食及加工粮食概由本股统购。

二、本股兼办酒精厂原酒之收购。

三、本股因事实需要暂设于蔡家坡酒精厂内。

四、本股因购买地点广阔，设下列各购粮庄，遇必要时可随时增减。

1. 蔡家坡庄；2. 岐山庄；3. 虢镇庄；4. 绛帐庄；5. 兴平庄。

五、本股因事实困难不能供给粮食区域之厂矿，由本股请准（03）②及（00）③后，通知自行办理。

Ⅱ　**预算及请购**

一、本股根据各厂矿员工食粮之需要，于每年年底编制《全年按月员工食粮购进预算》，并陈请（03－1）④（03）及（02）⑤之核准。

二、本股应按各厂加工食粮需要情形，于每年年底编制《全年按月加工食粮购进预算》，并陈请（03－1）（03）（02）及（00）之核准。

三、倘因业务计划之更变、预算之改更，应经（03）及（02）之核准后办理。

四、酒精需购原酒，应填具《购粮申请书》寄（03－1）转请（03）（02）及（00）之核准后办理。

五、本股就市场情形认为可改进时，亦可填具《购粮申请书》申请购进，亦（但）需请（03）（02）及（00）之核准后办理。

六、预算及《购粮申请书》皆一式四份，一份存本股，一份交（03－1），一份交（02），一份交（04）⑥。

Ⅲ　**采购**

一、本股根据预算，于每月初视各地粮价行情，分配各庄收购数量，并填具《购粮通知单》交各庄办理。

二、本股于接到核准之《购粮申请书》时，即将数量依据行情分配各庄，并填具《购粮通知单》交各庄办理。

三、《购粮通知书》一式三份，一份存本股，一份交各庄，一份存(02)。

四、各庄接得《购粮通知单》后，应将行情详为考察，按期收进。惟遇特殊情形不能收足时，应采用最迅速方式通知本股，将不足之数补行分配他庄。

五、收购概以现货为原则，惟因事实需要，亦可订购期货，但售主是否殷实？信用如何？能否按期交货？各庄应详加注意。

六、各庄收购现货应填具《现货购进单》并售主发票，连同粮食样品具报本股。《现货购进单》一式四份，一份存根，一份交仓库，作收粮通知，一份存本股，一份交随发票等转(04)。

七、各庄零收粮食于当日完毕，应填具《现货购进单》随同粮食样品具报本股。

八、各庄订购粮食，应随同售主订单、样品填具《订购粮食单》具报本股。《订购粮食单》一式四份，一份交仓库，一份发还各庄，一份存本股，一份随同订单等交(04)。

九、倘订购粮食须用“折子”，在立“折子”之时应有殷实铺保，每次订购应由各庄按“折子”所订条件自出订单。

十、售主倘无发票，各庄应自填证明单证明之。

十一、本股应于每日将所有购进单据，分别整理并填具《购粮日报表》报陈(03－1)及(03)核阅。

Ⅳ　收货

一、各庄可随时分批请求仓库根据《现购粮食单》及《订购粮食单》收货。

二、品质必须与样品相符，否则可以拒收，惟经(03)特准者例外。

三、数量倘不符而未超过5%时，可听售主按实在数量计价不必找补，其超过5%时亦应按实计算，惟经(03)特准时例外。

四、倘交货地点离仓库不远时，各庄应自行运至仓库交货，准其规定范围内之运输损耗。

五、每次验收完毕，未必全数交清，但亦可请仓库先给收料单。惟须于收料单上详注购进粮食凭据之号码及验收之次数。

六、各庄交粮应逐一清楚，不得积压累欠不结。每次清结，各庄制妥《交清单》，随同最末次之收料单交本股转陈(03－1)备案。

Ⅴ　付款

一、现货交足应备收料单，连同售主发票收据及《现货购进单》由(03－1)制划账单交(02)核准后,交(04)付款。

二、订粮应备具售主订单、临时收据《订购粮食单》,由(03－1)制划账单交(03)核准交(04)付款。

三、订货中途付款应有合于订单之收料单,经本股负责陈(03－1)作划账单,由(03)核准交(04)付款。

四、每次购粮之花费,由各庄分别具报(连同凭证),一并由本股随同发票转陈(03－1)作划账单,由交(02)核准交(04)付款。

五、本股因杂项费用,零星收粮得申请主管随时在(04)①支取五百万元以下之款项;此数字可经(03)核准随时增减。

Ⅵ　运送

一、本股所购粮食交入仓库,应向(02－3)②托运至各厂。

Ⅶ　检讨

一、各庄应按日填报行情日报,一份留本股,另一份转陈(03－1)。

二、本股每届月终,应编制月报,将工作详为检查。其有未购足之数,应并入下月采购。此项月报由 (02－1)(03－1)转陈(03)核阅。

三、本股每届年终应将工作检□编制一年统计交(00)核阅。

(件存陕西省档案馆民国档案 82－1－976－1 卷)

雍兴公司章则审核委员会组织简章

一、本会以本公司总协理、总稽核、总秘书、总工程师及总务、会计、营业、考核、设计五股主任、副主任、专员暨驻陇办事处主任为当然委员,余由总经理就各厂经副理、厂长、工程师、课长内指派,并由总经理于当然委员中指定一人为主席委员,遇主席委员因公或因事缺席时,由当然委员中互推一人代理主席。

二、本会承总协理之命,拟订或审核总公司及各厂各种组织章程、办事细则及其他一切重要章则。

三、前项拟订或审核之各种章则,因性质不同分为下列五部分:

1. 总务部分章则(如文书、庶务、警役管理以及不专属于某一部分之事务等);

2. 会计部分章则(如会计组织、账簿、表报、考核、整理等事);

3. 业务部分章则(如原料、物料之采购及成品推销等事);

4. 工务部分章则(如工务管理、工资待遇、工作考核等事);

5. 人事部分章则(如人事待遇、职员考绩等事)。

四、专门委员之人选由主席委员就各委员中分别指定,并聘请与本公司有关行厂之重要人员担任之。

五、属于某一部分之章则,由主席委员交由该部分专门委员负责拟订或审核(如工务考核章则之拟订或审核应由工务专门委员负责,会计章则之拟订或审核应由会计专门委员负责,余类推。)但主席委员认为须由其他部分专门委员参加拟订或审核者,得随时指定之。

六、各项章则由专门委员拟订或审核完成,并经多数委员同意后(征求同意方式用传阅签注或开会讨论均可),再由本会送请总协理核定。

七、本会常会每月一次,由主席委员于五日前通知;临时会不定期,先一日通知,又每次开会应有记录。

八、本会拟订或审核之章则,遇有须向关系部分人员征询意见者,得由本会随时向其咨询或通知参加会议。

九、各项重要章则有关涉法律或特别问题者,得向著名法律或各项专家征求意见,以期完善。

十、本简章由总协理核定实行,修改时同。

(件存陕西省档案馆民国档 82-1-1276-3 案卷)

雍兴公司所属各厂厂务研究会简则

一、本会以集思广益,谋各厂厂务之发展为宗旨。举凡人事管理、技术改良、营业推广、物料采购以及一切事务之推进,均得提出研讨,以求进步。

二、本会附设于各厂内,每星期六开会一次,不得间断;每次会议记录应缮具二份,随时由当地办事处转陈总公司备核。

三、各厂经理、厂长、工程师、课长、主任及技师等均为当然会员,其他办事人员遇有必要时,得由经理指定临时加入讨论。

四、兹规定各厂经理为本会主席,经理因事缺席时,由厂长代理(其无厂长组织者,由经理指派代理主席)。

五、每次开会讨论时间以一小时为度,至多不得超过一小时半,只求一事之解决即获一事之实效,总期持之有恒,勿蹈一曝十寒之弊。如讨论事项于规定时间不能结束时,得于下次会议继续研究,所讨论者不尚空谈。既经定有方案,务必见诸实施。

六、各部分提案应于开会前一日汇交主席，以便分别缓急提出讨论。

七、其有关各厂，厂务必须共同研究讨论者，得由当地办事处主任规定时期，召开各厂联席研究，以资取决。

八、本简则自公布日施行。

九、本简则如有未尽事宜得随时修正之。

（件存陕西省档案馆民国档案 82－1－629 卷）

雍兴实业股份有限公司西安办事处组织纲要

（1949 年 1 月 26 日）

第一条　本处简称秦处，其组织依本纲要之规定。

第二条　本处设正主任一人，副主任二人，由总经理任命之。

第三条　正副主任秉承总经理、协理之意旨，办理陕属各厂矿一切事宜。

第四条　本处为办事便利起见，暂设总务及业务两组。

第五条　总务组设办事员若干人，承正副主任之命办理文书、稽核、人事、会计、庶务事项，其职务依照总公司分室职掌规则第一、二、四各条之规定【分配】。

第六条　业务组设办事员若干人，承正副主任之命办理销售、储运、采购事项，其职务依照总公司分室规则第三条之规定【分配】。

第七条　本处各组工作人员、正副主任得视各组事务之繁简随时调派之。

第八条　本纲要自陈奉总公司核准后施行，修正时同。

（件存陕西省档案馆民国档案 82－1－1042－1 卷）

雍兴实业股份有限公司驻秦办事处简则

第一条　雍兴公司为推进本公司在秦所办各工厂厂务起见，特设立本公司驻秦办事处，并聘主任一人，办理下列事务：

（1）就近考核各厂一切事务；

（2）随时与各厂接洽并协助进行必要事务；

（3）随时监督并考核本公司派驻各厂会计人员服务情形并得指挥之；

（4）各厂厂务、工务认为有改进必要时，得随时商同各厂拟具计划陈请本公司核夺。

第二条　各工厂陈报本公司之报表、账单应备两份，以一份交办事处，以一份由各工厂径寄本公司。

第三条　本办事处暂设于西安中国银行内。

第四条　本简则自颁布日施行。

第五条　本简则如有未尽事宜得随时修正之。

（件存陕西省档案馆民国档案 82－1－806－1 卷）

雍兴实业股份有限公司驻陇办事处简则

第一条　雍兴公司为推进本公司在陇所办各工厂厂务起见，特设立本公司驻陇办事处，并聘主任一人，办理下列事务：

（1）就近考核各厂一切事务；

（2）随时与各厂接洽并协助进行必要事务；

（3）随时监督并考核本公司派驻各厂会计人员服务情形并得指挥之；

（4）各厂厂务、工务认为有改进必要时，得随时商同各厂拟具计划陈请本公司核夺。

第二条　各工厂陈报本公司之报表、账单应备两份，以一份交办事处，以一份由各工厂径寄本公司。

第三条　本办事处暂设于兰州中国银行内。

第四条　本简则自颁布日施行。

第五条　本简则如有未尽事宜得随时修正之。

（件存陕西省档案馆民国档案 82－1－806－1 卷）

雍兴公司蔡虢陇各厂矿临时联合办公处组织简则

1. 本办公处设主任一人，下设总务、文书、会计三组；每组设主管一人，下设组员若干人。

2. 本处主任及各组主管由总公司指派之。

3. 本处主任总理全处事务。

一、总务组办理登记、调查、联络及庶务等事宜；

二、文书组办理拟稿、抄写及保管文卷等事宜；

三、会计组办理账务、出纳及保管账表单据等事宜；

4. 本简则如有未尽事宜得随时修改之。

5. 本处俟交通恢复时即行撤销。

（件存陕西省档案馆民国档案 82－1－327－3 卷）

雍兴实业公司驻秦、陇办事处人事管理暂行办法

（1941 年 8 月 23 日颁布）

一、本处秉承总公司之命办理秦属各厂人事调查、统一人事管理，特订本办法。

二、各厂规定员工服务待遇、奖惩、恤养及其他有关人事各项章则，应先函报本处审核，转报总公司核准后施行。

三、各厂任用职员应先予试用后取具征用调查表、保证书，并由该厂主管人填具试用报告表，拟定职务、薪额，送由本处转报总公司核准后，方得正式任用。

前项试用时期自一个月至三个月，由各厂主管人核定之。

四、各厂课长、工程师、技士以上人员之任用，得不经试用手续，惟须事先函报本处征得总公司之同意，方得任职。

五、各厂会计及记账人员之调派、训练，由本处秉承总公司统筹办理之。

六、各厂任用职员概应觅具妥保填具保证书正副二本，经各厂主管人审查认可后，将正本存厂，副本送本处转报总公司存查。

前项保证人本处认为有更换必要时，得令另行觅具保证。

七、各厂平日人事之调迁、奖惩、晋级、加薪、退职等项，应随时填具报告送本处登记备查。

八、各厂员生请假应于每月月终造具统计表，送本处登记备查。

九、各厂每届年终办理职工政绩，应将考绩记录函送本处登记备查。

十、各厂办理各种职工训练班应先拟具计划章则，函报本处审核转呈总公司核准后方得举办。

十一、各厂举办职工训练，本处认有必要时得规定数厂合并举办，或调他厂职工参预受训。

十二、各厂职工经本处认有必要时，得互调工作或指派参预某训练。

十三、各厂举办有关同人福利事项，如医药保健、职工保险、消费合作、同人俱乐部及子女托儿所等，应先拟具计划或办法函报本处，并得随时派员调查指导。

十四、本办法经总经理核定后施行，修改时同。

（件存陕西省档案馆民国档案 82－1－7－3 卷）

第三章　会议记录

一、股东大会记录

雍兴实业股份有限公司股东会议记录

（1942 年 11 月 30 日）

日期　卅一年十一月卅日下午二时

地点　西安

出席　宋汉章　贝淞荪　汪楞伯　卞白眉　束云章　沈次量　杨朗川　胡名甫　霍亚民　张鸣冈　康菊农　潘仰山　李紫东　翁叔通　洪午楼

主席　束云章代

提议事项

查本公司前于廿九年三月廿一日在香港举行创立会时，曾经选定宋子文、贝淞荪、汪楞伯、卞白眉、束云章、沈次量、杨朗川、张鸣冈、胡名甫为董事，并选定霍亚民、刘映侬、郑相臣、潘仰山、李紫东为监察人。嗣本公司移设内地，经向经济部陈准登记，奉批示以本公司所选董、监事日期系在各股东缴款之前，核有未合，应依《公司法》第九十条之规定，重行选任董、监报核等因。自应遵办，即请公司推定。

选举结果

1. 宋子文、贝淞荪、汪楞伯、卞白眉、束云章、沈次量、杨朗川、张鸣冈、胡名甫当选为董事。

2. 霍亚民、潘仰山、李紫东当选为监察人。

兹由上列各董事互推宋子文、卞白眉、束云章、沈次量、杨朗川为常务董事，并推宋子文为董事长。

（件存陕西省档案馆民国档案82－1－400卷）

雍兴实业股份有限公司临时股东大会记录

（1943年6月15日）

时间　卅二年六月十五日

地点　西安尚仁路本公司办事处

主席　宋子文（束云章代）

报告事项

一、本届到会各股东及代表股权已逾半数以上，应即正式开会。

二、本公司卅、卅一年度营业概况（附决算表），请参阅该两年度营业报告书，不另赘述。

讨论事项

三、本公司卅、卅一年度决算盈余，已先后于第五、六次董事会会议商决分派办法，本次大会特提请追认案。

四、本公司第三次董事会议议决，以原有资金不敷支配，提请增加改为二千万元，由原股东比例分担。当经各股东一致照缴，所有增股手续亦已依法办理完竣，呈经济部核准，洽照在案。兹以一年以来物价节节上涨，原定股金仍感不敷支配，拟再增二千万元，作成股本总额四千万元。此项增资仍由原股东比例分担，如何，请公决案。

众无异议通过。

（件存陕西省档案馆民国档案82－1－400卷）

雍兴实业股份有限公司股东临时会议记录

（1944年4月21日）

时间　　卅三年四月廿一日下午五时

地点　　重庆牛角沱怡园十九号

出席人　股东十八人（姓名详见签到簿）

主席　　宋子文

记录　　贺书绅

主席报告

一、本日所到股东人数及股数权数均已超过法定数额，应即正式开会。

二、本公司于民国廿九年创办之初，原为资本二百万元，嗣因业务发展，原有资金不敷周转，于民国卅年改为二千万。近以物价上涨之故，原定资金仍感不敷分配，复将资金改为四千万元，业经历届股东会议议决在案。此项资金手续已由公司方面向经济部呈请办理（总额改为四千万元，均经旧股东比例分摊，一次收足）。

监察人报告

本公司卅二年度决算计纯益九二三七，五三九. 三一元，所有该年度决算账册，业经谢会计师霖甫查核证明，并由监察人霍亚民、李紫东、潘仰山等复核无误。

讨论提案

一、查本公司前于廿九年三月廿一日在香港举行创立会时，曾经推选宋子文、贝淞荪、汪楞伯、卞白眉、束云章、沈次量、杨朗川、张鸣冈、胡名甫为董事，霍亚民，刘映侬、郑相臣、潘仰山、李紫东为监察人。嗣本公司移设内地，经向经济部陈准登记，奉批示应照《公司法》第九十条之规定，重行推选董、监事报核等因，当即遵办。因于民国卅一年十一月卅日召集临股东会议另行推选，仍与在香港时所选者同。故目前董事九人系经卅一年十一月卅日股东会议所推选者，均属任期三年尚未到期。惟据张董事鸣冈函称因事所羁，不克担任本公司董事之职，请另行推选递补等由，相应提出股东会议讨论。

决议：张董事鸣冈请所辞去董事职务一节，应予照准，并由全体股东共推孔庸之先生递补其缺。

二、原监察人霍亚民、潘仰山、李紫东、刘映侬、郑相臣等均系任期一年，既已满期，应请另行推选以符章程。

决议：原监察人霍亚民、潘仰山、李紫东、刘映侬、郑相臣等既已满期，应另行推选以符章程，推选结果以霍亚民、廖芸皋、潘仰山、张鸣冈、常缉甫等五人为监察人。

三、本公司卅二年度决算纯益九，二三七，五三九. 三一元，照章应提存公积金十分之一，计九二三，七五三. 九三元；战时损失标准八三一，三七八. 五四元；所得税八三一，三七八. 五四元；利得税一四八，二四〇. 六八元；常年八厘股息二，四

〇〇,〇〇〇.〇〇元;余款四,一〇二,七八七.六二元。照百分率分配如左:

特别公积10%,计四一〇,二七八.七六元。

股东红利60%,计二,四六一,六七二.五七元。

董、监事及职员酬劳30%,计一,二三〇,八三六.二九元。

以上分配办法是否可行,请公决案。

决议:股东红利按二厘分派计六〇,〇〇〇.〇〇元,余款一,八六一,六七二.五七元,转入盈余滚存,余照通过。

董监事及职员酬劳金照卅一年度分配办法办理。

四、本公司章程第卅一条规定,每年分上下两期办理决算,惟本公司现行会计内规每月办理决算,公司及各厂工资负损益实际情形,月报表均可充分表现,自可不必再分两期办理决算。为节省人力及印刷材料起见,拟自本年起改为每年年终办理决算一次,并拟将原章程第三十一条文内"本公司每年决算期分为两期,一至六月为上期,七至十二月为下期,俟年终办理总决算后"三十六字删去,并修正为"本公司于每年年终办理总决算后"等十四字,余照原文。

附第三十一条条文如下:

本公司每年决算期分为两期:一月至六月为上期,七至十二月为下期,俟年终总决算后,应依法造具各项表册,委托会计师查核证照并送交监察人复核后,由董事会提出,股东常会请求追认。

决议:仍照章程分上下期办理决算,不必修改原有规定。

(件存陕西省档案馆民国档案82-1-395-2卷)

雍兴实业股份有限公司第二次[①]股东会议记录

(1946年6月28日)

时间　三十五年六月二十八日下午五时

地点　上海中国银行三楼

出席人　股东(姓名详见签到簿)

主席　孔庸之

① 原件封面为"第一次",下页改为"第二次",且会议记录内容与Q96-1-3-17文件前部分相同,故应为"第二次股东会议记录"。

报告事项

本届到会各股东及代表股权均已超过法定数额，应即正式开会。

讨论事项

（一）查本公司股东会自廿九年三月廿一日在香港举行创立会以后，仅于卅一年十月卅日、卅二年六月十五日分别在西安召集，及卅三年四月廿一日在重庆召集，均以临时股东会行之。现以抗战胜利，交通渐次恢复，本公司每年度之股东常会自应照章召集，并拟将本年度会议即作为本公司第二届股东常务会，如何请公决。

决议：通过。

（二）本公司卅三年、卅四年度业务设施及决算盈余分配办法，已先后于第十一次董事会议商决，本届大会特提请追认案。

决议：准予追认。

（三）本公司股本自卅二年经本会通过增股为四千万元，以后数年以来，本公司各厂业务既逐渐扩充，复因物价继续增高，周转数额较前增加甚巨。兹以最近业务情形估计，常川占用资金约在二十亿元以上，拟将股本总额改为十亿元并改每股国币十万元，由旧股东比例担任，其不敷之数仍由总公司随时向银行叙做借款，以应需要而裨生产，如何请公决。

决议：交董事会查明实际情形核办，至需款不足可随时向银行叙做借款。

（四）本公司前于卅一年十一月卅日举行股东临时会议时，曾经推选宋子文、贝淞荪、汪楞伯、卞白眉、束云章、沈次量、杨朗川、张鸣冈、胡名甫诸先生为董事，均属任期三年。旋张董事鸣冈因事辞去董事职务，业于三十三年四月廿一日股东临时会议推选孔庸之先生递补。兹又接宋董事子文、贝董事淞荪先后来函，均以事务所羁，不克担任本公司董事。又汪董事楞伯因病逝世，亦应补选。又其余董事中卞董事白眉、束董事云章、沈董事次量、杨董事朗川、胡董事名甫系于卅一年十一月卅日推选，至卅四年十一月卅日均已任期届满。监察人霍亚民、廖芸皋、潘仰山、张鸣冈、常缉甫诸先生系于卅三年四月廿一日推选，均属任期一年，至卅四年四月廿一日业已满期，统请大会照章选举。

选举结果：

一、孔庸之、宋汉章、卞白眉、霍亚民、束云章、沈次量、杨朗川、胡名甫、潘仰山当选为董事。

二、廖芸皋、张鸣冈、常缉甫、康菊农、翁叔通当选为监察人。

（五）查本公司章程总公司原设于甘肃天水县，但所办各厂矿除兰州两厂、广元一厂外，其余均在陕西陇海沿线。兹为管理便利起见，拟将总公司改设于上海，如何请公决。

决议：总公司设上海，并在西安设办事处。

（六）关于本公司更改总公司所在地一处案，经大会通过，应将本公司章程第四条修改如下，如何请公决。

第四条改为：本公司设总公司于上海，视事实上之需要设立分公司于各地。

决议：通过。

（件存上海市档案馆 Q96－1－3－1 卷）

雍兴实业股份有限公司股东大会记录

（1947 年 11 月 27 日）

时间　民国卅六年十一月廿七日下午三时

地点　上海中国银行三楼会议室

出席　股东　　等人（见签到簿）

公推　　　　为主席

报告事项

一、主席报告

1、今日到会股份已超过半数以上，宣告开会。

2、本公司卅四、卅五年度营业概况。

3、本公司卅六年七至十月份业务情形。

二、监察人报告本公司卅四、卅五年度盈益概况。

讨论事项

主席提议：

一、本公司资本总额为四千万元，现因物价影响，原有资本不敷营运周转，实有再行增加资本之必要。本年六月三日第十二次董事会议时即已提出讨论，经议决先由董事会拟定一增资方案，再提请股东大会决定。现上项增资方案已由董事会拟定如下：

1. 遵照经济部公布之《工矿运输事业重估固定资产价值调整资本办法》“补充估算办法”及“应适用物价指数及估价倍数最高限额表”之规定重估固定资本，

计增值国币六十九亿六千万元，全数转作资本，按照各股东出资原额比例分配与各股东。

2. 依法应增募重估增值五分之一，现金股本计十四亿元，亦按各股东出资原额比例认摊。

3. 原有资本四千万元，连同重估增值转作资本之六十九亿六千万元，及另拟增募之现金股本十四亿元，共成资本八十四亿元。

此项增资方案是否可行，请公决。

议决：①

二、民国卅四五年间，政府为解决国内纺织机器供应困难，特将津沪各地接收之敌伪机器合并组织中国纺织机器制造厂。本公司蔡纺、业精两厂按照锭数比例摊认二千万元（该厂资本总额为六十亿元），已照认，请予以追认。

议决：

三、本公司为在沪召开股东及董事会便利起见，已与豫丰、咸包、丹纱、灵包、彰包各厂在沪合组董事会驻沪联合办事处，请予备案。

议决：

四、本公司于民国卅一年及卅三年一月间，曾租与豫丰纱厂纱机两万锭，所收租金为数甚微。兹为顾全本公司利益起见，已商妥该厂准予作成股本卅五亿另一万元（该厂股本总额为六十三亿，加上本公司股资股本共为九十八亿另一万元），投资该厂合作经营，请予追认。

议决：

五、本公司前托天津中国银行驻港处，向美国维定厂订购之纱锭二万一千二百枚，现已到沪一万锭。经商承中行总处决定，将此项一万锭之价款汇归总处与津行结算，并在丹阳设立纱厂，依照《公司法》另组股份有限公司呈部登记。本公司先后投资该厂六十二亿五千万元（先投资十一亿，后该厂房屋土地增值摊给本公司十四亿元，本年九月间该厂增资，本公司照此比例分摊应增缴卅七亿五千万元，合计为上数），请予备案。

议决：

六、本公司卅四年盈余计一四，三二五，四六三. 五八元，除提存公积金与（下佚）。

（件存上海市档案馆 Q96－1－3－120 卷）

---

① 原文未写议决结果。下同。

二、董事会议记录

雍兴实业股份有限公司第一次董事会议记录

（1940 年 3 月 22 日）

时间　民国廿九年三月二十二日下午三时

地址　香港毕打行二楼六号

出席人　公推卞白眉先生为临时主席。

主席提案

一、兹根据本公司章程第三十四条之规定，拟本公司组织大纲八条。是否可行，请共同讨论（附组织大纲一份）。

议决：照原文通过。

二、根据本公司组织大纲第一条之规定，由本会聘任束云章先生士方为本公司总经理，并拟延沈次量先生钥、杨朗川先生毓琇为本公司协理，请付讨论。

议决：赞成，分别照聘。

三、束总经理提议，本公司总务股主任拟以协理沈次量兼领，调查股主任拟以协理杨朗川兼领，设计股主任拟以董事张鸣冈兼领，会计股主任拟以董事胡名甫兼领，并派康菊农为营业股主任。请公决。

议决：通过，照准。

下午四时散会。

附件

雍兴实业股份有限公司组织大纲

一、本公司设总经理一人，由董事会聘任；设协理二人，由董事会议决延用。

二、总经理秉承董事会处理本公司一切事务，协理协助总经理处理本公司事务。

三、本公司设总务、调查、设计、营业、会计五股，各设主任一人，并视事务之繁简酌设办事员及助员各若干人，承总经理、协理之命办理各股事务。

四、本公司事业上之需要得酌量延聘专门及技术人员。

五、本公司各股主任由总经理提请董事会核准任免之，其主任以下人员由总经理任免之。

六、本公司办事细则另定之。

七、本大纲如有未尽事宜，随时由董事会或总经理提请董事会决议改之。

八、本大纲自董事会通过之日起实行。

本公司组织系统如左：

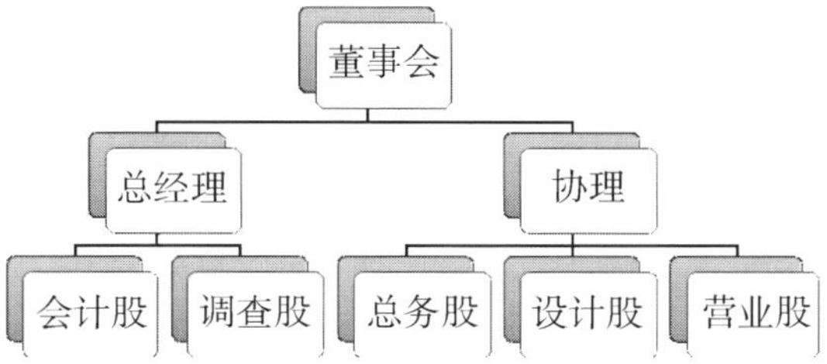

雍兴实业股份有限公司第二次董事会议记录

（1940年10月26日）

时间　民国廿九年十月廿六日下午三时

地址　天水中国银行

出席人　宋子文　贝淞荪（束云章代）　卞白眉（沈次量代）
汪楞伯（杨朗川代）　束云章　沈次量　杨朗川　张鸣冈　胡名甫
公推束常务董事云章为临时主席。

记录　贺书绅

报告事项

主席报告：

本公司为发展西北事业及增加后方生产起见，经决定在秦陇两省筹设制药、面粉、毛织、酒精、机器、纺织各厂以适应环境之需要。本席于九月中旬分赴兰州、西安各处，实地视察并召集各厂负责人员个别谈话，指示重要方针后于个别谈话完毕以后，召集联席谈话会集思广益，作整个之研讨。兹各厂事务均经规定原则积极推进，应附具各厂谈话会议录九份，即请公鉴。

议决：各厂应行推进事务，即按此次谈话会记录规定各节积极进行。

提议事项

主席提议：

一、兹又在上海、重庆、西安等处先后聘妥杨挚奇、曹柏年、潘炳兴、曹裕民诸君分充各工厂经理(聘妥杨挚奇充本公司总工程师兼充酒精、机器两厂经理,曹柏年充制药厂经理,潘炳兴、曾裕民两君分充毛织厂及面粉厂经理)。杨君等均属专门技术人员,学识经验并皆丰富,堪胜经理各厂之任,请本会予以追认,藉符定章。又纺织经理人选正在缜密物色中,俟觅妥聘后再提出下次会议请为追认。

议决:通过。

二、为便利综核各厂事务计,拟请设立考核股并聘毛冀丰君为该股主任,以专责成。又调查股主任一职应由本公司杨协理朗川兼任,兹杨协理以本职事务繁重,无暇担任主任兼职,且调查股与设计股事务关系綦切,拟即将调查股归并于设计股,俾更紧密。是否可行,请付公决。

议决:通过。并根据本公司组织大纲第七条之规定照案予以修正。

沈董事次量提议:

查本公司章程原定设总公司于天水,兹因本公司业务范围甚广,总公司居中调度及与各方接洽仍以设于首都较为便利,但为就近管理所设西北各工厂起见,拟设雍兴实业股份有限公司各厂管理处于天水,由总经理主持之。是否可行,请公决。

议决:通过。应由本会将总公司改设首都一节提出于股东会议决并修改章程,又各厂管理处应由总经理拟具办事细则陈报本会备查。

杨董事朗川提案:

查本公司原定股本总额二百万元,现在已经着手举办及正在规划进行之各种工业所需资本金为数正巨,原集股本实不敷用。兹为应事实上之需要起见,拟将本公司股本总额改为国币一千万元,以利进展。是否可行,请公决。

议决:通过,应由本会定期召集股东会议决并修改章程。

下午五时散会。

修正《雍兴实业股份有限公司组织大纲》

第三条　本公司设总务、设计、营业、会计、考核五股,各设主任一人,并视事务之繁简酌设办事员及助员各若干人,承总经理、协理之命办理各股事务。(其余各条文并无修改与前同)

雍兴实业股份有限公司第三次董事会议记录

(1941 年 8 月 10 日)

时间　　民国三十年八月十日下午三时

地点　　天水本公司
出席人　束云章　沈次量　杨朗川　张鸣冈　胡名甫
　　　　公推束常务董事云章为临时主席
记录　　贺书绅

主席报告

一、本公司筹设蔡家坡西北机器厂、酒精厂、纺织厂及兰州制药、毛织、面粉各厂之经过，业经附具各厂谈话会议记录九份，提出本公司第二次董事会议议决通过在案，当经依照上项谈话会议记录所议定者积极进行。目下制药、毛织、机器、酒精四厂均已次第开工，其兰州面粉厂及蔡家坡纺织厂已经筹备就绪，一二月内即可开始生产。

二、兹于上述六厂以外，复经筹设运输部，陇县煤矿，业精、纺织厂，兰州西北机器厂，广元、益门镇两酒厂，长安制革、印刷两厂及中南兴记火柴厂，连以前所办六厂，共计十五单位。关于筹设各厂缘由及经过，另编筹设雍兴各厂报告书一份，请为公鉴。

议决：各厂应行推进事务，即按所具报告书规定各节积极进行。

提议事项

查本公司资金原为二百万元，嗣于上次董事会议决议改为一千万元在案，惟按照本公司目下所办各厂之资金分配，仍属不敷甚巨，拟请改为二千万元以应实际需要。是否可行，请付公决。

议决：通过。俟将来公集股东会议时请为追认并修改章程。

下午五时散会。

雍兴实业股份有限公司第四次董事会议记录

（1942 年 6 月 15 日）

时间　　民国三十一年六月十五日下午二时
地点　　西安尚仁路中国银行
出席　　束云章　沈次量　杨朗川　张鸣冈　胡名甫
主席　　束云章
记录　　贺书绅

报告事项

一、关于本公司登记事,业已奉到经济部三十一年二月二十日发给设字第七三七号登记执照,准予登记。

二、本公司所属各厂之工厂登记,除益门镇、蔡家坡及广元三酒精厂正向军政部第一交通分处补办手续,又西北机器厂、兰州机器厂尚有补填事项另行陈报经济部核示外,其余蔡家坡纺织厂、业精纺织厂、长安印刷厂、长安制革厂、兰州制药厂、兰州面粉厂、兰州毛织厂均已先后奉到经济部发给工厂登记执照,准予登记。

三、本公司为内部管理及接洽各厂事务便利起见,于上年十二月廿一日在西安设立临时办事处,以资办公。

讨论事项

一、查本公司西北运输处原定资金二百万元,又广元酒精厂资金八十万元,前曾允由重庆豫丰纱厂共同出资设立,由该厂分别担任资金半数(计西北运输处一百万元,广元酒精厂四十万元),嗣以西北运输处添购车辆,将资金扩充为五百万元,广元酒精厂因物资缺乏,工料腾贵,将资金扩充为二百万元,复于三十年十二月十五日接准该厂重要会函,请按照前议仍由该厂分别担任半数(计先后担任运输处资金二百五十万元,广元酒精厂一百万元),并拟投资本公司蔡家坡酒精厂一百万元,所有营业盈亏均由双方各半担负。是否可行,请付公决。

议决:照办。

二、查河南彰德豫安纱厂曾向国外订购纺织机及原动机等多种(其关系合同等均由中行保管),该项纱机已分别运存仰光、马尼拉等处。该厂以内运困难,无意经营,故将该项纱机于本年一月间让与本公司承受,价值总额共计国币二百五十四万五千九百六十九元九角四分(运费、机租等该厂结算后再收),拟请追认准予照购;又所存仰光各种纱机已于该地沦陷前由本公司设法抢运昆明,幸无损失,合并报告。

议决:照购。

三、本公司拟购豫安存仰之纱机,计有前纺约四万四千余锭,后纺约三万锭及磨纺机等,将来购进陆续内运后,为适应环境并谋迅速生产以求积极发展起见,拟利用重庆豫丰纱厂人力物力,租与该厂装置,所有建厂、运机及添购配件等,完全由该厂担负,此项费用即于豫丰营业盈余项下尽先提清,并于该厂盈余项下提出十分之三归本公司作为纱机租金,以五年为期,双方并另订合约存查。是否可行,请付公决。

议决:照办。

四、本公司所属各厂三十年全体决算,计纯益二百五十七万八千三百三十八元一角一分,拟俟下届董事会再行提出分配办法。可否之处,请付公决。

议决:照办。

下午五时散会。

(件存陕西省档案馆民国档案 82 - 1 - 395 - 1 卷)

雍兴实业股份有限公司第五次董事会议记录

(1943 年 2 月 25 日)

时间　民国三十二年二月二十五日下午二时

地点　西安尚仁路本公司办事处

出席　束云章　沈次量　杨朗川　胡名甫　张鸣冈　宋子文　卞白眉
　　　贝淞荪　汪楞伯

主席　束云章

记录　束　若

报告事项

一、本公司及所属各厂三十年度营业情形(详报告书,词长不录)。

二、本公司前购豫安存仰光纱机,计前纺四万四千余锭、后纺三万余锭,及废纺机等现已全部抢运,分别到达渝、蔡两地交由豫丰及蔡家坡本厂装置利用,计蔡厂业厂拨用六千锭,其余按约租与豫丰所用运费共计八五一,九〇〇.〇〇元,并经与豫丰洽妥分作八股,由本公司蔡厂担任两股,约二一三,〇〇〇.〇〇余元,豫丰纱厂担任六股,约六三九,〇〇〇.〇〇余元。

三、本公司益门镇酒精厂,当初原为便利所属各厂自运器材所需要液体燃料而设,惟自运输统制以来,车辆行驶使用酒精已受限制,且粮价高涨,计算出品成本亦不合算。为免赔累起见,已将该厂暂行停工,并将该厂机器设备、工具仪器、原料物料等划由蔡、广两酒厂作价承购,其房屋生财等,暂归西北运输处利用保管,并开具财务清单,交由本公司存查。

四、豫丰纱厂前以信托方式投资本公司西北运输处国币二五〇万元,自政府限制使用液体燃料后,将来运输处业务较前困难,业经商得豫丰同意,将前投资之二五〇万元全拨还,并自拨款日起,按月息一分四厘算给利息,计二十八万九千余元。

五、本公司益门镇、蔡家坡及广元三酒厂，前经分别向经济部及军政部第一交通分处申请登记，现除益门镇厂业已停工外，广元酒精已领到经济部临时登记执照，蔡酒厂已领到军政部登记证。又西北机器厂及兰州机器厂均已奉到经济部发给工厂登记执照，准予登记。

讨论事项

一、西安中行前有投资咸阳工厂股本二百一十万元，商由本公司按原投资金额承受。本公司因该厂系纺织工业与本公司在陕提倡纺织工业旨趣相符，已予接受，请予追认案（该厂二十九、三十两年盈余分配，本公司共得国币三十七万七千余元，计二十九年度九五七，一九一.二〇元；三十年度二八二，一一〇.四一元，已如数收账并报告）。

决议：通过。

二、中南火柴公司于民国三十一年三月八日召开第二届董事会议，议决增加资本一百八十万元（即每旧股一万元担任三万元）。本公司为与该厂业务发生联系起见，加入该厂股份共计国币一百二十八万元，请予追认案。

决议：通过。

三、豫丰纱厂于民国三十一年七月三十日召开临时股东会议，议决增股。本公司为与该厂业务发生联系起见，加入该厂股份五万零六百十一股，计国币三，五四二，七七〇元，请予追认案。

决议：通过。

四、杜月笙先生等在陕设立陕西冶铁股份有限公司，商请本公司投资，本公司已加入该公司股本三十万元，请予追认案。

决议：通过。

五、本公司为谋员生永久福利起见，拟提福利基金一百万元。该项基金应如何提拨，请公决案。

决议：先提一百万元作为本公司福利基金（此款即以本公司三十年度所提备付各厂机棉运费项拨提），并授权常务董事指定人员组织保管委员会，拟定章则妥为管理。

六、兹拟定本公司《职员任用规则》《职员待遇规则》《职员服务规则》《职员请假规则》《职员旅费规则》《职员考绩规则》《体恤暂行规则》各一份，请予公决案。

决议：修正通过。

七、兹为增进本公司办事机构，将本公司组织大纲重行修正，请予追认案。

决议：修正通过。

八、根据本公司组织大纲第四条之规定，本公司设总秘书、总稽核、总会计、总营业各一人，经聘袁雪崖君为总稽核，傅道伸君为总营业，并请李监察紫东为总秘书，胡董事名甫为总会计。现改以李紫东君为总营业，傅道伸君为总稽核，袁雪崖君为总秘书，请予追认案。

决议：通过。

九、本公司原设驻陇办事处，其主任一职系由郑监察相臣担任，嗣郑监察因病请辞，改请张董事鸣冈担任，请予追认案。

决议：通过。

十、本公司总工程师兼蔡加坡机器、酒精及兰州机厂、广元酒厂经理杨挚奇君因病出缺后，所遗蔡机、蔡酒两厂经理职务暂由束总经理兼任，并以吕凤章为蔡酒厂副经理兼充蔡机厂副经理，其兰机厂、广元酒厂即以各该厂厂长马文芳、孙镜清两君升充。又兰粉厂经理曹裕民君辞职后，聘凌子惟君为兰粉厂副经理，嗣经升为该厂经理。又蔡机厂经理一职因该厂正在充实改进，事务过繁不可无专人主持，乃聘吴本蕃君为该机厂经理。又总公司总工程师一职业聘王瑞基君兼任。以上各重要职员照章程应提出本会，请即予以追认案。

决议：通过。

十一、本公司为造就纺织机械工业人才起见，在蔡家坡设立雍兴高级工业职业学校，建设基金核定为二百四十万元，拟请本公司各厂及联分别担任并聘吴本蕃君兼任校长，请予以追认案。

决议：通过。

十二、本公司陇县煤矿现已出煤，关于该矿运输事宜，拟在宝鸡设立陇煤运输处（暂设于西北运输处内），并聘许庸令君兼任该运输销处经理，请予追认案。

决议：通过。

十三、本公司职员年终奖金应如何发给，请公决案。

决议：职员年终奖金按各员三十一年十二月份俸薪及临时生计津贴（即指数津贴）两项合计发给六个月（即在厂服务全年者，发给六个月；不满一年者，按每月二分之一比例推算）。

十四、本公司三十年度全体决算，计纯益二，五七八，三三八．一一元，业经上届董事会议决交本届董事会讨论分配办法，照章程应提存公积金十分之一计二五

七,八三三.八一元,战争损失准备计二三二,〇五〇.四三元,纳所得税九二,八二〇.七七元。照百分率分派如左:

(1)特别公积10%　　计六三,五六三.三七元

(2)股东红利60%　　计三八一,三八〇.二二元

(3)董监事及职员酬劳30%　　计一九〇,六九〇.一一元

以上分配办法是否可行,请公决案(附本公司三十年度盈余分配及致送董、监事分配清单各一份)。

决议:股东红利按二厘分派,其董、监事职员酬金一九〇,六九〇.一一元,应以三分之一为董、监事酬金,以三分之二为职员酬金,除总公司及各厂矿职员酬金已于决算前由开支科目支出外,其中行方面兼职人员酬金应即在上项款内支付。又董、监事酬金计六三,五六三.三七元,应分成十份,以一份半为董事长酬金,三份为常务董事酬金,其余五份半数为其他董、监事酬金。照此分配后,所余之数应即转入盈余滚存,并俟召集股东大会时,请求追认。

十五、请会计师查核一切账目案。

决议:按照本公司章程第三十一条办理。

下午五时散会。

(件存陕西省档案馆民国档案82－1－153－2卷)

雍兴实业股份有限公司第六次董事会议记录

(1943年6月10日)

时间　　民国三十二年六月十日

地点　　西安尚仁路本公司办事处

出席董事　　宋子文　贝淞孙　卞白眉　汪楞伯　束云章　沈次量

杨朗川　张鸣冈　胡名甫

主席　　宋子文(束云章代)

记录　　束　若

报告事项

(一)本公司所属各厂矿三十一年度营业情形(详见年度营业报告,词长不录)。

(二)本公司为研讨所属各厂矿本年业务计划起见,于二月二十七日假西安

中行开第二届厂务会议，议决要案多起并拟定全年生产计划（详见大会记录，词长不另赘述）。

（三）本公司前因秦安之郭家镇盛产毛线，为实验毛线起见，在秦安设立实验场，成立后出品尚佳，惟因地处僻壤，销售困难，经营颇感不易，已嘱结束清算，所有工具、生财等暂托秦安中国银行仓库代为保管。其余原物料、成品等正在陆续脱售中。估计将来结束清算后，收支相抵，尚可稍获余利。

（四）本公司益门镇酒精厂仍在停工中，其建筑房屋本年一月间划出一部分，租与陕西冶炼公司，议定每月租金国币五千元，其余房屋仍归运输处保管利用。

（五）本公司以驻陇办事处事务繁，特聘兰中行常经理缉甫为该处副主任。又兰药厂经理曹柏年辞职，即请陇处主任张鸣冈兼任。又陇县煤矿出煤后事务殷繁，应设经理一缺，即以矿长赵保章升充其矿长（经理）一职，以副矿长王蓝甫推升【为矿长】，并以贾事务主任星垣升充副经理，仍兼事务课主任，请予备案。

讨论事项

（一）本公司为谋员工永久福利起见，曾于第五届董事会议，提请由本公司三十年度提存备付各厂机棉运费项下，拨提一百万元作为本公司员工福利基金。兹因近来物价飞涨，为充实上项基金起见，拟仍在备付机棉运费项下再拨出二百万元，先后共计三百万元作为员工福利基金，请予追认案。

决议：通过。

（二）本公司福利基金保管委员会业已成立，兹聘定杨朗川、胡名甫、张鸣冈、傅道伸、康菊农、袁雪庄、王瑞基诸君为保管委员，请予追认案。

决议：通过。

（三）兹拟定本公司《福利基金保管委员会简章》，请予追认案。

决议：通过。

（四）刘锺奇先生等在陕设立秦岭麻织公司，商请本公司加入该厂，股本十万元，请予追认案。

决议：通过。

（五）本公司所办各厂矿因业务扩充，原定股本二千万元不敷运用，拟增加二千万元，连前共为四千万元。如何请付公决。

决议：通过。其增加股金仍照旧例，由各股东比例分担，并提请股东大会公决。

（六）本公司卅一年度全体决算，计纯益三，八二四，四四九．三七元。照章应提存公积金十分之一,计三八二,四四四.九四元;战争损失准备三四四,二○○.四四元;纳所得税一八五,八六八.二四元;付股息常年八厘计一,六○○,○○○.○○元;余款一,三一一,九三五.七五元,照百分率分配如左:

1.特别公积10%　　计一三一,一九三.五七元

2.股东红利60%　　计七八七,一六一.四五元

3.董监事及职员酬劳30%　　计三九三,五八○.七三元

以上分配办法是否可行,请公决案。

决议:1.股东红利按二厘分派,计四○○,○○○.○○元,余款三八七,一六一.四五元转入盈余滚存。

2.董监事及职员酬劳金项下三九三,五八○.七三元,应以三分之一计一三一,一九三.五八元为董监事酬金,并分成十份,以一份半为董事长酬金,三份为常务董事酬金,其余五份半为其他董监事酬金(附分配清单)。又以三分之二计二六二,三八七.一五元为职员酬金。惟查本公司及各厂矿职员酬金已于决算前由开支科目付出,此项酬金除拨给中行兼职人员酬金外,其余款应转入盈余滚存。

以上分派办法,拟俟召集股东会时请求追认。

(七)请会计师查核本公司一切账目案。

决议:按照本公司章程第三十一条办理。

雍兴实业股份有限公司三十一年度致送董监事酬金清单

科目　　　　年　月　日

细目及摘要	金额										
三十一年度董监事酬劳393,580.731/3				1	3	1	1	9	3	5	8
董事长15%					1	9	6	7	9	0	4
常务董事30%					3	9	3	5	8	0	7
其他董监事55%					7	2	1	5	6	4	7
董事长											
宋子文					1	9	6	7	9	0	4
常务董事											
卞白眉						9	8	3	9	5	2
束云章						9	8	3	9	5	2

续表

细目及摘要	金额									
沈次量						9	8	3	9	5	2
杨朗川						9	8	3	9	5	1
董监事										
贝淞荪						8	0	1	7	3	9
汪楞伯						8	0	1	7	3	9
霍亚民						8	0	1	7	3	9
张鸣冈						8	0	1	7	3	9
胡名甫						8	0	1	7	3	9
潘仰山						8	0	1	7	3	9
李紫东						8	0	1	7	3	8
康菊农						8	0	1	7	3	8
翁叔通						8	0	1	7	3	8

雍兴实业股份有限公司三十一年度盈余分配表

科目　　　　　　　　　　　　　年　月　日

金额	摘要	金额
	三十一年度本公司全体盈余	3,824,449.37
382,444.94	提公积金十分之一	
344,200.44	战事损失准备	
185,868.24	纳所得税	
1,600,000.00	股息常年八厘	
1,311,935.75	净余	
131,193.57	特别公积 10%	
787,161.45	股东红利 60%	
393,580.73	董监事及职员酬劳 30%	

（件存陕西省档案馆民国档案 82－1－153－3 卷）

雍兴实业股份有限公司第七次董事会议记录

(1944 年 2 月 28 日)

时间　　民国三十三年二月二十八日下午三时

地点　　西安尚仁路本公司办事处

出席董事　宋子文　贝淞荪　卞白眉　汪楞伯　束云章　沈次量
　　　　　杨朗川　张鸣冈　胡名甫

主席　　宋子文(束云章代)

记录　　束　若

报告事项

(一)本公司所属各厂矿三十二年度营业情形(详见各厂矿年度营业报告,词长从略)。

(二)物价日高,后方工矿事业资金周转愈益困难,本公司为研讨所属各厂矿本年度业务计划起见,于二月十五日假西安中国银行开谈话会,要点如左:

(1)注意资金运用;

(2)提高职工工作效率;

(3)紧缩开支;

(4)完成建设增进生产等项,词长从略。

(三)原棉自经政府统制后,厂商不得自由购棉。本公司泾阳采办处已于上年办理结束,所有职员除由总公司调用一部分外,多数已资遣。又该处用余材料并经先后变售或价让本公司联厂。

(四)现在西北物资来源以东路为大宗,过去本公司各厂在洛阳、漯河、郑州一带多派员坐庄收购。上年实行集中购料办法后,本公司为便于集中管理并节省人力起见,于上年五月在洛阳成立采购处,并请灵宝中国打包公司吴经理主持其事,职员人选亦就该厂借调,其各厂原有人员则分别裁遣或调回原派厂服务。

(五)秦安毛织实验场上年办理结束,财产变卖后抵还欠款,计净余六十三万余元。此项盈余之款已由本公司专款拨存。

(六)本公司投资秦岭麻织公司国币十万元业经上届本会通过,该公司现以经营困难停止进行,已将原股金十万元退回本公司。

(七)陕西冶铁公司成立,本公司投资原为三十万元。上年该公司因业务扩充资金不敷周转，经开会议决增资，本公司应摊三十万元（业已照付），连前投资共为六十万元。

（八）本公司总秘书袁雪崖辞职照准，其总秘书职务由文书组贺专员书绅兼代。又陇县煤矿经理赵保章辞职照准，由总公司聘为顾问，经理一职由王矿长蓝甫兼代。又该矿副经理贾星垣事务较前增繁，应专任副经理职务，请予备案。

讨论事项

（一）本公司蔡家坡酒精厂近以原料价格激涨，工缴日昂，若照原定计划专制酒精，恐不敷成本。又查本公司陕省各厂职员、工人及其眷属，每月需用面粉为数不少，为适应需要计，已将兰粉厂多余之磨粉机一部移至蔡酒厂装置，以每日出粉一千五百袋为最高标准，既有裨于目前且树战后基础，所有建筑粉楼及其他一切工程设备均在积极进行中，请予追认案。

决议：通过。

（二）本公司蔡家坡纺织厂原有纱锭一万二千枚，惟因动力不敷难以开齐。为减轻成本，解决当前困难计，已于上年商承豫丰纱厂同意，租用该厂存渝之一千启罗瓦特发电机一部（双方已订有租约存案），并在渝自配锅炉运蔡装设。此项电机及锅炉（锅炉仅六百十六匹马力，故发电不能达一千启罗瓦特，如能再加锅炉，电力仍可增发，但即此蔡纺厂原动费已可较前节省甚多）业已大部分批运蔡赶紧装置，估计六月以前竣工。

决议：通过。

（三）本公司兰州毛织厂所用毛纱向在秦安采购，而织呢又多系木机，此项手纺毛纱成色既劣，成本亦巨，兹为图战后生存，亟应使出品精良。现由本公司拨给废纺机一台（约八十锭），又向豫丰商借三道粗纱机二台（约三百三十锭），按照毛纺原理加以改造，制成毛纺机约四百余锭。其梳毛机由本公司拨给一部，又向豫丰租用二部（本公司拨给之梳毛机系用废棉梳棉机改造，又豫丰租用之梳毛机系以棉纺钢丝车改造，其效用均与梳毛机同）。此外并向豫丰租用毛织机二十台，又向豫丰余家背机厂订购毛织机二十台及整理机多种（详见合同），配合应用，俾使早日成为完全之新式毛纺织厂。现在此项机件业已陆续运到，积极装置，预计六个月后可先完成一部分，年底可以全部完成，将来出品精良，市场可畅销，拟请追认案。

决议：通过。

（四）豫丰纱厂遵照经济部令，与新疆省政府在新省合办新丰纺织公司。当经该厂商请，本公司将原租与该厂之英国勃拉提纱机拨出五千锭作价加入合作。

本公司以发展边疆工业,亟应力促其成,当经委托该厂郑副经理代表本公司前赴新省,与新省府方面接洽,签订合作草约。至前项纱锭五千枚,亦经经济部公平估价为七千五百万元,将来即以此款加作新公司股本。至此项纱机由渝运新其运费,一切当有新公司负责,请予追认案。

决议:通过。

(五)端木铸秋、关德懋诸君为促进西北文化,拟在西安创办报社并经营出版事业,商请本公司投资合作。本公司为协助该社早日成立起见,拟将本公司自办之长安印刷厂土地、房屋、机器、生财及门市部全部货品估价九百三十万元,折股加入合作并另拨付现金五十万元,共计作成股份九百八十万元,业经对方同意。现双方正办理交接手续,请予追认案。

决议:通过。

(六)本公司为谋员工永久福利起见,上年已先后提存福利基金三百万元。兹因物价腾贵,为充实上项基金起见,复由售出四厂联办处剩余物料收益项下提拨一,三〇七,二五五.六〇元,合计共为四,三〇七,二五五.六〇元,请予追认案。

决议:通过。

(七)本公司三十二年度全体决算,因各厂决算表尚有未寄到者,估计全体盈余约在九百二十万元之谱,是否先行分配,请公决案。

决议:应俟该年度盈余确数结出后,下届董事会再议分配。

散会。

(件存陕西省档案馆民国档案 82－1－395－2 卷)

雍兴实业股份有限公司第八次董事会议记录

(1944 年 4 月 21 日)

时间　民国三十三年四月二十一日下午六时

地点　重庆牛角沱怡园十九号

出席董事　宋子文　孔庸之　贝淞荪　卞白眉　汪楞伯(卞白眉代)
束云章　沈次量(束云章代)　杨朗川(毛端梧代)
胡名甫(钱健庵代)

列席监察　霍亚民　潘仰山　廖芸皋　张鸣冈(沈熏南代)

主席　宋子文(束云章代)

记录　　　贺书绅

主席提议

本人因事所羁，不克兼本公司常务董事及董事长职务，拟请就现在董事中另行推选常务董事一人，并就常务董事中互推董事长一人，主持其事。

议决：全体推选孔庸之先生为常务董事，并由常务董事中一致互推孔庸之先生为董事长。

下午六时半散会。

（件存陕西省档案馆民国档案 82－1－395－2 卷）

雍兴实业股份有限公司第九次董事会议记录

（1944 年 4 月 21 日）

时间　　　民国三十三年四月廿一日下午六时半

地点　　　重庆牛角沱怡园十九号

出席董事　孔庸之　宋子文　贝淞荪　卞白眉　汪楞伯（卞白眉代）
　　　　　束云章　沈次量（束云章代）　杨朗川（毛端梧代）
　　　　　胡名甫（钱健庵代）

列席监察　霍亚民　潘仰山　廖芸皋　张鸣冈（沈熏南代）

主席　　　孔庸之

记录　　　贺书绅

主席请束经理报告本公司过去营业概况。

束经理报告过去营业概况，词长从略（详见雍兴实业股份有限公司筹设经过及最近概况之书面报告）。

主席致辞

中国银行过去对于提倡实业多有贡献，其影响所及不仅关系本身行务之发展，且于国计民生互有裨益。现据束总经理云章报告本公司所办各厂营业概况，不免多有困难，但为仰答国策、增加后方生产起见，嗣后于厂务推进自应一本初衷，淬砺迈进，以期迅赴事功。本董事会当就力之所及加以扶植，俾既成事业得以竟其全功。至办厂之要义，不外适应环境以及健全设备、谋技术之改进，苟能本此原则切实做到，则出品之畅流、成本之减低，均可顺利进展，获有美满之效果。此外人事管理工作配合诸端，尤为负实际办厂之责任者所应密切注意，总期赏罚分明，就各人本身应尽之责任加以督率，努力向前，庶多用一人即可多得一人之力，一洗过去之一般办厂专以推诿为能事之恶习。至于训练工人，首在精神方面使其愉快，倘所有个人均能一心一德视厂如家，则休戚相关，其工作效率必有长足之进展，此尤为办厂所不可忽视者也。本公司各厂员工在此抗战期内，对于促进生产不无相当成绩，尚希束总经理代表本席及各董事转致嘉勉之意，是所至盼。

讨论事项

一、本公司为造就纺织及机械基本人才起见，在蔡家坡设立雍兴高级职业学校一所，分纺织、机械两系，三年毕业，学生毕业以后，本公司所属纺织、机器各厂有优先征用之权。所有该校经费均由各厂暂行摊任，基金一项尚无着落，为使该校基础得以巩固计，拟由历年所提准备项下拨出基金三百万元作为该校基金。如何请付公决。

议决：照办。

二、本公司所办各厂偏在西北，过去关于董事会议之召集，为处理业务便利起见，多于公司所在地就近举行，但关于重要业务之决定，多于事前呈请中国银行总管理处转请董事长核示，或由公司方面径行请示董事长办理，再于董事会内提出议案或报告请予追认。此后是否仍照以上办法办理，拟请讨论核示，俾资遵循。

议决：在不抵触国家规定法令原则之下，可仍照以前办法办理，以期简捷，一方面可于束总经理云章到渝述职期间，呈请董事长在渝召开董事会，以决定本公司主要业务计划之推进。

下午七时散会。

（件存陕西省档案馆民国档案82－1－395－2卷）

雍兴实业股份有限公司第十次董事会议记录

（1945年8月28日）

时间　民国三十四年八月廿八日

地点　重庆上清寺中国银行

出席　孔庸之　贝淞荪（卞代）　卞白眉　霍亚民　束云章

　　　沈次量（毛端梧代）　杨朗川（蒋均如代）　胡名甫（钱存谟代）

缺席　汪楞伯

主席　孔庸之

报告事项

一、本公司所属各厂矿三十三年度营业情形(详见各厂年度营业报告,词长从略)。

二、物价日高,本公司及所属各厂矿资金周转愈益困难,现经商得中行同意,将透支总额度增加,改为十四亿七千万元。

三、蔡家坡纺织厂安装发电机自上年初计划以来以运输困难、工程艰巨,经该厂最大努力已于上年底完成,现在发电达500KW,除该厂动力已无问题外,并可供蔡机厂一部分电力,又蔡酒厂面粉部动力亦获解决。

四、本公司蔡家坡动力酒精厂之设,原为供给战时运输燃料,历年以来对于西北军民运输,尚属不无贡献。惟预料战事结束后,酒精工业自难继续存在,爰自去秋即着手增设面粉部,装置一千五百袋磨粉机暨一切设备,业已完成。去年底开工,经过良好,并利用原有化学技术人才及设备附产淀粉、酱油精、酱油、味晶等产品,以应社会需要,颇能行销。

五、中行西北运输处之设,原为运输该行钞券,嗣因协助本公司内运物资、器材起见,经委托本公司代管,数年以来办理尚称便利。惟自四行发行统一后,该行运券较少,且近来后方车辆经公家严格管制,该处车辆悉被征用,往往有至数月之久尚未发还者,每月开支入不敷出。现该处已尚得本公司同意将该处卡车除保留十一辆分拨本公司各厂矿应用外,其余悉数价让西北公路局承永购,俾可早日结束。又该处所属益门镇修车厂及宝鸡材料库,现已划归蔡家坡西北机器厂管辖,其材料亦经价让归该厂接收。

六、陇海路局天宝段本年即可通车,该局以煤源不敷,商请本公司将陇煤矿扩充产量,一面由该局呈部核准在陇虢间铺设轻便路轨,增加运输运力。本公司以事关后方燃料供应,自应力促其成,当经与该局商定,先将该矿产量增至日产三百吨。惟应添置一吨高车两部,四节锅炉两部及井下煤车铁轨等,除钢轨可商该局借用外,其余高车、锅炉、煤车及排水设备、工具、铁管及简单建筑等估计约需七八千万元。该矿照此充实设备后,如无特殊阻碍,预计本年十月以后,即可逐渐增产至本公司供应路局用煤价格前,经与该局洽谈,原则系按矿山成本加利润百分之二十。兹假定该矿现价成本每吨一万元,即该局所付利润应为每吨二千元,如以路局每月用煤三千吨计,则上项增产计划之所费一年以内,即可收回,除俟正式办法洽妥另行提出外,以上该矿增加设备用款情形暨以路局洽谈原则各节用特报告。

七、本公司前为东路购料便利起见,曾于三十二年间在洛阳成立采购处,代各厂矿采购原物料。上年豫战吃紧,该处除酌留主要职员、工人留除外,其余一部分同人携带账簿撤退来秦。当时查明,未运出物资尚有羊毛千余斤、生铁四万六千余斤及其他灰筋元铁等,总数共值二万七十余万元。洛阳陷敌后,消息隔绝,嗣从他方探听,仅知上项羊毛、生铁等尚未尽失,惟留守人员为避免敌人注意,所报亦略而不详。现在抗战业已胜利,一俟陕洛交通无阻后,当即派员赴洛清理。

八、上年豫战骤起,关中震动。本公司为准备万一曾嘱陇海沿线各厂矿将不急于应用之器材及贵重物料先行疏散至双石铺存放,以策安全,并由本公司派员在该地设立保管处,集中保管。

九、中南火柴公司前因受统制影响,经营极感困难,本公司投资该公司股本一百二十八万元,经商得该公司其他各股东之同意,将本公司投资股本六倍让与其他股东承受,共价七百六十八万元,除由该公司先付现款一百六十八万元外,其余六万元作为向本公司息借,分十二个月归还。截至本年五月底,已将本息欠款全部还清。

十、雍中行兰州支行以同人眷属宿舍不敷,商请将该行投资西北货栈提股款四十八万元,与本公司兰州中山林租地所盖房舍七十四间交换,本公司业已同意照办。

十一、本公司租与豫丰纱厂勃拉特纱机三万锭,按照租约规定,应俟该厂机器运费及修缮费等摊清后,再就该厂盈余项下提出十分之三,付与本公司作为纱机租金。现因物价波动,盈余计算不便,经双方洽妥,自三十三年度起,改由该厂每锭每月按一百元付与本公司租金,并按实开二万锭计算,每月计应付租金二百万元,以后各年度并视该厂损益情形,由双方会同商定增减。

十二、本公司以战后数年国防内外纱机不易大量进口,为求适应战后国内外纱机急迫需要起见,已令本公司蔡家坡机器厂与豫丰机器厂计划合作制造纱机一万五千锭,现已商有合作办法(附双方合作计划协定)。

讨论事项

一、本公司驻陇办事处所辖兰州四厂业务日繁,为联络便利并增强工作效率起见,自本年□月起改为四厂合室办公,并加聘陇中行经理常缉甫为该处副主任,请予备案。

决议:备案。

二、本公司代理总秘书贺书绅补实。

决议:备案。

三、本公司设厂目的，首重棉毛纺织。现在太平洋战事行将结束，为发展战后业务起见，自应急起直追，以免落人之后。除已拟具战后设厂计划陈准中国银行总经理、副总经理并转本公司董事长外，照该项计划所需美汇估计当在二千数万元以上。此项美汇本公司历年陆续所积，除太平洋战前定购维定纱机二万一千二百锭应付美金五六十万元外，其余应备美汇拟请董事会向中国银行早日妥筹垫拨及分期归价办法，以利进行。请公决案。

决议：由董事会向中国银行洽商办法。

四、中行西北运输处为雍中行委托本公司代管，现已办理结束，已报告如前。估计该处结束后，除各处站所置房屋地不计外，约可多余现款一亿元至乙倍，兹拟请该处提拨四千五百万元交由本公司。分配如左：

1. 本公司蔡家坡职业学校基金二千万元。

（理由）查该校设立系为【培植】本公司各厂及联厂技术人才起见，若基金充足，办理得法，则各厂中下级基本技术人才可以无待外求。百年树人，实为远大之计，加以设立纺织实习工场需费更巨，然此皆必不能省之费用，再四筹维，惟有充实基金，一劳永逸。

2. 本公司职工福利基金二千万元。

（理由）本公司职工福利基金先后共拨四百余万元，近来生活日高，员工平时薪给之所入已感捉襟见肘，设遇婚丧大事，必致无法应付。兹为充实此项基金起见，切请增拨，以期安定职工生活而谋增进工作效率。

3. 总经理特别费用基金五百万元。

（理由）近年以来，社会各方常有以本公司总协理为对象劝捐款项之事，过去类此捐款或由本公司出账或由个人自负。当兹物价腾贵，公家开支既感为难，个人负荷尤为力绌，长此以往，何以为继？兹拟请拨上数由总经理指定人员妥为经管生息，遇有此类捐款，即由孳息项下支付，年终开列收支报告董事会备案。以上所拟是否有当，请公决。

决议：就西北运输处盈余项下拨提三成交由本公司分配，惟最多以四千五百万元为限。

五、本公司各厂矿三十三年度全体决算计纯益八，二五四，二七一. 二二元，照章先提存公积金十分之一，计八二五，四二七. 一二元；提战事损失准备，计七四二，八八四. 四一元；纳所得税四四五，七三〇. 六五元；付股息常年八厘，计三，二〇〇，〇〇〇. 〇〇元；余款三，〇四〇，二二九. 〇四元，照百分率分派如左：

(1)特别公积金10%　　计　　三〇四,〇二二.九〇元;

(2)股东红利60%　　计　　一,八二四,一三七.四二元;

(3)董监事及职员酬劳30%　　计　　九一二,〇六八.七二元。

以上分配办法是否可行,请公决案(附本公司三十三年度盈余分配表及致送董监事酬劳分配清单一份)。

决议:

(1)股东红利按四厘分派。

(2)董、监事酬金照章分派,其职员酬金本公司及各厂矿在决算前已由开支出账,不另发给。以上一、二两项余款应即转入盈余滚存,并俟召集股东会时请予追认。

六、请会计师查核本公司一切账目案。

决议:照本公司章程第三十一条办理。

临事动议

一、本公司原设协理二人,协助总经理主持重要事务,兹以业务加紧,人手颇感不敷,为求推进业务及加强管理起见,拟请添聘协理一人,是否有当,请公决。

决议:添聘协理一人,妥觅人选。

二、宋董事子文函请辞去本公司董事职务案。

决议:俟召开股东大会时再行决定。

三、本公司束总经理主持业务备极辛劳,应如何致送特别酬金案。

决议:致送特别酬金一百万元。

(件存陕西省档案馆民国档案82-1-395-2卷)

雍兴实业股份有限公司第十一次董事会议记录

(1946年6月28日)

时间　民国三十五年六月二十八日

地点　上海中国银行三楼

出席　孔庸之　卞白眉　束云章　沈次量　杨朗川(沈次量代)　胡名甫

主席　孔庸之

报告事项

一、本公司所属各厂矿三十四年度全年生产总额约计国币五十六亿九千二百万元，销售含总额约计国币四十六亿八千八百余万元（蔡家坡及业精两纺织厂在本年度花纱布未销管制以前其计算成本只计工缴，均未包括原料在内），一切业务设施情形详见各厂矿年度营业报告，词长从略。

二、本公司向中行透支总额原为十四亿七千万元，旋因花纱联销管制后，蔡家坡及业精两纺织厂均□自购原料，又因其他各厂业务扩充，生产增加，资本均感不敷周转。复经商得中行同意，修将透支额度总数额增加为二十一亿四千五百万元（其中四亿元□行尚未奉四联总处核准）。

三、本公司代管中行西北运输处办理结束情形，已详上届董事会议报告。该处各地所有房屋除宝鸡部分本公司暂为接收外，益门镇修车厂上年划归本公司蔡家坡机器厂接管，□适抗战胜利后，该修车厂业务无多，已于裁并，全部房屋地产作价二千万元让与国立宝鸡高级职业学校。又褒城房产已作价六百万元让与西北公路局，广元房产作价四百万元让与当地商人汪良臣君，此外成都、□□、兰州等房屋亦正在设法出让中。

四、本公司兰州化学厂及机器厂自抗战结束后，业务锐减，为免占用资金起见，已令该两厂办理结束，所有房屋、地产、器材、料品分拨本公司联厂承受，或就地变价出让，均由本公司派员主持办理。

五、本公司兰州面粉厂为节省开支、增进工作效率起见，自本年一月份起划归蔡家坡酒精厂接管，对外称雍兴公司蔡家坡动力、酒精厂、兰州面粉厂。

六、抗战胜利后，政府对于纱布管制业已取消，其他统制亦渐蠲除。本公司为加强各厂管理计，自本年一月起将各厂购买料品、供应燃料及运输、销售各事，统归本公司总营业室集中办理，俾各厂得以专心于工务之推进与改良，至各厂原设有营业课者并经裁去。

七、本公司陇县煤矿上年因陇海路宝天段通车后，局方需煤激增，应该局之情增加设备，先将生产量每月增至三百吨，及商订售与该局用煤办法原则（已详上届记录），惟嗣后该局呈准铺设之虢陇轻轨便路筑成后，因煤缺乏又以人工高涨，运输量每月尚不足五千吨，且该矿未运出存煤尚有一万五千吨，短期内若□增加生产，想非所宜，故目前仍暂维持日产八千吨。

八、抗战结束，酒精业务前途无大发展，本公司蔡家坡酒精厂现改为面粉为主要产品，日出一千五百袋，行销关中，尚称顺利；又广元酒厂原定本年二月底结束，嗣以□□□暂时尚可配销，又西北公路局短期内亦需酒精应用，按照配销及路局价格尚可获益，仍由本公司决定继续维持三个月，一面并拟有广酒结束步骤，交该厂孙经理届时依照处理。

九、近来各地罢工浪潮蔓延西北，本公司蔡纺、业精两厂工人亦于二月间一度发生罢工，要求改善待遇，捣毁职员住宅及饭厅，甚至扬言将拆毁机器，一时秩序颇形紧张。幸经官方派队弹压调处，一面并由经本公司派员会同两厂，将工人待遇参照同业各厂加以改善，遂告平息。

十、豫丰纱厂前以信托方式发资本公司蔡家坡酒精厂、广元酒精厂国币二百五十万元（计蔡酒厂一百五十万元，广酒厂一百万元），数年以来该两厂拥护政府管政，出品供应公家□期□算有亏损，上年八月间抗战胜利，为结束此事起见，业已商得豫丰同意，将上项投资两厂之国币二百五十万元，连同豫丰担负该两厂历年损失之款国币一一，八四二，二〇二. 六三元，一并由本公司拨还，作为贴补该厂上项投资之利息。

十一、本公司投资之咸阳工厂，三十二年度决算账面计结亏一千五百余万元，惟该厂历年尚有提存厚成三千二百余万元，除弥补上项结亏即所得税外，尚余一千一百九十余万元。业经会商决定由投资人暂行提借，设遇该厂营业亏损，再行拨回本公司，按投资成份分得国币五，四二〇，七六二. 八六元。此款已列收暂存项下，未以盈余作账。

讨论事项

一、本公司总营业原由傅总稽核道伸兼任，兹因傅总稽核借调为咸阳工厂厂长并改任本公司总工程师，其总营业一职延聘陈叔虎君充任；又总稽核一职改由蔡酒厂吕副经理凤章兼代，并加聘张燊山君为总工程师，许庸令君为总咨询，章光植若为副总稽核。又蔡家坡及业精两纺织厂王经理瑞基、刘厂长持钧，蔡家坡机器厂吴经理树谷，均经中国纺厂建设公司借调服务，其所遗蔡纺厂经理职务即以该厂张副经理仲实兼代，业精厂经理即以章副经理连苏兼代。又蔡机厂经理职务暂以该厂工程师杨世襄及课长王德荣会同兼办。又蔡机厂厂长杨瑞人辞职照准。以上请予备案。

决议：备案。

二、本公司驻陇办事处因兰州机器、化学两厂结束，粉厂改让蔡酒厂接管后，事务无多。为简化机构起见，业将该处裁撤，原兼该处主任张德风、副主任常文熙均由中行调回，请予备案。

决议：备案。

三、政府以接收上海、青岛、天津各地敌伪纱厂组织中国纺织建设公司，聘请本公司束总经理为该公司总经理，并借调本公司及各厂一部分职员（附名单）□同接收。事关协助政府建设，当即遵办，惟借调各员均在本公司服务有年，拟予一律保留原资，请予备案。

决议：备案。

四、政府为解决国内纺织机器供应困难，特将津沪各地接收敌伪机器厂合并组织中国纺织机器制造公司，资本拟定为六十亿元，官商各半，商股部分由各民营纱厂按照锭子数比例摊认。本公司业精、蔡纺两厂按照锭数比例共应摊认二千万元，业经照认，请予公决案。

决议：备案。

五、豫丰纱厂于三十二年间遵照经济部令，代表公司与新疆省政府签订合约，在新组织新丰纺织公司一事，前于第七次董事会议通过在案。合约签订后即经我方派员赴新筹备，一面购置物料，一面积极启运纱机。惟以新疆省汇渝备用之款未能衔接，□以西北运输极端困难，截至三十三年八月，同□运抵廸化、兰州、肃州之机料约达三百余吨，迨后□□告警，各方军运频繁，车辆悉被征调，而新省府亦无车可派，遂致运输停顿。本公司为谋解决此事，曾于三十四年七月间具呈经济部翁部长及新省府吴主席办法：（一）如新省府拟继续办理，我方愿将机器重新公平估价，以股东地位与新省府合作，但□□之费及所需建设费，均由新省府负责筹划；（二）如新省府不欲继续办理，则所有物料可归新省行变价出售，以作得款项偿还垫款。至于运抵廸化、兰州、肃州之纱机，当俟将来局面安定、运输畅通，再由我方自行运回。经济部及新省府对所提两种办法，尚无具体答复，请予备案。

决议：备案。一面仍应催请对方早日解决。

六、本公司【为】在沪购料便利及灵通市场消息起见，已与豫丰纱厂洽妥在沪设立联合办事处，每月开支各半分摊，并延聘陈柱臣君为该联合办事处主任，请予备案。

决议：备案。

七、本公司陇县煤矿因业务上之需要，拟委托路局在虢镇铁道□西地筑墙建立煤栈，以利运销，将□来成立后拟定名为陇县煤矿虢镇堆栈，请予备案。

决议：备案。

八、本公司三十年因豫省战争吃紧，曾在双石铺设立保管处，以利疏散各厂物资。现战争结束，该处已无存在必要，应即裁撤，请予备案。

决议：备案。

九、本公司上年代各厂采购原棉,因恐以公司名义收货易于刺激棉价,乃临时借用咸阳工厂咸工合记名义,由本公司委托咸阳打包厂汪经理晴江及灵宝打包张经理一鸣会同主持。兹以各厂购棉事繁责重,自应确立机构以符名实,拟将咸工合记名义取消,由本公司设立购棉部,仍请汪经理负责主持,并归本公司协理直接指挥调度。如何请公决。

决议:照办。

十、本公司前以战后数年外购纱机不易,进口为□□应国内需要,曾由蔡家坡机器厂与豫丰机器厂全程合制纱机一万五千锭之计划,嗣因抗战爆发,双方资金周转均形困难,并□政府接受各地敌伪纱机厂,该两厂一部分□□□□原定计划。兹查蔡机厂计划自制全程纱机上千锭,本年五月间,即可全部完成,今后业务应如何确定方针,请公决。

决议:蔡机厂所制全程纱机八千锭,除上半年已完成之四千锭,已由总公司先后拨交蔡纺、业精两厂应□各二千锭外,其尚待完成之四千锭,应就现有原料陆续制造,所需款项可由蔡纺厂筹划,按每锭十五万元先拨国币三亿元。至蔡机今后方针,应由总公司视原料来源与运输情形酌定,总以保留优良技术员工维持合理生产为主。

十一、三十三年中原战事发生,洛阳沦陷,本公司驻豫采购处未及运出料品,胜利后据经手人【报】告,上项料品除内中一部分已就地脱售外,实际损失:(1)细羊毛一,八六三斤;(2)灰筋一四,二九二斤;(3)灰生梳六,〇五〇斤;(4)铝丝二七八斤;(5)元铁二二九斤;共计九五,〇五七,二八〇元。此项损失应如何处理,请予公决。

决议:准以杂项损失出账。

十二、本公司蔡家坡机器厂上年计划全程纱机四千锭,除其中完成半数二千锭已拨蔡纺装置现已陆续开工外,其余二千锭本年五月底亦可完成,(此处残损若干字)每锭十二万元作价,另拨蔡纺厂装置,应(此处残损若干字)房,现已不敷,又电力亦感不足。如何办理,请公决。

决议:见第十案。

十三、太平洋战事发生前,津中行曾代本公司向美国定厂订购纱机二万一千二百锭,此项纱机价款当初系津中行垫付,尚未结算。兹以此项纱机最近已有一万锭制成,并于上月进口运抵上海,应如何与中行结算本息及设厂装置利用,请公决。

决议:(一)维定纱机可向中行总处商明结价,由本公司承购;(二)与豫丰合资在丹阳设厂;(三)新厂进行手续交束总经理筹办,随时报告本会。

十四、本公司原定职员抚恤规则及福利规章,战事结束后一切待遇均有变更,已不适用,应予废止。兹拟重新改订附拟章则(附章则),请公决。

决议:照办。

十五、本公司暨各厂矿三十四年度全体决算计纯益一四,三二五,四六三.五八元。照章先提存公积金十分之一,计一,四三二,五四六.三六元;纳所得税一,五四七,一五〇.〇七元;纳利得税六七八,五八三.四四元;付股息常年八厘,计三,二〇〇,〇〇〇.〇〇元。余款七,四六七,一八三.七一元,照百分率分配如下左:

(1)特别公积金10%　　计　　七四六,七一八.三七元

(2)股东红利60%　　计　　四,四八〇,三一〇.二三元

(3)董、监事及职员酬劳30%　　计　　二,二四〇,一五五.一一元

以上分配办法是否可行,请公决案(附本公司三十四年度盈余分配表及致送董、监事酬劳分配清单一份)。

决议:通过。并致送董、监事酬金如左:

董事长三十万元,常务董事四人每人十六万元,

董事及监察人每人十三万元,余数转入盈余滚存。

十六、本公司贝董事淞荪请辞董事职务,又汪董楞伯病故,请于本届股东会议提出补选。

决议:俟本届股东会议提出推选。

十七、请会计师查核本公司一切账目案。

决议:照本公司章程第三十一条办理。

临时动议

一、本公司资产应否升值案。

决议:资产升价问题,应先行研究,俟下次董事会时提出报告,再行讨论。

二、本公司同人福利基金应如何拨提案。

决议:由本公司提拨二千万元。

三、近年以来,社会各方常有以本公司总经理为对象劝捐款项之事,过去类此捐款或由本公司出账,或由个人自负。兹物价腾贵,公家开支既感困难,个人负荷尤为力绌。兹拟请拨款五百万元作为特款基金,由总经理指定人员妥为经管生息,遇有此类捐款,即由孳息项下支付。是否有当,请公决。

决议:通过。

四、束总经理云章对于厂务推进积劳备著，应如何致送特别酬金案。

决议：致送特别酬金三百五十万元。

（件存陕西省档案馆民国档案 82－1－609 卷）

雍兴实业股份有限公司第十二次董事会议记录

（1947 年 6 月 3 日）

日期　三十六年六月三日

地点　上海中国银行三楼会议室

出席人①

主席

报告事项

一、本公司所属各厂矿三十五年度全年生产总额共计国币一百六十一亿二千九百三十六万四千元，销售总额共计国币二百二十三亿九千六百七十九万七千元。一切业务设施情形详见各厂矿年度营业报告，词长从略。

二、本公司向中行透支总额原为二十一亿四千五百万元，一年以来物价不断上涨，上项额度实感不敷周转。兹经商得雍中行同意，将透支额度调整增改为六十亿零五千五百万元。

三、本公司蔡家坡酒精厂改以面粉为主要产品，后为利用旧有制造酒精一部分化学设备，制造味晶、淀粉、酱油、盐酸等品，行销关中及豫西各地，日渐发展。其味晶一种为包装及推销便利起见，并在上海设立发行所，归本公司与豫丰纱厂合组之驻沪联合办事处管辖。

四、本公司蔡家坡机器厂上半年计划制造之全程纱机八千锭，业已次第完工，计先后拨交蔡纺厂全程二千锭及细纱二千锭，拨交业精纺厂全程二千锭（蔡纺全程二千锭已开出，其效能约等于英国勃拉特纱机百分之九十。业纺厂正装置中，最近亦可开出）。又该厂上年九月与咸阳纺织工厂定约，承制该厂粗纱机四部、细纱机二十部、梳棉机六部，议定全部订货于三十六年十二月底以前分批交清，现已交粗纱机两部、细纱机五部，预计本年度工作除交清咸阳工厂订货，如原料不缺，尚可制成全程六千锭。

① 原文未填写出席人、主席姓名。

五、本公司兰州毛织厂前向豫丰机器厂订制之走锭机、剪呢机、平滚刀一套，业已运抵兰州，现正加紧赶装中，预计本年四月可以装妥试车。又该厂并另向豫丰订购宽面机十台，以增产量。

六、本公司购受豫安纱厂之勃拉特纱锭尚有残缺不全者，一部分存放豫丰纱厂，尚未装用，已嘱豫丰择其中尚可修配应用者约一千六百余锭，运陕交蔡纺装用。

七、本公司业精纺织厂所有布机均系手纺铁轮本机，效率甚低，亟应逐渐改进。适中行投资管理之山西新绛雍裕纱厂有拆卸来陕之布机数十台及漂染设备，有意出让，已嘱业纺厂派员前往检视，拟择其完整可用者留购运陕，以供该厂扩充设备之用。

八、本公司长安制革厂为扩充生产起见，已租妥西北化学制革厂全部房屋及机器设备作为第一工场，内计鞍厂房二十二间、厦房五间、锅炉、马达、压皮机、压花机、压面皮机、喷色机、磨里机及浸池设备等。已于上年十一月二十五日正式开工，每月可增制牛皮五百张。

九、本公司陇县煤矿在虢镇所设煤栈，原系备用虢陇轻便铁道管理处煤场所占民地，兹虢陇路已将该项民第七亩六分九厘三毫代为收购，拨归陇矿管业。

十、本公司前购受豫安公司运存马尼剌[1]四千千瓦锅炉透平发电机一套，当敌人占领马尼剌时，曾遭炸毁，现已运抵上海，正在修理中。一俟修理竣事，即拨蔡家坡三厂应用，将来蔡家坡虢镇各厂之动力问题当可解决。

十一、本公司租与豫丰纱厂勃拉特纱机两万锭，其租金三十三年为每锭每月四十五元，三十四年度起每锭月租一百元。旋以物价激增，自三十五年一月份起，每锭月租为一千元，兹并尚得豫丰同意，自三十六年一月份起改为每锭月租二千元。

十二、本公司代管中行西北运输处各地房地产处理情形，已于上届董事会议报告，兹又将成都房地产作价一千三百万元，绵阳房地产作价三百万元，分别让与当地士绅。又兰州房地产作价八百万元拨归中行承受。

十三、本公司广元酒精厂已于上年九月按照上届董事会决议办理结束，所有厂房、地产拟作价四千万元让与广元县参议会，以备办理学校之用。惟对方希望只付二千万元，其余二千万元作为捐助，现尚在洽商之中。至所存器材、料品，一部分分拨本公司联厂承受，一部分就地变价出让，均由本公司派员主持办理。

---

① 即马尼拉。

十四、本公司兰州化学厂及机器厂结束后，所有房产设备及未售出之料品，均一并拨交兰毛厂接管。

十五、本公司成都办事处近来业务无多，为简化机构及节省开支起见，已于本年一月底将该处裁撤。

十六、本公司投资之咸阳工厂三十二、三十三、三十四各年度盈余，前以花纱布管制局账款尚未清结，又以所利得税未解决，曾会商决定暂按账面数字，由投资人先行提借，本公司按投资成份计，三十二年度分得国币五，四二〇，七六二．八六元，三十三及三十四两年度共得国币二九，九〇二，三一七．三九元。兹以此花纱布管制局账款业已结清，各该年度所利得税亦已由税局核定，本公司已准咸阳工厂通知前项提借之款应即作为该厂各该年度盈余分配，现已将该款于三十五年度列入投资利息收账。

十七、本公司历年购存及代豫安纱厂经管备购机料外汇，截至四月底计有美金一，〇五三，八三一．六九元、英金四，一五五镑零六便士、港纸二〇三，三九三．二一元，兹将上项外汇存放情形报告于下左：

A. 美金部分共计一，〇五三，八三一．六九元。

（内豫安纱厂美金一六〇，〇五五．七一元）

（1）存豫丰纱厂备付向慎晶洋行订购机件款二一，六〇五．八〇元。

（2）存中国物产公司代理人杨锡仁君备付订购机件款五一五，〇三五．九〇元，据杨君报告其用途如左：

甲、交美国维定厂订购纱机一万锭及五万锭定金共计美金三〇七，一八五．九〇元；

乙、交美国考尔门公司订购电机定金美金八〇，〇〇〇元；

丙、存纽约中行洋行备用款美金一七，八五〇元；

丁、存中国物产公司备付纱锭价款美金一一〇，〇〇〇元。

（3）存中国银行国外部代开向维定厂订购纱机一万锭信用证美金三七五，〇〇〇元。

（4）存中央银行业务局美金一四二，一八九．九九元。

B. 英金部分共计四，一五五镑零六便士（均系代豫安纱厂经营）。

存中央银行业务局英金四，一五五镑零六便士。

C. 港纸部分共计二〇三，三九三．二一元。

存中央银行业务局港纸二〇三，三九三．二一元。

讨论事项

一、本公司总秘书室帮办束若君升为副总秘书，总会计师专员吕勉复君升为副总会计，总稽核室专员尹仁甫君升为副总稽核，总营业室帮办魏公权君升为副总营业；又蔡家坡机器厂吴经理本蕃借调中国纺织建设公司期间，所有厂务由吕副经理凤章负责主持；又兰州毛织厂经理潘炳兴君辞职照准，所遗厂务暂由总公司派张专员宜斋、罗专员冠英会同负责照料；又蔡家坡酒精厂副经理凤章升充经理，并调前广元酒精厂经理孙镜清为副经理；又主任工程师马震垚为厂长；又蔡家坡纺织厂事务课马醒尘君升充襄理，业精纺织厂事务课课长李广生君升充襄理，长安制革厂会计课长沈同明君升充襄理；又陇县煤矿副经理贾星垣君前由中南火柴公司借调协助工作，现已由该公司正式聘任，暂予停职。以上请备案。

决议：备案。

二、本公司厂矿一切房屋、机器、设备多系六七年前所购置，兹以物价日涨，为巩固各厂矿基础及达到以旧换新之目的起见，自三十五年七月份起，规定各厂矿每月在售出成品总收入内提存百分之十作为建业基金，请予备案。

（件存上海市档案馆 Q96－1－3－40 卷）

雍兴实业股份有限公司第十六次董事会议记录

（1948 年 8 月 26 日）

日期　　民国三十七年八月二十六日
地点　　上海中国银行三楼 301 室
出席董事　宋汉章等八人
主席　　宋汉章

报告事项

本年四月间关中吃紧，陇海路沿宝鸡至咸阳一段几全陷匪手，情势严重。本公司各厂大半在陇海线上，蔡家坡及虢镇两地以变起仓猝，应付实极困难，幸国军有力部队不久赶到，各地亦相继克复，地方情形尚未至完全靡烂状况。而各厂员工在沦陷期间，对于厂方均能冒险维护，故未遭受严重之破坏。但所受损失为数綦重，事后一面积极清查损失，同时将已撤退员工召回，筹备复工。旋局势稳定，各厂复工，工作即开始进行。业于上次董事会时提出报告。迄至本年六月间，各厂均已先后复工，损失情形亦相继清理就绪，在动乱期间各尽职及失职人员，已分别予以奖励及处罚。截至目下为止，各厂已恢复正常状况，工作情形亦佳，此可为各董、监事告慰者也。惟动乱之后，居安思危，对于各厂业务进行曾予重新考虑，并且与中国银行有关各方面商酌决定原则三项：（一）蔡纺、业精两厂仍维持现状，不拟再事扩充；（二）将一部拆迁与豫丰合作，另谋发展；（三）机、酒两厂予以紧缩，前次董事会议时，亦已提出报告。兹机、酒两厂紧缩工作已大致办理竣事，蔡机计资遣直接工友四百六十六人、间接工友四十六人，占全厂工友总数60%以上；蔡酒厂计资遣直接工人九十八人、间接工人三十六人，共计一百三十四人，占全厂工人总数32%。陇县煤矿将事务及营业课合并改为总务课，并将虢镇堆栈撤销以资撙节，进行以来尚称顺利。至拆迁工作早已开始进行，因事实上之限制，原定计划不得不稍有变更，容于下节详细报告。兹将各厂损失情形及复工后生产概况分别如下：

一、损失情形

此次共军窜扰关中，本公司所受损失除原料及枪支、生财、机件等损失外，尚有工人护厂奖金、停工期间费用以及产量减少、少获利益等间接损失，为数不赀，兹列表如次：

雍兴公司所属蔡虢陇各厂矿变乱期间损失清单 单位：亿元

厂名	直接损失				间接损失		合计
	料品损失		友人护厂奖金	停工期间费用	因减产少获售品利益		
	账面原价	估计时价			减产数量	估计少获售品利益	
业精	176	413	21	73	停工19天估计减产20^S纱171件	87	357
蔡纺	8	68	91	79	布3815匹	161	339
蔡酒	20	68	31	89	停工14天估计减产20^S纱448件	137	277
蔡机	12	305	62	163	停工26天，案估计减产面粉30000袋	—	237
陇煤	4	99	34	21	味晶 2200 斤淀粉 2400 袋 酱油	7	66
长革	1	1	—	—	25000斤	—	1
宝处	2	9	—	—	间歇停工估计减产混煤8500吨	—	2
合计	223	963	293	425		392	1279

上表所列数字，拆迁机器之运费尚未包括在内。现本公司拆迁一部分机器工作早经开始进行，正加紧工作中，所耗用之运费在一千亿元以上。此项运费无异间接之损失，惟权衡轻重，为保持既有基业起见，不得不预为之计，想邀各董监事所洞察。而本公司之资金以此之故，益形窘涩，张罗更见困难，须设法解决以资应

付,此则有待于此次董、监事会议讨论者也。

二、生产概况

1. 蔡纺厂:该厂装妥之纱机计一万六千锭,实际运转者计一万四千锭。本年四月廿四日共军到厂,即先停工,光复后因原物料及机件损失甚少,五月六日即已复工,六月份以后生产即恢复正常状况,每日二十支纱,平均约为三十件,每锭产量通常约〇. 九六磅。在内地原、物料缺乏之情形下,有此成绩,实属不易,惟经此变乱之后,痛定思痛,扩充计划不得不延缓实施,殊为惋惜。

2. 业精厂:该厂现有运转之纱锭四千枚,布机九十六台,以往每锭出纱约〇. 九二磅,布机每台每日出布约七十码。自四月廿四日夜共军到厂后,损失颇重,事后经积极整理,业于五月十二日复工,生产已渐恢复正常,产量亦渐接近以往记录。

3. 蔡酒厂:该厂磨粉设备如不断生产,每日可出粉四千五百袋,因资金周转困难,原料不能经常供应,加以政府限价过低,不得不减少开工日数,故每月出数多寡不一,要以维持成本为原则,前次董事会议时已提出报告。此次共军到厂,损失小麦七万余斤,面粉二百余袋,惟极力张罗,于五月十七日复工。但资金周转更形困难,故不得不忍痛裁工一百,加强工作效率,力使产品不受影响。现工作既恢复正常,如原料供应可继,仍可达每月产量之最高记录。又该厂味晶情形仍旧,在沪设立味晶厂计划正积极与各方研究进行中,如情形许可,当促早日实现。总之该厂今后业务以维持现况及顾全成本为原则。

4. 蔡机厂:该厂业务原系以制造纱机及代联厂修配机件为主,生产情形已于第十二次董事会议时提出报告。本年二月间因该厂对于纱机制造确有把握,为推广起见,曾与陕西民营面粉、纺织厂筹备委员会订立以纱交换棉花合同(第十四次董事会议时已提出提请备案)。此次变乱以后,决议紧缩裁减工人几达总数三分之二,今后业务以代联厂修配机件为主,故上项纱机交换棉花合同事实上已无法进行,故商洽前途,协议解约,此则有望于各董监事体察者也。

5. 陇县煤矿:本年五月份因受时局影响,仅产煤一千一百余吨,六月份以后逐有增加,每日可产煤一百吨左右,工作情形甚佳。按该矿产煤为关中各厂所共同需要,如局势大定,运输上可得政府协助,业务仍多进展,产量亦可设法增加。

6. 蔡毛厂:已安装之纺锭计义锭五二八枚、走锭三二五枚、盒锭八〇枚,另有织机十台,经逐步改进,每月可产 5.5 号毛纱八千公斤、呢坯一万二千公尺、整理毛呢一万公尺,另地毯四百之五百市尺,销路尚可。

7. 兰粉厂：该厂每月出粉约一万六千袋之谱，为应付环境关系，经常代磨军粉，对于业务上不无影响，出粉品质经逐步改进，颇为甘省人士所乐用，销路尚无问题。

8. 长革厂：该厂出品有底皮、前节皮、鞋面皮、机轴皮、箱子皮等，因季节关系每月产量不能限定。联厂所需转动皮带，经常亦由该厂供应，业务方面难以缩小，但对于联厂之帮助良多，每每尚有盈余，自身尚可维持。

综观上述情形，各厂在动乱之后，业务恢复均已尽最大之努力，今后维持实深赖周转资金之设法充实，俾得心应手，酌量情形予以各厂以必须之方便。因各厂周转资金原正巨绌（前次董事会已提出报告），变乱之后损失颇重，弥缝所需，为数又大，不得不予张罗以资救助，此则必须向各董监事申述者也。

三、迁移计划

此次关中局势动乱之后，本公司前以西北各地杌陧不安，为保全资金及协助华南建设起见，拟将机件一部份迁移至华南与豫丰纱厂合作，另谋发展（前次董事会议时已提出报告并经陈准中国银行总管理处备案）。计本公司拟拆迁之机件有下列各种：

1. 现存蔡家坡自制纱机全程六千锭；

2. 勃拉特纱机全程四千锭；

3. 1250KW 原动全套（系向海京洋行订购，款已付清，本年秋间可启运来沪）；

4. 日产二，五〇〇袋面粉机一套；

5. 工作机一百部（包括存沪之国外新式工作机七部）。

上项拆迁工作早经着手进行，一部机件已迁在途。惟顷悉广州设厂条件甚不健全，其一气候不佳；其二广州物价较京沪高出一倍，所费太大；其三燃料缺乏。各厂有仅恃柴油以发电者，又粤省潜匪颇多，亦不能不加以考虑。事实上如京沪一带稍有风闻，粤省决难安定，而原料缺乏，销路困难，更属难以维持。几经考虑，广州设厂之事限于情势，不拟进行，惟为保全资产起见，拆迁机器计划则赓续进行，俟运到重庆后再行商讨在上海或丹阳一带建厂装置，以作退一步之准备。因西北各厂虽相继复工，大势殊难逆料，关中局势此后如无变化，本公司各厂俱能维持现状，固属两全，如一旦情势转变，亦可从容应付，保全实力，更为妥善。但进行建厂需款甚巨，必须早日设法，以备应由。本公司自经变乱，损失颇多，各厂复工又多用耗，拆运机件所费尤巨，本公司资金原极困难，此后张罗更非易事。兹为筹募资金应付艰苦局面起见，拟采下列措施：

（一）本公司存有港币二十万元，又英镑一万五千元，拟予出售以充流动资金及拆迁机器运费之用；

（二）拟将自马尼剌运回之电机两具，一具出售变价以作为将来设厂时所需之一部资费用。至上项电机修配费用，则拟请此次董事会婉商中国银行总管理处，予以协助筹款，俾事务进行不致延搁，此则有待于各董、监事查核指示并予以支援者也。

综之，本公司于此变乱后之措施，情形大致已如上述，今后进行有待于各董、监事予以考虑、指示者良多，拟请对于本公司之业务计划予以通盘之讨论，并随时指示，无任企祷。

讨论事项

一、本公司卅六年度全体结算纯益一，五〇〇，五八七，四九九.七五元。除照章先提法定公积金十分之一，计一五〇，〇五八，七四九.九七元；缴纳所得税一二，五四四，八四九.〇〇元；又股息常年八厘计三，二〇〇，〇〇〇元；其余九二，四七八，八四九.七八元，照百分率分配如左：

（1）特别公积金10%　　九，二四七，八八四.九七元

（2）股东红利60%　　五五，四八七，三〇九.八七元

（3）董监事及职员酬劳30%　　二七，七四三，六五四.九四元

以上分配办法是否可行，请公决。

议决：照章先提法定公积金十成及所得税，次拨常年股息八厘，其余之数九二，四七八，八四九.七九元，分配如左：

（1）提存特别公积金十分之一，计九，二四七，八八四.九七元；

（2）股东红利十分之四，计四千万元；

（3）董监事及职员酬劳六千六百万元：（a）董事长一人计一千万元；（b）常务董事四人每人五百万元，共二千万元；（c）其他董监事九人每人四百万元，共三千六百万元。职员酬劳年终已发给，不另分配。按照上项分配共计应支国币一一五，二四七，八八四.九七元，与分配款相抵不敷二二，七六九，〇三五.一九元，该款在历年所提盈余滚存项下支付。

二、本公司升值增资前经股东大会议决，资本总额增为五百亿元，现各股东应缴现金股款业已收足，请予备案。

议决：准予备案。

三、本公司章程第六条为办理增资手续方便起见，拟修正为"本公司资本总额

定为国币五百亿元,分为四万股,每股一百二十五万元,一次缴足。”俟下次股东会议时再行提请追认,如何请公决。

议决:准予照办。

四、本公司蔡机厂于本年三月曾与陕西民营面粉、纺织厂等筹备委员会签订棉花交换纱机合同。现以时局及蔡机厂紧缩关系,上项合同已无法实现,经商妥该委员会协议解约,俟大局稳定后再议,请予备案。

议决:准予备案。

五、本公司拆迁一部分机件至华南与豫丰合作建设计划,因事实上颇多不便(详见报告中),拟改变计划,先将上项机件运渝,再行筹备在上海或丹阳设厂。为解决资金困难起见,拟将所存英镑一万五千元、港币二十万元与马尼剌电机之一具出售变价,以资应付。可否请公决。

议决:通过。

六、本公司拆迁之机器运渝后如在上海或丹阳设厂,所需资金虽难多方筹措,恐仍不敷应付,可否商请中国总管理处予以协助筹款,请公决。

议决:由总经理向中国银行总管理处洽商办理。

(件存陕西省档案馆民国档案 82-1-609 卷)

雍兴实业股份有限公司第十七次董事会议记录

(1948 年 10 月 29 日)

日期　　民国三十七年十月廿九日下午四时

地点　　上海中国银行三楼 301 室

出席董事　宋汉章等九人

主席　　宋汉章

报告事项

一、生产及业务概况

本公司蔡、业各厂于本年四月间因共军窜扰关中一度停工,损失甚巨。旋局势弥平,于五月份相继复工,情形良好,六月以后即已恢复正常。前次董事会时曾将各厂损失及复工情形,与复工后五、六、七月份生产概况提出报告。各厂业务除蔡机、蔡酒两厂已遵照上董事会决议予以紧缩外,其他各厂仍照旧进行,产量较七月份略有增加。兹将八月份生产情形表列如左:

1. 纱厂

厂别	工作情形运转情形						折合20'S产量			每件纱扯		
	日数	每日工作时数	装妥锭数	扣实锭数	平均每日	运转率%	月产	日产	每锭出数	工(人)	煤(T)	棉(斤)
蔡纺	22	23	14,440	362,480	13,760	45.2	611	27.75	1,808	34.2	857	462
业精	28.5	23	4,200	33,040	4,162	99.1	285.8	10.03	1,962	31.3	1.61	452.2

2. 毛厂

场别	工作运转情形					产量				
	日数	装妥台(锭)数	扣实锭数	每日实开台数	开平率%	号别	毛坯公斤	呢坯公尺	毛呢公尺	地毯市尺
梳纺	26.8	1.145	1049		91.8	5.5	7,687.5			
机器	24.8	14		14	100			11,378.5		
整染									9,055.1	
地毯	26	5		5	100					412.88

3. 面粉厂

厂别	开工日数	产量		每产粉一袋扯数				备注
		月计	日计	工(人)	电(KWH)	煤(公斤)	麦(市斤)	
蔡酒	16.9	8.232	487	0.151	1.61		53.6	
兰粉	28.57	14.943	521.4	0.0944	0.362	3.37	55.36	

4. 蔡机

工作日数	用工(时)			制造中机器(部)								其他工作	备注
	直接工	间接工	合计	各种清花机	梳棉机	备条机	粗纱机	细纱机	lk 型打包机	美式车床	其他机器		
26	57,652	5,047	62,472	26	40	8	6	30	4	30	20	修理等	

5. 陇煤

工作日数	产量(T)		每产煤一顿扯				备注
	月计	日计	工(人)	煤(公斤)	木柱(根)	油(斤)	
31	3.165	102.1	4.07	66.5	2.47	0.99	

6. 长革

工作 备注 日数	工数	重革产量								轻革产量(张)						加工品(尺)		
		轮带皮		底皮		前带皮		边皮		鞋面皮	箱子皮	机轴牛皮	腰带皮	兰球皮	排球皮	单层轮带	双层轮带	
		张	斤	张	斤	张	斤	张	斤									
29	1.017	70	700			79	555			92		29		8			3.475	

至八月份销售之产品，计有20支纱五一八件、各种布匹四千余匹、混合粉七，六四八袋、通粉一，二〇一袋、味晶三，九一〇两、各种轮带皮五〇〇根，其他尚有酱油、精毛、肥皂之类，因品质优良，为西北人士称道。

二、迁运机器情形

此次关中变乱之后，西北局势虽暂告弭平，但痛定思痛，杌陧难安。本公司为中国银行基本附业之一，在可能范围内自以尽力保存，以维护国家元气为第一任务。就事论事，西北局势无日不在危难之中，设或不早留退步，难免全功尽弃，思量再三，只有一面勉力维持旧有基业不使停工，一面运出一部分机器以保资产。因本公司各厂为西北具有规模之工业，如全部南迁，事实上既不可能，而当地官厅及社会人士亦必群起反对也。上项情形曾提请董事会予以讨论，并向中行银行总管理处请示办法，奉准就本公司可能移动并能组成生产单位之机器，尽量设法运赴比较安全地带，另辟生产基地。硕见宏猷，莫名钦服，奉准之后随即着手迁运，计运出机器分为纱机、面粉机、工作机及一部分重要机、物料等四类。现由陕运渝机器业已告一段落。兹将运输及支付运费等情形略述如左：

1. 本公司原拟运出全程纱机一万锭，日产二，五〇〇袋面粉机一套，工作机一百部，总计约七五〇吨，现已包装完竣运出者计：

纱机	四二八.六吨
面粉机	二三二吨
工作机	一三三.三吨
其他配属机器	一九.九吨
工具材料	三二五吨
总计	六三八.四吨

（以上计装成二三三一件）

以上机器皆已陆续由宝鸡运抵重庆，分批装轮东运，当可陆续到沪转运丹阳。此外尚有纱机六十吨、面粉机三十吨以及蔡机厂正在装配中之工作机约卅部，约三〇吨，共计一二〇吨，除工作机须俟本年十一月内完成即行运输外，余已运出。

2. 本公司机器运费照原拟奉准办法，自宝鸡运至重庆连同包装费由雍兴自行筹付，现已付出法币一千一百〇五亿元，尚未付者约二百五十亿元（合金圆四万五千元），此项费用已由本公司垫付。

3. 上项机器由渝运沪费用，拟请中国银行总处源源赐拨，以资接济。

三、拟与中南工业公司合作在台湾筹设味晶厂

此次关中变乱，本公司损失綦重，蔡酒、蔡机两厂决定紧缩，除一部分机器已

照预定办法迁运外，蔡酒厂味晶部因西北局势关系，亦不得不予停工。惟该厂制造之岐山牌味晶行销上海、两广、台湾一带，颇著信誉，如能在上海或台湾设厂制造，非但可以维持既有商誉，且可减低成本继续推广，爰与中南工业公司冯尚文君商定，由本公司与该厂合作组成雍南化学工业股份有限公司，仍用岐山商标在台湾设厂制造，股本总额定为十五万金圆，各半投资。其出资情形如左：

1. 中南投资现金股款七万五千金圆；

2. 本公司味晶机料作成股本五万金圆；

3. 本公司现已制成之味晶成品及储存之配制味晶材料作价四万【金】圆。

根据上项办法，本公司可收回现金一万五千金圆，正着手进行中。

四、迁运机器设厂计划及概况

关于第二项中所述迁运之机件，现已悉数抵渝装轮东运，不日当可到沪。安装应用需费颇多，为资节省起见，只有丹阳纱厂余地按最低需要从事建设，俾收事半功倍之效。兹拟定办法如左：

1. 设厂计划

a. 纱厂：拟将运来之纱机一万锭，就丹阳空地添建厂房一所装置开工，至办公室及仓库等拟利用丹厂原有者，不必另建。此项机器将来加入丹纱作为股份或与丹纱合作，均无不可。

b. 筹设面粉厂：就丹纱余地建筑四层面粉楼一座，按标准设计并建筑仓库储存原料，另建办公室等。

c. 筹设机器厂：为节省起见，拟先开工作机卅台，其中心工作仍以制造纱机为本，徐图扩充兼带整理、修配各厂运来安装之机件。

机、粉两厂拟另成单位，组织一实业股份有限公司办理之。

2. 设厂概况

a. 纱厂约占地三百方、每方建筑费按金圆七百元计，共需二十一万金圆。

b. 面粉厂约占地一九〇方，四层面粉楼计九十方，每方按金圆七百计，需用六万三千元；办公室及仓库等占地一百方，每方按六百元计，需用六万金圆，共计一十二万三千元。

c. 机器厂【约占地】二十方，拟盖简单厂房一座，以足敷装置工作机卅台及小型翻砂之用为原则，占地六十方，按五百元计，需用建筑费三万金圆。

以上三厂建筑费共计金圆三十六万三千元（未包括流动资金及物料），在机件南来之先，以从速进行较为合算。目下建器材料不易购到，恐非五六十万金圆不能完成，祈请此次董事会议迅予决定，以资把握时期赶急进行，实深企祷。

讨论事项

一、本公司拟与中南工业公司合办雍南化学工业股份有限公司，仍用岐山商标制造味晶，先在台湾成立味晶制造厂（详见报告中）。是否可行，请公决。

议决：准予照办。

二、本公司运出之纱机一万锭，拟在丹阳建厂装用此项纱机一万锭，将来加入丹纱作为股份或与丹阳合作经营，请予以决定。如何，请公决。

议决：准予照办。

三、本公司拟与豫丰及丹纱合作在丹阳筹设面粉厂及机器厂各一所，另成单位组成一实业股份有限公司。如何，请公决。

议决：作为雍兴在丹阳所设厂所，会计独立。

（件存陕西省档案馆民国档案 82－1－1356 卷）

雍兴实业股份有限公司第十八次董事会议记录

（1949 年 4 月 2 日）

日期　　民国三十八年四月二日下午三时

地点　　上海中国银行三楼 301 室

出席董事　宋汉章等七人

主席　　宋汉章

报告事项

一、业务概况

本公司卅七年度业务因受时局影响，不得不力求紧缩以应付当前局势，故业务方面拟分为三个阶段。说明如次：

1. 紧张阶段：卅七年一月至三月间关中各地受共军威胁，军运颇繁，车辆缺乏，各厂原、物料供给及成品运销均受阻滞。虽极力排除困难，仅能解决一部分问题，一方面尚须作疏运剩余机器准备并安定员工工作情绪，在在均感棘手。所幸厂方负责人员及职工均能共体时艰，努力不懈，工务、业务照常进行。

2. 战事阶段：卅七年四月中旬，共军发动攻势，数日之内武功、虢镇、岐山、绛帐相继撤守，各厂在万分艰危情势之下，只有一面由厂方负责人员勉为应付，一面团结职工防御变乱。所幸共军到厂，因留守有人应付得法，仅损失一部分原料及面粉(前次董事会时已提出报告)。虽损失綦巨,幸重要机器未遭破坏,旋国军援军赶到,各地相继收复,始克复工。

3. 复工阶段:共军于四月廿九日撤退,本公司各厂在总公司协导之下,先后于六月十五日以前复工。惟此次共军撤退后,陕北及甘肃边境尚陈军卅万人,随时仍可威胁陇海沿线,惩前毖后,考虑再三,决议作下列紧急措施:

A. 紧缩业务

a. 总公司各总西迁重庆、西安仍设办事处,裁减职员卅人。

b. 蔡纺、业精、陇矿仍维现状,不予扩充(因以往曾有扩充纱厂计划,并向董事会提出报告)。

c. 蔡酒厂裁减员工三分之一,除面粉部仍维现状外,味晶部即日停止生产。惟查该厂所出岐山牌味晶行销沪、台、两广一带,颇著信誉,销路亦广,兼以上海味晶发行所所余听头材料甚夥,旷置可惜。经与中南化学公司商订合作在台设厂经营,仍用岐山商标,并由本公司暨中南化学公司各投资金圆七十五万元,本公司应出股本部分,以实物味晶及上海味晶发行所所有之机器材料等拨充,中南方面以在台湾之厂房、生财及一部分现金共合七十五万元拨充。新公司于九月间成立,定名为雍南工业化学公司,最近已出货并以台湾及上海为基本销场。

d. 蔡机厂裁减员工二分之一,此后出品以本公司急切需要者为限,不再向外接收纱机及其他订货。

以上两厂紧缩工作均于卅七年八月以前竣事。

e. 兰粉改为直隶总公司,业务以维持现状为原则。

f. 长革厂予以结束,业于卅八年一月份竣事。

g. 宝鸡办事处裁撤,改为宝鸡运输站。

B. 疏运剩余机器

本公司为保全资产起见,决定将各厂未经装用之机器及一部分物料疏散南运,另建生产单位。经陈奉中国银行总管理处核示,略谓雍兴为本行最重要之基本附业,应如何在可能范围内尽最大努力,以保全各厂之资产,亦为雍行及雍兴最主要之任务。应就其可以移动并能组成生产单位者,尽速设法运赴比较安全地带,另建生产基地,为本行保全一部份资产等因。遵将疏运工作积极进行,由陕而渝,由渝而沪,由沪而台,均系秉承上项指示办理,其间详细情形于第四节中详述之。

现西北局势虽仍外弛内张,但业务紧缩之后,一切尚属正常,而变乱之余,员工对于厂方亦能和衷共济，协力维持。至本公司卅七年度损益，计上半年度结益法币二千一百九十亿元，下半年度结益金圆卅五万九千元，全年度决算正核算中，一俟竣事再行提出报告。

二、工务概况

蔡纺、业精两厂卅七年六月复工以后仍维原状，每月产量尚称稳定。蔡纺开纱锭数计一万四千锭，业精四千二百锭，如时局不再逆转，产销尚无问题；蔡酒、蔡机两厂紧缩之后，工务上已趋紧凑；兰毛、兰粉因受时局影响较少，故市场情形正常；陇煤产量因同蒲煤炭不易运到关中，市场需要加强，供不应求，正积极加强生产中，月可出煤三千三百吨。兹将各厂每月生产情形列表如左：

a. 纱厂

厂别	装妥锭数	运转率%	每锭出数	每月平均产量20’件	备注
蔡纺	14,400	13%	624	720	
业精	4,200	16%	□	15	

b. 面粉厂

厂别	开工日数	产量		出粉率	备注
		全日	平均每日		
蔡酒	25	20,000	1,200	75%	因原料供应关系，间有停工情事
兰粉	25	11,250	450	72%	因电力不能经常供应，□□□□

c. 机器厂

厂别	开工日数	平均每日开出工作机台数	全月用工总数	主要出品	备注
蔡机	27	78	7,300	纱机及配件	

d. 兰州毛织厂

机别	装妥锭素	运转率	毛纺产量公斤	毛织产量公尺	染整量公尺	备注
义锭	780	88%	3,700	—	—	
走锭	325	73%	850	—	—	
盒锭	80	25%	260	—	—	
织机	20	70%	—	5,700	—	
总计	—	—	4,810	5,700	5,500	

e.陇县煤矿

项别	开工日数	混煤产量	备注
全月	30	3,300	
每日平均	—	110	

三、财务概况

本公司各厂所需资金包括添购原、物料等用度为数甚巨，除蔡纺、陇矿、长革可以所出货品随时出售抵用外，其他各厂或因生产过程较长，或因出品有季节关系影响资金周转，加以疏运剩余机件支出运费甚多，故向西安中国银行透支已近六千万元。现原料价格上涨程度远较成品价格上涨程度为大，而人工开缴又须随指数上升，故虽极力设法张罗，仍感周转不易，内地各业均陷同一困境，如关中时局一时无重大变化，各厂情形当可较前转好。兹将各厂透支情形表列如左：

厂别	透支数额（万元）	备注
蔡机	2,581	以上均系截至二月底为止
蔡酒	760	
业精	2,086	
兰毛	324	
兰粉	249	
总计	5,940	

四、疏运机器情形

本公司此次疏运剩余机器，系为保全本公司资产，另建生产单位，并经陈奉总处采纳，已如前述。故机件由陕运渝后即原装东运来沪，初拟在丹阳安装应用，旋徐蚌撤守，京沪告警，丹阳面临前线，建厂工作无法进行，决议疏运台湾另行设厂。现疏运工作大部业已就绪，正积极在台设厂安装中。

本公司由陕南运机件计分纱机、面粉机、工作机及一部分重要机、物料等四类，其名称数量如下表：

<table>
<tr><th colspan="3">纱机</th><th colspan="3">面粉机</th><th colspan="2">各式工作机</th><th colspan="2">其他</th><th rowspan="2">总计吨数</th></tr>
<tr><th>数量</th><th>规格</th><th>吨数</th><th>数量</th><th>规格</th><th>吨数</th><th>数量</th><th>吨数</th><th>配属机器</th><th>工具材料</th></tr>
<tr><td>约10,000锭</td><td>蔡机PLATT及新丰纱机</td><td>428</td><td>全套</td><td>日产2.500袋</td><td>23</td><td>112</td><td>133</td><td>20T</td><td>32T</td><td>638吨</td></tr>
</table>

A. 在丹设厂经过

上项由渝疏运来沪之机件择地安装，实为当时当务之急，惟寻觅厂址殊不容易，建设各费需款尤多。变乱之后继而疏运机件，财力枯竭，购地建厂力不从心，思维至再，只有暂就丹阳纱厂所余空地，按最低需要从事建设，节费既多，观成尤易。经与有关各方磋商，咸表同意。因之筹建工作在机器尚未全部运到之先，已积极准备，迨十一月间由渝运沪之机件百分之九十五以上均已抵达，其中一部分亦经转运丹阳，筹设工作一部分业已就绪，创设资金正向各方张罗中，新兴单位指日可期。孰意徐州会战，国军撤守，蚌宿相持，终亦失利。苏北据点俱呈危岌，丹阳密迩、镇江尤受威胁，筹建工作无法展开。其时京沪情形有风声鹤唳之势，已经到沪待运机件，疏运他处惟恐不及，自不能续运丹阳。为应付时局起见，丹阳建厂遂即停止，所幸运丹阳机件尚未安装，仍悉数撤回，至选择地点，非穗即台，而沪粤运费过高，广州仓租又甚昂贵，购地所费尤巨。台湾比较安全，厂基亦可向台糖公司设法租赁，几经商榷决定迁台，故有在台设厂之计划。

B. 由沪运台情形

本公司机件既决定运台，而时局是否有急遽之演变，又未能预测，不得不尽速进行以保资产。其时豫丰在沪机件计有 SACO LOWELL 纱机一万锭及日本赔偿之工作机等，丹纱在沪机件计有 WHITIN 纱机一万锭（原为雍兴所有，拟投资丹纱装用者实际上仍为本公司之资产），亦亟欲疏运，彼此均属联厂，休戚与共，故决定随本公司机件一并运台合作设厂，以符总处保全资产及另组生产单位之旨。所需运费先由本公司预为张罗，将来再行核算分摊或商请资助部分投资合作。上项机件统分三批运出，第一、二批早已抵台，第三批现正装船待运中。截至目前，计用去运费二千四百七十万元。兹将运台机件详单及运费来源与支出表分别列后：

第一、二批运往台湾物资表

厂属	名称	数量	件数	吨位（T）	备注
雍兴	纱机工作机面粉机等	—	2,153	731	
雍兴	工具机（日本赔偿者）	15 部	15	23	
雍兴	新电机	1,500KW 一部	444	90	
雍兴	钢铁管子等	1,926 支	—	170	
雍兴	麻袋（印度）	—	12	5	
雍兴	工具材料	—	650	60	
雍兴	生铁	50 T	—	50	

续表

厂属	名称	数量	件数	吨位(T)	备注
豫丰	Suco Lowell 纱机	1,000 锭	550	600	
豫丰	日本赔偿工作机	42 部	43	61	
豫丰	工作机	5 部	5	22	
豫安	工作机	2 部	6	6	
合计			6,844	1,828	

第一、二批运台物资表

厂属	名称	数量	件数	吨位	备注
雍兴	维定纱机	5,000 锭	999	400	
雍兴	电气材料	发电机一部分	27	23	
雍兴	新电机	1,500KW 余件	8	3	
雍兴	日本赔偿工具机	5 部	5	17	
豫丰	日本赔偿工具机	5 部	5	14	
豫丰	万国牌 5T 卡车	1 部	1	5	
丹机	工具材料	—	16	1	
丹机	纱厂附属机器	—	8	4	
丹机	铜柜	1 个	1	1	
丹机	元铁	—		1	
合计			1,068	469	

运输费户收支表　　三十八年三月二十二日

收　项	付　项
借入款沪中行 2,000,000. _	汇台湾交吕经理 1,500,000. _
借入款豫丰 3,000,000. _	预付第三批水脚全部 1,030,852. _
借入款雍兴 3,000,000. _	预付第三批驳力 5,000,000. _
借入款雍兴(关税户)7,300,000. _	豫丰机器第一批运台费用 1,701,489.58
利息收益 9,405,699.28	豫丰机器第二批运台费用 1,597,925.72
	雍兴机器第一批运台费用 2,042,291.82
	雍兴机器第二批运台费用 1,636,973.28
	其他杂费(印刷车力费) 186,550.30
	结存沪联处 5,863.08
	结存沪中行 3,753.50
合计 24,705,699.28	合计 24,705,699.28

C. 在台设厂情形

本公司及豫丰机件既已装船运台，在台建厂工作自不得不及早进行，俾能早日生产，爰经决定先行在台设立纺织及机器厂各一所，纺织厂先以开纺七千锭至一万锭为目标，徐图扩充；机器厂拟先装用工作机三十台，俾可随时修配纱厂所需机件并接受外厂小量定货。两厂厂址经多方寻觅均乏适当地点，惟台湾糖业公司在新竹县嵌仔脚地方有未用厂址一所，尚勉强能合用。目前拟暂就原有厂房加以翻修，即可先可装纱机七千锭并工作机三十台，员工宿舍、饭厅等亦可因陋就简，略加修葺，勉敷应用。几经向该公司洽商，承允立约租赁。现运台机器已有一部分运达该处，其余机件正陆续运往中。厂房翻修工作及机器安置部位亦已设计就绪，不日即可着手，一俟竣事即照预定计划安装机器先行开工。

总之，此次疏运机件因受时局影响，几度播迁艰难备至，所幸对总处保全资产另组生产单位之指示业已大致达成。所费虽多，机器得免损坏，今后难关厥为创办及转运资金如何筹措，抑须商请联行投资补助，抑须以一部分机器变价作为创建资金，此则有待各董、监事予以决定指示者也。

讨论事项

一、本公司业务紧缩及疏运机器情形，如报告中所述，请予备案。

议决：准予备案。

二、本公司已请傅总工程师道伸（西安中国银行副经理）代理本公司协理职务兼西安办事处主任，并以尹仁甫（原职本公司副总稽核）、魏元衡（原职本公司副总营业）为该处副主任，请予备案。

议决：准予备案。

三、本公司及豫丰运台机件，拟与豫丰合作在台湾筹设纺织及机器厂各一所，从事生产，请予备案。

议决：准予备案。

四、本公司在台北市成立纺织机器厂筹备处，以吕总工程师凤章为筹备处主任，请予备案。

议决：准予备案。

五、本公司拟与豫丰合作在台筹建纺织及机器厂各一所，创建及转运资金应如何筹措，请予公决。

议决：由束总经理分别向各联行洽商。

（件存陕西省档案馆民国档案 82－1－1610 卷）

三、厂务会议记录

(一)第一届厂务会议记录

雍兴实业股份有限公司第一届厂务会议
第一次大会记录

(1942 年 1 月 15 日)

日期　民国三十一年一月十五日

地点　本公司西安临时办事处

出席　束云章　沈次量　杨朗川　李紫东

(以下出席人员按签到簿次序顺列)

洪德官　凌子惟　马文芳　陈骥程　潘炳兴　卞松年　吴承周

贺书绅　李亦人　王瑞基　王鸿翔　刘振国　吴葆璐　张鸣冈

冯尚文　杨集生　贾星垣　徐植三　杨毓桢　孙镜清　卞柏年

汪晴江　胡名甫　王桂棠　刘履之

列席　王经春　王守珍　王　桐　李　缙　常文熙　钱存谟

(按签到簿序顺列)

主席　束云章

记录　贺书绅

主席致词

今天本公司举行第一次厂务会议,各厂经理、副经理、厂长远道参加,一堂相聚,有许多重要和困难的问题都可以集思广益,商讨解决。在这会议开始声中,本人先有几句话和诸君一谈。

本公司创议于廿八年冬间,廿九年初开始筹备,是年秋即来西北着手设厂,迨至去年(即三十年)各厂次第成立,现在约可分为三类:(一)已具有相当规模者;(二)已在筹备而其前途颇为乐观者;(三)前途好坏尚难预料者。此次召集会议的目的在使已有规模及可以乐观之厂,更加进步,其根基未定之厂,也能立足和巩固起来。

今天应行讨论的事项很多，归纳起来不外两点：(一)在抗战期间，百物昂贵，同人待遇的调整问题；(二)各厂工务、业务以及管理方面如何改进的问题。我先贡献一点意见，以供诸君讨论时之参考。

关于资金问题：各厂创办时，本公司对任何一厂，都予以资金上充分之便利，意在积极促成，以达争取时间之目的，不使各厂进行的工作因筹措资金而稍微受到一点阻碍。这种优越的条件，在各厂可谓得天独厚，但是因为处境太优的缘故，不免发生一种现象，就是各厂对于资金之运用，都不甚措意，恐怕将要养成习惯。各厂经理、厂长把这极关重要的资金问题，不去思考讲求，甚至忽视调度资金的责任，这是厂务前途很大的缺点，亟应加以纠正的。其次关于建设开办等费，各厂都甚撙节，令人满意，但是尚有一二厂缺乏朴素的精神，虽然并没有浪费，却也是因为资金来得容易，所以不能刻苦。这一层，我们也应当提出来作一个检讨以儆将来的。要知资力之厚薄，固为事业成败所关，设所费资金太巨，即足加重成本，于将来经营上有极大关系。况以一般企业言，资金都有规定的数目，遇到缺乏时，便要自己去筹划，像本公司这样对于各厂源源供给，俾主持厂务者毫无后顾之忧，是不可多得的。现存各厂已入成立时期，一切设备大都就绪，以后运用资金，应请大家注意；已出品者，应尽力推销，换回货款，以免成本之积压，利息之担负；尚待开工者，应尽速完成，克期出货，以符合成品与资金互相周转之原则。这并不是说本公司对于各厂不再予以资金上便利，而是(一)资金的来源将来能否一如往昔，不受环境的限制，尚不可知；(二)各厂本身的基础，成本的高低，营业的得失，莫不与资金息息相关，凡办厂者都应该刻刻加以盘算的。关于资金供给方面，我当尽我的力量，在可能范围内，绝不使诸君感受困难；关于资金运用方面，深望诸君有精密的打算，勿徒依赖优越的环境。况且依赖优越的环境，最易流入懈弛，常处艰苦的环境，转能逼人上进。从前办厂，机器、材料都向国外订购，一切现成，何等舒服，但是我国工业之落后，此为极大原因。到了现在，内地物资缺乏，各种材料、机器，能用国产或能自制者，都不能不将就应用，虽然不如舶来品，究竟也替后方增加了不少生产。这就是被艰苦环境所逼出来的。古人说“生于忧患，死于安乐”，实为不易之理，望诸君切记这两句话，时时拿来警惕，则事业与个人交受其益。

关于待遇问题：当此抗战时期，百物昂贵，调整同人待遇以维持一般生活，自属切要之图，至各厂有因早购一部分原料、物料，适逢价格上涨而略获利益者，此种涨价之利，由于一时市场之变迁侥幸而致，并非吾人劳力所获，各厂同人若因此而希望较高的待遇，真所谓“贪天之功，以为己力”！这种观念是不应该有的。因为中行投资于本公司,兴办各厂,完全是以裨益国家社会为出发点,如其以营利为目的,则干脆购买货物,即可坐收其利,何必经种种困难,费许多心血而办厂?惟其不以营利为目的,始不惮艰苦,不惜资金,来在西北设厂。第一期于国家社会有所贡献,第二希望团体生命之永久长存,这是本公司的精神所在,各厂同人务须深切明了的。拿现在各厂人数来说,已有职员千余人,工人一万四千余人,连他们的家属并计当不下六万人之谱,是本公司之设厂有裨于国家社会者,其他利益,姑且不计,即此六万人之生活,免可维持,是不是已在后方尽了一部分责任呢?根据这种显著的事实,可以证明上面我所说的"中行投资于本公司兴办各厂,重在为国家社会谋利益,不是以营利为目的"这句话,更是信而有征了。然则各厂同人应如何方能达到提高待遇的愿望呢?我以为应当在工作上加倍努力。因为无论办理何种工厂,总以在合理原则之下,出较优的待遇,用贵精不贵多的人员,发挥最高的效率,负担最低的成本,为成功不二法门。所以,各厂同人单问工作之是否努力,不必忧待遇之不能增加,这一层也希望大家彻底明白。我说明上述各种理由以后,诸君当可明了,我绝不吝啬增加同人待遇,但是总要适合各厂情形,同时还要提高工作效率,那么,才能得到实际的效果,不致使公家虚糜饩廪。诸君讨论各厂调整待遇问题时,请注意下列原则:

(1)各厂资金有多少。营业有盈有亏,有已经完成之厂,有正在筹备之厂,有些厂根基初奠,有些厂前途未卜,故各厂待遇不能尽同。

(2)各厂对于调整同人待遇,须有精确之计算,并视其本身担负及其战后之地位如何而定。如果厂中经济能力不够担负,而同人还要增加待遇,则无异杀鸡取卵,只管目前享受,不顾将来成败。本公司各厂中有在战后需另作计划者,如不在此时将根基巩固,将来何以图存?我们一方面为同人生活着想,一方面更要为团体永久生命着想。公司在此时维持大家,希望大家对公司也能有一种认识和谅解。

(3)各厂调整同人待遇,对于其他同业如纺织厂、机器厂、印刷厂等之待遇情形,亦应加以参酌,不可相差悬殊。再,各厂增加员工待遇我并不吝惜,前面已经说过,惟应同时注意提高工作效率。譬如同一种类之厂,甲厂用员工四十人而能力平常,乙厂用三十人而能力较高,是甲厂四十个人的工作,而乙厂以三十个人即足以了之,假定此两个厂每月所支薪俸同为一万两千元,则甲厂平均每人得三百元,乙厂平均每人得四百元,甲厂因用人多而待遇不得不低,乙厂因用人少而待遇转可提高。况乙厂薪俸以外之供给与消耗,均可较甲厂为省,开支省即成本轻,是乙厂出高的待遇,用少的人员,而担负低的成本,那末乙厂经营的成绩,一定高出甲厂,是毫无疑问的。推而至于工人,也是如此。一件出品,别家用四十工来制造,而我们只需三十工,我们不妨以四十个人的工资,给这三十个人,成本并不比别家为高,而此三十人之待遇却比别家好得多了。总之,待遇比任何一厂高,成本比任何一厂低,是办厂最高的原则,这是事实上确能做得到的,并不是我的一种理想。所以各厂同人欲增加待遇,还仗自己努力——即增加工作效率!

会计与检查制度之确立:现在各厂经理、厂长对于本公司或中行方面所派之会计主任,往往未能十分融洽,以为会计主任是与自己处于对立地位的,甚或疑为含有监督性质,其实不然。按西人在华所设之公司、工厂,由总公司或董事会选派会计或稽核人员驻厂之制度,早已成为极普通习惯,本公司采用此项制度,并非创举。虽会计人员容有未明自己之立场与其应守之职分者,固然是不对,但各厂经理、厂长对于会计若不消除怀疑的心理,也足以引起种种误解!故此项制度之实施,应先明了此项制度之真义,并望各厂负责人员予以赞助。公司指派会计主任,系属公司所定之一种制度,并非对人而设,且公司并不是教他去吹毛求疵,专寻别人错误的,而是派他去处理会计事务并为经理、厂长臂助的。经理、厂长对内外主持一切,事务纷繁,对于厂务难保无百密一疏的地方,会计人员应本协助的精神,抱客观的态度,从旁善为帮助,但不可故意挑剔,为经理、厂长者,亦宜开诚布公,虚衷审虑,则彼此相得益彰,此项制度之有利无害,可以断言。中国银行已成立三十一年,不敢说怎样的健全,但分支行会计主任均由总管理处选派,且总处时常派员至各处查账,在总处并非不信任各分支行经理,而分支行经理亦无不竭诚接受,行之至今,毫无扞格,足见此种制度之善,凡是组织较大之工商业都应当取法的。此外尚有检查制度(即检查账目或稽核其他事项)也是极有裨益的,因为检查人员完全以客观的眼光来考核,我们倘有优点,可以使别人知道得更清楚些,我们倘有错误的地方,自己不容易发现,可以由检查所得的结果来提醒我们,加以改善。从前我在天津中行时,曾主张厉行检查,每年我必亲身或派员检查辖内各支行办事处一两次,所以豫、秦各地,我都常来。后来我又提倡互查,令所属支行办事处来查津行账目,内外交儆,彼此观摩,这样一办,不但行务大为改善推进,就是我个人也得了很多的益处。本公司此次所提议的建立检查制度一案,也就是本诸中行方面已著成效的事实,与我个人素来一贯的精神而提出的。

会计部分的各种账表,犹如军事家作战之地图。军事家如无作战地图,即不能指挥若定。诸位做经理、厂长的如无会计部分所制的各种账表,将资产负债增减变化的情形与出品成品销货的状况随时报告,则对于厂务亦无从推进。目前各厂会计大都尚缺经验,或对所负任务认识不甚清楚,而经理厂长又未能充分利用会计方面所供给之材料,以推动其业务,实为最大缺点。故做会计的,须要认清他们的任务,将“作战地图”随时供给经理、厂长,以确定厂中营业及工务之方针,方为尽职。今后总公司对于各厂会计,当切实加以训练,而各厂经理厂长如欲得精确之“作战地图”,也应该多多予以协助,即厂中其他各部分,亦须与会计取得密切联系,并予以充分的便利。

关于同人管理问题:自七七抗战以来,人心道德因环境及生活之不定,日趋堕落,尤其一般商人,只知牟利,对于购料人员辄施以种种诱惑,青年意志不坚,易被卷入漩涡,殊堪痛惜。所望各厂负责人员对所属的同事一切行动,特加注意,并随时恳切劝导,使其操守谨严,咸知自爱,不但成就人才,且可防微杜渐,否则一旦触犯规章,再施惩罚,则公私两方均蒙损失。故对于同人与其失之于宽,适足以养成罪恶,毋宁失之于严,转是爱人以德之意。

大会对于各项提案,拟先分组审查拟具初步意见,然后再由大会讨论通过。望各组审查议案时,抱客观之态度,求合理之解决。不在议论之高远,而在切合实际,庶几议决各案都可以坐言起行,很快地得到良好效果。

主席请各厂经理、厂长分别报告筹备经过及一年来厂务推进情形(词长从略)。

(件存陕西省档案局民国档案 82－1－515 卷)

雍兴实业股份有限公司第一届厂务会议
第二次大会记录

(1942 年 1 月 16 日)

日期　民国三十一年一月十六日

地点　本公司西安临时办事处

出席　束云章　沈次量　杨朗川　李紫东

(以下出席人员按签到簿次序顺列)

卞柏年　王鸿翔　贺书绅　吕凤章　洪德官　孙镜清　张鸣冈

吴承周　李亦人　凌子惟　汪晴江　杨集生　王瑞基　刘振国

徐植三　马文芳　卞松年　潘炳兴　陈骥程　刘履之　吴葆瑞

　　　冯尚文　胡名甫
列席　王经春　王　桐　李　缙　常文熙　王守珍　钱存谟
　　　（按签到簿次序顺列）
主席　束云章
记录　贺书绅

主席致词

一、此次各厂所提议案共计四十七件，兹就提案中性质类似者分为六组审查，并将分配各组议案及指定审查人员列左：

第一组：

1. 审查人员　张鸣冈　王瑞基　刘履之　刘持钧　冯尚文　王桂棠
　召集人　张鸣冈　王瑞基
2. 审查议案

调整同人津贴案　蔡家坡纺织厂提
请调整同人津贴案　业精纺织厂提
拟请提高各级职员待遇方案　中南火柴厂提
请调整津贴案　咸阳工厂提
提高待遇案　西北运输处提
优待沦陷区职员家庭用款案　驻陇办事处提

第二组：

1. 审查人员　李紫东　洪称其　卞松年　马文芳　凌子惟　陈骥程
　召集人　李紫东　洪称其
2. 审查议案

调整各厂职员待遇裁撤闲冗人员案　驻陇办事处提
修改技师职员薪级案　兰州制药面粉机器三厂共提
本厂职员津贴生活补充费请按生活指数贴给并重新拟定待遇等级请公决案　兰州毛织厂提
拟请增加员工待遇以示体恤案　西北机器厂兰州分厂提

第三组：

1. 出席人员　胡名甫　杨挚奇　吕凤章　吴承周　汪晴江　贾星垣
　孙镜清　杨集生
　召集人　胡名甫　杨挚奇

2. 审议议案

请改定职员生活津贴办法方案	西北机器厂提
拟请增加同人待遇案	蔡家坡酒精厂提
试拟同人待遇草案	陇县煤矿厂提
拟请调整工友工资食粮俾稳定工作案	陇县煤矿厂提
拟请调整待遇案	广元酒精厂提
拟请提高职员临时生计津贴及家属待遇案	咸阳中国打包公司提
各厂机工警役待遇拟请定一共同标准案	咸阳中国打包公司提

第四组：

1. 出席人员　杨朗川　张鸣冈　胡名甫　各厂经理、厂长

李亦人　贺书绅

召集人　杨朗川　张鸣冈

2. 审议议案

设立章则审查委员会案	总公司提
各厂关于管理方面应拟定各种规则案	总公司提
建立检查制度案	总公司提
各厂表报格式应取一致案	总公司提
各厂所有记账人员应归会计主任指挥俾期划一案	总公司提
各厂工务及会计方面应取得密切联系案	总公司提

第五组：

1. 出席人员　杨朗川　胡名甫　张鸣冈　徐槐年　洪称其　杨集生

王桂棠　吴葆瑺

（各厂办料人员可请临时参加以备咨询）

召集人　杨朗川　胡名甫

2. 审查议案

本公司所发各厂资金各厂应摊付利息案	总公司提
各厂集中购料案	总公司提

面粉制药毛织各厂应设立联合供销处以资推销而免占款案

驻陇办事处提

规定各厂购存原料案	驻陇办事处提
拟请成立联厂印刷供应处案	长安印刷厂提

拟请于本厂成立出版课案　　长安印刷厂提
增加运费案　　西北运输处提
酒精运用案　　西北运输处提
机棉运输案　　西北运输处提
代办纳税案　　西北运输处提
机件运送案　　西北运输处提

第六组：

1. 出席人员　李紫东　汪晴江　冯尚文　王桂棠　洪称其　凌子惟　马文芳　贺书绅

召集人　李紫东　汪晴江

2. 审查议案

各厂用人应规定名额陈准总公司并加甄别案　　总公司提
整饬厂务应注重人事管理案　　驻陇办事处提
拟请加强人事训练促进工作效率案　　中南火柴厂提
各厂征用员工警役拟请先查明来历案　　咸阳中国打包公司提
加强组织案　　西北运输处提
各厂员工应一律实行节储案　　总公司提
奖励各厂职工储蓄案　　驻陇办事处提
请增设第二部面粉机以期增加生产多获利益案　　兰州面粉厂提
拟购备小型轻便铁道及铁斗车以便厂内运输案　　兰州面粉厂提
增加建筑案　　西北运输处提
预备厂址案　　西北运输处提
拟请发行联厂通讯刊物案　　长安印刷厂提
拟由兰州本公司所属四厂联合装置交换机以利通话案　　西北机器厂兰州分厂提
扩充营业案　　长安印刷厂提
购地建房案　　长安印刷厂提
拟请添购修理汽车及其他工作机案　　西北机器厂兰州分厂提

二、俟以上六组审查会议审查完毕时，再将原提案及审查意见一并提请第三次大会公同决议。

雍兴实业股份有限公司第一届厂务会议
第三次大会记录

（1942 年 1 月 26 日）

日期　民国三十一年一月二十六日

地点　本公司西安临时办事处

出席　束云章　沈次量　杨朗川　李紫东

（以下出席人员以签到簿次序顺列）

汪晴江　王鸿翔　卞松年　卞柏年　李亦人　张鸣冈　洪德官

刘履之　贾星垣　杨集生　王桂棠　贺书绅　潘炳兴　陈骥程

胡名甫　徐植三　吴葆瑞　杨毓桢　孙镜清　冯尚文　郑恩卿

列席　李　缙　王经春　常文熙　王守珍　王　桐

主席　束云章

记录　贺书绅

主席致词

各组审查会议自本月十六日下午起分别开始审查以来，迄至本月二十五日止，议案五十件均已审查完毕。兹将原议案及审查意见分列如下，请付讨论。

提案（一）

请调整本厂同人津贴案　（原提案摘要）　蔡家坡纺织厂

查纱厂人才目前极为缺乏，本厂对于此项专门技术人员需要尤殷，一般纱厂待遇均较我厂为高。为使职员安心工作并广揽新进起见，不得不加以调整，拟暂照咸阳工厂职员本人津贴办法予以酌减施行案。

提案（二）

请调整同人津贴案　（原提案摘要）　业精纺织厂

案业精为中行在西北首创之厂，缔造维艰，近年始稍能自树，惟同人待遇比之雍兴各厂中略有不及。兹为安定职员工作起见，拟请按照咸阳纱厂待遇办法办理，以示优异案。

提案（三）

拟请提高各级职员待遇案　（原提案摘要）　中南行记火柴厂

自抗战五年以来，百物飞涨，日用必需品多已增至二十倍以上，而本厂各级职员仍始终保持固有之薪津，不能随物价以增进，生计艰难，支持匪易，拟用生活指数方法随物价予以升降，附具职员薪给表一份俾资调整案。（原附表式一份从略）

提案（四）

请调整同人生计津贴案　（原提案摘要）　　　　　　　咸阳工厂

查个人经济消耗除食粮外，日用品厥为大宗，举凡肴蔬、布帛之资，酬酢、教育之费，数似细微，然累积计算，往往超过食粮数倍以上。抗战以来，物价激增，同人生活艰难，欲谋解决之方，应从调查日用品着手。每一个低级职员全年日用品必需之最低金额究为若干，再以薪俸所得之总额与之比较，即可求得应加若干倍始能维系最低之生计，更以增加倍数之金额按照给予该员为津贴之补助另求具体方案。并表式二种提请公决案。（原附表式从略）

提案（五）

请提高待遇案　（原提案摘要）　　　　　　　西北运输处

查运输处业务特殊，全体职工生活均宜使之安定。其在滇缅者，固皆栉风沐雨；其在川陕者，尤多含苦茹辛，故必须于提高薪级之外，将各项津贴补助费予以增加。兹拟具职员薪级表一种，提请公决案。（原附表式二种从略）

提案（六）

调整各厂待遇裁撤闲冗人员案　（原提案摘要）　　　　驻陇办事处

自抗战军兴以来，百物腾贵，生活程度无日不在激涨之中，因之中央机关对于属员除薪金外，均有米贴之规定，法至良善，甘省各地物值昂贵过于陕省，关于米贴一项，似宜仿效，一方面提高待遇以增工作之效能，一方面裁撤冗员以补开支之浩大，庶能甄选材能，芟除泄沓。拟具办法三条附列于后，敬请公决案。（原附办法从略）

提案（七）

修改技师职员薪级案　（原提案摘要）　　兰州面粉、制药、机器分厂

查总公司所颁布之技师、职员薪级待遇章程，其伸缩性太小，现应加以修正，以便罗致人才。又原规定考绩仅年终一次，似亦宜增加次数，俾可拔擢材能，稽考勤惰，待遇固须优渥，惩奖亦必公明，兹拟具简明薪级表敬祈公决案。（原附薪级表从略）

提案（八）

本厂职员津贴拟请按生活指数发给案　（原提案摘要）　兰州毛纺厂

本厂职员津贴及生活补充费,拟请按生活指数发给并重新拟定AB两项办法,敬请公决案。 (原附办法从略)

提案(九)

拟请增加员工待遇案 (原提案摘要) 兰州西北机器分厂

查自抗战以来,物价腾涨不已,而甘省尤地瘠民贫,其生活程度较高于他省,本厂员工每月所得薪津,自给尚感不敷,遑论赡养家属?兹拟仿兰市各机关最低职员每月薪津三四百元、另给米布津贴之例,俾资调整案。

提案(十)

请改定职员生活津贴办法案 (原提案摘要) 西北机器厂

兹以本厂同人生活艰苦,拟请月薪、膳费及膳贴三种均不变更外,另加战时津贴补充费及家属津贴两种,拟具办法八条敬请公决案。 (原附办法从略)

提案(十一)

拟请增加同人待遇案 (原提案摘要) 蔡家坡酒精厂

查本厂同人待遇平均较雍兴各厂为低,近来物价逐渐高涨,生活益感困难。为求生活安定并适应需要起见,拟具办法四条。是否有当,敬请公决。(原附办法从略)

提案(十二)

试拟职员待遇案 (原提案摘要) 陇县煤矿

查陇县地瘠民贫,同人生活艰苦,关于须改定薪金及临时生活补充费,拟具草案二条,请付公决。

提案(十三)

拟请调整待遇案 (原提案摘要) 广元酒精厂

拟请将雍兴公司所属各厂其职务相同者,薪俸待遇似应一律,拟具其待遇表一种。是否有当,请付公决。(原表式从略)

审查意见:关于上列一、二、三、四、五各议案)

兹根据各厂营业状况及其经济负担能力,拟将(A)咸阳纱厂、业精纺织厂按总公司所拟之职员贴津第三种暂行办法支领津贴;(B)蔡家坡纺织厂、中南火柴厂、西北运输处按职员津贴第二种办法支领津贴(附总公司所拟职员津贴第二、第三两种暂行津贴倍数表各一份)。

上列审查意见拟提请大会讨论。

审查意见:(关于上列六、七、八、九各议案)

拟将兰州制药、毛织、面粉、机器四厂职员之待遇，统按总公司所拟之职员津贴第一种暂行办法支领津贴（附总公司所拟职员津贴第一种暂行办法及津贴倍数表各一份）。是否可行，拟提请大会讨论。

审查意见：（关于上列十、十一、十二、十三各议案）

拟将蔡家坡西北机器厂、蔡家坡酒精厂、陇县煤矿、广元酒精厂职员之待遇，按总公司所拟之职员津贴第一种暂行办法支领津贴（附总公司所拟职员津贴第一种暂行办法及津贴倍数表各一份），是否可行，拟请大会讨论。

附列第一、第二、第三种办法及津贴倍数表于后。

附件一

雍兴实业股份有限公司职员津贴第一种暂行办法

一、值兹非常时期，百物昂贵，为维持职员生活，俾能安心服务起见，规定左列津贴两种：

（甲）临时生活津贴。

（乙）家属生活津贴。

二、临时生计津贴，暂按附表所列两千三百倍物价指数之标准核计发给，举例如下：

1. 本俸三〇元者　　发给临时生计津贴一〇二. 〇六元；
2. 本俸六〇元者　　发给临时生计津贴一七〇. 一〇元；
3. 本俸一〇〇者　　发给临时生计津贴二一五. 四六元；
4. 本俸一五〇元者　　发给临时生计津贴二四三. 八一元；
5. 本俸二〇〇元者　　发给临时生计津贴二七二. 一六元；
6. 本俸三〇〇元者　　发给临时生计津贴三二八. 八六元；
7. 本俸四〇〇元者　　发给临时生计津贴三八五. 五六元；
8. 本俸五〇〇元者　　发给临时生计津贴四一三. 九一元；
9. 本俸一〇〇〇元者　　发给临时生计津贴五五五. 六六元。

三、物价指数超过两千三百倍以上至三千倍时，职员临时生计津贴仍照第二条规定核计发给。

四、如遇物价指数低于两千三百倍时，应照附表所列指数比例递减，一俟物价指数恢复正常状态时，上项临时生计津贴即行取消。

五、物价指数由总公司采取政府机关公布之统计报告酌定标准(各厂由总公司按月通知照办)。

六、职员报领家属生活津贴之规定如左:

1. 母女妻　年龄不加限制,但以必须由本人抚养者为限(其父年在六十岁以上,或六十岁以下因残疾不能在社会服务者,其母方得由该职员抚养)。

2. 父　以年龄在六十岁以上必须由本人抚养者为限。

3. 子　以年龄在十六岁以下必须由本人抚养者为限,但职员之子确在高中攻读者,得将抚养年龄延长至二十岁;在大学攻读者,得延长至二十三岁。

4. 八岁以上者　每人每月得领米二市斗。

5. 八岁以下者　每人每月得领米一市斗。

6. 煤球按户发给,每户折给代金十六元。

上项职员家属生活津贴,一俟物价恢复正常状态时,即行取消。

七、本公司规定米之标准价格如左:计

米每市石四十元。

米之实际价格超过上列标准价时,即按超过数额比照当地市价发给代金。

八、报领上项职员家属生活津贴代金之职员家属,至多以米一市石为限。

九、同一家属如有职员二人以上负扶养之义务者,由其中一人报领之。

十、职员家属津贴以男职员为限,但女职员中有出嫁后寡居并必须负担家庭中之经济责任者,得照本办法第六、第七、第八、第九各条之规定请领代金。

十一、增补职员时,其发给家属生活津贴代金之计算规定如下:

1. 凡到职在月之十日以前者,以全月计算。

2. 凡到职在月之二十日以前者,以半月计算。

3. 凡到职在月之二十一日以后者,自下月份计算。

十二、职员家庭人口如有变动时,应将变动情形随时报由各厂转陈总公司备核。

十三、职员报领上项代金时,如有谎报冒领或重复情事,一经察觉,立即开革并追缴其冒领之款。各课股职员共负联保责任,其主管人须层层负责,切实审核,如有上项情弊,得停止该部分代金一个月,其主管人应受记过之处分。

十四、练习生无论已婚、未婚,一律给予临时生计津贴一百元。

十五、上项练习生之临时生计津贴,得视物价之涨落酌予增减或取消之。

十六、职员、练习生在试用期内,不得享受本办法之待遇。

十七、自本办法实行后,所有以前各种战时津贴及生活补充费一律取消。

附注:职员津贴第一种暂行办法分 A、B 两类,除 A 类照上列规定办理外,B 类办法拟定如下:

1. 将 A 类第二条临时生计津贴数额照下列支给:

(一)经理、厂长月支临时生计津贴二四〇元(原支战时津贴及生活补充费一律取消)。

(二)课长、技师月临时生计津贴一六〇元(原支战时津贴及生活补充费一律取消)。

(三)办事员、技助员一律月支临时生计津贴一二〇元(原支战时津贴及生活补充费一律取消)。

(四)上项临时生计津贴得视物价之涨落随时增减或取消之。

2. 其他各种待遇悉照 A 类所规定者办理。

临时生计津贴倍数表(第一种办法)

	30.00		60.00		100.00		150.00		200.00		300.00		400.00		500.00		100.00	
	倍数	金额	倍数	金额	倍数	金额	倍数	金额	倍数	金额	倍数	金额	倍数	金额	倍数	金额	倍数	金额
600	0.648	19.44	0.432	32.40	0.216	41.04	0.108	46.44	0.108	51.84	0.108	62.64	0.108	73.44	0.054	78.84	0.054	105.84
700	0.810	24.3	0.540	40.50	0.270	51.30	0.135	58.05	0.135	64.80	0.135	78.30	0.135	91.80	0.0675	98.55	0.0675	132.30
800	0.972	29.16	0.648	48.60	0.324	61.56	0.162	69.66	0.162	77.76	0.162	93.96	0.162	110.16	0.081	118.26	0.081	158.76
900	1.134	34.02	0.756	50.70	0.378	71.82	0.189	81.27	0.189	90.72	0.189	109.62	0.189	128.52	0.0945	137.97	0.0945	185.22
1000	1.296	38.88	0.864	64.80	0.432	82.08	0.216	92.88	0.216	103.68	0.216	125.28	0.216	146.88	0.108	157.68	0.108	211.68
1100	1.458	43.74	0.972	72.90	0.486	92.34	0.243	104.19	0.243	116.64	0.243	140.94	0.243	165.24	0.1215	177.39	0.1215	238.14
1200	1.620	48.60	1.080	81.00	0.510	102.6	0.270	116.10	0.270	129.60	0.270	156.60	0.270	183.60	0.135	197.10	0.135	264.60
1300	1.782	53.46	1.188	89.10	0.594	112.86	0.797	127.71	0.297	142.56	0.297	172.26	0.297	201.96	0.1485	216.81	0.1485	291.06
1400	1.944	58.32	1.296	97.20	0.648	123.12	0.824	139.32	0.324	155.52	0.324	187.92	0.324	220.32	0.162	236.52	0.162	317.52
1500	2.106	63.18	1.404	105.30	0.702	133.38	0.851	150.03	0.351	168.48	0.351	203.58	0.351	238.68	0.1755	256.23	0.1755	343.98
1600	2.268	68.04	1.512	113.40	0.756	143.64	0.873	162.80	0.378	181.44	0.378	219.24	0.378	257.04	0.189	275.94	0.189	370.44
1700	2.430	72.90	1.620	121.50	0.810	153.90	0.405	174.15	0.405	194.40	0.405	234.90	0.405	275.40	0.2025	295.65	0.2025	396.90
1800	2.592	77.76	1.728	129.60	0.864	164.16	0.432	185.76	0.432	207.36	0.432	250.56	0.432	293.76	0.216	315.36	0.216	423.36
1900	2.754	82.62	1.836	137.70	0.918	174.42	0.459	197.37	0.459	220.32	0.459	266.22	0.459	312.12	0.2295	335.07	0.2295	449.82
2000	2.916	87.48	1.944	145.80	0.972	184.68	0.486	208.98	0.486	233.28	0.486	281.88	0.486	330.48	0.243	354.78	0.243	476.28
2100	3.078	92.34	2.052	153.90	1.026	194.94	0.513	220.59	0.513	246.24	0.513	297.54	0.513	348.84	0.2565	374.49	0.2565	502.74
2200	3.204	97.20	2.160	162.00	1.080	205.20	0.540	232.20	0.540	259.60	0.540	313.20	0.540	367.20	0.270	394.20	0.270	529.20
2300	3.402	102.06	2.268	170.10	1.134	215.46	0.567	243.81	0.567	272.16	0.567	328.86	0.567	385.56	0.2835	413.91	0.2835	555.66

说明:(1)上项按物价指数发给之临时生计津贴,其数目不足$ 12000 者一律发给$ 12000。

(2)本表计算方法举例:

A. 本俸 36 元者,在生活指数 2300 倍时得领津贴$ 115.66　　(30×3.402)+(6×2.268)=102.06+13.6=115.66

B. 本俸 102 元者,在生活指数 2300 倍时得领津贴$ 216.59　　215.46+(2×0.567)=215.46+1.13=216.50

附件二

雍兴实业股份有限公司职员津贴第二种暂行办法

一、值兹非常时期，百物昂贵，为维持职员生活。俾能安心服务起见，规定下列津贴两种：

（甲）临时生活津贴。

（乙）家属生活津贴。

二、临时生计津贴，暂按附表所列二千三百倍物价指数之标准核计发给，举例如左：

1. 本俸三〇元者　　　发给临时生计津贴一三六．〇八元
2. 本俸六〇元者　　　发给临时生计津贴二二六．八〇元
3. 本俸一〇〇元者　　发给临时生计津贴二八七．二八元
4. 本俸一五〇元者　　发给临时生计津贴三二五．〇八元
5. 本俸二〇〇元者　　发给临时生计津贴三六二．八八元
6. 本俸三〇〇元者　　发给临时生计津贴四三八．四八元
7. 本俸四〇〇元者　　发给临时生计津贴三八五．五六元
8. 本俸五〇〇元者　　发给临时生计津贴五一四．〇八元
9. 本俸一〇〇〇元者　发给临时生计津贴七四〇．八八元

三、物价指数超过两千三百倍以上至三千倍时，职员临时生计津贴仍照第二条规定核计发给。

四、如遇物价指数低于两千三百倍时，应照附表所列指数比例递减，一俟物价指数恢复正常状态时，上项临时生计津贴即行取消。

五、物价指数由总公司采取政府机关公布之统计报告酌定标准（各厂由总公司按月通知照办）。

六、职员报领家属生活津贴之规定如左：

1. 母女妻：年龄不加限制，但以必须由本人抚养者为限。其父年在六十岁以上，或六十岁以下因残疾不能在社会服务者，其母方得由该职员抚养。

2. 父：以年龄在六十岁以上，必须由本人抚养者为限。

3. 子：以年龄在十六岁以下必须由本人抚养者为限，但职员之子确在高中攻读者，得将扶养年龄延长至二十岁；在大学攻读者，得延长至二十三岁。

4. 八岁以上者　每人每月得领米二市斗。

5. 八岁以下者　每人每月得领米一市斗。

6. 煤球 按户发给，每户折给代金二十四元。

上项职员家属生活津贴，一俟物价恢复正常状态时，即行取消。

七、本公司规定米之标准价格如左：

计米每市石四十元。

米之实际价格超过上列标准价时，即按超过数额比照当地市价发给代金。

八、报领上项职员家属生活津贴代金之职员家属，至多以米一市石为限。

九、同一家属如有职员二人以上负扶养之义务者，由其中一人报领之。

十、职员家属津贴以男职员为限，但女职员中有出嫁后寡居并必须负担家庭中之经济责任者，得照本办法第六、七、八、九各条之规定请领代金。

十一、增补职员时，其发给家属生活津贴代金之计算规定如左：

1. 凡到职在月之十日以前者，以全月计算。

2. 凡到职在月之二十日以前者，以半月计算。

3. 凡到职在月之二十一日以后者，自下月份计算。

十二、职员家庭人口如有变动时，应将变动情形随时报由各厂转陈总公司备核。

十三、职员报领上项代金时，如有谎报冒领或重复情事，一经察觉，立即开革并追缴其冒领之款。各课股职员共负联保责任，其主管人须层层负责，切实审核，如有上项情弊，得停止该部分代金一个月，其主管人应受记过之处分。

十四、练习生无论已婚、未婚，一律给予临时生计津贴一百元。

十五、上项练习生之临时生计津贴，得视物价之涨落酌予增减或取消之。

十六、职员、练习生在试用期内，不得享受本办法之待遇。

十七、自本办法实行后，所有以前各种战时津贴及生活补充费一律取消。

临时生计津贴倍数表(第二种办法)

	30.00		60.00		100.00		150.00		200.00		300.00		400.00		500.00		100.00	
	倍数	金额	倍数	金额	倍数	金额	倍数	金额	倍数	金额	倍数	金额	倍数	金额	倍数	金额	倍数	金额
600	0.864	25.92	0.576	43.20	0.288	54.72	0.144	61.92	0.144	69.12	0.144	83.52	0.144	97.92	0.072	78.84	0.054	105.84
700	1.080	32.40	0.720	54.00	0.360	68.40	0.180	77.40	0.180	86.40	0.180	104.40	0.180	122.40	0.090	98.55	0.0675	132.30
800	1.296	33.88	0.864	64.80	0.432	82.08	0.216	92.88	0.216	103.68	0.216	125.28	0.216	146.68	0.108	118.26	0.081	158.76
900	1.512	45.36	1.008	75.00	0.504	95.76	0.250	108.36	0.250	120.96	0.250	146.16	0.250	171.36	0.126	137.97	0.0945	185.22
1000	1.728	51.84	1.152	83.40	0.576	109.44	0.288	123.84	0.288	133.24	0.288	167.04	0.288	195.84	0.144	157.68	0.108	211.68
1100	1.944	58.32	1.296	97.20	0.648	123.12	0.324	139.32	0.324	155.52	0.324	187.92	0.324	220.32	0.162	177.39	0.1215	238.14
1200	2.160	64.80	1.440	108.00	0.720	136.80	0.360	154.80	0.360	172.80	0.360	208.80	0.360	244.80	0.180	197.10	0.135	264.60
1300	2.376	71.28	1.584	118.80	0.792	150.48	0.396	170.28	0.396	190.08	0.396	229.68	0.396	269.28	0.198	216.81	0.1485	291.06
1400	2.592	77.76	1.728	129.60	0.864	164.16	0.432	185.76	0.432	207.36	0.432	250.56	0.432	293.76	0.216	236.52	0.162	317.52
1500	2.808	84.24	1.872	140.40	0.936	177.84	0.468	201.24	0.468	224.64	0.468	271.44	0.468	318.24	0.234	256.23	0.1755	343.98
1600	3.024	90.72	2.016	151.20	1.008	191.52	0.504	216.72	0.504	241.92	0.504	292.32	0.504	342.72	0.252	275.94	0.189	370.44
1700	3.240	97.20	2.160	162.00	1.080	205.20	0.540	232.20	0.540	259.20	0.540	313.20	0.540	367.20	0.270	295.65	0.2025	396.90
1800	3.456	103.68	2.304	172.80	1.152	216.88	0.576	247.68	0.576	276.48	0.576	334.08	0.576	391.68	0.288	315.36	0.216	423.36
1900	3.672	110.16	2.448	183.60	1.224	232.56	0.612	263.16	0.612	293.76	0.612	354.96	0.612	416.16	0.306	335.07	0.2295	449.82
2000	3.888	116.64	2.592	194.40	1.293	246.24	0.648	264.12	0.648	311.04	0.648	375.84	0.648	440.64	0.324	354.78	0.243	476.28
2100	4.104	123.12	2.736	205.20	1.368	259.92	0.684	278.64	0.684	328.32	0.684	396.72	0.684	465.32	0.342	374.49	0.2565	502.74
2200	4.320	129.60	2.880	216.00	1.440	273.60	0.720	309.60	0.720	345.60	0.720	417.60	0.720	489.60	0.360	394.20	0.270	529.20
2300	4.536	136.08	3.024	226.80	1.512	287.28	0.756	325.08	0.756	362.88	0.756	438.48	0.756	514.08	0.378	413.91	0.2835	555.66

说明:(1)上项按物价指数发给之临时生计津贴,其数目不足$ 14000 者一律发给$ 14000。

(2)本表计算方法举例:

A. 本俸 36 元者,在生活指数 2300 倍时得领津贴$ 154.22　　(30×4.538)+(6×3.024)=136.08+18.14=154.22

B. 本俸 102 元者,在生活指数 2300 倍时得领津贴$ 288.79　　287.28+(2×0.756)=287.28+1.51=288.79

附件三

雍兴实业股份有限公司职员津贴第三种暂行办法

一、值兹非常时期，百物昂贵，为维持职员生活俾能安心服务起见，规定下列津贴二种：

（甲）临时生活津贴

（乙）家属生活津贴

二、临时生计津贴，暂按附表所列二千三百倍物价指数之标准核计发给，举例如左：

1. 本俸三〇元者　　发给临时生计津贴一七〇.一〇元

2. 本俸六〇元者　　发给临时生计津贴二八三.五〇元

3. 本俸一〇〇元者　　发给临时生计津贴三五九.一〇元

4. 本俸一五〇元者　　发给临时生计津贴四〇六.三五元

5. 本俸二〇〇元者　　发给临时生计津贴四五三.六〇元

6. 本俸三〇〇元者　　发给临时生计津贴五四八.一〇元

7. 本俸四〇〇元者　　发给临时生计津贴四六二.六〇元

8. 本俸五〇〇元者　　发给临时生计津贴六八九.八五元

9. 本俸一〇〇〇元者　　发给临时生计津贴九二六.一〇元

三、物价指数超过两千三百倍以上至三千倍时，职员临时生计津贴仍照第二条规定核计发给。

四、如遇物价指数低于二千三百倍时，应照附表所列指数比例递减，一俟物价指数恢复正常状态时，上项临时生计津贴即行取消。

五、物价指数由总公司采取政府机关公布之统计报告酌定标准（各厂由总公司按月通知照办）。

六、职员报领家属生活津贴之规定如左：

1. 母女妻　年龄不加限制，但以必须由本人扶养者为限。（其父年在六十岁以上，或六十岁以下因残疾不能在社会服务者，其母方得由该职员扶养）

2. 父　以年龄在六十岁以上，必须由本人扶养者为限。

3. 子　以年龄在十六岁以下必须由本人扶养者为限，但职员之子确在高中攻读者，得将扶养年龄延长至二十岁；在大学攻读者，得延长至二十三岁。

4. 八岁以上者每人每月得领米二市斗，布四市尺。

5. 八岁以下者每人每月得领米一市斗，布四市尺。

6. 煤球　按户发给，每户折给代金三十二元。

上项职员家属生活津贴，一俟物价恢复正常状态时，即行取消。

七、本公司规定米之标准价格如左：计

米每市石四十元；布每市尺六角。

米、布之实际价格超过上列标准价时，即按超过数额比照当地市价发给代金。

八、报领上项职员家属生活津贴代金之职员家属，至多以米一市石、布二市尺为限。

九、同一家属如有职员二人以上负扶养之义务者，由其中一人报领之。

十、职员家属津贴以男职员为限，但女职员中有出嫁后寡居并必须负担家庭中之经济责任者，得照本办法第六、七、八、九各条之规定请领代金。

十一、增补职员时，其发给家属生活津贴代金之计算规定如左：

1. 凡到职在月之十日以前者，以全月计算。

2. 凡到职在月之二十日以前者，以半月计算。

3. 凡到职在月之二十一日以后者，自下月份计算。

十二、职员家庭人口如有变动时，应将变动情形随时报由各厂转陈总公司备核。

十三、职员报领上项代金时，如有谎报冒领或重复情事，一经察觉，立即开革并追缴其冒领之款。各课股职员共负联保责任，其主管人须层层负责，切实审核，如有上项情弊，得停止该部分代金一个月，其主管人应受记过之处分。

十四、练习生无论已婚、未婚，一律给予临时生计津贴一百元。

十五、上项练习生之临时生计津贴，得视物价之涨落酌予增减或取消之。

十六、职员、练习生在试用期内，不得享受本办法之待遇。

十七、自本办法实行后，所有以前各种战时津贴及生活补充费一律取消。

临时生计津贴倍数表(第三种办法)

	30.00		60.00		100.00		150.00		200.00		300.00		400.00		500.00		100.00	
	倍数	金额	倍数	金额	倍数	金额	倍数	金额	倍数	金额	倍数	金额	倍数	金额	倍数	金额	倍数	金额
600	1.080	32.40	0.720	54.60	0.360	68.40	0.189	77.40	0.180	86.40	0.180	104.40	0.180	122.40	0.090	131.40	0.090	176.40
700	1.350	40.50	0.900	67.50	0.450	85.50	0.225	96.75	0.225	108.00	0.225	130.50	0.225	153.00	0.1125	164.25	0.1125	220.50
800	1.620	48.60	1.080	81.00	0.540	102.60	0.270	116.10	0.270	129.60	0.270	153.60	0.270	183.60	0.130	197.10	0.135	264.60
900	1.890	56.70	1.260	94.50	0.630	119.70	0.315	135.45	0.315	151.20	0.315	182.70	0.315	214.20	0.1575	229.95	0.1575	308.70
1000	2.160	64.80	1.440	108.00	0.720	136.80	0.360	154.80	0.360	172.80	0.360	208.80	0.360	244.80	0.180	262.80	0.180	352.80
1100	2.430	72.90	1.620	121.50	0.810	153.90	0.405	174.15	0.405	194.40	0.405	234.90	0.405	275.40	0.2025	295.65	0.2025	396.90
1200	2.700	81.00	1.800	135.00	0.900	171.00	0.450	193.50	0.450	216.00	0.450	261.00	0.450	303.00	0.225	328.50	0.225	441.00
1300	2.970	89.10	1.980	148.50	0.990	188.10	0.495	212.85	0.495	257.60	0.495	287.10	0.495	336.60	0.2475	361.35	0.2475	485.10
1400	3.240	97.20	2.160	162.00	1.080	205.20	0.540	232.20	0.540	256.20	0.540	313.20	0.540	367.20	0.270	394.20	0.270	529.20
1500	3.510	105.30	2.340	175.50	1.170	222.30	0.585	251.55	0.585	280.80	0.585	339.30	0.585	397.80	0.2925	427.05	0.2925	573.20
1600	3.780	113.40	2.250	189.00	1.260	239.40	0.630	270.90	0.630	302.40	0.630	365.40	0.630	428.40	0.315	459.90	0.315	617.40
1700	4.050	121.50	2.700	202.50	1.350	256.50	0.675	290.25	0.675	324.00	0.675	391.50	0.675	459.00	0.3375	492.75	0.3375	661.50
1800	4.320	129.60	2.880	216.00	1.440	278.60	0.720	309.60	0.720	345.60	0.720	417.60	0.720	489.60	0.360	525.60	0.360	705.60
1900	4.590	137.70	3.060	229.50	1.530	290.70	0.765	328.25	0.765	367.20	0.765	443.70	0.765	520.20	0.3825	558.45	0.3825	749.70
2000	4.860	145.80	3.240	243.00	1.620	307.80	0.810	348.30	0.810	388.80	0.810	469.80	0.810	550.80	0.405	591.40	0.405	793.80
2100	5.130	153.90	3.420	253.50	1.710	324.90	0.855	367.65	0.855	410.40	0.855	495.30	0.855	581.40	0.4275	624.15	0.4275	837.90
2200	5.400	162.00	3.600	270.00	1.800	342.00	0.900	387.00	0.900	432.00	0.900	522.00	0.900	612.00	0.450	657.00	0.450	882.00
2300	5.670	170.10	3.780	283.50	1.890	359.10	0.945	406.35	0.945	453.60	0.945	548.10	0.945	642.60	0.4725	689.85	0.4725	926.10

说明:(1)上项按物价指数发给之临时生计津贴,其数目不足$ 16000 者一律发给$ 16000。

(2)本表计算方法举例:

A. 本俸 36 元者,照生活指数 2300 倍时得领$ 192.78　　(30×5.67)+(6×3.78)=170.22+22.08=192.78

B. 本俸 102 元者,照生活指数 2300 倍时得领$ 360.99　　359.10+(2×0.945)=359.10+1.89=360.99

决议：

1. 各厂待遇可就各厂营业状况及经济负担能力，比照总公司所拟职工津贴第一、第二、第三种暂行办法分别施行。

2. 各厂应按何种办法支给津贴，由总公司核定并通函各厂照办。

3. 上项改定职员津贴办法自民国三十年十月份起实行，但业经开除或已辞退之职员概不补发。

提案（十四）

优待沦陷区职员家属用款案　（原提案摘要）　　　　　　　驻陇办事处

查各厂职员多属家乡沦陷辗转流离，携眷与只身作客者为数各半，近因太平洋战事爆发，沦陷区域概不通汇。前总公司所订之各厂职员口岸汇款办法，已无形失效。兹为使各职员安心服务起见，对于其家属居住沦陷区者，需用款项应予设法，以资体恤。拟具办法四条，请付讨论。

（原办法从略）

审查意见：

目下内地与沦陷区之款项汇兑完全停顿，拟将所提优待办法四种，请总公司于汇兑有办法时，酌量办理。

决议：照审查意见通过。

提案（十五）

拟请调整工友工资食粮俾稳定工作案　（原提案摘要）　　　　　陇县煤矿

查陇县城镇向无粮店、面铺之设立，煤矿又僻在山野，现有员工二百余人，每月食面一万数千斤均系零星收购，小麦自行磨面，固属不便，且不经济，将来大井见煤后，工人更须增加，势非预备二三个月食粮不足以应急，但大量购存又与政府管理食粮条例不合，拟请总公司函请陕西省政府转饬陇县县政府于代各机关、学校、团体准备食粮之时，按本矿工人需粮数量兼代购备，由本矿照市价请领。倘上项计划实现，食粮储藏既裕，则工人之贴补膳费一层，可以面粉替代现金，诚属一举两得，不仅稳定工作已也。

审查意见：

1. 拟请总公司函请陕西省政府转饬陇县政府于准备各机关、学校、团体食粮时，按该矿工人需要数量（以三百人计，每月共需小麦一百五十市石）一律代为准备，由该矿照市价领购。

2. 为稳定工人生活计，拟由该矿定一标准售面价格，每人每日售给二斤，但以该矿工人本身为限。

决议:照审查意见通过。

提案(十六)

拟请提高职员临时生计津贴及家属待遇案(原提案摘要)咸阳中国打包公司

雍兴公司所属各厂因营业性质及组织之不同,其职员之薪给、奖金数额遂亦高低互异,但处此物价高贵之时,各厂职员所感受之困苦则一,所发给之临时生计津贴及家属待遇办法,虽难期一致,亦不宜相差悬殊,致生觖望①。应请于统筹提高职工临时生计津贴及家属待遇一案时,以平等为原则,昭示公允而安众心案。

审查意见:

拟请由该厂陈请咸阳中国打包公司董事会核办。

决议:照审查意见通过。

提案(十七)

各厂机工、警役待遇拟请订一共同标准案 (原提案摘要) 咸阳中国打包公司

雍兴公司所属各厂雇用机工、警役,其待遇一向高低不齐,以致待遇较低之工警,遂竞向较优之工厂因缘图进,甚至甲厂悬厚渥之条件吸引乙厂之工警,人事方面易发生摇撼现象。兹为补救起见,各厂机工、警役之薪金待遇等项,应订一共同之标准,庶可免见异思迁之弊。敬祈公决案。

审查意见:

各厂机工、警役待遇事实上殊难取得一致办法,但为防止各厂机工、警役跳厂起见,拟请依照"各厂征用员工警役拟请先查明来历"案所议决者【办理】:

凡本公司所属或有关各厂,其机工、警役在甲厂辞退或开革者,乙厂即不能留用,同时由甲厂将辞退或开革机工、警役之姓名、年貌、籍贯一面陈报总公司,一面分函其他各厂洽照,又如有附送照片之必要者,请各厂酌量办理。

决议:照审查意见通过。

提案(十八)

设立章则审查委员会案 (提案原文) 总公司

本公司百端草创,关于各种章则之拟订及审核,均非集思广益难期周密。为适应上项需要起见,拟于总公司内设一章则审查委员会负责办理,其人选由总公

① 觖(jué)望:不满意,抱怨。

司及所属各厂职员中遴选兼任。

审查意见:拟提请大会通过。

决议:通过。

提案(十九)

各厂关于管理方面应拟订各种规则案(提案原文)　　总公司

查本公司各厂均已筹备就绪,关于管理方面至关重要,所有应行规定之各种规章表册,除属于总公司规定者,当由总公司拟订通知各厂照办,其应由各厂自行拟订者,请各厂根据本身需要从速拟订,陈报本公司核定施行,以资遵守(其各厂已经拟就或已陈由总公司核复暂行试办者,亦可提交章则审查委员会复加审查)。

审查意见:拟提请大会通过。

决议:通过。

提案(二十)

建立检查制度(提案原文)　　总公司

查凡百企业组织固关重要,而检查尤贵严密。本公司所属各厂端绪繁多,为谋力求改进起见,兹拟建立检查制度,以工务、业务、账务、人事四项随时分类检查,以期获深察周知之益,收循名核实之功。除工务、业务、人事检查细则另行拟定外,兹将检查办法大要及账务检查细则先行拟就。请共同研讨,俾能妥善。

(原附办法十五条从略)

审查意见:拟题请大会通过。

决议:原则通过。所拟账务检查细则交由章则审查委员会复加审查,其余工务、业务、人事三检细则,由章则审查委员会拟定核准实行。

提案(二十一)

各厂报表格式应取一致案　(提案原文)　　总公司

查各厂寄陈总公司之各种表报,其式样、大小及纸质颜色等多不一致,形式上不能整齐尚在其次,而总公司对于稽核及保管咸觉不便,实与工作有相当之困难,以后总公司规定各厂填寄之表格,统由总公司印就后分发各厂应用,各厂可勿自行付印。至于各厂自行拟定加寄总公司之表报,亦应先行将样张寄陈总公司核定后,由总公司代为付印。惟以后各厂对于所存空白表应时时匡计敷用日期,如需补充,应在将罄之前一个月电请总公司代办,以免临时不及。再,以后各厂寄陈总公司之表格,凡经规定按期填寄者,毋庸另行备函送陈,以省手续。以上各点是否可行,请公决。

审查意见：

1. 先由各厂检寄已采用之各种报表式样，陈送总公司备查。

2. 各厂会计报表等凡系由总公司统一规定者，其式样、大小应取一律，并由总公司统筹印发各厂使用，各厂用余之报表可留作底本之用。

3. 各厂有关工务等报表，应就可能范围内取一律式样。

决议：

1. 一、二条照案通过。

2. 第三条应改为“各厂有关工务等报表，凡应填寄总公司者，其式样及内容应先行陈请总公司核定”。

提案（二十二）

各厂所有记账人员应统归会计主任指挥俾期划一案（提案原文）　　总公司

查各厂记账人员应归各厂会计主任直接指挥，前经本公司通函规定在案。惟上项办法各厂或因事实困难或因内部组织关系，以致目前尚未充分办到。兹为划一会计权责起见，嗣后各厂记账人员，除工务、工账外，无论经营、物料、原料、售品及其他一切账目人员，并不论属于何课何股，统归各厂会计主任指挥，俾期划一而专责成。请公同讨论。

审查意见：各厂所有各部门记账人员，除由各该主管人指挥外，凡有关会计事项并应由会计主任指挥，以期便利。

决议：照审查意见通过，并由总公司通函各厂照办。

提案（二十三）

各厂工务及会计方面应取得密切联络案　（提案原文）　　总公司

查本公司各厂以前生产种类不同，成本计算亦难划一，故本公司曾通函规定制品成本计算应由各厂会计主任根据工务课报告转账，近以各厂内部组织关系，工务与会计之间尚欠联络，以致成本计算同感困难。兹为确定未来办法起见，拟请各厂就实务情形各抒所见，俾期办理顺利而专责成，请公同讨论。

审查意见：拟提请大会通过。

决议：通过。

提案（二十四）

本公司所拨各厂资金各厂应摊付利息案　（提案原文）　　总公司

查本公司拨给各厂之资金及各厂在办公司往来户所用之款为数甚巨，除各厂在本公司往来户用款利息已由本公司随时函知各厂照算外，所有本公司拨给各厂之资金拟亦应由各厂分别摊付利息，俾减轻本公司担负。如何，提请公决。

审查意见：

本提案亟应订定具体办法，兹拟具原则三项如左，请付大会公决：

1. 按各厂建设费用实际需要情形，由总公司将资金发足；

2. 总公司所发各厂资金，暂定为周息八厘计息；

3. 各厂将总公司往来户还清后如流动资金不敷，可向当地中国银行商做抵押透支。

决议：照审查意见通过。

提案（二十五）

各厂应集中购料案　（提案原文）　　　　　　　　　　　　总公司

查本公司各厂购料除一部分货品委托总公司代为购运外，其余均系自行派员采购。秦属蔡家坡各厂在西安设立之办事处，多半系为办理购料事宜，长安印刷厂、长安制革厂亦派员在洛阳设庄采购材料。各厂因采购材料而设立办事处，或寄庄，非特开支增加，且系统亦不一致，因之总公司方面对于稽核各厂购料之事，亦感困难。兹拟于总公司内设一购料组，并于驻陇办事处内设一购料分组，庶秦、陇所属各厂购料事宜，可集中办理。至购料组办事细则如何拟定，办事人员如何补充，请公同研讨，以臻妥善。

审查意见：

本提案亟急应订定实施办法，兹拟具原则六项如左，请付大会公决：

1. 总公司及驻陇处设立购料组，各设主管员一人；

2. 各厂所购物料，每种货品应事前经该组核准；

3. 大宗原料、物料之购买，各厂应事先陈准总公司；

4. 各厂所派购料人员应在总公司或驻陇处集中办公，并受该组主管人员之指挥；

5. 各厂派员赴其他各地购料，应将拟购料品名称、数量及所派员名陈报总公司及驻陇处；

6. 各厂在同一地点购买同一物料、原料者，应由购料组统筹，集中办理，以免纷竞转被售户利用，抬高价格。

决议：照审查意见通过。

提案（二十六）

制药、毛纺、面粉各厂应设立联合供销处以资推销而免占款案　（提案原文）

驻陇办事处

查各该厂筹备迄今，业已就绪，陆续出货，对于销售一事，亟应积极设法。为推广销路俾免占款起见，实力联合设立供销处之必要。兹拟办法如左：

1. 定名为“雍兴实业股份有限公司各厂出品联合供销处”；

2. 供销处设主任一人、会计一人，由办事处遴派之，设营业员、练习生各若干人，由各厂营业课人员调充之，不另支薪；

3. 所有一切开支由出品各厂平均负担；

4. 凡订购成品及委托代销等事，均由联合供销处办理之；

5. 每月终向各厂结账一次，年终总结算一次；

6. 供销处办事细则另定之。

审查意见：

1. 原提案办法第一条拟改为“定名为雍兴事业股份有限公司各厂联合售品处”；

2. 原提案办法第二条“供销处”应改为“售品处”；

3. 原提案办法第三条拟改为“售品处每月开支应拟定预算，由驻陇处核转总公司核准，至该处每月开支实数，由各厂分担”；

4. 原提案办法第四条拟改为“凡客商定购大宗成品或委托推销等事对外订立契约者，应由联合售品处事先与各厂洽定后，方能办理”；

5. 原提案办法第五条拟改为“每日售品所收现金，应解交兰中行分收各厂账，每月终应将售出物品核列清单与各厂对账，并送驻陇处备查”；

6. 原提案办法第五条后拟加列一条如下“本公司秦属各厂如委托售品处代销货品，也可承办”；

7. 原提案办法第六条改为第七条并修改如左：“售品处办事细则由驻陇处拟定，陈请总公司核准后实行”。

决议：

1. 第一、二、五、六、七各条照审查意见通过；

2. 审查意见第三条应改为：“售品处每月开支应以百分之四十根据该处运用资金，其余百分之六十根据年终盈亏实数由各厂分摊担任”；

3. 审查意见第四条应改为：“凡客商定购大宗成品或委托推销等事对外订立契约者，应由联合售品处负责代办，至各厂出品之种类及数量，应依照联合售品处之通知，视各厂产量能力办理”。

提案(二十七)

规定各厂购存原料案　(提案原文)　　　　　　　　驻陇办事处

查各厂制售成品关于购存原料极为重要,必须事先预备以裕供给,惟购存标准应视事实需要而定,否则漫无计划,大量购存徒费巨款,于事无济,殊非所宜。兹为使各厂原料充实,俾能源源出品并免占款起见,实有规定各厂购存原料办法之必要。兹拟办法如下:

1. 各厂所存原料应由各厂经理确切估计需用数量;

2. 如购储困难者应积极设法预购务,敷一年或半年之用;

3. 如购储数量已超过一年以上者,应赶速设法脱售,以免占款;

4. 如日后因原料不足致影响出品,或因超过规定而受损失者,应由各厂经理切实负责;

5. 各厂购储之原料应妥善保存,时时查看,如有因保存不周受有损失时,由经管人员负责赔偿。

审查意见:

原提案所拟办法五项,兹改为三项如左:

1. 各厂原料应由各厂切实估计需用数量,陈准驻陇处后方能购买;

2. 原料购存数量在时局安定时,只须预存三二月,现值抗战期间,交通不便,不能不酌量多存,惟事前务须陈总公司核准;

3. 储存之原料应注意保管方法。

决议:照审查意见通过。

提案(二十八)

拟请成立联厂印刷供应处　(提案原文)　　　　　　　　长安印刷厂

本厂为求对联枝各厂尽量服务,并求各厂开支节省起见,所有各厂印件似可力求划一,俾印刷数量增多,印价自可减低。

(一)普通印件由总公司规定格式,用同样纸张、颜色,同样尺寸,由本厂供应;

(二)特殊印件由各厂供给格式,自行估计数量交由本厂承印。

是否可行,请付公决。

审查意见:原提案所拟办法二项拟改为:

1. 各厂印件应一律交由长安印刷厂承印,但遇有确属急需不及交该厂承印而数量又极少者,可通融就地付印;

2. 凡经总公司规定格式必须一致之各种表报，应由各厂估计需用数量，陈请总公司交由长安印刷厂代印。

决议：照审查意见通过。

提案(二十九)

拟请于本厂成立出版课案　（提案原文）　长安印刷厂

窃以西北区文化较为落后，自战事以来，一般书籍尤感缺乏。目前本厂除供给联支各厂及中国银行印件外，尚有余力可以印刷其他书籍。预计购料用费约五十万元，第一步先印参考用书；其次再印小学教科书及普通书籍，俾内部营业更求发展，且期对于后方文化及教育事业略有贡献。是否有当，请付公决。

审查意见：拟请长安印刷厂拟具详细计划及预算，径陈总公司核办。

决议：照审查意见通过。

提案(三十)

增加运费案　（原提案摘要）　西北运输处

查运输处收受运费章程，除昆畹段抢运物资别有规定外，所有昆宝、渝宝间，以及西北各地客货运费，按照以前总公司核定之收费办法早已不敷开支。本处设立之意旨，原专为各厂运输物资，处厂既同属一家，而各厂又多在筹备期间，收益较少，挹此注彼，兼筹并顾。是以运费迄未增加，近则油料飞涨，赔累甚巨，不得不重订运费章程，藉资弥补。拟具办法一份，是否有当，敬祈公决案。(原办法十六条从略)

审查意见：

1. 原提案所拟客货收费暂行办法第二条“渝宝线现钞券运费每车收国币叁万陆仟元”，较运输机器收费为高，应否酌减？又第四条“同人眷属乘车，每公里收费国币五角”，与第二条普通旅客收费相等，是否应酌予优待？

2. 本案为运输处营业问题，事属专门性质，应由该处径陈总公司核定。

决议：运费应否增加一节应由运输处径陈公司核办。至本公司及雍行同人乘车，本人按八折，其眷属按九折计算，以示优待。

提案(三十一)

运用酒精案　（原提案摘要）　西北运输处

运输处现在宝鸡所用酒精，均系益门镇、蔡家坡两厂出品，每次行车皆由宝鸡装足全□油料，致使油量占位运量减削。倘将来广元酒精厂能大量出品，则西北各线行车，当以广元为集中加油站，再于宝鸡、成都、资中分设油站，则可充分载货，首尾呼应。兹为本处完全购用本公司自制酒精、迅利行驶起见，拟请敦促广元酒精厂早日出品，以利供给案。

审查意见：由总公司催促广元酒精厂早日出品。

决议：照办。广元酒精厂已于本年一月下旬开始出酒精，将来运输处由宝开出卡车经过广元，由广厂供给酒精当无问题。

提案（三十二）

机棉运输案　（原提案摘要）　　西北运输处

查运输处成立原系专为筹运存宝机棉，自许副经理就职后，不到四月间即经运出八千余件，嗣后又经运出八千余件，最近大批机棉业已开始到宝，计大华、申新及农本局托运者有四万余件，本处汽车现均集中滇缅路，川陕运棉惟商车及胶轮车是赖，而宝鸡胶车仅六七百辆，征集不易，线区司令部、商车大队部运棉每件已达五百一十五元。近因油价飞涨，定装额数不允预订，并拟向本公司借款十万元，分批扣还。此事正在接洽中。本处机棉设日后源源而来，若不将现有运输工具设法大量集中，深恐运途迟滞，有失时效。是否有当，敬请公决案。

审查意见：

查宝鸡存棉日多，疏运确属刻不容缓，所拟借与商车大队部十万元，分批扣还以利运输一节，似可照办。惟分批扣还办法，最好每车扣还一千元，运完一百车扣清。又豫丰所拟赶运机棉办法四项及运费，比照市价酌增原则均可照办。

决议：机棉运输事宜可由运输处向总公司请示办理。

提案（三十三）

机件运送案　（原提案摘要）　　西北运输处

查运输处现在滇缅一带承运本公司各厂物资，系属抢运性质。各厂原订成批货品转运需时，往往装箱标志不尽明晰，致使甲厂机件误送乙厂，反复辨认，损失良多。现经许副经理规定，对于标记磨灭、箱号不明之件均先由昆运渝，经豫丰纱厂收领后，再由渝运宝先行保管，就其种类分函各厂派员来宝认领，并拟请总公司函嘱各厂将原订货单及装箱单抄送运输处，并选派妥人专司核定标志，庶可减少错误。所拟办法是否有当，敬请公决案。

审查意见：

本提案亟急应订定实施办法。兹拟具原则三项如左，请付大会公决：

1. 起运站应用不易消灭之方法，将货箱标明何厂所有；

2. 运抵重庆后，由豫丰先行指派专人负责鉴别，除应留重庆者外，其余应即速运宝鸡；

3. 运抵宝鸡后，集中放置一处，由各厂指派负责人员前往认明。

决议：审查意见第一、第二条照办，第三条应改为："运抵宝鸡后，集中放置一处，由各厂指派负责人员前往认明后，由运输处代为负责分运各厂"。

提案（三十四）

代办纳税案　（原提案摘要）　西北运输处

查运输处经运各厂自海外购来机器物品到达滇省后，均自畹昆各处运抵渝宝分转各厂。惟因各厂需要缓急不同及汽车运送限于吨位关系，只能分批零星装运，在滇所报整批关税税票以尚须陆续内运，不能随车携带以备查验，致路经重庆、宁羌（强）、宝鸡各地时，往往因无税票时起纠纷，机件或被扣留处罚。拟请总公司通函各厂统筹妥善办法，并将报关纳税预缴押金及省税、转口税各手续，改由各厂自理或增派妥员来滇专司其事之处理，【理】合提请公决案。

审查意见：

1. 各厂机料到宝后，仍暂由运输处代办纳税，惟税款应随时划付各厂之账；

2. 宝鸡征税其性质如何，应由运输处调查后陈报总公司。

决议：照审查意见通过，由总公司函知运输处照办。

提案（三十五）

各厂用人应规定名额陈准总公司并加甄别案　（提案原文）　总公司

查本公司各厂以往因在筹备期间事物繁杂，难免用人稍多，目前均已粗具规模，对于用人：

A. 名额应先陈准总公司，不得超过所定名额；

B. 各课主任应先陈报总公司核准后，再行发表；

C. 闲冗及工作不力人员应于阴历年底以前加以甄别，俾留用之得力人员，可以增厚待遇；

D. 工役、警卫工作应支配适当，人数不可太多，如有浮滥酌予裁减，以节开支。如何，提请公决。

审查意见：除原提案所列四项办法外，拟加入"各部分工作人员之考勤，应由各主管人每三月报告一次，作为年终考成之参考"一项，并通函各厂切实照办。

决议：照审查意见通过办理。

提案（三十六）

整饬厂务应注重人事管理案　（原提案摘要）　驻陇办事处

查各厂过去多偏重技术人员，对于人事管理未能切实注意，此确为各厂厂务进行迟缓之最大症结，本公司亟应严密注意。兹拟办法如左：

1. 凡征用各级人员，必须先行试用，如果确能称职，再为补实，否则予解雇，不得稍徇私情，以期均能各尽厥职；

2. 在职人员应详加甄别，如有闲冗或不称职者，当即予以解雇，决不姑息；

3. 各部分工作人员之考勤，应由各主管人每三月报告一次，作为年终考成之参考；

4. 严定厂规，各级职员一体恪遵，违者照章惩办；

5. 确保各部分执掌权限，详拟办事细则，如有贻误，当即以主管及经手人是问；

6. 严定奖惩办法，切实执行；

7. 各厂经理、厂长处理事务均应以身作则。

审查意见：

1. 原提案办法第一条拟改为：凡征用各级人员应先行试用三个月，试用期内酌给津贴，如果确能称职，俟试用期满再拟定薪级，正式任用（但聘请及特别延致者，不在此例）。试用不合格者，应即辞退，以期所用职员均能各尽厥职。

2. 原提案办法第二条因与总公司所提“各厂用人应规定名额，陈准总公司并加甄别”案内第三条之用意大致相同，故拟删去并依照总公司所规定者办理。

3. 原提案办法第三条“各部分工作人员之考勤，应由各主管人每三月报告一次，作为年终考成之参考”一节，拟请于总公司所提“各厂用人应规定名额，陈准总公司并加甄别”案内加列一项并案办理；

4. 原提案办法第四、第五、第六、第七条如关于办事细则、奖惩办法，各厂厂规等，应由各厂就本身实际情形，于本年三月底以前，拟具各种章则陈请总公司核定施行（其已拟有章则，陈请核准者毋庸另拟）。

决议：

审查意见第二、第四两条原文通过，第一、第三两条修正如左：

第一条　凡征用各级人员应先试用三个月（但服务成绩越优者，可将试用期酌量缩减），试用期内酌给津贴，如果确能称职，俟试用期满再拟定薪给，正式任用，惟聘请及特别延致者不在此比例；

第三条　原提案办法第三条“各部分工作人员之考勤，应由各主管人每三月报告一次，作为年终考成之参考”一节，可于总公司所提“各厂用人应规定名额，陈请总公司并加甄别”案内加列一项，并通知各厂照办。

提案(三十七)

拟请加强人事训练促进工作效率案　（原提案摘要）　　中南兴记火柴厂

自抗战军兴，沿海沦陷，各厂内迁，而后方感于工业品之供不应求，是以各项工业风起云涌，人力之需要突然倍增。但以战前我国实业人才原乏充分储备，一旦迫切征用，由公务员改业者有之，由旧式商人充数者有之，由学校初卒业而勉荷重任者有之，人事阵容之不健全，当为应有之现象。为求补救此种缺憾，拟具办法，其大纲为：1. 精神训练；2. 技能考核；3. 思想诱导；4. 人格培养；5. 效率考究；6. 安定生活；7. 光明希望。敬祈采用案。（原办法从略）

审查意见：

1. 原提案“精神训练”一项：(甲)拟请总经理、协理或总秘书每月主持精神讲话一次，总公司各职员及秦省各厂经理、厂长、课长均应参加听讲，其在陇省各厂由驻陇办事处主任主持办理；(乙)各厂经理、厂长对所属全体员工，应不时举行个别谈话，俾能深知其个性，默查其才识，并测验其心理，思想如有不纯正者，并加以劝导纠正。

2. 原提案“技能考核”之用意，拟请总公司设一考核部，俾能考核各厂工务及事务人员之实际技能，此与总公司所提“建立检查制度”案性质相同，拟归纳于总公司所提上列议案内并案审查。

3. 原提案对于事务人员必须具有新式会计知识一节，拟请供给总公司作为用人之参考。

4. 原提案“思想诱导”与“人格培养”二项，与第一条【精神训练】之意义大致相同，可归纳于“精神训练”项下并案实施。

5. 工务、事务之间须有密切配合一节，确属要图。惟总公司所属各厂情形各有不同，若由总公司拟具方案通函各厂照办，恐适用于甲厂者，未必尽适用于乙厂。故以由各厂就本身实际情形分别拟具方案，陈请总公司核定施行较为合宜。

6. “安定生活”问题，已由大会交第一、第二、第三组小组会议统筹调整办法，本组可不另加讨论。

7. 奖励人才办法，可提供总公司作为人事检查之参考。

决议：

1. 原审查意见第一条原则通过照办，惟每次总经理、协理或总秘书讲话记录，应分寄各厂，俾未能参加听讲人员得以传阅。

2. 总公司于长安、咸阳、蔡家坡各厂所在地，分别选派会计专门人员前往讲授会计学原理，以半年为期，使各厂从业人员均有会计常识。其他兰州各厂由驻陇办事处负责办理。

3. 各厂工务事务之间应如何取得密切联系之处，应由各厂就本身实际情形，分别拟具方案陈请总公司核定施行。

4. 奖励人才办法，可提供总公司作为人事检查之参考。

提案（三十八）

各厂征用员工警役拟请先查明来历案　（原提案摘要）　咸阳中国打包公司

查雍兴总公司所属各厂员工、警役待遇不齐，应请总公司通函各厂互相守约。此后录用员工、警役必先查明来历，甲厂征用者，乙厂不能录用，甲厂辞退者，乙厂不能复用。俾可免除纠纷，安定工作案。

审查意见：

本公司所属各厂之员工警役在甲厂辞退或开革者，乙厂即不能录用，此于总经理在秦陇各省召集各厂举行谈话会时，已规定办法使各厂之间取得密切联络，并记录在案。兹为重申前意，拟请总公司再通函所属及有关各厂，一律切实照办。

决议：由总公司通函各厂切实照办。

提案（三十九）

加强组织案　（原提案摘要）　西北运输处

查运输处自三十年春季改组，先之以抢运机器，近则昆、宝两处运输频繁，缘以路线过长，统辖匪易，各部分办事人员均系陆续延致，组织未臻健全。拟请自三十一年度开始，加强运输处组织，所有应增人员及应定待遇，均祈授予全权，随时陈报。附具表式一份，理合提请公决案。（原附表式从略）

审查意见：

运输处拟请加强运输组织一案（附三十一年度职员名额表一份），值兹抢运存仰物资期内，情形特殊，拟请准如所拟三十一年度职员名额表范围以内，酌量征用，俾免有误事机。惟该处所用各科长以上之职员，仍须依照总公司所提“各厂用人应规定名额，陈准总公司核准，再行发表”。

决议：照审查意见通过，并请总公司函告运输处照办。

提案（四十）

各厂员工应一律实行节储案　（提案原文）　总公司

本公司为提倡所属员工养成储蓄习惯起见，已于二十九年十二月十八日厂通字第六号函达各厂。自三十年一月份起,一律遵照国民政府所颁布之节约建国储蓄办法,每月实行节储在案。兹查各厂尚有未照办者,用在重申前意,务请各厂遵照前函实行储蓄,并自三十年一月份起补具名册,一次补缴储款,陈报本公司备查。嗣后并希各厂逐月实行,勿稍间断。

审查意见:

依照总公司二十九年十二月十八日厂通字第六号函,自三十年一月份起一律照储。但各厂之中有在三十年一月份以后筹办者,得自筹办日起追认照储,并将办理情形陈报总公司备案。

决议:照审查意见通过,并由总公司通函各厂切实照办。

提案(四十一)

奖励各厂职员储蓄案 (原提案摘要) 驻陇办事处

政府提倡节约储蓄,为抗战时期发展国民经济之重要政策,总公司曾于二十九年十二月通函各厂实行储蓄,而各厂职员每月收入有限,对于储蓄不无相当困难。兹拟定奖励储蓄办法七条,可于劝储之中收节俭之效案。(原附办法从略)

审查意见:

除第六条"储蓄利息按照中国银行行员储蓄息率计算"应请删除外,其余拟照案通过,提交大会决议。

决议:关于职工福利问题,当俟公司营业发展能以负担时,另行规定章程,统筹办理。至所提用津贴方法奖励职员储蓄一案,应从缓议。

提案(四十二)

拟请发行联厂通讯刊物案 (原提案摘要) 长安印刷厂

查总公司所设各厂已有十余单位,为求声气相应,明了个别情形起见,请由总公司汇集材料,编印刊物以资观摩案。

审查意见:

值兹非常期内,关于本公司所属各厂一切厂务之推进,似应保守秘密,无专编刊物对外宣传之必要。其次要消息无关各厂内部,主要计划者仍照以前办法于《雍言》内发表登载,并函请雍行添印册数,分寄各厂参阅。

决议:照审查意见通过,并请总公司函请雍行添印《雍言》册数,分寄各厂参阅。

提案(四十二至五十)

1. 请增设第二部面粉机以增加生产、多获利益案;

2. 拟购小型轻便铁道及铁斗车以便厂内运输案；

3. 增加建筑案；

4. 预备厂址案；

5. 拟由兰州本公司所属四厂联合装置交换机以利通话案；

6. 扩充营业案；

7. 购地建房案；

8. 拟请添购修理汽车及其他工作机案。

审查意见：

以上八案均属各厂本身单独计划，似无提出大会讨论之必要，应由各厂详具说明，分别向总公司请示办理。

决议：以上各案可由有关各厂向总公司请示办理。

临时提议（五十一）

各厂管理物料暨经手款项以及采办物料、原料人员应觅殷实铺保案（提案原文）

总公司

查本公司所属各厂职员均应觅具铺保，业经本公司通函各厂照办在案，惟职员中之管理物料、原料暨经手款项以及采办物料、原料人员，尤应觅具殷实铺保，以昭审慎，并应先将各该员所具铺保送陈总公司核准后，始能录用。如何，请付公决。

决议：由总公司通函各厂，凡管理及采办物料、原料暨经手款项人员，务应觅具殷实铺保，以昭审慎。

主席闭会致辞

这次厂务会议诸位费了不少心力，所有决议各案，我们一定要切实执行，贯彻到底。只要每一个人都拿出真精神来负责去做，必定可以得到最大的效果，我希望下一次再开厂务会议检讨第一次决议案时，件件都已经办到，那才不枉费诸位这一番辛苦，并且是公司前途莫大之幸。现在我还有几点意见，藉此机会再向大家一谈：

（一）现在各厂多已筹备就绪，一切渐上轨道，我们亟须注意法治精神，以奠永久基础。凡总公司颁布之各项规章，一定要严格遵守，尤其是与各厂有共同性的，更不可因一时一事之变通，而使整个的规范受到影响，甚而至于破坏；即各厂自定之章则，亦应切实施行，倘因事实上有困难，可正式提出理由，我们再来修改，切不可轻易变更，或有名无实，视同具文。

（二）各厂盈亏，不过是成绩之一端，获利的厂，未必一定就有功；赔钱的厂，未必一定是不努力，所以我们考核各厂成绩，要拿事实来作标准。假如甲厂管理得法，工作效率高，开销省，成本低，出品好，但是因为市场或环境的关系而不能获利，这个厂的成绩，仍应列诸优等，所谓“非战之罪也”！又如乙厂管理、工作、成本、出品，样样不如人，但是逢适物价上涨的机会而大获其利，这个厂纵然赚钱，侥幸而已，何功之有？拿纱厂来讲，民国二十二三年间，十六支纱价跌到一百五十元，二十支纱价跌到一百五十至一百六十元，那时候的棉花，要四十几元一担，一包纱价尚不够棉花的成本，试问那几年纱厂的赔钱，完全是经营不善吗？而目下纱厂的赚钱，是不是就可以归功于办厂的人呢？故以事实来定优劣，而不仅以盈亏来论得失，是比较公允的。今后本公司考核各厂成绩，当先看其管理如何，营业如何，成本如何，出品如何，各方面综合起来，以定功过，并不专拿盈亏来做标准。这一层希望诸位深切体会并特别注意。

（三）办理工业，以将原料制成货品供给社会需要为主，原料进价之高低，当然与成本很有关系，但是在目前后方物价腾涨之际，早买的原料、物料，多少总是时价高于原价的，这种超过原价的数字，常人以为就是赚钱，在我看来不过是物价一时之变动。况且尚未将原料制成货品卖出以前，完全是纸上繁荣，就是制成货品卖出以后，是否真能获利，还要看以后补进之原料价格如何，倘后来进料价格更昂，则前此之赚钱，便无形中折耗了。例如某君（是我朋友的一位朋友，姓名可勿提出）先以十万元买布四百匹，迨价涨售出得了十二万元，赚了两万，不料布料一直上涨，他又忙着买进，但这时候的布价比前超过一倍多，结果他将原有资本十万元，同所赚的两万元，一起拿出，又添了八万元，凑足二十万元，才买进了四百匹布，后买的匹数与前相同，而所出的代价则加了一倍，试问某君是赚了，还是赔了呢？照这个例子来看，可见各厂所存的原料、物料，纵然一时涨价，并不能算是赚钱，倘各厂以此为获利，而同人亦以此为不劳而获的成绩，则殊失办厂的精神，并足以影响事业的前途。我们现在最切要的，是加紧工作，尽速生产，由生产所得的利益，才是真正的盈余。一切侥幸与坐享其利的心理，应当根本铲除和彻底纠正。

（四）当此物价上涨，总公司对于同人生活问题，极端注重，所以这次会议，关于各厂职员待遇之调整，已议有整个办法，但是本公司因此增加了庞大的开支，而各厂同人拿出些什么来贡献于本公司呢？我没有别的要求，我只向大家要成绩，若是只增待遇，不见事功，在公家固不能虚糜饩廪，在同人亦是否心安理得？况当此抗战时期，国难严重到这样地步，我们在后方饱食暖衣，无异平时，还不算享福吗？还不应当加紧我们工作，为国家为社会多尽一点力吗？我希望诸位回去以后，一方面领导同人加倍努力工作，一方面将过剩及不得力人员切实裁汰。其他属于消费性质之开支，亦应力求撙节，庶几于改善同人待遇之中，得到提高工作效率的效果。而同时，裁剪冗员与节省其他开支，亦足挹彼注兹，稍轻公家担负，这是极合理的事情，我想诸位必能体会得到，而且一定能够办到的。

（五）过去各厂在筹备时期，用人多寡自难遽定，现在既已粗具规模，应即确定人数，以防冗滥。我希望诸位回去，将各厂自职员以及警役，视实际需要情形妥拟名额，陈候总公司核定。至关于用人权限，我有一个极简单的原则，就是课长以上非先经总公司核准不可，其余职员在规定名额以内，总公司不加干涉。但是总公司对于任何人员认为不能留用者，一经通知其供职之厂，应即立予辞退，绝无通融余地。这是我用人的纲领所系，特预向大家声明，并希望大家了解，不要以为我不肯留情。

（六）我们在后方办理工业，必须先有整个计划，并将一切应有的预备，同时并举，一气呵成，如此方能以最短时间，达到预期的目的。即使偶然受到环境上的阻碍，或运输上的困难，那是可以人力来补救，不会耽误得太久，最怕的是事前无整个计划，顾此失彼，有了这一部分，却缺了那一部分，以致用力多而成功少。本公司各厂大都顺利进行，但是有三二厂不免因计划欠周，收效较迟，类似上面我所说【的】毛病。我们既然得了这次经验，一方面希望这几个厂拿后来的努力，去补偿此前的疏略，一方面希望大家互相切磋，互相勉励。今后任何一厂，任何一事，均需谋定后动，不可再蹈前辙。

（七）各厂厂务研究会，是促成厂中一切事务之进步的总策源地，但我看各厂寄来研究会记录，大都是例行事件，或琐碎事件居多，有研究价值的很少。这些属于厂务行政方面的事，用不着拿到研究会来讨论。我知道各厂有的是错会了意思，有的是苦无研究题目，所以拿这些普通事物来聊以应命，这是不对的。我以为各厂应该研究的事情很多，例如工人如何管理，技术如何改良，营业如何推进，人才如何训练，这都是很重要的问题。各厂每次开会，最好是选一个中心题目来研究，一次不能得到结果，下次再行讨论，哪怕一个题目，继续研究至好几次也是无妨的，只要最后得到结果，则前几次的功夫，并不是白费的。所以这个研究会，不在记录之铺陈，而在问题是否扼要；不在每回都有结果，而在对于每一议题抱锲而不舍之精神，彻澈如始地研究，不得结果不止。倘能每星期六只限一个钟头（时间不可过多，多则日久将生厌倦），绝不间断地研究下去，一年之中，只要有几件重要问题,求得改良或推进的方法,就是很大的收获。至于厂中例行事件,如为集思广益起见,不妨召集重要同人举行厂务会议以取决之,那末可将具有研究性质的事,归入研究会去讨论,属于通常性质的事,归入厂务会拿去决定,便可使这研究会发生效用,而不失去本本旨了。

(八)过去一般人办厂,大都侧重技术,而忽略于管理的重要,以为只要技术好,出货就能好,殊不知一个工厂单是技术好,而管理不得其法,不但不能发挥其效能,并足使效能为之减低。谈到管理,可说是包括工厂全部,如资金如何筹划,原料如何供给,销路如何推广,人事如何分配,开支如何节省,在在均与成本有关,丝毫不容忽视,决非专恃技术便能操必胜之权的。故我的见解,以为现在的办厂,应力矫从前的观念。一厂之中,不论公务、事务、营业、技术都要平衡发展,方不致有畸重畸轻之弊。只一点也希望诸位注意。

最后,我将我在第一天大会时所谈关于个人品德问题,再行申述一遍。任何事业,其成功失败,皆由于人,若是分子不健全,则其整体组织也必不能健全。譬如一座大厦,里面的梁栋椽柱,如果都是良材,未有不历久巩固的;如果都是朽木,一定是难免倾覆的。所以我们要想事业的成功,必须切实领导同人,增加知识经验,以培养其能力,同时严密注意其品行人格,务使大家一致向上,成为风气。凡是在雍兴团体以内的人,不但各有所长,并且个个都是束身自爱之士,如此则各厂前途一定都能达到成功的目的,公司之幸,亦全体同人之幸,这是我所馨香祷祝的。但是一经发觉同人中有操守不谨或行为不检者,务必立即淘汰,万勿宽容!因为姑息适足以养奸,除恶正所以劝善,这是颠扑不破的道理。我与在座诸位对于本公司都负有领导属下同人的责任,深盼共体斯意,互相勖勉,是所厚望。

(件存陕西省档案局民国档案 82 - 1 - 623 卷)

（二）第二届厂务会议记录

雍兴实业股份有限公司第二届厂务会议
第一次大会记录

（1943 年 2 月 27 日）

日期　三十二年二月二十七日

地点　本公司西安办事处

出席　束云章　沈次量　杨朗川（以下出席人员按签到簿次序顺列）

杨集生　吕凤章　刘履之　马文芳　凌子惟　贺书绅　陈尚斌

孙镜清　束樵如　黎廷谋　张一鸣　王鸿翔　吴承周　吴树谷

杨瑞人　刘绍远　刘持均　李亦人　汪晴江　卞柏年　胡名甫

吴葆瑺　傅道伸　潘仰山　李紫东　常缉甫　张翰才　冯尚文

张鸣冈　毛端梧　袁雪厓　王瑞基　许庸令　韩少苏　赵保章

主席　束云章

记录　王鸿祥　黎廷谋

主席致词

今天举行第二届厂务会议的意义，一方面检查过去工作，是否都能依照上届议决案切实做到及其成效如何，一方面讨论这次各处所提的议案，寻求一个合理结论，作为推进本年度工作的标准。在尚未开始检查和讨论以前，本席有下列了几点意见，先与诸君一谈。

一、资金

各处过去关于资金一层，因有总公司源源接济，可说丝毫没有感觉到困难，但是目下情形，已非昔比，将来总公司供给各厂资金，因为环境关系，恐不能不有一个限度，所望各厂经副理、厂长此后运用资金，必须精密打算，做通盘之策划。原料物料之可以节省者，则节约之；其必需添购者，亦宜分别缓急，一面向总公司商明酌购，一面将成品从速推销，以便将售得之款，供陆续补充原物料之需，而免资金积压，周转困难。至于各厂因建设尚未尽完成，需要资金才能竟其全功者，总公司自当继续设法供给，绝不使各厂预定计划稍受阻碍，惟各厂应将需用金额，预向总公司陈明，以便匡计头寸，早为准备。

二、计划

各厂在筹备期内,如购地建屋以及充实机器设备等,当然都是经过一番考虑,不是没有计划的,但于推动之际,总嫌步骤尚欠整齐,往往有顾此失彼未能一气呵成之处,因之时间上、经济上均不免受有损失。此种情形,故应由总公司密切注意以纠正之,同时希望各厂直接负责者,此后关于每一计划之推动,必须确定步骤,不论设施程序,或工作期限,均应于事前详密规定,节节前进,守而弗渝,庶于迅赴事功之中,得免百密一疏之虑。

三、工务

据我本人到各处考察的结果,可以说无论雍行直辖副业,或雍行所属各厂都有一个普遍的现象,就是工务方面,关于原料、物料之使用,均尚未能达到恰到好处的境界,其能体念时艰、力图节省者,固属难能可贵,即知道在节省方面作打算者,亦属不可多得。内地物资异常缺乏,采购补充,极感不易,且雍行副业与雍兴各厂不下二十余个单位,倘每个单位经管用料部分,都能当心撙节一点,则积少成多,所省当必可观。再就工作效率言,一般标准都不算高,其中固然也有被环境所限,受到阻碍的。例如重庆的一般纺织厂,即因训练女工及不时遭遇空袭等原因,所以致影响工作效能,不能充分发展。但我们在重庆的纺织厂,已设立了四年之久,其在西北之纺织厂,有的且超过四年以上,一切事务论理应已奠定基础了,可是目下实际情形,终还不能令人满意。至于出成品色,各厂之间,高低不一,有的大致不差,还不算过于粗劣;有的品质欠佳,够不上合格标准。这都是工务上的缺点,亟应加以改进的。但欲改进工务,必先从研究入手,总公司前曾通函各厂,举行厂务研究会议,其用意也就在此。乃各厂寄来的会议记录,以报告厂务一类的性质居多,其研究有心得者,殊不多觏①。此后务望于研究方面多项功夫,并训练同人使其对于各部门之研究上发生兴趣。盖无论计划或改善何事,最好荟萃多方面的意见,来作一个合理的决定,并须有不自满足与锲而不舍的精神,铢积寸累,向前钻研,那才能得到集思广益、日新月异的效果,绝不是专靠一二人的心思才力所能周洽无遗的。

四、开支

各厂过去或因草创伊始,或因营业尚佳,对于开支,不免有不甚精密打算之处,但现在情形不同,非竭力紧缩,不能支此艰局;非切实检讨,不能杜绝虚糜。例

① 觏(gòu):遇见。

如以厂警言,有数厂所用的名额,据我看来,不免太多,是否可以裁减一部分呢?又如印刷、煤炭、杂费等是否尚有浪费的地方,可以节省一些呢?我想苟能注意及此,实行节省,一定可以收到极大的效果。所以这次西安中国银行业务会议,特将节省开支这一个问题,作为中心议案。记得今年二月在蔡家坡时,曾经对几个同人谈过,我们现在所有职员约一千人有奇,工人及警役约一万人有奇,两【下】共约一万一二千人,每月的伙食,平均每人三百五十元,以一万二千人计,公家每月负担,仅此一项就需四百二十万元,全年支出须达五千万元以上。其他人事开支,不但难望减低,且恐随物价上涨的潮流,还须继续增高,也说不定。在这种环境之下,增加生产的开源,自动与紧缩开支的节流,一样重要,尚望各厂同仁共体时艰,勿以节省开支视作琐细为幸。

五、统一购料

关于购料问题,琐碎而复杂,惟事关银钱出入,物料良窳[①],非有严密的管理不可。所以总公司一再主张集中办理,以免散漫易滋流弊。征诸过去事实,确也曾发现购料员中有一二不忠实的分子,经总公司查实,予以开除。当此人欲横流,道德堕落,尤其是一般不规矩的商人,唯利是图,他会用尽方法来诱惑你,使你卷入漩涡,以达到其牟利的目的。且过去各厂各自购料,往往有同一货物,因彼此争购,以致商人抬高价格,居为奇货,厂中无形吃亏。所以总公司实行统一购料,不仅是对于各厂购料人员得以集中考核,严加管理,且对于采购物料,亦可通盘筹划,以杜过去之流弊与无谓之损失。此项原则,既经决定,无可变更,唯总公司与各厂之间,应如何取得密切联系,以期办事便利之处,尚望各厂负责人不分畛域,共抒所见,俾统一购料之组织益臻完密。

六、待遇

本公司前定各厂职员待遇办法,行之已阅一年,详加检讨,尚多缺点。例如高级职员之待遇,有以米贴关系,尚不如一普通职员之收入为多者,是其所负之责任,与其所获之待遇,未能轻重悉称;更有新进职员之待遇,以生活程度今昔不同,所定薪额,不免较旧有职员略优者。此皆事实问题急应调整,以期平允。兹将本人考虑改善米贴之意见略述如下,以供诸君讨论待遇问题之参考:(一)经理、副经理、厂长发米贴一石;(二)总工程师、工程师、课长发米贴八斗;(三)技师及高级办事员发米贴六斗;(四)普通办事员及助员发米贴四斗。

---

① 窳(yǔ):(事物)恶劣,粗劣。

七、管理

关于管理问题，我希望各位经副理、厂长要注意下列各点：

（一）以身作则。经副理、厂长是一厂最高的领袖，应该恪守规责，为同人的表率。语云“其身正，不令而行；其身不正，虽令不从。”所以做领袖的人必须要以身作则。

（二）注重组织。对于所管的事业，要有严密的组织，然后处理事务，才能有条不紊，用人多寡，才有准绳；考核事功，才有依据。假如组织不健全，则如一盘散沙，力量不能集中，精神必然涣散，一切不能纳入正轨。

（三）不偏听不偏见。“偏听则暗，兼听则明”这是确切不移之言。做领袖的人要能博采众议，虚心考察，不以一二人之是非为是非，轻易受人愚弄。再则做领袖的人切不可有偏见，但亦不可无主见。因为偏见是一己之成见或是少数人之私见，往往足以偾事。至于主见则与偏见截然不同，主见是处理一件事，或定一个计划，经过多方面的考察与缜密的思虑而后决定的，一经决定之后，即放手做去，不可轻听人言，二三其德，这就是所谓主见（俗说主意）。办事若无主见，则将彷徨歧途，无所适从，安有成功之望呢。但遇到自己判断或有错误，或别人的意见确有可采时，那就要虚衷研究，择善而从，万万不可刚愎自用，因为刚愎就成为偏见，不是主见了。

（四）贯彻到底的精神。对于自己所办事务，精神要始终贯彻，一心一意，念兹在兹，不但要持之以恒，并且要持之以敬。把自己应当办的事务，和应当尽的责任，视同一件珍贵的物品一样，夙兴夜寐，兢兢业业，宝实爱护持，唯恐失坠，这就是“敬”字的意义。凡人做事精神能始终不懈，都是得力于“敬”字，前人所昭示我们的“敬事”和“敬业”，都是这个意思。

（五）注意干部。所说干部就是一个团体里面的中级人才，一个规模较大的工厂，做经副理、厂长的，事实上焉能刻刻与各个职员相接触，对于一切事务，也难以件件躬亲，这就要注意中级干部了，中级干部如能选择得人，就能免除上层与下层隔阂，我们要推动一种工作，或执行一种命令，必能如身之使臂，臂之使指，不致发生阻碍。因为中级干部，介乎上层与下层之间，上则秉承首脑部之指挥，下则率同一般职员，执行任务。举凡工作应如何推动，及事务应兴应革，中级干部没有不深知的，同人才力之优劣，成绩之好坏，以及下层之疾苦困难，中级干部也没有不洞烛无遗的，推而至于行为之观察，品性之熏陶，情谊之团结，亦惟中级干部能优为之，故中级干部实为一个团体腹心所寄。但如何方能得人，如何方能使他们各获所长，这是做首脑的人所应当切实注意的。再则，为首脑者应慎选中级干部，倚为心膂，可是首脑部应以最大的力量与诚挚的精神，对于中级干部予以指导训练和培养。这是首脑部应负重要责任之一，不是有了几个中层人才，便可垂拱而治的。关于这一点，请诸位千万不要忽略才是。

（六）要能转移风气。现在社会风气确是很坏，忧时之士莫不扼腕叹息，以为今不如古。其实征诸史册，每一时代的社会风气，都难称尽美尽善，即偶有某一时期，政治风俗较为善良，亦由于少数正人君子的潜移默化。我辈生今之世，既然知道社会风气不好，就应当尽我们的力量，去做一番矫正转移的功夫，若徒抱忧时之志，而不能见诸行事，或以改良之责，望诸他人。假使人人如此，那么社会风气将永无改良之日，扼腕叹息，又有何益呢？诸君都是社会上的中坚人物，不可妄自菲薄，应该将转移风气之责，引为己任，改良全社会，自难一蹴而就，但是将自己所领导的团体，树立一种新风气，那是责无旁贷的。

（七）不可以利禄策励。同仁做经副理、厂长的，应以道义勖勉同人，若用利禄笼络，最为下策。以道义相勖勉，虽同人气质各有不同，然能领略一分，即得一分益处，可以终身受用不尽；如以利禄为策励之工具，则人人相率为利，有利则结合于一时，无利则秦越相视，且人心无厌，欲壑难填，焉得人人而悦之？焉得时时而悦之？终有穷于应付之一日！故自古迄今，罕有专以利禄相始终者，深望诸君勿蹈此辙。

（八）要高明与精明。所谓高明，即眼光远大，笼罩全局；谓精明，即观察周详，巨细无遗。这两种要兼采并用。用游山来作个比喻，高居峰顶，放眼四望，凡山之前后左右，峰峦起伏以及庐舍村落，无不在目，这是高明的比喻；探幽入胜，缓步徐行，凡一丘一壑一草一木，无不察其曲折，辨其种类，这是精明的比喻。做经副理、厂长的，对于整个工厂，要用高明的眼光，统筹全局；用精明的眼光，考核庶事，但是专讲高明，容易失之空疏，专讲精明，容易流于苛细，所以必须二者配合，善为运用。

（九）要虚心。“谦受益，满招损”古人早已说过。大概一个人在社会上地位愈高，所办的事业愈大，他的学问知识愈觉不够，这并不是他的聪明才智不如从前，是因为事业的推广，和时代的演进，使他需要更丰富的学问知识，方足以应付裕如，否则故步自封，年复一年，将来一定会感到办事竭蹶的。所以希望各位能虚怀若谷，从多方面增加学识，进德修业，切不可一得自满。

（十）要有气度。尺有所短，寸有所长，做领袖的人，对于同事要能用其所长，匡其所短,有善则劝,有过则规。其有能力或见解不到者,应为之设身处地,教以处理之方,授以解决之法,如此则才短者经陶镕阅历而可渐增其效率矣;其有无心发生错误者,应详加指示,予以宽恕,则同人知首脑之严而不苛,亦必争相淬砺不敢稍有疏略矣。总之,有功则归美于人以激劝之,有过则反躬责己以感格之,严恕并行,宽猛相济,有这样恢宏的气度,自然群策群力,乐于为用。

(十一)勿庇护同人近于溺爱。《礼记》有云:“君子之爱人也以德,细人之爱人以姑息”。曾文正公亦云:“爱人须严厉督饬”,所以希望诸位对于同人管理要严密,教导要周详,遇有过失,除无心之错可以宽恕者外,其他必须照章惩戒,决不可徇情庇护。我这话与前面所说要有气度一点,对不娄突,因为我们对于同人是责善,而不是责难。所谓责善,是规过劝善,补偏救失,使人人都有向上的机会,同时并防闲之夹辅之,使之日趋于善,而不致流入不善;所谓责难,是存心挑剔,吹毛求疵,横生枝节,有意与人为难。故责善含有互助的意思,而责难乃是不负责任的苛求,此二者之动机与结果均绝对不同,极应加以辨明。至对于同人有过不宜庇护一层,因庇护总是由于感情之私,绝不是出于理智之公。若私可以胜公,则非可以为是,所谓赏罚,所谓章程,还有什么用处呢?昔北齐杜弼答高澄为政之要说:“天下大务,莫过赏罚,赏一人使天下之人喜,罚一人使天下之人惧,苟二事不失,自然尽美”。治国如此,治一团体何独不然!假使侧重情感,庇护亲私,赏罚既乖,何殊溺爱?溺爱之弊,在家庭中,父母尚不能管束其所生之子女;在团体中,领袖又何能驾驭其分子错综之同人?此理至明,务望诸位特加注意。

(十二)要躬亲其事不必躬亲细故,一般人的见解,以为做领袖的人只要务其远者大者,不必事事躬亲,这话似是而非。我以为做领袖的人可以不必躬亲细故,但不可不躬亲其事,对于内部的组织,业务的计划,规章之决定,治事之纲领,以及用人行政诸大端,都必须躬亲其事,然后能将全盘事务烂熟胸中,审核措施,自有把握。至于各种细事,支配得人,自然不必躬亲其役。

以上各点,系本人经验所得,没有什么高深的理论,不过聊供诸位的参考,至于运用之妙,在乎一心,诸位当能体会,毋庸辞费了。

主席请各厂经副理、厂长分别报告各厂一年来厂务推进情形(词长从略)。

雍兴实业股份有限公司第二届厂务会议
第二次大会记录

(1943 年 2 月 28 日)

日期　三十二年二月二十八日

地点 本公司西安办事处

出席 束云章 沈次量 杨朗川(以下出席人员按签到簿次序顺列)

赵保章 张鸣冈 吴承周 杨集生 毛端梧 贺书绅 束樵如

黎廷谋 卞柏年 刘绍远 张翰才 许庸令 韩少苏 凌子惟

马文芳 袁雪厓 陈尚斌 刘持均 吴树谷 潘仰山 杨瑞人

李亦人 孙镜清 王鸿翔 汪晴江 吕凤章 傅道伸 张一鸣

李紫东 常文熙 王瑞基 冯尚文 吴葆瑺 刘履之 胡名甫

主席 束云章

记录 王鸿祥 黎廷谋

主席致词

(一)兹检讨本公司第一届厂务会议决议案尚有未尽切实照办者,及应于本年度内限期实行,务使前次议决各案完全办到兹列举于左:

1.《各厂关于管理方面应拟订各种规则案》《建立检查制度案》内之工务、业务、人事、检查细则,应由章则审查委员会于两个月内,分别拟定公布施行,至各厂已陈送之各项章则,应尽三个月内审查完竣,并将修正条文分寄各厂照办。

2.《拟请加强人事训练促进工作效率》案内之决议案第二项"应由总公司选派会计专门人员分赴长安、咸阳、蔡家坡各厂所在地,讲授会计学理,以半年为期,使各厂从业人员均有会计常识;兰州四厂则有驻陇处负责办理"一节,应由总公司及至驻陇处切实照办。又雍兴会计内规务请总公司会计部分,于本年六月四日以前印发各厂,以资遵守。将来遴派会计专门人员分赴各厂讲授会计常识时,可分为会计常识讲话及会计事务训练两项。凡各厂会计人员及与会计有直接关系者,均应一律受会计实务训练,即以内规为课本。各厂一般从业职员均应聆听会计常识讲话,俾有灌输会计常识之机会。又同案第三项决议"各厂工务、事务之间应如何取得密切联络"之处,应由总公司再函各厂就本身实际情形限期拟具方案陈请总公司核定施行。

3.《各厂管理原料、物料及经手款项,以及采办物料、原料人员,应觅具殷实铺保》一案,应由总公司再函各厂,务须切实照办并将保证书副本送陈总公司备核,如有不照办者,各该厂最高负责人应受连带处分。

(二)此次总公司及各厂所提议案共计四十件。兹就其中性质类似者,分为两组审查,并将分配各组议案及指定审查人员列左:

第一组:

审查人　杨朗川　胡名甫　袁雪厓　潘仰山　常缉甫　束樵如
　　　　刘绍远　贺书绅　汪晴江　许庸令　凌子惟　冯尚文
　　　　李亦人　刘履之　杨集生　陈尚斌　韩少苏　王鸿祥

召集人　杨朗川

审查议案：

1. 各厂为节省食粮应搭食包谷案　总公司提

2. 各厂应拟定非常时期紧急处置办法并加强防空及消防设备案　总公司提

3. 各厂财产拟由总公司代保火险规定手续案　总公司提

4. 环境艰苦物资缺乏拟请节省开支解决困难案　总公司提

5. 拟请总公司设立研究室以利推进厂务案　中南提

6. 各厂应自行拟定招待外界参观办法案　总公司提

7. 拟请改定厂名　以求名实相符案　兰药厂提

8. 拟请将兰州中行河路仓库房院划归本厂半面以便扩充而利建设案　兰毛厂提

9. 为适应建设西北事业国策，本厂设备组织宜从速加强以利生产案　兰机厂提

10. 各厂合作社应整理并加充实案　总公司提

11. 办公司所属各厂职员应阅读党义书籍案　总公司提

12. 拟请雍兴总公司每月对各厂同人于雍言通讯增加训话一栏案　豫丰提

13. 各厂应慎选英才培植中级干部案　总公司提

14. 各厂应训练艺徒案　总公司提

15. 各厂职员互保寿险办法案　总公司提

16. 各厂应严格管理庶务案　总公司提

17. 为加强员工服务精神，增设四厂联合小学、俱乐部、浴室、理发室、消费社、眷属宿舍等福利事业案　兰机厂提

18. 拟请调整待遇安定同仁生活案　兰药厂提

19. 拟请总公司按照最近生活指数增加津贴倍数以资维持同仁生计案　中南提

20. 员工待遇请予改善案　兰机厂提

21. 拟请依照政府规定按年龄核发米贴办法发给职员米贴案　陇煤提

22. 拟请改定发给职员眷属米贴代金办法案　兰毛厂提

23. 员工伙食办法改善案　兰机厂提

24. 拟请总公司采用行政院颁布之米贴制度以资维持同仁眷属生活并示待遇均衡案　中南提

25. 拟请年终加发员生一个月薪津为星期不休假奖金案　陇煤提

第二组：

审查人　张鸣冈　李紫东　傅道伸　毛端梧　王瑞基　刘持均
吴树谷　吕凤章　孙镜清　马文芳　赵保章　吴承周
杨瑞人　张一鸣　卞柏年　吴葆瑺　张翰才　黎廷谋
召集人　张鸣冈

审查议案：

26. 各厂所用原料物料应如何研究使其特别节省案　总公司提

27. 各纺织厂应利用废棉案　总公司提

28. 拟请将纺织厂或机器厂尽量发展案　豫丰提

29. 拟请总公司通饬各厂编制本年度各该部分工作方案及改进计划以资考核工作进度案　中南提

30. 西北国际路线开通运输增拟健全汽车修理部购备各种汽车零件案　兰机厂提

31. 各厂厂务电报可即废止惟日报务必逐日填寄不得积压或并寄案　总公司提

32. 各厂应自行拟定工作标准案　总公司提

33. 集中各厂购煤案　总公司提

34. 集中各厂购粮案　总公司提

35. 各厂应彼此电告当地物价行市以期消息灵通案　总公司提

36. 拟请派员赴沪或委托商人代购染料案　兰毛厂提

37. 拟请在渝订购小型纺织机数部以利工作案　兰毛厂提

38. 拟请租用军政部轻便铁道以利运输案　陇煤提

又《规定自制纱机标准》暨《研究机器厂成本计算方法》两案，由第二组另设甲乙两组分别审查，兹将议案分配及指定审查人员列左：

甲组：

审查人　潘仰山　毛端梧　吴树谷　王瑞基　刘持钧　吕凤章
马文芳　杨瑞人　傅道伸

召集人　潘仰山

审查议案：

39. 规定自制纱机标准案　　总公司提

乙组：

审查人　潘仰山　胡名甫　毛端梧　傅道伸　王瑞基　刘持钧
吴树谷　吕凤章　马文芳　杨瑞人

召集人　潘仰山

审查议案：

40. 研究机器厂成本计算方法案　　总公司提

雍兴实业股份有限公司第二届厂务会议
第三次大会记录

（1943 年 3 月 4 日）

日期　民国三十二年三月四日

地点　本公司西安办事处

出席　束云章　沈次量　杨朗川（以下出席人员按签到簿次序顺列）
常缉甫　毛端梧　吴承周　吕凤章　陈尚斌　许庸令　韩少苏
束樵如　刘履之　冯尚文　张鸣冈　潘仰山　孙镜清　张翰才
杨集生　王鸿翔　卞柏年　黎廷谋　傅道伸　贺书绅　胡名甫
张一鸣　赵保章　王瑞基　刘绍远　刘持钧　吴葆瑞　汪晴江
李亦人　李紫东　凌子惟　马文芳　吴树谷　杨瑞人　袁雪厓

主席　束云章

记录　王鸿祥　黎廷谋

主席致词

各组审查会议自本月一日起至三日止，所有议案四十件均已审查完毕，兹将原议案及审查意见分列如左，请付讨论：

提案（一）

各厂为节省食粮应搭食包谷案（原提案摘要）　　总公司提

入春以后，采购食粮渐感困难，小麦来源尤形缺乏，应搭用包谷以资接济。

一、工人所用面粉从三月一日起，改用小麦面粉一半，包谷粉一半掺和发给；

二、职工伙食从三月一日起，每星期一日食包谷馒头一天，并规定是日不得兼用米面。

审查意见：

本案条文拟修正为“各厂职工所用面粉，自本年三月半起改用小麦粉七成，杂粮三成掺和食用”，并将案由内“包谷”两字改为“杂粮”。

决议：修正条文通过，并请总公司通函各厂照办。

提案（二）

各厂应拟定非常时期紧急处置办法并加强防空及消防设备案（提案原文）

总公司提

战事演进局面非常，同时敌机扰害后方，其势亦不可忽。各厂重要文件、珍贵材料与仪器、图书，凡可以移动之物，固应筹安全方法预为准备，以应非常，即如紧急之际，人事配备、路线划定，以及防空与消防之管理与充实，尤不可不随时检讨，以期周密。关于各厂预防空袭除应按照总公司厂字第四号通函办理外，兹为加强准备工作起见，约举下列各原则，由各厂斟酌实际情形，自行拟定办法实行。

关于物件：

一、文书档案：应分别重要、次要及永久、临时性质，以备随时之际，择要移动。

二、地契、房契与平面图：应抄副本三份，一份各厂自行保存，一份存寄总公司，一份寄由总公司转托陇支行保存，其原契由总公司寄西安分行地库保存。

三、贵重材料：不易生锈或霉损者，应藏入地下室，其他仪器标本图样及贵重物件，如电话机之类，每件均指定专人负责，空袭时移入防空洞。

关于人事：

一、应付非常之组织，均应预先指定专人负责每月举行演习，如紧急集合之类，以提高警戒能力。

二、指定急救人员并予以适当之训练。

关于防空：

一、划定防空洞座位与路线，警报时强制施行疏散。

二、准备急救药品并检查去年存药尚否有效。

关于消防：

一、蓄水池：需水量应加检查利用，现有小工、杂工多掘池塘蓄水，并多备细沙堆存屋旁。

二、充实消防设备：内厂各部分均应有火钩、长梯与大斧之类专为拆卸而用者。

三、警察应受消防训练,每月演习施行紧急集合一次。

四、检查现有消防器材加以补充室内,多备灭火弹,充分利用化学灭火剂。

五、指定每一部分警戒人员检查夜班工人之灯火事项。

审查意见:

照案通过,但总公司厂字第四号通函所列各点,各厂是否已切实做到,应由各厂负责人逐项加以检查,其尚有未照办者,应即限期实行,一面请总公司派员复查,以作各厂考核成绩之一端。

决议:(1)照审查意见通过。(2)关于加强消防事宜,如救火工具之配备以及救火人员之训练等项,各厂过去曾否均有组织,应由各厂据实际陈明,并将组织情形函报总公司核查。

提案(三)

各厂财产拟由总公司代保火险规定手续案(提案原文)　　　　总公司提

查本公司各厂矿房屋、机器、生财器具及原物料等动产、不动产,应照时值投保火险,迭经通函布达,惟现查各厂对于投保手续或未尽明了,难免不无遗漏,【且】当兹物价剧涨之际,万一出险,按照保险关系章则及向例,对于所保财物,虽按时值估价,凡未经保足之数,即认为保户自保,往往得不偿失,且有因数目过巨,保险公司限于额度未能充分承包者,如不妥筹办法,殊不足使全部财产得有保障。兹为统筹起见,拟将各厂财产不论动产、不动产,凡已保火险者,仍俟到期再行退保,其未保或保不足额者,一律由总公司承保,以归一致而策安全。惟兹事手续甚繁,应如何详为规划,俾期周密之处,拟请公同讨论,以资采择。

审查意见:

由各厂将应保火险之动产、不动产剔除已保金额外,将其余未保部分,参照办公司提存兵险准备办法,将应付保费缴由总公司作为保险准备,详细办法由总公司另函通知各厂照办。

决议:参照审查意见通过。

提案(四)

为环境艰苦物资缺乏拟请节省开支解决困难(提案原文)　　　　豫丰提

查各厂目前均属环境艰苦,物资缺乏,拟请节省开支,解决困难。兹将原则三项列后,如何提付核议。

一、嗣后各厂如非事实需要不得添员工,并须就原有者严加考核,其能力薄弱者即予裁淘，务使优越者各尽其才，迅赴事功，一人可任兼任之事。

二、各厂关于领取机物料之审核，凡属实务方面，须由经理或经理指定负责人员核付；工务方面，须由厂长或厂长指定负责人员核付。尤须认真审核，以期节省物资，使物无虚糜。

三、其他不必要之开支及非经常费用，务须严格预算，力求撙节，其超出预算者，不经陈准不得任意开支。

审查意见：

1. 原第一项拟请照原文通过。

2. 原第二项拟修正为“各厂关于领取机物料，应由经理或厂长指定负责人代为审核，以期节省物资，使无虚糜，但仍须经理、厂长盖章核准后方得领用”。

3. 拟增第三项“各厂间接开支应于每年十月份编制下年预算，陈请总公司核准其有因物价上涨超出预算者，应声叙实，陈请总公司核准追加”。

4. 原第三项拟改为第四项，并修正为“预算以外之特别开支非经陈准不得开支”。

本届大会迭承总经理宣示务须撙节开支，固所以限制糜费，实勉以共体时艰。查各厂处开支除关于人事方面之支出外，诸如印刷、灯炭、杂费，皆岁支巨数，其他如交际、车马、旅费等项，所支亦复不少，欲求合理之撙节，须谋严格之管理，兹拟具意见如下，以供大会之采择：

（一）各厂处主管人员对于各项开支，应亲加督率并考核开支账目，不得认为琐诿诸一二同人之手，不加注意。嗣后开支倘有糜费，应由各主管人负其全责。

（二）有管辖机关各厂处，对于所属之开支情形应勤加督查，不得忽视。如有涉于浪费者，应随时予以有效之纠正。

（三）嗣后总公司稽核各厂处账表及赴外查账人员对于各属开支账目，应详加查核，不得丝毫宽假。

（四）各厂处对于本身开支，限每月底自行检查一次，每三个月将此项检查结果作成报告陈请总公司。以上略举大端，仍恐不免挂漏，总之立法固宜精严，而执法尤贵切实，苟各主管人员时时体念公家担负之过重，及未来业务之艰难，督率同人一致努力，从撙节上勤加思考，痛下功夫，当未有不立刻收效者。仍希各抒所见，共同讨论。兹将主要开支撙节方式试拟如左：

（甲）职工薪资：职工警役须视各厂实际情形，拟定名额陈经总公司备案，不得随意增加。

(乙)办公费:应行节省不必要之应酬。

(丙)印刷费:根据上年度总公司颁布办法,切实办理并尽量采用国产纸以代舶来品。

(丁)文具费:同人因公领用文具,应按月分别统计,以觇同人爱护公物之程度,并作为考绩之一种。又每天领取铅笔、毛笔、钢笔头、复写纸、墨水等,应将用剩之钢笔头及用废之复写纸等,持向放料处调换。私人写信绝对禁用公用笺封,惟可代印同人私用信笺信封廉价供其购用。

(戊)邮电费:私人邮电绝不得由公家出账。又公电电文务求简明,藉省电费。

(己)营膳:营膳费在一万以元上者,须先陈经总公司核准。

(庚)捐款:不可避免之捐款,在三千元以上者,须陈经总公司核准。

(辛)杂费:员工饮料一律免用茶叶,除宴会及招待有关业务之实宾外,待客不用烟茶。

决议:照审查意见通过。

提案(五)

拟请总公司设立研究室以利推进厂务案(原提案摘要)　　　　　　中南提

查工业生产欲求其经济合理,凡技术与管理均有相互之重要性,故近代欧美先进诸国对于工业管理与制造技术,莫不兢兢业业,日新月异,精益求精。吾人于十年前学得者,在今日之欧美已视为时代之落伍者矣,亟宜积极探讨研究,紧追欧美以俱进,庶我国工业建设之前途,有厚望焉。请总公司成立研究室,聘用专门人才主持设计研究工作,俟得有具体方案,责令各厂试行,并责令各厂随时将实验经过分析其优点或缺点之所在,详细列报总公司,以供研讨者之参考修正。

属于制造方面者,分纺织、机械、化学、采矿四类,其研究中心:

(一)原料、物料、工具之改进及替用问题;

(二)改良品质;

(三)增进效率;

(四)节省原料消费;

(五)减少劳力负担。

关于管理方面者:

(一)职工福利问题;

(二)职工卫生问题;

（三）职工训练问题；

（四）厂内安全问题；

（五）改进事务行政（包括仓库管理、文书制度、庶务事项等）；

（六）健全组织机构；

（七）促进业务政策（包括购销运）；

（八）改进会计制度（包括成本计算）。

举凡事业之进步，皆由研究而得。各厂从业人员处理本身日常职务，尚待主管人之推动，鲜有自动研究事业热心向上之志，且亦极少有此天赋，故总公司之成立研究室，以助事业之合理进展，诚为当前之急务也。是否可行，谨请酌核采行。

审查意见：

查总公司对于各厂工务之推进，如厘定标准、改良制造、减少负担、增加效率，以及对于人事管理、职工福利、加强训练、健全组织，现已条举目办，且时在督促激励，饬由各厂努力遵行。在每一事项推动之初，既已统筹全局作详切之规划，经过相当时日，又复施以检讨，期无罅漏，自无须再设研究室一类之机构，原提案似无庸付讨论。

决议：照审查意见通过。

提案（六）

各厂应自行拟定招待外界参观办法案（提案原文）　　　　　　总公司提

抗战后方举办工厂，遵照政府规定原以不许参观为原则。惟交接以礼，人情之所不能自异，且生产事业常为国际观察家所瞩目，各厂自应妥定招待外界参观办法，步伐齐一，容止整闲，庶几临事之际，从容中节。兹约举原则如次。

一、无论团体或个人要求参观工厂，均应得各该厂经理许可，填具参观证通知值日人员。

二、各厂应自行划定可供公开参观部分，并划定规定路线，在划定范围以外，一律不引人参观。

三、各厂应指派招待员一人，对于言辞态度加以训练。最好将整套对答资料、招待仪节酌加编定，使各方来观者认识一致。

四、各厂应准备产品标本及可以公开阅览之模型或统计图表与简明报告资料供外界询考，至于事涉机要之文件、图册，不得在接待室悬挂。

五、各厂仓库原料、燃料、食粮储存之处，不得任人参观。

六、各厂非遇不得已时，不得随意招待外界参观。

七、各厂门卫应特加训练,使态度恭和,稽查严格。

审查意见:

原案通过。由各厂根据原提案七项原则,拟定办法陈报总公司备核。

决议:照审查意见通过。

提案(七)

拟请改定厂名,以求名实相符案(提案原文) 兰药厂提

本厂自二十九年改组,定名为"雍兴实业股份有限公司兰州制药厂",当时原拟以制药为主,故定斯名。嗣以原定计划提炼、改制、制造,均为环境所限,以言提炼,则大黄、当归、草药用量太少,不宜大规模提炼。麻黄难可提炼,但又因技术与溶剂之关系无法进行;以言制造,则制造西药之原料 COALTAR①,中国又无出产,外货无从输入,原料缺乏,难期其成,且值此抗战时期,设备方面亦极困难;以言改制,则因原料来源断绝,决难做成。是以本厂于制药工作虽经多方努力,恐在抗战尚未结束以前,不易实现。现本厂所制造者为酒精,为肥皂,为平面玻璃及玻璃器皿,均系化学物品制造。若仍用前定厂名,似不相宜,拟请总公司于此次会议中提出改定化学工厂名称,以求名副其实。

审查意见:

该处既因环境关系,对于原定制药计划进行诸多困难,似应改名化学工厂,以期名副其实,拟请大会通过。

决议:"兰州制药厂"改名为"兰州实用化学厂",并由总公司向经济部办理重行登记手续。

提案(八)

拟请将兰州中行河路库仓房院划归本厂半面,以便扩充而利建设案

(提案原文) 兰毛厂提

查本厂厂址系租用中国银行河路仓库房屋三栋加以改建得以安装机器,但因上年业务较前稍行发展,员工众多,以致宿舍叠床架屋,宿人甚多,常患病疫,影响员工健康及工作甚巨;且本厂距城穹远,应设置洗浴、理发等室及运动场,藉维健康,但因厂址狭小不敷应用,致付阙如。拟请将河路仓库房院,划归本厂半面,以便扩充【案】。

审查意见:

---

① 指煤焦油。

拟请大会通过，由总公司商请兰州中行将机场仓库原存各物移存前西北货栈仓库，其空出之仓库房院，划归兰毛厂应用。

决议：由总公司商请西安中行转商兰州中行，将前西北货栈仓库房屋租给兰机厂应用，其兰机厂原用房屋划一部分归兰毛厂应用。

提案（九）

为适应建设西北实业国策，本厂设备组织宜从速加强，以利生产案

（提案原文）　　兰机厂提

近来政府决心建设西北，一切工业必趋猛进，是以关于本厂嗣后之经营方针，似应加强工作以图发展。兹拟充分采备原料并添设机械，多招工人，以资加强本身机构，俾适应将来需要。

审查意见：

拟由大会请总公司核办。

决议：由总公司根据本年一月间束总经理在兰州与该厂所定原则酌办。

提案（十）

各厂合作社应整理并加充实案（提案原文）　　总公司提

各厂对于员工及员工眷属日常生活用品，大都有消费合作社或类似消费合作社之组织。其组织严密、管理周详者固多，惟其中对于组织及管理方面尚有臻妥善者，嗣后应请各厂对于员工消费合作社之组织及管理，加以整理与充实，公私界限尤应划清，至各厂此类组织最近推进情形如何，尚希抄附章程具报总公司，以便加以考核。

审查意见：

各厂应根据《合作社法》将员工合作社加强组织与管理，划清公私界限，并将最近办理情形陈请总公司审核。

决议：由总公司通函各厂，将最近办理合作社情形陈报总公司审核。

提案（十一）

办公司所属各厂职员应阅读党义书籍案（提案原文）　　总公司提

中国国民党为中国惟一政党，凡属国民对于三民主义均应加以研究，俾对主义有深切之认识。中国国民党对于国营各工厂，有党部及三民主义青年团之组织，各厂职员平素研究党义，对于党团指导藉可顺利进行。兹约举原则如次：

一、成立中山室，购备党义书籍，以供职工阅览。

二、已设有党团之工厂，按时开会及小组会议充实其内容。

三、未设党团之工厂,应即遴派取得党团名籍之同事,留心研究组织及训练方法,以为准备。

四、举行党义讲演,举办壁报。

五、注意个人思想之领导,辅助其对党义之信仰与认识,先从工余教育着手。

六、详细办法由各厂拟定之。

审查意见:

拟提请大会通过,并请总公司通函各厂照办。

决议:照审查意见通过,并由总公司通函各厂照办。

提案(十二)

拟请雍兴总公司每月对各处同仁,于《雍言通讯》增加“训话”一栏案

(提案原文) 豫丰提

查雍兴各厂分设多处而同仁等为职务及地域所限,无法汇集一堂,拟请总公司每月对每厂同仁于《雍言通讯》增加“训话”一栏,俾作精神之领导,庶几人手一编,观摩遵守,必收千里一室,息息相通之效。

审查意见:

总公司总、协理暨各总以及中行经副、襄理对于同人之训话并当地名人演讲,向皆刊登于《雍言》,嗣后仍请继续办理。

决议:照审查意见通过。

提案(十三)

各厂应慎选英才培植中级干部案(提案原文) 总公司提

本公司暨各厂创设未久,亟宜罗致长才,发展事业。现在全部工作人员将近千人,仍不时增设员额,汲引多士,人才之选,寤寐求之。今后各厂应注意人才之培成,必须由下而上、循序训练、补充新的细胞以健全中级干部。约举原则如左:

1. 注重学历,尽量高中以上学校毕业、具有专门技能者甄用。

2. 年龄不超过四十岁为原则。

3. 注意体格健全及仪度修饬。

4. 对于准备引用之员其思想、兴趣、谈吐、家世、履历、师友、处世经验、判断能力,皆应于甄用。以前由各经理与之作二小时以上之个别谈话,作成记录以备查考。

5. 经个别谈话认为合格,应祝嘱其作一自传。

6. 初任六个月中无论阶级高下,一律应写工作日记,月终送经理核阅。

7. 奖进干部分子，使之对于本厂事业发生兴趣，如采取文字论述、工作竞赛、工作讨论等办法。

8. 奖励进修，组织工余研究会、读书会之类。

审查意见：

拟请大会通过。

决议：照审查意见通过，并由总公司通函各厂照办。

提案（十四）

各厂应训练艺徒案（提案原文）　　总公司提

各厂修机或装机技工多由小工历练而成，目前熟练机匠既属缺少，偶从小工之中提用经验稍多与手脚稍活者，亦复不易多得。本公司纺织与机械各工厂渐形发展，自以及时训练艺徒充实修机或装机技工为急务。譬如机器加油，普通认为无须多大技术，倘使只须加油一滴之处，每多加一滴，则一百加仑机油仅能发挥五十加仑之作用。又如安装新机，不熟练即无形损坏机件之寿命，损失尤多。凡此皆各厂目前所能时常感觉者，今设班训练，稍添费用而所获效果实为弘远。兹约举原则如左：

一、各厂举办艺徒训练班，由技士督同领班工人公开招收所有工人私带艺徒，一律集中受训，嗣后并不得私带艺徒。

二、训练科目分半日为精神训练及知识训练，半日为各厂习艺。

三、艺徒住所以与工人分开为原则，伙食由厂供给，并得酌给另用。

四、艺徒训练期限视其能力为准，但至少为一年。

审查意见：

1. 原提案所拟原则第一条拟改为："各厂应斟酌情形举办艺徒培训班，由厂方公开招收所有工人以往私带艺徒，一律集中受训，嗣后工人不得私带艺徒"。

2. 原提案所列第二、第三、第四三条，拟提请大会通过。

3. 除原提案所拟四项原则以外，拟另加一条："艺徒学历以完全小学毕业或具有同等学历者为合格"。

决议：

1. 原审查意见第一条改为"各厂应斟酌情形举办艺徒培训班，由厂方公开招收所有以往在厂未经训练之工徒，亦应予以适当之训练"。

2. 原审查意见第二、第三两条照案通过。

提案（十五）

各厂职员互保寿险办法案（提案原文）　　总公司提

本公司所属各单位与雍行代管各生产事业机构对于职员人寿保险，或早经各机构单独举办，或正由总公司统筹办理，大率采取定期储蓄保险方式，由团体投保，个人并不负担。兹为加厚同人福利起见，拟在团体寿险由公家负担以外，增采赙赠方式，定为职员互保寿险办法，纯取友谊赠予性质，集合各联厂互相举行之，由本公司董司其事。其原则列举于后，以备采取。再各厂直接工人与勤务、警役亦可分为两类，仿照此项原则，由一厂或联合所在地数厂自行举办。

附：雍行代管生产机构即雍兴公司与所属单位职员互保寿险办法

第一条　本办法由下列各机构互约举办之。

甲、雍行代管生产事业计有：

豫丰纱厂

豫丰纱厂合川支厂

余家背机器厂

中南兴记火柴厂

咸阳纱厂

咸阳打包厂

灵宝打包厂

泾阳四厂联合办事处

乙、雍兴总公司。

丙、雍兴公司所辖计有：

蔡纺　蔡机　蔡酒　业纺　广酒　兰粉　兰毛　兰机　兰药

陇煤　长革　长印　运输处　雍职

第二条　本办法所称互保寿险，纯粹系赙赠性质，以第一条所列各机构工作人员就在职期中，按月预付一部款项，以为集体赙赠之用，并不受各该机构原有团体储蓄寿险之拘束。凡脱离上列各机构者，以前所出一切款项，视同赠予，不得要求返还。

第三条　各机构职员由练习生起，每月份预付保险费国币壹拾元，由各机构会计主任于月终之日列报名册，连同现金或支票送雍兴公司西安办事处核收，雍行行员派驻各机构服务者一律照付。

第四条　凡职员死亡一律发给保险费国币壹万元，由雍兴总公司发交各该故员服务机构，随同各该机构应发恤金一并给领，取具应办手续送雍兴总公司汇存，其应办手续另定之。

第五条 遇有死亡率突增时,每月末日由雍兴总公司将死亡人姓名、人数分电各机构,每超过一人,增加各职员保险费国币壹拾元。

第六条 每届三年终了之日,结存保费余额仍照各机关三年间人数比例退还各机构,指定作为员工福利基金,不得移作他用。

第七条 雍兴总公司每届年终将经收经付款项,作成书面报告分送备查。

第八条 本办法自三十二年三月份起实行。

最近各厂处职员人数表

雍兴		雍属	
名称	人数	名称	人数
总公司	39	豫渝厂	118
驻陇处	6	豫合厂	107
陇消处	9	豫机厂	44
长印	20	咸包	18
长革	13	灵包	14
蔡纺	55	咸工	77
蔡酒	46	中南	50
蔡机	64		
蔡精	52		
广酒	28		
陇煤	34		
兰面	22		
兰药	34		
兰毛	32		
兰机	19		
泾採处	40		
运输处	107		
高职校	21		
共计	641	共计	428

总计:1069 人

审查意见:

除原提案办法第五条拟改为"遇有死亡率增加,所储保险费不敷发给时,由雍兴总公司随时将死亡人姓名、人数分电各机构,每超过一人,各职员每人增纳保险费国币壹拾元”外,其余各条可照办。

决议:照审查意见通过,并由总公司通函各厂自三十二年四月份起实行。

提案(十六)

各厂应严格管理庶务案(提案原文)　　总公司提

庶务关系各厂事务管理,所以整饬精神,严密组织,至于充分利用人力物力,节省业务开支,所系尤重。兹举加严管理庶务原则如次:

一、各厂采购、布置、勤务、警卫、伙食等事项以集中庶务统筹办理为原则。

二、庶务人选以青年干练为准,所经管事项至少应有周报表,详记数字,准时送阅,经管账款至少每旬核算小结,以备检查。

三、各厂经常开支每月末日即须结算完毕,有经理指定人员公开审核,然后送总公司。

四、各厂经理应抽查庶务经办事项,以资考核。如不及亲自抽查,亦应指定人员轮流负责检查。

审查意见:

拟提请大会通过。

决议:照审查意见通过,并由总公司通函各厂照办。

提案(十七)

为加强员工服务精神增设四厂联合员工子弟小学俱乐部、浴室、理发室、消费社、眷属宿舍等福利事业案(提案原文)　　兰机厂提

查本公司各部门工作人员为数至众,使从事本公司同人均能以服务本公司为终身事业,忠于所事,势须使其生活稳定,革除苟且偷安之习。关于员工子弟小学,似宜速设,并增设浴室、理发室、俱乐部,使工余有正当娱乐,裨益身心,养成生活纪律化。原有医务室再加充实,则伤病得以医治;增建员工眷属宿舍,筹设员工消费社,使上下无奔波之苦,生活需要品亦可就近以低价购得。事关员工福利,提请大会公决。

审查意见:

1. 小学与眷属宿舍。兰州四厂成立以来,占有资金甚巨,现仍月有亏损,拟设小学以及建筑眷属宿舍所费太多,应从缓议,将来视各厂本身经济状况可以担负时,再行陈请总公司核办。

2. (1)员工消费合作社。拟准照办。惟须由同人依法严密组织,并应注重管

理，划清公私界限。至理发室、浴室可附设于合作社。

(2)俱乐部。亦应由同人自行组织，各厂经理倡导之。

(3)员工消费合作社之股金及俱乐部之经费。除由同人自行筹集外，厂方可酌予资助其数目，应先行陈准。

(4)兰厂员工消费合作社章程。应陈由驻陇处转陈总公司审核。

决议：第2条(2)、(4)两项照审查意见通过。

审查意见第一条应改为：

“兰州四厂设立小学，应从缓议，将来视各厂本事经济状况可以担负时，再行陈请总公司核办。至毛织、面粉两厂员工眷属宿舍，可由驻陇处拟具计划，陈请总公司核办”。

审查意见第二条(1)、(3)两项应改为：

“员工消费合作社应照办，惟须由同人依法严密组织并应注重管理，划清公私界限。理发室可附设于合作社，至浴室应由各厂自行酌量办理”。“员工消费合作社之股金及俱乐部之经费，除由同人自行集资外，厂方可分别酌予借贷或补助其数目，应先陈总公司核准”。

提案(十八)

拟请调整待遇安定同仁生活案(提案原文)　　兰机厂提

同仁待遇虽已由第一种办法改为第二种办法，且生活指数亦予增加，本厂同仁固深以为然感，去岁一年来之物价波动极大，下半年与上半年相较，各种物价均增至一倍至四倍以上不等，如衣着类则增至一倍以上，食品类则增四倍以上，至于其他日用必需品，更无待论矣。以每一同人之现时所得，用于自身尚难维持，重以家室之累，仰事俯畜更无所出，实属艰苦异常，为安定同仁生活计，似应急谋调整。务乞总公司在此次大会之中予以提出，酌加调整。

提案(十九)

员工待遇需予改善案(提案原文)　　兰机厂提

半年来，本厂工人因受物价高涨关系，生活不足维持，离厂改就油矿局、公路局者甚多，工作方面甚受影响，至职员情形，更感生活恐慌，对于厂务前途大受影响。关于职员薪津合计数目，有较经理为多者，亦有股长较课长薪津为高者，各厂同等阶级人员待遇分歧，拟普遍加以调整改善，俾趋合理，使之安心服务。

审查意见：

兰州四厂待遇业经调整改善，将其眷属生活津贴改按第三条办法办理，药厂、机厂提案毋庸议。

决议：照审查意见通过。

提案(二十)

拟请总公司按照最近生活指数增加津贴倍数以资维持同人生计案

(提案原文)　　　　　　　　　　　　　　　　　　　　　　　　中南提

三十一年一月份厂务会议规定之津贴指数为二三〇〇倍，同年八月份秦属各厂临时厂务会议鉴于物价之续涨，复改定为二八〇〇倍，并自七月份起追认。奉行以来，已逾半年，惟查近数月来一般物价指数之继续增高，竟达八〇〇〇倍以上，虽总公司有米、布贴之规定，但其他日常生活费用之支出，莫不随物价以俱增，生活煎熬，至感威胁，拟请总公司按最近(三十二年度二月份)之物价指数比例提高津贴。当此物价步步上涨之际，并请总公司按月编制物价指数，于每三个月根据指数调整津贴一次，以维同人生活，伏乞赐予采行。

审查意见：

拟请总公司酌核办理。

决议：按审查意见通过。

提案(二十一)(二十二)(二十三)

(二十一)拟请依据政府规定按年龄核发米贴办法发给职员米贴案

(提案原文)　　　　　　　　　　　　　　　　　　　　　　　　陇煤提

过去职员米贴领发办法，事实上有欠公允之处，所有三十二年度职员米贴，拟请依照政府规定办法按年龄核发。可否请研究【案】。

(二十二)拟请改定发给职员眷属米贴贷金办法(提案原文)　　　兰毛厂提

拟请将本厂职员眷属米贴贷金以职位阶级为发给多寡之标准，并请自本年元月份起施行案。

(二十三)拟请总公司采用行政院颁布之米贴制度，以资维持同人眷属生活并示待遇均衡案(原提案摘要)　　　　　　　　　　　　　　　　　中南提

查总公司所规定之米贴、布贴办法，系参照中央米贴制度计口授给，按需要分配，命意至善。但实施以来，(一)因战时交通梗阻，沦陷区域之家属实况，无法调查，报领米、布贴者难免不实；(二)因职员中有领米贴多至一石、布贴多至二丈者；有既无半点米贴，亦无半点补贴者，此种方法若按各人之生活需要论，固应同情，但以各人之劳力代价论，实欠公允，影响事业之推进甚巨。政府有鉴及此，故有新办法之规定，查行政院于三十一年九月二日颁布之米贴办法“二十六岁以下

者六斗，二十六岁至三十岁者八斗，三十一岁以上者一石”，似可依照办理。

审查意见：

以上二十一、二十二、二十三三案合并审查，关于各厂职员家属米贴，拟酌予改定为五级支给：

A. 经理、副经理、厂长、总工程师为第一级，每月按十市斗米支给；

B. 襄理工程师、技师、课长为第二级，每月按九市斗米支给；

C. 高级办事员为第三级，每月按八市斗米支给；

D. 普通办事员为第四级，每月按七市斗米支给。

以上 C、D 两项由各厂经副理、厂长斟酌规定。

E. 助员、雇员为第五级，每月按六市斗米支给。

附加意见：

A. 布贴以米贴为比例即每米一斗给布二尺；

B. 布价、煤贴拟请总公司酌予提高；

C. 练习生津贴每月支国币三百元。

决议：

1. 原审查意见所拟之五级米贴办法，其 C 项“高级办事员”应改为“负一部分较重责任之办事员”。

2. 原审查意见所拟五级应由各厂开具清册，并将各员所办事务及拟给米贴等级注明册内，陈报总公司核准后再行发给。

3. 布价每尺按十五元计算，煤价原领二十四、三十二元者，改按四十、五十元发给。

4. 布贴按每米一斗给布二尺。

5. 练习生津贴每月支国币三百元。

6. 长印、长革因情形不同，其米贴办法由总公司另案办理。

提案（二十四）

员工伙食办法改善案（提案原文）　　兰机厂提

查员工伙食，现在办法诸多不便，可否将每月伙食款发给员工自办，如此公家可省很多麻烦，携眷员工亦可在自家吃饭。

审查意见：

职工自办伙食及回家吃饭，对于厂中秩序及工作时间不无影响，仍应照总公司前订办法办理。

决议:照审查意见通过。

提案(二十五)

拟请每半年终加发员生一个月薪津为星期不休假奖金案(提案原文)陇煤提

本矿因系开采性质与其他工厂不同,每逢星期休假日,因井上下及售煤部分均须照常工作,所以各部分员生亦须连带工作,无法停工休息。长此偏劳,似宜设法奖励,拟俟每半年终员生各加发一个月薪津(按六月份或十二月份本薪及临时生计津贴发给),作为星期不休假奖金;如有星期日因特别事故请假者计日减发,服务不满半年者比例减发。可否,请研究。

审查意见:

应由该矿专函陈请总公司核办。

决议:照审查意见通过.

提案(二十六)

各厂所用原料物料应如何研究使其特别节省案(提案原文) 总公司提

各厂原料、物料消耗极大,其消费之程度固随生产量为转移,然未始不可力求节省,以爱惜物资,减轻成本。各厂技术工人既不必尽皆熟练,而标准工作法亦多未订定,加以保管未周,时有损失、偷漏之虞,考核不严,任意领发,常致虚费于不觉。凡此种种,皆寻常显见之处,各厂多未深思,今后原料、物料采购更难,尤宜共体时艰,确定节省办法,以期共勉。请各抒所见,加以研讨。

审查意见:

各厂性质不同,用料各异,恐难规定节省共同办法。兹拟具原则四项如下,请付大会公决:

一、技术方面。各厂各部分主管人员,应即自行妥定各种用料之标准及其使用方法,分别训导各技术工人使之熟练,同时并研究如何利用廉价代替品,如何废物利用,以期确能节省而免靡费。

二、管理方面。各厂应妥定各种物料之严密适当保管及收领方法,例如:(一)如何防止锈蚀、霉损、渗漏;(二)如何防止偷漏;(三)除制造原料及消耗物品外,须凭旧料换领新料;(四)领用物料必须经高级人员审核等。

三、心理方面。分部比较节省用料,其确能节省成绩优良者酌给奖励,耗费物料超过规定者即予处罚。又文书会计等方面所有文具、纸张、表册亦应妥定节省办法,竭力督行,以期共勉。

四、关于节省用料办法。应由各厂切实拟定陈请总公司备案。又节省用料实施效果如何,应由各厂按月自行作一比较,陈报总公司并由总公司稽核室逐月编制比较表,呈总经理协理核阅,以资考核。

决议:照审查意见通过,并由总公司通函各厂照办。

提案(二十七)

各纺织厂应利用废棉案　　(提案原文)　　　　　　　　　　总公司提

各纺织厂废花以前虽有各种使用方法,然大都尚未能充分利用,际兹物资缺乏,原棉采购尤属不易,急应力谋补救。

一、将废花经过清花、钢丝、并条等机做成棉条,转发手工纺纱。此法合川、豫丰推行已有成绩,每斤半棉条兑纱一斤,每月积成件数,不为无补。

二、设有漂染之厂可试用废花制成脱脂棉,此项脱脂棉在市场上销场颇旺。

审查意见:

现在各纱厂对于废花使用方法,尚属适宜。如蔡纺厂以针簾棉发交乡民纺织,换取打包布;咸纱厂俟威罗装成后,即用以纺制十支粗纱。至改制脱脂棉一节,则各厂尚须加添设备,另雇技术员工,拟请暂从缓议。

决议:照审查意见通过。

提案(二十八)

拟请将纺织厂及机器厂尽量发展案　(提案原文)　　　　　　　豫丰提

雍属附业之纺织各厂惨淡经营,成绩已著,拟请加紧扩充尽量发展,以期达到自给自足之目的。至各机器厂尚未健全,似须积极推进,加以扩充,俾得自制纱锭及其他机件暨工作机。因战后各国均在复原期间,向其购进机件是否容易,尚难逆料,果能自制自用,既可未雨绸缪,又不利权外溢,其效果实属宏多。是否有当,请付公决。

审查意见:

一、各纺织厂应尽已装之机器充分开用,其未装之机器尽速修配完成,以资备用。

二、余、蔡两机厂应尽现有人力、物力、财力,尽量充实工作母机,奠定基础并请总公司设法准备外汇,以备战后添购外国精细机器,俾得迎头赶上先进各国机械工业。

决议:照审查意见通过。惟各该厂发展计划应先陈准总公司再行举办,并由总公司通函各纺织厂及余、蔡两厂照办。

提案(二十九)

拟请总公司通饬各厂编制本年度各该部分工作方案及改进计划,以资考核工

作进度案(原提案摘要) 中南提

我国工商从业人员由于缺乏优良环境之熏陶,对于事业之热心程度实感不够,尤以战时为甚。从来忧劳足以兴国,逸豫可以亡身。查战时工业生产,因物价上涨之刺激,物资供求之失调,机会利润比平时为易,从业者每以利润获得数字之丰,对于本身职务之研进,不免因此而怠惰。实则物价继续增高,售出之成品价值不足以购还原有之原料数量,形成再生产时质量缩减之现象,何能谓为实际获利?若不精密检讨,探求策进,殊为前途隐忧!况从业人员竟日忙于处理日常事务,少有能利用空闲时间策划求进者,故编制工作方案及改进计划,实不啻从业者之南针,总公司亦可以根据各该工作方案及改进计划(视作日记账),以考核各厂工作进度。

由各厂、各部分、各个单位拟具三十二年度工作方案及改进计划各一份,各单位留存一份以备随时检查;送陈经副理各一份以作稽考;并由各厂集中各单位之工作方案及改进计划(其不属于各单位者由各厂经理拟具总工作方案、总改进计划)汇编成册,送陈总公司备查。

审查意见:

各厂应参照总公司三十二年一月二十日厂字第三号通函,迅速编制本厂本年上下两半年度工作计划,一个月内送陈总公司备查。

决议:照审查意见通过,并由总公司通函各厂照办。

提案(三十)

西北国际路线开通运输增案,拟健全汽车修理部购备各种汽车零件案

(提案原文) 兰机厂提

查兰市为西北交咽喉,国际运输委员会现已组成,自三月份起即行开运,汽车往来频繁,本厂汽车修理部过去以未备零件,无法招徕营业。为适应环境需要,将来汽车修理部应从速健全,除应所需各种机件工具积极制造外,关于所需各种零件亦拟购备道奇、福特、万国、雪佛兰等车鞲鞴[①]涨圈、发火塞等零件,估计约需四十万元。可否请公决【案】。

审查意见:

本提案系兰机厂本身单独计划,拟无提出大会讨论之必要,且前已由总经理在兰议定原则,该厂应就现有机件酌加补充。惟目下兰州市面尚未完成发展,故

① 鞲鞴:活塞,唧筒里或蒸气机、内燃机的气缸里往复运动的机件,作用是把蒸气或燃料爆发的压力变成机械能。

暂时该厂以仅敷内足以自立、外足勉为应付即可。至修理汽车改装，亦应小规模办理，并由该厂拟具计划陈请总公司核办。

决议：照审查意见通过，并由总公司函知该厂照办。

提案（三十一）

各厂厂务电报即可废止惟日报务必逐日填寄不得积压或并寄案

（提案原文）　　总公司提

查总公司在未规定厂务（或工务）日报以前，曾嘱各厂按日电报厂务概况，或由当地中行代发或交商电拍发是项厂务电报，到达日期较之邮寄之日报亦不过早到二日，有时或较日报为晚，且其中时常发生错误，询问需时。现在各厂厂务（或工务）日报既均经规定，且能按时填寄，故厂务电报似无多大作用，为节省起见，凡填寄厂务（或工务）日报，务必逐日填寄，不得积压或数日并寄，各厂经管日报人员应陈报总公司备查，如发现有积压或并寄情事（以邮戳为凭），即由总公司逐次登记，以作年终考绩时之参考。是否可行，请付公决。

审查意见：

拟提请大会通过。

决议：通过并由总公司通函各厂照办。

提案（三十二）

集中各厂购煤案（提案原文）　　总公司提

近来陇海车辆缺乏，煤运困难，以致市面煤价日涨，煤荒日甚。本公司陇海沿线各厂每日所需煤炭当在一百吨左右，亟应妥为筹划，以免供给中断，影响工作。兹拟办理原则如下：

（一）各厂用煤由办公司统筹办理；

（二）各厂应将每月各色煤炭需要数量报明总公司；

（三）购妥之煤由总公司指定地点存储，视各厂需要缓急发与各厂应用；

（四）发与各厂之煤，以各厂自行装运为原则，但总公司可设法代向陇海路局疏通要车；

（五）煤价先由总公司支付，随时按各厂用量转付各厂账；

（六）各厂现有指定专门购煤人员，应报明总公司听候调遣。

审查意见：

原则通过。惟现时运输困难，索车运煤往往需时数月，除应由各厂（除咸纱厂）尽速添雇大车至陇县煤矿购运，并由总公司委托咸阳纱厂向其他方面代购外，暂时仍应由各厂自行多方设法购运,以免接济中断,惟各厂必须相互取得联络,俾免煤贩居间抬价。

决议:照审查意见通过。除由总公司向陕西厂商战时联合煤炭购运处力为交涉外,请其将运到之煤公允分配,并向陇海路局商请拨车运煤以资接济外,仍由各厂自行多方设法购运,以免接济中断。

提案(三十三)

集中各厂购粮案　(提案原文)　总公司提

查食粮一项,各厂用量极大。近来粮价飞涨,采购为难,因之市面粮价均有暗市,本公司各厂因需要急切,多各自设法采购,手续既不一致,往往因各厂竞购之故,而致粮商高抬价格,不但损失堪虞,尤易招致外界误会。兹为解决上述困难,拟由本公司统筹代购,原则如左:

一、各厂应将(一)每月所需粮食核实数量;(二)各厂现有粮食数量;(三)各厂现有仓廒容量;(四)各厂现有大车辆数,报明总公司。

二、购粮证由各厂随时向主管行政机关请领,归总公司统办。

三、各厂现有承购粮食人员应列报总公司听候调遣。

四、购妥之粮由总公司指定仓廒储存,随时通知各厂自行领运。

五、粮价先由总公司支付,随时按各厂需用数量向各厂收回。

审查意见:

原则通过。惟目前食粮缺乏,若照限价购办,实不可能。按现时环境,拟先由总公司委托蔡酒厂研究各厂联络购买办法,报由总公司核办。

决议:照审查意见通过。

提案(三十四)

各厂应彼此电告当地物价行市以期消息灵通案(提案原文)　总公司提

迩来物价益趋激涨,朝夕行市变动甚剧。为求明了各地物价变动情形及各厂营业灵活起见,嗣后重庆、兰州、宝鸡、西安等地应随时将当地剧变之物价、行市彼此电报,俾消息灵通而资参考。至各地物价、行市应以何项物品为电告标准,拟请大会规定,以便分别转知各该地照办。

审查意见:

本提案应改为:

一、物价、行市电告总公司转知有关各厂;

二、暂以西安、兰州、重庆三地物价、行市为限;

三、应电告之物价、行市,暂指定:A. 米;B. 麦;C. 20 支棉纱;D. 棉花;E. 十二磅本色布;F. 酒精;G. 灰口生铁;H. 一吋元铁;I. 紫铜(市斤价);J. 四分铁皮;K. 羊毛;L. 机器油(指红车油)。

决议:照审查意见通过。西安方面由总公司营业室办理,其余兰州、重庆两地,由总公司分函驻陇处及豫丰渝厂查照办理。

提案(三十五)

拟请派员赴沪或委托商人代购大批染料案(提案原文)　　　　兰毛厂提

本厂染料用量为数颇巨,均仰给他埠,取自远道,时有供不应求之虞,且现时积压胚匹,竟达数百匹之多,惟以染料缺乏无法着染。现存媒介酸性为数无几,如染复色无法配合,如全以直接染料侵染,惟恐色泽欠鲜,影响成品销路甚巨。拟请派员赴洛阳转符离(徐州附近),搭火车赴沪购运媒介及酸性染料,或委托商人代购【案】。

(原附拟购染料名称、数量表从略)

审查意见:

现时派员赴沪购料实不可能,该厂所需染料似可由总公司派员赴洛阳、界首等地搜购,或托渝厂代为觅购,以应需要。惟本案属于兰毛厂个别事件,应由该厂陈请总公司核办。

决议:原则通过。总公司应派员赴洛阳、界首等地代各厂搜购所缺物料。又闻河州等地亦有物料可购,兰毛厂所需之染料可暂由驻陇处派员前往代为购买。

提案(三十六)

拟请在渝订购小型纺纱机数部以利工作案(提案原文)　　　　兰毛厂提

本厂现用织呢、毛纱大半仰给于秦安、通渭两地。因系土法手织,以故条干不匀,成本又重,影响出品成色甚巨。拟请由渝订小型纺纱机数部,以便解决上项困难案。

审查意见:

本案应由该厂陈请总公司核办。

决议:总公司前已为该厂委托余机厂将废纺机、粗纱机改制纺毛机数部,以为该厂改进纺纱之用,即可完工运往该厂应用。

提案(三十七)

拟请租用军政部轻便铁道以利运输案(提案原文)　　　　陇县煤矿提

本矿煤炭因运输困难,在陇海沿线事实上难与同官等煤矿相竞争。闻军政部驻宝鸡铁道兵团现存有轻便铁道，拟请总公司转请军政部向该团租借轻便轨三十五公里，即可由矿厂调至衎阳，每吨按现时即可省运费二百元；再由衎阳分运宝鸡及凤翔虢镇，庶可符合各地之煤价，以利推销。可否请研究【案】。

审查意见：

本案前已由总公司向军政部洽商，未获效果。

决议：该矿应即积极进行购用青冈木敷设木质轨道，以利煤运。

提案（三十八）

规定自制纱机标准案（提案原文） 总公司提

本公司纺织工业正在发展，同时充实机械工业，力谋纱机之自给。进行以来，粗有端倪，惟全部纺纱机器之自制，其在设计方面，应如何使之整齐划一，造成一种标准，不仅采取各国名厂出品之长，抑且使每种机器同样之配件可以相互流用；其在工程方面，对于战时原料之选择，工作标准之订定，机器能力之高下，须有一完美适当之计划，树为标的乘时进行，拟请大会指定专家审核决定方案，以资推进。

审查意见：

自制纱机标准，现当战时，为仿造便利，拟暂以 PLATT 式为原则。

因本公司现有整套新式 PLATT 纱机分存陕省及合川，纺制图样可期准确参照制造亦较便利。兹拟定分配蔡机厂、余机厂初步纺制工作步骤如次，当否请提付大会公决：

一、清花机器完全依照 PLATT 一九三八年出品式样，由蔡机厂制图；

二、钢丝机完全依照 PLATT 一九二八年出品式样，由蔡机厂制图；

三、并条机完全依照 PLATT 一九三八年出品式样，由余机厂制图；

四、粗纱机在此战时暂依照 PLATT 一九三八年出品样式，但战后如更有优良之式样，应即随时改制。此项粗纱机由余机厂制图；

五、细纱机完全依照 PLATT 一九三八年出品式样，惟大牵伸部则依照 CASSnABLANCS 式样由余机厂制图。

决议：照审查意见通过，并由总公司分函余、蔡两机厂照办。

提案（三十九）

研究机器厂成本计算方法案（提案原文） 总公司提

查本公司所属各机器厂之出品，以所用原料及制造程序均较一般普通制品为复杂，以致成本计算亦较为困难。兹为精确估计机器之出品成本起见，拟由本会推举专人，拟具上项成本会计方案，以备提供大会决定后通知各机厂实行。

审查意见：

机器厂成本计算原则：

一、以每一种制品为计算成本单位，凡该制品所用之原料、工膳，均属该项制品直接成本，应记入该项制品成本账。

A. 原料应照时价计算；

B. 工膳应照该工人实际所用工资膳费计算。

二、直接费中属于下列各项，应按每月每一种制品所用工数分摊。

A. 动力消耗；

B. 机器修理或消耗；

C. 工具修理或消耗；

D. 工人福利及工务杂费。

分摊标准如下：

机工部 65%

钳工部 8%

铸工部 18%

锻工部 9%

但上项分摊办法，各厂如有特别情形，仍得酌量变更其成分。

三、业务费、财务费应按全月份总工数分摊。例如本月业务、财物开支为一百万元，全部工数为八千工，则每一工应摊一百二十五元。

四、折旧摊算办法同上（但各厂对外接做定货应斟酌情形办理）。

五、凡各厂建厂所用工料应划清界限列入建厂账，不摊于制品成本之内。

六、表式由蔡家坡机器厂检寄样张，再由总公司审核分发各厂。

七、各厂对于上项办法实施上如有困难，应随时陈报总公司研究。

决议：第一、第二、第三、第四条照案通过，第五条删去，第六、第七两条分别递改为第五、第六条。

提案（四十）

各厂应自行拟定工作标准案　（提案原文）　　　　　　　　总公司提

查本公司各厂过去对于内部工作效率无确定标准，对于整个厂务之进行与考核失之疏放。嗣后各厂关于厂务、工务、业务以及其他各部分，均应分别规定工作进度标准，以为本年度工作进行之依据。各厂所定标准不可估计太低，以免影响工作之效能,同时于将来填报时对于实际工作,亦不得有以少报多情事,以期总公司考核时得有准确之根据,藉【可】觇各厂进行之实况。请大会指定专家拟具方案、以利推进。是否可行,请付公决。

审查意见:

兹拟定各厂本年或每日工作标准分列于左,当否请提付大会公决。

一、蔡酒厂:每日出酒精一,一〇〇加仑(浓度95%容量比)。

二、广酒厂:自本年四月份起开始液体发酵,每日出酒精四〇〇加仑,经过三个月后,每日应出四五〇加仑(浓度95%容量比)。

三、咸阳纱厂:二十支纱每日每锭出数标准为八五,开车率为92%。

四、蔡纺厂:二十支纱每日每锭出数标准为一.〇(中国锭),一.一五(外国锭),开车率为92%。

五、豫丰渝厂:二十支纱每日每锭出数标准为八五,开车率为95%。

六、豫丰合厂:二十支纱每日每锭出数标准为一.一五(新锭)九五(旧锭)开车率定为96%。

七、业精厂:七磅条格布每十二小时出三十六码;十三磅军布(十六支纱)每十二小时出二十八磅(以上系石丸式铁木机)。

八、兰毛厂:每日每工出数地毯一平方尺,每日每台出数双幅双梭呢八市尺、双幅单梭呢十二市尺、单幅双梭呢十四市尺、单幅单梭呢二十市尺。

九、兰粉厂:每日出通粉五百袋为标准。

十、蔡机厂:每年出八呎刨三部、六呎重车床八部、插床二部、调直机一部、万能洗四部、工具磨床二部、卷钣机一部、锭子磨床三部、三呎车床十五部、枱钻四部、一〇呎重车床六部、锅炉三部、50HP汽机二部、立洗四部、钻床二部、抽醪机四部、细纱机二,〇〇〇锭、清机花二部、粗纱机一部(试做)、蒸醪塔一部、钢丝盖条三,〇〇〇条。

各友厂修造工作(占该厂能力10%)。

十一、余机厂:本年出十四呎刨车六部、六呎车床六十部、十二呎车床一二部、横钻四部、细纱锭一〇,〇〇〇枚、细沙维拉四〇部、钢领圈一〇,〇〇〇只、修旧机整套五千锭、落地车床二部、80H.P.蒸机引擎二部。

各友厂修造工作及接受外活占该厂能力10%。

十二、兰机厂:本年出六呎元车五部、八呎元车五部、二呎尺元车七部、三百公斤磅秤三十台、弹毛机十六台、打土机五台、十八吋牛头刨床六台、六吋五吋四吋虎钳各十支、合纱锭子五百只。

修配各友厂机件及接受外活等工作约占25%。

十三、陇县煤矿：现时每日产煤七十五吨，安装罐笼绷绳后（约两月可装妥）每日产量增至一百三十吨，每产煤一顿用四个半工人。再六个月后，每日产量可增至一百八十吨。

十四、兰药厂：每日出肥皂三十箱、原酒一，六〇〇市斤、酒精一一〇加仑（浓度95%容量比度）、玻璃化料半吨。每日出火柴六十箱。

十六、长革厂：本年出牛皮八千五百张、羊皮四千张。

十七、长印厂：每日可印

（一）报纸封开纸一万张（长31吋、宽21吋）；

（二）四开纸一万张（长21吋、宽15吋）；

（三）长12吋、宽10吋纸三万张；

（四）长10吋、宽7吋二万五千张；

（五）石印书本纸厂21吋、宽15吋二千张（以上印一色一面）。

十八、咸包厂：每小时大细箍包三十件，铁箍包三十五件；

每昼夜按十二小时计算，可打绳、铁箍包六、七百件。

十九、灵包厂：每小时打绳箍包十五件，铁箍包十八件；

每书夜按十二小时计可打绳箍包三百、铁箍包三百六十件。

二十、运输处：每日每车行驶二百公里，一月中行驶十五日（其余十五日为装卸修理及停留待命）计，每车每月行驶三千公里。本处经常行驶车辆为一百一十辆，总计全月行程以三十三万公里为标准。

决议：照审查意见通过。惟蔡纺厂将来一万锭装齐原动问题解决后，该厂开车率应提高至百分之九十五。又兰毛厂出数暂照现拟标准订定，但该厂仍须力求进步。

主席闭会致词

本届厂务会议，提案共有四十起，经大家细心讨论，现已决议。所有各厂决议案，希望诸位回去认真执行，务使每一议决案都能获得圆满的效果，其应归总公司主办者，当由总公司负责积极办理。当此大会闭幕之时，我还有些意见，为诸君进一言。

现在办理工厂，日趋艰苦，是一个普遍的现象，而且是严重的关头。论目下各厂情形，有的规模粗具，有的正待完成，基础尚未巩固，前途何敢乐观？尤其是纱厂的趋势很劣,如原料之缺乏,环境之束缚,荆棘重重,大有岌岌不可终日之概。但是我们对于各厂,乐观固然尚早,悲观亦属无益,且未来之杌陧是否什百倍于今日,亦难逆料。我们惟有仍照原定计划,努力迈进,一方面谋整顿充实与完成,一方面准备支撑来日的困难。凡事操之于我者,当殚心竭力以为之,不使弛缓松懈,稍易初衷;凡事操之于人者,当谨慎戒惧以应之,其成败利钝,非所敢计。古人云:"多难兴邦",我们正可藉多难而资磨练,鼓勇向前,绝无退缩,或可渡过难关,转入光明途径。此虽我人之希望,实亦事理之当然。惟如何应付此困难时期,下列各点,务请大家注意:

一、节省开支。各厂除直接开支,如原料、物料、工人等,均应谋适当之撙节外,对于间接开支尤须注重节省。各厂职员用人太多,不但工作效率不能提高,且易养成暮气,长此不改,势必使优秀者一并散漫而后已。职员如此,工人亦然,杂工警役更属勤惰不齐,人数一多,尤易滋生流弊。务须上自职员下至工役,严格淘汰,勿令滥竽。值此物价高涨,多用一职员,每年须多费三万元,多用一工役,每年须多费一万余元。即使业务顺利,亦不应稍涉虚糜,况当万分支绌之时,尤不能不作咬紧牙关之计。以本人而言,曩在天津,寓中男女仆、厨役均备,抗战后携眷到渝,即未雇用厨役,近以米珠薪桂,只用女仆一人,我们居家尚知道如何节省度日,难道对于办厂就不能拿出赤诚来为公家打算,以求无负委托么?诸位此番回去,务必破除情面,切实裁减,万勿徒博宽厚之名,造成姑息之实,至要至幸。

二、精神团结。总公司与各厂二十余个单位本属一家,单位与单位之间,亦属一家,我们全体同人应相互亲爱,大家开诚布公,不使内外稍有隔阂,不使各单位稍有畛域。各单位就是总公司的一分子,有何界限之可言?诗云:"兄弟阋于墙,外御其侮。"现在我们这个团体,正当非常艰苦的时期,本无阋墙之事,更应该加倍团结共同奋斗才是。

三、管教兼施。各厂对于员工,不但要管,并且要教。管要严,有时要恕,不可一味地猛厉,要把他们看成家人骨肉一样,注意他们的行为,同时要了解他们的困难,妥为照顾,使之感情油然而生,日久便融为一家。所以虽严而不至于生怨,并可使之感德。教要有热诚,有方法,非有热诚,不能令人感动,非有方法,必致徒托空言;管是消极方面的约束,使人闲邪从正;教是积极方面的训练,使人培养成才,二者必须并重,不可偏废。再则同人中有傲慢之习者,必须切实告诫,使之悔改,如有才长绩懋者,保荐亦不可太骤,致长其虚骄之气,此亦为领袖者所应当注意的。

四、鉴别人才。人才种类很多，鉴别之法亦不一。我个人的意见，以为凡人将名利看得很淡，又能经困厄而不怨者，方能担当艰巨，方为真正人才。若名利心太浓者，终非任重致远之器。诸君征用新进，或拔擢人员时，不妨以此作为参考。

五、注意近习。我们处理事务应重理智，勿重感情，须有冷静的头脑，方能得合理的判断。尤应注意左右近习之人，慎勿以其平日之小忠小信，认为可靠，久之为所包围，以致闭塞聪明，懵然罔觉。历史上因此失败者不知凡几，不可不察。这一层于我们事业的前途颇有关系，故特提出谆切言之。我近来读《曾文正公集》，见有劝诫州县四条及劝诫委员四条，剀切周详，在当时系为吏治人员之轨范。但我辈做人做事，亦可奉为师资，视同弦韦，用特钞印分送各位，望置诸座右，时时省览。

以上所说，或为补充日前未尽之论，或为近来体验有得之言。明知拉杂浅薄，毫无足取，而区区此心，终愿罄我所知，掬诚倾吐，以窃附于砥砺切磋之意。最后尚有一语，敢乞大家注意：我辈既各担重任，而环境又很复杂，无论做人做事方面，是不是能丝毫无错，恐怕任何人也不敢自信，其唯一补救方法，只有“克己”二字。语云“行有不得，反求诸己。”希望大家时时反省，痛下“克己”功夫，大之则于整个事业有裨，小之亦于个人修养有益，愿与诸君共勉之。

（件存陕西省档案局民国档案 82－1－502 卷）

四、谈话会、座谈会记录

（一）谈话会记录

雍兴公司筹设采办处谈话会记录

（1941 年 6 月 5 日）

时间　民国三十年六月五日下午五时

地点　天水本公司

出席　束云章　沈次量　杨朗川　李紫东　张鸣冈　胡名甫　康菊农
　　　钱尔嘉　张一鸣　贺书绅

主席　東云章

记录　贺书绅

主席谈话

一、本公司为筹给所属各纱厂用棉便利起见，特设采办处办理购棉事宜（分设采购、会计、事务三组）。

二、采办处隶属于总公司营业股，并由本公司驻秦办事处就近指挥监督。

三、采办处设于陕西省泾阳县，并于三原、咸阳、渭南等县各设分处一所，直属于采办处。

四、采办处设主任一人，即由张一鸣君充任，采办处及采办分处之办事细则以及人员分配、薪金待遇（张主任待遇由总公司核定）等应由张主任分别拟具方案，陈由驻秦办事处转陈总公司核定，用人行政力求紧缩，全部办事人员暂以二十人为限，但将来事务繁忙时，得酌量情形添用四五人。

五、各厂请采办处代购棉花时，应将委托手续填具委托购棉申请书二份，一份留底，一份送交采办处以作采购棉花之依据。委托购棉申请书格式由采办处拟定，陈由驻秦办事处转陈总公司备核。

六、各厂托购棉花应派职员一人留驻采办处或采办分处，帮同照料一切。

七、采办处代各厂购棉应收手续费1.5%，以充购棉各项用费，例如购进棉花价值为一百元，应收手续费一元五角，余类推。

八、采办处采购棉花之数量及行市，应依照总公司所规定者，遵照办理，并将购进数量及行市随时电陈总公司备查。

九、秦省棉花行市无论采购与否，均应逐日电告总公司备核，不得间断。

十、堆面仓库，除租用咸阳打包厂后面空地，及继续租用泾阳中棉公司仓库以作堆面场所外，其余三原、渭南等处堆棉仓库亦以设法租赁为宜。各处租用仓库可冠以当地中国银行名义，以期便利。

十一、除渭南附近购进棉花得于渭南当地打包外，其他各处购进棉花均应集中咸阳打包厂打包。

十二、本公司每年委托咸阳打包公司棉花打包为数至巨，打包费用应请咸阳打包公司酌予折扣，以示优待。

十三、重庆、成都各地棉花行市应由营业股注意调查。

十四、除各地购进棉花运至咸阳一段应由采办处负责外，其由咸阳至宝鸡至运输，可委托咸阳打包厂负责代办，以资熟手。

十五、采办处应与咸阳打包厂取得密切联络，以资便利。

（下略）

（件存陕西省档案馆民国档案 82－1－138－4 卷）

雍兴公司筹设采办处第二次谈话会记录

（1941 年 9 月 12 日）

时间　民国三十年九月十二日下午五时

地点　天水本公司

出席　束云章　沈次量　杨朗川　康菊农　汪晴江　钱尔嘉　贺书绅

主席　束云章

记录　贺书绅

主席谈话

一、本公司采办处业已组织成立，所有以前咸中庄经办购棉事项应即移交采办处办理，以资结束。

二、据咸阳打包厂汪经理晴江称，咸中庄自二十七年开办以来，结盈购棉手续费十二万余元。值兹结束之际，拟请于上项结盈手续费内酌提奖金若干，分给购棉得力员工，以资策励等情。查咸中庄过去采购棉花尚称努力，所请分给员工奖金一节可以照办。兹规定发给成分如下：

A. 职员比照各人实得薪金发给奖金二十个月；

B. 厂警比照各人实得工资发给奖金六个月；

C. 技工、差役比照各人实得工资发给奖金三个月。

请汪经理晴江即按上开成分，将应给员工购棉奖金于结存购棉手续费项下支给，一面开具清单陈报备案。

三、又据汪经理晴江称，咸中庄过去代豫丰纱厂购棉八万余担，最初只收手续费每包三角，嗣加至五角，但实际不敷甚巨。拟请每担另加手续费五角（统计约需另加四万余元）以资贴补等情。此事拟俟本人到渝与该厂潘经理仰山洽商后再行决定。

四、本公司每年委托咸阳打包公司棉花打包为数至巨，打包费用应请咸阳打包公司酌予折扣以示优待一节，业于上次谈话会时记录在案，至如何折扣之处，请汪经理晴江与张主任一鸣洽商办理，并将洽商经过会陈本公司备案。（本人之意，

折扣之多寡可以打包件数为标准，打包件数愈多，则折扣不妨比照从优，请汪经理与张主任洽商折扣时，依此原则办理为盼）

五、咸阳至宝鸡机棉运输由咸阳打包厂负责代办，除实际所用运费由雍兴照认外，每担另给手续费若干，由汪经理晴江与张主任一鸣会商陈报。

六、采办处与咸阳打包厂办事方面应取得密切联系，但收花分级及监视打包过磅等应有手续，应请汪经理晴江与张主任一鸣洽商办理，但过去咸阳打包厂办理上项事务具有经验，现在采办处成立伊始，一切均应撙节，不宜骤用多人，致购花工作清淡时即成闲散。惟有尽量由咸打包厂同人，不分畛域，照旧帮忙办理各事，至采办处方面可派员二人驻厂以资照料。至上项事务如何分别明定责任，应由汪经理与张主任妥为洽定。

七、咸阳打包厂在永乐店所置仓库租给采办处应用，每月租金七百元，仓库房屋应由采办处即日投保火险，以策安全。

下午七时散会。

（件存陕西省档案馆民国档案 82－1－138－4 卷）

雍兴实业股份有限公司第一届厂务会议召集兰州面粉厂个别谈话会记录

（1942 年 1 月 20 日）

时间　民国三十一年一月二十日

地点　本公司西安临时办事处

出席　束云章　沈次量　杨朗川　李紫东　张鸣冈　胡名甫　洪称其　凌子惟　吴葆瑞　卞柏年　李亦人　贺书绅

主席　束云章

记录　贺书绅

主席谈话

一、甘肃省政府借去小麦一万石，经驻陇办事处向省府接洽结果：（一）四千石按五十元还款；（二）其余六千石在兰州分批还麦，自一月份起每月拨还一千石，至六月间还清。即由驻陇办事处先将四千石麦款二十万元一次取回，其余小麦六千石最好亦能折合现款，于最近期内一次清结，以免日久拖悬。

二、第二套面粉机可拨归兰州面粉厂装用，以增加产量。此项面粉机器除磨辊外，已由复兴职工厂装妥，交豫丰纱厂代为接收，候车装运，至磨辊何日交货，尚难确定，正洽催中。

三、拟请添建麦仓、水池、水塔等工程一节，可于二十五万元限度以内支配用途，即日兴建并将建筑情形随时函陈总公司查核。

四、原动不足可由兰州制药厂将所存之五十匹马力锅炉引擎售与粉厂装置应用，不可专恃兰州电厂供给电力。

五、面粉厂所存物料多有超过应储数量者，如五金材料及电料、布匹等，应克日查明。除将本厂必需者酌留一份外，余应尽速出售，并由驻陇处督率粉厂积极办理。

六、资金仍照原额一百万元支配用途，至如何调整以期适合之处，请名甫兄与称其、子惟兄根据此次所定原则办法，陈请总公司核准施行。

（件存陕西省档案馆民国档案 82－1－525 卷）

雍兴实业股份有限公司第一届厂务会议召集兰州毛织厂个别谈话会记录

（1942 年 1 月 20 日）

时间　民国三十一年一月二十日

地点　本公司西安临时办事处

出席　束云章　沈次量　杨朗川　李紫东　张鸣冈　胡名甫　洪称其
　　　潘炳兴　陈骥程　卞柏年　吴葆璐　李亦人　贺书绅

主席　束云章

记录　贺书绅

主席谈话

1. 兰州毛织厂应就现有五十台织呢机及二十台织毯机之设备充分利用，使其出数运至最高标准，出品成色亦须改进。

2. 织呢所需毛线原料，目前应由驻陇办事处负责代为收购，驻陇办事处派员至外埠收购时，毛织厂应派人随同前往，俾能熟习购线情形，将来即可由厂自行派员采购。

3. 厂房援建其已购之石灰、土坯等可让售于面粉厂为添建仓库之用。又毛织厂已购基地价款，在未正式建筑厂房以前可暂由总公司垫付，以免毛织厂负担利息。

4. 资金仍照原额四十万元支配用途，至如何调整以期适合之处，请名甫兄与称其、炳兴兄根据此次所定原则洽商办法，陈请总公司核准施行。

雍兴实业股份有限公司第一届厂务会议召集兰州制药厂个别谈话会记录

（1942 年 1 月 20 日）

时期　民国三十一年一月二十日

地点　本公司西安临时办事处

出席　束云章　沈次量　杨朗川　李紫东　张鸣冈　胡名甫　洪称其
　　　卞松年　吴葆璿　卞柏年　李亦人　贺书绅

主席　束云章

记录　贺书绅

主席谈话

一、制药部分。（一）原料应就国内能购得者；（二）机器设备应就后方能补充者；（三）出品应就市面需要易于销售者先行着手。即由该厂根据此项原则确定制药种类及数量（制药数量与其供过于求有滞积之虑，不如视市面需要情形先制半数，俟销路扩充再行续制），积极进行并将提制情形随时陈报总公司查核。

二、购存各种药材（目前制药需要者可酌留一部分）及玻璃存品统由驻陇办事处负责，于最短时期内设法全部脱售，以免堆存越久损失越大，即将售价酌予减低亦较合算。

三、以后各种出品应时时注意营业，总以随制随销为主，千万不可听其滞积致蒙种种损失。为求兰州各厂对外发展营业起见，即由驻陇办事处组织联合售品处，统筹兰州各厂出品销售事宜。

四、购存各种原料、物料比较价或盈或亏，应由制药厂详细估计列表陈报总公司查核。

五、制药厂资金仍按照原额二百万原支配用途，各部分可就现有设备充分利用，至如何调整基金以期适合之处，请名甫兄与柏年、松年兄根据此次所定原则洽商办法，并由称其、松年兄就制药厂目前实际状况编具紧缩计划，陈由总公司核定。此项紧缩计划应依照下列原则拟具：

（一）出产数量应力求稳定；

（二）成本应设法减低；

（三）所产物品应事前研究销路，不可使其积压。例如估计市面每月可销酒瓶一千个，不妨先行制造半数，俟销路确有把握再行续制；

（四）目下向国外购置机器已无希望，制药部分就现有设备择其能提制之药品，调查市面需要情形，从速出货。

六、制碱部分应尽本年二月底以前开始出品。

七、酒精部分应每日出足二百加仑，并使出数稳定不可间断。

雍兴实业股份有限公司第一届厂务会议召集兰州机器厂个别谈话会记录

（1942 年 1 月 20 日）

时间　民国三十一年一月二十日

地点　本公司西安临时办事处

出席　束云章　沈次量　杨朗川　李紫东　张鸣冈　胡名甫　洪称其
　　　马文芳　吴葆瑞　卞柏年　李亦人　贺书绅

主席　束云章

记录　贺书绅

马文芳提议

1. 本厂仅有工作机八部，深感不敷分配，兹为扩充三十一年度营业起见，拟请添置龙门刨床元车及洗缸机等以应需要。

2. 本厂原系借用兰州中国银行仓库作为厂房，现以原有房屋不敷应用，拟请购地另行添建若干间以资分配。

主席意见

1. 马厂长文芳拟请添置龙门卧床元车及洗缸机等可照办，即请马厂长负责觅购，并将购置情形随时陈报总公司查核。

2. 另建厂房一节暂从缓议，以免透支款项，增加负担。现有房屋如不敷用，可商请兰州中国银行添租仓库若干间，以资分配。惟附近如有适当基地，不妨先行购买，俟将来营业发展时再行正式建造。关于购地所需款项，在未来建筑房屋以前暂由总公司垫付。至该厂所购存建筑物料约十四万元，除目前本身需要者可酌留一部分外，其余由驻陇办事处支配用途，售给其他各厂，以轻利息负担。

3. 西北机器厂兰州分厂原属于蔡家坡西北机器厂，兹为办事便利起见，拟请该称为兰州机器厂，直隶于总公司，其组织系统规定如下：

经理
- 工务科——技师
- 会计科
- 营业科

4. 经理一职请马文芳兄担任，即由总公司公函发表。

5. 兰州机器厂资金由总公司核定拨给，其核定范围可就该厂过去已用之设备（包括总公司拨给之工作机在内）开办等费用，再加此次拟请添置机件之价款合并估计为拨给资金之根据。

雍兴实业股份有限公司第一届厂务会议召集陇县煤矿个别谈话会记录

（1942年1月23日）

时间　民国三十一年一月二十三日

地点　本公司西安临时办事处

出席　東云章　沈次量　杨朗川　李紫东　张鸣冈　胡名甫　贾星垣　贺书绅

主席　東云章

记录　贺书绅

贾星垣报告

一、本矿通风井于三十年十二月间掘至二百四十余尺时，忽遇水淹，二十四小时内竟涨至一百八十余尺。正准备各种机器以备排水之用，预计机器运抵矿区后，二个月内即可设法将水排尽。

二、本矿目下所需机器设备，计：

（一）锅炉三具，除总公司在重庆代为觅购三十匹马力者，一具已运抵广元，日内即可转运矿区外，另向蔡家坡西北机器厂订制五十匹马力者一具，本月底即可交货。又蔡家坡西北机器厂存有三节锅炉，一具约有三十匹马力，甚合本矿需要，已与洽妥由本矿出价购进，一并运矿应用。

（二）抽水帮浦及绞车已设法各购妥一具，正在设法运往矿区。此外尚有帮浦三具、绞车一部，系向西北机器厂订制，约于本年二月底交货。

（三）钢丝绳四千尺系托总公司在马尼拉订购，现已运至腊[①]，不久当可内运。

（四）锅炉所用引擎及水管等，正由本矿设法分别订制及觅购中。

三、目下每月产煤约十余吨，预计本年九月间可将每月产煤数量陆续增至一五〇吨。

四、将来每月生产煤至一五〇吨时，如用拉拉车运至宝鸡出售，不但运费太昂，且需要车辆在三百辆以上，事实上固难办到，管理上亦非常困难。兹拟设法购置木炭汽车三十辆专供运煤之用。汽车燃用木炭比较燃用酒精，约可节省运费三分之一（由娘娘庙矿区用木炭汽车运煤至宝鸡，每吨运费约五十元）。

五、原拨资金一百万元不敷分配，拟请拨七十万元以资周转。

主席意见

一、所缺各种机器设备应由陇县煤矿自行设法补充，并早日运往矿区，迅速将水排尽。如运输机件需要西北运输处帮忙时，可陈请总公司转嘱该处照办。

二、在蔡家坡西北机器厂所订各种机器，应由陇县煤矿派员至该厂守催，避免延误交货日期。

三、所产煤屑可运至宝鸡试制煤球出售，在推销之初，不妨将售价特别从廉，俟用户习惯、销路扩充时再行酌量加价。

四、陇西煤矿资金原为一百万元，可增拨五十万元以应需要，如仍不敷用，可以矿区存煤及材料向宝鸡中银行商做押透。

五、木炭汽车不易购得，西北运输处现有燃用酒精卡车百余辆，俟仰光纱机抢运完毕时，拟就该处所有卡车内以一部分加以改造，使用木炭。惟改造后是否确能合用，又所需修改费是否合算，均非实地实验不可，此车当由总公司转嘱西北运输处先以一辆试办。

雍兴实业股份有限公司第一届厂务会议召集西北运输处个别谈话会记录

（1942年1月23日）

时间　民国三十一年一月二十三日

① “腊”：地名待确认，江西省萍乡市湘东区中部腊市？

地点　本公司西安临时办事处

出席　束云章　沈次量　杨朗川　李紫东　张鸣冈　胡名甫　王桂棠

　　贺书绅

主席　束云章

记录　贺书绅

主席谈话

1. 目下汽车燃料及配件等莫不日趋昂贵，嗣后西北运输处代本公司所属各厂装运燃料，应按普通商车照算运费。

2. 此后代中国银行运送券料，渝宝间每辆改收运费三万，以维成本。又定车在渝候运时期以三日为限，倘逾期尚未起运，每过期一日，收贴补停车损失费三百元。

3. 据西北运输处声请，拟在兰州、平凉、天水、褒城、双石铺等处酌购基地，以作停车之用，除兰州、平凉两处基地可由该处自行酌购备用外，天水、褒城、双石铺等处，可借用各该处中国银行及豫丰纱厂已有之设备停放车辆，以资节省。

4. 西北运输处宝鸡总处及所属嗣后关于油料、物料之保管及收发，应拟定严密手续，并由负责部分不时亲加检验，以防走漏。

5. 西北运输处应设稽查一人或二人，常川赴所属各站稽核一切运输事宜。

6. 陇县煤矿因运输煤块拟请购置木炭汽车三十辆，目下此项汽车购置不易，如以普通汽车改为燃炭装置，其修改费若干？是否合算？可由西北运输处就豫丰移交之卡车，先以车龄较老者一辆试行改造，并将修改后试行车情形及用去修改费用，一并陈报总公司查核。

雍兴公司陇属各厂谈话会记录

（1942 年 2 月 13 日）

时间　三十一年二月十三日下午二时

地点　兰州中国银行

出席人　郑思卿　洪德官　曹柏年　潘炳兴　马文芳　凌子惟　卞松年

　　陈骥程　谢息南　田宝琳　李西庚　洪亨德　张伟侠

主席　郑思卿

记录　侯淑庭

主席谈话

一、查中国银行投资雍兴公司创设各厂，原意在此抗战建国期间，帮助政府尽一部人力财力，增加后方生产，以期适应抗建环境，惟检讨过去兰州各厂，确未做到预定计划，此不独束总经理焦急万分，即敝人亦颇引为遗憾。现既失之于前急，应补救于后，为公司，为国家，均应赶速振奋精神，积极推进，俾期争取时间，达到预定目的。

二、整顿要旨，亟应依据目下环境详拟具体计划与推进步骤，按照进度程序，切实奉行，尤其对于组织及管理两方面，特别要克臻健全。

三、公司职员待遇现已改善，对于人事考核，亟应认真办理，其确能胜任者留之，其不克胜任或闲冗人员，均应一律解雇，俾期撙节而免糜费，并望填造职员职务表，加具考语，送交驻陇处审核。

四、各厂目下急应赶办之事项如下：

1. 制药厂

A. 制药部责成谢技师息南，分人事、设备、原料、生产、销路、损益六大纲目，详拟具体计划书，限于本月十八日前送驻陇处核转陈报总公司，以凭去留。

B. 酒精部之产量必须日出二百加仑。此事责成卞厂长松年分人事、设备、原料、生产、销路、损益六大纲目，重拟详细计划书，限于本月十八日前，送交驻陇处审核，以凭督导，完成预期目的。

C. 肥皂部之制造香皂，既因香料不够，可停止不做，但为维持本部开支以免损失计，其条皂每日必须出足十五箱。此事责成回技师永和，分人事、设备、原料、成色、销路、损益六大纲目重拟详细计划书，限于本月二十四日以前送驻陇处审核，以凭督导，稳定生产。

D. 玻璃部之成品销售之迟滞，多因制造不精，现即奉命暂停，所有技工应速做退火工作，俾期精良，同时为适应需要，制造安瓶而免闲散。至每日如何能出足四锅料，责成卞厂长松年分人事、设备、原料、成色、销路、损益六大纲目拟详具体计划书，限于本月二十四日以前送交驻陇处审核，以凭督导，创开销路。

E. 制碱部责成郭雨冬筹划每日出冰碱五百市斤，并将人事、设备、原料、成色、销路、损益六大纲目拟具详细计划，限于本月二十四日以前送交驻陇处审核，以凭督导，稳定生产与创开销路。

2. 毛线厂

A. 限两个月内先将已设机器四十台出足生产量，限四个月内设法增设三十台，共为七十台，以期符合总公司原定期望。此事责成潘经理分人事、设备、原料、成色、销路、损益六大纲目详拟计划书，送交驻陇处审核，以凭督导，稳定生产与创开销路。

B. 为增加工作时间、稳定固定生产计，限于一个月内将电灯装齐。此事责由该厂许科长训勋办理。

3. 机器厂

在该厂原有机器之外另添修理汽车部分，由马经理拟具全盘营业计划书，限于本月二十四日以前送交驻陇处审核，以凭督导。

4. 面粉厂

A. 每日最低之出粉量必须达到四百袋之数。

B. 第二部粉机责由凌副经理设法提前安装。

五、各厂所存之非本厂应用或不需要之物件，应即分别名称、原买单价、原买总值，每笔由付款之日起至二月底止，按照月利一分计息，详列清单送交驻陇处汇核，先就各厂实际需要，按照时价八五扣让旧售后如有多余，当即外售，以免占款而防意外损失。

六、今后各厂之信透押透，原则上虽已不准，但仍视各厂之是否确属需要而为定。如果存有大批成品，不图设法销售，而再任意信透押透，自难予以照准。此事除希各厂会计切实注意外，并由会计按日填制资产负债损益表，于每日上午九点送置经理办公桌上，以凭经理核计整个合理头寸，以免任意透支，而防漫无限制之用款。所谓经济事业，必须讲经济之道也。

七、所有一切不必要之开支应力求缩减，切不可糜费一文，凡关开支传票，必须经会计复核方能付款。

八、各厂之成品销售，现正筹设"雍兴公司兰州各厂联合供销处"，除由驻陇处遴派经理、会计外，各厂应派营业员一人办理收买原料、推销成品各事。所派何人限于本月十八日以前将姓名、待遇开列送处，以凭核计供销处全盘人事问题。

九、供销处之筹备，责成驻陇处侯淑庭、朱松如两人办理。

十、各厂设立"雍兴公司兰州各厂联合医务室"既众意咸同，责成曹经理于本月二十日召集各厂经理或厂长开会妥议办法，积极筹设并将办法陈报总公司备案。

曹经理柏年报告

本厂现用之锅炉原系建设厅租赁，期限尚有半年，倘将来建厅将此锅炉收回，各部势必停工。应如何办理？请予指示办法。

主席解答：

关于药厂之锅炉一事，既于半年后必须需要，即责成马经理文芳及曹经理柏年，限于十日内将原料购妥，三个月内造成，以免影响本厂整个生产问题。

临时谈话

一、面粉厂现需每尺七十二眼罗绢八码，八号罗绢十码，由驻陇处电请总公司向西安成丰洽让。

二、制药厂在恒阳及昆明共购马达十六部，除现需要二匹七部、三匹及五匹各二部外，余者其他各厂是否需要，抑或就地脱售，由驻陇处电请总公司核示。

三、制药厂前托毛襄理在仰光购买之锅炉气压表三只，已早运到宝鸡，由驻陇处电请总公司转催即日运兰。

四、面粉厂所购之磨辊十六个，四个存宝鸡申新，十二个存秦行，又汽缸油二桶，现存秦行。

制药厂在秦行存鸡毛纸一箱，计一〇四磅；又蔡家坡酒精厂让售之三十二寸钢磨一套，及该厂吕经理代购之酒精塔一座，均存蔡家坡。

兰机厂在西北机器厂存有五金钢铁材料（清单存总经理手），以上各物由驻陇处电请总公司派车运兰。

散会。

（件存甘肃省档案馆 49－1－173 卷）

雍兴公司兰州各厂联席谈话会记录

（1943 年 1 月 24 日）

时间　三十二年元月二十四日上午九时

地点　兰州制药厂会议室

出席人　束云章　傅道升（伸）　袁雪厓　张鸣冈　常文熙　洪德官

张翰才　凌子惟　潘炳兴　马文芳　卞松年

主席　束云章

记录　侯淑庭

主席谈话

请各厂经理将卅一年度内厂务概况与困难情形及今后希望先行报告。

一、凌子惟报告面粉厂概况（报告另附）。

二、马文芳报告机器厂概况（报告另附）。

三、潘炳兴报告毛织厂概况（报告另附）。

四、卞松年报告制药厂概况（报告另附）。

讨论事项

一、关于兰机厂厂址案：

决议：

1. 西北货栈全部房屋让归该厂租用。

2. 先就西北货栈空余房屋即日迁入开工，其因各家存货被封占去之房屋，请由陇支行常经理向政府交涉腾出。

3. 兰机厂迁入西北货栈后，腾出之房概归兰毛厂应用，其原租金二千元即由兰毛厂按月照付陇支行，同时兰毛厂仍应另购地皮预备建厂，前该兰药厂西迁地皮，请由驻陇处代为洽购。

二、兰毛厂厂房及该厂染料搜购案：

决议：

1. 厂房问题已于第一案中解决，毋庸再谈。

2. 染料问题由该厂将需要之染料种类、牌号、数量开列清单送请总公司设法向各方搜购。

三、调整职员待遇案：

决议：该案因系雍属各厂整个问题，留待西安厂务会议时讨论。

四、改良兰粉厂机器增加产量案：

决议：

1. 机器改良日产面粉可增至一千五百袋，即请由俄人格洛米林设计改良并先索取图案。

2. 对于格洛米林改良机器之报酬，我方可给予国币十万元，俟全部机器改装完竣，检验合用后付给。

机器改良时由蔡机厂派人来兰帮同装置。

五、兰粉厂收购原料案：

决议：并入讨论资金案内讨论。

六、各厂流动资金之增加与原料补充案：

决议：

1. 关于流动资金：

A. 视各厂资金之需要情形，皆请陇支行通融三四百万元由驻陇处分配各厂应用。

B. 各厂应推销库存成品以补资金之不足。

C. 关于正式增加资金问题俟西安厂务会议决议。

2. 原料之补充由驻陇处召集负责人详加讨论及统筹办理。

七、各厂统一管理案：

决议：

1. 原物料之采购、成品之推销由驻陇处统一主持负责筹办。

2. 各厂工务、会计、事务及仓库管理等仍由各厂秉承总公司暨驻陇处之命自行处理。

3. 各厂资金由驻陇处统筹分配集中调用。

4. 由总公司聘请精通会计人员一人派在驻陇处服务，负责指导及稽核各厂会计事宜，并由驻陇处规定各种有关会计表格，交各厂按日送核，俾便根据调拨资金。

5. 各厂机械人员缺乏，由总公司遴聘工程师一人在驻陇处服务，随时派赴各厂协助工务。

八、健全营业机构案：

决议：由驻陇处调用各厂富有经验之营业人员，充实机构并派员分赴重庆、成都、西安等各大都市，专司推销成品及采购诸事。

九、各厂之人事调整案：

决议：各厂现有职员能力不齐，应由驻陇处分别考核，成绩特优者酌予提升，共有闲冗或确不称职者即予裁汰。

十、各厂改进工务案：

决议：

1. 各厂应根据总公司过去规定每周各开一次厂务研究会之通函，认定某一问题彻底研究，务期寻到具体办法。

2. 制造部分应注意配合成品销路。

十一、改善工人待遇案：

决议：先由各厂将兰市工人待遇详细调查，与本厂切实比较后提出详确数字，留俟西安厂务会议时讨论之。

散会。

（件存甘肃省档案馆 49－1－173 卷）

雍兴公司召集兰属各厂负责人谈话会记录

（1943 年 8 月 5 日）

地点　兰州中国银行

时间　卅二年八月五日下午二时至六时、六日上午九时至下午一时

出席人　束云章　张鸣冈　常缉甫　潘炳兴　马文芳　卞松年　凌子惟　束樵如

总经理指示：

粉厂

一、日出粉一千五百口袋之各种机件修配，应于十一月底完成，十二月底装齐试工，明年一月初出粉。

二、拟具完成全部工作机器设备预算书陈核。

三、厂中所购物料凡可随时出账者应即付账，将来不另摊提。

四、将来营业方针仍以代磨为原则。

五、外间所欠粉款七十万元应速收回，酌量情形分收款等级及时期。

六、中国银行仓库之邻近粉厂部分房屋，作价让与粉厂应用。

机厂

一、将中国银行西北货栈房屋拨作机厂厂址。

二、机厂规模以不扩大为原则，应使产品精确，将现有工作机精加修整并略增工作机。

三、业务第一步制造粉机，第二步为兰属各厂修配机件，第三步自行制造工作机，如有余力再接做外货。

四、工作机以自做为原则，翻沙可函请总公司与蔡机厂接洽。

五、工场与宿舍应行划清，行人走道应行调整，使工人进出只有一条路线，以便管理。

毛厂

一、现厂址不适用，俟经费筹有的款时再行迁地改建，目前可先选购地皮。为救急计，先将化学厂南部房屋加以修缮，装置机器以事生产，并注意防范水灾

之法。

二、修缮设备等费应拟具预算书陈核。

三、添聘技术员工。

三、催余机厂如期缴付承制之毛纺机。

四、酌购上好羊毛俾能纺织较为精细成品。

五、化学厂所拨房屋俟雨季后修缮，关于不怕雨季之工作，应拟具步骤先行办理。

化学厂

一、肥皂部应将现有机器充实，按定步骤逐渐改良，增加生产，维持产品数量之平衡，由日出三十箱增至四十箱，将来察看情形再逐渐增进。注意推销外埠。

二、甘油应根据肥皂需要增加产量，如其有余，可推销外埠。

三、小苏打应尽量利用设备先增产至每日五十磅，并注意外埠销路。

四、制碱部产量第一步应增每日至少出产半吨。

五、以上各部生产数量之递增以及修理厂房、机器、设备等，应争取时效，详拟计划书陈核。

六、俟上列四部产量稳定后，再设玻璃制造部。

七、聘工程师一人，但须确于化工有经验者。

八、调查现存原物料数量，其非目前需要者全部出售，以增运用资金。

九、修缮灾后房屋，应详拟计划及经费预算书陈核，共同指示。

（件存甘肃省档案馆 49 -2 -448 卷）

雍兴公司召集兰属各厂负责人第二次谈话会记录

（1943 年 8 月 9 日）

地点　兰州中国银行

时间　三十二年八月九日下午二时至六时

出席人　束云章　张鸣冈　常缉甫　潘炳兴　马文芳　卞松年　凌子惟　束樵如

记录　束樵如

总经理指示：

一、化学厂、粉厂、毛厂防止水灾办法：（一）筑高环厂马路；（二）加厚四周围墙并用砖加高墙脚;(三)修葺屋顶以防水漏;(四)厂后河堤加修,凡有堤口处一律加闸,又前后大门及阴沟加设闸板。

二、此次各厂水灾损失详细调查具报总公司。

三、各厂修缮房屋先以工房为主,俟经济力量富余,再陆续修建职工宿舍,布置园林。

四、三厂全部修缮费以不超过三百万元为原则,仍须加节省。

五、各厂应将折旧率提高,最好能短期内将中行投资清偿,以减利息之负担。

六、三厂后护堤树林由各厂分别负责栽植。

七、第一次谈话决定事项应切实执行。

(件存甘肃省档案馆 49-2-448 卷及 49-1-173 卷)

雍兴公司召集兰属各厂临时谈话会记录

(1944 年 8 月 23 日)

时间　三十三年八月二十三日上午十时

地点　总公司

出席人　束云章　沈次量　杨朗川　胡名甫　傅道伸　张鸣冈
常缉甫　王瑞基　吴树谷　吕凤章　张万里　汪晴江
张一鸣　束　若　贺书绅

主席　束云章

记录　贺书绅

主席谈话

本人不日将因公赴渝,故于赴渝以前召集各厂负责人开一谈话会,藉以交换意见,决定方针,俾各厂嗣后进行各事有所依据。兹先就各厂有联系性之事项付诸讨论,其属于各厂本身应行注意事宜,当与各厂负责人举行个别谈话加以商讨。

决定事项:

一、目下敌人距灵宝县城不过十余里,将来战区是否再行扩大,殊难预料。为应付目前环境减轻以外损失起见,各厂应依照总公司迭次通函,将暂时不需要之原物料及机件先行疏运至双石铺、广元一带暂存,以策安全,但各厂暂时不拟迁移之机器设备则应充分利用,努力生产,万一情势紧急无法维持生产时,只好视当时情形,择其可以搬运之机件及原物料,就力之所及抢运出险。又各厂暂时不需要之原物料最好能设法出让，俾免积压资金，增加利息负担。

二、本年六月二十五日在蔡家坡举行谈话会时，原系决定蔡纺厂应拆卸新式纱机二千枚运往双石铺暂存，刻以该厂新原动业经装妥试电，为充分利用现有电力增加生产、减低成本起见，应将前项决定办法暂缓实行，并由该厂积极筹备，务于最短期内先行开齐一万锭（该厂一切设备应以开足一万二千锭为目标，其余二千锭可俟第一步一万锭开纺后再图扩充）。盖新锭每产纱一件可获奖金六千元，以每日产纱二十四件计，即可收入十四万余元，故利在争取时间多获利润，以弥补往日之赔累。

三、蔡机厂原有工作机约二百台，刻以电力供应不足，暂开一百台左右，该厂应即以目下使用之一百台工作机充分加以利用，使其发挥至最高工作效率，增加产量，并将暂时因电力不敷不能传动之工作机约一百台。装箱运双石铺暂存，以防万一。

三、蔡酒厂应按每日产粉一千五百袋之计划积极筹备，并限于本年年底以前，将应行添制之机件全部完成。为求迅赴事功不致延误原定计划起见，可将粉机一部分不重要之机件包给外间机器厂承制，其余比较重要之机件由西北机器厂加工赶制。关于粉机之制造，由树谷、凤章两兄会拟详细计划，陈报总公司备查。又在一千五百袋之计划尚未实现以前，应先每日产足面粉五百袋，务求生产数量十分稳定。又蔡纺现有六节锅炉一具，应即拆交蔡酒应用，俾蔡酒于电厂尚未供电以前得以自给。

五、业精现有八十及五十匹马力锅炉及引擎各一具，以之负荷三千锭之传动当无问题，除该厂现有二千锭外，应设法多开一千锭以增产量。关于上项纱锭一千枚之添制，由瑞基、树谷两兄会拟计划陈报总公司备查。

六、咸阳纱厂之纱机年代已久，比较陈旧，可就现有机器设备充分利用，倘至时局紧张不能维持开工时，可将锭子、钢领圈、罗拉等设法抢运出险。

七、咸阳打包厂之打包机及原动类皆笨重，如于时局紧张无法迁移时，只好临时请示陕西省政府或有关当局再行处置。

八、兰四厂一切厂务之推进应由驻陇办事处代表总公司全权主持，俾能集中管理以收统一指挥之效。关于驻陇处管理兰四厂之具体办法，由总公司拟定章则须发施行。

九、兰粉厂所需原动，务应以该厂现有之锅炉及引擎克日装妥使用，并由树谷兄代为物色熟练锅炉及引擎之技术员一人，负随时管理及检查动力部分之责。

十、兰毛厂应将业已由渝运到之机件，尽本年年底以前装妥开纺，并须物色保全技师一人，专司机器事宜。

十一、兰化厂应先将肥皂产量切求稳定，再谋其他部分之改进。

上午十二时散会。

（件存甘肃省档案馆 49－1－424 卷）

雍兴公司召集兰四厂谈话会记录

（1944 年 8 月 24 日）

时间　三十三年八月二十四日下午三时

地点　雍村

出席人　束云章　沈次量　杨朗川　胡名甫　傅道伸　张鸣冈　常缉甫　束　若　贺书绅

主席　束云章

记录　贺书绅

决定事项

一、兰四厂应行添置之机器设备，应由驻陇处负责作整个计划，积极补充，总期于本年年底以前各厂均能树立规模，奠定基础。

二、目前蔡纺使用之西太后锅炉及引擎，俟该厂新原动发电稳定后，再酌量情形全部运往兰州，以充兰毛厂原动之用，兰毛厂自身仍不妨一面另行觅购。又兰毛厂已运到兰州之机器，应从速装置；其运在中途或未运者，应速催运；其已定制尚未交货之机器，应速催制。以上各节亦统由驻陇处负责自办，勿存依赖之心。

三、兰化厂应将肥皂、纯碱、甘油三种为主要出品，俟产量十分稳定后（肥皂务须日产三十箱），再视各地市场之需要制造各种油漆、油墨。

四、日产纯碱四百斤之设备，约需款八十万元，如每日产量增至一千斤，其设备费用为一百一二十万元左右，目前制造之初，不如即按每日产量一千斤之设备着手筹备，俟将来销路畅旺再图扩充。惟机器之装置须预留地位，即现在所造一千斤之机器，亦须注意将来扩充时可配合应用。

五、兰州各厂对于机器之管理缺乏适当人才，兰毛厂亟应遴用保全技师一人至二人，兰粉厂亦应用管理机器（包括动力）技师一人，俾所有机器不致因疏于管理而影响生产，并使机器本身于不知不觉中日趋窳败，乃至发生修理上之重大困难与不可挽救之损失。此点关系各厂命脉,至为重要,本月二十三日各厂联系谈话会中已有决定,务盼切实照办。

下午五时散会。

雍兴公司召集各厂第二次临时谈话会记录

(1944 年 8 月 25 日)

时间　三十三年八月二十五日上午十时

地点　西安中行二楼

出席人　沈次量　杨朗川　胡名甫　傅道伸　张鸣冈　常缉甫　王瑞基　贺书绅　吕凤章　汪晴江　魏公权　雷志璚　章莲孙　张一鸣　束樵如

主席　沈次量

记录　束樵如

报告事项

一、束经理因偶感不适不能出席,嘱由本人代表主席。

二、本日谈话要点在研究各厂如何加强联系。如蔡家坡三厂同在一地,彼此互有关联,而此次会谈中,甲厂与乙厂、乙厂与丙厂之间分拨机器、供给电力、配制机械等事端繁多,联系稍欠密切,即有挂一漏万之虞。又如兰四厂规模较小,近在咫尺,文书往返不免繁复,推进营业,各厂咸感才难改善,工务亦觉力有未尽,应如何集中人力、调整机构之处,亦大有研讨价值。请诸位发表意见共同商榷。

会谈结果

一、由傅总稽核根据此次逐日谈话会记录,将各厂应行联系事项提要列表分发各厂照办,并由总公司注意督策,以期计日程功。如有应行补充之处,仅属于技术方面者,函报总公司备查;如有涉及行政及财务方面或为原计划一部分之变更者,应函陈总公司核准。

二、电厂及酒厂面粉部建设方面,应由各部门负责人员规定每周开会日期,召集会谈:(一)考察进度;(二)交换意见;(三)筹划应办或改善事项,务达工精费省,照预定标准及日期完成之目的。如能提早观成,先期供电及出货,可陈明总公司特加奖励。

三、蔡三厂彼此关系至密,往往有此一厂所得之经验,可供彼两厂之采取者;

此一厂之进步,可以为彼两厂之观摩者;此一厂之兴革,与彼两厂互有影响者;有此一厂之困难,而彼两厂亦感同样痛苦者,自非三厂干部人员时时接触,不能补偏救弊。故蔡三厂宜组织一"厂务联系讨论会",规定每月开会日期,彼此各就其有共同性或特殊发生及确著成效之事件互相讨论,以增加三厂精神上之联系,而谋日异月新之进步。

四、本公司驻陇办事处与兰州四厂之联系办法,由张主任与常副主任根据四厂情形拟具,调整办法陈总公司核定。

五、运输处装运各厂机器材料,自发货厂起运日期以及沿途驶抵何站,除由该处各地办事处及分站随时电告宝运处外,宝运处接到各处电报后应同时电知收货厂接洽,俾各该厂可悉所需之机器或材料业已运抵何处,得以预为工务上之准备,以免如过去有运至中途停留多日互不接洽情事。

上午十二时散会。

（件存甘肃省档案馆 49－2－404 卷）

雍兴实业股份有限公司第四次个别谈话会记录

（1944 年 2 月 17 日）

时期　民国三十三年二月十七日下午四时至五时

地点　中行二楼总经理室

出席人　束云章　沈次量　杨朗川　胡名甫　傅道伸　刘履之

主席　束云章

记录　贺书绅　束樵如

讨论长革厂问题

讨论结果:

一、该厂现用资金共七百万元,除原拨建设资金六十万元仍按月息八厘计息外,并规定流动资金额度为六百四十万元,自民国三十三年一月份起,以月息二分计息并付现款。

二、该厂用款应就上项额定流动资金数目内妥为支配,不得额外透支。

三、该厂现存牛皮无多,应即设法收购四五千张,以便用至本年底之原料得以无缺。

四、该厂除每日鞣制皮革约二十张外,可多制三寸、四寸宽之传动皮带多件,以应市面之需要。

（件存陕西省档案馆民国档案 82－1－1278－2 卷）

雍兴实业股份有限公司蔡三厂及业精个别谈话要点

（1944 年 8 月 23 日）

时间　民国三十三年八月二十三日下午三时

地点　雍村

出席者　束云章　沈次量　杨朗川　傅道伸　贺书绅　王瑞基　吴树谷　吕凤章　章莲孙　雷志璃　束樵如

主席　束云章

记录　束樵如

蔡机厂

一、该厂重庆所购之铁已运抵广元者计一〇〇吨，在合川待运者计一五〇吨。现又去电订购二〇〇吨，在此二〇〇吨未购妥之前，拟先向余机厂商借一〇〇吨，乘嘉陵江水运便利之际运抵广元，俟总经理到渝之后，再统筹补充办法。该厂一方面可在陕省零星收购，并请工矿调整处协助在合理条件之下，购进应用（每斤购价以在四十元以内为原则，否则作罢）。

二、该厂自造纱机二，〇〇〇锭，所有粗纱、细纱、清花、并条等机，可全部或分部价让以免资金冻滞，并续为蔡纺厂制造纱锭二，〇〇〇枚。

蔡纺厂

一、俟发电厂完成发电以后，先开足一万锭，以后电力充足时，增开至一万两千锭，不足之纱锭由蔡机厂承制。

二、电厂完成后，原有小原动除分让一部分与蔡酒、蔡机两厂及其他各联厂外，可酌量出售。

三、高压瓷瓶之购备及变压器之调整，应由该厂与该雷工程师志璃洽商，从速办妥。

四、电厂所用各种配件应照样多备一份以备更换，其属于舶来品者，由王瑞基、吴树谷、雷志璃三君开列名称、规格，送交总公司向重庆豫丰商让，其可自造者由蔡机厂承造。

蔡酒厂

一、该厂所需电力电厂供应，如电厂目前电力不敷全部供应，暂由该厂自备一部分动力，利用电厂一部分电力，俟将来电厂添购锅炉装成后再行全部供应。目前电厂电线装置仍以装至酒厂为原则，并应限定期限装成发电。

二、向余机厂定制之盐酸设备，应照合同规定交货日期，向该厂注意洽催。

三、面粉厂钢磨可由蔡机厂按七道式代为定制，并由蔡机同时为兰粉厂多制钢磨数套，以供兰粉厂换去旧石磨之用。

四、酒厂面粉部所用之节筛绢应乘全部机件未完成之前预为搜购。

业纺厂

一、经纱、纬纱机应先设法添置，以节人力，其余浆缸等各种设备，应俟该厂本身有余力时再行补充。

二、以后所需之补充机件仍应交由蔡机厂制造，以免运输上之困难。

六时散会。

（件存陕西省档案馆民国档案 82 -1 -556 卷）

雍兴实业股份有限公司
蔡三厂及业精、咸工各厂负责人谈话会

（1946 年 12 月 21 日）

地点　中行二楼客厅

时间　三十五年十二月二十一日上午十时

出席者　吕凤章　傅道伸　张一鸣　王德荣　张仲实　尹仁甫　章思耀　魏元衡　张秉刚　路清淮

一、煤荒问题

本年度自统筹购运燃料以来，全年仅拨运电厂三二〇〇余吨，尚不足四个月之用。目前存量极少，煤荒堪虞。如仍由公司负责办理，须准时运厂，否则势须另筹办法。

（一）目前情形：纱厂存煤仅敷半月使用，亟待设法解决；

（二）长久办法：请公司从速妥为筹划，务求供需相济，否则影响生产至深且巨。

二、年终奖金

甲、纱厂方面

（一）最好由同业公会规定通行办法，免滋纠纷。按去年平均每一工人约得

四个半月，今年以营业较佳，势须增至五至六【个】月，始不致发生问题。（章代经理）

（二）他厂工资较本公司各厂为高，若累积数月计算又有相当差额，亦须加以考虑。（章代经理，路工程师）

（三）维持以往方式，按工人等级应得奖金天数发给，以避免工人提出异议。（傅厂长）

（四）今年每次增加工资皆按原额增加相当百分数，各级工人所得已有相当差额，以一定月数发给，亦属可行。（路工程师）

（五）为策妥善计，在本公司各厂决定一定数额后，倘他厂另有较优办法，亦可酌加发给。（一致意见）

（六）本年无妨仍照往例发给，或先发三个月，再视他厂情形酌情补发。（吕经理）

（七）汇计各厂工资额：照先发一部分，年终奖金计算。

1. 蔡纺三个月需一五〇，〇〇〇，〇〇〇元

2. 业精三个月需一四四，〇〇〇，〇〇〇元

3. 咸工三个月需一八〇，〇〇〇，〇〇〇元

共计四七四，〇〇〇，〇〇〇元。

乙、机厂【方面】去岁年终奖金普发一个半月。（王科长德荣）

丙、酒厂【方面】去年职工一个半月，领班最多二个月，普通一个月。（吕经理）

三、今后每届同业公会召开会议时，由各厂负责人出席，并请公会先期通知，俾便准时到达。（张、章代经理）

四、各厂变更工作时间问题，提请公司会研讨。（张代经理）

五、物价影响工资甚巨，同时携眷职工因有福利待遇，其实际所得较单身者为多，单身职工曾迭请调整，故由明年起，比照他厂改订关于职员眷粮贴补办法。单身职员因家眷居住收复区，粮价昂贵，负担奇多，多次要求改变，以昭公允，拟请公司核定划一办法。（张、章代经理）

六、县警局迭次严明即行管辖并训练各厂厂警等事项，兹为减除束缚计，由各厂负责人于本日下午向民厅主管部分探寻真相。（一致意见）

七、蔡三厂原动渐感不敷，纱厂增锭亦大成问题，酒厂增添制粉设备更需及早解决动力问题，拟请公司早拨四千瓦电机以资补充。明年纱厂增加四千锭，所需

道夫锡林及盖板针布甚急，拟请公司从速拨发。

（件存陕西省档案馆民国档案82－1－556卷）

雍兴实业股份有限公司各厂矿临时谈话会记录

（1947年2月5日）

日期　民国三十六年二月五日

地点　本公司西安办事处

出席人　沈次量　杨朗川　胡名甫　陈叔虎　吕凤章　傅道伸　束樵如

张仲实　章莲荪　王蓝甫　刘履之　张一鸣　吕心来　尹仁甫

魏公权　续光清　马绍勋　路清淮　陈伯康　戴少泉　狄崇青

罗冠英　郭　埙　黎廷谋

主席　沈次量

主席致词

今天举行本公司各厂矿负责人临时谈话会，其意义仍不外检讨过去与策划两点。简略言之，民国二十九年至三十年系公司草创时代，三十一至三十二年则粗具规模，各厂次第完成，曾由束总经理主持召开第一、第二两届厂务会议。三十三年以时局多艰未遑正式召集，仅以座谈会方式，就各厂矿本身困难问题举行个别谈话，共渡难关。三十四年及三十五年度亦未举行会议，惟仍本已往决议案切实执行。虽因事实和环境关系，未能一一达到预定计划，但在此三年中，各厂俱有重要兴革。如蔡纺、业纺增加纱锭，蔡纺添设电厂，蔡酒添设面粉设备及附产味晶、淀粉、酱油等品并自制完成盐酸，以及去岁，蔡机重行加强制造纱机工作与整理兰毛、兰粉等厂，都是在辛勤艰苦之中得到很大的进步，而尤以三十五年各厂矿的进度更为显著。此实各厂矿负责人及全体同人共同努力的结果，而为总公司特别欣慰的。但当此各种机械日新月异，而所谓合理化的力量又时时刻刻在推动各种工业向前猛进，我们在今日以为成绩很好的，也许隔不多时便要落人之后，我们在此地以为工作优良的，也许在别的地方便觉瞠乎其后。所以总公司对于各厂矿希望日新又日新，进步更进步，那不是过分的要求，而是鉴于时代前进之迅速，非急起直追不足使本公司整个事业达于成功之途，立于不败之地。关于这一点，总经理在历次全体会议以及在蔡家坡、兰州各地会议时，已曾说过千言万语，谅诸君尚能记忆，此次谈话会仍离不了这个原则。兹特提纲挈领，分为工务、业务、财务、人事

四个题目来共同讨论,并将大要说明如次:

一、工务:如工作计划、工作标准以及如何充实设备等事。

二、业务:三十一至三十二年间总公司开始集中购料,自三十五年起实行集中营业,如原、物料之购备、成品之推销以及运输保管等事项,均由总公司办理,其目的为使各厂得以全副精神,致力于工务之改进。惟事关全体,其端绪又甚繁赜,一年来实施结果及成败如何,深望各厂尽量发挥意见,以供采择。

三、财务:三十五年度营业状况就账面言,自较往年为佳,惟值此物价波动之际,原、物料及人工待遇无不继涨增高,成本日益加重,资金用量更大。表面虽欣欣向荣,而里面实潜伏了一种危机,万一市场逆转,出口销售困难,或成本不敷,即有一落千丈之虞。这不是危言耸听。我们试回想三年以前的物价,便可感觉到未来的危险。记得三十二年开厂务会议时,总经理曾说过多用一职员,每年须多费三万余元;多用一工友,每年须多费一万余元。如今则一职员每年须一千多万元,一工友亦须数百万元。物价如此无底止地狂涨,真令人慄慄危惧,盖营业收入纵有增加,然终不能超越飞扬跋扈之物价!因此周转资金增加数字日益庞大,而再生产之能力反不如从前,此实为一般从事于工业者同感之痛苦。况总公司对于各厂矿拨用资金均有限额,而中行放款亦须总行陈奉四联总处核准始能贷放,并非无限供应。故各厂负责人,应将本厂整个资金负债状况及营业盈亏情形时时加以盘算,至少胸中须有一全面的轮廓,以为处理厂务张本。对于一切用料、用款、用人如何力求节省,亦须精密计划,不可一刻放松,更不可因一时营业好转,渐改从前艰难困苦的作风。关于统筹资金自是总公司的责任,而市场之顺逆,亦非我们所能预料,惟独如何使成本减低、如何使出品优良、如何使管理得当,以及有没有耗费资金致使总公司发生困难,则各厂诸君都负有巨大的责任。倘能内外一体,以临深履薄之心,抱兴亡有责之志,则不论任何难关,我们当能克服,否则任何好境恐也不能长保。古人云"居安思危",这句话我们务须要切实记住。

四、人事管理:本公司待遇甫经调整,各厂矿所用职员必须严格甄别,将能力低劣及成绩平庸者切实裁汰,以免冗滥。此事曾迭奉总经理函电,至为剀切,但他的意思是积极地巩固根基,而不是消极地裁员减政。他深知人事开支占间接费之一大部分,故希望各厂用人重质不重量,贵精不贵多。因为若量胜于质,则分配工作有的胜任愉快,有的不能称职,其结果必致劳逸不均。甚而至于因某一部门之工作不力而使全体工作受到影响。若人浮于事,其弊犹不止此,盖闲冗既多,则有才者亦将流于怠惰,风气一坏,挽回甚难,此总经理所以谆谆至再,盼望各厂裁汰冗滥,实具有无限深意。他是要去弱留强,将各厂同仁成为劲旅,并不是不问可否硬要各厂裁人。关于这一点,我特意恳切地说明,务望各厂负责人千万不要视为具文,务须认真考核,秉公办理,期收人尽其才之效。

最后,我并提出两点意见贡献给诸君:一是科学管理;一是提高工作效率。这两句话今年以来人人都知道的,但能切实做的颇非易事。我记得黄任之先生对于科学管理的几句名言是:(一)没有一件物品没有人管理;(二)没有一寸地方没人管理;(三)没有一分时间没人管理;(四)没有一桩事没人管理;五没有一个人没人管理。这几句话最为透彻不过。在高度工业化的国家是以机械来辅助管理,故常常听说某一工程师发明了某种机械,或是一个很小的装置便可增加管理的效力。又有变换机器的布置与改良房屋的设备,也可使管理上得到很多的便利。但我国是工业落后的国家,在尚未应用新式机械以前,我们只有先以人力来加强管理。照黄先生所说的方法,任何工厂、任何机构都能适用,都能生效的。至于提高工作效率,我们不必高谈取法欧美,我以为只要做领袖的人能如曾文正公所言之四到:即"心到、口到、眼到、手到",即可使工作效率提高。所谓"心到"是凡事都要先在心里详细计划一过,务须缜密无遗,然后令人去做;所谓"口到"就是命人执行时,要说得明白清楚,如执行人员对于你的命令有所陈述,你须十分注意,可采取者立予容纳,不能采取者亦应详告原由使其明了,然后限定时间,明示标准,令他去做;所谓"眼到"即做完了要亲眼看过是不是照你的计划和期限以及标准,做得样样相符,妥帖完善;所谓"手到"是将你计划的事情和施行的结果用笔记下,一则考核事功,一则观察人才(笔记为用甚广,凡所见所闻均可记之,此系举一端而言)。如能行此"四到",则凡事具能始终贯彻,一扫因循敷衍之风气,岂止效率增加,直可振衰起懦!以上两点意见,尚望与会诸君深体而力行之。

以下我们进行分组讨论,并指定吕凤章君为工务讨论组召集人,陈叔虎君为业务讨论组召集人,胡名甫为财务讨论组召集人,束樵如为人事讨论组召集人。

讨论工务问题

提案(一)请议定各厂各种产品之生产标准案

查上年度各厂产品数量较诸以往均有进步,与原定标准接近者固多,而超过标准者亦复不少。值此年度更新,自应重行议定本年度生产标准,以为推进工作之鹄的。兹根据三十五年十二月份实际生产数量并参照原定标准,拟定各厂本年或每日生产标准,分列于下(另附详表一份),当否请核议。

一、蔡纺厂:二十支纱每日每锭出数标准为一.一磅、十六支纱一.三磅、三十二支五五。每件纱扯工三五,每件纱用棉四二〇市斤。

二、业纺厂:二十支纱每日每锭出数标准为一. 一磅、二十四支纱七五。每件纱扯工四五。甲种细白布每机出数标准七〇;6 ×8 床单每机日出四条;g 字毛巾每机日出三十条。

三、蔡酒厂:每日出面粉一,五〇〇袋、味晶一五〇市斤、淀粉九〇袋、盐酸一,二〇〇市斤、酱油二,〇〇〇市斤。

四、陇煤矿:每日出煤一一五吨。

五、长革厂:全年生产牛皮一四,〇〇〇张。

六、兰粉厂:每日出面粉五〇〇袋。

讨论结果:

暂照所拟标准施行,一面仍由总公司派技术人员前赴各厂分别试验其原动及生产机器之性能、开车率、罗拉转数等,再行议定正确标准。

(二)拟请总公司筹设新电厂工程处案

前存马尼剌之四〇〇〇千瓦发电机现已运抵上海,并奉准即拨蔡三厂应用,现正在沪修配中。为远谋电厂工作推进,特建议总公司尽速筹设新电厂工程处,以期迅赴事功。

讨论结果:拟请总公司筹办。

(三)拟请各纱厂实施标准工作方法案

查标准工作方法,本公司傅总工程师前曾草拟方案分寄各厂参考,因限于环境及设备关系一时尚未实施。兹为增进工作效率起见,拟请各纱厂按照标准工作法逐步实行,以裨生产。当否,请核议。

讨论结果:

应根据各厂现行工作方法及厂房机器设备实际情形,切实研究后,再草拟一过渡时期之标准工作方法,逐步施行。

(四)拟请总公司另建蔡纺厂新厂房案

蔡纺厂现有厂房单位太多,房间太小,管理方面极感不便,效率亦因之降低。且添锭之后厂房尤不敷用,拟请另建正式厂房,俾应需要。当否,请核议。

讨论结果:

先由蔡纺厂设计平面图,以五万锭为目标,并拟定分期建造步骤陈请总公司核定后,再行办理。

（五）各纱厂应利用废棉案

各纺织厂之废花，以前虽有各种使用方法，然大都尚未能充分利用，任其废弃殊为可惜。兹拟试用废棉制造脱脂棉，其办法如下：1. 借用蔡酒厂余屋装置脱脂设备；2. 向蔡机厂借用梳棉机一部略加改造，所需针布以蔡纺厂换下之旧料装用；3. 责成化学研究主持进行。当否，请核议。

讨论结果：

所拟办法三条原则通过，惟废棉种类甚多，是否均可做脱脂棉，应先由蔡纺厂就近分别检交化学研究室试制。如成本低廉，推销容易，再建议总公司大量制造。

（六）各厂矿设备应谋充实案

本公司各厂矿均于抗战期中成立，因环境关系，一切设备不免有因陋就简之处。当此胜利以后，大局渐趋平定，各厂矿对于各项设备似应设法充实，以谋久远之规而作优胜生存之计。是否有当，应请核议。

讨论结果：

应由总公司决议方针，随时与各厂共谋充实设备办法，逐步推进，以期达到预定计划。

（七）本公司应筹设纺织机器研究室案

本公司为求制造优良纺织机器起见，对于纱机制造技术及材料选择标准等事，均应指定专人随时研究改善。兹拟请总公司设立纺织机器研究室，其办法如下，当否请核议。

1. 指定纺织技术人员一人专负责，并聘请有经验之机械技术人员一二人襄助进行；

2. 研究室设于蔡机厂。

讨论结果：原则通过。

A. 纱布类拟定生产标准表(一)纱厂

厂名		实际出数	去年标准出数	拟定出数	核定出数
蔡纺	16^{1S}	$1.172^{\#}$	$1.3^{\#}$	$1.3^{\#}$	$1.3^{\#}$
	20^{1S}	0.917	1	1	1.1
	32^{1S}	0.492	0.55	0.55	0.55
业精	20^{1S}	0.946	1	1	1.1
	24^{1S}	0.556	0.6	0.6	0.75
咸工	16^{1S}	0.947	0.86	0.98	0.98
	20^{1S}	0.784	0.7	0.8	0.8
	22^{1S}	0.37	0.6	0.6	0.6
豫渝	10^{1S}	1.517	2.2	2.2	2.2
	16^{1S}	0.76	1	1	1
	20^{1S}	0.654	0.85	0.85	0.85
豫合	20^{1S}	0.92	1	1.06	1.06
	32^{1S}	0.417	0.55	0.55	0.55

附注：
1. 实际出数为去年一月五月六月十二月之平均出数；
2. 工作时数一律以二十三小时计；
3. 豫渝合两厂实际工作时数为二十小时；
4. 豫渝产量与标准产量差约为 12%。

厂名	每件纱扯工数(人)				每件纱扯煤数(公斤)			
	实际扯工	去年标准	拟定标准	核定标准	实际扯煤	去年标准	拟定标准	核定标准
蔡纺	36.8	40	35	35	758		750	750
业精	50.0	55	50	45	2170		2000	2000
咸工	44.4	65	44	45	976		900	900
豫渝	52.07	60	52	45	1152		1000	1000
渝合	39.5	40	38	38	1480		1000	1000

附注：
1. 拟定标准时每件纱约以 $400^{\#}$ 计算且以 20^{1S} 为标准；
2. 实际扯工扯煤数为三十五年十二月份之平均数再乘 $\frac{400}{420}$；
3. 每件纱扯面数为 44 担：$X=420^{\#}$：$400^{\#}$：$X=4.2^{担}$；
4. 去年标准厘定时每件纱以 $420^{\#}$ 计算。

B. 纱布类拟定生产标准表(二)布厂

厂名及品名		实际每台产量	去年标准产量	拟定标准	核定标准
业精	甲细白布	0.61 匹	0.65	0.65	0.7
	特细白布	0.5	0.5	0.5	0.55
	斜文布	0.5	0.65	0.65	0.7
	特花条	0.5		0.5	0.55
	普字条布			1	1
	面袋条布	0.56	0.7	0.7	0.8
	普鲁布	0.35	0.15	0.35	0.5
	36″包皮布			1	1.2
	6′×8′床单	2.97 条	4	4	4
	6′×6′桌单			5	5
	G 字毛巾	27	25	30	30
	单面毛巾	24.2		25	27
咸工	12P	0.41		0.8	2
	14P	1.19	1.4	2	2
附注	1. 实际每台产量为三十五年一月及十二月份产量; 2. 业厂一律以 11.5 小时计,咸厂一律以 23 小时计; 3. 普字条布及 36″包皮布自三十六年一月份起开始生产。				

厂名	每件纱扯工数(人)				每件纱扯煤数(公斤)			
	实际扯工	去年标准	拟定标准	核定标准	实际扯煤	去年标准	拟定标准	核定标准
业精	4.17		4	3				
咸工	1.02		1	1	29.8		28.0	25
附注	1. 实际扯工扯煤数均系三十五年十二月份之平均数; 2. 业厂之扯工数为各类布匹混合求得之数。							

(件存上海市档案馆 Q96-1-3-93 卷)

（二）座谈会记录

雍兴实业股份有限公司第一次座谈会记录

（1944 年 2 月 15 日）

时期　民国三十三年二月十五日下午二时至六时

地点　本公司西安临时办事处

出席人　束云章　沈次量　杨朗川　胡名甫　傅道伸　张鸣冈　王瑞基　刘绍远　汪晴江　吴树谷　刘持钧　吕凤章　孙镜清　刘履之　杨集生　束樵如　贾星垣　贺书绅　宋樵如　吴葆璐　卞柏年　陈松之　吕心来

主席　束云章

记录　贺书绅

主席致辞

本公司所属各厂矿处本年度内一切工务、业务之设施限于目前环境，欲图另行发展恐非其时，故此未正式召集厂务会议，仅以座谈会方式就各厂矿处一年度来本身所遭遇之困难问题，举行个别谈话会，以期觅一合理结论，勉渡难关，斯则此次召集座谈会之意义，比较举行正式厂矿会议尤为重要。重庆各厂以交通不便，未经通知派员参加，其有困难问题，拟另案讨论，予以解决；兰州四厂则由驻陇处张主任鸣冈代表与会参加讨论。此乃召集座谈会之经过，合并报告。又，在开始个别讨论以前，本席有下列数点意见先与诸君一谈：

一、本公司资金来源以环境关系日见困难，嗣后各厂用款除在规定活动资金额度以内，仍当勉力筹拨外，此外如再需要款项，总公司为实力所限，实苦无法继续接济，深盼各厂负责人共体时艰，就现有机器设备及活动资金数额精密打算，作通盘之筹划，庶可自力更生，渡过难关。至各厂因建设尚未尽完成，需要资金始能竟其全功，并将所需金额陈请总公司核准者，自当另案办理，设法供给。总之此后各厂对于购备原、物料或其他添置等，如自身得有余力，拟具体计划陈请总公司核准或尚可通融，否则总公司绝无力接济。

二、各厂对使用活动资金应付之利息，自本年一月份起届期应以现金支付，不得再照过去办法以转账了事。

三、物价指数有涨无已，各厂一切开支假定一年以前仅需一百万元者，目下即非四百万元莫办，及至本年年底，其物价上涨之程度更不知伊于胡底，是以各厂开支方面非竭力紧缩不能支此艰局。值此物价高涨，多用一职员，每年即需多费约十万元；多用一工役，每年即须多费三四万元，务盼各厂负责人对于所属员工严格淘汰，勿令滥竽。本公司所属各厂不下十余个单位，倘每个单位均能破除情面，裁遣闲冗，则积少成多，所省当必可观。其他一切开支，亦应杜绝虚糜，以求合理之撙节。

四、吾人每办一事，欲求其有进步，必先从研究入手，乃各厂寄来之厂务研究会议记录，以报告厂务一类之性质居多，其研究有心得者半年以内殊不观多觏。此皆习于故常，不肯于研究方面多用功夫所致。目下各厂工务、业务上之进展，距合理化之标准恐尚遥远，是有待吾人努力改进之处，正复不少，务盼各厂负责人对于一切厂务必须虚心研讨，孜孜不倦，以期精益求精，达到尽善尽美之境地。他如管理工厂之要点，以及精诚团结之意义，已于上届厂务会议本席开会、闭会致词内详为申说，尚祈到会诸君深体前意，以促其实行为幸。

检讨上届厂务会议议决案。

原第一案《各厂为节省食粮应搭食包谷案》。

检讨结果：原案所规定各节，事实上难以实行，应予废止。

原第二案《各厂应拟定非常时期紧急处置办法，并加强防控及消防设备案》

检讨结果：原案所规定“人事”及“物件”部分是否均已切实照办，应由总公司克日派员彻查具报。

原第四案《为环境艰苦，物资缺乏，拟请节省解决困难案》。

检讨结果：原案所规定节省办各项法，各厂已实行至何种程度，应由总公司派员查明具报。

原第六案《各厂应自行拟定招待外界参观办法》。

检讨结果：各厂是否已照原案所规定各节切实照办，应由总公司派员查明具报。

原第十案《各厂合作社应整理并加充实案》。

检讨结果：各厂办理合作社或供应部之情形，应由总公司派员查明具报。

本日共检讨上届厂务会议议决案二十六件（第一至第二十六案），除第一案应予废止，第二、第四、第六、第十等四案应由总公司派员查明具报已如上述，又原提第五案(拟请总公司设立研究室以利推进厂务案)业经上届审查会议予以否决。又原提第二十五案(《拟请每半年年终加发员生一个月薪津为星期不休假奖金案》),业由原提机关自行放弃申请。其余提案十九件均已照办外,尚有原提案十四件(第二十七案至第四十案),俟于本月十六日召开第二次座谈会时继续检讨。

下年六时散会。

(件存陕西省档案馆民国档案 82－1－1278－2 卷)

雍兴实业股份有限公司第二次座谈会记录

(1944 年 2 月 16 日)

时期　民国三十三年二月十六日下午二时至六时

地点　本公司西安临时办事处

出席人　束云章　沈次量　杨朗川　胡名甫　傅道伸　张鸣冈　王瑞基　刘绍远　汪晴江　吴树谷　刘持钧　吕凤章　孙镜清　刘履之　杨集生　贾星垣　贺书绅　吴葆璀　卞柏年　陈松之　吕心来　束樵如

主席　束云章

记录　束樵如

主席报告

今日继续检讨第二届厂务会议决议案。

原第二十七案《各纺织厂应利用废棉案》

检讨结果:咸阳工厂所存粗纱头及废棉,既花纱布不准出售,应向该局交涉半月或一月结算一次,交由该局收购,在花纱布管制局统治以前所存粗纱头及废棉,应尽量利用,并由总公司派员督办。

原第二十八案《拟请将纺织厂及机器厂尽量发展案》

检讨结果:各纺织厂已增开纱锭,余、蔡两机厂亦在尽量充实工作机中,在不久之将来,余、蔡两机厂工作可增至二百台,对于战后添购外国精细机器一点,总公司已准备一部分美金以备订购。

原第二十九案《拟请总公司通饬各厂编制本年度各该部份工作方案及改进计划,以资考核工作进度案》

检讨结果:各厂已多数实行以后,由总公司派员赴各厂切实考核。

原第三十案《西北国际路线开通运输增繁,拟健全汽车修理部购备各种汽车零件案》

检讨结果:由总公司函西北运输处充分供给兰机厂汽车零件等,以利工作。

原第三十一案《各厂厂务电报可即废止,惟日报务必逐日填寄不得积压或并寄案》

检讨结果:各厂均已照办。

原第三十二案《集中各厂购煤案》

检讨结果:仍照上次决议案办理。

原第三十三案《集中各厂购粮案》

检讨结果:过去总公司集中购粮分配各厂,办理容有未尽妥洽之处,此后负责部门自当设法改进。各厂可审度利害、事实需要,其正式函请总公司代办者,总公司可为代购,为购粮款项希付现金,总公司不再垫付。

原第三十四案《各厂应彼此电告当地物价行市以期消息显通案》

检讨结果:仍照上次决议案办理。

原第三十五案《拟请派员赴沪或委托商代购大批染料案》

原第三十六案《拟请在渝订购小型纱机数部,以利工作案》

检讨结果:以上两案均已按上次决议案办理。

原第三十七案《拟请租用军政部轻便铁道以利运输案》

检讨结果:迭经总公司向各方洽商,未获效果。

原第三十八案《规定自制纱机标准案》

检讨结果:已由余蔡两机厂照办中。

原第三十九案《研究机器成本计算方法案》

检讨结果:已照上次决议案办理。

原第四十案《各厂应自行拟定工作标准案》

检讨结果:讵自定标准尚远,此后应由总公司派员赴各厂处督导考核,以期提高工作效率,减轻工作成本。

以上检讨上届厂务会议决议案已毕,关于一般性厂务讨论已告结束,自明日起分别召集各厂负责人谈话,以便个别讨论各厂之困难问题,俾求得妥善之解决。兹分奉个别谈话日程表一份,以供各位查阅。

本席昨日所谈各节,如总公司以后对各厂不再额外拨给运用资金,各厂每月对总公司应付息金，宜缴付现款；各厂应裁汰不必要之员工，以节省开支等，并非本席对本公司所办事业表示消极，实乃积极之措施，诸君当体斯义，淬砺奋发，共渡难关。况本席昨已言之，以后各厂必要之建设经费，总公司仍当负责筹划，盖合理之费用固当用，不合理之浪费，虽在营业顺利之日仍所不许。各厂一切工作计划、营业方针、人事管理，苟能一切合理化，依照总公司之指示办理，即因环境困难未能遽臻发展，吾人亦可告无愧于国家社会，总公司当同情原谅而为诸君负责到底者也。

临时动议：《各厂员工膳食由厂方发给膳费以资节省案》

决议：俟蔡机厂试办三个月后，将结果陈报总公司再行核夺。

下午六时散会。

（件存陕西省档案馆民国档案 82 – 1 – 1278 – 2 卷）

雍兴实业股份有限公司第三次座谈会记录

（1944 年 2 月 19 日）

时期　民国三十三年二月十九日上午十一时至下午一时

地点　本公司西安临时办事处

出席人　束云章　沈次量　杨朗川　胡名甫　傅道伸　张鸣冈　王瑞基　吴树谷　汪晴江　刘持钧　吕凤章　刘履之　孙镜清　杨集生　贾星垣　束樵如　贺书绅

主席　束云章

记录　贺书绅

主席谈话

一、主席请胡总会计名甫报告各厂开支概况。（报告从略）

二、目下物价日趋上涨，各厂开支非竭力紧缩不能支此艰局，此于第一次座谈会时已加申说。兹据各厂开支报告，尤以杂费、办公费及印刷、文具、营膳费等科目所占数额甚巨，倘能切实检讨作精密之打算，恐可以节省之款，必不在少。又各厂用人上，自职员下至工役，倘能破除情面，严格淘汰，恐其所省之数亦必可观。深盼各厂负责人此次回厂以后，对于开支及用人方面力图紧缩，弗令有一物之浪费，一人之闲置。一面由总公司总稽核室、总会计室及人事部克日会同派员分赴各厂，将各厂开支、用人诸端，作实地严密之考核，并将考核所得以书面陈报总公司核夺。

三、蔡家坡西北机器厂之设，原以战后自制大宗纱机及发展机械工业为主要目的，当此缔造艰难之际，正宜群策群力共相扶助，并使该厂得以乘此时机，培养人才、训练技术，以备将来之需。故此后各厂如有机器之制造或修配，应尽量交由该厂承做，以示互助而符总公司原定方针。

下午一时散会。

（件存陕西省档案馆民国档案 82－1－1278－2 卷）

雍兴实业股份有限公司第七次座谈会记录

（1944 年 2 月 19 日）

时间　　三十三年二月十九日上午九时至十一时

地点　　中行二楼总经理室

出席人　束云章　沈次量　杨朗川　胡名甫　傅道伸　张鸣冈

主席　　束云章

记录　　束樵如　贺书绅

一、讨论兰毛厂问题

讨论结果：

1. 兹规定兰毛厂建设资金暂仍为六十万元，又流动资金为二千三百四十万元，除建设资金仍按月息八厘计算外，其余流动资金统自民国三十三年一月份起按月息二分计息并付现款。

2. 兰毛厂应就上项规定流动资金额度内妥为支配，不得额外透支。

3. 兰毛厂新机器设备，如三道粗纱滚筒废纺机、梳毛机等各一部，均已装妥，一俟零件由渝运到，应立即开工外，复经总公司在渝代为订妥整理机、梳毛机等，深盼于本年六月以前一律装妥试用，俾产品可较前改进。

4. 关于补充兰毛厂新机器设备之整个计划，只尚需款若干，由道伸、鸣冈两兄详为估计，并以书面陈请总公司核定。

5. 该厂所存之白胚毛呢尚多，应即设法加染后尽速廉价脱售，以免日久损坏。

6. 兰州方面既乏优良技工，可派员至西安或其他地点招募。

二、讨论兰机厂问题

讨论结果：

1. 兹规定兰机厂建设资金暂仍为五十万元，又流动资金为七百五十万元，除建设资金仍按月息八厘计算外，其余流动资金统自民国三十三年一月份起按月息二分计息并付现款。

2. 兰机厂应就上项规定流动资金额度内妥为支配，不得额外透支。

3. 兰机厂可就现有工作机十七架充分利用，以期增高工作效率，如因实际需要，可酌加工作机一、二部，但总数至多不得过二十部。

4. 兰机厂现用职员不免过多，应由该厂酌为裁减以节开支。

三、讨论兰化厂问题：

讨论结果：

1. 兹规定兰化厂建设资金暂仍为六十万元，又流动资金为三百四十万元，除建设资金仍按月息八厘计算外，其余流动资金统自民国三十三年一月份起按月息二分计息并付现款。

2. 兰化厂应就上项规定流动资金额度内妥为支配，不得额外透支。

3. 兰化厂出品前经规定纯碱、小苏打、甘油、肥皂四种，目下制碱情形如何，何日可以出品，应由该厂陈报总公司备核；又所产小苏打及甘油二种成色欠佳，应由工务部分悉心研讨，以期改进；又肥皂一项应按原定计划每日产足三十箱。

四、讨论兰粉厂问题：

讨论结果：

1. 兹规定兰粉厂建设资金暂仍为一百万元，又流动资金为一千一百万元，除建设资金仍按月息八厘计算外，其余流动资金统自民国三十三年一月份起按月息二分计息并付现款。

2. 兰粉厂应就上项规定流动资金额度内妥为支配，不得额外透支。

3. 处报称该厂面粉机自改装后，面粉及麸皮成色方面俱有进步，惟原定日产面粉一千五百袋之计划刻已逾限多日，尚未完成，应由该厂暂率工务部分加紧进行，并确定完成日期，陈报总公司备查。

4. 面粉厂最易发生火患，平时应特别注意消防设备，以期防患未然，该厂消防设备如何，应即陈报总公司备查。

（件存甘肃省档案馆 49 – 1 – 424 卷）

第四章 发展报告

一、筹建报告

雍兴实业股份有限公司筹设经过及最近概况

（1944 年 4 月 14 日）

本公司奉中国银行总管理处之命，在抗战国策之下，于民国二十九年底及三十年初，先后在西北筹设各厂，以期增加后方生产，俾于国计民生稍有裨益。所办各厂兹分两类并略述其概况于左：

（甲）单独投资各厂

虢镇业精纺织厂	共用资金三千四百零七万二千元；
蔡家坡纺织厂	共用资金一亿四千零三万元；
蔡家坡西北机器厂	共用资金四千四百零九万四千元；
蔡家坡动力酒精厂	共用资金四千四百零三万六千元；
广元动力酒精厂	共用资金一千三百八十八万二千元；
陇县煤矿	共用资金一千零八十二万元；
兰州面粉厂	共用资金八百三十二万四千元；
兰州毛织厂	共用资金二千三百八十八万六千元；
兰州实用化学厂	共用资金四百二十六万二千元；
兰州机器厂	共用资金八百零七万六千元；
长安制革厂	共用资金六百八十八万六千元；
长安印刷厂	共用资金三百八十二万七千元；
西北运输处	共用资金五千四百万元

以上各厂截至三十二年底，共用资金三亿九千六百一十九万五千元。

（乙）参加投资各厂

豫丰纱厂（资本总额共一千四百七十万元）

本公司投资三百五十四万二千七百七十元；

咸阳纱厂（资本总额六百万元） 本公司投资二百一十万元；

新丰纱厂（资本总额二亿四千万元） 本公司投资七千五百万元，系以纱锭五千枚作价；

中南兴记火柴厂（资本总额二百四十万元）本公司投资一百二十八万元；

陕西冶铁公司（资本总额一千万元） 本公司投资原为三十万元，于民国三十三年增为六十万元。

以上各厂截至三十二年底，共用资金八千二百二十二万二千七百七十元。

以上共计十八个单位，共用资金约四亿元。截至三十二年底，除本公司股本四千万元，又透支银行用款约三亿五千万元，共约三亿九千万元，其不敷之数，系由本公司历年提存折旧等项下抵用，但仅就本公司单独投资各厂之固定及流动资财，按时值估计约值十二亿三千万元，尚有本公司参加投资各厂之固定及流动资财未估计在内。再以三十二年度内各厂所产主要成品价值而言，约值十一亿六千八百万元。三十三年度产量增加，物价亦日渐高昂，其所值当倍蓰于此。兹将三十二年产品种类及其价值分列于左：

一、棉纱 三六，七四〇件，价值八亿二千四百万元；

二、棉毛织品 布匹二五，〇〇〇匹，毛呢九〇，〇〇〇码，价值六千一百万元；

三、机器 自制纱机及工作机修制配件等，价值一亿零四百万元；

四、酒精 二三〇，〇〇〇加仑，价值八千九百万元；

五、皮革 底皮轮带皮八〇，〇〇〇斤，加工轮带一〇〇，〇〇〇呎，价值一千万元；

六、火柴 一二，〇〇〇箱，价值三千二百万元；

七、面粉 七五，〇〇〇袋，价值一千六百万元；

八、煤炭 二三，〇〇〇吨，价值二千一百万元；

九、化学制品 价值五百万元；

十、印制品 价值六百万元。

以上共值十一亿六千八百万元。

上列产品计棉纱、酒精、面粉、火柴等，均归政府统制，其所值约占全部生产总额百分之九十以上，是本公司仰赞政府以宏管制之实施，适应后方以供社会之需要者，为数不为不巨。且各厂所占资金计四亿余元，而产品达十二亿元，足征各厂同人尚不乏相当成绩，而本公司对于生产事业之努力，亦稍尽涓埃之效。惟当此物价变动剧烈之秋，工资与原料、物料、食粮无不一再腾贵，一方面各厂营运资金无法加以抑制，使其不随物价之上涨而增加；一方面所产成品售价绝不敷购入与当初制造时所用去之同额原物料，似此辗转递嬗，需用资金日巨，而再生产之能力则愈蹙，此诚今日一般工矿业所同感之困难，亦为抗战期内所不能免之现象。本公司所属各厂处此环境，惟有于严格管理与改进工作两原则之下，淬砺迈进，以期仰副国策，力赴事功耳！各厂之中除新丰纱厂尚在积极筹备外，余均先后开工。兹将各厂目前实际情形撮要胪列于后：

（甲）单独投资各厂

一、虢镇业精纺织厂

七七事变后，天津中国银行在冀、豫、晋等省自办及代管之各纺织厂，相继沦陷于敌人占据境内，所有各该厂技术人员及办事员之有成绩者，不愿留为敌用相率退集西安，以待后命。当此之时，若言资遣，则一旦失业，流落堪虞；一律留用，开支浩大又难以为继，乃于廿七年十一月间，发给资金十万元创办此厂，俾撤退人员得有所托，可以自食其力。最初系利用自制业精式纺纱机及木制布机从事纺织，过去成绩除每年供给军布约一万数千匹外，采取上海三友实业社之办法，专以制造各大纱厂所不注意之棉织品，如床毯、台毯及妇女所用之各种花色布等，以供社会之需要，惨淡经营，每年均略有盈余。嗣因营业范围日见扩充，且以手工纺织战后终难立足，乃将木质纺机逐渐淘汰，改装大型铁制纺机，俾生产增加并减低纱支成本。此项计划已告初步完成，现有 PLATT 新式纱机二千枚、布机二百余台，即以自纺之纱供作织布之用。目前纱机问题虽已解决，但关于改进织布机及其种种设备，如经纱机、纬纱机、浆纱机、整理机及漂染机等，仍须陆续添置，方可使所织布匹产量加多，成色改善，庶于抗战结束之后，得以奠定永久根基。惟上项一切设备及因改用新式纺织机器后，所须添置之原动等在在需款，原拟于该厂每年营业有盈余时分期筹款，逐步补充。惟近为种种环境所限，此后营业情形如何毫无把握，而又值本公司资金周转为难之际，是上项添置设备之原定计划能否达到目的，殊难逆料。

二、蔡家坡纺织厂

本公司鉴于后方纱布奇缺，爰于民国三十年春季开始筹设蔡家坡纺织厂从事生产。该厂现有纱机系购自成通公司之半制品，内有六千锭经修配后，现已开纺，其余四千锭仅有钢铁材料，制造费用为数甚巨，只得暂为中止。至该厂原动，系在西安、洛阳、郑州等处搜购而来，陈旧残缺，大小不一，耗费巨资大加修配之后，始能勉强应用。各项设备截至目前，计用去资金一亿五千万元，因而该厂所出纱支，一以利息负荷太重，一以原动陈旧用煤特多，生产成本乃较其他各厂为高（其他各厂之原动锅炉可以燃用碎煤，而蔡纺厂以原动锅炉陈旧之故，则非燃用块煤不可，照目前市价块煤之价值每吨须较碎煤昂贵三四千元，有时竟至四五千元），但每錠出纱数量则居西北各厂之冠。非人谋不臧，实环境使然。目前该厂每月均须亏蚀，颇有不克维持之势。现该厂每年产纱约五千件，供公家征购，此于供应后方军民衣被所需不无裨益，其意义固不在该厂本身之得失也。近为减低成本增加生产计，拟将由仰光运回之新式 PLATT 纱机四千枚加入生产，预计此项计划告成，则每年又可增产纱支约四千件，以供军民之用。惟关于原动一项，最感棘手，刻为整个解除上项困难起见，已向豫丰纱厂租妥一千瓦发电机一具（现豫丰闲置不用），并配购六百数十匹马力锅炉一只，分批运往蔡家坡装置，如运输方面无其他阻碍，本年六月底以前即可发电。届时该厂亦即可开至一万锭。上项设备及搬运费原估计约需二千五百万元，近以人工、物料、运费上涨之故，恐实际支出尚须倍蓰于此，然在整个国策促进生产原则之下，似亦款未虚掷，值得有此一举也。又本公司尚有西北机器厂自制纱锭二千枚，拟俟资金周转稍有办法时，一并装置开纺增加生产。总之，本公司于该厂缔造艰难、资金竭蹶之中，惟有力图奋发，以期仰答国策于万一耳。

三、蔡家坡西北机器厂

本公司受中行总处之命开发西北，促进生产，乃于二十九年及三十年春，积极在西北方面筹设各厂，从事生产，以期于国计民生有所裨益。顾西北工业向极落后，欲求一规模较备之机器厂，借以配合各厂工务之推进者终不可得。为适应上项需要并自制棉毛纺织机，为战后扩充纺织工业起见，因有蔡家坡西北机器厂之设立。原来计划以扩充工作机至四百台为初步目标，嗣以缺乏资金，现仅完成一百三十余台，正在制造中者尚约有四十台，复以动力不敷，暂时仅开机九十余台，须俟蔡纱厂电机装成后，方可分得一部分电力，将全数工作机开工。就工作效率言，过去一年以内，已制就细纱机五台，又工作机多架，至各联厂之修配机件尤多，赖该厂之力得以供应无间。此后当本原定计划努力前进,惟目下资金支绌,而原料价值又极昂贵,维持现状颇感不易耳。

四、蔡家坡动力酒精厂

前以仰光存有纱机前纺五万锭,后纺三万六千余锭,及各厂所需之零件与物料,多□均属后方无法购置之物,急待内运;又以豫丰纱厂过去在西北方面每年购棉十余万担,均非自办运输不足以应付自如,但车辆所需燃料为数至巨,汽油一项在后方无法购取,是以不得不制造酒精以求自给。该厂于设立之初,系以旧法酿造干酒,再由干酒蒸取酒精,每日约可出酒精一千加仑,以上项蒸取酒精方法每产酒精一加仑,需要杂粮五十余斤,影响成本至巨,遂决计改用液体发酵直接蒸馏,经添制及改造机器设备后,每产酒精一加仑,只须杂粮三十七八斤,成本乃较减低。惟因液体发酵,其机器较为复杂,后方物资甚缺,筹设之初颇多困难,试办期内每日仅产酒精五百加仑,除本公司运输所需自用一小部份外,其余十之八九均供政府征购。技术方面虽经多方改良,而杂粮价格日趋上涨,以致成本计算仍属不敷,故不得不将酒精产量暂减为日产一百加仑,以免长此赔累,难以维持。一方面将兰州面粉厂多余之面粉机一部运蔡装置,准备日产面粉一千五百袋,以供联厂员工及社会人士之食用,刻已大致筹备就绪,如无意外阻碍,预计本年新麦登场即可开磨出粉,将来该厂之中心工作将侧重于此,以求出路。此外并拟制造酱油、味精等作为副产品,现已试制出品,色味尚佳,将来销路当可不成问题。

五、广元动力酒精厂

运输需要酒精已如上述,且广元地当川陕之冲,汽车往返必经于此,故于广元设一酒精厂,俾可就近供给汽车燃料,以免运输困难。该厂现用液体发酵方法,每日约可产酒精二百五十加仑,十之八九全供公家征购(现在增加蒸汽设备,一俟完成之后,可增产至三百五十加仑。近液体燃料管理委员会与该厂订约,每月须供给该会六千加仑。故目前对于本身运输方面之供给,为数至微),惟因原料、食粮价格日涨,以致成本计算颇有亏损。如营业前途仍无发展之望,只好另作打算,以免长此赔累,无法维持。

六、陇县煤矿

本公司在秦省所设各厂,每日需要煤量为数至巨。为求各厂用煤得以供应无缺、自给自足起见,故在陇县娘娘庙附近开采矿区一所,以应上项之需要。按该矿现有设备,原可每日产煤二三百吨,稍加扩充即增产至四五百吨,亦属不难。惟因运输困难,成本较重,故拟于三十三年度以内,暂以出煤三万吨为度(出煤过少不能维持成本，出煤较多恐因运输关系有积滞难销之虞），视将来营业情形如何，再定产量之多寡。去年西北各厂多有因缺乏燃料而停工者，本公司所属各厂赖该矿源源接济，幸均照常生产，免去种种无形损失，是该矿过去对于各联厂之用煤供应实已略尽其责。此后为救济各厂用煤不致中断起见，虽该矿业务目前难有起色，亦应设法维持使其存在，但将来欲大量开采，必先从改进运输方法着手。倘战后能铺设轻便铁道，则该矿在西北之地位，未尝不可与他矿较一日之短长，否则战事结束之后，其营业前途不无困难。

七、兰州面粉厂

甘肃境内所产麦粉全系土磨，品质甚粗，因于兰州城外七里河设立面粉厂一所，采用机器磨粉以开风气而利民食。该厂原有五百袋面粉机二部，除让售蔡家坡酒精厂一部外，现存一部经改造整理后，每日可产面粉约一千五百袋。过去两年营业以所出面粉由当地政府限价之故，不敷成本，均略有亏损（所定价格较土粉为廉，如与土粉同一售价，即可维持成本并有盈余）。刻已另觅出路，向第八战区洽妥代磨军粉，酌收制造费以资维持。一面以磨军粉之余力，酌量自行磨粉以应市面之需要，现在当地政府对于该厂过去亏损情形，已渐明了，此后面粉售价或有调整之望。

八、兰州毛纺厂

甘肃及临近青、宁等省，均为出产羊毛之区，因于兰州地方设立毛织厂一所，俾可就地取给原料。该厂过去纺织均用木机，日产毛呢约二百余码，供应市面尚有出路，惟所产成品因当地政府统制之故，营业前途恐一时难有长足之进展。兹以木机纺织战后终难立足，而目前在后方购置毛纺织机又极端困难，现正照军政部所办毛纺机绘制图样（现已绘就十分之八以上，再二个月即可全部完成）。在上项机器尚未制妥以前，业将豫安及豫丰纱厂暂时不用之绵纺机改制为毛纺机，共约六百余锭，并附带新制梳毛铁机三台、织呢铁机二十台，又整理机等种种设备，于最近期内分批运兰装置（已有约二百锭运兰，不日可以开纺），以期改良成品，增加产量。上项机器如运输方面无其他阻碍，约于本年年底以前，铁机、纺织两部门即可完全开工。俟新式毛纺机器按图装成后，再照原定计划加以扩充。

九、兰州实用化学厂

设立本厂之初旨，系欲利用甘肃境内及附近青、宁等省所产药材如甘草、大黄、当归等，提炼为精运销国外，藉以获取外汇。嗣以向美国订购之制药机器未能运到，而上项药材各方统制甚严，大批购炼势所不能，且制成之品外运又极不易，故只能变更原定计划，改于制造玻璃、酒精、肥皂、石碱、苏打、甘油等，化学用品方面多为致力。讵料去夏黄河水位突涨，泛滥为患，本公司兰州各厂在人力无可挽救之中，均被水冲入损失不赀。兰化厂以地势较低受损特重，蒸取酒精之酒窖及制造玻璃之烧锅，均被水完全冲毁，其他房屋、机器亦非大加修配难以复工。在此种情势之下，只好权衡损失之轻重，先从恢复生产肥皂、甘油、石碱、苏打等品入手，以供社会之需要。目下肥皂一项已照常出品，日出三十箱，现拟扩充每日产至五十箱，其余甘油、石碱、小苏打三种设备正在积极修缮，最短期内即可继续开工。

十、兰州机器厂

为供应兰州各厂修配机件便利起见，因有兰州机器厂之设立（兰州各厂倘各附设一修理部，人力、物力均不经济，故单独设一机器厂以应各厂修配之需，俾可集中管理，以资节省）。该厂现有工作机十七台，将来拟再添置二三台，规模既小，开支亦省。其营业方针以代各联厂修配机件为主要工作，如有余力，再接做外间营业，开办以来尚能自给。

十一、长安制革厂

本公司所属各厂需要传动皮带为数甚巨，市间所售价值极昂，且不易得。又如纱厂所用铁轮皮带及皮辊所用之皮张亦不在少，故决定设立制革厂一所，以图自给。该厂现有设备每月可鞣制原皮六百张，各厂所用之传动皮带及纱机皮辊所用之皮张，大部取给于此。除供给自用外，尚有一部分存余成品，可售给外间各厂以供需要。该厂主要成品固为传动皮带，而其他出品如鞋面、鞋底等皮革亦同时鞣制，开办以来，尚能获利。惟原皮来自豫□，目前采购稍感困难，否则该厂每月鞣制之成品尚不止此数。

十二、长安印刷厂

本公司及雍行所属各机关，每年所用之印刷品为数至巨，因承办商号往往交货耽延不能应急，而所索印价亦极昂贵，故自办印刷厂一所，以期节省并免迟误。该厂营业方针，以承办本公司及雍行所属各机关交印之件为主，如有余力再接做外间生意，开办以来，尚有盈益。兹为提倡西北文化事业起见，已以该厂原有土地、房屋、机器、生财设备及门市部存货，折股九百三十万元（该厂建设费除去历年折旧外，现账面余额仅约四十万元），另以现款五十万元，共九百八十万元与《正报》社合作，另组正报股份有限公司（该公司股本额共为一千五百万元）。该厂结束后，除上项作股之款不计外，其所欠流动资金以现存之原物料变价抵还，尚属有盈无绌，且改组以后，本公司及雍行所属各机关交印之件，仍保有优先付印之权，是该厂形式方面虽已另有组织，而事实上与本公司设立该厂之初旨并无出入。

十三、西北运输处

本公司设立西北运输处之缘由，已如前述（详见报告蔡家坡酒精厂文内）。该处原有卡车一百七十辆，行驶西北、西南及仰光一带，为各厂服务。就过去成绩而言，本公司前存仰光之 PLATT 纱机，前纺五万锭、后纺三万六千余锭及其他重要机物料多吨，得于仰光紧急之际，全部运抵内地。一无损失者，率因该处努力抢运有以致之。又豫丰纱厂过去每年在西北购棉十余万担，得以供应无缺，以及各联厂机器设备及原物料之及时转运，得以不误工作时机者，亦多赖该处运输迅速之力。嗣以抢运工作已告一段落，乃将暂时不需要之卡车约四十辆，让售西北公路局及甘肃水利林牧公司等机关，以轻负担。目下该处重要工作为承运新疆新丰纱厂纱机约四百吨，并装运蔡家坡三厂之发电机及锅炉等机件，现因公家征调车辆，上项机器尚未能启运。其为国家服务显著之成绩。如去年年底在广元地方，于极短时期内，装运西北军用品约一千五百吨（广元存有军用品约二千五百吨，该处所摊运者占全数十分之六）。又最近集中卡车七十五辆，在成都参加特种工作。其工作比赛结果，以该处所得奖金三十二万元为最多（全部奖金总额为六十万元，该处所得占半数以上）。在抗战时期对于国家获尽涓埃之报，此则该处员工及本公司全体同人所引为荣幸者也。

（乙）参加投资各厂

一、豫丰纱厂

该厂原设于河南郑州，计有纱锭五万六千余枚，资金四百二十万元，为扩充营业计，现增为一千七百四十万元（本公司投资三百五十四万二千七百七十元）。民国二十七年二月间，平汉路战事紧迫，郑州地处要冲，情势危急，乃决定拆厂内迁，以免资敌。拆机工作开始于二十七年二月十九日，集中职工三千余人，日夜加班，轮流不息。其时敌机频扰，工作异常艰险，赖全体员工之忠诚努力，得以八十余天之短期，将大小机件装成十一万七千余箱，重约九千吨，运经汉口转至沙宜。彼时九江沦陷，武汉告急，大小轮只征用殆尽，乃雇用木船三百六十余艘溯江上。自拆迁以至运渝，期间备历艰危，始于二十八年九月间将全部机器运抵重庆。经此次之长途搬运，以及沿途木船失事沉没之损失，在五万六千余锭，内仅修复四万五千锭。纱机既已到渝，利在争取时间提前出货，故于勘定土湾厂址后，即用席棚搭盖临时厂房二所，于二十七年十一月间将首批运到之纱机赶装开工，一面建筑新厂以树永久基础。讵料二十九年五六两月连遭敌机轰炸四次（该厂过去共被轰炸十余次,以二十九年五六两月被炸最烈),凡要害之区大部悉被摧毁,初期建筑之临时厂房悉付一炬,内中所毁纱机不能修复者约五千枚。故目前该厂仅保存纱锭四万余枚,有形无形之损失不可数计。所幸全部员工一致努力,随炸随修,精神始终不懈,故恢复尚称迅速,现该厂在重庆土湾开纺二万五千锭。

因避空袭,又在合川觅址设厂(该厂于三十年亦遭轰炸一次,原动机为炸毁停工,五十余日方始修复),开纺一万五千锭,复向本公司租用仰光运来之新式PLATT纱机一万枚,亦同开纺二万五千锭。现重庆及合川两厂共开五万锭,每年产纱约三万二千五百件。兹为增加生产计,拟将渝合两厂各扩充为三万锭。其机器之补充分配,拟向总公再租用PLATT纱机一万枚,一并在合厂装置开纺,一面将合厂原有旧机一万五千枚内,拆运渝厂五千枚,以凑足渝合两厂各三万锭之数。此项计划正在积极进行,最短期内即可完成。俟上项计划实现后,每年又可增产纱支约八千件。照渝合两厂目前营业情形,尚可维持,但一旦时局平定,仍须充实新锭及其他设备,始得奠定永久基础。

关于渝合两厂纱机之修制,工作至为繁重,非有规模较备之机器厂不足以供应裕如,因由该厂勘定余家背地方自办仪器厂一所,以供本身之需要。该厂现有工作机一百八十余部,因原动不足,现约开一百七十部。过去一年以内之工作,计修妥细纱机七部,粗纱机三部,钢丝车二部,清花机二部,打包机四部,摇纱车一百二十部,细纱锭三千只,钢丝圈九千只,工作机五十七台,又代兰毛厂制造梳毛、烘呢等机十部。此后该厂工作方针除致力于本厂及其他联厂机件之修制外,拟专做全套棉毛纺织机器,以冀于战事结束后,为我国纺织工业稍尽绵薄之力。惟目下因资金支绌,不敢再事扩充,其原定工作机四百台之计划,恐一时难达目的,只可量力而行矣。

二、咸阳纱厂

咸阳中国打包公司(雍行附业)因七七事变后,打包业务减少,乃以其多余之厂房、原动与湖北省纱布局由武昌拆移宝鸡之纺纱锭一万枚,合作创办咸阳纱厂。资本六百万元,各半分担(咸阳打包公司所担任资本内,有本公司资本二百一十万元,故该厂归本公司管理)。该厂于民国二十九年八月间开始生产,每年出纱约六千余件。其于战时后方纱布之补充不无裨益。惟以所有纱机已历五十余年之久,效率较差,出数减低,且原动系蒸汽机,用煤特费(其他各纱厂之原动均系新式锅炉,可用碎煤,而咸纱厂之原动机器则非燃用煤块不可。照目前市价,块煤之价值每吨约较碎煤昂贵三四千元,有时竟至四五千元),故其工缴成本亦较其他各厂为高。照目前情况,以收入不敷成本之故,维持颇感不易。

三、新丰纱厂

本公司为仰答国策、促进边疆纺织事业起见,以由仰光运来 PLATT 新式纱机五千锭,作价七千五百万元,并以豫丰纱厂之织布机五十台及经纬机、浆纱机等作价二千五百万元,共计一亿元。由豫丰纱厂出面,与新疆省政府订约在迪化地方合组新丰纱厂;由豫丰方面负全权管理之责,至关于运输纱机、建造厂房、购置原动机器、添配纱机零件等所需款项约计一亿四千万元,则由新疆省政府负责担任。上项纱机重约四百余吨,已分批开始装运。锅炉两座亦托豫丰余家背机器厂代为赶制,一切应行筹备事宜,均在积极推进之中。

四、中南兴记火柴厂

火柴一项日用所需,过去西北市场所畅销者,仇货居多,故于民国三十年间与中南火柴公司商议合作,改名为中南兴记火柴厂。资本六十万元内本公司占资本额三十二万元。旋为扩充营业计,资本总额改为二百四十万元,本公司资本增为一百二十八万元,藉以抵制仇货。并供给后方需要。开办及今,每年可出火柴一万二千箱,畅销西北各处,是本公司对于提倡国货、挽回漏卮之初旨,得以稍尽绵薄。该厂原由本公司代为管理,嗣以本身直辖业务日见扩充,难以兼顾,已于上年将管理该厂之权交由该厂改组董事会,另行觅人负责矣。

五、陕西冶铁公司

该公司(董事长为杜月笙)设立于宝鸡益门镇,以冶铁为业。资本总额一千万元,本公司投资六十万元,不负管理之责,进展情形如何,尚未接详细报告。

(件存陕西省档案馆民国档案 82－1－603 卷)

二、稽核报告

总稽核室工作报告(一)

(1946 年 1—6 月)

一、一般情形

本室组织计分审核、技术及统计三组,各组设专员一人主其事。本年初先后聘罗、张二位专员分掌审核及技术二组,从此各组负责有人,应办之事可以逐步推行。截至六月底,共有专员三人,办事员四人,试用员一人,其中张专员兼营业室推销之责,李办事员闳俊兼总营业室文牍事宜,刘办事员温奉派赴兰清理兰机、兰化两厂器材,故经常从事稽核者仅五人而已。

半年以来,不时派员前往各厂矿考察,或负有特定之使命,或研究业务问题,或考察种种特殊事件,所有历次工作经过,咸有相当成就。对各厂矿同仁均能融洽无间,而于重要之兴革事宜则周详研讨,提出具体之报告;对于工务之考核,除随时审核其成绩外,并将所有历年使用之报表全部厘订。凡此种种皆为建立稽核制度之基本措施。

查稽核工作头绪纷繁,凡所研讨之事项,必须追本求源,始不致涉于空泛而无补于事功,故应小处着眼,大处下手,尤宜身到眼到。至于如何由事后之钩稽做到事前防范,由消极之考核乃至积极之协助,要皆稽核工作之主要目标。

二、稽核各厂矿开支

上年底奉总经理示嘱,本室会同总会计室赴各厂矿稽核各项开支。当经沈、杨协理指派何、尹二专员于元月十二日先往蔡三厂,历时三周,除将各该厂三十四年开支详细查核外,并商同各厂经理及会计课长重新订定三十五年度支出概算后,以考查所得,提出蔡三厂开支报告书,对各厂开支如何节省亦多有建议,并函各厂洽办。此外,何、罗、尹三专员又于六月七日赴陇煤工作五日,旋于十二日至业精。所有各该厂矿三十四年度开支情形及今后如何合理开支,均经会同负责人详加研讨,以期臻于合理之境。(附件第一号)

三、广酒业务方针与停工准备工作

本年二月间,广酒厂因液委会未能配销酒精,亟待采取紧急措施。遂奉派偕同尹专员赴广办理结束事宜，于三月一日抵达即就生产、厂务、销售及结束问题等详加研讨。当经建议公司暂行维持三个月后，视产销情形，再行决定根本措置。但为妥策将来结束步骤计，除与孙经理商拟资遣员工办法陈公司核示外，并由尹专员住厂办理结束时之一切准备手续，复拟具结束步骤意见书，送请公司核示。

四、广酒厂务考察

广酒业务颇有通盘考察之必要，遂派尹专员留厂工作，历时二周，于返公司后提出报告。对于改业问题，提出改制威士忌酒或淀粉。倘不得已而停办时，建议将厂房于事前出卖，以免重大之损失。（附件第二号）

五、蔡酒接管后之兰粉厂务考察

二月七日凤章由广抵兰，对兰粉业务作一彻底检讨并分别处理。截至最近，产粉每日最多可达六八五袋。倘小麦源源购到，原动不致发生问题，则每月可开工二十八日。该厂经半年来之整顿后，举凡人事业务及工务均纳入正轨，其前途甚为乐观。（附件第三号）

六、兰毛改进意见及人事建议

关于改进兰毛业务问题，经参考实际状况并分别与各部分负责人谈话后，拟具改善业务及人事建议书，对该厂生产目标、机器配件备、人事调整皆提供具体意见。业经总公司函知该厂切实办理。（附件第四号）

七、兰机、兰化结束办法建议

兰机、兰化停工结束后，一切器材甚为零乱且乏专人保管，其中有为联厂所需者，有待从速出售者，应行加以整理，然后妥为处置。乃建议结束办法，陈准公司派本室刘温君前往办理。（附件第五号）

八、陕境各厂矿原动考察

查各厂矿所用锅炉及动力机械多系并凑而来，欲期其保持一定之功效，必须妥为保养。再煤炭与滑润油料之消耗，影响于原动费用至钜，亟宜珍惜物力，庶免无谓之浪费。为明了各厂矿使用原动情形俾便改进起见，特请张工程师秉刚分赴各处考察月余，先将咸工及蔡三厂情形提出报告。现各厂矿对于原动之保全及燃料消耗渐有改善，如蔡电每度用煤由三点五公斤减至二点二公斤。（附件第六号）

九、各厂工务标准及报表之重新厘定

各厂矿所填报表使用已久，多有不合于考核需要者，爰就实际情形指派专人分往各厂矿切实考察，拟定暂行棉纱、面粉、酱油等产量标准（其他产品或以正在推销之中，或以即行停制，故暂缓规定），并彻底修正工务日报及月报，又另订定纺织、面粉、酒精、制革等厂工务审核办法。所有新定报表及办法均经多次校正，并分向各厂矿负责人征询意见后，又经一次总审订，总计印制日报十一种，共一一，四〇〇份，月报七种共四一〇份。又规定物料消耗月报一种，计六，〇〇〇份。所有各种报表已于六月份内分别送交各厂矿，由七月份起，各厂矿及豫丰、合川与咸工一律改用新表，所有旧表即行停用。今后对于工务之审核可望渐臻翔实，各厂矿果能密切合作，则技术之改善暨生产效率之加强，可以逐渐实现矣。（附件第七号）

十、蔡机新制纱机装用情形及效率考察

该厂自去年仿制全程纱机以来，迄本年一月中旬，完成二，〇四〇锭。其中仿成通式三台，计一，二〇〇锭；仿勃拉特式二台，计八四〇锭。拨交蔡纺安装后，于四月十日全部开齐。乃派罗、尹二专员会同纱机厂技术人员从事试验，由四月二十八日开始至三十日止，所得产量结果如下：

甲、新旧成通式纱机皆纺二十支，经三十六小时之试验结果，新机产量较旧机低百分之六点五。

乙、新旧勃拉特式机皆纺三十二支之结果，新机产量较旧机低百分之二十八。新机经运转以来，因材料关系前罗拉最高转数为一六三转，普通在一五〇至一六〇之间。至各配合部分亦欠灵活致消耗马力甚大，现每台用十五马力电机带动，兹经罗专员详细检查尚有下列缺点：

1. 钢丝机之滤底弧形稍欠正确，致与锡林之距离不甚均匀，又刺毛滚表面稍嫌不平，致进棉量厚薄不匀。

2. 并条机之压紧罗拉位置太低，又龙头装置之齿轮不甚正确，开关形式不甚适合，致不能拨送皮带至适当位置。

3. 粗纱机装龙胫、装锭子之位置不正确。

4. 勃拉特式细纱机之皮滚钩压力少欠平均，成通细纱机龙胫不直。又两种细纱机之滚筒铁皮太薄易于塌陷，故不能负高速运转。

5. 各种同类机件之尺寸不甚一致，不能交互易位使用。（附件第八号）

以上各点已函，蔡机于再行制造时切实研究改良以求进步。

十一、蔡机下半年生产计划之意见

蔡机于六月底完成勃拉特纱机二，一〇〇锭后（包括二道清花机一部、梳棉六部、并条六节、粗纺一部、精纺五部），究应从事何种工作，亟宜从速筹划以资维持。

凤章于四月一日偕罗专员赴该厂详细考察后，研究继续仿制全程勃拉特机四千锭，在不增添员工之条件下，期于本年底完成。乃拟具报告，携沪陈总经理核准，已电知该厂积极进行。（附件第九号）

十二、业精增添新锭问题

蔡机第二次所制之勃拉特式机两千锭，预定于六月底竣工。经派罗专员分往蔡纺及业精考察后，以安装于业精较为合宜，遂拟具增装两千锭草案，经凤章携沪陈总经理核准后，复派罗、尹二专员再往该厂研究进行步骤，经与章副理洽商：先行于原有场房中安装前后纺全部机械，并建造必要之保全部及纱场仓库，同时积极解决原动问题。（附件第十号）

十三、考察陇煤业务

本年六月六日派罗、尹二专员会同何专员进宝前赴陇矿考察，除稽核开支外并检讨该厂历年业务。查该矿自三十年下季开始采煤以来，截至三十四年底，共产煤七，五一九，〇二二吨，售出总额达五，六三二，七三六吨，总计售出额占产量百分之七十五。过去五年之中，以三十二年度售出六二一，五三二吨为最多，以三十三年度所产一，八三七，三六〇吨为最高。本年一至五月份计产九九九二吨，售出达一，二五四，七五四吨，售出量为产量百分之一〇六。现日产量平均为六〇吨，以所有设备言，最高可出二百吨。惟以原动、运输、排水及坑道工程等所限，尚难达到此数，故可能之最高产量不过一四〇吨左右。以本年五个月之运销量言，每月为二四七，七五七吨，其中轻便路运出一〇八，九六六吨。由斯以观，每日产量必须设法提高，迨轻便路完成每月三千吨运量后，再连同其他运量（现占总量百分五十七），则每日产量须在一五〇吨以上。故当务之急必须从事于增产，又为确定该矿前途计，勘测与探钻势在必行，同时研究发电及干溜，以谋长久之发展。（附件第十一号）

十四、研究各厂矿管理问题

此次重订各厂矿工务日报暨增添材料消耗月报，原为改进工务之初步工作，冀以逐步深入之方法，达到提高生产之功效。惟工务之窳良，系于整个之管理问题为兼筹并顾计，允宜从事于管理问题之研究。爰于五六月间派罗专员分往蔡三厂、业精、陇煤搜集各厂矿章则、表单等资料，并向负责人探询改善管理之意见，同时拟具表格，通函各厂矿填报工资等级及福利设施调查表，俾供研究。调查管理问题，头绪纷繁，欲期订定详细办法，须有长时期工作，本室于正常工作之外，〔此事〕于此更非短期内所能有成，仍拟逐步进行之。

十五、调查西安附近各大面粉厂及纺纱厂近况以资参考改进

为观摩同业工务状况，俾资借镜起见，先后派本室专员分往各处参观，计于五月十二日，罗、张二专员赴大华。六月十九日，罗、张、尹三专员赴华峰、福豫、和合、成丰。七月六日，罗专员赴申新、大新，所获资料经整理后分送各厂参考。（附件第十二号）

十六、营业之择要统计

自一月份起，所有统销之营业状况按分类制成统计表，又为比较棉纱、面粉、酒精等产品之生产情形计，亦按月制成分析统计表。惟此项工作受各厂寄递报表影响，未能及时制就不免损其效用。兹将半年来各项重要数字列如下：

甲、营业方面

1. 总营业室

一至六月份售品总值：三，一六八，四○○，○○○元

(1)一月份	一一五，六二一，○○○元
(2)二月份	八九一，二七二，○○○元
(3)三月份	三○七，三六六，○○○元
(4)四月份	六二三，九四八，○○○元
(5)五月份	五六○，九六三，○○○元
(6)六月份	六七○，二三○，○○○元

2. 各门市部

一至六月份售品总值：一，五三一，○五七，○○○元（内蔡酒厂所售价值未计入，再业精门市售价亦未完全计入）

(1)一月份	八三，二二二，○○○元
(2)二月份	二五四，二七五，○○○元
(3)三月份	一六一，三二一，○○○元
(4)四月份	二○四，七○九，○○○元
(5)五月份	五四一，○○八，○○○元
(6)六月份	二八六，五二二，○○○元

前列数字未包括蔡酒及业精一部分售价，总计全部营业额四，六九九，四五七，○○○元。计总营业室批售占总额百分之六十七，各门市部及各厂自售占百分之三十三。（附件第十三号）

十七、工商资料之收集及书报之订购

为明了国内企业界发展情形用，备本公司参考起见，于本年元旦起，在本室增添资料工作，由统计组负责推行。第一步先由剪报并搜集书刊及公私有关资料着手。现订有沪、津、秦、渝各地日报十二份，国内杂志十种，国外杂志八十七种以及各种专门书籍五十六册，工业挂图方十二幅。截至六月底，共贴妥剪报资料二五一二幅，并已略分为十二类。一俟集有成数，即行补编索引，迨国外杂志寄到时，拟编辑较为详细之总索引，同时设法采集各种工务作业资料，藉供联枝各厂参考。

（件存陕西省档案馆民国档案82－1－603卷）

总稽核室工作报告（二）

（1946年7—12月）

本期工作除接续上期未竟事宜，并进一步开展稽核业务外，秉承协理之命，派员整理兰毛与结束广酒，均经勉力以赴完成任务。半载以来，一面逐步推进预定工作，一面研讨工作方法。对于各厂矿一切兴革事宜，亦在随时注意之中。惟任重道远，殊觉力有未逮，兹将半年工作情形扼要列举，用备改进之参考。

一、协助业精增装新锭

本年四五月间，两度派罗专员赴业精研究增装新锭问题，经与章代经理多次磋商，提出具体计划。嗣于六月三十日奉协理之命，派张专员协助安装，工程遂往实地擘划，除商同各部负责同仁规定施工计划分别进行外，并由该员主持搬运纱机事宜。在蔡酒协助之下，于三周内将二千一百锭全部纱机自蔡机厂运抵虢镇。其后业精聘请路清淮先生担任总工程师，当经共同决定积极施工步骤，预计由九月至年底全部安装竣工。旋张专员奉调赴兰，遂交由路工程师负责进行。迄十一月中旬，大致装配齐全，开出细纱机一台（因限于动力，实际开出两〇〇锭），至同月底全部装竣，嗣以原动不济未能如期开出。现已购到一二〇马力锅炉及引擎一套，正在设法运输中。倘进行顺利，可能于三十六年四月前装妥，届时即可全部开足。

二、派员视察兰粉、兰毛

兰粉经年余整理渐入正轨。兰毛情形多有未明，乃于八月中旬派罗专员前往，适逢毛厂发生问题。缘夏间向商人尹慎之订购宁夏春毛一〇〇，〇〇〇公斤，每斤售价一，五〇〇元，双方签具合同，商定六月二十日预交定金三〇，〇〇〇，〇〇〇元,然后陆续交货,随时依照货额付款。至八月二十日仅交毛七六九,三四五斤,共付出货款一一五,四〇一,七五〇元(定金未计入)。时已逾限期(原定交货之日起二十五天交齐)月余,卖方延不履行合同,致引起种种事故。当经罗专员多方考察,随时提出报告。斯时潘经理迭函请假,公司遂派凤章偕张专员赴兰,并指定张专员暂行维持厂务。(附件第一号)

三、整理兰毛经过

九月二十三日,凤章偕张专员抵兰,即就厂务状况详加研讨,秉承协理指示并与潘经理商妥,派张专员协助潘厂长代行经理职权,由罗专员襄助一切。张、罗二专员于九月二十六日正式到厂,经多次会商确定整理步骤,举凡人事、工务、业务均分别调整。迄凤章十月八日离兰时,工务方面已有进展,在厂员工之做事情绪渐臻佳境,一切应行举办事项依次推进。(附件第二号)

四、派员结束广酒厂

八月间广酒出品滞销,至九月初旬竟至无人问津。孙经理迭函公司请示,遂派尹专员于二十三日前往,二十七日抵达。依据公司指示办法与孙经理通盘研讨结束步骤,遂于十月一日停工,即赶速分别进行结束。首于同月四日资遣一批工人,其后视拆卸进度陆续资遣工人,至大体蒇事时,乃于二十四日资遣职员,所有未竟事宜,则督导留调员工办理,至于剩余物品即就地变卖。迄二十七日全部告竣,该员即于二十八日离厂返陕。全部器材由公司拨车运陕,厂房则由孙经理负责处理。(附件第三号)

五、调查各友厂生产设备

上半年曾向西安各友厂调查生产设备,颇有收获。旋以宝鸡尚有大厂多家,遂派罗专员于七月十日赴申新调查,共在十里铺工作三日。对于申新所属各场及大新粉厂详加考察,收集工务记录多种,返公司后即加以整理,将其中纺织及面粉部分另制比较表分别函送蔡纺、咸工、业精及蔡酒各厂参考。截至三十五年七月三十一日,全陕共有大型及中型纱厂(连本公司各厂计入)七家,共有纱锭七八,九〇九枚,力织机九二四台,面粉厂十四家。可能之全部生产能力为每月六五二,六〇〇袋。(附件第四号)

六、试验蔡纺纱机生产能力

七月初旬,派罗专员偕同李办事员春阳至蔡纺,实地试验各种纱机生产能力。经十昼夜之试验,结果计二十三小时,勃拉特式产二十支纱,平均最高为〇. 九六一,最低〇. 八九五;仿勃拉特式(蔡机造)最高〇. 九一三,最低〇. 七二三;成通式最高〇.八六七,最低〇.八一三;仿成通式(蔡机造)最高〇.八九七,最低〇.七九七。平均各种纱机之产量勃拉特式为〇.九三五,仿勃拉特式〇.八四0,成通式〇.八四〇,仿成通式〇.八三〇。(附件第五号)

七、统计制造纱机所需工料

七八月间,两度派员赴机厂统计制造纱机使用工料状况,先后在厂工作十五日之久。经实地考察制造情形及各种料品之后,即将所有施工记录彻底整理后,检出未尽切实之处加以考证,一面进行统计,一面核对实际用料用工情形,共计历时二十二日始告完成。计初次制造六部仿勃拉特式细纱机(除若干琐细部分未列用料外),每部共用铁料一五一〇七.七市斤(包括各种生熟铁及铁制料品),钢料二,七五〇市斤,黄铜三八.五市斤,铝三四.七市斤。用工总数为一九,六九八.八工时。其中以车工最多,占百分之三三.五,次为钳工一八.九,锻工一〇.四,铸工九.七,磨工九.三,铇工七.四,铣工三.九,木工二.八,淬火二.四,其他共占一.七。(附件第六、第七号)

八、审核各厂矿用料、用工

自七月一日起,各厂矿增填材料消耗日报一种,逐日填入用料种类及数量,随工务日报送交本室,然后分别加以统计,以期于相当时期内求得每种制品单位产量之物料消耗数字,用以改善工场管理,并订定各厂矿物料使用办法。此项报表经随时统计,已求得初步数字。嗣后每半年综合统计一次,藉以比较各同类工厂之物料消耗情形。对于各厂矿用工状况亦予以密切注意,并收集各方面之资料用供考核之需。半年以来,曾就蔡酒厂使用工役情形加以统计及分析:由一至十二月内(缺三月份)平均每月雇用直接工三〇七.二人,间接工二二一.八人,其转换率前者为百分之一一一.五,后者亦有百分之九七.六。(附件第八、第九号)

九、增订工务报表

自七月一日实施新工务报表以来,对于各厂矿工务之考核颇获实效。惟于使用数月之后,仍感未能尽符实际。乃于十一月间指派专人前往各厂考察生产情形并与负责工务人员详细研讨后,将各种报表重行增订。又为便于审核用工实况计,另制各厂矿工人日报一种,其中详列工人类别及动态,共计印发工务日报一九,〇〇〇份,工务月报一,二二〇份,物料消耗月报三,四〇〇份,工人日报四,四〇〇份。(附件第十号)

十、调查本公司所订煤炭滞运情形

各厂所需煤炭大部分由同官各煤矿供给,经陇海路咸同支线运来,一部分系在东泉店及渭南两站购运，在正常情况下，尚可供需相济，惟遇运输阻滞则供不应求。本年冬季煤价激涨，供应顿感失调，致各厂□有严重煤荒。至十一月以后，公司所订煤炭多未按时运来，且承办者应行办之手续，亦有未清之处，乃由本室会同营业室各派职员一人前往同耀区调查二周，查究辑成报告赍呈协理核示。（附件第十一号）

十一、统计营业状况

下半年营业总额增加甚巨。除各厂矿自行发售之产品未计入外，仅总营业室及各门市部之销货额即达一二，六三四，七四三，〇〇〇元，其中总营业室八，四四六，二八〇，〇〇〇元，门市部四，一八八，四六三，〇〇〇元。各种售品所占分数如左：（附件第十二号）

甲、总营业室售货表（单位：万元）

品名	售价总额	占总值之百分数
棉纱	1,035,556	87.7%
面粉	47,891	4.1%
酒精	30,945	2.7%
其他	47,076	5.5%
总计	11,614,680	100.0%

乙、门市部售货表（单位：万元）

品名	售价总额	占总值之百分数
棉纱	174,711	30.6%
棉织品	145,150	25.5%
面粉	74,379	13.0%
煤炭	118,068	20.6%
其他	59,644	10.3%
总计	571,952	100.0%

十二、统计各厂矿生产状况

本年度生产情形显有长足之进步。纺厂之扯工减低及出数提高，使总产量颇有增加，电厂发电量超过去年百万度以上，兰粉之面粉及蔡酒之味精与淀粉更有巨量增产。其他如陇煤增产混煤四，九一〇吨，兰毛增产毛呢一一四，三五七呎，以及机厂、长革均有显著之成效。尤以工务报表改订之后，对于生产记录更臻详确，故后半年之生产实较前半年为优。（附件第十三号）

十三、收集资料并分配杂志

本室增添资料工作系自三十五年一月份始。其时仅订有中文杂志九种，均为纱织及经济方面者，国内报纸十二种，亦系各埠有名报纸。迄至七月份以后，始向国外订购大批杂志。计本公司订购者三十七种，代蔡机订购者九种，蔡纺订购者十四种，蔡酒订购者三十一种，咸工订购者十二种，共计一百零三种，包括纺织、化学、机械及经济等种类。除代各厂所订购者登记后分别寄送外，本公司订购者均由资料室保管，其可供各厂参考者，仍可由各厂随时借阅。截至三十五年年底为止，各项杂志计到八十种，共计四一二本，均经分类、登记，其未寄来者（二十三种）已分别催寄，本国杂志则多能按期递寄，现已到一七二本。

至各种专门图书，前向国内外订购二六八种，其中向国内订购者五十六种，均已到达。工业挂图六十二幅，亦已寄到。其余一百五十种系十月以后向国外订购，因海外运输困难，恐须三十六年三月以后方可到达。已到书籍计分普通科学、土木、机械、纺织、化学、水电、经济七类，分别登记并编入卡片，俟国外书籍寄到，当再行增加项目并编辑索引。

又，剪贴之报纸资料已有四七三六张，计分十二类，俟集有成数再行编制、索引。

十四、编印应用技术刊物

为促进技术改革并提高工程人员之智能计，乃利用所订外国专门杂志，交由专人随时翻译，除供给不谙英文之同仁参考外，并编印《新技术月刊》一种，以广流传。现已出版两期，撰稿者皆为本公司各厂之技术人员。虽发行未久，刻已引起工业界人士之注意。今后拟随时充实内容，多载各方面之技术论文，以期有助于工业技术之改革。（附件第十四号）

（件存陕西省档案馆民国档案 82－1－1507－1 卷）

总稽核室工作报告（三）

吕凤章

（1947 年 1—6 月）

过去一年之中，着重于视察及钩稽方面，工作重心在于奠定稽核业务之基础，准备发挥其积极效用。自本年开始，秉承协理之命，逐渐趋向于协助各厂矿扩充生产及改进业务，如关于兰毛之整顿暨业精之加强生产。他若研究物料管理问题，期拟订妥善之制度，协助成立纺织机械研究室，藉以促进制纱机之技术，并改进纱织生产方法及技能。至于调查友厂，乃寓比较观摩之意，冀以他山之石足以攻错。

综观半年来之各厂矿工务状况，均有进步。以纱言厂，如蔡纺去岁六月之二十支纱生产情形，计每锭出数平均为0.846磅，每件扯工37.28人，用电318千瓦。今年同月则出数增至0.941磅，扯工及用电减至30.74人及285.53千瓦，业精亦由每锭出数0.901磅增至0.975磅，扯工55.97减至52.90人，只用煤由2.092吨增至2.102吨（因安装新纱机增配原动使然），生产如此。用料及雇工则渐有确切统计，极便于审核。

虽然各厂矿均在进步中，但距可能之程度尚远，今后有待审核工作者至为广泛，兹将半年工作情形缕陈于后，用资检讨过以策励来兹。

一、解决本公司各厂煤荒建议

近一年来，蔡三厂及业精痛感煤荒之苦，而四厂每月用量不过1,400吨，其中需大炭及三炭500吨，量虽不大，购运则困难重重。过去以陇煤运输不便，难望充分接济，只得仰赖于同耀区。自去岁陇虢轻便路修筑以后，运输称便，同时陇矿产煤量月有3,000吨左右。为挽回漏卮并解除煤荒计，遂提出以陇煤供应各厂之建议，冀由该矿每月供给大三炭400吨，混煤1,000吨，倘有不足用，再向同耀区购运。自从实施此项计划后，虽逢咸同路两度中断，但本公司各厂所需之燃料则不虑匮乏，而陇煤出路亦获得可靠之保障矣。（附件第一号）

二、调查煤炭滞运情况

自从实施统购统销后，各厂用煤须由公司购运。因煤区分为同耀及澄白两区，乃向该两处承销商购买并委托代运。截至本年一月底，去岁已购未运之煤颇多，由于承销商未能如期运到各厂，致煤荒威胁殊甚。本室会同总营业室奉派彻查实情，遂于一月间派员前往产区及起运站彻查。根据报告，三十五年度总共购到同耀区煤炭7,232,951吨，共计运至各厂5,004,644吨，未能运出者2,228,307吨。另有蔡三厂以库存2,964,647吨，委托该区联运站代运，仅运厂1,275吨，尚余1,689吨。此外截至一月初旬，购到澄白区大炭及块末1,200吨，以及焦煤100吨，先后共运厂392,450吨，另有运厂焦煤1,860吨，合计欠交大炭及块末煤80,755吨，另有焦煤814吨。两处总计尚有未能运出者4,904,257吨。经过此次查究后，购存数量完全明白，对于责任问题获得解决。（附件第二号）

三、调查各大纱厂及面粉厂

本年二月间，派员分往大华、申新、华峰、成峰、合和、福豫、福新等友厂参观，对于生产及设备方面加以调查。旋于事毕编制报告，经协理批示后分别送交蔡纺、业精、咸工及蔡酒各厂参考。查全陕计有千锭以上之纱厂九家，纱锭数为84,540枚，力织机935台，20支纱出数每23小时每锭最高为0.950磅（业精），大华0.920磅，申新0.904磅。惟大华及申新用工较少，每万锭约650至700人（包括直接工）。究其原因，要以厂房宽敞且有喷雾设备，故扯工较少。惟该两厂所有机械较旧，性能低弱，影响出数甚巨。截至二月底，全省开工之机制粉厂共15家，每月最大之生产量可达658,000袋，实际上经常生产只能达到60%。因各厂限于资金以及政府限价等阻碍，殊难发挥最高效率。（附件第三号）

四、协助成立纺织机研究室

蔡机以制造全程纱机为主要业务，数年来已有万锭正式参加生产。为便于随时改进计，必须设置研究机构，乃承协理指定，本室帮同总工程师室积极【研究】。迨拟定计划后，觅妥蔡机装配场房为实验室，由机场建办公室三间，扩充为研究人员办公室。自筹备至开始工作，两室密切合作进行甚为顺利。截至八月中旬，已二度提出报告，对于纱机各部分之改善助益良多，刻正充实设备，俾便从事于纺织技术之研究。如假以时日，并在各厂通力合作之下，不难逐渐达成预期之功效。（附件第四号）

五、调整兰毛厂务

自去岁协理指派张专员宜斋、罗专员冠英前往维持毛厂以来，除将亟待与革事项随时斟酌办理外，见于工务与事务以及人事配备等，均宜逐一调整。爰于二月间经协理核准后，仍派罗专员前往，即积极装置原动及走锭机，并加强检验部，以期改善成品暨研究节省染料方法。业务部分，将营业课改为股并于总务课，又将一部分人事予以变动，藉以划分事权，改变工作情绪，对于环境之布置及员工之福利，兼筹并顾，外界人士之观感为此丕变。（附件第五号）

六、考察蔡纺业精之运转及保全状况

蔡业两纺厂成立于战时，一切均甚勉强，虽使用优良纺机，但于工作法则未曾严格执行，乃于三月间请准协理指派李工程师培元前往切实考察，就机器性能运转情形、保全状况及试验与训练等项目，确切推敲拟成考察报告。旋经函知该两厂后，颇著成效，如蔡纺二十支纱每锭出数由0.910磅增至0.928磅。他若保全及运转亦有显著之改善，业精亦因而改善工作方法。（附件第六号）

七、拟定纱厂标准工作法

各纱厂咸感熟练工人短缺，对于在工者则认为动作缓慢，每易损毁器材，而其工效殊嫌低弱，于是运转与保全大成问题。凡此种种，皆由于工作法不良所致。为长久计，实有订定合理化工作法之必要，遂请李工程师培元参照各地纱厂之最优方法，并撷取中外专书中可行者，编为雍兴公司纺织厂标准工作法，经傅总工程师校阅后，携往上海设法印订专册，将来分发各厂应用，以期改善工作方法并提高纱布品质。

八、考察蔡三厂及业精物料管理情形

年来机、酒两厂颇注重物料管理，经多次变更储存方式及收发料品手续后，非特稽考容易且亦减少甚多之损失，尤以施行原物料粮食及庶务用品等集中管以来，更觉经济而合理，每年节省所得为数颇巨。此种办法亟待推行于各厂矿，乃于三月间派蒋旨谧分赴蔡三厂及业精，确实考察，就各厂所有料品加以分类，同时与主管人员充分交换意见，根据实际资料并参考专门书报，拟具材料分类办法，经分送各厂主管人员征询意见后，又加归纳增删，拟成本公司各厂矿材料分类说明，用备订定材料管理制度之参考。（附件第七号）

九、视察业精及蔡运站

四月间为成立纺织机械研究室，傅总工程师等一行七人赴蔡家坡，除决定研究一切事项外，曾研讨高职校学生如何任用问题，获得满意之结论，其后顺便至蔡运站查询优待车站人员发售面粉情形，经□阅文件殊觉处置欠妥，亟应予以改正，免滋流弊。嗣赴业精者，见及安装织布机械及原动等工程进度缓慢，且问题重重，若无确切办法，势必旷日持久。事实上亟须公司设法，乃能克竟全功。（附件第八号）

十、协助业精安装机器暨调整生产程序

依据去岁本室会同业精所拟之增添纱机计划，原应于去岁年底完成，旋以原动未获解决，以致不克计日程功。为争取时间计，乃于五月中旬派罗专员冠英、张工程师秉刚及李工程师培元前往协助。经彻底研究，结果会同章代经理及路总工程师拟具业精安装新纱布机、新原动等进度意见书，预定于六月中旬开齐二，一〇〇锭，八月中旬开出自动布机三〇台，下旬开出一二〇马力原动。当经积极进行，使工程进展加快，终于如期开齐二，一〇〇锭。（附件第九号）

十一、拟订原物料管理制度

迭经研究各厂原物料类别后，即就所有之料品予以整个分类。共计分为十八类，每类之中有系有目，以资再行划分，务求易于区别，俾便于管理。计有：（一）原料；（二）产品；（三）半成品；（四）建筑材料；（五）燃料；（六）油料；（七）电气材料；（八）传动材料；（九）洗染料；（十）专用材料；（十一）工具；（十二）五金材料；（十三）文具；（十四）印刷报表；（十五）医药品；（十六）杂物；（十七）废料；（十八）残料等。依照此项分类法，已将各厂矿之全部用料予以通盘归并，辑成材料分类汇编一种，分送各厂矿主管员征询意见，一俟得复后，当即重行编列。拟印成本公司各厂矿统一材料分类及其名称表，同时将全部材料之单位重新厘订，并参照各厂矿现行管理办法及收发手续，拟具各厂矿材料管理办法及收发手续，呈经协理核准后分发各厂矿施行，以期达到合理化管理之目的。（附件第十号）

十二、协助蔡酒及蔡纺盘存料品

六月间蔡酒及蔡纺请求派员监盘库存，当经呈准协理派蒋旨谧洽办。旋据该员报告盘点结果，凡置于材料库中之物品完全符合材料账及登记卡片，惟散置各处者则溢出与短缺情形颇多。考其原因：（一）前期盘存后，账面未予转正；（二）寄存之物品久而混淆；（三）秤量颇有出入；（四）退料手续不完全等所致。该员建议各厂矿对于存料数量应有通盘筹划，最好分别规定各种料品之最高存量，庶不致过多或不及。（附件第十一号）

十三、统计营业销售状况

本期内各厂矿生产量情形颇佳，产量较上期增多。只以运输阻梗、市场变动无常以及政府管制等影响，所有各种产品之销售量未能随价格之变动以俱增。计一至六月份，除各厂矿自行发售之产品未计外，总营业室及门市部之销售额为25,346,230,000元，其中总营业室占百分之八四，门市部占百分之一八。兹将各种售品所占之百分数列如左：（附件第十二号）

甲、三十六年度上期总营业室售货表（单位：万元）

品名	售价总值	占总值之百分数
棉纱	一百八十三万四千零六十三	86.10
面粉	一十七万二千八百零二	8.10
其他	一十二万二千七百四十六	5.80
总计	二百一十二万九千六百一十一	100.00

乙、三十六年度上期门市部售货表（单位：万元）

品名	售价总值	占总值之百分数
棉纱	一十万六千四百五十三	26.30
棉织品	一十五万一千三百零一	37.30
面粉	九万九千八百三十五	24.70

续表

品名	售价总值	占总值之百分数
其他	四万七千四百二十三	11.70
总计	四十万五千零一十二	100.00

十四、各厂矿生产情形

本年一至六月份各厂矿之生产颇有进步，非特产量增加，即以扯工及扯电亦均减少。以言棉纱，如蔡纺于六月中，产二十支纱四千二百四十四件，平均每月可产七〇七件，以与去岁同时期相较，不啻平均每月增产一十，一一八件（将去岁所产者折合为每件四〇〇磅）。此虽与增添新锭有关，但其主要原因实为每锭出数增高使然。计去岁全年平均每锭二十三小时仅产〇.八八一磅，今年各月份平均则每锭于二十三小时内增至〇.九二一磅。至于扯工及扯电亦有显著之减少，蔡纺如此，业精亦然，他若淀粉、味晶、酱油、毛呢、煤炭等增产甚多，单位成品之扯工扯电皆趋于减低。在全部产品中，除面粉以受政府之管制影响致产量微减外，只有皮革生产萎缩，半年来成品滞销，对于出品之种类颇多动摇基本方针之趋势，以致向来大量鞣制之底革顿临困境，亟感售价不敷成本之苦。（附件第十三号）

十五、出版技术性刊物

自元月份编印新技术月刊一种逐月发行以来，截至六月底共出六期，每期约三四，〇〇〇字左右，印行十六开本二，〇〇〇册。各期所登文章以翻译稿为主体，内容皆系工矿技术问题，其中以新颖者占绝大多数，撰稿人除本公司各厂同仁外，尚有大学教授及企业界人士。现有长期订阅者七百余户，每期连同代售者约发出千份，已筹到基金四千余万元。除开支外合计现款及存货共有五千余万元，每月开支约六百万左右。自从创刊迄今，颇为社会注意，俟内容渐臻充实后，当能发挥相当功效。（附件第十四号）

蔡纺、业精工务考察报告

尹仁甫　程启昌

（1948 年 10 月）

第一部分　蔡纺厂

一、机器设备

A. 清花部分

组别	机器名称	1938PLATT	制造厂	速度 R. P. M 机件名称转数		产量 23 小时	值车工（人）	所在地	备注
一	解包机	1938PLATT	PLATT		300			清花间	1. 蔡纺各种机器速度均系实际测得 2. 产量为 1.5 部之产量，数字系根据记录
	廉子给棉机	1938PLATT	PLATT	打手	790			清花间	
	萧礼尘笼	1938PLATT	PLATT	风扇	1,150			清花间	
	和花缸	1938PLATT	PLATT	打手	760			清花间	
	自调给棉机	1938PLATT	PLATT	打手	350			清花间	
二	头道清花机	1938PLATT	PLATT		985			清花间	
	三道清花机	1938PLATT	PLATT		1,020			清花间	
	解包机	1947PLATT	西北机器厂					清花间	停车
	自调给棉机	1947PLATT	西北机器厂					清花间	—
	廉子给棉机	1947PLATT	西北机器厂					清花间	—
	萧礼笼尘	1947PLATT	西北机器厂					清花间	—
	和花缸	1947PLATT	西北机器厂					清花间	—
	和花缸（2）	1947PLATT	西北机器厂	打手	715			清花间	
	自调给棉机	1947PLATT	西北机器厂	打手	360			清花间	
	头道清花机	1947PLATT	西北机器厂	打手	995	500 花卷		清花间	
	三道清花机	1947PLATT	西北机器厂	打手	1,020	每卷重 32		清花间	
三	头道清花机	1947PLATT	西北机器厂			1bs 共约		清花间	停车
	三道清花机	1938PLATT	PLATT			16s 16000	每班九人	清花间	间或停用

B. 前纺部分

组别	机器名称	型式	制造厂名	部数	号数	速度 R. P. M 机件名称	转数	产量 23 小时	值车工（人）	所在地	备注
一	钢丝机	1937 成通		8	1—8	锡林	165—196				
						道夫	10—12	50 筒条	一人	一场	2 以下各机产量均为每部机产量
	并条机	1937 成通		1	1	前罗拉	345—355	32HK	二人	一场	一部计三节速度系测自第三节，余同此
	粗纱机	1937 成通		1	1	前罗拉	120—125	15HK	三人	一场	126 实开 121
二	钢丝机	1937 成通		8	9—10					二场	停车
	并条机	1937 成通		1	2					二场	停车
	粗纱机	1937 成通		1	2					二场	停车
三	钢丝机	1937 成通		8	17—24	锡林	170—190				其中#23 弹□花其锡林转速 190—200
						道夫	10—12	50 筒条	一人	三场	道夫 12—13 转
	并条机	1937 成通		1	3	前罗拉	344—370	32HK	二人	三场	
	粗纱机	1937 成通		2	3—4	前罗拉	123—150	15HK	共三人	三场	126 锭 #3 实开 122 锭#实开 124 锭
四	钢丝机	1938PLATT	PLATT	8	25—32	锡林	175—190				
						道夫	11—12	60 筒条	十部一人	四场	连（#33—34）
	并条机	1938PLATT		2	4—5	前罗拉	310—335	40—45HK	各一人	四场	
	粗纱机	1938PLATT		2	5—6	前罗拉	150—154	18—20HK	共三人	四场	124 锭 #5 实开 110 锭#6 实开 107 锭

续表

组别	机器名称	型式	制造厂名	部数	号数	速度 R. P. M 机件名称转数		产量 23 小时	值车工（人）	所在地	备注
五	钢丝机	1944 仿 PLATT	西北机器厂	14	33—46	锡林	155—195				
		1947 仿 PLATT				道夫	95—12	60 筒条	十部一人	四场	
	并条机	1941 仿 PLATT		2	6—7	前罗拉	405—450	40—45HK	各一人	四场	
	粗纱机	1947 仿 PLATT		2	7—8	前罗拉	140—150	18—19HK	共三人	四场	124 锭#7 开 123 锭#8 开 122 锭
六	钢丝机	1938PLATT	PLATT	8	4754	锡林	145—185				
						道夫	9.5—12	60 筒条	十部一人	四场	（连 45—46）
	并条机	1945 仿 PLATT	PLATT 西北机器厂	2	8—9	前罗拉	380—395	40—45HK	一人	四场	#8 停车
	粗纱机	1944 仿 PLATT 1938 仿 PLATT	PLATT 西北机器厂	2	9—10	前罗拉	140—150	18—19HK	二人	四场	#9 停车，#10. 124 锭实开 122 锭
七	钢丝机	1945 仿 PLATT	西北机器厂	8	55—62	锡林	160—170				
						道夫	95—115	55—60 筒条	一人	四场	其中#56 为 1944 仿 PLATT
	并条机	1945 仿 PLATT	西北机器厂	1	10	前罗拉	350—355	40—42HK	二人	四场	
	粗纱机	1945 仿 PLATT	西北机器厂	1	11	前罗拉	133—140	17—18HK	二人	四场	124 锭开 121 锭

C. 后纺部分

组别	机型	制造厂名	号数	每台锭数			前罗拉每分钟转数 R. PM							23 小时产量		值车工（人）	所在地	备注
				原有	实开	空锭	1	2	3	4	5	6	平均数	计算	实际			
一	1937 成通	济南成通公司	1	400	400	—	170	165	155	155	165	166	163			3.5	一场	成通转速前罗拉以 165R. P. M 效率 90% 计则计算产量为 0.92316
	1937 成通	济南成通公司	2	400	400	—	167	160	160	155	155	165	160			3	一场	
	1937 成通	济南成通公司	3	400	400	—	170	165	170	160	160	170	166			3	一场	
	1937 成通	济南成通公司	4	400	400	—	170	160	170	160	160	170	165			3	一场	
	1937 成通	济南成通公司	5	400	399	1	170	165	170	165	165	170	168			3.5	一场	
二	1937 成通	济南成通公司	6	400	—	400											二场	停车
	1937 成通	济南成通公司	7	400	—	400											二场	停车
	1937 成通	济南成通公司	8	400	—	400											二场	系统训练工人开,时开时停
	1937 成通	济南成通公司	9	400	151	249				170			170				二场	系统训练工人开,时开时停
三	1937 成通	济南成通公司	10	400	396	4				170			170				二场	工平均转速 165 计,23 小时可产 0.923ib（每锭）
	1937 成通	济南成通公司	11	400	398	2	175	165	170	165	165	165	168			3.5	三场	
	1937 成通	济南成通公司	12	400	400	—	165	155	154	150	155	150	155			3	三场	
	1937 成通	济南成通公司	13	400	399	1	170	164	165	165	165	170	167			3	三场	
	1937 成通	PLATT	14	400	399	1	165	160	165	160	165	165	164			3	三场	

续表

组别	机型	制造厂名	号数	每台锭数			前罗拉每分钟转数 R. PM							23小时产量		值车工（人）	所在地	备注
				原有	实开	空锭	1	2	3	4	5	6	平均数	计算	实际			
四	1938PLATT	PLATT	15	400	398	2	170	160	165	165	160	165	164			3.5	四场	按平均转速170效率90%23小时每锭可产0.958ib
四	1938PLATT	PLATT	16	420	420	—	158	165	170	170	170	170	167			3.5	四场	
四	1938PLATT	PLATT	17	420	419	1	165	150	160	155	160	150	157			3	四场	
四	1938PLATT	PLATT	18	420	416	4	170	164	160	170	170	170	167			3	四场	
四	1938PLATT	PLATT	19	420	410	10	166	170	170	175	175	170	171			3.5	四场	
四	1938PLATT	PLATT	20	422	407	13	160	170	170	175	170	165	167			4	四场	
五	1946仿PLATT	西北机器厂	21	420	410	10	175	170	175	175	175	170	173			4	四场	按平均转速175效率90%23小时每锭可产0.955ib
五	1946仿PLATT	西北机器厂	22	420	410	10	166	170	170	170	160	160	166			3.5	四场	
五	1946仿PLATT	西北机器厂	23	420	413	7	167	175	175	175	170	175	173			3	四场	
五	1946仿PLATT	西北机器厂	24	420	417	3	164	170	170	173		165	165			3	四场	
五	1946仿PLATT	西北机器厂	25	420	412	8	170	170	175	175	165	170	171			3.5	四场	
五	T—2	西北机器厂	26	420	416	4	175	170	175	175	170	170	173			3.5	四场	按平均转速170效率90%23小时每锭产104ib

续表

组别	机型	制造厂名	号数	每台锭数			前罗拉每分钟转数 R. PM							23 小时产量		值车工（人）	所在地	备注
				原有	实开	空锭	1	2	3	4	5	6	平均数	计算	实际			
五	T－2	西北机器厂	27	420	418	2	175	175	175	175	170	170	173			3	四场	
	T－2	西北机器厂	28	420	414	6	170	170	175	174	170	170	172			3	四场	
	T－2	西北机器厂	29	420	418	2	150	145	170	174	170	170	163			3	四场	
	T－2	西北机器厂	30	420	399	21	175	170	175	174	170	175	173			3.5	四场	
六	1938PLATT	PLATT	31	420	417	3	155	155	155	160	155	155	156			3.5	四场	按平均转速170效率90%23小时每锭可产0.985ib
	1938PLATT	PLATT	32	420	414	6	150	155	155	155	155	155	154			3	四场	
	1938PLATT	PLATT	33	420	417	3	140	160	160	160	160	160	157			3	四场	
	1938PLATT	PLATT	34	420	417	3	160		160	160	144	160	157			3	四场	同上
	1938PLATT	PLATT	35	420	420	—	170	165	165	170	165	165	167			3.5	四场	同上
七	1945仿PLATT	西北机器厂	36	420	418	2	165	160	160	160	150	160	159			3.5	四场	
	1945仿PLATT	西北机器厂	37	420	417	3	170	160	165	165	160	165	164			3	四场	
	1943仿成通	西北机器厂	38	400	400	—	165	150	165	165	160	160	161			3	四场	按平均转速165效率90%23小时每锭可产0.932ib
	1943仿成通	西北机器厂	39	400	398	2	170	160	160	165	160	160	163			3.5	四场	
	1943仿成通	西北机器厂	40	400	394	6	167	160	160	165	145	165	160			3.5	四场	
合计	—	—	40	16440	1485	1589	—	—	—	—	—	—	—	o.985	0.910	—	—	除去第二组停开支1453锭外，史记空锭长为136块

D. 其他部分

组别	机器名称	部数	号数	产量 23 小时	值车工(人)	所在地	备注
摇一	40 锭摇纱机	41	1—41	80—85 的 160—170ib		第一摇纱机	1. 产量根据工人口述均为每部机产量 2. 其他磨盖条机、砥砺机、织锭带机、原动及修配各种机器未计入
摇二	—	30	42—71			第二摇纱机	
	—	23	77—99		每车一人	第二摇纱机	
	小包机	3	1—3	450—500 小包	值车一人 绞二人	成包间	
	大包机	1	4	30—40 大包	4 人	成包间	

二、各部工人数

A. 工务

部别		人数/等级	组长或机目	技工				工徒	助手	普通工	总计	备注
				一等	二等	三等	计					
工务	直接工	涑花								30	30	
		清花	2				1			14	16	组长二人,一为普通工一为一等技工
		钢丝			2		2			21	23	
		并条	2		2		2			21	23	梳并粗统填前纺组组长,两人均为一等
		粗纱								49	51	技工,人数计入粗纱中
		细纱	2		7	1	8			298	308	组长为一等技工
		摇纱	2		2		2			213	217	组长二人,一为一等技工一为三等技工
		成包	2							25	27	组长为三等技工
		试训		1			1			68	69	试验部七人,其中一人为画记工,余为一等技工
		计	10	1	13	1	15			739	764	
	间接工	保全		9	5	7	21			33	54	
		原动	2	10	4	9	23	2		41	68	原动部之分级人数为□□1260KW. A 电机部分工作人数计 68 人
		原动									22	西太后电机部分 22 人,未分等级
		修机	1	8	2	2	12	1		1	15	原动部工人总数 90 人
		计										
合计			13	28	24	19	71	3		814	923	技工计 83 人,助手三人,普通 2815 人,分级不详者 22 人

B. 厂务

部别	等级 人数	组长或机目	技工				工徒	助手	普通工	总计	备注
			一等	二等	三等	计					
厂务	农场								8	8	
	福利工								7	7	
	大车夫								23	23	
	汽车夫									6	分级不详
	信差								2	2	
	泥瓦匠								17	17	
	花匠								4	4	
	清洁夫								9	9	
	临时茶役								4	4	
	茶炉夫								9	9	
	警厨役								3	3	
	电话工及洋车夫								3	3	
	职员厨役								9	9	
	勤务								11	11	
	材料库工								13	13	
	花纱库工								5	5	
	押运夫								10	10	
	警卫									36	
	书记工									7	内人事课4人,分级均不详
	服务生									4	分级不详
	税局茶役								1	1	
	花纱库临时工								2	2	
	□教师									1	分级不详
	工人厨役								39	39	
	杂工								13	13	内人事课4人
	合计								92	246	内分级不详者54人
总计		13	28	24	19	71	3		1,006	1,169	分级不详者76人

三、工务

A. 运转情形

1. 该厂清花设备共两组，现开第一组及第二组之后半部。惟第二组之配备较第一组为优，只以新添之自调给棉机及簾子给棉机，尚缺少配件数种。不克开出，致清花功效未能增进，应即设法完成。

2. 六十二台钢丝机中，只有一小部分之针布损坏过甚，大体上所棉网颇为匀洁，白籽亦少。惟第五、第六、第七各组锡林速度颇不正常，且有低至145R. P. M者，各组锡林速度宜保持于170～180R. P. M。

3. 并条机前罗拉之速度，以第一、第四、第七组较为合理，第五组特快竟达405～450R. P. M以致停车频繁，每隔三四分钟即发生□□，非特不能增加产量，且易损毁棉条之匀度，尤易缩短机器之寿命。此种缺点应设法改正。

4. 细纱车性能颇佳，过去曾有良好记录，现在运转速度可视工作情形设法逐渐提高，粗纱车大体尚可。

B. 温湿度

现值秋高气爽之时，除乍冷燠热外温湿度大体上颇宜于纺织工程。兹将此次在蔡纺厂测验之温湿度，列表于后。

场内实测温湿度记录表（十月八日至十二日）

部别	温度（FO）							湿度（%）						
	1	2	3	4	5	6	7	1	2	3	4	5	6	7
清花	56～64							56～60						
钢丝	68～72							44.5～52						
并条	68～78							42.5～51						
粗纱	64～74							40～50						
细纱	65～75	—	65～70	70～75	62～70	64～75	70～75	42～60	—	42.5～55	43～46	43～47	43～46	43～45.5
摇纱	45～55	47～56						47.5～50	45～51					

由上表观之，可见清花、钢丝、并条之温湿度接近理想，其工作成效应有良好结果，而精纺、粗纱之湿度则嫌过低。

C. 操作

该厂员工受关中变乱影响，工作情绪颇为低沉，加以陕省工运领导欠妥，助长工人嚣张气焰。而职员大多因循，遂致管理松懈，功效陡降。当务之急必须督导职员振作精神，始能纠正反常之风气。

兹将观察所得之各项数字条列于后。

1. 每分钟接头值车工 11 ~ 14，训练工 6 ~ 8。

2. 落纱间隔由一点十分至一点三十一分，每次全场分三组，每组组长一人，组员八人。惟实际上一、三两组组员各七人，落纱所需时间如下：

人数	11	11	12	12	12	13	13
时间（秒）	100	109	63	90	100	80	58
备注		值车工帮同落纱					

按中纺标准，为八人一组，落纱时间仅二十秒。蔡纺工人落纱技能仅为中纺工人为$\frac{1}{2.9}-\frac{1}{7}$，亟应从速加紧训练。

3. 细纱、开花及断头次数如下：

时间（分）	1	4	6	12	每次落纱间隔（根据该厂记录）	平均每分钟
断头数	1 ~ 5	28	27 ~ 39	63 ~ 72	436 ~ 722	5.2 ~ 6.7

4. 并条每 3 至 10 分钟停车一次，重开需时 5 至 12 秒钟。

粗纱每 2 至 6 分钟停车一次，重开需时约 20 秒钟。

5. 摇纱根数之标准该厂定为 79 ~ 81 根（根据摇纱记录），其所摇之纱大半在 78 ~ 83 根之间，惟亦有高达 109 根、低至 47 根之特殊现象。

6. 厂房颇不整洁，各纱间甬道及机器上之飞絮斑斑，甚至擦车后机架上仍有弃置之棉花。

7. 并粗部分间有工人糟蹋棉条情事。

8. 细纱及摇纱各部分弃于地上之纱管甚多，踏损者不少，而棉纱之损失亦颇可观。

9. 细纱车上摇头之锭子甚多，平均均为 0.5% ~ 1.5%。

10. 空锭率：

（1）如将第二纱间训练工人所开之一部半车计算在内，则为

$$\frac{189}{15040}=1.25\%$$

（2）如将第二纱间训练工人所开之一部半车不计算在内，则为

$$\frac{136}{14440}=0.94\%$$

11. 细纱分八段。

12. 中心牙齿。

机别	成通	PLATT	仿 PLATT	丁—2
齿数	35～36	45～46	45～46	46

13. 每锭出数以 180R. P. M 效率 100%，二十三小时应产 1. 129[lbs]，今产 0. 91[lb]，故其实际效率为 70. 5%。如以特速 170R. P. M 效率 100%，其产量为 1. 0663[lbs]，今产 0. 91[lbs]，其实际效率亦仅 85. 2%。

14. 该厂每件纱扯棉达 455 市斤之巨，较之中纺每件纱扯棉 405 市斤高约 12. 3%。考其原因，固由原棉含杂太多，而各部门糟蹋棉花，停车次数较多，机器保全欠佳，又工作效率低落，管理训练之未能周密，亦不能一辞其咎。

15. 该厂机器保全，似未臻妥善，工作不够紧张，以致纱机上之一少部分零件虽已损毁并未更换、锭子摇头未能改正等现象发生。又如擦车后之机架上时有大量回花存在，故该厂保全工作及运转、管理、训练各方面，均亟待加强。

D. 试验

1. 前纺。

机型＼格林数＼部别	钢丝（每 6 码）	并条（每 6 码）	粗纱（每 30 码）
成通	388. 7	371	169. 9
PLATT	385. 2	356. 3	199. 2

2. 细纱。

(1)强力。

机型	成通	PLATT	丁—2
标准	70	70	70
每 130 码试验结果	69. 5	69. 6	64
相差率%	－0. 71	－0. 57	－8. 17
备注	十二日晚试验其强力自 48－85		

(2)格标。

机型	成通	PLATT	丁—2
标准	50	50	50
每 120 码试验结果	50. 5	49. 7	49. 7
相差率%	＋1	－0. 6	－0. 6

③撚度。

机型	成通	PLATT	丁—2
标准	19	19	19
每120码试验结果	18.7	18.6	18.5
相差率%	-1.58	-2.1	-2.63

以上各数均根据该厂试验记录。

四、建议

A. 该厂新建之厂房较为宽敞,光线亦颇充足,其中空地足容四千锭,倘将一二组成通式纱机挪入,则工人之管理与物料之搬运两有裨益。

B. 丁—2式细纱机之使用效果至佳,倘将该厂各式纱机逐渐换装为丁—2式,当能提高产量,改善产品品质,并减少用工用料。

C. 该厂大部分机器系单独马达传动,惟开关系一场其中于一处,既占相当地位,又易发生危险。对于工作上之活动颇受阻碍,应设法添配马达开关器,以期改善。

D. 目下时局靡定,对于管理方面不无困难,但有数事颇易改善。

1. 细摇各纱间纱管弃置于地者甚多,每一管理人员亟应亲自俯拾,并应随时督导工人收拾。

2. 工作场所之各角落以及各种机器之各部,均应确实保持清洁。

3. 由清花及摇纱过程中弃置之棉花、棉条、粗细纱及回花甚多,亟应设法消除。

E. 工人技术应有严格之训练,不宜因工人流动性较大而降低技术标准。故该厂应严定技术标准及训练期限,对训练中之工人严加考核,则工人技术水平可望提高。

F. 工人不识字者极多,其总数恐在80%以上,倘厂方能利用工余时间,教导工人读书及讲授普通之纺织常识,既能增进工人与管理人员之感情,且可逐渐泯除上下之隔阂。

G. 工人宿舍两排相连,房屋间之空地因污水无法外泄,间有阴湿过□者,倘能于其间开一污水沟使积水排泄于厂外,则裨益工人健康当非浅鲜。

五、结论

蔡纺工务上之一般情况,较去岁同时稍有逊色,虽然大局动荡影响人心,但管理松懈,亦为不可讳言之事实。今后应着重防止原物料之浪费,加强保全工作,以免影响机器效能。再则，工人技术均欠佳良，有待工务方面之职员振作精神，任劳任怨，不避艰辛，不辞劳瘁，全体动员训导工人，循循善诱，坚忍从事，当可望纳入正轨，臻进功效，否则该厂前途至堪忧虑。

第二部分　业精厂

一、机器设备

A. 纱场

a. 清花设备

机器名称	型式	制造厂名	速 R. P. M 度		产量 23 小时	值车工	所在地	备注
			机件名称	转速				
解包机		宝鸡洪顺		280			清花间	1. 各种机器速度，因为无速度计，未能检测，所列数字系根据该场路工程师述 2. 产量为每组产量
自调给棉机	1948 仿 PLATT	西北机器厂	打手	300			清花间	
廉子给棉机	1948 仿 PLATT	西北机器厂	打手	800			清花间	
尘笼	1948 仿 PLATT	西北机器厂	风扇	950 ~ 1000			清花间	
和花缸	1947 仿 PLATT	西北机器厂	打手	680			清花间	
和花缸		宝鸡洪顺	打手	710			清花间	
自调给棉机	1947 仿 PLATT	西北机器厂	打手	300	120 ~ 130		清花间	
头道清花机	1945 仿 PLATT	西北机器厂	打手	950 ~ 1000	花卷每卷重		清花间	
三道清花机		西北机器厂	打手	950 ~ 1000	39#共纺人		清花间	
三道清花机	Saco lomall	Saco lomall &hopo	打手	950 ~ 1000	5000lbs	5 人	清花间	间或使用

b. 前纺部分

组别	机器名称	型式	制造厂名	部数	号数	速 R. P. M 度		产量	值车工	所在地	备注
						机件名称	转速				
一	钢丝机	1938 仿 PLATT	PLATT Breφco	8	1—8	锡林	175 ~ 180				产量根据工人口述，该厂记录各数均为每部
						道夫	10 ~ 10.5	25bs	1 人	第一纱间	日产机

续表

组别	机器名称	型式	制造厂名	部数	号数	速 R. P. M 度		产量	值车工	所在地	备注
						机件名称	转速				
	并条机			1	1	前罗拉	335 ~ 340	33HK	2 人	第一纱间	钢丝机值车一人,帮车一人
	粗纱机	1938 仿 PLATT	PLATT Breφco	1	1	前罗拉	165 ~ 170	18HK	1 人	第一纱间	124 锭实开 42 锭
	粗纱机	1947 仿 PLATT	西北机器厂	1	2	前罗拉	165 ~ 170		2 人	第一纱间	124
二	钢丝机	1946 仿 PLATT	西北机器厂	8	9—16	锡林	175 ~ 180				系西北机器厂制造,现实开七部,其中六部系1944 年造,二部位 1946 年造
			西北机器厂			道夫	10 ~ 10.5	26bs	1 人	第二纱间	
	并条机	1946 – 5 仿 PLATT	西北机器厂	2	2—3	前罗拉	335 ~ 340	33 ~ 34 HK	2 人	第二纱间	
	粗条机	1945 仿 PLATT	西北机器厂	1	3	前罗拉	165 ~ 170	18 ~ 20 HK	2 人	第二纱间	124 锭

C. 细纱部分

组别	机型	制造厂名	每台锭数	号数	前罗拉速度 R. P. M	日产 Ibs	值班工人	所在地	备注
一	1938PLATT	PLATT Breφco	420	1	175 ~ 185	1	3.5	第一纱间	1. #1 –4 纺 20ls, #5 – 7 纺 21ls, #8 – 10 纺 22ls, 各机所纺支数时由变动 2. 产量根据该厂记录 3. 据用手指测验各机前罗拉转速约在 165 ~ 175R. P. M 之间间有低至 150R. P. M 以下者
	1938PLATT	PLATT Breφco	420	2	175 ~ 185	1	3	第一纱间	
	1938PLATT	PLATT Breφco		3	175 ~ 185	1	3	第一纱间	
	1938PLATT	PLATT Breφco	420	4	175 ~ 185	1	3	第一纱间	
	1938PLATT	PLATT Breφco	420	5	175 ~ 185	0.92	3.5		
二	1946 仿 PLATT	西北机器厂	420	6	175 ~ 185	0.92	3.5	第二纱间	
	1946 仿 PLATT	西北机器厂	420	7	175 ~ 185	0.92	3	第二纱间	
	1946 仿 PLATT	西北机器厂	420	8	175 ~ 185	0.87	3	第二纱间	
	1946 仿 PLATT	西北机器厂	420	9	175 ~ 185	0.87	3	第二纱间	
		西北机器厂	420	10	175 ~ 185	0.87	3.5		

d. 其他部分

机器名称	台数		日产	值车工	所在地	备注
	装妥	开出				
摇纱机	16	13	120～140lbs	每车1人	第一纱间	1. 产量为每部机产量，数字参照记录与工人口述 2. 皮辊原动修机等设备未计入
弹花机	1	1		1人	清花间	
小成包机	1	1	240～400小包	3人	第二纱间	
大成包机	1	1	6～10件	4人	第二纱间	

B. 市场

a. 准备部分

机器名称	型式	制造厂名	部数		日产	值车工	所在地	备注
			现有	实有				
筒子车	鉴锭式	英口怡和商行	1	1/2（d49sps）	每锭日产8～10lbs	5～6人	第一准备间	产量系根据工人口述及记录间或使用
整理机	滚筒式	怡和商行	1	1	每车产3－4轴	3人	第一准备间	
整理机	滚筒式	西北机器厂	1	1	每轴重280lbs	3人	第一准备间	
浆纱机	风扇式	西北机器厂	1	1	400匹	3人	第一准备间	
纡子车	丰田式	西安	6	5		2～3人	第二准备间	
缯架		西安	5	3		2人	第二准备间	

b. 织机部分

机器名称	制造厂名	台数		cxa11k sbaft 每分钟转速	日产	值车工	所在地	备注
		装妥	实开					
力织机	太原	48	48	150～160	1.83	一人看二车	第一织间	工作23小时产量均以12#细车为准
力织机	英 horry livesay co	50	50	150～160	1.85	间有一人看	第一织间	工作23小时产量均以12#细车为准
力织机	美 cromptond knowels	4	4	150～160	1.85	三车者	第一织间	工作23小时产量均以12#细车为准
力织机	西北机器厂	2	2	150～160	1.85		第一织间	工作23小时产量均以12#细车为准
碇式铁轮机	自造	43	21		0.85	一人	第二织间	工作11.5小时产量根据记录
固定式喷雾机		6	6				第二织间	

c. 整理部分

机器名称	制造厂名	机数		日产	值车工	所在地	备 注
		装妥	实开				
验布机	山西晋泰铁工厂	2	1		2 人	整理间	
四刀刮布机	英 hory livesay co	1	1		1 人	整理间	
压光机		1	1		1 人	整理间	
打印机		1	1		1 人	整理间	
打包机		1	1		3 人	整理间	

二、工人人数

A. 公务

部别 \ 人数 \ 等级				组长或机目	技工				助手	工徒	普通工	总计	备注
					一级	二级	三级	计					
公务	纱场	直接工	拣花										
			清花	2							18	20	组长为二级技工
			钢丝								12	12	钢丝并条粗纱合称前纺组，组长为三级技工
			并条	2							18	20	工计入并条人数中
			粗纱								18	18	工计入并条人数中
			细纱	2			1	1		1	119	123	组长为二级技工
			摇纱	2							43	45	组长为二级技工
			试验		1			1			3	4	
			验纱										
			成包								6	6	
			训练								1	1	
			计	8	1		1	2		1	238	249	
		间接工	保全	2		3	4	7			14	23	
			原动	1	2	8	11	21	5	15	14	56	系供给纱布两厂
			修机	1	4	7	9	20	2	9	1	33	系供给纱布两厂
			小计	4	6	18	24	48	7	24	29	112	
		计		12	7	18	25	50	7	25	267	361	

续表

部别			等级／人数	组长或机目	技工一级	技工二级	技工三级	技工计	助手	工徒	普通工	总计	备注
公务	布场	直接工	筒子车								14	14	
			整经								12	12	内有铁机车部分2人
			浆纱								8	8	
			络纬								29	29	内有铁机车部分6人
			穿扣								12	12	
			准备部其他工人	3							13	16	组长2人,为三级技工,机目1人
			织机	3		2		2			176	181	组长为二级技工,铁轮机部分组长1人,普通工32人
			验布								4	4	
			刮布								2	2	
			压光								2	2	
			打印								1	1	
			打包								3	3	
			整理部其他工人	2							11	13	组长2人,一为二级技工,一为三级技工
			计	8		2		2			287	297	
		间接工	保全		1	5	2	8			7	15	
			小计		1	5	2	8			7	15	
		计		8	1	7	2	10			294	312	
		合计		20	8	25	27	60	7	25	561	673	内技工80人

B. 厂务

部别＼人数＼等级		组长或机目	技工				助手	工徒	普通工	总计	备注
			一级	二级	三级	计					
厂务	书记工	3								7	分级不详
	警长	3								3	
	警士								27	27	
	库丁								10	10	
	勤务								8	8	
	职灶厨夫								6	6	
	工灶厨夫								37	37	内警伙厨夫 3 人
	大车夫								3	3	
	电话工								1	1	
	福利工								10	10	
	茶炉工								8	8	
	清洁夫								5	5	
	信差								1	1	
	传达								1	1	内人事课 4 人，分级均不详
	园丁								1	1	
	泥工								40	40	
	杂工								4	4	
	合计	3							162	172	内分级不详者 7 人
总计		23	8	25	27	60	7	25	723	845	

三、工务

A. 运转情形

1. 该厂清花配备甚佳，惜所出棉卷略呈罗菜丝状，此点亟待改进。

2. 钢丝部分计有八部盖板针布不堪使用，亟待更换，以致所出棉籽甚多，影响棉纱品质殊甚。

2. 并条、粗纱停车情形较少，工作尚佳。

3. 细纱部分工作情形正常。惟罗拉转速受原动限制，未能加快，再则棉纱条捍起毛殊甚，有待于设法改善。

B. 温度表

场内实测温湿度线条(十月六日夜至七日晚)

部别	温度(FO)		湿度（%）		备注
	1 细	2 细	1 组	2 组	
清花	56～60		56～59.5		
钢丝	54～69	67～73	51～60	52	
并条	64～68	69.5～70	50～59.5	52～55	
粗纱	64～68	69～73	50.5～59	51～52.5	
细纱	67～68	74～75	50.5～54	47～57	
摇纱	67～70		50～54		
织场	67～69.5		54～62		

由上表观察,力织机间之湿度尚需设法增添喷雾设备,以资补数。

C.操作

工人工作情绪尚佳,工作情形正常。兹将有关数字列于后。

1.断头数蔡纺为少。

时间(分)	1	3	5	平均每分钟
次数	0—9	8—17	11—24	1.2—5.6

2.工人每分钟接头数在十一至十五个之间,大多数均可达十三至十四个。

3.落纱全场仅一组,组长一人,组员八九人,平均落纱一次需时一分钟左右,工人技术能力为中纺工人1/3左右。

4.场房甬道及机器尚清洁。

5.细纱、摇纱部分纱管间有弃置于地者,尤以盛纱管木箱附近较多。

6.细纱各纱支产量及效率如下(按二十三时计算):

支别	前罗拉转 R.P.M 速	效率100%计算产量	实际产量	实际效率%
20	180	1.129^{lbs}	1^{lb}	88.6
21	180	1.076^{lbs}	0.92^{lb}	85.5
22	180	1.027^{lbs}	0.87^{lb}	84.6

7.十月六日夜间及十月七日,曾用手测验细纱机转数陆次,结果如附表:

号数＼转速＼机号	1	3	4	5	7	8	9	10	备注
1	118	124	141	127	157	157	159	157	因无速度表，致第二、第六号车无法测验
2	199	153	148	151	160	158	161	162	
3	147	150	154	151	163	165	163	169	
4	158	162	159	158	177	172	168	167	
5	159	160	160	163	164	165	175	170	
6	173	167	166	163	164	168	166	165	

据上表观之，细纱、前罗拉转速约在165至175R. P. M之间。

8. 每件纱扯棉为448市斤，较中纺高10.6%，较蔡纺少七市，约低1.56%（以业纺用棉量为基数）。查该厂钢丝机□布于短期内如可换妥，将仍能减少用棉。

9. 保全工作较蔡纺为佳。

10. 用工较多，尤以布场为甚，亟待减少，以期节省费用。

11. 各部分用煤较为浪费。究其原因，显系管理松懈，未曾切实研究节省方法所致。

D. 试验

试验设备较为简单，拉力表颇不准确，尚未正式使用。

1. 前纺（格林试验）

部别		标准	日期		备注
			十月六日	十月七日	
钢丝（每6码）		320	300～386	311～360	大多都在320～330
并	头道	315	320～325	315～327	
每6码	二道	310	313～322	313～317	
条	三道	305	305～308	299～309	
粗（约30码）纱		215	217～219	215～219	

2. 细纱（格林试验）

支别	标准	日期		备注
		十月六日	十月七日	
20（每120码）	50	48.7～49.8	48.2～49.7	
21（每120码）	47.7	46.7～48	46.7～48.9	
22（每120码）	45.5	46.5～47.1	46.2～46.4	

四、建议

A. 傅总工程师在厂时，曾告以清花部分相连之两部和花缸重新排列并改变其速度，则棉花通遇之情形可望改善。此点亟拟迅速执行。

B. 布场喷雾效力仍感不足。张经理仲实允由蔡纺拨借喷雾机数具，此项设备至关重要，应从速装妥，以便提高出数。

C. 工人之教育与训练应予重视。

D. 直、间接工均嫌过多。在各种工作情形达到标准时，可望纱厂减少三十至三十五人，布场减去五十人，间接工减少四十四人。

E. 关于原动用煤。虽须掺用大炭，但勤于督导工人，仍可多用混煤少掺大炭，果能切实管理，当可节省原动费用。再事务方面，用煤以亦 < 亦以 > 大炭为主，耗费颇巨。前经公司派员前往研究并确定具体办法，嗣虽稍有改善，惟未切实做到，故该厂用煤方面亟应切实节省，以轻负担。

F. 煤栈地方狭隘。大炭与混煤堆置一起，管理与使用两感不便，亟应分类堆存，并注意管理。

G. 棉纱试验设备亟待充实，试验工作亦应逐日按时举行。

五、结论

目前最关紧要之问题，厥为如何节省用煤，并从速裁减多余工人。就此两项所占成本之成数约为四分之一以上，其他各厂相较无出其右者。此项负担必须尽量减低，尚可勉强挣扎，否则维持不易，势必日益困难。

第三部分　蔡、业、咸三厂工务状况比较

一、各厂用工人数

部别	人数＼厂别	蔡纺 14440	业精布机 纱锭 4200 力织 104 台 涡轮 21 台	咸工　纱锭 13312 布机 154 台	备注
工务	原动	90	56	66	表内所列各厂纱机锭数及布机台数，均为实际运转数字
	修机	15	33	49	
	保全	64	38	55	
	纱场运转	702	248	634	
	养成	62	1	28	
	布场运转	8	297	228	
	计	923	674	960	
厂务	书记工	7	7	3	
	警役	36	30	44	
	厨役	51	43	50	
	花纱库	7	10	21	
	材料库	13		16	
	泥木	17		34	
	车夫	29	3	2	包括大车夫、汽车夫
	勤务	11	8	16	
	面粉间			10	
	其他	75	71	49	
	计	246	172	245	
总计		1169	8205	1205	

二、各厂用工分配情形

A. 纱厂

1. 清花

厂别	蔡纺	业精	咸工	备注
机器数量	一套半	一套	两套	
在工人数	14	20	31	咸工机器数量，因工务日报表上无装妥机数，故本月各表所列机器数量为运转数量，恐分装妥数量略有出入
平均每套工人数	9.3	20	15.5	

2. 钢丝

厂名	蔡纺	业精	咸工	备注
台数	54	16	40	蔡纺第二组机器未列入
在工人数	21	12	14	
每台平均工人数	0.39	0.75	0.35	

3. 并条

厂名	蔡纺	业精	咸工	备注
台数	8	3	7	
在工人数	21	20	24	
每台平均工人数	2.62	6.67	3.33	

4. 粗纱

厂名	蔡纺	业精	咸工	备注
台数	9	$2\frac{1}{3}$	12	咸工尚有数部头二道清花机
在工人数	49	18	94	
每台平均工人数	5.45	7.63	7.85	

5. 细纱

厂名	蔡纺	业精	咸工	备注
台数	35	10	33	
在工人数	298	123	239	
每台平均工人数	8.53	12.3	7.25	

6. 摇纱

厂名	蔡纺	业精	咸工	备注
台数	94	13	56	
在工人数	217	45	113	
每台平均人数	2.31	3.46	2.02	

B. 布厂

厂别	业精	咸工	备注
力织机台数	104	154	在工人数包括准备整□机织各部分
在工人数	271	234	
平均每台工人数	2.61	1.52	

三、各厂与中纺比较(中纺各项数字系下等标准)

A. 每件纱扯棉比较

支别		中纺	蔡纺	业纺	咸工	备注
20S	用棉(市斤)	405	455	448	447.5	
20S	与中纺比较%	100	112.4	110.6	110.5	

B. 每锭每二十小时产量

支别		中纺(T)	蔡纺	业纺	咸工	备注
16S	产量	1.25			0.836	
16S	与中纺比较%	100			67.1	
20S	产量	0.95	0.791	0.869	0.767	
20S	与中纺比较%	100	83.4	91.5	80.7	

C. 每件纱出见下脚比较

支别		中纺	蔡纺	业精	咸工	备注
16S	产量(市斤)					
16S	与中纺比较%					
20S	产量(市斤)	42.12	88.4	80.1	78.4	
20S	与中纺比较%	100	210	190.1	185.9	

D. 每一次工人看车能力比较

1. 钢丝

厂别	中纺	蔡纺	业精	咸工	备注
看台数	22	9~10	8	8	
与中纺比较%	100	36.4~45.5	36.4	36.4	

2. 并条

厂别	中纺	蔡纺	业精	咸工	备注
看眼数	24	9～18	9	9	
与中纺比较%	100	37.5～75	37.5	37.5	

3. 粗纱

厂别	中纺	蔡纺	业精	咸工	备注
看台数	1	$\frac{1}{2}$～$\frac{1}{3}$	$\frac{1}{2}$	$\frac{2}{3}$	
与中纺比较%	100	50～66.7	50	66.7	

4. 细纱

厂别	中纺	蔡纺	业精	咸工	备注
看台数	1～1$\frac{1}{3}$	$\frac{1}{3}$	$\frac{1}{3}$	$\frac{1}{3}$	
与中纺比较%	100	25～33.3	25～33.3	25～33.3	

5. 布机

厂别	中纺	蔡纺	业精	咸工	备注
看台数	6		2	3～4	
与中纺比较%	100		33.3	50～66.7	

（件存陕西省档案馆民国档案 82－1－1494－3 卷）

三、营业报告

雍兴实业股份有限公司三十年度第一届营业报告

（一）概述

我国工业落后，国内需要多仰给于国外，每岁入超巨万，影响于国计民生至深且巨。曩昔工厂多集中于口岸，自抗战军兴大部分未及内迁，或毁于兵燹，或沦于敌手，移至后方继续生产者为数极少。就内移工厂言，泰半皆骈集于西南，而注视于西北者甚鲜。因西北接近战区,虑有仓猝,一般投资家咸裹足不前,故“开发西北”之口号,酝酿虽久而实际从事者仍寥若晨星。本公司有鉴于此,遂于组织之初,即就西北资源而定设厂计划,艰难缔造,以期能于战时应军民之需要,战后奠工业之基础。

西北之土壤宜于植棉及畜牧,棉毛产量既丰,品质亦好,极适于棉毛纺织之经营。本公司之首要目的,端在棉毛纺织业之发展,至于其他各厂之设立,纯属辅助性质,如制革厂旨在制造各厂之传动皮带,机器厂旨在制造纺织机器及联枝各厂添制配件,并因西北地处边陲,交通不便,故组织运输处以供各厂机器及原料产品之运输。又为解决汽车燃料及各厂原动燃料起见,则设酒精厂及开采煤矿。此外为各厂印刷账簿、表册之便利,则有印刷厂之设立。又为各厂之购棉,计成立采办处,集中购买以应各厂之需。综观上述,各厂之目的其大旨在分之能各成单位,期于自给自足,以减后方物资之困难;合之虽各有专司而能互利互助,藉收指臂一体之功能。其他如面粉厂之设,系提倡机器面粉,以供民食。现因粮食统制,原料恐感困难,倘目下能稍植根基,将来极有蓬勃之望。更如制药厂之设,因西北各地富产药材,如当归、大黄、甘草等品,提炼精制,既可稍补国内之缺乏,复可作异日行销欧美之准备。此亦西北方面颇堪注意之工业也。

目前时局虽渐趋稳定,但就西北之物力、人力而言,办理各厂经营匪易、盘错丛生,只求惠利于民生,不惮周详之擘画。且后方物资缺乏日甚一日,如不向工业方面迈进,则生产更不足以供给需要。本公司设厂之旨即在乎此,兹挈其大要俾有考览焉。

(二)本公司筹备经过情形

本公司于民国二十九年三月间在香港开始筹备,旋开发起人会及创立会订立章程,推选董监事,并决定总公司设立于甘肃省天水县。资本金额定为二百万元,由发起人一次认缴足数。于三月二十六日开第一次董事会,规定组织大纲,延聘技术人才。此为本公司进行发轫之始。十月间,本公司抵达天水,当即召集第二次董事会,规划秦陇各地设厂之措施、人事之分配。又以本公司远在西陲,为督率各厂工作效能、接洽事务起见,遂决在西安、兰州两地分别成立办事处。其后各厂进行渐有端倪,而以百物腾昂,一切建设费用随之激增,预计资金不敷甚巨,乃于本年八月召开第三次董事会议,将资本扩充为二千万元,仍由发起人担任缴足。旋即具呈甘肃省政府奉准备案,并于验资后呈由甘省政府转请经济部登记(现正候颁执照)。手续渐完,规模粗具后,鉴于天水僻处陇南,而本公司各厂在陇者现只兰州四厂，在秦者有九个单位之多，指挥管理诸感不便，遂于本年十二月间，将本公司移至西安办公（对外暂称“雍兴公司西安临时办事处”），并将驻秦办事处裁撤。此本公司设立两年以来，自香港筹备以及在天水成立、继移西安之经过情形也。

（三）各厂筹设进行状况

本公司于二十九年冬在甘肃天水成立后，旋即规划各厂进行方针及各厂应行筹备事宜。关于厂址之选择，在陕各厂侧重于陇海路沿线，在甘各厂则均设兰州市外，以防空袭目标。一年以来，努力经营，举凡厂房之建筑、机器之装置，均已大体就绪。兹将截至本年底各厂筹备情形分述于后。

1. 纺织

A. 业精纺织厂

该厂原系中国银行信托部投资设立，自二十八年开办以来，每年均有盈余。本公司成立后，中行因该厂设于虢镇，距本公司蔡家坡各厂甚近，为管理上便利起见，乃将该厂让归本公司经营。本公司接手后，一面就该厂原有设备（计自制业精式手纺机一二〇台，又布机八〇台）更求精进，并为谋战后生存自给自足起见，另觅厂址。由本公司拨给纱锭二千枚（此项纱锭系豫安纱厂让与本公司，新由仰光运来者），以供自制棉纱之需。因业精式手纺机所纺纱支成色欠佳，且成本亦大，故战后该种纺机决不能适用，而该厂未来计划系侧重于织制花色布及床单桌毯等，并拟将织机扩充至二百台。现在厂址已在虢镇城外觅妥八十余亩，添建新厂正在计划之中，预计如环境许可，明年六月新厂即可开工。

B. 蔡家坡纺织厂

该厂于本年三月勘定厂址后即着手厂房建筑。初步系按一万二千锭设计，以二千锭为一单位，计六大所平列，中间隔以相当距离，以防空袭危险。此项厂房截至十一月底已次第完成纱机装置，原定为一万六千锭，计购自成通公司者一万锭（内中六千锭已完成十之八九，其余四千锭则系粗制，多属原料），由豫安纱厂让与本公司者六千锭（现因原动供给问题，已决定在此六千锭中拨让业精二千锭）。惟豫安所让纱机因运输困难，现只运到少数，为争取时间计，乃将购自成通已完成之六千锭先行装置，截至年底已装就四千锭（余二千锭亦大半装就）。惟以原动力量不足，现在仅能开八百锭。刻正积极觅购原动机器以求充实，大约供给六千锭之原动机已有把握，预料来年二三月间当不难开齐二千锭，七八月间开足六千锭。如再能购得原动，豫安让来之四千锭亦可开出。至该厂购自成通纱机，尚余四千锭多半均系材料配制，恐尚须时日，刻正加紧整理中。

C. 兰州毛织厂

该厂本公司原定计划系全部用机器生产，惟以此项机器现在后方购置不易，而向国外订购又多困难，不得已只得先从手工土制木机着手，以树根基。又鉴于土法手纺毛线成本既重且条杆不匀，足以影响出品成色，乃向英商安利洋行订购小型毛纺机两套，以期解决上项困难。该厂于本年二月开始筹备厂址，系租用兰州市外七里河中国银行河路仓库房屋三栋，加以改建，现已全部竣工。机器设备拟装织呢木机五十台，又织毯木机二十台，将来视需要情形再图扩充。现已装妥开工者计有织呢机十八台、织毯机八台，其余正在加工赶制，最近当可逐渐完成。惟该项小型毛纺机，原盼年底可以运兰装设，现以太平洋战事发生，此项纺机短期内恐难运到该厂，出品成色不无稍受影响。

2. 机器

A. 西北机器厂

西北各地机器制造工厂率多设备不全，本公司各厂相继成立后，深感机器之补充与修理诸多困难，且发展纺织工业非从自制纱机着手难收自给之效。该厂本年一月开始筹备，初步计划拟设置工作机一百二十部。除当时在西安各铁工厂订购四十部，及购买成通纱机，附带有十余部拨归该厂应用外，并拟自造三十部（专为制造纱锭之用）。另向西北工学院租用十余部，其余不足之数随时陆续觅购。惟际此后方物资缺乏，运输困难之时，欲购多数工作机实非易事，现正竭力搜购以期逐渐实现原定初步计划。目前工作范围，仅限于制造及修配本公司各厂零星机件，稍树根基，以后再谋扩充。将来最终目的在能自制全套纱机，以为发展西北纺织工业之基础。截至本年年底，厂房建筑已经完成工作机装设，及正在装配中者约有八十部（包括租用西北工学院者在内），此外扩充机器设备增进工作效能，亦均在积极进行之中。

B. 西北机器厂兰州分厂

兰州方面机器工厂亦甚缺乏。本公司在兰设有制药、毛织、面粉三厂，机件修配在所必需，乃于本年三月成立该厂，并为节省开支，一切规模从小。故初为蔡家坡分厂，嗣因管理不便，改归本公司直辖，并由本公司驻陇办事处就近照管。所用厂房系租用兰州中国银行仓库，机器设备现只有工作机十部，业务范围亦仅限于为本公司兰州各厂修制零星小宗机件，将来视环境如何再图扩充。

3. 动力燃料

A. 蔡家坡酒精厂

该厂本年一月间开始筹备，因厂房建筑略迟，至年底方始全部竣工。机器设备计有紫铜五百加仑、酒精蒸馏塔三座及其他附件。此项蒸馏塔及附件均系本公司西北机器厂配制，现已陆续装置完成，十二月正式开工。系用旧法制酒，间接蒸馏，故成本不免过高。现在每日约产酒精八百加仑（第一塔尚未开工），明年决定改用液体发酵，直接蒸馏后产量可望增加，成本亦可减低。

B. 益门镇酒精厂

该厂原系私人筹设，房屋机器已完成十之四五，共计用去三十余万元，以资金缺乏未能继续进行，乃商由本公司与之合作。本公司以该厂筹备已将一半，中辍未免可惜，故允其请。该厂由本公司接办后，即就原有设备加以补充，已于七月间开工。用旧法制酒蒸馏，日出酒精约二百加仑。现正计划改为液体发酵直接蒸馏，预计明年五六月间完成后，酒精产量当可增至四五百加仑，成本亦可减低。

C. 广元酒精厂

该厂于本年四月筹备，现在厂房建筑已告完成。机器设备有五百加仑蒸馏塔二座，其一已安装竣事，其余一座为求出数稳定起见，暂留作为备用。且该地交通不便，原料供给至感困难，故拟先开一座，日产酒精约五百加仑。现正加紧工作，预计来年三月当可开工。

D. 陇县煤矿

该矿原名新陇煤矿，系私人事业，用土法开采，产量不丰。本年五月由本公司购买接办后，即积极整顿另开新井，并添置锅炉、高车抽水机等，俾期增加产量（计划每日出煤至少一百吨）。乃通风井打至二十四丈时，忽然发水，不得已暂停工作，现正赶运锅炉及高车抽水机等，俟运到即可继续开采。预计如进行顺利，明年六月以前可望出煤。

4. 其他

A. 长安制革厂

现在后方机器传动皮带极为缺乏。本公司各厂成立后，此项皮带需用良切。为适应各厂需要计，乃决定自设制革厂，旨在专制传动皮带解决自身困难，设有余力，再制造他种皮革，以应社会之需。该厂本年六月开始筹备，寻即购妥玄风桥厂址建筑厂房、装置设备，九月初完成，十月正式开工。目前暂用土法制造，如水池浸桶均用土法自制，以期迅赴事功。俟将来时局平定，再改用机器出产，施用新式制革方法，而求产量之增加与品质之改进。

B. 长安印刷厂

本公司各厂相继成立后，账簿、表册需印极多，若仅赖当地印刷业承印，不仅价贵，抑且缓不济急。该厂本年五月开始筹备，六月在玄风桥与本公司制革厂同时购地建筑厂房，并购买大美印书馆及良友铁工厂大小铅印机□部，石印机□部。于九月一日起试工，十月一日正式开工，并为便利社会各界及本公司各厂订印账表及购买文具起见，另在本市南院门设立门市部，从事承揽门市业务。

C. 兰州制药厂

该厂二十九年初筹备期间，系租用兰州西北货栈房屋。嗣该厂设立制药、制碱、玻璃、酒精、肥皂五部计划决定后，乃在市外骚狐滩觅地六十亩，自行建筑厂屋、装置机器设备，截至本年十二月已大部工竣。玻璃、肥皂二部先行开工，酒精、制碱亦在试工之中。制药部【即因】原定计划系以陕甘土产药材提炼制成品，运往国外销售，嗣因欧战日趋扩大，此项计划迟迟未能实现。现正拟利用当地出产药材，以简单设备与方法试制普通药物，以供社会之需。

D. 兰州面粉厂

该厂于二十九年冬开始筹备，勘定厂址于兰州西部七里河以西之卧龙滩，本年三月开始建筑厂屋，现已全部工竣。磨粉机系购自重庆，计有两部，每日出粉四百五十袋。另购蒸汽锅、引擎等机器。现第一部磨粉机已装配完成，本年十二月正式试工。惟以原动力不够，每月只能出粉三〇一，四〇〇袋之间。一俟原动筹有办法，出数稳定后，即将第二部磨粉机继续装置，以增产量。

（四）财务概况

本公司于创立之初，原定资本二百万元。嗣以筹设各厂矿共达十余单位，又以内地物价暴涨，土木工程较诸二十九年初均超越十倍以上，至五金器材各项机件竟有高至数十倍者，因此原定资本不敷甚巨。迨于三十年第三次董事会议，将资额增为二千万元。截至本年决算，除资本二千万元业经收足外，并因采购原料、物料需用浩繁，另向银行透支约五千六百九十二万余元。其用途分配有如左述：

1. 建筑厂屋及装置机器等，计一千九百六十二万余元，包括土地、房屋、机器、生财设备、工具等。

2. 原料、物料及未销售成品等，计三千零六万余元，包括原料、物料制成品、半制品等。

3. 现金及存放银行款，计七十五万余元，包括现金、库存、应收账款及存放银行等。

4. 其他各款冲抵,计四百六十七万余元,包括预付购机、购料及其他一切,暂记杂款未达账款等。

5. 投资各业,计二百九十二万元。

6. 泾阳采办处采购原料款,计八百七十八万余元。该处采办原料预支款,俟报告到齐,方能转账。

7. 运输处购置车辆及零件、燃料等款,计一千零六万余元。该处因代各厂抢运机件、购置车辆及燃料等,用款头绪纷繁。又对于各厂应收运费各款,亦均尚未算就,须俟整理清楚之后方能转账。

就上项资金之运用言,其用于建设方面者约占四分之一;用于购置原料、物料及其他运输工具者约占四分之三。一年以来,物价陡涨,同人深感责任之重大,与夫公司未来根基之稳固,对于资金之运用支配,无时无刻不在缜密筹度之中。今幸各厂建设工作已完成十之八九,其购存原料、物料估计可敷半年以上之需,来年各厂相继开工,则上项银行透支当不难逐渐缩减,此差堪为股东告慰者也。

(五)公司及各厂筹备期间业务情形

本公司筹设各厂具体计划,实际工作实开始于本年二三月间。以现在物资之缺乏,其进行困难有非吾人意料所及者。所幸同人在建设西北工业同一目标之下,尚能黾勉从事。截至本年年底,其已正式开工者除业精纺织厂、益门镇酒精厂外,尚有长安制革、长安印刷两厂。其余各厂或因建筑尚未完成,或因装机尚未齐备,以及原动供给之不敷种种原因,均尚在试工,或部分开工期中。兹将本年业务概况分述于后:

1. 纺织

A. 业精纺织厂

该厂自本公司接办以来,即就原有设备努力经营。对于出品,不惟在质的方面力谋改良,即在量的方面亦力求增加。全年售品总值达二百八十余万元,出品亦甚得社会好评。

B. 蔡家坡纺织厂

该厂以原动不足,装成纱机仅开八百锭,至十二月底止,共出二十支纱五十余件。一俟原动充实,纱锭逐步多开,当可增加产量以应社会之需。

C. 兰毛纺织厂

该厂因英国定制小型毛纺机未能运到,原料毛线均采用手工土制,因之出品未能达到十分精良目的。自开工后截至年底，出品计有毛呢、哔叽、床毯、地毯四种，来春当可在兰州应市。

2. 机器

A. 西北机器厂

该厂自四月试工迄十二月止，承做大小制品共一千一百三十余批。因该厂本身工作机器及原动装置尚未完备，故制造本身机件在上项制品中约占大半，其他承做本公司各厂机器设备，举其大者计有酒精蒸馏塔三具、大酒精罐一具、酒精蒸醪塔一具、开尼斯四节锅炉等件，总值约合国币二百三十余万元。

B. 西北机器厂兰州分厂

该厂以工作机不足，对于外界营业未敢承揽。除为本身补充必需机器外，曾代制药厂制五百加仑酒精蒸馏塔一具，酒精锅二具，肥皂锅三具，又为毛织厂、面粉厂制灰铁铸品千余斤，零星修配千余件，营业总值约十三万余元。

3. 动力燃料

A. 蔡家坡动力酒精厂

该厂建厂装机至十月始大部完成，十一月局部开工。第二塔首先试蒸成功，日产四百至五百加仑。第三塔因修配稍迟，于十月始行开工。两塔合计日产九六五酒精八百加仑（来春可望增产至一千一百加仑）。截至本年年底，计出产三万加仑，售出二万加仑，总值九十一万余元。

B. 益门镇酒精厂

该厂自本公司接手后即行添置各种设备，于本年七月开工。本年度共计出产酒精一万九千余加仑（代蔡家坡厂制九千二百加仑不在内），售出一万一千余加仑，总值五十一万七千余元。

C. 广元酒精厂

该厂成立较迟，须来年三月方能开工。原料初拟采用内江水糖（已购妥六十吨），惟近来糖价日涨，将来或仍改用粮食制酒蒸馏，视情形而定。又该厂定制之蒸馏塔设计系用糖用粮均可，故技术上不生困难。

D. 陇县煤矿

该矿开井工作尚未完成，预计从明年六月方可出煤。

4. 其他

A. 长安制革厂

该厂本年八月开工后截至年底，制皮一，八四〇张，共制出各色皮约一万市斤,另有半制品价值约二十九万余元,售出各色皮约计八千四百余市斤,总值约十一万元。

B. 长安印刷厂

该厂自九月试工,十月正式开工后,三个月间承印各件以西安中国银行及本公司各厂为多,营业总值约十四万元。业务范围,凡账簿、表单、书籍等均可承印。西安市内南院门之门市部七月开幕,年终结账略有盈余。

C. 兰州市面粉厂

该厂于本年十一月,第一部磨粉机装配完成开始试磨,试磨期中每日约出粉三〇〇袋(将来可望增至四五〇袋)。惟出数较少恐不足以应市面需要,开春拟将第二部磨粉【机】装置,以期增加生产供给市面需要。

D. 兰州制药厂

该厂原定计划设立制药、制碱、玻璃、肥皂、酒精五部。现已开工者为肥皂、玻璃二部。至十二月底止,产品计肥皂八百五十余箱,玻璃器皿八十万七千余件,售品总值约达十八万元之谱。

(六)本年度决算损益

本公司各厂矿十三单位本年度决算,全体计纯益二百五十七万八千余元(本公司西北运输处、泾阳采办处本期未结损益,又投资咸阳合组纱厂应分盈余及中南火柴公司应分股利均未计入)。兹将损益各项性质,分别言之如左:

1. 总公司代各厂采办棉花佣金及杂项损益两抵,益五百七十三万一千余元。

2. 各厂售品损益两抵,益三十二万三千余元。

3. 各厂料品残余变价,益一万五千余元。

4. 总公司及各厂付出利息,损八十三万八千余元。

5. 总公司及各厂各项开支,损二百四十九万六千余元。

6. 各厂料品盘存消耗,损十五万七千余元。

以上损益相抵,计本年度纯益二百五十七万八千余元(附本公司及所属十三厂矿损益表)。

附表

总公司及各厂矿三十年度损益

名称	损失	利益
总公司		5,523,329.89
1.纺织		
A.业精纺织厂		288,515.13
B.蔡家坡纺织厂	479,822.07	
C.兰州毛织厂	241,633.26	
2.机器		
A.蔡家坡西北机器厂	454,125.98	
B.兰州西北机器厂	36,966.45	
3.动力燃料		
A.蔡家坡酒精厂	495,648.94	
B.益门镇酒精厂	136,611.89	
C.广元酒精厂	366,797.80	
D.陇县煤矿	107,767.76	
4.其他		
A.长安制革厂	18,132.90	
B.长安印刷厂	25,780.47	
C.兰州面粉厂	494,168.75	
D.兰州制药厂	376.050.64	
本年度全体纯益	2,578,338.11	
合计	5,811,845.02	5,811,845.02

(七)未来之方针

本公司秦陇各厂成立一年以来之经过及业务情形,略如上述。兹值三十年度岁终三十一年度开始之际,亟宜确定今后之方针,以图工作之迈进。窃惟本公司积极兴办各厂,就目前一时计划言,固在增加后方生产,以应军民需要;就将来最大目的言,则在奠定西北工业之初基,以期于国家战后之复兴稍有毫末之贡献。兹将本公司今后进行方针,简述于后。

1.关于纺织厂

本公司所办各厂以棉毛纺织为中心。际兹抗战期间,棉纺当现尽有之纱锭,充量发挥效能增加产量,毛纺则就后方所能搜集之物力与人力,设法在技术上积极改进。一俟战事平定,当向国外添购新式毛纺织机,以图扩展。至吾国原有纱锭,本不敷用,抗战军兴尤多摧毁。现在口岸封锁,内地棉毛织品愈感供不应求,将来军事结束,欲达到自给自足之目的,则扩充纱锭尤属切要之图,不容吾人不重视之也。

2. 关于机器厂

机器为各种工业之母。本公司所设蔡家坡、兰州两机厂,目下限于物资,规模尚小。蔡厂设备系以自制纱锭为主,以其他机件附之,明年度当就已有机器更求充实,并努力于增加工作产量;兰厂设备较简,然亦为内地所必不可少,战后均拟向国外添购新机,大加扩充,冀于西北机器需要上有所建树。

3. 关于酒精厂

当此后方液体燃料缺乏,动力酒精关系各地交通至为重要。本公司各酒精厂原为解决自运原料、材料困难起见,同时亦可以余力供给社会需要。明年度当积极完成各厂直接蒸馏,只要原料不受阻碍,产量必可大增。惟将来战事结束,各酒精厂即失去重要性,自以利用已有厂房、粮仓等设备改办他厂(如面粉厂)最为相宜,此亦本公司所应预为计划者也。

4. 关于面粉厂

西北麦产丰富,机器面粉工业前途极有希望。本公司兰州面粉厂出数不多,推销甚易,明年度当竭力充实原动,并将第二套磨粉机尽速装置,俾产量可以倍增,并俟战后添购新式机器,更图大规模之扩展。

5. 关于其他各厂

本公司其他各厂多属辅助性质。制革、印刷两厂目前已可立足,明年度仍拟再求充实,战后当视社会需要情形,或改良设备,或从事扩充,均可有其经营之价值。陇县煤矿当积极开采,将来正式出煤,亦为陕省工业所必需。至兰州制药厂,明年度当就已有机器设备,择原料近便及可供后方需求之药品先行提制,并在技术及化验配合方面作精密之研究。一俟战事平息,即向国外添购最新式机器,力图进展,以期达到充分发扬西北药产之目的。

以上为本公司未来方针之简述。总之,抗战期内,以增加生产为共同目标,凡可以早收效果克日观成者,均应并力以赴之。将来战局平定,凡可以就已有之基础谋大规模之发展者,均应预为计划以为复兴国家之一环。此又本公司同人区区之愚愿,为股东诸君报告者也。

(八)结论

本公司各厂去年筹备期间,多致力于建筑厂房及装置机器等事,今后目标则在一面力促各厂将全部建厂装机工作克期完成,一面进而研究业务、工务之迈进与成品之推销,并在管理上力求精密,人事上力求充实,以期公司事业益臻巩固,稍尽发展西北实业之责任。本公司同人处此后方器材缺乏、交通困难之环境中,经多方之努力,谋百端之草创,而按诸预期之目的究属尚远。惟仅于一年短期之中,建设粗成,规模略具,是则本公司与各厂全体同人共同淬砺之些微收获,可勉为股东诸君告慰者也。

(件存陕西省档案馆民国档案 82 - 1 - 1625 - 1 卷)

雍兴实业股份有限公司三十一年度营业报告书

(1943 年 2 月)

(一)引言

本公司西北设厂目的及计划暨上年业务情形,已于第一届营业报告书报告股东诸君暨社会人士矣。一年以来,抗战前途胜利在望,惟后方物资弥感缺乏,社会经济亦愈形紧绌,本公司惨淡经营虽获平稳度过,然其困难情形,则不得不为股东诸君暨社会贤达撮要陈之。

本公司西北设厂,首在棉毛纺织工业。本年因棉价低落,棉田减种,各厂原料大受影响,现在本公司及参加投资各厂所存原棉,多者可用七八个月,少者仅敷二三个月。自政府统制购棉以来,各厂原棉如何分配供给,尚无具体办法。陕省本年产棉约三十余万担,即以之悉数供给后方,已开纱锭约十九万枚,亦仅足用半年,况军需被服尚需一部分应用,则纱厂原料之缺乏更不待言。假使明年棉产不能增加,窃恐后方纱厂将有无棉可纺之一日,此不容吾人忽视者一。

近两年来物价激涨,一般厂商虽账面金钱数字呈示盈余,而实际则生产日蹙,欲恃成品之售价以补充制造时所用去之同额原料、物料,事实上殆绝不可能。似此辗转递嬗,则所能补充之原料、物料数量,势必日趋减少,结果将陷于无再生产能力而后已。此再生产之困难,不容吾人忽视者二。

政府管制物价为战时必要措施,亦为国民所应赤诚拥护之政策。但关于技术方面条理万端,必须周浃无遗,方能洪纤悉当,否则厂商将因限价过低、资力日削,有无以为继之虞。以本公司纱厂言,目前二十支纱每件成本二万元,限价只一万二千余元,每件约赔七八千元;以酒精厂言,目前每加仑成本二百二三十元,限价只一百六十元,每加仑约赔六七十元。假定本公司每月产纱三百件,即赔二百四十万元;每月产酒精三万加仑,即赔二百一十万元。生产愈多赔累愈巨,苟无调节之方,恐厂商将折阅殆尽,遑论增加生产!此政府限价与厂商生产休戚相关,不容吾人忽视者三。

当此物价变动剧烈之秋,产业界之实际支出,每致与预算相差甚巨,料价、工资之腾贵既无法加以推测,则需用资金数目亦成为有增无减及不得不增之势。例如陕省两万锭之纱厂,在上年所需原料资金以全年用棉六万担计,每担三百五十元,只需二千万元即已敷用,而今年欲购同量原棉则非七八千万元不可。棉花如此,其他原料、物料、人工开支,亦无一不激增数倍。故昔日所用资金只须三五千万元者,今则非一万万五六千万元不办矣。且年来社会游资大都以商业为尾闾,致使一般工业告贷为艰,增资乏术,倘无援手之策,将有悬磬之忧。此资金供给之困难,不容吾人忽视者四。

此外,如食粮因市场裹足而购买极难,燃料因运输迟滞而供给不足,五金物料因东路封阻而莫由输入,凡此种种困厄,均足使后方办理工业者,日趋于艰苦危险之境。所幸本公司上赖政府之维护暨社会贤达之赞助,稍得尽其壤流之责,总计全属十三厂矿暨参加投资五厂。除益门镇酒精厂因政府限制液体燃料运输及原料杂量腾贵,供给困难暂行停工外,其余各厂矿均照常进行,全年生产共达三万万七千余万元。年度决算,本公司及各厂矿除开支外尚略有盈余,此则差堪为股东诸君奉告者也。

(二)各厂业务工务概况

本公司各厂矿上年只业精纺织厂、益门镇酒精厂、长安制革厂,长安印刷厂等四厂正式开工,其余各厂矿多尚在施工或部分开工期间。一年以来,在困难重重环境之下,经多方之努力,逐渐推进,勉成初步建设。兹将一年来各厂矿工务与业务情形分述于后。

1. 纺织

甲、业精纺织厂

该厂本年计划为扩充装设布机台数,并完成新厂新锭二千枚,以期达到自纺自织之目的。截至年终,除纱锭因交通运输关系,尚有配件未及运到未能装齐开工外,织机装置已有相当改进,铁轮机及自制之多备机,均经试验成功。产品不惟数量较前增加,即品质亦有进步,总计本年共出土纱及合股线二百三十余包,各色呢布一万六千余匹,棉毛织品二万五千余码,床单被单六千余条以及毛巾锭带等。

该厂出品销售市场,原仅限于当地及西安关中一带,本年为推广销路起见,会曾在陕南汉中、甘肃天水等处推销，颇得社会好评，常有供不应求之势。总计全年售品总值共达一千三百一十四万余元。

乙、蔡家坡纺织厂

该厂因原动关系，本年一月仅开八百锭，以后陆续增加，至十二月底逐渐开至五千六百锭，其余四百锭明年一月间当可开齐。至本公司由承受豫安纱机内拨给该厂之四千锭，因内有一部分重要机件尚在途中，一俟全部运到，即可着手装置。总计本年棉纱产量共为一千九百七十余件。八月份未实行全部统制以前，由该厂自行售出，自八月份起全部由军需局统制。八月份军纱价，十六支纱为四千三百元，二十支纱为五千元；九、十两月份军纱价，十六支纱为五千三百六十元，二十支纱为六千二百二十元；十一月起以后之价格尚无明文规定，全年售纱总值共为一千八百九十万元。惟近来物价节节上涨，该厂最近成本，二十支纱每件约在二万元左右，军需局所定纱价太低，亏累甚巨，迭经呼吁，迄今尚未得有相当结果。

丙、兰州毛织厂

该厂本年工作系照原定计划充实织机台数并整顿内部设备、训练工人，以期增进工作效率，除已在重庆定制纺毛机，预计明年夏间运到后积极装置以备自纺外，已于五月份起与兰州电灯厂通电，可以昼夜开工，故出数渐见增加。截至年底，织呢机开至四十台，织毯机开至十二台。总计全年产量【为】各色毛呢九万九千六百余尺，地毯三千一百余市方尺，车床毯一千一百余条，围巾五百余条及毛毡、毛线等。全年售品总值共达国币二百一十四万余元。

2. 机器

甲、西北机器厂

该厂本年度除继续上年未完之各项建设外，其工作着重于充实内部、调整机构、研究出品、改进方法、确立今后业务方针，此外则以余力协助联厂修配机件。

该厂将来重要任务为大量制造纱机，适应西北纺织工业之需要，并注重于创造以国产棉花为对象之中国标准型纱机，以树立战后纺织工业之基础。

该厂现开工作机六十六部。此项工作机一部分系在陇海沿线购得之旧机，一部分为西安各铁工厂所承造者，或配备不全，或精确较差，尤以缺乏重工作机，故生产能力距理想目标尚远。预计卅二年度依照初步计划加紧补充，全场工作机可达一百二十部。

该厂本年产品较大者，计有救火机十部，大小水泵十三部，蒸汽机二部，蒸醪塔三部，钢磨二部，锅炉二部和花缸化铁炉各一部，烫皮辊机二部，柴油机一部，磨盖板机二部，修制总值共为四百七十八万余元。其中自用工具机件占百分之三十九，代各联厂修制者占百分之四十二，其他占百分之十九。

乙、兰州机器厂

该厂设立之主要目的，系为本公司兰州其他三厂修配机件，故成立之初一切设施均从简单。本年除代各厂修配机件并充实本身工作机及工具外，出品计有织布机、台秤、保险柜、弹毛机等，全年售品收入总值共为七十九万余元。以后当视西北工矿事业发展情形，以定该厂进行方针。

3. 动力燃料

甲、蔡家坡酒精厂

该厂制造酒精原系采用旧法，自本年决定改用液体发酵直接蒸馏计划后，即装置机器及各项设备。春间因新机尚未装成，为免工作间断起见，仍用旧法，迨八月间新设备规模粗具，乃开始以新法制造。惟在初步试验期间，产量未能达到预期标准，现正积极改进。总计本年酒精产量共为二十二万二千余加仑，售出总值为一千九百五十八万余元。惟该厂出品之酒精，自十一月起已归军政部第一交通分处统制。

乙、益门镇酒精厂

该厂因原料采购困难接济不易，致使工作与业务俱受影响，乃于九月间暂行停工，归蔡酒厂暂时接管。在营业期间共出酒精五万九千余加仑，售出总值计五百一十六万余元。

丙、广元酒精厂

该厂在八月以前均在试工期中，工作时断时续，产量亦甚有限。迨八月间领到工厂登记证后始正式开工制造，惟因蒸汽不足，用水缺乏以及空袭警报种种关系影响工作，以致未能达到预期产量，截至年终，共产酒精四万余加仑。该项出品除以一部份供给中行西北运输处试用外，余归液体燃料管理委员会征购。全年售出总值共计四百六十七万余元。

丁、陇县煤矿

该矿本年八月以前集中力量于排水工作，迨八月中积水排尽，即继续开掘大井，八月底始达煤层，九月起一面开凿南北大巷，一面附带产煤。至十二月份，每日产量已达六七十吨，总计本年产煤共计五千余吨。东小井产煤泰半供给本矿锅炉自用，所余少数末煤则零销陇南、凤翔一带；新大井产煤则供应本公司各厂及陕西关中各县。至十二月底共销二千余吨，总值共为九十九万余元。该矿煤质曾经

中央地质调查所化验,结果如下:

Date:Dec,25,1942

Sample number	Locality	Proximate analysis				硫磺 Sulphur	纯煤 Unit coal	热量 Heat value	
		水份 Moisture	挥发物 Volatile matter	固定碳 Fixed carbon	灰份 Ash			公热级 Cal./kilo	英热级 B.T.U./lb.
		%	%	%	%	%	%		
31-2229	陕西陇县	9.47	33.63	49.25	7.65	0.21	72.15	6,728	12,112

Note:Heat value is calculated from Goutal's formula.

4.其他

甲、长安制革厂

该厂本年工务均照原定计划进行,每月平均制皮约六百张,全年共产轮带皮一万一千七百余斤,计制成单双层轮带十万零九千五百余尺,供给后方工厂,颇有求过于供之势。底皮类(底皮前节皮及皮边)共产七万九千七百余斤,销路亦甚畅旺。此外复制衣皮、鞋皮及球皮等,亦甚得社会好评。全年售品总值共计二百五十万元。

乙、长安印刷厂

该厂成立目的原以承印本公司联枝各厂及中国银行表册、账簿为主,如有余力再供社会需要,故该厂本年业务方面多侧重于公司联枝各厂及中行方面,至承揽各界印件为数较少。总计本年制品计有账簿、单据、传票等共计二百万张,书籍二十六万五千余册,另有信封信笺等。惟一年以来纸张、油墨价格飞涨,成本日高,经营至感困难。且该厂机器设备亦多因陋旧简,故制品终欠精美。目前限于环境,惟有随时力图改善以求进步。全年售品总值共计二百零七万余元。

丙、兰州制药厂

该厂原设制药、制碱、酒精、肥皂及玻璃五部,以设备及原料关系,制药、制碱两部均未步入坦途,酒精部则因成本太重且今夏兰州山洪为灾,酒窖大部分被水冲毁,以致停工日久未能恢复。至肥皂、玻璃两部,出品尚称稳定,惟成本较高亦不易获利。总计全年生产【为】制药部各种药品一千九百余磅及针剂等,酒精部计产酒精九千三百余加仑,肥皂部计产各色肥皂三千三百余箱以及零块肥皂、肥皂粉等,玻璃部计产瓶类九万四千余件、器皿九千余件、平面玻璃九千平方尺。碱部本属试验性质,出品尚属寥寥。全年售品总值一百五十七万余元。

丁、兰州面粉厂

该厂磨粉机原有两部，第一部上年业已装置，最初每日出粉二百五十袋左右，经改进后每日可出粉五百至六百袋。该厂原定计划本拟俟第一步完成生产稳定后，即进行第二部粉机之装置，惟本年自政府实行限价以来，原料小麦采购愈感困难，且甘省府评定限价又低于成本远甚，因之该厂遂不得不将第二部粉机暂缓装置，以免增加亏负。总计该厂本年出产面粉七万九千余袋，附产品麸皮一百一十万斤，售出总值共计五百七十万元。

（三）决算损益

本公司及各厂矿十三单位本年度上下两期决算，除去一切开支及各项折旧，全体纯益共计三百八十二万四千四百四十九元三角七分（本公司投资豫丰纱厂、咸阳工厂、中南火柴公司及陕西冶铁公司，本年股利均未分配，故未计入），详见决算表。

（四）来年度工作方针

本公司各厂矿本年度业务、工务情形略如上述。当此旧年度告终新年度开始之际，检讨过去，愧推展之无多策划，将来宜兼程以迈进。兹拟来年度之工作方针如次。

1. 厘定工务考核标准

本公司各厂矿截至本年止，建厂工作大致均告完成。今后亟应严定工务考核准绳，如全年出品数量之核定，原料物料使用量之标准，并确立开支预算。务使生产稳定，成本减低，趋于合理化。

2. 调整机器设备

“工欲善其事，必先利其器。”故机器设备之良窳，实与各厂矿生产成本关系至为重要。本公司各厂矿均系战时成立，一切机器设备难免因陋就简。今后当设法调整并遴派专家从事研究改善，如所费不多而能使成本减轻者，本公司当不惜设法充实之。

3. 人事管理与考核

凡百事业之成功，莫不以得人为先。本公司成立于抗战时期，对于人才之罗致培养备极注意。今后拟于人事方面再加整顿，并严定工作考核标准，俾杰出之士人尽其才，庸碌之俦不得充数，为本公司人事上建立良好基础。

4. 推进职工福利

战时生活之艰苦易使一般恃薪给工资为生者工作不能安定，吾人试将各机关各企业战前职员及工人之工作效率及流动性与现时比较，无一不呈每况愈下之象，推原其故则生活不能安定为其主因。本公司有鉴于此，今后将厚集福利基金，妥定恤养制度，以为团体永久保障。

5. 厘定各项章则与确立会计制度

本公司及各厂在过去两年中，其大部分力量均致力于建厂工作。现在各厂矿规模均已粗就，次第开工，惟内部管理及一切工作手续、所订各项章则仍有依据事实重加厘定之必要，现正准备将各厂章则详加整理，以求划一。又本公司各厂矿成立先后不一，其生产种类及制造程序亦复不同，故本公司对于各厂会计制度未遑确定，一切手续均以函牍陆续颁布。本年当检讨过去会计措施之得失及各厂实际情形，确立成本会计制度。

6. 计划战后问题

本公司各厂均系于战时成立，其中有应战时需要而设者；有在战时维持现状，战后必须改弦更张者，有为将来西北工业建设永久计，战后必须大加扩充者。凡此种种，于本公司整个设施及西北工业前途均有关系，自宜为未雨绸缪。本公司拟于明年设置委员会专门研究战后问题，以期本公司之经营计划与政府工业政策及西北需要情形得以互相配合，稍有建树。

（五）结语

本公司各厂矿本年业务虽获幸免陨越，实以备历艰辛。当此抗战已近胜利阶段，我国战后必以发展工业为复兴中心，工作【次】第端绪宏多，孰重孰轻，孰先孰后，以及如何仰合国策，适应社会，均属重要问题。本公司暨各厂同人才力浅薄，智识简陋，深感于事业前途之艰巨与夫责任之重大。惟有勉自鞭策，始终不渝，抱生于忧患之心，为行远自迩之计，以期无负本公司各股东及社会人士之期望与教督焉。

三十二年二月

（件存陕西省档案馆民国档案 82－1－895－2）

总营业室三十五年度工作报告

（1947 年 4 月 1 日）

本室自三十五年元月份起集中营业以来，所有各厂原物料及煤炭之购运、分配以及产品运输、保管、推销等事宜，悉由本室统筹办理，业务进行尚称便利。各厂矿主要原物料及煤炭之供应,系以尽量在西安及邻近各地购买为原则,分别缓急随时供应,其货缺价高或有特殊原因者,乃酌量情形通知沪渝各处代购,故购料项目以西安为最多,沪处次之,渝处又次之,宝处则仅木料及零星料品而已。推销方面因年来各厂出品品质稍见提高,在市场上已有相当信誉,而销售市场之容受量亦颇能吸收,故销货情形极为良好。棉纱、面粉在三十五年秋冬之交交易极旺。本公司为西北实业巨擘,当时情形虽黑市价格较本公司牌价稍高,本公司为遵守政府法令并维持信誉起见,每月所产棉纱仍照牌价供应,各手工厂商面粉则依照政府定价配销,颇得赞许。就三十五年销货趋势而论,棉纱领先,面粉居第二位,布匹次之,味晶酱油又次之。惟味晶一项因成本较他处较低,品质亦佳,故已行销上海、郑州各地。至毛织方面因产量有限,在兰推销已感供不应求,故运销他处者为数甚少。机厂出品已见改良,但该厂系以代制联厂用品为原则,虽外间常有申请订货者,但限于工作计划仅能就其订货中不影响工作计划者接受代制,故数量不多。运输方面一面系将原物料及燃料运厂,一面系成品之运出。因年来军运倥偬,颇多阻滞,惟本公司与陇海路局交谊颇深,故原物料、燃料等之供应及产品运销困难较其他处为少,而运货量较他处为高,尚无停工待料及产品滞厂等情事。惟沪购料品因沪陕间运输,须假手转运公司办理津浦、陇海各线换车及转运,手续又繁,不免稍嫌迟滞。上项困难系事实使然,只得随时商请津浦、陇海各线,要求提前付运。又渝购物料觅车亦不容易,除急用物料尽可能利用运棉回程车接运外,余多设法觅船运广转秦。至原物料及成品之收发保管,各地均设有仓库,派有专人负责办理,从无不当之损坏及短少等情事。

综上各节,本公司三十五年度业务情形较之他处,虽不能断言已捷足居先,尚可把握市面。惟三十五年年关以后,金融市场情形骤然转紧,各方资金周转已欠灵活,今后业务为配合市场情形起见,自有更张之必要。采购方面,拟与总稽核室随时酌量情形,将采购资金切实减少。各厂矿不必要及不急需之原物料尽量设法节减,以求达到减少用耗及减低成本之目的。推销方面。因各业情形已嫌呆滞,企望前途更不景气,货品推销难免困难,为配合市场需要,便于推销起见,拟随时与各厂商洽。在品质上力谋改善。一面针对市场情形,致力于需要货品之生产并设法扩大销售地域,争取市场,俾出品得以畅销,便利周转。运输方面,拟加强各站处与各厂矿间之联系,共同努力,以解决其自身迫切困难之各项问题,俾供应能完全配合需要产品,亦得随时畅运与推销政策配合,则三十六年度业务可望进一步之发展。

顾念将来，检讨过去。兹将三十五年度，本室各组股工作情形及拟改进之点，分别列举如左。

一、推销组工作情形

1. 纱布股

三十五年纱布市场原甚活跃，夏季后交易更旺。故本年纱布销售极为顺利，下半年销售数字较上年约超出一倍，价格亦较上半年为高。年来情形，黑市纱价多较牌格为高，故居间商人多欲承购，政府及同业公会为扶植手工织布厂商起见，定有配售办法。本公司出纱除业精厂大部分供该厂自身织布之用外，蔡纺纱支百分之七十系配售手工厂商，其余则为被服厂等处之订货，售与居间商人者为数极少。年关以后纱价转平，曾一度疲滞，现又转活跃。销售方式如仍照以往办法办理，一面尽可能吸收长期购户，俾使销货数量得以稳定。

本股三十五年度销货情形如下表。

2. 非纱布股

本股推销货品种类繁多，包括面粉、酱油、味晶、皮革、酒精及煤炭等。三十五年，陕西小麦歉收，面价上涨，由厂运省推销之面粉，多随时售罄。秋间因面价剧增，政府当局及同业公会决议平价，并限制各厂只准出通粉及混合粉两种。蔡酒红粉与通粉相当，故产品亦改为红粉及混合粉两种，因品质较高，颇著信誉。综计面粉销售情形，除由厂就近售出及交各联枝厂订货外，大多在西安及宝鸡两地销出，今后推销仍拟照以往办法办理。至皮革、酱油、酒精、煤炭等之销售量，亦极可观。其中煤炭一项，因购主多系向陇矿订购，故本公司售出量较少。今后拟以陇煤全部供应各厂，以免利益外漏，正设法推进中。又味晶一部系行销陕西，一部则运销上海，因陕境市场吸收量较小，将来拟以上海为一大销场渐次推广，一面正设法解决运输上之困难，俾使供需调和。兹将本股三十五年度推销情形表列如下。至各门市部推销情形，拟于下节检讨。

雍兴公司销售组纱布股三十五年上半年售品统计表

厂别单位	品名 金额目	月份	1			2			3		
			数量	均价	金额	数量	均价	金额	数量	均价	金额
蔡纺厂	三十二支棉纱	件	$7\frac{1}{2}$	1,136,666.66	8,525,000	$20\frac{1}{2}$	1,159,024.39	23,760,000	$64\frac{1}{2}$	1,525,271.32	98,380,000
	二十支棉纱	件	$91\frac{1}{2}$	761,038.25	69,635,000	839	817,164.25	685,605,000	96	1,156,770.83	111,050,000
	新十六支棉纱	件				51	630,686.27	32,165,000	13	925,000	12,025,000
	十六支棉纱	件	$16\frac{1}{2}$	550,000	9,075,000	$43\frac{1}{2}$	552,701.15	24,042,500	4	900,000	3,600,000
	副十支棉纱	件	3	400,000	1,200,000	65	431,307.69	28,035,000	2	500,000	1,000,000
业纺厂	二十支棉纱	件				5	780,000	3,900,000			
	普鲁布	疋				15	42,200	633,000			
	甲种白细布	疋				1,273	28,457.97	36,227,000	301	35,976.74	10,829,000
	花条布	疋				516	28,686.05	14,802,000			
	30″白细布	疋									
	5×7 印花床单	条				100	6,000	600,000			
	g 字毛巾	条				840	450	378,000			
兰毛	中山呢	尺									
总计金额					88,435,000			850,147,500			236,884,000

雍兴公司销售组纱布股三十五年上半年售品统计表

4			5			6			上半年合计		
数量	均价	金额	数量	均价	金额	数量	均价	金额	数量	均价	金额
$49\frac{1}{2}$	1,598,787.88	79,140,000	75	1,685,466.67	126,410,000	$26\frac{1}{2}$	1,956,603.77	51,850,000	$243\frac{1}{2}$	1,593,696.10	388,065,000
147	1,150,000	169,050,000	311	1,182,090.03	367,630,000	368.95	1,388,516.26	484,522.750	1,833.45	1,029,475.99	1,887,492,750
35	925,000	32,375,000							99	773,383.84	76,565,000
									64	573,710.94	36,717,500
$15\frac{1}{2}$	500,000	7,750,000							$85\frac{1}{2}$	444,269	37,985,000
									5	780,000	3,900,000
									15	42,200	633,000
			1	37,500	37,500				1,575	29,900.63	47,093,500
									516	28,686.05	14,802,000
1,000	32,000	32,000,000							1,000	32,000	32,000,000
									100	6,000	600,000
									840	450	378,000
			$1,305\frac{1}{2}$	1,400	1,827,700				$1305\frac{1}{2}$	1,400	1,827,700
		320,315,000			495,905,200			536,372,750			2,528,059,450

雍兴公司销售组纱布股三十五年下半年售品统计表

厂别单位	品名 / 金额目	月份	7 数量	7 均价	7 金额	8 数量	8 均价	8 金额	9 数量	9 均价	9 金额
蔡纺厂	三十二支棉纱	件	22	2,000,000	44,000,000	67 $\frac{1}{2}$	2,000,000	135,000,000			
	二十支棉纱	件	443 $\frac{1}{2}$	1,387,993.23	615,575,000	830.325	1,382,104.90	1,147,596,250	806 $\frac{1}{2}$	1,353,626.78	1,253,000,000
	十六支棉纱	件	1	1,280,000	1,280,000				15 $\frac{1}{2}$	1,390,000	121,545,000
总计金额					660,855,000			1,282,596,250			1,274,545,000

雍兴公司销售组纱布股三十五年下半年售品统计表

10 数量	10 均价	10 金额	11 数量	11 均价	11 金额	12 数量	12 均价	12 金额	下半年合计 数量	下半年合计 均价	下半年合计 金额
									89 $\frac{1}{2}$	2,000,000	179,000,000
244 $\frac{1}{2}$	2,157,770.96	527,575,000	874 $\frac{1}{2}$	2,166,295.00	1,894,425,000	932 $\frac{1}{2}$	2,450,214.49	2,284,825,000	4,131.825	1,869,148.92	7,722,996,250
									16 $\frac{1}{2}$	1,383,333.33	22,825,000
		527,575,000			1,894,425,000			2,284,825,000			7,924,821,250

雍兴公司销售组非纱布股三十五年上半年售品统计表 1

品名 \ 单位 \ 月份		1			2			3		
		数量	均价	金额	数量	均价	金额	数量	均价	金额
乙粉	袋	4,087	4,414	18,041,540	5,397	4,885	26,365.125	4,299	4,444	19,103,300
通粉	袋				663	4.485	2,973,555			
绿粉	袋							1,150	7,020	8,073,000
红粉	袋							2,530	6,733	17,033,370
蓝粉	袋									
淀粉	袋							3	6.500	19,500
一磅装淀粉	磅							39	150	5,850
酒精	加仑									
半斤味晶	瓶									
四两味晶	瓶									
二两味晶	瓶									
一两味晶	瓶									
总计金额				18,041,540			29,338,680			44,255,025

雍兴公司销售组非纱布股三十五年上半年售品统计表 1

4			5			6			合计			附注
数量	均价	金额	数量	均价	金额	数量	均价	金额	数量	均价	金额	
			1	6,700	6,700				13,784	4,608	63,516,665	
1,000	5,800	5,800,000							1,663	5,276	8,773,555	
									1,150	7,020	8,073,000	
			2,623	7,477	19,611,187.5	13,210	8,827	116,601,103	18,363	8,345	153,245,692.5	
			3,104	4,000	12,416,000				3,104	4,000	12,416,000	
400	7,000	2,800,000	200	8,000	1,600,000	300	9,200	2,760,000	403	7,951	7,179,500	
1	150	150							40	150	6,000	
46,000	5,314	244,450,000							46,000	5,314	244,450,000	
			54	12,960	699,840				54	12,960	699,840	
						11	6,720	73,920	11	6,720	73,920	
						66	3,600	237,600	66	3,600	237,600	
			288	1,920	552,960	123	1,920	236,160	411	1,920	789,120	
					24,886,687,5			119,908,810			499,460,892.5	

雍兴公司销售组非纱布股三十五年下半年售品统计表 1

品名	单位 \ 月份	7			8			9		
		数量	均价	金额	数量	均价	金额	数量	均价	金额
红粉	袋	3,514	11,087	38,958,800	2,650	9,432	26,320,000	2,390	14,478	34,603,000
混粉	袋									
混合蓝粉	袋									
蓝粉	袋									
头号蓝粉	袋									
二号蓝粉	袋									
淀粉	袋	1,280	11,700	14,976,000	400	12,900	5,160,000	150	15,800	2,370,000
麸皮	市斤				60,000	42	2,520,000			
壶磅装淀粉	磅									
酒精	加仑				3,000	6,000	18,000,000	6,000	4,000	24,000,000
铁桶	只				30	17,000	510,000			
半斤味晶	瓶	54	12,960	699,840						
四两味晶	瓶	104	6,840	711,360				77	8,800	677,600
二两味晶	瓶	268	3,616	968,960				86	4,640	399,040
一两味晶	瓶	510	1,940	989,280	28	2,480	69,440	533	2,450	1,321,840
机器	部									
总计金额				57,304,240			52,579,440			63,371,480

雍兴公司销售组非纱布股三十五年下半年售品统计表 1

10			11			12			合计			附注
数量	均价	金额	数量	均价	金额	数量	均价	金额	数量	均价	金额	
6,009 $\frac{1}{4}$	14,035	84,334,125	220	22,500	4,950,000	1,131	20,729	23,445,000	15914 $\frac{1}{4}$	13,360	212,610,925	
			10	25,000	250,000				10	25,000	250,000	
						350	21,086	7,380,000	350	21,086	7,380,000	
						660	26,573	17,538,000	660	26,573	17,538,000	
700	14,143	9,900,000	100	20,000	2,000,000				800	14,875	11,900,000	
1,000	12,000	12,000,000							1,000	12,000	12,000,000	
1,000	17,000	17,000,000	1,054	24,083	25,384,000	1,100	27,273	30,000,000	4,984	19,039	94,890,000	
60,000	42	2,520,000	880,000	48	42,060,000				1,000,000	47	47,100,000	
			200	900	180,000	1,502	900	1,352,000	1,702	900	1,532,000	
									9,000	4,667	420,000,000	
									30	17,000	510,000	
234	16,800	3,931,200	54	25,200	1,360,800				342	17,520	5,991,840	
186	8,800	1,636,800							367	8,245	3,025,760	
1,554	4,640	7,210,560							1,908	4,496	8,578,560	
2150	2,480	5,332,000	60	3,680	220,800	20	3,680	73,600	3,301	2,426	8,006,960	
			3		7,600,000				3		7,600,000	
		143,864,685			84,005,600			79,788,600			480,914,045	

雍兴公司销售组非纱布股三十五年上半年售品统计表 2

品名 \ 单位 \ 月份		1			2			3		
		数量	均价	金额	数量	均价	金额	数量	均价	金额
底皮	市斤	$983\frac{1}{2}$	1,200	1,179,750	$652\frac{1}{2}$	1,487	919,200	141	1,600	225,600
前节皮	市斤	$211\frac{14}{16}$	1,000	211,875	$92\frac{1}{2}$	1,200	111,000			
珐蓝机轴牛皮	呎	79.86	1,500	119,790	92.22	1,500	138,330			
甲级面皮	呎				79.2	700	55,440	255,2	700	178,640
乙级面皮	呎							25,4	600	15,240
1 吋单层轮带	呎									
$1\frac{1}{2}$吋单层轮带	呎	1,030	390	401,700	$12\frac{1}{2}$	450	5,625	12	525	6,300
2 吋单层轮带	呎	812	520	422,240						
$2\frac{1}{2}$吋单层轮带	呎	200	650	130,000						
3 吋单层轮带	呎	210	400	189,000				84	1,170	98,280
$3\frac{1}{2}$吋单层轮带	呎	200	1,050	210,000						
$3\frac{1}{2}$吋双层轮带	呎	200	3,150	630,000						
4 吋单层轮带	呎									
4 吋双层轮带	呎	500	3,600	1,800,000						
$4\frac{1}{2}$吋单层轮带	呎									
6 吋双层轮带	呎				100	7,560	756,000			
8 吋双层轮带	呎							$31\frac{1}{2}$	2,400	75,600
轮带皮	市斤									
总计金额				5,294,355			1,985,595			599,660

雍兴公司销售组非纱布股三十五年上半年售品统计表 2

4			5			6			合计			附注
数量	均价	金额	数量	均价	金额	数量	均价	金额	数量	均价	金额	
$3146\frac{1}{6}$	2,166	681,550	$10,081\frac{1}{2}$	2,200	22,179,300				$12,172\frac{1}{2}$	2,069	25,185,400	
									$3046\frac{1}{16}$	1,062	322,875	
104,66	1,500	156,990	419,1	2,500	1,047,750	332,4	2,500	831,000	1,028,24	2,239	3,293,860	
									334,4	700	234,080	
			328,4	700	229,880				353,8	694	245,120	
			200	450	90,000	150	550	82,550	350	493	172,500	
500	675	337,500	500	675	337,500	$395\frac{1}{2}$	825	326,287,5	2,450	578	1,414,912,5	
288	900	259,200	300	900	270,000	300	1,100	330,000	1,700	754	1,281,440	
300	1,125	337,500	493	1,125	554,625	258	1,375	354,750	1,251	1,100	1,376,875	
806	1,470	1,184,820	400	1,470	1,323,000	300	1,770	531,000	2,300	1,446	3,326,100	
350	1,715	600,250	300	1,715	514,500	600	2,065	1,239,000	1,450	1,769	2,563,750	
									200	3,160	630,000	
200	1,960	392,000				150	2,360	354,000	350	2,130	746,000	
300	5,880	1,764,000	200	5,880	1,176,000	300	7,080	2,124,000	1,300	5,280	6,864,000	
500	2,005	1,102,500							500	2,205	1,105,500	
									100	7,560	756,000	
						65	16,800	1,092,000	65	16,800	1,092,000	
									$31\frac{1}{2}$	2,400	75,600	
		6,816,310			27,722,555			7,264,537.5			49,683,102.5	

雍兴公司销售组非纱布股三十五年下半年售品统计表 2

品名＼单位＼月份		7			8			9		
		数量	均价	金额	数量	均价	金额	数量	均价	金额
底皮	市斤							799	3,400	2,716,600
红色面皮	尺	546.4	1,200	655,680	400.6	1,200	480,720	171	1,200	205,200
甲级面皮	尺	287.6	1,000	287,600	490.8	1,200	588,960	126.4	1,200	151,680
乙级面皮	尺	116.2	700	81,340	391.2	900	352,080	224.2	900	201,750
$1\frac{1}{4}$打手皮带	尺									
皮条	尺									
$1\frac{1}{2}$吋单层轮带	尺	300	825	247,500	1,200	1,050	1,260,000			
2 吋单层轮带	尺	300	1,100	330,000	1,600	1,400	2,310,000			
3 吋单层轮带	尺				150	2,220	333,000			
3 吋双层轮带	尺	28	6,660	186,480				50	2,220	111,000
$3\frac{1}{2}$吋单层轮带	尺				300	2,590	777,000			
$3\frac{1}{2}$吋双层轮带	尺									
4 吋单层轮带	尺				150	2,960	444,000			
4 吋双层轮带	尺	150	7,080	1,062,000	200	8,880	1776,000			
5 吋双层轮带	尺							25	12,300	307,500
总计金额				2,850,600			8,321,760			3,693,760

雍兴公司销售组非纱布股三十五年下半年售品统计表 2

10			11			12			合计			附注
数量	均价	金额	数量	均价	金额	数量	均价	金额	数量	均价	金额	
107	4,800	513,600	$16\frac{1}{2}$	4,800	79,200	1,800	4,800	864,000	$1,102\frac{1}{2}$	3,785	4,173,400	
1,019,4									1,118	1,200	1,341,600	
1,019,4	1,800	1,834,920							1,924,2	1,488	2,863,160	
26,4	1,500	39,600							758	890	674,800	
3,000	1,250	3,750,000							3,000	1,250	3,750,000	
1,000	220	220,000							1,000	220	220,000	
500	1,500	750,000	200	1,500	300,000	150	1,500	225,000	2,350	1,184	2,782,500	
450	2,000	900,000	250	2,000	500,000	450	2,000	900,000	3,100	1,594	4,940,000	
720	3,150	2,268,000	780	3,150	2,457,000	370	3,150	1,165,500	2,070	3,060	6,334,500	
						100	9,450	945,000	128	8,840	1,131,480	
300	3,675	1,102,500	600	3,675	2,205,000	750	3,675	2,756,250	1,950	3,508	6,840,750	
			100	11,025	1,102,500	200	11,025	2,205,000	300	11,025	3,307,500	
									150	2,960	444,000	
			100	12,600	1,260,000	300	12,600	3,780,000	750	10,504	7,878,000	
									25	12,300	307,500	
		11,378,620			7,403,700			12,840,750			46,989,190	

雍兴公司销售组非纱布股三十五年上半年售品统计表 3

厂别	品名＼单位＼月份		1			2			3		
			数量	均价	金额	数量	均价	金额	数量	均价	金额
陇煤矿	混煤	吨				2,000	8,800	8,800,000			
	末煤	吨							200	5,000	1,000,000
	三炭	吨									
蔡机厂	机器材料	批			2,499,600						
	汽车材料	批									
	物品材料	批									
总公司	米色建国纸	令	30	45,000	1,350,000				20	80,750	1,615,000
	白色建国纸	令									
	硼砂	斤							20	1,500	33,000
广酒厂	酒精	加仑							5,000	4,600	23,000,000
总计金额											

雍兴公司销售组非纱布股三十五年上半年售品统计表 3

4			5			6			合计			附注
数量	均价	金额	数量	均价	金额	数量	均价	金额	数量	均价	金额	
2,010	11,189	22,490,000	2,000	12,800	25,600,000				3,010	11,355	56,890,000	
									200	5,000	1,000,000	
20	17,640	352800							20	17,640	352,800	
									1		2,499,600	
1		7,108,507.84	2		1,781,276				3		8,889,783.84	
						2		6,682,832.40	2		6,682,832.40	
									50	59,300	2,965,000	
51	85,000	4,335,000	68	56,864	3,866,745.72				119	68,922	8,201,745.72	
715	1,750	1,251,250							735	1,747	1,284,250	
									5,000	4,600	23,000,000	
											111,766,011.96	

雍兴公司销售组非纱布股三十五年下半年售品统计表 3

厂别	品名	单位 \ 月份	7			8			9		
			数量	均价	金额	数量	均价	金额	数量	均价	金额
陇矿	混煤	吨	500	36,740	18,370,000	200	36,000	7,200,000			
蔡纺厂	混煤	吨	20	75,000	1,500,000	20	75,000	1,500,000	40	90,000	3,600,000
总计金额											

雍兴公司销售组非纱布股三十五年下半年售品统计表 3

10			11			12			合计			附注
数量	均价	金额	数量	均价	金额	数量	均价	金额				
									700	36,529	25,570,000	
									80	82,500	6,600,000	
											32,170,000	

3. 零销股

本股辖管西安、宝鸡及虢镇各门市部。整批推销及配售之货品，由本公司经管各组股办理，零销货品则分发各门市部推销，故综计三十五年情形尚称良好。西安、宝鸡两处因系交通要道，人口众多，业务上将来尚可推广，此后将尽量设法争取在市场上之信誉，以便推销虢镇门市部。推销之货品大部为业精厂出品，代销其他各厂货亦甚多。为应付当前情势并撙节开支起见，现已撤销业精出品，当随时运西安宝鸡两地推销，俾使西安、宝鸡两处之销售品更加充实。

兹将各门市部三十五年度营业情形，表列如左。

雍兴公司各门市部民国三十五年度售货统计表　　　单位:货币万元

品名		单位	数量	总值	%
总计				571,952	100
棉纱	32s	件	1,726	28,039	4.9
	24s	件	37	6,338	1.1
	20s	件	882	3,533	23.4
	16s	件	63	6,542	1.2
	10s	件	5.5	239	…
棉织品	布匹	匹	27,765	32,598	23.3
	毛巾	条	38,201	3,444	0.6
	床单	条	7,315	9,103	1.6
	桌单	条	9	5	…
毛织品	毛呢	码	45,981	41,323	7.2
	毛缎	方尺	37,394	817	0.1
	军床缎	条	521	606	0.1
	风景缎	块	58	98	…
皮革	重革	斤	3,444	720	0.1
	轻革	尺	108,004	1,055	0.2
	轮带	尺	200	174	…
酒精		加仑	162	92	…
面粉		袋	74,440	74,379	13.0
淀粉		袋	389	665	0.1
味晶		斤	19,072	6,086	1.1
酱油		斤	230,640	6,015	1.1
酱油精		斤	4,596	515	0.1
香醋		斤	3,566	48	…

续表

品名	单位	数量	总值	%
植物胶	磅	1,838	120	…
双吉星皂	块	9,844	171	…
单吉星皂	条	6,922	1,096	0.2
毛线	磅	198	42	…
煤	吨	30,993	118,068	20.6
包皮布	份	5	1	…

二、采购组工作情形

1.粮食股

本股采购粮食以小麦为主,包谷、大米、黄豆次之,其他如高粱、绿豆、小米等为数甚少。小麦、包谷、黄豆、高粱等均系供蔡酒厂应用,大米、绿豆及小米则因各场之申请随时代购。三十五年中,陕境歉收,麦价波动不常,加以资金周转困难,益以各处抢购争买,收购殊为困难,而小麦品质问题本公司极为注意,故收购上又多一层拘束。幸各粮庄均能随时应付,加以陕境各出麦地区事先均经调查研究,然后视需要情形设庄收购,故尚能供应无缺。此后购粮当参照以往情形,视各处出产多寡及价格决定收购数量随时购入,并利用销售面粉收入充实周转资金,相机应付,当能达到减少原料成品之目的。本股三十五年度购粮情形,如左表。

雍兴公司粮食股三十五年度购进粮食数额表

三十五年一至十二月(总表一)

粮别	数量	平均单价		总值		备考
小麦	16,652,887			2,143,297,193	00	以斤为单位
包谷	1,883,824			90,861,798	00	
黄豆	197,857			23,037,284	00	
大米	180,000			41,390,000	00	
高粱	12,801	59	92	766,035	00	
绿豆	6,170	192	9076	1,189,640	00	
小米	1,435	15,500	00	222,425	00	
合计				2,300,746,375	00	

附注:小麦、包谷、黄豆、大米各月份收购情形如附表一、二、三、四,高粱、绿豆、小麦因数量较少未列详表。

雍兴公司粮食股逐月购进小麦数额表

三十五年度一至十二月（表一）

月份	数量	平均单价		总值		备考
1	1,982,169	49	32091	97,767,078	00	
2	901,357	74	192	66,874,045	00	
3	1,767,452	77	689	137,411,908	00	
4	1,188,524	77	318	91,900,768	00	
5	938,447	86	67	81,337,982	00	
6	61	95	00	5,795	00	
上期合计	6,778,040			475,297,576	00	
7	4,562,074	126	109	575,437,584	00	
8	1,664,326	118	63	197,444,745	00	
9	765,200	151	05	115,583,500	00	
10	1,274,265	194	81	248,374,875	00	
11	1,028,897	314	167	323,245,945	00	
12	579,485	358	85	207,894,968	00	
下期合计	9,874,847	168	912	1,667,981,617	00	
总计	16,652,887			2,143,279,193	00	

雍兴公司粮食股逐月购进包谷数额表

三十五年度一至十二月（表二）

月份	数量	平均单价		总值		备考
1	618,916	34	14155	21,440,213	00	
2	608,845	46	40	28,250,963	00	
3	245,855	56	96	14,004,222	00	
4	148,460	54	989	8,163,697	00	
5	172,927	69	7068	12,054,194	00	
6	88,595	78	2455	6,932,189	00	
上期合计	1,883,598	48	23	90,845,478	00	
7	176	70	06	12,320	00	
8	50	80	00	4,000	00	
9						
10						
11						
12						
下期合计	226	72	16	16,320	00	
总计	1,883,824			90,861,798	00	

雍兴公司粮食股逐月购进黄豆数额表

三十五年度一至十二月(表三)

月份	数量	平均单价		总值		备考
1						
2						
3	49,403	94	44	4,661,644	00	
4	115,537	96	388	11,134,933	00	
5	5,701	96	086	547,787	00	
6						
上期合计	170,641	95	782	16,344,364	00	
7						
8						
9						
10						
11						
12	27,216	245	918	6,692,920	00	
下期合计	27,216	245	918	6,692,920	00	
总计	197,857			23,037,284	00	

雍兴公司粮食股逐月购进大米数额表

三十五年度一至十二月(表四)

月份	数量	平均单价		总值		备考
1	20,000	110	00	2,200,000	00	
2						
3	20,000	159	00	3,180,000	00	
4	40,000	159	625	6,385,000	00	
5	40,000	187	50	7,500,000	00	
6						
上期合计	120,000	160	525	19,265,000	00	
7						
8						
9	10,000	305	00	3,050,000	00	
10	50,000	381	50	19,075,000	00	
11						
12						
下期合计	60,000	352	082	22,125,000	00	
总计	180,000			41,390,000	00	

2. 物料股

各厂物料均系本股代购，种类繁多。西安及邻近各县可以购到之料品系就近购运；其货缺价高者，则委托渝处，或沪处购买。西安及邻近各县购买之物料运输较为方便，渝处尚可利用运棉回程车装运，沪处则须委托运输商行代运，时间上难免迁延，且虞风险。虽一年以来尚无延误及损失情事，为防万一计，已切嘱沪处于托运前切实注意运输商行之信誉，一面与运输行及津浦陇海各线取得联系，俾时间上可提前运到，此后当可更臻妥善。三十五年度物料股西安经购物料约一千数百种，付出价款已划账者约十三亿八千万元。兹表列如次。

雍兴公司物料股代各厂购料金额月计表

三十五年度一至十二月

厂别＼金额＼月份	一月	二月	三月	四月	五月	六月
总公司					3,750,300	
储运组	18,700	284,350	261,200	86,324	719,000	1,347,200
宝鸡办事处			20,324,000	2,061,900		
蔡纺厂	7,764,836.02	5,334,217.50	12,383,506.96	17,219,245	18,457,510	17,615,227.50
业纺厂	2,173,680	1,153,387.50	14,013,030	4,867,925	10,340,725	16,456,380
蔡机厂	2,283,511.67	1,206,855.28	3,715,850	11,152,905	30,496,510	11,384,580
蔡酒厂	27,185,747	13,533,450	10,784,290	17,431,750	15,456,893.16	17,877,950
咸工厂	423,780	2,232,400	3,271,612.75	17,256,510	82,853.03	11,689,912.5
长安制革厂					3,750,000	
陇县煤矿		182,600	1,003,250	472,230	13,650	858,190
兰毛厂					1,987,000	
广酒厂			6,000	1,347,025		200,200
高职校						

厂别 \ 金额 \ 月份	七月	八月	九月	十月	十一月	十二月	合计
总公司	39,000				33,400		3,822,700
储运组	440,000	358,000	2,220,200	5,360,000	5,436,000	2,241,000	18,771,974
宝鸡办事处		34,906,000		357,000		2,550,000	59,998,900
蔡纺厂	22,046,005	27,752,642.25	10,196,506	14,818,475	15,832,345	45,715,660	215,136,176.41
业纺厂	7,972,460	3,553,700	4,122,917	20,996,200	20,232,120	133,773,410	239,655,988
蔡机厂	11,881,925	28,556,780	30,435,715	59,110,930	30,143,200	94,822,545	315,291,308.95
蔡酒厂	52,824,655	51,962,105	10,482,624	19,943,575	50,175,377.50	50,658,880	338,317,296.66
咸工厂	7,081,020	10,810,800	9,049,401	17,983,580	8,525,750	25,341,720	121,951,789.25
长安制革厂							375,0.00
陇县煤矿	288,200	5,992,607.50	16,569,579	13,777,210	14,822,690	1,373,000	5,535,310,650
兰毛厂		1,951,700		200,000	3,435,000		
广酒厂	166,600						1,791,825
高职校	9,000						9,000

附注:此表不包括沪、渝、宝各处购料数字。

3.燃料股

本公司各厂需煤,除混煤一项多系向陇矿供应外,大炭、焦煤大部分向同耀区联运站、远东公司及同官煤矿订购。一则因各厂需用数量甚巨,本股人手不敷,恐自购自运,不克充分供应;二则因专设运煤机构,开支加大,并须负担耗运,颇不合算,故以委托购运为原则。总计三十五年全年计共订购块煤及焦炭一万四百余吨,截至年底已交到者计八千余吨。未交部分多部系未到期之煤,其中如有某批煤炭未如数缴足,则随时催补,或请各经售经运处所于下次交煤时补足,供应情形尚称顺利。惟本公司陇县煤炭,据各方报道尚合各厂需要,向外购煤终不免有利权外溢之嫌,曾再三研究,以陇煤供应各厂。因运输煤质数量及其外各项问题尚须通盘详细检讨,故尚未付之实行。今后拟与各厂共同研究,如有头绪当尽先试办,俾符合联枝各厂互利之旨。

兹将三十五年向外订购运炭情形,表之如左。

三十五年度远东公司订炭及拨交各厂数量统计表(表一)

订购		煤类	数量	单价	拨交各厂数量						欠交数量
月	日				蔡纺	蔡机	蔡酒	业纺	长革	共计	
2		澄块	384^{T},588.5	46,000.^{00}							
3		澄焦	60 T,000	96,000.^{00}							
		澄块	400^{T},000	46,000.^{00}			60^{T}000				
4		澄焦	60^{T},000	110,000.^{00}							
		澄块	40^{T},000	56,000.^{00}		40^{T}350	344^{T}2405				
		澄块	500^{T},000	96,000.^{00}							
5		架炭	10^{T},926	134,400.^{00}					10^{T}926		
6		澄焦	37^{T},243.5	180,000.^{00}		60^{T}000					
		澄块	200^{T},000	96,000.^{00}			542^{T}820		1^{T}433		
		白块	100^{T},000	119,000.^{00}		4^{T}793.5					
		白末	100^{T},000	107,000.^{00}							
		架炭	1^{T},433	150,000.^{00}							
7		澄块	400^{T},000	106,000.^{00}	78^{T}327		468^{T}994				
10		澄焦	60^{T},000	315,000.^{00}				227^{T}820			
11		白块	200^{T},000	280,000.^{00}		32^{T}450					
		白末	200^{T},000	220,000.^{00}							
		澄焦	20^{T},000	580,000.^{00}		4^{T}071					
		韩焦	20^{T},000	600,000.^{00}	107^{T}330	20^{T}000					
12		韩焦	40^{T},000	600,000.^{00}	142^{T}864	1^{T}400	4^{T}000	18^{T}600			
共计			3194^{T},191		328^{T}521	1630^{T}645	1420^{T}54.5	246^{T}420	12^{T}359	2170^{T}419	1023^{T}720

备注:因订炭超交或少交,另按款付给或扣还,故有尾数。

三十五年度同耀区联运站订炭及拨交各厂数量统计表（表二）

订购		煤类	数量	拨交各厂数量					欠交数量
月	日			蔡纺	蔡机	蔡酒	业精	共计	
1	5	大炭	1000^{T}	418^{T}665					
					203^{T}005				
						298^{T}284			
		余转下期定	（20^{T}004）				100^{T}（咸工）		
合计								1020^{T}004	
2	15	大炭	400^{T}	216^{T}984					
					52^{T}909				
						152^{T}918			
		大炭	176^{T}166				153^{T}355	576^{T}166	
2	15	大炭	30^{T}047	30^{T}047					
		大炭	219^{T}319	165^{T}671					
						1^{T}716			
					28^{T}965	2^{T}2967		244^{T}366	
4	15	大炭	120^{T}775						
		大炭	63^{T}662	431^{T}528					
		大炭	70^{T}900			138^{T}691			
		大炭	329^{T}100				37^{T}200		
		大炭	22^{T}982					60^{T}7419	
5	23	大炭	500^{T}	224^{T}204		24^{T}777			
					146^{T}019		105^{T}000	500^{T}000	
6	1	大炭	300^{T}			20^{T}367			
					43^{T}725	77^{T}746			
							40^{T}920		
								182^{T}758	117^{T} 242
		三炭	200^{T}	125^{T}911					
						33^{T}944			
							34^{T}500		
								194^{T}355	5^{T} 645
12	1	大炭	200^{T}						2^{T} 00
合计			3^{T} 632,951	1613^{T}010	474^{T}673	771^{T}410	370^{T}975	（减转下期20^{T}004）3310^{T}064	322^{T}887

三十五年度同官煤矿订炭拨交各厂实收及损失数量统计表(表三)

订购		订购吨数	运出吨数					实收吨数					运输损失		欠交吨数
月	日		合计	蔡纺	业精	蔡酒	蔡机	合计	蔡纺	业精	蔡酒	蔡机	吨数	%	
1	28	500	470	200		270		455^{T}825	191^{T}739		264^{T}086		14^{T}175	3.02%	-30^{T}000
3	25	500	500	300	100	100		475^{T}465	286^{T}187	96^{T}417	92^{T}861		24^{T}535	4.91%	
5	3	500	510	200		230	80	495^{T}577	191^{T}907		244^{T}620	79^{T}050	14^{T}432	2.83%	+10^{T}000
7	23	600	290	180	70		40	278^{T}140	174^{T}046	66^{T}643		37^{T}451	11^{T}860	4.09%	-310^{T}000
8	10	600													-600^{T}000
总计		2700	1,770	880	170	600	120	1705^{T}007	843^{T}879	163^{T}060	581^{T}567	116^{T}501	64^{T}993	3.67%	-930^{T}000

三十五年度耀县购炭数量及内运费统计表(表四)

批次	购买吨数	购进		承售矿商			矿价		运费自矿场至耀县		煤价运费合计	备注
		月	日	矿名	煤矿矿址	自矿场至耀县公里数	每吨	合计	每吨	合计		
1	200	9	23	同益	铜川县川口	22	45,000	9,000,000	18,000	3,600,000	12,600,000	现已全部提交同耀区联运站代运,运费由储运组核付
2	200	10	9	同益	铜川县川口	22	65,000	13,00,0,000	28,000	5,600,000	18,600,000	
3	500	11	25	利源	铜川县川口	24	90,000	45,000,000	30,000	15,000,000	60,000,000	
总计	900							67,000,000		24,200,000	91,200.000	

三、储运组工作情形

1. 运输股

本股经运货品物料种类颇多。在陇海线上，各地运输情形，虽三十五年中，军运繁忙，因本公司与陇海路局交谊素深，拨车尚称便利。货物出厂后，即可向当地运输站设法分运，各处推销。由西安及各购粮庄处运往各厂者，大半为原物料。综计一年，经运物品计物料二千余吨，面粉十余万袋，小麦包谷等四百三十余万斤，棉纱四千余件，煤炭七千余吨（本公司向各处购运之煤，系以本公司名义托运，洽车由本公司负责，然后由各煤商押运交货）。

兹分别表列如下。（按下列数表系西安、宝鸡间及黄堡[①]、耀县至蔡家坡之间运输数字，宝渝及沪陕间之数字尚未包括在内。沪陕间之运输系委托运输商行负责，已于前述兹不再赘。宝处经运渝厂机棉，三十五年计五，七二〇包，渝宝及宝渝往返运输之物料，估计约六百吨之谱。由兰州西安间约一百吨，其他如业精之布匹、蔡酒之味晶、酱油运西安、宝处各处者及西安空运上海之味晶，均未包括在内，特此注明）

① 即今铜川市王益区黄堡镇，有陇海铁路咸铜支线境内穿过。

三十五年度运输物料重量统计表(表一)

起站	到站	名称	单位	月份												合计	总计
				1	2	3	4	5	6	7	8	9	10	11	12		
西安运输站	蔡家坡	物料	公斤	12,100	9,850	17,185	49,358	5,6728	161,194	37,055	17,437	141,812	340,326	311,186	136,870	12,908,06	
西安运输站	虢镇	物料	公斤	250	446	620	1,265	2,341	1,766	20,826	2,180	112	6,418	225	10,416	46,865	
西安运输站	上海	物料	公斤									1,251	2,580		3,135	6966	
西安运输站	兰州	物料	公斤					2,500	4,000			2,500			4,345	13,345	
西安运输站	宝鸡	物料	公斤					1,434					80,322	100		81,856	1,392,973
蔡家坡运输站	长安	物料	公斤	11,939	18,845	24,870	7,123	6,530	52,405	2,948	15,956	2,020	22,422	32,051	4,371	201,480	
蔡家坡运输站	宝鸡	物料	公斤	100	1,380	2,821	3,120	1,450	897	2,693	1,974	64,10	6,537	3,794	5,072	36,248	
蔡家坡运输站	虢镇	物料	公斤			210	50			50	966	720	2,466		11,183	15,645	
蔡家坡运输站	咸阳	物料	公斤	4,000	4,000				7,060		3,500	9,020	11,725	10,800	25,120	75,225	
蔡家坡运输站	普集	物料	公斤		50											50	
蔡家坡运输站	绛帐	物料	公斤			225					340					565	329,163
宝鸡运输站	广元	物料	公斤						389		75					460	
宝鸡运输站	兰州	物料	公斤						3,500			10	100			3,610	
宝鸡运输站	西安	物料	公斤		1,040	400	1,050	290	220		400	1,515			6,545	11,460	
宝鸡运输站	陇县	物料	公斤		140				400				9000	7182	3000	19722	
宝鸡运输站	蔡家坡	物料	公斤		57,927	27,740	43,300	36,448	15,988	52,628	21,157	4,975	1,472	8,935	4,465	275,035	
宝鸡运输站	虢镇	物料	公斤		50			371		1,485	1,000		12	57	1,000	3,955	
宝鸡运输站	咸阳	物料	公斤					45			3,350	50		10,000		13,445	327,687
虢镇运输站	普集	物料	公斤					860		2,000			30	2,000	1,000	5,890	14,440
虢镇运输站	咸阳	物料	公斤								7,500	1,050				8,550	2064T263
附注	棉纱、面粉、布匹、味晶、等成品未列入内																

三十五年度运输面粉数量表(表二)

起讫站	品名	单位	月份												合计
			1	2	3	4	5	6	7	8	9	10	11	12	
蔡—宝	面粉	袋	2,004	500			3,500	4,648	1,000	400	5,680	2,000		400	23,732
蔡—秦	面粉	袋		9,750	11,000	772	4,700	19,800	1,510	2,200	1,1952	2,500	4,000	344	68,528
蔡—虢	面粉	袋				1,000		2,000				2,400	1,000		6,400
蔡—咸	面粉	袋										2,000	2,400	1,500	5,900
共计			2,004	10,250	11,000	1,772	8,200	26,448	25,100	2,600	17,632	8,900	7,400	5,844	104,560

三十五年度运输食粮数量表(表三)

起讫站	品名	单位	月份												合计
			1	2	3	4	5	6	7	8	9	10	11	12	
绛—蔡	小麦	市斤			67,611	611,832	83,200	657,138	396,906	221,849	89,824	375,223	399,570	510,879	3,441,032
绛—蔡	黄豆	市斤			1,981	4,019	2,775						1,225		10,000
绛—蔡	包谷	市斤	33,709	350,198	259,174	23,3013	5,171	11,752	5,164			9,535	4,354	1,203	913,273
合计			33,709	350,198	328,766	848,864	91,146	668,690	402,070	221,849	89,824	384,758	405,149	512,082	4337,305

三十五年度运输棉纱数量表(表四)

起讫站	类别	单位	月份												合计
			1	2	3	4	5	6	7	8	9	10	11	12	
蔡宝	棉纱 32’s	件		37	61	42	157	40							337
	棉新 16’s	件		42	36										78
	棉老 16’s	件		3				31							34
	棉副 10’s	件			11										11
	棉幅 20’s	件		78		119	138	79	$126\frac{1}{2}$	20	50				$610\frac{1}{2}$
蔡秦	棉幅 32’s	件	15	7	61	10		22							115
	棉新 16’s	件	20	20	6										46
	棉老 16’s	件	35	45				16							96
	棉副 10’s	件	20	40											60
	棉幅 20’s	件	180	412	50	105	157	303	430	150	480	130	200	450	3047
虢宝	宝鸡 20’s	件	40		21	16									77
虢秦	棉新 16’s	件	5												5
合计			315	684	246	292	452	491	$556\frac{1}{2}$	170	530	130	200	450	$4516\frac{1}{2}$

三十五年联运站代运煤炭数量表(表五)

起讫站	类别	月份 1	2	3	4	5	6	7	8	9	10	11	12	合计
耀县 蔡纺	大炭						169,295		32,607					201.902
	三炭										80,439	34,304		114,743
	混煤				53,347	84,527					65,969			390,265
耀县 业纺	大炭					40,500			133,370				70,300	244,170
耀县 蔡酒	大炭											38,272		38,272
黄堡镇 蔡业纺	大炭					45,967			51,286		35,767			133,020
	三炭										34,975			34,975
	混煤				17,132	83,662			14,970					115,764
	元煤										69,260			69,260
黄业纺	大炭												78,804	78,804
合计					70,479	254,656	169,295		232,322		286,410	72,576	149,104	1,421,175

2. 保管股

本公司运销货品及购运原物料之保管事宜，除煤□外系由本股负责。为配合事实需要起见，计设西安、绛帐、宝鸡仓库三处。兹将各该处工作情形略述如左。

西安仓库。三十五年上半年成立时，因库房尚在兴建，一切多因陋就简，故大量棉纱、面粉运到西安后，仍租用交通银行仓库存放，入仓、出仓手续颇嫌繁琐。迄下半年时，建有库房二十一间，存放货品并添置工具架、货架及消防设备等，设备已渐完善，对于物品分类存放及收发事宜，均系依据规定办法，办理工作已纳入正轨。

绛帐仓库。系专备存放所购食粮之用，原有库房经修理加【建】，尚合应用。该库主管员张继侯君，对粮食收发保管均能依照规定办理，极为负责。故三十五年中，购存之粮食灰耗、鼠耗等共计千分之三，创历年来损耗最少纪录，工作情形极为良好。

宝鸡仓库。原系西运处仓库，库房宽敞。经常保管之物料，大多为【本】公司各厂运宝销售之货品及运转之物料，工作单纯，情形良好。

以上各节系本室各组股三十五年度工作，情形大致尚称良好。惟□中营业为时仅只一年，规模初树，困难难免，而规章措施有待于逐步【改】者当在不少。今后当勖勉同人共同努力，尽力改善，以求无缺，藉符钧座创建推进督导及【谆】命之至意。谨上陈

协理　　沈、杨

总经理　束

总营业室　陈□□ 上

三十六年四月

第五章 职工待遇

一、精神训导

束云章经理谈话记录

（1941 年 7 月 24 日）

1. 本行所办附业及雍兴新设各厂，均应以扶植团体生命为唯一宗旨。因刻下后方物价高涨，获利均不甚难，若不于此时先将各厂基础巩固，则团体之生命将何所附丽？故一时之分润，能暂而不能久，有损于事业，无裨于团体；利于目前之少数个人，无益于将来多数之生活。若放大眼光，谋求永久之福利，则省近以益远，似寡而实均，较之见利即分，取决一时者，其事业心之轻重，与团体性之坚脆，殆不可以道里计！为欲贯彻此项宗旨起见，是以各厂分派同人奖金，不应如私人企业超出常轨，俾可厚提同人福利基金，以固团体永久生命。例如豫丰纱厂业已提存该项基金一百二十万元，如环境许可，今年年底尚拟继续提存，以期达到三百万之数。关于此项基金之保管与动用，请由杨副理督同薰南、荣菉两兄负责草拟章程，以便提出董事会核定办理。

2. 战后建设，经纬万端，人生需要衣食住行，同关重要。故雍兴各厂首重纺织，次为面粉，其他各厂除制药厂系因西北药产丰富，为提倡制药而设外，余如机器、酒精、制革、印刷等厂，以及运输部，均系应各厂及社会之需要而设。一俟时局平定，纺织、面粉、机器三种工业均拟加以扩充；制革厂、印刷厂妥为经营，必能立足并可谋适当之推展；酒精厂当于战后视环境情形另图久远之计；运输部在西北各铁路尚未完成以前，仍为交通上有力工具。此外将来尚拟择地设一规模较大之洋灰厂，期于一般房屋及道路建筑上稍有贡献。此为雍兴举办实业之大体计划，将来当研究整个方案，陈明总处[1]，再行决定实施。

3. 按照前条计划，雍兴所办各厂，当以棉毛纺织为主要实业之一，并各就原料供给之近便，以西安为棉纺织之中心区，兰州为毛纺织之中心区。又西北纺织工业首应加以改良者，在纺而不在织，故兰州纺织厂已向安利洋行定购小型纺毛机两部，先将毛纺部分从事改良。至织呢部分暂用木机制造，俟时局平定，交通便利时，再购新式机器，以图将原有毛织手工业，逐渐提倡改为机制，以应社会需要。

4. 业精纺织厂为本行在西北所办各附业之先驱，且于艰难困苦中独树一帜，尤为可贵，必须加以扶助，使其永久存在。该厂于民国廿七年创办之初，原仅资本十万元，旋以营业发达，于本年一月间改为资本三十万元。近以湖北省纱布局除与咸阳打包厂合作外，尚有二千纱锭可以装配，因向洽商租用，用以增产量。该局因有咸阳纱厂合作关系，租价特别从廉，每月每锭租金大约至多不过八角，统计此项纱锭之修配及购地建厂等费，约需七十万元，故决定将资本三十万元再扩充为一百万元，以应实际需要。刻已按照预定计划积极筹备，大约本年年底即可开工。一俟时局平定，拟另购新锭二千枚，并陆续添购织布机器，俾出品更趋精良。将来营业方针，拟仿照三友实业社办法，专织各大纱厂所未注重者抬布、床毯、色布、衬衫布及窗帘布等，以广销路，似此别出蹊径，亦未尝不可立足。本年年底如营业获有盈余，并拟提存一部分福利基金，俾同人福利前途稍有基础。

5. 购棉事项，原托咸阳打包厂组织机关代为采购，兹已决定将上项组织限期结束，另由雍兴公司设一采办处，代雍行及雍兴所属各纱厂办理购棉事宜，俾可集中管理。

6. 仰光所存豫安纱锭约三万六千枚，刻已陆续启运，将来运抵内地，除拟借给蔡家坡纺织厂六千锭外，其口配甚少，即能应用者约一万二千锭，或在渝觅地另行设厂，或拨归豫丰添设支厂，俟本人到渝计划后，陈请总处洽定。惟上项纱锭运费，应归承受纱锭各厂分摊担负，并拟各厂照所借纱锭货价，提存若干现款作为押金，以为补还豫安纱锭之准备。又其余一万八千锭，须添置一部分配件始能应用，俟全数运抵内地后，再行陈请总处决定办法。

7. 运输部原有卡车约五十辆，连在香港、马尼拉为昆明添购者，共为九十余辆，原定资本二百万元，尚不敷用，拟将该部资金增为四百万或五百万元以应需要，惟以前雍行所垫购车款项，应自垫付日起向该部算收利息，以后新购车辆垫款

① 指中国银行西北分行，即所谓："雍行"。或指抗战期间设于重庆的中央、中国、交通、中国农民四行联合办事处。

亦应照此办理。

8. 后方物资缺乏，尤以生铁为甚，如遇有蕴藏丰富之铁矿，拟详加计划后陈明总处，由雍兴投资开采。

9. 雍行代各厂垫付购置机料及运费等款，应随时折合国币付各厂账，以免雍行吃亏。

10. 各厂购存原料物料分别登账后，应随时细加核对，务求精密。又关于原料物料之进出收付，亦应详订手续，为更进一步之严格管理。

11. 各厂机器物料以及房屋建筑等，凡认为战后即失去价值者，应悉数摊销付账，不可作为资产。

12. 考核各厂表报、账册应切实办理，并分别各厂情形细加研究。日久自能得其款要。遇有疑问或应行查考纠正之点，务须随时指出，不可视为例行公事，有名无实。

13. 各厂营业材料记账人员应附属于会计课，并听会计主任之指挥调度。又各厂填造工务表报、应送交会计主任接洽盖章。

14. 各厂采购原料之行市应切实加以注意，如比较差价太甚，并认为有危险性者，最好暂时观望，从缓再购。如系急于应用必须购买者，其购进数量亦不宜超过六个月实际所需之数。

15. 上海、重庆报告物价电报，务应时时注意，以备进购原料、物料时有所参考。

16. 向国外订购机料应顾及运输问题，其单件重量超过五吨以上者，即运抵仰光后亦无法运达内地，因各公路桥梁行驶重量均不能超过五吨故致也。

17. 纱厂所需棉花，面粉厂所需小麦，酒精厂所需杂粮，均应预存相当数量，方免耽误工作，惟过于少固不敷供给，若所存较多时，应由本公司切实督饬各厂，务使勤加翻晒，以防霉烂（制药厂药材同）。

18. 前所颁布各厂研究会简则，以及其他通函嘱办事项，务须特别注意，督促切实照办，以免日久松懈成为具文。

（件存陕西省档案馆民国档案 82－1－368－1 卷）

沈钥精神讲话

（1942 年 5 月 8 日）

讲话地点　尚仁路中国银行楼上会客室

时间　　　三十一年五月八日下午七时

记录　　　张景初

诸位同人：

今天本公司西安临时办事处举行第一次精神讲话，是根据第一届厂务会议人事训练案所决议的办法："由总经理、协理或总秘书每月主持精神讲话一次，总公司各职员及秦省各厂经理、厂长、课长均参加听讲，其在陇省各厂由驻陇办事处主任主持办理"。除已由总公司分别函知驻陇办事处及兰州四厂遵行外，在西安各厂和各办事处的同人，由临时办事处每月召集举行精神讲话一次。

为什么要举行这精神讲话呢？各位经理、课长学识经验都很丰富，而且对于立身治事的道理，又都非常练达，那末，总公司的精神讲话，若再拿些浅近平凡议论，向诸位来讲，那无异于以粗茶淡饭来供给已经饱吃丰美食品的人，仿佛有点不太需要似的。但是诸位要知道，雍兴公司所属各厂有十三个单位之多，同人的人数，连总公司各部分并计，约在五百六十人左右，此外加上束总经理管理和领导之下的各厂同人，如豫纱厂、咸阳纱厂、灵宝咸阳两打包厂以及中南火柴厂等，合计人数不下一千人以上。人数是这样的众多，同人与总公司接触的机会很少，虽然总公司时常派员到各厂去视察，可与同人发生接触的机会，但恐也只有同人中的一小部分，而不易遍及全体。在这种情形之下，我们如何方能将总公司的精神灌输到每一个同人心口里去呢？如何方能使这许多同人的思想上和行动上完全与总公司打成一片呢？那就不得不采用精神讲话这个方法，来作增加内外团结与融贯全体合理的唯一工具。如此，则精神讲话，乃是对全体讲的，是有共同性的，不是对少数人讲的，也无特别性的。既然是为全体同人而讲，所以讲话的内容要平易近人，要切实有用，不尚高逸新奇，也无须微言奥旨，这是与讲论学术或其他讲演不同的地方。

兄弟今天要讲的有四点，就是每人应有：（一）责任心；（二）向上心；（三）事业心；（四）团结心。

先讲这责任心。一般人往往以为“责任心”是对于自己的职守或所负任务而言。但这是狭义的看法,就广义来讲,任何人离不开社会与国家,任何事业也离不开社会与国家,所以凡是在社会上服务的人,一方面为其事业工作推动的中心,一方面即是整个社会与整个国家构成的一部份。根据这个理论,可以说,我们每一个从业员,因受职务上的驱使,而不能没有责任心;同时因我之“职”与“业”均与社会和国家有相互的密切关系,更不能没有“责任心”。由前之说,“责任心”是出于被动的,既然是被动,便毫无诿卸之余地;由后之说,“责任心”并且是出于自动的,既然是出于自动,尤其有须臾毋失之必要。再进一步,拿结果的利害来讲,假使人人都有“责任心”,人人都能尽责任,把各人应当做的工作,用全副精力来做好,试问这样的结果,是不是对于所服务的机关和对于社会国家均属莫大之利?反过来说,假使人人都无“责任心”,人人都不负责,把应当做的事情,不能做到圆满,甚至做糟了,试问这样的结果,是不是对于所服务的机关和对于社会国家俱有非常之害?照此推阐,我们人人应当有“责任心”,人人应当各尽其责,可说是天经地义、毫无疑问的了。

其次为向上心。我们常听人说“某某人的学问进步了,某某厂的事业进步了”,照字面来讲,所谓进步,就是向前迈进了一步的意思。但是我以为“进步”二字的涵义,应包括“纵”和“横”的两方面,横的进步,是向前的发展,也可以说是平面的发展,其目的在扩张;纵的进步,是向上的发展,也可以说是立体的发展,其目的在于精深。我们办厂,若只从平的方面着手,结果不过做到一个“大”字,必须向高的方面研究,方能做到一个“久”字。例如中南火柴厂复工以来,销路推广,产量增多,业务逐渐发达。这种业务上发达,是属于平面的,就是“横”的进步。中南厂以前所用的原料黄磷,须向国内外购买,假若来源中断就会使业务上发生很大的影响,在目前物力维艰、交通困难的状况之下,时常都要感到这种原料缺乏的威胁。可是中南厂现在已设立一个制磷部,自己来制造黄磷,将来产量增加,则以后黄磷之需要,可无须仰给于人,这种前进,是向上的,就是“纵”的进步。再举个例子,拿纱厂来说,纱支出数多,成色好,销路畅,这都是平面的发展;我们还应当有向上的心,我们要自制纱锭,自制从前仰给于国外的各种配件,将来更进一步,要改良纱机和布机,那才是“纵”的发展。又如本公司一年之中,成立十余厂,这只是平面的进步,若将每一个厂来积极推进,完成预定的标准,在这一个时期内,也可以说是纵的进步。总而言之,横的方面,适应环境的发展,是有止境的;纵的方面,追赶时代的创造,是无止境的。所以我们无论是负管理、技术或是其他责任的人，必须同抱向上的决心，有了“向上心”，才能致力于“高”和“深”的研究，才能使我们的事业视野达到“大”而且“久”的目的。

第三，事业心。事业的部门很多，例如教育事业、农村事业、金融事业以及各种实业和商业，均可称为事业。但是一般从业员，只知“职业”这个名词较为切己，而不知“事业”这个名词更为切己。常人心理，往往把“事业”二字看[得]高不可攀，以为谈到“事业”必须是这一机关的首脑或高级人员，方才相称，至于普通职员，何足语此！这种观念是根本错误的。我们第一要明了“事业”二字的意义：“事”即事务，“业”即基业，凡一种事务可以成为固定之基业者，谓之“事业”：第二要明了“职业”二字的意义：“职”即职务，“业”即事业，凡从事于某种事业之职务者，谓之“职业”。照此分析起来，我们可以得到一个新的认识：(一)职业是由事业而生的，离开事业，就不会有职业；(二)职业既然离不开事业，而事业亦非藉从业者之群力无由完成，则“职”与“业”两者之间互相需要的关系，是何等密切呢？更何从有地位等差之分呢？可见我们不论职务的大小，名义的高低，各人的工作，就是事业的一部份；各人的职业，也简直就是各人的事业。我们认清楚了这一点，所以人人应当有“事业心”，有了“事业心”，然后养成崇高的思想，鼓舞超越的精神，提高工作的兴趣，激发自动的热诚。我们不是役于人，而是役于事业。我们不是为生活而工作，而是为事业而工作。如此，则事业与我相依为命，我与事业熔为一炉，万事成功，可操左券。求请诸君务必把下面两句话牢牢记住：“职业即事业，事业即生命。”

第四，团结心。最后讲到“团结心”。任何事业，既不是少数人所能完成，也必须多数的人团结一致，才能推进。但是仅有团结的力，而缺乏团结的心，还是难望成功。举一个极简单的例子，假如有一块千斤的石头，需募力能举百斤者十人才能举起，若是这十个人募齐，每个人的能力都合标准，但是他们的心先未团结，甲想用力去举，而乙不肯使劲，若丙若丁又在旁袖手观望，在这样意志不齐的情形之下，这块石头，是绝对无法举起的。倘这十个人的心，一旦团结起来，那末，不过一举手之劳而已。所以必须大家先有“团结心”，然后团结的力量，可以充分的发挥，所谓“众志成城”“万众一心”，任何艰苦困苦的事业，都能克底于成的。

综合以上所讲的四点，就是每人应以责任心来勇于任事，以向上心来创造和改进，以事业心来加强我们自重的心理，以团结心来发动我们全体的力量。

这次精神讲话，内容平凡得很，真所谓“卑之无甚高论”，但请各厂长、课长务必将这平凡的意思，转达于每位同人，共喻厥旨，大家互相砥砺，身体力行，于平凡之中,求一切的进展,这是总公司方面所极端希望的,愿与诸位同人共勉之。

(件存陕西省档案馆民国档案 82 - 1 - 1553 卷)

彭昭贤对中国银行西北运输处全体同人讲演词※

(1943 年 2 月 12 日)

卅二年二月十二日,陕西省民政厅厅长彭君颐氏因公莅宝。中国银行西北运输处副经理许庸令先生时延请彭氏向该处全体同仁讲演,彭氏讲演国际局势并指示个人修养种种,内容精警透辟,观察独具卓见,兹特"挂一漏万"地采录于后。

各位同志:

今天得到这个机会对中国银行西北运输处同仁讲话,个人觉得非常愉快。昨天许庸令先生让兄弟讲话,当时没有决定一定讲什么,而且近来喉咙又不好,所以今天是随随便便谈,一些东西,也许是大家知道的,也许有些是大家不知道的。

(一)国际局势之演变

我们抗战现在已将近六个年头。在这次抗战,我们只能胜利不能失败,失败就是灭亡,无论在何种情形下,任何困难中一定要奋斗坚持下去,要知道一旦失败,国家不能独立,民族就不能生存。今年瞻望时局的前途,可以说已经有了胜利的曙光,然而距离真正的胜利尚远,还得需要我们共同努力地奋斗下去。

战争这一件事需要物质,同时更需要精神。所谓唯物论与唯心论法都有所偏,必须物质与精神互相配合才可以有所成就。在欧洲的国家,物质的生产极为发达,可是仍然需要精神来统制,始有力量表现。假如仅恃拥有丰富的物质而没有精神的支持,结果仍归失败。在这次大战中,法国的失败就是一个很好的例子。法国的军队已很充足,只论马其诺防线储藏的武器来说,一百个作战师团足够消耗五年,马其诺防线的巩固是世界闻名,举世皆认为不可攻破的。可是德法交战,未及四十天完全败北,总计这一战役德国方面死伤二万多人,失踪二万多人,法国死伤也有二万多人,可是失踪者有八万人,投降者竟有一百七十余万人,缴械者八十余万人。由这一个例子中证明,法国民族精神已经丧失,同时我们知道了精神对于物质是如何的重要!

我们再看亚洲的中日战争。假如以两国的军备数字来说比较,那么无论是飞机、大炮全都相差很远,若单以物质的多少推测战争的结果,中国是不消一个月就可被日本打败的,六年以前的世界政治家与军事家,也是认为中国不能与日本作战。然而六年来的战争证明,事实与理论完全相反,中国不但未灭亡,而且逐渐加强起来,这是因为什么呢？这就是因为中国有民族精神的仗恃,才有如此的结果!中国的民族精神就是国父所昭示给我们的“忠孝仁爱,信义和平”的固有道德。所以说仅赖物质的充裕,并不能生存,还得要精神的力量来运用。比如美国的煤油大王,他的物质生活当然是优越的,可是他的结果是“自杀”。这就是因为他精神生活的不能满足而造成的结果。个人如此,国家与民族亦复若此,所以精神生活在生存条件中是非常重要的。

然而仅有精神而无物质,当然是不也〈也不〉会有力量的发挥。所以我们提出的口号,乃是抗战建国,建国也就是精神和物质的建设。唯有建国才能保障胜利,唯有抗战才能促进建国。现在已经有人论辩到中国战后是应该工业化或是应该保持固有农业国家的问题,由此可以知道建国问题的重要性,也可说抗战与建国是相辅而行的,是并行不悖的。各位同志办理西北的业务,这就是建国工作的一部,也就是保障抗战胜利的工作之一部!

其次谈到我国的国际地位,因为我们六年来的血肉牺牲,已经使得敌人得不偿失,崩溃在即,已经换得英美人士的同情与钦敬!去年的中英、中美新约[①]成立,就是我们艰苦抗战的一个重要收获。从这个条约成立以后,中国与英、美才有了真正的自由平等,我们知道我国受不平等条约的束缚,已有百余的年的历史,自从去年新约成立以后,我国的国际地位才提高与列强一样,这乃是我们用血肉与生命换来的代价(应为“的代价换来的”),绝不是不劳而获的结果。我们要保持现在和平争取未来的光荣,更要不断地努力奋斗下去!在去年英美海陆军对日本失利的时【候】,我们长沙大捷,震动了世界,而且消灭日军有六万之众!我们并没有大炮,也没有飞机与坦克车,完全是用血肉与坚苦的精神换来的,英美人士才知道我们精神的力量胜于物质。所以英国首相丘吉尔先生说:“中国抗战五年,不畏艰难,屹然独立,其战斗之精神,诚属不可思议。”由此我们知道,世界人士已经改变旧日的观念,所以在太平洋开战后的一年,英美便自动放弃不平等条约,而与中国另行订定出来这个划时代的新约。虽然如此我们不能丝毫松懈,更应该努力迈进!

目前的国际情势已经好转。在欧洲方面,斯大林格勒已解围;在地流根地方,苏联解决德军有七八万之众,这一次的德军攻击又告失败。这是继前年德国的力

① 指1943年1月11日,中国分别与英、美两国签订的《关于取消英国在华治外法权及其有关特权条约》《中美关于取消美国在华治外法权及处理有关问题条约》,史称《中英平等新约》和《中美新约》。

量攻击莫斯科失利后,苏联的第二次最大胜利。这已经可以证明德国的力量已是强弩之末了!在亚洲方面,英美的攻势已压迫日军退出瓜岛、新几内亚之战争,日本损失尤为重大。同时美国阿拉斯加公路的完成,不仅运输安全而且因为空军的建立,可以直接威胁三岛。这种种情形,对于我们是有利的,不过我们决不应该有依赖性的希望。要知道,以现在的情形来说,战争决不是很短时期就可以解决的,必须要有不断的努力精神来争取胜利!我们的敌人也是每天苦思焦虑的来筹划他的们〈他们的〉侵略方法,比如,德国对他已占领国家中的人民,互相整个地迁移,使其原来国家组织消灭无遗,并且训练战败国的壮丁开赴前线为德国效死。又如日本最近使伪组织对英美"宣战",继而对沦陷区企图抽拔千万壮丁,以供其驱使。这些事实全是说明了我们的敌人在顽强地挣扎。我们万不可以轻视敌人的力量,唯有努力建设国家才可以增强抗战的力量,才可达到最后的胜利。因为现代的战争是先要有国家的生产极度增加,始可谈到消耗战。这一点同盟国中,美国是占绝对优势的。美国的各项生产,已经是占世界总数之半,仅以造船来说,普通军舰美国一月可造一只,飞机的生产当更加倍。这一点也就是同盟国胜利的把握。可是中国的生产落后,还待国人振作精神,急起直追,加速度地建设!

谈到现在中国情形,的确艰苦已极。有的一些变化,完全是抗战以前没有的现象。然而这是任何战争中所必须经过的阶段,这决不能动摇我们的意志。我们所具有的牺牲精神,业已使得敌人警惧,世界景仰,如同范筑先生及张自忠将军的民族英雄事迹,业已【成】为全中华民族的精神。我们要继续保持过去的光荣,一定要发扬这种奋斗精神,更要利用此种精神来创造一切物质。自今的国际战争,不是一两年就可结束,对日战争,更非坐候可以致胜,所以决不能仅作乐观的企望。一切还待我们自己来继续努力。这样,那将临的一线曙光,总能渐渐照临大地!

复次,我来到贵处看到全体同仁无论是在上班或休息,生活全很有规律,我对此很感兴趣。在这里,很愿把我个人的规律生活顺便也谈谈。

我的生活很有规律,多少年来全是如此。每天一定要六点半起床,起后即练习太极拳,目的是锻炼身体。实行已有一年半,并未一天间断,觉得很有心得。太极拳的好处,是静中有动,动中有静,可是说是动静咸宜。本来运动的意思,目的在修养身心,详细地来说,此种运动的目的,就是在身体的健康,与精神的健康。身体的健康,当然不是练习拳术去打别人,目的是在练习身体,能吃苦耐劳,任重致远,这是可由太极拳中之"动"字得到的;精神的健康,就是锻炼头脑清楚,不受利诱，不受胁迫，这是由太极拳之中“静”字得到的。“静”字也就是大学中所说的“诚”字。“静”就可以“明”。“明”什么呢？就是“明是非，明利害，明生死”。见利忘义，就是不明是非；在患难中苟且偷生，就是生死不明；临大节而受侮屈辱，更是利害不明。尤其是“明生死”，在这正义与敌伪争存亡的时候，尤为主要。古来许多民族英雄，他们最能“明生死”！譬如以文天祥来说，他如降服元朝，立刻可以享受无尽的荣华富贵，可是他不去做，结果还是为国殉节，这就是他能“明生死”的一点。在双十二事变时，驻军派代表来游说，使我赞助他们的主张，最后还说“如果反对，就是反革命，那就危险”，当时我回答：“人生总有死，不过是早晚的分别。一个人生命最多不过百年，早晚不能逃过‘死’的，假如叫我赞成你们的主张，能以永远不死，而且常生不老，我倒可以考虑一下，否则就什么也不必谈。”结果他们终莫奈我何。其实细想起来人生非常渺小而短促，我们如以个人来比太阳系，渺小的程度无法比例，何况宇宙间还不止太阳系一个呢！人生的短促，更是无法与时间作比例。在我们一个人的前后时间，不知有多少千万年，一个人的生命时间还有什么？临难屈服，贪生怕死的人，就是不明白这种道理。我们要“明”，就是要“不疑”，不疑就是无所畏惧了。这种锻炼完全由“静”字得出来的。静的初步功夫，便是静坐，静坐的功夫，也是很好的。我每天一定要静坐一刻钟，清洁一切的思虑，就可以得到“明”字的利益。其他的规律生活，就是每次饭后必须行走一千六百步，有益于脾胃消化，午后必须睡卅分钟。现在已经实行了十四年，对于身心极有裨益。我们对于运动和规律的生活，不必须要求繁重，可是一定要持之以恒。比如太极拳的运动，比欧美的运动是处处便利的。欧美的运动第一要器械，其次需要广大的场子。再者外国运动多属众人，至少好像也得两个人。可是中国的太极拳，绝没有外国运动那种种限制，并且太极拳还是男女老幼全可锻炼的拳术，不择时，不择地，均可练习，真肯下些功夫，至少也是最低限度的防御技能。我很希望在座诸君，全能练习这种良好的运动。

对于娱乐，我也认为是在生活上必需要的。因为娱乐可以使人兴致活泼，精神爽快，对于工作不但不妨碍，而且有利益。为什么呢？因为能娱乐的人，他的精神生活，一定是健全的，所以在工作的时间，一定也有饱满的精力。试看精神萎靡的人，不能工作，同时也不想娱乐，所以人们说：“娱乐要尽情地娱乐，工作要尽力地工作”。这才是快乐的精神生活。欧美人士非常注意娱乐，所以他们的精神是活活泼泼的，这点我是赞成西洋人的。我们中国人有的认为娱乐是一种消遣的举动，是一种不规范的行为，以致养成少年老成的作风，遂使炎黄圣裔，竟蒙“东亚病夫”之名，这是如何的耻辱！所以，我们中国人对于娱乐的要求，不如外国人的普遍，这样就很容易减少活泼争取动的勇气和力量。

再说娱乐的种类很多，我们要提倡的应该是正当而普遍的娱乐。比如我们中国社会流行的打牌，不但无利益而且不应当，实在应该找一种正当的娱乐来代替才好。从前俄国人喜欢下棋，以后慢慢地人民身体全有了病态，这就是流行下棋的弊害。以后彼得大帝提倡以跳舞代替下棋，普遍实行起来，民众的身体全都恢复了健康。苏联人民今日之有坚强体格，未始非彼得大帝当年一语所赐。所以说，娱乐不但对于个人有利益，而且对于整个民族很有关系。我们是不得加以视忽 <忽视> 的。我个人最喜欢听音乐，这一点娱乐也是我每天例行的规律生活，我希望大家也有一种规律的娱乐。

此次来到贵处，见到大家无论是在公事房，无论是在饭厅，无论是在宿舍，全都有规律，所以我想起我个人的一些生活情形。希望大家能够当作个人生活习惯上的一点参考。

我因为来的仓促，许多材料又未在手边，这些只是与大家随便的谈话而已。总之就我们抗战的情势与国际的环境来观察，同盟国的前途是光明的，然而我们亦不可过分忽视敌人的力量。一切还看我们的努力，尤其是我们的抗战是一定要争取胜利的，否则就是灭亡！我们要渡过这一个难关，唯有大家精诚团结，奋斗前进，才可以得到真正的光明。今天由世界大局的演变，谈到个人修养的途径，看去相距甚远，其实却是息息相关的。

（件存陕西省档案馆民国档案 82－1－40－3 卷）

二、生活待遇

雍兴实业股份有限公司总公司及各厂职员年金规则草案

（1942 年 1 月 26 日）①

第一条　职员服务每满五年给予年金一次。

① 根据 1942 年 1 月 26 日《第一届厂务会议第三次大会记录》审议通过提案确认时间。

第二条　年金以下列标准给予之：

（一）职员服务继续已满五年者，准按给五年薪俸所得之平均额给予半年之年金。

（二）职员继续已满十年者，准按最后五年薪俸所得之平均额给予一年之年金。

（三）职员继续服务已满十五年者，准按最后五年薪俸所得之平均额给予二年之年金。

（四）职员服务继续已满二十年者，准按最后五年薪俸所得之平均额给予三年之年金。

（五）职员继续已满二十五年者，准按最后五年薪俸所得之平均额给予四年之年金。

（六）职员服务继续已满三十年者，准按最后五年薪俸所得之平均额给予五年之年金。

第三条　计算年金以服务确满一年为一个年度，发放年金须于五个年度届满后执行之。

第四条　职员服务虽已满规定年度，但考查成绩列丙等或因违背服务规则曾受处罚者，得由主管人员陈请总经理在该员应本年年金内酌予减支。

第五条　职员请假回籍，已领取往来舟车费者，当年年金不再发给。

第六条　职员因组织上之变更退职，以后复行任职或由本职调任他职服务者，其前后服务之期间得合并计算。但自行辞职或因事退职复行任职者，其时效应重新起算。

第七条　依本规则发给之年金应由总公司或各厂提存十分之二，按照《储金简章》保存生息，至退休时本息一并发还。

第八条　职员未离职病故者，该员名下应得之年金或提存之年金本息，如数支给该员家属具领。

第九条　本规则如有未尽事宜，由总经理提请雍兴实业股份有限公司总公司董事会修正之。

（件存陕西省档案馆民国档案 82－1－1641－2 卷）

雍兴实业股份有限公司总公司及各厂职员恤养规则草案

（1942 年 1 月 26 日）

第一条　职员之恤养金分左列三种：

（甲）退休赠与金；

（乙）死亡恤金；

（丙）因公伤亡恤金。

第二条　职员因不得已之事由请准长假而服务已满五年以上者，得给予退休赠与金。其标准如左：

（甲）服务已满五年者，准按在职最后一年薪俸所得之总额，给予一年之退休赠与金。

（乙）服务已满十年者，准按在职最后一年薪俸所得之总额，给予二年之退休赠与金。

（丙）服务已满十五年者，准按在职最后一年薪俸所得之总额，给予三年之退休赠与金。

（丁）服务已满二十年者，准按在职最后一年薪俸所得之总额，给予五年之退休赠与金。

（戊）服务已满二十五年者，准按在职最后一年薪俸所得之总额，给予七年之退休赠与金。

（己）服务已满三十年者，准按在职最后一年薪俸所得之总额，给予十年之退休赠与金。

第三条　工务部分职员系担任重要职务、工作确有成绩者，遇有前条退休情形时，准按前条所定标准增给二分之一退休赠与金。

第四条　职员年满六十岁者应令退休，除给以前二条相当之退休赠奖金外，如服务已满十年以上，且平常办事确有成绩者，得提请总经理核准，按照最后一年之薪俸所得之总额，另赠与退休金三年；已满二十年者，另赠与退休金五年；已满三十年者，另赠与退休金七年。

第五条　职员因违反服务规则而受开除之处分者，另年限也已届满，退休赠与金亦不发给。

第六条　计算退休赠与金，以服务确满一年为一个年度发放【退休赠与金】，于该年度试算或决算后行之。但职员有特殊情形急待用款者,得陈请总经理核准先行酌支,至试算或决算后再补齐不足之数。

第七条　职员因组织之变更,退职以后复行任职,或由本职调往他职工作者,前后工作之期限得合并计算。但自行辞职或因事退职后复行任职者,其时效应重新起算。

第八条　职员在职死亡而服务期间已届满三年以上者,得给予死亡恤金。其标准如下:

(甲)服务已满三年者,准按在职最后一年薪俸所得之总额,给予一年之恤金;

(乙)服务已满五年者,准按在职最后一年薪俸所得之总额,给予二年恤金;

(丙)服务已满十年者,准按在职最后一年薪俸所得之总额,给予三年之恤金;

(丁)服务已满十五年者,准按在职最后一年薪俸所得之总额,给予四年之恤金;

(戊)服务已满二十年者,准按在职最后一年薪俸所得之总额,给予七年之恤金;

(己)服务已满二十五年者,准按在职最后一年薪俸所得之总额,给予十年之恤金;

(庚)服务已满三十年者,准按在职最后一年薪俸所得之总额,给予十五年之恤金。

第九条　死亡恤金得由该员之家属具领,但以有继承权者为限,无继承权而蒙混冒领者,一经察觉加息追缴并送司法机关治罪。

第十条　职员因已请准退休而又发生死亡之情事者,只准领退休金,不得再领死亡恤金,或要求领取退休金与死亡恤金之差额。

第十一条　职员因职务上之行为,致肢体残伤或撄痼疾或致死亡者,得给予因公受伤或因公死亡之恤金。其标准如下:

(甲)因公残伤肢体或撄痼疾尚能改任其他工作不必即行退休者,年金照年金规则加给二分之一,退休时退休赠与金照本规则第二条之规定加给二分之一。但因重大过失受开除之处分者,仍应适用本规则第五条之规定。

(乙)因公残伤肢体或撄痼疾不能改任其他工作者,退休时退休赠与金照本规则第二条之规定加一倍给予之。

（丙）因公死亡者照在职死亡恤金加给一倍。

第十二条　本规则第三条、第六条、第七条各规定，于第八条、第十一条准用之。

第十三条　本规则第四条、第九条、第十条各规定，于第十一条准用之。

第十四条　受领退休赠与金、恤金之职员，在职时有特别劳绩者，得由主管人罗列事实，陈请总经理核定酌加优恤，最多不得超过其全部应得之三分之一。

第十五条　领取赠与金、恤金时，需用在职通常使用之印鉴签盖，倘托人代领或由其眷属代领时，须有相当之证明书，必要时并须出具殷实商保。

第十六条　本规则所定恤养办法，得于历年盈余项下提取存专款百分之五作为基金，必要时并可投保人寿险、安全险补助之。

第十七条　本规则如有未尽事宜，由总经理提请雍兴实业股份有限公司总公司董事会修正之。

第十八条　本规则自公布之日施行。

束士方为加发战时生活补充费致公司驻秦办事处函※

（1941年4月27日）

径启者：目下生活程度日趋昂贵，兹为体念同人，俾得安心服务起见，所有本总公司及秦陇所属各工厂职员，除原支薪俸及战时津贴仍照旧支领外，自本年三月份起，已婚同人一律加给战时生活补充费五十元；未婚同人一律加给战时生活补充费二十元又膳费十六元。膳贴二十元照旧发给，但同人在公家用膳者，其每月实摊膳费超过三十六元时，得由公家照数贴补以示优遇。此项贴补膳费每月共支若干，请由尊处每月汇报总公司，以资考核。除分函外用特附奉《雍兴公司发给战时生活补充费办法》一份，即祈查照并请转函尊处所属各厂一体遵办为荷。

此致

本公司驻秦办事处

雍兴公司总经理束士方

卅年四月廿七日

附件

雍兴公司发给战时生活补充费办法

一、本公司为体念同人生活，俾能安心服务起见，特于各职员原支薪津外，概自三十年三月份起，规定已婚同人另给战时生活补充费五十元，未婚同人另给战时生活补充费二十元，以示体恤（上项战时生活费得视物价之涨落，随时增减或取消之）。

二、本公司所有职员无论已婚未婚均应填具雍兴公司职员家庭报告表（报告表应填事项，详见另纸），由主管机关送陈当地办事处转陈总公司备查，将来发给此项战时生活补充费时，即以所填表格为准。

三、已婚职员未经携眷同居于所在服务地者，应将其眷属照片（包括子女在内）拍印四张，由主管机关送陈当地办事处转陈总公司存查，并另觅保证人以资证明（此项照片主管机关及当地办事处各留一张，其余二张送陈总公司备查）。

四、在上项照片尚未寄到，经过本公司调查以前或未经主管机关重要职员证明本人确已婚娶者，上项战时生活补充费暂按未婚待遇，一律发给二十元，俟后调查清楚再行一次补发。

五、未婚同人谎报已婚，希图多领战时生活补充费者，一经查出即予开革，以杜欺诈。

（件存陕西省档案局民国档案 82－1－19－3 卷）

束士方为重申每月底向总公司陈报各厂职员膳食贴补费数目致公司驻秦办事处函※

（1941 年 7 月 15 日）

径启者：本公司所属各厂职员月支膳费十六元，膳贴二十元，其在厂用膳者，所用膳费超过上项规定时，得由公家贴补以示体恤，但各厂贴补膳费数目，应于每月底陈报总公司以资查核，前经通函在案。兹查各厂多未遵办，殊属疏忽，用再重申前函，务望各厂切实遵办，万勿视为具文。再公家贴补膳费，全出于体贴同人之善意，而同人对于贴补之费，应即特别节省，以顾公家困难，万不应因贴补既有来源，任意浪费。此后各厂膳费贴补之数，应先陈奉总公司核准后再行出账，并将当地有关伙食之各种物价，择要列表据实陈报，以资考核。又膳费贴补以职员本人为限，其家属不得享受此种优待，并祈转知尊处所属各厂一体遵照为荷。

此致

本公司驻秦办事处

雍兴实业股份有限公司

总经理　束士方　启

七月十五日

（件存陕西省档案局民国档案 82－1－19－3 卷）

雍兴公司为战时津贴标准致公司驻秦办事处函※

（1941 年 7 月 19 日）

径启者：兹将本公司所属各厂经理、厂长以下职员之战时津贴暂行改定如下：

（1）课长及工程师　捌拾元；

（2）办事员及技师　陆拾元；

（3）助员　伍拾元；

（4）练习生　叁拾伍元。

上项改定战时津贴，统自本年三月份起支，用持函达，即祈转达尊处所属各厂，一体洽照为荷。

此致

本公司驻秦办事处

雍兴实业股份有限公司总公司启

沈钥、杨毓琇（印）

（件存陕西省档案局民国档案 82－1－19－3 卷）

雍兴公司驻陇处为转陈兰州制药厂拟提高各部技工工资待遇致总公司函※

（1941 年 8 月 21 日）

总公司大鉴：

顷据兰州制药厂函称：“查敝厂制造各部技工待遇拟略予提高一事，曾经函陈且经【记入】第二次厂务研究会议决之会议记录，亦以总字第三四一号函报尊处各在案。兹拟于八月十八日起，即行改订技工工资待遇，暂定每日国币三元至八元，按日于月终计发，并依技术之优劣及工作成绩之良窳，定其等级（以二毛五分为一级），膳宿均由厂方供给。至各技工如因事请假时，即按日扣发工资，其未经请假手续而无故不到者，扣罚工资三日，怠工、早退、迟到者均扣罚半日工资，以明奖惩，俾资提高生产效率。谨为函陈，至祈察照核转备案是祷"等情。用特转陈，即希察核备案，为荷！

此颂

公绥

驻陇处启

八月二十一日

（件存陕西省档案局民国档案82－1－5－2卷）

雍兴公司西安临时办事处
为长安制革厂调整职员津贴致该厂函

厂字第一号通函

（1942年1月30日）

径启者：查本公司调整各厂职员待遇一案，业经第一届厂务会议议决，职员津贴第一、第二、第三暂行办法三种（第一种暂行办法分AB两类），至各厂应按何种办法办理，由总公司根据各厂营业状况及经济负担能力，分别核定函知各厂照办。又此次改定津贴办法，自民国三十年十月份起实行。以上各节，均经大会通过各在案。兹经核定，尊处应暂按第一种暂行办法B类发给职员津贴，相应函达，并检附第一种暂行办法及临时生计津贴倍数表各一份，请即察照办理。再此次改善待遇，本公司方面为维持同人生活，所增担负为数甚巨，尚希同人深体休戚相关之旨，一致振刷精神，努力服务，互勉工作效率之增加，共图全体事业之发展，本公司有厚望焉。

此致

本公司长安制革厂

雍兴实业股份有限公司总公司西安临时办事处

束士方（印）

（件存陕西省档案局民国档案82－1－1290－3卷）

附件

雍兴实业股份有限公司职员津贴第一种暂行办法

一、值兹非常时期，百物昂贵，为维持职员生活俾能安心服务起见，规定下列津贴二种：

（甲）临时生计津贴

（乙）家属生活津贴

二、临时生计津贴暂按附表所列两千三百倍物价指数之标准核计发给，举例如下：

1. 本俸三〇元者　　发给临时生计津贴一〇，二〇六元
2. 本俸六〇元者　　发给临时生计津贴一七，〇一〇元
3. 本俸一〇〇元者　　发给临时生计津贴二一，五四六元
4. 本俸一五〇元者　　发给临时生计津贴二四，三八一元
5. 本俸二〇〇元者　　发给临时生计津贴二七，二一六元
6. 本俸三〇〇元者　　发给临时生计津贴三二，八八六元
7. 本俸四〇〇元者　　发给临时生计津贴三八，五五六元
8. 本俸五〇〇元者　　发给临时生计津贴四一，三九一元
9. 本俸一〇〇〇元者　　发给临时生计津贴五五，五六六元

三、物价指数超过两千三百倍以上至三千倍时，职员临时生计津贴仍照第二条之规定核计发给。

四、如遇物价指数低于二千三百倍时，应照附表所列指数比例递减；一俟物价指数恢复正常状态时，上项临时生计津贴即行取消。

五、物价指数由总公司采取政府机关公布之统计报告，酌定标准（各厂由总公司按月通知照办）。

六、职员报领家属生活津贴之规定如左：

1. 母、女、妻年龄不加限制，但以必须由本人抚养者为限（其父年在六十岁以上，或六十岁以下因残废不能在社会服务者，其母方得由该职员抚养；

2. 父以年龄在六十岁以上必须由本人抚养者为限；

3. 子以年龄在十六岁以下必须由本人抚养着为限，但职员之子确在高中攻读者得将抚养年龄延长至二十岁，在大学攻读者得延长至二十三岁；

4. 八岁以上者每人每月得领米二市斗；

5. 八岁以下者每人每月得领米一市斗；

6. 煤球按户发给每户折给代金十六元。

上项职员家属生活津贴，一俟物价恢复正常状态时即行取消。

七、本公司规定米之标准价格如左：

计米每市石四十元。

米之实际价格超过上列标准价时，即按超过数额比照当地市价发给代金。

八、报领上项职员家属生活津贴代金之职员家属，至多以米一市石为限。

九、同一家属如有职员二人以上负抚养之义务者，由其中一人报领之。

十、职员家属津贴以男职员为限，但女职员中有出嫁后寡居并必须负担家庭中之经济责任者，得照本办法第六、七、八、九各条之规定请领代金。

十一、增补职员时，其发给家属生活津贴代金之计算规定如左：

1. 凡到职在月之十日以前者以全月计算；

2. 凡到职在月之二十日以前者以半月计算；

3. 凡到职在月之二十日以后者自下月份计算。

十二、职员家庭人口如有变动时，应将变动情形随时报由各厂转陈总公司备核。

十三、职员报领上项代金时，如有谎报、冒领或重复情事，一经察觉立即开革并追缴其冒领之款。各课股职员共负联保责任，其主管人须层层负责切实审核。如有上项情弊，得停止该部分代金一个月，其主管人员应受记过之处分。

十四、练习生无论已婚、未婚一律给予临时生计津贴一百元。

十五、上项练习生之临时生计津贴，得视物价之涨落酌予增减或取消之。

十六、职员、练习生在试用期内不得享受本办法之待遇。

十七、自本办法实行后，所有以前各种战时津贴及生活补充费一律取消。

附注：职员津贴第一种暂行办法分 A、B 两类，除 A 类照上列规定办理外，其 B 类办法拟定如下：

1. 将 A 类第二条临时生计津贴数额照下列支给：

（一）经理、厂长月支临时生计津贴二四〇元（原支战时津贴及生活补充费一律取消）；

（二）课长、技师月支临时生计津贴一六〇元（原支战时津贴及生活补充费一律取消）；

（三）办事员、技术员、助员一律月支临时生计津贴一二〇元（原支战时津贴及生活补充费一律取消）；

（四）上项临时生计津贴，得视物价之涨落随时增减或取消之。

2. 其他各种待遇悉照A类所规定者办理。

（件存陕西省档案局民国档案82－1－1344－1卷）

雍兴实业股份有限公司携眷职员房租津贴暂行办法

本公司职员眷属宿舍在目下未能充分供给，以前其携有家属确在西安自赁住房者，暂依左列办法津贴房租：

一、工程师、技师、专员、稽核等以上职员，每户每月津贴房租国币叁万元，办事员津贴贰万伍仟元，助员津贴贰万元。

二、每户得一次借支押租国币壹拾万元（赁房退租时缴还）。

三、每户每月津贴灯油费国币捌仟元（赁房有电灯设备者不支）。

四、每户每月津贴水费国币伍仟元。

五、凡支领眷属房租津贴者，本公司单身宿舍内即不再供给铺位。

六、室内用具以本公司所存家具酌量借用外，概由自备。

七、将来本公司能充分供给职员眷属宿舍时，所有在外自赁供房者应一律迁入本公司自备宿舍，否则每月不再支给房租津贴，其所借押租并应一次如数扣回。

八、同人声请房租津贴可向总秘书室人事组洽办。

九、本办法自三十六年一月一日起实行，又三十五年二月十九日所订房租津贴办法同时废止。

（件存陕西省档案局民国档案82－1－1170卷）

雍兴实业股份有限公司战时优待同人医药补贴办法

一、本公司同人及其眷属（以住在西安之直系亲属为限）遇有疾病，可请由本公司与雍行合办之卫生室主管人员发给介绍证，凭证请卫生室特约医师诊治，除诊费由本公司负担外，所有药物或手术费用及特约医师认为事实必须住院者之住院费用等，按左列规定办理：

（甲）每一次病症，其药物费及手术费、住院费等总数在五百元以内者，由本人负担。在五百元以上之超过部分至二万元为止,由本人负担百分之五十。在二万元以上之超过部分,由本人负担百分之四十(须填用贴补医药费申请书)。

(乙)因事实必需经特约医师介绍或认可,陈经本公司允许改由其他医师或医院诊治者,其费用得照前项规定办理(须填用移送治疗特约医师证明书)。

(丙)凡病症中途易医诊治者,其前后一切费用得并作一次病症计算。

(丁)凡病症不拟由特约医师或介绍医师诊治自行觅医诊疗者,应于就诊之前陈请核准,方能申请贴补医药费用。

(戊)诊费范围包括门诊出诊、急诊、特诊、检验血、痰、尿、粪之培养及反应X光之透视及拍照(凡须用X光者必须事先陈请核准)。

(已)不论就诊、请诊,其交通、车马等费用概归自理。

二、前条规定由本公司负担之诊费、药物费或检验费、手术费及住院费用,于左列情形不适用之:

(甲)经通告施行预防之疾病,不遵照规定办法预施防范,在此预防可能免疫之期内发生此项疾病者。

(乙)业经检查发现之疾病,不遵照特约医师之意见及时予以适当医治及疗养故渐次陷入深重之阶段者。

(丙)因烟酒等不良嗜好所致之疾病,其嗜好曾经特约医师告诫未予注意戒绝者。

(丁)因放浪不检之行为所致之疾病,如无故殴斗所受伤害或直接传染之花柳病等。

(戊)属于普通调补性质者。

(已)医治牙齿属于镶补装置不关病痛部分者。

三、同人自行负担部分之费用,如一时确属无力支付而又病势严重者,得请求由公司垫付,愈后即于薪津内扣回;如不幸死亡,得于应得之恤金内扣回(须填用借支医药费申请书)。

四、病症所需药品凭特约医师处方至卫生室领药,如药品为卫生室所未备者,得由病家自向市面配购(但须取有发票并经医师签证)。

五、同人之配偶生育子女得检同产科医师证件向本公司申请支给生育补助费国币二千元。如遇有特殊情形须施针药或住院或临产困难须用手术,其全部费用超过国币二千元时,其超过部分得检具产科医师或医院凭证,按照同人医药费用贴补办法申请贴补。

六、警役医药费补贴通用上项之规定惟以本人为限。

七、本办法自卅三年十二月份起施行,所有本年八月十日公布之《优待同人医药暂行办法》,自本办法施行时废止。

(件存陕西省档案局民国档案82－1－48－2卷)

雍兴实业股份有限公司职员子女教育辅助费暂行办法

(自1946年下半年起施行)

本公司及各厂矿服务两年以上之职员有子女就学者,得申请教育补助费。其办法如左:

一、在大学肄业者,每学期补助拾万元;

在中学肄业者,每学期补助捌万元;

在小学肄业者,每学期补助伍万元。

但每一职员申请子女教育补助费以两人为限(此项名额包括在本公司或各厂矿自设学校肄业者在内)。

二、前项教育补助费应于每学期开学时,检同子女入学证及学校缴费收据,向本公司申请,在总公司由各总签证,在各厂矿由经副理签证。

三、职员子女在本公司或各厂矿自设之学校肄业者,不得申请补助费。

(件存陕西省档案局民国档案82－1－443－1卷)

雍兴业实股份有限公司职员医药补助费办法

(自1946年9月起施行)

本公司在职职员遇有疾病,其医药及诊疗所需用费补助办法如左:

(一)在本公司自设之医药室治疗者,其治疗费、医药费全免(但以该室购备药品为限)。

(二)另请医师治疗者,其诊疗费或手术费由公司担负,其药费由公司补助半数。但另请医师诊治者应于事前陈请核准,否则不得申请补助医药费。

(三)特列重病须请专门医生治疗并于事前陈请核准者,其医药等费由总经理核定补助之。

附:上项医药费补助办法,于下列情形不适用之。

1. 因烟酒等不良嗜好所致之疾病，其嗜好曾经医师告诫未予注意戒绝者；

2. 因放浪不检之行为所之致疾病，如无故斗殴所受伤害或直接传染之花柳病等；

3. 经通告施行预防而不遵从，以致在预防可能免疫期内发生该项疾病者；

4. 属于普通调补性质者（如滋补药品、药针等）；

5. 医治牙齿属于镶补装置不关病痛部分者。

雍兴实业股份有限公司职员配售平价面粉暂行办法※

（1946 年 3 月 25 日）

一、凡携眷职员得按其眷口人数（以住在服务地之直系亲属即父、母、妻、子女为限）申请购买平价面粉。大口八岁以上每月售给一袋，小口减半，但每员每月最多不得超过五袋。又携眷雇员每员每月不得超过三袋，试用员在试用期内、练习生在练习期内均不配售（单身及未携眷之职员、雇员均不得申请配售）。

二、此项平价面粉于每月发给薪津之日配售，按照市价由职员付给四分之一，其余四分之三由本公司以福利费出账。

三、申请人应先行填具眷属调查表，经各该部分主管人员负责调查并经各总审查后，核定其应买平价面粉袋数（如有虚报人数，一经查出即将该员应购平价面粉资格取消）。

四、凡属总公司职员，其平价面粉一律按西安市价照第二条办理（由各厂调至总公司服务，其眷属仍留厂内居住，业已享有各该厂平价米面之优待者，不得再在总公司申请）。

五、兰州供销处职员应与本公司兰州各厂一致办理。

六、以上办法自本年四月份起实行，如有修改得随时另定之。

雍兴实业股份有限公司职工福利金简章

本公司为谋公司及所属各厂矿职工永久福利起见，经董事会之核准，由历年盈余及其他收益，并按本公司各厂矿职工人数及每月生产情形提拨职工福利金。此项福利金之保管及运用孳息，由本公司组织职工福利金保管委员会，依照另订该会简章处理之。

第一条　职工福利暂定左列五项：

1. 职员抚恤；

2. 职员退职养老；

3. 工人伤病津贴及抚恤；

4. 职工团体寿险；

5. 其他职工福利事项。

第二条　此项福利金倘将来本公司解散清算时，应交由清算人处理。

第三条　本简章经董事会议决实行，修改时同。

（件存陕西省档案馆民国档案 82－1－1641－1 卷）

雍兴实业股份有限公司职工福利金保管委员会简章

本会根据本公司《职工福利金简章》第二条之规定组织之。

一、本会设委员七人，并由七人中互推一人为主席委员。

二、前项委员人选由董事会就本公司董监事、总协理、各总及各厂矿经理中指定之，任期三年。

三、此项福利金之运用，除存放本公司生息外，应经委员半数以上之通过。

四、此项福利金每年度收支，由本会编制报告表陈报董事会查核。

五、本简章经董事会议决实行，修改时同。

（件存陕西省档案馆民国档案 82－1－1641－1 卷）

雍兴实业股份有限公司职员退职养老规则

本公司及所属各厂矿职员之退职养老暂依本规则行之。

第一条　职员继续服务满十年以上，年届六十岁，应令退职，并得将其最后月份薪额依下表所列，按月给予退职养老金：

服务满足年数	10—12	13—14	15—16	17—18	19—20	21—22	23—24	25
按月支给本俸百分比	30	40	50	60	70	80	90	100

第二条　职员继续服务满十五年以上，逾五十五岁，精力就衰不堪服务，自请退职者，得按其最后月份薪额依下表所列，按月给予退职养老金：

服务满足年数	15—16	17—18	19—20	21—22	23—24	25
按月支给本俸百分比	30	40	50	60	70	80

第三条　职员继续服务满三十五年者，虽年龄未届六十岁，得自请退职并得按其最后月份薪额之全数给予退职养老金。

第四条　凡依照本规则第二、第三、第四条之规定陈请退职时，得由本公司酌给返籍旅费（惟以本人及直系亲属三人为限），其数目由总经理核定发给。

第五条　凡曾任本公司或所属各厂矿重要职务之职员，依照本规则第二、第三、第四条之规定退职时，除照章给予退职养老金外，如其在任职期内有特殊劳绩者，得由总经理提请董事会通过，酌给退职赠与金一次支给之。

第六条　凡领受退职养老金之职员遇有死亡时，得自退职日起推算其以前在本公司或各厂矿服务年限，按照本公司《职员抚恤规则》第三条之规定给予一次抚恤金，交该员遗族一次具领并停止给予退职养老金，但所领一次抚恤金内，应将已领退职养老金之累计数扣除，如所领退职养老金之累计数已超过其应得之一次抚恤金时，上项抚恤金即不再发给。

第七条　凡受领退职养老金之职员如改就他职时，则前项退职养老金应即停止。

第八条　职员合于本规则第二、第三、第四条之规定受领养老金，应由本公司主管部分或各厂矿经理就该员到职年月服务，经过陈由本公司核准发给支领养老金凭折按月支给。

第九条　受领养老金之职员应预具亲笔签字或印鉴二份，送存本公司备验。

第十条　每月向本公司领取退职养老金时，应将养老金凭折送本公司登记，并照所留签字或印鉴填具正副收条。

第十一条　遇本规则第七、第八两条情事时，应由受领养老金之职员家属或其本人具报停领。如发现有延报、冒领情事，即将其冒领之款加息追缴。

第十二条　本规则经董事会议决实行，修改时同。

（件存陕西省档案馆民国档案 82－1－1641－1 卷）

雍兴实业股份有限公司职员抚恤规则

第一条　本公司及所属各厂矿职员之给恤暂依本规则行之。

第二条　职员因执行职务而致残废或死亡者，经本公司审核属实后，得给予残废恤养金或死亡抚恤金。其标准如左：

甲、职员因执行职务而致残废永久失其全部或一部之工作能力者，得由本公司给以一次残废恤养金，其数额视残废部分之轻重而定，但至多不得超过该员最后月份薪额三年，至少不得低于一年，由本公司总经理核定发给。

因执行职务而致残废永久失其全部工作能力者，除发给上项一次残废恤养金外，并得按职员退职养老规则第二条之规定，给予残废终身恤养金，发给残废终身恤养金凭折，按月支领。但其服务年限未届十年者，准以十年计算。

乙、职员因执行职务而遭遇意外以致死亡者，得由本公司给其遗族一次恤养金，其数额视其死亡情形及在职服务年限而定，但至多不得超过该员最后月份薪额五年，至少不得低于三年，由本公司总经理核定发给。

因执行职务而致遭遇意外死亡者，除发给其遗族上项一次恤养金外，并得按该员最后月份薪额减半，按月支给，交其遗族具领，但至多以十五年为限。

第三条　在职病故之职员（非因公死亡者）继续任职满二年以上者，得按该员最后月份薪额，依下表所列给予一次抚恤金，由该员遗族具领。

在职病故职员遗族一次抚恤金计算表

服务满足年数	一次支给本薪月数
2	4
3	6
4	8
5	10
6	12
7	14
8	16
9	18
10	20
11	22
12	24
13	26
14	28
15	30

续表

服务满足年数	一次支给本薪月数
16	33
17	36
18	39
19	42
20	45
21	48
22	51
23	54
24	57
25	60

第四条　对于因执行职务遭遇意外，以致死亡及在职病故，平时确有特殊劳绩之职员，除照上列各项规定给恤外，得由总经理提请董事会酌加优恤。

第五条　凡合于本规则第二、第三两条之规定受领残废恤金或死亡恤金之职员或其遗族，得由本公司酌给返籍旅费。但以在生本人及其直系亲属三人为限，其数目由总经理核定发给。

第六条　凡受领残废终身恤养金之职员遇有死亡时，得自死亡之月起推算其以前在本公司或各厂矿服务年限，按照本规则第三条之规定给予一次抚恤金。但应将已领残废终身恤养金之累计数扣除，如所领残废终身恤养金之累计数已超过其应得之一次抚恤金数目时，上项一次抚恤金即不再给。

第七条　受领上项死亡一次抚恤金者为职员之妻或夫，无妻或夫者依下列次序代位受领，但职员有遗属者依遗属办理：

一、子女；二、父母；三、孙；四、同胞兄弟姊妹。

第八条　本公司对于上项规定受领人有疑义时，应由受领人觅保证明。

第九条　受领残废终身恤养金之职员如遇死亡时，应由其遗族缴还恤养金凭折，具报停领。如发现有延报、冒领情事，即将其冒领之款加息追缴。

第十条　本规则经董事会议决实行，修改时同。

（件存陕西省档案馆民国档案 82 – 1 – 1641 – 1 卷）

雍兴实业股份有限公司工人伤病津贴及抚恤规则

第一条　本公司及所属各厂矿工人之伤病津贴及抚恤暂依本规则行之。

第二条　工人因工作而致伤病或死亡者，得给予医药津贴、残废津贴或死亡抚恤金。其标准如左：

甲、对于因伤病暂时不能工作之工人，除担任其医药费外，每日给以平均工资三分之二之津贴。如经过六个月尚未痊愈，其每日津贴得减至平均工资二分之一，但以一年为限。

乙、对于因伤病成为残废之工人，永久失其全部或一部之工作能力者，给以残废津贴，其津贴以残废部分之轻重为标准，但至多不得超过三年之平均工资，至少不得低于一年之平均工资。

丙、对于死亡之工人，除照《工厂法》给与其丧葬费五十元及其遗族一次抚恤金三百元外，并给二年之平均工资。

前项平均工资之计算，以该工人最后三个月之平均工资为标准。

第三条　前项残废津贴及抚恤金均【一次】发给受伤在医治期内之津贴，每半月发给一次。

第四条　受领前条乙、丙两项津贴或抚恤，以该工人本人或本人之妻或夫。无妻或夫者，依下列次序代位受领。但该工人有遗属者，依遗属办理。

一、子女；二、父母；三、孙；四、同胞兄弟姊妹。

第五条　本公司对于上项规定，受领人有疑义时，应令其觅保证明。

第六条　女工分娩前后得给假期共八星期，其入厂工作在六个月以上者，假期内工资照给，不足六个月者减半发给。

第七条　本规则经董事会议决实行，修改时同。

（件存陕西省档案馆民国档案 82－1－1641－1 卷）

雍兴公司西安办事处
为提高职员互保寿险标准致各厂矿处函※

（1946 年 9 月 6 日）

径启者：查总公司及各厂矿职员互保寿险办法，原定每月每人提存十元，兹以物价日高，为符合实际、增进职员福利起见，自本年十月份起改为每人每月提存五百元，仍于六月及十二月份一次汇报。嗣后凡遇职员死亡，一律改发给寿险费五十万元，其余申请手续，仍照原办法办理。用特函达，即希察洽遵办为荷。

此致

本公司各厂矿

雍兴总公司西安办事处启

卅五年九月六日

雍兴公司为发放临时生活补助费致各厂矿处函※

（1943年7月7日）

一、厂字第五十四号通函

径启者：兹为体念同人生活困难起见，所有本公司及所属各厂矿处职员一律按本年六月份所支薪津数目，另发一个月以资补助。其截至六月底到职未满六个月者，按服务期间比例核给。特此函达，即希察照办理，具报为荷。此致

各厂矿处

雍兴总公司启

二、厂字第五十五号通函

径启者：兹以物价腾昂，为体念同人生活困难起见，尊处职员临时生计津贴指数，自本年六月份起改按四千倍计算，发给指数表另寄。特此函达，即希察照办理具报为荷。此致

雍兴所属各厂矿处、咸包公司、灵包公司、咸阳工厂

雍兴各办事处、咸包、灵包

董事会总经理启

三、账字第十四号通函

径启者：关于发给同人生活补助费，以六月份所支薪津数目另发一个月以资补助一节，业经厂字第五十四号通函布达在案，谅荷洽照。查是项补助费为平均担负计，尊处核发后应先以暂记欠款科目记账，自七月份起，分三个月以间接费科目临时生计津贴细目摊销完毕。用特函达，即希察照办理为荷。此致

本公司各厂矿

雍兴公司总公司启

四、无号通函

径启者：兹为体念同人生活困难起见，尊处职员一律按本年六月份所支薪津

数目,另发一个月以资补助,其截至六月底到职未满六个月者,按服务时间比例核给,特此函达,即希查照办理具报为荷。此致!

咸包公司(人第十四号)

灵包公司(人第十三号)

咸阳工厂(人第十九号)

兴实业股份有限公司董事会总经理启

(件存陕西省档案馆民国档案 82－1－34－2 卷)

雍兴公司为发放 所属企业高级人员特别津贴致各厂矿处函※

人字第八号通函

(1945 年 6 月 23 日)

径启者:兹改定尊处(经理、厂长、副经理、总工程师)月支特别津贴□□元,自本年四月份起实行,用特函达,即希洽照办理为荷。

此致

本公司厂矿处

咸包公司(人第十号)

灵包公司(人第八号)

咸阳工厂(人第□号)

总公司董事会

总经理　束启

附件

雍兴总公司暨所属各厂高级人员特别津贴数目表

贺书绅　四,〇〇〇元

魏公权　四,〇〇〇元

戴仲虎　二,〇〇〇元

束若　　三,〇〇〇元

长革厂经理刘履之　四,〇〇〇元

蔡纱厂经理王瑞基　六,〇〇〇元
蔡纱厂副理张仲实　三,〇〇〇元
蔡纱厂厂长刘持钧　四,〇〇〇元
蔡纱厂工程师邹赓华　三,〇〇〇元
蔡纱厂工程师陈华松　三,〇〇〇元
业精厂总工程师陈毅德　三,〇〇〇元
蔡机厂经理吴本蕃　五,〇〇〇元
蔡机厂副理吕凤章　四,〇〇〇元
兰机厂代理经理杨珩　四,〇〇〇元
陇煤矿经理王蓝甫　四,〇〇〇元
陇煤矿副理贾星垣　三,〇〇〇元
广酒厂经理孙镜清　四,〇〇〇元
兰化厂厂长丁宪祜　三,〇〇〇元
兰毛厂经理潘炳兴　四,〇〇〇元
兰机厂经理凌子惟　三,〇〇〇元
兰机厂厂长马文芳　三,〇〇〇元
兰毛厂厂长潘炳荫　三,〇〇〇元
运输处经理许庸令　六,〇〇〇元
咸工厂经理刘绍远　五,〇〇〇元
咸包厂经理汪晴江　四,〇〇〇元
咸工厂厂长雷锡璋　四,〇〇〇元
灵包厂经理张一鸣　三,〇〇〇元

以上人员特别津贴奉总经理核准,自三十四年四月份起实行按新定数目支给。

民国三十四年六月二十三日

（件存陕西省档案馆民国档案 82－1－62－1 卷）

雍兴公司为改定公司及所属厂矿职员待遇致公司西安门市部函※

厂字第十三号通函

(1946 年 6 月 12 日)

径启者:兹奉总经理电示:“本公司及所属各厂矿职员待遇改订如下:

(一)本俸按一百四十倍加成(以前加成办法取消)。

(二)生活补助费基本数四万五千元(以前基本数津贴三千元取消)。

附:练习生生活补助费基本数二万二千五百元(以前津贴一千五百元取消)。

(三)按一、二两项(连本俸)加百分之二十。

(四)眷属米贴仍照以前各员所得斗数发给。

(五)膳食米代金十斗(练习生仍按五斗发给)。

附注:雇员试用员待遇办法另定之。

以上调整办法自本年六月份起实行”等因。用特函达,即希察照为荷。

此致

本公司西安门市部

雍兴公司总秘书室

卅五年六月十二日

(件存陕西省档案馆民国档案 82－1－443－1 卷)

雍兴实业股份有限公司各厂矿民国三十五年度工人年终奖金核算准则比较表

厂别	直接工			间接工			备注
	服务满一年	服务不满一年	请假扣发计算法	服务满一年	服务不满一年	请假扣发计算法	
各纺织厂	一等技工 60 日 二等技工 60 日 三等技工 50 日 论货工 40 日			小工最高 13 万元			

续表

厂别	直接工			间接工			备注
	服务满一年	服务不满一年	请假扣发计算法	服务满一年	服务不满一年	请假扣发计算法	
西北机器厂	工津（根据十二月份不包括膳食半代金）450分=45日	每日扣$\frac{1.23}{450}$	事假一日扣$\frac{1.23}{450}$，病假工伤婚丧假$\frac{0.616}{450}$	工津（根据十二月份不包括膳食半代金）365分36日	每日扣	事假，病假工伤婚丧假$\frac{0.5}{36.5}$	
蔡家坡酒精厂	常日班（及值班未满八个月）者工津一月，常日班值班满八个月工津44日，领班加发津工14日	按月扣算		长工工津1月，领班加发14日	按月扣算		1. 每月十日以前到厂者按一月计算，十月以后到厂者不算 2. 每年分六月、十二月两次发给每次发给，前者按六月份工津计算，后者按十二月份工津计算
陇县煤矿	按日给资工人十二月份工资及面代金之和30日，领工监工工头加发20%	工作不满两个月者不发，满两个月及以上者比照全年者递减，领工监工工头时间不足两个月者不加					1. 每月工作满20日者按一个月计算，满十日者按半个月计算，不满十日者不计（加点工及假期工不算） 2. 凡在矿工作间断兹一个月以上者，其奖金自二次上工之日起计算（公伤及确实因病情节者除外）

（件存陕西省档案馆民国档案82－1－443－3卷）

束士方为豫丰纱厂请求加发薪津致其经理潘仰山函※

（1947年8月2日）

仰山我兄大鉴：

惠函奉悉。豫丰六月份薪津加发两个月，较雍兴少发一个月一节，查豫丰情形与雍兴不同，未可援以为例。豫丰年底奖金远较雍兴为优厚，去年借支两个月，亦且予以核销，而雍兴各纱厂同人年终所得则不过三个月，故六月份加发一个月，不过稍事弥补而已。豫丰请求照雍兴例六月份加发三个月一节，未便照准，至同人实物津贴以物价上涨，拟照市价酌为调整，即请由我兄斟酌决定并分别陈报为荷。

此颂

大绥

弟：束士方　拜启

（件存陕西省档案馆民国档案82－1－87－3卷）

杨毓琇为通力维持共度时艰紧事宜致陈叔虎、束樵如函※

（1949年1月5日）

叔虎、樵如我兄大鉴：

兹奉云公三十七年十二月廿五日函示，略以“（一）查迩来工商情形颇不景气，各厂业务前途已步入艰难途径，必须立定脚跟撑持基业，始克勉渡难关，继续创建。凡我同人务求与厂方合为一体，通力支持，共体时艰，依为唇齿。对于员工待遇，自宜尽公家所能负担之力，使能维持生活，安心工作。而对于厂方经济环境，亦须通体筹谋，预为调度，俾免伤及根基，动摇枝叶。是以各厂今后方针，必须两者兼顾，务以自给自足为主旨，不必要之开支固应特别撙节，营业上之收入亦必须以足以维持其本身工务、业务、人事以及其他方面之开支为原则。至厂方机件折旧以及股东官息等，尤须于营业受益项下逐一提存充作准备，然后参照盈余提成分配职工酬劳，决不能毫无成算。如过去之巨数奖金成为惯例，不问厂方能否负荷任意支出，不啻竭泽而渔，伤耗元气。（二）难关当前，步步紧迫，一旦崩溃，受困者仍为同人，此点务望亟早注意，全厂一体共晓辅车相依之旨。在目前状况之下，万不宜争多争少，即每月待遇亦须看整个收入情形，为永远根基着想，并非欲刻待同人也。尚望开诚与同人言之,是所至盼”等因。相应函达,即希转知尊处。各同人深体斯旨,抱同舟共济之心,勉渡难关。是所切盼。

顺颂

台绥

弟:杨毓琇　拜启

三十八年一月五日

(件存陕西省档案馆民国档案 82 - 1 - 106 - 3 卷)

杨毓琇为发送职员临时补助金事宜致陈叔虎、束樵如函※

(1949 年 1 月 7 日)

叔虎、樵如我兄大鉴:

兹奉总经理函示:为体念尊处职员[①]生活困难起见,特致送临时补助金一次,其标准如下:

(一)工程师、技师、课长(主任)每人以不超过一千三百元为度;

(二)股长、主任(属于课以下者)及负一部分较重责任之办事员,每人以不超过一千元为度;

(三)办事员、工务员每人以不超过八百元为度;

(四)助员每人以不超过六百元为度;

(五)雇员、练习生每人以不超过三百元为度。

凡到职不满一年者,按其服务期限比例核减。又此项临时补助金由总公司负担。特此函达,即希洽照办理为荷。

此颂

台绥

弟:杨毓琇　拜启

三十八年一月七日

(件存陕西省档案馆民国档案 82 - 1 - 106 - 3 卷)

① 指雍兴公司驻渝办事处。

陈叔虎、束若为报送驻渝职员发放临时补助金清单致杨朗川函※

（1949 年 1 月 20 日）

朗公协理钧鉴：

接前本月七日钧函，略以奉总经理函示“为体念职员生活困难起见，规定致送临时补助金一次”等情，祗悉遵办，等因，已遵照所示标准分别致送。兹奉上发给前项补助金职员姓名、款数清单一纸，敬祈鉴察为祷。

祗颂

崇绥

职：陈、束 拜启

卅八年元月廿日

附件

三十七年度驻渝同仁临时补助金清单

总秘书室

黎廷谋	1,000 元
萧直友	800 元
胡统璞	800 元
王通慧	800 元
成俗□	800 元
黄　强	800 元

总会计室

蒋西生	1,000 元
李垣棣	800 元
朱良藩	600 元

总稽核室

李玉铭	800 元

程明昌　　　800 元

总公司专员

戴仲云　　1,300 元

（件存陕西省档案馆民国档案 82－1－106－3 卷）

雍兴公司西安办事处关于加发薪津通函※

秘字第三十三号通函

（1947 年 12 月 12 日）

径启者：兹为体念同仁生活困难起见，所有本公司及各厂矿职员（包括雇员、练习生）按照本年十二月份每人所得薪津数目加发二个月（不包括膳食、米代金及平价面粉），以资补助。其本年七月一日以后到职未满六个月者，按服务期间比例发给。即希察照办理，具报为荷。

此致

本公司各厂矿

雍兴总公司西安办事处启

卅六年十二月十二日

（件存陕西省档案馆民国档案 82－1－1029－2 卷）

雍兴公司西安办事处为调整低薪职员薪金办法致秦属各厂矿函※

秘字第十号通函

（1949 年 2 月 4 日）

径启者：兹奉总协理函示：为体念本公司及各厂矿薪津较低之职员生活困难起见，特核定调整薪金办法如下：

（一）办事员或工务员底薪五十元至六十元者，每人可酌加五元至十元；

（二）低级办事员或工务员底薪三十元至四十五元者，每人可酌加五元至十元；

（三）助员底薪二十元至三十元者，每人可酌加五元至十元。

惟此系调整低级职员待遇，并非考绩加薪（本届考绩加薪暂不拟举行）等因，特函奉达，即希察照办理，并将尊处此次拟予调整薪金职员开列清单寄陈本处，以便核定为荷(在未经本处核定前,请暂勿发表)。

此致

本公司秦属各厂矿

雍兴总公司西安办事处启

三十八年二月四日

(件存陕西省档案馆民国档案82-1-1042-1卷)

雍兴公司宝鸡办事处戴仲虎为请重加考虑提高职工待遇致总公司签呈※

(1949年7月25日)

案奉七月二十五日钧处秘字第60号函开:“本公司七月份员工待遇暂定如下:(一)同人待遇按六月份支给实数发给;(二)工役待遇标准另纸开奉”等因,奉此除将第二条办法造单照发外,关于第一条办法,窃以为钧处尚有重加考虑之必要。缘同人待遇虽经七月二十二日会议决定,不能按照重庆市七月份公布之指数先发若干,其余记账,查当时情绪,同仁等系对“记账”部分数字庞大有所顾虑,致对于单独提高米代金及面代金一层,未付讨论即行闭会。奉函前因敬悉,职工方面申请增加待遇一案,业经奉准照提高米面代金措施办理,计职工每人所得较六月份平均增加百分之六十至六十九,甚至有增加至百分之八十以上者,即以实得薪数而论,亦均超过中级职员。相形之下,若不设法将职员待遇亦自七月份起一并照提高米面代金办法增加,则职员工作正常情绪无以维持。为此签请钧处重加考虑,核示祇遵①。至于司助出差费每日由五角增至八角,业经公布实行,合并陈明。

谨呈

总公司

职:戴仲虎　谨呈

(件存陕西省档案馆民国档案82-1-106-4卷)

附:职员、司助六、七两月份薪金比较两纸(略)

① 束诺签批:“七月份职员米面贴部分,似亦可照发薪日市价计算折发。诺。”

第六章 来往函电

一、人事任免

傅道伸赴雍行供职前为任职安排致志公函※

(1941 年 5 月 9 日)

志公赐鉴:

敬肃者:上月中旬奉,楞①、眉②公函电,令来港襄办雍兴公司购买纱机事项,已大致就绪,惟尚有细节问题仍待磋商耳。知注特及。日昨雍行束经理自兰州致楞公一电文曰:"此间人手极感不敷,尤以汪孚礼兄在沪经办各事须有妥人接替,查傅道伸兄对于以往各工厂诸种事务极为熟悉,拟恳将傅君调雍或由雍行借用一二年,以资熟手如何? 急电示遵"等语。楞公复电如次:"秦处转云章兄,商调道伸兄可照办,希公函陈报。楞。"是伸将奉命调雍行已成定局,惟给以何种名义,仍赖我公特别提拔耳。兹不揣冒昧,将下情奉陈于次:(一)伸对于服务地点,素惟上峰之命是从,不敢妄加主张。此次奉调至雍行服务,自所欣愿。伸对于现有待遇,殊觉满足,诚以薪水太多,做事太少,既遭物议,精神上更感痛苦,是以今后无论奉何调遣,对于薪水多寡,决不敢稍存计较之心。倘蒙我公提出予以稍为较隆之名义,则对外接洽或觉较有体面,因伸以前所教之学生,现多有升充各厂总工程师或厂长,乃至经副理之位置者。(二)伸现有待遇据同事相告,已超过分行襄理之上,而只与副理之待遇相颉颃。伸系与沈镇南(清华留美同学)、沈天梦(留法同学)诸君同时进行,沈君等既已先后升充副经理之职位,伸固自惭资格或有不

① 即汪楞伯。

② 即卞白眉。

逮,倘本邀栽培予以代理副经理之名义,则固所愿也。此既有先例可援,或不致引人非笑,尤令人快慰者,楞公亦曾示意可予伸以擢升之机会,然仍深赖我公玉成之耳。按毛君[①]现充雍行之襄理,渠系湖南高等工业专科毕业,伸则曾滥竽充任该校之主任教授,以俗眼观之,将必谓伸之位置宜稍为优异,此则伸所不敢苟同者也。素承照拂,故敢将鄙情率直奉陈,至祈鉴察为祷,肃布。

敬颂

崇绥

傅道伸　敬上

五月九日

霍副总稽核处统此致意。

(件存陕西省档案馆民国档案 82－1－7－4 卷)

雍兴公司为派卢达轩为该厂会计主任致蔡纺厂函※

(1941 年 1 月 12 日)

事由:派卢达轩充尊处会计主任。

径启者:查本公司与天水中国银行订有透支借款关系,所有本公司各工厂会计主任一职,应按照合同由天水中国银行派员驻充,兹准。该行本年一月十二日函,略开:“兹派卢达轩为驻蔡家坡纺织厂会计主任,即希洽照”等由,除函复外,相应函达,即希查照。又,尊处应支该主任薪津、膳费,应请按月支出,汇交天水中国银行收账,并希台洽为荷。

此致

本公司蔡家坡纺织厂

雍兴实业股份有限公司总公司　启

(件存陕西省档案馆民国档案 82－106－5 卷)

束云章委派吕凤章兼充益门镇酒精厂经理手谕※

(1941 年 6 月 7 日)

为派执事兼充本公司益门镇酒精厂经理由。

---

① 即毛翼丰(端梧),湖南常德人。

径启者:兹派执事兼充本公司益门镇酒精厂经理,除分函外相应函达,即祈察洽为荷。

此致

吕主任技师凤章

雍兴实业股份有限公司总经理 束云章

卅年六月七日

(件存陕西省档案馆国档案 82 - 1 - 6 - 3 卷)

雍兴公司为升充蔡纺厂副经理致公司驻秦办事处函※

(1941 年 9 月 6 日)

径启者:"兹将蔡家坡纺织厂营业课兼物料课长张仲实升充该厂副经理,并自本年九月份起改支薪金二百元,又战时津贴八十元,其余待遇照章支给。用特函达,即祈转知该厂洽照"为荷。

此致

本公司驻秦办事处

雍兴实业股份有限公司总公司 束云章启

(件存陕西省档案馆民国档案 82 - 1 - 6 - 5 卷)

雍兴公司为派吕凤章兼任西北机器厂及蔡酒厂副经理致公司驻秦办事处函※

(1941 年 9 月 6 日)

径启者:"兹派益门镇动力酒精厂吕经理凤章兼任蔡家坡西北机器厂及蔡家坡动力酒精厂副经理,除函达各该厂外,用特奉达,即祈洽照"为荷。

此致

本公司驻秦办事处

雍兴实业股份有限公司总公司束云章启

(件存陕西省档案馆民国档案 82 - 1 - 6 - 3 卷)

雍兴公司为经理不在时由厂长或副经理代理致蔡纺厂函※

（1941 年 10 月 8 日）

复准王经理不在厂时由厂长或副经理代理由

径复者：按纺总字二十四号台函，据称尊处王经理因兼顾咸阳工厂厂务，不能常川驻厂办公。兹特拟定嗣后王经理不在厂时，由厂长刘振国代理，刘厂长同时因公离厂时，由副经理张仲实代理，等情聆悉，应准备案，即希洽照。

此致

本公司蔡家坡纺织厂

雍兴实业股份有限公司总公司启

（件存陕西省档案馆民国档案 82－1－12－5 卷）

咸阳工厂为王基瑞请辞厂长兼职继任张万里到职视事致雍兴公司函※

（1944 年 5 月 22 日）

径启者：

顷奉束总经理函开："尊处王厂长瑞基请辞本厂兼职，业经照准。兹聘张万里君为尊处厂长，遇本厂总经理不在厂时，并兼代总经理职务。除另具聘函径送外，特此函达，即祈察照"等因，敝张厂长业于五月十九日到职视事。除函报外，特此奉达，即希台洽为荷。

此致

雍兴总公司

咸阳工厂刘□□　启

（件存陕西省档案馆民国档案 82－1－100－2 卷）

业精纺织厂为厂长王基瑞辞职继任张万里到职视事致雍兴公司函※

（1948 年 7 月 1 日）

总公司钧鉴：

接奉六月一日秘字十七号钧函承示，敝王经理瑞基辞职照准。兹聘张仲实君为经理,嘱将到职日期具报等因敬悉。兹敝张经理业于七月一日到职视事,谨专奉陈,至祈台洽为荷。

此颂

公绥

雍兴实业股份有限公司业精纺织厂启

(件存陕西省档案馆民国档案 82 - 1 - 100 - 2 卷)

雍兴为聘曹柏年任兰州制药厂经理致兰药厂函※

(1940 年 11 月 2 日)

径启者:兹聘任曹柏年君为本公司兰州制药厂经理,月致薪金三百元,又津贴一百元。上项薪金、津贴统自本年七月份起支用。特函达即,祈查照为荷。

此致

本公司兰州制药厂

雍兴公司总公司　束士方(印章)启

二十九年十一月二日

(件存甘肃省档案馆 49 - 2 - 12 卷)

雍兴公司为调派卞松年任兰州制药厂厂长致兰药厂函※

(1940 年 11 月 14 日)

径启者:调派本公司主任技师卞松年君充任尊处厂长一节,业由公函奉达。兹查卞主任技师原支薪每月二百六十元,又津贴六十元,自本年五月份起至八月份止,已由本公司支给。现因该员调充尊处厂长,应于本年九月份起改为月支薪金二百八十元,又津贴八十元,即日自该月份起,由尊处按月支付。相应函达,即祈查照为荷。

此致

束士方(印章)

中华民国二十九年十一月十四日

(件存甘肃省档案馆 49 - 2 - 12 卷)

二、厂务管理

雍兴公司驻秦办事处为请核查会计人员训练班及经费预算致总公司函※

总字第一一七号

(1941年8月5日)

函为拟具会计人员训练办法及经费预算附同登报广告请察核由

敬启者:查本处拟招考会计练习生施以训练后分发各厂应用,业经呈奉。

总经理七月二十六日电复"准予照办"在案。兹谨拟具会计人员训练办法大纲及训练班经费预算表,连同登报广告底稿,一并函请察核示遵为荷。

此致

总公司

雍兴实业股份有限公司驻秦办事处

中华民国三十年八月五日

附件

雍兴实业股份有限公司会计人员训练办法大纲

1. 本公司为造就会计事务人才,授以专门技能,以应各厂需要起见,特设会计训练班专负训练之责,并订定本办法大纲。

2. 训练班每次招考训练人员以廿名为度,视需要情形,得将名额增加。

3. 应考资格以高中毕业以上程度,或具有同等学力者为限。

4. 考试科目规定如次:

国文、数学、英文、常识。

5. 考取人员第一个月为训练期间,仅供给膳宿,第二、第三个月实习,实习期间除供给膳宿外,月给津贴二十元。实习期满视成绩优劣,分派本公司所属各厂服务。

6. 训练班设正、副主任各乙人,由总公司聘任本公司驻秦办事处主任稽核兼充之。

7. 训练班设教导、事务、办事员、书记若干人，由本公司及各厂职员中选派之。

8. 训练班教授由主任选聘之。

9. 训练班课程规定如次(一个月授完)：

簿记、会计学、工商管理、经济常识、法律常识、材料管理、成本会计。

本公司各项规章解释。

10. 训练班地址设蔡家坡。

11. 训练班经费由总公司垫拨，将来由各厂分担，其预算另定之。

12. 训练班每期训练及实习以三个月为限，必要时并得酌予延长或缩短之。

13. 本办法大纲经呈奉总经理核定后施行，修改时同。

（件存陕西省档案馆民国档案 82－1－7－4 卷）

雍兴公司驻陇办事处为兰州面粉厂被禁在省城市集附近购粮呈总公司函※

（1941 年 2 月 18 日）

雍兴公司大鉴：

顷准兰州面粉厂先后函陈该厂奉省府训令，不得再在省城市集附近地方采购粮食，及与唐吉武订立购麦合同情形等由到处。查此案前经敝处函告，在购运执照未奉发以前，暂为代磨官粮，并曾面告进行手续各在案。兹准前情，除以“两函均悉，查省府既有明令不准在省府市集附近地方采购粮食，仍望依照郑主任前次面办告法，一面与兵站总监部订立研磨官麦合同，一面呈请政府发给执照向外县采购，切不可妄干禁令，再在附近购买。须知环境如此，不得不遵从也。至与唐吉武君订立购麦合同一节，俟前项手续办妥后，再行进行可也。除转呈雍兴公司外，用特函复，即希查照切遵为荷”等语函复外，敬特检同原函及所附抄件，一并函请钧处鉴核为祷！

此颂

公绥

附原函二件，抄呈一件(略)

雍兴公司驻陇办事处　启

二月十八日

（件存陕西省档案馆民国档案 82－1－1129－2 卷）

雍兴公司驻陇办事处
为整饬兰州面粉厂内部问题致总公司函※

酒字第九十八号

(1941年3月5日)

雍兴公司大鉴:

查兰州面粉厂一切事务均极紊乱。前为整饬起见,曾派敝处办事员朱松如前往考核。兹据复称:"该厂内部确甚紊乱,兹就其现有缺点拟具整饬意见书,是否可行?敬乞鉴察。"等情,经详核该员意见,不无可采。除已将意见书内之改进意见十项节录该厂遵行外,兹特将原意见书随函奉上,敬乞鉴察。如认为可行,即请径函饬遵,俾冀该厂早入正轨,无任盼祷!耑此顺颂

公绥

附意见书一份

雍兴公司驻陇办事处　启

三月五日

附:

查兰州面粉厂筹备以来迄已数月,表面上大致就绪,其实际内部情形紊乱异常。究其原因,约有数端,兹就考察所得略陈梗概。

一、人事不健全。查该厂组织计分六课,除会计课长系由中行派任者外,其余均系以办事员代理,运用既不灵活,人选又欠训练,故对厂务之一切推进,不但诸多棘手,抑且漫无头绪。

二、执掌不清。查该厂办事细则虽经订定,迄未依照实行,各课职权均感遵循无目,本身任务,多抱敷衍态度,因此工作效能,无由发挥。

三、各课失联系。该厂处理事务,多不按照办事细则,手续不清,各课失调,故常有此课主管,而彼课拟办,反致主管课之事,而主管人茫然不晓,或同一事件系属两课范围,此课办毕,彼课毫无所闻,因此各课事务既均不能衔接,厂务推进自感棘手。

四、不能合作。查该厂同人,多半离心离德,毫无合作精神,指挥不灵,各逞所强,不但不能同舟共济,甚至互相播弄,以致怨声啧啧,多不安心于位。

五、奖惩不明。查该厂虽订有奖惩办法，不过为纸面文章，因另有其他问题，不能实行，以致内部工作散漫异常，现已不可收拾。

以上各端，均为最大之症结，兹拟具改进意见如后。

一、充实机构。该厂人事，应迅按照组织规程切实补充，所有员额，不得悬缺。如现在之办事员代理课长，是否胜任，应详确考核，如堪擢升，应即派为正式课长，否则另行物色相当人选，以专责成。其他职员，如有不称职者，立予淘汰，务使各部门均能负责推进。

二、提高待遇。该厂职员之薪津等项，均未依照总公司前颁之暂行章程支给，兹既为选拔人才，自应将待遇提高，绝不可在规定范围内，再予减低，如此则职员之生活既能安定，其服务精神及工作效能，自亦随时增高，绝不致再有敷衍之心理。

三、划分执掌。该厂执掌应迅依照前拟之各课办事细则，切实遵行，并分饬各部门主管人，对于本部分之一切事务，应绝对负责所有职权，他人不得侵越。如某事应归某课，当即交由某课承办，即或有经理自行拟办者，亦必须分别性质，通知主管课，俾资衔接，而免纷歧。

四、各课联系。凡同一事件，与另一课有关系者，公文则由主办课事先送交有关课签注后拟办，非公文则必须会商办理，并应于每周开一小组会议，或厂务会议，由主管课长报告本课重要事务，互相讨论，藉资联系，而期进展。

五、分工合作。各课之职权虽有不同，而服务之精神，应无二致，凡有关该厂发展，及改进之意见，应无论任何同人，均应尽量发挥，经理应绝对采纳，且不可相互播弄，对此道彼。

六、奖惩严明。凡为一部之首长，必先力求本身之健全，对于同人之工作之勤惰，应随时考核，规定奖惩，切实执行。

七、工作迅速。凡属本身任务以内之事，应随时拟办，如各项报表，及上峰饬复饬办之件，切不可稍或迁延。必须当天事当天了，如此则工作效率，始能逐日增高。

八、服从指导。上峰指示，应切实遵行。如确有特别困难，应陈明事由，即时函复，绝不可执持己见，以致无法收拾。

九、慎言谨行。凡事在未成功之前，应格外留神，不可过分宣扬，引起多方注意，影响厂务前途。

十、应适环境。现在该厂环境，已因不顾大体，妄言妄为，每举一事，枝节丛生，无不棘手（如购小麦）。今后应切实注意，对于各方功令，尤不可不遵，务期各方对于该厂,均能发生好感,尽量协助而后已。

上述意见,不过为整理之要点,其如何措施,仍必须由该厂经理努力奉行。惟查曹经理裕民,对内既均离心离德,多不安心,已至无法收拾,对外则环境恶劣,阻力丛生,无事不感棘手。长此以往,实堪忧虞,本处近在咫尺,自亦难辞其咎。为粉厂前途计,似应请由总公司在此筹备期间,加派经理一人,曹经理暂任其副或专任厂长,一俟正式开幕后,一切均入正轨,曹经理果能担任,方仍交伊承办,如此则粉厂前途或可得有起色也。管见如是,敬乞采择施行!

谨上

主任郑

职:朱松如　谨呈

三月三日

(件存陕西省档案馆民国档案 82－1－1129－3 卷)

束士方为应严格考核裁汰冗员以节开支资致孙镜清函※

(1941 年 9 月 23 日)

镜清我兄大鉴:

径前启者:当此物价腾贵,各厂人事开支为数綦巨,多用一职员,每年所费多者可达两万元,少亦一万元以上;多用一厂役或工人,亦须数十元,且将来物价涨至如何,尚难逆料。倘一般生活更昂,待遇须再提高,则开支愈形庞大,似此日积月累,势将无法支持。弟瞻念前途,不寒而栗。务希尊处将现有职员、警役、工人一律严加考核,其有能力平庸并无劳绩可言者,决予裁汰,万弗稍顾情面令其滥竽。宁可以所省之钱,增厚其余努力服务者之待遇,而使之经济较免拮据,得以安心效力,绝不愿博宽厚之名,容留闲冗,坐食公家,转足令有志向上者精神为之涣散。须知工厂乃生产机关,用一人须尽一人之材,用一钱须得一钱之效,断不宜稍有宽假,致涉虚糜。特此剀切奉达,务即切实照办,刻日见复总公司方面,并当随后遴派重员前赴各厂考察,以觇诸兄之是否实事求是也。

此颂

时祺

弟:束士方　启

卅年九月廿三日

(件存陕西省档案馆民国档案 82－1－1324－1 卷)

雍兴公司总公司临时办事处为驻秦办事处归并公司办理致该办事处函※

（1941 年 12 月 27 日）

函告尊处自三十一年一月一日起归并本公司办公由

径启者:查本公司移设西安,订定于明年一月一日成立临时办事处,开始办公。业经电达在案,所有尊处对外及所属各厂函电及其他事务,均自一月一日起归并办公司办理,驻秦办事处名义并应于同日起取销,以资结束。尊处李主任紫东调充本公司总秘书,其余职员一律调归本公司办事。除分函本公司驻陇办事处及广元酒精厂洽照外,用特函达,即希查照,并分转尊属各厂及有关各厂处知照为盼。

此致

本公司驻秦办事处

雍兴实业股份有限公司总公司临时办事处　束士方(印)

（件存陕西省档案馆民国档案 82 －1 －1266 －1 卷）

束士方为物价剧涨指示更改产品成本计算方法致吕凤章函※

（1942 年 9 月 23 日）

凤章我兄大鉴:

查近来物价剧涨,一般工业以昔日廉价所进之原料制造成品出售,在表面上均获利优厚,而实际则原料用尽,补进新原料往往得不偿失,诚以目前厂家所得利润,远不敌市面物价剧涨之程度。譬如某厂上半年决算存某种原料二百万元,本年决算原料已制成货品售出得价四百万元,是表面上某厂当为盈余二百万元,但某厂因原料既已用尽,本年必须补进上年同量之原料,而现在该项原料之价则非五百万元不能补进,是某厂表面虽为盈余,而实际则为亏损,其理甚明。本公司今后对于各厂决算损益之考核,当总核各厂原料、物料升价提存之数,加入本期利润是否可以购到上年所存同量原料、物料以为断,如其可以购到而有余,即为真正盈余,反之则为亏损。用特函达,尚希我兄于此特别注意。

再本公司前规定各厂每月用出大宗原料物料,应照时价计算成本,其价高于购存均价,应将其差额转入“暂时存款”科目,“原料、物料均价准备户”记账,兹以此款系备抵将来料价剧涨之准备,应改以“购抵原物、料均价亏损专款”记账,并希察洽为荷。

此颂

公绥

弟:束士方　启

卅一年九月廿三日

(件存陕西省档案馆民国档案 82－1－1051 卷)

豫丰、蔡纱、咸工、业精四厂联合采办处为办理遣散人员情形致雍兴公司函※

总字第二十二号

(1943 年 3 月 15 日)

敬启者:奉钧处人字第三号函开:“查尊处以近来原棉收购困难,事实上业务已告停顿,为节省开支起见,兹决定办法如下:(一)限本年三月底止,所有尊处员工一律给费遣散,计主管员、组长每人发遣散费四千元,办事员三千元,助员、雇员二千员,练习生一千员,公役酌为发给具报;(二)一时未能结束事务,可酌留人员办理;(三)材料、家具俟结束办竣,再由本公司核定留用或出售,所租房屋应于办竣结束后即行退租。希将办理情形随时具报”等因,奉此,敝处遵于十五日办理结束,除留一部分人员办理未了事宜外,其余人员均已资遣。关于遣散人员之本月薪津均按全月发给,以示体恤。至敝处材料、家居现正在清理中,一俟清理完竣,再为具报。理合先行奉陈,伏祈鉴核备案为祷。

此上

总公司

豫丰纱厂、蔡家坡纱厂、咸阳工厂、业精纺织厂联合采办处　谨启

民国三十二年三月十五日

(件存陕西省档案馆民国档案 82－1－49－1 卷)

沈钥、杨毓琇为遵示将同人膳费改发米代金提高平价米价等致吕凤章函※

(1944 年 12 月 1 日)

凤章副理台鉴:

关于调整同人待遇事,顷接云公电示,略谓“各厂同人膳费改发米代金,每月

每人一市石,可照办。惟(一)各厂原有配售携眷同人平价米者,应将平价米价格提高,按膳食米代金米价四分之一售给,并须确切调查眷属人数,严格规定售给平价米数量,以免滥给;(二)近来各厂情形日趋困难,公家既竭力顾全同人生活,各厂亦应体念艰危,力求增进生产效率。其职员之中能力低下或不尽职者,应即严格裁汰。此点务请转嘱各厂,切实办理”等语。关于各厂同人膳费改发米代金一市石一节,已另由总公司函奉达,自本年十月份起施行。至尊处原有配售携眷同人平价米办法,即请自本年十月份起,将平价米价格按照每月所发,同人膳食米代金之米价四分之一售给,并确实调查职员眷属人数(以在厂直系亲属为限)规定售量(八岁以上每人限购三十斤,小口减半),严格管理,以免滥售。又云公电内所示第二点,亦请体念时局多艰及公家困难,切实注意遵行,以符云公一再谆嘱之至意。是所至祷,耑此奉达。

并颂

公祺

沈钥、杨毓秀　拜启

三十三年十二月一日

(件存陕西省档案馆民国档案 82－1－340－2 卷)

雍兴总公司西安办事处为职员半年考绩应注意事项致各厂矿处函※

厂字五十八号通函

(1943 年 7 月 17 日)

径启者:尊处职员考绩应于半年举行一次,以作年终考绩之准备。除考绩办法可参考本公司考绩规则斟酌办理外(见章则汇编),兹复规定上半年考绩应行注意各点,如左:

一、职员考绩结果以考绩汇报表陈报备查(附表式)。

二、凡职员于上半年内获奖或受惩者,应分别逐项填入考绩汇报表各栏内,惟已离厂者免填。

三、其余未受奖励或惩戒之员暂不必列表。

四、本表希于七月底以前陈报。

以上统希洽照办理为荷。

此致

本公司各厂矿处

雍兴总公司西安办事处　启

（件存陕西省档案馆民国档案 82－1－1290－3 卷）

雍兴公司西安办事处为切实裁汰冗员、减少警役杂工等致蔡纺、业精、咸工各厂函※

（1943 年 4 月 17 日）

径启者：

迭奉总经理训示，本公司各厂处近期应注重之中心工作为裁汰冗员，减少警役、杂工，以期各员工能发挥最高之能率，而免致人浮于事，致呈工作松弛之象。近据潘仰山、毛端梧诸君视察各厂处报告，亦以各厂用人均觉太多，尤其蔡纺、业精、咸工等厂所用杂工辄在百人以上，管理支配殊欠周密，工作自欠紧张。近闻尊处亦已注意及此，深盼坚决施行，务使过去松懈之风气，转为严肃紧张之精神。复据潘、毛诸君建议，谓各厂对于请购采卖、收料发料、储藏各事，虽视工厂规模之大小可酌由一部分员工兼办，然为符合科学管理之原则，凡进货购料入栈时，除由经手购办之人员眼同点收外，必须另由别部分派员检会同点收，以期严密，而免收发生进次货或数额不足等流弊。查所建议法良意美，本公司各厂以前如未采用此种制度者，应即采用此项办法。以上关于裁汰冗员、减少杂工及派员会同检查点收进料各点，统希查照办理，并将办理情形具报为荷。

此致

本公司蔡家坡纺织厂

业精纺织厂

咸阳纺织厂

雍兴总公司西安办事处　启

卅二年四月十七日

（件存陕西省档案馆民国档案 82－1－34－1 卷）

雍兴总公司西安办事处与中行西安分行签订借款总协议通函※

账字第不列号通函

（1944 年 9 月 7 日）

径启者：本公司兹为统筹调整各厂矿用款额度起见，经与西安中行签订借款总协议书，商定质押透支总额为四亿七千万元，计分配尊处额度四千六百万元，透支利率并经商订为月息二分二厘，仍在西安中行支用。所有尊处前向中行所订透支契约，应即取消，毋庸另订新约。再此项新分配额度，仍得由本公司视各厂矿头寸盈绌情形，随时商请中行调整。因将借款总协议书照抄副本随函附上，即希洽照，径向西安中行接洽办理具报为荷。

此致

本公司蔡酒厂

雍兴总公司西安办事处　启

卅三年九月七日

（件存陕西省档案馆民国档案 82－1－216－4 卷）

束士方为裁汰冗员、严格任用制度致沈次量、杨朗川函※

（1945 年 3 月 25 日）

次量、朗川两兄大鉴：

现值物价剧涨，生活困难，各厂同人待遇设不予调整，则生活有难以维持之势；若随时随物价予以调整，则厂方实属无力负担。故今日裁汰冗员严格甄用，不仅为各厂图生存，亦所以为出力同人谋幸福。此意弟屡曾与兄等道及，但各厂迄今未能切实照办，长此因循，必有无法维持之一日。瞻念前途，殊堪危惧。现各厂所用职员能力薄弱者当不乏人，亟应严加考核予以裁汰，俾留厂办事者为确有能力之人员，而生活亦可臻于安定。至于以后用人行政，必须做到下列各点：

一、各厂以后任用职员，必须事先经总公司核准，否则不予承认。西北各厂过去用人已多，如非确实有办事能力或高级技术人才，万不可再用。豫丰三厂人员名额亦已多，以后如再有陈情添用职员情事，当由弟亲核可否，总公司方面勿再予以核准。

二、职员任用之前必须面加察看。豫丰方面,弟在渝时当由弟亲自考察,西安及附近各厂即请兄等考察,至兰州四厂,可由鸣冈兄考察。惟兰州方面,已有人员能力多感薄弱,尤以技术人员为然,此点请即转告鸣冈兄,切实调整并提高待遇,聘用确实有用人才。

三、过去各厂用人多凭介绍,不易罗致人才。弟意以后除有特殊能力而为各厂所需要者得另行聘用外,其余普通职员如需要添用之时,应一律登报征求,以考试方法擢取。

四、现值生活艰难,少数职员迫于环境,难免趋于舞弊。以后凡经管金钱、物料及总务方面人员,必须有殷实可靠之保证,否则不予任用。

以上各节为整顿各厂人事,非力求贯彻不可。特函奉达。

即祈

大绥

弟:束士方 拜启

再启者:嗣后各厂如对于用人有不切实注意,仍任意滥用无能力职员而又因循不加以调整者,则对于该厂之待遇即不予调整。其有能力者固心有所不甘,但各该厂之经理及厂长等以少数之人无能,致大多数受其害,自属咎有所归,总公司不能代为负责也。

弟:方 又启

三月二十五日

(件存陕西省档案馆民国档案82-1-59-1卷)

沈钥、杨毓琇为应对紧张时局应行注意事项致蔡酒厂函

厂字第不列号通函

(1945年4月5日)

径启者:近来敌军在鄂北、豫南又形蠢动,所有各厂应付紧急处理办法,去年曾经本公司迭次通函,并由总公司召集陕省各厂经副理、厂长谈话给予指示各在案,当此时局渐趋紧张,自应严密戒备,仍遵总经理前定方法办理,兹将应行注意各节摘列如左:

一、各厂应力持镇静，充分利用现有设备努力生产，万一情势紧张，无法维持生产时，只有视当时情形，将可以搬运之机件，就力之所及抢运出险。

二、各厂现不需用之原动，应预为拆卸装箱，至必要时运往安全地点或先运至益门镇蔡机分厂集中。希酌办。

三、各厂除应保留一个月必需之原物料外，其余非属急需而价值高贵、体□轻巧者，亦照第二条办法办理。

以上拆卸及装箱等事，均照前次规定办理。

四、各厂上项拟运机料，除自有运输工具外，所需吨位应预为估计函告，以便本公司向运输处设法拨车。

五、各厂矿为应付紧急时必需之用款，本公司已有充分准备，各厂在此时期存现金不必多留，其不急之原料物料并应暂行缓购，以期减少风险。

六、各厂现存成品应尽量推销或运存安全地点，再行设法售出（因受管制，属于政府之成品及原料不在此限），又对外接做定货合同，至少应按全部货价之八成（或八成以上）收取定金，并订明“倘遇兵灾、匪患以及轰炸等非人力所能抗避之事故，致已制成未制成之定货遭受损失时，本厂不负一切责任”一条，以免将来设有意外双方发生争议。

七、各厂会计及帐册处理办法，已于三月三十日由敝胡总会计径函各厂矿会计课长接洽，希即照办。

八、各厂三十三年以前案卷以及机器图样、契约单据等重要文件，应即日着手整理，编号装箱，以备紧急时可以随时运出。

九、各厂不能拆卸之机器及笨重原物料，如时局紧张无法迁移时，应向陕西省政府及有关机关请示处理。

以上各节，统希查照，切实注意准备，并由尊处高级人员密为研究，如有补充意见，可密陈本公司以备参考。再此系为预防万一起见，与上年奉令疏散情形不同，务希不动声色，妥为筹划，万弗稍涉张皇是要。至盼。此致

本公司蔡酒厂

雍兴公司西安办事处沈钥、杨毓琇　启

卅四年四月五日

（件存陕西省档案馆民国档案 82－1－1097－2 卷）

束士方为裁并员工杂役节省事务开支致孙镜清函

（1944 年 3 月 6 日）

镜清吾兄大鉴：

此次在西安召集陕甘各厂负责人举行座谈会，弟对各厂应裁汰员工及节省事务开支，已一再申述，然意仍有未尽，爰为吾兄再申言之。

目前一般物价继涨增高，今后物价之翔贵，更不知伊于胡底。复以环境关系，资金来源日渐困难，目前已有捉襟见肘之势。如尊处一切开支不加节省，不但以后业务无法开展，且有无法维持之虑，曲突徙薪，亟宜早为补苴，以求生存。

现尊处所用职员、公役、厂警等，非无不可裁之额，非无不可裁之人，即使现在工作方面需要，现有名额方敷分配，但一人可兼二人之职，工作时间可以延长，各员工之职务分配果属妥适，工作果属努力，则亦无不举之事，在此国难期间亦为应有之义。值此百物昂贵之际，少用一职员，月可省五六千元，连间接待遇及奖金等在内约近万元，年可省十余万元；少用一工役，月可省二三千元，年可省三四万元。假使大厂节用职员七八人，小厂四五人，其有人数过多者或竟可裁十余人，工役少用十余人或竟至百数十人，每厂年可省五六十万至百数十万元左右。在一厂所节省之数似尚有限，但以弟所领导及代管各厂二十余单位计之，年可节省开支之数即可二千余万元，为数颇属可观。务望吾兄体念弟之立场，破除情面，严加甄汰。且物价继涨，尊处职工以目前待遇，已有不敷维持生活之苦，欲谋改善，复苦无法开源，与其使较有才能之员工不能安心工作，何如以所裁员工节省之费，作调整在职员工生活之资，一举两得，合乎情理？

各厂之过去营业较好，岁计稍有盈羡者，每对员工数额之浮溢，开支之糜费，自相宽慰，从事姑容，此种心理亦属非是。弟在此次座谈会中曾剀切言之："合理之费用固不可少，不合理之浪费，虽在营业顺利之日，亦所不许。"此乃经营公私实业之一般原则也。况来日大难，不可逆睹，又何不于处境较顺之日预为存储，作为将来开展业务之计？任其虚耗，殊为非计！更有进者，弟所领导及代管各厂情属联枝，谊属一家，各与厂间应具共存共荣之义，相扶相助之情，至于裒多益寡[①]，调剂盈虚，弟以地位关系亦责无旁贷。弟与吾兄相处有年，平时以道义相勖勉，吾兄

① 裒（póu）多益寡：减有余以补不足。

亦深明大义，当能体念斯旨，悉力以赴，共渡难关。

关于节省办法，除尽量裁汰员【工】名额外，并祈依照第二届厂务会议第四案《为环境艰苦物资缺乏，拟请节省开支解决困难案》，及第二十六条《各厂所用原料物料应如何研究使其特别节省案》决议办法，及此次座谈会第三次会议讨论节省事务开支各点切实执行。尤以事务费、中杂费、办公费及印刷费、文具、营缮等费应力争紧缩。并祈吾兄于函到后，即拟具步骤着手推行，并将实施情形详细见告为荷。专此。

并颂

大祺

弟：束士方　拜启

三月六日

（件存陕西省档案馆民国档案 82－1－1324－1 卷）

束士方为兰州四厂业务发展致张鸣冈函

（1945 年 2 月 8 日）

鸣冈吾兄大鉴：

缉甫兄带来手书暨兰四厂报告均已奉悉。弟来渝后体气已有进步，拟于旧历元月中旬后遄返西北。承注甚感。此次小儿完婚，辱荷厚贶，至纫云情。缉甫兄来面谈兰州四厂情形甚详，吾兄以年逾花甲之高龄，未得稍事清闲，犹令膺此重任，每念贤劳，感慰之私无时，或释兰垣。以交通不便，人才罗致较难，对于事业发展不无阻碍，此种情形，弟所深悉，此固无可如何，惟有尽吾人心力，随时设法解决耳。阅兰四厂报告，应行改正之处尚多，兹为分别列举如下：

（一）兰毛厂需要添制之机件，如三道粗纱机及小梳毛机等，亟应著手添制。请径函仰山兄，嘱余机厂定制，弟亦当在此同时嘱办。

（二）兰市电力供应既感不足，兰粉厂自备原动应速即修妥应用，以期达到日产一千五百袋之目标。石磨效率不高，弟前曾函请向蔡机厂接洽定制钢磨，望即进行，俟钢磨制成后，可将石磨出售；又兰粉厂可再派工务人员一名至蔡酒厂实习，务期将磨粉技术彻底明了，至实习时间则不妨稍长也。

（三）兰化厂为增加产量，其必须添配之机件自应照添，但出品成本、市场销路及战后生存等各方面亦须顾及，望斟酌各种产品产销情形相机办理。

(四)兰机厂应以全力修配兰州各厂机件为主要原则,不必多所扩充。弟前已函总公司规定整理办法,想总公司已有函达,请即照办。

以上各节统祈察洽。总之,兰四厂现在情形尚未臻于稳定,前途危险仍属堪虞,仍须多方整顿以固基础。至于各厂营业方面,其产品价格经政府限制者固须勉为遵循,若兰毛厂及兰化厂出品并不在政府限价之列,可不必向地方政府多所接洽请示,如有加价之需要时,即可自行加价(张心一及常缉甫均同此意见,兄可不必过于顾虑)。万一在当地加价不便,可探询各地市价,运至成都等地销售亦无不可。惟品质须设法改进,以利推销耳。至面粉虽为限价物品,亦望与地方主管长官多所联络,以期对于价格有所裨益而免亏累。此点弟已与缉甫兄谈及,渠返兰后,当可协同设法也。又缉甫兄请辞豫省财政厅长事,大致可无问题,并以奉闻。专此。

即颂

大绥!

弟:士方 拜启

三十四年二月八日

(件存甘肃省档案馆 49－1－155 卷)

沈钥、杨毓琇为共体时艰切实严格甄用人员致孙镜清函※

(1945 年 4 月 9 日)

镜清我兄大鉴:

顷奉总经理三月二十五日函示,以近来"物价剧涨,生活困难,各厂同仁待遇设不予以调整,则生活有难以维持之势;若随时随物价予以调整,则厂方实属无力负担,故今日裁汰冗员,严格甄用,不仅为各厂图生存,亦所以为出力同人谋幸福。惟过去各厂均未能切实照办,长此因循,必有无法维持之一日,瞻念前途殊堪危惧,现各厂所用职员能力薄弱者当不乏人,亟应严加考核予以裁汰,俾留厂办事者为确有能力之人员,而生活亦可臻于安定。"至于以后用人行政,必须做到下列各点:

一、各厂以后任用职员,必须事先经总公司核准后方可征用,否则不予承认,西北各厂过去用人已多,如非确实有办事能力或高级技术人才,万不可再行征用。

二、过去各厂用人多凭介绍,不易罗致人才。以后除有特殊能力而为各厂所需要者,得另行聘用外,其余普通职员如确有添用必要时,应一律登报征求,以考核方法擢取。

三、现值生活艰难，少数职员迫于环境，难免有舞弊情事，各厂凡经营金钱、物料及总务方面人员，必须有殷实可靠之保证，否则不予任用。

四、嗣后各厂如对于用人有不切实注意，仍任意滥用无能力职员而又因循不加以调整者，则对于该厂之待遇即不予以调整。

以上各节为整顿各厂人事起见，非力求贯彻不可，尚祈我兄共体时艰，切实照办，是所至盼。专此布达，即颂

共绥

弟：沈钥、杨毓秀　拜启

三十四年四月九日

（件存陕西省档案馆民国档案 82－1－1324－1 卷）

雍兴公司西安办事处为各厂矿营业决由公司总营业室集中办理致各厂矿函※

厂字第十三号通函

（1945 年 12 月 14 日）

径启者：查本公司各厂矿营业已决定由本公司总营业室集中办理，兹附上本公司总营业室加强工作草案一份，即希察洽。又上项草案规定事项内有须尊处事先准备者，并希预为准备，以免耽延为荷。

此致

本公司各厂矿

雍兴总公司西安办事处　启

卅四年十二月十四日

附件

总营业室加强工作草案

一、原则　本公司各厂矿营业（购销储运）均由本室集中代为办理，每次交易发生，由本室通知各厂矿转账。

二、组织　因业务需要本室分设下列各组股：

1. 采购组
- 棉花股
- 粮食股
- 物料股
- 燃料股(暂不成立)

2. 销售组
- 纱布股
- 非纱布股
- 零售股(各地门市部)

3. 储运组
- 运输股
- 汽车管理股(暂由蔡机代办)
- 保管股(各地仓库)

三、人事

1. 本室加强工作,不敷人员向各厂矿营业部分调用。

2. 各组设专员一人负责处理该组事务,各股并设主管员专司其事。

3. 各组人数视业务之繁简而定。

四、集中采购

1. 棉花股:本股专司棉花之购进,并得于适当地点设立购花庄。

2. 粮食股:本股专为各厂矿购置用作原料之粮食及员工食粮,亦得于适当地点设立购粮庄。

3. 物料股:除棉花、粮食以外之原物料,统由本股代购或委托渝处或他处代购(参照以往购料组办法办理)。

4. 燃料股:暂由各厂矿自办,一俟上列三股筹办就绪再行统筹集中办理。

五、集中销售

1. 纱布股:本公司所属各厂制成之纱布及纱布制成品,统由本股统筹出售并得视市场情形运销他处。

2. 非纱布股:除纱布以外之成品或各厂多余之机器料品,统由本股代为推销,情形与纱布股同。

3. 零售股:若干成品有必须设立门市销售者,概由本股代为集中设立门市部办理。

六、集中储运

1. 保管股:料品购进及代销成品统由本股各仓库先行验收保管,仓库得因地因时设置之。

2. 运输股:各种料品及成品之运输事宜统由本股办理。

3. 汽车管理股:本公司所有汽车之运输及其管理由本股全权支配,暂时仍委托蔡机厂办理。

七、费用

1. 代各厂经购料品,除与该料品直接有关之各项费用一并归入料品价内,不再另收用费。如遇到特殊情形得陈准总协理向各该厂收取用费。

2. 储运物料其运费损耗、保险等费直接算入料品单价内,由各厂担负,惟不另收手续等费。

3. 代销料品在实收价内提扣百分之二作为销售费用,交门市部代销之货品提扣百分之五销售费用。

4. 各厂矿所余料品及机器之代销,概由本公司提扣实收价百分之五。

5. 各成品广告费照实收数划付各该厂账。

八、筹办步骤由本室另行拟定并随时通函各厂照办;

以上统限于本年年终完成,明年起正式开始工作。

雍兴总公司西安办事处
为提高备抵原物料损失专款利息致各厂矿函※

账字第十八号通函

(1946 年 10 月 2 日)

径启者:敝处上年十二月二十九日账字第三十号通函核定,尊处应付提存备抵原物料损失专款利息为国币陆拾万元,兹以物价高涨,本公司为弥补开支起见,上项利息自本年十月份起,应改为国币壹佰贰拾万元。尊处仍凭本公司报单以财务费出账。用特函达,即希洽照为荷。

此致

本公司各厂矿(蔡酒)

雍兴总公司西安办事处　启

卅五年十月二日

(件存陕西省档案馆民国档案 82 - 1 - ??? 卷)

沈钥、杨毓琇为严格控制工人数量致孙镜清、马震垚函※

(1948年8月7日)

镜清、震垚我兄大鉴:

查工人素质优劣及数量多寡,对于工厂事业前途关系至巨,加以年来物价激涨,工人工资逐月增加,在生产成本中所占比例已节节增高,长此以往,厂方实有不胜负荷之虞。最近本公司蔡机、蔡酒两厂因业务关系,裁遣一部分工人,公司方面既付出巨大费用,厂方亦发生若干困难,更宜引为殷鉴。嗣后各厂矿对于工人,务须认真管理训练,其人数多寡尤应特加注意,遇有工人离厂即不再补充,以逐渐达到淘芜存菁,人数合于标准为原则。此事于公司前途关系至巨,务希深体时艰,切实照办,是所至盼。

此颂

台绥

弟:沈钥、杨毓秀　拜启

三十七年八月七日

(件存陕西省档案馆民国档案82-1-1029-2卷)

束士方为严格紧缩财务裁汰人员致沈次量、杨朗川函※

(1945年9月22日)

次量、朗川两兄大鉴:

九月八日奉上一函,为现值物价巨变,各厂均应节省开支力谋紧缩,请兄召集各厂负责人切实检讨,加以整顿各节,谅荷察及。此事进行情形如何,至祈惠示。

此次抗战突然结束,对后方工业打击至为惨重,且波涛险恶,方兴未艾,演变至于如何程度,实难预测。前当物价上涨之时,各厂所虑者为资金之短绌,然我公司各厂赖中行接济,犹可勉力敷衍。今则情势转变,一反前辙,一方面成本开支不能抑低,另一方面成品抑价求售犹难脱手,各厂积欠中行巨款有待归还,万一稍有挫折,影响之大,诚难想象。此弟所以临深履薄,日夜戒惧,同时亦望雍兴总公司上下诸同人,以及各厂负责诸君密切注意,时时警惕者也。在目前情形之下,弟对各厂之办理方针,不望其扩展,而求其基础之稳固;不望其获利,而求其不至于亏损。故最迫切之举,实为如何尽量节省开支,力谋紧缩。查各厂应加整顿之处甚

多,最须注意者约有下列数点:

(一)人事方面:各厂现有职员均嫌过多,尤其事务部分职员亟应严格淘汰,至优良技术人员固应保留,若技能薄弱之低级技术人员将来随时可以网罗,亦尽可裁遣。值兹生活费昂贵之时,裁汰人员不仅可以节省开支,并可使留存人员厚其待遇,使能安心工作,否则薰莸同器,工作效率既难提高,待遇亦难改善。

(二)各厂工人亦应尽量裁减,杂役更应减少,尤其各纱厂目前雇用工人人数实嫌太多,设纱布管制一旦取消,必感无法维持,亟应趁此缺棉减产之时严格淘汰,以为未雨绸缪之计。

(三)开支方面:现在生活仍高,员工薪金伙食既难过分缩减,则其他方面自更应力求节省。例如杂费一项,各厂有月支数百万者,如能处处稍加撙节,每月减少数十万以至百余万元,当非十分困难。总公司稽核人员应即细核各厂账目,将不必要之支出逐笔钩稽,通函各厂,勿再浪费。

(四)物料方面:各厂不无浪费之处,应即由各部门规定领用数量,并逐月求其减省。

以上各节以及其他方面可以节省紧缩之处,请兄召集各厂组织人研究检讨,并将决定事项立即实施。此为公司事业成败所系,决定以后务必严格执行,绝不可犹豫延宕。如各厂再事泄泄沓沓,一如往昔,必将陷于绝境而万劫不复矣。特函奉达,即祈察洽,并请将弟此函印送各厂负责人一阅为荷。又上述一、二两条尤望切实办理,勿再姑息。幸甚,幸甚。

此颂

大绥

弟:束士方 拜启

卅四年九月廿二日

(件存陕西省档案馆民国档案 82 - 1 - 525 卷)

雍兴总公司西安办事处为提存职工福利基金标准致蔡酒厂函※

账字第十二号通函

(1946 年 6 月 28 日)

径启者:查本公司各厂矿提存职工福利基金前,于本年账字第四号通函规定,按各厂矿职工人数及产品出数为提存标准。兹以物价日高,工人开支每月不同,现经决定自本年七月份起,改按尊处职员工人及警役各月份所得薪津工资总额

（不包括膳食代金）以百分之五为提存计算标准（例如尊处七月份职工薪津工资总额共计一四，一五四，〇〇〇元，按百分之五计算，该月份应提存职工福利基金七〇八，〇〇〇元，以后各月份依此类推），其余一切转账手续费约照旧章办理。用函特达，即希查洽办理为荷。

此致

本公司蔡酒厂

雍兴总公司西安办事处　启

卅五年六月廿六日

（件存陕西省档案馆民国档案 82－1－1004－1 卷）

雍兴总公司西安办事处为列收建业基金暂时存款致各厂矿函※

账字第十三号通函

（1946 年 7 月 22 日）

径启者：迩来物价日涨，本公司各厂矿一切机器、房屋、设备多系民国二十九年至三十一年间所购置，以当时物价与现在物价相衡，所差甚巨，而按照政府规定工商业资产折旧办法系以原价格为依据，实未能达以旧易新之目的。兹为巩固各厂矿基础起见，自本年七月份起，尊处每月应在售出成品总收入内提出百分之十，列收暂时存款科目建业基金户，以备将来换置机器设备之需。特函布达，即希察洽办理为荷。

此致

本公司各厂矿

雍兴总公司西安办事处　启

卅五年七月廿二日

（件存陕西省档案馆民国档案 82－1－1004－1 卷）

雍兴总公司西安办事处为消弭味精商标雷同纠纷致蔡酒厂函※

营字第七号

（1947 年 1 月 20 日）

径启者：兹接渝处函称，以尊处出品之调味粉以“味晶”两字为商标，兹天厨味精厂吴蕴初先生派员来处交涉，据称该厂曾以“味晶”两字为商标，尊处亦用此两字，与之雷同。请转知尊处，并向商标局查询为荷，等语。查尊处出品之味晶系品名，其商标系岐山牌，天厨品名为味精（或曾用过“味晶”字样），其商标为佛手商标，依法不许雷同，而品名则未闻政府有所限制。特函奉达，希即详查具复，并将岐山商标味晶商标局注册之证件拍照两张寄下，以便航寄渝处转复为荷。

此致

本公司蔡酒厂

雍兴总公司西安办事处　启

卅六年一月二十日

（件存陕西省档案馆民国档案 82－1－1102－1 卷）

雍兴总公司西安办事处
为撤粮食股改设购粮部致蔡酒厂函

秘字第三十二号

（1947 年 9 月 1 日）

径启者：兹为适应事实需要起见，本公司粮食股即日撤销，另设购粮部，直属总处协理，专办购粮事宜（包括粮食运输及厂外仓储等事），并指定以吕经理凤章兼该部主任，孙副理镜清兼该部副主任，以专责成。除已通知粮食股即日结束移交外，特此函达，并附上购粮部职员名单一纸，统祈察照办理，并将接办日期具报为荷。

此致

本公司蔡酒厂

雍兴总公司西安办事处　启

卅六年九月一日

附件：购粮部职员名单

主　任：吕凤章　兼

副主任：孙镜清　兼

办事员：张世杰　姜时澍　陈天怡　徐家旺　于耘陶　秦冠毅　李润芝

李景祥　张季侯

（存陕西省档案馆民国档案 82－1－1089－1 卷）

傅道伸为1948年下期决算将全体损益作成纯益致胡名甫函※

（1948年）

名甫我兄大鉴：

查雍兴暨所属各厂矿三十七年下期决算损益，除兰毛、兰粉、长革、陇煤等四厂，前经核定并已通知各该厂办理外，其余各厂及总公司损益尚未核定。兹拟将全体损益作成纯益三十五万之谱，随函附奉各厂矿三十七年下期损益及各项提存表一份，可否照此办理之处，即希台洽电示为荷。

此颂

公绥

弟：傅道伸　拜启

（件存陕西省档案馆民国档案82－1－3344－1卷）

雍兴总公司西安办事处为固定资产价值调整致蔡酒厂函※

账字第八号通函

（1948年6月5日）

径启者：查本公司资产升值增资一事，前经遵照工矿运输事业重估固定资产价值调整资本办法之规定，将本公司暨所属各厂矿各项固定资产重行估价，并呈奉经济部核准照办。兹查尊处各项固定资产计应增值国币：三八七，三四七，一〇九，三七元，除该款另以报单划付尊册外，随函附奉重估固定资产价值表，及历年购置固定资产，截至三十四年底应提折旧数额表暨转账注意事项各一份，即希察洽将上项资产重估价增值数额分别转付各该资产科目之内。再尊处三十三年底以前购置各项固定资产，截至三十四年底止应提折旧额，依照《所得税法》规定折旧率计算，应提折旧一〇，五二三，七五七，四四元。兹查尊处已提折旧一八，四二二，四九五，〇五元，计多提折旧七，八九八，七三七，六一元，并希将上项多提折旧之数自提存折旧科目转出，以杂项收益科目收账。以上各项应尽六月二十日以前转讫为荷。

致

本公司蔡酒厂

雍兴总公司西安办事处　启

卅七年六月五日

附件

重估固定资产价值转账注意事项

一、各厂矿三十三年底以前购置之固定资产，业经依法重新估价并编制重估固定资产价值表。惟该表各科目所列各年度重估价值，仅系全年购置资产重估价值之总数，并未将各该年度内购置之资产名称及数量逐一列明，各厂矿转账前，应先根据该表所列重估价值数额，并参照各该科目分户账所列资产名称分别计算每一资产之重估价值。

二、各厂矿为便于分别计算每一固定资产之重估价值起见，得于转账前另编资产重估价值明细表。其格式如次：

厂资产重估价值明细表

<table>
<tr><th colspan="2">资产名称</th><th>购置年月</th><th>购置原价</th><th>每月折旧率</th><th>截至三十四年底应提折旧额</th><th>未折旧余额</th><th>估价倍数</th><th>重估价值</th><th>备注</th></tr>
<tr><td rowspan="6">建筑物</td><td>办公室××间</td><td>年 月</td><td></td><td></td><td></td><td></td><td></td><td></td><td></td></tr>
<tr><td></td><td></td><td></td><td></td><td></td><td></td><td></td><td></td><td></td></tr>
<tr><td></td><td></td><td></td><td></td><td></td><td></td><td></td><td></td><td></td></tr>
<tr><td></td><td></td><td></td><td></td><td></td><td></td><td></td><td></td><td></td></tr>
<tr><td></td><td></td><td></td><td></td><td></td><td></td><td></td><td></td><td></td></tr>
<tr><td>合计</td><td></td><td></td><td></td><td></td><td></td><td></td><td></td><td></td></tr>
<tr><td rowspan="7">机器</td><td>150HP.蒸汽机1部</td><td>年 月</td><td></td><td></td><td></td><td></td><td></td><td></td><td></td></tr>
<tr><td>3HP马达2部</td><td></td><td></td><td></td><td></td><td></td><td></td><td></td><td></td></tr>
<tr><td></td><td></td><td></td><td></td><td></td><td></td><td></td><td></td><td></td></tr>
<tr><td></td><td></td><td></td><td></td><td></td><td></td><td></td><td></td><td></td></tr>
<tr><td></td><td></td><td></td><td></td><td></td><td></td><td></td><td></td><td></td></tr>
<tr><td></td><td></td><td></td><td></td><td></td><td></td><td></td><td></td><td></td></tr>
<tr><td>合计</td><td></td><td></td><td></td><td></td><td></td><td></td><td></td><td></td></tr>
</table>

附注：本表各栏合计数，应与重估固定资产价值表各该科目三十、三十一、三十二、三十三年历年合计数相符。

三、各厂矿转账时，应即根据前编资产重估价值明细表所列重估价值记入各资产科目，各该户之借方一面按资产购置原价记入各该科目之贷方（借贷两方之差数即为资产重估价增值之数，应连同其他各项资产增值，凭本公司报单转收总公司科目往来户账）。

四、各厂矿生财、器具、工具、仪器及设备如因品类繁多，依照第一、第二项办法，分别计算每一器具或工具等之重估价值，手续过嫌繁复时，得按重估固定资产价值表所列各该科目每年重估价增值总数（重估价值减购置原价之差数），记入各该科目各该细目（如铁制类或木制类）之借方。

各厂矿三十三年底以前购置之器具及工具等，经此次重估价增值后，将来遇有损毁、转让或拨出时，应按购置原价加重估价增值之数，记入各该科目之贷方，其重估价增值数额之计算，得按某年购置资产总值与该年重估价增值之比，求出该年购置资产，原价一元者可增值若干倍，再按上项倍数乘购置原价，即为其重估价增值之数。

五、各厂矿三十五年底以前购置之土地，系按所在地地政机关所估定之价额为其重估价值，转账时应即依照重估固定资产价值表所列土地重估价值数额，记入土地科目之借方，一面按土地购置原价记入土地科目之贷方。

（件存陕西省档案馆民国档案 82－1－1024 卷）

雍兴总公司西安办事处
为实行金圆为本位币后账务处理办法致各厂矿函※

账字第十七号通函

（1948 年 9 月 14 日）

径启者：查币制改革，公私会计之处理一律应以金圆为本位币，业经政府明令公布实施。兹订定本公司各厂矿账务处理办法如下：

(1)自八月二十日起，所有一切交易一律以金圆为本位另立金圆日记账、日计表及科目分类账处理。

(2)截至八月十九日，所有资产负债及损益类各科目、各户余额，均按规定折合率每法币三百万元折合金圆一元转入，以金圆为本位之科目分类账（固定资产及原物燃料、建筑材料、职工食粮、运输中机料各科目，并应依照后列第四、第五项之规定办理）。

上项自法币本位之科目分类账转入金圆为本位之科目分类账时，得临时设立“兑换”科目、“法币户”及“金圆户”处理，先将法币账户结清其“兑换”科目，“金圆户”如有差额，以杂项受益或杂项损失科目收付轧平之。又八月二十日日记账即日计表，应分别按法币及金圆为本位各制一份（其法币日计表应无余额）。

（3）小数算至分位为，分位以下四舍五入，但各科目内某户余额按规定折合率兑换金圆后，其不满一分者一律以一分记账。

（4）截至八月十九日，所有土地、建筑物、机器设备、工具、生财器具、仪器等（工具、生财器具、仪器三项因过于零碎，得按该科目各子目余额总转一笔），固定资产暂按法定折合率，每法币三百万元折合金圆一元计，再俟政府公布固定资产处理办法后再行调整。但上列各该科目内某项资产之单位价格，按照规定折合率兑换金圆后，其不满金圆一元者一律以一元记账，尾零差数以暂时存款科目备抵，兑换金圆损失户收账。

（5）截至八月十九，原料、物料、燃料、建筑材料及职工食粮、运输中机料各科目，应按八月十九日当地市价重行估价，记入各该科目分类账，其估计时，价与账面原价之差收暂时存款科目备抵，兑换金圆损失户，并编制存料重估价表陈送总公司备核（附表式）。

（6）截至八月十九，所有对外之一切债权债务，依照上列各项规定折合金圆记账后，应即开具对账单，与对方核对是否相符，如折合尾数有差多或差少时，得以杂项益收或杂项损失调整。

（7）各厂矿于八月二十日以后接到总公司八月十九日以前之收付报单，仍应于八月十九日以前转账。

以上即希察洽办理。再上项办法，尊处实施上如有困难或不明了之处，并希随时与本公司接洽为荷。

此致

本公司各厂矿

雍兴总公司西安办事处　启

卅七年九月十四

（件存陕西省档案馆民国档案 82 – 1 – 1024 卷）

杨毓琇为停薪留资及遣资办法致孙涤尘、马绍勋函※

（1948年12月20日）

涤尘、绍勋我兄大鉴：

兹有数事奉洽如下：

（一）本公司因紧缩组织，节省开支，最近将一部分职员停薪留资。其致送酬金办法，除按服务年资部分外，并各加发薪津八个月（均不包括膳食米及平价面粉代金），缘此次停薪留资人员系于十二月份发表，时届年关，故将各员应得十二月份加发两个月，年终奖金四个月及不请假奖金一个月全数发给，故此次加发八个月内，除年奖等七个月外，实际上仅等于多发一个月。此系非常时期权宜办法，今后各厂矿资遣人员，不得援以为例（即各厂矿于三十八年度开始遇有裁员情事，除按该员服务年资部分致酬外，另酌送旅费津贴，此外不可有任何馈赠）。

（二）本公司所属各厂矿职员不得再行增添一节，业经通函布达在案，应即切实照办。在此时局动荡期中，生产事业至关重要，各厂矿职员除因厂方紧缩给资遣散者外，务期共体时艰，共渡难关，绝对不得无故请假离厂。其有自动陈请长假者，除致送本月薪津并酌送旅费外，不得另给任何酬金。

特函奉达，即希察照切实办理为荷。

此致

台绥

弟：杨毓琇　拜启

三十七年十二月二十日

（件存陕西省档案馆民国档案82－1－1022－2卷）

雍兴总公司西安办事处
为按实际产量减轻磨制军粉及一切摊派致蔡酒厂函※

（1949年3月7日）

径启者：三月七日营字第十六号函计荷察洽。关于尊处目下产粉数量业已减少，商请第一区面粉公会嗣后对于磨制军粉及一切摊派，均改按实际产量减轻一案，兹已接准该会三月十二日会字第〇一六三号复电，略以“兴字第一一三号（三十八）实征代电诵悉。贵厂制粉钢磨已运兰州二部，产量减少，嗣后对于磨制军粉及一切摊派,嘱按实际产量减轻一案,经提本会理监事第一百八十次联席会议决议,函复照减钢磨二部,其余应按日夜产量八百袋计算等语记录在卷。准电前由,相应录案电达,即请查照”等由。特函转达,即希洽照,并将尊处目下实际产粉数量(日夜产量)即减磨原因详细函报,以便据以转复公会再商核减为荷。

此致

本公司蔡酒厂

雍兴总公司西安办事处　启

三十八年三月七日

(件存陕西省档案馆民国档案82－1－1066卷)

傅道伸为节省燃料减轻原动费致张秉刚函※

(1949年4月1日)

秉刚我兄大鉴:

迩来关中局势渐趋平稳,人心亦渐安定,我雍兴各厂又有欣欣向荣之气象,如业精、蔡纺各厂之生产多少均有进展,是其明证。蔡酒、蔡机、陇矿想于相当时期亦必有成绩可睹。瞻望前途,不禁令人兴起一种有希望之情绪,想在厂负责诸君子定必有同样之观感也。现查纱厂成本燃料费所占成分,殆在棉花之上,故对于如何节省燃料,减轻原动费,实为当前最重要之课题,盼吾兄在蔡、虢各厂视察时,以全副精神注意及此,并希与各厂负责原动技术人员广泛讨论,研求所以省煤及如何改进之方法。

英谚云:“Attention to detail, to the little things, has truly made a big difference.”吾辈负工程技术之责者,诚宜细大兼顾,万不可忽略小事。例如锅炉之烟道(flues),倘不按时清理,而任令炉灰积集,以致妨碍通风,则纵令选用优良之块煤,亦难烧起所需之磅压。弟前在咸工时,常有此种经验。近阅英国纺织杂志,亦有同样之记载。

故吾兄此次至各厂研究省煤问题时,大可顺便抽暇实地检查各厂锅炉之烟道,看有否炉灰积塞过多致通风不良之毛病。此虽小事,断不可忽视也。工余阅读偶有所见,故为吾兄述之,至祈洽照为荷,并盼将各厂锅炉保全状况择要记录,邮寄来省以供研讨,余不缕缕专布。

顺颂

台绥

弟:傅道伸　拜启

三十八年四月一日

(件存陕西省档案馆民国档案 82－1－745 卷)

雍兴总公司西安办事处简化所属组织系统致蔡酒厂函※

秘字第十六号

(1949 年 5 月 4 日)

径启者:接四月三十日总字第四三七号函,据陈尊处“范围业已缩小,自本年五月一日起,拟将原有组织简化,味晶、面粉两厂取销,改设工务、会计及总务三课,工务课下设面粉、铁工、原动、酱油等四部。西安酱油部改称西安农场,由总务课管理,其余会计、总务两课所属部门仍旧。附来组织系统表一份,请察核备案”等情聆悉,应准备案。

此致

本公司蔡酒厂

雍兴总公司西安办事处　启

三十八年五月四日

(件存陕西省档案馆民国档案 82－1－1066 卷)

三、战后接收

束士方为派员赴天津、青岛、上海接收日人纺织厂呈行政院秘书处函※

（1945 年 10 月 24 日）

谨启者：

查天津、青岛一带各日人纺织工厂亟待接收办理，兹拨派遣第一批技术人员刘持钧等二十人前往。用特开具名单乙纸，敬祈鉴核，并请调拨中航公司飞机一架，载运赴沪，俾得设法转往。毋任感祷，如何并祈示复为祷。

此上

行政院秘书处

束士方　谨启

卅四年十月廿四日

附名单乙纸

派往天津青岛协助接收纺织工厂人员名单

刘持钧　傅道伸　张朵山　张兆麟　张仲实　陈华松　邹赓华　傅安华

吴克智　陈毅德　王赞之　赵宝荃　许晓航　史范五　孙季良　胡宝华

张凤仪　张汉卿　张进德　沈同郅　　以上第一批共二十人

（件存陕西省档案馆民国档案 82－1－62－4 卷）

束士方为请一同赴沪协助接收沪厂致□宪祜函※

（1945 年 10 月 25 日）

宪祜我兄大鉴：

弟于十月二十日自沪返渝，获读惠函，敬悉一一。兰化厂机器效率较低，重以物价动荡太剧，无法维持，不得不暂作收缩之计。惟此后公司方面俟将来局面稳定，资金如有余裕，对于化学工业仍可酌量举办。我兄对化工学有专长，如荷预为筹划，藉作准备，至为佳事。弟奉命兼理纺织实业管理委员会事，日来正在规划进行之中，工作稍较繁冗，一俟此间筹备就绪，拟再赴沪一行，关于接收沪厂各事，拟请我兄能一同赴沪协助，并请即日来渝转往如何，并祈电复为荷。

顺颂

大绥

弟：束士方　拜启

卅四年十月廿五日

束士方为调整赴派天津青岛接收人员线路致行政院秘书处函※

（1945 年 10 月 29 日）

谨启者：

兹奉上派赴天津青岛协助接收纺织厂人员飞机申请书二十一纸，敬祈察核并请赐准调拨中航公司飞机一架，俾得整批启程。再该批人员由傅道伸、刘持钧二人率领，原拟飞赴上海，再行转赴天津，现闻上海方面交通亦甚困难，拨改为径飞天津以资简捷，并恳备赐照办毋任虑祷。

此上

行政院秘书处

束士方　谨启

卅四年十月廿九日

束士方为报告首批派赴上海技术人员名单呈行政院秘书处函※

（1945 年 11 月 4 日）

谨启者：兹为接办上海各厂敌伪纺织工厂，拟派遣第一批技术人员邱云舫、鲁韶九等八十人乘轮前往。谨将名单随函附奉，敬祈鉴核并恳赐予核拨舱位，俾便早日启程，无任感祷。

此上

行政院秘书处

束士方　谨启

卅四年十一月四日

束士方为请续派天津青岛接收人员与前批人员一并飞沪呈行政院秘书处函※

（1945年10月26日）

谨启者：关于派员赴沪转往天津青岛接收纱厂，请赐设法调拨中航公司客机一架一事，业经开具名单函，请察核在案。兹拟□□吴仁丙、张志清等二人随同前批人员一并飞沪（前共为二十一人），至恳并案俯准为祷。

此上

行政院秘书处

束士方 谨启

卅四年十月廿六日

束士方为借调赴收复区工作人员薪津发放致蔡机、蔡纱等厂函※

（1945年12月26日）

径启者：查尊处职员奉调前赴收复区工作者计（名单附后照抄）等人，"兹奉总经理十二月十七日函示"，关于尊处对于纺织建设公司所借调之人员，应一律自三十五年一月起留资停薪，并规定办法如次：

（一）借调人员薪津均发至三十四年十二月份止。

（二）卅四年应得之各项奖金由尊处照发。

（三）自三十五年一月起，尊处借调人员薪津改由纺织建设公司发给，惟各该员在尊处之原有职任仍予维续保留，承认其在纺建公司之年资为有效。

（四）调用人员如有家属留居后方者，必要时得酌予垫借生活费用，并将各员眷属借支数目按月函总公司，以便向纺建公司扣还。

（五）家属在留居后方期间，暂予维续购买平价米之优待（惟其本人之平价米应取销），何时停止将来再行函告。至其他平价物品之购买权利，可由尊处斟酌办理。

以上各点统希洽照办理为荷。

此致

蔡纱、蔡机、业纺、咸工厂

总公司总经理：束（士方）启

卅四年十二月廿六日

附:各厂调赴收复区工作职员名单

业纺厂:陈毅德、赵宝荃、王赞之、许晓航、史福渊共五人。

蔡纺厂:王经理瑞基、刘厂长持钧、职员陈华松、李东藩、黄醉涛、邹赓华、傅安华、吴克智等共八人。

蔡机厂:吴经理树谷、职员任邦怀、严少泉、倪友方、王傅钰、张立贤、范其恩、张粹芳、何同峰、吴俊良、陆凤纪、宋避浮、孟浴吾、曲景禹、顾问姚律向等共十五人。

咸工厂:葛涤尘、张汉卿、张凤仪、沈同郅、张进德、胡宝峰、孙季良等七人。

(件存陕西省档案馆民国档案 82 -1 -62 -4 卷)

束士方为借调赴收复区工作人员薪津发放致沈次量、杨朗川函※

(1945 年 12 月 17 日)

次量、朗川两兄大鉴:

雍兴公司对于纺织建设公司所借调之人员,应一律自三十五年一月起留资停薪,兹规定办法如次:

一、借调人员薪津均发至卅四年十二月份止。

二、卅四年应得之各项奖金由雍兴照为发给。

三、自卅五年一月起,雍兴公司停发薪津改由纺织建设公司发给,惟各该人员在雍兴之原有职位仍予继续保留,并承认其在纺建公司之年资为有效。

四、调用人员如有家属留居后方者,必要时得酌予垫借生活费用,将来汇函告弟转为扣还。

五、家属在留居后方期间,暂予继续购买平价米之优待(惟其本人之平价米自应取销),何时停止将来再行奉告,至其他平价物品之购买权利可由兄等斟酌办理。

以上各节统祈察洽办理为荷。此颂

大绥

弟:束士方　拜启

卅四年十二月十七日

(件存陕西省档案馆民国档案 82 -1 -62 -4 卷)

四、落　幕

蔡家坡动力酒精厂为报送八月份月报致公司董事会函※

（1947 年 10 月 3 日）

敬启者：

顷奉本公司沈、杨协理九月十八日致本厂吕经理、孙副理密函开："本厂八月底月报应尽速赶制除照规定寄本公司者外，并应加制二份，以一份寄上海董联处，一份存会计课长手边，遇紧急时随身携带"等因，自应遵办。兹将本厂三十六年八月份日报照缮一份随函奉上，敬祈察洽并将发送表单目录、回单盖章掷还为荷。

此致

雍兴实业股份有限公司董事会

蔡家坡动力酒精厂

卅六年十月三日

（件存陕西省档案馆民国档案 82 – 1 – 1029 – 2 卷）

沈钥、杨毓琇为裁遣职员裁遣费请长假离职人员酬金发放致孙镜清、马震垚①函

（1948 年 8 月 10 日）

镜清、震垚我兄大鉴：

关于各厂矿因紧缩机构而裁遣之职员发给裁遣费，及自请长假离职人员致送酬金一事，兹奉洽于下：

（一）各厂矿职员辞职及自请长假经主管核准者，与各厂矿裁遣人员情形不同。盖裁遣人员系由厂方予以裁汰，故应给与资遣费。若辞职及请长假人员系自动离职，则公司方面原无给与任何费用之必要，此中区别亟应加以阐明者也。惟自动离职同人，按照事实，公司自不须给与何种费用，但为体念此项人员平日服务勤劳起见，亦可视其以往工作成绩如何酌送酬金（其数额可参考总公司上年八月

① 马震垚，河北吴桥人，曾任益门镇酒精厂工务课长。

所订职员裁遣费办法酌定，并应截零为整，假定应给三亿二千余万元，即截成整数给予三亿元，以示此项酬金并不根据薪额计算）。

（二）自请辞职或请准长假离职人员，本公司致送酬金，既系特别赠予性质，并不根据薪额倍数计算，则致送之后即为了结，此后不再以任何理由追加或补给。

（三）因紧缩机构而裁遣之职员，照总公司上年八月所订职员裁遣费办法发给裁遣费，其薪金倍数按各该员离职月份，总公司核定之数目发给，惟嗣后政府公布该月生活费指数，经本公司核定通函补发时，被裁人员应补发之倍数可予照补。

以上各节，用特函达，统希密洽办理为荷。

此颂

公绥

弟：沈钥、杨毓琇　拜启

三十七年八月十日

（件存陕西省档案馆民国档案 82－1－1029－2 卷）

王继泽为报告宝鸡运输站疏散情形致束若、陈叔虎函

（1949 年 6 月 3 日）

查西北时局自太原宣告撤守后，陕西当局为配合“戡乱”既定政策起见，乃于五月七日宣告紧急强迫疏散，并限于五月十五日以前各界一律疏散完毕。延至十六日，陇海火车即告停开，次日（十七）长宝电讯中断，咸阳大桥亦被炸断。咸阳失守，宝鸡骤形紧张，即奉当局令【令】各机关限于两昼夜紧急疏散入川。截至十八日，各机关相继疏散告罄，因军运当局扣车关系，于百难中将本公司在宝九车设法交涉，前后放出（本公司车应编为公车大队第九分队，归辎汽八团管辖）。职始于五月十九日十时押运装运宝站文卷及豫丰机棉四吨离宝（关于宝站撤退事宜，曾请准秦处指示，必要时撤退重庆）。至宝站一切，交由服务生白金铎率同工友三人及警卫、厨役各一名留守照顾。又张金铎现留住广元处，会计曾旭初及服务生李天庆，并宝站汽车十七部及各该车司助亦先后抵渝。在宝除留有房产及办公桌椅，并由渝运到转运蔡机厂铁料十余吨，及卸存豫丰广库生铁等二十余吨（在宝生铁等以该厂运费无着，宣告不运，故遗存宝鸡，广元生铁一俟业务开展，可否由广交船运渝）。兹以宝站车辆及油料等均经集中重庆，复查自本年以来，宝鸡曾前于一月间及此次疏散当局扣车，均经积极设法交涉，幸免应征。职已心力交瘁，精神

疲敝已极，今后工作日益艰巨，职一介铨才不堪胜任，除已面恳陈总稽核另派干员接替外，复于本月二日召集宝站全体同仁座谈，并邀请戴专员出席指导，商讨今后业务推进计划。当经一致决议，面恳戴专员少泉重负直接管理责任，当蒙其俯允外，特此谨将撤退经过情形备文呈报。敬祈鉴核备查，并祈日克发表戴专员负责一切，不胜迫切待命之至。

谨呈

总秘书　束

总稽核　陈

职：王继泽　谨启

卅八年六月三日

（件存陕西省档案馆民国档案82－1－104－3卷）

王继泽为报告司助要求借款等事宜致戴少泉函

（1949年6月10日）

泉公主任钧鉴：

兹拟将报告各端胪陈于后：

（一）顷奉电示，敬悉塌方受阻，谅日夜赶修，今已抵筑[1]。时值溽暑，途中食宿失常，想备受辛苦，殊为钦佩耳。

（二）司助要求借支款一事，于我公首途午后一时即召集开座谈讨论会，除姜英魁未到，余到齐。职当说明本处今后业务计划，欲求生存，必须群策群力，共度时艰，各位如能设计各项贸易，时当可转达上峰照办。各司机均深明大义，尤以吾公此次不辞劳苦领导之精神更为感动，故一团云雾当告消释，请勿为念。并说明目前业务环境，暂以健全车辆、设法行驶【为主】，一旦业务展开，自当将待修车设法修复，但于此期间，待修车决不付分文现款再行修理之。

（三）承嘱购纱伍台一节，继志于八日曾赴渝厂接洽，李襄理以纱售亏，同时合厂尚未运到，允为日内到后照售。旋于今日（十日）职亦前往洽办，但仍未到，允于下星一办理（十三日），届时自当竭力洽办耳。又此次代该厂装运棉纱运费问题，继志曾向李襄理交涉，彼称允于嗣后再运时照付之。职今日前往本计再交

① 筑即今贵阳。以其明初为贵筑长官司，清为贵筑县，故省称为“筑”。

涉,而李襄理未提及,仅束景文谈及此事,渠表示李襄理颇为不满。似此情形,职亦未积极交涉,只好听其自然,给则照收,否则乃收油耶。

(四)二〇一八七七车于九日到渝(周锡贵车),即将机棉照交该厂,除张永年已其饬返广外,此车代替人董占标,职亦与说明之,明日渠亦可返陕也。

(五)此间纱价,昨为一百六十二元,今为一百五十八元,仍望落。如此情形虽不致大跌,但为疲滞。筑市如何?又金圆券已五亿二换硬币一元,但望上涨。汽油已二百三十二元一桶,黄货为六十二元。

(六)此间无军运,据李襄理告,广元军运颇紧。

(七)据闻今日运往筑食盐颇多,价跌且疲,果真否?我处申请运盐照,批准否?

(八)此间一切如常,府上均好,祈勿念。

匆此奉陈,并颂

筹安

职:王继泽　谨启

六月十日夜十时

继志嘱笔问候,不另笺矣,又及。

(件存陕西省档案馆民国档案 82 - 1 - 104 - 3 卷)

王继泽为抵渝后货物销售货款及手续等事致张金铎函※

(1949 年 6 月 12 日)

金铎吾兄惠鉴:

(一)广元握别联已旬余,两地系念,想彼此同感耳。弟于上月廿九日安抵渝市,以途中食宿失常,心神不适,近已获愈,未能及时函达,职是故耳。府上人等如何?至念。尚希一切开怀,勿虑是荷。

(二)此间业务毫无,六月份开支无着,殊为焦灼也。

(三)存广大桶,兹接丁主任函告已售出八十六只,共洋四十三元。吾兄又留用廿三元,如本站经济有着时,尚无不可,惟望体念时艰,最好再退交丁主任十五元,以便调渝借济此间应急。又兄忠诚服务,久为上峰契重,来日方长,总有曙光之期,除请吾兄退交丁主任款外,其余兄收款亦必即刻具据收条寄来,以便此间付账而符手续,勿却是盼。

(四)兄留广元,弟已报陈公司渝处备案,勿念。又广元军运如何,秦宝两地有何消息及友好如何，并盼随时与宝鸡白金铎兄通讯联系，一切务希随时函告为盼。

（五）大桶尚有否？存广生铁渝处计交船运渝，在未运渝前尚希竭力保管之。目前存广究尚有何物，尚希一查见告为荷。

（六）近日报载消息好转，西安指日可收复。似此情形，弟等返宝有望。勿此不尽欲言，并颂时绥。

王继泽 手□

六月十二日

盼回音并将借款收据寄来！

（件存陕西省档案馆民国档案 82－1－104－3 卷）

张仲实为西安宝鸡两地工厂情形致束樵如函※

（1949 年 6 月 23 日）

樵如我兄大鉴：

关中二次事变，五月十八日国军自西安撤退，将咸阳铁桥炸毁，火车停开。本厂于十九日停工，共军于二十日夜午到厂，廿一日有政治部人员来厂接收，向全体员工讲话。连日炮声不断，飞机在厂南太白山阴，数度轰炸扫射，厂中派人徒步往西安送信，秦处来函公司已被接收，不日即派正式接收人员来厂。六月四日，有接收人员四十余人到蔡接收三厂，蔡纺住十六人，机、酒两厂各住十余人，秦处来函嘱即办理移交，三厂赶办清册。接收代表出布告，本厂定于十日复工，九日即将本厂存纱二百余件全部运往西安。是日下午国军反攻，青海骑兵由北路麟游经岐山东进，南路有胡先生步兵沿南山公路东进，中路有粤军沿铁路东进，三厂接收人员全部撤退。十日炮声益紧，十一日广东军队六十五军一八七师到达本厂，住一夜，翌晨东进。十四日申县长①率科秘等由南山回县，布告安民，令工厂复工，本厂遵令于十六日贴出布告，定于十七日复工。十七日工友不肯上工，要求停工期间工资，经申县长劝告须先复工纺出纱来售得现款。第一步维持全体员工伙食，有余资再酌借与工友，十八日工友陆续上工，至廿日始开到细纱车卅六台。幸宝鸡铁桥已修好，火车可由宝鸡开到武功。因煤缺，间日开一次。本厂所出之纱尚可销售，以维持伙食。计此次本厂停工一个月，工友每人借给银元二元，职员每人借十元维持生活。以后如何？尚难逆料。

① 即申道哲，陕西华县人，1949 年 1 月至 7 月任岐山县长。

同仁方面除醒尘、碧轩二人于事变以前去西安外，余均未动，家眷亦全。在厂紧急时到北坡避避，醒尘、碧轩二人已向秦处辞职照准。

尊处近况如何？尚祈惠我好音。刻下西安城仍被国军围困中，咸阳炮火甚烈。余再谈。顺问平安。

弟：张仲实　拜启

六月廿三日

叔虎、心来两兄及各同仁均此问安。

（件存陕西省档案馆民国档案 82－1－106－2 卷）

路清准、李广生为报告宝鸡各厂战时情形致陈叔虎、束樵如函※

（1949 年 6 月 30 日）

叔虎、樵如两兄大鉴：

西安握别，弹指半载，停云在望，系我怀想，比念时祉多绥，佳况胜常，遥以为颂。

兹启者：上月陕省变乱，共军又重到虢镇，惟为时甚暂，员工确饱受惊恐，托庇尚称平安，厂内亦无损失，望释锦注。刻下大军云集咸阳附近，火车已通，武功、宝鸡一带近已渐次复原，本公司各厂因资金周转欠灵，困难重重，前途堪虑。现蔡纺、蔡酒、陇矿及敝厂均已先后开工（蔡机问题多，尚无开工），惟燃料及原棉补给不够，能开几日殊难预料。陇矿煤炭因供不应求，此间第七补给区有整个管制专供军用之说，果尔则今后各厂用煤当受限制，维持将来，益增艰苦，奈何！兄等近况若何？总经理及沈杨二公现在何处？对陕属各厂有何指示？尚希随时赐教，以匡不逮。是所至盼，专此，即颂夏祺。

并问诸同仁均安，不另。

此间同仁两月薪金均未能发放，同仁等均参加工友饭团用膳，以示共受甘苦。

弟：路清准[①]、李广生[②]同拜

六月卅日

（件存陕西省档案馆民国档案 82－1－106－2 卷）

---

① 路清准时为业精总工。

② 李广生时为业精襄理。

束若、陈叔虎、吕凤章
为请示文卷账册保管等事致束云章函※

（1949 年 7 月 17 日）

云公总经理钧鉴：

六月廿五日钧示奉悉，除关中战事进行期间，秦处及蔡、虢、陇各厂矿情形已于七月一日函陈梗概，俟接获详报再为转陈外，兹谨将嘱办各节分陈于左：

（一）照紧急措施办法规定，秦处及各厂日记账表均系抄副寄董联处汇存。自渝处来重庆后，以统计工作仍在西安办理，该项账表即未另寄渝处。

（二）由陕疏运来渝之文卷账册（计分两次疏运，一批系三十七年春间关中之役以前，一批系三十七年冬随迁渝人员运来），因驻渝处房屋不敷应用，且地处山野，照料困难，除有账箱存渝处以便随时检用外，余皆寄存豫丰仓库，以资慎重。查运渝文卷共十余大箱，经两次长途搬运，不无零乱，业已嘱经管人逐箱重加整理。惟渝处离豫丰较远，往返需时，又豫丰仓库存有该厂物资甚多，渝处派员前往整理卷箱，须配合该厂办公时间，无法提前或延长，较为费事，约计七月杪可以全部整理完竣，届时遵即将文卷及账表分别造具清单及箱号单寄陈查核。

（三）总公司所属各厂、矿、处之房地契约及地基房屋图，向系寄存西安中行地库，其中契约部分均另抄副本寄兰州中行保管。又总公司西安房地契据现存渝处，拟俟卷箱整理完竣后，一并造具清册寄陈。至各厂出品商标注册执照，系由各该厂自行保管。又卅七年上期总公司依法办理重估固定资产价值，调整资本总额，呈请工商部核准变更登记，并于卅七年十月八日颁发新字第二七二号执照一纸，其原本当时已送请西安中行保存，渝处仅存有该执照照片，前已检寄台厂两份备查。总公司西安房地契据现存渝处，拟俟卷账整理就绪后即编造目录一并寄陈。以上各节，用特陈复。

祗叩

崇绥

渝处：束诺　陈【叔虎】吕凤章　谨启

（件存陕西省档案馆民国档案 82－1－106－2 卷）

束士方为随时见告公司相关消息等致雍兴驻渝办事处函※

（1949年6月25日）

雍兴驻渝办公处鉴：

径启者：

一、陕垣撤守后，西安办事处及蔡三厂陇矿迄今尚无消息，而蔡岐一带又适当战事，前线锋镝所经情形可想。所有省厂同人及工友安全与否，以及厂房机器设备能否免于损失，均无时不在焦忧悬念之中。尊处如有信息，务希随时见告。

二、按照紧急措施办法，西安方面以及各厂逐日日记账表均应抄本寄渝，未知尊处已接到之账表至何日为止？请将最后接到者照抄一份寄台。

三、由陕疏运到渝之文卷账册共有几箱？现在如何保管？请将箱数查明开单寄台（文卷箱、账册箱应分列其原编有号码者并抄号码），各箱内容如有清册或目录，亦请照抄一并寄来。

四、前项文卷账箱当初运出时是否整理完善？如其中有装箱匆促不免凌乱者，应请督率同人加以整理。刻下尊处事务不繁，此种工作正宜及时为之，每日匀出半天功夫，即绰有余裕也。

五、本公司及各厂矿之地基图、房屋图、房地契据文件，经济部所发之本公司登记执照，商标局所发之各厂出品商标注册执照，其他有关本公司及各厂矿之重要文献，以上各件应提出专箱妥装保存，一俟清务就绪，请编目录寄台。

六、上项工作约何时可以完成，请就地体察情形，假定日期见告。

七、兰州毛织、面粉两厂与西安方面失去联系，业已函托陇中行洪经理称其就近代为照料，并经分函该两厂察照矣，并以奉闻。

此颂

公祺

束士方　启

卅八年六月廿五日

（件存陕西省档案馆民国档案82－1－106－2卷）

束士方为请将有关生产、经营、销售情况按时寄台致兰毛、兰粉两厂函※

（1949 年 6 月 25 日）

兰毛、兰粉厂台鉴：

径启者：

一、兹请尊处将本年六月卅一日之日记账、日计表及资产负债各科目余额表，照抄一份寄台。

二、本年上期决算表俟办就后应以一份寄台。

三、自本年七月一日起，日记账、日计表请按日照抄一份寄台。

四、请自本年七月份起将下列各项按旬电报各一次（即每月十日、廿日及月底各一次）：

1. 上旬结存成品数量；2. 本旬出品数量；3. 本旬销货数量；4. 毛呢市价（每市尺或每码）；5. 面粉市价（每袋）；6. 售货损益；7. 羊毛市价（每市担或公担）；8. 小麦市价（每百市斤或一市担）。以上均以银元计。

此项电报可由毛、粉两厂汇报并用航空快邮寄台，以省分报之烦。

五、工务报告仍照从前表式逐日填报寄台。

六、以上各表报、电报务请指定专人，注意按日按期寄出，万弗迟延积压。是所至盼。

此颂

公祺

束士方　启

卅八年六月廿五日

（件存陕西省档案馆民国档案 82－1－106－2 卷）

陈辉汉、罗冠英为陈报关中战役中西北机器厂情形致陈叔虎、束樵如等函※

（1949年7月5日）

叔虎、樵如、心来诸兄惠鉴：

六月廿七日台函诵悉。谬承关垂，良用心感。此次关中战役中，蔡家坡幸免炮火之灾，全体员工及公私财产均安全无恙，洵属万幸。整个停工期间，全厂员工无一人离厂逃避，举凡维持秩序、警卫治安及处理一切日常事务，均赖大家同心一德，公诚商议，顺利进行。在万分艰险之中，团结精神之发挥达于极致，而秩序纪律之佳，亦为平时所不及。目前战局成对峙之势，西京未复，公司联络断绝，厂内经济方面困窘万状，维持伙食已感困难，而五六七月份薪资更谈不到。至于工作计划，在如此局势之下，亦属无法说起。今后如何演变？非吾人所能逆料，只有竭尽绵薄勉力应付而已。尚祈时颁南针，俾有遵循，是所至祷。

蔡纺已开工，其零星修理工作，由敝厂随时局部开工承做，全部复工尚有待于局势之稳定耳。秦处情形不甚明了，惟闻各同人均尚平安而已。专复。

并颂

共绥

弟：陈辉汉　罗冠英　拜启

七月五日

尊处各同人统此问好。

（件存陕西省档案馆民国档案82－1－106－2卷）

孙镜清为通报解放关中役中蔡家坡三厂情形致束樵如、陈叔虎等函※

（1949年7月5日）

樵如、叔虎、心来兄惠鉴：

诵接来函，咸愧奚似□蔡酒厂“变乱”期间，经全体员努力之维护，幸无大损失，乞释念。此间情形已陈前函，谨将数则再陈如次：

（一）业务情形——纱厂以纱价较好，已开工数日，产品可销于宝鸡，是以该厂员工薪金不成问题。酒厂亦开工，除供三厂食用必需之粉外，近更需磨军粉，惟交易仅以麦易粉，既无利润且无制造费，工友工资无法筹措，是以工作调动不无捉襟见肘之感。机厂既无工作，且需粉厂供给粉与酱油等。各厂情形稍有不同，惟再如此拖延日久，恐不堪设想矣。

（二）人事情形——纱厂马醒尘与庐碧轩于事变前离厂，并闻均在西安。机厂林敏与李绪锴亦离厂，酒厂刘靖宇、张世杰请假离厂，吴士珍与陆基安二员送眷返广元。

（三）三厂护厂情形——于事变前各厂均组织临委会，由员工共同组织，在变乱期间处置厂务一切事宜。酒厂系员工共伙，迄今已五十天矣。纱厂照旧有大小厨房之分。机厂闻员工自筹膳费。

（四）损失情形——机厂恐无损失，纱厂损失纱为四十件、汽车三辆，酒厂损失粉、麦若干，折合小麦三十余万斤，大车十三辆（挽骡三十四匹），麻袋三百七十余条。

（五）西安秦处——据秉刚兄来信（六月十二日），公司改组，人员留用，傅道翁被尊崇，备有专车。仁甫被大家攻击，最后博得为公司中最负责之好评。雍村被征用。

（六）联厂——业精无损失。据闻“变乱”前，职员欲出厂，被工人所阻留。陇煤并未波及“变乱”，但地方情形如何，迄无消息。

（七）各厂原料——纱厂存棉花及燃料足一月余之用，酒厂小麦足十天之用（够三厂员工一月之用），机厂尚无具体工作也。

（八）陕境尤以关中月来苦旱，忽于七月三日大雨连绵，截至现在，尚未停止。在兴平附近，国军有新部署（据传）并可能在咸阳有大会战。西安到此处已二十四天无信，行人绝迹。以上拉杂知廑注，特奉闻，尚盼时锡指教，切勿谈国事为妙。光文在渝多承关照，容当后谢也。专此，敬问筹祺。

弟：孙镜清　再拜

七月五日

接收大员到咸工。六月三日潘仲文与接收大员来蔡三厂接收，陈厂长于“变乱”前一月即在西安，此次同潘仲文来蔡，现均搁浅此地。

弟又及

晴老、一鸣、少泉、世襄、德容以暨诸同人问好不一。

弟再启

（件存陕西省档案馆民国档案 82－1－106－2 卷）

王蓝甫、吕祖曜为报告陇煤情形致束樵如、陈叔虎等函※

（1949年7月6日）

樵如、叔虎、心来我兄赐鉴：

顷奉上月二十七日大函，敬悉种是，辱荷殷切垂念，感纫曷极！本矿自五月十五日奉秦处通知正式停工后，以工人要求解散费，而工资又以领款不足，未能如数发齐，曾发生暴动。当向各方借贷，每人发给临时救济费一元，又将旧存日用品分发若干，始告平息。又以时局紧张，地方不靖，为维持矿厂秩序及井下工厂安全起见，曾组一职工联合临时自卫委员会，凡本矿一切事务悉由该会议决施行。当时所存员工食粮只有一个月量，人心颇呈恐慌。正在向各方设法告贷之际，陇宝各地军政机关纷纷催促本矿复工甚急。当时交通幸渐次恢复，经向各厂临时设法筹措款资若干，勉于上月二十六日开工。惟以停工月余，井下工程多有损毁，须加工修理，而停工后又有一部分工人离矿自谋生活未归，故现在产量每日只有四五十吨。日前奉宝鸡、西安绥靖公署前进指挥所裴兼主任电令，本矿所有产煤应悉交虢陇路运虢，以备陇海路及磨制军粉之用，煤价并令与七十一补给分区司令部洽办，至究能及时领到合理价款与否，现尚不得而知。刻正拟俟天晴路通后，遄即赴宝与各方接洽。一切情形如何，当再奉闻喘复。

顺颂

台绥

弟：王蓝甫 吕祖曜 拜启

三十八年七月六日

（件存陕西省档案馆民国档案82－1－106－2卷）

束若、陈叔虎、吕凤章为蔡虢陇各厂战时情形致束云章函※

（1949年7月29日）

云公总经理钧鉴：

查六月中旬关中国军进驻岐山、武功后，职等曾分函蔡、虢、陇各厂矿负责人探询情形并致慰问。兹接涤尘、蓝甫两兄及蔡机罗冠英、陈辉汉，业纺李广生、路清淮诸兄函告各厂矿现状前来。除七月一日及十九日两函已陈各点不再赘及外，谨将各厂来函摘要转陈于左：

（一）涤尘兄七月五日来函略云，蔡酒为承制军粉及供应三厂员工食粮起见，业已开工，但均系以麦易粉，并无利润，各项开支极感困难。该厂此次除损失面粉及小麦外（折合小麦三十余万斤），尚损失胶轮大车十三辆，骡子卅四匹，麻袋三百七十余条。现存小麦尚敷十日之用，估计约可维持三厂员工食用一个月。又，张工程师秉刚六月十二日由西安致渠一信，据称秦处被接收后，人员均留用，道伸兄等共方推重，雍村宿舍已全部被征用等语。

（二）蓝甫兄七月六日来函略称，五月中接秦处通知停工，工人为要求补发五月份欠发工资并发给遣散费，致发生暴动，经设法贷款一笔，分发每一工人临时救济费一元，并将所存日用品均予以分配，始告平息。其时存储员工食粮仅可维持一个月之用，人心极为惶恐。为维持矿内秩序及井下工程计，曾组织职工自卫委员会，一切事务均由该会议决施行。迄六月中战局好转，宝虢各地需煤孔亟，奉令于六月廿六日复工。惟因停工过久，井下工程略有损坏，且一部分工人业已离矿，故每日仅可产煤四五十吨。奉西安、绥署令，悉数交由陇虢路备陇海路及承磨军粉各厂应用，至价格及领款手续，现正与七十一补给分区司令部接洽办理中。

（三）业纺李广生兄等六月卅日函称，该厂业已复工，惟资金周转困难，原棉及燃料之补给大成问题，幸变乱期间厂方当无损失，员工亦皆平安，堪以告慰云云。

（四）蔡机罗冠英兄等七月五日函告，此次关中战役，该厂公私物资均无损失，全厂员工推诚相与，共度时艰，秩序至为良好。惟经费窘绌万状，员工伙食难以维持，除已局部开工承做蔡纺修理工作外，尚无全部复工计划，等语。

据此间廿八日，报载关中战事在秦岭北麓对峙中，宝鸡共军一部向陇县方面推进，此间陕属各厂短期内已无法取得联系，并闻。

祇叩

崇绥

职：束（士方）陈（叔虎）吕（凤章）　拜启

卅八年七月廿九日

（件存陕西省档案馆民国档案 82－1－106－2 卷）

孙镜清为西北各厂情形及欲疏散到渝致陈叔虎、束樵如函※

（1949 年 6 月 23 日）

叔虎、樵如两兄赐鉴：

西京握别，倏已月余，想甚念甚。西北各厂情形如昔乏善可告。西安自绥署撤退，时感不安，和谈空气传来，每个人均觉精神上稍有安慰，但能否和平，尚有距离，物价亦随和谈而有起伏。公司方面自杨协理、胡副理去后，益感空虚。兄台前电称可为弟家属设法，感铭五中。弟愿家疏散之意，实为公私两照兼之计，弟拟于春节后即设法送渝，未悉渝方住处以及一切情形如何，尚盼兄等裁示一二。

蔡三厂计纱厂尚属赚钱生意，酒厂可称小康局面，机厂亏本生意。长安制革厂以刘履拟去兰州照顾自己生意，已提出辞职，闻公司已决意将该厂办理结束。余再陈。专此，敬颂筹祺。

弟：孙镜清　顿首

六月廿三日

（件存陕西省档案馆民国档案 82－1－106－1 卷）

第七章　所属单位概况

雍兴公司所办及雍行直辖各企业一览表

A. 雍兴公司所属
1. 蔡家坡纺织厂
2. 蔡家坡西北机器厂
3. 虢镇业精纺织厂
4. 西北运输处
5. 蔡家坡动力酒精厂
6. 广元动力酒精厂
7. 益门镇动力酒精厂
8. 陇县煤矿
9. 长安制革厂
10. 长安印刷厂
11. 中南兴记火柴厂
12. 兰州毛织厂
13. 兰州面粉厂
14. 兰州制药厂
15. 西北机器厂兰州分厂

B. 雍行直辖附业
1. 豫丰纱厂渝厂——合川支厂附
2. 咸阳纺织工厂
3. 咸阳打包厂
4. 灵宝打包厂

雍兴公司资本额20,000,000.00元,由雍行出资13,000,000.00元、津行出资5,000,000.00元、储蓄部出资2,000,000.00元组织而成。查雍兴公司所办及雍行直辖各厂,投资总额25,050,000.00元。内计:

1. 雍兴公司投资　　17,670,000.00元
2. 雍行投资　　4,204,060.00元(豫丰纱厂3,569,860元;咸阳纺织工

厂250,000元;咸阳打包厂260,000元;灵宝打包厂124,200元)

3. 豫丰纱厂投资　　400,000.00元(广元动力酒精厂)

4. 咸阳打包厂投资　250,000.00元(咸阳纺织工厂)

5. 雍裕纱厂投资　　150,000.00元(咸阳纺织工厂)

6. 外股投资　　　　2,375,940.00元(豫丰纱厂630,140元;益门镇动力酒精厂150,000元;中南兴记火柴厂280,000元;咸阳纺织工厂1,000,000元;咸阳打包厂240,000元;灵宝打包厂75,800元)

各业投资比率:

1. 纺织业　占50.3%　(12,600,000)
2. 酒精厂　占11.6%　(2,900,000)
3. 运输部　占8.0%　(2,000,000)
4. 制药厂　占8.0%　(2,000,000)
5. 机器厂　占6.0%　(1,500,000)
6. 煤矿　占3.9%　(1,000,000)
7. 面粉厂　占3.9%　(1,000,000)
8. 打包厂　占2.8%　(700,000)
9. 制革厂　占1.7%　(400,000)
10. 印刷厂　占1.4%　(350,000)

企业名称	地址	资本额	负责人姓名	设备	筹备近况
蔡家坡纺织厂	陕西岐山县蔡家坡	5,000,000元	经理:王瑞基 厂长:刘持钧	向成通公司购进半制品纱机10000锭,拟再由豫安存仰纱机拨给新锭6000枚,全部完成共16000锭	厂屋已建成,本年九月间可先开纺2000锭,半年内可再陆续装成10000锭,其余4000锭制造尚需时日。动力设备不够,现正各方搜购锅炉
蔡家坡西北机器厂	距上列纺织厂约一公里	1,500,000元	经理:杨毓桢	第一步规定工作机120部。战后拟扩充资本,向欧美酌购精制工作机	本年四月下旬正式开工,主要工作制造蔡家坡纺织厂纱机,酒精厂蒸馏塔、配件等及陇县煤矿锅炉、煤斗等。惟土铁大半不合制造机件之用,较好铁料搜购颇感困难耳

续表

企业名称	地址	资本额	负责人姓名	设备	筹备近况
业精纺织厂	陕西宝鸡县虢镇	1,000,000元	经理：王瑞基 厂长：刘持钧	现有木制纱机3000锭，织布机60台，织毯机4台，机器设备等于二十九年底已一律摊尽	廿七年十一月间拨资10万元创办，迨廿八年底盈余20余万元。二十九年度决算，实际盈益均26万元。三十年一月资本扩充为30万元，近拟租用湖北省纱布局纱锭2000枚增建厂屋及添置原动等，资本增为100万元，期在本年底装备完成。将来如有盈余，拟自购新纱锭2000枚，将租旧锭退还并将织布机扩充至200台。仿效三友实业社办法——专织床毯、衬衣布及各种花包布等
运输部	宝鸡县城内中山大街	2,000,000元	副经理：许庸令	现有新旧卡车60余辆（内有12辆未运到），拟再购新卡车数十辆，资本增为500万元	运输部设宝鸡，在广元、成都、重庆、昆明分设办事处。畹町、仰光两办事处正在筹设中，所有卡车成本在一二年内可由运费收入项下，陆续摊尽
蔡家坡动力酒精厂	距西北机器厂不及半英里	1,500,000元	经理：杨毓桢 厂长：卞柏年	现有紫铜500加仑，酒精蒸馏塔三具	廿九年十一月筹备，现第一塔已装就，第二塔八月间装好，第三塔九月内亦将装成，九月可利用酿成之酒。将来三塔齐开，日出1500加仑谅无问题
广元动力酒精厂	广元县北门徐家河外	800,000元（内豫丰纱厂入股400,000元）	经理：杨毓桢 厂长：孙镜清	500加仑蒸馏塔一具已运抵广元，原动如蒸汽机、电机等现正购装	本年四月间筹备，现厂屋已建竣。原动如有办法九月间可出酒，惟原料略感缺乏，成本较高，所有设备用费或不能短期内摊尽

续表

企业名称	地址	资本额	负责人姓名	设备	筹备近况
益门镇动力酒精厂	宝鸡城外益门镇距城约七公里靠近公路	600,000元（内有外股150,000元）	经理：吕凤章	300加仑白铁蒸馏塔、紫铜蒸馏塔各一具，已筹备就绪	本厂原系杨毓桢私人筹资15万元，先筹建厂屋，嗣经商请合作，由雍兴公司投资45万元全权经营。七月间先行出酒，日出200加仑，九月起产量可大增加。所有设备用费一二年内可摊提收回
陇县煤矿	陕西陇县娘娘庙地当平宝公路距宝鸡约65公里	1,000,000元	矿长：赵葆章	矿区约119公顷（拟再酌量扩充），系顶购旧矿矿照及少数工具与钢铁材料，于本年五月接收完毕，拟另打新井增加生产	拟用新法开采，锅炉、绞车、煤斗等已托蔡家坡西北机器厂代制。第一步拟二三个月内日出30吨，八九个月后日出100～150吨，运输托运输部负责办理
长安制革厂	西安城内玄风桥	400,000元	经理：刘履之	暂以土法制造，水池、浸桶等已预备齐全	本年三月开始筹备，厂屋已筑竣，不日即可开始硝皮制革，拟先制轮带及皮棍所用之皮，将来再酌制其他产品
长安印刷厂	西安城内玄风桥	350,000元	经理：杨集生	现已购妥大美印书馆印刷机全套，计3万元	本年五月间筹备，两三月后可开始工作，并已租妥南院门22号房屋作门市部，已于元月廿八日迁入办公
中南兴记火柴厂	西安中山门外距城约一公里	600,000元（内有外股280,000元）	经理：冯尚文	机器设备及厂屋均就中南火柴公司原有者加以补充	中南火柴公司已停工年余。由雍兴公司投资合办后，于七月间试工一次，出品雁塔牌赤燐火柴，尚能应用。不久将正式开工，日可出火柴60箱，一切设备用费，不难于一二年内摊提收回

续表

企业名称	地址	资本额	负责人姓名	设备	筹备近况
兰州毛织厂	兰州城外七里河	400,000 元	经理：潘炳兴 厂长：陈骐程	向重庆安利洋行订妥 H. F. 小型纺毛机两部，九月仰光交货。在未装机以前，暂用土纺先行从事生产	厂屋系租用陇支行河路仓库。暂拟装织呢木机 50 台，织毯木机 20 台，现已装妥开工者，计织呢机 18 台、织毯机 8 台，其余在九月间可完全装成。弹毛机 2 部、松毛机及抽水机各一部已定制，十月间交货，战后拟添购新式机器，增加生产
兰州面粉厂	兰州城外七里	1,000,000 元	经理：洪德官	500 袋面粉机两部，一部装好，一部本年底在渝交货，锅炉引【擎】	厂屋已准备齐全，八月上旬开工，惟原料缺乏并严受统制，拟暂揽磨军粉，正在准□□
兰州制药厂	兰州城外七里河	2,000,000 元	经理：曹柏年 厂长：卞松年	制药部分击碎机已向美定购，约半年内可交货； 酒精部分 150 加仑蒸馏塔一具，又制造玻璃、肥皂、石碱等部分坩埚、池窑、原动机器等均准备完成	新厂屋已落成工作概况如下： 制药部分：拟先赶制或购备小型制药机，现正试验由土盐中提取硫酸镁 制玻璃部分：现暂侧重制造器皿如酒瓶、花瓶等，日产约计 800 余市斤 制肥皂部分：日产去污肥皂约计 500 市斤 制酒精部分：因干酒部分配备未全，出酒甚少，每日仅二三十加仑，九月间可陆续日出 120 ~ 150 加仑，先供本厂自用 制碱部分：八月中旬出碱先自用

续表

企业名称	地址	资本额	负责人姓名	设备	筹备近况
西北机器厂兰州分厂（暂属蔡家坡西北机器厂，稍缓拟使其独立）	兰州中国银行河路仓库（距城约四公里）	（包括蔡家坡西北机器厂资本1,500,000元）	经理：杨毓桢 厂长：马文芳	现有工作机十部	本年三月间筹备，即可开始工作
豫丰纱厂渝厂（合川支厂附）	渝厂重庆：土湾小龙坎 合川支厂：合川东津沱	4,200,000元（内有外股630,140元。经股东会议议决，将资本总额改为15,000,000元，正办增股手续）	经理：潘世经 厂长：郑彦之	在郑县时原有56000锭。现可装配应用者约40000锭。 在合川支厂装15000锭，渝厂装25000锭。 拟装足30000锭，正在设法添配修理	郑县厂二十七年二月十九日起拆机，经80余日拆完，共装十一万千余箱运汉口转宜昌。由宜用木船360余艘运重庆，中途失事沉没者百余艘，至二十八年九月间全部运到。用运费等270余万元，厂屋设备按3万锭，大厂计划用413万元，未完工部分尚需200余万元。至营业状况，廿七年十一月仅开1000余锭，至廿八年底陆续增至20000锭，是年出纱2900余件。廿九年五六月间遭敌机轰炸四次，厂屋机器损失甚巨，经员工努力，于三个月内由2000锭修复至15000锭。年终决算，除摊提拆迁及轰炸等损失500余万，又军纱暗亏600余万元外，计纯益1,795余万元。三十年上期决算纯益计11,362,000余元

续表

企业名称	地址	资本额	负责人姓名	设备	筹备近况
咸阳纺织工厂	暂设咸阳打包厂内，距咸阳火车站约一公里	2,000,000元（湖北省纱布局纱锭10,000枚，连同配件等作价860，00元，出现款140,000元咸阳打包厂原动设备及厂屋等作价250，000元，雍行出资250，000元，另由雍兴公司出资350，000元，雍裕纱厂出资150,000元）	经理：刘绍远 厂长：王瑞基	纱锭10,000枚，厂屋、原动与咸阳打包厂合用	二十九年二月间与湖北省纱布局签订第一步5000锭合约。八月间开工，至年底纯益计733,313.50元。三十年一至五月底盈益110余万元。第二步5000锭本年九月间可装成。惟原动设备不敷10000锭之用，拟暂租用陇海路机车以济急需。资本额拟扩充为800万元，所增之600万元仍双方各半。雍兴公司增认300万元，纱布局无现款可拨，拟以存宝鸡纱锭及铁料等向雍行押借300万元，将来由盈余项下尽先归还，藉以减少利息负担。该局尚有纱锭5000枚，加以修理即可使用。现正进行第三步合作，将来15000锭计划不难达到
咸阳打包厂	咸阳城外，距火车站约一公里	500，000元（内有外股240,000元）	经理：汪晴江	打包楼、拣花房在二十三年用钢骨、水泥建筑，原动等设备齐全	二十三年五月间筹备，二十五年八月间正式开工，至二十八年底纯益297,000余元。本年五六月间遭炸五次，幸损失不巨，旋即修复开工
灵宝打包厂	灵宝县城外，距火车站约半英里	200,000元（内有外股计75,800元）	经理：吴凤祥	厂屋、机器等二十八年夏季遭敌炮击三次，中弹百余枚，幸损失不大，旋即修复	二十三年七月间筹备，二十四年三月间正式开工，至廿九年六月底共打包十余万件，共纯益216,330.26元。廿九年七月至三十年六月底共打包4200件，盈余约计2,3000余元

（件存陕西省档案馆民国档案82－1－379－1卷）

雍兴实业股份有限公司各厂矿概况表(一)

民国三十五年九月

(1946年9月)

表一 总 况

厂矿名称	厂址	成立年月	开工年月	工矿登记证号数	商标	电报挂号	备注
蔡家坡纺织厂	陇海路蔡家坡	三十年元月	三十年十一月	工1817	太白积雪	1367 西安	
业精纺织厂	陇海路虢镇	三十年三月	三十年三月	工1813	宝鸡牌	2814 虢镇	
兰州毛织厂	兰州七里河	廿九年十一月	三十年六月	工1812	吉羊牌	3029 兰州	
西北机器厂	陇海路蔡家坡	廿九年十一月	三十年八月	工2078	正确牌		
蔡家坡酒精厂	陇海路蔡家坡	廿九年十月	三十年九月	工5205	岐山牌	1221 宝鸡	
兰州面粉分厂	兰州七里河	廿九年六月	三十年十一月	工1814	岐山牌	7797 兰州	
广元酒精厂	广元须家河	三十一年三月	三十年八月	工3465	风车牌	0520 广元	
长安制革厂	西安玄风桥	三十年三月	三十年八月	工1816	牛星牌		
陇县煤矿	陇县娘娘庙	三十年八月	三十年八月	采1417 1689 1900		7006 陇县	

表二 地基与建筑物

厂矿名称	自有厂地(市亩)	租赁厂地(市亩)	矿区面积(公顷)	建筑物			
				自有		租赁	
				间数	所占面积(市方丈)	间数	所占面积(市方丈)
合计	1,379.8		1,294.4	4,906	8,178	194	
蔡家坡纺织厂	431.7	—	—	1,320	2,679	—	—
业精纺织厂	130.9	—	—	803	1,723	—	—
兰州毛织厂	—	—	—	225	—	194	
西北机器厂	213.7	—	—	833	1,449	—	—
蔡家坡酒精厂	262.4	—	—	1,073	1,479	—	—
兰州面粉分厂	32.9	—	—	246	—	—	—
广元酒精厂	44.1	—	—	164	366	—	—
长安制革厂	14.9	—	—	111	313	—	—
陇县煤矿	249.2	7.1	1,249.4	131	169	—	—

表三 机器设备

厂矿名称	动力机		主要机器或设备			补助机器或设备		
	汽力HP	电力KW	名称	单位	数量	名称	单位	数量
蔡家坡纺织厂		1,100	纺织机	锭	12,240	纱机用补助机 修机用工作机	部 部	20 25
业精纺织厂	155		纺织机 各种织机	锭 台	2,100 230	纱机用补助机 织染用补助机及设备 纱机用补助机	部 部 部	3 8 12
兰州毛织厂		116	梳纺机 各种织机 整染设备	部 部 部	25 93 11	梳纺用补助机 织机用补助机 整染用补助设备 修理用工作机	部 部 部 部	10 75 5 12
西北机器厂		157	车床 铣床 刨床 插床 钻床 特用机 锻铸设备 钢铁热处理设备	部 部 部 部 部 部	135 19 28 3 12 19	各种补助机	部	6
蔡家坡酒精厂		205	酒精设备（日产1350加仑） 磨粉机（日产1500袋） 淀粉设备（日产100袋） 盐酸设备（日产800磅） 味精设备（日产120斤） 酱油设备（日产1000斤）	套 套 套 套 套 套	1 1 1 1 1 1	修理用工作机	部	6
兰州面粉分厂		93	磨粉机（日产600袋）	套	1	修理用工作机	部	4
广元酒精厂	125		酒精设备（日产300加仑）	套	1	修理用工作机	部	1

表四　产　品

厂矿名称	品名	平均每日产量		主要销地	备注
		数量	单位		
蔡家坡纺织厂	棉纱	26	包	陇海沿线及四川	
业精纺织厂	棉纱 布匹 床单 毛巾	5 150 20 200	包 匹 条 条	陕甘二省	
兰州毛织厂	毛呢 地毯	700 15	市尺 方尺	陕甘二省	
西北机器厂	全程纱机				
蔡家坡酒精厂	酒精 面粉 淀粉 味晶 酱油 盐酸	650 1500 100 120 500 800	加仑 袋 袋 市斤 市斤 磅	陕川二省 陇海沿线 陇海沿线 陇海沿线 陇海沿线 自用	
兰州面粉分厂	面粉	600	袋	兰州附近	
广元酒精厂	酒精	300	加仑	川陕二省	
长安制革厂	轮带 重革 轻革	250 200	寸尺 市斤 方尺	陕甘川等省	视定货多少而定

雍兴实业股份有限公司各厂矿概况表(二)

民国三十七年九月

(1948 年 9 月)

表一 总 况

厂矿名称	厂址	成立年月	开工年月	工矿登记证号数	商标	电报挂号	备注
蔡家坡纺织厂	陇海路蔡家坡	三十年元月	三十年十一月	工 1811	太白积雪	1367 西安	
业精纺织厂	陇海路虢镇	三十年三月	三十年三月	工 1813	宝鸡牌	2814 虢镇	
兰州毛织厂	兰州七里河	廿九年十一月	三十年六月	工 1812	吉羊牌	3029 兰州	
西北机器厂	陇海路蔡家坡	廿九年十一月	三十年八月	工 2078	正确牌	1221 西安	
蔡家坡酒精厂	陇海路蔡家坡	廿九年十月	三十年九月	工 5205	岐山牌	宝鸡	
兰州面粉分厂	兰州七里河	廿九年六月	三十年十一月	工 1814	岐山牌	7797 兰州	
长安制革厂	西安玄风桥	三十年三月	三十年八月	工 1816	牛星牌	7006 陇县	
陇县煤矿	陇县娘娘庙	三十年八月	三十年八月	采 1417			
化学研究室	蔡家坡	三十五年三月		1689			
纺织机械研究室	蔡家坡	三十六年五月		1900			

表二 地面与建筑物

厂矿名称	自有厂地(市亩)	租赁厂地(市亩)	矿区面积(公顷)	建筑物				备注
				自有		租赁		
				间数	所占面积(市方丈)	间数	所占面积(市方丈)	
合计	2,897.52	42.74	1,599.17	5,674				
总公司	1,093.93	2.84	—	348	—	—		
蔡家坡纺织厂	443.41	—	—	1,537	3,679	—		
业精纺织厂	147.20	—	—	825	1,795	—		
兰州毛织厂	66.97	16.76	—	301	—	68	—	
西北机器厂	237.45	—	—	959	1,790	—		
蔡家坡酒精厂	254.88	—	—	1,124	1,664	—		
兰州面粉分厂	41.35	16.00	—	250		—		
长安制革厂	14.91	—	—	111	313	—		
陇县煤矿	197.42	7.14	1,599.17	219	259	—		

表三　机器设备

厂矿名称	动力机		主要机器或设备			辅助机器或设备		
	汽力 HP	电力 KW	名称	单位	数量	名称	单位	数量
蔡家坡 纺织厂		1,100	纺纱机	锭	16,440	纱机用辅助机 修机用工作机	部 部	24 24
业精 纺织厂	155		纺纱机 力织机 铁轮机	锭 台	4,200 100 43	纱机用辅助机 织染用辅助机及设备 修机用工作机	部 部 部	3 10 9
兰州 毛织厂		116	梳纺机 各种织机 整染设备	部 部 部	45 20 17	梳纺用辅助机 织机用辅助机 整染用辅助设备 修理用工作机	部 部 部 部	10 5 5 16
西北 机器厂		157	车床 铣床 铇床 插床 钻床 特用机 锻铸设备 钢铁热处理设备	部 部 部 部 部 部	93 12 14 2 10 28 20 8	各种辅助机	部	6
蔡家坡 酒精厂		205	磨粉机 （日产1000袋） 淀粉设备 （日产100袋） 盐酸设备 （日产1200磅） 味精设备 （日产200斤） 酱油设备 （日产2000斤）	套 套 套 套 套	1 1 1 1 1	修理用工作机	部	6
兰州面 粉分厂		93	磨粉机 （日产1000袋）	套	1	修理用工作机	部	8
长安制革厂	8		浸鞣设备	部	11			
陇县煤矿	115		高车(1/2T) 水泵	部 部	4 9	修理用工作机	部	8

表四　产　品

<table>
<tr><th rowspan="2">厂矿名称</th><th rowspan="2">品名</th><th colspan="2">平均每日产量</th><th rowspan="2">主要销地</th><th rowspan="2">备注</th></tr>
<tr><th>数量</th><th>单位</th></tr>
<tr><td>蔡家坡纺织厂</td><td>棉纱</td><td>34</td><td>包</td><td>陇海沿线及四川</td><td></td></tr>
<tr><td>业精纺织厂</td><td>棉纱
布匹</td><td>9
180</td><td>包
匹</td><td>陕甘二省</td><td></td></tr>
<tr><td>兰州毛织厂</td><td>毛呢
地毯</td><td>3,000
15</td><td>市尺
方尺</td><td>陕甘二省</td><td></td></tr>
<tr><td>西北机器厂</td><td>全程纱机</td><td></td><td></td><td></td><td>年产万锭</td></tr>
<tr><td>蔡家坡酒精厂</td><td>面粉
淀粉
味精
酱油
盐酸</td><td>1,000
100
200
2,000
1,200</td><td>袋
袋
市斤
市斤
磅</td><td>陇海沿线
陇海沿线
陇海沿线
陇海沿线
自用</td><td></td></tr>
<tr><td>兰州面粉分厂</td><td>面粉</td><td>1,000</td><td>袋</td><td>兰州附近</td><td></td></tr>
<tr><td>长安制革厂</td><td>轮带
重革
轻革</td><td>250
200</td><td>寸尺
市斤
方尺</td><td>陕甘川等省</td><td>视定货多少而定</td></tr>
<tr><td>陇县煤矿</td><td>煤</td><td>110</td><td>公顷</td><td>陇海沿线</td><td></td></tr>
</table>

（件存陕西省档案馆民国档案 82－1－335－1 卷）

第八章 直属企业(上)

陕西各厂

(一)筹设会议记录

雍兴公司筹设秦省各厂联席谈话会记录

(1940 年 10 月 11 日)

时间　二十九年十月十一日上午九时

地点　西安中国银行

出席人　束云章　杨挚奇　胡名甫　毛端梧　李紫东　王瑞基　汪晴江　卞柏年　吴承周　钱尔嘉　蒋均如　贺书绅

主席　束云章

记录　贺书绅

主席谈话

兹于讨论各厂事务前以〈以前〉,先就本人对于管理工厂之意见及应行举办各点,分述于左,请加注意。

(一)雍兴公司在秦省拟办事业,计有酒精、纺织及机器三厂,均经决定原则,分别积极进行。目下物价飞腾,运输困难,一厂之设立,举凡房屋之构造、机器之设备以及物料原料之取给,动数十万或数百万不等,较诸七七事变以前,其成本往往高出数倍或数十倍,一旦战事结束,诚恐维持不易。故希望各厂负责筹备人员,乘此后方需要正殷之际,集中精力,设法早日开工从事生产,庶可乘机稍获余利,以便多摊折旧,减轻负担,以固厂基。此外,并盼各厂于技术、营业、管理种种方面悉心研讨,谋实质上之改进,务求成本逐渐低减,将来考成即以此为准的。

(二)管理工厂,纪律为先。嫖、赌、鸦片三项应悬为厉禁,不可尝试,同人中有犯此者即予开革,不稍宽贷。盼告诫所属,特别注意。

(三)各部分职权固应划分清楚,以明责任,但彼此仍须有合作精神,当日之事必尽当日办完。

(四)各厂关于下列各事,应由各厂负责人洽商胡名甫、毛端梧两兄拟具表格,陈报雍兴公司备核:

(1)原料、物料购进之数量及价格,并每日用去若干,库存几何;

(2)成品之出售价格及数量,又每日产量几何,除去出售尚存若干;

(3)每旬建筑概况;

(4)资产负债表;

(5)其他各种表报,请就各厂之需要酌量拟定,并就其性质分日报、旬报、月报三种分别填报。但每日应造具之表报,不可延至次日或次月三日以上。

(五)各厂值兹筹办伊始,亟应厘定临时办事规则,以资遵守,并将所拟章则送陈雍兴公司备核,俟将来各厂正式成立,再为改定细则送核。

(六)原料、物料堆存日久,霉蚀堪虞,主其事者应勤加翻晒,以免损失。

(七)各厂房屋机器及物料原料等,于投保火险以外,并应酌量情形加保兵险,至火险之承保,将来拟统由天水中国银行所代理之中国保险公司负责办理。

(八)各厂员司之薪津数目,应分别等级列单陈报雍兴公司核定。

(九)秦、陇两省各厂建筑事宜,拟由雍兴公司聘请郭毓麟建筑工程师统一计划,以专责成,即请挚奇兄先向郭君征求同意。

(十)各厂建筑需用材料,如木料、砖瓦等,由李紫东兄洽商郭君估计数量,尽量搜购,以备分给各厂领用,一面仍由各厂负责人员分头进行自行设备购办,但于决定购进以前,应先与李紫东兄按洽,以免重复多购。

讨论事项

一、关于筹设蔡家坡酒精厂事宜

主席意见:

(一)酒精厂资本原定五十万元,现经杨挚奇、卞柏年两兄详细估评,原定五十万元不敷支配,故拟将该厂资本增为八十万元,以资周转。但该厂前在西安中国银行所借支购料开办费,应于雍兴公司拨足资本时如数归还。

（二）杨公庶君所拟出售之酒精机器，索价十万元，在渝交货。我方希望能照原价十万在秦交货，并派人包装包用，保证能出至九六成分之酒精，方为有效。此事正在洽商，尚未获有结果。总之，杨君机器购成与否乃另一问题，我方应按原定计划积极【进行】，同时筹造1000及500加仑机器各一部，俾资利用。为求节省时日及早开工计，除酒精机器重要部分设法自制外，他如汽柜【等】容易仿制之件，不妨包给双石铺机器合作社承制，但须派员监造，以期妥善，即请杨挚奇、卞柏年两兄与该社社长薛鸣九【君】洽商办理。又薛君对于市面情形甚为熟悉，制造机器需用之五金材料亦不妨与之洽商，请其帮忙觅购。

（三）据杨挚奇、卞柏年两兄估计：

（1）如杨君之机器购成，则可于地亩圈定后三个月内开工；

（2）自制机器需延长一月，于四个月内完成；

（3）第二步阿米罗计划至迟展期明年五月间必能实现，务望该厂能依照以上规定日期，分期完成，不致延误。

（四）原动部分需用之锅炉，请与薛鸣九君洽商请为代制，一面利用泾阳中棉公司之卅匹马力柴油引擎一部，设法改燃木炭，□□柴油。

（五）请杨挚奇兄就蔡家坡纱厂拨归机器厂之工作机内借给酒精厂车床及钻床各二部，专充制造酒精机器之用。

（六）请杨挚奇、李紫东、卞柏年诸兄即往蔡家坡勘察地势，圈购地亩，并即修盖简单仓库数所，作为堆存原料之用。至采购酒精原料，先就蔡家坡当地着手，如願外埠采【买】手续较繁，应请杨挚奇、李紫东两兄从长计议，以臻妥善。

（七）酒精厂之组织拟定如左：

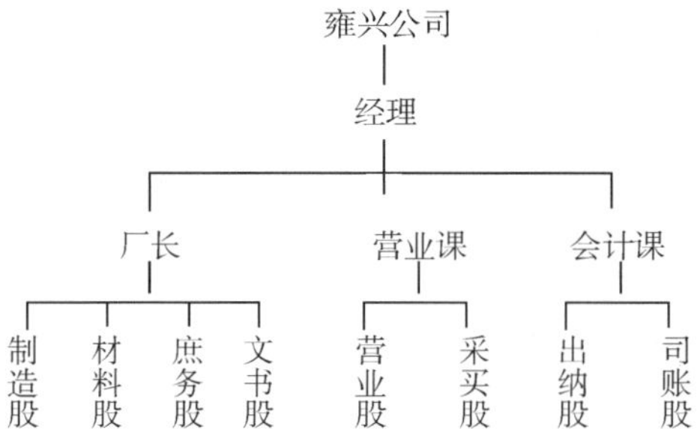

二、关于筹设蔡家坡纺织厂事宜

主席意见：

（一）资本定为三百万元仍如前议，但前由雍兴公司垫付成通纱厂购置纱机价款一百五十万元,以及在沪交价八十万元之汇水,并其他费用垫付之款,统应于该厂领足资本时如数划还。至拨给机器厂一部分之工作机,亦应照购进价格向机器厂算同机价,以清界限(由成通购进之工作机,除纱厂本身尚用一部分不能缺少之机件外,其余均由纱厂列单移交机器厂接收,集中修理)。

(二)厂址设于宝鸡县属之蔡家坡地方,即由李紫东、王瑞基两兄先前往勘察地势,圈购地亩,乘此机器厂尚未开始工作以前,赶辟窑洞数处或建盖仓库数间,将散存西安成通机器迁往堆存,以便机器厂一经组织成立,即可彼此衔接,著手修理。

(三)将来开工后需用煤斤甚多,目下交通阻塞,运输不易,亟应及早设法准备,免致缺乏燃料而陷于停顿之中。兹悉罗家陵附近有煤可采,煤质亦佳,不妨雇用工人以土法采掘,只求自给自足,不图牟利。

(四)为及早完成纱锭计,除俟机器厂成立加工制造外,不妨将一部分比较容易仿制之机件包给双石铺机器合作社承制,但须派人监督,藉免遗误。此事请杨挚奇、王瑞基、李紫东诸兄会商后,再与该社社长薛鸣九君按洽办理。

(五)据王瑞基兄称,前成通纱厂修机厂工务主任张梅山君对于制造纱锭颇具经验,即请王瑞基兄与之洽商,邀其襄办制造纱锭事宜,以资熟手。

(六)成通半制品纱锭约六千枚,另有五金材料约敷制造纱锭四千枚之用,上项纱锭一万枚之完成以及正式开纺日期,经杨挚奇、王瑞基两兄估计如左:

(1)六个月以内完成六千锭;

(2)十个月以内完成其余之四千枚锭;

(3)机器厂在六个月内可以陆续修成六千锭时,纱厂在六个月后可将修成之机陆续开纺;

(4)机器厂在十个月以内可以修造一万锭时,纱厂在一年零四个月内可将一万锭开齐(但因缺乏原动或其他物料而致展延时日者,不在此限)。

(七)据双石铺机器合作社薛社长鸣九告知,西安某处有七十千瓦发电机一部有意出售,即请李紫东、王瑞基两兄请薛鸣九君介绍,接洽购进,另由蔡家坡纱厂设法觅购五十、六十千瓦发电机数架,以备开足纱锭一万枚之用。

(八)【蔡家坡纺织厂】组织系统拟定如左:

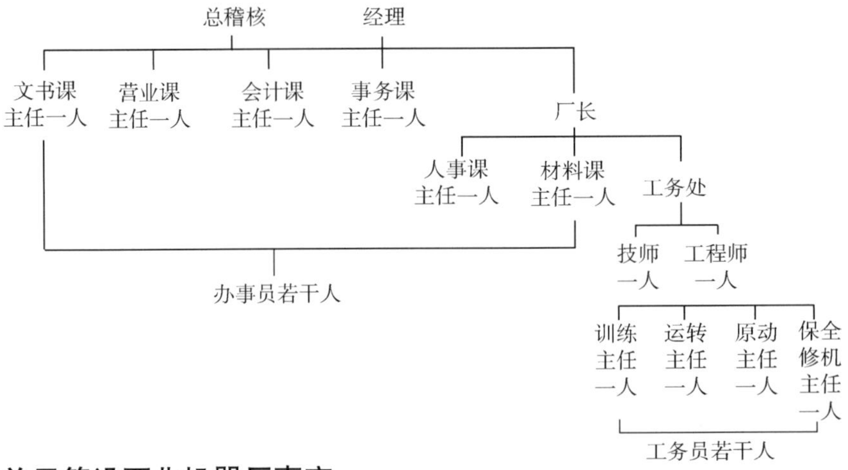

三、关于筹设西北机器厂事宜

主席意见：

（一）资本仍照前议定为一百五十万，但于雍兴公司拨给资本时，该厂应将蔡家坡纱厂移交一部分工作机之价款，及雍兴公司此次在西安代该厂向华隆五金号订购工作机四十部之定金十余万，并其他垫付各款，分别归还，以清手续。

（二）该厂现有工作机不过蔡家坡纱厂准备移交之一部分，约车床、钻床等共二十余部，已在西安华隆五金号订制中者计四十部，比较预定一百五十部之数相差尚远。兹杨挚奇兄建议，拟一面向西北工学院租借工作机若干部，一面在西安镇峰铁厂定制铣床三架、四呎元胆车床十架、四呎车床十架、砂轮架六架、老虎钳四十个，双方并进，尽量搜罗，以期逐渐完成一百五十架工作机之数。办法甚善，即请杨挚奇兄分别与西北工学院及镇峰铁工厂签订租借及订制合约，并将合约正本陈送雍兴公司备案。

（三）厂址拟设于岐山县属之蔡家坡地方，即请李紫东、杨挚奇两兄前往勘察地势，圈购地亩，并即着手建筑厂房，尽现有之工作机先行装置，开始工作。其余订制之件随时完成，随时装置，务望于本年十二月间开动一部分机器，余于明年三月间全部完成。

（四）俟蔡家坡纱厂筹备粗有端倪，拟请杨挚奇兄于十二月中旬前往兰州筹设分厂事宜。

上午十一时半散会。

（件存陕西省档案馆民国档案 82－1－138－1 卷）

雍兴公司筹设秦省各厂第二次联席谈话会记录

(1940 年 12 月 31 日)

时间　二十九年十二月三十一日下午八时

地点　西安中国银行

出席　束云章　杨挚奇　王瑞基　刘持钧　卞柏年　王杨紫　赵亦珊
　　　武季之　田三春　陈　伟　贺书绅

主席　束云章

记录　贺书绅

主席意见

(一)一厂之设立,技术方面同属重要,惟管理得当与否尤为成败所系,愿我同仁深加注意为幸。工厂管理,不一其端,决非在本会短时间内所能罄述,兹单就管理工人方法,本过去办厂之经验,与诸君一讨论之。目下百物昂腾,生活维艰,是以工人工资一项,莫不比较事变以前增加倍蓰。本公司所属各工厂照致工人,自不能不适应环境,将其待遇种种,加以合理之调整。鄙意对于工人待遇,应分直接、间接两种。所谓直接待遇,即工人应得之工资是也。工资之多寡,应就其本身技术之优劣而订定之,未可因一时物价之上涨而遽予增加,漫无限制,致失其应有之标准。但为安其生活,使能安心工作、乐为我用起见,不妨于间接待遇方面,谋适当之处理,例如米、面两项为日用生活所需,可由厂中定一相当低廉之标准价格,携眷工人计口售给,单身工人统由厂中供给膳食,酌收极低廉之膳费,似此则工人及其眷属,决不致因外界粮价之高涨而有饥馁之忧。同时,分盖单身及携眷宿舍各若干间,以安居之。此外,关于物质上之享受以及精神上之慰藉,均于工人福利及本厂前途,关系至重,应于可能范围以内妥为计划,总期工余之暇,身心有所寄托。至如何使其一心一德,视厂如家,更须出以至诚,潜移而默化之,果能内心悦服,则上下一体,略无隔阂矣。其有品行不端,不受约束者,应即立时开革,不可稍存姑息,并将其姓名、籍贯、年岁以及犯过被革经过,通函本公司其他各厂查照,甲厂被革之工人,乙厂即不能雇用,其自动陈请辞退者亦同此办理。

(二)各厂负责人以及办事人员,除必须暂留西安以资接洽者外,应尽一星期内一律前往蔡家坡设立筹备处分配职务，积极推进，并将成立筹备处日期函陈总公司备案。

（三）各厂应酌定时期召开联席会议，将彼此有关事宜共同商讨，以通声气而利进行。

（四）所购成通纱锭半制品居多，据王瑞基兄报告，兹有蔡柱澜君，原系成通工程师，对于制造纱锭颇具经验，已由蔡家坡纺织厂聘用，不日即可到秦等语，蔡君对于制造纱锭既有经验，可暂派其在西北机器厂服务，藉资臂助。

（五）西北机器厂正在积极筹备，正式开工尚需时日。兹为节省时期，俾可早日开纺纱锭计，可将成通半制品凑成纺机全套一部，包给原制该机之张梅山君承制。此事由王瑞基兄负责，克日与前途洽办，并由机器厂俟蔡柱澜君到秦后，即请其设法将原制该机之鲁省工人招致来秦，俾于机器厂成立后即可着手自制，以资熟手。

下午十一时散会。

（件存陕西省档案馆民国档案 82 –1 –138 –1 卷）

雍兴公司筹设秦省各厂第三次联席谈话会记录

（1941 年 5 月 12 日）

时间　民国三十年五月十二日上午九时

地点　蔡家坡动力酒精厂筹备处

出席　束云章　李紫东　杨挚奇　王瑞基（刘持钧代）　刘持钧　卞柏年
　　　张仲实　田三春　胡玉琦　赵亦珊　韩巨川　陈　伟　贺书绅

主席　束云章

记录　贺书绅

主席谈话

（一）本公司秦省所属各厂职工宿舍分单身及携眷两种，一律不出房租，以示优遇（但小工眷属，厂中概不预备住处）。

（二）各厂职工单身宿舍及携眷宿舍（须技术工始能供给眷属宿舍）内一概不准赌博，如有违者，一经查出应即照章撤职，勿予通融。

（三）各厂所有电力须先尽厂中运转机器，如有余力，始得依次分配于办公室、单身职员宿舍及职员携眷宿舍以作燃点电灯之用。将来职员携眷宿舍燃用公家电力时,应由厂中酌收电费,以资限制浪用。

(四)各厂技工、小工,除由厂中供给膳食外,应由各厂拟一标准工资数目,陈报总公司备查。

(五)各厂对外订立合同,必须陈明本公司驻秦办事处核准始能签订。又各厂对于所定合同及其他重要文件,应指定专人妥为保管。合同应备三份,正本由各厂自行保存,其余二份送陈本公司驻秦办事处分别存转。

(六)本公司运输部已在宝鸡正式成立,除由本人兼任经理外,副经理一职业经聘请许庸令兄担任,嗣后各厂运输方面需要卡车,可预先电洽运输部统筹办理。

(七)历次谈话会记录内所商决事项,应由驻秦办事处认真督促,务必一一见诸实施,尤当注意时效,勿使松懈。各厂应办事项,如不能按照规定时期如期完成者,应由各厂负责人详叙理由,陈请驻秦办事处转陈总公司查核。

(八)各厂应行送陈驻秦办事处转陈总公司之各种报表,应请各厂经理督促经办人如期填送,俾资考核。

(九)各厂筹备事宜渐次就绪,应由各厂各自拟具办事细则,送陈驻秦办事处转陈总公司核准后依照施行。

上午十一时散会。

(件存陕西省档案馆民国档案 82－1－510－1 卷)

(二)蔡家坡纺织厂

1. 企业概况

雍兴公司蔡家坡纺织厂筹备处概况表

（1942 年 12 月 30 日）

<table>
<tr><td rowspan="3">一般状况</td><td colspan="3">厂名</td><td colspan="2">地址</td><td>创办年月</td><td colspan="2">经济部备案年月</td><td colspan="2">商标</td><td colspan="2">资本额</td><td colspan="2">现有职员</td></tr>
<tr><td colspan="3">雍兴实业股份有限公司蔡家坡纺织厂</td><td colspan="2">陕西省岐山县蔡家坡车站</td><td>民国三十年一月一日</td><td colspan="2">三十一年四月九日</td><td colspan="2">太白积雪</td><td colspan="2">由总公司随时拨付</td><td colspan="2">51 人</td></tr>
<tr><td>沿革</td><td colspan="5">本厂于民国三十年一月开始筹划，当年十一月试车</td><td>组织</td><td colspan="7">本厂由总公司聘任经理、副经理、厂长各一人，经理负全厂总责，副经理下设文书、事务、会计、营业、材料五课，厂长之下设纱厂、布厂及原动部</td></tr>
<tr><td rowspan="9">设备</td><td colspan="3">厂房</td><td colspan="3">动力</td><td colspan="8">重要生产工具</td></tr>
<tr><td>名称</td><td>数量</td><td>单位</td><td>名称</td><td>数量</td><td>马力数</td><td>名称</td><td>尺度</td><td>数量</td><td>制造处</td><td>名称</td><td>尺度</td><td>数量</td><td>制造处</td></tr>
<tr><td>占地</td><td>375</td><td>亩</td><td>发电机</td><td>3 部</td><td>170HP</td><td>清花机</td><td></td><td>1 部</td><td>英国</td><td>镟床</td><td>6 尺</td><td>8 部</td><td>山东成通公司</td></tr>
<tr><td>工作间</td><td>200</td><td>间</td><td>电动机</td><td>24 部</td><td>329HP</td><td>钢丝机</td><td></td><td>16 部</td><td>本国</td><td>—</td><td>8 尺</td><td>2 部</td><td>—</td></tr>
<tr><td>办公室</td><td>12</td><td>—</td><td>蒸汽机</td><td>6 部</td><td>260HP</td><td>并条机</td><td></td><td>2 部</td><td>—</td><td>—</td><td>10 尺</td><td>1 部</td><td>—</td></tr>
<tr><td>宿舍</td><td>300</td><td>—</td><td>木炭机</td><td>1 部</td><td>16HP</td><td>头道粗纱机</td><td></td><td>2 部</td><td>—</td><td>—</td><td>12 尺</td><td>1 部</td><td>—</td></tr>
<tr><td>仓库</td><td>80</td><td>—</td><td>其他</td><td>1 部</td><td>15HP</td><td>二道粗纱机</td><td></td><td>4 部</td><td>—</td><td>龙门刨</td><td>6 尺</td><td>1 部</td><td>—</td></tr>
<tr><td>浴室</td><td>9</td><td>—</td><td></td><td></td><td></td><td>细纱机</td><td></td><td>10 部</td><td>—</td><td>牛头刨</td><td>18 尺</td><td>1 部</td><td>—</td></tr>
<tr><td>厕所</td><td>50</td><td>—</td><td></td><td></td><td></td><td>摇纱机</td><td></td><td>60 部</td><td>—</td><td>刨罗拉床</td><td>6 尺</td><td>1 部</td><td>—</td></tr>
<tr><td rowspan="4">工人状况</td><td rowspan="4">统计</td><td>工人总数</td><td>685</td><td>熟练工人</td><td>109</td><td rowspan="4">待遇</td><td colspan="2">每月最高工资</td><td colspan="2">695.80 元</td><td colspan="2">计算工资方法</td><td colspan="2">论日计资，供给伙食</td></tr>
<tr><td>男工</td><td>535</td><td>普通工人</td><td>498</td><td colspan="2">每月平均工资</td><td colspan="2">317.90 元</td><td colspan="2">年终奖励方法</td><td colspan="2">斟酌工作成绩及资历临时规定</td></tr>
<tr><td>女工</td><td>120</td><td>学徒</td><td>78</td><td colspan="2">每月最低工资</td><td colspan="2">30.00 元</td><td colspan="2">平时惩奖方法</td><td colspan="2">半月不停工者奖一日工资</td></tr>
<tr><td>童工</td><td>30</td><td>劳役</td><td></td><td colspan="2">学徒工资</td><td colspan="2">每月 80 元</td><td colspan="2"></td><td colspan="2"></td></tr>
</table>

续表

<table>
<tr><td rowspan="4">员工福利</td><td rowspan="4">已办事项</td><td>项目</td><td>受惠人数</td><td>项目</td><td>受惠人数</td><td rowspan="4">拟办事项</td><td>项目</td><td>受惠人数</td><td>说明</td></tr>
<tr><td>日用物品供应部</td><td>全体员工</td><td>成衣室,浴室,理发室</td><td></td><td></td><td></td><td rowspan="3"></td></tr>
<tr><td>医务室</td><td>—</td><td>壁报</td><td></td><td></td><td></td></tr>
<tr><td>图书室、俱乐部、运动场</td><td>—</td><td></td><td></td><td></td><td></td></tr>
<tr><td>工人组训</td><td>织织情形</td><td colspan="4">厂长以下设工程师、技师、主任、工务员管理各部工友</td><td>训练状况</td><td colspan="3">初进厂先学习工作法,三个月毕业后成绩优良者分别提升为技术工人</td></tr>
<tr><td rowspan="6">人事</td><td rowspan="3">经理方面</td><td>级别</td><td>姓名</td><td>籍贯</td><td>年龄</td><td>学历</td><td>经历</td><td>登证字号</td><td>备注</td></tr>
<tr><td>经理</td><td>王瑞基</td><td>河北清苑</td><td>三九</td><td>日本东京工业大学纺织科毕业</td><td>曾任雍裕、咸阳业精等纱厂经理及厂长</td><td></td><td></td></tr>
<tr><td>副经理</td><td>张仲实</td><td>河北天津</td><td>四五</td><td>北平辅仁学校毕业</td><td>曾任雍裕纱厂副经理</td><td></td><td></td></tr>
<tr><td rowspan="3">技术方面</td><td>厂长</td><td>刘振国</td><td>河北束鹿</td><td>三九</td><td>日本东京工业大学纺织科毕业</td><td>曾任晋生、晋华、业精等纱厂工程师及厂长</td><td></td><td></td></tr>
<tr><td>原动工程师</td><td>许天民</td><td>河南安阳</td><td>三八</td><td>法国格城大学毕业</td><td>曾任经济部工矿调整处处员</td><td></td><td></td></tr>
<tr><td>技师</td><td>蔡柱澜</td><td>江西萍乡</td><td>四一</td><td>南通大学纺织科卒业</td><td>曾任军政部纺织厂技士及工务长</td><td></td><td></td></tr>
<tr><td rowspan="2">生产</td><td rowspan="2">原料</td><td>种类</td><td>来源</td><td>数量</td><td>购入总值</td><td rowspan="2">成品</td><td>品名</td><td>数量</td><td>产品总值</td></tr>
<tr><td>棉花</td><td>陕西
三原、泾阳</td><td>每月约需
1200 市斤</td><td>$1,440,000,00</td><td>十六支棉纱
二十支棉纱</td><td>每月平均约产 120 件
每月平均约产 100 件</td><td>$1,208,088,00
$1,259,600,00</td></tr>
<tr><td colspan="2">产品销售区域</td><td colspan="3">西安、三原、宝鸡等处</td><td colspan="2">成品推销情形</td><td colspan="2">军需局征用</td><td></td></tr>
<tr><td colspan="2">备注</td><td colspan="8"></td></tr>
</table>

中华民国三十一年十二月三十日填

(件存陕西省档案馆民国档案 82－1－1395－3－卷)

雍兴实业公司蔡家坡纺织厂概况

（1945 年 6 月 6 日）

一、创办经过

本厂创办于民国二十九年秋季。彼时已为抗战第四年，各种机器来源极感困难。本厂购妥山东成通公司制造未完成之纺纱机六千锭，拟继续制造完成，增加后方生产，遂于民国三十年春在蔡家坡车站迤东铁路北购妥厂址三百七十五亩，一面开始建筑，一面在西安先配制成通纺纱机二千锭。彼时敌机空袭频繁，故本厂厂房系疏散建筑，每二千锭为一组，以防意外。同年秋，厂房十幢完成，纺纱机二千锭亦配齐运厂安装，至十一月开始试车。

二、纺纱机

本厂纺纱机除上述国产品六千锭外，尚有英国最新式者四千二百锭，系抗战前彰德豫安纱厂向英国泼拉脱厂订制。七七事变后，彰德沦陷，该机已运抵香港，又值太平洋战事爆发，复运抵仰光，辗转抢运，损失至重。运抵本厂之四千二百锭经年余之修配，至三十三年秋始全部开车。现本厂共有纺纱机一万零二百锭，每月可产二十支及十六支棉纱约七百件上下，今因棉花供给不足，自五月份起减产百分之三十。现在本厂实开七千锭，每月产纱四百余件，至于织布机尚未添设。

三、原动机

本厂开车之初，所用原动机系在豫陕一带搜购旧式锅炉引擎，由十余马力至一百二十马力，大小十余单位，总计马力不过三百匹，煤炭、物料、人工所耗特多。至三十二年，由重庆豫丰纱厂租妥一千启罗透平发电机一座，又由经济部工矿调整处购到受热面积三千三百平方呎水管式残旧锅炉一座，在渝修配，费时半载，运陕安装，三十三年秋装妥发电。现在除供给本厂五百马力外，尚供给西北机器厂及酒精厂一部分。

四、组织

本厂设经理厂长、副经理各一人，工务方面有纺纱工程师及原动工程师各一人。业务方面有事务、会计、文书、营业、材料五课，各设课长一人。现有职员五十四人，工友一千一百人。

五、业务

本厂所用原棉，全部由财政部花纱布管制局供给。所产棉纱，全部交花纱布管制局,每件仅收工缴费,对外并无营业。

六、福利设施

职工福利方面,有职工宿舍、食堂、小学校、幼稚园、医务室、日用物品供应部、图书室、运动场、俱乐部、浴室、理发室、成衣室等。

三十四年六月六日

附:本厂重要职员简历

经理　王瑞基　四十三岁　河北清苑

日本东京工业大学毕业,历任无锡申新纱厂、济南仁丰纱厂工程师,绛州雍裕纱厂、陕西咸阳工厂厂长,现兼虢镇业精纺织厂经理。

厂长　刘持钧　四十三岁　河北束鹿

日本东京工业大学毕业,曾任太原晋生纱厂、榆次晋华纱厂工程师,现兼虢镇业精纺织厂厂长。

副经理　张仲实　四十八岁　天津市

北平辅仁学校毕业,曾任天津宝成纱厂事务长,郑州豫丰纱厂总务科长,绛州雍裕纱厂副经理。

纺纱工程师　邹赓华　三十六岁　江西临川

江西第八高中毕业,申新养成所毕业,上海申新纱厂工务员,九江利中纱厂保全课长,汉口第一纱厂机械科长。

原动工程师　陈华松　四十二岁　湖南常德

上海交通大学毕业,曾任戚墅电厂及交通部工程师。

(件存陕西省档案馆民国档案 82－1－692－1 卷)

2. 企业章则

雍兴实业股份有限公司蔡家坡纺织厂组织大纲

一、本厂设经理一人,承雍兴实业股份有限公司总公司之指示,主持本厂一切事务。

二、本厂设副经理、厂长各一人,承经理之命办理各该管一切事务。

三、副经理以下设文书、营业、会计、事务、材料各课。各课设课长一人,办事员、练习生各若干人,承经副理之命分别办理本厂文书、营业、会计、材料及其他一切事务。

四、厂长以下设工务部、原动部、人事课。工务部设工程师一人,运转主任二人;保全主任一人,原动部设工程师一人,主任一人;人事课设课长一人。另设办事员、工务员、练习生各若干人,承经理、厂长之命分别办理本厂工务、原动、人事修机、保全、运转一切事务。

五、经理、副经理、厂长由雍兴实业股份有限公司总公司任免之。

六、工程师、技师、课长、主任由经理商承雍兴公司总公司任免之。

七、办事员、工务员、练习生由经理任免后,函报雍兴实业公司总公司备案。

八、本厂各课部办事细则另定之。

九、本大纲如有未尽事宜得由经理呈请雍兴实业公司总公司修正之。

十、本大纲自公布之日起施行。

(件存陕西省档案馆民国档案 82 - 1 - 1595 - 2 卷)

雍兴实业公司蔡家坡纺织厂各课部办事细则

一、本细则依据《雍兴实业公司蔡家坡纺织厂组织大纲》第八条修订之。

二、经理

1. 奉雍兴实业公司总公司之命主持本厂一切事务。

2. 本厂重要合同之签发,经经理盖章后方为有效。

3. 本厂一切事务之进行及行政方针之决定,由经理裁可后行之。

4. 经理不在厂时,所有职务由厂长代理之,如厂长同时不在厂时,由副经理代理之。

三、副经理

甲、文书课

(1)每日开始办公时,应检查先一日未办完之事,提前办理,不得积压。

(2)每日下班时,如有当日可办完之事,应稍延长时间将事办完,不得延至次日。

(3)凡本厂对外文件须送经理判行后寄发。

(4)凡本厂收到之函电,应先盖收到日期戳,并在收文簿内摘由编号,即将所编之号记入原件上端,然后按函电之性质,分别最要、次要、普通三种各置一夹送请经副理、厂长及关系部分签阅后,随即办理,不得积压。

(5)凡应复之函电,或经理、厂长、副经理嘱办之函电应先拟稿送签,俟核阅后即行缮正,经过校对后送请盖章寄发。

(6)凡往来函电于办妥后,应即将收发文稿,分别整理归档,妥慎保存。

(7)凡发出函电底稿,系由各主管课自行拟办者,应即将该底稿审核后加盖本课课长名章,转呈经理判行后,缮发归档。

(8)凡发出函电,系由本课自行拟办者,应将底稿送经各关系部分签洽,如因时间关系亟待寄发,未及将底稿送经签洽者,应于寄发后送往补签。

(9)本厂员生,应设置人事登记卡片,遇有各员生职务更动、改定薪额、支领回籍旅费、记功记过等事,即随时在该员生卡片内登记,以便查考。

(10)本厂员生之进退及职务之更动,应随时填具进退人员陈报表,陈报雍兴总公司备查,每月底仍应造具全体员生姓名一览表,详列各员生职务、姓名、到差年月日、月支薪数、月支津贴数等,陈报经副理、厂长查核后,转报雍兴总公司备案。遇有新到职人员,并应将家庭状况调查表及员生征用表一并陈报。

(11)本课应设置员生考绩簿,遇有经理平日考核各员生之勤惰,通知登记时应即随时记入,以便年终考绩。

(12)本课应设置员生请假登记簿,随时将请假员生之姓名及请假之事由与日期在登记簿内登记之,年终时并填具员生请假统计表,陈报雍兴总公司备查。

(13)员生保证书经经理审核后,正本应陈送雍兴总公司,副本由本课妥为保管,每年并应对保一次。

(14)本厂应用之图记及密电应严密保管,经办各事,并应严守秘密。

(15)凡交邮寄递之函件及应拍发之电报,应由本课向会计课预借相当数额之邮电费先行支付,月底开列清单连同收据送交会计课报销。

(16)凡派役送出之文件,对当地机关、团体、个人者应用送文簿,由收件人签收;对本厂各课部或职员者,应用送件簿,送由收件人签收。

(17)经理之手示应抄录于通知簿,送交各课部签洽,一面将原手示在本课内公布,俟经过三日后,即粘于手示簿内保管之。

(18)本课对于本管事务,应随时与有关各课部取得联络,听取意见,参考进行。

(19)每遇例假日应轮流派员值日。

乙、事务课

(1)每日开始办公时,应检查先一日未办完之事,提前办理,不得积压。

(2)每日下班时,如有当日可办完之事,应稍延长时间将事办完,不得延至次日。

(3)对于厂警及夫役杂工,应随时督察,使其确守厂规,各尽其职。

(4)对于厂警及夫役杂工,如查有不守常规或不尽职责者,应分别轻重予以处罚或开除之。

(5)厂警及夫役杂工应分别设立名册,并设制名牌,以便随时检查,遇有进退,随时登记。

(6)厂警及夫役之进退,应于办理后陈报副经理转陈经理。

(7)本厂厂警之岗位,至少每日须巡视一次。

(8)本厂消防队应随时训练,消防器具应随时检查,如有破坏速行修理。

(9)厂房、仓库等地,应饬警日夜巡逻检视,预防火灾。遇有火警发生,督饬消防警队迅速扑灭之。

(10)厂内、院内绝对禁止吸烟,应饬警随时注意制止,切实执行。

(11)职工厨房饭厅应于每饭后打扫之,每日至少须详细检查一次。

(12)关于本地食物之价格应随时调查,并于月终列表陈明经副理转报总公司。

(13)本厂厨房饭厅应选派干员妥慎整理,每月账目至迟应于下月三日以前报出。

(14)本厂卫生设备,应积极进行传染病之预防,诊疗室之管理尤应会同医务室切实办理。

(15)本厂沟渠、厕所应督饬清洁夫随时打扫清刷,加盖灰土,每日至少须检查一次。

(16)关于警役、工厨之勤惰应随时考察并列表登记以作年终考绩根据。

(17)本厂办公厅及职员宿舍应督饬夫役随时打扫并检查之。

(18)本厂夫役宿舍内应随时检查,如有不清洁或违背厂规之举动,应随时纠正或处罚之。

(19)遇有建筑或修缮等事,须先将建筑计划或修缮范围陈明经副理,转陈总公司核定后再行动工。

(20)建筑修缮等费须于工竣后,立即连同单据分别报销。

(21)凡购买零星物品及支付零用款项等,得常存国币一千五百元,以便随时支付。

(22)凡付出之零星物价及用款,应于次日将发票单据送交会计课取回现金。

(23)每月底应造具警役姓名表,记明职别、姓名、到差年月日、月支薪饷数、实支薪津数及辞退、递补情形送陈副经理、经理查阅后报总公司备查。

(24)对于本管事项之外来函件,如以自行答复较为便利者,可自行拟稿送由文书课核转经副理、厂长盖章后缮发附档;不拟自复者,可在原函上签注意见,交还文书课拟办。

(25)对于本管事项应随时与有关各课部取得联络,听取意见,参考进行。

(25)关于本课购存一切食物均应妥善保管,并随时检查有无损坏、遗失情事。

(27)对于食物每月收入及消耗数目,均须详细列表送请经副理、厂长核阅后转入总账再送会计课冲销,并互对结欠数目是否相符,以免错误。

(28)为防止机件、物品遗失计,应令厂警对工人出入须严加搜检,员工携物出厂,必须有事务课图章并有经手人名章方能生效。

(29)本课图记及册簿应有专人严密保管。

(30)关于日常所用之杂项物品应设立收发簿,并详列单价及总价,对于永久性之器具须列入财产部,更于物品上粘贴名签以便检查,并于月终造具月报表,呈阅后妥为保管。

(31)本课每日于上班前或下班后及例假日期,应派员轮流值日。

丙、会计课

(1)每日开始办公时,应检查先一日未办完之事,提前办理,不得积压。

(2)每日下班时,如有当日可办完之事,应稍延长时间将事办完,不得延至次日。

(3)本厂一切账务及月算、决算等,均按照总公司之规定及指示办理之。

(4)凡收入或付出现金,须根据各部分送来之单据或表报填制传票,由复核员复核送经本课课长盖章后方能收付。

(5)每日日记账以当日记载完毕为原则,最迟亦须于次日记载完毕,不得积压。

(6)每日现金库存应由本课课长详为点查。

(7)各种传票、表报及单据等应指定专员详为复核,一经复核后,该员应即加盖名章。

(8)各种传票、日报、月报均须送经理、副经理盖章。

(9)每日传票于记账完毕后,经检查应办手续已无遗漏时,应即装订成册,经本课课长在订缝处盖章后妥为保管。

(10)各种日报须于第三日制齐交邮(如事务清简时可三日汇报一次)。

(11)每月月报至迟须于下月十日寄交总公司。

(12)每日库存现金,在本地未设有银行以前不加限制,惟须尽量少存;在设有银行以后,至多不得超过二千元,如过此数应即送银行收账。

(13)员生薪津须于本月二十五日发出,平时无论何人不得预借。

(14)警役工资须于本月底发出,届时由事务课造具全体警役工资单,经本课课长核陈经副理盖章后,交本课出纳人员分别发放。

(15)工人工资每月分为上下两期,上期于二十日发给,下期于次月五日发给,届时由工账房造具全体工人工资单,经厂长工程师、技师盖章送陈经理核准后交会计课复核,会同工务员到各车间按名发放。

(16)暂存、暂欠两科目,每至月终须尽量整理之。

(17)本课对外之重要图章应严密保管。

(18)应设立保管簿将所收进或付出之保管品(如重要合同、契约单据及有价证券等)随时登记,该项保管品应随时查点有无遗失。

(19)本课员生对于本厂盈亏及制品成本金融状况,应严守秘密。

(20)对于本管事项之外来函件,如有自行答复较为便利者,可自行拟稿,送由文书课核转经副理、厂长盖章后,缮发归档;不拟自复者,可在原函签注意见,交还文书课拟办。

(21)本课对于本管事项应随时与有关各课部取得联络,以利进行。

(22)每遇例假日应派员轮流值日。

丁、营业课

(1)每日开始办公时,应先检查先一日未办完之事,提前办理,不得积压。

(2)每日下班时,如有当日可办完之事,应稍延长时间将事办完,不得延至次日。

(3)本课各员生对于本厂之营业计划,应绝对严守秘密,不准泄露。

(4)每年在棉花种植期后,应调查各植棉区之种植状况,作成调查表陈报经副理。

(5)每年在棉花成熟期前,应调查各植棉区之估计产量作成估计表,并作成本年份购棉方案陈明经副理核夺。

(6)应随时注意本厂出品之成色包装,如发现有不合市面需要时,应拟具改善意见,陈明副经理转陈经理查核。

(7)本埠及外埠之原棉成品销售情形、行市及涨落趋势应随时调查,陈报副经理参考。

(8)在本埠购买原棉或售出制成品时,应按照市面情形审定价格,对于零星小数可随时陈明副经理办理,如系大批交易须由副经理转陈经理核准后办理之。

(9)如售出期货或购进期棉须先计算生产量及常用量,并考虑市面趋势,申具意见。

(10)凡售出期货或购进期棉应分别设立便查簿,逐笔登记,以便随时检查。

(11)当地各厂所产或外埠运来之原棉制成品,在市面最畅销者,应随时研究其成色、包装与本厂出品相比较,将其结果报告副经理转陈经理参酌改善。

(12)每年应采集各地所产原棉,分别制成标本并编列等级,作为成色标准分交有关各课部参考。

(13)每年所制之原棉标本及编列等级,须使各购花员彻底认识,以期出外购棉时有所根据,其成色须与厂内所需要者相符。

(14)本埠原棉、纱布行市及销售情形应随时通知驻外各办事处。

(15)本厂出品之种类产量、定价及库存数应随时注意力求适合市面供求关系,并随时通知驻外各办事处参考。

(16)本厂拟购原棉之种类数量,应以密电或密函通知各办事处办理。

(17)凡在本埠售出成品或购进原棉,无论期货或现货,应于成交后即行填制批单。

(18)凡售出成品或购进原棉时所立之批单,除由买卖双方盖用公司或商号图章外,应由课长加盖私章送交会计课登记。

(19)凡在本埠购进原棉须于成交后将花样分装两袋,由课长在封口上加盖私章,并将该袋上所列之表格(包括名称、等级、数量、单价、购买地点、成交日期、交库日期等项)逐一填注,以一袋送花纱库凭以收花,其余一袋留存本课备查。

(20)接收到驻外各办事处寄来购棉报告及样品后,应即检视其样品是否与所列等级相符,如有不符之处,应即以电报纠正之,一面应将该样品用原袋封妥并加盖课长私章,以一袋送花纱库凭以收花,其余一袋留存本课备查。

(21)驻外各办事处办事人员,对于本厂所制原棉标本及出品成色须彻底认识。

(22)驻外各办事处应随时收集当地所产之原棉及销路最畅之纱布,分别标明牌号名称、等级、长度、宽度、单价、来源、重要用途、畅销原因等项，制成样品，寄厂备查。

(23)驻外各办事处应将当地之原棉产量及销路情形、每日行市，随时报告本厂并通报其他各办事处查照，如行市有特别涨落，或有特别涨落之趋势时，应即以电报报告本厂及其他办事处预为参考。

(24)驻外各办事处售出成品或购进原棉时，应于成交后填立批单（将副本寄厂查核），除由买卖双方盖用公司或商号图章外，应由主管人员加盖私章。

(25)上项批单订妥后，应即刻将购买或承售之商号名称、货物种类、数量价格、批单号数、交货日期电陈本厂。

(26)各驻外办事处售出成品后，除依前项手续报告外，应即填制售出成品报告随同批单副本寄厂。

(27)驻外各办事处购妥原棉后，除依第(25)项手续急速电报外，应即将花样分装三袋，由主管人员在封口上加盖私章并将该袋上所列之表格（科目同19）逐一填注，以两袋随同批单副本寄厂，以一袋自留备查。

(28)驻外各办事处售出成品或购进原棉，须在营业课所通知之种类、数量范围以内，如有超出此范围之交易，应以电报请示，俟核准后再行成交，但此项交易无论成交与否，一俟决定后均应即刻电陈。

(29)驻外各办事处将所购某批原棉收齐后，应即填寄购棉报告，连同各项单据寄厂报销。

(30)驻外各办事处收进原棉后，即作为办事处库存，一面将该批货价及一切用费付账。

(31)驻外各办事处运出原棉时应即填运棉报告寄厂，一面将该项原棉在办事处库存内付出。

(32)驻外各办事处收到厂内运出之成品后应即作为库存并填发运货回单。

(33)驻外各办事处交出所售货品后，应即填寄发货报告并附随各项单据交厂备查。

(34)驻外各办事处收进货价后，仍将钱款存放及支配情形随时函报，并于每月底详细表报寄厂备查。

(35)花纱仓库各门每日启闭时，须由主管人员监视查验。

(36)花纱仓库不敷应用时，得陈请经理许可在露天堆放，但地面须用三层方木打底，上面用大帆布或芦席妥为盖好，且时间至多不得超过一个月。在此期间，务须设法尽先使用或移入仓库内。

(37)棉花堆存栈内须用方木三层打底,纱布则用四层打底,每月至少须翻动一次,以免吸入地面潮湿,且每逢星期六须详加检查并与账目核对一次。

(38)各种花纱布应按照种类分别堆存,每堆四面应各留空隙,以便检查翻动并预防空袭及火灾。

(39)棉花到厂须逐包扦取检查是否与购时之小样相符,如发现不符时应陈报经副理处理之。

(40)棉花到厂办妥上项手续后,应即起入仓库过磅登记进花号码单,同时将花包记明号码及重量并将扦取之样,拟具意见陈请厂长、工程师批定等级,再标挂木牌注明包数及重量。

(41)棉花内所含潮分若干,应于到厂时扦取花样筒中,缮具请验单,交由主管试验人员烘干试验有无潮分,潮分若干均记入请验单内送还仓库,至用花时,即由花包上所记复磅重量内,将此潮分及包皮扣除。

(42)外庄采购之花样及码单须编号收存,该货到厂时即对照验收,俟收齐后即将该号码单附入复磅之码单,连同进花凭单、库存表一并送会计课核办。

(43)清花间每日领用各种棉花应凭工程师、技师盖章之用花凭单照发,发后将该凭单连同库存表送会计课入账。

(44)花纱收付账目应逐日过清,花纱库存日报应逐日填报,不得积压。

(45)厂内交来下脚须逐一过磅,如品质、重量相符即将回单上盖章,否则拒绝收受。

(46)付出成品及各种下脚须凭取货凭单,经经副理盖章,方能照付。

(47)每月各种盘存表须于次月三日以前造齐,送陈经副理、厂长盖章后,送会计课存章。

(48)本课对于本管事项应随时与有关各课部取得联络,听取意见参考进行。

(49)对于本管事项之外来函件,如以自行答复较为便利者,可自行拟稿送由文书课核转,由经副理、厂长盖章后缮发归档;不拟自复者可在原函上签注意见,交还文书课拟办。

(50)每遇例假日应派员轮流值日。

戊、材料课

(1)每日开始办公时,应检查先一日未办完之事,提前办理,不得积压。

(2)每日下班时,如有当日可办完之事,应稍延长时间将事办完,不得延至次日。

(3)每日接到各部申请购料单或由本课计划自行购备者,均应即时填具本课购料申请单送陈经副理、厂长盖章后,方能购买。

(4)凡单价在一千元以上之物料,须先填具购料申请书呈送总公司核准后,始得采购,购妥后并应填具购料报告表,送陈总公司备案。

(5)购料申请单或申请书经核准后,应立即向本埠或外埠各商店采购,已办妥者,再将单价、购买处所、收到日期续填簿内以便检查。

(6)各商号兜售商品来函,须由经副理阅批交本课照办。但报价单、估价单等仅供参考之用者,本课可直接收受。

(7)添购机器、马达等重要物品应将各店所报机器规格、价值列表送陈经副理、厂长核定后,再照购置手续订立合同或承揽契约。

(8)合同及承揽契约内所列条款,须先拟稿陈请经副理、厂长核定,然后送文书课缮正加盖厂章及经理印章,方为有效。

(9)合同及承揽契约内所列条款,如系对方拟妥征求本厂同意者,须将原件陈请经副理、厂长核定后交文书课加盖厂章,方为有效。

(10)预付货款须先将商号名称及所购物料数量、总值、预付理由,陈请经副理核准后方准支付。但临时交易不及陈请或陈请有误时机者,在千元以下之额度内,可将货款预付,仍须将预付情形补报查核。

(11)凡货物提单发票于收到后,应于当日办妥手续派人提取,跟同原商号押运人或承运商号押运人拆封验明过秤。

(12)店号寄来账单、发票如与进料斤秤、数量、品质不符时,应详细核对,向原承运商号或售料商号接洽补足,或照实收数批注作价通知材料课验收。

(13)材料库收进材料时应凭材料课长通知详细点收,俟收齐存库后应即登记,并填制进料凭单记明收到日期、名称、种类、实收数量、单价、共价等项,由主管人员盖章,连同发票送经本课课长盖章后,转送会计课按补足价或实收价核付货款。

(14)材料库发出物料时,如系工务方面者,应凭厂长或工程师、技师、主任盖章之领物证;如系事务方面者,应凭经副理或该课部主管人员盖章之领物证照付,每日将付出之料,登记于材料账,在领料凭单上记明发出日期、种类、实发数量、单价、共价等,经本课课长盖章后转送会计课登账。

(15)进料及发料凭单、库存月报表等所列各项数字应详细复核,再送会计课转账,以免错误。

(16)本课各职员对于采购、收发等事,平时各负专责,事忙时应互相协助办理以免贻误。

(17)材料库雇用栈工应先将工人姓名及所编工号、拟给工资,详细填具报告单陈请副经理、厂长核准,再送会计课登记。

(18)材料库所有栈工应设立姓名簿。

(19)材料库每日应将临时到工人数及工资填具报告,连同工资折送会计课登记。

(20)材料库每日收进材料,如系大批不易检点者,应先分别种类(如号数、尺寸、名称等)、点收单位(如件数、捆数、根数、箱数、桶数等),然后再从容统计数量(如过磅量尺、点收细数等),必须点验清楚,方可入账。

(21)材料库每日发放材料应规定时间启闭库房,如非特别急需之物料,过时即行停发。

(22)材料库每日发放材料,如发觉某项材料不足领物证所发数量时,应即在领物证内注明实发数量或完全划销,同时以最快方法购到通知再领。

(23)每遇例假日上午,物料库仍照常开库发付物料,除特别急需之料,经工程师或厂长核准者外,下午不再发放。

(24)每遇例假,材料库职员应轮流派一值日员负责接洽应办各事,并督率栈工,整理存料。

(25)库存材料每月底必须盘存造送库存月报表,陈送经、副理查阅。

(26)重要材料之消耗,应以简明之数字制成比较图表,表明其每月用量之增减,以备参考。

(27)对于本管事项应随时与有关各课部取得联络,听取意见,参考进行。

(28)对于本管事项之外来函件,如以自行答复较为便利者,可自行拟稿送由文书课核转经副理、厂长盖章后缮发归档;其不拟自复者,可在原函上签注意见交还文书课拟办。其自动发出文件订购物料者,陈请经副理、厂长核准后,亦可按照前项手续办理。

四、厂长室

甲、工务处

(1)每日开始办公时,应检查先一日未办完之事,提前办理,不得积压。

(2)每日下班时,如有当日可办完之事,应稍延长时间,将事办完,不得延至次日。

(3)各部工人之支配及工资之订定,应陈请厂长核准施行,一面通知工账处及会计课存查。

(4)各部工人之进退赏罚,应听取各主管人员陈明处理,一面报告厂长查核并通知工账处及会计课备查。

(5)各部每日到工人数,须于每日上工后一小时内填具报告,放工后三小时内,并应责成各该主管人员造具工资日报送经厂长盖章后,分送工账处及会计课备查。

(6)厂内机械之安装使用,各种纱支配花之成分,与支数之变更,应秉承厂长规定,随时注意改进。

(7)厂内原料品与制成品之供求调节,各种制成品品质之检查,养成工之训练,工人工作能率之考查,应责成运转部随时注意推行,不使稍有松懈。

(8)厂内各机之清理、修平、装配、排列应责成保全部留心考查,随时改进。

(9)厂内所用材料,应责成承领部分主管人员【盖章】复核盖章后,再向材料课领取。

(10)厂内应用材料应事先妥行筹划,随时开列清单,送请厂长盖章后交材料课预为采购。使用时并须注意节省,如发现品质不佳或式样不合时,应请随时通知材料课设法改进。

(11)原料品、制成品及废花之保管出纳,随时送交营业课检查整理,勿任毁损遗失;各部所出下脚花,并应随时注意减少设法利用,如发现有糟蹋情形应研究改良之。

(12)每月底盘查存货存料,应责成该管各课部切实查点估计,不可草率错误。

(13)对于本管工务人员工作情形,应随时向经理、厂长报告。

乙、保全部

(1)每日开始办公时,应检查先一日未办完之事,提前办理,不得积压。

(2)每日下班时,如有当日可办完之事,应稍延长时间将事办完,不得延至次日。

(3)厂内各机之清理修平应规定适当周期,留心考查,随时改进。

(4)各机须经常保持完整,如有缺之零件或屡生故障,虽未至整理时间,亦应督饬机工立加修理。

(5)某机某部如常生故障,一再损坏时,应研究其原因,加以改良。

(6)各机之配件须完全照所制图样或原样,如发现大小不合、材料欠佳时,应即向材料课另领合适之配件,更换或改制之。

(7)须注意各项配件之存储数量,随时通知材料课添配。

(8)须注意保全工人之工作状况,勤加督察。

(9)本部所用工具应专册登记,用毕发交工具室保管并应随时考察以防偷失。

(10)所用机工经试用合格,由主管人员拟定工资,陈请厂长核定后,应即通知人事课转交工人登记处、工账处分别登记。

(11)机工退工或被开除时,须将领借各件如数缴还,方准结算工资;如有缺少,照价扣偿之。

(12)机工退工或被开除时,应由主管人员填注解雇单,送陈厂长核定盖章后,即通知人事课办理出厂手续。

(13)本部之工资应于每月月终造具月报,送经技师、工程师、厂长核阅后转交会计课、工账处备查。

(14)本部对于本管事务应随时与有关各课部取得联络,听取意见,参考进行。

(15)每遇例假,应派员轮流值日。

丙、运转部

(1)每日开始办公时,应检查先一日未办完之事,提前办理,不得积压。

(2)每日下班时,如有当日可办完之事,应稍延长时间将事办完,不得延至次日。

(3)机器安装、配置、使用是否尽合科学原理应随时研究改良,以求效力之充分发挥。

(4)各部机件传动应注意其有无摩擦损毁,随时通知保全部从速修理。

(5)每日应填造运转概况日报表记明开车及中途停车情形,阐述其原因,并提出改善办法,送陈技师、工程师、厂长核办。

(6)每日应按规定次数检查机上出品,如发现重量、条干、撚度、组织等差异太大时须妥加调整。

(7)须维持并改进制品之本质,不可使有忽好忽劣之弊。

(8)原料品之供求及其搭配应力求适合。

(9)如变更制品之品质,应通知关系各部照办。

(10)天气如过于干燥或潮湿时,应速即调整摇纱间之发水量。

(11)应随时注意成包间所存成品之轻重,不致相差过大,务使随时可以成包。

(12)各部管理及工作法如发现松弛及不合规定情事,应随时报告技师、工程师并责成该管职员努力改良。

(13)各部分工作状况如发现困难,应随时考察改正。

(14)每月应填制各种统计如用花、出纱、下脚、工资、物料等表,以资比较。

(15)机器之运转及工人工作之方法,应随时研究改良,以期增加出数。

(16)本部对于本管事务应随时与有关各课部取得联络,听取意见,参考进行。

(17)每遇例假应派员轮流值日。

丁、训练部

(1)每日开始办公时,应检查先一日未办完之事,提前办理,不得积压。

(2)每日下班时,如有当日可办完之事,应稍延长时间将事办完,不得延至次日。

(3)工人之训练由本部秉承厂长、工程师、技师意旨办理,其训练之纲要如左:

①各部标准工作法之拟定;

②养成工之训练;

③熟练工之深造;

④各工日常成绩之考核;

⑤养成工赏罚、升降、迁调之处理;

⑥各工善良风气之养成;

⑦各工流动率之调查与防止。

(4)左列各事,应由各部协同办理或建议改善:

①有关训练成效之各种工程之设计;

②工人福利事项之设施;

③工人膳宿之管理;

④工人之招募及来源之开发。

(5)新工入厂,由人事课发给允许证、投考证,并经关系主管人员审核合格后,应由本部实施训练。

(6)训练以左列四项为最高原则:

①工作合理化;

②生活军事化;

③教育学校化;

④感情家庭化。

(7)训练分学、术二科。术科系指工厂内工作法之传授,学科则分为工作讲话、常识讲话、精神讲话三种。每日除以大部分时间从事术科外,至少应有一个小时分部举行讲述,以收知行合一之效。

(8)各部分工作法应按其操作之繁简划为数个阶段,制成课程进度表,分期传授迄底于成。

(9)训练期间,如发现有品性顽劣或体格孱弱不能胜任者,得随时辞退之。

(10)养成工之头脑聪颖、成绩优异者得呈请总公司备核,可提早其毕业期限,以示奖励。

(11)新进熟练工到厂时应负甄别考选之责任,并将结果陈报技师、工程师、厂长,以定去留。

(12)熟练工人入厂后,如工作尚未适合本厂所定之标准,仍须另受相当之训练,方准取得工籍开始工作。

(13)已毕业之养成工,如有工作不合法或能力低落,经技师、工程师退回者应重行训练之。

(14)每一星期或每半个月,应按平日成绩及考试结果,将养成工升期或毕业一次,并将各册送陈技师、工程师、厂长核转人事课查照登记。

(15)工人久假不归或自行告退太多者,应速即详察其原因,妥筹对策。

(16)本部应有训育室之设备,配置标语、图表、机械、模型,以便讲解之用。

(17)每日或每月应制备左列统计表册藉凭检讨:

①养成工工资日报;

②各部养成工逐日到工人数统计表;

③各部工人逐日工作考绩表;

④养成工逐月进厂人数统计表;

⑤养成工逐月毕业人数统计表;

⑥各工能力升降表;

⑦各工流动统计表。

(18)本部对于本管事务应随时与有关各课部取得联络,听取意见参考进行。

(19)每遇例假应派员轮流值日。

戊、原动部(兼修机)

(1)每日开始办公时,应检查先一日未办完之事,提前办理,不得积压。

(2)每日下班时,如有当日可办完之事,应稍延长时间将事办完,不得延至次日。

(3)原动各机应规定时期检查清理,如有特殊情形应随时督率工人修理之。

(4)原动各机每遇修理时,应将损坏及修理情形详细记录。

(5)输电路线至少每星期巡视一次,每月底须详细检查一次。

(6)输电路线如发生故障,无论其为自行发现或他人通知,均应立即派工修理。

(7)原动各机所耗煤斤及滑润油,应逐日及逐月统计并随时设法节省。

(8)应用材料就实用数量向材料课具领,无存料时另开请购材料单,请厂长盖章后交材料课采办。日常所必需之重要材料,并应预先计划早日存储,以备不时之需。

(9)每日所需煤斤应于先一日开条向煤栈领进,过磅登记,并试验其所含水分,每日所出煤灰亦应记载测量灰分。

(10)购煤处送来煤样应逐一化验核算每公斤所含热量,造具化验报告分送厂长及购煤处备查。

(11)如有应行修理之机件,应即由修机间修理或通知材料课向厂方配制。

(12)领用工具应造册登记并派员负责保管,各技工所领工具由各技工自行负责保管,如有遗失损坏,责令赔偿或罚扣工资。

(13)工人到厂人数应于上工后一小时内查明,并于当日放工前造具工资日报,送经厂长汇转会计课工账处备查。

(14)各部分值班技工非经接替不得下班,如须请假应事先请求许可,派工接收。

(15)工人工作应逐日加以分配,每日工作状况载入原动日报于次日上午送陈厂长查核。

(16)工人工作之勤惰应随时考查酌量情节,分别奖励惩罚,并随时造表陈报厂长转送人事课及会计课登记。

(17)工人进退应随时将姓名、职务、工资及进退原因陈报厂长转知人事课、会计课登记。

(18)各部分记录应责成值班工人依照规定时间照式抄填,并应装订保存用备稽考。

(19)新装、新加装电气器具以经经理、厂长所允准者为限;修理电气器具应凭各部分主管人员之通知,依次修理之。

(20)本部制造、修配或装修各种机件,应根据各部主管人员呈经厂长盖章通知办理之。

(21)造成各件应开具登记货单,送交材料课收账。

(22)修理各件每月应造具修理机件月报表,于月底送交会计课分别转账。

(23)本部所用材料应预计需用数量,填制领料凭单,送请厂长盖章后,向材料课领取。

(24)本部之物料、成品及修理品,应于每月月终分别造具月报,藉以考核全月收付情形。

(25)本部对于本管事务,应随时与有关各课部取得联络,听取意见参考进行。

(26)每遇例假应派员轮流值日。

巳、人事课(兼工账)

一、工人登记处

(1)每日开始办公时,应检查先一日未办完之事,提前办理,不得积压。

(2)每日下班时,如有当日可办完之事,应稍延长时间将事办完,不得延至次日。

(3)凡招收新进之男女养成工应先行口试,认为合格发给准许投考证,指定于一定期间内至关系主管部分听候考试,考验合格后,即发给志愿书及保证书,填好带同来厂,经审查无讹,凭簿送入男女单身工人宿舍,次日入厂。

(4)凡新进男女熟练工人,应给条送至关系主管部分考验,如认为合格即在原条上批注,凭条登记,其他手续与养成工同一办理。

(5)各部工人解雇时,其解雇单经各部主管人员盖章陈经厂长核准后,即行登记,一面通知工账处开条,转知会计课发给工资。

(6)每日进出工人,应于次日午前填造日报(复写)送请经理、厂长核阅并送关系部分参考。

(7)各工人之升降、迁调、加薪须随时入册,每逢星期三、六日须陈送厂长查核,同时送各关系部分盖章并通知工账处。

(8)关于各工人之纠纷应随时处理解决,如遇困难应商同各主管部分陈经厂长核办。

(9)如遇本地工人不敷应用时,应速向外埠招募。又当日某部工人如有缺少时,应即设法补充,务须使工厂内不致有发生关车情事。

(10)每逢上工时须会同工房管理在工房内查视一周,如有工人藉故停工者,应劝令复工。

(11)新工人于进厂之一星期内,应将照片及履历表办好备查。

(12)每月进出工人总数及赏罚情形之统计,均须于次月三日前分类造表送陈厂长核阅后转陈经理。

(13)对于本管事项,应随时与有关各课部取得联络,听取意见参考进行。

(14)对于本管事项之外来函件,如以自行答复较为便利者,可自行拟稿送由文书课核转经理、厂长盖章后缮发归档;不拟自复者,可在原函上签注意见,交还文书课拟办。

(15)每遇例假日应轮流派员值日。

二、工房管理处

(1)本厂男女工友住单身宿舍者,须凭工人登记处之通知进舍,并将其所带行箧及重要衣物用簿登记,同时将该物上贴一盖章之号码,再行派定铺位,离厂者亦须凭登记处之通知方可放行,其行箧衣物,照入厂时所登记者发给。

(2)每日早晚上工时,须在各室内巡查一周,如有藉故停工者务劝令上工;如厂内当日缺人时,须帮同工务主管人员在宿舍内寻找。

(3)各室清洁每日须巡查一次,责成各室长督促整理之。

(4)凡请病假者须有医生证明;请事假者须有各该管职员准假条方得放行,倘因重要事或疾病临时由管理处给假者,同时须用簿通知各该主管人员备查。

(5)各房屋应加修理者,应先陈经厂长核准,再通知事务课饬匠修理

(6)每日出勤册须于当日八时以前送工务处盖章并送厂长核阅。

(7)每日工人进出及请假等统计,须于次月三日以前造出送陈厂长查核。

(8)凡工人一切福利在可能范围以内者应陈请厂长核办。

(9)凡工人一切纠纷应随时解决,其比较困难者,应向厂长请示办理。

(10)本厂男女工人之携眷者,得凭登记处通知派定眷属住宅,该处每月应巡查一次。如有不正当娱乐或故意损坏房屋者,应勒令迁出,同时通知各关系部分查照。

(11)凡工人眷属搬进时,应详细登记,以后每月查询一次并造表送陈厂长核阅。

(12)每遇例假日应轮流派员值日。

三、工账处

(1)每日开始办公时,应检查先一日未办完之事,提前办理,不得积压。

(2)每日下班时,如有当日可办完之事,应稍延长时间将事办完,不得延至次日。

(3)工人工资之订定于接到工务处通知后应即分别注册。

(4)工人之赏罚、进退、升调、加薪等事于接到工务处通知后,应即分别注册。

(5)工人正式到工后,即发给工折存执,每日班上午上工时,应派人到厂取回分别查验,下午发还;每夜班于前半夜上工时,派人到厂取回分别查验后半夜发还。

(6)每日接到工资日报后,应即分别登记,妥慎保存备查。

(7)工资每月分两次发放,其时期由厂长规定之。

(8)工资发放前,应迅速造齐工资总册,详列工号、工人姓名、工资率、本期到工日数、应得工资、赏罚应扣工资、实得工资、实发工资、下存工资等项,送经厂长查核盖章后送经理核准,再送交会计课核发。

(9)前项工资总册经会计课审核无异后,本处可派员会同会计课所派人员前往各车间按名发放,发放时应将工资总册与工人所持工折详细核对之。

(10)工资发放后,应将工资总册及余存款项交由会计课收回保存。

(11)补领工资及解雇工人结算之工资,应开条令向会计课直接具领。

(12)对于本管事务,应随时与有关各课部取得联络,听取意见,参考进行。

(13)每遇例假日应派员轮流值日。

(件存陕西省档案馆民国档案 82－1－1595－2 卷)

雍兴实业股份有限公司蔡家坡纺织厂职员服务规则

第一条　本厂职员(以下简称职员)在服务期间应遵守本规则。

第二条　职员应遵守本厂一切规章并服从命令。

第三条　职员处理事项,遇有未经规章专条明定或虽有专条尚待解释者,应陈明各该课主任或工程师、技师请示办法,如仍不能决定时,应转陈经理或厂长核定办理。

第四条　职员不得违反上级人员指令,如有意见须陈述理由。

第五条　职员不得自营他业或作一切投机之行为。

第六条　职员不得兼任厂外任何职务。

第七条　职员对于本厂事务及工作实况应严守秘密,不得泄漏。

第八条　职员不得向往来商号挪借款项。

第九条　职员不得假借字号或其他各义向本厂私作交易。

第十条　职员除办理本厂事务外,不得用本厂名义。

第十一条　职员不得【有】吸食鸦片毒物及酗酒、赌博、嫖娼等事。

第十二条　职员派赴外埠办事,除正当交际范围以内酬应外,不得收受商家馈赠礼物或特别招待。

第十三条　职员应和衷共济,各尽其职,不得妄生意见,党同伐异。

第十四条　职员对于本厂不得作不利之行为。

第十五条　职员于本分职务外,遇有他项事务必须助理,经各该课主任或工程师、技师指派时,如无特别理由不得推诿。

第十六条　本规则如有未尽事宜得呈准雍兴公司总公司随时修正之。

第十七条　本规则自呈准经与公司备案之日起施行。

（件存陕西省档案馆民国档案 82－1－731－1 卷）

蔡家坡纺织厂职员奖惩规则

第一章　总　则

第一条　本厂各部分所属职员之奖励及惩罚,悉依本规则之规定办理。

第二章　奖　励

第二条　职员奖励分左列各项:

一、加薪;二、奖金;三、记功;四、博奖。

第三条　职员具有左列各款情事之一者,得酌量情形予以加薪或给予奖金:

一、年终考绩总分数列入甲等者;

二、精研纺织技术有特殊贡献或发明改良机械、器具确有实效者;

三、本厂如遇重大变故发生,能奋勇救护,保存利益或处置得宜,能消弭重大危害者;

四、记大功三次以上者。

第四条　职员具有左列各款情事之一者,得酌量情形给予奖金或记大功:

一、年终考绩总分数列入乙等者;

二、遇有临时事故发生,应付得宜,确能消弭隐祸者;

三、服务精勤,扣足一年未请病假、事假或技术增进卓有成绩者;

四、办事异常得力,品行端正,向无过失者;

五、查获本厂职员中之巨大贪污或其他危害本厂利益之事件确有证据者。

第五条　职员具有左列各款情事之一者,得酌量情形予以记功或传奖:

一、节省用料,确有显著成绩者;

二、查获偷窃或告发作弊,保全公家财物或名誉者;

三、服务勤劳,著有成绩者。

第六条　职员之加薪百元以上者十元为一级;百元以下者五元为一级。每次加薪至多不得超过三级。

第七条　职员之奖金分为两种:一为特别奖金,系临时发给者;二为年终增酬,系与年终酬劳同时发给者。凡职员具有第三条第三款或第四条第五款者,得享受特别奖金,其余均应以年终增酬论。

第八条　职员奖金之数额,得由本厂经理商承雍兴公司斟酌办理之。

第三章　惩　罚

第十条　职员之惩罚分左列各项:

一、记过;二、罚俸;三、减俸;四、开除;五、开除并责令保证人赔偿。

第十一条　职员有违反本厂职员服务规则第二、三、四、六、十、十二、十五项所列各款情事之一者,得酌量情形受本规则第十条第一、二、三、四项之惩戒。

第十二条　职员有违反本厂职员服务规则第五、七、八、九、十一、十三、十四项所列各款情事之一者,得酌量情形受本规则第十条第四、五两项之惩戒。

第十三条　受本规则第十条第一项惩戒至二次以上者,应分别重轻,予以同条第二、三、四项之惩戒。

第十四条　无故旷职或请假未经核准即行离职及怠忽职务者,得分别重轻,予以本规则第十条第一、二、三、四项之惩戒。

第十五条　职员在服务期内有左列情事之一者,得予以第十条第四项之惩戒。

一、受刑事诉讼之处分;二、破产。

第四章　附　则

第十六条　职员之奖惩由经理定之,交由文书课登记并陈报雍兴公司备案。

第十七条　本规则如有未尽事宜得呈准雍兴公司随时修正之。

第十八条　本规则呈准雍兴公司公布之日起施行。

（件存陕西省档案馆民国档案82－1－713－1卷）

雍兴实业股份有限公司蔡家坡纺织厂办公室规则

一、本室所定办公时间，各同人均应准时到室工作，不得迟到早退。

二、每日上班时，应在考勤簿上签到。

三、办公时间内不得擅离职守，如因事他出，须先陈明该管部分主管人员之许可，否则以早退论。

四、办公室内须整齐严肃，遵守秩序，非因公务上之必要，不得高谈阔论。

五、办公室内不得延见宾客。

六、每日上下午下班时，应将经手重要文件谨慎保管，不得随意散放。其当日应行办完之事，非因特殊关系，不得积压。

七、在办公时间内不得处理私务，在公事未完前不得阅览书报，更不得阅览不正当之书籍。

八、办公室内应注意清洁，不得随意吐痰及抛掷纸屑等物。

九、办公室内应用文具及一切物品，各同人得加意爱护，不得任意浪费。

十、本规则如有未尽事宜得随时修正之。

十一、本规则自公布之日起施行。

（件存陕西省档案馆民国档案82－1－731－1卷）

蔡家坡纺织厂职员考绩办法

一、本厂为督率全体职员均能努力服务并各自勉尽职责起见，特制定切实考绩办法，由各主管人员随时察核所属职员工作成绩之优劣、品性之良窳、办事之勤惰、智能之高下、体格之强弱，依照所附考绩表按期详填呈报。

二、考绩办法分为季考、年考二种：

（一）每季考绩。业务部分由各课主任随时查察所属职员平日之工作成绩、品性、勤惰、智能、体格等项，每届六月、十二月终，依照表式详晰填注，并拟定各项分数密呈经理查核；工务部分则由工程师、技师、各课部主任负责查察，按表填注，密呈经理厂长查核。

经理厂长收到前项考绩表后,应查核各课主任(或工程师、技师、各课部主任等)所拟分数是否平允,核填总分,加注考语,留作年终考绩之参考。

(二)每年考绩。由经理随时查察全体职员之工作成绩、品行、勤惰、智能、体格等项,每届年终综合各课每季所呈考绩表内各职员之总分数而定为甲乙丙丁各等(八十分以上者为甲等,七十分以上者为乙等,六十分以上者为丙等,不满六十分者为丁等),以作奖励、惩罚之参考资料。

三、考绩表内计列各栏,其填注大要如左:

(一)现支薪级:应填明现叙薪级或现支薪数,并最近进级加薪之年月。

(二)承办事务:应填明平日担任办理何事或专办某事及其事务繁简情况。

(三)曾否受奖励或处罚一栏:应填明在本届内曾否嘉奖给予奖金,或经【有无】申斥、罚薪、记过等事。

(四)工作成绩一栏:应填明其工作是否有计划,效率如何,是否努力或懈怠,办事是否精细或粗率,以及办事敏捷或迟钝,暨有无特别劳绩,或贻误要公等情事。

(五)品性一栏:应填明其性格是否纯正或乖僻,是否有操守,是否和平或粗暴,是否谨慎或狂妄,是否俭朴或浮华,以及有无不良嗜好等事。

(六)勤惰一栏:应填明本届内有无请假及曾经请假日数,并平日有无迟到早退等情事。

(七)智能一栏:应填明其平日处事之思想见解高明或低次,魄力之强弱,并技术能力熟练或生疏,及平日是否用心研究等情事。

(八)体格一栏:应填明其体格健壮或羸弱,精神是否活泼或萎靡,以及有无暗疾等情事。

(九)建议事项各栏:应详具确切事实,不得用笼统概括字样或有虚报情事;拟予奖励或处分一栏,更宜慎重填写,不得有感情作用。

(十)总评及决定赏罚或遣调二栏:应由经理综合各课部主任考核意见及平日本人查察所得参考资料,加注总考语并决定赏罚办法。

(十一)工作成绩、品性、勤惰、智能、体格各栏:内附分数一格,应由主管人员于填注事项外并拟定分数。工作成绩一栏以 30 分为最高率,品性以 25 分为最高率。其他智能、勤惰、体格各栏,均以十五分为最高率(例如其人见解高明,智能一栏可拟给 13 分,而常有迟到早退情事,勤惰一栏只能拟给 7 分,但办事尚属敏捷,工作成绩一栏可拟给 20 分,而品格又欠和平,且有不良嗜好,品性一栏只能拟给

10分;又体格亦甚衰弱,体格一栏只能拟给8分,余类推)。

(十二)总分数一栏:即如上项13、7、20、10、8相加之58分为总分数。

(十三)倘发现某人品性有极大缺点时,得不适用上条各栏分数相加之规定,直接由主管人报告经理、厂长予以惩罚。

四、各主管人员对于每届考绩表应依照各栏所定认真填注并公平核定分数。

五、各课主任以上人员之考绩亦依照本表由经理、厂长每季查察详填之。

六、本办法如有未尽事宜得随时修正之。

七、本办法自公布之日起施行。

(件存陕西省档案馆民国档案82－1－731－1卷)

雍兴实业股份有限公司蔡家坡纺织厂员生待遇暂行章程

1. 本厂员生之俸薪应依据本规定之等级支给之。

2. 员生之俸薪分三等二十五级、列表如左:

等 级	一	二	三
一	500元	175元	50元
二	480元	170元	48元
三	460元	165元	46元
四	440元	160元	44元
五	420元	155元	42元
六	400元	150元	40元
七	380元	145元	38元
八	360元	140元	36元
九	340元	135元	34元
十	330元	130元	32元
十一	320元	125元	30元
十二	310元	120元	28元
十三	300元	115元	26元
十四	290元	110元	24元
十五	280元	105元	22元
十六	270元	100元	20元

续表

等 级	一	二	三
十七	260 元	95 元	18 元
十八	250 元	90 元	16 元
十九	240 元	85 元	14 元
二十	230 元	80 元	12 元
二十一	220 元	75 元	10 元
二十二	210 元	70 元	8 元
二十三	200 元	65 元	6 元
二十四	190 元	60 元	4 元
二十五	180 元	55 元	2 元

3. 本厂经理、厂长支给俸薪自一等二十五级起至一等八级止。

本厂工程师支给俸薪自二等十六级起至一等十九级止。

本厂技师、课长、主任支给俸薪自二等二十级起至一等二十三级止。

本厂办事员支给奉薪自三等十四级起至二等二十级止。

本厂助员支给俸薪自三等二十级起至三等十五级止。

本厂练习生支给俸薪自三等二十五级起至三等二十一级止。

4. 本厂职员俸薪在二等十六级以下(未满百元)者,每月除支本俸外,逢一、三、五、七、八、十、十二七个月,各另给升工六天;逢四、六、九、十一四个月,各另给升工五天;逢二月份各另给升工三天;其到厂服务不足一个月者,升工按照比例算给。

5. 本厂职员每年六月份及十二月份除支给本俸外,另给特俸一个月。其到厂服务不足六个月者,按照比例算给。

6. 员生之俸薪均自到职之日起算。

7. 员生之俸薪均于当月二十五日发给,不得预支。

8. 员生请假违背请假规则第二条规定者应照扣本俸。

9. 员生遣散或死亡时得支本月份全月俸薪。

10. 员生有左列情事之一者得增加其俸薪:

(1)曾记大功二次以上者;

(2)办事有异常成绩、特著勤劳者;

(3)对于厂务有特殊贡献者。

11. 本厂经理厂长俸薪由雍兴公司总公司规定，员生俸薪由本厂经理规定。

12. 本规则陈经雍兴公司总公司核准后实行。

（件存陕西省档案馆民国档案 82－1－19－4 卷）

蔡家坡纺织厂薪津规则

1. 本厂员生之薪津应依照本规则规定等级支给之。

2. 员生之薪津分三等十八级，列表如左：

级＼等	一	二	三
一	500 元	270 元	95 元
二	480 元	260 元	90 元
三	460 元	250 元	85 元
四	440 元	240 元	80 元
五	420 元	230 元	75 元
六	400 元	220 元	70 元
七	390 元	210 元	65 元
八	380 元	200 元	60 元
九	370 元	190 元	55 元
十	360 元	180 元	50 元
十一	350 元	170 元	45 元
十二	340 元	160 元	40 元
十三	330 元	150 元	35 元
十四	320 元	140 元	30 元
十五	310 元	130 元	25 元
十六	300 元	120 元	20 元
十七	290 元	110 元	15 元
十八	280 元	100 元	10 元

三、本厂经理支给薪俸自一等六级起至一等一级止。

本厂厂长、工程师支给薪俸自二等八级起至一等六级止。

本厂技师、各课部主任支给薪俸自三等八级起至二等八级止。

本厂办事员、工务员支给薪俸自三等六级起至二等八级止。

本厂助员支给薪俸自三等八级起至三等六级止。

四、本厂练习生之津贴自八元起至三等十八级止。

五、本厂职员系兼差性质者,其薪俸额由经理另行核定。

六、本厂委任以下员生,每月除支本薪外,全月不请假者,逢一、三、五、七、八、十、十二七个月,各另给升薪六天;逢四、六、九、十一四个月,各另给升薪五天;逢二月份,各另给升薪三天;其到厂服务,不足一个月者,升薪按照比例计算给。请假者每请假一天扣升薪一天。

七、本厂员生每年六月份及十二月份,除支给本额薪津外,另特给薪津一个月;其到厂服务不足六个月者,按照比例算给。

八、员生之薪津均自到职之日起算,遇有特殊情形者得由经理酌定之。

九、员生之薪津均于本月二十五日发给,不得预支。

十、员生请假违背请假规则第二条各款规定者,应照扣本款。

十一、员生遣散或死亡时得支本月份全月薪津。

十二、本厂员生之薪津,由经理核定之,呈报总公司备案。

十三、本规则如有未尽事宜得呈准雍兴公司随时修改之。

十四、本规则自呈准雍兴公司之日起施行。

(件存陕西省档案馆民国档案 82 –1 –1595 –1 卷)

3. 会议记录

雍兴公司筹设蔡家坡纺织厂谈话会记录

(1940 年 10 月 7 日)

时间　二十九年十月七日下午二时

地点　西安中国银行

出席人　束云章　杨挚奇　胡名甫　李紫东　毛端梧　王瑞基　刘持钧　汪晴江　钱尔嘉　蒋均如　贺书绅

主席　束云章

记录　贺书绅

李紫东、王瑞基报告接收成通纺机经过

纺织事业为人民日用所需,关系后方生产至为重要。本年七月间,访悉成通纱厂有迁存陕省之自制半成品纺机约六千枚;又五材五金多种,足敷制造纱锭约四千枚之用；又附有工作机多部，该厂以缺乏流动资金搁置不用。爰经陈准雍兴公司以国币一百五十万元购进，再加制造修理费八十万元，即可完成纱锭万枚从事生产。兹上项机器业经点收清楚，分存西安交通银行仓库及成通纱厂，以资保管，所有接收详细情形已备载报告书内，词长从略。（附报告书一份）

主席意见

（一）资本定为三百万元，至采办原料需用之款可向西安中国银行洽商押贷。

（二）设厂地址以交通便利并有山陵足资掩护之处为合格，即请李紫东、王瑞基两兄负责勘觅具报。又厂房建筑于不妨碍工作之下，不妨因陋就简，俾可早日开工从事生产。

（三）成通工作机拟由雍兴另设机器厂专为承制，以期迅速。所有此次购进之附属工作机，除该厂需要机件留存一部分以备自用外，其余统由李紫东、王瑞基两兄开单移交杨挚奇兄接收，并由机器厂照购价拨款。至该项纱机何日开始制造，何日得以完工，请李紫东、王瑞基两兄洽商杨挚奇兄，确切规定日期，以期早日观成，勿致延误。

（四）关于纺织厂之一切经费预算、机器设备并组织系统等，由李紫东、王瑞基两兄拟具方案，交由西安中国银行转陈雍兴公司核定。

下午六时散会。

（件存陕西省档案馆民国档案 82－1－151－1 卷）

雍兴公司筹设蔡家坡纺织厂谈话会记录

（1940 年 12 月 30 日）

时间　廿九年十二月卅日下午四时

地点　西安中国银行

出席　束云章　王瑞基　刘持钧　贺书绅

主席　束云章

记录　贺书绅

主席意见

（一）蔡家坡纱厂地基应即从速进行，并限最短期内设法购妥。为求办事便利起见，由蔡家坡纺织厂聘用建筑工程师一人，计划建造厂房事宜。

（二）厂房建筑力求简单，屋顶如能以稻草或草席等覆盖最属妥善，以防万一房屋被炸震坍时,下面机器不致压损。

(三)开纺纱锭程序,应照本年十一月十一日《雍兴公司筹设秦省各厂联席谈话会记录》所规定日期切实照办,勿使稍有延误。至与机器厂有联系部分,应请王瑞基兄洽商杨挚奇兄办理,以期彼此取得联络,俾可一面制造,一面开纺。

(四)刻下内地原动机器异常缺乏,蔡家坡纺织厂需用之原动机器尚付阙如,应由该厂设法及早搜罗,以免临时发生困难。

(五)值兹筹备期内,用人行政应力图节省,俟筹备至相当时期再行陆续补充。

下午五时散会。

(件存陕西省档案馆民国档案 82 －1 －414 －3 卷)

雍兴公司筹设蔡家坡纺织厂第二次谈话会记录

(1941 年 1 月 1 日)

时间 三十年一月一日下午九时

地点 西安咸阳工厂办事处

出席 王瑞基 刘持钧 许天民 马醒尘 张予之 傅安华 任哲生

主席 王瑞基

记录 傅安华

决议事项

一、本厂西安办事处房舍,曾经人介绍租用齐鲁医院后院,闭会后即派人前往接洽。如事不成,即就咸阳工厂办事处前院加以修缮,暂时应用。

二、本厂建厂工作急待开始,所有建筑材料,务须充分准备。关于石灰材料,可由任哲生与宝鸡李君接洽;关于砖瓦木料,可分在西安、武功、宝鸡各处采购,由任哲生负责;关于洋灰材料,在西北采购不到,须尽先设法。

三、本厂为建筑工作进行顺利计,在总公司所派之郭毓麟工程师未到厂之前,可先自行聘用建筑技术人员负责计划一切。

四、本厂筹备伊始,事务纷繁,各部分办事员均不敷应用,除事务课办事员分途物色外,文书课办事员拟招考一二人。其招收办法如下:

1. 待遇:以能力、资历分定为二十至五十元,另给津贴六十元,供给宿膳年终酌给酬劳。

2.资格：中等以上程度，曾任文书事务多年者。

3.名额：一名。

4.考试科目：国文、公文程式、口试。

5.报名日期：自一月三日起至十二日止。

7.考试日期：一月十二日上午八时。

8.报名及考试地点：西安咸阳工厂办事处。

9.试用期间：三个月。

五、本厂职员证章可用"雍兴实业股份有限公司蔡家坡纺织厂"十六字。

下午十一时散会。

（件存陕西省档案馆民国档案82－1－627－1卷）

蔡家坡纺织厂第三次筹备谈话会记录

（1941年1月5日）

时间　一月五日下午九时

地点　西安咸阳工厂办事处

出席　王瑞基　刘持钧　张仲实　马醒尘　任哲生　蔡柱澜　傅安华

主席　王瑞基

记录　傅安华

决议事项

一、本厂西安办事处地点，前经接洽齐鲁医院后院未成，可即修缮咸阳办事处前院，以济急用。

二、本厂建筑技术人员可先与王大奇君试行接洽，名义待遇俟接洽后再定。

三、本厂建筑工作急待进行，所有砖瓦及一切建筑材料务须在旧历年前尽量购买。

四、今后本厂在外县购料日多，为购买及运输方便起见，可请工矿调整处驻陕办事处转饬各县县政府协助。

五、本厂招考文书、办事员启事刊发后，报名者极为踊跃，为免使人才向隅起见，可酌量多取一二名，除文书课选用二人外，其余可派在总务课工作。至于十二日考试事务，可由刘持钧、张仲实、傅安华三君负责。

六、本厂筹备处业遵总公司命令于本月三日正式成立。该处设主任一人，副

主任二人,下分机械、原动、工程、事务、会计、文书六组,每组设组长一人,其各组之职掌如左:

1. 机械组:负责筹备机械之添设、配修并设计安装等事宜;

2. 原动组:负责筹备动力之购置、配修并设计安装等事宜;

3. 工程组:负责建筑物料之采买、收发、监工等事宜;

4. 事务组:负责办理一切物料、器具之购置及一切不属其他各组之事宜;

5. 会计组:负责办理本处一切会计事宜;

6. 文书组:负责办理本处一切文书事宜。

本厂目前所有之职员,全部加入筹备处分配工作,其分配情形如下:

主　任	王瑞基	副主任	刘持钧　张仲实
机械组长	刘持钧	原动组长	许天民
工程组长	张仲实	会计组长	本厂会计主任
事务组长	马醒尘	文书组长	傅安华

七、本厂材料课事务亟待进行,该课主任人选须早日设法物色。

八、本厂筹备期间须在西安接洽之事务尚多,故本厂职员除一部赴蔡家坡筹备处进行建厂外,尚须留少数人员在西安办事处工作,其人员分配如左:

王瑞基、马醒尘、任哲生、王凤岑赴蔡家坡筹备处;

刘持钧、张仲实、蔡柱澜、傅安华、张荣升留西安办事处。

九、本厂业已开始筹备,银钱出纳日繁,在总公司未派会计主任来厂主持以前,可先由本厂物色一二人主持会计事务。

十、职员保证书即日开始填报,保证人须为殷实铺保或社会上较有地位之人保。

十一、本厂建厂开始,工程材料需用浩繁,在材料课主任人选未定之前,可暂与咸阳工厂接洽,借聘暴佐臣君帮忙。

十二、本厂蔡家坡筹备处业已正式成立,为策安全起见,须先招考警士十人以作警卫。招考办法可依照咸阳工厂招考警士办法办理。

下午十二时散会。

(件存陕西省档案馆民国档案82－1－414－3卷)

筹设雍兴公司蔡家坡纺织厂第三次谈话会记录

(1941 年 5 月 11 日)

时期　民国三十年五月十一日下午二时

地点　蔡家坡纺织厂筹备处

出席　束云章　李紫东　王瑞基(刘持钧代)　刘持钧　张仲实　许天民　贺书绅

主席　束云章

记录　贺书绅

刘持钧报告修机经过

(一)前向济南成通公司购下之纺纱机器,内有六千锭系半制品,加以修配即可应用,其余四千锭仅有钢铁原料及极小部分之半制品,尚须大部制造。兹已将第一步二千锭之修配机件,如细纱机、活皮辊、钢领前罗拉之罗拉头等,又如粗纱机之死皮辊、活皮辊等分批包给西安各工厂承制,以期迅速,合计包价约三万元。一俟清花机一部及钢丝针布由仰光运到,上项纱机二千锭即可于三个月内先行开纺(摇纱现正制作图样,预备请西北机器厂代制,其他零星配件概由本厂保全部自制)。

(二)原动机器极不易得,近自西安善昌新染厂租有七十五匹马力引擎及三十匹马力发电机各一具,每月租金五百元,另配锅铲一具(拟设法自制),约可推动纱锭一千二百枚,其余第一步八百锭及第二、第三步八千锭之原动机器,仍付阙如,刻正多方觅取,尚无确实把握。

(三)第一步二千锭之纱锭锭壳,拟暂借由仰光内运之豫安新锭替用,一面请西北机器厂自制,制妥后归还,仍装入原架,以免纷乱。

(四)第二步半制品四千锭及第三步尚待新制之四千锭,拟即开具清单,洽商西北机器厂代为制造。

张仲实报告建筑经过

(一)本厂蔡家坡建厂地基,因原地主有意为难,几经磋商始于本年三月二十日购妥,计购地三百七十五亩,用去三十八万三千余元。地基一经购妥,即行加筑围墙一道以清界限。此项工程(计土墙四百余丈,又砖座墙一百二十丈)已于月前完成,后于围墙四角建筑碉楼四座,藉资警卫,刻已完成三座,其余一座不日亦可告竣。

(二)建筑已完工者计:(1)职员宿舍四十八间,可容六十人;(2)女工宿舍四十间,可容一百六十人;(3)草房五十间,专充存储材料之用;(4)门房六间;(5)饭厅一所计十二间。他如男工宿舍一百二十间(可容四百八十人),临时办公室十一间及警卫住房十一间均已完成半数,预计一个月左右即可全部告竣。又厂房十所,可装置一万二千锭,拟暂以半数充作仓库。俟一万锭纱锭全数装成,需要全部厂房时再建仓库,将厂房腾出。上项厂房工程,大约须二个月后始能落成,好在二千纱锭之修成尚在七八月间,决不致因建筑工程有误开工日期也。以上各种工程估计约需一百三十万元。

(三)经理、厂长住宅以及学校、医院等,拟俟明年春季再为动工。

主席意见

(一)将来招收女工不足额时,只好雇用男童以替代之,其年龄以十四岁至二十岁为合格,但熟手不在此限。

(二)装置原动房屋只求地脚坚固,机器安置后不致摇动即可。其他屋顶及四周围墙部分仍以力求单简 <简单> 为是。

(三)成通纱机第二步半制品四千锭及第三步须待新制之四千锭,应分别步骤详列清单,并设法觅取图样洽商西北机器厂代为修制。关于此类事件之接洽,最好由双方负责人直接磋商,以期简捷。

下午五时散会。

(件存陕西省档案馆民国档案 82－1－138－3 卷)

蔡家坡纺织厂第十次厂务研究会改开谈话会记录

(1941 年 10 月 20 日)

时间　　三十年十月二十日下午六时半

地点　　本厂图书室

出席人　全体员生

主席　　王瑞基

记录　　徐昭玮

主席谈话

今日为本厂厂务研究会第十次例会之期,因本届研究会并无重要题目可资研

究,同时本人亦许久未得与诸同仁谈话,故趁此机会将研究会改为谈话会。兹就本人近日对同仁生活问题之观感,略述于后:

对外战争之胜负,乃国家民族生死存亡之关键。任何国家遇到外患,无不竭其所有以事捍卫,如第一次欧战时之德国,其朝野上下甘愿忍受一切痛苦,以图争取胜利,即是一例。

我国自抗战以来,海口多为敌人封锁,后方生产,既是供不应求,而凡有血气之国民,又不甘心购买敌区货物,故物价乃日益高涨。就目前情形论,如鞋袜、布匹等,较之抗战前,即已涨至二三十倍,甚至五十余倍。处此时机,吾人安分守己,仰望正当收入者,固不易维持,但一般发国难财者,实际亦无办法。如以投机商人论,彼等因缘时机,固可获暴利于一时,但一旦为税务机关查获,不惟所获之暴利尽化乌有,即原本恐亦不能保持。且即此获取暴利之机会,实亦不易多得,偶一得之,在此物价日涨之际,当然不足以维持全家永久之温饱,其艰苦情况,正复与吾人相同。

然则吾人将何以应付目前艰苦之情况?简言之,只要能维持生活,即可满足,不必另有企图,因目前吾人所应考虑者,非生活问题,而是个人未来之事业问题。况诸同仁目前之生活,已较一般社会为优,处此环境中,应时刻讲求如何修学立品,如何学习技术,品学技术既优,非唯生活问题可以无忧,即个人将来之一切事业,亦可从此建立起来。

本厂为纺织厂乃国家最需要之工业,吾国在战前拥有纱锭五百万,尚不足以满足全国之需要,战后迁至后方者,仅二三十万锭,当然更是供不应求,将来抗战胜利,纱锭仍须大量增加。在此种情况下,应如何发展纱业,以满足全国国民之需要,其责任即在吾辈肩上,且将来纱业发展,人才之需要亦必大增,如欲在纺织界争取地位,创立事业,此正是努力之机会。故诸同仁应认清本厂确为有希望、有作为之职业,此刻应知职业之宝贵,敬业乐群,不可因区区之生活问题,而见异思迁。况诸同仁之生活问题,总公司及厂方均甚关怀,时时在谋解决之道,虽不能与物价平衡,但总可达到维持生活之目的,且依余个人之看法,在战时能维持目前之生活已大可满足,倘人人均欲使生活费与物价平衡上涨,则迥非战时可以做到者。

在此生活艰苦时期,意志薄弱者最易发生两种不良倾向:其一,即对职业易发生动摇,譬如在政界及教育界者,时思改入实业界;在实业界者,又欲改入税务机关。吾人姑置未来事业及前途不论,仅就目前之收入言之,此种举动,亦非得计。兹以税务机关为例,税务机关之职员收入,或较实业界为多,但其收入殊无保障。

第一,收入多系非法,一旦败露,生命且不可保,生活更不待言。第二,税务机关人事之更迭极繁,即使能稍有积蓄,一旦离职,又须向他处奔波,以目前物价之昂贵,恐数年积蓄之所得,犹不敷数月奔波之用,其结果仍与吾辈循规蹈矩赖薪水以维持生活者相同。其二,意志薄弱者在此时最易受外界之不良引诱,因而从中舞弊,如购料而有回扣即是一例,此种事在初时或系偶一为之,但事实终须暴露,即使事实暴露较迟,在个人良心上,亦必感觉不安,与其未满足个人享受而使良心终日不安,何如安分守己,随心之所安乎。

下午八时散会。

(件存陕西省档案馆民国档案 82 －1 －627 －1 卷)

蔡家坡纺织厂第十二次厂务研究会议记录

(1941 年 11 月 10 日)

时间　三十年十一月十日下午四时半

地点　本厂办公厅

出席人　刘持钧　张仲实　蔡柱澜　卢达轩　邹赓华　许天民(赵一同代)　马醒尘(任哲生代)　傅安华

主席　刘持钧

记录　傅安华

决议事项

傅安华提议:

本厂地处僻乡,同仁在公余之暇,深感精神无所寄托。拟请由本厂设备俱乐部及运动场各一处,以为同仁公余消遣之所并藉以提倡正当娱乐,裨益身心发展,是否可行,请研究案。

决议:

照原案通过。俱乐部暂用职员饭厅东侧空房三间,购备有益身心之娱乐品数种,如乒乓球、围棋、象棋、乐器之类,并将收音机移入。每日午饭后至晚上上班前,及晚饭后至下午九时前开放(星期日全日)。其详细章程及应购办各物,均由文书课负责筹备。运动场暂设篮球场两处,其余容陆续举办。

下午六时散会。

(件存陕西省档案馆民国档案 82 －12 －1 卷)

蔡纺厂扩充三万锭纱机座谈会谈话记录

（1947 年 11 月 7 日）

时间　三十六年十一月七日

地点　本公司招待所

出席　张仲实　吕凤章　张秉刚　李培元　戴仲宪　王德荣　罗冠英

洽谈事项

一、重庆合川运输事宜，请总公司派纺织研究室李技师云、宝处王继志会同即日前往办理。至其运输先后次序拟定如下：(1)原动机件；(2)梳棉机；(3)纺织机；(4)物料。

二、兰州及四川运宝机件，由宝处负责，运蔡后由纺织研究室先行验收保管。至原动笨重机件，由该室在蔡车站验收后直接拨交蔡纺，所有由蔡站至厂之搬运事宜请蔡三厂协助之。

三、纺织研究室收管机件、物料统存蔡机厂内，由蔡机负责搭盖临时库房（席棚）数个，所占面积约需 400 方尺，所需材料由各厂尽先借用，不足之数由蔡机补充。

四、所有纱机经纺织研究室检查后，如有缺件或废件，即交蔡机设法修配，然后再由该室整部拨交蔡纺。至原动机则由张工程师秉刚检查，径交蔡纺原动部领装。

五、双石铺所存新丰纱机之一部分零件，由宝处直接派车提运至蔡，又存重庆之洋灰 240 箱已电渝运宝，到宝后由宝处原车运蔡。

六、所有新丰纱机及料品，以供给蔡纺完成三万锭计划为主，下余机料须经总公司核准再行分配。

七、应由蔡机制造之全程纱机一万锭（包括于三万锭之内）之办法，由机、纺两厂于最近期内自行拟定，报总公司备核。至于交货期限，希望尽量提前。

八、针布、马达、筒子车等重要机料，应请总公司促速设法购置运到，俾得如期开工。

九、原动机到蔡后，张工程师秉刚应即开始负责检查，如无重大问题，第一部 200K. V. A 电机须于三个月内装毕试车。

十、原动之安装由张秉刚主持，并由赵一同、徐德浦、刘存章协助，必要时得请各厂有关同仁协助之。

十一、除蔡纺已安装 2000 锭外，最近之 4000 锭如新丰纱机未能运到，为配合既定计划,蔡机提前先交(1)细纱机10部;(2)粗纱2部;(3)并条4节(蔡纺原余存3部可以配合使用);(4)钢丝4部(蔡纺由渝运来1680锭中原存7部,惟所缺盖板,可由兰州运来之5部、重庆运来之2部移用)。至针布与马达请总公司届期运到,以便配合装用。

十二、所有关于新丰纱机原动机之运输、保管、整理等费用,请总公司专户记载,所有各处垫付上述机器各项费用,统划总公司账。

十三、关于完成此项三万锭之联系事宜,总公司方面由尹仁甫、罗冠英负责。

十四、第一步完成六千锭,连原有一万四千锭共开足二万锭,估计尚需现款数目:

1. 运费

甲、肃州到兰州171吨需六亿元(已付清)。

乙、兰州到宝鸡400吨约需二十亿元(已付三亿)。

丙、四川到宝鸡180吨约需十五亿元。

丁、宝鸡到蔡家坡580吨约需一亿五千万元。

戊、运杂费约需二亿五千万元。

共四十五亿,已付九亿,尚约需三十六亿元。

2. 原动用款

甲、水池需十七亿元(已付三亿)。

乙、安装及修配约需一十亿元。

丙、电路、物料约需三亿元。

共三十亿,已付三亿,尚需二十七亿元。

3. 添接厂房及安装纱机

甲、添接工料费约需十亿元(已付九亿元)。

乙、安装费约需三亿元。

共十三亿,已付九亿,尚需四亿元。

4. 针布、马达及机料等

甲、针布20套已交订款,仅余尾款及运费约尚需六亿元。

乙、马达约需十五亿元。

丙、其他机料约需十亿(已付六亿)。

共三十一亿,已付六亿,尚需二十五亿元。

以上各费总计约需款一百一十九亿元,除已付二十七亿外,尚约需九十二亿元。

（件存陕西省档案馆民国档案82－1－317－3卷）

4. 工潮问题

张仲实为报告工潮经过请示解决办法致沈次量、杨朗川函※

（1946年2月12日）

次、朗公协理钧鉴：

敬陈者：近来各地罢工风潮相继发生，本厂工友于九日晚秘密集议，有响应之势。当晚即由各部主管分头向工友说明本厂即派员调查各厂待遇，参照办理，各工友不可轻举妄动等语，以期消弭祸患于无形。不意十日上午七时许，职员换班进早膳之际，有二三工人将各组马达关闭，另有工友复将马达开出继续工作，该二三工人二次将马达关闭，以木棍喝令工人出厂后，拥至运动场，将管理警士职员梅浴波君头部以木棍击破，另一警士头部亦被击破。

本厂派员与工友讲话，工友始提出要求：（一）下工后自由出厂；（二）改善伙食；（三）胜利奖金；（四）增加工资；（五）增加年终奖金；（六）奖励布改发色布；（七）出布告发表后即上工；（八）人事课每月与机工例会，工友参加；（九）每周洗澡一次；（十）会客准在宿舍。以上各条除（三）（四）（五）须待调查后发表外，余均小节，且有正在计划施行者，当劝工友先行复工，然后派员向各厂调查。而工友则坚持先调查而后复工，僵持颇久，未能解决。工人代表扬言如今日不获圆满答复，今夜即捣毁机器。至下午四时许，宝鸡警备司令部稽查处周处长万孚，闻讯率士兵一连赶至厂中，本厂请士兵不必进厂，以免工友误会，唯请周处长以和平方式解决。职陪同周处长向工友几番讲话，工友仍坚持须先调查而后复工，周处长亦无如之何，只好多停一日，迅即派人调查申新纱厂解决办法，以作参考，周处长当晚率士兵返宝。十一日晨，本厂过主任翔千前往申新调查，工友方面，亦推出三人前往。当日下午四时后回厂，调查结果该厂并无胜利奖金，工资拟召开同业公会共同商订，至于年终奖金，该厂机工每人六万元至十万元以上，普通工三万元上下，本厂机工年终奖金三万元至五万元以上，普通工一万五千元至二万三四千元。本厂答复工友亦照申新数目加发，工友于当日下午八时开会认为满意，至九时宣告散会。不意此时忽发生暴动，各工友手持木棍及铁棍、铁锨等，砸毁职员宿舍、职员饭厅、中山室、接待室、职员厨房等处门窗，并群拥向纱间及原动房，意图捣毁机器，喊出口号，分二十人一组夺取警士枪枝。警士遂向空中鸣枪阻止，附近驻军亦鸣枪响应。事后，查明击毙暴徒李全明一人，击伤郭廷义一人，余均无恙。经此镇压，群众始回工房。为安全计，当时特请附近驻军(三十三集团军留守处辎重连)前来弹压，以免再生暴动。今晨并分别报请岐山县政府、宝鸡警备司令部、警察局等来厂处理，结果如何？当再续陈，谨先驰报，尚祈指示机宜为祷。祗颂
钧安

张仲实　谨启

三十五年二月十二日

(件存陕西省档案馆民国档案82－1－69－1卷)

吕凤章为报告工潮情形并请示处置办法致沈次量、杨朗川函※

(1946年2月12日)

次、朗公协理大鉴：

关于蔡纺厂罢工，本月十一日以前之起因及经过情形，已请罗专员代为面陈。至十一日，职、工两方代表自宝鸡申新纱厂调查工人待遇返厂后，当决定工人所要求之条件均予照办，工人代表等亦认为满意。是晚八时，工人代表即召集全厂工人宣布与厂方交涉经过，报告完毕，决定次日复工，即行散队。是时忽有其他有计划之行动，分三组动作：一组奔原动房，一组奔机器间，另一组奔职眷宿舍。当时原动房及机器间之守卫警士以工人来势汹涌，曾向天空鸣枪，希图制止，该工人等即行返转涌进职员住宅区，将饭厅、接待室、中山室及职员宿舍门窗尽行砸毁，并有焚烧被物情事，所幸职眷于仓促中皆已离厂躲避，尚未发生意外。同时该工人等声言以二十人一队，誓夺警士枪械。守卫警士见形势不善，即行退避，该工人等手持铁锹、铁棍仍追赶前来，迫至该厂北门，守卫警士以非退避所可了事，当于纷乱中开枪自卫，致追赶之工人一死一伤。嗣该厂以事态严重，乃邀请当地军警到场弹压，至十一时工人返归宿舍，遂暂将工人宿舍包围，以免再事扩大，本日已由宝鸡警备司令部派来武装士兵八十名，驻厂严加戒备。此乃蔡纺厂罢工后，于本月十一日新发生事故之经过情形也。

该厂自罢工以来，业经数日，远近传闻，谅为人所共知。惟省方军政当局以距离较远，容或不明真相，似应派人据实报告以邀了解。至报章方面，该厂罢工情形尚未刊载，亦应先声夺人，请总公司设法投稿，以期翔实，藉博社会同情。职以为

此种稿件,请尹专员仁甫撰述投递,最为适宜。以上两点倘能办理妥当,将来对此次工潮之处置,定有莫大裨补。

机、酒两厂工人以受纺厂罢工及死伤工人之影响,人心浮动颇现不安。内中尤以酒厂为甚,虽经各该厂设法预事阻止,但恐纺厂罢工问题解决迟缓,亦难避免同样罢工情事之发生。关于预先阻止之法及万一生事故后之处理,拟请俯赐指示,俾资遵循。至纺厂方面工人有所死伤,事态恐将扩大,亦请迅为指示,藉可早告平息。不胜盼切之至,耑此,祇颂公绥。

职:吕凤章　拜启

二月十二日

(件存陕西省点档案局民国档案 82－1－169－1 卷)

贺书绅为解决工潮问题致沈次量、杨朗川函※

(1946 年 2 月 13 日)

次、朗二公钧鉴:

今晨赴专署与孙专员宗复商谈蔡纺工潮解决办法,承告已派该署洪科长偕同警备司令部周处长及警察局王局长等,今晨搭车赴蔡负责调处,行前并提示各该员处理原则两项:(一)工人方面,如举出代表据理谈判,即由洪科长等负责合法调解;(二)工人如发生暴动,即以武力制止,倘因此发生事端,由彼负责等语。又孙专员并已允绅之请,如周处长等到蔡后,工潮仍难顺利解决,渠可随时亲赴蔡家坡处理。专肃奉闻,祇叩公绥。

贺书绅　谨上

二月十三日

张仲实为报告工潮解决经过致沈次量、杨朗川函※

(1946 年 2 月 14 日)

次、朗公协理钧鉴:

敬陈者:本厂发生工潮前已函报,谅蒙鉴及,兹将解决经过续陈如左:

二月十二日午后四时,宝鸡警备司令部派王营长、曲连长率士兵一连由虢镇徒步来厂,将昨日临时请来弹压之三十三集团军辎重连士兵接替撤回。王营长将工友代表及暴动分子二十余人逐一审讯,至十三日晨始讯毕。此时。宝鸡警备司令部周处长、第九区专员公署洪科长、警察局王局长由宝鸡乘小快车赶到,同时岐山县政府李县长亦赶来共商解决办法。至晚十时商得结果:将为首暴动者三人由宝鸡警备司令部带往惩办,其余附从者加以劝导,仍令在厂工作,一律具结遵守厂规,如若再犯,愿受极刑处之,前已应允之条件公布实行。中流弹身亡之工友,给予抚恤金国币一百万元及五年工资六十万元,合计一百六十万元,一次付清,衣衾、棺殓等费由厂中负担,死者父母愿照上项办法具结了事。受伤工友送宝鸡工合医院治疗,医药费由厂负担,工资照给。一切手续办妥后,原动部即开始生火,至夜三时电灯已放光明。十四日晨,由职及周处长、李县长分别向全体工友讲话,八时全部复工。谨将以上情形续为陈报,敬祈察核为祷。祇颂
钧安

张仲实　谨启

三十五年二月十四日

张仲实为报告工潮经过及解决办法致束云章函※

(1946年2月15日)

总经理钧鉴:

敬陈者:谨将本厂此次发生工潮经过及解决办法,奉陈于后。

二月九日晚,工友秘密集议,有响应罢工之势。当晚职即召集各部主管分头向各部工友说明本厂已定于明日派员前往申新纱厂调查该厂待遇,本厂比照增加,望各工友稍安勿躁,听候发表等语,以期消患于无形。

至十日上午七时许,有两三学徒将各组马达关闭,工友复将马达开出继续工作,该学徒二次将马达关闭,以木棍喝令工友出厂,拥至运动场,将管理警士之职员梅浴波君头部击破出血,另一警士额部击破出血。本厂派员与工友讲话,工友始提出要求:(一)下工后自由出厂;(二)改善伙食;(三)胜利奖金;(四)增加工资;(五)增加年终奖金;(六)奖励布改发色布;(七)出布告发表后即上工;(八)人事课每月召开之机工例会,工友参加;(九)每周洗澡一次;(十)会客准在宿舍。本厂答复以上各条完全同意,唯(三)(四)(五)三项须待调查申新纱厂如何办法,本厂照办,当劝工友迅即复工,工友坚持先行调查,俟圆满答复后始能复工。本厂再三劝告停工调查乃国家之损失,工友坚持不肯,而调查又需一二日工夫,遂成僵局。工人代表扬言如今日不获圆满答复,今夜即行捣毁机器。至下午四时半,宝鸡警备司令部稽查处周处长万孚闻讯率士兵一连赶至厂中,本厂请士兵不必进

厂,以免工友误会,唯请周处长以和平方式解决。职陪同周处长向工友几番讲话,工友仍坚持须先调查而后复工,周处长亦无如之何,只好多停一日,迅即派员调查申新解决办法,周处长当晚率士兵返宝。

十一日晨,本厂派过主任翔千前往申新调查,工友方面亦推出代表三人同往,当日下午四时返厂。调查结果该厂并无胜利奖金,工资拟召开同业公会共同商订。至于年终奖金,该厂机工每人六万元至十万元以上,普通工友三万元以上,本厂年终奖金机工三万元至五万元以上,普通工友一万五千元至二万三四千元,本厂答复工友照申新数目加发,工友于当日下午八时开会认为满意,明日复工,至九时许宣告散会。忽于此时发生暴动,各工友手持木棍及铁棍、铁锹等砸毁职员宿舍、职员饭厅、中山室、接待室等处门窗,并拥向纱间及原动房,意图捣毁机器,喊出口号,二十人为一组,夺取警士枪枝。警士向空中鸣枪阻止,附近驻军亦鸣枪响应。事后,查明击毙学徒李全明一人,击伤学徒郭廷义一人,余均无恙。经此镇压,群众始回工房。为安全计,当时特请附近驻军(三十三集团军留守处辎重连)一排前来弹压,以免再生暴动。

十二日下午四时,宝鸡警备司令部派王营长、曲连长率士兵一连由虢镇徒步来厂,昨日请来临时弹压之驻军撤回。王营长将工友代表及暴动分子逐一审讯,有二十余人另行拘留。

十三日上午十时,宝鸡警备司令部周处长、第九区专员公署洪科长、警察局王局长由宝鸡来厂,岐山县政府李县长亦同时赶到,共同商解决办法。至晚十时,始商得结果:(一)将此次暴动为首者三人由警备司令部全部带往宝鸡讯办,其余附从者开释,加以劝导,仍令在厂工作,一律具结遵守厂规,如若再犯,愿受极刑之处分;(二)厂方前已应允工友要求各条,由厂中布告实行;(三)中流弹身亡之工友李全明,由厂方给予抚恤金国币一百万元及五年工资六十万元,合计一百六十万元,一次付清,衣衾、棺殓等费由厂方负担,死者父母具结了事;(四)受伤工友郭廷义送宝鸡工合医院治疗,医药费由厂方负担,工资照给。一切手续办妥后,原动部开始生火,夜三时电灯已放光明。

十四日晨八时全部复工,所有机器毫无损伤。

谨将以上经过情形据实陈报,敬祈鉴核为祷。敬颂

钧安

职:张仲实　谨启

三十五年二月十五日

(三)西北机器厂

1.企业章则

雍兴公司西北机器厂组织大纲草案

(1943 年 1 月)

第一章　总　则

第一条　本厂根据总公司之规定组织之。

第二条　本厂以机器制造为专营业务。

第三条　本厂组织系统如下图。

西北机器厂组织系统表

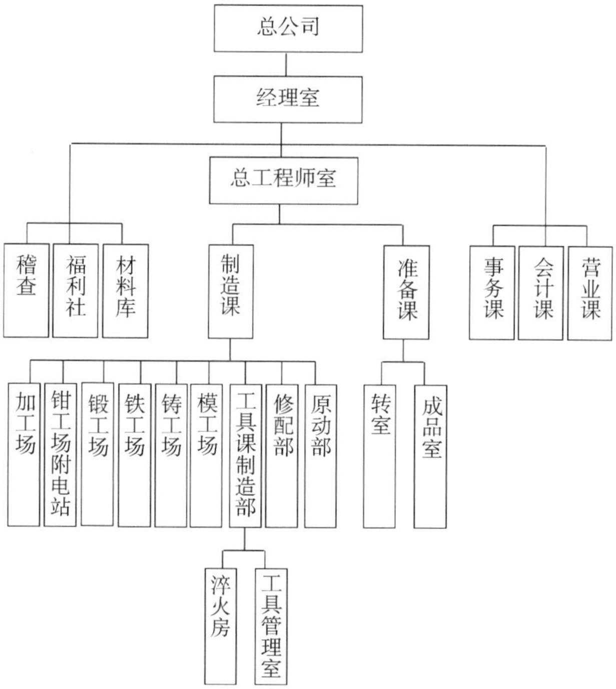

第四条　经理一人,综理一切厂务。

第五条　副经理一人,协助经理处理一切厂务。

第六条　厂长一人,必要时得增设总工程师一人,主持工务制造一切事宜。

第七条　营业、会计、准备、制造、事务五课各设课长一人,准备课并设副课长一人,福利社、材料库各设主任一人,承副经理之命处理各该部分一切事宜。

第八条　准备、制造两课受厂长之直接指挥。

第九条　本厂得视需要聘用各种工程师，制造、准备两课并得酌量聘用副工程师、技师、技士、工务员、绘图员各若干人，其职责由各该课长商同厂长及总工程师指定之。

第十条　本厂得因事实需要征用课员、办事员、助员、练习生及临时雇员各若干人，分隶各课社库受各主管人员之指示，承办各项事务、福利社并得征聘医师主持医疗事宜。

第二章　营业课

第十一条　营业课办理事项如左：

一、推销本厂出品及副产品；

二、采购本厂需要之各种材料、物料、燃料；

三、办理定货之委托手续并商拟有关营业及采买方面之合同；

四、通知定货之估价、估期及机件之起运；

五、成品之出库及货品之交送；

六、收受定金及货款；

七、核算成品计价；

八、待购物品之调查、鉴别、询价及运输；

九、登记营业采买项账；

十、本课各项表册及各种条据报告统计。

第三章　会计课

第十二条　会计课办理事项如左：

一、出品之成本计算及簿记；

二、直接、间接财务各费开支之建议审核与记账；

三、检查盘点原料及成品之库存；

四、签署银行往来支付款项之支票及对内对外一切单据之审查保管；

五、现金之收支及保管；

六、本课各项表报之填制及发送；

七、指导工务、营业、庶务各项账簿之记账人员及有关事项；

八、其他一切有关会计之事项。

第四章　准备课

第十三条　准备课受厂长之直接指导，办理左列事项：

一、研究、试验、指导新工作；

二、调查供给一切有关技术改进之情形；

三、规定出品材料设备之标准；

四、设计、绘印、保管、收发所有一切图样；

五、估计工料规定期限；

六、材料之试验检定；

七、成品之检验入库；

八、准备工具材料；

九、土木之设计监造核价；

十、规定工作程序、方法与时间；

十一、保管工作记录；

十二、计划出品种类及数量。

第五章　制造课

第十四条　制造课设模、铸、锻、铆、钳、机等场，受厂长之直接指导办理左列事项：

一、制修品之工作实施；

二、原动机、工作机、工具及厂内外电力、电信配备、检查、保管及修缮；

三、制修品之按期完成缴验；

四、技术员工之注册、训练、督导、奖惩及管理；

五、技术人工之征用、调遣及分配；

六、填制制造记录及其他一切有关表报；

七、模型零件之保管；

八、其他一切有关制造事宜。

第六章　事务课

第十五条　事务课办理事项如左：

一、典守印信及对内对外一切文件之撰拟、收发、保管；

二、人事登记及统计报告；

三、会议招(召)集及记录；

四、产业及生财器具之添置、修缮、分配及保管；

五、办公用品、食品之采购、保管、收发及检定；

六、职员膳食之管理及工役之指挥管理；

七、木工、泥瓦工、小工、运输夫之管理支配；

八、防空防灾，清洁整理；

九、对外之交际招待；

十、其他一切不属于其他各课事宜。

第七章　福利社

第十六条　福利社办理事项如左：

一、职工补习教育、艺徒训练；

二、书报阅览及壁报宣传；

三、员工运动、娱乐游艺；

四、工人膳食管理；

五、工人宿舍管理；

六、日用物品供应；

七、医药治疗；

八、园艺栽植；

九、成衣、洗衣、理发、沐浴之经营管理；

十、卫生设施；

十一、其他一切有关员工福利事项。

第八章　材料库

第十七条　材料库办理事项如左：

一、材料、物料、燃料之收发储蓄保管；

二、用料之稽核之与统制；

三、库存之盘点核验；

四、统计表报之编制。

第九章　稽　查

第十八条　本厂设稽查一人，直接受经副理指导办理训练厂警、防护全厂治安、指挥检查维持厂纪。

第十章　附　则

第十九条　本大纲自呈总公司核准之日施行，修正时同。

（件存陕西省档案馆民国档案 82－1－169－1 卷）

雍兴公司西北机器厂经理室办事细则

(1941 年 7 月)

甲、总管事项

(一)关于厂务之发达、推进以及各种方针、计划之运筹擘划事项。

(二)关于所属员司之督饬指导、进退赏罚事项。

(三)关于所属员司勤惰之考查以暨成绩之考核事项。

(四)关于厂务会议之召集事项。

乙、批答签盖事项

(五)关于来往公文之批办事项。

(六)关于合同契约之签订事项。

(七)关于单据、表册以暨支票等之审核签盖事项。

(八)关于厂务之告诫谕命事项。

(九)关于厂内之一切其他事项。

(件存陕西省档案馆民国档案 82－1－14－2 卷)

雍兴公司西北机器厂办事细则草案

本厂依据《组织法》之规定,分营业、工务、会计三课,及营业课所属之材料、制造,会计课所属之司账、出纳,以及文书、庶务等八股。兹将各该课股之办事细则按照体系分列于左:

一、营业课办事细则

甲、营业课总管事项

(一)关于所属员生之督饬及请调事项。

(二)关于考核所属员生之勤惰事项。

(三)关于营业上之规划事项。

(四)关于材料购买之鉴别及选择事项。

(五)关于稽核表报及单据事项。

(六)关于本课各种文件之撰拟、合同之订定及表报单据之保存事项。

(七)关于本课与其他各课股之联系事项。

（八）关于本课内其他应办一切事项。

乙、营业课所属各股掌管事项

A. 营业股

（九）关于本股人员之督饬事项。

（十）关于成品及副产品之推销事项。

（十一）关于本股应用各项表册之拟定、填缮事项。

（十二）关于订购物品之程序办理事项。

（十三）关于营业上各种单据之经手事项。

（十四）关于订购品及出售品之点交事项。

（十五）关于本股内对外之一切事项。

B. 购买股

（十六）关于本股人员之督饬事项。

（十七）关于待购物品之调查及接洽事项。

（十八）关于待购物品之询价及接洽事项。

（十九）关于本股各项表册之拟制、填缮事项。

（二〇）关于购买上之各种单据、表报经手事项。

（二一）关于购料申请书之事项。

（二二）关于购入品之验收事项。

（二三）关于外埠物品之派人收购事项。

（二四）关于本股内外之一切事项

二、工务课办事细则

甲、工务课总管事项

（一）关于所属职工之督饬及请调事项。

（二）关于考核所属职工之勤惰事项。

（三）关于工人之进退赏罚及联保注册事项。

（四）关于登记工人名籍及计核工资事项。

（五）关于技工训练、职工储蓄及工人食宿卫生事项。

（六）关于颁布本课命令及编制工人表册事项。

（七）关于制品成本计核事项。

（八）关于估计制修品成本价格事项。

（九）关于本课预算、决算之编制及文稿之撰拟事项。

(一〇)关于稽核工人工作日报事项。

(一一)关于收发制修品及交库事项。

(一二)关于本课与其他课股之联系事项。

(一三)关于工务图书参考品之收集及保存事项。

(一四)关于本课一切图册保存事项。

(一五)关于本课内其他应办一切事项。

乙、工务课所属各股掌管事项

A. 制造股该股计分原动、铁工、机钳、铸工四组分列如左:

制造股总管事项

(一六)关于计划制修品方法事项。

(一七)关于详绘制修品蓝图事项。

(一八)关于保存及编制蓝图事项。

(一九)关于工事估价事项。

(二〇)关于工事材料估计事项。

(二一)关于工事需要人工之估计事项。

(二二)关于制修品审查及材料试验与改进事项。

(二三)关于监督及指导本股工人工作事项。

(二四)关于指导本股工人技术事项。

(二五)关于会同营业、工务两课计核制修品价格事项。

(二六)关于制品之设计及其他能率之研究事项。

1. 原动组掌管事项:

(二七)关于监督该组工人之勤惰纪律以及赏罚进退事项。

(二八)关于该组机器修缮与保管事项。

(二九)关于动力一般设计制图事项。

(三〇)关于动力一般安装及修缮事项。

(三一)关于厂内外电力电信设计制图事项。

(三二)关于厂内外电力电信建设及修缮事项。

(三三)关于本股材料、器具、机件之请求及管理事项。

(三四)关于每日工作日报及原动消耗事项。

(三五)关于该组应用材料之预算事项。

2. 铁工、机钳、铸工三组掌管事项

(三六)关于监督各该组工人勤惰纪律以及进退奖罚事项。

(三七)关于各该组支用物料、机器之请求及保管事项。

(三八)关于每日工作日报填报事项。

(三九)关于工人技术之指导及检查事项。

(四〇)关于协助制造股计核制修品价格事项。

(四一)铁工组分铆工、铁工、铜工三项,【凡】关于三项工作事宜由该组分别管理支配之。

(四二)机钳组分镟工、铣工、刨工、钳工四项,凡关于该四项工作事宜由该组分别管理支配之。

(四三)铸工组分翻沙、模型两项,凡关于该两项工作事宜统由该组分别管理支配之。

B. 材料股掌管事项

(四四)关于原料成品及废料之验收、保管及检发事项。

(四五)关于计核库存材料数量及保存单据事项。

(四六)关于工厂需要原料请购事项。

(四七)关于材料统计查存及报告编制事项。

(四八)关于工具、材料注册保管事项。

(四九)关于造报旬报、月报及发存材料之报告书事项。

(五〇)关于材料股其他一切事项。

C. 工务课附设检查室

(五一)关于检查工人上下班投递工折及考查出勤事项。

(五二)关于工人上下班出入厂门之搜查偷携公物事项。

(五三)关于整理工折及填送出勤日报表事项。

(五四)关于运送物料出入厂门门禁事项。

三、会计课办事细则

甲、会计课总管事项

(一)关于本厂直接、间接一切开支之审核及建议事项。

(二)关于本厂工务、业务、庶务各项账簿之指导及审查建议事项。

(三)关于本课所属员生之督饬、训练、请调以及勤惰之考查事项。

(四)关于本厂营业流动资本之运转,及制品直接、间接开支情形随时表报,以供经理之参考事项。

(五)关于本厂原料、物料以及制成品之库存检查事项。

(六)关于本厂工务、业务之应兴革月终陈报中国银行事项。

(七)关于银行往来支取款项之支票及对内对外有关之单据加盖戳记。

(八)关于本厂会计传票、账簿、表报等之保管事项。

(九)关于本课公文之撰拟及印章保管事项。

(一〇)关于本课内其他一切应办事项。

乙、会计课所属各股掌管事项

A. 司账股

(一一)每日交易应随时填制传票,应记之账应当日记完,不得延至次日。

(一二)传票、账簿、表报除本厂经理及本课课长得随时查阅外,经管人不得擅自示人。

(一三)日常所用传票、账簿、表单、折据,每日用毕后均须装入铁柜内保存,不得随意放置或携回私寓。如有特殊情形,不在此限。

(一四)传票为一切账目贴上之凭证,记载完毕应即装订,并须由本厂经理及本课课长于封志之处盖章。

(一五)账簿内记载之科目及一切事实应与传票中所载相符。

(一六)账簿、表报内之字体须缮写清楚,其地位以占账格三分之二为标准并不得草率。

(一七)账簿、表报内之数目字如缮写错误,应将误写部分全数划红线两道注销更正,不得涂擦,并于划线处由记账人盖章证明。

(一八)账簿每页记满应将借贷数目结总,连同结余过入次页。

(一九)账簿、表报凡总结数字之处,上端应用红笔划单线,下端划双线,凡结转次页总结数字之处,上端应用红笔划单线。

(二〇)各种账表填记完毕,须由本课课长或其指定之人员盖章。

(二一)各项账簿应由本厂经理、本课课长及关系记账人员盖章。

(二二)每一传票之关系单据应附订于该页传票之后,并于传票上注明附件张数。又前项附件应于将账转讫后,在该单据上加盖转讫年月日戳记。

(二三)期货交易应于订约时填制传票记账,不得延至交货时始行记收。

(二四)暂存暂欠、应收应付及成本损益科目类之账目,应于每月底详细整理一次,能转账者尽月底以前转出。

(二五)购进原料、物料应将该项料品本身运输上一切费用及消耗,分摊于该项料品价值之内。

(二六)日记账及总账均活页式,日记账应每月装订一次,总账应每半年装订一次。

(二七)科目账及其他补助账活页者,应每年度装订一次,成册者应每一年度换新账一次。

(二八)已用过归档保存之传票、账簿、表单,均应分别各类装订成册,并编列号码、填制目录登记保管,不得任其散乱。

(二九)凡与总公司往来账目应不时抄列账单查对。

B. 出纳股

(三〇)每日现金账必须于当日记载完毕并制成库存表,由经理及本课课长盖章后分寄总公司及本公司驻秦办事处。

(三一)每日库存现金至多不得超过二千元。惟在蔡家坡尚未设立中国银行办事处期间,不在此限。

(三二)凡收现金须根据各部分送来之表报或单据,先由司账股填制传票,送经本课课长盖章后,方能点收。

(三三)凡付出现金除照上条办理外,并须送经经理盖章后方能照付。

(三四)员生津贴应于每月五日发出,薪俸膳费应于每月十五日发出。

(三五)警役工资、津贴、膳费应于月底由庶务股造册送往会计课课长核阅盖章后分发之。

(三六)工人工资应于月底由工务课造具工人工作表,送经会计课课长盖章后,于下月五日发放之。

(三七)设立保管簿,将所收或付出之保管品(如重要合同、契约、单据及有价证券等)随时登记,并须随时点查该项保管品有无遗失。

四、文书股办事细则

(一)本股承奉本厂经理之督饬指导办理文书内之一切事宜。

(二)关于厂章、钤记之保管及签章事项。

(三)关于撰拟文稿、汇拟章则及其陈报事项。

(四)关于文稿、表册之抄存、填缮事项。

(五)关于厂务会议之记录事项。

(六)关于宣布厂命及公告事项。

(七)关于文件之收发事项。

(八)关于文【件】之整理归档及保管事项。

(九)关于职员请假之登记事项。

(十)关于职员证章之保管、分发、登记事项。

(十一)关于文件命令之通传事项。

(十二)关于各课股文件、表报之汇存、表报事项。

(十三)关于职员迁调、进退之表报事项。

(十四)关于职员资历之调查、造报事项。

(十五)关于职员保证书之索取、订对及存查事项。

(十六)关于文书应办之其他一切事项。

五、庶务股办事细则

(一)本股承奉本厂经理之督饬指导办理庶务内之一切事宜。

(二)关于夫杂役之取兑保条暨进退赏罚、规律风纪事项。

(三)关于生财器具与办公服务器之购置、保管暨分配事项。

(四)关于厂内卫生、警备、消防暨门禁事项。

(五)关于整洁厂之内外观瞻事项。

(六)关于传达命令暨通知所属事项。

(七)关于员工舍宿暨来宾招待事项。

(八)关于器物之损耗声请、注销事项。

(九)关于本股应编制之表册事项。

(十)关于本厂一切无所统属事项。

六、附则

(一)本细则如有未尽或不当之处,得陈奉本厂经理转陈总公司随时修订之。

(二)本细则自陈奉核准之日施行。

(件存陕西省档案馆民国档案 82－1－14－2 卷)

雍兴公司西北机器厂组织章程

第一条　本厂根据总公司之规定组织之。

第二条　本厂以纺织机器制造为主营业务。

第三条　本厂设经理一人,秉承总公司【之命】综理一切厂务,副经理一人,协助经理处理一切厂务。

第四条　本厂设厂长一人，秉承经副理【之命】主持工务、管理、设计、制造、督导及工作准备一切事宜。必要时得增设总工程师一人，协助厂长处理设计制造技术上一切事宜。

第五条　本厂设工程师室、总务课、会计课、材料库、机工场（附钳工装配部）、铸工场（附模工部）、铁工场（附铆工部）、修理场（附铜铁热处理室）、动力场、工具样板场（附工具室）、检验室（附半成品库及成品库）等部分，各课各设课长一人，各室库场各设主任一人，必要时得增设副主任一人，秉承经副理【之命】处理各该部分一切事宜。工程师室、机工场、铁工场、铸工场、修理场、动力场、工具样板场及检验室之一切工作，受厂长之直接指挥监督其他课室库有关工务事宜，并须由厂长核转。

前项各课室长、库场主任副主任得由工程师技师或副技师兼任之。

第六条　本厂得视需要聘用或征用工程师、技师、副技师、工务员、课员、办事员、助员及医师等若干人，分派各部分秉承各该主管办理各项事宜。

第七条　本厂依厂长职权得设厂长办公室，办理左列事项：

（甲）工务管理

一、关于全厂直接工之招雇、考试、训练及其登记、统计事项。

二、关于全厂直接工考勤、考绩、奖惩及一切有关考工、核定及统计事项。

三、关于全厂机器设备之登记、管理及其统计、填造事项。

四、关于全厂工作日报、工务日报之统计、填造事项。

五、关于全厂直接工工资之核计事项。

六、其他一切有关工务管理事项。

（乙）制造督导

七、关于各场工作之指挥监督及联系事项。

八、关于各项制修品之督工事项。

九、关于各场估工之核定事项。

十、关于各场工作翻工、报废之考查事项。

十一、关于各场领用料品之核发核转事项。

十二、关于各场制造之整理统计及保管事项。

十三、关于各场制造技术之研究指导事项。

十四、其他一切有关制造督导事项。

(丙)工作准备

十五、关于制造通知之签发事项。

十六、关于全厂工作料品之统筹准备核购及督验事项。

十七、关于制造图样之分发及收回事项。

十八、关于刀具夹头样板之准备事项。

十九、关于各项制修成品之督验及督同装箱事项。

二十、关于半成品、成品之督验及核发并出库事项。

二十一、关于库存材料及成品、半成品之抽查盘点事项。

二十二、关于各种工作程序之规定事项。

二十三、关于机器动力之统筹分配事项。

二十四、关于制修品工料估计及完工期限之规定事项。

二十五、其他一切有关制造工作准备事项。

第八条　工程师室办理左列事项:

一、关于出品及一切制修品暨有关技术设备工程之设计制图事项。

二、关于图样之保管及收发事项。

三、关于出品计划之研究拟订事项。

四、关于参考图书之保管事项。

五、关于厂长室特别交验之成品及特别指定之制造工作之督导事项。

六、其他一切有关技术改进之研究实验及建议事项。

第九条　总务课办理左列事项:

一、关于文书之收发、撰拟、缮校及图记、印章之典守事项。

二、关于会议记录及档案之保管事项。

三、关于全厂员工进退、调迁及一切人事管事事项。

四、关于全厂房地及家具之添置、修缮、分配及保管事项。

五、关于一切建筑修缮监理事项。

六、关于庶务用品等之购置事项。

七、关于员工食宿之管理及工役之指挥、训练事项。

八、关于训练厂警、防护全厂治安及维持厂纪事项。

九、关于全厂员工之一切福利事项。

十、关于对外交际及一切执行事项。

十一、关于业务处理一切事项。

十二、关于全厂清洁及不属于各部分之一切事项。

第十条　会计课办理左列事项：

一、关于本厂出品成本计算事项。

二、关于直接间接各项费用开支之记账事项。

三、关于银行往来之付款项支票之签署及对内对外一切单据之核对保管事项。

四、关于现金出纳及保管事项。

五、关于员工薪资核计发放事项。

六、关于各项会计表报之填制、发送事项。

七、关于各部分记账人员之指导监督及其有关联系事项。

八、关于全厂各项契约、合同之登记及保管事项。

九、其他一切有关会计事项。

第十一条　材料库办理左列事项：

一、关于原物、燃料及一切庶务用品及食粮等之收发、储备及保管事项。

二、关于库存各项材料之登记、盘点、查验事项。

三、关于全厂逐年需用材料数量之预算及有关统计表报之编制事项。

四、其他一切有关材料收发储备及保管事项。

第十二条　机工场(附钳工装配部)办理左列事项：

一、关于机钳装配工作之实施事项。

二、关于本场机器设备及配备之检查及保管事项。

三、关于本场工友之指挥及考勤考绩估工奖惩等事项。

四、关于各项有关记录、表报之填制事项。

五、其他一切有关机钳装配工作事项。

第十三条　铸工场(附模工部)办理左列事项：

一、关于模型铸造工作之实施事项。

二、关于本场机器设备及配备之检查及保管事项。

三、关于本场工友之指挥、管理及考勤、考绩、估工、奖惩等事项。

四、关于各项有关记录、表报之填制事项。

五、其他一切有关模铸工作事项。

第十四条　铁工场(附铆工部)办理左列事项：

一、关于锻铆工作之实施事项。

二、关于本场机器设备及配备之检查及保管事项。
三、关于本场工友之指挥、管理及考勤、考绩、估工、奖惩等事项。
四、关于各项有关记录、表报之填制事项。
五、其他一切有关锻铆工作事项。
第十五条　修理场（附钢铁热处理室）办理左列事项：
一、关于全厂机器设备修理工作之实施事项。
二、关于承造或承修品不属于整部机器之零星修配事项。
三、关于钢铁热处理工作之实施事项。
四、关于本场机器设备及配备之检查及保管事项。
五、关于本场工友之指挥、管理及考勤、考绩、估工、奖惩等事项。
六、关于各项有关记录、表报之填制事项。
七、其他一切有关修理及钢铁热处理工作事项。
第十六条　动力场办理左列事项：
一、关于全厂动力供应及一切有关水电管理事项。
二、关于原动机设备暨厂内外电气设备及配备之检查、修理及保管事项。
三、关于本场工友之指挥、管理及考勤、考绩、估工、奖惩等事项。
四、关于各项有关记录、表报之填制事项。
五、其他一切有关动力工作事项。
第十七条　工具样板场（附工具室）办理左列事项：
一、关于工具样板制造工作之实施事项。
二、关于工具样板之收发保管事项。
三、关于本场机器设备及配备之检查及保管事项。
四、关于本场工友之指挥、管理及考勤、考绩、估工、奖惩等事项。
五、关于各项有关记录、表报之填制事项。
六、其他一切有关工具样板工作事项。
第十八条　检验室（附半成品库成品库）办理左列事项：
一、关于成品、半成品及修理工作之检验事项。
二、关于成品之装箱保管收发事项。
三、关于半成品之收发保管事项。
四、关于材料之试验、检定事项。
五、关于本室机器、仪器及工具、设备及配备之检查及保管事项。

六、关于本场工友之指挥、管理及考勤、考绩、估工、奖惩等事项。

七、关于各项有关记录、表报之填制事项。

八、其他一切有关检验及成品半成品处理工作事项。

第十九条　本厂得视事实需要设置警卫队,直受总务课长之指挥监督,维持本厂治安及厂纪,其办法另定之。

第二十条　本厂得视需要设立医务室,处理员工医药、医疗及卫生设施等事项,其办法另定之。

第二十一条　本章程如有未尽事宜得陈准总公司修正之。

第二十二条　本章程自陈奉总公司核准备案后施行。

附:本厂组织系统表

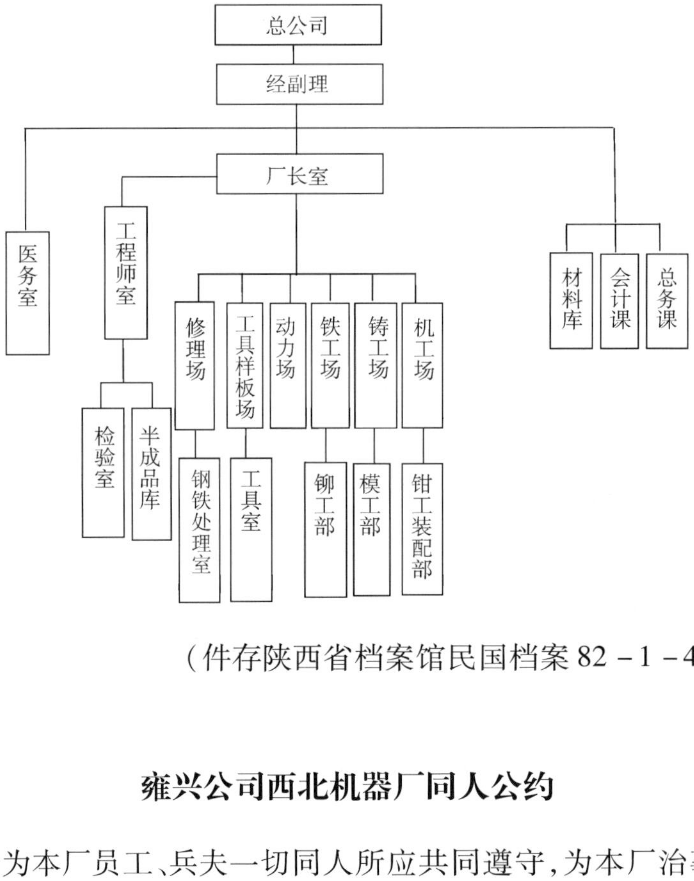

（件存陕西省档案馆民国档案82－1－47－1卷）

雍兴公司西北机器厂同人公约

同人公约为本厂员工、兵夫一切同人所应共同遵守,为本厂治事最低限度之要求。其行之有效有恒者,各级主管员应为适宜之奖励;其违背怠忽屡戒不悔者,各级主管员应为适宜之惩处。各级主管员及全体职员尤应以身作则,毋怠毋荒,庶几蔚成风气,则事可不待敦促顺利达成,厂国前途实利赖焉。

一、国家法令、规章为治事之准绳,全厂上下应共同遵守,养成守法之习惯,确立法治之精神。

二、厂中布告、通告为宣布厂政规章之要件,应绝对尊重,不得任意变更或毁坏。如对厂政或规章有优良改进之意见,尽可提供参考,但不得违背已公布之命令。

三、全厂组织系统分明,各级人员应服从其主管员或其领工领首之指挥调度,非事机迫切或极有必要时,越级指挥或越级呈诉宜所避免。

四、今日事今日毕,提高工作效率,切戒因循迟延。

五、严守规定时间,准时作息,切戒迟来或早退。

六、职员领工、领首须于开工前到厂预备一切,放工后须整察妥当方可出厂。

七、须视厂事如家事,竭力工作与改善;须视同事如兄弟,亲爱精诚。

八、厂中公物须竭力爱护,不得损坏、遗弃及滥用与不得据为私有。

九、不得私造物件,即厂用工具亦须得主管人许可并登记。

十、不得有任何不法行为,盗窃或帮同盗窃及在厂斗殴口角尤所切禁。

十一、谨防火烛,不得漫不经心。遇有警报应先将烟火熄灭,方可出避。

十二、借用公物或私有工具携带出厂者,须先经主管人许可领证出厂,否则虽至微之物,非己所有者切勿取用。

十三、不得拒绝或妨碍厂门卫兵及警卫人员行使职权。

十四、不得携带一切违禁物品进厂,亦不得夹带任何物品进厂贩卖。

十五、不得托人或受托代掣名牌或签到。

十六、对同事须和衷共济,绝对禁止争吵。与他人或他部有关事务,务须推诚商榷,不可一意孤行,专执己见。

十七、各项工作经各该主管人员商酌规定后,应尽力按数工作,不得有所滞难。

十八、不得于工作时间内睡卧或闲谈及吃饭或点心。

十九、不得将机器空走或擅离位置中止工作。

二〇、每晨入厂务将各人所用机器于转动部分添加机油,使其滑润保持精度。如有损坏,须立时修整,不可听其毁废。

二一、不得将工具或工作物放置于机器之精密部分上,免其损坏。

二二、每逢星期六于规定停车时间内,切实将各人工机器或钳台或工作处所加以拭揩或打扫。

二三、机器上不得随意敲击。

二四、机油材料价值昂贵，虽一滴一片之微，必须爱惜，不得妄费。

二五、不许在工作场所吸烟，药厂、木厂更绝对禁止。

二六、对后进人员或学徒应随时教诲奖掖。

二七、不得托故请假或任意旷职。

二八、不得随地吐痰，不得便溺于指定处所以外，不得饮未沸之水，或将未沸之水供同人饮用，以重卫生。

二九、禁止重利借贷。

三〇、禁止标会，禁止私自结会及巧立名目邀会敛钞或募捐。

三一、禁止组织或加入不法团体。

三二、不得将厂中分配之生活必需品或其他廉价物品转卖牟利。

三三、须保持厂区整齐清洁，不得随意抛弃残余食物或果皮，不得涂写墙壁。

三四、艺徒须分派工作切实学习，毋得投闲置散。

三五、各同人住址迁移、人口增减、职务调动，应通知人事课登记。

三六、各人应自尽心力切实工作，毋得受人牵制，亦毋得妨碍他人工作。

三七、同人应互相原谅，互相帮助，互相尊敬，对于年老体弱之人须体谅扶助，毋须视同一律，与之计较工作。

三八、嫖赌败德、丧财醉酒、伤生误事与鸦片烟毒，一律戒绝。厂中工作场所及员工宿舍严禁牌赌，一经发觉，轻则勒令迁出宿舍，重则开除厂籍。

三九、戒绝奢侈与骄怠。

四〇、学问技艺如逆水行舟，不进则退，同人应随时砥砺身心，勤加研讨，应尽量利用工作余暇研究学问。

雍兴公司西北机器厂管理工人规则

第一章　总　则

第一条　本规则内所谓工人，指领工、技工、助工、工徒、长工、厂役及凡在厂内领工折之人。

第二条　本规则自奉批准后施行之。

第三条　本规则如有未尽事宜，得随时呈请经理修正之。

第二章　采用及辞退

第四条　凡欲为本厂工人者，须送呈履历书及保证书，经经理及工务课长核准后,方登录工人名簿,发给证章及工折(前项履历书及保证书格式另定之)。

第五条　新入厂之工人,以七日为试验技术及核定工资期间,但从前曾在本厂工作嗣后间断而复来者,得于到厂日即支工资(以原定工资为限或酌减)。

第六条　试验技术期间供给宿膳,酌予工资。

第七条　工资核定后,即自到厂日起薪,如不满意自行辞退者,予以减半工资。

第八条　工人入厂工作不满三十日而擅自离厂者,酌量扣留工资。

第九条　工人因事或病请准长假者,须将经手借用工具、工折、证章交清,方准领出保证书出厂。

第十条　辞退工人,如有窃取物件或拐带工具、短欠等情事,得由其所遗工资及保证金扣抵,不足抵偿时须由保证人负责赔偿之。

第十一条　工人倘有不轨行为,指有盗贼、汉奸嫌疑及破坏公物及泄漏本厂种种及煽动群众联络罢工者,开除外依其轻重送交军政司法机关办理之。

第三章　工作时间及例假

第十二条　每日工作以九小时为一日,但加工时不在此限,其上下工时间,随时季变更之。

暂列表如左:

时间	上工时间		下工时间	
由四月一日至九月卅日	上午六点	下午二点	上午十一点	下午六点
由十月一日至三月卅一日	上午七点	下午一点	上午十一点	下午五点

在规定时间外,遇有加班工作时,以八小时为一日。

第十三条　下揭日期为工人例假日。

一、国历年假三日;

二、国庆纪念一日;

三、本厂开幕纪念一日;

四、总理诞辰纪念一日;

五、总理逝世纪念一日。

第十四条　工人例假日仍给工资。

第十五条　例假内遇有必要工作时,本厂得斟酌情形提前或延期,各工人不得任意要求。

第十六条　每月内有两星期日不得休息,亦不以加工计算。

第十七条　逢休息之星期日，遇有必要工作时，事前由工务课通知仍照常工作，以加工计算之。

第四章　赏　罚

第十八条　工人一月内除公休外，如不请假或不旷工并不迟到早退、未记过失者，得奖励一日工资。

第十九条　工人如染疾病或因公受伤不能到厂时，须于事前陈明理由。其无故迟到十分钟以内者，罚日资十分之一；迟到二十分钟以内者，罚日资四分之一；迟到半小时以内者，罚日资三分之一。

第二十条　工人未经陈明迟到理由，而迟到至一小时者，即不准入厂工作，并罚其半日工资。

第二十一条　工人请假未准或未经请假擅不到厂者，如旷工一日罚一日工资，旷工两日罚二日工资（其不及一日者，除第十九条另有规定外，并按一日计算，准此类推）。

第二十二条　工人请假未准，或不经请假擅不到厂七日者，除按第二十一条规定如罚外，着即开革，并将储金等全数充公，但有特别情形，可以证明者不在此列。

第二十三条　工人在工作时染病或受伤及有不得已事故，必须出厂时，须经各该管主任技师或技师或工师照准，发给假单后方准出厂，但不俟工作时间完竣，因事出厂者，得酌扣其当日工资若干。

第二十四条　按第三章第十四条之规定，工人例假日虽照给工资，但在例假日前后请假者，即按请假日数扣除其例假内应得之工资（如请假二日即由例假应得工资内扣除二日工资，准此类推）。

第二十五条　凡在国历年假前后三日内请假者，应由主管技师工师将请假单送呈工务课，俟核准后方准离厂，否则即以未经请假擅不到厂论。

第二十六条　工人事假以二十日为限，病假以四十日为限，逾限则开革，但有特别情形者不在此限。

第二十七条　工人因工作发生疾病或负重伤经本厂送入医院，在疗养期间，除支给医药费外，发给全日工资，但奖励及津贴等概不发给。至因公致命者，除支给衣棺费□□元外，仍给□个月工资，以示体恤。

第二十八条　每年一月一日及七月一日，择工人技艺优良及勤劳卓著者，酌加工资。

第二十九条　工人有左列情事之一者,得斟酌情形奖励之。

一、工作有利益之发明与改良者;

二、关于使用原料消耗品特别节省,足为众人模范者;

三、对于职务忠诚勤勉,为众人模范者;

四、关于天灾人祸及其他危急时,特别有功者;

五、一年内不旷工及不犯厂规者;

六、其他随时发生各种情事,有类前列各项之一者。

第三十条　有左列事项之一者,得斟酌情形开革之。

一、偷做私活及窃取或隐匿物件者;

二、故意欺瞒并以卑鄙之行为而影响工厂之信用者;

三、故意损坏公共物件者;

四、紊乱工厂之秩序及违抗命令者;

五、工作不力一再告诫置若罔闻者;

六、一再受罚终不悔改者;

七、互相殴打者;

八、其他随时发生各种情事者,有类前列各项之一者。

第三十一条　工人有左列事项之一者,得权其轻重处罚之。

一、工作时吸烟及吃食品者;

二、工作时看阅书报者;

三、工作时擅离工厂或私回宿舍及聚谈者;

四、使用物件或工具不注意、损坏或遗失者;

五、浪费原料及消耗品者;

六、不注意火烛者;

七、忽视工厂之命令者;

八、擅入禁止地点或出入指定通行门以外者;

九、怠惰职务者;

十、喧哗戏笑或有赌博行为者;

十一、互相斗殴漫骂者;

十二、托人投领工折或受人托而为之投领工折者;

十三、便所以外随地便溺者;

十四、酒后闹事者。

第三十二条　教唆煽惑及帮助他人犯惩戒事项者，应受同一之处分，若情形较重与违警者则送警究办之。

第三十三条　教唆煽惑及帮助他人惰工或罢工者，受同一之处分。

第三十四条　在厂外滋生事端、有损厂方名誉者。

第五章　请假规则

第三十五条　凡请事假者须有证明书信、电报或证明人方能允许，如有特别事件者，不在此限。

第三十六条　凡请病假者须有本厂医生诊断书证明方准病假。

第三十七条　凡请假者须事先填具请假单经工师及股长呈报工务课长。

第三十八条　凡请假者超过三日以上者，须工务课长允许后方准休工。

第三十九条　续假者须本人亲来厂续请并陈明理由，如不在本厂附近者，得以函件呈请并陈明理由。

第六章　工折之规定

第四十条　工人每日上午上工时，须交工折投入工折箱内，然后到厂翻牌，下工时再行翻牌；下午上下工其手续与上午同。

第四十一条　工折如有遗失，宜随时报告以便补发，但补领工折时，须缴国币一元以资限制。

第四十二条　工人上工后，即将检查室附近大门关闭，概不准出入。如有公事时，须有出厂证送交检查室验明后方准出厂。

第四十三条　工折由检查室审查后，午后三四时之间将上下午折分交各系，由各系核对后再转发各工人。

第四十四条　工人收到上下午工折后应自行检查，如有错误得即随时陈明，以便更正，否则不得再追询更正。

第四十五条　每月末日，各在上下午工折姓名之下盖章，送交检查室以便汇集校对并领取新折。

第四十六条　加工上班时，将上午工折投入工折箱内，由检查室取出，检查后分送各系注账转发各工人。

第四十七条　工人下工时，由检查室实行搜检，以防携带物件。

第七章　出勤费之规定

第四十八条　工人外出工作者每日准领饭费□□元，每餐准领□□元。

第四十九条　工人外出工作者舟车以三等实数价支付。

第五十条　工人外出工作者酌给相当宿费及其应付开销。

第五十一条　工人外出工作每日须缮外出工作报告表一份,以资考核而免偷惰。

第八章　包工规则

第五十二条　某项工作由技师观察用包工制为合宜者,技师须具工作制修详细说明书及该项工作详细估工表并预计标价单,送呈工务课转请经理核施后,方许施行。

第五十三条 工务课奉到经理核准某项工作用包工制时,在二小时内即须技师送呈之工作制修详细说明书及图表或实物,在包工布告栏内公布之以便投标。

第五十四条　包工之工作公布时间,至少半日或一日,方准执行开标,以便投标者得有长时间之考虑。

第五十五条　某组工作须某组之技工在厂工作一年以上曾合伙作过包活者或新进技工手艺精良、经验丰富经技师许可者,方准有投标权。

第五十六条　投标所用之标单,工务课拟有一定格式,投标人须由工务课领取之,若有不用此单而自备纸张填写者,一概无效。

第五十七条　标单上所列各款,投标人务须用钢笔或水笔详细填明,核实估计、签名盖章,以昭郑重,若有用铅笔填写或任意涂改以及不签名盖章者,概作无效。

第五十八条　投标单须于规定之时间内投入标箱内,届开标时工务课即派员将标箱当众开拆,由工务课长、技师、工师监视之。

第五十九条　预计总价在一万元以上者,工务课得与营业课派员监视开标,以昭慎重。

第六十条　投标之标数,至少须在四标以上者为合法。若有特别情形不足法定数,得由技师申诉理由,送呈工务课转请经理核准后,该次投标并得作为有效。

第六十一条　包工制在谋工作之迅速,工厂、工人双方均能受益为宗旨,故标价须有适当之限度,不得过高亦不得过低。如过高则工厂损失,过低则恐工作粗糙工人赔累,因之标权之取得,不限定价值之最低者,须经技师详细审核加以说明,呈请工务课长复核转请经理批后,方能定夺之。

第六十二条　经理批准后,技师即须缮一包工许可证,由工务课长、技师、工师、包工人负责盖章,送呈工务课存案备查。

第六十三条　开标后,如全数标价均属过高与预定数相差太甚者,技师得呈请工务课长另行投标一次。若投至第三次仍属过高者,得用里工制修之。

第六十四条　各项标价在开标审定后,即由工务课缮列一单,粘贴于包工布告栏内公布之。

第六十五条　工人得标后,同伙人员须自订合同,定明将来盈余或亏损分摊法,除领班外应另举一人或二人为管理包工之账单及银钱,若日后有分款不均以及其他纠葛等事,工厂概不负责。

第六十六条　里工改包工,工役不足分配时,准工人从厂外雇用,惟须早具履历保证书,以便通知检查室准其进厂工作,保证书上应注明工资若干,以便工厂有所稽考。

第六十七条　包工动工时,外包工须佩外包工证章,里工改包工除佩里工证章外,兼须佩带包工证章,以资区别而便考察,否则即照证章规则处罚之。

第六十八条　包工工作动工时,包工领班即须亲赴制造股报告工作动工之时日,而制造股据此报告后,即须从开工之时日起至完工之时日止,逐日派员查验及记载内外包工人之工数,呈报经理查阅,同时技师时并须作一包工工作日报表,送交工务课转呈经理以资【查】核。

第六十九条　包工人等均须受领班、工师、技士、技师之指挥及监督,如有发生工作错误或粗糙,以及其他不相当之处,得令其改修或改制之,工厂不另加费。

第七十条　包工人等不得贪图便宜,请求里工代为帮做,不得贿送礼物或金钱与监工员司,而技师、技士、工师等亦不得瞻情舞弊违背厂规,否则均与严重惩处之。

第七十一条　包工人等对于各路监工有所指示,务须和平接受以尽宾主之谊,即有意见不同,亦须禀明工师办理,不得直接发生冲突,否则酌量处罚之。

第七十二条　包工人等需用款项,如其工作已完竣二分之一时,得准借包价总数三分之一,至完工时得再借三分之一,余数俟查验合格经雇主承认后付清。

第七十三条　本规则自公布之日起施行,如有未妥善之处得随时修改公布之。

第九章　工人证章规则

第七十四条　凡系本厂工人无论在厂内工作或因故外出,均需佩带证章。

第七十五条　证章之发放及管理均归工务课办理。

第七十六条　工人证章均应一律佩带于左胸上端之衣服上,俾便识别而壮观瞻。

第七十七条　包工证章待工作完竣时,即须由该管工师收回交工务课。

第七十八条　凡工人进厂时不佩带标识证章者,检查室得不准其入厂,在厂工作不佩带者,里工罚工资一日,包工得停其工作或酌罚之。

第七十九条　工人证章须由本人负责保管,不得转借他人,违则重罚。

第八十条　工人证章不得无故遗失,如有遗失者,须即时报告工务课,再由本人登报作废,重行补领时须交纳国币五元。

第八十一条　凡系佩带本厂证章之工人,不得在外发生任何违法事件,如有被人告发及扭获等情,本厂概不负保护之责任,并行严重处罚之。

第八十二条　凡退厂工人须将证章缴回,否则不准其离厂或须由保证人负责追索。

第十章　工人宿舍之规则

第八十三条　本厂备有工人宿舍暂不取房租,但燃料自备,其他应用家具,只就本厂原有者备用,各工人宜妥为保存,不得任意毁坏,违者责令加倍赔偿之。

第八十四条　每日起床、就寝、息灯,均依规定时间,不得稍涉凌乱,致乱秩序,但有特别情形不在此限。

	起床	就寝	熄灯
由四月一日至九月三十日	五时	九时	十时
由十月一日至三月三十日	六时	八时	九时

第八十五条　宿舍设正副舍长各一人,正舍长由领班担任之,经管各该管工人所住之宿舍一切事宜,副舍长由各该舍推选之,经管各该舍一切事宜。

第八十六条　宿舍之卧次不得擅自更动,致乱秩序。

第八十七条　上工以后,夫役须将应管之宿舍,扫除清洁,门窗锁固,至下工时再行开锁;夫役无事不准外出,违者重罚。

第八十八条　不准留亲友住宿,违则重罚。但有特别情形时,须事先向各系该管工师声明理由,领取许可证始准留宿。

第八十九条　凡工人携带行李或物品出厂时,须经管理员检查,发给持出证方准出门。

第九十条　宿舍内宜注意卫生,不准任意吐痰,抛弃秽物或涂抹墙壁。

第九十一条　工人不准在宿舍内赌博、斗殴或其他不守规则之举动,违则罚工或开除。

第九十二条　凡新到及去职工人之出入宿舍,均由工务课以通知单行之。

第九十三条　工人须注意火烛，以防危险。

第九十四条　工人伙食每月公举一人或二人为监视，遇有不良处可以报告工务课或庶务股。

第九十五条　工人伙食由厂中供给，不扣工人薪金。

第九十六条　宿舍附近备有厕所，不准随处便溺，违则重罚。

第十一章　工人饭厅之规则

第九十七条 闻开饭钟后方准齐入饭厅，不准先食。

第九十八条　饭厅坐次各有定位，不准乱坐。

第九十九条　开饭时不准大声喧哗。

第一〇〇条　　食毕即速离坐，不准逗留。

第一〇一条　一过开饭时不准再食，但有特别情形者，不在此限。

第一〇二条　不准延客在饭厅会餐。

第十二章　工人赏与金分配之规定

第一〇三条　本厂每届年度决算后有盈余时，由职员应分红利项下提出一成，作为工人及夫役等之赏与金。

第一〇四条　凡工人在厂工作已满三个月以上者，方得本厂之赏与金（但以在厂工人为限）。

第一〇五条　将所有在厂工作三个月以上者总计其工资若干，除应得之赏与金，即为每元工资应得赏与金之平均数，再以此数按每人工资之多寡核算分配之。

第一〇六条　领工在厂为工人之领袖，对于指导工作异常劳苦，故其赏与金酌量增加赏与之，以示优异。

附

工徒须知

（1941 年 9 月 5 日）

一、查本厂工徒概用考试收录之，全年分二期（一月十五日，七月十五日），但遇必要时，亦得斟酌情形随时举行之。

二、凡投考工徒，其年龄须在十五岁以上二十岁以下，均为男性，并其学历须有高小毕业或同等学历者。

三、考试工徒分体格及学历试验，体格不及格者，不准参与学历试验，体格及学历之规定如左：

体格之规定

1. 身高至少四呎六吋；

2. 身重至少须七十磅；

3. 腕力临时规定；

4. 目力无近视及沙眼病者；

5. 耳部听觉敏捷者；

6. 肺部无结核者。

学历规定

1. 国文：能作五十字以上浅近论文，字句清通者；

2. 算术：曾习加减乘除者。

四、工徒入厂时，除缴纳保金贰拾元外，并须缴具一家妥实商保，无商保者，须有本厂职员、工人二人以上之连名保。

五、工徒入厂后应学何科，由工务科分配，不得自由选择，既经派定之后，亦不得请求变更。

六、工徒入厂满三个月后，举行甄别试验一次，视其工作是否勤慎，品行是否端正再定去留。

七、凡工徒均须进工养成所肄业，以求深造，如有不服教诲或成绩不良者，斟酌情形，延长其毕业期限或开革之。

八、工徒习艺满为毕业，满期时举行试工一次，按其成绩发给证书，评定工资。

九、初入厂工徒，暂时规定每日支给工资肆角，满一年后如工作勤奋，成绩优异，得随时酌量增加之。

十、工徒在厂习艺，除工师领班为当然导师外，每一工徒得由工师或领班，指派一工匠为其专任导师。

十一、导师对于工徒须殷勤教诲，以尽师长之责任，而工徒对于导师，尤须绝对服从命令，专心求学，如有礼貌不周、行为轻浮者，以藐犯尊长罪论，酌量处罚之。

十二、工徒对于导师及年长工匠，均须称为师傅，或某某师傅，不得直接呼叫名姓。

十三、工徒犯规开革者，除将保证金全数没收外，着其自到厂之日起，至离厂日止，每月按国币拾元处罚之。

十四、凡工徒毕业后,至少须在厂服务二年,如在服务期间不专心工作,故犯厂规以致开革者,或擅造事实、藉故他往或跳往他厂者,查明后得自离厂之日起计算至满服务之日止,按月罚洋拾元,由保证人负责代偿。

十五、关于工徒,除本须知外,适用《管理工人规则》各章规定办理之。

十六、本须知由公布之日起施行。

经理　杨毓桢

中华民国三十年九月五日

(工务课拟制)

(件存陕西省档案馆民国档案 82 -1 -14 -1 卷)

雍兴公司西北机器厂人事管理规则

第一条　本厂一切人事进退、调遣除总公司另有规定外,悉按照本规则办理之。

第二条　凡职员及直间接工之到职到工,均须先到总务课管理人事部分办理左列手续:

甲、职员

一、填写应聘调查表二份,人事调查表一份,人事卡片一份,缴二吋半身相片二张、保证书二份并留印鉴。

二、领取证章及服务证。

三、领取办公用具。

四、申请入伙、寄宿并领取宿舍用具。

乙、经考试合格录取或□雇之直接工(包括技工、工徒、长工等)

一、到医务室检查体格。

二、填缴志愿书、保证书、家庭调查表各二份,人事卡片一份,并留印鉴。

三、领取证章。

四、领取到工证。

五、领取工作所需之工具。

六、申请入伙、寄宿并领取宿舍用具。

丙、间接工

一、填缴保单二份、人事卡片一份并留印鉴。

二、领取证章。

三、领取到工证。

四、领取工作所需之工具。

五、申请入伙、寄宿并领取宿舍用具。

第三条　到厂员工依照第一条规定手续办理完竣后,由总务课按照副经理或厂长规定之薪津数额及米贴斗数,填写起薪通知单一式三联,以一联送会计课,一联送有关部分,一联在人事管理部分备查。

第四条　员工之升降调遣由总务课奉到副经理或厂长条谕或核准后办理下列手续:

一、填写升调降调遣通知单通知本人。

二、填写员工薪额变动通知单一式三联,以一联送会计课,一联送有关部分,一联在人事管理部分备查。

三、改正人事卡片之有关项目。

第五条　凡员工因辞职或被辞退离厂者,办清左列手续后,由总务课填写停薪通知单一式三联,以一联送会计课,一联送有关部分,一联存人事部分备查:

一、经手事项及款项交代清楚。

二、缴回原领证章及服务证。

三、缴回原领办公用具、宿舍用具及所领工具。

四、申请停伙。

五、领取服务证明书(但因故被开除者,概不发给任何证件)。

六、领取离厂证。

第六条　员工之进退调遣由总务课逐员填制统计册表【以】备查考,前项统计册职员部分并应按月随人事月报送陈总公司备查。

第七条　员工之事假病假、公出公伤、迟到早退及旷职旷工等,职工及间接工由总务课、直接工由厂长室逐日填制统计表册,转人事部分存备查考。前项统计表册职员部分并应按月随人事月报送陈总公司备查。

第八条　员工人事卡片各项表册等由总务课分类编存,并须随时保持与实际完全符合之记录,以资查考。

第九条　本规则自奉经理核准之日施行,修正时同。

(件存陕西省档案馆民国档案 82－1－472－1 卷)

雍兴公司西北机器厂职员服务规则

第一条　本规则依照总公司职员服务规则制定之。

第二条　本厂职员应遵行左列各守则：

一、遵守本厂一切规定。

二、爱护事业，保持公务上应守之秘密。

三、精诚团结，和衷共济，切取联系。

四、尊重团体之信誉，凡个人意见涉及厂方业务者，非经许可不得以大字对外刊布。除办理本厂制定业务而外，个人对外并不得用本厂名义。

五、注重德行，切戒沾染一切不良嗜好。

六、严谨操守，不得私自经营商业或利用职权作希图寻利营私之任何行为。

七、负责办事，不得在本厂范围以外兼任任何有给职务，但经经理特许者不在此列。

八、交际接洽谨守正当范围，不受外间任何馈赠与招待。

九、对于数字绝对负责。

十、不得利用职权使用厂方人力物力办理私务。

十一、不得于规定供应以外要求任何优越分配。

第三条　职员因违犯前条守则应受之惩戒，由各主管部分考核轻重，陈明经副理核办。

第四条　办公时间依办厂规定准时到退，按时签到，不得迟到早退。其因公出差及奉准请假人员，均由总务课主管人事部分于签到前代为注明，否则以旷职论。

第五条　每日应办事件应迅速办毕，不得积压。

第六条　办公时间不得接见宾客，其因公务接洽或有特殊情形，经主管核准接见之，宾客亦应于招待室会晤，不得在办公室内延见。

第七条　星期日等例假日值日人员，由总务课主管人事部分将轮值人姓名列表陈明经副理，按名轮值，不得缺席。

第八条　本规则陈奉经理核准后施行，修正时同。

附注：

本厂服务信条：公正、廉洁、勤俭、求知。

（件存陕西省档案馆民国档案 82 －1 －472 －1 卷）

雍兴公司西北机器厂工友服务规则

第一条　凡本厂工友均须遵守本规则。

第二条　凡本厂服务者,须经考试审查合格录用后填具志愿书及保证书,以资慎重。

第三条　本厂工友绝对服从本厂规则及各级管理人员之指导及管理。

第四条　本厂规定每日工作时间为八小时,夜班加工规定每三小时作为半工,每六小时作为一工,白日加工以八小时作为一工,不得迟到早退。

第五条　上班准备汽笛发出后,全体工人均应到厂亲掣名牌,准备工具,升燃炉火,十分钟后再鸣汽笛二声,全体工人应立即开始工作。下班前五分钟鸣汽笛二声,收拾工具,洗手更衣,到点时再鸣汽笛一声,各工友始得出厂。

第六条　本厂采日资制,每月结算一次并定于每月十日前发放上月工资,二十五日前借发维持费一部分,平日不得预支。但因特殊事故经经理特许者,不在此列。

第七条　本厂休假照下列规定办理,如有特殊工作必须工作者,发给双工工资。

一、每星期之星期日休息。

二、元旦休息一日。

三、春节休息三日。

四、端阳、秋节各一日(与最近之星期日对调,不另放假)。

五、五月一日劳动节一日(如上)。

六、十月十日国庆节一日(如上)。

第八条　工友因工作受伤经本厂医师证明给假,准许修养期间照给工资津贴,至多不得超过六个月。如因工友自己过失所受伤害时,在三十日以内照给工资津贴,逾期一概留职停薪。因公伤残废或死亡者,斟酌情节给予恤金,其办法依据抚恤条例办理之。

第九条　工友因事请假者,概不给工资津贴,一年内给假数以三个星期为限,如遇婚(本人)、丧(父母妻)之故,得由厂方斟酌情形给予有薪假。

第十条　工友例假前后两日因事请假或旷工者,例假日不给工资及津贴。

第十一条　工友因重病经本厂医师证明确需修养,且到厂服务满三个月以上者,每年请假在十二日以内照给工资津贴,一月以上者停薪留职,逾三个月者解雇。到厂服务不满三个月者,病假期间概不给工资津贴。

第十二条　工友在工作时间如有特别事故必须出厂者,须向管理人员请准临时假,领到出门证后方准出厂。但每月不得超过三次,每次不得过一小时,否则以旷工论。

第十三条　工友请假在三日以内者,由各课室主管人员核准;在三日以上十五日以内者,须经厂长核准;十五日以上者,须经经副理核准后方可离厂,并定明期限,须先续假,否则以旷工论。

第十四条　工友未经请假擅不到工者,以旷工论。旷工者除不给工资津贴外,每日加罚工资津贴一日。

第十五条　夜晚及例假日特别加工,经主管人员指定后未经准假者,必须准时到场工作,否则以旷工论。

第十六条　工友未经请假手续继续旷工至三天以上者除名。除工徒外,其已办清离厂手续者,照发应得之工资津贴。

第十七条　工友如有亲友到厂探访时,须经主管人员之许可,于本厂指定会客地点会晤谈话,时间以十分钟为限。

第十八条　凡工友亲朋欲到厂参观者,须得经经副理之许可,领到参观证并派员领导,否则不准擅入。

第十九条　工友对于厂中一切原料、物料、机件、工具等,均须加意爱护,慎妥保管,不得故意损坏或私造物件,并禁止私自携带外出,违者以偷窃公物论。

第二十条　工友如故意毁坏工具机件及原料,无论价值多寡,均须责令照市价加倍赔偿。

第廿一条 本厂工友必须精诚团结和衷共济,如有争吵斗殴情事,不论谁是谁非,双方同受处分。

第廿二条　工友有左列情形之一者,得分别奖励之。

一、一个月内全到工并无迟到早退情事者,奖一工;一年之内不缺工者,由主管人员根据事实陈准奖给十五工,事病假在五日以内者,每假一日扣奖一工,五日以外无奖工;

二、工作勤慎、品格优良者,由主管人员陈准分别记功;

三、技术精进、成绩优良者,由主管人员陈准分别记功加薪;

四、爱护原料、减少消耗有显著之成绩者,由主管人员陈准分别记功,并酌给

奖工;

五、每届年终本厂凭各工友记功之多寡,另议奖励办法。

第廿三条　工友有左列行为之一者,予以警戒,其连犯者分别处罚:

一、在工作时间吸烟及嬉笑或瞌睡者;

二、擅离工作位置,疏忽工作者。

第廿四条　工友有左列行为之一者分别处罚:

一、在工作时间内饮酒者;

二、迟到或早退者。

第廿五条　工友有左列行为之一者,分别记大过及处罚或开除,受开除处分者,其未领之工资津贴概不发给:

一、在厂斗殴未曾致伤者;

二、不服指导及管理者;

三、无故延误工作期限者;

四、酗酒滋事者。

第廿六条　工友有左列情形之一者,开除并扣发其未领之工资津贴:

一、斗殴伤人者;

二、偷窃厂内一切公私物件者;

三、患花柳病者;

四、吸食鸦片者;

五、在工作时间内利用厂方原料私做物件者;

六、破坏厂方名誉或营业未遂者;

七、嫖妓或赌博者。

八、丧失工作能力在三个月以上者;

九、一年之内记过九次或大过三次者。

第廿七条　工友有左列行为之一者,送官厅法办:

一、非法结党及煽动罢工者;

二、企图危害本厂财产及秩序者;

三、宣传反动思想图谋不轨者;

四、有汉奸嫌疑者。

第廿八条　本厂抚恤条例另定之。

第廿九条　本规则如有未尽事宜,均遵照劳工法规定办理之。

第卅条本　规则如有与政府继续颁布之劳工法令抵触时，其抵触部分无效。

第卅一条　本规则自呈送总公司转呈主管官厅核准后公布施行。

（件存陕西省档案馆民国档案 82－1－472－1 卷）

雍兴公司西北机器厂职员考绩办法

第一条　本厂职员考绩依照本办法办理之。

第二条　本厂职员考绩每半年举行一次（一至六月，七至十二月）。

第三条　考绩标准分左列四项：

一、责任心：是否尽职，是否勤苦耐劳，是否努力进取，是否专心办事。

二、能力：是否尽职，对自身工作有无分析及自动能力，工作有无耽误，有无指挥及组织能力。

三、品格：是否爱护本厂及公司，是否遵守一切章则，平时操守如何，公德心及节省公物之程度如何，处世接物之态度如何。

四、修养：阅读写作否，讲求清洁卫生否，私生活正常否，早操及公共进修之集会参加否。

五、特殊劳绩：(1)有所发明；(2)业务推进已见成果；(3)对厂方管理有特殊成效；(4)防止重大灾害；(5)对国家社会事业有显著贡献；(6)其他。

第四条　考绩务求具体确实，且采取积分法，以资比较。

第五条　考绩分数之分配如左：

项目	责任心	能力	品格	修养	特殊劳绩	考勤	最近未加薪添分	共计
分数	15	15	20	15	15	10	10	100

第六条　最近未加薪添分概按左表核算：

最近加薪相距期间	三月以下	三月以上	六月以上	九月以上	十二月以上	十八月以上	廿四月以上
最近加一级	0	1	3	5	7	9	10
最近加二级	0	0	1	3	5	7	9
最近加三级	0	0	0	1	3	5	7

第七条　考勤绩分按左表核算：

请事假日数	0	1	2	3	4	5—6	7—8	9—10	11—13	14—15	15 以上
绩分	10	9	8	7	6	5	4	3	2	1	0

病假二日作事假一日计;

迟到或早退一次作事假一日计;

旷职一日作事假四日计;

婚丧假二星期内不计。

第八条　绩分总数不及六十分时,得以不称职予以申诫或辞退。

第九条　绩分总数超过七十分时,得按左表予以升进:

总分	70—80	80—90	95 以上
加薪分	1	2	加三级并呈总公司予以嘉奖

第十条　每届考绩由各主管部分填具考绩表,汇集核转经副理核定绩分,陈报总公司备案核发表之。

第十一条　本办法陈准总公司后施行。

(件存陕西省档案馆民国档案 82 -1 -472 -1 卷)

西北机器厂发给员工年终奖金暂行办法

一、本厂发给员工年终奖金除过照总公司规定及本厂原有规定者外,悉依本办法办理。

二、凡本厂员生在十二月底及本厂开始发给上半年度年终奖金以前辞厂,不论原因为裁遣、停职、免职、撤职及自动辞职等,该年度奖金概不发给,但经总公司明令调职或各厂矿校互调经陈报总公司核准备案者,按在本厂服务日期发给。

三、凡本厂员生在上年度终了以后,在本厂开始发给上年度年终奖金以前,因故辞职及自动辞职者,概不发给上年度年终奖金。

四、凡本厂工友、警役等在本厂开始发给上半年度年终奖金以前辞厂,不论其原因为开革或自请长假,概不发给上年度年终奖金。

五、本办法自核准之日起施行并陈报总公司备案,修改时同。

(件存陕西省档案馆民国档案 82 -1 -169 -1 卷)

雍兴公司西北机器厂兰州分厂招考工徒简则

(1941 年 7 月 5 日)

1. 宗旨:本厂为造就制造各种机器人才,以发展后方工业为目的。

2. 名额:暂时招考定额三十名(或二十名)。

3. 年龄:由十五岁以上至二十岁以下无嗜好、身体健全者。

4. 资格:高小毕业或由同等学历者。

5. 报名日期:由国历　月　日起至　月　日止。

6. 报名手续:随缴本人二寸半身最近相片三张及毕业证书或证明文件。

7. 考试日期:国历　月　日。

8. 考试课目:国语、算术、党义、常识、体格检验。

9. 考试地点:兰州西郊外七里河本厂。

10. 待遇:在学习期间,所有膳宿各费暨冬夏两季服装,均由厂方供给,并每月发给津贴五元。学习期满后按工作成绩及技术优良,随时提升工匠。

11. 录取后应办手续:录取后在厂内领取保证书及志愿书各一纸,填具殷实铺保,经本厂认为合格后限三日内入厂工作,逾期即取消名额。

中华民国三十年七月

(件存陕西省档案馆民国档案 82 - 1 - 638 - 1 卷)

雍兴实业股份有限公司西北机器厂暨兰州分厂职员、技师待遇暂行章程

一、本厂及分厂各职员、技师之待遇分薪俸、膳费、津贴、年终酬金四项。

二、职员薪俸

甲、西北机器总厂

(1)经理:三百元至四百五十元。

(2)课长:一百元至二百元。

工务课长由一百八十元起至二百六十元止,营业课及会计课长各自一百元起至二百元止。

(3)主任(文书及庶务各一人):八十元至一百六十元。

(4)办事员:四十五元至一百元。

(5)助员:二十五元至四十元。

(6)练习生:第一年十元,第二年十五元,第三年二十元。

乙、兰州分厂

(1)股长:八十元至一百六十元。

(2)办事员:四十五元至一百元。

(3)助员二十五元至四十元。

(4)练习生:第一年十元,第二年十五元,第三年二十元。

三、技师薪俸

甲、西北机器总厂

(1)主任技师(技师):一百六十元至三百二十元。

(2)工师:一百元至二百元。

乙、兰州分厂

(1)厂长(兼工务股股长):一百八十元至三百六十元。

(2)主任技师(技师):一百二十元至二百四十元。

(3)工师:一百元至二百元。

四、本厂及兰州分厂各职员及技师之膳费一律每人月支十六元。

五、当此抗战期间,百物昂贵,本厂为补助同人生活起见,皆给下列津贴两种:

甲、战时津贴

(1)总厂经理:一百元。

(2)总厂课长及分厂厂长:六十元。

(3)总厂及分厂办事员、技师、技术员及分厂股长:四十元。

(4)总厂、分厂助员一律三十元。

(5)总厂、分厂练习生一律十五元。

战时津贴得由本公司视当地生活状况酌予增减,俟将来战事平定,经济状况恢复常态时,此项津贴即行取消。

乙、膳贴

本厂及分厂各职员及技师,除第四条规定之膳费外,在此种价高粮涨时期,每人每月另给膳贴二十元。此项膳贴得由本公司视当地粮价涨落情形酌予增减或取消之。

六、本厂及分厂各职员、技师之薪俸及津贴每月十五日发给,膳费及膳贴每月五日发给，均不得预支。

七、年终酬金由本公司核给并陈报董事会备案。

八、本厂及分厂各职员、技师薪俸之增加，于每届年终考绩时举行一次，其因职务变更责任重者，得随时改定薪俸，均由本公司核定之。

九、前条薪俸之标准如左：

薪俸在一百以上者，十元为一级，每次加俸至多不得逾二级；薪俸在一百元以下者，五元为一级，每次加俸至多不得逾三级。

十、练习生每年递升一级，满三年提升初级助员。但服务已逾两年，成绩优异者，亦得提前擢升。

十一、本章程经本公司董事会通过实行，将来修改时亦同。

（件存陕西省档案馆民国档案 82－1－19－4 卷）

雍兴公司西北机器厂总务课代售食粮油盐暂行办法

一、为便利本厂携眷员工【购买】食粮油盐等物品起见，特拟定本办法。

二、凡员工每月购买之廉价食粮，须按定期一次购足，过期不予补售。

三、每户应购之数量由总务课根据眷属调查表填造清册，职员由总务课直接通传，工友交乡长通传，分别加盖个人私章以示认购。

四、根据清册填写小票按定期售卖，届时购主须持私章购买，以示慎重。

五、依据小票上注明之品类及数量收款，购主按定期持小票赴材料库具领。

六、所填造之清册依门牌号数编排先后，营业时顺序售卖，以免争先恐后。

七、售卖油盐等手续与食粮同，但随买随付。

八、食粮价格按经副理批准出售，油盐按进货价格斟酌零数凑整作价出售。

九、本办法自经理批准后执行，修正时同。

（件存陕西省档案馆民国档案 82－1－19－4 卷）

雍兴公司西北机器厂员工伙食管理办法

一、本厂员工伙食按本办法之规定管理之。

二、伙食费用除煤水薪炭按实际需要由厂以实物供给外，余者由厂每月规定膳费金额，由员工自行处理之。

三、职工伙厨工依照左列规定由厂雇给之。

1. 职厨工:按入膳每十人设厨工一人,其不满十人而在半数以上得增厨工一人,其最低入膳者不及十人得设基本厨工二人。

2. 工厨工:按入膳每二十人设厨工一人,其不满二十人而在半数以上得增厨工一人,其最低入膳者不及二十人,得设基本厨工二人。

四、厨伙暂由总务课派员代办之。

五、工伙由入伙工友推选伙食干事十二人组织工友膳食团,并公推正、副常务干事各一人综理团务外,其余干事每天轮流一人办理采购、收发食品及监督厨工等事宜。干事各半年改选一次,连选得连任之。

六、伙食费之结算与领用物品等事项,依照本厂员工伙食记账及报销暂行办法暨材料库收发物品之规定办理之。

七、除公私客饭应依照公私客饭管理及报销暂行办法办理外,如遇夜班加开夜饭,其每餐伙食费得按全日伙食费三分之一计算,结算伙食账时,应将夜班用膳人数及膳费全额填入伙食报告表,汇总结算后呈报经副理核销转账。

八、开饭时间应按本厂上下班时间随时规定之。

九、每月伙食账结出后,主办人员应详细列表公布一次,以昭信实。

十、参加本伙之员工均须按照规定开饭时间到饭厅用餐,如因公差或特别事故不能按时用餐者,须由各部分主管人员预先通知,否则过时概不开饭。

十一、厨房一切用具由经办人员、伙食代表及厨师共同负责保管,饭碗及筷子等由厂每月按百分之五补充,如损坏过多不敷应用,应由伙食费内自行购买补充之。

十二、凡带眷属之员工伙食一律自理,其情形特殊经层转经副理核准者,得参加本伙。

十三、凡入伙员工因故退伙时,应于每月一日前分别通知总务课、工膳团,月中概不准退伙。如因公调迁他任或辞职离厂者,不在此限。

十四、饭厅规定另定之。

十五、本办法自陈奉经理核准后施行,修正时同。

附则:伙食节余

1.【除】名不予发给;

2. 长假与解雇者准予发给并亲自具领。

此项于卅四年九月十六日奉厂长手谕。

（件存陕西省档案馆民国档案 82－1－472 卷）

雍兴公司西北机器厂员工伙食记账及报销暂行办法

一、凡经管本厂员工之伙食记账及报销等手续，均依本办法办理之。

二、每日现买蔬菜、肉类等所需现金，由经办人员向会计课预支定额款项备用（其数目层转经理核定）。每距相当时日，以原单据向会计课换取现金（其验收层核等手续另依本厂之一般规定）。前项单据以正式发单为凭，如确无发单者，由经办人员出具证照单以符事实。

三、每日向材料库领用米面等物品手续，依材料库收发物品之规定。

四、经办人员应设置现金购入账及领用物品账，随时以左列说明登记之。

（一）现金购入账——凡以现金购买物品须随时逐笔登记，每至月底应分类统计数量、金额，分别填入伙食报告表内。

（二）领用物品账——凡向材料库领用之物品，应随时分类登记（其单位、价格由会计课预先通知），每至月底按类总结后分别填入伙食报告表内。

五、经办人员应逐月造具表册，将参伙员工入伙及止伙日期分别登记，以便月底结算膳费。

六、公私客饭之报销，依照公私客饭管理及报销暂行办法办理之。

七、经办人员每月月底应依据现金购入账及领用物品账结出之实用金额及用膳人数，分别填入各该伙食报告表，汇总结算后层转经副理核销转账（另附伙食报告表式）。

八、每月月底为伙食账结算日期，在下月五日以前必须将各该伙食报告表陈核。

九、参伙员工如因公出差连续半月以上者，其应摊膳费由会计课转收公账，未满半月者仍照算膳费，不予发还。

十、本办法未尽规定之手续，得由经办人员随时陈准办理之。

十一、本办法自陈奉经副理核准之日起施行。

（件存陕西省档案馆民国档案 82－1－472 卷）

雍兴公司西北机器厂模范工选定及待遇办法

(1946年1月10日)

第一条　本厂为奖励优秀技工、提高一般工友工作意志,以促进全体工作效率起见,特设“模范工”制。

第二条　凡具备左列资格之工友,得选为模范工。

一、在本厂服务满一年以上,在过去一年内无旷工,事假不逾三日,经本厂医师证明之病假不逾五日。

二、品行端正、技能优良,工作勤劳,无酗酒、赌博及一切不良嗜好,且从未受罚工处分。

三、技术上有特殊贡献。

1. 改良工作方法,减少返工;

2. 节省材料,确能减低成本;

3. 利用废料或代替品并不妨碍工作进度及精度;

4. 所得里工奖或机计奖工在各该工作场以百分二十为标准之前列;

5. 短缩工作过程,提早竣工并不妨碍工作进度(工作时间以本厂规定或有记录之时间为标准)。

四、对管理有特殊贡献。

1. 检举私造物品,有证可凭;

2. 检举偷工减料,有证可凭;

3. 检举私带公物出场,有证可凭;

4. 检举破坏厂纪危害工作,有证可凭;

5. 奉行厂中一切规定并能身体力行推及多数工友著有成效者。

五、领导一部分工作能提早竣工并无返工情事。

六、对本厂有特殊悬赏之技术工作确能致力,经审查合格获得奖金。

七、指导工徒缩短学习过程,使其工作裨益团体卓有成效。

八、遇有关系本厂安全之以外情事能为适当之措施,其情节确堪奖励者。

合于上列一、二项及三项中有任何一款,四项中任何一款,或合于上列一、二项及五、六、七、八各项中任何一项,经各场主任列举事实保荐送由厂长室复核,转呈经理批准,得选定为本厂模范工。

第三条　模范工得受左列之特殊待遇：

一、每月除应得之工资、米贴外，视其选定为模范工之基本条件，按薪津之百分数分别等级加给之（系修正条例）。

二、年给棉织品、棉制服及单制服各一套。

三、准照实际同居直系眷属人口购买廉价粮食。

四、供应部少数廉价物品得予以优先分配。

五、一切福利设施得予以优先分配。

六、年终加给奖金一个月。

七、佩戴荣誉证章并酌挂其名牌于特殊地点，以资识别。

八、颁给奖状并逐月公布其姓名。

九、得优先受本厂之特殊技术训练或对外派遣训练。

十、选定为模范工后更有特殊贡献者，得准酌情增加其特别津贴。

第四条　模范工其固有一切待遇及应得奖工照旧，不因受特殊待遇而有变更。

第五条　模范工违犯下列各项之一者，取消其模范工之资格，并追回其所得津贴之特殊待遇之一部或全部。

一、恃功而骄、得意忘形、不服指挥者取消资格。

二、工作退步、精神不振、行为失检、言行不慎致失去表率标准。

三、当选模范工之后一月内，有请事假或请病假满二天情事者，取消其该月模范工津贴。此种情形连续三个月者，取消模范工资格。

四、模范工因病请假，照工友服务规则第十一条之规定办理。

五、连续充当模范工六个月，中间无因事请假、取消津贴情事者发给制服，否则不发。

第六条　模范工如有违犯厂规等一切情事，除照前条规定取消其模范工资格外，并按普通工加倍处罚。

第七条　模范工每年选拔二次，第一次为一月，第二次为七月。

第八条　本办法自公布之日施行（如有未尽事宜，由经理室随时修正公布施行）。

厂长室印发

三十五年元月十日

（件存陕西省档案馆民国档案 82－1－471 卷）

2. 会议记录

雍兴公司筹设西北机器厂谈话会

(1940 年 10 月 7 日)

时间　二十九年十月七日下午三时

地点　西安中国银行

出席人　束云章　杨挚奇　胡名甫　毛端梧　李紫东　王瑞基　刘持钧
　　汪晴江　钱尔嘉　蒋均如　贺书绅

主席　束云章

记录　贺书绅

主席对于筹设机器厂之意见

(一)雍兴公司在西北筹办各厂,计有兰州制药公司、面粉厂、毛织厂及西安附近之酒精厂、纺织厂等,其中关于纱锭之修制以及各项机器之添配,均非设立一规模较大之机器厂不能供求相应,措置裕如。西北工业方在萌芽,机器厂之设备尤欠完整,兹为解决本身困难,并供社会需要起见,爰拟于秦陇两省各设机器厂一所,并于最短期间,促其完成。

(二)资本定为一百五十万元,专备秦、陇两厂建筑及机器设备并开办经费之需,所有采购五金原料需用之流动资金,可向西安中国银行洽商押贷。

(三)机器设备以购足工作机一百五十部为初步计划,并就已经购得之二十余部(系向成通纱厂购进,已请紫东、瑞基两兄将所购大部分重要机件列单,发归机器厂接收),及此次在西安华隆五金号所订制之四十部为基础,先于秦、陇两省分别开工,再图扩充。至工作机之分配,拟规定西安方面约一百二十部,其余约三十拨部机归兰州应用,在未购足一百五十部以前,得就现有之数酌量情形,比例分配。

(四)总厂设于秦省,另于兰州方面设一分厂,归总厂直接管理,以一事权所有总厂、分厂事务,拟请杨挚奇兄负责主持。

(五)关于总厂、分厂应行筹备各事,如勘觅地皮、建筑厂房、购置机器、采办原料以及经费预算、组织系统等,均请杨挚奇兄拟具详细方案,以便核定。又,总厂、分厂约于何日得以开始工作,并请规定日期为盼。

下午六时散会。

雍兴公司机器总厂预算总额表

项目	摘要	金额	
地皮	100 亩,每亩照 200 元估计	200,000	00
山	1 座	3,000	00
机器	王瑞基机器约 100,000 元已完整,共 260,000 元	360,000	00
机器	西北工学院机器价未算在内,暂预租借		
工具		200,000	00
发动部分	250 马力	150,000	00
建筑		200,000	00
其他设备	交通工具、木器、厨具、水井等	103,000	00
筹备费	运费、薪俸、工资、安装	100,000	00
合计		1,316,000	00

兰州分厂预算总额表

项目	摘要	金额	
地皮	20 亩,每亩照 2,000 元估计	40,000	00
机器	25 架	200,000	00
工具		50,000	00
发动部分	100 马力	50,000	00
建筑		80,000	00
其他设备	交通工具、木器、厨具、水井等	20,000	00
筹备费	运费、薪俸、工资、安装费	50,000	00
合计		490,000	00
总计	总厂与分厂	1,806,000	00

(件存陕西省档案馆民国档案 82 -1 -138 -1 卷)

筹设雍兴公司西北机器厂谈话会记录

(1941 年 5 月 11 日)

时间　民国三十年五月十一日上午九时

地点　蔡家坡西北机器厂筹备处

出席　束云章　李紫东　杨挚奇　田三春　陈　伟　胡玉琦　贺书绅

主席　束云章

记录　贺书绅

杨经理挚奇报告筹备近况

本厂筹备以来,渐次就绪,兹已于本年四月开始工作,所有经过情形分别报告如下:

(一)机器

(甲)已运到蔡厂者

六呎车床十一部(华隆号承装)

八呎车床二部(同上)

钻床三部(同上)

牛头刨床一部(同上)

六呎车床三部(成丰交来)

八呎车床一部(同上)

十五匹马力柴油一架(购自宝鸡)

以上六呎、八呎车床四部,缺零件若干,须待添配。

(乙)由西北工学院借来者

六呎车床五部

八呎车床一部

砂轮机一部

擦床一部

5.4KW 直流发电机一部

十八匹马力水炭机一部

六呎刨床一部,缺零件

机器锯一部

抽水机一部

(丙)暂存西安办事处者

牛头刨床四部

(丁)已向工厂订做尚未交货者

六呎车床九部(华隆承装)

八呎车床八部(同上)

钻床二部(同上)

四呎车床二十部(振丰铁厂承装)

铣床三部(同上)

以上未交货各种机件,正派员分别督催,预计两个月内当可一律交齐。又,此外拟自装三十六吋车床三十部,专备装造纱锭之用。

(二)既有工具

铁枕子五部　四吋虎钳九部　六吋虎钳十部

其他大铲、榔头各数十只

(三)购存材料

生铁约七十吨　三角铁、元铁合计六万余市斤

铁筋四万余市斤　铜二万余市斤

铁道钢十一余万市斤　皮带八千三百呎

其他零星材料名目繁多从略

(四)刻已募得工匠约六十名,又工徒约二十名。如待遇较优,将来扩充招募,尚不致发生困难。

(五)机器厂房已完成十三间,尚有七间俟瓦顶盖好即可安置机器,其他办公室、大机器房、职工宿舍等工程,有完工一部分者、正在计划着手兴造者,预计全部落成尚需三个月之久。

(六)本厂主要工作以承装成通纱锭为先,刻以上项纱锭图样,尚未经蔡家坡纺织厂送到,趁此空余时期,先行赶装蔡家坡酒精厂五百加仑蒸馏塔三具,预计六月三十日以前可全部告竣(第一次五百加仑酒精塔一座旬日内即可完成),同时兼做应用工具及建筑所需之铁螺丝等,工作情形尚称顺利。

主席意见

(一)本厂现存五金材料不足供应大批需要,尤以生铁一项应请设法陆续采购备用。

(二)西北工学院借来机件,请加以显明标记,以资识别。

(三)成通纱机应行修配各件,已嘱蔡家坡纺织厂造具详细清单,并设法觅取图样交给本厂阅以便仿装。

(四)杨经理之意,拟请总公司拨给外国新式纱锭数枚(附带纲领及其成套之件),以作将来仿装之蓝本。总公司既有新式纱锭六十枚正由仰光内运,俟运到西北自可照拨。

(五)机器厂兰州分厂筹备情形,请杨经理挚奇特嘱马厂长文芳随时报告总公司备查。

上午十二时散会。

(件存陕西省档案馆民国档案 82－1－138－1 卷)

雍兴实业股份有限公司西北机器厂谈话会记录

(1941 年 8 月 7 日)

时间　三十年八月七日上午八时

地点　西北机器厂筹备处

出席　杨朗川　李紫东　吴葆瑞　杨毓桢　郭玉麟　胡玉琦　陈　伟

田三春　岳劼毅　李审用　唐文烈

主席　杨朗川

记录　李审用

一、开会如仪

二、主席报告

本人此行目的,系承束总经理之意,到所属各厂根据以往各项谈话记录所提出应办之点,加以检讨,是否均已办到,究竟有无困难,于大家摩面中约略作一研究后,提供部公司参考俾便设法。至于各厂之如何推动,尚非本人此行之使命。

三、厂务之研究讨论

甲、杨经理毓桢报告

机厂事务似较纱、酒两厂略为简单,现均已按照原有计划逐步推进,并无若何变更,但困难之处亦在所难免。兹将工务概况及困难各为点分述如下:

(一)工务方面

1. 建筑方面:现已完成之建筑物约二百余间,正在建筑尚未完成者约五十余间,惟大机器房尚须时日,约于八月底完成。至于工人宿舍及工人眷属宿舍,如砖瓦木料充足时,约于十月底亦均可完成。

2. 机务方面:本厂已于八月一日正式开工,所有工作工人一百八十名,工作机三十八部,熔炉十五部。自四月间起始,营业数量约值国币贰拾肆万伍仟余元。此外尚有待装工作机三十五部,俟原动机运到后即可安装使用。

(二)困难之点

1. 资金之困难:本厂资金原定系壹佰伍拾万,流动资金约为壹佰万元,但目下已用去肆佰余万。束总经理虽有资金可增至贰佰伍拾万元之允许,但以目下之支出比较，尚属不敷甚多。现已由本厂会计另造伍拾万开支概算书备陈总公司，以作发展之用。

2. 人事之困难：本厂技术领导人及技工等甚感缺乏，且报酬原定较低，尤感不易招致，他如事务人员，亦每感有生活不敷之苦。此种状况，似亦不能不设法补救。

乙、主席答复

建筑、机务两方面既已按原有计划逐步推进，自是本公司所希望之目的，至人事、资金以暨报酬上之困难各点，本人到行后，自当商同总经理尽力设法，但技术人员之报酬，每较事务人员为高，乃系目下一般社会之通例。

丙、主席意见

（一）机厂目下之最大目的有二：（1）以供给本公司所属各厂之机件为宗旨，总使其不向外厂订购为要，至获利如何，系发展后之问题，此刻应无须注意；（2）以发展后方生产建设以应抗战之需要为主，是亦不只专为目前谋利也，故凡定制品之营业利绝不附加太高。

（二）厂医方面：似应【将】机、酒、纱三厂合组一较为完善之医院，地点以机厂为中心，医术以西药为主体，如因陋就简而各自分别组织，则良医恐无力致得也。

（三）本厂员工甚多，工作之暇，体育似亦不可不加以注意，日后规模就绪，对于运动场所以及运动器具等，似亦须继续设备。

（四）现值物价日益昂贵之时，员工眷属所用家具似亦不可不预为筹划。本人意见，最好由厂中代为制备，凡领用者可令其按照原价分月扣还，如迁动时可按折旧价由厂收回。

（五）可绘一全厂较大之平面图，送陈总公司备查，俾展阅者一目了然。

上午九时半散会。

（件存陕西省档案馆民国档案 82 – 1 – 138 – 1 卷）

3. 营业概况

西北机器厂营业概况书

本厂自筹备以来,业于二十九年十一月一日设立办事处于西安中正门一号。除人员之延聘、厂房之兴建及日用物品之购买外,惟以定制机器及采购原料、物料与工具为当务之急。定制及采购之主要地点为西安,咸阳、蔡家坡等地间亦有之。定制之机器计车床五十架、钻床五架、刨床五架、铣床三架、坐钳六十个、砂轮机架滚珠瓦六部。已交货者计车床五架、钻床二架。原料一项,以生铁为大宗,已购五五,五六一斤。其他五金原料为数甚微,尚在续购中。物料方面,范围较广,现仍续购,期敷他日之需。工具以多系外国出品,收买不易,为数最少。购买之前,必向各方询价,预期廉于市价,始肯定夺。截至目前,买进各物总值计:机器四〇四,八五〇元,原料九,三二八,〇四五元,物料七,八二五,四二三元,工具一,一四一,八一〇元。附上"购买机料概况表"一纸,敬祈鉴核。

目下购料多在西安,而厂址远在蔡家坡,故运输问题颇为困难。火车车皮大部拨归军运或运煤之用,不易办到,惟在私谊之关系上,始可通融。同时本厂拟购胶轮车及铁轮车各若干辆陆续运厂,以补铁道运输之不足。

一工厂之建立,端赖原动系机械之是否健全。本厂草创伊始,对此尤为注意。惟抗战以还,此种机器泰半沦于敌方,殊觉扼腕。近查河南打包厂所有全部原动机器——计一百五十匹马力锅炉一座,一百二十匹马力蒸汽机及七十五基罗瓦特发电机各一套,并附每个十匹马力之马达一十三个——押于郑州法院,如能购得,足供本厂之用。以是特派田课长三春急赴洛阳接洽,第比日豫南敌寇猖獗,此望恐成泡影。果尔,则为早日部分开工起见,拟先置汽车引擎及煤气发生炉各若干个,亦可届期开工。至于打包厂之全部原动机器则容缓图之矣。

烟煤一项,陕省煤炭运销处或能按比例拨给,不至匮乏,若无锅炉,所需极少。

本厂额外租用工学院之工作机约三十架,尚未接收。订购之工作机共计六十三架,较原订架数尚差八十七架。在最短期间内,一俟厂房稍有端倪,拟先运蔡数架,即行部分开工。彼时酒精厂方在安装所需零件必多,本厂即可与以臂助,包作此种零件,而促其早日开工也。

按本厂原规定应有工作机一百五十架，所余八十七架，拟全由本厂自造，庶几成本低而效率高。设彼时本厂订货过多而无暇自制时，则由他厂订购，亦不至延误时日。

本厂开工之第一要务，厥为制造纺纱厂订购之一万锭子及纺纱机。该厂购自成通公司之全部纺纱机，均系半制成品，如有图样根据，本厂当以最高速度完成之。嗣后本厂之目标，乃在发展西北纺织工业，除续供蔡家坡纺织厂锭子及纺织机外，更进一步而供给其他纱厂之纺织机械，如有余力，拟制原动机器，并拟包修火车之机车、客车、货车，此项修理费之收入亦颇可观。抗战胜利后，西北自为吾国之新兴工业区域，亟待建立之工业，如制糖、面粉、造纸、提炼汽油等，皆能由本厂取得专用机器。将来同蒲陇海联运告成，并有咸同、渭白二段支线之辅助，煤、铁之取给不逊于燕、豫诸省，则本厂之前程正有待于诸同仁之勉力也。

（件存陕西省档案馆民国档案 82－1－151－2 卷）

雍兴公司西北机器厂三十三年度营业报告书（节录）

（1944 年）

第一章　概　述

本厂筹创于兹，倏经四载。依照原定计划，本年度系筹备期间最后之一年，关于设备之补充、组织之健全与各种管理制度之修订确定，均为本年度工作之重心，是以不特须在时间上结束以往之筹备事宜，抑且尤须在空间上建立今后发展之基础。一年来，艰危重重，阻碍横生，殚精竭虑，挣扎奋斗，抚今追昔，实有不能已与言者。

五六月间，中原告急，烽火所至，郑洛相继沦陷。敌叩潼关，当局下令疏散，情势备极紧张，人心惶惶。本厂为保持公司事业元气，以作万一之计，不得不准备疏散撤退。遂首将重要器材及暂不急需之机器拆卸装箱，分批运抵双石铺。厂内制造工作，则以大义激勉员工，力求镇定，照常维持进行，且更就原有设备加速效率，积极生产，以冀争取时间，报效国家。当时消息传来，朝夕不一，人情事物，均失常态。业务推动，尤感趑趄。嗣以敌寇南犯湘桂，关中局势，稍趋稳定，当即恢复正常。然陇海西段，实已邻接前线，战争虽暂消沉，威胁犹未解除，原定工作计划，不得不为之一变。

疏散工作甫经结束,生铁供应顿遭中断,情形严重,濒及停工。盖本厂所需钢铁原料,以中原沦陷,来源枯竭,西北各地市面存货既甚尠少,且高价居奇,搜购匪易;在渝所购,复以交通梗阻,迟迟未到,缓不济急。厂内存铁告罄,每值开炉,苦费周章,窘迫之状,殆非楮墨所能形容其万一者。迨至渝铁陆续运到,始稍复苏。入冬以来,天候奇寒,关中各矿煤产原不甚丰,至是出货减少而需要激增,益呈供求悬殊之现象,因之本厂动力所需燃料又告不继。员工四出,星夜奔驰,而运输迟滞,辗转莫测,耗资綦巨,犹其余事。以言遭遇之艰困,莫此两端为甚,他如资金冻结,周转失灵,官商脱节,调整无从,其直接、间接影响于工作计划及业务进展者,更非浅鲜。

总之,本年度为本厂筹备期间最重要之阶段,工作本已艰巨,又以时际非常,一切措施,由于战局事物之演变,其中艰难困苦,不一而足,谓在生命线上挣扎图存之年,实不为过。本年度之原定计划,虽以种种原因,一再改变,综计出品数量及其品质,则未降低,且益有精进及超出预定者。而年来本诸建厂建人并进之宗旨,于员工之培植、训练与夫各种特殊技术之研究试验,尤具显著进步。至于各项出品,先后问世,邀蒙社会嘉许,颇有定评,迩来各方踵相洽商订购之踊跃情形,可见一斑。是本厂已于艰困万状中奠立初基,业务渐有转机,前途颇见曙光矣。

兹当本年度营业报告编订蒇事,谨就年来经过之荦荦大者,披沥陈述如上,用弁其首。各项设施及其结果,均于报告内分章详列,并附有关统计图表,以备考核,兹不赘及焉。

第八章　结　论

查机械制造为一切工业之母,在机械制造绝对落后之国家,举凡一切使用机械以从事生产之工业,其所需之机械,必须自外国输入,惟经此一次输进后,自身应有之机械制造,即须以最大之努力,求适当之发展,以执行其抚育而滋生之任务。吾人所足以引为遗憾者,为过去我国之企业界对于此点似未曾予以注意,一任此事缺乏母体之组织,自生自灭,迨至今日危及绝嗣,故树立战后工业之基础,必自健全母体起。我国现有公私营机械工业,所以不能不集中全力力求充实者,理即在此。本厂建厂以来,不惜牺牲一切,从事于上述基本工作,已略举成绩。本年度之工作概况,既已分别列述于前,际兹新年度开始,检讨过去,策进将来,瞻望国家机械工业之前途,针对本厂业务进行之现状,有不容不分拆事实,以树立合乎理想之工作标准,以为今后厂务推进之参考者,谨就管见所及,缕举如次:

一、属于资金者。国人浸于传统之观念与心理，避重就轻，舍本逐末，虽创办工业亦不能例外，且由于求其速成及获利心切，每每专顾目前，忽视根本及永久之计。故向之企业资本集团，投资于纺织及化学工业者，远较投资于机械工业者为多。工业母体无由树立，一经顿挫辄便根本动摇或一蹶不振。本公司独具远见，垫拨巨款筹建本厂，同人等亦深懔于我国工业当前之危机，感于职责之重大，黾勉从事，惨淡经营，虽仍时以资金冻结，捉襟见肘，艰窘危殆，不绝如缕，惟为达成建厂之任务，从不惜付以任何重大之牺牲。各项设施，容与理想尚有相当距离，而其日渐趋向接近现代化，则显与战前之机械工业，异其旨趣。本此益求精进，树立健全之西北新式工业基础，不难渐致。

二、属于设备者。往昔一般民营机械工厂，率多限于财力，因陋就简，勉强工作，牟利一时，尚无不可，欲以之跻工业于现代化，图发展于永恒，殆属幻想。盖自身设备既甚残缺不整，制造能力薄弱，等而下之，其出品之粗制滥造，可以概见。本厂初本质重于量，继本量重于质，今后则以质量并重为原则，而于制造主要出品之余，数年来集全力以充实工作机者，盖由于此。计三十一年度仅有工作机六十余部，现已达二百余部，且于补充之中，更注意配备系统。故本年度除预定出品外，他如面粉机、矿用卷扬机等，均系繁复艰巨之工程，卒能应付裕如，如期出货。

三、属于技术者。我国旧有机械工厂，恒竞争制造简易出品，缺乏研究改良精神，无法开拓更新局面，故步自封，技术落后。本厂抱为人所不能为、精人所不能精之素愿，于任何一种技术研究工作，必缜密慎审，始终其事，纵告失败，亦必求其失败之经验与结果。制造技术，即无形中以生以成，渐入于进步之正途。由此推广开展，蔚为一种新风气，当非难事。

四、属于学理者。从事工业生产实际工作人员之轻视学理，与工程学者之不屑于沉着埋头于实际工作，致两者之间完全脱节，为过去工厂与学校彼此隔阂相互漠视之主因，结果经营工业者，辄谓人才缺乏，教育失败，工业教育机构复以工业集团不能容纳人才相责，技术难以进步，效率无由提高，公私损失，莫此为甚。本厂针对此种缺点，力谋补救，举凡技术研究工作，必本自学理，印证学理之发挥，尤必以实际工作为归依。年来于职工补习教育，不遗余力以推进者，主要宗旨即在读解工程原理，以辅助其实际工作。故此项脱节现象已日就减少，工厂管理藉收良效。

五、属于生产数量者。我国目前之新式工业，尚在过渡时期，对于机械之需要,种类繁多而数量微少,机械工厂无法达成大量生产之专业化,于经济原理殊多违背,近年来因不能适应此种环境致被摧毁者,不知凡几!本厂迄至本年度虽尚在筹创期间,亦不免蒙受影响,出品计划时为变更,工作效率无法更事提高,兼顾难周,损失至巨。为亟谋匡正方针,力予补救计,已于本年年度终了另成立修理场,拟将所有零星修配及主要出品以外之制造工作,统行纳入修理场中,俾本厂渐成为制造纱机之专一工厂,而达大量生产之目的。

六、属于联系合作者。目今一般民营机械工厂,每各自求其独立,缺乏互助合作之精神,效率无从提高,产品彼此重复,于自身业务进展颇多困难,在整个国家经济建设上,错综复杂,付相当浩大之人力物力于不必要之浪费,尤堪痛惜!本厂年来为避免此种缺憾,一面力求业务渐趋专一,一面与各有关厂场切取必要联系,除本公司各友厂外,即其他各公私营机械工厂及工业学术研究机关,亦时通声气,互相观摩,并常交换图样,或作专题研究,达成完全互助合作之地步,容犹有待,而直接间接裨益业务者,已粗具成效。

七、属于培植人才。我国技术员工原极普遍缺乏,尤以西北方面为甚。近年来物价指数波动剧烈,生活日趋高涨,技术员工率多苦于维持,情绪杌陧,健康失常,复以工厂业务不振,多为争取产品成本之低廉,常置人力于滥用,更无进修机会,以故心境陷于麻痹悲观,事业心日趋薄弱,流动频繁,此为主因。欲于此种情形下求人才之培植与产生,其难盖可想见。本厂向树建厂建人并进之鹄的,数年来于艰难重重中亟谋福利设施,安定员工生活,力免浪费工作,珍惜人力,而致力于员工工余教育,积极训练培植人才,所付之代价不亚于生产工作,用能一矫积弊,养成员工自重、自爱与自求进步之精神。

八、属于钢铁原料者。西北钢铁原料之缺乏情形,已于本报告概述内胪陈甚详。本厂年来遭遇之困难,无过于原料之威胁,铁矿蕴藏本不甚丰,向无具有现代设备之钢铁炼冶工业,间有数处土法炼铁者,亦以限于资本技术,产量极少,品质低劣,难合应用。惟如能设法予以协助,使之充实设备,改良品质,源源生产,从而求取供应,非不可能。又重庆钢铁生产,时呼过剩,西北方面独感奇缺者,诚以交通梗阻,运输迟滞,辗转需时,耗资甚巨,厂商力量薄弱,不能自求解决途径,遂造成此种不合理之现象。如能统筹顾及,调剂盈亏,困难所在,迎刃可解。此则均有待于总公司及政府予以注意擘划,用资救济。

九、属于奖励辅导者。年来政府对于经济建设,颇具决心,惟民营工厂目前之危机，尚待作实际的、普遍的、有效的救济与协助。西北地处偏僻，本已呼吁无从，而地方行政人员及各种社团，复相率目民营工厂纯为营利机构，公费摊派，杂项募捐，不一而足。是不独绝未明了国家工业建设之意义，生产事业困难苦痛之情形，而予以同情协力，或以转达于政府，且于其危殆之中，复加以不胜负担之负担。诸如此类，言之痛心！此则有待于政府高瞻远瞩，亟谋奖励辅导政策，颁布施行，以缓解生产工厂之困难，芟除工业建设之障碍，而跻国步于坦途。

十、属于社会风气者。国人对于机械功用之认识尚极肤浅，机械工厂艰辛从事贡献社会者，常被漠视，即此一端，大之足以阻障业务之进展，小之影响员工情绪，动摇自信，无形减低生产效率。如何转移社会风气，所谓由社会之进步以促进生产事业之进步，而奠定国民经济基础，除工厂自身应力求健全充实，出品精确适用，以推广于社会，促进国人之注意外，更待政府之涣汗大号，宣扬倡导，俾能举国景从，共赴事功。

综上十端，或为本厂针对我国机械工业进步迟缓及当前困难之症结，力图改进补救粗具成效及犹待继续努力以观厥成者；或为关系整个国家工业建设及本公司事业前途，亟待总公司之统筹擘划及政府之协力辅导者。总之，当兹抗战胜利在望，复兴民族必始自国家经济建设，发展工业必先树立母体工业之时会，一切战时战后之建国计划，有赖于机械工业之恢宏发皇者，至深且巨。本厂以四年来坚苦缔造略具规模之西北唯一机械制造工业基础，本诸建厂宗旨，配合现有员工设备，更能扩充健全，确立良好管理制度，并在总公司之统筹指导暨政府之协助扶持之下，纾解困难，积极推进，专从事于纱机之制造，则贡献国家，当不可以道里计焉。

附

西北机器厂益门镇分厂三十三年度营业报告书(节录)

第一章　概　述

查本厂于本年九月七日奉命接收西北运输处之机务科及修造厂，改称本厂益门镇分厂，九月十七日交接手续。嗣因原址在宝鸡材料库，对于工厂管理及未来之扩充计划均有不合，乃于同月二十二日迁往益门镇原机务科停车场旧址，一切建厂计划于焉开始。

按照总公司之规定,益分厂之主要任务系为西运处修理车辆,暂不对外营业,故于成立之初,即遵此原则作一切必要之布置。惟以原有之工具及机器设备过于简陋,尤以原动设备,仅有直流发电机一部,陈旧不堪,几同废物,故待修之车辆虽多,因设备之过于缺乏,致无法迅速完成其任务。且益门镇厂址系前益酒厂故址,一切建筑因年久失修,大都倾圮渗漏,无法使用,而原有房屋位置亦不合机器厂之需要,必须重行筹划发行,始能趋于合理。故自迁入之日起,即集中全力实施全部测量,兴工修缮,一面改进旧有房屋以应急需,一面兴建新工作场房以符计划。为节省用料起见,并将所有散弃各处之断砖残瓦收集利用,同时加紧修理电机,配置工作机具。至十二月二十日,大修间、机器间、修车间、铜工间等重要部分即已迁入新址,正式开工。计自接收之日迨至年底四阅月之时间,多集中于此种整理及筹备工作。

至于业务方面,综计先后承修西运处汽车六十四部,及宝天路等机关汽车十七部。此外,因动力原料及工作场房诸端尚未具体解决,制造部分除少数之零星修配及应用工具之修制外,其他工作尚待努力开展。

本厂之主要目标,既为修理汽车,自当就此一方面作一比较远大之瞻望。窃以本厂目前之环境而论,适当陇海、川陕两路之交叉点,宝鸡市内外之交通情形,必将随公私运输之发展而日趋扩大,因之车辆修配工作亦日感需要之迫切。惟以汽车所用零件,多系精度较高,且有一部分为目前我国工厂所不能制造者。以今日蔡总厂之设备与员工衡之,益分厂之能力决不只限于利用外来成品之修理工作,必须着眼于自制汽车零件之研究试验,进而达于国产汽车之生产。如能假之时日,一旦有成,则不但为国家减少漏卮,为后方交通增强补充力量,且亦为本公司之机器工业辟新蹊径,奠新基础。故如能把握时机,争取时间,俾抗战一旦胜利结束,业务即可突飞猛进,实为当务之急。

关于本分厂本年度工作情形部,兹择其重要者,分述于后,并为叙述使得起见,按照工作部门依次列陈并附有关数字图表,用备考核焉。

(件存陕西省档案馆民国档案 82－1－1384－1 卷)

雍兴公司西北机器厂三十四年度营业报告(节录)

第一章　概　述

本厂经战时三年余之奋斗挣扎,历经艰危,在非常时期客观条件严酷限制之下,逆水行舟,迈向目标,终于本年完成初步建厂基础,结束筹备工作,顺利解决制造整套纱机之繁难技术问题,而以正式出品供应社会。公司巨大牺牲,已获相当代价。

本年度为抗战第八年,六月以后,纳粹覆灭,倭寇临危,大战局势益趋明朗。各厂为谋把握战后发展之时机,乃一面脱售存料,俾免积压资金,一面拟就扩充计划,向国外订购大批新式工作机,并与豫丰机厂商订合作计划,同时积极训练工友,罗致优秀干部,加强阵容,以待开展,人心振奋,匪可言喻。

讵料原子弹一投倭土,空前大战,戛然而止,抗战胜利结束,人心狂欢失常,在国内政治形势正趋严重恶化,交通情况一筹莫展之际,物价遽告惨跌,生产被迫停顿,大小战时形态之工业,未及作适当之措置,即在市场风暴之下摧毁殆尽。本厂出品已无对象,业务立遭打击,于是九月下旬,乃奉紧缩厂务之命。十月一日起,开始裁遣员工,计职员资遣十一人,原有之五百七十二名直接工,遣散三百二十三名,仅余二百四十九名,全厂入于半停工状态,数年精华,摧于一旦,牺牲之惨重,非可数计!尤可惜者,此辈员工经数年之严格管理训练,无论技术能力方面已臻上乘,而严守纪律之纯正习惯,尤为目前整个紊乱工业环境中之至宝。言念及此,不胜痛惜!

目前间接开支无可再减,直接生产无可再增,巨量半成品之积压,以及生产成本之提高,形成本厂危疑震撼之局面。今后之如何打开僵局,以谋复兴,固须取决于公司,亦将以国内政治局面之发展为前提,揆诸实际,信而有征,存亡之间,非关人员开支之应否再减耳!

此外,本厂之各附属机构,如益分厂代管西运处及宝材库等,均已先后结束或正在结束中,另有专案报告,兹不再赘。

当兹营业报告编制蒇事,谨就本年厂务实际情形,敷陈大要,用弁篇首。至于各部工作详细情形,容于报告内分章叙述并附有关图表,用备考核焉。

第八章　结　论

当此八年抗战已告结束,全面建设即将展开之际,瞻望本厂前途,责任实极重大。西北之适于发展棉毛纺织工业,已为国内专家公认之事实,则今后本公司业务益趋发展之过程中,实需本厂生产能力之加强,以资配合。盖机器工业为一切工业之母体,而经济建设,亦须以工业建设为骨干也。

检讨本厂以往工作,详查本厂目前内容,能否负起上述之任务?事实昭示,决可胜任。盖工厂生命,寄托于制造技术,而制造技术之能否达到标准,则决定于人员之训练程度及机器工具之配备情形,与夫出品之实际使用结果,此三者如均能合格,即可证明此厂已具备其发展条件。

以言本厂从业员工之训练程度,回忆三年以来,本厂为谋干部之训练培养,不惜于艰难重重中加强福利设施,以安定其生活;致力工余教育,以提高其知识;奖励技术研究,以精进其技艺,所付代价,不亚于生产工作。此种建厂树人并进之目的,即期其能负担胜利后更艰巨之任务。

以言本厂机器工具之配备,三年以来,对于工作机之补充配备,专门工具之研究制造,锲而不舍,不遗余力,尤其对于特种机件之制造,均先后创立新法,解除困难,对于整套纱机及普通一般机器制造,已无问题,今后只须对精密仪规加以补充,则质量并重之目标决可达到。

以言本厂出品之使用结果,所有本厂三年来之出品,无论其为纱机、工作机、化工机械及其代出品,其品质性能虽未能与外货一较高低,但在国产品中允称优良合用,决无一般小厂粗制滥造性能低劣之评。此中因限于材料之不全及检验仪规之缺乏,有非人力所能改善之处甚多,将来交通恢复,此种困难一旦解除,则所有出品之精人之所不能精,易于反掌耳。

至于目前本厂之半停顿状态,不过受战后经济全面不景气之影响而暂时紧缩,藉以维持,决无根本消灭之理。盖无论国内外之政局如何演变,而中国今后之必须工业建设,已成定论,而一般工业建设之必赖机器工业,则为天经地义、千古不易之理也。

况本公司各种业务蒸蒸日上,未来发展不可限量。就本身需要言之,亦必须维持一相当规模之机器工厂,以资自给,庶免权利外溢,违反大企业之经营原则。言念及此,则今日对本厂前途之阴霾,当可一扫而空,对本厂现状之枝节问题,亦可不必重视矣。

抑有进者,环顾今日国内民营企业组织,多系惑于近利,殊少远大眼光,对举办较易及获利较速之工业,如纺织、化工、面粉之类,趋之若鹜,对于创造艰难之母体工业如机器工厂,则视为畏途,不愿尝试。此种避重就轻舍本逐末之工业现象,实蹈战前之覆辙，亦伏今后工业建设之危机。本公司之所以异于寻常，优于其他企业组织者，不在拥有若干纱厂及化学工厂，实在握有西北规模最大之机器厂耳。出类拔萃，弥足珍贵！

此外，关于本厂目前生产成本，自十月紧缩以后，因生产工大行减少，而间接开支事实所限，不能比例减低，因之每工单价成本剧增，而致本厂纱机□□□□。最近美国纱机每锭四十余元美金之价格稍高，设本厂能于短期内恢复原有生产工数，成本自可减到与外货相埒，则在二三年内外货不能大量进口期间，本厂出品决能占据国内市场之重要地位，而本厂基础亦必能在此期间益趋坚固焉。

总之，本厂数年来，牺牲重大，成效显著，此种成果，至堪重视。今后究应如何促其发扬光大，以求对国家社会作最大供给，则有赖于总公司之统筹指导与夫政府及社会之扶植协助者矣。

（件存陕西省档案馆民国档案 82－1－1176 卷）

（四）蔡家坡动力酒精厂

1. 企业概况

雍兴实业股份有限公司蔡家坡动力酒精厂概况

（1945 年 9 月）

一、创办经过

自二十六年抗战军兴，后方运输频繁，因汽油来源困难，行驶汽车皆以动力酒精替代，虽制造液体燃料工厂先后兴起，究以产量无多，时感供不应求。雍兴公司遵照中央之旨，开发西北实业，乃于民国二十九年十月着手筹设本厂，于三十年九月开工，十一月正式出品。

二、厂址面积及房屋建筑

本厂厂址设在陇海线西段蔡家坡车站北约一里许之令狐村，面积共二百四十余市亩，建有房屋九百余间。

三、资金

本厂资金系由雍兴公司拨付货币五百万元，因不敷周转，向西安中国银行抵押借款，藉资维持。

四、组织

本厂组织,设经副理各一人;经副理以下,设工务处一处,设主任工程师一人,并设酿造、淀粉、面粉、厂务、会计、事务等六课,各设课长一人及工程师、技师、技士股长、办事员、助理员各若干人。

计自经理至助员现有职员□□人,技术工人□□人,普通工人□□人。

五、机器设备

1. 原动机器。有100马力锅炉一部,50马力锅炉一部,80马力蒸汽机一部,50马力蒸汽机一部,15马力蒸汽机一部,又本厂面粉部分系引用纺纱厂电流,装有高压轮电线路及80马力电动机两部及其他大小电动机五部。

2. 作业机器。酒精部装有蒸煮机、糖化机、轮醪泵、粗溜机、精溜机一套,每日可蒸制酒精一千五百加仑;面粉部装有日产面粉二千袋机器一全套、盐酸部装有日产20B′e盐酸半吨之机器设备一全套;其他各生产部门装有压榨机、离心机、抽风机、高压蒸煮机多种。

3. 辅助机器。为便于机器修理及安装计,本厂备有镟床、刨床、铣床、钻床等共十余部,凡简单之修理及制造皆可优自为之。

六、主要产品及产量

1. 95%动力酒精
2. 面粉(计分绿、红、蓝三种)
3. 酱油
4. 淀粉
5. 味晶
6. 20B′e盐酸
7. 酱油精
8. 植物胶
9. 香醋
10. 糖色

历年产量

品名	产量				
	年度				
	三十年	三十一年	三十二年	三十三年	三十四年
酒精	30,770加仑	222,456加仑	198,894加仑	61,808加仑	179,262加仑
面粉			19,828袋	68,275袋	268,848袋

续表

品名	产量				
	年度				
	三十年	三十一年	三十二年	三十三年	三十四年
酱油				276,263 市斤	586,474 市斤
淀粉				88,659 市斤	180,480 市斤
味晶				335 市斤	21,765 市斤
盐酸					
酱油精				3,550 市斤	23,214 市斤
植物胶					1,172 磅
香醋					14,050 市斤
糖色				10,641 市斤	2,176.5 市斤

七、制造程序及说明

本厂完全从事粮食加工,各生产部门之原料、产品及副产品相互为用,务求厂无废物,以尽其利。兹分述于次:

1. 酒精:本厂酒精制造原装有液体发酵设备一全套,每日可产酒精八百余加仑,三十三年五月以中原战事吃紧,奉令疏散及拆运至安全地点。当时以销路迟滞,乃趁机将该部机器减缩,每日仅产酒精二百加仑。嗣以反攻在即,需要产量增加,遂将原有固体发酵恢复,增产酒精至六百余加仑。现仍在继续生产中,如大量接收征购土酒,则每日产量可达一千五百加仑。(附制造程序图如后)

酒精制造程序图(一)

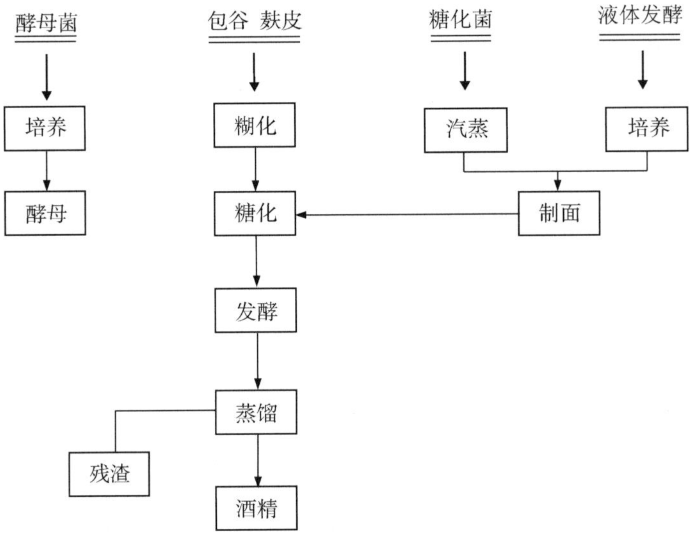

酒精制造程序图(二)

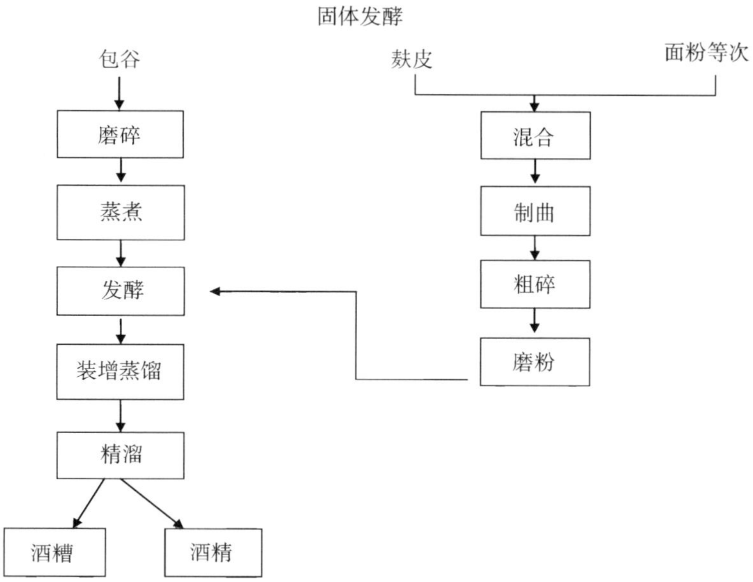

2.面粉:原有机器每日仅产面粉五百袋,于三十三年八月完竣开工。当时筹备至每日一千五百袋,机器大部由本公司西北机器厂制造,于三十四年二月安装完成,试车开工,至三十四年九月又扩充至每日产粉二千袋。

面粉制造程序图

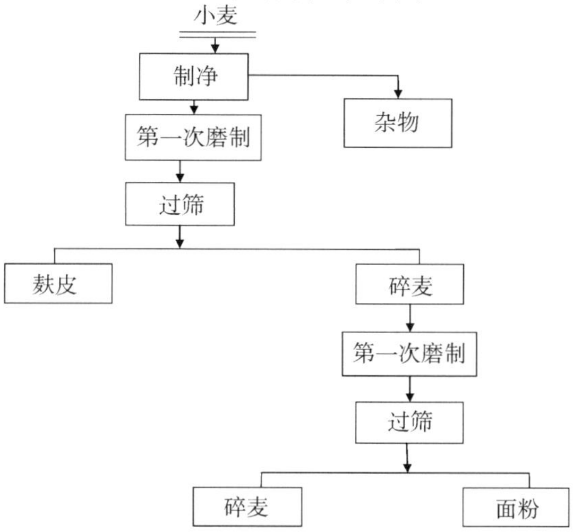

3.酱油:完全采用最新式方法,每月可产上等酱油八万市斤,现于西安东关开外设西安酱油部,将来酱油制造拟移至该处,以免除运输上之困难。(附酱油制造程序如后)

酱油制造程序图

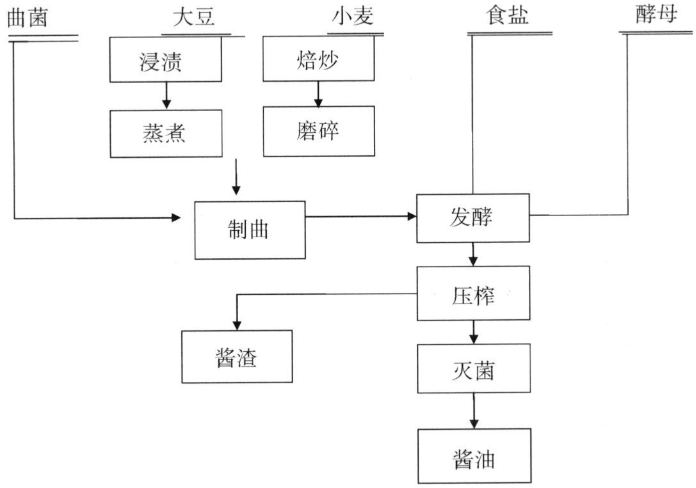

4. 淀粉。本厂为供应食用纺织、印染、造纸、医药之需要，乃制造小麦淀粉及包谷淀粉，因为重要之工业原料也。（附淀粉制造程序图）

淀粉制造程序图（一）

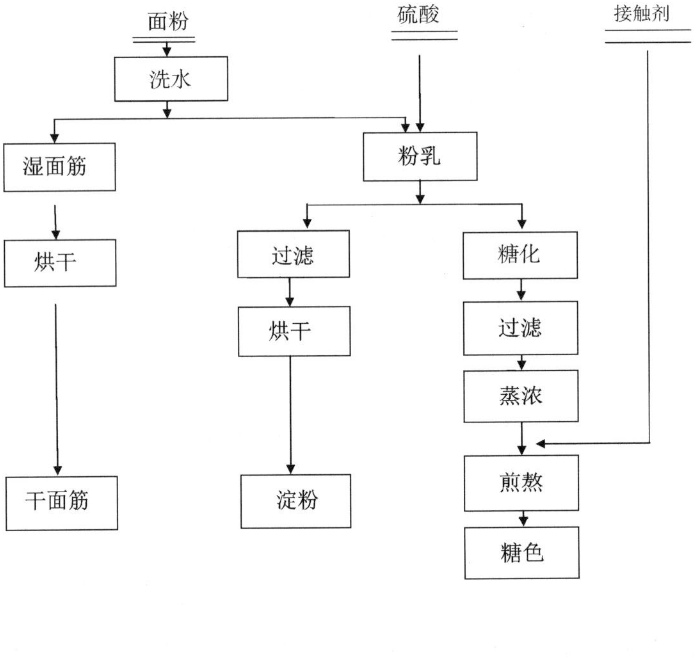

淀粉制造程序图（二）

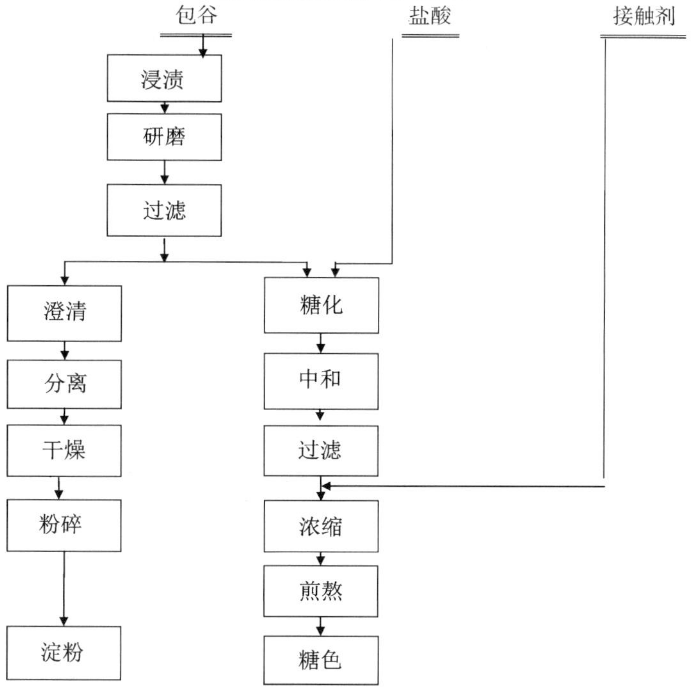

5. 味晶:经年余之研究,现已大量制造。(附味晶制造程序图)

味晶制造程序图

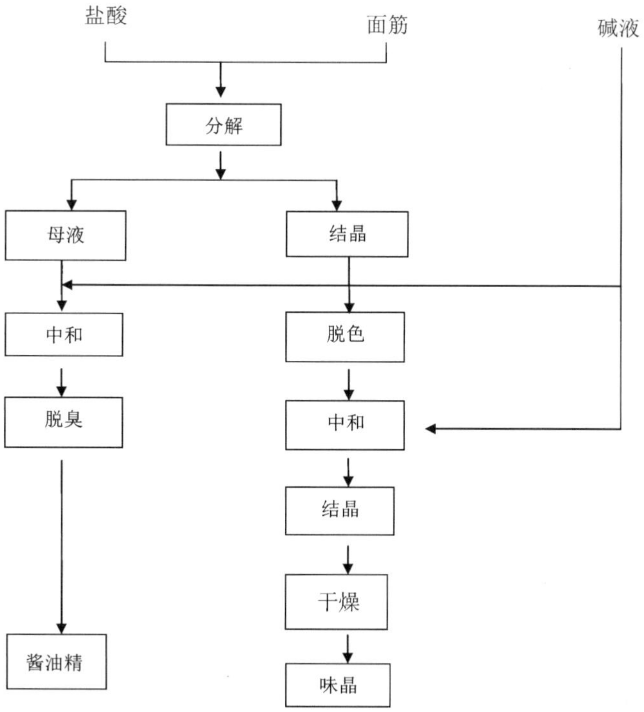

6. 本厂盐酸制造:系采哈哥瑞夫法(Hargraves)以硫磺食盐为原料,生成氯化氢气体使导溶于水中,即成工业用盐酸,其制造程序如下图:

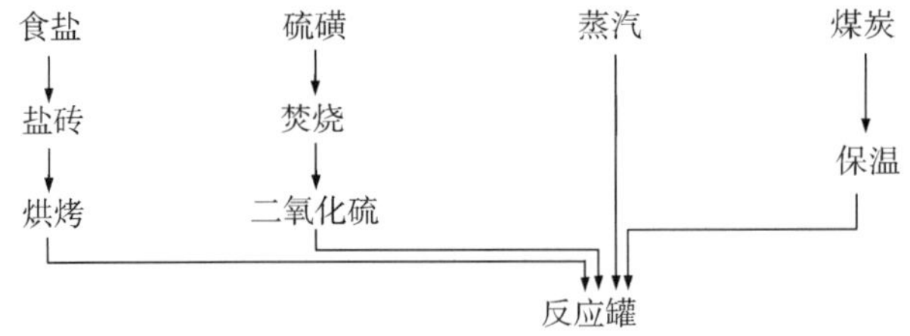

八、注册商标

本厂所在地之岐山县,为关中名区。周召伯巡行南国,舍于甘棠之下,国人作"蔽芾甘棠"之诗,以颂其德,甘棠胜迹即在此县。本厂出品以红色"岐山"为商标,用示与岐山胜名并美久远之意。业经呈奉经济部商标局,准予注册。

九、福利设施

1. 职工宿舍:建有职工单人及职工眷属宿舍,借给室内用具并供应用水及电灯。

2. 用品供应:设有供应部,供应全厂职工所需日用品,并有农事部供应蔬菜。

3. 医药术生:设有医务室、养病室,供给药品,并设有职工浴室、理发室、洗衣部及缝衣部。

4. 保险储蓄:办有人寿保险并设有储蓄部收存员工存款。

5. 业余娱乐:设有交谊室,掌管职工体育、话剧、评剧各项活动。

6. 职工进修:设有读书会、外国语进修班、业余进修班及专题讲座,另外办有职工子弟小学。

7. 图书设备:有图书室,藏书　　册,计中文书　　册,另个订有杂志　　种、报纸　　种。

十、本厂主要职员简历

经　理:束士方。

副经理:吕凤章,江苏丹阳。国立清华大学毕业,德国特准工程师,曾充国立清华大学教授、大华纱厂工程师、雍兴公司益门镇酒精厂经理。

主任工程师:马震垚,河北吴桥。河北省立工业学院化学制造系毕业,曾充渤海化学工业公司副技师、太原西北实业公司技师,雍兴公司益门镇酒精厂工务课长。

工程师兼酿造课长:梁其瑾,广东惠阳。国立清华大学毕业,曾充国立清华大学、西南联大、岭南大学等校讲师,合众化工厂、德和食品厂等厂厂长。

工程师兼面粉课长、事务课长:张秉刚,江苏徐州。国立清华大学毕业,英国拔伯葛实习员,曾充资源委员会工程师、富华公司厂长、花纱布管制局宝鸡工厂副厂长、西北工学院教授。

工程师兼淀粉课长:汪家祯,安徽怀宁。河北省立工业学院毕业,曾充渤海化学工业公司副技师、北宁铁路材料局化验室工程师、经济部工矿调整处中南区办事处专员。

工程师兼厂务课长:冀桂岩,河北完县。河北省立工业学院电机工程系毕业,曾充西北实业公司技师、经济部农本局宝鸡工厂工程师兼副厂长。

会计课长:刘慎智,河南孟县。河南大学毕业,现充中国银行行员派驻本厂办事。

事务科副课长:刘靖宇,河北定县。河北大学毕业,曾充雍兴公司西北机器厂办事员。

本厂兰州面粉厂厂务主任:韩巨川,陕西长安。西安中山大学①毕业,现充中国银行行员,派驻本厂办事。

本厂兰州面粉厂厂务副主任:谢奉先,河北徐水。河北省立工业学院毕业,曾任察哈尔省立职业学校专任教员、新生炼油厂厂长、陕西实业公司制革厂厂长、本厂面粉课课长。

十一、其他

1. 分厂——本厂面粉分厂于兰州西门外七里河,厂名雍兴公司蔡家坡动力酒精兰州面粉厂,日可出产面粉五百袋。

2. 总公司化学研究室——本公司束总经理鉴于业务之日益扩充,对于化学方面之关系,亦日见密切,且原料成品之改进及资源之探究,皆有赖于化学之研讨,故于抗战中期,时在民国三十二年,即在后方大量收购化学药品、仪器及图书等。顷以抗战结束,百业待兴,遂于本年三月一日正式成立化学研究室,并派续工程师光清主持其事,暂设本厂内。

3. 货品销售及料品购运——本公司所属各厂矿货品均系集中总公司批发或零销,各厂矿仅负货品之生产,不负营业之任务,至各厂矿需所〈所需〉之料品,亦系集中总公司代为购运。

(件存陕西省档案馆民国档案 82-1-234 卷)

① 即 1928 年时西北大学之名称。

雍兴实业股份有限公司蔡家坡动力酒精厂组织章程

（1942 年 10 月）

第一条　本规程依照本厂《组织大纲》第七条规定拟定之。

第二条　本厂设经、副理各一人，经理秉承公司综理本厂一切事务，副经理协助经理处理本厂各事务。

第三条　本厂设事务、工务、营业、会计四课，各设课长一人，承经副理之命处理课内一切事务。

第四条　本厂事务、工务、营业、会计各课设股长、技师、技士、办事员、助理、练习生若干人，承课长之命办理一切事宜。

第五条　本厂事务课设文书股、庶务股、材料股、医务室、警卫队分掌各项事宜。

第六条　事务课各股室队职掌事项如左：

一、文书股

1. 关于函电文牍之收发、撰拟及保管事项；

2. 关于厂章戳记之典守事项；

3. 关于厂务研究会议提案、记录之编报事项；

4. 关于职员进退、奖惩、请假之登记事项。

二、庶务股

1. 关于房屋土地之整理修葺事项；

2. 关于生财用具之登记、收发、保管事项；

3. 关于文具用品之购置、收发、保管事项；

4. 关于员工警役之膳宿事项；

5. 关于厂工、计工之登记事项；

6. 关于全厂清洁事项；

7. 关于工役进退、奖惩、请假之登记事项；

8. 关于本厂之一切对外交际、招待、接洽事项；

9. 关于本课其他不属各股之庶务事项。

三、材料股

1. 关于原料、物料、材料之收发、储存、保管事项；

2. 关于原料、物料、材料之登记表报事项;

3. 关于经常材料预算之编制事项;

4. 关于处理旧料、废料事项;

5. 关于其他材料事项。

四、医务室

1. 关于员工、警役疾病之诊疗事项;

2. 关于员工、警役之防疫筹划事项;

3. 关于本厂公共卫生之管理事项;

4. 关于医药之购置、收发、保管事项。

五、警卫队

1. 关于治安之保卫事项;

2. 关于消防、空防之指挥防护事项;

3. 关于警卫之出勤、训练事项;

4. 关于其他警卫事项。

第七条　本厂工务课设制造股、机械股、实验室分掌各项事宜。

第八条　工务课各股室职掌事项如左:

一、制造股

1. 关于工程技术设计改良及扩充事项;

2. 关于制造部分之监督、指导及训练事项;

3. 关于材料之请购、领用及编造预算事项;

4. 关于技术人员工作之分配事项;

5. 关于工人之管理、考勤及奖惩事项;

6. 关于工务表报之编造事项;

7. 关于应用工具之保管事项;

8. 关于绘制工务方面之图表事项。

二、机械股

1. 关于原动机器之使用、管理及保管事项;

2. 关于机器之设计、制造、安装及修配事项;

3. 关于材料请购、领用及编造预算事项;

4. 关于技术人员工作之分配事项;

5. 关于工人之管理、考勤及奖惩事项;

6. 关于应用工具之保管事项。

三、试验室

1. 关于原料、成品之化验事项；

2. 关于制造技术上研究及改良事项；

3. 关于菌种之研究事项。

第九条　本厂营业课设营业股、采购股、运输股分掌各项事宜。

第十条　营业课各股职掌事宜如左：

一、营业股

1. 关于销售产品事项；

2. 关于计划营业损益事项；

3. 关于利用副产品经营副业事项；

4. 关于课内文件收发及选拟事项。

二、采购股

1. 关于原、物料之采购事项；

2. 关于原、物料产区及价格等之调查事项；

3. 关于考查在外庄原料之保管事项；

4. 关于编制购进原、物料之报告、表册事项；

5. 关于其他采购事项。

三、运输股

1. 关于原、物料之运输事项；

2. 关于运输工具之分配、发还事项；

3. 关于考核委托运输各商栈之信用事项；

4. 关于押运员役之管理事项；

5. 关于运输用费之收发事项。

第十一条　本厂会计课设司账股、出纳股、分掌股各项事宜。

第十二条　会计课各股职掌事项如左：

一、司账股

1. 关于账目之登记事项；

2. 关于预算、决算、统计、表报之编制事项；

3. 关于账目单据之审核事项；

4. 关于成本之核计事项。

二、出纳股

1. 关于现金之出纳、登记、保管事项;

2. 关于票据之保管事项;

3. 关于薪津工资之发放事项;

4. 关于其他现金之出纳事项。

第十三条　本厂经、副理由总公司聘任之。

第十四条　本厂经理因公出差或因故不能到厂时,得由副理代理处理本厂一切事务。

第十五条　课长、股长、技师、技士、办事员、助理员、练习生由经、副理任免之并函报总公司备案,但会计课长得由经、副理商请中国银行任免之。

第十六条　本厂各课办事细则另定之。

第十七条　本规程如有未尽事宜,得随时陈请总公司修正之。

第十八条　本规程自呈请总公司核准之日施行。

(件存陕西省档案馆民国档案 82 - 1 - 453 - 2 卷)

雍兴实业股份有限公司蔡家坡动力酒精厂组织大纲

(1942 年 10 月)

第一条　本厂之组织依本大纲之规定(组织系统如附图)。

第二条　本厂设经、副理各一人,由总公司聘任。

第三条　经理秉承总公司综理本厂一切事务,副经理协助经理处理本厂各事务。

第四条　经、副理以下设事务、工务、营业、会计四课,各设课长一人,承经、副理之命处理各课一切事务。

第五条　事务、工务、营业、会计各课视事务之繁简分设若干股,各设股长一人及技师、技士、办事员、助理员、练习生各若干人,承课长之命办理一切事务。

第六条　课长、股长、技师、技士、办事员、助理员、练习生,除会计课长由中国银行派充外,余由经、副理任免之并函报公司备案。

第七条　本厂组织规程另定之。

第八条　本大纲如有未尽事宜,陈请总公司修正之。

第九条　本大纲自陈请总公司核准之日施行。

雍兴实业股份有限公司蔡家坡动力酒精厂组织系统表

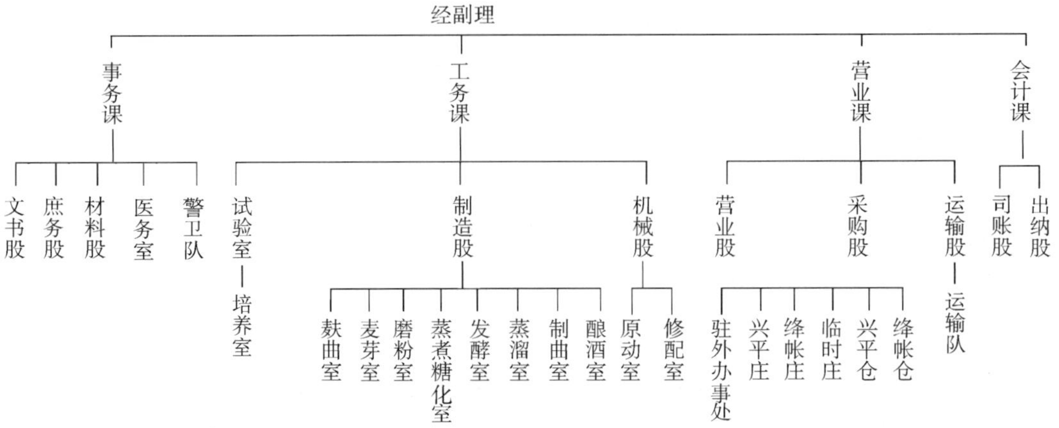

（件存陕西省档案馆民国档案 82－1－453－2 卷）

雍兴公司蔡家坡酒精厂三十五年度营业报告书（节录）

（1946 年）

本厂创办之初，专事酒精制造，本为战时工业，具有临时性质。故数年以来，除一面力谋自身基础之稳固外，复一面利用余力，研究其他业务之发展，先拟具小规模试验，俟有成果，即再扩充为正式生产，如酱油、面粉、味晶、盐酸等产品，均先后完成大量出品。盖抗战期间，因政府限价及管制，资金既感枯竭，运输复多阻碍，以及工业本身诸多困难问题，势须适应环境，因时制宜，采取亦步亦趋、脚踏实地、循序渐进之办法，上承总公司之策划指导，下赖诸同仁之同心协力，幸能于此艰苦之中奠定基础，此足堪以告慰者。抗战胜利后，全国复员，我厂业务亦随之转变，至本年七月以酒精无法销售，乃全部停工。今后主要业务将为面粉，至味晶产量虽已数度增加并运沪推销，目前情形尚属可观，处此科学昌明日新月异之时，把握时代仍须视吾同人之努力。综计全年业务虽少有盈利，但终能于此百业不振、经济枯竭之局面中屹立不倒，实为我全厂职工数年来奋斗之结果也。兹将本年度本厂业务情形书为报告于次。

（件存陕西省档案馆民国档案 82－1－1642－1 卷）

蔡家坡动力酒精厂为报送简化后组织系统表致公司西安办事处函

(1949 年 4 月 30 日)

敬启者:查敝厂范围既已缩小,自本年五月一日起,拟将原有组织简化,味晶、面粉两厂取消,改设工务、会计及总务三课。工务课下设面粉、铁工、原动、酱油等四部;西安酱油部改称西安农场,由总务课管理;其余会计、总务两课所属部门仍旧。兹拟具组织系统表一纸附函奉上,敬祈察洽准予备案为荷。

此致

总公司西安办事处

附件

雍兴公司蔡家坡厂组织系统表

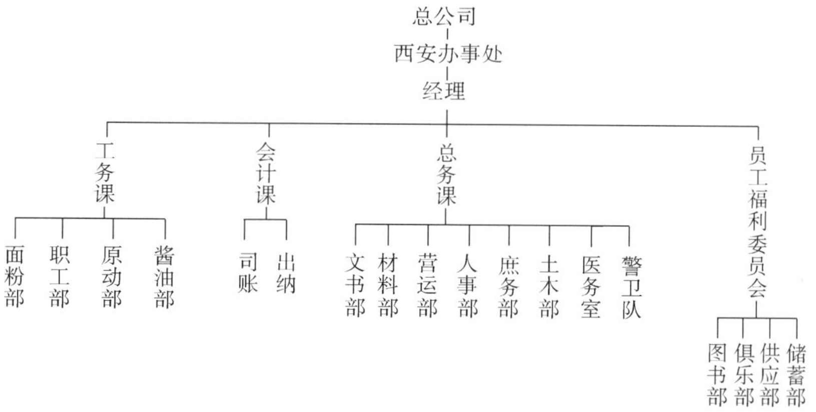

(件存陕西省档案馆民国档案 82 – 1 – 1066 卷)

2. 企业章则

雍兴公司蔡家坡动力酒精厂厂务会议组织规程

(1941 年 7 月 19 日)

一、本厂为密集办事之机构、增进厂务之推行,特组织厂务会议,定每星期举行一次。

二、本会议以各课、股主管人员及技师为出席者，以经理或厂长为主席（经理因公缺席时由厂长主席）主持会议中一切事务，以文书、主任为记录，担任会议记录之编制。

三、本会议之提案须于会议先二日由出席人送陈主席备案交议。惟遇紧急性质之事务，得于临会时提请主席交会。

四、本会议决重要案件陈请总公司核准施行之。

五、提案之范围以关于厂务之推进、组织之改善、交际之应付、业务之发展、制品之研究诸大端为限。惟对于总公司命令之原则以辅助或改善为原则，不得有所抵触。

六、会议地点设于本厂经理室。

七、会议时期定于每星期一上午九时举行（例会不通知），遇有事故须依期后延时临时通知之。

八、本组织规程如有未尽事宜得随时修改之。

九、本规程于陈请总公司备案后公布之日施行。

（件存陕西省档案馆民国档案 82－1－9－1 卷）

雍兴公司蔡家坡动力酒精厂职员服务规则

（1941 年 7 月）

第一条　本厂职员（以下简称职员）在服务期间应遵守本规则。

第二条　职员应遵守本厂一切规章并服从命令。

第三条　职员处理事项，遇有未经章程专条明定或虽有专条尚待解释者，应陈明各该课主任或工程师、技师请示办法，如仍不能决定时，应转陈经理或厂长核定办理。

第四条　职员不得违反上级人员指令，如有意见须陈述理由。

第五条　职员不得自营他业或作一切投机之行为。

第六条　职员不得兼任厂外任何职务。

第七条　职员对于本厂事务及工作实况，应严守秘密不得泄露。

第八条　职员不得向往来商号挪借款项。

第九条　职员不得假借字号或其他名义向本厂私作交易。

第十条　职员除办理本厂事务外，不得用本厂名义。

第十一条　职员不得吸食鸦片、毒物及酗酒、赌博、嫖娼等事。

第十二条　职员派赴外埠办事除正当交际规范以内应酬外,不得收受商家馈赠礼物或特别招待。

第十三条　职员应和衷共济,各尽其责,不得妄生意见,党同伐异。

第十四条　职员对于本厂不得作不利之行为。

第十五条　职员于本分职务外遇有他项事务必须助理,经各该课主任或工程师、技师指派时,如无特别理由不得推诿。

第十六条　本规则如有未尽事宜,得呈准雍兴公司随时修正之。

第十七条　本规则自呈准雍兴公司备案之日起施行。

(件存陕西省档案馆民国档案82－1－9－1卷)

雍兴公司蔡家坡动力酒精厂考勤规则

(1941年7月)

第一条　各职员应依照规定时间到值办公,于各课、股考勤簿(由各课股照规定或样自备)亲自签名,不得托人代签或迟到早退。

第二条　每晨在规定到值时间三十分钟后,由各主管课、股人员查注未到原因并签名于后。

第三条　每晨在规定办公时间后四十分时,由厂长收齐各课、股考勤簿,核阅盖章汇交文书股办理,其在盖章以后到工者作为迟到。

第四条　凡各职员在规定办公时间后一点钟时迟到者,应向文书股将未到公缘由就考勤簿上注明,送由主管课、股人员核阅,亲自签名,其过于规定开始办公时间一小时以后到公者,作为事假半日须补具假条,否则以旷职论。

第五条　文书股于规定办公时间一小时以后,就考勤簿中检查未签到人员之请假手续是否齐备,整理完毕后送呈经理核阅。

第六条　各职员每日签到应亲自签写,如有托人代签者,并同代签人同受旷职一日之处分。

第七条　各职员迟到次数由文书股统计注册,于月终时开单送由课、股主管人员检定,再陈厂长核定留备经理考核。

第八条　本规则如有未尽事宜得随时修改之。

第九条　本规则自公布之日起施行。

(件存陕西省档案馆民国档案82－1－9－1卷)

雍兴公司蔡家坡动力酒精厂奖惩规则

（1941 年 7 月）

第一条　本厂职员之奖惩悉依本规行之。

第二条　本厂职员考绩于每年年终举行一次，但平时有因奖因惩者随时由经理核定之。

第三条　本厂职员有下列成绩之一者，依第四条分别予以奖励。

一、刻苦耐劳，工作勤奋，于职掌事务慎密周到无贻误者；

二、一年以内从未请假，经考察并无缺少办公时间者；

三、于应尽职责外而有特色劳绩者；

四、办理特殊任务或紧急事件悉协机宜者；

五、经手购运物流精明核实于厂方大有利益者；

六、保管原料、物料周密细到使无损失毁坏者；

七、于技术上有重大贡献使厂方增加收益或减少损失者；

八、陈意见经采用后大著成效者。

第四条　奖励分下列四种：

一、嘉奖；二、记功；三、进级；四、奖金。

第五条　职员有左列情形之一者，依第六条之规定分别予以惩戒：

一、办事疏忽旷废职守者；

二、不遵功令，故违主管人员指导者；

三、迟到早退或无故休假及未经请假擅离职守者；

四、请假出差托故迟归者；

五、经手购运物料或销售货物舞弊营私者；

六、保管物料应注意而不注意致受重大损失者；

七、有玷身份，犯一切不规则行为者；

八、遇有重大事件，应请示而不请示，擅自处理以致误工者；

九、遇有意外事件发生，事前疏于防范，事后处置失当致厂方受损失者。

第六条　惩戒分下列五种：

一、申诫；二、记过；三、罚薪；四、降级；五、免职。

第七条　嘉奖与申诫以书面通知之。

第八条　受记功奖励者于年终考绩时酌予进级。

第九条　受记过处分者自记过之日起一年内不得晋级;一年内记过三次者,由经理依照前条之规定降级或罚薪。

第十条　晋级依其现任之薪级晋一级或二级,已叙至最高薪级时得另给津贴。

第十一条　罚薪处分之期间为十日以上三个月以下。

第十二条　降级依其现任之薪给降一级或二级,非经过一年以上或有特殊劳绩者不得晋级,受降级处分而无级可降者,比照每级差额减其月薪,期间为一年。

第十三条　奖金自五十元起至五百元止,一次给与之。

第十四条　免职除免其现职外,并于本厂范围永久停止任用。如认为应令赔偿而不按时缴纳者送法院勒缴。

(件存陕西省档案馆民国档案 82－1－9－1 卷)

雍兴公司蔡家坡动力酒精厂办公室规则

(1941 年 7 月)

一、本室所定办公时间各同人均应准时到室工作,不得迟到早退。

二、每日上班时应在考勤簿上签到。

三、办公时间内,不得擅离职守,如因事他出,须先陈明该管部分主管人员之许可,否则以早退论。

四、办公室内须整齐严肃,遵守次序,非因公务上之必要不得高谈阔论。

五、办公室内不得延见宾客。

六、每日上下午下班时,应将经手重要文件谨慎保存,不得随意散放,其当日应行办完之事,非因特殊关系不得积压。

七、在办公时间内不得处理私物,在公事未完前,不得阅览书报,更不得阅览不正当之书籍。

八、办公室内应注意清洁,不得随意吐痰及抛掷纸屑等物。

九、办公室内应用文具及一切物品,各同人得加以爱护,不得任意浪费。

十、本规则如有未尽事宜得随时修改之。

十一、本规则自公布之日起施行。

(件存陕西省档案馆民国档案 82－1－9－1 卷)

雍兴公司蔡家坡动力酒精厂旅费规则

(1941 年 7 月)

第一条　本厂员工因公赴外支付旅费,按本规则所列各条据实列报。

第二条　旅费自出发之日起至公毕或到职之日止,除患病及因特别事故阻滞仍按日计算,但中途因私延搁者不得开支。

第三条　旅费分左列三项:

一、舟车费:包括火车、轮船、汽车、飞机或其他舟车轿马;

二、日用费:包括膳宿、上下力及一切杂支、交际等费;

三、邮电费:包括电报、邮票等资费。

第四条　出差职员应按职务等级照左列表支给旅费,非因特殊情形经经理核准者不得越级。

职别	舟车费			日用费	邮电费
	火车	轮船	其他舟车轿马、飞机		
经理　厂长	头等	头等	按实开支	每日以 20 元为度	按实开支
课长 股长 工程师 技师	二等	二等	按实开支	每日以 10 元为度	按实开支
办事员 练习生	三等	房舱	按实开支	每日以 6 元为度	按实开支
工人	三等	通舱	按实开支	每日以 3 元为度	按实开支

第五条　舟车费包括旅行必须之一切舟车、轿马等费,凡能购买来回车票而出差时间又在来回票规定之有效期内者,不得以单程舟车费报销。

第六条　日用费应撙节据实报销,每日总计不得逾前表之最高限度,上下舟车时脚力赏钱及在所驻地每日开支之车马零星费用,均应列入日用费项下,不得另行列报,并于摘要栏内注明数目;船行期内不得开支宿费,供膳者不得开支膳费。

第七条　邮电费包括因公所需邮电费。

第八条　常川驻外采购原料人员在各所驻地可住粮栈,每日食住由粮栈直接向本厂清算所有应用物品及工具等均据实开支,不得另开旅费,每月另给外勤津贴十四元,无厂方命令不得离所驻地,凡奉命离所驻地者,可按本规则开报旅费,于回抵原所驻地即须呈报,不得延搁。

第九条　出差员工领到出差证明时,须酌量经办事件所需最短时间,于证上填明出发及销差日期,经经理核准后送存文书股登记。非必要时不得延误,但因疾或不得已事故阻滞时,得取具当地医院医证或声叙情形呈请延期。

第十条　出差员工如携带重量公物必须另支运费者,须取具正式运费清单及收据以凭报销,如不能取具正式单据,须开具证明书述明不能取具单据之理由。

第十一条　出差员工预支旅费者,经经理核准后,方得凭出差证领款,于销假时结算。

第十二条　出差事竣后,应即将出差日期通知文书股并取回出差证。

第十三条　出差员工应于销假五日之内将出差旅费、出差工作日记连同一切单据送会计课审核,经经理核准报销后,凭出差证补领或缴还预支旅费,如销差逾三十日尚未将旅费呈厂核销即以不报销论,不得再向厂方报销。

第十四条　出差一切费用均应据实报销各种单据,除实系无法取得外须一律附缴,倘于可取得之单据竟不附上,或称遗失而无充分理由者,概不得报销。

第十五条　本厂印定工作日记簿及旅费日记簿发给出差职工填用。

第十六条　本规则自公布之日施行。

(件存陕西省档案馆民国档案 82－1－9－1 卷)

雍兴公司蔡家坡动力酒精厂事务课办事细则

(1941 年)

第一条　本细则依据本厂《组织大纲》第七条之规定制定之。

第二条　本课设课长一人,秉承经副理之命处理本课事务。

第三条　本课分设文书、庶务、材料三股,各设股长一人;医务室设主任一人,警备队设队长一人,承课长之命办理各股室队一切应办事宜。

第四条　本课设办事员、助员、练习生若干人,承课长、股长之命办理指派应办事宜。

第五条　本课职员因故请假应自行委托同人代理,其职上之责任仍由其本人负之。

第六条　本课每日分配工作须依照规定办公时间处理完毕,不得延搁工作,必要时办公时间得延长之。

第七条　本课主管之重要契约、文件、原料、物料、材料、物品、账册、表单非经经管人员报经课长许可,不得任人翻阅或取用。

第八条　本课处理事务除遵照总公司所颁发法令及厂定各项规则办理外,所有各股办事程序规定如左:

第九条　文书股【办事程序】

一、外来文件由本股摘由编号登入收文簿,于办公时间送由各主管课长拟批后送呈经、副理核阅。

二、批办文件属于本股承办者应即时拟办,其非属于本股者随时将文簿分送各有关部分拟办。

三、拟办稿件须署名稿面,签注月日,送由有关各课长核签转送经副理判行。

四、判行文件应分别缓急缮写清楚,校对无讹后呈经、副理盖章用印。

五、文件盖章用印后应摘由编号登入发文簿封发。

六、来文及稿件办理完竣后,应将承办经过签注文面,分别性质编号归卷保存。

七、来文及稿件之有关各课者,原文由本股保存,惟应另抄副件送有关各课备查。

八、文件编号归卷时应将文件事由登记卷首文件目录,同时将归卷号数签注于收发簿,以便检查。

九、归卷文件各课如调阅时,须由调阅人写明原文事由,签章送交本股检取。

十、归卷文件非经各课正式调取,不得任意翻阅,以示慎重。

十一、应备具收文簿、发文簿、送件簿、卷宗编号簿、邮票簿、签到簿、厂务通知簿、图书编号簿、厂务会议记录簿随时登记以便考查。

十二、每月终应编制职员一览表、人事变动表及其他不属于各课之各项统计表册经经副理核阅后分别陈报。

第十条　庶务股办事程序

一、厂有地产之纳税、租赁房屋、园圃之修葺整理应登记、估算、征收、保管。

二、房屋、园圃之整理修葺,其属于经常零星开支,经股长呈课长核签后即行支付,如用大宗用款应声具理由经股长呈课长转呈经、副理核准后方准开支。

三、厂有家具用品不论旧存新置,点收时概须编列号数登记生财用具账,并另填供用物品存查表,实贴领用处所,每半年清查一次;倘有损坏应即修理,其不能使用者,经股长呈课长转呈经、副理核准后注销之。

四、家具物品缴回须由各课预先整理,开具缴回家具物品单,分别注明完整、可修理及不堪应用字样,由庶务股管库员点收转交记账员登账。如须修理方能复用者,本股得修之,但为慎重起见,办理此项事宜应由本股办事员商承股长办理之,其较重大之修理应由股长呈请课长转呈经、副理核夺后办理之。其不堪应用之物品,每二个月处理一次,并应呈请经、副理派员会同办理之。

五、点收文具、印刷品及伙食用品等,须凭订货单或发票点对无讹后,随时填具收料单,由股长呈课长转呈经、副理核签后送会计课入账。

六、发出文具印刷品及伙食用品等,须凭各课主管人员签字之领物单,于发出后即分别记入物品及伙食用品收发账,逐笔结存,每月月终造具收发物品及伙食用品月报表汇报会计课。

七、股存文具、印刷品及伙食用品等须分类保存,并制悬标签,注明名称、数量,发领一次应即随时签注,一视标签即知某项物品之存数。

八、文具用品及伙食用品之储藏室应由保管人员全责保管,随时整理,每月终根据账册实行清查一次,每届半年由股长呈课长转呈经、副理指派人员查核一次。

九、购入物品、伙食用品若无特殊情形,一律报会计课直接付款出账,惟因事务上之需要得向会计课预支款项备为零星开支之用,每次不得超过一千元,至月终按照会计规程将单据移送会计课冲销。

十、支付款项概依合法之单据为凭,付款时应由受款人具签字收据或附条证明,如遇大宗用款应于事前声具理由,经股长呈课长转呈经、副理核准后方得动支。

十一、应备现金收支日记簿凭收支单据逐日登记,以凭查考。

十二、全厂茶役服务之勤惰及请假出勤,庶务股应详细考查注意训练,另备考勤簿分别随时登记,每年度终了制表送由课长转呈经、副理分别奖惩。

十三、全厂卫生事宜应特别注意办公处所及员工宿舍、厨房,应规定时间按日指挥勤务工役整理清扫,公共厕所、便池尤其随时检查施行消毒。

第十一条　材料股办事程序

一、材料预算除特别材料事前应由各课各自编制外,其普通经常原料及物料应根据制造股及事务上需要情形,检查库存状况按期编送会计课汇编。

二、材料预算应根据规定科目分别编制。

三、定购材料到厂时应由材料收发员凭订货单及发票核对材料请购单,会同请购各课查验点收,经常材料由本股请购者,亦须请有关系之课股会同验收之。

四、发票副张应存材料股一份备查。

五、点收无讹后本股填具收料单三份,一份留库登账,一份送营业课或采购人备查,一份送会计课入账。

六、点发材料时如发现制造或货品上之缺点或与规格不符,或因其他缺点不合时,应由请购课声明理由,通知营业课退换,由材料股请购者亦同。

七、机件零件、配件或备货,各课得暂存本股代为保管作为寄存材料,由各课填具材料委托保管单,由材料股验收后编号寄存,每月月终作一报告表送寄存课备查,领用课在可能范围内应以寄存材料优先领用。

八、退料应由各课预先整理,开具废料、旧料交库单分别注明"完整""可修理"及"不堪应用"字样,由材料股股长及收发员点收盖章后,即以该单代发票送会计课入账。

九、退回旧料之须修理后方能复用者,本股得修理之,但为慎重起见,办理此项事宜应由本股办事员商承股长、课长办理之,其较为重大之修理应由股长呈课长转呈经、副理核夺后办理之。

十、【新】旧料在可能范围内应以旧料先发,但旧料每三个月整理一次,废料每二个月处理一次,该项事务均应呈请经、副理派员会同办理之。

十一、点发材料须凭各课主管人员签字之领料单开具发料单,一份随料发交领用各课,一份存凭登录材料账,一份送会计课转账。

十二、存库材料均须标签注明名称、数量,发领一次应即随时签注,以便一视标签即知某项材料之存数。

十三、新旧材料储藏室应由保管人员全责保管,随时整理,每月终根据账册实行清查一次,每届半年呈请经、副理指派人员核查一次。

十四、每月终应造具材料收发月报呈报备案并抄送会计课一份。

十五、每届年度终了应编制年报及关于材料收发之各项统计表册呈报备案。

第十二条　医务室办事程序

一、本厂医务室系专供本厂职工诊病之需,凡属本厂职工概不收费。

二、本厂职工诊病所应用之药品,概由本厂供给职工;眷属因病需用普通药品亦由本厂供给,惟注射药针及贵重药品则由各眷自备。

三、本厂职工因病所需之长期补剂及保养品者概由自备。

四、凡患花柳、梅毒者不得到医室诊治。

五、凡工人请求诊病须由其主管课长出具之诊病证方予诊治,惟因急症病况危险者则为例外。

六、病者领用药品须听凭医生发给,不得额外索求,更不得擅自取用。

七、病人须照规定时间按定次序就诊,不得争先恐后,惟患急病及有特殊情形者不在此限。

八、除不能行动之病人由医生往诊外,其普通疾病须一律到本室就诊。

九、病人如有需要休养数日以利康复者,须由医生出具证明方为有效。

十、本室所用药品每届月终造册交事务科核销一次。

第十三条　警卫队办事程序

一、警卫队负保护全厂安全及维持全厂风纪之责,凡值岗警卫不得擅离岗位,并由队长、副队长及班长轮流巡查。

二、备有巡逻箱设置各适当处所,巡逻班长应将巡到时间写条并盖章投入箱内以便考核。

三、值岗警士应遵守规定之时间接替,如未到接替时间不得径自休息。

四、队长及副【队长】及警士对于职务上应守秘密之事项及其他主要文件不得泄露或任人观看。

五、队长及副【队长】及警士对于执行职务应向主管人员有所陈述报告者,依据事实不得稍涉隐瞒或偏袒。

六、警长、警士遇有火警或匪警须从容镇静应付,不得畏死退避,如力不能应付时应鸣笛求助,其虽非当值而受有临时命令者,亦宜驰赴当场尽力处置。

七、警报或火警应备沙袋、救火机、水桶等各项工具并随时检查,按期举行演习。

八、工人在非工作时间行动上有违犯厂规者,应予以纠正;遇必要时得随时检查并报告事务课长核示。

九、工人违犯厂规须加以逮捕时,必取得该工人主管部分之同意协同逮捕。如在工人宿舍搜查时,非经事务科主管人之许可不得径自搜查。

十、遇有各界人等来厂参观或洽商公事者,门岗须询明导入传达室,不得傲慢或拒绝。

十一、队长、副队长及警长应在全厂所管区域内时常巡视详查关于值岗门户锁钥,水火及外客留宿,如遇必要得随时报告事务科长核示。

十二、警卫之勤惰、请假、出勤、训练,应由队长、副队长随时考核督饬记入考勤簿,每届年终列表呈送经、副理核阅,分别予以奖惩。

十三、枪械、子弹、服装应造其清册送请主管课备查,并应由队长、副队长随时检查并督饬擦油整理。

第十四条　本细则如有未尽事宜,得随时陈请总公司之。

第十五条　本细则自呈奉总公司核准之日施行。

（件存陕西省档案馆民国档案 82 －1 －453 －1 卷）

雍兴公司蔡家坡动力酒精厂营业课办事细则

第一条　本细则依据本厂《组织大纲》第七条之规定制定之。

第二条　本课专办全厂营业、采买、运输等事宜。

第三条　本课设课长一人,秉承经、副理之命处理全课一切事务。

第四条　本课分设三股,各股设股长一人,承课长之命办理各股一切应办事宜。

第五条　本课设办事员、助员、练习生若干人,承课长之命办理指派应办事宜。

第六条　本课分设左列各股及附设工作部分:

一、营业股:驻外办事处。

二、采购股:1. 兴平庄;2. 绛帐庄;3. 临时庄。

三、运输股:运输队。

第七条　本课附设工作部分——办事处、外庄及仓库等为指挥工作便利起见,各部得设主管员一人,承课长之命分司各部应办事宜。

第八条　营业股掌理下列事项

一、调查各地酒精产销情况以作营业上改进之参考;

二、调查各地酒精需要情况以便拟具年度营业计划;

三、关于售出成品办理出厂手续事宜;

四、关于订货、售货应办事宜;

五、关于酒精、土酒税务事宜;

六、关于订立售货合同事项;

七、关于课内文件之收发与撰拟事项;

八、筹划副业推进事宜;

九、审查各处工作及报表事项;

十、关于其他不属各股事项。

办事处职掌左列事项：

一、调查物品市价及采购事项；

二、关于推销成品及采购事项；

三、关于账簿登记及领支款项报销事项；

四、关于填造各项日报、旬报、月报等事项；

五、关于各项统计事项；

六、其他临时指办工作事项。

第九条　采购股掌理左列事项：

一、调查粮、酒产品生产情况以作采购上之准备；

二、调查产区粮商或酒商信用以作交易往来之借镜；

三、预计采购数量分配采购区域拟具采购计划；

四、填报采购料品申请事项；

五、审查外庄仓库各项报表事项；

六、审查外庄仓库账簿及报销单据事项；

七、审查外庄采购原料品质、价格及报表事项；

八、审查仓库保管原料情形事项；

九、关于设计统计事项；

十、关于其他属于采购上之事项：

甲、外庄职掌左列事项：

(一)调查采购区域粮酒生产情形及粮商或酒商交易信用报查事项；

(二)调查每日原材料价格行情事项；

(三)关于填报各项日报、旬报、月报等事项；

(四)关于账簿登记及领支款项报销事项；

(五)关于采购原料应报手续事项；

(六)关于原料收发装运事项；

(七)其他临时指办工作事项。

乙、仓库职掌下列事项：

(一)关于原料、物料保管及收发事项；

(二)关于家具、工具保管及领用事项；

(三)关于管理工役及拟定工资事项；

(四)关于填报各项报表事项;

(五)关于账簿登记及领支款项报销事项;

(六)其他临时指办工作事项。

第十条　运输股掌理下列事项

一、关于原料、物料之运输事项;

二、关于运输账簿登记事项;

三、关于运费收支账簿事项;

四、关于各项报表事项;

五、关于车辆调拨及人员分配事项;

六、关于成品运输事项;

七、关于工夫工资之拟定及管理工夫工作事项;

八、考查各地委托转运商栈信用事项;

九、编制各项统计报表事项;

十、关于其他属于运输上之事项:

甲、大车队应办事项:

(一)保护车辆,调养骡马;

(二)负责装车运进运出。

乙、押运班应办事项:

(一)看管货物;

(二)押车运送。

第十一条　本课收发文件须经课长核阅盖章后方生效力。

第十二条　本课处理事务悉依厂定年度业务计划实施推进之。

第十三条　本课每日应办事项不得随意积压有误工作,如有特殊情形不在此限。

第十四条　本课各项文卷、账册、报表等概由经营人员负责保管,未经课长允许概不得任人翻阅或携往他处。

第十五条　本课工作人员遵照本厂办公时间按时上班,不得迟到或早退,如因事请准假日须请人代理,但职务上之责任仍由原职人负之。

第十六条　本课驻外工作人员未经请准事假不得擅离职守,如因公返厂须到本课签到。

第十七条　本课驻外工作人员之调遣得随时商承经、副理调派之。

第十八条　本细则如有未尽事宜得随时修正之。

第十九条　本细则自呈经副理审核并报总公司备查后施行。

雍兴公司蔡家坡动力酒精厂工务课办事细则

第一条　本课办事细则依据本厂组织大纲第七条之规定制定之。

第二条　本课设课长一人,秉承经副理之命督率本课职员办理本厂制造、技术及工务事宜。

第三条　本课分两股一室,设股长二人,主任一人,承课长之命令办理各股室一切应办事宜。

第四条　本课设技师、技工、务员、助理员、练习生各若干人,承课长、股长、主任之命令办理指派应办事宜。

第五条　本课分设下列各股室及附设工作部分。

一、制造股:1. 麸曲室;2. 麦芽室;3. 磨粉室;4. 蒸煮糖化室;5. 发酵室;6. 蒸馏室;7. 制曲室;8. 酿酒室。

二、机械股:1. 原动室;2. 修配室。

三、试验室。

第六条　制造股掌理左列事宜:

一、原料、燃料之领用保管、处理及使用;

二、应用工具、物料、材料之领取保管等事项;

三、成品之保管及交库;

四、本股人员之工作分配;

五、本股工人之指导、监督、考勤及奖励;

六、各项工作图表、日报、月报之编造;

七、制造工程之设计改良及扩充;

八、有关文件之处理;

九、其他临时指派事项。

第七条　机械股掌理左列事项:

一、锅炉、汽机之使用及运输;

二、各项机器之设计、制造、安装及修配;

三、材料、物料之领取、保管及使用;

四、机器、工具之领取、保管及使用；

五、本股人员之工作分配；

六、本股工人之指导、监督、考勤及奖励；

七、各种工作表报之编造；

八、有关文件之处理；

九、其他临时指派事项。

第八条　本课制造股日常工作暂分为一夜两班轮流管理。兹规定如左：

一、凡值班人员须将各部工人工作情形、机器运转状况随时载入工作日志送交课长转呈经理核阅，遇有特殊情形须立即报告课长、主管技师或技士办理之。

二、每至换班时间，值班人员须俟接班人员到场，得将工作情形详加述明后方得离去。

三、轮流值班员工暂定每十日倒班一次（即日班倒为夜班，夜班倒为日班），每值倒班得停止工作十二小时，但遇有特殊情形如修理机器及洗刷锅炉等得随时酌定之。

第九条　各部工作人员须将耗用原料、燃料数量及产品数量等项，逐日填制工作日报送交课长转呈经理核阅。

第十条　各股室所需原料、燃料、材料、物料及办公用品，须先开具领单送交课长核签后方得向材料股领取。

第十一条　凡经常应用之材料、物料，须先由需用部分开具请购单送交课长转呈经理核准后，方得送交营业课照单采购。

第十二条　遇有扩充工程或重要整理工作，其所需之材料、物料，须先填造采购申请书经课长、经副理核签寄奉总公司核准后再行采购。

第十三条　本课所制半制品及成品，须先由负责技师或技士检验其品质及数量，然后填具成品交库单缴库保管。

第十四条　各股室每届月终，须填造原料、燃料及半制品及成品收付表，送请课长、经副理盖章后送交会计课转账。

第十五条　各股室每届月终须填造本月材料、物料、消耗月报，由课长、经副理核阅后送会计课转账。

第十六条　每日所出副产品须经各该工作部分负责人员将品质、数量登账后，由营业课发售。

第十七条　各工作部分领用之工具、仪器、药品及特种材料，须将规格、数量、品质造具清册保存以便清查。

第十八条　各课股有委托制造或修配之零星什物,须先填写修造单由各该主管课长盖章后不得照作。

第十九条　为提高工作效率增加产品计,得设奖励办法。其办法另定之。

第二十条　遇有必要时得随时指派工人加工工作,由各该管理人员记录以便核发工资。

第二十一条　工人疾病、考勤及其一切行为各部负责人员须详加考核,登入记录簿以便分别予以奖惩。

第二十二条　工人工作不力或违犯厂规时,管理人员应斟酌情形分别予以处分。

第二十三条　非各股室之直属技工或小工于必要时亦得权宜指挥,但必须于事后通知各该股室之主管人。

第二十四条　各股室之间相互借用材料、物料时,须由主管人出具责任借条。

第二十五条　各股室值班人员无论因事、因病非经正式请假手续,不得缺席及擅离工作场地,值夜班尤须精神振作不得藉端逃逸。

第二十六条　值班员生除对交付之工作谨慎忠诚、负责妥善办理外,并对工作之性质及意义必须求其彻底了解。

第二十七条　本细则如有未尽事宜,得随时陈请总公司修正之。

第二十八条　本细则自陈奉总公司核准之日施行。

(件存陕西省档案馆民国档案82－1－453－1卷)

雍兴公司蔡家坡动力酒精厂会计课办事细则

(1941年7月)

第一条　本课依照本厂《组织规程》第九条之规定设课长一人,秉承经理之命、遵照雍兴公司颁行之会计规程处理本课事务;办事员、事务员若干人,承课长之命办理课内一切事宜。

第二条　本课依照本厂《组织规程》第八条及总公司颁行《会计规程》第□条之规定,分设左列各股:

一、出纳股;

二、司账股。

第三条　本课各股得各设股长一人，由经理指派。

第四条　本课依照本厂《组织规程》及总公司颁行《会计规程》办理一切会计事宜，其分股之职掌分别规定如左：

第五条　出纳股职掌下列各项事宜：

一、关于现金出纳、保管及登记事项。

二、关于收款收据、收款图章、银行存折、支票及其他一切有关款项单据之保管事项。

三、关于银行存款及现金库存及其他出纳上各种表格之编制事项。

第六条　司账股职掌下列各项事宜：

一、关于各种账簿、表册之登记及保管事项；

二、关于办理预算、决算事项；

三、关于各种账册、报告及其他表册之编造事项；

四、关于传票、单据之审核、编订、保管事项；

五、关于指导登记材料账事宜；

六、关于各项传票、账册、表格之审核事项；

七、关于本课文书之撰拟事项；

八、关于其他审核及统计事项。

第七条　本课制成会计上一切书册、表单、票据后，均须经合法手续由课长及其他负责人员核阅签印，否则不生效力。

第八条　本课对外往来文件须由课长阅签后方生效力。

第九条　本课每日应行登记之账册、表格须依照规定时间处理完毕，惟于必要时得延长之。

第十条　本课各种传票、账簿、表单、书册应由各经管人负责保管，非经课长允许不得任人翻阅或随意携往他处。

第十一条　本课职员因事请假，除自行委托同僚代理职务外，其职务上之责任仍由原职员负之。

第十二条　本课处理事务遵照总公司颁行之《会计规程》及厂定各项规则外，所有各股办事程序分别如后。

第十三条　出纳股办事程序：

一、一切收付款项应凭正式填制盖章之传票收付之，如支出传票或附件有手续不完备者，不得付款。

二、收款时除照规定出具收据外,对于所收入之银钞、票据应认真检点,如收纳赝制货币或不通用之银币,应由经手人负责赔偿。

三、付款时应向收款人取具收据,如付款在一百元以上者,须以银行支票付之,但提存备付薪工等款不在此列。

四、每日所收入款项需于每日营业时间完毕后,解存所在地之中国银行。

五、收付各款应随时登入现金收支登记簿,然后将传票及附件交司账股登账,并每日结算一次,造具库存日报表三份,一份留课备查,一份送雍兴公司驻西安办事处,一份送总公司。

六、发付职工薪工时,概以本厂所发证章及各员正式盖章之收据为凭(职员签印应与存厂印鉴相符,工役签章须与工资表上所开列之姓名相同)。

七、收付款项完毕时应于各传票上盖用私章及收讫付讫戳记。

八、收付传票之编号应随时稽查,如发现有重编或不联贯之处,应即向司账股核对更正。

第十四条　司账股办事程序:

一、各项费用账之传票均须凭各课、股所制送之通知付款单填制。

二、审查各项传票、书表、单据如发现不符手续及错误或认为有修改,必要时得退还原处更正,或签署意见送请课长核办。

三、收支及转账传票经审核无讹后即编列总号(每月改编一次)及分号(即收支转账各编号次,每月改编一次),送呈课长及经理盖章,以凭支付。

四、每日应将已经审核编号、盖章手续完竣之收、付、转账三类传票汇集,依照科目分别登日记账及科目账,然后结出每日每一科目之收付总数过入总账。

(件存陕西省档案馆民国档案 82－1－9－2 卷)

雍兴公司蔡家坡动力酒精厂事务课人事股办事程序

一、关于各工人之纠纷,本股应随时处理解决,如遇困难可商同各主管部分陈请课长转请经副理核办。

二、关于工人之工资,本股应随时加以调整,遇有必要时可商同各主管部分陈请课长转请经副理核办。

三、每逢上工时间,本股须派员至各工作处所巡查,如有借故停工或工作不力者,应劝其进工或予以惩处。

四、凡工人之福利，在可能范围内应呈请课长转呈经副理核办。

五、各工人之增薪、减薪于每月初由各部分填具工资增减单，送由本股汇制增减表，经各课长签注意见后呈经副理查核。又各工人之升降、迁调须随时登记入册，呈课长转呈经副理核查。

六、凡开工日期，须由本股按日填具工人日报表，送由各主管部分查阅后陈请经副理查核。

七、全厂清洁应由本股随时检查，并于月终举行全厂清洁大检查。

八、本股处理之经常及临时事务，除遵照厂定各项规章办理外，所有各项工人管理手续及办事程序规定如左：

九、各部工人雇用时，由主管部分填写雇用单三联，连同保单先送由本股医务室检查体格，须经面叙填写工人调查表、加盖本股戳记，始为正式雇用。[①]

十、工人准雇后，由本股发给食宿及福利社通知单，填写工人登记卡片，发给帽徽、工牌（杂工、伙夫、勤务、警卫等不发给工牌）。

十一、各部工人解雇时，由各主管部分填写解雇单三联，连同工折送由本股签章登记并核算其应得工资（违犯厂规开除者不给工资），并将其解雇情形详细登入解雇工人调查表。

十二、工人解雇后，将其帽徽工牌追交并查与厂内有关各部有无未清手续，再凭解雇单填写停止食宿通知单，饬于即日离厂。

十三、各部工人调用时，由调用部分填写调工通知单三联，送由本股签章登记。

十四、经准调工人须持工折至本股，核其原任部分止薪日期及薪津总额与新任部分工资额，再将工折交由工人新任部分登记，以供月终支领薪津。

十五、凡雇用工人之保单（工人须有连环保警卫勤务须取具殷实舖保）概由本股保存，经解雇离厂者，为防有未清手续起见不即予退保。

十六、各部工人请假时，由各主管部分填写请假单，送由本股盖章并登入考勤簿以供月终考勤。

十七、各部遇有工作需要时，得于晚间或例假日加工，由各主管部分填写加工申请书三份，即日送由本股签章分送会计课及本股登记于考勤簿。

十八、摘挂工牌，本股设工牌箱二个，置工人工作区位最便利之处，每届上下

① 第九条即第八条之规则。

工时由工人亲自持牌循次按工号摘挂,藉以考查其迟到及早退。

十九、本股按照工牌逐日填写工人日报表,送由各主管课长签章并呈经副理核阅。

二十、工人雇用后,持住宿通知单经公舍管理人登记其私有衣物并指定其住宿房间及床次。

二十一、工舍管理员接到解雇工人停止住宿通知单,即检查该工私有衣物,开具出门证,由本股签章后饬于即日离舍。

二十二、平时工人携入衣物须向管理人登记,携出时仍须具取出门证加盖本股戳记,方为有效。

二十三、携眷工人须先至本股登记后,再依次移入工眷宿舍,其携带之物品均须一一登记。

二十四、携眷工人之住厂外者,由各主管部分出具证明,并经本股派人调查属实后予以登记并发给证明书。

二十五、工人经雇后,可依照本厂规定享受经济生活上之一切福利设施。

二十六、本股为增进工人知识,特按期刊出新工人壁报,并拟设艺徒学校及夜校等。

二十七、本股为保持工人健康,指导工人业余娱乐,设有医务室、俱乐部、游艺室等医诊及各种正当社交团体活动。

二十八、每届月终及年终填写工人月报表、年报表呈请课长核转经副理核阅。

二十九、每届年终由本股编制各种人事统计图表,以备考查全厂工人之流动状况及工资调整情形。

(件存陕西省档案馆民国档案82-1-453-2卷)

雍兴公司蔡家坡动力酒精厂工人管理规则

(1947年6月9日)

第一章　总　则

第一条　凡在本厂服务之各种工役,均适用本规则之规定,但有关各部之特殊事项者,另行规定之。

第二条　本厂工人按其工作性质,计分为直接生产工人及间接生产工人。属于工务部分者均为直接生产工人,属于总务部分者均为间接生产工人。

第三条　直接生产工人，下列各部工人均属之：面粉场、味晶场。间接生产工人，下列之工人、夫役均属之：勤务、杂工、伙夫、库夫、车夫、警卫。

第四条　各工作部门得设领班及副领班若干名，指挥及监督全部或一部工人之工作，由工人之技术熟练、品行端正、有领导能力者充任之。

第二章　工作时间、例假及加工

第五条　本厂为连续生产计，值班生产工人分日、夜两班，每班工作时间为十二小时。

第六条　值班工人每两周换班一次，换班日期休息十二小时。

第七条　换班时间定为每日六时及十八时。

第八条　值班工人每日工作十小时，上下班时间按季节随时规定公布，但工作特殊者得由主管部分另行规定之。

第九条　非值班工人例假，定为星期日。

第十条　全厂例假：元旦、国庆、秋节、夏节、劳动节各一日，春节三日。

第十一条　本厂工作如有必要，直接生产工人及间接生产工人均须按主管之命令加工。

第十二条　加工每六小时作一工计。

第十三条　值班工人因倒班经延长工作时间时，每延长六小时作为一工。

第十四条　常日班工人遇例假加工时，每六小时作为一工。

第十五条　值日班及常日班工人逢节加工时，每三小时以一工计。

第十六条　经常加工，不得超过六小时。

第十七条　常日班工人除因特殊工作外，每日至多推加三小时。

第三章　上工与下工

第十八条　工人每日分班工作，上工、下工均以汽笛为号。

第十九条　工人于上工时应亲持工号牌，挂于悬牌处，下班时由本人亲手摘取保存。

第二十条　工人如过五分钟始到场工作者以旷工论。

第四章　纪律与职责

第二十一条　工人须诚实勤勉，切实遵守本厂之规则及章程。

第二十二条　工人须绝对保守本厂秘密。

第二十三条　工人对于取用之机器及使用之器具、材料等应切实爱护，如遇损坏即应报告主管人员。

第二十四条　工人携物出厂时,须向主管人请开具证明条至人事处换取出门证,交警卫室检查后方准出厂。

第二十五条　工人非经主管人员之许可,不得导引任何人入工作处所,但工人会客须遵本厂规定办法在指定地点接谈。

第二十六条　工人在厂内不得任意喧哗及相互戏嘘,并禁止在工作场所及仓库吸烟。

第二十七条　工人领取之工具、材料,应妥置适当地点,不得随地抛弃。

第二十八条　工作时间内不得任意退出,但有疾病或事故经主管人员之许可者不在此限。

第二十九条　工人应服从领班以上主管人员之指挥。

第三十条　工人工作时应一律穿着短服,并佩戴厂中发给之工人证章于明显处以资识别。

第五章　雇　佣

第三十一条　本厂雇用工人均须由妥人之介绍,填具保单经医务室检验身体,交由人事股审查后方得雇用。

第三十二条　各部雇用工人应先填写雇用单,经主管商妥后送由人事股通知有关各部。

第三十三条　工人之膳食及住宿应听从总务科之安排。

第三十四条　技术工人应由各该主管、主任、课长试工合格后始能正式雇用,试工时间至多不得超过五日,试工期间由本厂供给膳宿,概不给资。

第三十五条　其超出厂方规定工人额数之工人雇用须经经副理之核准。

第三十六条　凡在本公司及所属各厂矿离职之工人,除已得原主管之同意者外不得雇用。

第六章　开　雇

第三十七条　凡自行辞退之工人须经主管部之核准始得离厂。

第三十八条　各部开革或者辞退之工人,应将其经手事项清理后开具解雇单,经人事股签章后通知各有关部分。

第三十九条　凡开除工人一律不再支给工资及津贴。

第四十条　自行辞退之工人,如有特殊劳绩而工作已满一年者,得由其主管部分呈请经副理酌给奖金。

第四十一条　凡解雇之工人应由人事股即日办理离厂手续。

第四十二条　自行辞退之工人，得由各课主管人员斟酌其工作性质，规定离厂日期，以便另行雇工接替。

第四十三条　凡解雇工友保单于必要时不予退还。

第七章　请　假

第四十四条　工人于工作时间内不能到厂工作者，须经请假手续，否则按旷工论。

第四十五条　工人事假非有特殊情形者，每月（以下多字漫失）。

第四十六条　工人病假须经本厂医务室证明一经确认以上病假厂方停止其伙食，已满一月尚不能恢复工作者，厂方令其离职，但因情形特殊，经主管部签呈经、副理核准者不在此限。

第四十七条　工人请婚丧假至多不得超过五日，但在本区域以外者，得按途程远近外给假若干天。工人无论事假、病假一律不得支给工资。

第四十八条　受厂方指派出外公干或因公受伤者，得由各课主管部斟酌情形，仍按到工计算。

第四十九条　工人请假应填写请假单，经主管部核准后始可离厂。

第五十条　各部请假单应汇交人事股以凭考核。

第八章　待　遇

第五十一条　本厂工人待遇按分数计算，每百分折合面粉一斤。

第五十二条　本厂工人膳宿由厂方供给，不另收费，但以其本人为限。

第五十三条　直接生产工人中之技术工人及各部领班、书记工、警卫班长等，可经经副理之核准加入几等工伙费。

第五十四条　本厂各部工人工资等级如左：

1. 各部雇用工友定分及调整工资办法：

工资分数到达级定之最高分数后，因服务年限关系可增加百分数，以等级表中相近分数定之，其超出分数等级表所规定之分数以外者，即以实数记之，但定分时须经经副理核准（附例）百分数之种类如左：

第一年增10%　　第二年增9%　　第三年增8%　　第四年增7%

第五年增6%　　第六年增5%　　六年以后增5%

举例：a. 275分为第七级之最高分数：

满一年增10%　即275×10%=302　相近数为295

满二年增9%　即302×9%=329　相近数为335

满三年增 8%　　即 329 ×8% =355　　相近数为 355
满四年增 7%　　即 355 ×7% =379　　相近数为 375
满五年增 6%　　即 379 ×6% =401　　相近数为 395
满六年增 5%　　即 401 ×5% =421　　相近数为 415
b. 865 分为第二级之最高分数:
满一年增 10%　　即 865 ×10% =951　　相近数为 955
满二年增 9%　　即 951 ×9% =1036　　相近数为 1036
(由超因出等级表以外者即以实分计之)

2. 除年老、年幼、体弱及特殊情形外,工务部分雇用低级工友,应以工友分数等级表中之 205 分为基准,总务部分之月计资者,应以月计资分数等级表中之 A315 分(勤务除外)及 B275 分为基准。

3. 各部工友所得分数遵各设系分数最高标准者不再加分数,须依照第二条办法办理之。

4. 雇用工友时,除七级工友应依照第二条之规定办理外,其他各级工友雇用时,应从各设等级之最低级分数起。但如有特殊情形,由经副理核准者不在此限。

5. 各部每月得酌量情形调整工资一次,但人数不得超过各部工人总数之六分之一。

6. 凡工友增加分数,□数等级表增加一级为原则,但工作时优者得满一级。

7. 凡遇工友调换工作时,其分数应按调工后计级最低分数起。

蔡酒厂月计资工友分数等级表附如左:

1. 此表分数以工资等级表及日计资分数等级表为基础折合为月计资。

2. 月计资与日计资之比为 3 比 2 与 4 比 3。

3. A. 为:警卫、勤务、伙夫、传达;　　B. 为:什工、清洁夫。

4. 分数调整时应依序不得越级越格。

附表 1　蔡酒厂工友工别分数等级表

<table>
<tr><td colspan="2" rowspan="2">工人级别
标准
拟定</td><td>1</td><td>2</td><td>3</td><td>4</td><td>5</td><td>6</td><td>7</td><td rowspan="2">备注</td></tr>
<tr><td>985—865</td><td>865—585</td><td>585—460</td><td>460—395</td><td>415—315</td><td>335—255</td><td>275—100</td></tr>
<tr><td rowspan="3">面粉场</td><td>面粉部</td><td></td><td>领班</td><td>技工</td><td>助工</td><td>杂工
二年以上</td><td>什工
包装工
1—2 年</td><td>什工
一年
以下</td><td rowspan="19">1. 此表所定分数系按日计资厘定;
2. 日计制与日计制比例为 3:2 与 4:3;
3. 日计制折合月制分数□</td></tr>
<tr><td>铁工部</td><td>班长
副班长</td><td>甲技</td><td>乙技</td><td>助工</td><td>什工
二年以下</td><td>什工
1—2 年</td><td>什工
一年以下</td></tr>
<tr><td>原动部</td><td>班长</td><td>甲技</td><td>乙技</td><td>助工</td><td></td><td></td><td>什工</td></tr>
<tr><td rowspan="6">味晶场</td><td>土木部</td><td>班长</td><td>甲技</td><td>乙技</td><td>助工</td><td></td><td></td><td>什工</td></tr>
<tr><td>味晶部</td><td></td><td></td><td>领班</td><td></td><td>细工</td><td>粗工</td><td>小工</td></tr>
<tr><td>淀粉部</td><td></td><td></td><td>领班</td><td></td><td>洗面筋
□□</td><td>烘干
过滤</td><td>小工</td></tr>
<tr><td>盐酸部</td><td></td><td></td><td>领班</td><td></td><td>吸收</td><td>□硫
记录分析</td><td>□锅炉
小工</td></tr>
<tr><td>酱油部</td><td></td><td></td><td>领班</td><td></td><td>制酱
负责</td><td>制麯</td><td>压榨炒
麦 小工</td></tr>
<tr><td colspan="2">试验室</td><td></td><td></td><td>领班</td><td></td><td>试验</td><td></td><td></td></tr>
<tr><td rowspan="10">总务课</td><td>材料股</td><td></td><td></td><td>领班</td><td>副领班</td><td>记账
库夫</td><td>库夫</td><td>打杂</td></tr>
<tr><td>职厨</td><td></td><td></td><td>厨师
领班</td><td>馍菜案
厨师</td><td></td><td>帮菜案
厨师</td><td>打杂</td></tr>
<tr><td>工厨</td><td></td><td></td><td>领班</td><td>馍菜案
厨师□
大厨师</td><td>□饭
馍菜案</td><td>馍菜案</td><td>拉火
打什
担水</td></tr>
<tr><td>园役</td><td></td><td></td><td></td><td>领班</td><td>花匠</td><td>饲养夫
种菜工</td><td>什工</td></tr>
<tr><td>勤务</td><td></td><td></td><td></td><td></td><td>传达</td><td>勤务</td><td></td></tr>
<tr><td>杂工</td><td></td><td></td><td></td><td></td><td></td><td>担粪
采购</td><td>挑水看
水茶炉</td></tr>
<tr><td>营运股</td><td></td><td></td><td>班长</td><td>副班长</td><td></td><td>车夫</td><td>帮车夫
饲养夫</td></tr>
<tr><td>警卫队</td><td></td><td></td><td>班长
稽查</td><td></td><td></td><td>一等警</td><td>二、三
等警</td></tr>
<tr><td>人事股</td><td></td><td></td><td></td><td></td><td></td><td></td><td>□</td></tr>
</table>

附表 2　蔡酒厂工友分数等级表

(甲)		(乙)		(丙)		(丁)	
技术工人		技术工人		技术工人		技术工人	
级	分数	级	分数	级	分数	级	分数
1	985	11	685	21	435	31	235
2	955	12	660	22	415	32	220
3	925	13	635	23	395	33	205
4	895	14	610	24	375	34	190
5	865	15	585	25	355	35	175
6	835	16	560	26	335	36	160
7	805	17	535	27	315	37	145
8	775	18	510	28	295	38	130
9	745	19	485	29	275	39	115
10	715	20	460	30	255	40	100

附表 3　蔡酒厂月计资工友分数等级表

日计分数	月计分数		日计分数	月计分数		日计分数	月计分数	
100	A	150	235	A	355	395	A	610
	B	130		B	315		B	580
115	A	175	255	A	375	415	A	635
	B	145		B	335		B	585
130	A	130	235	A	395	435	A	615
	B	160		B	385		B	610
130	A	205	275	A	415	460	A	685
	B	175		B	375		B	635
145	A	220	295	A	435	495	A	715
	B	190		B	395		B	665
160	A	235	315	A	460	485	A	745
	B	205		B	415		B	685
160	A	255	315	A	485	510	A	775
	B	220		B	435		B	715
175	A	275	335	A	510	535	A	805
	B	235		B	460		B	745
190	A	295	355	A	535	560	A	835
	B	255		B	485		B	775

续表

日计分数	月计分数		日计分数	月计分数		日计分数	月计分数	
205	A	315	375	A	580	585	A	865
	B	275		B	510		B	805
220	A	335	375	A	585			
	B	295		B	535			

附表4　蔡酒厂日计资工友满分后每年增分表

各级分数	满一年 10%近数	满二年 9%近数	满三年 8%近数	满四年 7%近数	满五年 6%近数	满六年 5%近数
275	295	335	355	375	395	415
335	375	395	435	460	485	510
415	460	510	535	535	610	635
460	510	560	610	635	685	715
585	635	685	745	805	865	895
865	955	1036	1118	1196	1267	1330
985	1083	1180	1274	1363	1444	1516

附表5　蔡酒厂月计资工友满分后每年增分表

日计资	工别	日计资满分	满一年 10%近数	满二年 9%近数	满三年 8%近数	满四年 7%近数	满五年 6%近数	满六年 5%近数
275	A	415	460	510	535	585	610	635
	B	375	415	460	485	510	560	585
335	A	510	560	610	660	715	745	775
	B	460	510	560	610	635	685	715
415	A	635	685	745	805	865	925	985
	B	585	635	685	745	805	865	895
460	A	685	745	805	865	925	985	1034
	B	635	685	745	805	865	925	985
585	A	865	955	1036	1118	1156	1267	1380
	B	805	865	925	985	1053	1116	1171

第五十五条　书记工待遇

1. 入厂一年内分数不得超过四一五分，二年内不得超过四六〇分，三年内不得超过五一〇分,四年内不得超过五六〇分,五年内不得超过六一〇分,嗣后每年得增加本分数百分之十。

2. 每年免费发给单、棉制服各一套。

3. 携眷住蔡者准限报领两大口眷粉。

4. 未携眷者,每月按市价获给混合粉贷金一袋(面袋扣除)。

5. 特别辛勤、加夜班超过一周者得由主管部酌给奖工,但每月不得超过五工。

6. 平时工作需要加工者不作加工论。

7. 全年请假不超过七天者,不予扣工,超过者照扣。

8. 本办法未规定之各事项,得依本厂所有之一切工人规章。

蔡酒厂书记工满分后每年分数递增表

满分	满一年 10% 相近数	满二年 10% 相近数	满三年 10% 相近数	满四年 10% 相近数	满五年 10% 相近数	满六年 10% 相近数
610	660	745	805	895	995	1079

第五十六条　本厂直接生产工人至年终,厂方若有盈利可发给奖金;其间接生产工人之成绩优良者,亦可呈请经副理之核准酌给之。

第五十七条　工人在厂十年以上满六十岁而告老离厂者得获给一年工津(以最后之一月工津为准)。

第五十八条　在厂居住之工人,厂方除供给电灯、房舍及借用规定家具外,其他概不供给。

第五十九条　本厂备有工人眷属住宅若干所,以备携眷工人居住,惟无空房,本厂不再发给津贴(住房办法另定之)。

第九章　奖励与制裁

第六十条　奖励与制裁分为下列三款:

1. 临时奖励与制裁:遇有特殊功过者得随时奖励或制裁之。

2. 月底奖工:各部月底奖工数不得超过各课部工友数之十分之三,每人奖工最多不得超过三工(书记工除外)。

3. 年度奖励与制裁:每年底举行一次,全厂工人经考核按其成绩优劣,分别奖励与制裁之。

第六十一条　奖励工人分左列各款:

1. 奖工;2. 增加工资;3. 特别奖励。

第六十二条　工人有左列成绩之一者,得分别奖励之:

1. 一月未请假、未迟到早退，亦未受制裁者奖工；

2. 一年未请假、未迟到早退，亦未受制裁者除照第一款奖工外，另给奖工五个；

3. 工作勤勉者；

4. 技术优良者；

5. 能改善工作方法者；

6. 对于工作机械有所发明者；

7. 能爱惜工具、物料，无意外损耗者；

8. 遇工作上有危险或障碍时，能预防或报告者；

9. 探悉盗窃公物据实报告，因以破获者；

10. 探悉不肖分子之计划及时报告，因以破获或得以事先防范者；

11. 遇灾险及其他非常事变时，有特别劳绩者；

12. 热心公益，参加福利，或自治活动卓著成绩者。

第六十三条　每条事绩，除第一款每月月底及第二款每年年底考核与奖励外，其余三至十二各款随时考核奖励之。

第六十四条　制裁工人分左列各款：

1. 旷工三次者除名；2. 罚工；3. 除名。

第六十五条　工人有左列情形之一者，应分别予以制裁处分：

1. 不遵守本厂所定一切规则者；

2. 迟到或早退者扣除当日工津，不告假亦不到厂工作者，除扣当日应得工津外再罚一工；

3. 工作怠忽、屡次告诫不改者；

4. 不听主管人员指挥者；

5. 旷工三日者除名；

6. 技术恶劣且不专心求进者；

7. 浪费材料者；

8. 故意损坏机械者；

9. 因玩戏而妨害他人工作者；

10. 工作处所保管物品不整齐者；

11. 擅离工作处所者；

12. 在厂携带引火物品及吸食纸烟有危害本厂可能者；

13. 携带违禁物品或刀具【等】危险性之机械者;
14. 口角、斗殴、醉者、逞凶或在厂聚赌者;
15. 自行制作私物者;
16. 泄露工作之秘密者;
17. 偷窃厂中物品者;
18. 参与挑拨或密谋暴动者;
19. 参与不正当之组织者;
20. 勾结群小有罢工之行为者。

第六十六条　前条所列各款有违犯其中之一款者,随时予以制裁。

第六十七条　凡有不法行为认为情节重大者,移送法院依法办惩办。

第六十八条　月计资工友当罚办法(未规定者得以本厂章则办理)。

1. 平时遇工作紧张如夜间须加工者,不作加工论。
2. 星期日工作不作加工论,逢年过节放假每加工六小时奖工一个。
3. 奖工有特别规定者不在此限。

第十章　附　则

第六十九条　本规则如有未尽事宜得随时陈请经副理修正之。

第七十条　本规则自经副理核准公布之日施行。

(件存陕西省点档案局民国档案 82 - 1 - 692 - 1 卷)

雍兴公司蔡家坡动力酒精厂职员、技师待遇暂行章程

一、本厂职员及技师之待遇分薪俸、膳费、津贴、年终酬金四项。

二、职员薪俸:

(1)经理	二百八十元至四百元
(2)课长	一百元至二百元
(3)主任	八十元至一百六十元
(4)办事员	四十五元至一百元
(5)助员	二十五元至四十元
(6)练习生	第一年十元,第二年十五元,第三年二十元

三、技师薪俸:

(1)厂长	二百元至三百六十元

(2)精制技师　　一百元至二百元

(3)技师　　八十元至一百六十元

(4)技术员　　四十五元至一百元

四、职员及技师膳费一律每人月支十六元。

五、当此抗战期间，百物昂贵，本厂为补助同人生活起见，暂给左列津贴两种：

甲、战时津贴：

(1)经理　　一百元

(2)厂长、课长　　六十元

(3)主任、办事员及技师、技术员　　四十元

(4)助员　　三十元

(5)练习生　　十五元

战时津贴得由本公司视当地生活状况酌予增减，待将来战事平定、经济情形恢复常态时，此项津贴即行取消。

乙、膳贴：

本厂职员及技师除第四条规定之膳费外，在此粮价高涨时期，每人每月另给膳贴二十元，此项膳贴得由本公司视当地粮价涨落情形酌予增减或取消之。

六、本厂薪俸及战时津贴每月十五日发给，膳费及膳贴每月五日发给，均不得预支。

七、本厂年终酬金由本公司核给并陈报董事会备案。

八、本厂各职员薪俸之增加于每届年终考绩时举行一次，其有因职务变更责任加重者得随时改定薪俸，均由本公司核定之。

九、前条加俸之标准如左：

薪俸在一百元以上者，十元为一级，每次加俸至多不得逾二级；薪俸在一百元以下者五元为一级，每次加俸至多不得逾三级。

十、练习生每年提升一级，满三年提升初级助员，但服务已逾两年成绩优异者亦得提前擢升。

十一、本章程经本公司董事会通过实行，将来修改时亦同。

（件存陕西省点档案局民国档案 82 –1 –19 –4 卷）

雍兴公司蔡家坡动力酒精厂练习生服务规程

一、录用：本厂因工作需要得录用练习生若干人分派各课工作，但须经厂方考

验合格后方得正式录用。

二、资格:十六岁至二十岁初级中学毕业并取得证书者。

三、年限:暂定二年,但厂方得斟酌其工作优异者,随时予以缩短。

四、待遇:月薪到厂后第一个月至第六个月十元,第七个月至第十二个月十五元,第十三个月至第二十四个月二十元津贴,按照总公司指定办法办理。

五、进修:就业本厂之练习生除对被指派之工作勤勉、忠诚、负责、妥善办理外,须于业余之暇,按下列门类就其服务课别选读书籍两种,以便应考。

工务课:数学(代数、几何)　化学　物理

会计课:经济学　会计学　商业数学

营业课:经济学　商业数学　应用文

事务课:工厂管理　史地　应用文

六、升级:服务已满一年而工作勤勉、成绩优良者,得由该主管课长呈请由经副理亲予考试,考试及格后得提升为助理员。

七、考试:其由各课长呈准予以考试者,可自由择定应试日期,如不及格可再自由择定日期再试。

八、停职:有左列情形之一者得由厂方停止其职务。

1. 品行不端者;

2. 不听主管人员指挥且不专心求进者;

3. 对交付之工作懒惰玩忽、未能妥善处理、屡戒不改者;

4. 应考三次仍未能及格者。

九、自经副理核准呈总公司备案后施行。

(件存陕西省点档案局民国档案 82－1－453－1 卷)

雍兴公司蔡家坡动力酒精厂图书室规则

一、本厂为提倡阅读风气、灌输同仁知识起见,特设图书室。

二、本室规定每日午十二时至一时半及晚六时至八时半为开放时间,所有本厂职工暨眷属皆可进内阅读。

三、入室阅读图书须严守秩序,不得高声朗读或任意喧哗,以免妨碍他人。

四、入室阅读未完时可向管理员借阅,但以本厂职工及特准借阅之外客为限。

五、本室新到杂志尚未经一月者不外借。

六、本室图书备有卡片，如欲取阅须按照卡片选定交由管理员检取，不得随意翻阅书架以免紊乱。

七、借阅图书得填写二联借书证交由管理员检取，一联存根，一联俟交还图书时交与借书人。

八、借阅图书，每人不得超过二册，每次以二星期为限，但可续借一次。

九、借阅图书，如逾期未满十日，每册每日罚金一元，此项罚金充作添置图书费用。

十、借阅图书，如逾期超过十日，得由厂方取消其借书权。

十一、如有意损坏本室图书或借阅遗失得按市价赔偿。

十二、本室对每种图书有随时规定不出借之权利。

十三、来本室阅读之职工须接受管理员之劝告。

十四、本规则如有未尽事宜，得随时呈请经副理修正之。

十五、本规则自公布之日施行。

（件存陕西省点档案局民国档案 82－1－453－3 卷）

雍兴公司蔡家坡动力酒精厂职员伙食管理办法

一、本厂职员伙食按本办法之规定管理之。

二、伙食费用除煤、水、薪炭、用具及厨役费用等按实际需要由厂以实物供给外，其余由在伙同仁自理。

三、职伙由总务课庶务股代办，由入伙者随时稽核账款，稽查清洁、选定饭单等事宜（关于监伙同仁推选办法另定之）。

四、伙食费之结算于领用物品等项，依照本厂员工食伙记账与报销暂行办法暨库房收发物品之规定办理之。

五、遇有夜班、加班开夜饭或加班饭，其每餐伙食费以单开公客饭论，由厂供给之。

六、开饭时间按本厂工作时间随时规定之。

七、每月伙食账结出后，主办人员应详细列表公布一次，以昭信实。

八、参加本伙之职员均须按照规定开饭时间到饭厅用膳，如因公差不能按时用膳者，须由主管人员或托同仁预先通知管伙人以便留饭，否则不便另开。

九、入伙止伙办法如左：

1. 凡携眷职员住厂者一概不准入伙,如有特殊情形需入伙者须呈请经理核准之。

2. 新到厂单身职工得随时入伙。

3. 在伙职员之调差、辞职或较长期之出差,于离厂及眷属到厂之日止伙。

4. 入伙须以整月计,除第三项诸原因外其自动退伙不及一月者,概以客计算。

十、客饭办法如左:

1. 私客饭以每人用膳一次为一单份。

2. 私客饭须事先通知庶务股方许进膳,否则得由管理人拒绝之。

3. 私饭客须在饭厅随职员时间一同进膳,不单开,不加菜。

4. 未经呈准入伙之携眷职员在饭厅用膳者,无论久暂概以私客饭计。

5. 私客饭费于每月底由庶务股结清列单收取。

6. 公客饭在饭厅与职员一同进膳者,照私客饭费计算。

7. 加班、夜饭一桌由厂供给,照私客饭费计算。

8. 公客饭另开者,每人每餐为一双份(每一双份按单份价加半倍计算)。

9. 厂方待客整桌酒席所用菜费,由庶务股另行照实支数报销(每桌馍饭照五双份计算收费)。

10. 公客饭费每月底由庶务股结算转厂账。

11. 每一单份客饭费按当月伙食一日总额计算,双份加半于收款时不足百元者四舍五入收取。

十一、由厂供给在饭厅用膳者(如幼稚园教师等)照入伙计算。

十二、端阳节、中秋节、年节、春节所加津贴菜费,则由厂方规定数目另行报销。

十三、饭厅规则另定之。

十四、本办法自陈奉经副理核实后施行,修正时同。

(件存陕西省点档案局民国档案 82 - 1 - 1058 - 2 卷)

雍兴公司蔡家坡动力酒精厂职工福利组织简章

第一条　本简章遵照社会部公布之《职工福利社设立办法》订定之。

第二条　本会定名为“雍兴实业股份有限公司蔡家坡酒精厂职工福利社”。

第三条　本社社址设于蔡家坡酒精厂内。

第四条　本社设主任一人综理社务，总干事、干事、干事助理各若干人，办理社务并得分组办事。

第五条　本社所需经费得依法由职工福利金内拨充之。

第六条　本社兴办之业务如左：

（一）宿舍与家庭住宅

（二）医务室

（三）职工补习学校及子弟学校

（四）浴室

（五）理发部

（六）洗衣部

（七）缝衣部

（八）图书室

（九）读书组

（十）交谊组

（十一）康乐组

（十二）体育场

第七条　本简章经呈奉主管官署核准后施行。

（件存陕西省点档案局民国档案 82－1－1033－1 卷）

3. 会议记录

雍兴公司筹设蔡家坡酒精厂谈话会议记录

（1940 年 10 月 6 日）

时期　二十九年十月六日上午九时

地点　西安中国银行

出席者　束云章　杨挚奇　胡名甫　李紫东　卞柏年　钱尔嘉

蒋均如　贺书绅

主席　束云章

记录　贺书绅

卞柏年报告筹设酒精厂之缘起及经过

海防、滇缅相继禁运,汽油来源日见困难,将来行驶汽车势必以酒精替代,雍兴公司有鉴于斯,故有筹设酒精厂之拟议。柏年于本年七月底奉派到秦调查设厂地点,并计划机器设备等事,两月以来粗有端倪。兹将调查及筹备经过,缮具调查报告书一份,连同房屋、机器估计表五份,一并送请鉴核。(附调查书一份,估计表五份)

主席意见

柏年兄所报告各节大致妥善,兹参酌各方意见,拟定设立酒精厂之先决问题如左:

(一)厂址:参酌各方报告,关于设立酒精厂地点之选择,以岐山县属之蔡家坡为最适宜:(1)地当陇海沿线,交通便利;(2)出产高粱、苞米、大麦、小麦均甚丰富,原料之取给无虑缺乏;(3)地势低洼,取水较易;(4)左近有糟房廿余家,产酒甚丰,如欲利用土法制成之酒蒸取酒精,则就地取材,莫此为便;(5)附近多山,便于凿洞防空。即请杨挚奇、卞柏年两兄前往勘察地势,圈购空地四百亩,以作厂址之用。

(二)建筑厂屋:厂房之建造以每日出产二千加仑为标准,但构造设计不妨因陋就简,而以早日开工、早日生产为前提。所有建筑材料如木材、砖瓦,即行着手购存,务期地皮一经购妥,立即动工,全部厂房得于三个月内落成。

(三)产量:每日产量以二千加仑为最后目的,第一步先行设法出产一千加仑以应急需,将来酌量情形再图扩充。

(四)机器设备:兹悉重庆杨公庶君拥有自制四百五十加仑酒精机一部,索价十万,在渝交货。拟请杨挚奇兄赴渝之便加以检验,如机器完整可以使用,并肯照原价在秦交货者,不妨以十万元购进备用,但须派人到秦配装造用,并保证能出至九六成分之成品,方为有效。另于三个月内自制五百加仑机器一部从事生产,以期达到第一步先行出产约一千加仑之目的,将来一面生产,一面扩充,以增至二千加仑为度,至原动马达或购或造,由该厂及早准备。

(五)资本:定为五十万元,预估购地八万元,建筑厂房(包括仓库在内)十八万元,机器设备十六万元,流动资金及开办费用八万元,合如上数。至采购原料之流动资金,可向西安中国银行洽商押贷。

(六)组织:聘请杨挚奇兄主持全厂事务,其详细组织由雍兴公司拟定公布。

(七)成本计算及购料问题:(1)每加仑成本若干,又自制五百加仑机器,需要何种材料？再建筑厂房，拟预购木料砖瓦几何？请卞柏年兄列单估计，送请杨挚奇兄洽商，以便提出下次联席会议讨论；(2)每日生产酒精一千加仑，需要原料之采购方法及手续，请李紫东兄拟具计划送核。

上午十一时半散会。

附

设立酒精厂调查报告书

敬陈者：柏年奉命筹设酒精制造厂，遵于七月卅日赴徽县、双石铺、宝鸡、虢镇等地，详细调查各该地原料、燃料及交通情形，选择设厂地点。计自七月卅日由天水启程，至八月十二日调查竣事至西安，共在途十四日。经将各地调查情形与胡、李二襄理商讨，以虢镇一带原料、燃料收购较易，交通亦便，拟即在该镇附近择地设厂。除圈地事已托韩巨川君前往办理，所需建筑材料等亦经分别托人物色，已大致购齐外，谨将此次调查结果奉陈于后，敬祈钧察。

卞柏年　谨上

查选择酒精厂之地址应行注意者，厥有五点：(1)原料；(2)燃料；(3)水；(4)交通；(5)防空。兹将此次各地调查所得分述如下：

(1)原料——高粱、玉蜀黍、番薯均可作制造酒精之原料。

(A)徽县——徽县多麦，麦质甚佳，宜于制酒，但除供当地及附近一带民食及制军粉外，所余无几，不能大批收买；至于高粱、玉蜀黍等杂粮，产量均不甚丰，每年仅约七八千石，且近来市价颇高，每石已达二十元之谱。

(B)双石铺——双石铺隶于凤县，地居环山拱抱之中，可耕地亩甚少，该地产粮平时仅足自给，近因“汉宝”及“华双”两公路之通车，该地已成交通要点，又加有西北区工业合作社之设立，人口骤增数倍，故近来本地出产之食粮，尚不敷用，且需仰给予陇南徽、成二县。

(C)宝鸡——宝鸡县境粮食产量较丰，又因交通方便，邻近各县所产粮食亦多，以县属之虢镇为集市之场。今将宝鸡县城镇各处粮食出产情形，分陈于后：

(a)宝鸡县城——县城仅敷城厢民食之用，附近各地所产者则以运费关系，价格较巨。

(b)十里铺——距县城约七八华里，当地粮食情形与县城相同，距产地稍近，价亦低落。

(c)虢镇——该镇附近粮食产量甚丰,且东临郿县[1]北接凤翔,亦均为粮食产地,而以该镇为集市之所,故采购极易。近来本地多种高粱、玉蜀黍,每年产量据当地商会负责人估计,每集(每二日一小集)可收高粱一二百石,每月约计可收三千石左右,足敷本厂之需。

(2)燃料。

(A)徽县——徽县燃料以木柴、木炭为主,多采自附近山中,视农事之忙闲,为一种季候性之供给,每年产量当地无统计数字可稽,价值随供给之多寡为涨落,当地习惯买卖以揹背计算(即每一人能背之重量),每背重量随背者体力各异,平均约重五十斤至六十斤,价最高时二元半,平均一元五角。

(B)双石铺——双石铺距甘陕合作煤矿亮地寺矿区仅十数公里,该区煤质颇佳,可作锅炉燃料,但因群山环绕,交通梗塞,运输非常困难,在秋冬运输较便之际,每吨煤在双石铺售价四十元。

(C)宝鸡——宝属各地燃料情形大致相同。境西凤县产煤,交通太坏;境东同官之煤,因咸同路尚未完工,不能运出;其他各处之煤,产额无多而需要者众,亦不能充分供给,故煤价越来越高,最近每公吨煤价在五百元左右(据四联分处九月二十五日物价报告)。陕西煤统处定价虽廉(每吨六十元),但来源太少,领购不易。至于木柴、木炭,平时每百斤约二十余元至卅元。最近虢镇各机关及工厂有联合入山购炭之筹备,若能成功则炭价可望降至每百斤十元至十二元,即每吨价在二百元左右。

(3)水——酒精所需之水有三种用途,即(A)制酒;(B)供给锅炉;(C)冷却。

(A)制酒之水宜甜而碱性低,此次所到各处之水多不合此条件,需略加化学处理方可应用。惟距卧龙寺(宝鸡县属)五里之底店镇有泉水数处,水源方便,水质亦佳,可供造酒之用,但地势太狭,不敷将来扩展之需,且当地住户有数百户之多,如给资迁移恐为数过巨。

(B)供给锅炉之水宜用软水,河水虽为软水,但河水之温度随季候而变更,对于冷却极不合适,故普通均利用井水或泉水。

(4)交通——运输方便与否影响于原料之输入与成品之输出,至为重大。查徽县及双石铺均不接近铁路,仅傍公路而已,宝鸡之十里铺与虢镇则均在陇海路

① 即今眉县。

线，交通至为便利。

（5）防空——为避免空袭计，该厂厂址宜择铁路北之高原，掘地或井，置厂屋于井内以期减少目标。

综上观之，（一）关于原料粮食之供给，则宝鸡胜于徽县及双石铺，而宝鸡境内又以虢镇为最优；（二）关于燃料炭煤之供给，则徽县之木炭与双石铺之煤虽价较廉，而有农事节季关系，运输维艰，宝鸡、虢镇之煤因可利用火车，价值虽昂但较有把握，且将来可向煤统处设法请求接济，则所费实亦与徽县、双石铺相差无几；（三）关于水质，则徽县、双石铺及虢镇，就严格而言均不甚合于条件，拟凿井取水尚不致有何困难；（四）关于交通，则徽县及双石铺均不如宝鸡十里铺及虢镇临近铁路之为便利，舍短取长，则虢镇较为相宜。此本厂拟在虢镇设立之理由也。

（件存陕西省点档案局民国档案 82 – 1 – 820 卷）

筹设雍兴公司蔡家坡动力酒精厂及广元分厂谈话会议记录

（1940 年 12 月 28 日）

时间　廿九年十二月廿八日下午二时

地点　西安中国银行

出席人　束云章　杨挚奇　卞柏年　贺书绅

主席　束云章

记录　贺书绅

主席意见

一、蔡家坡酒精总厂

（一）兹因蔡家坡附近收购巨量粮食颇感不易，故决将原定每日生产酒精二千加仑之计划减为一千五百加仑，俟购粮有办法时再图扩充。

（二）酒精蒸馏塔之制造，须保证能出至九六成分以上之酒精为原则。据卞厂长柏年报告"刻下正在制造中之五百加仑酒精塔一座，旬日后可以竣工，共计廿九节，若再加制四节，所费无多，所出酒精即可保证至九六以上"等语，应即加制四节，以求妥慎，万不可图省目前之些微制造费，反蒙未来无穷之损失。其余一千加仑酒精蒸馏塔一座，亦应照此原则，即日动工制造，并限明年二月底以前完成。

（三）限明年二月中旬先行出产五百加仑，三月中旬出产一千五百加仑，在胶状发酵设备尚未完成以前，不妨暂用干酒制造，以应急需。但此项胶状发酵设备，务限明年五月间全部告竣。

二、广元酒精分厂

(一)广元为川陕交通要道,汽车往返必经于此,故决定于广元地方设一酒精分厂,俾可就近供给汽车燃料,以免运输困难。其组织直辖于蔡家坡酒精厂,以便管理,定名为“蔡家坡动力酒精厂广元分厂”,设厂长一人主持全厂事务,下设营业、工务(工务由厂长兼)、会计三组,分掌各事。厂长一职,拟请孙镜清君担任,并请杨挚奇兄催其即赴广元,积极筹备。

(二)资本定为四十万,专充购地建厂、机器设备以及开办等费之用。应请孙镜清君拟具计划书陈报总公司备案,至所需流动资金可向天水中国银行设法押贷。

(三)五百加仑酒精塔一座,连同三十匹锅炉一具,已向重庆杨公庶君处定制,计价款十五万元,年底在渝交货,运至广元即可开工。至该项机器如何搬运,,购地建厂如何进行,请杨挚奇兄督促孙厂长积极进行。

(四)广元分厂原拟每日出产酒精一千加仑,亦以大批食粮原料不易采购,故决定减为五百加仑,限明年三月间开始出产。在直接发酵设备尚未完成以前,不妨暂用干酒制造,以应急需。惟上项胶状发酵设备,务限明年五月间全部告竣。

下午五时散会。

(件存陕西省点档案局民国档案 82－1－414－4 卷)

筹设雍兴公司蔡家坡动力酒精厂第三次谈话会议记录

(1941 年 5 月 10 日)

时期　民国三十年五月十日上午九时

地点　蔡家坡动力酒精厂筹备处

出席　束云章　李紫东　杨挚奇　卞柏年　赵亦珊　胡玉琦　韩巨川
　　　潘天逸　贺书绅

主席　束云章

记录　贺书绅

主席谈话

(一)据卞厂长报告“本厂原定二月中旬可每日出产酒精五百加仑,并于三月中旬增出一千五百加仑,以内地物资极感缺乏,照目前筹备情形,上项计划恐须延至六月底始能全部完成”等语，查所称各节不无可原。惟盼全体同人嗣后益加奋发，务限本年五月底先出五百加仑，延至六月底，即可将原定日出一千五百加仑之计划见诸实施。

（二）第一步五百加仑酒精塔一座，由杨经理及卞厂长柏年负责监制，务于本月二十日以前全部完成，以备装置。第二步五百加仑酒精塔两座，刻由胡玉琦兄负责制造，亦盼本年六月二十日以前，得以全部告竣。又所有本厂一切建筑，各厂房、办公室及职工宿舍等，请挚奇兄督率郭工程师毓麟，务于最短期内修缮完竣。应即将各工程采取分包办法，以期迅速藉免延误开工日期。

（三）本厂购存高粱及包谷估计有四百万斤，现在亟应赶造仓库以备堆存。上项仓库建筑即请挚奇兄负责办理，总期至迟一个月以内得观厥成。

（四）现存原料四百万余斤，仅敷约三个月之用，应于新谷登场以前察看情形，再为陆续添购二百万斤或三百万斤，藉免青黄不接发生困难。

（五）广元分厂亦因物资歆乏，以致原定本年三月间开始出产之计划，未能如期实现。兹请挚奇兄督率该分厂加紧筹备，限于本年七月底以前开始生产，勿使延误致失时效。

（六）关于房屋建筑及机器装制等，请挚奇、柏年两兄拟具详明计划，分别规定完工日期，陈报总公司备查。

上午十二时散会。

（件存陕西省点档案局民国档案 82－1－510－2 卷）

雍兴公司蔡家坡动力酒精厂谈话会议记录

（1946 年 1 月 6 日）

中华民国三十五年一月六日午后六时，在本厂招待室开第一次谈话会，出席人员如次：

张仲书　何云从　周尚志　马怀运　张逸民　吴登冶　刘汉卿

俞仁治　黄懋辉　吴　标　彭才毅　南若兰　何新齐　王飞彪

首由厂长说明召开谈话会意义，并阐述各部门职责之重要，而以增加生产、改进品质、减少消耗、发挥效率、节省人工、实行标准工作方法为全厂共同目标，勉励同人全力以赴，以期达到工业救国之目的。

继由各出席人员自由发表意见，分别报告工作概况，并陈述各部门办事困难经过,提供改良意见。

最后讨论并决议左列各事:

(一)工人米面改定星期日(即本厂规定停工日)由总务课配售,并由人事课帮同照料。

(二)各部工人数均已超过需要之数,亟应停止添雇新人,遇缺亦不得补进。

(三)各部需用之人数须由各主管人员规定一标准名额,分别职务、工资列表陈报,总以不浪费人力物力为目的。

(四)发给工资应照原例仍在厂内分部发给,并由各部主管人帮同照料。

(五)同人考绩分数表由各部主管人根据定章及实际观感,妥慎填报。

(六)纺织各部应切实督促工友遵守标准工作,以期改良品质。

(七)各部主管人应将每月经办之重要事项,摘要填写工作日志送阅。

(件存陕西省点档案局民国档案 82-1-556 卷)

雍兴公司蔡家坡动力酒精厂厂务会议记录

(1949 年 6 月 27 日)

地点　经理招待室

时间　卅八年六月廿七日上午九时半

出席人　于淦诚　董金荣　王文斌　孙镜清　刘慎智　陈天怡　李景祥　陈耀荣　谢奉先

主席　孙镜清

记录　姚孟源

讨论事项

1. 决议:联勤总部七一补给区司令部委制军粉事。

(一)关于请预发制造费 15% ~20% 备付工资;(二)出粉率陈麦照以前规定 72.2%,新麦则按八折;(三)每日产量 400 袋,开单班须留半数,供三厂员工食用;(四)动力系由纱厂供给,时因发生困难(如电厂工人工资)无电;(五)燃料不足,来源困难(电厂用煤仅敷半月之用);(六)在厂交麦,在厂提粉;(七)物料补充问题;(八)公推谢课长奉先、李主任景祥、工友代表于淦诚先生前往接洽。

2. 决议:机厂购面时可让 900 袋,连还旧欠 400 袋共 1,300 袋(机厂所存之陈麦 40,000 斤下次厂购新麦时可拉来暂存机厂)。

3. 决议：虢镇存煤被政府封存，不能启运，七月份眷煤暂以现存三炭过筛所出之末煤发给。

4. 决议：原存陈麦除供本月份本厂员工用约1,000袋，以及还纱厂1,000袋并拟供给机厂900袋外，尚有30余万斤不磨，并以收入纱厂之面价提出1,000元续购新麦。

5. 决议：□厂所付面价3,000元，除1,000元备购新麦，600元备厂库存另用外，其余1,400元发给五月份职员薪金尾数及六月份员工薪资。

（件存陕西省点档案局民国档案82－1－1076－2卷）

4. 工潮问题

孙镜清为本月二十七日工潮经过情形呈沈协理、杨协理函※

（1948年7月29日）

次、朗公协理钧鉴：

查属厂工友工资向以面粉折价发给，并于每月廿五日厘定价格公布，此种办法行之有年，向未发生异议。惟本年六月份面粉厂价与黑市相差悬殊，工人曾因此要求发给实物，当经与工人代表一再商洽，并面请吕经理特准，每人按厂价购粉两袋（当时言明，下不为例），本月份面粉参照市价，每斤按十四万五千元计价折算发给，并于廿五日公告。侧闻工人对此次所定面价尚无异议，不过据各部分管理人员称，各部分技术工人正酝酿要求发给实物。本月廿日上午十时，各部分代表二十余人，向厂方正式要求发给实物。当时厂方出席者计马副理震垚、谢主任奉先、冀主任桂岩、刘课长静宇及职等五人（均系直接管理工人者），分头解释厂方业务不振情形及原定工资均属代金性质，惟念携眷工人生活艰窘，准照厂价每人购粉一袋以资补助，而单身工人改由厂方供给伙食，似无再要求发面粉之必要。工人代表声称因系代表大众，当时不解决定答复，容于午间商定后再予答复。当时职等人见工人表示似极坚决，经职等考虑，为避免事态扩大计，遂准携眷工人买粉两袋，单身工人买粉一袋，并请各部分主管人员即时转达此意。旋于是日（廿七日）午后，工人代表声称未能代表厂方转达，请求召集全体工人，宣布厂方办法，遂即散去。职等再三考虑，深恐与全体工人宣布后，不得结果，且易生枝节，故未召集。至次晨（廿八日）上午九时，工人代表雷兴旺等二十人来经理室，要求厂方谈话。职同原出席人等齐集招待室,工人代表雷兴旺首先发言,措词激昂,大意谓:(一)马副理、冀主任昨日所谈法令制裁,请求解释什么法令;(二)本人不想一个商业机构也是一个黑幕集团;(三)上次共产党来厂,雷兴旺牺牲一切,同全厂工人维护厂方;(四)雷兴旺代表工人,既不能达到工人之要求,又不得厂方之谅解,只有我个人牺牲,以表白心地。即以左手由袜统筒内拔出匕首向右胸插下。当时秩序大乱,职即被工人强行拖走,随同受伤工人代表雷兴旺至医务室,马、冀、谢、刘诸君当时四散不知去向,旋亦被工人分禁各处并有被打情事。当时工人自动鸣笛,电话总机亦受工人监视,各厂门均为工人看守,禁人出入。职虽在医务室被监视,仍一面监饬医务人员给伤者加紧救急,并决定派程医师及工人数人乘午车护送伤者至西安疗治,职在医务室时,冀主任亦被工人押送至医务室,同时职及冀主任被工人将周身搜查。至十一时许,蔡镇警察局裴所员、绥署卢参谋、率警士七名进厂,直至医务室。职恐雷兴旺有生命危险,当请裴所员、卢参谋面询雷兴旺受伤经过,据称系因"要求未达目的,以刀自裁"等语,职以工人包围医务室,随时可能发生意外,乃商同工人代表同在场人员暂返经理室继续谈判(是时马、谢、刘及方旅人君亦先后被押送至医务室,旋即返办公室)。除与工人谈判情形随时陈报外,谨将此次工潮经过先行奉陈,敬祈察阅为祷,专此,祗请钧安。

职:孙镜清　谨启

七月廿九日

(件存陕西省点档案局民国档案 82－1－102 卷)

(五)虢镇业精纺织厂

1. 企业章则

雍兴公司业精纺织股份有限公司章程

第一章　总　则

第一条　本公司遵照《公司法》股份有限公司之规定组织之,定名曰:"业精纺织股份有限公司",依法呈请官署登记。

第二条　本公司经营事业如左:

一、手工纺纱;

二、手工织布。

除前项事业外，如兼营他业，须经股东会议决定呈报主管官署备案。

第三条　本公司设于陕西省宝鸡县虢镇。

第四条　本公司之公告登载于西安通行之日报。

第二章　资　本

第五条　本公司资本总额为国币十万元，每股一百元，共为一千股，一次收足。

第六条　本公司股票用记名式，分为一股、十股、百股三种，钤盖本公司图记并由董事五人签名盖章发行之，执有股票者以本国人为限。

第七条　本公司股份以本公司股东名簿所载之人为所有人，所有人应将签章式样及姓名、住所填具印鉴交存本公司；如以堂记或商号为户名者，并应将本人或代表人之姓名、住所连同印鉴一并填交本公司存查。股东之印鉴或其代表如有变更，应随时向本公司更正，倘不先通知本公司因而发生损失者，本公司不负责任。

第八条　本公司股份基于合意行为而为移转时，应由册载股东签具让与书，检同原股票并开列受让人姓名、籍贯、住所送交本公司查核，为移转之登记并换给新股票，其让与书之署押印章应与原留印鉴相符。又股份基于法律原因而为转移时，应由承受人提出证明权原凭证并缴销原股票，经本公司查核无异后换给新股票；所提凭证如为私文书，本公司得嘱咐承受人邀同妥保出具保证书。

第九条　股票污损或须分合时，得将旧股票送交本公司验明注销，另换新股票，但污损程度至不易辨认者，本公司得拒绝调换或令觅具妥保方能换给新股票。

第十条　股票遗失或被毁灭时，应即报告本公司挂失并将股票号数、股额、户名、姓名自行登载本公司指定之报纸一个月以上，声明作废，自公告日起经两个月如无纠葛发生，方能觅具妥保，补领新股票。

第十一条　股票过户或换领新股票，除应贴之印花税票由股东自备外，并无其他费用。

第十二条　股东常会前一个月，临时股东会前十五日，均停止股票过户。

第三章　股东会

第十三条　本公司股东会分为常会、临时会二种。常会于每年年度决算结账后三个月内，由董事会酌定地点召集之；临时会由董事会或监察人认为必要时，或股份总数二十分之一以上，股东提出理由联名请求召集之。开会日期、地点及议题，常会应于一个月以前，临时会应于十五日前通知各股东。

第十四条　股票表决权每股一权,但超过十股者,其超过之股份在十股以内者减一权,二十股以内者减二权,三十股以内者减三权,余类推。

第十五条　股东因事不能到会,应出具委托书委托其他股东为代表。

第十六条　每股东之表决权及其代理其他股东行使之表决权合计不得超过全体股东表决权五分之一。

第十七条　股东会之主席由董事长任之,董事长缺席时由出席董事互推一人任之。

第十八条　股东会之决议除《公司法》有特别规定外,有股权总额过半数者之出席,以出席人表决权之过半数行之,可否同数取决于主席。

第十九条　股东会议决事项应载明议决录,由主席签名盖章,连同股东签到簿、代表出席委托书一并交由董事会保存于公司。

第四章　组　织

第廿条　本公司设董事五人,监察人一人,候补董事二人,候补监察人一人,均由股东会就股东中用投票法选任之,其当选资格董事应有股份十股以上,监察人应有股份五股以上,被选权数相同者以抽签法定之。①

第廿一条　董事任期三年,监察人任期一年,连选均得连任。

第廿二条　董事五人选出后,先由董事中互选常务董事三人,再就常务董事中推定一人为董事长,并组织董事会处理公司一切事务。董事长有事故时,得委托常务董事一人代理之;如未委托,应由常务董事互推一人代理之。

第廿三条　监察人除依法执行职务外,得列席董事会议陈述意见,但无表决权。

第廿四条　董事、监察人因故出缺时,应以候补董事、监察人依次递补。

第廿五条　董事当选后,应将本章程第廿条规定当选资格应有股份之股票,交由监察人经于公司中保存之。

第廿六条 本公司业务及管理均由董事会主持,其办事规则由董事会另定之。

第五章　会　计

第廿七条　本公司以公历每年十二月卅一日为决算期,董事会应造具各项表册于股东常会开会前三十日交监察人复核后,提出于股东会,请求承认。

第廿八条　每年决算于总收入中除去总开支及折旧、摊提等项,如有盈余,先

① 业精公司董监事名单如下:董事卞白眉、束士方、张德凤、高兴魁、李泰耒,候补董事汪孚礼、傅道伸,监察常文熙,候补监察陆长丰。

提公积金百分之十及所得税，次提股息常年八厘，其余照百分率分配如左：

（一）业精贰纺纱机专利　10%

（二）股东红利　50%

（三）董事、监察人酬劳　12%，其分配如左：

（甲）董事长　2.6/12

（乙）常务董事　4.3/12

（丙）其他董监　5.1/12

（四）办事人酬劳　10%以上15%以下，由董事会决定分配之

（五）特别公积金　10%以上

第廿九条 分派股利于股东常会议决通过后，按照停止过户日之股东名簿并凭股票发给。

第六章　附　则

第卅条　本章程未尽事宜，悉遵照总《公司法》股份有限公司之规定办理。

第卅一条　本章程由股东会议决呈请主管官署核准施行，遇有改订增损时亦同。

（件存陕西省档案局民国档案82－1－535－3卷）

雍兴实业股份有限公司业精纺织厂组织大纲

第一条　本厂设经理一人，承雍兴实业股份有限公司总公司之指示，主持本厂一切事务。

第二条　本厂设副经理、厂长各一人，承经理之命办理各该管一切事务。

第三条　副经理以下设事务、营业、会计各课及材料、文书各股，各课设课长一人，办事员练习生各若干人；各股设股长一人，办事员练习生各若干人，承经副理及各主管课长、股长之命，分别办理本厂事务、材料、营业、会计、文书等事项。

第四条　厂长以下设总工程师一人及技师、主任、课长、办事员、工务员、练习生各若干人，承厂长及总工程师之命分别办理本厂工务、原动、人事等事项。（因新厂尚在筹备时期，故暂缓详订）

第五条　经理、副经理、厂长、总工程师由雍兴实业股份有限公司总公司任免之。

第六条　技师、课长、主任股长由经理商承雍兴实业股份有限公司总公司任

免之。

第七条　办事员、工务员、练习生由经理任免后,再报雍兴实业股份有限公司总公司备案。

第八条　本厂办事细则另定之。

第九条　本大纲如有未尽事宜,得由经理陈请雍兴实业股份有限公司总公司修正之。

第十条　本大纲经陈奉雍兴实业股份有限公司总公司核准后施行。

(件存陕西省档案局民国档案82－1－1596－1卷)

雍兴公司业精纺织厂办事细则

一、本细则依据本厂《组织大纲》第八条之规定订定之。

二、经理室

(1)经理主持本厂一切事务。

(2)本厂组织及章程之变更,由经理陈请雍兴实业股份有限公司总公司核定之。

(3)本厂人员之任免、升迁、调补、待遇、奖惩由各主管部分陈请经理核定,陈报总公司核准行之。

(4)凡合同文件之签发,须经经理盖章方为有效。

(5)本厂工务上、业务上进行方针之决定、预算决算之编制施行由经理裁可行之。

(6)本厂每年度工务计划及营业计划送请经理核定之,并陈报总公司备查,每年终【将】工务进行及营业状况送请经理查核并陈报总公司查核。

(7)经理不在厂时,所有职务由副经理及厂长代理之,如副经理、厂长有一人不在厂时,由其他一人代理之。

(8)代理期间遇有重大事件,仍须随时商请核定再行办理。

三、副经理室

甲、事务课

(1)每日开始办公时应检查先一日未办完之事,提前办理,不得积累。

(2)每日下班时如有当日可办完之事,应稍延长时间将事办完,不得延至次日。

(3)对于厂警及夫役应随时训练督查,使其确守厂规各尽其职。

(4)对于厂警及夫役如查有不守厂规或有不尽职责者,应分别轻重予以惩罚或开除之。

(5)厂警及夫役应分别设立名册,遇有进退随时登记。

(6)厂警及夫役之进退应于办理后陈报副经理。

(7)本厂厂警之岗位至少每日须巡视一次。

(8)本厂消防队应随时训练,消防器具应随时检查,如有破坏速行修理。

(9)厂房、仓库等地饬警随时巡逻检视,预防火灾,遇有火警发生应督饬消防警队迅速扑灭之。

(10)厂内院内绝对禁止吸烟,应饬警随时注意,切实执行。

(11)职工厨房、饭厅应于每饭后打扫之,每日至少须详细检查一次。

(12)本厂卫生设备应积极进行传染病之预防,诊疗室之管理尤应切实办理。

(13)本厂沟渠、厕所应督饬清洁夫随时打扫冲刷,每日至少须检查一次。

(14)本厂办公厅及职员宿舍应督饬夫役随时打扫并检查之。

(15)本厂夫役宿舍内应随时检查,如有不清洁或违背厂规之举动,应随时纠正或处罚之。

(16)遇有建筑或修缮等事项,须征询有关部分之意见,先将建筑计划或修缮范围陈明副经理核定,陈报总公司核准后再行动之。

(17)建筑修缮等费须于工竣后立即造列清单,连同有关单据分别报销。

(18)本厂事务方面各种物品及经经理指定之工务方面各种物品,其购买、保管、领发等事项由事务课派员主管之。

(19)本厂工友食用之大宗食粮由事务课随时预为采购,准备供给。

(20)凡购买零星物品及支付零星款项等,得常存国币五百元以便随时支付。

(21)凡付出之零星物价及用款应于次日将发票、单据送交会计课,取回现金。

(22)每月底应造具警役姓名表,记明职别、姓名、到差年月日、支薪饷数、月支津贴数、实支薪津数及辞退、递补情形,送陈副经理、经理核阅后,以一份送交会计课具领转发,以一份送交文书股转报总公司备查。

(23)各科股领用办公用品,必须由领用人员具领物证记明名称、数量、用途,加盖名章,再由各课长、股长盖章后向事务课领用。

(24)各种用品购回后,应由经手人在发货票上盖章,送由课长盖章后再行领款。

(25)各种物品应分别置备出入登记账、储存账及各项清册,记载购买、收付登记、保管情形并应造月报表、年报表,按月、按年盘存,填报附卷备查。

(26)对于本管事项之外来函件,如以自行答复较为便利者,可自行拟稿,送由文书股核转副经理、厂长、经理盖章后缮发归档;不拟自复者可在原函上签注意见,交还文书股拟办。

(27)对于本管事项应随时与有关各课部取得联络,听取意见,参考进行。

(28)每遇例假日应派员轮流值日。

乙、材料股

(1)每日开始办公时应检查先一日未办完之事,提前办理,不得积累。

(2)每日下班时如有当日可办完之事,应稍延长时间将事办完,不得延至次日。

(3)每日接到各部申请购料单或由本股计划自行购备者,均应即时填具本股购料申请书,送陈副经理盖章后方能购买。

(4)购料申请书经核准后,应立即向本部或外埠各店号采购,同时将日期、请购书号数、物名、种类、数量登入采购簿内,已办妥者再将单价、购买处所、收到日期续填簿内,以便检查。

(5)各商号兜售商品来函须由经理拆阅批交本股方能照办,但报价单、估价单等仅供参考之用者,本股可直接收受。

(6)对于本管事项之外来函件如以自行答复较为便利者,可自行拟稿送由文书股核转副经理、厂长、经理盖章后,缮发归档;其不拟自复者可在原函上签注意见,交还文书股拟办;其自动发出文件订购物料者,陈经副经理核准后,亦可按照前项手续办理。

(7)添购机器、马达等重要物品应将各店所报机器规格、价值列表送陈经理核定,陈报总公司批准后,再照购置手续订立合同或承揽契约。

(8)合同及承揽契约内所列条款须先拟稿,陈请经理核定然后,送文书股缮正加盖厂章及经理印章方为有效。

(9)合同及承揽契约内所列条款如系由对方拟妥征求本厂同意者,须将原件陈请经理核定,交文书股加盖厂章及经理印章方为有效。

(10)预付货款须先将商号名称及所购物品数量、总值、预付理由陈请经理核准后,方准支付。但临时交易不及陈请或陈请有误时机者,在一千元以下之额度内可照货款预付,仍须将预付情形补报查核。

(11)凡货物提单发票于收到后应于当日办妥手续,派人提取,随同原商号押运人或承运商号押运人拆封,验明过秤。

(12)店号寄来账单、发票如与进料斤称、数量、品质不符时,应详细核对,向原承运商号或原售料商号接洽补足或照实收数批注作价,通知材料库验收。

(13)材料库收进材料时,应凭材料股股长通知详细点收,俟收齐存库后应即登记并填制进料凭单,记明收到日期、名称、种类、实收数量、单价、共价等项,由主管人员盖章连同发票送经本股股长、本课课长及副经理盖章后转会计课,按补足价或实收价核付价款。

(14)材料库发出物料时,如系工务方面者应凭厂长或总工程师盖章之领物证,如系事务方面者应凭副经理盖章之领物证照付,付讫即行登记并填制发料凭单,记明发出日期、名称、种类、实发数量、单价、共价等,连同领物证送经本股股长、本课课长及副经理盖章后转送会计课登记。领物证须用复写,一份由领料课部自行存查,一份由材料库附于发料凭单内转送。

(15)进料及发料凭单、库存日报表等所列各项数字,应详细复核再送会计课转账,以免错误。

(16)本股各职员对于采购、收发等事平时各负专责,事忙时应互相协助办理以免贻误。

(17)材料库雇用栈工,应先将工人姓名及所编工号、派任职务、拟给工资详细填具报告单陈请副经理、经理核准,再送会计课登记。

(18)材料库所用栈工应设立姓名簿。

(19)材料库每日应将栈工及临时到工人数之工资,填具报告连同工折送会计课登记。

(20)材料库每日收进材料如系大批不易检点者,应先分别种类(如号数、尺寸、名称等)、点收单位(如件数、捆数、根数、箱数、桶数等),然后再从容统计数量(如过磅、量尺、点收细数等),必须点验清楚方可入账。

(21)材料库每日发放材料应规定时间次数启闭库房,如非特别急需之物料,过时即行停发。

(22)材料库每日发放材料如发觉某项材料不足领物证所开数量时,应即在领物证内注明实发数量或完全划销,同时以最快方法购到,通知再领。

(23)每遇例假日上午物料库仍照常开库发付物料,除特别急需之料经总工程师或厂长核准者外,下午不再发放。

(24)每遇例假日上午,材料库职员应轮流派一值日员负责接洽应办各事,并督率各栈工整理存料,如有必要下午亦应继续工作。

(25)库存材料每月底必须盘存,造具库存月报表陈送副经理、总工程师、厂长、经理查阅。

(26)重要材料之消耗,应以简明之数字制成比较图表表明其每月用量之增减,以备参考。

(27)对于本管事项应随时与有关各课部取得联络,听取意见参考进行。

丙、营业课

(1)每日开始办公时应检查先一日未办完之事,提前办理,不得积压。

(2)每日下班时如有当日可办完之事,应稍延长时间将事办完,不得延至次日。

(3)本课各员生对于本厂之营业计划应绝对严守秘密,不准泄露。

(4)每年在棉花种植期后应调查各植棉区之植棉状况,作成调查表陈明副经理、经理。

(5)每年在棉花成熟期前应调查各植棉区之估计产量,作成估计表并作成本年份购棉方案陈明副经理、经理核夺。

(6)应随时注意本厂出品布匹等之成色、花样、棉纱之成色包装,如发现有不合市面需要时,应拟具改良意见陈明副经理、厂长、经理查核。

(7)本埠及外埠之原棉、成品、纱布等件销售情形、行市及涨落趋势,应随时调查陈请副经理、经理参考。

(8)在本埠购买原棉、棉纱或售出制成品时,应按照市面情形审定价格,对于零星小数可随时陈明副经理办理,如系大批交易须由副经理商承经理核准后办理之。

(9)如售出期货或购进期棉、期纱,须先计算生产量及需用量并改虑市面趋势,申具意见陈明副经理商承经理核准后办理之。

(10)凡售出期货或购进期棉期纱,应分别设立便查簿逐笔登记,以便随时检查。

(11)凡本厂出品行销区域内,其当地各厂所产或自外埠运来之原棉、制成品在市面最畅销者,应时加研究其成色、花样、包装,与本厂出品相比较,将其结果报告副经理、厂长、经理参酌改善。

(12)每年应采集各地所产原棉,分别制成标本并编列等级作为标准,分交有关各课部参考。

(13)每年所制之原棉标本及编列等级,须使各购花员彻底认识,以期出外购棉时有所根据,其成色须与厂内所需要者相符。

(14)本埠原棉、纱布行市及销路情形应随时通知驻外各办事处。

(15)本厂出品之种类、产量、定价及库存数应随时注意,力求适合市面供求关系并随时通知驻外各办事处参考。

(16)凡本厂拟购原棉棉纱之种类、数量应以密电或密函通知各办事处办理。

(17)凡在本埠售出成品或购进原棉、棉纱,无论期货或现货应于成交后即行填制批单。

(18)凡售出成品或购进原棉、棉纱时,所立之批单除由买卖双方盖用公司或商号图章外,应由课长加盖私章送交会计课登记。

(19)凡在本埠购进原棉,须于成交后将花样分装两袋,由课长在封口上加盖私章,并将该袋上所列之表格(包括名称、等级、数量、单价、购买地点、成交日期、交库日期等项)逐一填注,以一袋送花纱布库凭以收花,其余一袋留存本课备查。

(20)接到驻外各办事处寄来购棉报告及样品后,应即拆视其样品是否与所列等级相符。如有不符之处,应即以电报纠正之,一面仍将该样品用原袋封妥并加盖课长私章,以一袋送花纱布库凭以收花,其余一袋留存本课备查。

(21)驻外各办事处办事人员对于本厂所制原棉标本及出品成色、花样,须彻底认识。

(22)驻外各办事处应将当地之原棉产量及纱布销路情形、每日行市随时报告本厂,并通知其他各办事处查照。如行市有特别涨落或有特别涨落之趋势时,应即以电报报告本厂及其他办事处预为参考。

(23)驻外各办事处应随时收集当地所产之原棉及销路最畅之纱布等,分别标明牌号、名称、等级、长度、宽度、单价、来源、重要用途、畅销原因等项,制成样品寄厂备查。

(24)驻外各办事处售出成品或购进原棉时,应于成交后填立批单(将副本寄厂查核),除由买卖双方盖用公司或商号图章外,应由主管人员加盖私章。

(25)上项批单订妥后,应即刻将购买或承受之商号名称、货物种类、数量价格、批单号数、交货日期电陈本厂。

(26)各驻外办事处售出成品后,除依前项手续报告外,应即填制售出成品报告随同批单副本寄厂。

(27)驻外各办事处购妥原棉后,除依第25项手续急速电报外,应即将各种花样各分装三袋,由主管人员在封口上加盖私章,并将该袋上所列之表格(科目同19)逐一填注,以各两袋随同批单副本寄厂,以各一袋自留备查。

(28)驻外各办事处售出成品或购进原棉,须在营业课所通知之种类、数量范围以内,如有超出此范围之交易应即以电报请示,俟核准后再行成交,但此项交易无论成交与否,一俟决定后均应即刻电陈。

(29)驻外各办事处将所购某批原棉收齐后,应即填寄购棉报告连同各项单据寄厂报销。

(30)驻外各办事处收进原棉后即作为办事处库存,一面将该批货价及一切费用付账。

(31)驻外各办事处运出原棉时,应即填运棉报告寄厂,一面将该项原棉在办事处库存内付出。

(32)驻外各办事处收到厂内运出之成品后,应即作为库存并填发运货回单。

(33)驻外各办事处交出所售货品后,应即填寄发货报告并随附各项单据,交厂备查。

(34)驻外各办事处收进货价后即行收账,仍将钱款存放及支配情形随时函报,并于每月底【将】详细表报寄厂备查。

(35)每遇例假日应派员轮流值日。

丁、花纱布库

(1)每日开始办公时应检查先一日未办完之事,提前办理,不得积压。

(2)每日下班时如有当日可办完之事稍延长时间将事办完,不得延至次日。

(3)花纱布仓库各门每日启闭时,须由主管人员监视查验。

(4)仓库不敷应用时,得陈请经理许可将原棉在露天堆放,但地面需用三层木方打底,上面须用大帆布或芦席妥为覆盖,且时间最多不得超过一个月,在此期间务须设法尽先使用或移入仓库之内。

(5)棉花或纱布堆存栈内须视地面之干湿情形,用方木两层或三层打底,每月至少须翻动一次,以免吸入地面潮湿,并于每逢星期六须详细检查,与账目核对一次。

(6)各种花纱布应按照种类分别堆存,每堆四面应各留空隙,以便检查翻动并预防空袭及火灾。

(7)棉花到厂由营业课通知起栈时,会同逐包扦取检查是否与购时之小样相符,如发现不符之时应由营业课处理之。

(8)棉花到厂办妥上项手续后,应即入仓库过磅,登记进花号码单,同时将花包记明号码及重量,并将扦取之样拟具意见陈请厂长或总工程师批定等级,再标挂盈亏数表、斤磅对照表以便用花时凭表对照。

(9)棉花内所含潮分若干,应于到厂时扦取花样筒中,缮具请验单交由主管试验人员烘干试验有无潮分,潮分若干均记入请验单内送还本库,至用花时即由花包上所记复磅重量内将此潮分及包皮扣除。

(10)外庄采购之花样及码单由营业课送到时须编号收存,该货到厂时即对照验收,俟收齐后即将该码单附入复磅之码单,连同进花凭单库存表一并送会计课核办。

(11)纱厂清花间领用棉花时,如发现有霉烂或□子石□等夹杂物应予调换,并即报告营业课向原货点交涉赔偿。

(12)纱厂清花间每日领用各种棉花应凭总工程师盖章之用花凭单照发,发出后将该凭单送副经理盖章,连同库存表送会计课入账。

(13)布厂领用各种棉纱应凭总工程师盖章之用花凭单照发,发出后将该凭单送副经理盖章,连同库存表送会计课入账。

(14)凡各项收付账目应逐日过清,各种存棉纱布表册应陈请副经理核阅者,须于次日九时以前送出,每月月报应于次月三日以前送出。

(15)本厂所出成品须由纱、布两厂于每日下午五时以前连同送库单一并送到,经点收无误即在该单所附之回单上盖章交回查验,次日早九时以前应将该送库单送陈经、副理核阅盖章后,连同库存表送会计课入账。

(16)纱、布两厂交来下脚废花、纱头等须逐一过磅,如质重相符即将回单上盖章,否则拒绝收受。

(17)各项废花、纱头等应随时检查整理,妥为保管。

(18)付出成品及各种下脚须由营业课开具取货凭单,陈由经、副理盖章后照付,付出后将凭单连同库存表送会计课入账。

(19)每日各种库存表须于次日上午九时前送陈副经理核阅盖章后,以一份存查,一份送课备查。

(20)每月各种盘存表须于次月三日以前造齐送陈副经理盖章后,一份送会计课核对,一份送课存查。

(21)本课对于本管事项应随时与有关各课部取得联络,听取意见参考进行。

(22)对于本管事项之外来信件,如以自行答复较为便利者可自行拟稿,送由文书股核转副经理、厂长、经理盖章后缮发归档,不拟自复者可在原函上签注意见交还文书股拟办。

(23)每遇例假日应派员轮流值日。

戊、会计课

(1)每日开始办公时应检查先一日未办完之事,提前办理,不得积累。

(2)每日下班时如有当日可办完之事,稍延长时间将事办完,不得延至次日。

(3)本厂一切账务及月算、决算等,均应按照会计规则办理之。

(4)每日现金账必须于当日记载完毕并制成库存表,其他各账亦须于次日记载完毕,不得积压。

(5)每日现金收付俟制成库存表后,应由课长详为点查。

(6)各种日报须于第三日制成交邮(例如一日之表报至迟三日必须交邮)。

(7)各种传票须送经经理、厂长、副经理及关系各部分盖章。

(8)每日传票于记账完毕后,经检查应办手续已无遗漏时,应即装订成册妥为保管。

(9)各种表报未经经理及关系部分盖章者不得寄发。

(10)各种传票、表报及单据应指定专员详为复核,一经复核后该员应即加盖名章。

(11)每月之出品成本至迟应于下月五日算出。

(12)每月月报至迟须于下月十日付邮。

(13)员生薪津须于本月月终发出,平时无论何人不得预借。

(14)工人工资发放之时期,由厂长规定之。届时由工账处造具全体工人工资总册,经厂长或总工程师加盖印章送陈经理核准后,转送副经理交会计课复核无误,会同工账处到各厂间分别发放。

(15)警役薪饷须于本月月终发出,届时由事务课造具全体警役名册,详列应扣应发数目,经副经理签盖名章转陈经理盖章后,交由会计课复核无异,汇总发交具领再行分别发放。

(16)凡收入现金须根据各部分送来之表报或单据填制传票,由复核员复核送经课长盖章后方能验收。

(17)凡付出现金验照上条办理外,并须经副经理、经理盖章后方能照付。

(18)支票之开发须分类依照印鉴签章办理。

(19)应设立保管簿将收进或付出之保管品(如重要合同、契约、单据及有价证券等)随时登记,该项保管品每月至少须点查一次。

(20)暂存、暂欠两科目每至月终须尽量整理之。

(21)本厂每年度之直接、间接开支应编制预算,陈请副经理转请经理核定施行。

(22)每日库存现金至多不得超过五千元,如过此数,应即送银行收账。

(23)凡对外发出单据时,除由关系部分之课长、股长盖章外,应由本课课长复核加盖厂章及名章,送陈经理盖章后方能寄发。

(24)每日记账完毕后,应尽先填制头寸日报一份送请经理、副经理核阅。

(25)本厂对外之重要图章应严密保管。

(26)本课各员生对于本厂盈亏及制品成本、金融状况等项,应严守秘密,不得泄漏。

(27)本课对于本管事项应随时与有关各课部取得联络,听意见参考进行。

(28)对于本管事项之外来信件,如以自行答复较为便利者可自行拟稿,送由文书股核转副经理、厂长、经理盖章后缮发归档;不拟自复者可在原函上签注意见交还文书股拟办。

(29)每遇例假日应派员轮流值日。

己、文书股

(1)每日开始办公时应检查先一日未办完之事,提前办理,不得积累。

(2)每日下班时如有当日可办完之事,稍延长时间将事办完,不得延至次日。

(3)凡本厂对外文件应送请经理判行后寄发。

(4)凡本厂收到之函电应先盖收到日期之戳记,并在收文簿内摘由编号及将所编之号记入原件上端,送请经理及关系部分签阅后随即办理,不得积压。

(5)凡外来私人函件与本厂各种事项有关者,经经理批明后应一律编号登入收文簿,仍按照前条办法办理。

(6)凡本厂收到之密电或密函,应由收发人员原封陈送经理拆封核阅后,再行登簿分办。

(7)凡应复之函电或经理、厂长、副经理嘱办之函电,应先拟稿送签,俟签阅后即行缮正,经过校对后送请盖章寄发。

(8)凡往来函电于办妥后,应即将收发文稿分别整理归档,妥慎保存。

(9)凡发出函电底稿系有各主管课股自行拟办者,应即将该底稿审核后加盖本股股长名章，转陈副经理、厂长盖章，经理判行后缮发归档。

(10)凡发出函电系由本股自行拟办者，应将底稿送经各关系部分之主任、技师或课长、股长签洽，如因时间关系亟待寄发未及将底稿送经签洽者，应于寄发后送往补签。

(11)本厂全体员生应设置人事登记卡片，遇有各员生职务更动、改定薪额、支领回籍旅费、记功记过等事，即随时在该员生卡片内登记，以便查考。

(12)本厂员生之进退及职务之更动，应随时陈报总公司核复，每月底仍应造具本厂全体员生姓名表详列各员生职务、姓名、到差年月日、月支薪金数、月支津贴数、实支薪津数等，陈报总公司备查；遇有新到职人员，并应将略历填入备考栏内。

(13)本股应设置员生考绩簿，遇有经理平日考核各员生之勤惰，通知登记时应即随时记入，以便年终考绩。

(14)本股应设置员生请假登记簿，随时将请假员生之姓名及请假之事由与日期，在登记簿内登记之。

(15)员生保证书经经理审核后应妥为保管，每年并应对保依次。

(16)本厂应用之图记及密电应严密保管，经办各事并应严守秘密。

(17)凡交邮寄递之函件及应拍发之电报，应由本股向会计课预借相当数额之邮电费先行支付，月底开列清单连同收据送交会计课报销。

(18)凡派役送出之函件，对当地机关、团体、个人者，应用送达簿由收件人签收；对本场各课部或职员者，应用送件簿送由收件人签收。

(19)凡经理之手示应抄录于通知簿送交各部分签洽，一面将原手示在本股内公布，俟经过三日后，即粘于手示簿内保管之。

(20)本股对于本管事务应随时与各关系课部取得联络，听取意见参考进行。

(21)每遇到例日应轮流派员值日。

四、厂长室

甲、总工程师室

(1)每日开始办公时应检查先一日未办完之事，提前办理，不得积累。

(2)每日下班时如有当日可办完之事，稍延长时间将事办完，不得延至次日。

(3)各部工人之支配及工资之订定，随时核定陈请厂长核准施行，一面通知工账处、会计课存查。

(4)各部工人之进退、赏罚随时由各主管人员陈明处理，一面报告厂长查核并通知工账处及会计课备查。

(5)各部每日到工人数须于每日上工后一小时内填具报告,放工后二小时内并应责成各该主管人员造具工资日报,经查核盖章送经厂长盖章后,分送工账处及会计课备查。

(6)原动机器之装修、配置、检查、清理,随时督促原动部设法改进原动用之各种燃料,并随时责成原动部设法力从俭省,以发挥经济使用之原则。

(7)厂内机械之安装使用、各种纱支配花之成分与支数之变更,秉承厂长规定并随时计划改进。

(8)厂内各种棉织布匹与各种其他棉织品及毛与棉毛绞织品之组织成分、规格花样等,秉承厂长规定并随时设计改进。

(9)厂内各种棉毛织品、色染颜料与其使用方法等,秉承厂长规定并随时计划改进。

(10)厂内原料品与制成品之供求调节、各种制成品之品质检查、养成工之训练、工人工作能率之考查,随时责成纱、布各厂与原动部主管人员注意推行,不得稍有松懈。

(11)纱、布两厂各机之清理、修平、装配、排列,随时责成各该厂主管人员留心考查,研究改进。

(12)厂内领用材料应责成承领部分主管人员检点盖章后复核盖章,再向材料股领取。

(13)厂内应用材料随时于事先妥行筹划,开列清单送请厂长盖章后交材料股,预为采购各厂使用时并须注意节省,如发现有品质不佳或式样不合时,应随时陈明通知材料股设法改进。

(14)各厂所出废花、纱头等责成各厂主管人员随时注意减少,设法利用,如发现有糟蹋情形,应研究改良之。

(15)对于本管工务人员工作情形,随时考查监督并随时向经理、厂长报告。

乙、人事课

(一)工人登记处

(1)每日开始办公时应检查先一日未办完之事,提前办理,不得积累。

(2)每日下班时如有当日可办完之事,稍延长时间将事办完,不得延至次日。

(3)凡招收新进之男女养成工或男女熟练工人,均应先加考询并检验体格,认为合格经分别登记后,即连同登记簿陈报厂长或总工程师分派厂间试工,如合适时即由各主管部门通知人事课转知工账处、工友宿舍、工友饭厅予以登记,设置床位并发给饭证及证章,同时发给志愿书及保证书,限期令其填缴,经审查无讹后存案备查。

(4)各部工人解雇时,其解雇单经各该主管人员盖章陈经厂长或总工程师核准后,即行登记,一面通知工账处开条转知会计课发给工资。

(5)每日进出工人应于次日午前填造日报(复写)送请经理、厂长、总工程师核阅。

(6)各工人升降、选调、加薪须随时入册,每逢星期三、星期六须陈送厂长、总工程师查核,同时送各关系部分盖章并通知工账处。

(7)关于各工人之纠纷应随时处理解决,如遇困难应商同各主管部分陈请总工程师、厂长核办。

(8)如遇本地工人不敷应用时,应速向外埠招募。又当日某部工人如有缺少时,应即设法补充,务须使工厂内不致有发生停机、关车等情事。

(9)每逢上工时须会同工房管理处在工房内查视一通,如有工人藉故停工者,应劝令复工。

(10)新工人于进厂之一星期内,应将照片及履历表办好备查。

(11)每月进出工人总数及赏罚情形之统计,均须于次月三日前分类造表送陈总工程师、厂长、经理核阅。

(12)对于本管事项之外来函件,如以自行答复较为便利者可自行拟稿,送由文书股核转副经理、厂长、经理盖章后缮发归档;不拟自复者可在原函上签注意见交还文书股拟办。

(13)对于本管事项应随时与有关各课部取得联络,听取意见参考进行。

(14)每遇例假日应轮流派员值日。

(二)工房管理处

(1)本厂男女工人住入工房者,须凭工人登记处之通知进舍,并将其所携行箧及重要衣物用簿登记,再行派定铺位,离厂者亦须凭登记处之通知方可放行,其行箧、衣物照入厂时所登记者发给。

(2)每日早晚上工时须在各室内巡查一周,如有故停工者务劝令上工,如厂内当日缺人时,须帮同工务主管人员在宿舍内寻找。

(3)各室清洁每日须巡查一次,责成各室长督促整理之。

(4)凡请病假者须有各该管部分之准假证及诊疗室之证明,请事假者须有各该管部分之准假证方得放行，倘因要事或疾病临时由管理处给假者，同时须用簿通知各该主管部分备查。

(5)各房屋应加修理者，应先陈经厂长核准，再通知事务课饬匠修理。

(6)每日工人出勤册须于当日八时以前，送陈总工程师盖章并送厂长核阅。

(7)每日工人进出及请假等统计须于次月三日以前造出，送陈厂长查核。

(8)凡工人一切福利在可能范围以内者，应陈请厂长核办。

(9)凡工人一切纠纷应随时解决，其比较困难者，应向厂长或总工程师请示办理。

(10)本厂男女工人之携眷者，得凭登记处通知派定眷属住处。该处每月应巡查一次，如有不正当娱乐或故意损坏房屋者应勒令迁出，同时通知各关系部分查照。

(11)凡工人眷属搬进时应详细登记，以后每月查询一次，并造表送陈总工程师、厂长核阅。

(12)每遇例假日应轮流派员值日。

(三)工友饭厅

(1)本厂男女工人进入饭厅用膳者，须凭工人登记处之通知，各工人并须执持饭证，以备查验。

(2)本厂男女工人在厂用膳者，须将其所在部分工号、姓名、用膳起讫日期随时记入工人用膳登记簿，俟月中结算饭账。

(3)工友饭厅每月收进及支出各项米、面、油、盐、蔬菜等之种类、数量、价值，均须订簿逐日详细登记，俟月终造具统计详表送请总工程师、厂长查核。

(4)工友饭厅每月所食用之各项米、面、油、盐、蔬菜等之种类数量价值，须逐日造具日报表送请总工程师、厂长查核。

(5)工友饭厅库存各项食用品，须于每月终检点盘存数量，造具库存表送陈总工程师厂长核阅。

(6)每月工友饭账须于次月五日以前算出。

(7)厨房、厨役之清洁、食堂内之整齐清洁由主管人员负责检点督饬办理，遇有应与事务课会同办理者，随时双方洽商办理之。

(8)每日开饭之时间与分班视季节昼夜之长短及人数之多寡妥为拟定，商请总工程师规定后随时公布施行。

(9)凡本厂男女工友之不在厂内用膳者，须将其所在部分之工号、姓名随时记入工人在外用膳登记簿,俟月终造具详册送请总工程师、厂长查核盖章后,送副经理转交会计课复核无误后,会同本课人员发放膳费代金。

(10)对于本管事项应随时与有关各课部取得联络,听取意见参考进行。

(11)每遇例假日应轮流派员值日。

(四)工账处

(1)每日开始办公时应检查先一日未办完之事,提前办理,不得积累。

(2)每日下班时如有当日可办完之事,稍延长时间将事办完,不得延至次日。

(3)工人工资之订定,于接到总工程师通知后应即分别注册。

(4)工人之赏罚、进退、升调、加薪等事项,于接到总工程师通知后应即分别注册。

(5)工人正式到工后即发给工折存执,每日班上午上工时应派人到厂取回分别查验,下午发还;每夜班于前半夜上工时派人到厂取回,后半夜发还。

(6)每日接到工资日报后,应即分别登记妥填,保存备查。

(7)每月发放工资之次数及日期,由厂长规定之。

(8)工资发放前应迅速造齐工资总册,详列工人工号、姓名、工资率、本月到工日数、应得工资、赏罚应扣、实得工资、实发工资、下存工资等项,送经总工程师、厂长查核,盖章后送经理核准,再送副经理交会计课核发。

(9)前项工资总册经会计课审核无异后,本处可派员会同会计课所派人员前往各厂间按名发放,发放时应将工资总册与工人所持工折详细核对之。

(10)工资发放后,应将工资总册及余存款项交由会计课收回保存。

(11)补领工资及解雇工人结算之工资,应开条令向会计课直接具领。

(12)对于本管事务应随时与有关各课部取得联络,听取意见参考进行。

(13)每遇例假日应派员轮流值日。

(件存陕西省档案局民国档案 82－1－1596－1 卷)

雍兴公司业精纺织厂发给工友奖励布办法

本厂自二月份起,开始发给各工友奖励布,其办法如后:

(1)每于次月十日为开始,发给上月份奖励布,日期如遇例假则顺延一日。

(2)全月不请假者发七尺,请假一天者发六尺,请假两天者发四尺,请假三天者不发。

(3)凡工作满全月者,奖励布照规定数量发给之;其工作不满全月,中途离厂者,奖励布不予发给。

(4)凡有旷工者,每旷工一天,以其请假两天论;其请假不足一天者,以一天计算;一天以上者,以两天计算;二天以上者,以三天计算。

(5)凡在次月份未发奖励布以前告退离厂者,其上月份之奖励布仍可照领,惟须俟发给时一齐办理之。

(6)凡在次月份未发奖励布以前,因犯厂规开除离厂者,其上月份奖励布不发。

(7)关于每月所发之奖励布手续,由各厂间办理(将应发给工友之奖励布开具凭单,凭单上应发之数量务须大写以免错误,由各间主管员及各厂主任盖章后,方得有效)。

(件存陕西省档案局民国档案 82 -1 -68 -4 卷)

宝鸡业精纺织厂股份有限公司董事会规程

第一条　本董事会以本公司当选董事五人组织之。

第二条　前项董事五人中,按照本公司章程二十二条之规定,互选常务董事三人,再就常务董事中推选一人为董事长。

第三条　董事因故出缺时,应以候补董事依次递补常务董事,因故出缺时应以其他董事互选递补。

第四条　董事会以董事长为公司对外代表。

第五条　董事会除左列事项应以常务董事拟定后提交董事会通过执行外,其他日常事务得由常务董事二人以上决定执行,惟每届董事会例会时,仍应提出报告于全体董事。

一、决定公司重要业务方针;

二、编制年度决算报告;

三、订定公司一切重要办事章则;

四、对外订立重要契约;

五、办事人酬劳及福利之分配;

六、上级员司之任免;

七、召集股东会。

第六条　董事会设于上海,每三个月至少开例会一次,遇重要事项待决时,得随时召集之。

第七条　董事会议须有过半数之董事到会,以到会多数之同意取决可否,同数时由主席决定之。

第八条 董事会议有关监察人职权者,依照本公司章程第二十三条之规定得列席会议,但无表决权。

第九条　董事会议由董事长召集之,但董事三人以上提出请求,经过十五日而董事长不为召集时,得由董事三人以上联名召集之。

第十条　董事会议以董事长为主席,如董事长缺席时,应由列席董事公推一人为主席。

第十一条　董事会设秘书一人,并视事务之繁简酌用办事员一人或二人,办理及保管董事会各项文件账目及股务事宜。

(件存陕西省档案局民国档案 82 –1 –383 –1 卷)

2. 营业概况

雍兴实业股份有限公司业精纺织厂三十三年度营业报告书(节录)

概　述

本厂于本年度内已受财政部花纱布局之管制,一方面领用局棉代为纺纱织布,一方面仍以本厂自有原棉所纺余存棉纱,自行织制各色布匹及床单、毛巾等成品。机器设备方面则装设150 马力锅炉、80 马力引擎各一部,以调整原动,节省燃料,安装松□机、立式开棉机、头道清花机及备用细纱机各一部,以充实前后纺之设备。工务方面,对于细纱机之运转经过数次之调整,于品质及出数上较前均获增进。营业方面,除代花纱布局纺纱织布领得公缴外,局方对于本厂自有之花色布匹等棉织成品并须收购,不准自售,及豫战局势严重,方许自行疏散销售。嗣又被管制不准自售,迭经交涉仍准自行销售,但迄于年底尚未获如何结果,而本厂不能自由营业者前后达七月有余,影响资金之周转甚大。按本厂代局方纺纱织布所得工缴微薄,自属亏损,所幸五六月间疏散于成都、天水两地之大宗布匹等成品陆续出售。除成都系初创外,天水方面对于本厂原有之销路,亦可赖此维持于不断,而此两地布匹之售出,于本年之经济上亦获补益不少。回忆本年夏间,当豫战日趋严重之际，遵奉总公司之指示，急筹疏散以保物资，厂中一方面积极准备非常，一方面处以镇定，督率全体员工仍照常安心工作，迄于战局稳定，生产尚未受若何影响。今将本年度营业情形分陈于后，敬请察核。

结　论

当此三十四年度开始、胜利愈见接近之时，其处境亦必益趋艰苦，生活之高昂、物价之波动或更较前为甚，而因国际关系影响，于国内工业之趋势、市场之演变亦将逐渐来临。战后五年工业建设，我政府及经济界人士一致主张列纺织为主要中心之一，今后政府对管制政策将如何演进，其关系于本厂之业务前途者自属重要，而本厂将如何过渡，此抗战最后阶段，如何早为筹树战后基础以准备战后之发展，今后业务方面营业之方针、财务之运用，均须预为深虑熟筹。工务方面，织布各项准备亟须如期完成，拟向国外订购之布机，切盼早日内运，以实现本厂纺织之机械化。此外对于职工福利之设施与工友知识技术之训练，均须继续，已经积极筹进，而本厂同人学识技术之修进，外国语文之研习更关系重要。凡此诸端，均当领导全厂同人协心努力，奋发迈进，以迎接此即将来临之伟大新时代，尤望总公司南针时锡，俾资遵循，是为至幸。

（件存陕西省点档案局民国档案 82 －1 －430 卷）

雍兴实业股份有限公司业精纺织厂三十五年度营业报告书（节录）

（1947 年）

概　述

查三十五年度开始，其以前承制花纱布管制局之纱布，尚有一部分工缴未了，除一面设法交涉于十月间始行清结外，即努力各部工作。当以布厂所织白布既省工料且易脱售，遂将色条布织机仅留少数继续织制，其余者陆续改织白布，并以蔡纺需用包皮布、蔡酒需用红绿条面袋布，从中抽调一部分织机专织此项布匹供应两厂，同时织有床单、毛巾等产品配搭出售，应付市面，而毛呢则予停制。纱厂部分仍以纺 20^{S} 棉纱为主，在七月份以前曾改纺少数 24^{S} 棉纱，专供布厂改善制品之用，嗣后布厂整经机、浆纱机均已运厂，即将修机间与布厂整经间之厂房对调，经着手安装完竣后，已预向咸阳工厂洽借之 25HP 锅炉引擎各一部，带动开车。至新纱锭核准拨给后，以利用原有厂房予以安装，不再另事建筑。兹经拟定，以摇纱间保全部所占用之厂房作为第二纺纱间，安装新纱机之后，即将应予迁移之机器先事逐步搬移,以便腾出厂房而为安装新纱机之准备。九月间适奉命由绛州雍裕挑检织布等机器,当即派员前往洽办,及至纺纱机运抵来厂,乃着手安装,于十一月中旬即告完竣,并利用10HP马达带动细纱一部先行试车,惟仅能开出300锭。继由蔡机厂拨让27.5－KVA发电机一部,以充实各处供电,但原动部分新由联枝各厂拨让之锅炉引擎以及布厂部分由新绛挑检之布机,虽经屡次设法,在年终仍未能运到,故新拨纱机开车及布机安装,尚须有待至成品之售出。前半年情形较好,后半年以通货膨胀太剧,物料价值与纱布价值不能平衡发展,致利润无多。今将三十五年营业状况分别缕陈于后,恭请鉴核。

结　论

查我厂创办于抗战时期,数年以还艰辛备尝,始克粗具规模。近鉴于各国工业突飞猛进,为国家计、为本厂计,今后对于产品当力求精良,对于成本务使降低,以期供社会之需要,而适应一般生活之水准。在过去一年中,虽经继续以前既有之成绩,不断本此宗旨策划经营,然限于机器设备欠周,又以手工布机系战时不得已之装置,致终无显著之进步。今者纺纱织布机器均有增添,对厂方发展,实给与莫大之补给,但现时之锅炉均皆老旧,匪特修配费工费料,即将来安装开动,仍须燃烧大炭,其燃料消耗为数甚巨,并以锅炉引擎数量较多,诸如司炉、司机、推煤等用人亦多。职是之故,虽预料较之现状良好,若与国内大型各厂之拥有新式原动及纺织机器者成本相较,自当为高而难与抗衡,遑论产品与外货角逐于市场也!为将来计,亟盼迅速添置优良原动机器以资充实,庶本厂有长足之发展。当兹三十六年度开始,谨当矢志督导同人互相砥砺,钻研改进业务,使于最近之将来,力求生产增加成绩日有进步,藉符尊处之殷望,并请南针时赐,为幸为祷!

(件存陕西省点档案局民国档案82－1－1195卷)

雍兴实业股份有限公司业精纺织厂三十六年度营业报告书(节录)

(1948年)

概　述

查本厂自上年度即认织制白布,既省工料,复易畅销,故入春以来,除织少数床单、毛巾外,大部织机即本多织白布、减织色布之原则迈进。嗣由新绛挑检之力织布机九十五台陆续运到,一面擦洗添配机件,一面减开木制织机,腾出场房将力织布机陆续安装。至七月上旬力织布机已有开出,先以马达带动一部分试车织制十二磅白细布。至八月底浆染部及床单、毛巾部分奉令停办,即办理结束,所有工人均陆续他调,另派工作。嗣力织布机陆续配齐锅炉引擎,安装完竣,至十一月上旬,已将该九十五台布机于预计期限以前开齐,复将备份之织布机墙板二付半又配成三台,并以蔡机厂委托试装之自动换纬布机两台安装完竣,共为一〇〇台,于该月下旬即昼夜开动矣。至新装之纱锭二一〇〇枚,经将钢丝机配装研磨缠绕针布,同时安装锅炉引擎,迨六月中旬均行告竣,细纱机五部陆续开齐,所纺纱支较原有之勃拉特细纱机所纺者不相上下,以后虽机件不时发生故障,均经修配改正适用,顺利开动。唯以纱布原动等件添配机件,运输安装用款较巨,复以原、物料价值猛涨,工缴增加至成本扯高不能与售价维持平衡,营业微有亏损。然基础业已奠定,预料将来营业当益臻发达焉。为兹将三十六年度一年来各部工作情形、营业状况,分别缕陈于后,恭请鉴核。

结　语

查本厂于三十六年度大部分工作,为添装纱锭及力织布机,幸能在预定期限以内先后完成,陆续开出。至所有产品销路,亦颇畅旺,唯深感一般人士对于纱布品质,要求较前提高,极有力谋改善之必要。良以外洋纺织工业突飞猛进,机器日新月异,货色精良百出,采购人士趋之若鹜,一旦内运,则内地产品未始不被排挤者。况西北工业较诸沿海各处之有基础者,已属落后,倘固步自封,何以竞销路于市场?顾念前途,惕然以儆,故今后唯有督率同人时求研进,兢兢业业,努力工作,藉赴事功,至盼总公司南针时赐,俾有遵循为祷。

(件存陕西省点档案局民国档案 82 – 1 – 1564 – 3 卷)

3. 会议记录

宝鸡业精纺织有限公司创立会记录

(1939 年 1 月 28 日)

时间　民国廿八年一月廿八日下午二时

地点　香港毕打街毕打行二楼六号

出席者　卞白眉　束士方　张德凤　高兴魁　李泰来　汪孚礼　陆长丰　毛翼丰　傅道伸　常文熙

开会如仪

公推卞白眉君为临时主席

主席报告本会组织缘起

主席报告本公司资本总额国币拾万元,业已收足

主席报告本日出席股东已全数到齐

一、本公司《章程》前经发起人拟就,请付备查案。

决议:本公司《章程》除第十八条、第二十二条、第二十五条经大会议决修改如下外,其余各条原文通过。

第十八条"除遵照《公司法》办理外"改为"除《公司法》有特别规定者外"。

第二十二条"……再就常务董事中'选任'一人为董事长……,'选任'改为'推定'。"

第二十五条"……交由监察人于'公司'保存之,公司下加一'中'字"。

二、依照本公司《章程》第二十条之规定,由出席股东选举董事五人、监察一人、候补董事二人、候补监察人一人,当经用投票法选举。

董事五人	卞白眉	二七三权
	束士方	二七三权
	张德风	一八二权
	高兴魁	一九一权
	李泰来	九一权
候补董事二人	汪孚礼	六三七权
	傅道伸	二七三权
监察人一人	常文熙	八一九权
候补监察人一人	陆长丰	八一九权

次依本公司《章程》第三十二条之规定,由董事人互选常务董事三人,再就常务董事中推定董事长一人,结果卞白眉、束士方、张德风三董事以多数当选为常务董事,兹经常务董事互推卞白眉君为董事长。

(件存陕西省档案局民国档案82-1-383-1卷)

业精纺织公司谈话会记录

1940 年 12 月 30 日

时间　二十九年十二月三十日下午二时

地点　西安中国银行

出席　束云章　王瑞基　刘持钧　贺书绅

主席　束云章

记录　贺书绅

主席意见

（一）兹为扩充营业及统一管理起见，拟将原有资本十万元自民国三十年元旦日起增为三十万元。此项新资三十万元即由雍兴实业股份公司一次发给，定名为“雍兴实业股份有限公司业精纺织厂”，并于本年年底编造决算时，将原有中国银行信托部所发给之资本十万元暨历年纯益一并划归天水中国银行收账，以清界限。

（二）积极寻觅适当房屋或租或赁，以备扩充厂房、增设布机之需。

（三）原有布机六十五台，现拟扩充至一百五十台，并限房屋觅妥后三个月内先行开足一百台。

（四）增设提花机二十台，即由王瑞基、刘持钧两兄派人前赴平津一带设法购运来陕以便装置，并限提花机运到后三个月内一律开齐。

（五）织床毯机原有二部，现拟增为五部，俾可增加产量供应社会上之需要。

（六）毛纺部分先就去年在秦安县所购之羊毛从事纺织，俟有成效再图扩充。

（七）湖北省纱布局存有粗纱、细纱、铁架多具废置不用，即由王瑞基、刘持钧两兄向该局商请售各二三部，设法修配，藉增出纱产量。

（八）刻下染布所需染料国内无处觅购，可择其需用者开列清单陈报单雍兴公司，以便转电毛端梧兄在仰光代为定购。

下午四时散会。

（件存陕西省档案局民国档案 82 －1 －138 －3 卷）

4. 工潮问题

业精纺织厂为报告工人罢工情形致雍兴公司快邮代电

雍业(三)字第十七号

(1948 年 10 月 22 日)

总公司钧鉴:

敝厂工友于昨日(二十一日)下午六时发生罢工情事,推举代表要求增加工资及增加补助面粉等条件。经婉辞解释,迄无效果,除继续劝导力谋解决以期早时复工外,谨电奉陈,至祈鉴核为荷。

业纺厂

十月二十二日

(件存陕西省档案局民国档案 82 - 1 - 100 - 1 卷)

业精纺织厂为报告罢工处理办法致函雍兴公司※

雍业(三)字第十八号

(1948 年 10 月 24 日)

总公司钧鉴:

查本厂于二十一日下午六时,工友因要求待遇罢工,曾于二十二日以雍业(三)字十七号代电奉陈在案。兹经宝鸡县政府王科长培田、宝鸡警备司令部虢镇稽查队左队长庆华、虢镇警察所张所长振铎、张巡官景田莅厂调处,召集全体工友讲话,阐明法令,晓以利害,各工友已于二十三日下午六时全体复工。兹将召开工友代表座谈会处理办法分别列后:

1. 工资每月按物价增加——决议:须由厂方转请同业公会及省、县政府核示,设法调整工资以维工友生活。

2. 每月每人增加面粉一袋——决议:建议厂方转请同业公会核示工友,每人每月以半价购粉一袋,俟核准后方能实行。

3. 伙食每日三餐改为两荤两素,礼拜日照常——决议:每餐即改为两荤两素,星期日与平日同(仍照以前每餐用肉斤数,分做两荤两素,肉量并不增加)。

4. 筹组工会——决议:由厂方请县政府派员即日来厂,依法筹组工会。

5. 工友食堂恢复伙食委员制及成立本厂消费合作社——决议:其伙食监察及筹组消费合作社,俟本厂工会成立后交工会办理。

6. 工友奖励布每半月请假三天不扣——决议:即由工友推举代表一人,会同本厂派员赴申新及蔡纺调查其发给办法,参照办理。

7. 王科长临时动议:

凡有关工资事项应专案请示政府核示——决议:除会议记录一份报请县政府备案外,余有关工资部分均专案请示。

以上各项经商定后双方均能谅解,自复工后情形尚为良好,谨函奉陈敬祈,察洽为荷。此颂公绥!

雍兴实业股份有限公司业精纺织厂　启

卅七年十月廿四日

(件存陕西省档案局民国档案 82 – 1 – 100 – 1 卷)

业精纺织厂为工友再度罢工情形致雍兴公司快邮代电

雍业(三)字第二十一号

(1948 年 11 月 13 日)

总公司钧鉴:

查敝厂工友以组织工会、选举组长问题为借口,于十一月十二日下午六时又发生罢工情事,以宝鸡县政府王指导员在厂督导筹备,经会同一再婉辞解释,迄无效果,除继续劝导力谋解决以期早日复工外,谨专奉陈,至祈鉴核为荷。

业纺厂

十一月十三日

业精纺织厂为报告再度罢工处理办法致雍兴公司函※

雍业(三)字第□号

(1948 年 11 月 19 日)

总公司钧鉴:

查本厂工友以组织工会、选举组长问题为借口,于十一月十二日下午六时起发生罢工情事,曾于十三日以雍业(三)字二十一号代电奉陈在案。兹复经宝鸡县政府王科长培田莅厂调处,召集全体工友讲话后,除工会小组长已选出外,业经于十三日下午九时全体复工。兹将召开工友代表座谈会议决处理办法,分别列后:

一、(1)女工养病室:在女工宿舍另辟一室;(2)理发室:按现有该室房舍多寡,男女予以隔开或分设。

二、裁缝部:扩大或在工房另设一部分。

三、重病修养不扣工资:由厂方及工友各派代表赴申新及蔡纺调查参考办理。

四、工友零码布之配售:俟合作社成立后,如有零码布即交由合作社代销。

五、(1)已发之十月份半袋面粉代金不再扣收;(2)十一月份工资如于十一月底省政府有具体核示,应遵照省令办理,如于十一月底仍无具体核示,仍依照十月份办法发给委托价【以当时】半袋面粉之代金。

六、十月份补助面粉一袋于本星期内设法发放。

以上各项经商定后双方均能谅解,当时各部工作情形尚为良好,谨函奉陈敬祈察洽为荷。此颂公绥。

雍兴实业股份有限公司业精纺织厂　启

卅七年十一月十九日

(六)陇县煤矿

1. 企业概况

雍兴实业股份有限公司陇县煤矿组织系统表

(1941 年 7 月 18 日)

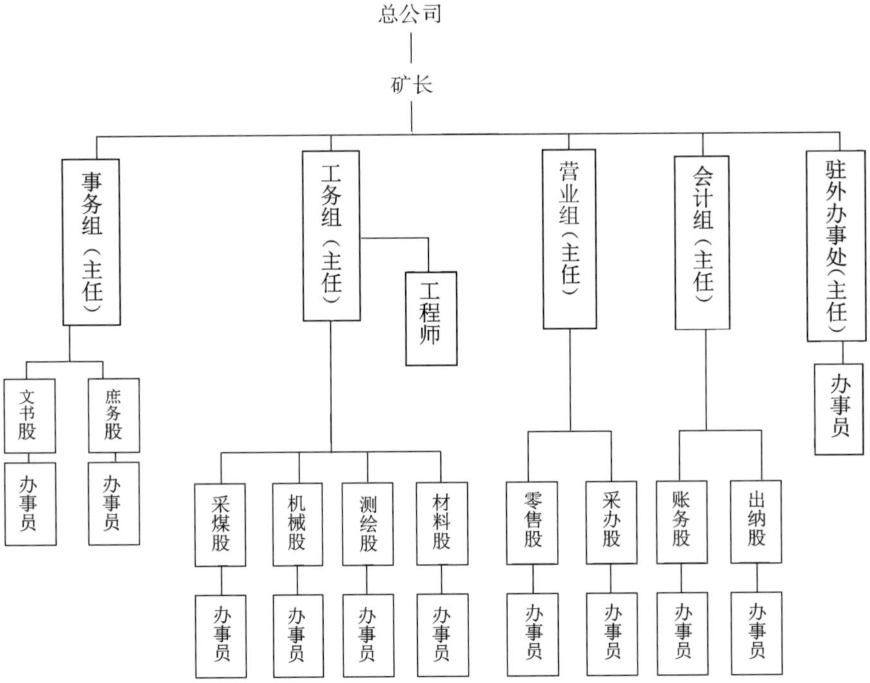

(件存陕西省档案馆民国档案 82－1－1260－1 卷)

雍兴公司陇县煤矿三十年度业务报告书(节录)

(1942 年)

概 述

查本矿自三十年五月二十一日接收新陇煤矿矿区后,即行选聘职员,招雇工人,添置基地,采购材料,从事筹备,于八月二十一日开始,开凿提煤井及通风井各一口。遵照总经理电示:“集中力量,争取时间经济,策进工程进行”,因机器一时未能购备齐全,先用人工绞提石碴。原预计倘侥幸不遇大水,三十一年二月底约可到达煤层,不料十二月二十四日,通风井凿至二百四十市尺处,忽遇大水,起初一小时内上涨一六五市尺,翌晨涨至一九〇市尺,按出水速度,非人工可以提尽,当即暂行停工,俟排水机器安设齐备,再为进行。故此后急迫之工作,即为机器之添购装置,同时积极收购各项材料,以期早日完成日出煤一百五十吨之计划。兹依照厂账字第三五号通函所示营业报告书编制项目,分别列陈于后。

结 论

本矿僻处山野,环境特殊,交通困难,虽时注意于未雨绸缪,仍恒感准备工作之不足。新大井于八月二十一日开凿,原未敢期待机器,即用人力绞碴,于十二月间风井凿深二百四十尺,煤井二百零七尺,尚稍迅速顺利。惟风井已距煤层不远,忽出大水,以定制之排水机器未能如期制就,以致工作进行上颇受影响。柳树沟探挖之旧小井,虽因遇大水停止工作,损失一万元,而于新大井北进采煤时,尚可利用通风,东小井探采情形,虽未能大量出煤,但就所产数量,筛选块炭,尚可供锅炉烧用。所余煤末随时出售,按现时存煤以时价估计,尚不亏累。此后工作,即在从速安装机器,排取新大井积水,继续下凿,期早达到煤层,逐渐按原计划数量出产矣。

(件存陕西省档案馆民国档案 82 - 1 - 1262 - 2 卷)

雍兴公司陇县煤矿三十三年度营业报告书(节录)

(1945 年)

概　述

查本矿以交通不便,产煤未能及时大量运出,多产则积压资金较巨,少产则成本增高必致赔累。本年原计划一面限制产量紧缩开支,一面宣传提倡扩充销路,推行以来,销路倍增。惟因天宝路大价招工关系,工人奇缺,兼加堵火工程,致未能达到原计划产量。

结　论

综观本年实际业务情况,计零销比上年增加一倍半,比岁初预计增加百分之四十,联枝各厂购运量与上年仿佛。原预计添拨之周转金只实用半数,全年总产量比上年增加千余吨,因工人缺短及煤洞发热关系,未达原预计之数。本年冬季陇海沿线煤荒严重,本矿煤炭供不应求,但因限价关系,售价尚在成本以内,致年终决算仍有亏损。

(件存陕西省档案馆民国档案 82 - 1 - 1272 卷)

雍兴公司陇县煤矿三十五年度营业报告书(节录)

(1947 年)

概　述

本矿开办以来,运输困难,产量既少,销路尤滞。自本年起,虢陇轻便铁路开运,业务始有起色,复因陇海车皮缺乏,同官、白水之煤不能西来,本矿煤□顿感供不应求。按井下原有采煤区域,本可增加工人大量回采,惟以煤洞发热多已封闭。另开新洞,产量为之减少,且治水设备不足,欲谋向下发展,暂尚未能,必须依照计划循序进行。当已决定扩大风井,添置治水提煤及井下运输设备,只要工程依次扩充,产量自可增加。惟运销情形变化靡常,产煤之多寡,贵能因时制宜,亦不必求其过剩。

结　论

今年业务比往年略为兴旺,惟产量微小,不克充分供给各方之需要,殊为憾事。此固由于初步工程计划未尽合宜,而煤洞发热起火实为不可逆料之灾患,嗣后工人渐有进步,对于防火事宜知所准备,此项灾患无形减少,采煤工程应可顺利进展,业务亦当日益发达也。

雍兴公司陇县煤矿三十六年度营业报告书(节录)

(1948 年)

概　述

本年以上年下半期业务略见起色,故于年度开始,即拟扩充设备,计划增产。除扩大风井工程继续进行,井下采煤区域积极循序发展外,并拟改进井下运输及加强原动与治水各设备,同时更拟在矿区内进行钻探工作,以确定本矿煤吨藏量。但因头寸与运输关系,订购之器材、物料除一吨高车、两部钢轨一公里半及其他零星物品外,余均未能购到。而拟借之民生、英豪煤矿钻机亦因战事及他种原因,未能借到。嗣于本年下半年,与陕西建设厅商洽合作钻探陇县煤田办法,现已订约,将伺明春正式兴工。至拟添购之各种器材,乃配合增产必需之设备,仍须于明年度设法从速购办。

结　论

本矿现在产量每年约为三万五六千吨,实行增产计划后,每年约可产出五万三四千吨,采掘费自可相当减低。惟关于运输问题,虢、陇路全年运量以二三,〇〇〇吨计,汽车、大车全年运量以一七,〇〇〇吨计,则尚余待运之煤约为一万三四千吨,倘改善运输计划确得实现,能将此余额煤吨顺利运出,再配以市场适合之销纳量,本矿前途,颇可乐观。至本矿生产能力,照目下情形而言,稍加配备,即可大量生产,日产五六百吨并非难事,但其先决条件第一为运输,第二为畅销。幸本矿煤质优良,外界对之均已有相当认识,故后者似不致发生甚大问题,惟前者则绝非虢陇路与宝平公路所能胜任,应俟陇海有建筑支路之可能时,再作大规模之扩展。

(件存陕西省档案馆民国档案 82 -1 -1625 -2 卷)

雍兴公司陇县煤矿三十七年度营业报告书

（1949 年）

概 述

本矿产量在本年初每日已达一百五十吨，当时鉴于虢陇轻便路及宝平公路之运量有限，而蔡宝各处工厂之燃料又向兼采东煤，并非专赖本矿供给，故认为上项数字已暂足适应本矿运销条件，短期内不须再为增加。惟为前途发展计，关于钻探煤田、改善公路以及机器添设、工程措施仍照原计划继续进行。迨三月初，陕东、陕北纷纷告急，各工厂群谋收缩，甚或计划南迁，爰将正在开始之钻探工作先予停止。四月间，战祸蔓延，经由永、凤等地西达宝鸡，陇海路已遭破坏，各工厂完全停顿。本矿接济中断，人心恐慌，秩序紊乱，亘十余日，幸赖工友等竭力维持，未遭重大破坏，惟生产工作则几近停顿。五月中旬，人心渐安，遂急谋恢复，然以变乱之余，有形无形之损失已告不赀，兼以业务萧条，周转乏术，故不得不极力紧缩以图生存。前定扩充计划，凡非必要者全行停办，施工用料力求节省。原期冬季运销略畅，即可自给自足，乃自九月至十二月，阴雨过多，公路无法通行，前由本矿及各厂捐款修路之举，未有成效，而虢陇路管理无方，对于路线、运具、推工等，无一不废弛至运者裹足，运量减少，煤质变劣，影响本矿产煤之销路至巨。幸于年终该路管理处改组，主管易人，对于该路似有整顿之决心，而各工厂又适患煤荒，纷来商购，前途展望，始稍露一线光明。

（一）设备

（1）已有建筑，除上年度已完成之建筑计有：铁匠房五间、材料办公室三间、材料库房五间、材料厂棚五间、电机房四间、柳树沟风井房二间、碉堡一座、小学教室六间、职员眷属宿舍三十一间外，本年度完成之建筑计有：木工厂六间、工房二十间、职员眷属宿舍十二间、油料库房四间、小学办公室二间、矿警房三间、马棚三间、充电房三间。

（2）计划中建筑：锅炉用水池一座、磨房二间均业经兴工，尚未完成，其余须视时局情形临时决定。

（3）已安装之机器计有：四节卧锅炉三具、三节卧锅炉一具、二节立锅炉一具、一吨高车一部、半吨高车一部、二十五匹马力引擎二部、十五匹马力引擎一部、十一千瓦直流发电机一部、十八千瓦直流发电机一部、八呎元车一部、六呎元车一部、牛头刨床一部(三吋汽动水泵三具,二吋汽动水泵一具)。

(二)物料

本矿所需主要物料为木柱与灯油,本年全年购进木柱七九,一九九根,连同上年结存二四,六三〇根,共一〇三,八二九根,除耗用八三,四九〇根,结存二〇,三三九根,每月以一万根计,约敷两月之用。葫油本年购进二三,七二六斤,连同上年结存二八,二九五斤。共五二,〇二一斤,除耗用四九〇,九四三,七五斤,结存二,九二六,六二五斤,每月以五千斤计,仅敷半月余之用。

(三)工务

(1)本年度工务情形:(A)本年度开始,运销情形如常,一切设施仍本原拟计划逐步实现,逐日产量,亦已到达一百五十吨,同时井口木轨改换钢轨,并增设圆形翻轮两具,地面运输顿觉便利。三四月间,时局动荡,钻探工作及二号井上下各项设备均决定缓办。四月下旬,宝鸡失守,本矿感受严重威胁,井下发展工程,亦同时宣告中止。事变后,因业务不振,经费困难,对于井上下工人只裁不补,故井下工作范围势须缩小,除一、二号井北大巷东七、东八、东九,北上二十一、上二十二及上二十七、上二十八各洞仍继续向前发展外,其次要之煤洞均暂时停止井下工作,完全集中北巷,同时选地开掘回采数处,借资调剂。本年度共进掘煤洞一〇,九三一. 五呎,采煤三五,三九四公吨。(B)井口锅炉房烧煤向,系推翻煤车倾卸于地,非特倾卸费力,且木制车厢损坏极速,兹亦于本年七月间开始筹装锅炉房烧煤翻轮台一座,已于十月间完成,使用称便。(C)锅炉用水,水池过小,清滤欠佳,致锅炉常时刷洗,时感不便,兹于本年十月间又修筑较大水池一座,清水池容量计为二十吨,已于十二月竣工,但以灰底未干,拟待明年使用。

(2)来年工务计划:来年工务计划拟须视时局变化而定,倘时局好转,当即依据原扩充计划继续推行,时局如仍动荡不安,则只有艰苦紧缩,勉维现状。其最大产量拟努力维持每月三千吨,井下工程,除必要者仍当继续发展外,余均缩小地区,集中工作,以资撙节。至井上、井下较大工程,亦均拟从缓。

(四)业务

(1)产销情形:本年度产品销售情形,因受军事、经济、运输上之种种影响颇不均衡,大概产多于销,相差甚巨,计全年共产三五,三九四吨,共售二五,二九五. 七一吨。其原因系以本年初期陇海沿线各大工厂因受战乱之威胁,对于所需燃料仅图暂维现状,不欲大量存储。及后半期又以经济改革,各大工厂多在铜耀区按限价购买,且当时陇海路车辆充沛,运输畅通,而本矿则以运输特别困难,以致产品滞销。兹将本年逐月销售情形及大宗购户，分别列表于后：

本年度各大宗购户明细表

户名	购煤总数	单位	备注
蔡纺厂	4,779	吨	
业纺厂	3,420	吨	
申新	560	吨	
西安中行	3,000	吨	
大华	2,500	吨	
大新	708	吨	
其他	10,328.71	吨	
合计	25,295.71	吨	

本年各月售出成品明细表

月份	售出数	单位	月份	售出数	单位
1	2,335	吨	7	1,943.98	吨
2	2,499	吨	8	509,115	吨
3	5,471.23	吨	9	1,830.65	吨
4	1,393.49	吨	10	1,781.91	吨
5	834,765	吨	11	3,282.27	吨
6	1,270.07	吨	12	2,143.83	吨
合计	13,803,955	吨	合计	11,491,755	吨
			总计	25,295.71	吨

(2)运输情形：本矿主要运输工具向依虢陇轻便铁路为主，惟以该路人事调动频繁，一年之中主管易人者凡三次，以致管理欠佳，路基失修，影响运输至巨。幸本年十二月间，该路管理处长已由该驻虢之陆军铁道兵独立营营长兼任，体系单纯，事权统一，该路前途似可乐观。计该路全年运出为一五，〇四七吨强，约占全运量五分之三强，其他大车、汽车、驮载共运出九，五二一吨强，计总共运出为二四，五六八吨强。

(3)来年业务计划：现以时局动荡不定，关于本矿全盘扩充计划均无从着手，拟暂勉维现状，力求自给自足，一俟目前之难关渡过，再随时作发展业务之考虑。

(五)财务

本年度财务情形：以前述之各种困难原因，致本矿每月产煤大半不能即时外销，而支出方面反因通货恶性膨胀，加速物价飞升，所需头寸则极为庞大，故资金之周转上颇感困难，计全年售品收入约一七七，三三四金圆(各项提存共百分之五十除外)，而全年各项支出则竟达五五六，八四三金圆，不敷之数幸赖总公司垫拨及中行透支，始得勉为应付。

再，自本年八月十九日政府改革币制后，煤炭厂价被政府冻结，而黑市及其他各物价均上升不已，致当月售出成品均价，不敷成本甚巨，亦使本矿蒙受损失不小。而资金之周转上又随之增加一重困难，嗣后如运输可加强，产销情形自可渐入正规，而煤价亦可根据成本及市场情形机动调整，如此则不但周转方面可趋灵活，即收支情形亦可渐趋平衡矣。

(六)人事

(1)进退人员：年征用雇员秦世昌、李廷太二人(原均为本矿采煤监工，现仍在原职服务)，离职人员为工程师潘焕隆、事务课长赵全智、工务员李牧洲、办事员任启明、王庆余，矿警队长王精一等人。

(2)现任职员工作现状

经理兼矿长	王蓝甫	综理本矿一切事宜
副经理兼总务课长	吕祖曜	助理矿务并兼管总务课长一切事务
会计课长	利维经	管理会计课一切事务
工务课长	米幽山	管理工务课一切事务
主任工程师	王清道	管理采煤工程
副技师	张　璲	管理机务组事务
	胡赠璧	助理采煤工程兼管采煤组杂务
工务员	王尧渠	办理测绘及建业事务
办事员	蔡文灿	办理采办组事务
	刘绍先	办理售煤组事务
	赵安昌	办理采煤组各项表报
	米庭干	办理庶务组事务
	王廷蕙	办理材料组事务
助员	荣守诚	办理账务组事务
	陈子信	办理出纳组事务
	鹿紫萍	办理文书组事务并助理庶务组事务
雇员	秦世昌	监理采煤工程
	李廷太	同前

结　论

本矿于本年初期受变乱影响，后期又受运输限制，故致业务极不景气。幸于年底虢陇轻便路管理处改组，主管易人，到职后即添置车辆，修补路基，厘剔积弊，严定赏罚，对于该处业务似确有整顿之决心，倘于近期内能整理就绪，每月二千余吨之运量似不难恢复。上项运量为本矿自给自足之必要条件，亦即联枝各厂所需燃料之最低数量，拟力促该路速达，并保持上项运量，庶本矿既可勉维现状，而联枝各厂亦可免燃料匮乏之虞，此仅暂时之过渡办法，至一切扩充计划应俟时局澄清，方能着手。

（件存陕西省档案馆民国档案 82－1－1625－2 卷）

2. 企业章则

雍兴实业股份有限公司陇县煤矿暂行简章

（1941 年 7 月）

第一条　本矿设经理一人，秉承总公司之命主持本矿一切事宜。设矿长、副经理各一人，协助经理办理本矿一切事宜。

第二条　经副理、矿长以下设事务、会计、工务、营业四课，分别办理本矿各项事务。

第三条　事务课设课长一人，课长以下分设文书、庶务两组，各组设办事员、助员及练习生若干人，由该课课长承经副理、矿长之命督同办理文书、庶务等事宜。

第四条　会计课设课长一人，课长以下分设账务、出纳两组，各组设办事员、助员、练习生若干人，由该课课长遵照总公司规定并承经副理、矿长之命督同办理账务、出纳并营业及材料方面之账务事宜。

第五条　工务课课长一人，工程师一人（视事实之需要得增设副课长、副工程师）。课长以下分设采煤、机务、测绘、材料四组，各组酌设技术员、办事员、助员及练习生若干人，由该课课长承经副理、矿长之命督同办理采煤机务测绘及材料等事项。

第六条　工务课工程师负本矿技术责任，协同课长督导并训练各技术员工进行采矿事项。

第七条　营业课设课长一人，课长以下分设售煤、采办两组，各组设办事员、助员、练习生若干人,由该课课长承经副理矿长之命督同办理售煤采办事项。

第八条　本矿因事实需要,得在西安、宝鸡等处分设办事处,每处各酌设主任一人及办事员、助员若干人,办理采购转运接洽等事项。

第九条　本矿经副理、矿长、工程师及会计课长由总公司遴派,其余人员亦须经总公司核准后,分别征用或任免之。

第十条　本矿各课办事细则另定之。

第十一条　本简章陈奉总公司核准后施行。

(件存陕西省档案馆民国档案 82 - 1 - 472 - 1 卷)

雍兴实业股份有限公司陇县煤矿事务课办事细则

第一条　本细则依据雍兴实业股份有限公司陇县煤矿事务课办事(以下简称"本矿")暂行简章第十条规定之。

第二条　本矿事务课(以下简称"本课")承办各项事务,除遵照总公司规定者外,悉依本细则办理之。

第三条　本课分文书、庶务两组,承办事项如左:

甲、文书组承办事项

一、关于典守印信事项;

二、关于文电、章则等一切稿件之撰拟事项;

三、关于人事之任免、升迁及请假登记等事项;

四、关于文件之收发、缮校及卷宗之保管等事项。

乙、庶务组承办事项

一、关于办公用品、器具、杂具等收发保管事项;

二、关于本矿对外交际事项;

三、关于矿警、矿役之管理训练等事项;

四、关于本矿工友食粮之筹办及职员公灶之管理等事项;

五、关于员工福利之筹办设备事项;

六、关于不属其他各课组一切杂务事项。

第四条　本课各组办事程序

甲、文书组办事程序

一、关于收到之文件随时登入收文薄,送请矿长核阅。

二、矿长批阅后之文件有关各课组者，应分送各课组会签后，由本组办理。

三、关于紧要文电及临时交办事项随到随办，普通文件除有特殊情形者外，至迟不得过三日。

四、关于应行报告及催办等事项，须依时检点办理。

五、概就稿件送由本课主任复核，有先会各课组者分别送会之，会完陈送矿长判行后妥为缮校、印发、分类、归档。

六、关于有关各组及应行普遍周知事项，须随时分别会知、通知或通告之。

乙、庶务组办事程序

一、关于公用品、器具、杂具等应按用途多寡、来源远近预早筹划，酌定数量开单，送请采办组或办事处代为采办，就近可购者即径行购备之。

二、采办组及办事处交来购到物品，应即照据验收登记后妥慎保管，并将单据登薄送交会计课照数领款。

三、自制器物亦应登入器物薄妥为保管。

四、各部领用物品单经矿长盖章后，即照数发给，于领单上加盖发号字样，如所领物品现无库存或不足领额者，应商由领物品部分将此项物品暂行勾销，俟购到时再行通知领用。

五、各部分领用之物品如事实上无法购得时，应通知领物部分另行设法或改领代用物品。

六、关于收发各项物品于每月底结算清楚，与库存数核对相符后，填造四柱表（表式另定之）送请矿长核阅。

七、关于办公各费开支须随时关照预算，如有出入得于先后各月相互挹注，至年终总计，除因物价特殊变动外，以不超出预算为原则。

八、本矿各部分占用器具及公灶炊具等应分别编号登薄，每于月终清点一次，遇有损坏随时加以修理，而无法修理者具报补充。

九、关于当地各物价格，每于月底调查登记一次，如有特别涨落者随时记之。

第五条　本细则如有未尽事宜得随时呈请修正之。

第六条　本细则自呈准之日施行。

（件存陕西省档案馆民国档案 82－1－472－1 卷）

雍兴实业股份有限公司陇县煤矿营业课办事细则

第一条　本细则依据雍兴实业股份有限公司陇县煤矿(以下简称本矿)暂行简章第十条规定之。

第二条　本矿营业课(以下简称“本课”)承办各项事务,除遵照总公司规定者外,悉依本细则办理之。

第三条　本课分设采办、售煤两组,承办事项如左:

甲、采办组承办事项

一、关于机器、工具、物料等采办事项;

二、关于建筑材料等采办事项;

三、关于办公用具、杂品等采办事项;

四、关于炊爨器具等采办事项;

五、关于各项采办之机料、物品等装运事项;

六、关于各项材料之订制、包做等事项;

乙、售煤组承办事项

一、关于煤炭之分类及保管等事项;

二、关于煤炭之批发零售事项;

三、关于定售煤炭合同之签订事项;

四、关于销场之调查与开扩事项。

第四条　采办、售煤两组办事程序

甲、采办组办事程序

一、凡本矿所需各项机料、物料等,应将其产地、价格、运费随时设法调查,以为采办之参考。

二、接到各课业经照规定履行申请手续并经矿长批准之请购物料单后(请购物料单格式另定之)。登入购料簿,除能由当地购到者外,并派员或函电各办事处采办之。

三、前项采购之机料、物品等经交库验收后,应遵照规定填造购料报告表,经矿长盖章后送由会计课转陈总公司核阅。

四、购妥运回之各项机料、物品核对相符,填写三联交库单,交由材料组按照发票、单据验收盖章后,再将发票、单据及一联交库单登簿送交会计课查照付款。

五、承办采办人员应时常检点购料簿，未购各物料随时采购或催购之，俟购到后即加盖“已购”戳记，以资识别。

乙、售煤组办事程序

一、依据采煤组通知【将】本日所产煤炭登入进煤簿，经过选煤手续，按炭块、炭末、煤三种分别登记、堆存煤场，妥为保管，并将选煤数量及需用工料列表送会计课注账。

二、依据会计课计算之各种煤炭成本并参酌各销场煤炭行市及供需情形，于每月一日、十一日、二十一日拟定各种煤炭批发及零售价格，签请矿长核定公告之，但有大宗定购可随时商定者不在此限。

三、前项大批定购之煤炭，将议定条件商请矿长正式签订合同，登记定货簿。

四、批发及零售均应填写四联销煤单（销煤单格式另定之）。第一联为销煤存根存本组备查；第二联为销煤通知单，由购煤者连同价款送交出纳组核收登账；第三联为销煤发票发给购煤人收执；第四联为发煤通知单由购煤者持向煤厂装煤。

五、前项所售煤炭随时登入售煤簿，每晚将本日煤炭进销数量填造日报表，于月终填造月报表，与会计课核对后送请矿长核阅（表式另定之）。

第五条　各分销处收售煤炭及各种表报办法另定之。

第六条　本细则如有未尽事宜得随时提请修正。

第七条　本细则自呈准之日施行。

（件存陕西省档案馆民国档案 82－1－473 卷）

雍兴实业股份有限公司陇县煤矿工务课办事细则

第一条　本细则依据雍兴实业股份有限公司陇县煤矿（以下简称“本矿”）暂行章第十条规定之。

第二条　本矿工务课（以下简称“本课”）承办各项工务，除遵照总公司明令规定者外，悉依本细则办理之。

第三条　本课分采煤、机务、测绘、材料四组，由主任秉承矿长意指督导各组进行一切事项，工程师负技术责任，协同主任督导并训练技术员工进行采矿事项。其各组承办事项如左：

甲、采煤组承办事项

一、关于煤井、风井之设计开凿及圈砌等事项;

二、关于井下巷道、石门、煤洞之设计及开凿事项;

三、关于通风及排水等设计及实施事项;

四、关于矿井上下运输之设计及实施事项;

五、关于煤层采掘方式之设计及实施事项;

六、关于矿井上下工友工作之督导、稽核及训练事项;

七、关于矿井内外灾变之预防及救济事项。

乙、机务组承办事项

一、关于各种机器之设计及安装事项;

二、关于各种机器之管理及检查事项;

三、关于机器机件及工具之修配并制造事项;

四、关于机务工友工作之管理、督导及训练事项。

丙、测绘组承办事项

一、关于矿区及矿井巷道、石洞、煤洞等测绘事项;

二、关于建筑之计划、经管及督工事项;

三、关于本矿一切土木工程之设计及督导制作事项。

丁、材料组承办事项

一、关于工务方面之各项机件、工具、物料、杂品等收发、保管事项。

二、关于各项机件、工具、物料、杂品等存量之点查与催购事项。

第四条　本课各组办事程序

甲、采煤组办事程序

一、采煤运输应本经济原则与集中方式进行之。

二、在凿井掘洞期间,逐日应将工作人数、工资并所费重要物料数量及工作成绩造具工程日报表(表式另定之),附带产煤须将产煤数量一并列入,送请矿长核阅后交会计课登记。

三、在出煤时期,每日应将工作人数、工资、所需物料、工作状况及产煤数量造具产煤日报表(表式另定之),送请矿长核阅后交会计课登记。

四、每日应将产煤数量通知售煤组验收保管。

五、本组所需机件、工具、物料、杂品等应开具领用物料三联凭单,经矿长盖章后向材料组领用。

乙、机务组办事程序

一、各项机器之安装、开动商同采煤组配合办理。

二、关于机器、机件及工具之修配制造，应将所需工料及制成品名称、数量，列表送请矿长核阅后交会计课登记，并填交库单送材料组验收。

三、本组所需机件、工具、物料、杂品等应开具领用物料三联凭单，经矿长盖章后向材料组领用。

丙、测绘组办事程序

一、关于采煤巷道、石洞、煤洞之测量与坡度缓急之设计，应本合理经济原则随时与采煤组商洽办理，并绘图制表分送各工程人员以为工作之依据。

二、关于各项建筑应预先测绘图样、估计工料或用包工或用日工，陈请矿长核准后办理之。

三、建筑工程如系里工，应逐日填造建筑业工程日报表（表式另定之），送请矿长核阅后交会计课登记。

四、本组所需测绘仪器图纸及建筑材料等应开具领用物料三联凭单，经矿长盖章后向材料组领用。

丁、材料组办事程序

一、材料运到后依据采办组所送交库单发票单据，逐宗详细验收无误后，将交库单掣存一联登入材料簿，并于单据上加盖“验收”戳记交还采办组。

二、验收后之各项材料应按性质种类分别存放，如恐有霉湿腐坏物品应随时检点妥为保管。

三、接到各组经矿长盖章后之三联领用物料凭单，随即照单检发登入发料簿，并将领料单存本组一联，其余一联于每晚汇总登入送件簿送交会计课登记。

四、本矿所需日常材料须随时捡点，如存量无多时，应商同需料各组，通知采办组预为采购。

五、于每月终将所存材料、物料结算一次，填造收发物料四柱表送交会计课核对。

第五条　各组工友工资不论日给、月给或包工，于发放时应由承办各组填造工资表，经矿长盖章后送交会计课关发。

第六条　各组剩余物料及废料应填交库单交材料组收存。

第七条　本课各组应行请示及报告表单，由承办人员缮就，经主任及工程师盖章后陈核之。

第八条　本细则如有未尽事宜得随时提请修正之。

第九条　本细则自呈准之日施行。

（件存陕西省档案馆民国档案82－1－472－1卷）

雍兴实业股份有限公司陇县煤矿会计课办事细则

第一条　为确定本课之责任与各人之职掌起见，兹制定细则以为办事之标准。

第二条　本细则依据雍兴实业股份有限公司陇县煤矿暂行简章第十条定之。

第三条　本课定名为雍兴实业股份有限公司陇县煤矿会计课(以下简称“本课”)。

第四条　本课设主任一人，遵照总公司之规定，承矿长之命主办本课一切事宜，并办理下列各项事务：

一、核编本矿营业概算及汇编支出预算事宜；

二、制定本矿之会计表册、书据格式事宜；

三、制具各项记账凭证事宜；

四、签核收支款项凭单事宜；

五、主办会计决算报告事项；

六、根据统计员制就之统计图表分析所有交易，俾作将来业务进行上之借镜；

七、关于建议业务上增进效力及减少不经济之支出事项；

八、关于工资、煤价增减及其他契约定立之商讨与审核事宜。

第五条　本课暂分设账务、出纳两组，账务组设普通材料、营业记账员各一名，佐理员一名；出纳组设出有复核员、统计员各一名。

第六条　普通记账员办理一切普通账目及成本账簿之记载，并编制其一切有关报表等项事宜。

第七条　材料记账员办理材料收发进出之记载，并造报其有关各项表报事宜。

第八条　营业记账员办理本矿所有批销、零售、销煤之记载并造报其有关之各项报表事宜。

第九条　会计佐理员缮制传票，并帮同普通记账员办理一切表报事宜。

第十条　出纳员掌管现金之收支及存提款项，并保管本矿所有之现金、票据及其他重要契约等事项。

第十一条　复核员办理账目、表报、单据、款项之稽核与凭证之调查等事宜。

第十二条　统计员根据过去之会计记录将各项交易制成各项统计图表等事宜。

第十三条　本细则如有未尽事宜得临时修正之。

第十四条　本细则自呈准备案之日施行之。

（件存陕西省档案馆民国档案82－1－472－1卷）

陇县煤矿成本计算办法

（1941年10月）

查职矿所产煤炭，其成本计算办法计分二部：

1. 采煤成本（即计算浑煤之成本是也）；

2. 选煤成本（即计算大炭、块炭、末煤之成本是也）。

上项成本计算程序，采用单一分步成本计算办法。

1. 采煤成本系由入井采煤起至将煤炭（浑煤）采出运交营业课止，在此过程中，所用一切人工、材料、工务、杂费及事务管理、财务各费之综合价值是也。至井下工作其效用非仅及于采煤，且又有关井下工程者（即井下开拓工程亦名预备工程），如开辟运输路（即开大巷）、凿泵房等其所耗工料，应视为资本支出，暂先记入"未分配矿井工程"科目内，于月终再转入"矿井工程及设备"科目内。其工人、材料费用成本之计算分配办法如下：

a. 人工成本之计算分配

人工成本，即直接费科目内开支之各项工资是也（间接人工成本如事务、营业、地面运输等工皆列入间接费科目内）。其细目按井上下工作情形分别订定。此项工资之计算，每日由工务课填报井工工作日报三份（即早班一份，工作时间上午六时至下午二时，中班一份，下午二时至十时；晚班一份，下午十时至翌日早六时）、机木【铁】工工作日报一份送交会计课，会计课即根据上项报表，分别将井工工作日报表内"采煤"栏所列报之工数、工资及机木、铁工，工作日报表内"修理工"栏关于采煤所用之工数、工资记入直接费科目之各相当细目借方，月底再全部分配于本月所产之浑煤成本内。关于机木、铁工工作有关采煤及其他工程与事务等共同使用者，除指定使用用途照各项用途记载分配外，其共同使用之工资应按指定用途之工资比例而定之。

b. 材料成本之计算与分配

凡井下采煤及修理采煤用具等所领用之料品,皆分别由工务课采煤、机务两组开具领料单二份,交工人前往材料库领取材料。材料库接到是项领料单后,除发给该工人材料并登入材料库材料分户账外,每晚再将领料单汇交会计课计价登账。分配办法如下:凡领用之材料指定为采煤者,应全部记入直接费科目内,如为采煤与井下工程共同使用者(如修理材料等),应按本月份工程费与直接费所用之人工成本比例分配之,设十月份直接费内各工资之总计为一千元,工程费内所用工资共为五百元,故此时直接费内之人工成本为本月所用总工资价值三分之二(即 1000 ×2/1500),工程费所用工资为总工资价值三分之一(即 500 ×1/1500)。故此时共同使用之料品,亦拟按此项比例分配,如本月共用修理材料一百五十元,此时辄应以一百元(即 150 ×2/3)记入直接费科目内,五十元(即 150 ×1/3)记入工程费科目内。

c. 费用之计算与分配

关于采煤成本内除人工材料外,尚有性质不同之费用在焉。此项费用大别有三:(一)工务费用(列为直接费);(二)事务管理费用(列为间接费);(三)财务费用(列为财务费)。

(一)工务费用之支出计有“工务杂费”“工人福利”二项,凡发生上项交易时记入直接费科目借方,月底一次分配于本月所产之浑煤成本内。

(二)事务管理各费(细目见间接费),此项费用除折旧、捐税计算另记外,每月应按实用数值记入间接费科目借方,月底一次分配于本月所产之浑煤成本内。

(三)财务费用:每月应将所付之利息算出,加入本月所用之汇费。一次分配于本月所产之浑煤成本内。

1. 折旧捐税之计算

甲、折旧约分四类:A. 矿区与矿井工程及设备之折旧;B. 建筑物之折旧;C. 机器、仪器、生财器具、工具等之折旧;D. 开办费之摊提。关于此项折旧之计算与摊销年限,职矿已于三十年九月十八日拟订折旧计算与提销办法一种(折旧年限表列后)呈报备案矣。惟该时为处理稳健计,所拟折旧期限颇短,且系按每日产量百吨计。现产煤伊始,工作诸多困难,每日恐难达百吨产量之数,故折旧之计算,拟以每日产煤百吨为标准,按上次所拟之年限折销,而以每日实产量比例百吨数字折算。例砂石、鼻樑及骆驼厂煤井工程,如每日产煤百吨,原定一年折销,设十月份每日产量平均仅五十吨，辄此二煤井之工程即须二年折销，每月应折旧此项资产1/24。

a. 矿区与矿井工程及设备：矿区砂石鼻梁及骆驼厂煤井工程等，拟以每日实产量比例每日产煤百吨数字，按上次所定年限计算折旧。娘娘庙煤井工程及井上下设备，拟按此煤井可采之范围（即五三五，四八七公顷，其煤层平均厚度二.五公尺估计，蕴藏量一，三九二，二七一公吨）。以每日百吨计约可采三五年，然此项估计每与实际情形稍有不同之处，为处理稳健计，拟十年折销。

b. 建筑物之折旧：拟以每日实产比例每日产煤百吨数字，按上次所定年限计算折旧。

c. 机器、仪器、生财、器具、工具等之折旧：拟按建筑物办法折算。

d. 开办费之摊提：三十年度及本年上年度之开办费，业经全部以其他开支科目付账结转损失矣。现有开办费余额为七、八两月份所用之价值，拟分配于本年十、十一、十二三个月份所产之浑煤成本内。其分配办法拟用等差级数办法分配，即十月份分配1/6，十一月份即可达四五十吨，十二月份即可达六七十吨。

乙、捐税即包括矿区税与矿产税二种：矿区税自开办日起五年内，每公亩年纳税二分（《矿业法》第九二条二款），税率极微，以本矿现有矿区九七公顷计，年纳矿区税不过二百余元，此项税款拟即一次分配于纳税月份所产之浑煤成本；矿产税系按每月所产出之数量，依矿山附近平均售价每吨纳百分之五矿产税（本年修正《矿业法》时所颁布），此项按月缴纳之矿产税额定平均市价后逐年清算，年终缴纳之（《矿业法》第九三九四两条）。此项捐税须先定一矿山附近之每月平均售价，职矿拟以每月混煤售价为平均市价，按此售价将每月所产之浑煤算出百分之五应纳税款。此项交易应分录为借："间接费"，贷："应付款项"，例：十月份浑煤售价四百元，该月共九百吨：900×(400×5%)=1,800元[①]

借　接费捐税1,800元　贷　付款项 矿产税1,800元

2. 筛选成本。系为供应顾客之所须，再将采出浑煤筛分数种，在此筛选过程中所耗一切工料用具及所用浑煤成本之综合价值是也。至其他费用等已全部分配于采煤成本内，故不计入此项成本内（此项浑煤颇似制造业之半制品，其不能列为半制品者，因浑煤产出后即可售出，其再加筛选者纯为谋推销便利耳）。职矿选出煤炭计分三种即大炭、块炭、末煤是也，其成本项目及计算办如下：

① 应为18,000元。

a. 原料:即筛选各煤炭时所用之浑煤成本是也。此项浑煤价之计算应将该月所产之浑煤成本(即采煤成本)先行算出,然后加入上月结存之浑煤成本,而按其平均价格计算。例本月产煤一百吨,每吨成本一百元,总价为一万元,上月存煤一百吨,每吨成本为二百元,总价为二万元,此时本月共存浑煤二百吨,共价三万元,其平均成本即为一百五十元。使用此项浑煤时,营业课应填报选煤工作日报一份,送交会计课,会计课即将使用浑煤数量按日登记,如本月共用浑煤一百五十吨,应分录如下:

借:直接费 原料 筛选各种煤炭耗用150吨　150　22,500

贷:煤炭 浑煤　22,500

其分配办法详后:

b. 筛选工资之计算:筛选工资即筛选煤炭时所用之工资是也。此项工资之计算,每日(或旬)由营业课填报选煤工作日(或旬)报一份送交会计课,会计课即根据上项报表,将表内所列之工资、工数借入直接费科目内,其分配办法详后。

c. 筛选材料之计算:即耗用或损毁之锹镐、油料及其他一切修理材料是也。耗用是项料品或损毁零星工具时,由营业课售煤组开具领料或损毁报告单送材料库转会计课计价转账,耗用之材料工具价值应借入直接费科目内,分配办法详后。

d. 分配办法:原料(即耗用之浑煤)、工资材料之分配办法,关于筛选各煤所耗之原料(即浑煤)、工资、材料应按何种比例分配于所选出之大炭、块炭、末煤成本内,颇为一重要问题。因此分配之不当,有时能使当时之财政状况与营业成绩缺乏确实性。关于其分配办法约有三种:(1)按各煤炭售价比例分配。(2)平均分配。(3)按煤炭含量分配。职矿所采办法,系按各煤炭售价比例分配之,因筛选各煤炭时,其所用之原料(即浑煤)工资材料,本无此多彼少之分,其分配办法如下:例十月份共筛选浑煤二百二十吨,每吨平均成本价二十元,计选出大炭四十吨,块炭二百吨,末煤一千二百吨,计耗工资二百四十元,材料一百六十元,应分录如下:

借:直接费	原料4,400元	贷:浑煤4,400元
借:直接费	选煤工资240元	贷:应付工资 选煤工资240元
借:直接费	选煤材料160元	贷:物料160元
合计	4,800元	4,800元

设此时大炭每吨售价七十二元,块炭三十六元,末煤十八元,辄大炭与块炭售价之比为七十二比三十六(即二倍),块炭与末煤之比为三六比一八(即二倍),大

炭与末煤之比为七十二比三六乘三六比一八(即四倍)。如按售价比例分配,应先将选出之各炭按售价合成末煤之数量,然后再按配分比例算法分配之。如上例选出之大炭四十吨,其价值应等于末煤一百六十吨之价值。块炭六十吨之价值,应等于一百二十吨末煤之价值,再加选出一百二十吨末煤,辄选出各煤炭之总值应为四百吨末煤之价值。此时,大炭应分配之所用原料、工资、材料总值(160/400),块炭应分配(120/400),末煤应分配(120/400),查本月筛选各炭功用之原料、工资、材料总值为四千八百元,大炭四十吨之总成本应为(4800×160/400=1920)一千九百二十元,块炭三十吨之总成本为(4800×120/400=1440)一千四百四十元,末煤一百二十吨之总成本为(4800×120/400=1440)一千四百四十元。月底结算时应分录如下:

借	煤炭 大炭400吨	48元	1,920元	贷	直接费原料4,400元	
借	块炭60吨	24元	1,440元	贷	选煤工资240元	
借	末煤120吨	12元	1,440元	贷	选煤材料160元	
合计			4,800元			4,800元

(件存陕西省档案馆民国档案82-1-1261-4卷)

陇县煤矿采煤工程督导委员会暂行简则

第一条　本办法以提高采煤效率、督导工友工作为宗旨,由矿、工两方组织,定名为陇县煤矿采煤工程督导委员会(以下简称"本会")。

第二条　本会依照矿方工程计划督导进行,其职责如下:

一、商定标准工作及标准工价;

二、督导工友工作;

三、核定工友工资;

四、结算账目,分配盈亏。

第三条　本会设委员九人,由矿方遴派五人、采煤工友选举四人组织之。设主任委员一人,由矿方派委员中指定之。

第四条　本会设监理一人,由矿方遴派执行监理任务。

第五条　本会事务由委员会会议决定,各委员有争议时,主任委员有最后决定之权,日常事务由主任委员处理之。

第六条　本会重要职员由主任委员向矿方调用。

第七条　本会于每月终结算一次盈亏,由矿方、工方各半分批,并应造具表册陈矿备查,矿方应得盈余悉数交矿,工方应得盈余按采煤工友之工作效率作合理之分配,倘有亏损由下月盈余项下弥补之。

第八条　本办法试用两月期满后,双方无异议时得继续进行之。

第九条　本办法自十月十日实行。

雍兴实业股份有限公司陇县煤矿厂规

一、凡在本矿服务之员生、警役、工友均须遵守本厂规之规定。

二、本矿员生、警役、工友均应忠于本矿,热心职务,爱惜公物,遵守时间。

三、本矿员生、警役、工友均应奉公守法,廉洁自持,通力合作,同舟共济。

四、本矿员生、警役、工友均应本时间经济、物资经济原则增进工作效能。

五、本矿员生、警役、工友均须遵守束总经理"公诚勤敏"之厂训。

六、本矿员生、警役、工友不得有烟赌、冶游及其他不法行为。

七、本矿员生、警役、工友均应绝对保守本矿秘密。

八、本矿员生、警役、工友均应爱护本矿名誉。

九、本矿员生、警役、工友均应遵守本矿各项章则之规定。

十、本规则自陈准之日施行修正时间。

(件存陕西省档案馆民国档案 82 - 1 - 472 - 1 卷)

雍兴实业股份有限公司陇县煤矿职员待遇暂行规则

(1941 年 7 月)

(1)矿长薪金由总公司规定。

(2)工务组主任薪金由一五〇. 〇〇元至三〇〇. 〇〇元,共分十级,每级一五. 〇〇元。

(3)事务组主任、会计组主任及工程师薪金由一三〇. 〇〇元至二三〇. 〇〇元,共分十级,每级一〇. 〇〇元。

(4)驻外办事处主任薪金由一一〇. 〇〇元至二一〇. 〇〇元,共分十级,每级一〇. 〇〇元。

(5)副矿长、副主任及副工程师等薪金各比照矿长、主任、工程师斟酌规定之。

(6)技术员薪金由四〇.〇〇元至一三六.〇〇元,共分十二级,每级八.〇〇元。

(7)办事员薪金由三〇.〇〇元至一二〇.〇〇元,共分十五级,每级六.〇〇元。

(8)助理员薪金由一〇.〇〇元至六〇.〇〇元,共分十级,每级五.〇〇元。

(9)技术练习生及事务练习生第一年薪金一〇.〇〇元,第二年十五.〇〇元,第三年二〇.〇〇元。

(10)各职员及练习生一律给膳费一六.〇〇元。

(件存陕西省档案馆民国档案82-1-1260-1卷)

雍兴实业股份有限公司陇县煤矿职员支领各项津贴暂定办法

(一)战时津贴

(1)矿长由总公司规定;

(2)各组主任及工程师八〇.〇〇元;

(3)技术员及办事员六〇.〇〇元;

(4)助理员四〇.〇〇元;

(5)练习生三〇.〇〇元。

(二)战时生活补充费

(1)已婚者五十元;

(2)未婚者二十元;

(3)但练习生不得支领此项战时生活补充费。

(三)膳贴

各职员及练习生一律给膳贴二〇.〇〇元。

(件存陕西省档案馆民国档案82-1-1260-1卷)

雍兴实业股份有限公司陇县煤矿下井津贴简则

一、此项简则以本矿职员及以职员待遇之总监工、班监工等为范围,普通下井工人不得援例。

二、逐日下井工作之职工月给下井津贴三十至四十元;间日下井工作之职工月给下井津贴二十至三十元;隔二、三日下井一次之职工月给下井津贴十至二十元。

三、下井职工如改派地面工作者,此项下井津贴应即停止支给。

四、此项简则如有未尽事宜得呈请总公司随时修改之。

(件存陕西省档案馆民国档案 82－1－1260－1 卷)

雍兴公司陇县煤矿职工福利委员会组织简章

(1946 年 8 月 25 日)

第一条　本简章遵照职工福利委员会组织规程订定之。

第二条　本会定名为雍兴公司陇县煤矿职工福利委员会。

第三条　本会设于陕西陇县雍兴公司陇县煤矿。

第四条　本会设主任委员一人,由本矿经理充任之。委员八人,由职员及工会理事双方各推四人充任之,任期除主任委员外均为一年,连选得连任。

第五条　本会得设干事四人,由委员会互推兼任或聘会外之人。

第六条　本会委员干事概为义务职。

第七条　本会每月开会一次,必要时得开临时会议,会议由主任委员召集并任主席。

第八条　主任委员因故不能执行职务时,得由委员中委托一人代理。

第九条　本会之任务如左:

一、关于福利金之筹划、保管及动用事项;

二、关于福利事业之审议、推进及督导事项;

三、关于福利事业经费之分配,稽核及收支报告事项;

四、其他有关机密事项。

第十条　本会遵照职工福利社设立办法举办职工福利社,福利社章程另定之。

第十一条　依法提出福利金由本会存入中国银行保管,非经本会会议通过,不得动用。

第十二条　本简章自呈奉主管官署核准后施行。

附

雍兴公司陇县煤矿职工福利委员会职员名册

职　别	姓　名	在矿担任职务
主任委员	王蓝甫	经理兼矿长
委　员	贾星垣	副经理兼营业课长
委　员	米幽山	工程师
委　员	陈子惠	会计课长
委员兼干事	潘焕隆	副工程师
委员兼干事	王文纪	采煤监工（工会理事长）
委员兼干事	荣焕之	机工工头（工会理事）
委员兼干事	任书成	木工工头（工会理事）
委员兼干事	李海祥	泥工工头（工会理事）

（件存陕西省档案馆民国档案 82－1－1258－3 卷）

雍兴公司陇县煤矿职工福利社简章

（1946 年 8 月 25 日）

第一条　本简章遵照职工福利社设立办法订定之。

第二条　本社定名为雍兴公司陇县煤矿职工福利社。

第三条　本社设主任一人，综理社务。

第三条　本社设业务、总务两组。

第四条　业务组经管左列各事项：

一、关于改善生活事项；

二、关于康乐事项；

三、关于人事服务事项；

四、关于补习教育事项；

五、其他有关福利事项。

第五条　总务组经管左列各事项：

一、关于公文撰拟、缮校、收发及印信保管事项；

二、人事管理事项；

三、关于经费出纳事项；

四、关于庶务事项;

五、其他不属于业务组之事项。

第六条　本社各组各设总干事一人、干事各一人,视必要时得设助理干事各若干人,承主任之命办理各组事务。

第七条　本社主任、总干事、干事、助理干事均由福利委员会派充之。

第八条　本社举办之业务暂定如左:

一、职工及职工眷属宿舍;

二、医务室;

三、职工子弟学校;

四、浴室;

五、理发所;

六、图书室;

七、俱乐部;

八、运动场;

九、消费合作社。

第九条　本社举办之业务除物品消耗得依成本收费外,概以免费为原则。

第十条　本社设社务会议,由主任、总干事、干事、助理干事组织之,以主任为主席,其议事细则另定之。

第十一条　本社办事细则另定之。

第十二条　本简章自呈奉主管官署核准后施行。

附

雍兴公司陇县煤矿职工福利社职员名册

职　　别	姓　名	在矿担任职务
主　　任	弓乐哉	事务课长
业务组总干事	蔡文灿	采办组办事员
干　　事	胡赠璧	采办组办事员
总务组总干事	任启明	文书组办事员
干　　事	鹿紫萍	出纳组助员

(件存陕西省档案馆民国档案 82 -1 -1258 -3 卷)

雍兴公司陇县煤矿工人年终奖金发放暂行办法

（1949 年 1 月 9 日）

一、凡按日给资工人年终奖金发放，均照本办法规定办理之。

二、凡在年度终结工作超过六十日而仍在本矿继续工作者，一律发放奖金。

三、奖金数额应按各该工人全年实际工作日数（加点工及假期加工均不计），每十日加给一日工资（按十二月份工资计算），不足十日者不计。

四、凡工作间断在一个月以上者，其奖金应自第二次上工之日起算（因公受伤及确系因病而间断者除外）。

五、领工、监工、工头按照应得数额另加给百分之二十，但工头工作不足六十日者不加。

六、领奖人须由工头负责证明无误，倘有冒领情事，除追还奖金外，有关工头及冒领人均处以三百元以上之罚金。

七、领奖金时期至翌年二月底止，过期不发。

（件存陕西省档案馆民国档案 82－1－472－1 卷）

3. 会议记录

筹设雍兴公司陇县煤矿第一次谈话记录

（1941 年 5 月 29 日）

时间　三十年五月二十九日下午五时十五分

地点　西安中国银行

出席　李紫东　赵保章　李亦人　李德良

主席　李紫东

记录　李德良

赵经理报告接收经过

本人于五月十八、十九、二十日在陇县新陇煤矿公司点收该矿材料工具，廿日晚商定自廿一日起矿产移交雍兴陇县煤矿接收，廿日以前未清之手续由新陇公司负责清理，当用新陇经理及雍兴代表名义双方会衔，布告周知。

按新陇移交清册点收，共短少材料价值九千六百六十三元。为补足短少材料起见，又于册列以外补收材料价值八千三百九十三元，计尚短少材料一千二百七十元。

又接收新陇所存煤末一八〇吨，每吨价廿元；混煤四〇吨，每吨价六十元，共合价值六千元。

主席谈话

一、资金方面：

(一)照陇县煤矿计划书、经束总经理核准规定为一百万元。

(二)流动资金由中行供给，在筹备期间暂按月息六厘计息，俟开始营业后再为酌增。

二、会计方面：

由行方派会计主任一人，并派营业、材料、记账人员，归会计主任指挥。

三、赵经理接收材料尚短少一千二百七百元，该款请由赵经理与前途接洽，以公函通知新陇，由原定矿价内扣减交付。

四、交款方式：

根据合约先交七万元，点交清楚由赵经理与前接洽专户手续，办妥并登报启事声名新陇煤矿公司全部售与陇县煤矿经过，登报三日后于一周内如无纠葛发生，再将余款七万元清付。

五、赵经理交来新陇煤矿公司矿产材料清册，附短少材料清册、添收材料家具清册各一本，正本陈报总公司备案，另抄副本留雍驻秦处备查。

六、工作计划：

请赵经理拟定实施工作计划书，务期早日大量出产供给各厂急需为最大目的。

六时散会。

(件存陕西省档案馆民国档案 82－1－138－2 卷)

4. 来往函电

杨毓琇、沈钥为修改陇县煤矿组织简章第五条致束云章函※

(1941 年 10 月 28 日)

云章我兄大鉴:

接陇县煤矿公函称,该矿工务方面事务较繁,拟增设副主任一职,于六月间聘杨子青担任。再工务课主任先系由矿长兼任,为实际相符,拟将组织简章第五条"工务课设主任一人,工程师一人"括弧内所注("视事实之需要得增设副工程师")改为("视事实之需要得增设副主任、副工程师"),请为核示等情,查该矿组织简章及组织系统表存卷者共有三份,一份系五月间吾兄在西安时由该矿面递,其余两份系七、九两月先后寄来。七月寄来者已复准备案,九月寄来者亦略予修正复准该矿试办(无副主任规定)。兹既据该矿函称,为事实相符起见,拟将组织简章第五条括弧内所注改为("视事实之需要得增设副主任副工程师")一节,其副主任一职可否准其添设之处,即祈裁夺示复,以便转知为荷。此颂

公绥!

弟:沈钥　杨毓琇　拜启

卅年十月二十八日

附抄十月十八日陇县煤矿总三二号函一件,又十月五日总公司复该矿一〇号函及修正陇县煤矿暂行简章各一份。

(件存陕西省档馆局民国档案 82 - 1 - 379 - 2 卷)

陇县煤矿筹备处为请挹注建设资金致雍兴公司函※

总字第一五五号

(1942 年 4 月 24 日)

谨呈者:查职矿原奉拨建设资金一百万元,截至上年年终,除已支配八十四万余元外,仅余十五万三千元。当时预计如排水机器无耽误,新大井于本年六月间出煤,所估不敷资金,除所存材料、物料抵补外,计须增拨七十万元。前经提请第一届厂务会议审定,当奉钧示准先暂拨五十万元,如将来需用流动资金,可向宝鸡

中国银行接洽透支等因,现职矿因定制之排水机器迄今尚未完成,凿井工程有所耽误,遂将出煤日期展延至本年十月间。近以各物价陆续高涨,所有先后拨来资金连同拨补上年度纯损十万零八千元,除各项开支外(详资产负债表)截至本月二十一日仅结余三十四万九千余元,已函请西安中国银行汇矿十万元,以供建筑工料及经常开支。最近郃县锅炉水泵购妥,即需二十万元,现尚欠西北运输处运费二万余元,欠西北机器厂未付机器价款及铆锅炉费用共二万余元,所余资金行将用罄。现估此后五至十月份六个月间,尚不敷资金四五十万余元,业经本月十八日总字第一四九号函所送之匡计表陈核在案。惟以此项不敷资金仍为建设基金,究应遵照前示由宝鸡中国银行商洽透支,抑或再由钧处酌予增拨资金之处,敬请鉴核示遵为祷!

谨呈

雍兴总公司

雍兴实业股份有限公司陇县煤矿筹备处　谨呈

(件存陕西省档案馆民国档案82－1－24－2卷)

陇县煤矿为酌量办理职工福利致雍兴公司函※

总字第四七一号

(1943年7月4日)

谨呈者:案奉钧处六月八日厂字第五十一号通函并附下各厂职工福利事业职员薪津等级表一份,嘱自四月一日起照支并见复等因,查职矿创办未久,关于职工福利事业之设备如小学校及合作社等尚付阙如,所有医务事项仅设有医务生一人,专为受伤工友等敷换医药,其待遇与各课服务生相同,现每月薪津共为二百二十元,除在规定最低级范围内酌量办理外,理合陈复,敬请鉴核为祷!

谨呈

雍兴总公司

雍兴实业股份有限公司陇县煤矿　谨呈

(件存陕西省档案馆民国档案82－1－34－2卷)

陇县煤矿为先行略予调整工资待遇致雍兴公司函※

总字第五一四号

（1943 年 9 月 16 日）

谨呈者：查本矿工人待遇现较其他矿厂为低，因之工人逐日辞工他往。本矿拟自十月半起即停止圈井工程，由风井、煤井逐渐大量产煤，工人亦须比例增加，原俟赴同官各矿调查后，自十月份起提高工资，招募工人。兹因现时工人已开始流动他往，拟即自本月十六日起将各部分工人待遇先行略予调整，现工人每工除工资津贴外，加发面贴十九元，并得向本矿购领食面二斤，按每斤十二元计价，今拟将每工面贴十九元改为面代金二十四元，以期与食面二斤价款抵消亦即无异另加工资五元，借资维持。理合陈报，敬请鉴核备案为祷！

谨呈

雍兴总公司

雍兴实业股份有限公司陇县煤矿　谨呈

（件存陕西省档案馆民国档案 82－1－50 卷）

王蓝甫为工人要求增加工资致雍兴公司快邮代电

（1944 年 1 月 14 日）

西安次量、朗川协理钧鉴：

本矿井工因物价高涨、要求增加工资未遂，于十二日早井下工人全数停工，情势较为激烈，虽经多方劝导，非承应自下月起每工增加十五元不肯复工。查本矿工友什九系河南难民，值此物价飞涨、生活诚甚困难，本矿工资较低，本应酌予增加以资维持，惟叠奉钧处函电饬节制生产，紧缩开支，对于该工友等要求增加之数实未敢擅专，遂劝以于十三日晚复工，允以请示办理，究应如何之处，敬请鉴核示遵。

职王蓝甫叩子寒

（件存陕西省档案馆民国档案 82－1－52－1 卷）

王蓝甫为工人要求增加工资致雍兴公司函※

(1944 年 1 月 14 日)

次量、朗川协理钧鉴:

近以井工要求增加工资未遂,罢工情况较为激烈。为使其急于复工,免生意外计,遂告以现值奉命,节制生产,紧缩开支,未便擅自允准许向钧处请示决定,所陈钧处子寒代电,系为应付工人而发。查本矿现在工资率自上年七月规定后再未变更,近因物价高涨,迭经工人请求增加,但正值奉命紧缩,以故概未允准,惟该工等要求自下月一日起每工增加十五元,为数亦属过多,按现时物价及本矿情形,拟比照旧工资率(大工二十四元,小工十八元),每工增加三分之一,不计面贴,大小工平均每工实增加七元左近,如此较为适当。拟请钧处即按每工照旧工资率增加三分之一,不计面贴示复如何之处,敬祈裁酌指示祗遵,专肃,敬请崇安。

职:王蓝甫　谨启

一月十四日

(件存陕西省档案馆民国档案 82 - 1 - 52 - 1 卷)

王蓝甫为陈报暂时无法裁汰员工致雍兴公司快邮代电

(1944 年 1 月 17 日)

西安雍兴总公司钧鉴:

奉一月五日代电饬拟具紧缩方案于旧历年底以前陈送核夺等因,自当竭力遵办。惟本矿原以僻居山野,且值艰苦抗战时期,一切宁失之于简陋,绝不使稍涉铺张,职员之不称职者即随时裁汰,上年裁汰三人,仅补一人,警卫、杂役于夏秋业务清淡时即裁汰几名,冬春业务繁忙时酌增几名,绝不愿有一人之闲置。本年对建筑工程计划不十分必要者绝不增建,至职员、警役方面,现正值业务繁忙之际,现有人员尚日须加点工作,仍时感不敷分配,一时无法裁汰。拟俟入夏后视业务情形,再酌量裁减。奉电前因,谨据实电陈,敬祈鉴核。

职王蓝甫叩子筱

(件存陕西省档案馆民国档案 82 - 1 - 47 - 2 卷)

陇县煤矿为提高服务生警役待遇致雍兴公司函※

总字第十三号

（1944 年 1 月 31 日）

谨陈者：近以各物价逐渐腾涨，本矿工友工资业经请准自本年二月份起，按原有工资率增加三分之一，所有服务生警役待遇，拟亦按工作勤惰、成绩优劣，自二月份起比例酌予增加，藉资维持。相应函请察核准予照办，并赐复为荷。

谨上

雍兴总公司

雍兴实业股份有限公司陇县煤矿王蓝甫　谨上

（件存陕西省档案馆民国档案 82－1－52－1 卷）

束士方为拟增陇县煤矿增资本致中国银行总处函※

（1945 年 4 月 28 日）

总处钧鉴：

本行附业陇县煤矿与陇海铁路宝天段行车关系甚巨，现该路局已在宝虢间铺设轻便路轨，以便增进运输能力，故陇矿前途发展较有可能，似有扩充产量配合运输之必要。过去该矿因运输困难，每日产量不足百吨，兹拟增添设备，以能每日生产三百吨为目标，除供给陇海路之需要外，本行西北各厂所需燃料亦可获得较多之供应。估计增添设备所需款项共计七千二百六十五万五千元，同时为预防工程进行期间物价变动起见，并拟增列二千万元作为准备，合共为整数九千万元，拟恳赐准，由雍行予以透支，以利进行。附奉陇矿日产增至三百吨应添设备计划书，敬祈查核示遵。再陇矿增产以后，关于煤价及运输等各项问题，应如何与陇海局预先约定，以资保障利益之处，方并已另函该局陆局长福廷洽商，俟获复再行函陈外，兹特将原函一并抄奉，并恳鉴察为。祇颂钧绥。

雍行经理　束士方

卅四年四月二十八日

（件存陕西省档案馆民国档案 82－1－1257－2 卷）

束士方为请陇海路局配合陇县煤矿增产致陆福廷函※

(1945 年 4 月 28 日)

心亘先生局长大鉴:

贵局为增进向敝陇县煤矿之运煤力量,已在宝虢间铺设轻便轨道,仰见维护交通之至意,曷胜钦佩! 承嘱就敝矿增产一节,敝矿为协助促成政府之交通政策,自当乐于遵命,惟该矿过去因运输不便,并以限价过低,致维持极感困难。兹拟增产为日产三百吨,照目前物价估计,所须增添设备费用当在七八千万元以上,如果增产以后营业方面未有保障,深恐难以为力。兹将敝矿方面需待预先洽定各点,为先生一陈述之:

一、煤价请以实际成本加百分之二十之合法利润结算,如物价有变动时煤价亦应随时调查。

二、为增产而投资之债款因须于二年内偿清,故除第一项按实际成本与利润所计算之煤价外,每吨应另加一千五百元,拟供偿值基金之用。

三、将来增产以后,每日拟供给贵局一百五十吨,在矿山洞口交货,由贵局自行提运。

四、敝矿所产之煤因须兼供敝公司西北各联厂应用关系,每日亦约需运出一百吨,此项煤炭委由贵局代为运输时,运费请不高于贵局自运之运率。

五、将来增产以后,如敝矿与贵局约定每日供给量为一百五十吨时,万一贵局未能提取足额,亦应由贵局付给一百五十吨之货款,以免因产量过剩而发生资金拮据之困难。

六、敝矿因增产而需增添之设备器材,如贵局备有存货时,请为拨借应用,俾得迅速赴事功。

以上各节如蒙同意,即祈洽惠复,俟弟陈准蔽总处后即可定局,特复并颂大绥。

弟:束士方拜启

四月廿八日

再日产五百吨及一千吨之计划,容详商陈准雍总处后再为决定。

弟:方又及

(件存陕西省档案馆民国档案 82 -1 -1257 -2 卷)

束士方为请配合陇县煤矿增产再致陇海路局陆福廷函※

(1945 年 4 月 30 日)

心亘先生局长勋鉴:

敝陇县煤矿为求配合贵局之运输能力拟增添设备,使能日产三百吨,昨已专函奉达,谅荷查及。惟为增添设备所需之钢铁材料,市上不易购到,且为迅赴事功,甚望能就地取材。查贵局现存有钢轨及一部分钢铁器材可资利用,拟请尽量惠予协助,并作价拨让。至该项价款当由敝矿在每吨煤价及利润之外另加一千五百元(此项应加数额可另行酌定)作为偿还基金,于两年内分期扣还,此项原则蒙同意,即祈惠复俾便进行为荷。专此祗颂勋绥。

弟:束士方　拜启

四月卅日

(件存陕西省档案馆民国档案 82 -1 -1257 -2 卷)

(七)长安制革厂

1. 企业概况

雍兴实业股份有限公司长安制革厂概况

(1944 年 3 月 1 日)

一、厂址:本厂设于西安玄风桥信义巷十四号,自置基地十四亩九分一厘,地价为十三万零九百六十六元一角,现在估值约一百五十万元。本厂建有房屋一百一十三间,内计门房二间、办公室十二间、仓库及职员饭厅厨房六间、厂房三十六间、工人住房二十间、储藏室九间、仓库五间、锅炉房三间,又仓库五间、工作室九间、职员宿舍六间。除房屋外,尚建有敞棚六小间、七大间,碾棚二间、井棚一间、驴棚二间、职员厕所一小间、工人厕所二小间、工作棚三小间,全部建筑费为三十二万二千九百十八元,现在估值约一百三十七万元。

二、成立及开工年月:本厂于三十年三月一日成立,同年八月八日开工。

三、资金:三十年由总公司拨来资金四十万元,三十二年度又拨二十万元,共计六十万元。

四、组织:本厂设经理一人,由总公司聘任之。下设总务、会计、工务、营业四课。每课设课长一人,会计课长由中国银行派充,其余各课由经理呈请总公司委任之,营业课长暂由经理自兼。本厂现有职员十四人,工人四十六人,传达一人,警役一人,库丁一人,勤务二人,厨役五人,小工二人。

五、机器设备:

(一)制革部

大转鼓一部　小转鼓二部　半圆槽二部　挤水机一部

磨里机一部　压皮机一部　节半锅炉一部　伸皮机一部

乳化油搅拌器一部

(二)轮带部

压力机一部　压皮机一部　缩边机一部　起边机一部

以上机械原值七万三千二百九十六元五角,现在估值十五万元。

六、最近厂务概要:

(一)需要流动资金:最多时需要五百万元,现欠中行三百余万元。

(二)原料产地及产量情形:本厂所用牛皮产自河南南阳一带,现因河南连年灾旱,所有之牛均充食物,故产量顿形减小。

(三)原料运输情形:本厂原料多用胶轮大车起运来陕,如天气良好半月可运到,否则即需二十余日。

(四)原料现市进价及今后预估价:牛皮现价为每担约值五千元,因产量减少,今后每担可涨至六千以上。

(五)每月平均总开支(以三十二年度下期为标准):

1. 直接费　一百一十五万二千七百元;

2. 间接费　三十七万三千五百元;

3. 财务费　七万零九百元。

共计一百五十九万七千一百元。

(六)每月平均制成品数量(以三十三年度下期为标准):

1. 底皮　七千五百五十斤;

2. 面皮　二千八百呎;

3. 腰带箱子皮等　五百呎;

4. 轮带　一万二千四百三十五时呎。

(七)工厂每月平均直接消耗(以三十三年度下期为标准):

1. 原料　九十一万七千四百元;

2. 物料　　　八万四千五百元;
3. 工资　　　二万七千五百元;
4. 动力　　　三万六千三百元;
5. 修理　　　二千五百元;
6. 膳费　　　五万一千元;
7. 职工福利　一万六千七百元;
8. 杂费　　　一万六千八百元。

(八)机器生产能力及现时产量。

(九)制成品销售情形:本厂所出轮带甚感供不应求,底皮销路亦佳。

(十)三十二年度下期每月平均实际损益:三十一万九千六百六十元。

七、创设经过:本厂于三十年三月一日,假本市梁家牌楼中棉公司内设筹备处,旋在玄风桥东南城角购基地十一亩二分九厘,鸠工建筑厂房。于同年六月中旬始全部落成,随将筹备处转移本厂,并订购机器及采购大批原料,即于八月八日正式开工。翌年添设轮带部,以房屋不敷应用,又建筑工作房九间、仓库五间、职员宿舍六间,至是本厂始粗具规模矣。嗣又购地三亩六分二厘,以建备筑职员、眷属宿舍之用。

八、历年损益实际状况:

三十年度下期　　损一万八千一百三十二元九角;
三十一年度上期　益五十八万二千七百七十八元五角二分;
三十一年度下期　益三十二万四千九百七十元零七角八分;
三十二年度上期　益一百六十四万八千二百三十一元四角五分;
三十二年度下期　益一百九十一万七千九百五十九元二角七分。

雍兴实业股份有限公司长安制革厂承制军需局制革厂腰带皮成本估计表

材料名称	数量	单价	总价	制成带皮标准尺数价值	备考
生牛皮	一张 13 斤 ~14 斤	50.00	675.00	31 方尺	本估计表七日内有效
去毛去肉刨薄上油压光	1.5 方	90.00	135.00		
梧棓子	6 斤	155.00	930.00		
白灰	4 斤	4.00	16.00		
硫化碱	2 两	22.50	45.00		
麸皮	2 斤	4.00	8.00		

续表

材料名称	数量	单价	总价	制成带皮标准尺数价值	备考
硫酸	2 两	10.00	20.00		
清油	10 两	5.00	50.00		
架炭	4 斤	4.00	16.00		
统税		70.00	70.00		
合计		1,965.00	65.50		

中华民国三十三年三月一日估

(件存陕西省档案局民国档案 82-1-1278-1 卷)

雍兴公司长安制革厂三十三年度营业报告书

(1944 年)

概　述

本年陕省因战局波动,情形特殊,本厂工作亦较去年加倍困难,缘本年春季本厂仓存生皮行将用罄,曾派专员住豫采购,当以各地生皮奇缺,未能如愿。为维系工作计,于三月间与军需局制革厂商洽,代制军革换取生皮,合同甫经订定,而豫西战事吃紧,陕境局势堪危。本厂为延续工作、生命及保全物资计,一面洽领军需生皮维持内部工作,一面于交通拥挤、百般困难中,督率同仁抢运大批料品,运渝销售。六月间中原敌氛稍戢,陕局转危为安,除厂内工作始终未停顿外,运渝料品全部出售,价款亦均如数收回。综计全年尚有微利,虽支付巨额运费,而保全物资、延续本厂生命之原则,幸能未负初衷。本市同业经过本年疏散,较大数家均已停顿,皮革统税复经明令,将于最近废止。此后本厂在本市将成仅存硕果,来年营业前途或正方兴未艾也。

一、设备

(一)本厂共有厂房一百二十九间,并未添筑新房。

(二)本厂原有畜力磨里机及人力转鼓,本年并未添置新机器。

二、料物

兹将三十三年度各料消耗数量及明年度预测用量等情形列表于后:

名称	三十三年度 消耗量	三十四年度 预算用量	三十三年底 盘存量	三十四年度 应补充量	备考
大号生牛皮	3,449 张	5,000 张	940 张	4,060 张	
中号生牛皮	1,071 张	1,000 张		1,000 张	
小号生牛皮	971 张	1,500 张		1,500 张	
石灰	25,700 斤	30,000 斤	3,276 斤	27,724 斤	
硫化钠	604/公斤	1,000/公斤	2,108 斤		
麸皮	7,543 斤	10,000 斤		10,000 斤	
硫酸	1,721/公斤	2,000/公斤	1,000/公斤	1,000/公斤	
食盐	694 斤	700 斤	33.3/公斤	667 斤	
铬明矾	658 斤	1,000 斤	413.3/公斤	587 斤	
烤胶	103,61/公斤	20,000 斤		20,000 斤	
梧棓子	46,237 斤	70,000 斤	24,711 斤	67,529 斤	
槲树皮	90,278 斤	100,000 斤		100,000 斤	
糖稀	5,862 斤	2,500 斤		2,500 斤	
架碳	1,149,586 斤	120,000 斤	9,048/公斤	111,952 斤	
动物性油	385/公斤	1,000 斤		1,000 斤	
植物性油	3,109/公斤	4,000 斤	32 斤	3,968 斤	

三、工务

本年冬末春初，生牛皮奇缺，未能购进。夏季略进生皮，工作正在紧张之际，突受中原战事影响，因加紧抢运仓存生皮及提前赶造成品出厂关系，曾数度停泡生皮，是以本年共产大、中、小牛皮约五千余张，未能达到去年原估计量。三十四年度仍拟以七千五百张为标准，产品仍以轮带及底车为主。

四、营业

本年营业情况大致不恶，惟轮带供不应求，来年拟增加轮带生产以应需要。

五、财务

本厂本年度财务情况于期初数月中一般尚属正常，资金运用亦能裕如。嗣以中原战起，陕省逼近战线，本厂为保全物资计，乃将大部料品输运至渝销售，藉以推广业务兼可免压资金，然于疏散期间，本厂业务几近停顿状态，经营开支浩繁，财务方面至感紧绌。迨至八月间，运渝料品售尽，资金稍感裕如，难关虽克渡过。

惟来日困难正多,爰以经此次中原战事后,东路牛皮来源不多,而价格无不较昔增长,因之成本激增,需用资金亦随之倍增,往年存储半年原料需款四五百万元即可者,今则非千万余元莫办。本年银行透支额虽已由四百万元改增至八百万元,然仍无补需要,此犹需总公司俯察厂艰,随时扶持者也。谨将本年度资负情形列陈如左:

资产		负债	
现金	210,824.88	透支银行	87,995,254.18
存放银行	1,000.00	应付账款	387,200.00
应收账款	89,348.50	应付款项	663,240.00
制成品	6,705,352.09	总公司	3,668,635.21
半制品	6,730,475.18	折旧准备	924,143.43
原料	5,804,479.92	存入保证金	54.00
物料	821,817.16	预收款项	1,977,386.00
燃料	79,418.20	暂时存款	6,864,540.56
建筑材料	10,120.23		
职工食粮	318,782.26		
土地	130,966.10	本期纯利益	2,387,561.74
建筑物	322,918.00		
机器	11,402.57		
工具	390,736.60		
生财器具	252,381.99		
仪器	534.00		
预付款项	29,804.83		
暂记欠款	2,583,846.61		

营业概况:

本年度营业情形尚称良好,全年成品销售收入计二九,二六九,〇〇〇元,为西安各制革业之冠。爰以各小厂资金薄弱,无能为力与本厂竞争,兼因本厂出品精良,颇博社会好评,尤以轮带一项能在战时替代外来胶带,最称相宜,惜限于各项原料问题不克大量生产。谨将全年销货总量抄陈于左:

全年销售统计:

鞋面皮	31,819.2 呎
底　　皮	57,494.3/4 斤(包括前节碎皮)
篮排球皮	1,459.97 呎
腰带皮	68,380.40 呎
轮带皮	1,173.1/4 斤
箱子皮	5,300.4 呎
珐蓝机轴皮心	249,420 呎
机轴羊皮	136 张
各色羊皮	3,136 张
轮　　带	112,641.3 呎

资金运用:

本年度资金之运用,大部系为购储原、物料之用,其中来源除银行透支外,一部则赖成品销售收入川流运用。

六、人事

本年本厂人事殊少变动,一月间会计徐裕卿君去职,遗缺由中行沈同明君继任,七月间刘莱恩君去职,八月间启用赵震东君为练习生。

七、管理

本厂工务单纯,人事甚简,管理方面尚无任何困难。

八、其他

本厂南山烤胶厂于本年三月间正式开工,全年共供给本厂用胶五千余斤,对药料之补充颇有裨益。

结论:

总括本年全厂情形大致良好。工务方面,因受时局影响产量较少;财务方面,于疏散期间略觉资金紧绌;营业方面,七八月间极为旺盛,此后本市同业疏散之后,竞争较少,统税复经明令废除,业务前途较易为力。拟于明春大量购进生皮,增加轮带生产。惟军兴以来,原料日缺,豫西战后生牛皮来源濒绝,价格高涨,非有充足资金难以运用自如,捷足先登,把握机缘,是有赖于总公司之体察艰难,予以支持者也。

(件存陕西省档案局民国档案 82 - 1 - 1282 卷)

2. 会议记录

筹设雍兴公司长安制革厂第一次谈话记录

(1940 年 5 月 23 日)

时间　民国三十年五月二十三日下午三时半

地点　西安中国银行

出席　李紫东　刘履之　徐裕卿　李亦人　李德良

主席　李紫东

记录　李德良

主席谈话

本厂于二十九年年底即着手筹设,嗣因束总经理因公赴渝及本人因病,未能召开谈话会。惟本厂筹备事宜经刘经理负责推进,规模已具。兹以有待商洽问题,爰召开谈话会讨论之。

刘经理履之报告筹备经过

一、购料:本厂于本年三月间成立筹备处开始筹备,其购料工作于去年底即派员在洛阳办理,计已付料款十七万元,除运进烤胶约五万元外,购进存洛材料约八万元(其中牛皮损失五万余元)。

二、厂基:厂基已用六万二千二百元,房屋及仓库等共用二十万元。

三、制革机器:已购二万一千元,拟购三万九千元,原动二万元,共八万元。

四、开办费:共用二万元。

五、全部建筑工程本定于五月内可以竣工,现因警报关系,约于六月中旬始于完成制革工程,约六月二十日左右即可开工。

六、人事组织:在筹备时期,除经理外暂定为会计、总务、庶务、文书各部,俟开工后再增加技师、工人、学徒等。

主席意见

一、关于资金

原定固定资金三十万元,嗣以厂方建筑费及机器增加,已陈奉束总经理核准,改为四十万元(包括该厂一切固定资产)。

该厂购料已用约三十八万元,过去系作为代雍兴购料,将来应拨归该厂,拟向束总经理陈请向中行叙做十足抵押借款，在筹备时期，请暂按月息六厘计息。

该厂在洛被炸损失之皮革五万余元，应归该厂负担。

二、组织方面

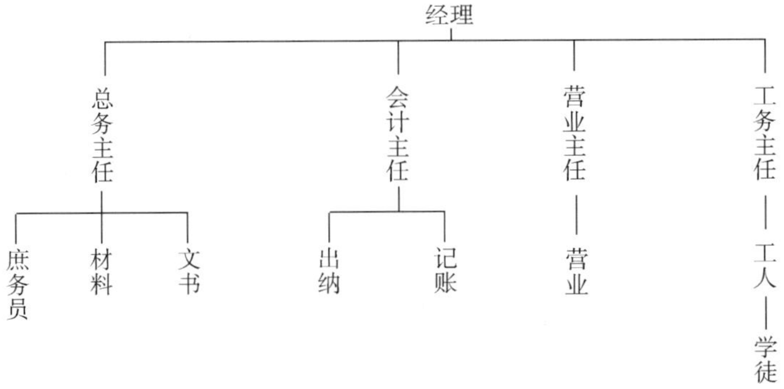

三、会计问题

会计主任由中行派充，并由行方派记账员于营业、材料两部办理记账事宜，由会计主任负责指挥。

四、购料问题

过去在洛阳方面系由新履公司人员代办，现为划一事权起见，即将该项购料员一人发归厂方任用，作为派驻洛阳购料员，并由行方加派会计员一人。

四时半散会。

（件存陕西省档案局民国档案 82 －1 －138 －3 卷）

雍兴公司长安制革厂第一次厂务研究会记录

（1941 年 7 月 19 日）

时间　民国三十年七月十九日下午一时

地点　本厂会客室

出席　刘履之　郑祖和　徐裕卿　邱广荣　刁希道　孙经武　陈宏韬
　　　王庆余　刘志俭　景万林　贺永汉

主席　刘履之

记录　王庆余

主席报告事项

现在奉总公司命令，凡雍兴公司所属各厂每星期六照开厂务研究会一次，重要职员届时必须出席，其他办事人员遇必要时临时指定参加。开会的宗旨在推广本厂业务,举凡营业、人事、采购及其他一切事务,希望各位都有建议提出本会讨论。

今天是本厂遵开第一次研究会,而本厂尚未正式开工,谅各位对于开会提案均未及准备,下次开会的时候,希望各位遵照规定将提案于开会前一日送交本人,以便分别缓急提出讨论。

现在本人利用这个机会和各位简略地谈谈,题目是我们的厂子"现在和将来"——长安制革厂是属于雍兴公司的,雍兴公司属于中国银行,而中国银行又是属于国家的,而国家乃是全民族的代表。长安制革厂虽小,但确属国家投资的一份,绝与私人企业不同,在私人企业的立场作工〈工作〉,可以偷工减料,粗制滥造,惟利是图,但在国家企业则不可,应当力求标准精确。虽属一种制造品,同样方法制造其出成品,成绩当比私人企业为优,方堪代表国家并为全国工业之模范。为达到此目的,恳切希望同人:第一,当和衷共济,彼此黾勉,不分畛域,克己从公,以厂务为重,私人为轻;第二,私人生活当力守纪守,尊重厂规,服从厂训,保持厂誉无瑕;第三,上下协心,集中精神力量,各个克尽厥职,把握住现实,勿失良机,以求贯策工业建国之鸿谋;第四,同人生活方面,衣食住养问题亦可解释几句。雍兴总公司本身具有健全的组织和贤明的领袖,我们可以确信到某一个生活困难的阶段,它自会迎刃解除我们本身的困难,使我们常久安心做事无虑。本厂现在的工作,因交通不便,机器设置不易,只有大量采取手工,尽所能以制造改良机器,轮带皮为主要出品,专供给各大工厂使用;其次出品因皮质之不同,可兼制底皮、面皮及军用皮件,供给社会及军事上的需要。将来战事过后,我们比现在的【工】厂一定大加扩充从事,增添各种新式机器,到那时,厂址与生产量一定比现在要大十倍至二十倍不止,同时制造部门可略分为军用的,如炮套、马鞍、带皮、油、皮等;工业用的纺纱之机轴皮、传动之轮带皮等;教育用的,如各种足、篮、排球皮等;交通用的,如汽车擦机器及过滤用之麂皮等;普通社会用的,各种底、面手套皮类;各种服装饰皮,如皮衣及各种日用箱匣色皮类,以及各色皮带毛皮类,名目繁多不及细述。

总之,截至目前,中国内地尚没有这样【的】工厂完成这种国家社会迫切需要的任务,此种任务与使命,有待我们长安制革厂来逐步完成。但欲完成我们伟大的任务与使命,其秘诀首在努力,我们现在的工作由近及远,登高必自迩[①]。

(件存陕西省档案局民国档案 82－1－627－1 卷)

① 此句应为"登高必自卑,行远必自迩。"语出《中庸》。

3. 来往函电

长安制革厂筹备处为遵示派驻购料组组员致公司驻秦办事处函※

（1941年4月19日）

敬陈者：兹奉通字第十九号大函承示，奉束总经理四月十三日电示："（一）兹为集中购料期间，应由本公司驻秦办事处内设一购料组以专责成；（二）购料组职员即以各厂负责购料者兼充；（三）各厂采办原料、物料应由购料员将所购数量、价格当日报陈尊处查核；（四）如当地缺货必须向渝、兰等处采购者，由尊处转请本公司驻陇办事处或天水中行驻渝办事处洽购；（五）如需向国外订购机件、物料时，应由各厂陈报尊处转陈总公司核准再行订购"等因，谨洽。今敝厂遵派营业员孙君经武为尊处购料组职员，谨祈鉴洽为荷。

此上

雍兴公司驻秦办事处

雍兴实业股份有限公司长安制革厂筹备处：刘履之　谨启

中华民国三十年四月十九日

（件存陕西省档案局民国档案82－1－1266－1卷）

长安制革厂筹备处为加发职员战时生活补充费致公司驻秦办事处函※

（1941年5月28日）

敬陈者：兹奉通字第三十一号大函承示，总公司函开："以目下生活程度日趋昂贵，为体念同人俾得安心服务起见，所有本公司及秦陇所属各厂职员除原支薪俸及战时津贴仍照旧支领外，自本年三月份起，已婚同人一律加给战时生活补充费五十元，未婚同人加给二十元。又膳费十六元、膳贴二十元照旧发给。但同人在公家用膳者，其每月实摊膳费超过三十六元时，得由公家照数补贴，以示优遇。此项贴补膳费每月共支若干函送钧处，每月当转，以资考核。附雍兴公司发给战时生活补充费办法一份"等因，谨洽。查敝厂现任职员已婚者，其眷属或住原籍未将眷属照片寄来之前,即照尊处规定。主管机关重要职员证明本人确已婚娶者,拟照每月五十元发给。附各该员家庭状况表各两份,谨祈鉴核备案为荷。

此上

雍兴公司驻秦办事处

雍兴实业股份有限公司长安制革厂筹备处　谨启

中华民国三十年五月二十八日

(件存陕西省档案局民国档案 82-1-18-4 卷)

长安制革厂筹备处为支给工徒暂时薪津致公司驻秦办事处函※

(1941 年 7 月 15 日)

敬启者:查敝厂现有工人拟暂编为技工、学徒两种,各分一、二、三级,至于工役(包括茶房、传达、厨役)均自六月份起,该工徒等薪津额数按照派定等级支给,惟厨役雇用较难,其薪津必要时酌予加给。合行附呈工徒、工役暂时薪津表二份,至祈存转总公司备查为荷。

此上

雍兴公司驻秦办事处

雍兴公司长安制革厂工徒工役暂时薪津表

职别	薪工	伙食	津贴	备考
一级技工	50.00	36.00	40.00	
二级技工	40.00	36.00	30.00	
三级技工	30.00	36.00	20.00	
一级学徒		36.00	30.00	学徒不支给工资
二级学徒		36.00	30.00	同上
三级学徒		36.00	10.00	同上
工役	25.00	36.00	10.00	
说明:1. 工役包括茶房、传达、厨役等; 2. 厨役必要时其薪津得酌予加给; 3. 伙食逾三十六元由公家补给。				

(件存陕西省档案局民国档案 82-1-19-4 卷)

长安制革厂为举行正式开幕式致公司驻秦办事处公函※

（1941年11月26日）

敬陈者：查敝厂现已开始营业，谨于十一月三十日（星期日）正午十二时，在敝厂举行开幕仪式。近因收到各方惠赠多件，是日以敬备菲酌聊表谢忱，并摄影以留纪念，上项约费千元左右。用先函陈，敬请鉴洽，届时即祈光临指导为荷。

此上

总公司驻秦办事处

雍兴实业股份有限公司长安制革厂　谨启

三十年十一月廿六日

（件存陕西省档案局民国档案82－1－1689卷）

长安制革厂为正式开工致公司驻秦办事处公函※

（1941年8月）

敬陈者：查敝厂业于八月八日正式开工，并未举行任何仪式，一俟产出成品后再行择期开幕，除另函径报总公司外，用特函陈，谨乞鉴洽。

此上

雍兴公司驻秦办事处

雍兴实业股份有限公司长安制革厂　谨启

三十年八月

（件存陕西省档案局民国档案82－1－1689卷）

刘履之为现有职工无可裁撤致杨朗川、沈次量函※

（1944年1月11日）

朗川、次量副理勋鉴：

敬启者：顷奉到快邮密电，嘱将职员、工人、警卫、杂役凡不称职者应予裁撤，勉维生存等因，查本厂除经理外共有职员十三人，总务部分内计课长一人、庶务一人、仓库一人（帮办营业）、文书一人（文书兼任出纳），会计部分内计课长一人、记账一人、助员二人，工务部分内计制革部课长一人、轮带部技师一人、制革部助员一人,营业部分内计采购一人、营业一人,合共职员十三人。全厂工人约共五十人,此外有警卫一人、信差一人、水夫一人、营业课杂役二人、职工厨役五人、更夫一人,就现在出品数量为比例,全厂职工可谓甚少,各有专责,无可再减。谨陈。敬颂公绥。

刘履之(印)

三十三年一月十一日

(件存陕西省档案局民国档案 82 - 1 - 47 - 2 卷)

(八)长安印刷厂

1. 企业概况

雍兴实业公司长安印刷厂概况书

(1944 年 1 月 30 日)

(一)厂址:在西安建国路信义巷十六号,自置基地九亩七分四厘,地价六万八千三百七十七元四角二分,现在估价约一百五十六万元。

(二)建筑:建有办公室十一间、工厂二十二间、仓库八间、储藏室六间、职员宿舍四间、工人宿舍十五间、警役宿舍二间、职员食堂二间、工人食堂五间、职员厨房一间、工人厨房二间、茶房一间,大门三间、中山室三间、眷属宿舍十二间、厨房六间,厕所三所、偏厦一所、水井两眼,建筑费四十二万九千八百六十五元,现时估价约二百八十万元。

(三)成立及开工年月:三十年六月成立,十月开工。

(四)资金:建设资金五十万元,由雍兴总公司拨足。

(五)组织:经理一人,下设厂务课、会计室、门市部。经理杨集生,东北大学法律系毕业,历任东北大学出版部主任、新印书馆副理;厂务课长康莲溪,历任北平中华印书局工务、聚兴印书馆经理、秦岭出版公司工务主任;会计主任方增华由总公司派充;门市部主任张俊卿,历任开封懿文斋印刷交际员、西安拔提书店营业门市部主任。其余职员十四人、厂役十三人。

(六)机器设备:对开机四部、四开机二部、圆盘二十部、石印机五部、铸字机二部、画线机二部、打洞机二部、裁纸机三部、浇板机一部、压力机一部、铡条机一部、打样机一部、倒条盒一个、刨床一个、磨刀架一个、三号老宋铜模一副、四号老宋铜模一副、四号仿宋铜模一副、五号老宋铜模一副、新五号老宋铜模一副、三号正楷铜模一副、五号正楷铜模一副、铅字七千四百余斤。

以上机器共购进原价六二,八〇九,五〇五元,现在估价约四二六,九三五,六〇〇元。

(七)最近厂务概要。

1. 需要流动资金:最多时需一百万元,现欠西安中行二百零二万三千元。

2. 原料产地及产量情形:磅纸、打字纸、新闻纸等产于国外,本贡纸、川连史纸、毛边纸、土报纸、川报纸、建国纸等产于川、陕、闽、赣诸省,除陕产土纸外,其余受交通运输影响,有时购买感觉困难。

3. 原料运输情形:各种原料多在本市采购,惟建国纸购自成都,托由中国银行西北运输处代运。

4. 原料现市进价及今后预估:本市时价磅纸每磅二百元,打字纸每令七千五百元,新闻纸每令九千元,本贡纸每刀一百九十元,川连史纸每刀六百元,毛边纸每刀一千二百元,土报纸每张一元四角,川报纸每张二元,建国纸每令八千元,今后预估各纸可涨无落。

5. 每月平均总开支:

直接费:三三,九九三,六六三元。

间接费:二四,五〇一,八七四元。

财务费:三,九三二,三九〇元。

共计:六二,四二七,九二七元。

6. 每月平均制成品数量:

表报账簿等:三十三万四千三百张。

票单书据等:四十二万二千二百张。

信纸:三万七千三百张。

信封:四万一千一百个。

书刊:三千五百七十本。

杂件:二万张。

本场制成品系承接外来印件,名称繁杂,数量无定,大概每月平均数量类别如上。

7. 工厂平均每月直接消耗:

工资:三,四五二,五二三元,按月计算最多一千八百元。

物料:八七四,四八三元。

修理:三四七,七六六元。

杂费:一,五三四,八〇七元。

职工福利:一八四,九〇〇元。

膳费:五,一七三,二五三元,工人每人每月平均七百五十元。

共计:一一,五四〇,七三二元。

8. 机器生产能力及现时产量:全部机器开动每天可印八万张,实在产量须视承接外来印件多少而定。

9. 制成品销售情形:本场承接印件以本公司各厂及中国银行为对象,外来印件不过十之一二。

10. 三十二年下期每月平均实际损益:

每月平均纯益(连门市部在内):一二,五八三,三八一元。

(八)创设经过:本公司鉴于抗建时期后方工业有倡办必要,爰于三十年五月二十六日召开筹设本厂谈话会决议,于三十年六月在玄风桥(即现在信义巷)购地建屋,在南院门租房设门市部,开始筹备,至九月一日开幕试工,三十一年正式开工。

(九)历年损益实际状况:

三十年下期纯损:二,五七八,〇四七元。

三十一年上期纯益:七,三九一,七四〇元。

三十一年下期纯损:九,六六八,八五九元。

三十二年上期纯益:八一四,六一四元。

三十二年下期纯益:七五,五〇〇,二八七元。

以上共计纯益七一,四五九,七三五元,加上提存兵险一七,七六〇,〇〇〇元,折旧九三,二六五,〇五一元,原料升价一〇〇,九六六,〇二三元,实际纯益二八,三四三〇,八〇九元。

(件存陕西省档案馆民国档案82－1－1573－2卷)

2. 企业章则

雍兴公司长安印刷厂组织章程

第一条　本厂依据三十年五月二十三日筹设雍兴公司长安印刷厂第一次谈话记录之规定成立之,定名为雍兴实业股份有限公司长安印刷厂。

第二条　本厂以发扬文化、促进教育并服务中行及本公司各厂之印刷便利为宗旨。

第三条　本厂资本规定为三十五万元,由总公司一次拨足。

第四条　本厂厂址及门市部设西安城内。

第五条　本厂为雍兴总公司直属工厂之一,一切受命总公司及驻秦办事处之指挥。

第六条　本厂由总公司聘任经理一人,综理全厂一切事宜,对外代表本厂。

第七条　本厂设总务、营业、工务、会计、出版五课,课以下分股(如附表)。除会计课长由中国银行派充外,其余各课长由经理聘请之,承经理之指挥办理各课一切事宜。各课得设办事员、助理员、练习生各若干人,由课长推荐,请准经理任用之。出版课得斟酌情形缓设之。

第八条　总务课司本厂文书、庶务材料事宜及不属其他各课事宜。

第九条　营业课司本厂对外一切交易事宜兼办门市部一切事宜。

第十条　工务课司本厂一切工务事宜。

第十一条　会计课司本厂一切会计事宜及核本厂收支账款。

第十二条　本厂营业范围如左:

(1)承印各种铅、石印刷品。

(2)出版各种书籍。

(3)经营各种纸张及印刷材料。

(4)兼营文具、书籍及各种教育用品、体育用具(门市部)。

第十三条　本厂关于厂务之兴革推进事宜,得由厂务研究会之研究,由经理执行之。

第十四条　本章程如有与总公司及驻秦办事处章程抵触者,其抵触部分失效。

第十五条　本章程经呈报总公司准予备案后为有效,其未尽事宜随时呈请修正之。

雍兴公司长安印刷厂各课章程(节录)[①]

第三章　会计课

第十六条　本课设课长一人,由中行派充承经理制指挥办理本课一切事宜。

第十七条　本课设办事员、助理员、练习生若干人,承课长之命分别办理本课事宜。

第十八条　本课掌理事务如左:

(1)关于本厂一切账簿之记载及全厂审核事项。

(2)全厂款项之收入支出登记、保管事项。

(3)预算、决算之编制事项。

(4)其他有关会计事项。

第十九条　记账须根据发票缮制传票后登记之(会计规程另定之)。

第二十条　应报各种报表暂以五日呈报一次,遇必要时得改为三日呈报一次。

第二十一条　领用款项先由本课课长审核后,由经理批准交出纳股付款,其有关金钱收入事项凭单先制传票交出纳股收存之。

第二十二条　购买物料及一切物品悉由本课审核验收存库。

第二十三条　预算决算之编制由会计课长按实际情形编制之。

第四章　营业课

第二十四条　本课统办所有本厂对外交易事项并兼辖门市部。

第二十五条　本课设课长一人,暂由经理兼任。设办事员二人,助理员及练习生各一人,办理本课一切事宜(门市部另定之)。

第二十六条　本厂关于记账、收账等事项统由会计课办理之。

第二十七条　本课办理事项如左:

(1)关于承接印件、开立订单、交货时填送货单、收款时开发票等事项。

(2)关于收取稿样、送达货品及送对等事项。

(3)关于采访市面纸张行情供给经理对于印刷业务之一切消息事项。

(4)其他有关营业事项。

---

① 此文件缺第一、第二章,共十五条。故从第三章第十六条开始。

第二十八条　本课关于承印印件须先登注印刷登记薄，将户名、品名、数量、纸张、印法、交货期限、单价、总价分别填明后，再缮通知单二份，以一份送会计课记账，一份送工务课印刷。

第二十九条　印刷品出厂时，除应存库者记账存库外，余皆由工务课送交本课记账分别送交印户（或交门市部）。

第三十条　本课承接印件须明了工厂工作情形，以不延期为原则。

第三十一条　门市部进货、销货统由本课管理之，其有关记账、统计、收付款项等事仍由会计课统筹办理之。

第三十二条　门市部进销各种货物一切收付账目，限二日造具报表送经理核阅，转会计课记账并须将现金交由会计课收管。

第三十三条　本课办公时间与工务课同，必要时得延长之。

第五章　工务课

第三十四条　本课设课长一人，承经理指挥办理本厂一切工务事宜。

第三十五条　本课设办事员、助理员、练习生若干人，承课长之命分别办理印件登记、缮填本课各股领料单及各股员工请假、加工、记账与统计各股工作日报表等事宜。

第三十六条　本课设立下列各股，分别办理事项如左：

（1）铸字股办理铸字及各号签字及倒边、倒条、刨边、刨线、打书版等工作。

（2）排字股办理排印书版及零件工件，此外设刻字一人，专刻木图及生疏无有铜模及不能铸之铅字工作。

（3）校对股专管校对版稿、印样等事项。

（4）铅印股管理一切机件工作。

（5）石印股专印彩封面及表册等工作。

（6）装订股办理全厂平装、西装、划线等工作。

第三十七条　本课接到营业课印件通知单及原稿，即时依照样式分别排印。

第三十八条　稿样收到后由工务课长妥为保存，分别计划做法。

第三十九条　印件出厂由工务课将原稿及制成品交营业课收发之。

第四十条　印件如发生疑问时，得由营业人员直接向工作人员说明内容做法，以省时间而利工作。

第四十一条　作息时间均依规定，在工作时不得有袖手偷闲等情事。

第四十二条　在工作时间，经理及各课长有考勤之责，工作人员须于规定时间上工下工,不得迟到早退。

第四十三条　本规则如有未尽事宜得临时修改呈报之。

第六章　附　则

第四十四条　本规则自呈准备案之日起施行。

(件存陕西省档案馆民国档案82－1－1281－1卷)

3. 会议记录

雍兴公司长安印刷厂第一次谈话会议记录

(1941年5月23日)

时间　三十年五月廿三日

地点　西安中国银行

出席　李紫东　杨集生　李亦人　李德良

主席　李紫东

记录　李德良

主席谈话

一、资金原定为三十万元,现因物价上涨又重新估计,拟定为三十五万元,分配如下:地亩四万四千元,房屋十万元,机器、铅字十九万元,余款作为准备金费。

二、建筑方面,因争取时间以利生产,应以包工赶造、限期完成为原则。

三、厂方需用流动资金得由中行供给。

四、会计主任由中行派充,并由行方派记账员于营业、材料两部办理记账事宜,由会计主任负责指挥。

五、人事方面,组织系统拟定如左:

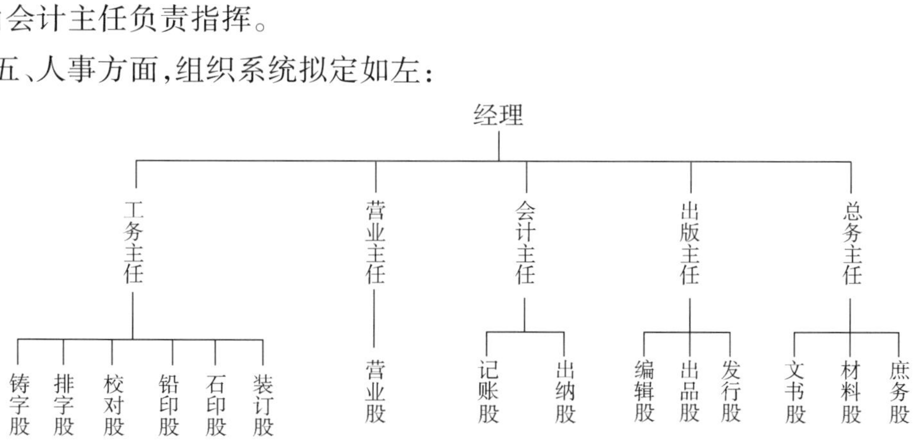

上列系统暂行拟定,除在筹备期间人事组织当视实际需要不应扩大外,至于出版部分容俟将来业务推展再行酌量设置,其他机构亦视开工后情形随时调整之。

下午六时半散会。

（件存陕西省档案馆民国档案82－1－138－4卷）

筹设雍兴公司长安印刷厂第二次谈话记录

（1941年6月3日）

时间　三十年六月三日下午五时

地点　西安中国银行

出席　李紫东　蒋均如　杨集生　李德良

主席　李紫东

记录　李德良

主席谈话

一、资金方面:本厂现因承购工商报馆全部机器,故将前拟定之计划取消。查工商报馆机器约需十六万元可以购得,另拟添购机器共约三万元,连同已购机器约七万元,以上共计约需二十六万元。又拟修盖平房十五间约需一万五千元。

根据以上需要,暂定固定资本为三十万元(流动资金仍由中行供给)。

二、开工问题:俟将工商报馆机器购妥,即可按原址开工。

三、成交手续:

(1)厂址转让租约及登记。

(2)机器转让及登记。

(3)全部机器接收清册等事,均请杨经理负责办理。

五时三十分散会。

（件存陕西省档案馆民国档案82－1－138－4卷）

长安印刷厂第十次厂务研究会议记录

（1941年12月20日）

时间　三十年十二月二十日下午四时(星期六)

地点　西安玄风桥本厂

出席　经理杨集生　总务课长吕之纶　会计课长陈怀寿　工务课长康莲溪
　　办事员刘玉符　办事员汤世钊

主席　杨集生

记录　刘玉符

讨论事项

一、本厂为谋营业发展、购货便宜应设立洛阳外庄,决议派门市部主任程芸轩为洛庄主任,遗缺征用张俊卿补充,并于本月二十二日由总务课吕课长监交手续。

二、现在气候尚非严寒,各房煤炭不可太费,由总务、工务两课酌量天气冷暖,在可能范围设法节省之,以免浪费。

下午四时四十五分散会。

(件存陕西省档案馆民国档案82－1－627－1卷)

4. 来往函电

西安正报股份有限公司为接办长安印刷厂致雍兴公司函※

(1944年2月29日)

径启者:前承贵公司以所属之长安印刷厂全部资产向本公司投资,业经本月二十七日本公司创立会议决同意接受,即作为贵公司代表束绍先先生等向本公司投资之股款(该项资产之价值于接交后估定),复于同日经本公司董、监联席会议决定于三月一日派员向贵公司接受前项资产。兹经派定本公司代理总经理宋梅邨经理、汪松年二君,务请贵公司届时派员会同办理接交事宜。相应函达,即祈查照为荷。

此致

雍兴实业股份有限公司

正报股份有限公司　启

三十三年二月二十九日

主席董事:端木铸秋

常务董事:李国伟　沈兼士　沈次量　关伯勉

（件存陕西省档案馆民国档案82－1－190－1卷）

杨集生去职前致束云章函※

（1944年3月3日）

云公总经理道鉴:

敬启者:我公不日去渝,将有远行,集生心怀数事,愿陈述之。

一、长印厂奉命交代清楚,正报社即日开工,现正办理长印厂应行结束之事宜,何时办毕,何时离职,集生做事言行一致,有始有终。

二、当初奉命创办长印厂时,原为兴趣所趋,为事业心所使,且慕我公人格高尚,紫东先生学品兼优,固愿受命,冀交道义之师友,为自身之模范。三年来如一日,知遇之情感念无已。现长印厂既奉命参加正报社营经,与原旨不合,自应告去。集生尚有薄田数亩,工厂一处,田园将芜,工厂待理,故集生之离长印厂而不就正报社职务者,事实当然,非矫情造作也。

三、正报社职务虽不就,但必善为相处,不使因集生个人之关系而妨害我公与正报主事人间之情感,此种大义,可以告慰。

四、正报社未用之职员,除方增华外尚有四员,此四员均负长印厂之重要职务者(厂务、课长、门市主任、管库员等),素日工作努力,成绩卓著,有事实查证。虽为长印厂之干员,但并无职业之保障,立时被辞,有如丧家之犬,拟由长印厂发三个月薪津,作为资遣。做事本应厚道,为我公所训示,所请谅无不可。

五、雍兴公司将来再有印刷厂之日,如尚有机缘自当效命。集生主办之秦岭印刷学校,倘我公不弃而教导之,则幸甚矣。来日方长,后会有期,专此奉书。

敬颂

道安

职:杨集生　拜启

三十三年三月三日

（件存陕西省档案馆民国档案82－1－190－1卷）

束云章请继续留职复杨集生函※

（1944 年 3 月 3 日）

集生我兄大鉴：

昨奉手示，诵悉一一。吾兄办理长印，荩劳懋著，今者《正报》成立，以促进西北文化为目的，故总公司参加投资，以助其成。除关于长印移交事宜，应请吾兄随时与总公司接洽妥为并为清厘外，仍盼对于新公司有所贡献，以展长才。吾兄既有志文化事，谅应乐于致力也。此复。

顺颂

公祺

弟：束士方　拜启

三十三年三月五日

（件存陕西省档案馆民国档案 82－1－190－1 卷）

西安正报公司敦促长安印刷厂尽早办理结束致雍兴公司函※

（1944 年 3 月 13 日）

径覆者：接准贵公司三月十一日大函，承商洽长印厂仍假敝社办理结束事宜一节，按自敝社接收以后，长印厂即在敝社内组织结束办事处，并调用业经敝社任用之该厂旧人协助办事。嗣因敝社筹备事务日渐繁多，故通知该处借调人员一律回职，如仍需要协助时，应以在敝社办公时间以外为限。又因敝社办公房屋不敷使用，故商请该处于本月十五日结束完竣，将所占房屋交还。准函前因，相应将此事处理经过函请查照，并请转饬该处限期结束完竣，以免影响敝社工作为荷。

此致

雍兴实业公司

正报股份有限公司　启

三月十三日

（件存陕西省档案馆民国档案 82－1－190－1 卷）

束云章为长安印刷厂结束并缴销登记证呈经济部函※

（1944 年 3 月 27 日）

敬呈者：查商公司长安印刷厂前经呈奉钧部民国三十一年四月九日颁发工字第一八一五号工厂登记证在案，兹以端木铸秋、关伯勉、李国伟、汪松年等君为促进文化建设起见，发起在西京市设立正报社股份有限公司，邀请商公司参加投资，经双方议定，即以商公司长安印刷厂全部房屋、机器等资产，共同定价加入该公司，作为股本之一部分，以资经营，于本年三月一日双方交接完竣，并自是日起敝公司长安印刷厂即行结束，除正报社股份有限公司登记手续由该公司呈请办理外，理合将商公司长安印刷厂结束缘由具文呈报，并缴销该厂工字第一八一五号工厂登记证一纸，敬祈俯赐鉴察核销，实为公便。

谨呈

经济部

雍兴实业股份有限公司

总经理束云章　谨呈

（件存陕西省档案馆民国档案 82 – 1 – 190 – 1 卷）

长安印刷厂结束处为交付厂门市部房屋押金房租致正报公司社函※

（1944 年 5 月 2 日）

径启者：顷准敝公司长印厂结束处五月二日十二号函开：“查本厂门市部房屋押金八百元，预付三月至六月份房租八千八百元，共计国币九千六百元正，应由正报社交付，本厂前曾经向该社洽收，据复由该社向尊处办理等情，用特函陈，敬请尊处向该社洽收”等情，前来相应函达，至希贵公司将上项押金房租九千六百元照交敝公司为荷。

此致

正报社股份公司

雍兴公司临办处

五月二日

（件存陕西省档案馆民国档案 82 – 1 – 190 – 1 卷）

长安印刷厂结束处为请洽收厂门市部房屋押金及房租致雍兴公司函※

(1944 年 5 月 2 日)

径启者:查本厂门市部房屋押金八百元,预付三月至六月份房租八千八百元,共计国币九千六百元,应由正报社交付。本厂前曾经向该社洽收,据复由该社向尊处办理等情,用特函陈,敬请尊处向该社收取,划入敝册为荷。

谨致

总公司

长安印刷厂结束处杨集生　启

(件存陕西省档案馆民国档案 82－1－190－1 卷)

雍兴实业股份有限公司长安印刷厂办理结束通函

(1944 年)

查本厂奉敝总公司账字第五号函开:“兹经决定该厂参加西安正报社股份有限公司经营,于本年二月底办理结束”等因,奉此业经遵照依期结束竣事,除分别呈报并分函外,相应函达,敬希查照为荷。

此致

经理:杨集生

(件存陕西省档案馆民国档案 82－1－190－2 卷)

长安印刷厂结束处为保存《中国之命运》铅板致雍兴公司函※

(1944 年 5 月 17 日)

径启者:查本厂前翻印《中国之命运》一书,因故涉讼甚久,现仍在追诉期间,为免除刑事责任计,拟请准将此书全部铅版由本厂杨经理保存五年,抑或由尊处指定专员负责保管五年,用特函请核夺示遵为荷。

谨致

总公司

长安印刷厂结束处　启

（件存陕西省档案馆民国档案 82－1－190－2 卷）

雍兴公司为保存《中国之命运》书铅版复长安印刷厂结束处函※

（1944 年 5 月 20 日）

径启者：接尊处五月十七日函称，前因翻印《中国之命运》一书涉讼，现仍在追诉期间，为免除刑事责任计，拟请将该书全部铅版保存等情。查该书铅版可由前经理杨集生君暂为保管，俟讼案了结或至相当时期再行缴还本公司。又该书全部铅版块数及重量应请检点后，由杨经理缮一保管证交来，以便存查。相应函复，希即查照为荷。

此致

长安印刷厂结束处

总公司　启

五月廿日

（件存陕西省档案馆民国档案 82－1－190－2 卷）

国家档案局与国家财政部重点档案开发项目

陕西省档案局（馆） 编

雍兴实业股份有限公司档案

史料选编（下册）

王建领 主 编
郑惠姿 王展志 王民权 副主编

西北大学出版社

第八章　直属企业(下)

一、兰州各厂

(一)筹设会议记录

雍兴公司筹备兰州各厂第一次联席谈话会议录

(1940年10月1日)

时期　廿九年十月一日上午十时

地点　兰州中国银行

出席　束云章　毛端梧　龚作霖　郭相臣　曹柏年　卞松年　曹裕民
　　　潘炳兴　陈质文　洪德官　张翰才　贺书绅

主席　束云章

记录　贺书绅

主席谈话

兹于讨论各厂事务以前,先就本人对于管理工厂之意见及应行举办各点,分述于左,请加注意。

一、雍兴公司在兰州拟办事业,除铁工厂正在计划外,其余制药、面粉、毛织三厂业经决定原则,分头积极进行。目下物价飞腾,运输困难,一厂之设立,动辄数十万或数百万不等,较诸七七事变以前,其成本往往高数倍或数十倍,一旦战争结束,诚恐维持不易,故希望各厂负责筹备人须乘此后方需要正殷之际,集中精力,设法早日开工从事生产,庶可乘机稍获余利,以便多摊折旧,藉轻负担,以固厂基。此外并盼各厂于技术、营业、管理种种方面,悉心研讨,谋实质上之改进,务求成本逐渐低减，将来考成即以此为准的。

二、管理工厂，纪律为先，嫖、赌、鸦片三项应悬为厉禁，不可尝试！同仁中有犯此者，即予以开革，不稍宽假，盼告诫所属注意。

三、各部分职权固应划分清楚，以明责任，但彼此仍须有合作精神，互为帮助，当日之事必须以办完为止。

四、各厂关于下列各事，应拟定表格报陈雍兴公司备核：

(1)原料、物料购进之数量及价格，并每日用去若干，库存几何；

(2)成品之出售价格及数量，又每日产量几何，除去出售尚存若干；

(3)每旬建筑概况；

(4)员工人名及薪资月报；

(5)资产负债表；

(6)其他各种表报请就各厂之需要，自行填报上列各报表。格式请毛端梧、陈质文、洪德官诸兄会同各厂负责人员洽商编订，并就其性质分日报、旬报、月报三种。须每日应造具之报表，不得延至次日，旬报及月报不得延至次旬或次月三日以上。

五、各厂值兹筹办伊始，亟应厘定临时办事规则，以资遵守，并将所拟章则送陈雍兴公司编核，俟将来各厂正式成立再为改定细则送核。

六、原料、物料堆存日久霉蚀堪虞，主其事者应勤加翻晒，防患于未然。

七、各厂房屋、机器及物料、原料等于投保火险以外，并应酌量情形加保兵险，至火险之承保，将来拟统由天水中国银行所代理之中国保险公司负责办理。

八、各厂员司之薪津数目，应分别等级列单，陈报雍兴公司核定。

讨论事项

一、关于筹设洗毛及毛织厂事宜

主席意见：

潘炳兴君所拟洗毛计划以及房屋机器之预算并员工之分配，均可采用，但以利用当地洗成之毛、当地织品销售起见，拟于洗毛设备以外，增设毛织部分，暂时利用手工业从事生产，俟将来环境许可，再为改用机器纺，即请潘炳兴君根据上述原则拟具计划送核。因所营事业不止洗毛一端，拟将“雍兴公司兰州洗毛厂”之名，改用“雍兴公司兰州毛织厂”，以期名实相符。再，洗毛及毛织两部分之工具及建筑，何时可以完成开始工作，应规定时日积极进行，勿使逾限。

二、关于筹设面粉厂事宜

主席意见:

(一)曹裕民君所拟面粉计划尚属妥善,但值兹时局未定之际,所请建筑仓库一节,不妨先将需用材料预为购储,暂缓建筑,藉可避免目标,减轻危险。至购进原麦,可择附近适当区域租屋堆存。

(二)扩厂前拟自建修机部分,所购妥之原动马达及五金材料等,请即开单交由雍兴公司接收,以备另行筹设铁工厂,统筹各厂修理机器事项。其购机、购料之款,当由雍兴公司照购价付给。

(三)由曹裕民负责与兰州电灯厂接洽,先将该厂存放昆明之100KW变压器限期运至兰州,以便接线发电。所需运费不妨暂由我方垫付,日后再为结算。

(四)组织系统及员司之分配,造具图表送陈雍兴公司备核。又该厂直属于雍兴公司,并无董事会之组织,所拟组织大纲应请修正另拟送核。

(五)该厂规定各部分完成日期,似觉迟缓,应请设法提早开工从事生产。

(六)□干镇采煤计划详拟送核。

三、关于筹设制药公司事宜

曹柏年兄所送之计划书侧重经费预算,关于该厂各部分之营业计划成本计算,以及机器装置、完工日期等均应详拟送核。又计划书所列借款四万三千元一节,不应以借款科目列入经费预算,应予更正。又该厂直属于雍兴公司,并无董事会之组织,原送之组织系统表应请一并更正。

下午四时散会。

(件存陕西省档案馆民国档案82-1-510-2卷)

雍兴公司筹设兰州各厂第二次联席谈话会记录

(1940年10月3日)

时间　二十九年十月三日下午八时

地点　兰州中国银行

出席人　束云章　毛端梧　郑相臣　曹柏年　卞松年　曹裕民　潘炳兴　陈质文　洪德官　贺书绅

主席　束云章

记录　贺书绅

主席谈话

一、关于制药公司部分

（一）该公司药物部机器（包括国内自制及向美国订购者两种），统限三月底一律装就，但在美国订购机器万一不能如期运到而致延误时日者，不在此限（美国订购机器迟到日期得按日扣算）。

（二）该公司全部房屋建筑限于本年十一月底以前一律落成。

（三）该公司所拟抚恤工人条例大致尚妥，可暂依照施行，俟将来察看情形再为改订。

二、关于毛织厂部分

（一）潘炳兴君所补送毛织预算约需经费肆拾万元（洗毛部分贰拾万元，毛织部分贰拾万元），故决定将该厂原定资本【由】贰拾万元增至肆拾万元。

（二）毛织厂机器完成日期，请潘炳兴君于本月初旬前赴西安勘察后再为详细规定，并连同估计厂房告成日期，一并陈报雍兴公司备核。

三、关于面粉厂部分

（一）面粉厂所规定机器及房屋完工日期似觉迟缓，请设法早日开工从事生产。

（二）该厂所拟薪给表内有津贴及出差津贴两项，应加修正。津贴一项得视物价指数之高低随时增减，不必预分等级；又出差旅费应有规定章程，不必另给津贴。

下午十时散会。

（件存陕西省档案馆民国档案 82－1－510－1 卷）

雍兴公司筹设兰州各厂第三次联席谈话会记录

（1941 年 1 月 8 日）

时期　民国三十年一月八日上午九时

地点　兰州中国银行

出席　束云章　郑相臣　曹柏年　曹裕民　潘炳兴　陈质文　洪德官
　　　卞松年　陈骥程　贺书绅

主席　束云章

记录　贺书绅

主席谈话

兹在正式讨论各厂事务以前,先就本人过去办厂之经验与诸君一致其词。一厂之设立,技术方面固属重要,惟组织与管理之是否得当,尤为成败所系,愿我同仁深加注意为幸。我国以前所办各种实业,其荦荦大者,如上海之江南制造局及招商局等,莫不资本雄厚、规模宏大,终以管理不得其法,以致日就衰落,一蹶不振。近二十年来,国人对于纺织事业投资总额达三万万元之巨,惟主其事者大率皆以利薮所在,群相趋逐,真能以富国裕民为前提者,实不多觏。推演所至,或则中途夭折,或则逐渐凋零,以视日本之钟渊、大日本及富士等各纱厂之突飞猛进,其成败优劣,诚不可以道里计。兴念及此,良可慨也！本公司组织伊始,总期力矫前弊,永奠百年之基。管理方面,首重纲纪,信赏必罚,不可稍有假借。本人承中国银行宋董事长及总管理处之委托,责任綦重,瞻念前途,时虞陨越,惟祈在座诸君时相勖勉,以不负宋董事长及总管理处之期望。幸甚,幸甚!

主席提议

据各厂报告,刻下米珠薪桂,物价高涨无已,职员工人所得膳费、膳贴尚不足维持一饱。应如何安其生活,使能安心服务之处,请公司讨论,俾资决定。

曹经理裕民意见:

工人食量较大,与职员伙食混在一起,职员不免吃亏,拟请分为大厨房、小厨房两所,将职员、工人伙食分开作炊。又刻下职员、工人实际所用之伙食费比较,其应得之膳费、膳贴应有溢出,拟请将此项溢出之数,先由厂中垫付,再行汇报总公司核销。

曹经理柏年意见:

职员工人每餐备菜几色,应酌量规定,如于规定范围内所用饭费或有超过,其应领之膳费膳贴得由公家照数贴补。

潘经理炳兴意见:

厨役能否听用,应责成庶务善为调度。

主席意见

一、单身职员及工人,应规定膳费及膳贴数目,职员之膳费、膳贴照本公司待遇章程支给。工人规定每月膳费八元、膳贴二十元,由厂中雇厨包饭并规定每桌几人,每餐几菜。厨役工资及作炊所用之煤、水等,统由公家供给,再有不敷另由厂中出账贴补。

二、携眷职员及工人,除由厂中供给居住酌收职员房租每间每月一元、工人房租每间每月五角外，米、面两项为日用生活所需，可由厂中定一相当低廉之标准价格售给，似此则职员、工人及其眷属，决不致因外界粮价之高涨而有饥饿之忧（小工不得享此优待）。

三、以上米、面价格之厘定及关于公众用膳应行规定事项，由制药、面粉、毛织三厂共同商酌，妥定一致办法，陈报总公司核夺。

四、工人中有品行不端、不受约束者，应即立时开除，不可稍存姑息，并其姓名、籍贯、年岁及犯过、被革经过彼此通告知照。甲厂被革之工人，乙厂即不得雇用，其自动陈请辞退者亦同此办理。

五、各厂应酌定时期于每一星期或半月内召开联席会议一次，将彼此有关事宜公同商讨以利进行。

六、制药、面粉、毛织三厂应即合组职员俱乐部一所，提倡正当娱乐，俾职员于公余之暇，身心有所寄托。

七、各厂所需流动资金，应匡计头寸，力求节省，并将所需款额商请兰州中国银行订立抵押透支及信用放款合同，以符定章。

上午十二时散会。

（件存陕西省档案馆民国档案 82－1－510－2 卷）

雍兴公司筹设兰州各厂第四次联席谈话会记录

（1941 年 5 月 1 日）

时期　三十年五月一日上午九时

地点　本公司驻陇办事处（兰州中国银行内）

出席人　束云章　郑相臣（洪德官代）　曹柏年　潘炳兴　洪德官　陈骥程　贺书绅

主席　束云章

记录　贺书绅

主席谈话

一、目下原动机器极不易得，尤以燃料价格莫不超过平时十倍以上，是以关于各厂原动机器之配备，应就实际所需要者妥为设计装置，以免浪费。即由驻陇办事处召集各厂负责人合拟详细计划，于五月十五日以前陈报本总公司备查。

二、各厂已购电机马达共有若干，除支配各厂实际需要外，是否尚有敷余？

又,已经定制尚未交货之马达计有几何,由驻陇办事处逐一查明具报。

三、携眷同人宿舍一律不得利用公家电力燃用电灯,但单身职员宿舍所用电灯如遇公家电力有敷余时,得由公家为之接线通电。

四、各厂对外订立合同,必须陈明驻陇办事处核准始能签订。又,各厂关于所订合同及其他重要文件,应指定专人妥为保管,合同应备三份,正本由各厂自行保存,其余二份送陈驻陇办事处分别存转。

五、本公司运输部已在宝鸡正式成立,除由本人兼任经理外,副经理一职聘请许庸令兄担任。嗣后各厂运输方面需要卡车,可预先电洽运输部统筹办理。

六、各厂购料事宜,应即依照本总公司所公布之购料简则,自即日起切实照办。

七、历次谈话会议记录内所商决事项,应由驻陇办事处认真督促,务必一一允诺实施,尤当注意时效,勿使松懈。各厂应办事项如不能按照规定时期如期完成者,应由各厂负责人详叙理由,陈请驻陇办事处查核并转报总公司。

八、制药厂此次由西安运来七匹半马力柴油发电机一部,应由制药厂暂为保存,另候总公司支配用途。

九、毛织厂暂就兰州中国银行河路仓库内先行开工,俟八月间成品销售情形再为建筑新厂,续图扩充(新厂地基不妨先行购妥),其因扩充营业商妥添置之机件,即请潘经理开清单造具预算送陈总公司核办。

上午十二时散会。

(件存陕西省档案馆民国档案 82－1－510－2 卷)

雍兴实业股份有限公司召集兰州各厂第五次联合谈话会记录

(1942 年 1 月 29 日)

时间　民国三十一年一月二十九日下午二时

地点　本公司西安临时办事处

出席　束云章　沈次量　杨朗川　李紫东　张鸣冈　胡名甫　郑相臣
　　　洪称其　潘炳兴　马文芳　卞松年　凌子惟　贺书绅

主席　束云章

记录　贺书绅

主席谈话

一、物料、原料应按高价计算成本，譬如以前购进小麦为每石五十元，目前已涨至一百元，则面粉原料之成本应按高价每石一百元计算，其因物价上涨所获之利益五十元，另收“原料均价准备户”账。

二、第二套粉机已由重庆复兴铁工厂交货，不日即可启运赴兰，至洗麦机器之设备，可由面粉厂觅取图样，托兰州机器厂代制。

三、毛织厂应将织呢机五十台、织毯机二十台设法开足，增加产量。关于整理机器，可速即觅取图样在兰订制。

四、机器厂拟添置之龙门刨床、洗缸机等，由机器厂负责自行觅购。

五、制药厂各项出品，即按卞厂长松年所拟三十一年度业务计划内所规定之期限如期完成（附计划一份），切勿再有延误。为分工合作起见，由曹经理柏年督率制造药品，卞厂长松年负责制碱及蒸溜酒精。关于肥皂、玻璃部分，可另觅技师一二人专司其事。

六、各厂已购存之物料，一律先转总公司账，一面由驻陇处负责与各厂接洽。除将各厂需要者分拨留用外，其余统由驻陇处积极向市面脱售随时报告总公司。又，各厂已购原料，亦应由驻陇处向各厂切实查明，将不需要者由驻陇处负责克期出售。

七、兰州四厂购料及售品事宜，应由驻陇处克日组织联合供销处，所有四厂出品统归供销处积极推销。至购办原料、物料，除各厂因事实上之便利可以自行购办者由其自办（但仍应事前陈准驻陇处）外，其余归驻陇处督率供销处集中办理。

八、关于兰州四厂一切厂务之推动、人事之进退，驻陇办事处既负代表总公司之责，应即就近妥为处理。

(二)兰州毛纺厂

1. 企业概况

雍兴实业股份有限公司兰州毛纺厂系统表

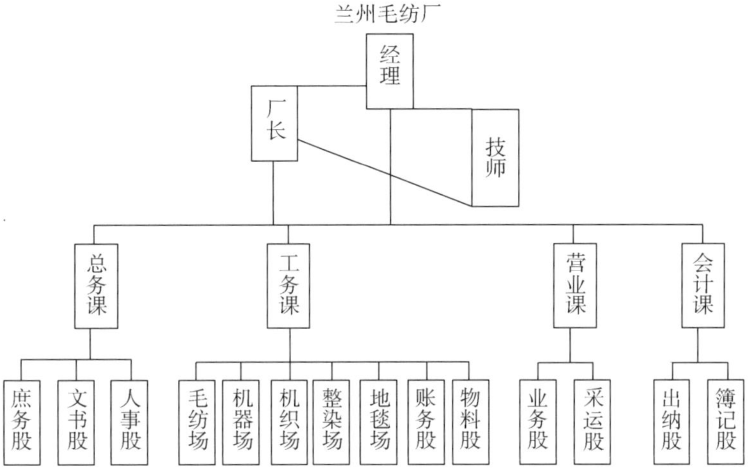

（件存甘肃省档案馆 66－1－269 卷）

雍兴实业股份有限公司所属各厂厂矿概况调查表

民国三十年四月填报

（1941 年 4 月）

（一）

工业类别	厂矿名称	地址	电报挂号	信箱号	电话号码	成立年月	开工年月	商标	资本
毛纺织业	兰州毛纺厂	兰州市西郊七里河	3029	无	无	三十、一	三十、六	吉祥	原 400000.00 增 200000.00

（二）

所在地	面积（市亩或公亩）	房屋间数	自有厂地			租赁厂地		备注
			购置年月	原价	时价	租期	每月租金	
陇支行河路仓库	2214乙方尺	自建45间	年月			自三十年一月起至三十二年十二月止，计三年	1500～2500元	三十年每月租金1500元，三十一年至三十二年增为2500元

（件存甘肃省档案馆66－1－269卷）

2. 企业章则

雍兴公司兰州毛织厂组织大纲

一、本厂之组织依本大纲之规定。

二、本厂设经理一人，厂长一人，由总公司聘任。

三、经理秉承总公司【之】命综理本厂内外一切事务，厂长秉承经理之命综理厂内一切事务。

四、本厂设会计、事务、营业、工务四课，各设课长一人，试验部有工程师一人。除会计课长系总公司调派外，均由经理征用之。

五、会计、事务、营业、工务各课视事务之繁简分设若干股，每股设主管一人、办事员若干人，分隶各股办事。

六、本厂之办事细则另定之。

七、本大纲未尽事宜，由厂务会议提请经理议决修改之。

（件存陕西省档案馆民国档案82－1－1594－2卷）

雍兴公司兰州毛织厂各课职掌规则

第一条　会计课现设账务、出纳二股，其职掌如左：

甲、关于本厂资金头寸调度事项及总公司或与联厂来往拨账事项；

乙、关于考核各课股业务账务事项；

丙、关于编制本厂生产成本事项；

丁、关于办理本厂年度决算事项；

戊、关于本厂日行一切账务暨办理月报事项；

巳、关于本厂财产、统计、保险事项；

庚、关于本厂其他一切属于会计之事项。

第二条　事务课现设人事、物料、庶务、文书四股，其职掌如左：

甲、关于人事之一切事务；

乙、关于员工福利事项；

丙、关于原物料成品之收发、保管及保险事项；

丁、关于庶务事项；

戊、关于文书之收发、编译、缮写、拟稿、校印事项。

巳、关于会议记录及档案之保管；

庚、关于对外接洽事项；

辛、其他不属于各课股之事项。

第三条　营业课现设采办、销售两股，其职掌如左：

甲、关于原物料之采购事项；

乙、关于成品之推销事项；

丙、关于营业方针之筹划及报告事项；

丁、关于市场状况之调查及统计事项；

戊、关于购料售品价格之拟定及评估事项；

己、关于营业方面对外接洽及其他事项。

第四条　工务课现设机械一部预备、梳纺、机织、整染、地毯五股，其职掌如左：

甲、关于全厂之机械修配事项；

乙、关于生产程序之初步准备事项，如择毛、打土、洗毛、烤毛属之；

丙、关于生产程序第二步事项，如和油、和毛、梳毛、出条、捻纺属之；

丁、关于生产程序第三步事项，如绕经、整经、穿综筬、打纬、机织属之；

戊、关于生产程序第四步事项，如修补、洗呢、缩呢、染呢、起毛、剪呢、烫呢属之；

己、关于地毯图案拟定、色泽分配、裁织之监督事项。

第五条　试验部职司原物料成品之检查鉴定事项。

第六条　本规则陈奉经理核准实行修改时同。

（件存陕西省档案馆民国档案 82 – 1 – 1594 – 2 卷）

雍兴公司兰州毛织厂厂务会议规则

第一条　本厂于每月一日召开厂务会议。

第二条　出席厂务会议人员如左：

甲、本厂经理、厂长；

乙、各课课长、工程师、技师、股长；

丙、经理指定之出席人员。

第三条　厂务会议由经理主席。

第四条　会议地点时间临时规定之。

第五条　议决案作成记录，由经理签阅定为本厂每月工作之最高原则。

第六行　本规则陈奉经理核准实行修改时同。

（件存陕西省档案馆民国档案 82 – 1 – 1594 – 2 卷）

雍兴公司兰州毛织厂职员服务规则

第一条　本厂职员在服务期间应忠于职务，并遵行左列各守则：

甲、遵守本厂所定各项规则，服从上级之指挥。

乙、爱护本厂事业，保守公务上应守之秘密。

丙、发扬和衷共济之精神，遇有疑难应即商洽上级处理，遇有与其他部分关联之事项，应互相商洽切取联络。

丁、尊重工厂之令誉，凡个人意见涉及厂方业务者，非经许可不得以文字对外刊布，除办理本厂指定之任务外，个人对外不得盗用本厂名义。

戊、注重德行，切戒沾染一切不良嗜好。

己、严禁操守，不得私自经营商业或假借名义作希图营利之交易。

庚、负责办事，不得在本厂范围以外兼任有给之职务。

申、交际接洽谨守正当范围，不受外间之非法馈赠与招待。

第二条　职员因违反前条守则应受之惩戒，由各主管部分考核轻重，陈报经理核准。

第三条　办公时间应依本厂规定准时到工,不得怠惰及迟到早退。

第四条　签到簿应于开始办公前亲自签写,漏签者以缺勤论。

第五条　因出差及批准之请假人员,均由人事股盖注明白。

第六条　办公时间不得接见宾客,其因公务接洽之来宾亦宜于别室会晤,不得于办公室内延见。

第七条　星期日及放假日值日人员,由文书股将轮值人名预先通知,并书挂值日牌悬示。

第八条　非常时期对于公物之爱护、经办文件之保管应特别注意存放之安全。

第九条　本规则陈奉经理核准实行,如有未尽事宜得随时修改之。

(件存陕西省档案馆民国档案 82-1-1594-2 卷)

雍兴公司兰州毛织厂职员请假规则

第一条　本厂员生非因婚丧疾病不得已之事宜不得请假。

第二条　每年请假日数规定如左:

亲丧:准假三星期;

成婚:准假二星期;

事假与病假:全年合计不得逾五个星期。

第三条　事假、病假如超过规定期限,即停薪留职。如再逾限,即以旷职论,开缺并陈报总公司备案。但遇有因病缠绵,经医师诊断证明而该员平时服务成绩优良者,得由主管人员陈报经理核准,免扣免停。

第四条　职员请假时应填具请假书叙明事由暨委托代理人,由各主管部分核准并送陈经理厂长核批后,交人事股登记保存备查。每届月终另填考勤月报表汇报总公司备案。

第五条　请假未经核准或未将经手事务交与代理人以前不得擅离,否则当以旷职论。

第六条　假满如必须续假应声明事由,照第四条办理,如假期届满而未续假者以旷职论。

第七条　员生全年未请假者,年终依照总公司规定得发给奖金,其数额限一月为度(指本薪、津贴而言,米代金除外),请假不超越一月者按比例计算之。

(件存陕西省档案馆民国档案 82-1-1594-2 卷)

雍兴公司兰州毛织厂职员考绩规则

第一条　本厂职员之考绩依本规则办理之。

第二条　考绩标准分左列四项：

一、服务责任；

二、工作效能；

三、品学修养；

四、特殊成绩。

第三条　考绩分平时考绩与年终考绩二种，平时考绩每半年举行一次，年终考绩于年度终了时行之。

第四条　考绩之奖惩分列左各种：

奖励：书面、嘉奖、记功、记大功、加薪、升职、奖金；

惩戒：书面惩戒、记过、记大过、减薪、解职、开革。

以上奖惩除书面嘉奖或申诫外，其余各项亦一律书面通知本人并公布之。特殊劳绩者，亦得加薪或升职；有成绩过劣者，亦得减薪。

第五条　平时考绩应以书面嘉奖、申戒或记功、记过为限，但有或解职，均应列举事实陈报总公司核准备案。

第六条　年终考绩应由事务课人事股汇具考绩表，以厂长任初核，经理复核【后】报陈总公司核定之。

第七条　不论平时或年终考绩，应予加薪者以不超过四级为限（薪给在百元以内者，五元为一级，百元以上者十元为一级）。又一年内每人以加一次为限，但因有异常劳绩得经理特许者不受本条限制，另以耑函陈报总公司核准。

第八条　凡对本厂业务公务有特殊贡献，或对于所管职务能努力推进，或研究改善卓著成效者，得随时予以特奖并陈报总公司。

第九条　本规则陈奉经理核准实行，如有未尽事宜得随时修改之。

雍兴公司兰州毛织厂办事细则

(1941 年 8 月)

第一章　总　则

第一条　本细则依据本厂《组织规程》第八条之规定订定之。

第二条　本厂各课股场之执掌依据本细则行之。

第三条　本厂办公时间视课股场之情形分别另定之。

第四条　本厂员工、警卫、艺徒、公役在办公时间因事或因病不能工作时,按照请假规则办理,请假规则另定之。

第五条　为策进厂务以期进行之便利,每月开厂务会议一次。必要时得召集临时会议,会议分别另定之。

第六条　凡会议日程及决议案件,会毕由文书股公布。如事实上有窒碍者,得提请变更,事务涉及各课者,会同关系课签请提会公决。

第二章　职　责

第七条　经理统辖全厂,督率员工办理本厂内外一切事务。

第八条　厂长协助经理办理全厂事务,尤侧重工务上之一切设计事宜。

第九条　课长承经理、厂长之意旨督率各课办理本课一切事宜。

第十条　技师承经理、厂长之意旨,会同课长督率技师办理一切制造事宜,技术员遵办各该场一切事务。

第十一条　办事员、练习生遵办各项指派工作。

第十二条　总务课分文书、事务两股,其执掌如左:

一、文书股

(一)撰拟文书电报;

(二)编录厂务记载、会议记录通传及各种规章与颁布;

(三)典守印信、刊刻图记;

(四)收发及缮译文电、整理案卷与保管;

(五)职员、技术员之考绩及任免、升调人事册,报薪、奖惩及请假、恤养与登记;

(六)职工保证之审核与保管。

二、事务股

(一)薪资、差费之发放与计算;

(二)警卫、公役之管理、训练及派遣;

(三)庶务及办公用品之购置、储藏、收发与登记;

(四)艺徒之训练及宿舍、伙食之管理;

(五)房屋修缮与马匹之饲养;

(六)医疗之设备与传染病之预防等事宜;

(七)警卫全厂之治安与门禁之纠察等事宜;

(八)不属于各课股之事务。

第十三条　会计课分簿记、出纳、统计三股,其执掌如左:

一、簿记股

(一)本厂全体账表之记载及审核与保管;

(二)本厂预决算之编造;

(三)材料账务之统驭、营业报告书之编造并业务损益之计算;

(四)各项成品之计算与记载。

二、出纳股

(一)现金之出纳、保管及登记;

(二)各种有价证券、契据等之保管。

三、统计股

(一)全厂各种统计、图表之编制;

(二)有关本厂业务之调查与统计。

第十四条　营业课分业务、采运两股,其执掌如左:

一、业务股

(一)成品附产物之经营及废品之变价;

(二)市面毛绞物之调查及销售状况之报告;

(三)成品之收发登记及报告;

(四)撰拟本课文电、营业报告书及售出品之契据;

(五)审核各分销处预计算。

二、采运股

(一)制造原料价格、品质及各场状况之调查、指导、纠察及计划;

(二)标本毛样之搜集及统计与编制;

(三)原料、杂件之采购与单据之整理及运输计划;

(四)各种物料及成品之运输与推销;

(五)运输工警及车辆之管理与派遣。

第十五条　工务课分审验股、机器毛纺、机织、整染四场,其执掌如左:

一、审验股

(一)原料、杂料、消耗品之收发与登记;

(二)副产物保管与登记及报告;

(三)仓库之整理;

(四)物料与成品之检验。

二、机器场

(一)全场机器之发动;

(二)全场机器之装配及修理;

(三)使用机器方法,及其注意点之指示;

(四)机器损坏之预防及停机后之检查;

(五)机器故障原因之报告;

(六)本厂应用机件之补充及制造;

(七)本厂电灯、水龙之装配;

(八)工作之支配考核及报告;

(九)领用物料之登记及报告;

(十)机器及零件之保管。

三、毛纺场

(一)原毛之择配、梳洗及毛纱之制造;

(二)生产之登记及报告;

(三)检验毛纱之登记与报告;

(四)毛料成色之查验及毛条、毛纱号数、燃度之检查及报告;

(五)毛料、杂料、用品、纱管之保管;

(六)工作之支配考核及报告;

(七)领用物料之登记及报告;

(八)机器及零件之保管。

四、机织场

(一)呢毯之制造及图案纹版之绘制;

（二）纱管、杂料、用品等之保管；

（三）毛纱之收受及织成品之交付；

（四）试作或配制呢样之登记及报告；

（五）工作之支配考核及报告；

（六）领用物料之登记及报告；

（七）机器及零件之保管。

五、整染场

（一）织成品之检查及整理；

（二）织成品之漂染及修饰；

（三）工作之支配、考核及报告；

（四）染料、药品、杂料、成品等之登记及报告；

（五）染色之试验及补救；

（六）染料、药品分量表及各色标本之制作；

（七）成品重量、长宽度之登记及报告；

（八）成品包装及交库登记与报告；

（九）机器及零件之保管。

第三章　处理公文程序

第十六条　凡文电到厂，由总务课文书股折封摘由，填明到文日，编号登入总收文簿，分别紧要、次要、寻常三类，呈由经理阅批后分交各主管课办理。但函件或直书经理名号或有亲启、密启字样者，应先呈经理阅后，如关系本厂工务之件，再交回文书股按程序办理。

第十七条　分课文件各课应照录号数、事由登入课收文簿，分配各股场迅即拟办，不得无故迟延。

第十八条　本细则经雍兴公司核准后施行，修改时亦同。

雍兴公司兰州毛织厂职员奖惩规则

第一条　本厂职员奖惩事宜，除别有规定外依照本规则办理之。

第二条　职员之奖励分为左列四种：

1. 嘉奖；2. 记功；3. 奖金；4. 晋级。

第三条　职员之惩戒分左列六种：

1. 警告；2. 记过；3. 罚薪；4. 降级；5. 停职；6. 开除。

第四条　凡嘉奖三次等于一小功，积三小功等于一大功，积三大功者给予奖金或进级。

第五条　凡警告三次等于一个小过，积三小过等于一大过，积三大过者罚薪或降级。

第六条　职员经受一次罚薪或降级之处分后，仍不能悔改者，衡其情节之轻重，得予停职或开除。

第七条　受惩戒处分之职员，如自认有应行声辩者，得其声辩书胪陈事实理由送陈经理核夺，如查明情有可恕者，得免处分。

第八条　职员考核每年举行一次，每届十二月底，各主管人员应将各该主管所属职员之品行、服【务】成绩，详细造册送人事股汇转经理核夺。

第九条　职员在平时有应行奖惩者，由主管人员随时据实签呈经理核夺。

第十条　本规则经陈驻陇处转报总公司核准后公布施行，修正时亦同。

（件存陕西省档案馆民国档案 82－1－1594－1 卷）

雍兴公司兰州毛织厂考工办法

(一)本办法系依据本公司驻陇办事处通卯字第一零一号函订定之。

(二)【本厂】设考工员一人，由工务课派员专任，于每日早晚上下工时亲到各工场点名，并随时考核各工徒之勤惰于考工登记簿详细记载。

(三)工徒请假除因公伤得视受伤之轻重酌予伤假外，其余均须由主管人证明，按照下列各项办理之。

甲、亲丧给假五日。

乙、成婚给假三日。

以上两项在规定期内不扣工资，逾期经主管人特别陈准者按日扣支工资。其余未经陈准者以旷工论。

丙、病假在一日以内，须按日扣工资三分之一；逾十日后，经医师证明确未痊愈者，则停止其工资，但至多不得延长至一个月，否则即予除名。

丁、事假一日须扣一日工资，但一月内超过五日以上者即予除名。

(四)未经准假或无故不到厂工作者即属旷工，每旷工一日，除扣应支之工资外，并另罚工资一日，一个月内旷工三日者即予除名。

（五）工徒奖惩于每月终根据考工登记簿之纪录，由厂长及工务课长详细考核，按照下列规定分别奖惩，陈由经理公布之。

甲、有左列情形之一者，得予嘉奖、记功、奖金、升级奖励之。

1. 在本月份未曾请假亦无迟到早退及旷工情事者；

2. 努力生产确有劳绩者；

3. 工作迅速确能吃苦耐劳者；

4. 其他认为有奖励必要者。

乙、有左列情形之一者得予申诫、记过、罚金、革除惩戒之。

1. 迟到早退及任意旷工者；

2. 不听指挥偷闲怠工者；

3. 品性不端有碍本厂名誉者；

4. 其他认为有犯厂规惩戒之必要者。

（六）本办法如有未尽事宜得随修正之。

（七）本办法自奉准之日施行。

（件存陕西省档案馆民国档案 82－1－1594－1 卷）

兰州毛织厂职工艺徒奖惩暂行规则

（一）本厂职工、艺徒之奖惩事项悉依本规则行之。

（二）本厂嘉奖办法暂分嘉奖、记功、奖金、升级四种。

（三）本厂惩戒办法暂分申诫、记过、罚金、革除四种。

（四）嘉奖达二次者得记功一次，得奖金达二次者得升级，但有特殊劳绩者得由经理严酌情形奖励之。

（五）申诫达二次者得记过一次，记过达二次者革除之。遇有特殊过犯者得由经理厂长酌量从严惩处之。

（六）受升级奖励而无实缺时，得存记过缺升补或以奖金代替之。

（七）受革除处分外，如认为尚有刑事或恶化嫌疑时，即送交法院依法办理之。

（八）有左列事绩之一者，得按照本规则第二或第四条之规定分别奖励之。

1. 服务勤慎，刻苦耐劳，工作确有成绩；

2. 应付事变处理敏捷适合机宜者；

3. 工作紧张时期勤奋努力，生产确有劳绩者；

4. 勤奋工作而受伤致疾者；

5. 服务一年以上而无旷惰及重大过失者；

6. 考核事绩被认为有奖励性质者。

（九）有左列事绩之一者，得按照本规则第三或者第五条之规定分别惩戒之。

1. 品行不端，有碍本厂名誉者；

2. 不听指挥，举动乖宜者；

3. 工作萎靡、偷闲、怠惰不能尽职者；

4. 迟到、早退、无故旷勤、擅离职守者；

5. 任意损坏或遗失、偷盗公物者；

6. 其他违反厂规认为有惩戒之必要者。

（十）上列应行奖励各项，得由各部主管报由工务课长呈请经理、厂长办理之。

（十一）本规则如有未尽事宜得随时修正之。

（十二）本规则自公布之日施行。

（件存陕西省档案馆民国档案 82－1－1594－1 卷）

雍兴公司兰州毛织厂职工艺徒奖惩规则补充附则

一、奖金：全年暂定为六期，以两个月为一期，每期奖金即以罚金移充，如有不敷，得由本厂另筹酌奖之。其奖励之人数及金额如次：

1. 每期各场奖励人数最多不得超过五人；

2. 金额每人至多不得超过五元。

二、升级：全年暂定为三期，以四个月为一期，每期职工之升级及增加工资之标准如左：

1. 一级五元；

2. 二级三元；

3. 三级二元。

三、罚金：随时发现有违犯奖惩规则第九条之二、三、四项者，得处罚一日至三、四日不等之工资，以示薄惩。

四、本附则如有未尽事宜得随时修改之。

五、本规则自公布之日施行。

（件存陕西省档案馆民国档案 82－1－1594－1 卷）

兰州毛织厂同人酬酢节约办法

（一）本厂为响应总公司节约运动，特参酌颁发之酬酢办法订定本办法。

（二）同人本人及其妻子等生日，一律免除祝贺并不得收受贺礼。

（三）甲地同人莅临乙地如相聚联欢，除在同人家庭或在厂便餐外，不得在公共场所或饭馆公开设宴。

（四）同人交谊以道义为本，逢年节亦应力戒互相馈遗，以节无谓支出。

（五）同人遇有下列婚丧喜庆等事：1. 本人父母丧；2. 本人结婚；3. 本人子女婚嫁，应即通知本厂庶务股（对本厂同人概不另行发帖），并由同人以本厂团体名义公共致送礼份一百元，受礼者除应具函致谢外，无须设宴酬客。

（六）前项礼份由本厂同人于每月中发给薪津时摊出，交礼份保管人储存之，其分摊成分如左：

1. 经理月摊十元；

2. 课长月摊六元；

3. 办事员技术员月摊三元；

4. 助员月摊二元；

5. 练习生月摊一元；

6. 试用员、雇员正项津贴在一百元以上者月摊二元，在一百元以下者月摊一元。

（七）本厂同人应设礼份基金保管人，主管上项礼份基金之收付一切事宜。

（八）上项礼份基金每届年终结一次，如有余款应按各人原分摊成份发还之。

（九）本办法自经陈准后施行。

（件存陕西省档案馆民国档案 82－1－1594－1 卷）

兰州毛织厂备用金制实施规则

（一）本厂为便于事务课购买零星物品迅速付款起见，采用备用金预付制度。

（二）备用现金预付额暂定为三百元，以后得视需要呈请经理增减之。

（三）经管零用金出纳人员（以后用经管员），在买超过十元之物品时，须先由事务课长批准再行购买，其单价超过三百元时，依照简则规定行之。

(四)经管员购买时,须向正式商人索取售货单据,并检查无讹后付款(如超过一百元以上者,须索取发票及收据各乙纸)。如向商人无法取得单据时,由经手人开具证明单(本厂规定者),并依前条规定。

(五)经管员在单据上需注明用途,盖经手人名章,顺序编号登入备用金账。

(六)经管员于每旬之末应结账一次,编制□□用款清单,连同原始单据送会计课复核后,即照清单列报之数领回现金。

(七)如不满旬日将款用罄,得视需要情形照前条之规定向会计课报领。

(八)本规则如有未尽事宜,得随时呈请修改之。

(件存陕西省档案馆民国档案 82－1－1594－1 卷)

兰州毛织厂职工工资暂订办法

一、技工

1. 月薪:由四十五元至六十元(厂内供伙食,以每人每月三十元为标准,如不足时厂内补助,系指单身职工;厂内不供伙食,系指带眷职工)。

2. 日薪:由三元至五元。

3. 货资:

甲、纺毛女工

军毯纱　每磅五角;

军呢纱　每磅一元;

花呢纱(细纱)　每磅二元;

以上女工均系厂外工作,如在厂内其货资须酌增三分之一。

乙、打经女工

棉纱批纱　每捆(十磅)一元五角;

合股　每捆(十磅)一元二角;

军呢纱、花呢纱　每磅二角五分。

丙、打纬女工

军呢纱　每磅四角;

军毯纱　每磅二角;

花呢纱　每磅五角;

以上女工均系厂内工作,如供伙食,其货资尚须酌增三分之一。

丁、织工

军毯(棉经)　每条四角;

(毛经)　每条六角;

军呢(棉经)　每码二角;

(毛经)　每码三角;

花呢(细呢)　每码四角。

二、小工

1. 日资:由三元至三元五角(不供伙食)。

2. 月资:由四十元至四十五元(供伙与技工同)。

三、艺徒

由厂供给住宿并发给工服一套外,月给零费一十元,以六个月为限。俟学习期满视工作成绩升为技工,按技工待遇办理之。

(件存陕西省档案馆民国档案 82-1-133-1 卷)

雍兴公司兰州毛织厂附设员工教育班奖惩暂行办法

(一)练习生:考试成绩优良者予以记功,存记恶劣者予以记过处分,记过观成绩之优劣,一月后不堪造就者降级或开革。

(二)高级职工:视考试成绩优劣得提升为技工职工,或留级仍为职工艺徒。又,职工中技术优良不识字者,于教育班结束后,先就受教育班之工徒成绩评定,额数不足时,再另行选拔施以技术考试,以便提升技工而利工作。

(件存陕西省档案馆民国档案 82-1-133-1 卷)

兰州毛织厂派员往外埠购料暂行办法

(一)本厂所需原料物料等,经事先派员调查后须向外埠采购时,其一切手续得按照本办法办理之。

(二)凡经派往外埠之人员,归经理暨厂长直辖,畀以采办员之名义,一切采办事宜及购料之限度,均于事前由经理或厂长指定之,除负责办理指定事项外,并代为兼办其他委托事项。其对内对外往来款项及函件之机关名称,暂定为兰州毛织厂临时采办处,并颁发图记,以资慎重。

（三）采办员奉命由兰出发到达指定地点后，应将拟购之主要原料、物料及其他有关物品，均须详细调查，逐日填报行市单（如行市涨落较烈时，可用厂密电报）。至沿途所用之旅费，亦应填报明细表随时陈报兰厂。

（四）采办处支用款项，在总公司未确定科目前，兰厂暂以暂记欠科目处理之。一俟采办处将款项收到用出，兰厂收到报告后再由暂欠科目转出，照付适当各科目账。

（五）采办处收到兰厂汇款及临行携带各款，如数收入兰厂账户，除备用或已用者外，其余不计数目之多寡，应尽数存入银行（或钱庄），随用随支，以防意外。倘无银行之处，可存入钱庄，无论存入银行钱庄，均须陈报兰厂备案。

（六）凡采办处购办物品及款项之收付，不论数目之大小，统应逐笔填制传票，按月报告兰厂，不得稍有积压。

（七）采办处所购之物品，应以随购随运为原则。倘在候车装运、仍存原地之际，需用款项时得商承当地中国银行叙做抵押借款，但须呈准兰厂方许办理。

（八）采办处收购物品为便于押款起见，统应存储于中国银行仓库内，物品购入时应立即存储，填制收入材料传票，根据副本付款，正本报告兰厂。

（九）采办处将存储之物品起运时，除先以电报兰厂外，并须将起运数量填制发出材料传票，附重量、单号、码单、税单、运货单以及其他有关单据、公函，统交由车随函附来交给兰厂，以凭验收。

（十）采办处向银行抵押借款，应另立账户处理，勿与存款账混合。其借入之款项填制收入传票报告兰厂，待货品起运时，即转商银行叙做出口押汇。其起运手续仍与第九条之办法相同，惟须加添收付传票二份，一为收中国银行之押汇款，一为付中国银行抵押借款即可。

（十一）采办处所设之账簿均称，为便查簿，采用中式条账，其账上所载各笔统应填制传票，分别收付编列号码报告兰厂。均须填制二份，一份留底存查，作采办员返厂核账之用，一份当日报告兰厂以凭转账。

（十二）本办法陈准经理转陇处备案施行之，如有未尽事宜得随时呈请修改。

（件存陕西省档案馆民国档案 82－1－133－4 卷）

兰州毛织厂成品代销简章

第一条　本厂为推销成品起见,除交本厂门市部出售外,得委托本埠商号代销之。

第二条　供销商号须备具左列之条件:

1. 须有正式门面字号;

2. 须经本厂调查认可并觅具殷实铺保。

第三条　代销商号具备前条所规定之条件后双方签订合同,即在本厂制成品内任便选择种类代为销售。

第四条　货品交付销售后,即由代销商担负一切责任,除出厂税由本厂负担外,其他一切费用均归代销商自理。

第五条　代销本厂成品之商号在本埠者,应照本厂定价出售,不得随意抬高市价。其在他埠者,因运费、捐税关系得将售价酌予增加,但其增加之成分,应事先商经本厂同意。

第六条　各代销商代售成品佣金数目,由本厂随时电请总公司核定之。

第七条　各代销商销售成品必须现款交易,所有收存价款次日必须解交,缴本厂会计课或指定之银行收账。外埠各代销商须将售货款项于次日送缴本厂指定之当地银行代为收账。

第八条　代销商不得以其他货品冒充本厂出品,亦不得以本厂出品冒充其他工厂出品。

第九条　代销货品每期结算,凡积存未售货品均可退回,惟取货数量系由供销商自定,故退回时运费仍应由代销商担负。但有左列情形之一者,不得再退:

1. 因保存不善褪色或污旧者;

2. 被虫蚀、油垢或有破绽者。

第十条　代销商号如遇意外事变灾害损失货品时,应负完全偿价之责。

第十一条　在合同有效时间,本厂不得无故停止其代销。但如发生左列情形,即应中止代销,退回货品所需运费,并按左列规定办理之:

1. 本厂基于业务之需要必须中止代销时,退货运费由厂担任;

2. 代销商确有困难,向本厂请求中途停止时,退货运费由代销商担任;

3. 代销商违背规定或发生其他事项,经本厂认为不能任其继续代销时,退货运费由供销商担任。

第十二条　在本简章规定之范围下,如有其他事项由供销商与本厂议定,并于合同内载明。

第十三条　代销合同须备二份,由双方各执一份,以资信守。

第十四条　本简章自陈请驻陇办事处转陈总公司核准之日施行,修改时同。

(件存陕西省档案馆民国档案 82－1－675－3 卷)

兰州毛织厂门市部组织办事细则

第一条　门市部之组织及执掌事务悉依本简则行之。

第二条　门市部营业时间斟酌情形由营业课临时规定之。

第三条　门市部设主任一人综理本部一切事务,由本厂经理指派之,其余职员分掌各项事务,就本【厂】职员中调派之。

第四条　门市部承本厂之命办理左列事项:

1. 本厂出品之保管及销售;

2. 总收货款之登记及保管;

3. 门市部内各项财产之保管;

4. 市面毛织物标本之搜集及销售状况之调查;

5. 本部旬报、月报之编造;

6. 本厂临时指定办理事项。

第五条　门市部售出货物以“销货”款目记账并应填制发单,每次售货时应套写三份,第一份付与购货人,第二份连同货款随当日日报表附送,其余一份留底。

第六条　门市部职员不得假借该部名义替人担保作证。

第七条　门市部职员不得假借该部名义兼营副业。

第八条　门市部职员工役请假、出差规则悉依本厂之规定。

第九条　门市部职员对于本厂出品规定价格不得擅自变更。

第十条　门市部关于货品之收售款项之出入应随时分别登记账簿,并按时编造旬月报表送厂备查,其簿表格式由厂规定之。

第十一条　门市部各项开支应编列预算,经本厂核准以各项开支款目付账,并随时注意撙节支用不得稍涉浮滥。

第十二条　门市部每次领运货品须先陈请核准后方可具领出厂，其货运费及杂费可实报实销。

第十三条　本细则如有未尽事宜得随时陈请修正之。

第十四条　本办事细则自陈请驻陇办事处转陈总公司核准后施行。

（件存陕西省档案馆民国档案 82－1－675－3 卷）

兰州毛织厂员工俱乐部实施规则

（1941 年 8 月）

一、凡属本厂员工均得遵守左列所定规则，不得违反。

二、俱乐部开放时间于每日下午六时半至八时半（星期日自上午九时至下午五时），凡借用物品须得于规定时间内按手续向负责人借用。

三、借用物品前得先向负责人处填就借物单，然后持单向负责人按单领物。

四、借用之物品须于俱乐部范围内借用，不得携出厂外。

五、一切书报、杂志阅毕后仍放原处，不得携出室外。

六、所借用之物品须一律于规定开放时间内归送，不得延违。

七、借用之物品如有损坏或遗失时，借物人须照价赔偿（消耗品除外）。

八、如有不遵守本规则者，即取消其娱乐权利。

九、本规则如有未尽事宜得随时呈请修正之。

十、本规则于公布日起施行之。

（件存陕西省档案馆民国档案 82－1－1227－1 卷）

兰州毛织厂厂役服务规则

（1941 年 8 月）

一、厂役须遵守厂规，不准违反。

二、厂役须遵守各级职员之指挥，不准违抗。

三、厂役在事务课庶务股指挥之下，须遵守一切章则，忠于职守，不得敷衍从事。

四、办公时间在指定部分之勤务，不准撤离或有偷闲情事。

五、公余时间非经理主管许可，不准随意出外。

六、清洁事项应于开始办公前处理完竣。

七、就寝之前应将分内本日应做事项尽行做完。

八、厂役在厂外遇到本厂职员须致敬礼,以重礼节。

九、本规则如有未尽事宜得随时修正之。

十、本规则自公布之日起施行之。

(件存陕西省档案馆民国档案82-1-1227-1卷)

兰州毛织厂员工加工规则

(1941年8月)

一、各课股如遇事务繁忙,须就当日工作时间未能处理完毕者,主管人员认为有加工之必要时,得呈准经理以便继续办理之。

二、加工时间,分夜班加工与例假日加工。

三、加工时间,职员须将所工作之事项登记日记簿,呈请主管检阅,职工加工则另备加工单。

四、加工时间,职员如有旷职情事,年终考绩优劣另得分别情节予以奖惩,职工则以旷工论。

五、职员夜班加工如达十时以后,得补茶点以资充饥。

六、职工夜班加工如过三小时,得按半日计工,六小时则全日计工。

七、职员例假日加工,则由主管课呈报事务课登记,以备年终考绩照加工资。

八、职员如办理工作时间以外之特种事项以及不属于各课股之工作者,不得认为加班。

九、本规则呈转总公司核准备案,自公布之日起施行。

十、本规则如有未尽事宜得随时呈转修正之。

(件存陕西省档案馆民国档案82-1-1227-1卷)

兰州毛织厂警卫服务规则

(1941年8月)

一、警卫须遵守本厂厂规,不得违犯。

二、警卫须在事务课庶务股指挥之下,依据门禁规则之规定执行其门禁职务,不得因循从事。

三、警士须服从警长之命令,不得违抗。

四、警卫须切实纠察物料之出入,以免疏忽。

五、警卫须随时注意职工之出入有无请假单,以资凭证。

六、警卫须特别注重厂中秩序,纠察有无危害本厂之情事发生,遇有事故须随时报告主管办理之。

七、值班警卫必须服装整齐,以壮观瞻。

八、值班警卫对于本厂及本公司各厂之职员出入大门时须致敬礼,以重礼节。

九、值班警卫对于外人到厂有所洽商事项,须和蔼回答,免生误会。

十、值班警卫不得擅离职守致忽门禁。

十一、本规则自公布之日起施行。

十二、本规则如有未尽事宜得随时修正之。

（件存陕西省档案馆民国档案 82 -1 -1227 -1 卷）

雍兴公司兰州毛织厂整洁办法

（1948 年 2 月）

甲、总务课

一、文书股

1. 旧卷宗应予清理,新到文书每月归档一次。

2. 图书杂志应予整理,以便检取而利保管。

3. 所有文书文具应经常保持清洁整齐。

4. 所有印章应随时洗刷净洁以免印迹模糊。

二、庶务股

A. 厂院之整洁

1. 全厂各院路划分为七区,计(a)梳纺场保全部物料股前院;(b)地毯场、机织场院路;(c)职员饭厅、办公楼后面,工友饭厅及通后门马路;(d)经理宿舍门口、厂院及职员厕所周围;(e)整染场;(f)通粉厂过道、职员宿舍等院;(g)厂前门及驻厂员房门、传达室门口一带。以上七区分别指派工友于每晨八时半前清扫完毕。

2. 除各课部股办公室整洁由各该主管负责督饬办理外,经理室、会客室整洁事宜由庶务股督饬办理。

3. 凡工场之院落中如因修建工事堆积残余建筑材料或泥堆时，该场主管得俟工事完竣后通知庶务股清除之。

B. 库房之整洁

1. 庶务库房料品应分类陈列务求整齐。

2. 物品之易于霉烂者应间时曝晒以防损坏。

3. 铁制品易于生锈者应加意保管，以防受潮生锈。

4. 物品之易虫蚀鼠耗者应妥为存放，如所需储藏工具不敷或已损坏，得随时补充或更换。

三、物料股

A. 原料库之整洁

1. 各种原毛应分类堆置整齐，库内并经常扫除以维清洁。

2. 原料库应勤加检查，倘发现原毛有潮湿或虫蚀部分，应即督饬库丁移出库外晾晒。

B. 物料库之整洁

1. 各种物料应按其类别妥为存放，经常保持整齐洁净。其易受潮料品须置于木架上或其他高燥之处，如发现潮湿或生锈情形，应即设法补救以免损耗。

2. 油库于每日发油完毕后，应将油桶、台秤等用具整理清洁，每日下午五时半并须检查油库一次，以防意外。

3. 新旧料品须分别放置以免混淆，废料品应随时检出送废料库内保存。

4. 各项料品存料牌须分别悬挂于适当而显著之处，以便识别并将收发数量逐日记于存料牌上，以明存量。

5. 各库于每日下午整理料品完后，清扫地面一次，并于每星期六下午大清除一次，以维整洁。

C. 成品库之整洁

1. 地毯须按其尺寸大小分别叠置于架上，订货须另放一架，以便检取。

2. 各色毛呢须按各类及颜色分别放置整齐。

3. 销售毛呢须依照编号顺序，以利查核而免积压旧呢。

4. 三尺以下零头呢应随时收存箱内，三尺以上者各附尺码标签，以便脱售。

5. 订货一经交库后，物料股应即通知营业股开单提取，以利交货。

6. 成品库每日扫除一次，必要时施用防虫鼠药剂，以免损耗。

乙、会计课

1. 旧账传票及时装订成册,分别编号妥存大账箱内。

2. 现用收账簿应整列账橱内,取用后仍归原处,不得任意抛置。

3. 空白传票账表分类放置箱柜内,不得混乱。

丙、工务处

一、运转部

A. 场房之整洁

1. 保持场房墙壁之清洁,工人不得抹油或胡写乱画于其上。

2. 各场纱窗或纸窗由靠近各该窗工作之工人负责,保持完整清洁。

3. 箱柜及毛条、轴架等须置于适当位置。

4. 各场电灯应排列整齐划一。

5. 每班上班后应于一小时内将地面打扫干净,并责成组长负责保持清洁,一切废毛应于上班后二小时内清除交库。

6. 梁木及电线上之尘埃,由每周最后一班彻底清除一次。

7. 壁柜及工具橱内物品应置放整齐,保持洁净。

8. 场内如有不用机具及物料应即交库。

9. 工人洗手应在规定地方,脏水倾倒于指定地点。

10. 工人之衣帽、茶具以及公用之清扫用具应放于规定地点。

11. 禁止随地吐痰。

B. 原料制成品、副产品及纺织用品之处理

1. 各场制造过程中之羊毛应堆积整齐。

2. 运输工不得将羊毛块及纱头零落地上。

3. 接头时拉下之废毛条及纱头,应即放入腰兜或木箱内,不得任意抛弃地上,走锭机则应于每次停车时清理一次。

4. 竹筐、麻袋、手车、毛条轴、纱管、呢架、搬手等用具,使用后应仍放于规定之处。

5. 原呢成品及制造过程中之毛呢应叠置整齐。

6. 暂时不用之毛纱及原呢尽可能移存库内。

C. 机器之整洁

1. 各机油眼每次加油应求适量,以免浪费并淋污地面。

2. 各机可视实际需要情形,分别装置油盘。

3. 各机必须于每班下班之前刷擦一次。

4. 各机必须由周末一班于离场之前大清理一次。

二、保全部

A. 场房之整洁

1. 锅炉房之煤炭应堆积整齐,不得狼藉满地。

2. 锅炉之炉灰须随时清除。

3. 锅炉房水池应添置水盖一只。

4. 蓄水库内每周清扫一次。

5. 模工房之木屑、刨花应随时收拾堆积一处,并每日清除一次,所用木料应置放整齐,化胶应在房外行之。

6. 铸工间存砂应堆积整齐,钢铁料存贮箱内,不用砂箱择地摆列整齐。

7. 机工间废铜烂铁应分类收放库内,铜末铁屑每日扫除一次。擦手纱头应放于规定地点,车上附带机件如变换牙轮、湾板、中心架等,应置于规定部位。

8. 锻工房之炉灰渣应随时扫清,选修机件及用料放置应有定处。

9. 场房梁上之破绳烂线应予清除。

10. 场外大线必须装修整齐,松驰者一律抽紧,通壁线均添磁管或铅管,破线一律换新。

11. 库内所有工具及物料均须分类安放架上,各架并须悬挂工具物料名称数量表,以便检查。

B. 机器之整洁

1. 锅炉上不得放置什物烘烤衣服。

2. 锅炉台、水泵、发电机、蒸汽机及汽车头必须经常保持清洁,废水乏油勿使淋污地上。

3. 车工间各工作机应由各司机随时擦刷干净。

4. 未装机件须分类放置整齐,以求整洁而免损坏。

5. 天轴挂脚处均加油盘,以免油污机器或行人衣服。各机易漏油之处,应装置油盘。

6. 各场装妥未开机器应保持清洁,派至各场修机工人应遵守各该场有关清洁之各项规定。

7. 各机之马达开关大小不一,应自行筹制各种适宜之小型开关装于机上隐僻部位,以求划一。

三、检验部

1. 净毛库之整洁:各种净毛分类存储,务求清洁整齐。收净毛时,由预备股工友负整洁之责;发净毛时,由梳纺场工友负整洁之责。

2. 半制吕库之整洁:各种坯呢按号码顺序存放,每架放五匹,发坯呢时,按号码顺序先收者先发。如库存坯呢过多时,得在净毛库另辟一室存放。

丁、工人宿舍之整洁

1. 宿舍内之墙壁不得张贴画片及悬挂杂物,每月终应将墙壁上之尘埃扫除一次。

2. 宿舍各室每晨洒扫一次,由各该室工人负责。

3. 各室铺位排列整齐,被褥须叠置平整。

4. 每隔两周之星期日,各室工人须将床板搬出宿舍外,举行大扫除一次。

5. 舍院内由公役每日扫除干净(上午八时、下午一时半),院内禁止倾倒污水、抛弃废物。

戊、厨房、膳堂、厕所之整洁

1. 厨房中各种膳食用具安放应有定处,不得零乱。

2. 每饭后碗筷膳具用热水洗涤后,再用洁净干布拭干,每日用冲洗一次,以资消毒。

3. 厨房内禁止随地吐痰、泼潮水与乱抛菜渣。

4. 膳堂饭桌每周末用碱洗擦一次,以除油腻。

5. 厕所应于每晨七时前清除一次,并派定杂工一人负责打扫及施撒石灰。

(件存陕西省档案馆民国档案 82 -1 -329 -1 卷)

兰州毛织厂整洁促进委员会组织简则

(1949 年 2 月)

一、本厂为厉行整洁,除订定《整洁办法》施行外,特组织整洁促进委员会负责推行本厂整洁事宜,并施行整洁检查,评定优劣分别奖惩,其检查及奖惩办法另定之。

二、本会设主任委员一人,由本厂经理担任;副主任委员一人,由厂长担任;委员十一人,由主任委员派任之。

三、本会设四组,秉承主任委员之命分别办理有关整洁事宜。计:(一)文书组负责办理文告及计分事项;(二)总务组负责推行有关整洁事项;(三)设计组负责计划有关整洁及检查事项;(四)检查组负责执行整洁检查记分事项。

四、每组设干事若干人,由主任委员指派委员兼任之。

五、本简则自公布之日起施行。

(件存陕西省档案馆民国档案 82 -1 -329 -1 卷)

兰州毛织厂整洁检查及奖惩办法

(1949 年 2 月)

一、施行整洁检查部分分为四组:第一组办公室组,包括总务课、会计课、物料股、工务处、检验部等五个单位;第二组场房组,包括洗毛房、梳纺场、机织场、整染场、地毯场、修机间、原动部等七个单位;第三组库房,包括庶务库、物料库、成品库、半成品库、净毛库等五个单位;第四组工人宿舍组,以每一室为一个单位。

二、整洁检查之记分标准,按组别规定项目及各项目之最高分数如次:

(1)办公室组——桌面(30 分)　地面(30 分)　用具(20 分)
墙壁(10 分)　空间(10 分)

(2)场房组——机器(30 分)　地面(20 分)　半制品(15 分)
用具(15 分)　墙壁(10 分)　空间(10 分)

(3)库房组——料品(40 分)　货架(20 分)　地面(20 分)
墙壁(10 分)　空间(10 分)

(4)工人宿舍组——床铺(40 分)　地面(20 分)　墙壁(20 分)
用具(10 分)　空间(10 分)

三、每月举行不定期小检查二次至三次,月底举行大检查一次。各次小检查平均分数占全月总分百分之六十,大检查分数占总分百分之四十,月终核计分数,以各组中得分最高者为优胜。

四、各组中之优胜单位,由整洁促进委员会发给锦标一面,以资悬挂。此项锦标得保留至下届清洁大检查时为止,届时仍交还整洁促进委员会,以备发给下届优胜者。

五、全月总分在五十分以下者,由整洁促进委员会予以书面警告处分。

六、院厨房等处每次整洁检查时并予附带检查,并不记分,但如检查组认为不合标准时,将报请整洁促进委员会对该直接主管人员予以书面警告。

七、本办法自公布之日施行。

（件存陕西省档案馆民国档案82－1－329－1卷）

雍兴公司兰州毛织厂布告

（1949年5月3日）

查本厂所产毛呢销路，每年从三四月开始即逐渐清淡，不易销售，今年尤其销路不好，所有营业收入还不够支付每天的菜钱等零用，可是银行近来也因为缺乏现金，不能够大量借用款项，所以本厂目前的经济情形非常困难。关于煤炭、肥皂一切原料、物料，不得不设法用毛呢交换，维持用度，至于职员和工友每月薪资的数目很大，过去尚能勉为筹划，现在已经感到万分困难，无法筹措。但是员工生活至关重要，厂方应尽力想法予解决。因此在本月二十五日召开厂务会议，研讨怎样来维持全体员工每月的薪水。经大家研究之后，认为现在经济艰困，全国各地方的工厂都是如此，近来几个月当中，因为资金周转不灵而倒闭的工厂到处很多。所以在这个艰难的时期，我们员工同仁都应该尽最大的努力来维持本厂的健全和生存。一方面，大家要爱惜物力，努力生产，同时还要帮助厂方解决任何困难问题，所谓同舟共济才能度过这个艰难的时期。这次本厂开会讨论之后，除了决定几项如何节省日常开支的办法及职员节省办公物品的办法外，关于员工薪资的问题也决定了几项办法。其要点为：员工每月薪金除发给一小部分现款及眷属吃的面粉外，其余即折合成毛呢来发给。这样既可解决厂方无现款的困难，同时员工生活也不致受影响。不过，这仅是临时应急的办法，将来如果银行头寸比较松动，或者我们的营业好转起来，我们仍旧可以恢复过去全部发现金的办法。现在把会商决定发薪的临时办法另纸条列于后。特此布告。

（件存陕西省档案馆民国档案82－1－329－1卷）

兰州毛织厂为新规定员工薪资发给办法致公司函

毛辰字第九十六号

（1949年5月6日）

径启者：时值初夏，已属毛呢滞销时期，加以国内局势不靖，物价狂升，一般市民之购买力日益低落，故本厂出品必已无人问津，营业收入锐减，不足以应付开支,而中行头寸奇紧,对本厂之小额透支已感无法供应,至每月员工薪资一项巨额开支更难藉透支途径以谋解决。惟发放员工薪资事关员工生活及本厂之安定,自当设法竭力解决,爰于上月二十五日召集本厂各单位主管人员会商办法。经决定将过去员工薪资给付现金办法暂行取消,另行规定新办法数项。

其要点为:(一)员工月薪资按各人所得之五分之一发给现金;(二)员工眷属之在兰州城郊住者,得视眷属之多寡,分别配发面粉一二袋;(三)除现金及面粉外,薪资余额改行发毛呢。此项改订发给薪资办法经决定后,召集各工友组长,详细说明并经布告施行在案。此项办法固可减除本厂经济困难不少,惟薪资之应付现款部分计需银币六百余元,而每月工人伙食费及垫付职员伙食费计需三百元,此外在竭力樽节下之零星支付亦需三百余元,总计每月需银元一千二三百元之谱,而目前营业清淡异常,每月售货收入不足此数远甚。在营业情形未好转前,所有上列之必要开支款项应如何解决之处,业经函陈总经理核示,并函请胡总会计就近请示。兹将新订工友工资支付办法一份,连同布告一份,随函奉陈,即祈核备查为祷。

此上

总公司

雍兴实业股份有限公司兰州毛织厂启

附

本厂工友工资支付办法

一、按各工人每月所得工资之二成(即每月十元者,发给二元),其余以购呢证及领面粉证代替之。

二、凭购呢证可以向本厂营业股购买毛呢,按优待价钱以八折计算。

三、凭领面证可以向本厂庶务股领取二等面粉,但须自备面袋(因为面袋太贵,每月连袋购面太不合算)。

四、凡本厂工友(包括服务生及杂役在内)有直系亲属(父、母、妻、子、女)在兰州附近居住者,均可请发领面证。不过以下地区为限:

(1)城东至泥窝子为止;

(2)城南至南山根为止;

(3)城西至郑家庄、十里店、土门墩为止;

(4)河北至盐场堡为止。

五、技工服务生及警、杂役之领班,其眷属(本人不算)在三口以上者,凭领面证领二粉二袋,二口以下者领一袋。

六、助技工、普通工友及警役,不论其眷属人数,凡分数在〇.二五〇分以上,或底资在四十元以上者,均配售二粉一袋。

七、发面粉时,应于总务课通知后一周内领清,过期不补发,购呢时间暂不限制。

八、每月应发工友之二成现款,万一厂中存款不够时,则先发给一部分现款,其余发银币兑换证,可于指定时间向会计课换取银币。

九、无论领面粉、购呢兑现均认票不认人。但各证仅限于厂内使用,厂外一概无效。

(件存陕西省档案馆民国档案 82-1-329-1 卷)

3. 会议记录

雍兴公司筹设兰州洗毛厂谈话会记录

(1940 年 9 月 25 日)

时间　民国二十九年九月二十五日下午七时

地点　兰州中国银行

出席　束云章　毛端梧　潘炳兴　陈质文　洪德官

记录　贺书绅

主席　束云章

潘炳兴君报告筹设兰州洗毛厂之缘起及计划

查甘、青、宁三省出产羊毛甚富,平均每年产量计甘肃约产三百万公斤,青海约产一千万公斤,宁夏约产五百万公斤。兹为就近取材并减轻原毛运往外埠之运费起见,故有在兰州地方设立洗毛厂之拟议(原毛每一百公斤约可制成净毛六十公斤,以当地制成之净毛,运往外埠出售,比较在不产羊毛区域收购原毛之运费可节省百分之四十)。

洗毛设备轻而易举,预计:(一)建筑工场两所,约需八千元;(二)洗毛木机四架,合计一万元;(三)打包机一具,约三千元;(四)布袋等二百只,约三千元。以上各种设备,雇女工十人、男工十六人即可开始工作。每日约可洗成净毛一千二百公斤,每公斤净毛之成本仅合三元三角左右(原料三元三角左右,直接间接费一分),若运往重庆出售,每公斤须加汽车运费四元,合为七元三角左右。假定重庆售价最少以每公斤九元计,则每日产量一千二百公斤运渝销售,每日约可获利二千余元。若用骡马车装运,则运费可省一半,纯利方面自亦可比例加增。

主席意见

(一)兰州设厂洗毛,不妨照上述小规模之设备,先行筹备,俟有成效再图扩充。

(二)运渝运费每公斤约需四元,未免太巨,不如自购汽车,自办运输,运费既可省,且可运转自如,不致受人所制。

(三)洗毛厂资本总额拟定为二十万元,以十万元充一切洗毛设备及购置汽车费用,余十万元用作采办原料。

(四)所有详细计划及组织章程,并各种经费之预算,请潘炳兴君拟具方案送请兰州中国银行转陈天水雍兴公司核定。

下午十时散会。

(件存陕西省档案馆民国档案 82 - 1 - 525 卷)

雍兴公司筹设兰州毛织厂第二次谈话会记录

(1941 年 1 月 7 日)

时期　民国三十年一月七日上午九时

地点　兰州中国银行

出席　束云章　郑相臣　潘炳兴　陈质文　洪德官　贺书绅

主席　束云章

记录　贺书绅

潘经理炳兴报告筹备近况

(一)时值冬令,建筑工程无法进行,现经决定租用兰州中国银行河路仓库三栋半(合一百五十小间),分隔房屋三十二间,以充厂房、办公室及职员工人宿舍之用。

(二)拟由重庆安利洋行定购 HF 小型纺毛机二部,每部定价英金八百二十五磅,仰光交货(途中兵险及关税等在外)。

（三）去岁十一月初托毛端梧兄在双石铺机器合作社定制松毛机一部、弹毛机二部、洗毛机一部、抽水机一部、又织呢机二部，言明四个月交货，但迄今时愈两月，屡经电催，杳无消息。拟乘此次赴秦安考察羊毛之便，亲往双石铺机器合作社签订正式合同，规定交货确切日期，以免一再延误。

（四）织毯机已在兰州当地定妥八架，一个半月交货。又拟向西安定制织呢机二十架，制妥运兰应用。

（五）洗毛池一方，业已着手营造，预计两个半月可以竣工。

（六）拟请延致技术员二人，以资襄助，并即开始招募工人加以训练。惟西北情形，女工颇不易得，至必要时只有招募适当年龄之男工，藉资替代。

（七）兹规定本年三月中旬开始洗毛工作，五月初旬纺织毛毯，至迟至六月底纺织毛呢。

（八）生产数量预计织毯机一架每日织毯六条，织毛呢机一架每日纺织毛呢十二码。

主席意见

（一）可暂时借用兰州中国银行河路仓库充作毛织厂厂房之用，一面于兰州制药厂附近购地五六十亩另行建造。所有购地、购料诸事，由驻陇办事处负责办理（兰州制药厂附近空地百余亩，可设法一律购进，分出数十亩充将来西北机器厂兰州分厂厂址）。

（二）织毯机暂定十架，惟织呢机须以一百架为目标。第一步先行开纺二十架，俟开纺有成效再定日期，陆续加增织呢机。以在兰州定制为宜，俾可就近监造合乎实用。

（三）西北纺织事业最感困难者，在纺而不在织，故应从速订购小型纺毛机两部，开纺精细毛线，以备织造较好哔叽之用。一面训练工人利用土法纺织普通呢布，以供应一般人之需要。估计普通呢布之成本不过二元有余，比较海昌蓝布之市价，不相上下，如能大量出产，供求相称，不仅本厂营业前途可操左券，抑且杜塞漏卮，挽回利权之一法也。

（四）小型纺毛机在仰光交货后，可由总公司运输部代为装运。

上午十二时散会。

（件存陕西省档案馆民国档案 82－1－525 卷）

雍兴公司筹设兰州毛织厂第三次谈话会记录

(1941 年 4 月 26 日)

时间　民国三十年四月二十六日上午九时

地点　本公司驻兰州办事处(兰州中国银行内)

出席　束云章　郑相臣　潘炳兴　陈骥程　贺书绅

主席　束云章

记录　贺书绅

潘经理炳兴报告筹备近况

一、建筑工程

暂时租用兰州中国银行河路仓库三栋半房屋,以充本厂办公室、厂房以及职工宿舍之用,前已决定在案。目下办公室及厨房业已改造就绪,他如职工宿舍、职工厨房正在铺地开窗加工修造,预计三星期后即可全部完成。又,洗毛池一方刻已告竣。

二、机器设备

(一)HF 小型纺毛机二部,已托重庆豫丰纱厂潘经理代向重庆安利洋行订妥合同,共计英金一千六百五十二磅,六个月内由仰光交货(运费在内,惟兵险及进口税须由我方自理)。

(二)织毯、织呢机器暂以五十台为标准(计织毯机二十台、织呢机三十台),内计织毛机八台,业已装妥织呢机二十台,包由本地工业学校兰友实业社承制,约于两星期内全部交齐。尚有织毯机十二台、织呢机十台正在接洽定制,预计六月上旬即可一律制妥。

(三)本厂仅有梳毛机一台,不敷分配,已向甘肃省政府建设厂借用一台,略加修理即可使用。

(四)前在双石铺机器合作社定制之弹毛机二部、松毛机一部,又抽水机一部,逾期已久,迄未交货,屡经电催,不得要领。拟派员前往坐催提取,藉免久延。

三、原料物料

羊毛原料已购存二十六万斤,约敷半年之用。至染呢颜料,国内缺乏,业已电请毛端梧兄在仰光购妥多种,不久当可运到。

四、人事方面

本厂现有技术人员二人，不敷分配，已到北平招致毛纺及染毛色技师各一人，下月初当可抵兰。待来正式开工，约需工人二百余人，拟俟工人宿舍完成后即着手招募加以训练。

主席意见

一、织毯机可照所拟办法先行试纺二十台，但织呢机应暂以五十台为初步目标，将来视厂房装机容量及市面销售情形，再为陆续扩充。目下即按织毯、织呢共计七十台之计划积极进行，务于五月中开始纺织，并于九月底一律开齐。即请潘经理规定日期，拟具陆续增加纱厂程序表送请总公司备查。

二、建厂地址及应备一切木料砖瓦等，统由洪称其兄负责购办。

三、仰光颜料未运到前，暂用土法颜料以资代替。面粉厂购存土法颜料多种，可择毛织厂需要者一律让给。

四、所购羊毛仅足供羊半年之用，贸易委员会业经准予售给之羊毛五十万斤，应由潘经理会同洪称其兄向前途切实接洽，务期早日购进，此外并应多方联络羊毛小贩，广辟原料来源。

五、利用纺余废毛织制毛毯，此项计划即由潘经理着手筹办，并将办理情形随时陈报总公司备查。

六、将来所雇工人，除由厂中供给粮食外，应给工价若干，请由潘经理厘定工资标准，□□□报总公司备查。

上午十一时散会。

（件存陕西省档案馆民国档案 82－1－525 卷）

兰州毛织厂卅七年度第一次厂务会议记录

（1948 年 1 月 28 日）

时间　卅七年元月廿八日下午二时

地点　本厂会议室

出席　张专员　范石轩　王文光　王国宾　康绍祖

主席　张专员

记录　叶郁生

报告事项

主席报告开会意义(略)

决议事项

一、本厂工人进退自元月份起按工人进退简章各项规定办理,现有工人并须补办规定之各项手续。

二、工务处每月盘存报表规定于下月四日以前送会计课。

三、工务处每月工资表规定于下月五日前送会计课。

四、物料库传票规定于每星期一下午送会计课。

五、会计课应将冰碱食盐单价于每月二号以前送庶务股。

六、物料股应于每月五日以前与会计课对账,十日以前制成库存表。

七、传票、库存表、工资表、盘存表等表报,规定由各主管单位备一送文簿送交会计课,会计课于收到后应盖章并注明日期,再送陈专员盖章。

八、各单位向物料库领用料品规定于每日上午办理。如下午领料,应将领料单再送诸专员盖章,遇有紧急用途拟于下午借用料品时,亦应先经专员核准盖章,方得领用。

九、代销商每旬每月结账送交清单时,须先送请总务课长核阅盖章,然后送会计课作传票。

十、以上决定实行事项如有贻误,第一次该直接人应予记大过一次,主管人记过一次;第二次该直接负责人着即停职,主管人员记过一次。

十一、以上决议事项,工务部分自二月一日起实行,总务及会计部分自三月一日起实行。

(件存陕西省档案馆民国档案 82 - 1 - 327 - 2 卷)

4. 营业概况

雍兴公司兰州毛织厂增产计划及营业概况书

查本厂依据民国二十九年九月二十五日在兰州中国银行之谈话会记录,议决拟以资本四十万元筹设洗毛、毛织两厂,以作创办西北毛业之根基。嗣以贸易委员会统收羊毛、限制发售后,本厂洗毛厂之原拟计划不得不稍事变更而另行筹设,以洗毛厂之资本移充毛织厂之用途,惟原定资金四十万元因物价之高昂,仅足供三十台之铁木轮机小规模组织则筹备简易，开办较速。旋于同年十二月七日，复在中行谈话会中经奉束总经理面谕，以西北毛织业之需要，宜扩充铁木轮织机百台，专供制织粗哔叽及花呢之用，木机二十台专供制织床毯、军毯之用，藉谋增加生产，以供推销。爰将增产收入及成本支出，拟具增产计划及营业概算分别条列如左：

一、资本

甲、原定资本：四〇〇，〇〇〇元。

乙、增加资本：二〇〇〇，〇〇〇元。

共计国币：二，四〇〇，〇〇〇元。

二、设备费：一，八四三，〇〇〇元

甲、机件设备：一，三一七，〇〇〇元（梳纺机织、整染机器四部，各项机件及修理等约如上数）。

乙、建筑设备：二一〇，〇〇〇元（地基、厂房、办公室、职工宿舍等约如上数）。

丙、动力设备：二〇六，〇〇〇元（锅炉蒸汽抽水电力等约如上数）。

丁、试验设备：二〇，〇〇〇元（仪器设备等约如上数）。

戊、其他设备：九〇，〇〇〇元（修理工具、运输车马、生财器具等约如上数）。

三、开办费：一一，〇〇〇元

四、营业支出：五四六，〇〇〇元

甲、原料：二五八，〇〇〇元（原毛、棉纱、染料、药品等约如上数）。

乙、物料：六三，八〇〇元（木料、五金、杂料、油类等约如上数）。

丙、工资：一六八，〇〇〇元（梳纺、机织整染、机器修理、杂项工资等约如上数）。

丁、业务费：四四，二一一元（销售、总务、保险、运输、杂费等约如上数）。

戊、管理费：一一，九八九元（薪膳、津贴、交际、警工火食、地租、车马、保险、文具、灯炭、书报、邮电、营缮、旅费、广告、印刷、医药、利息汇核折旧约如上数）。

五、营业收入：五六四，七〇〇元

甲、售品收入：五六四，二〇〇元。

（1）毛呢：三一，二〇〇码，四九九，二〇〇元（铁木轮机百台制单幅二十八吋宽军呢，每月以二十六天之产量计算，每码按十六元折合，约月出品及发售价如上数）。

（2）床毯：二，六〇〇条，六五，〇〇〇元（木织机二十台制床毯，每月以二十六天之产量计算，每条按二十五元折合，约月出品及发售价如上数）。

乙、财务:收五〇〇元。

(1)利息;

(2)其他。

六、盈余:一八,七〇〇元

(按原拟营业收入及支出两品相比,约月可盈余如上数)

(件存陕西省档案馆民国档案82-1-132卷)

雍兴公司兰州毛织厂三十六年度营业简报

一、组织与人事

(一)组织

本厂在三十五年九月以前,厂长除秉承经理之命掌管工务部门工作之外,并掌理事务部门工作。自同年九月总公司派员视察后,人事及组织上均略有变革,将事务、工务划分清楚。事务部分直接受经理督导管理,厂长仅负责督导管理工务部门,以专责成。迨至卅六年十月,总公司以本厂营业事务原系由事务课长兼理,为简化机构、加强办事效率计,饬将营业取消,营业事务归并事务课,事务课改称总务课,即于十一月遵照改组完成。兹将本厂组织系统列表如次:

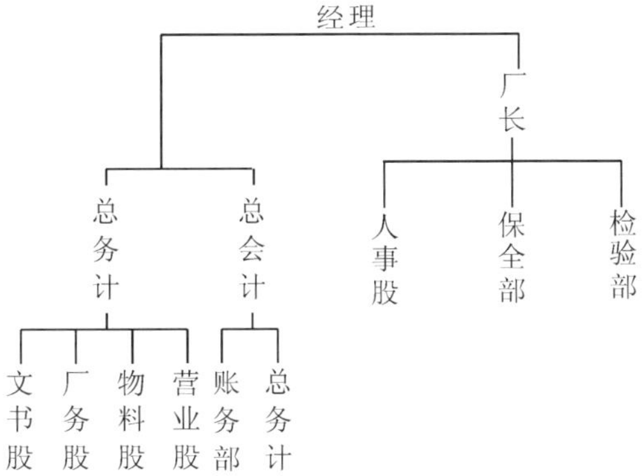

(二)人事

本厂人事方针向遵总公司指示,力图紧缩以节开支。查三十五年九月以前,本厂职员总数三十人,嗣后经分别资遣,并由总公司调用数人,离职者多于征用,截至三十六年十二月底,本厂职员已缩减至二十五人。

二、事务方面

(一)修建防洪堤坝

查本厂位于黄河之滨,过去在河水泛滥季节屡罹水灾,损失巨大。本年五月间，接奉总公司稽字第七号函抄附罗专员冠英签报增固兰州两厂防水建筑意见一份，嘱根据原意见书拟具切实办法陈报核办。遵绘制防洪工程图三种函陈核示，旋奉复示两厂防水建筑势须增固，以策安全，已函请兰中行洪经理负责主持上顶防洪工程。在洪经理策划进行之下，于七月中招标承建，八月兴工，十月完工验收竣事。工程费共计国币四二二，二四七，一六八元，由兰粉厂与本厂平均摊付。

（二）房屋修缮及调整

本厂厂址一部分系租用中国银行河路仓库，另一部分系兰化厂旧址，化厂结束后拨归本厂。所有房屋除一部分自行建造者外，其余分布情形既嫌散漫，其构筑状况不甚适合本厂生产及住用之需，且除少数砖房外，所有土房类皆工程简陋，经多年住用日就败坏。本年内经择要分别修理整饬，并通盘调整用途，以期便利生产，增进工作效率，计本年内房屋之经修整者二十四座，调整用途者二十一座。

（三）清查并登记生财器具

本厂生财器具登记工作已大致办理完竣，现正根据过去会计账册逐一【查】对中。生财器具因久未清查，有损坏不堪使用者，有原物无存者，有误列入机器中者（如电话之类），须详细稽查改正，以符真实。俟清理完毕再专案报请核备。

（四）营业情形

本厂出品毛呢，除由总公司兰州供销处出售外，并委托代销商代销。嗣为推广销路起见，于五月间除与东海贸易商行续订代销合约外，并就本市繁盛市区选定殷实商店德泰恒、大丰号、镇泰商行及诚记号等四家，分别订立供销合约，委托代销出品。旋兰州供销处奉命于六月底结束，厂呢销路不无稍受影响，复于月中与本市友诚服务社订立供销合约。十月间东海停止代销，复续与新亚商店订约代销。现共计有代销商六家。关于代销商结账办法，原定每半月结算一次，自五月份起改为十日结算一次，以期资金运转灵活。

本年度毛呢出品质地已较去年绵密平匀，定价优廉，销路甚畅，且有供不应求之势。原拟对于机关团体或合作社等大量订购酌予折扣办法，并未施行，社会各界对本厂货品定价公认低廉，故亦不甚计较折扣优待，在本厂亦欲做到言不二价，以增信誉。

关于价目调整，竭力避免随物价波动最剧烈时期为之，免遭社会之非议而影响销路。八九月间物价波动甚剧，本厂毛呢售价不加调整，竭力忍受暂时损失，以争取社会同情，树立声誉，迨至十月份以后，每月平均调整售价二三次，仍能获得各界之原谅，而销路并未稍受影响。

三、工务方面

(一)生产情形

1. 净毛:本年共产一八九,八六七市斤,上年度仅产一二八,八二四市斤,本年较上年多六一,〇四三市斤,即本年产量为上年之百分之一四七。

2. 毛纱:本年共产一五九,八三九市斤,上年共产一二一,〇四〇.五市斤,本年较上处多三八,七九八.五市斤,即本年产量为上年之百分之一三二。且上年之毛纱中包括手纺纱一四,八二四市斤,若单就机纱而言,本年为上年之百分之一五〇。

纺纱消耗上年为百分之二〇.四,本年已减低为百分之十六。

和毛用油上年为净毛百分之五,本年已减低为百分之四.二三。

3. 呢坯:本年共产三一二,四〇四双幅市尺,上年共产二二一,三〇〇双幅市尺。本年较上年多产九一,一〇四双幅市尺,即本年产量为上年之百分之一四一,且上年之呢坯中包括军毯五四,八五〇双幅市尺。

每双尺毛呢用纱量,上年为〇.四九六市斤,本年已减至〇.四七八市斤,足见消耗已减少。

4. 成品毛呢:本年共产毛呢二四九,一八〇双幅市尺,上年共产一九〇,〇〇〇双市尺(其中包括军毯五万四千双尺),即本年产量为上年之百分之一三二。

本年毛呢之整理手续已较完善,其缩度、重量等已可保持一致,并可维持相当紧密之程度。

5. 地毯:本年共产地毯五,〇九三方市尺,上年生产三,六五九方市尺。本年较上年多一,四三四方市尺,本年为上年生产量百分之一三九。

(二)生产管理

1. 全体员工集中力量,利用原有设备增加生产。一年以来,本厂虽未增加若何有效生产设备,但各种产品均增加百分之四十左右(详于前节)。

2. 各生产部门尽量减少制造过程中之消耗,例如梳纺消耗三十五年度为百分之二〇.四,三十六年已减至百分之十六,节省净毛约一万市斤。

3. 本年度加强试验部门工作之后,纱号密度缩度等均维持相当标准,此外成品遂能达于标准化。此外并从事其他方面之改良,以来成品之日趋进步。

4. 一年来,本厂最感染料缺乏之困难,由二月份至九月份极少制出色泽较佳之毛呢,后经工务同仁苦心研究,设法利用杂牌染料,十月至十二月仍乃有大批元青及藏青呢之制出。计十一月份染呢三万五千双尺,十二月份染呢四万双尺。几达平日生产之二倍。

5. 各场用料尽量节省。例如和毛油原用百分之五，一年来减至百分之四，三十七年度拟减至百分之三。

6. 改订工友工资，提高待遇。本厂工友工资因物价不断上涨，必须随时调整，惟事先须详细调查各工厂待遇及物价上涨情形，斟酌规定，颇多困难，且当调整办法未规定前，工人心理最感不安，是以工友流动性甚大，影响工作至深且巨。为安定工人生活起见，自八月份起，采用分数制规定各人基本分数，以及每一分数所代表之面粉量，工资即按各人应得之面粉折合现金发给。自此以后，工资逐月随面粉增高，生活趋于安定，流动性已骤见减少，并极力督促提高工人技能，增加产量，在可能范围内减少工人数额，减低成本。

7. 一年来对场房及机器之整洁特别注意，已收到良好效果。

8. 三十六年秋利用较细之毛制造甲级毛呢，已告成功，颇得一般社会好评，三十七年度拟经常制造。

9. 三十六年度剪呢机改用舶来剪刀，起毛机换用钢丝针布后，产品大为改进。

10. 走锭机虽早已装妥，但因豫丰梳毛机尚未运到，毛条供给不足，加以走锭机本身构造不佳，至今未能利用。现正由本厂保全部大加修理中。

（件存陕西省档案馆民国档案 82－1－1626－1 卷）

雍兴公司兰州毛织厂三十七年度营业报告（节录）

（1949 年）

概　述

三十七年度本厂工务、业务均在艰难之环境下推行。（一）以周转资金有限。举凡机料之补充，原物料之储备至感困难。尤以染料一项须自陕、沪采购，而路程遥远，运输困难，往往因所购染料未能及时运到，整染工作遂告停顿，积压大量原呢而无法施染，各界前来洽购毛呢者接踵而无货以应，营业损失难以估计。（二）本厂自备动力合计不过七十匹马力，而生产所需动力至少不得低于一百八十匹马力，须赖兰州电厂供电以维生产。而该厂电机陈旧，电荷亦过重，故经常分区轮流供电，每区四日内停电一日，且供电期内亦往往因电力不足，致本厂各场机器陷于半开半停状态中，有时电机忽告损坏，须加修理，停电兼旬，本厂只得仅赖自备有限电力勉维生产。故本厂因电厂供电失常，自备动力又极有限，生产方面损失至为严重。(三)市场物价波动激烈,数日一升,甚至一日之内行情数变。本厂出品虽亦每月调整售价数次,但工厂究与商行不同,所有出品不便随市场百货任意变动售价,此亦为困难情形之一。

困难固属多端,本厂同仁深明本身之职责,咸知谨守岗位,各竭所能,在艰难环境中不断求进步。修整或改装锅炉,以增动力;安装粗纱机、织机及修配安装大梳毛机,以增产量,并于修配改进旧机及安装新机之外,自行制造洗毛机、打土机,以期充实设备,促进生产。毛呢品质日就改进,用料数量与纺纱、机织消耗平均已较上年度减少。至业务方面,虽因生产受电力不正常之影响,每月产量高下悬殊,而市场对毛呢之需求大小亦随季节而异,仍能妥为筹划以应需求而利销售。至于出品价格,必斟酌市场物价情形作适切之调整,既不招助长物价之嫌,亦不致坐受损失。此过去一年来本厂厂务大略情形也。

(件存陕西省档案馆民国档案 82 - 1 - 329 - 1 卷)

(三)兰州面粉厂

1. 企业概况

兰州面粉厂组织系统表

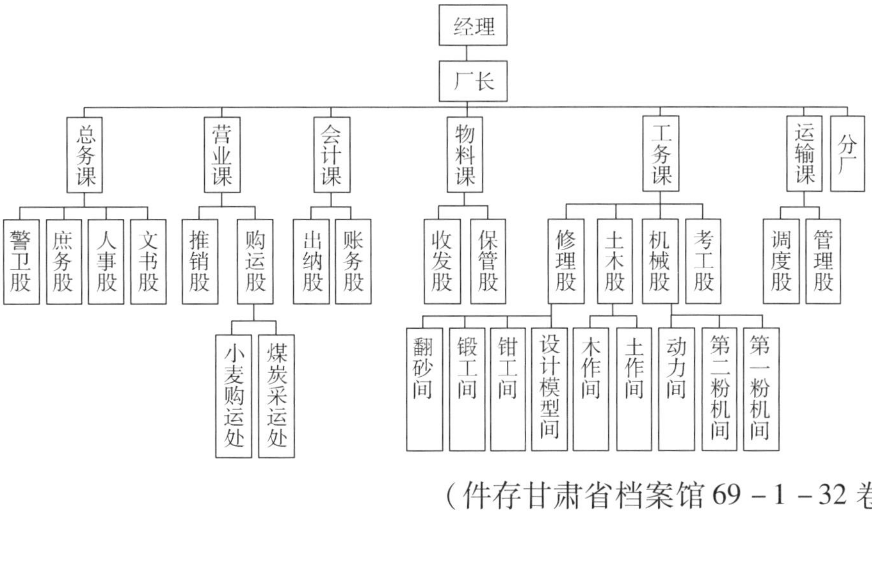

(件存甘肃省档案馆 69 - 1 - 32 卷)

整理及接管兰粉厂经过与现况报告

（1946年3月）

谨将整理及接管兰州面粉厂经过与现况胪陈于后：

一、组织之确定及人事分配

本厂接管之后，曾先将组织系统确定，几月来人事调派亦渐入正轨。系统表及人事分配如下：

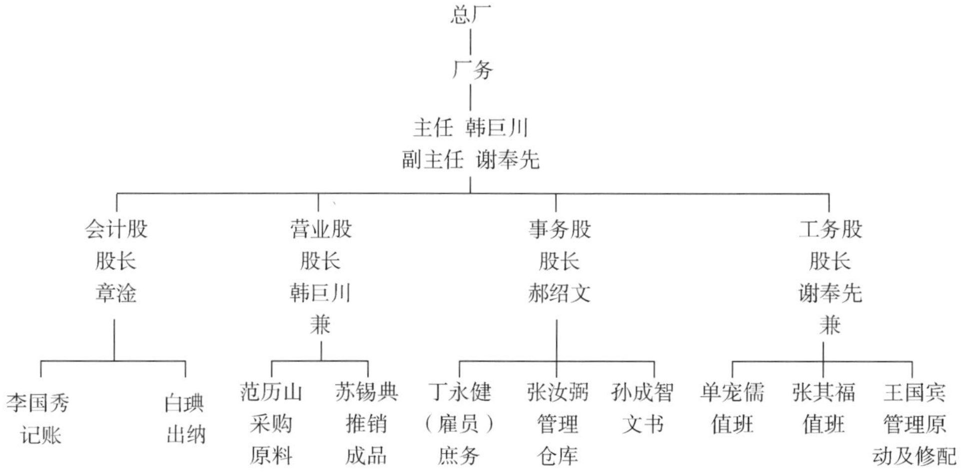

一、工务部分

兰粉历年以来，产粉数量与所规定者相差悬殊，且兰州远偏西北，技术员工不易罗致，以致机器损坏日甚。去秋奉命整理工务部分，曾以每日保持开工二十四小时、出粉五百袋为目的，至去冬为止，除兰机原动部分尚未完工外，大致皆按原定计划完成。今春奉命接管兰粉，机器本身既无问题，故首要任务当为力求稳定生产，提高效率，改良品质。接管之初，所存小麦品质霉蚀，故出粉率过低，面粉品质更无从改善。新小麦因地方环境，亦未克随即补充，故本年一二月接管之初，工务部分受环境限制，虽有进步，离理想尚远。本月以来，新购小麦源源运厂，生产渐趋稳定，又添装小石磨两部，将麦皮再磨一道，生产效率亦见提高，将品质方面，亦有改良，工务部分渐入正轨，当可无甚问题。兹将详细改进情形分述如后：

1. 稳定生产

稳定生产最主要者为求原动之无障碍，该厂原动力由兰州电厂供给，每日下午五时至十一时电压过低，按章不得开动马达，是故拟于该六小时内自行烧锅炉发动。但改换传动，费时稍久，故总不能达整日开工之目的，尤其最近电厂辄有停电现象，事先既不通知，事后又难预告停电时刻，在此仓促之间，烧炉发动无法准备，生产颇受影响。最近机厂所修大锅炉交工后，该厂曾试工四十八小时，惟因原存煤质过次，临时雇用烧炉工人技术太差，以致【仅】达13%。根据实验结果（试车记录附后）可知，如自备原动可有把握，仅每袋原动费稍大而已，倘电厂供电情形，仍有更坏之趋势，或将自行开原动，以维持生产之稳定。至粉厂本身之障碍，该厂自行修理，皆可予以补救。另外经常主要物料，当亦多加注意，以免随时停工。

2. 效率增高

兰州一带多系春麦，皮壳甚厚，出粉效率较之关中小麦自应稍低，以往又因霉麦等关系，以致出粉率仅70%左右，而其中一部分下粉，仍形同小麦皮一般。最近曾对此项效率之改进，做种种努力，尤其添加石磨以后，约可增高至百分之七十三。

3. 粉质提高

以往该厂面粉品质过次，在兰州市场给予一般人最坏之影响，且兰州另有面粉厂之设立，倘品质无较显著之改良，实无以与之竞争而存在【之理由】。故最近调整线路，改细筛绢，规定品质，已够适当之标准，以后当求维持不变。

二、管理部分

本厂接管之后，对管理部分曾作彻底整顿，对各事手续办法，亦次第厘定。兹分述如左：

1. 料品管理。以往交接时，实物与账面几可谓全不相符，现在陆续校正，以后收进付出时，求有一定办法，期能与会计账目吻合，否则财产无法真实。至原物料、成品之保管办法，亦须多加注意，以免再有意外损失。

2. 房舍之分配与修缮。过去厂内房舍分配，似欠合理之处甚多，如宿舍与办公室不分，工人则与职眷混处一齐，工厂与仓库皆未能单独划出，致管理无法进行，故曾将工厂、仓库、办公室、职员宿舍、工人宿舍等均予划分。再，房舍本身因当初建筑之时，或因监督不周，或因时间仓促，不坚固与省工节料之处甚多，最近职员宿舍曾有檩条折断情事，仓库北墙十余丈一堵倾斜将塌，各处雨漏甚多，尤其面粉大楼，地脚不坚，砖墙松动。故各项房舍实有彻底修缮之必要，而免发生意外，此亦在次第进行中。

3. 加强工人管理。工人下工后之生活与管理，影响其工作效能至巨。最近曾建立确定工资与上下班制度，对伙食、住宿亦陆续改良与集中，过去散漫紊乱之情形，或可于最短期内改正。

三、营业部分

查本厂本年一月间，前存小麦即已用罄，当时除一面接收，一面即接洽购买小麦。政府曾批准在兰州附近县份（永登、临洮、定西等县）收购，不许在兰市购买，恐影响兰州粮价。殊不知本厂乃一粮食加工制造之生产机构，所购小麦磨制面粉后，即全部供应市场，并非囤积居奇之普通商人，政府当局未能体谅斯旨，仍采用战时之统制政策。此种办法影响所及，使食粮未能通畅其流，外县粮商均因之裹足不前，兰市粮食数量无形减少，政府名为平抑粮价，实即提高粮价也。再外县粮市较小，如大量收购，亦较困难，况甘境多山，交通亦属不便。本厂每日以出粉五百袋，计需小麦二百石，每月计需六千石，如全恃在外县收购，绝不能如数供应，难免有时开时停之虑。故在接收之初，旧历年关将届，如赴外县购粮，势必耽误开工，当时曾同外县粮商在兰州就地接洽，送厂交货，一月底前，即购到小麦二千四百余石，政府当局曾以本厂在当地接洽购粮，经通知制止。截至三月中旬又购到小麦七千五百余石，此麦多系军粮，因甘肃军队粮食系由政府发给小麦，由军队自行换制面粉，惟军队人数多不翔实，所领小麦即有敷余。此种小麦之出售，在军政当局似为一公开秘密之事，如无人发觉，各方即佯装不知，如经告发，麻烦殊多。此种小麦，为数甚多，价值亦较公道，各面粉业均以购买此麦维持现状。本厂在兰州乃一产量最大之厂，购买原料及销售面粉，辄为社会一般人士所注意，如专以购买军粮维持开工，恐已接济不上，故最近曾派人分赴外县收购，以辅原料之不足。

查兰州附近水磨甚多，市民在习惯上多喜食用土粉，且我厂以往粉质不佳，兰花牌面粉无人问津，因此销量甚受影响。惟据最近调查，倘机粉能保持出粉标准，价值公道，亦可获得市民之欢迎，本厂迩来曾以商标改换，以期面目一新，另再积极设法宣传。总之，本厂如能尽到人事之上一切努力，并非不能发展也。

四、会计部分

接管之后，会计部分整理原物、燃料等项，务使与实物相等，至积欠较久无希望收回之呆账，亦在设法整理中。关于兰粉实际财产情形，流动资产可抵偿债务而有余。

本厂正式开工，每月生产额可达一万万元以上，倘原料能如期供应，则原定透支额一万万元，似嫌不足，拟请总公司代洽增加。

（件存陕西省档案馆民国档82－1－1008－3卷）

雍兴公司兰州面粉厂经营概算书

(1941 年 4 月 19 日)

甲、资本金运用

1. 厂房建筑及地基	五十万元
2. 粉机八座及附件	九十万元
3. 原动机机锅炉电力设备	四十万元
4. 其他机器上附属设备	二十万元
5. 开办费	三十万元
6. 流动资金	一百八十万元
共计国币:	四百一十万元

乙、营业收入

1. 面粉盈余(按全年出粉二二〇,〇〇〇袋,每袋以国币四元估计)

每年约计八十八万元。

2. 麸皮收益(按全年出麦三万七千担,每担以国币十六元估计)

每年约计五十七万七千元。

共计一百四十五万七千元整。

丙、营业支出

1. 付出利息:二四七万七千元。

2. 折旧(机器按十六年、房屋按二十折旧估计)二十万元。

3. 营业费:四十万元。

4. 管理费:十八万元。

共计:九十四万六千元。

以上收支相抵纯益:五十一万元。

(件存陕西省档案馆民国档 82-1-1008-3 卷)

雍兴公司驻陇办事处聘请襄助接收兰粉厂人员书※

(1941 年 3 月 18 日)

径启者:顷奉雍兴公司束总经理电,以兰州面粉厂暂时停办,曹经理裕民调雍兴公司服务,交代事宜由本处主任接收具报,等因。查兰州面粉厂内部情形异常紊乱,所有接收事项非特别缜密不可。兹为便于整理起见,特组织兰州面粉厂整理组,委调兰州中行稽核金鹤鸣兼该组组长主持一切,聘请台端兼该组组员襄助接收。除分函并转知该面粉厂外,用特检同名单一份,函请查照,并希即日起与金组长面洽为荷!

此致

□□□(某人)先生

(陇处代)启 三月十八日

(件存甘肃省档案馆 49 - 1 - 209 卷)

雍兴公司为聘请暂行兼代兰粉厂经理遗职致洪德官函※

(1941 年 3 月 19 日)

径启者:查兰州面粉厂经理曹裕民业经总公司电调天水服务,所遗经理之缺,聘请台端暂行兼代。兹将聘书随函附送,望即会同本处组织之兰州面粉厂整理组于本廿日前往接收。用特函达,即希查照,除将接收情况随时具报以凭转陈外,并【请】执行经理职务为荷!

此致

洪德官先生

附聘请书一纸

聘请书

兹聘请台端暂代雍兴公司兰州面粉厂经理。

此致

洪德官先生

雍兴公司驻陇办事处 主任 启

中华民国卅廿三月十九日

(件存甘肃省档案馆藏 49 - 1 - 209 卷)

雍兴公司驻陇办事处为整理面粉厂经过致公司函※

(1941年3月22日)

雍兴公司钧鉴:

顷奉钧处第二七〇号电,略以兰州面粉厂曹经理裕民调赴钧处服务等因,查此案曾于本月十八日接奉束总经理由渝来电,饬同前因,敝处遵即转知该厂,并调派洪德官君暂兼代改厂经理职务,各在案,兹将处理经过略陈梗概:

(一)查该厂内部,紊乱异常。为便于接收整理计,经由敝处组织接收整理组,函聘兰州中行会计股办事员金鹤鸣君为组长,朱松如、凌启佑、陈荣先、李西庚等四人为组员,负责办理接收该厂一切事宜。经于十九日开会商定接收手续后,于本月廿日前往该厂分别部门,逐项接收,有无问题,容后续报。

(二)查该厂过去之办事无章,多因人事之不健全。为整理计,经调派平凉分厂主任何崇生暂代该厂厂长,其主任遗缺调派兰厂营业课长董子青前往接充。因董君曾任"平厂"厂长,成绩尚佳,此君精明干练,办事认真,故特为之暂调也。再,兰厂总务课长向无相当人员负责,为充实机构起见,经查有凌启佑君曾任报社主笔,经验宏富,忠实可靠,经商得凌君同意,暂派为该厂文书股股长兼代总务课职务。至其他人事,正在考核调整中。

(三)曹经理裕民因过去不顾舆论,漠视功令,致商民与政府视该厂如仇雠。为本公司信誉计,特将曹经理调赴天水一事,以新闻稿交由此间中央社于当地报纸分别刊登,以抑舆情,而正观听。附陈报纸乙份。

以上各节,为最近处理经过,敬特函陈,统乞察核备考为祷!此颂

公绥

雍兴公司驻陇办事处启

三月廿二日

(件存甘肃省档案馆49-1-209卷)

金鹤鸣为陈报整理兰粉厂困难情形致公司驻陇办事处函※

(1941年3月26日)

雍兴公司驻陇办事处钧鉴:

职等奉命整理兰州面粉厂以来,已将逐日经过详情呈报在案。兹查面粉厂前

经理曹裕民始终无诚意交代,态度狡猾,意图破坏,阳则敷衍职等,阴则煽动职工。该经理所聘任之职员为其亲近私人,例如经办文书之朱之章,有意怠工交卸时期,避不见面,自廿一日至廿三日未见其到厂办公,偶一来厂亦如神龙之见首不见尾。经办文书人事之胡畀鎏于廿一日晨四时潜行出厂,携带其私人之保管函件并有前曹经理签给之保证明书一纸,其经手前代粉厂由渝至兰押运之机器运费及其私人之路费壹万肆仟余元,尚未清算出账,曹裕民明知故纵,在使接收者无从整理其账目。工头单鸿生经潘仰山经理之介绍,忠心为粉厂服务,职等于廿一日与洪代经理往接粉厂时,尤口头保证始终尽职粉厂决无异议,一夜之隔,经曹裕民之威胁利诱,忽反幡然变计,出示批注之呈文一件(曹裕民批犒赏单,工人等由渝来兰酬劳金贰仟元,原呈文为二月十九日,曹氏批注为十五日,后又为十九日),希图勒索,以怠工为要挟。类此蓄意煽惑情事,竹不胜书,职等实无法进行整理事宜。谨此密陈,敬乞察核示遵为祷。顺颂

钧绥

兰州面粉厂整理组组长金鹤鸣　谨启

卅年三月廿六日

(件存甘肃省档案馆 49－1－209 卷)

兰粉厂粉机整理报告

(1948 年)

兰粉厂自民国三十四年十月,由蔡酒派员将机器及原动大加整理之后,数年来生产尚稳定,效率逐渐提高,所出面粉品质亦配合市场之需要加以改善,遂而为顾主所欢迎,销路日趋广泛,形成供不应求之势。三十六年底,将原存之旧机件拼凑成钢磨一部、石磨两部,添装于粉楼内,产量由日产五百袋增至七百袋。三十七年春,因代补给区磨制一部分军粉,供应市场之面粉势必减少,而市场之需要量有增无减,乃有再事扩充设备、增加产量之必要。本年七月,由总厂拨给钢磨两部、装袋机一部、风扇一部,遂决定于九月中旬停机添装机器,更改线路。九月底安装完竣,十月初遂逐步试车。桂岩奉命来兰协助整理,于十月十三日到兰,适值试车期间,一切尚未正常,当即详细将所有机器线路等加以检查,认为应行改进各点分述如后:

(一)净麦。甘肃小麦颗粒长大,杂质很多,经麦筛处理后,与小麦同样大小

之石子无法除净,影响面粉之品质殊甚。原有洗麦机一部,因离心力不够,洗净之小麦虽无砂石,而水分很高,不适于制粉,故而不能开动,清除石子始终无妥善办法。净麦之处理,不外利用其体积、比重、形状等特性,洗麦机系利用比重,今既不能用,另作新洗麦机亦非易事,拟将旧有之草子机一部暂先装用,利用其形状之不同,可能提出少许石子。此草子机式样旧、效率低,最好自行制圆盘式草子机一部,不但石子可以提去,草子亦可去净。草子机使用时应装于麦机之后,以防磨损,若能装于润麦之后,入磨之前,小麦经润泽之后硬度较为柔软,草子机不易磨损,寿命可延长。

小麦加水对面粉品质、产量及出粉效率影响至巨,故把握合理之水分为粉厂技术管理最重要之关键。本厂所用小麦因运输情形不同,到厂后水分甚为悬殊,羊皮筏运到者,水分时常高出20%以上,必经晒干后始可磨制。故入库之小麦水分无法稳定,小麦缺乏时,到厂即直接入磨,水分参差不齐,出粉不能纳入正轨。以后所有小麦到厂,先经检定,根据品质分别保管。水分甚高者定要晒干后入库,稍高者可与较干者掺合储存,于一周后水分可自行调合渐趋一致,掺合之比例,可根据水分检定之结果计算之。

净麦机器均式样陈旧,效率不良,麦筛风力不足,许多漏风处应用布条刷胶贴糊之,舌板略予去薄以减轻其重量。麦糠槽太窄,须予以改宽。现在产量增大,此陈旧之麦筛实不胜任,有添装新麦筛之必要。蔡酒有全份蓝图可要来照图制造,新麦筛第三层筛底有刷子装置,无堵塞之情形,净麦程度高,出粉品质当随之改善。加水设备应采用overflow(溢出)或浮漂装置,使水面之高低不致影响流量,水分可较稳定。冬季气候寒冷,麸皮硬脆,出粉率及品质均降低,甘肃小麦坚硬皮厚,水分不均,润麦时间应延长,由实际实验确定之。入小麦柜之前,可装二次加热水设备,加水搅龙下装电炉保温,加热水后在小麦柜内存储至二小时后入磨,入磨温度最好保持在70℉。

净麦升运管因受动力不足之影响,开动时间较短,麦柜内不能积存适量小麦,润麦办法无法实施,若将升运斗200m/m之距离改短为150m/m,升运斗宽度一律改为四寸,则运麦量可增加五分之二。

(二)制粉线路。制粉线路之确定,当以所有机器之种类数量及性能为根据。现用之制粉线路,麸磨为六道,道数虽多,每道之磨辊面积不够大,所以麸皮碎而不净,出粉率低,出粉品质不良。将麸磨线路改为四道,二、三、四道皆用6″×24″磨辊两对,面积增加一倍,磨口可以稍松,麸皮不碎而且净,粉之品质可提高。光辊原为七道，共九对，应该为六道，第二道用6″×24″磨辊两对，其他均为一对，所余磨辊二对改为细齿磨，分为Tailing一道，Low grade一道，六道光辊分为A、B、C、D、E、F，其作用如左：

（1）A——Coarse Semolina

（2）B——Fine Semolina

（3）C——Dunst

（4）D——Coarse Middling

（5）E——Fine Middling

（6）F——Dunst

$$\text{Ⅰ BK.} \longrightarrow \begin{cases} \text{Sealping} \longrightarrow \text{Ⅱ BK.} \\ \text{C. S} \longrightarrow \text{A.} \\ \text{F. S} \longrightarrow \text{B.} \end{cases}$$

$$\text{Ⅱ BK.} \longrightarrow \begin{cases} \text{Sealping} \longrightarrow \text{Ⅱ BK.} \\ \text{C. S} \longrightarrow \text{A.} \\ \text{F. S} \longrightarrow \text{B.} \end{cases}$$

$$\text{Ⅲ BK.} \longrightarrow \begin{cases} \text{Sealping} \longrightarrow \text{Ⅱ BK.} \\ \text{C. S} \longrightarrow \text{B.} \\ \text{F. S} \longrightarrow \text{D.} \end{cases}$$

$$\text{Ⅲ BK.} \longrightarrow \begin{cases} \text{Sealping} \longrightarrow \text{麸皮机} \\ \text{C. S} \longrightarrow \text{D.} \\ \text{F. S} \longrightarrow \text{E.} \end{cases}$$

$$\text{① A. (Coarse Semolina)} \begin{cases} \text{C.} \text{——⑦} \\ \text{F.} \text{——②} \end{cases}$$

$$\text{② B. (Fine Semolina)} \begin{cases} \text{E.} \text{——④} \\ \text{F.} \text{——③} \end{cases}$$

$$\text{③ C. (Dunst)} \begin{cases} \text{C.} \text{——④} \\ \text{F.} \text{——⑤} \end{cases}$$

$$\text{④ D. (Coarse Middling)} \begin{cases} \text{C.} \text{——⑤} \\ \text{F.} \text{——⑥} \end{cases}$$

$$\text{⑤ E. (Fine Middling)} \begin{cases} \text{C.} \text{——⑦} \\ \text{F.} \text{——⑥} \end{cases}$$

⑥ F.（Dunst）{ E. ——⑦ ; F. ——⑧ }

⑦ Tailing{ C. ——小麸皮 ; F. ——⑧ }

⑧ Low Grade{ E. ——小麸皮 ; F. ——小麸皮 }

磨辊面积之分配，根据英国之标准，本当麸磨36%，光辊57%，细齿磨7%。兰州市所有粉厂皆用9XX筛绢出粗粉，故光辊之面积可以减少。所用小麦水分不稳定，面粉之品质又不需要高，可将麸磨及细齿磨面积加大，使出粉率尽量提高。按以上所拟定之分配办法，齿磨为43.75%，光辊为43.75%，细齿磨为12.5%，颇适合实际情形。如此工作二十四小时，产量可达八百袋，出粉率可达73%。

平筛四部共十六口，麸磨及光辊占十四口，麸皮粉占一口，吸粉器粉占一口，旧圆罗可装用一部，供细齿磨使用。

（三）粉机。

（1）钢磨：所有6″×24″之磨辊已使用四年有余，磨辊直径磨小到5″左右，因直径减小调节距离已超过磨木棒之限度，无紧合之余地，又因直径小接触面积缩小，效率降低。辊面硬度不够，而却不匀，应将直径5″以下者逐渐更换。冷凝铸辊尚无法制造，可仍铸白铁辊镶灰铁心子。根据磨壳之地位计算。磨辊直径可加大为75″，则效率必然增大。磨辊之速比，现在齿辊为1:1.3，光辊1:1.2，殊不合宜。齿辊速比应为1:2至1:$\frac{1}{2}$，则麸皮壳干净，产量定可增多。齿辊拉丝斜度。第一道麸磨用1:5，其余都用1:7，牙齿形状采用saw tooth，切角为45°，磨角用65°。第一道麸磨齿尖稍磨平，如图（a）之虚线，其余均须尖锐。快慢辊牙齿之组合一律用front taback，如图（b）。

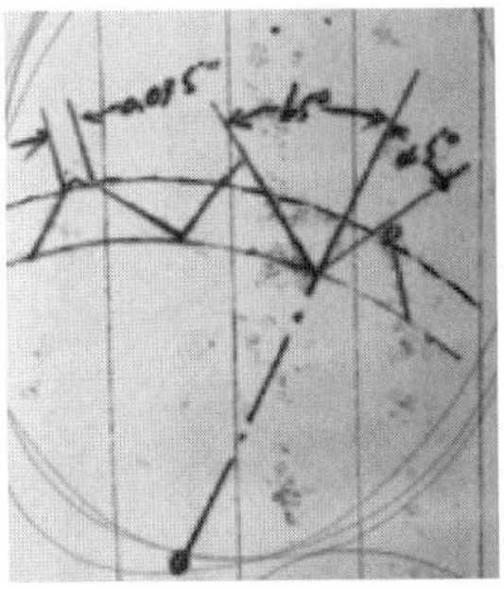
（a）

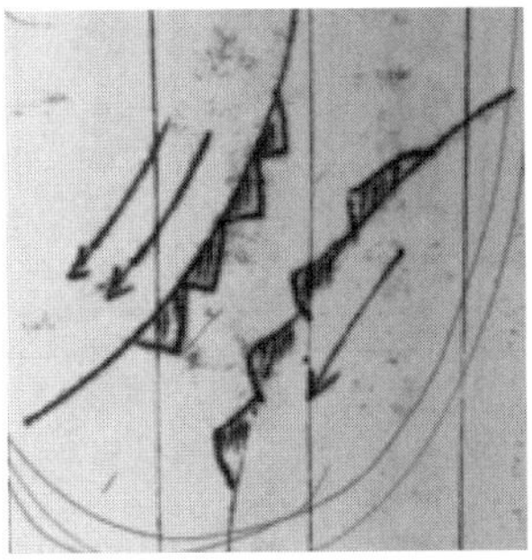
（b）

紧合磨口应特别注意。第一道麸磨不可过紧(gap = 0.020″),第二道麸磨需要紧(gap = 0.006″),第三道麸磨 gap = 0.035″,第四道麸磨 gap = 0.003″,细齿磨 gap = 0.006″,光辊 gap 如下:

A. gap = 0.065″　　B. gap = 0.045″　　C. gap = 0.035″

D. gap = 0.0050　　E. gap = 0.0030　　F. gap = 0.0025

光辊刮刀因点位置不适当,虽加重铊,仍不好用,可改为下图(c)。

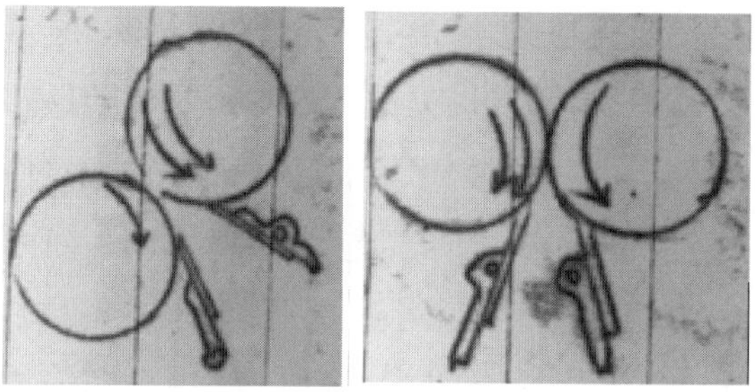

(c)

钢磨弹簧直径$\frac{3}{8}$″φ,力量不够,应改为$\frac{3}{8}$″φ 或$\frac{1}{2}$″φ。

(2)平节:平节之速度不足 200 转。若能用加水小麦节分不畅,产量立即降低,可将速度提高至 200R. P. M ~ 210R. P. M。节绢之清理用豆子不及用刷子效率高,当陆续更换节格,改装刷子。节绢欠缺线路不能配合妥善,务必急速请购。目前先向总厂要马尾罗底以资补救。

(3)麸皮机:麸皮机钢线布所用 28w 太粗,麸皮刷子未调紧,不能发挥刷的作用。将钢线布改 40w,刷子调紧,麸皮当可洁净。麸皮机之速度仅 175R. P. M,似嫌不足,可改为 200R. P. M,效率亦可提高。

(4)装袋机:由总厂运来装袋机一部,本厂旧有一部,共二部。可装于装袋房内使用之,既能省人工,又可减少面粉损失。

(四)原动。粉厂动力经常依靠兰州电厂之电力,而电厂电力不足,电压很低,马达发热力量不够等情事每日皆有。每四日分区停电一次,工作简直无法正常。本厂现有五十匹锅炉蒸汽机一套、一百马力锅炉蒸汽机一套,五十者九月份已整理妥善,使用情形甚好,惟马力小不能拖动全楼净麦与制粉二部分机器,遇无电时,净麦与制粉机只能互换开动,忽开忽停,影响出粉至巨。现粉厂已决定将一百马力一套急速修妥,并已函蔡机厂派电焊匠来焊花板,不堪用之管子无法补充,暂将其抽去用堵头堵死之。希望十一月底可以修妥,十二月份工作即可正常。

(五)检定工作。我国一般粉厂,完全靠技工之经验,不知研究改良,毫无进步。本公司各厂向来注重研究工作,并注重科学管理。检定工作是利用科学方法来研究工作之优劣得失,并给予管理人员一准绳,使工作合理,效率增高。蔡酒厂之检定工作,已经发生显著之成果,出粉品质及产粉率趋于稳定。兰粉产量增大,检定工作刻不容缓,亟应购办仪器实施原料及产品之水分、面筋质杂等检定。

(六)下脚处理。以往所产下脚麦,或出售,或掺入麦流内,出售者不免有被奸商掺入小麦,仍卖于粉厂之情事。掺入麦流磨制时常影响产量及品质,殊不合算。今后可将下脚麦积存至相当数量,雇工淘洗晒干,专以磨制下脚粉,出粉之品质可能较三粉品质稍好,另行计价出售之。麦糠可掺入麸皮内出售,碎麦等可作饲料。

(七)整理期限。整理工作现已陆续实施,麸皮线路本月底即可改妥,原动预计十一月底可将一百马力锅炉修妥,至时动力充足产量可稳定于九百袋,出粉率达72.5%。十二月底所有小磨辊一律换用新7"φ辊,出粉情形可更进步,产量可能超过九百袋(若改出混合粉,则仍以不超过九百袋为宜),出粉率可达73%以上。

(件存陕西省档案馆民国档案82－1－1504－1卷)

2. 企业章则

兰州面粉厂股份有限公司组织大纲

总　则

(一)本公司定名兰州面粉厂股份有限公司。

(二)营业地点及厂址先设兰州,逢有机会再分设西北各地,而以兰州为总枢纽。

(三)资本额暂定国币一百万元,视业务扩展程度及环境需要再行增加。

(四)本公司为股份有限公司组织,一切依照国民政府颁发之有限公司法规办理。

(五)本公司之股权所有人限定为中华民国国籍。

组　织

(六)本公司于募集股本足额时召开股东大会,议定业务方针及选举董事七人,成立董事会。

(七)股东大会每年一次,由董事会召集之。如经三分之一股东联名要求或董事会决议,得召开临时股东大会。

(八)董事会对股东负责,督理本公司一切业务。

（九）董事七人之中互选三人为常务董事，常务董事互选一人为董事长，对全体董事负责，日常办理一切业务。

（十）董事会聘请经理一人负业务全部责任，厂长一人负工务责任。如业务发展得加聘协理一人、分厂厂长若干人。经理必须为董事会董事，厂长及技术人员不拘国籍。

（十一）董事会之规章另定之。

（十二）本公司兰州面粉厂经理、厂长之下设六课二处。兹分列于左：

1. 总务课——分文书、庶务、警卫三股；

2. 营业课——分购运、推销二股；

3. 会计课——分账务、出纳二股；

4. 物料课——分保管、收发二股；

5. 工务课——分土木、机械、修理三股（修理股分锻工、车工、钳工、翻砂、冷作、木工、焊工七间）；

6. 运输课——分车务、畜务、稽核三股；

7. 煤炭采运处——分矿物、购买二股；

8. 小麦购运处——分购买、调查二股。

各课设课长一人，各股设主任一人，职员、雇员、联系生各若干人。

（十三）同人服务规则、级别、俸给、奖惩条例、办事细则等另定之。

业　务

（十四）本公司业务以购运小麦、机制麦粉、改进民生、调剂军警民食为主旨。

（十五）本公司视环境需要得对外经营机械、铁工、煤矿开采、车驮运输等业务，以辅助主要业务之进展。

（十六）兰州为本公司面粉业务之起点，西北各地如事实需要，得另设分厂以谋发展。

（十七）每年六月底为本公司结账，会计年度制造详细表册呈报董事会报告一年来营业状况。

（十八）本公司筹备期间规定股息月息六厘，开业后增加二厘（月息八厘）。如营业状况良好，加给红利二厘，而由董事会提出股东大会决定之。

附　则

（十九）本条例经董事长核准后施行并由股东成立大会追认之。

（件存陕西省档案馆民国档案 82－1－414－3 卷）

雍兴实业股份有限公司兰州面粉厂组织大纲

第一条　本厂直接接受雍兴实业股份有限公司(以下简称总公司)及驻陇办事处(以下简称陇处)之指挥监督。

第二条　本厂设于兰州西郊七里河。

第三条　本厂资本暂定国币一百万元。

第四条　本厂设经理、副经理各一人。

第五条　本厂设左列各课股:

一、总务课;

二、会计课;

三、营业课;

四、工务课;

五、物料股。

第六条　总务课设课长一人及左列各股人员:

一、文书股设办事员一人,助员一人至二人;

二、庶务股设办事员一人,助员一人至二人;

三、人事股设办事员一人,助员一人至二人;

四、麦栈管理员一人,助员一人至二人,斗级库丁若干人。

第七条　会计课设课长一人及左列各股人员:

一、账务股设办事员一人,助员一人至三人;

二、出纳股设办事员一人,助员一人。

第八条　营业课设课长一人及左列各股人员:

一、推销股设办事员一人,助员一人至二人;

二、购运股设办事员一人,助员一人至三人;

三、军粮股设办事员一人,助员一人至三人;

四、粉栈管理员一人,助员一至二人,库丁若干人。

第九条　工务课设课长一人、技师一人、技士一人至二人及左列各股人员:

一、工厂股设工务员一人,助员二人至四人;

二、工程股设工务员一人,助员一人至二人。

第十条　物料股设办事员一人,助员一人至二人。

第十一条　工厂内设左列各人员：

一、粉师领班一人；

二、动力领班一人；

三、电机领班一人；

四、各部应用之技工、学徒，由经理视业务上繁简酌量雇用配列，随时报由陇处转总公司备案。

第十二条　本厂得雇用厂工、勤务、厨夫、车马夫、茶房、传达、警卫等人役，其数额由经理视业务上之需要酌定之。

第十三条　本厂各课职员由经理征用之，随时报经陇处核准并转总公司备案。

第十四条　本厂职员因业务上之便利，得由经理命令兼任适宜之数职。

第十五条　本厂职员之薪额，应呈经陇处转呈总公司核定，技工及工役等之工资由经理核定，报经陇处转报总公司备案。

第十六条　本厂因业务上之需要，得呈经总公司核准后，设立驻外办事处、采办处、营业处，各处之业务直接受本厂经理之指挥、监督及有关各课之指导，其人员临时核定之。

第十七条　本厂规定之员工不敷应用时，须呈请核准后方得增用。

第十八条　本厂因厂务之需要得另订各种应用规章。

第十九条　本大纲如有未尽事宜得随时修改呈报总公司核准。

第二十条　本大纲呈奉总公司核准施行。

（件存甘肃省档案馆 49 - 1 - 101）

雍兴实业股份有限公司兰州面粉厂办事细则

第一章　总　则

第一条　本细则依组织大纲第十八条之规定而制定。

第二章　职　掌

第二条　经理对内综理全厂事务，对外为本厂之代表。

第三条　副经理辅佐经理，遇有经理不能在厂时代行其职权。

第四条　各课课长秉承经理、副经理之命令分掌各课事务。

第五条　各课股办事员、工务员、管理员、助员等各依其所属之课股分掌其事务。

第三章　事务分配

第六条　总务课掌理事务如左：

一、文书股

甲、印章之典守事项；

乙、电本、文卷、簿册之保管事项；

丙、文卷之收发、分配、承转、撰拟及译电事项；

丁、会议记录及编辑事项。

二、庶务股

甲、生财、器具之购置分配及保管事项；

乙、公用物品之采购、发给、保管事项；

丙、员工膳食、宿舍之管理事项；

丁、员工薪津工资之计算发给事项；

戊、警卫、传达、勤务、厨夫、茶房、车马夫之管理事项；

己、清洁、消防事项。

三、人事股

甲、员工进退调动登记事项；

乙、员工考勤考绩事项；

丙、员工保证事项；

丁、员工家属调查事项；

戊、员工福利事项。

四、麦栈管理

甲、小麦之收付、曝晒、保管事项；

乙、小麦之收付日报及记账事项。

第七条　会计课掌管事务如左：

一、账务股

甲、传票之制造、稽核及记账事项；

乙、主管表报之填造事项；

丙、利息成本之计算事项；

丁、预算决算之编造事项；

戊、主管账册票据之保管事项。

二、出纳股

甲、现金、票据之出纳保管事项；

乙、主管传票、表报之制造编造及记账事项。

第八条　营业课掌理事务如左：

一、推销股

甲、成品之推销事项；

乙、成品售价之厘定事项；

丙、面麸行情之调查事项；

丁、面粉税之计算缴纳及表报编造事项。

二、购运股

甲、原料之采购事项；

乙、原料行情之调查事项；

丙、原料成品之运输事项；

三、军粮股

甲、军粮之接洽事项；

乙、军粮之计划事项。

四、粉栈管理员

甲、面粉、麸皮、下脚之收付保管事项；

乙、面粉、麸皮、下脚之收付日报及记账事项。

第九条　工务课掌理事务如左：

一、工厂股

甲、机器工具之管理事项；

乙、技工、厂工、学徒之监督管理事项；

丙、成品之制造、包装事项；

丁、工厂设备事项：

戊、工务之研究计划事项。

二、工程股

甲、建筑制造之计划管理事项；

乙、工匠之监督管理事项。

第十条　物料股掌理事务如左：

甲、物料之采购、收付、保管事项；

乙、物料行情之调查事项。

第十一条　其他未经规定之事务,由经理按其性质交由主管课股分别掌理之。

第四章　文件处理程序

第十二条　收到文件应由总务课编号登入收文簿,将文件送传各课批阅盖章,并由主管课股签拟办法送还总务课呈送经理核定办法,发交总务课办理,其须与其他课股会办者则会同办理之。

第十三条　总务课撰拟文稿应由主办人盖章送课长复核盖章,呈经理判行后交课缮发。其属于其他各课股主管者,应由各主管课股开具节略,交由总务课拟稿并会同复核盖章。

第十四条　文稿非经经理判行不得缮发,但经经理批注签稿并送者得先行缮正。

第十五条　发出文件应由总务课编号登入发文簿,并备送文簿由收文机关盖戳携回,其由邮局挂号寄递者,应将收据粘于原稿之上存卷备查。

第十六条　来文附有银钱票据或货物单据者,应由总务课登入送件簿,送交主管课股收存并盖章于送件簿上,各课股送交总务课发出者,由各课股登入送件簿上,送交主管收发人员盖章于送件簿上。

第十七条　每一文件除必要时至迟应于开始处理时起三日内办毕发出,紧急者应随时办毕后发出,不得延搁。

第十八条　总务课送交各课股签拟办法之文件,除必要时应于当日内办毕送还,紧急者随时办毕送还,不得延搁。

第十九条　已办毕之文件由总务课编号归档。

第五章　会计处理程序

第二十条　营业课收入之款项应随时逐笔送交会计课,不得自行保管,每日两课核对总数;其他各课股收入款项应随时做成传票连款送交会计课,不得自行保管。

第二十一条　支出款项应由各主管课股先将单据呈经理核定后,送会计课支付款项。

第二十二条　各主管课股有关金钱货物之契约证书单据等件,应登入送件簿送交会计课保管并盖章于送件簿上。

第二十三条　其他有关会计之处理程序依总公司通函之规定办理。

第六章　原料成品处理程序

第二十四条　营业课得经经理核准派员赴各地采购原料或推销成品。

第二十五条　原料入厂时应由监定人员验明品质确系合于使用【始】得收进。

第二十六条　收进原料应由麦栈管理员过数并做成传票送会计课记账。

第二十七条　原料曝晒打净时，麦栈管理员应逐日将晒打拆耗数目报由主管课长转报经理核定后，交会计课记账。

第二十八条　工务课付取原料应填具领料单，向麦栈管理员付取，麦栈管理员应每日做成传票送会计课记账。

第二十九条　工务课每日应将所领原料、所产成品开单送会计课核对。

第三十条　工务课每日产出成品应填具交库单送交粉栈管理员，粉栈管理员应在交还工务课交库单副本上盖章证明，并做成传票送会计课记账。

第三十一条　营业课售出成品应填具领料单向粉栈管理员付取，粉栈管理员应每日做成传票送会计课记账。

第三十二条　以上各课应每日会同制成原料、成品日报表送由总务课呈经经理核定后电报总公司。

第七章　物料用品处理程序

第三十三条　总务课购置日用物、生财器具，物料股采购物料应先呈经经理核准。

第三十四条　各课股收到物料应做成传票送会计课记账。

第三十五条　各课股需用物品应填具领件证，向总务课或物料股取付，总务课及物料股应做成传票送会计课记账。

第三十六条　生财器具应由总务课编号列册，有变动时并随时记载。

第八章　会　议

第三十七条　每星期六日应举行厂务会议或厂务研究会一次，必要时得临时召集之。

第三十八条　厂务会议或厂务研究会以经理为主席，副经理、各课课长、各股主管人员、技师等均须出席，必要时得由经理指派其他人员列席。

第三十九条　厂务会议之决议及厂务研究会之研究结果之采用与否由经理决定之。

第四十条　厂务会议及厂务研究会之记录应呈报总公司。

第九章　附　则

第四十一条　本细则如有未尽事宜得随时修改之。

第四十二条　本细则呈奉总公司核准试行。

（件存甘肃省档案馆 49－1－101 卷）

雍兴实业股份有限公司兰州面粉厂工厂管理规则

第一条　本规则依本厂组织大纲第十八条之规定而制定。

第二条　本规则所称之工厂系指有关制造部门之工作场所而言,所称之工人系指从事上项工作之工人而言。

第三条　无本厂员工证章不准在工厂内出入,临时雇工须持工牌方许入厂。

第四条　非经本厂主管人员之许可不准入场参观。

第五条　机器之使用管理及成品之制造研究由技师主持之,技士佐理之。

第六条　工人之管理监督及日常事务之处理由工务课课长主持之,工务员、助员佐理之。

第七条　工人由各间领班督率,受各主管人员之命令指挥。

第八条　本厂工时分日、夜两班,每班十二小时,每周日夜班调换一次。

第九条　工人须按时到厂上班,不得迟到,如有必要事故须报经领班之许可。

第十条　在班工人不得擅离工作位置,如有必要事故须报领班之许可。

第十一条　在班工人非至次班工人接班时,不得退出工厂,如有必要事故须报经领班之许可。

第十二条　工人请假须预定代理人代其工作。

第十三条　工厂设点名簿逐班记录各工人出勤、缺勤、迟到、早退等事项。

第十四条　主管之机器发生故障或所用之工具损坏时,应报由领班转报主管人员加以修理或换掉。

第十五条　全部机器发生故障,各间工人应各守工作位置,由领班报请主管人员加以检查修理,并服从其命令指挥,不得混乱。

第十六条　工人应随时注意机器之清洁与保护。

第十七条　工人对于所用之工具、器材、油料应注意管理与节省。

第十八条　工厂内之用具、器材、油料非报经主管人员之许可,不得携带出厂。

第十九条　非工厂应用之物件，不得携带入厂内。

第二十条　用过之乏油应保存滤炼再用，擦过之旧布应保存洗涤再用。

第二十一条　每日夜班各停机三十分钟，以便检查、加水、打烟囱。

第二十二条　工厂内不准有吸烟、闲谈、喧闹等情事。

第二十三条　本规则如有未尽事宜得随时修改之。

第二十四条　本规则呈奉总公司核准试行。

（件存甘肃省档案馆 49－1－101 卷）

雍兴实业股份有限公司兰州面粉厂职员服务规程

第一条　本规程依本厂组织大纲第十八条之规定而制定。

第二条　本厂职员应恪遵本厂“公诚勤敏”之厂训。

第三条　本厂职员应遵守本厂一切规章。

第四条　本厂职员应服从各级主管人员之命令。

第五条　本厂职员非经经理之许可不得兼营其他业务。

第六条　本厂职员对于厂务非经经理许可不得向外宣布。

第七条　本厂职员不得有对本厂不利之行为。

第八条　本厂职员不得假藉职务上之机会以谋自己或他人之利益。

第九条　本厂职员对于所任职务应抱研究之情绪以求增进服务之技能。

第十条　本厂职员不得有冶游、赌博、酗酒及其他不良嗜好之行为。

第十一条　本厂各职员应有互助诚敬之精神。

第十二条　本厂职员应爱惜公物。

第十三条　本规程呈奉总公司核准实施。

（件存甘肃省档案馆 49－1－101 卷）

雍兴实业股份有限公司兰州面粉厂职员考核奖惩规则

第一条　本规则依本厂组织大纲第十八条之规定而制定。

第二条　本厂职员之考核分下列三种：

一、每月考勤以考核其一月工作之勤惰。

二、每三月考成按第三条规定各科目以考核其成绩。

三、每年终按各次之考勤考成总评其全年之成绩。

第三条　考核之科目及计分如下：

一、工作之勤惰25%；

二、技能之优劣25%；

三、工作之效率25%；

四、操行之优劣25%。

第四条　请假之日数按在职日数之总数比例扣算,前条第一项之分数不满一日者,以八小时合作一日;旷职一日以请假二日计;迟到早退以请假半日计。

第五条　考核成绩分甲、乙、丙、丁、戊、己、庚、辛、壬、癸十级,每级十分,不满十分者以十分计;以戊级为及格,丁级以上分别奖励,己级以下分别惩戒。

第六条　成绩特殊优良或恶劣者,临时分别奖惩之。

第七条　奖励之种类如下：

一、奖励金；

二、进级；

三、加薪；

四、记功；

五、嘉奖。

嘉奖三次合成记功一次,记功三次合成加薪一次,加薪三次合成进级一次;进级以进至课长为限,课长以奖励金代进级,奖励金临时酌给之。

第八条　惩戒之种类如下：

一、开革；

二、降级；

三、减薪；

四、记过；

五、申诫。

申诫三次合成记过一次,记过三次合成减薪一次,减薪三次合成降级一次;最低级之职员得以减薪代降级,降级二次开革,开革随时决定之。

第九条　奖励与惩戒得因相当之处分而抵销之。

第十条　考核表式另定之。

第十一条　本规则如有未尽事宜得随时修改之。

第十二条　本规则呈奉总公司核准施行。

（件存甘肃省档案馆 49－1－101 卷）

雍兴实业股份有限公司兰州面粉厂工人服务规程

第一条　本规程依本厂组织大纲第十八条之规定而制定。

第二条　本厂工人应恪遵本厂厂训及一切规章。

第三条　本厂工人应服从各级主管人员之命令。

第四条　本厂工人不得兼营其他业务。

第五条　本厂工人对于所担工作应抱研究之情绪以求增进工作技能。

第六条　本厂工人对于同事应抱互助亲爱之精神。

第七条　本厂工人应爱惜公物不得故意损坏或浪费。

第八条　本厂工人不得聚众滋事。

第九条　本厂工人不得有冶游、赌博、酗酒、斗殴及其他不良嗜好之行为。

第十条　本厂工人不得有怠工之行为。

第十一条　本规程呈奉总公司核准实施。

（件存甘肃省档案馆 49－1－101 卷）

雍兴实业股份有限公司兰州面粉厂工人请假规则

第一条　本规则依本厂组织大纲第十八条之规定而制定。

第二条　本规则所称之工人包括领班、技工、学徒及从事工厂内长期工作之工人。

第三条　工人得因左列事故在其规定限期内请求给假：

一、非亲自不能处理之事故得请事假，每月不得逾二日，每年不得逾十五日。

二、因疾病不能工作得请病假，每年不得逾十五日，但因公受伤者不在此限。

三、因本人婚娶得请婚假不得逾七日。

四、因亲丧得特准给假十日。

第四条　事假逾规定期限者按日扣除其工资，每月逾期至五日以上，每年逾期至一月以上者辞退。

第五条　病假逾规定期限未愈者，得展限至二十日，逾期按日扣除其工资，逾两月者辞退;病假在三日以上者须取具医师证明书。

第六条　婚丧假不得逾规定限期,逾限辞退。

第七条　请假前须由本人或主管人员指定代理人代其工作。

第八条　工人全年不请假者,年期考核时得优予奖叙。

第九条　请假不满一日者,以十二小时折合一日;旷工一日以请假五日计,旷工二次以上者开革;迟到早退以请假半日计。

第十条　本厂休假日概不计算。

第十一条　本规则如有未尽事宜得随时修改之。

第十二条　本规则呈奉总公司核准实施。

（件存甘肃省档案馆 49－1－101 卷）

雍兴实业股份有限公司兰州面粉厂技工考核奖惩规则

第一条　本规则依本厂组织大纲第十八条之规定而制定。

第二条　本规则所称之技工包括领班、技工、学徒及从事工厂内长期工作之工人。

第三条　考核种类分左列两种:

一、分班考核,以逐日同时工作之全班工作成绩为标准。

二、个人考核,以个人工作成绩与分班考核成绩之平均数为标准。

第四条　考核时期分左列两种:

一、分期考核:每三个月举行一次,以每期内工作成绩为标准。

二、年期考核:每年终举行一次,以全年各期考核成绩平均为标准。

第五条　分班考核之科目及计分法如左:

一、成品之产量与品质 40%;

二、机器之管理 30%;

三、工具之管理 15%;

四、物料之使用 10%;

五、工作之秩序 5%。

第六条　个人考核之科目及计分法如左:

一、工作之勤惰 30%;

二、技能之优劣 25%;

三、工时之多寡 20%；

四、兴趣之浓淡 15%；

五、操行之优劣 10%。

第七条　成绩分甲、乙、丙、丁、戊、己、庚、辛、壬、癸等十级，每级计十分，不及十分者以十分计；以戊级为及格，丁级以上分别奖励，己级以下分别惩戒。

第八条　成绩特殊优良或恶劣者，临时分别奖惩之。

第七条　奖励种类如左：

一、特别奖励金；

二、奖励金；

三、进级；

四、加薪；

五、记功；

六、嘉奖。

嘉奖三次合成记功一次，记功三次合成加薪一次，加薪三次合成进级一次；进级以进至技工最高级为限，最高级之技工得以奖励金代进级特别奖励；特别奖励金临时酌给之。

第十条　惩戒之种类如左：

一、开革；

二、降级；

三、减薪；

四、记过；

五、申诫。

申诫三次合成记过一次，记过三次合成减薪一次，减薪三次合成降级一次；最低级之技工得以减薪代降级，降级二次开革，开革随时决定之。

第十一条　奖励与惩戒得因相当之处分而抵销之。

第十二条　考核表式另定之。

第十三条　本规则如有未尽事宜得随时修改之。

第十四条　本规则呈总公司核准施行。

（件存甘肃省档案馆 49－1－101 卷）

雍兴实业股份有限公司兰州面粉厂员工值日规则

一、本厂职员、工役按日轮值管理办公时间以外之事务。

二、值日员每日由课长一人及办事员或助员一人轮任之,值日工役由工役一人轮任之。

三、值日时间自上午办公时间开始起至次日上午办公开始时止。

四、值日员设值日簿记载值日所发生之事故,并由值日员工签名于其上,每日递次移交与次日值日员,并呈经理核阅。

五、值日员遇有非主管人员不能处理之事故,应随时通知主管人员处理之。

六、值日员工因请假或公差缺值,应由次日应值之员工代理,销假后即应补值,因公差缺值者不补。

七、值日员遇有空袭警报时,应督率工役将全厂炉火熄灭后方得避开。

八、值日员工所值系列假日时得于次日补给其假日。

九、值日轮值表另定之。

十、本规则呈奉经理核准施行。

(件存甘肃省档案馆 49－1－101 卷)

雍兴实业股份有限公司兰州面粉厂员工进厂离厂规则

第一条　新职员进厂前应备具左列各件,方得进厂到职:

一、保证书;

二、员工登记表三份(附相片);

三、职员家庭状况调查表四份;

四、印鉴四份。

第二条　新工人进厂前应备具保证书一份、印鉴四份方得进厂工作。

第三条　新员工进厂前须经本厂医师施以体格检查,如不合格得撤销征用。

第四条　新员工所具第一、第二两条之书表,经通知补正而延迟时,得停发其薪津工资之全部或一部,俟补正后补发之。

第五条　新员工进厂后,由人事股登记其到职日期等项并发给证章,由庶务股支配其伙食及宿舍。

第六条　员工因离职离厂时，应将经手公款、公物交清，否则通知其保证人追偿。

第七条　本规则呈奉经理批准施行。

（件存甘肃省档案馆 49－1－101 卷）

兰州面粉厂工务考核办法

一、关于出数方面

（一）面粉厂之产量应依据机器之性能规定每小时及每日标准产量。

（二）工务日报上所载每日出粉数倘以实际开工时数平均未够标准，即证明出数不足。

（三）每日停工可分下列数类原因：

甲、原动力发生障碍；

乙、传动力发生障碍；

丙、清粉机械部分发生障碍；

丁、磨机部分发生障碍；

戊、筛部发生障碍；

己、其他机械发生障碍；

庚、原料短缺；

辛、物料不齐；

壬、倒假式规定停工；

癸、其他原因。

（四）每逢月终需将停工分作十类统计停工时数，并规定□□□不应超过该月份开工日程时数之百分之十。

（五）对于停工原因，应予以分析并研究避免办法。

（六）月底应平均每小时出粉数，倘低于标准数百分之十，则其工务管理上有未□□□□。

（七）倘每日出粉数超过标准 25%，应研究其有无特殊原因，如此一现象连续在五次以上，应与厂方工务员责人研究是否因提高出粉所致。

二、关于品质及包装方面

（一）面粉厂应视市场需要将粉分为若干等级，各级粉应规定细度、温度、灰分蛋白质含量、淀粉含量,并须选定标准样品,以便比较其色泽、品质及所含麸皮、草子等。

(二)各级粉之出产比率应由各厂视机器情形规定。

(三)每日出粉比率是否相符,倘上级粉提多是否影响粉质标准,下级粉提多是否导致成本加大。

(四)本公司化学试验室对于各级粉品质是否与标准相符,应作定期之分析。

(五)每次出厂面粉应由总营业室抽样交本室比较粗细色质。

(六)倘出粉品质常常不够标准,即可证明工务上之失责。

(七)每袋面粉净重应为四十市斤,应由本室随时派人抽查。

(八)缝口是否结实,商标是否鲜明,有无漏粉情事,应由本室随时派人查验。

三、出粉率方面

(一)各地原料不同,机器性能有异,应根据实际情形规定出粉率。

(二)除开工第一日及停工前一日外,每日出粉率与标准数相差不得超过百分之五。

(件存陕西省档案馆民国档案 82－1－1061－1 卷)

兰粉厂生产超额奖金暂行办法

(1947 年)

一、本厂为增加生产,提高工作效率,特订定本办法。

二、本厂每日(二十四小时)额定产量为五百袋,每月额定产量以实际开车日数乘以五百袋之积计算之。但开车日数不满二十日,或产量不满一万二千袋时,暂不给奖。

三、每月总产量超出额定产量时,其超出之数依下列等级奖励之:

1. 一百袋至一千袋,每袋提奖四两面粉,但超额数量不满一百袋时不给奖。

2. 一千零一袋至二千袋,每袋提奖五两面粉。

3. 二千袋以上,每袋提奖六两面粉。

四、奖给面粉依当月底二粉厂价折价发给之。

五、全月平均出粉率倘低于百分之七十三,则不给奖金。

六、如机器正常,每月总产量少于额定产量时,其短少数量应由第二月超额产量内扣除,倘第二月超额产量不足弥补上月之不足数时,得再于第三月超额产量扣除。余类推。

七、本厂库夫每月得依照生产工友之末等奖给奖之。

八、本办法自三十六年十月份起施行。

九、本办法如遇本厂额定产量增加时,得随时改订给奖等级。

（件存陕西省档案馆民国档案 82－1－1107 卷）

蔡酒厂兰粉厂公文处理办法

（1948 年 3 月）

一、为各部分工作取得联系,并各股长明了整个厂务行政,特拟定本办法。

二、凡来文(电),由文书部分收文经主任室核阅后,再分送各股长传阅主办或有关部分主管,并于来文(电)上签注办法或意见(如意见较多时,可另纸签注),以便文书部分据以拟稿。

三、稿拟妥时,先送主办或关系部分主管洽阅后,再送其他各股长传阅,最后陈主任室判行。

四、经主任室判行之文件,由文书部分缮校,并经陈主任签章后,即行编号封发。

五、凡有时间性或当时发送之文稿,如不及由主办或关系部分主管洽阅者,文书于拟妥时可径陈主任室判行后缮发。惟于发送后须将文稿补送各股长及有关部分主管传阅。

六、凡来文(电)或文稿送至各股长及关系部分传阅时,各主管务于当日下班前阅毕,并签章后交回文书部分,以免稽延或遗失文书,并负随时查催责任。

七、各部主管凡经阅过之文件,须绝对保守秘密,不可随意泄露。

八、密件由文书收文亲自送主任室核阅后另行存卷。至发送密件,文书将稿拟妥时,亲自送主任室核阅后,由文书亲自缮发,不另送各股长传阅。

九、凡各机关洽购面粉公函,由文书部分收文,经主任室核阅后,经交营业股洽办,不另行传阅。

十、本办法自三十七年四月一日起实行。

（件存陕西省档案馆民国档案 82－1－1016 卷）

雍兴公司兰州面粉厂职工福利委员会组织简章

第一条　本简章依据政府公布之职工福利会条例第五条之规定制定之。

第二条　本会定名为兰州面粉厂职工福利委员会(以下简称“本会”)。

第三条　本会设委员九人,由职员中推选七人,工人中推选二人,并公推主任委员一人主持会务。本会委员及主任委员均以一年为任期,连选得连任。

第四条　本会之任务如左:

一、关于职工福利事业之审议、推进及督导事项;

二、关于职工福利会之筹划、保管及动用事项;

三、关于职工福利事业经费之分配、稽核及收支报告事项;

四、其他有关职工福利事项。

第五条　本会下设福利社及健康、游艺、进修三组,秉承主任委员之命,分别办理员工福利社及娱乐进修等事宜。至各该部门办事细则及组织简章另定之。

第六条　本会每月召开会议一次,商讨会务进行事宜,由主任委员召集之,必要时得召开临时会议。

第七条　本会委员及办事人员均为义务职。

第八条　本会经费商请厂方拨借。

第九条　本简章经委员会通过并陈报主管机关备案后施行之,修改时同。

附

雍兴公司兰州面粉厂职工福利委员会职员名单

职别	姓名	厂方职务	备　注
主任委员	韩巨川	经理	
委员	郝绍文	主任	
委员	王国宾	工程师兼工务股长	
委员	苏锡典	营业股长	
委员	章淦	会计股长	
委员	秦子颖	技师	
委员	李国秀	办事员	
委员	王承先	服务生	
委员	刘长有	技工	
委员兼福利社经理	李国秀		

续表

职别	姓名	厂方职务	备　注
委员兼健康组组长	秦子颖		
委员兼游艺组组长	王国宾		
委员兼进修组组长	郝绍文		

（件存陕西省档案馆民国档案 82－1－106－3 卷）

兰州面粉厂职工福利委员会业务计划

本会为谋职工福利以资安定职工生活，特设立福利社及健康、游艺、进修三组，分别办理职工福利及娱乐进修等事宜。兹将各该部门计划中之业务及拟举办各事分述如后。

甲、福利社。本会职工均系住居城外，距离市区较远，举凡日用必需品悉由城内购买，运输及时间上诸多不便。为解决此项困难，拟由福利社囤购各种日用品，以备各员工随时购货或按期分批应用，并拟开设饲养房，专饲猪、鸡，廉价供给员工食用。此外拟设立理发室及沐浴室以应职工需要。

乙、健康组。担任何种工作，须有健康身体，服务工厂尤为重要。故凡有关健康之各种活动，均须竭力提倡，分别举办。兹拟先行组织各种球队（如篮球、网球、排球等）与单杠、双杠等，以备各员工公余练习。星期、例假按照季节举办爬山、旅行、溜冰等活动，并随时办理卫生检查（厂方另有医务室之设置），以资预防时疫之流行。

丙、游艺组。拟先设立游艺室，举办各种棋类比赛及练习，并装置收音机，收听各种戏剧及新闻，以调剂员工生活，借资明了国内外时事，并拟另辟俱乐部，聘请教师，置办各种乐器，以便学习，俾员工得有正当娱乐。

丁、进修组。设立图书室，订购各种报纸、杂志及有关进修之各项书籍，以供各同仁阅读，并为充实员工智能，增进各类常识，定期邀请专家作学术讲演。另由各同仁报告读书心得，且为练习讲话口才组织辩论会，制定题目，互相辩论。余各工人识字运动及补习班等，均拟陆续办理，逐步推行。

本会经费系由厂方拨借，以上各项福利事业，当视经费之多寡及实际需要陆续办理，务期各职工生活趋于安定，以增进工作效率。

（件存陕西省档案馆民国档案 82－1－106－3 卷）

3. 会议记录

雍兴公司筹设兰州面粉厂谈话会记录

(1940 年 9 月 26 日)

时间　民国廿九年九月廿六日上午九时

地点　兰州中国银行

出席　束云章　毛瑞梧　曹裕民　陈质文　洪德官

主席　束云章

记录　贺书绅

曹裕民报告筹设兰州面粉厂之缘起及经过

兰州附近产麦甚丰,而市廛所售尽属土面,雍兴公司有鉴于斯,故有在兰州筹设机器磨粉厂之提议,以应社会之需要。裕民于本年七月间奉派来兰筹备设厂事宜,迄今数月,端倪稍具。兹特将经过情形择要报告于次。

(一)购地建厂所需地基。已商妥兰州中国银行,就彼购妥之河路仓库地皮让售二十余亩,一面滨河,一面接近公路,交通甚便。刻正鸠工兴造,三四月后便可完工。预计购地建屋共需三十六万元。

(二)机器设备。本年六月间,已向重庆复兴铁工厂先后订购磨粉机两部,共计约四十万元。其产量每部日出面粉四五百袋,第一批大部分机器已装运在途,不日即可运到;第二批机器,迟至本年底亦可交货。

(三)全厂经费之预算。房屋、地皮及机器共计七十六万元,已如上述,他若开办经费以及购置材料、器具等费约需廿四万元,合计全场经费约需一百万元。至采购小麦之流动资金,拟向兰州中国银行押贷以资周转。

(四)原料之供给。以全年产粉十八万袋计,需用原麦十五万担左右。陇东甘草店、定西县等处可收购五六万担,陇北永登、北山等处可收购十万担左右,是以原麦之供给无虑缺乏,但运输问题煞费筹措,将来究以自备交通工具,抑租用乡农之大车为宜,尚待研讨。至原麦之采购,拟就产麦区域设庄办埋。

(五)燃料。距兰州约六十华里之河干镇地方,有煤可采,煤质亦佳。拟用人工采掘,以供面粉厂燃料之需用,有余量再图外售。预计只需资本四十元即可每日出煤二千公斤。

（六）面粉成本。每袋麦粉之成本计，原料约十五元，直接间接费约三元，利息负担约三角，合计约十八元三角，若以出售市价每袋二十一元计则可净赚二元七角。

（七）组织系统。经理以下设营业、工务、会计、运输、总务、物料科，视事务之繁简而设办事员、助员、练习生若干人，分司其事。

主席意见

（1）资本拟定为一百万元，流动资金可向兰州中国银行洽商押贷。

（2）以人工采煤所费无多，不妨试办。

（3）所有一切全部计划以及组织章程并经费预算等，即由曹裕民君拟具方案，送由兰州中国银行转陈雍兴公司核定。

上午十二时散会。

（件存陕西省档案馆民国档案 82－1－525 卷）

雍兴公司筹设兰州面粉厂第二次谈话会记录

（1941 年 1 月 6 日）

时间　民国三十年一月六日上午九时

地点　兰州中国银行

出席　束云章　郑相臣　曹裕民　陈质文　洪德官　贺书绅

主席　束云章

记录　贺书绅

曹经理裕民报告筹备近况

（一）建筑工程计已完成，第一厂厂房一座，又办公室、修理间及包装仓库各一座，此外散装仓库一座，暨第二厂厂房一座正在积极建造。惟因天寒地冻，泥土部分暂时无法工作，须俟开春后始能全部造竣。

（二）第一厂面粉机器十之八九也已运存厂内，其余一部分之零星配件，三五日内亦可由渝运到。第二厂面粉机器已交货者仅及三分之一，刻已连同引擎一具一并搬运在途，不日当可到达。除严催重庆复兴铁工厂务将全部机器克日交齐外，尚有在渝定制锅炉一具，重逾四吨，无法拆运，拟请总公司代为设法装运来陇，以资应用。

（三）兹规定锅炉运到后四个月内，先将第一厂机器开工生产，再四个月第二厂机器全部开足，预计两厂产量每日约在八百余袋左右（如兰州电灯厂能早日接线通电,则通电二个月内第一厂即可提早开工,半年内两厂开齐)。

(四)以每日出产面粉八百余袋计,每年需要小麦十四五万市石之多。近以官厅统制綦严,无法大批采购,数月以来分托各粮食行所购存者不过五六十市石,不敷甚巨。刻正恳请建设厅转向省政府及司令长官部,设法请领购麦许可证,俾可大量购运。

(五)运输问题最为严重,如两厂日夜开车,每二十四小时内需要小麦四十吨,燃煤十吨。运输工具至少须有大车五十辆始能运转自如。本厂目下仅有大车五辆、牲口十余头,补充固极困难,所费尤属不赀,兴念及此,焦灼良深。

(六)平凉民丰面粉厂开办已有年余,每日生产面粉四十余袋,营业尚称不恶,近以缺乏流动资金,将陷停顿之中。故由本厂陈准总公司出价国币一万元,将其机器、生财全部购进(机器方面计有十四马力柴油机一部,又钢磨及石磨各一具),并派本厂职工何荣民君暂充该厂主任,刻已照常开工,每日可出粉约四十余袋,预计每年可纯益一万元左右。

主席意见

(一)存渝锅炉一具,即由总公司派新购之五吨载重卡车驶渝装运来陇,俾可早日开工,一面仍应由曹经理裕民商郑主席相臣,向兰州电灯厂切实交涉,务求早日接线通电,藉免延误。

(二)原料问题至关重要,务于阴历年内购存相当数量,并将已购妥之五千余石,一并运存厂内,妥为保管,如将来购粮不易,可设法揽磨军粉。

(三)运输工具如以卡车替代大车,一切费用是否可较节省?请曹经理裕民详为估计,并择其便宜者预为筹办。

(四)面粉厂以前所购存物料,应即遵照总公司前函规定,克日移交总公司驻陇办事处照单点收,并向其索回应得之价款。

(五)为管理便利起见,平凉面粉厂直辖于兰州面粉厂,定名为雍兴公司兰州面粉厂平凉分厂,用人、行政力求节省,其内部组织即由曹经理裕民妥拟具报。

上午十二时散会。

(件存陕西省档案馆民国档案 82－1－525 卷)

雍兴公司筹设兰州面粉厂第三次谈话会记录

(1941 年 4 月 16 日)

时间　　民国三十年四月十六日下午二时

地点　　本公司驻陇办事处（兰州中国银行内）
出席人　束云章　郑相臣　洪德官　贺书绅
主持人　束云章
记录　　贺书绅

洪经理德官报告事项

一、奉总公司三十年三月十五日及十九日电略开，曹经理裕民调天水雍兴公司服务，遗缺由德官暂行代理等因，遵于三月二十日前往本厂接收视事，刻正与曹前经理办理交接事宜，一俟接收清楚再行陈报总公司备案。

二、第一步五百袋面粉机之厂房，业已完竣。复兴铁工厂承制之第一套面粉机亦已由渝运到，并经装置就绪，其中有一部分零星配件尚未交付，刻已去电催询，大约五月份开工之期不致延误。

三、原定拨给本公司西北机器厂兰州分厂之拉丝车床一部，仍行拨回本厂，应用所需拉丝钻刀，由洪代理德官设法觅购。

四、以前所购印粉袋颜料及建屋木料等，除自用外，其多余者应一律按市价打九五折让给本公司兰州毛织厂备用。

五、工人伙食除由本厂中供外，应即拟定标准工资数目，陈报总公司备查。

下午五时散会。

（件存陕西省档案馆民国档案 82－1－525 卷）

蔡酒厂兰州面粉厂第一次厂务座谈会纪要

（1946 年 2 月 11 日）

时间　　三十五年二月十一日下午一时
地点　　本厂会议室
出席人　韩巨川　谢奉光　郝绍文　王国宾

议决事项

一、工友伙食自二月十二日起改食二粉，其蔬菜以总厂工伙为标准。

二、本厂警役、杂工、库夫、车夫、厨夫由本月份起均改按月给资，俟详细办法决定后即公布实行。

三、全厂修缮建筑事项应就急要者办理，但能缓者则缓，藉符紧缩之旨。

四、元月份料品积案应尽速清理。

五、大车工作由事务股逐日记载,至月终视其实际耗用数量,按照工作比例分摊入直接费及间接费。

六、所有生财器具及库存料品,应速照实点验,缮造清算。

七、庶务周转金每次以不超过十万元为限,其用途为伙食、菜金及零星小额(每次在千元以下者)开支。

八、住厂工眷用煤规定自二月份起,由厂每家月发煤末二百市斤。

九、住厂职眷用煤以发煤末为原则。

十、各部应实行工作日记,逐日陈送主任核阅。

十一、工友医疗拟暂请西北医院办理。

十二、事务股修配工作除必要雇临时工者外,余尽量填制委托书交由工务股修配,其用工用料须由工务股作价、制单交委托部分盖章,转会计股记账。

十三、本厂自开工以来仍未能稳定生产,且近日因机件发生障碍,修车之事项尚多,盼各工作同仁更为努力,以竟全功。关于修配、改装、安装各工作,请各同仁及值班人员务须亲为督催监视,充分检查,以防使用后即发生障碍而有停工之弊。

十四、近来出粉率又降为72%上下,深盼即行调整机器,提高出粉率。

(一)调整麸皮机;

(二)速换齿辊;

(三)速安小石磨。

十五、现已停磨特粉,改磨头、二、三粉,现用之十号绢底可即换为九号者,其换置方法须用库存旧木格改作另钉新绢,现有木格须另行保留。

十六、近来马达时常发热,或因电压过低,必须设法检查马达并于倒班时洗刷轴瓦。

十七、滤水池漏水过甚,现已停止灌水施行检查修理,暂用立炉充当水柜,以便续开汽机。

散会。

(件存陕西省档案馆民国档案82－1－995卷)

蔡酒厂兰州面粉厂第二次厂务座谈会纪要

(1946年2月18日)

时间　　三十五年二月十八日下午一时

地点　　本厂会议室

出席人　韩巨川　谢奉先　郝绍文　王国宾　苏锡典　白　琠　孙成智

议决事项

一、本会名称暂定为蔡酒厂兰州面粉厂厂务座谈会。

二、本会纪要于开会后之翌日由文书缮清送各同仁传阅，如各同仁对于本会有所意见，尽可以书面或口头提出建议。

三、事务股工友业经数次紧缩，工作效率似见提升，惟车夫似尚有酌予减少必要。

四、本厂各部工友每日上工时应照总厂办法投送工折，借以增高工作效率。

五、工友宿舍、厨房、饭厅、厕所等处应由庶务督饬整洁，以重卫生。

六、各同仁办公精神尚属满意，惟须继续保持，益加振奋，并在办公时间尽量减少私人工作。

七、本厂开支须力求紧缩，各同仁使用公物务须尽量节省，或使用品质较次之物品，藉期减轻厂方负担。至公物之保管尤须切实注意，如经发现须加修理者，应即为交修，避免以后无法收拾。

八、嗣后购买物品应先填具请购单，经主任批准后再行交购。关于领用物品，亦须经各股主管级正、副主任批准后再行发给。

九、凡厂方规定或本会议议决分配各同仁之工作，务期即为办理，幸勿拖延。

十、各部工作日记即于明日（十九日）起实行。

十一、工友之雇用及解雇在未决定办法前，暂仿照总厂办法。

（一）各部雇用后须填具雇用单，并附保单送会计股盖章，雇用单由会计股抽存，保单交事务股存查。

（二）解雇时由主管部分计算到工数及工资额，填具解雇单，经各股长及主任签章后，径交会计股核发工资。

（三）记工折由各主管股长盖章后，交由工友持往会计股支领工资。

（四）警役、信差、车夫、服务生须觅妥实铺保。

（五）普通工人须取具连环保（以二人担保可有效）。

十二、到工月报均送会计股核对后照发工资。

十三、为求厂房安全应速成立消防组织，并速添置简单工具，如火钩、水桶、沙包等设备，并须抽调全厂一部工友编为消防队员，预为演习。此外应将各处电线及现有建筑随时检查，俾防意外。此项工作由郝股长负责办理。

十四、物料、文具、家具各库并入材物料库集中管理,藉以减少人力。该库仍由王承先负责管理。

十五、职眷用煤可利用煤末,由厂雇用小工自作煤砖,按月发给至每家,月发若干另行规定。

十六、工友每日工作暂定为十小时。在规定时间以外工作时以加工计,每加六小时算一小时。至详细调整工资办法,由谢主任及郝股长、王技工会同讨论决定后,再行公布实行。

散会。

(件存陕西省档案馆民国档案 82－1－995 卷)

蔡酒厂兰州面粉厂第三次厂务座谈会纪要

(1946 年 2 月 20 日)

时间　三十五年二月二十日下午四时半

地点　本厂会议室

出席人　谢奉先　郝绍文　苏锡典　白　琠　单宏儒　孙成智

议决事项

一、嗣后物品请购单应填三份,一份存根,一份送会计股,一份送事务股签章后转交库房以凭收料。

二、各部工作日记业已实行,惟送阅时间多不一致,兹规定于次日九时前送交主任室核阅,以资划一而便稽考。

三、消防工作请单先生帮同郝股长办理,先行制作简单工具,俟后视实际需要再行补充。

四、总公司于上年九月间函嘱绘制之全厂建筑及机器布置等图,暨本年一月间电发之厂矿概况调查表等,为时已久尚未办理,即由郝股长、张技士、单先生负责速为办理。

五、嗣后各部请购之物料,应一律交由营业股采购,如因事实需要,可由请购部分派员帮同办理。

散会。

(件存陕西省档案馆民国档案 82－1－995－1 卷)

蔡酒厂兰州面粉厂第四次厂务座谈会纪要

（1946 年 3 月 4 日）

时间　三十五年三月四日下午一时

地点　本厂会议室

出席人　韩巨川　谢奉先　郝绍文　苏锡典　白　珙　孙成智

报告事项

韩主任提示：兰州环境特殊，较之陕西办厂困难殊多。因陕西方面，随时随地均可购买原料、出售面粉，如双方同意即可自由定价成交，其可注意之点，仅为同业竞争而已。如以本厂资金之充裕，人力之配合，如有陕西环境，厂务自必容易发展。而兰州则不然，政府为防止刺激当地粮价，各面粉厂购买原料须赴指定县份购买，绝不许在兰市价购。至面粉价格，亦须陈奉核准后方可施行，不容厂方自由提价。查本厂在兰市同业中，尚属具有规模，设备亦较完善，每日需用原料约在两百石左右，每月即需六千石之巨，数字甚大。如派员分赴指定县份购买，其购到与否，姑置勿论，仅运输一项，在此交通不便之环境下确成问题，遑论其他！分赴外县大量购买小麦，更非易事，一经收购，价格即起，恐与兰市粮价有过之而无不及，另再加以运费，尤属不赀，是则分赴外县购买原料一节，事实上困难甚多。此外如在当地购买，即或政府许可，以目下兰市粮价每市石一万八千元购进，磨粉后遵照所订每百市斤一万六千元价格售出，约计每月须亏千万元之巨，长此以往，势必无法赔累。综上所述，原料既不易购到，而开支又如是浩繁，本厂前途实甚堪虑。但各同仁既负有整顿厂务之责，如使厂方长期停工，非但有亏职责，且亦有负上峰期望之盛意，故必设法维持，藉期有所贡献。其惟一办法，即在当地购买军粮，价格既较市面便宜，运费较之外县购运亦低，磨粉后按照议价出售尚可维持。惟购买军粮，事虽平凡，如经政府发觉，麻烦殊多，但各同业多系购买军粮，本厂如拟继续开工，俾期减少停工损失，只有冒险去做。兹为尽量避免上项危险，各同仁务须注意下述两点：（一）本厂购粮手续，务求严密，一切记载及购麦发票，应一律删除购买军粮或由官仓运来小麦等字样。发票上应书为购到某县（即指定县份之任何一县均可）小麦若干。凡已购进小麦，请会计及营业部分按照此项原则分别处理，逐笔清结，避免留有痕迹，致查询时无法答复。如嗣后购粮，万一经其查悉，即承认因原料不济，购买军粮少许，为数无几，当无不可。如是办理，庶不致牵连前购数字,多生枝节。(二)各经手购料及有关同仁,务须严守秘密,凡厂方购买原料数字及购买地点,应绝对守秘。即厂内同仁与购料无关者,亦应不与谈及,免致随意谈论,有所泄露。以上两点,务希有关同仁切实注意。至要,至盼。

散会。

(件存陕西省档案馆民国档案 82-1-995-1 卷)

蔡酒厂兰州面粉厂第五次厂务座谈会纪要

(1946 年 3 月 11 日)

时间　　三十五年三月十一日下午四时半

地点　　会议室

出席人　谢奉先　郝绍文　张其福　王国宾　白　琠　范历山　孙成智

议决事项

一、嗣后各部领用物品应一律填写领料单,如因实际需要不及填写而须备料时,应先出具借条,但此项借据务于二十四小时内补办正式手续,避免延长时日无法稽考。

二、如各部所领料品遇有剩余时,可填送退料单交库收存。

三、补用新工人时,其工资应分别按其效能,取其平衡,以示公允。

四、所有全厂工友应分别厘定等级,即请郝股长、王技师、张技士会同拟定等级办法,提会商讨。

五、总厂梁工程师此次来兰试制乳粉,所有需用之人工、料品、会计及事务方面应另立账簿登记,其用工人数,可由工务部分于月底估计后通知会计股,至此项费用如何摊付,俟后再行决定。

六、各处夜间电灯有时通夜不息,增耗电力,有失经济原则,各同仁及事务方面,嗣后应切实遵照规定熄灯时间施行。

七、迩来工人饭厅秩序欠佳,主管部分应加强工人管理,使其步入正轨。

八、各部工作记录及缮写之文件表报等颇多草率凌乱,嗣后应力求整齐工整。

九、个人仪容应予整洁,如穿着制服者,风纪扣必须扣齐。

十、现值春季,前经议决之消防工作应从速着手办理,以防患于未然。

十一、值此物价高涨之际,营业方面采购料品希望有一正确比较,以资查考。

十二、临时雇工工资应按当地实际情形,并参照联厂工资切实予以规定,以免分歧。

十三、陇处调厂同仁希望能与二日内搬厂住宿，如有需车之处可请事务股予以协助。

十四、公余之暇，为调剂各同仁精神，拟举办团体娱乐，各同仁对何种娱乐感有兴趣时，尽可提出，以便筹措。

散会。

（件存陕西省档案馆民国档案82－1－995－1卷）

蔡酒厂兰州面粉厂第六次厂务座谈会纪要

（1946年3月25日）

时间　三十五年三月二十五日下午一时半

地点　会议室

出席人　梁其瑾　韩巨川　谢奉先　绍　文　张其福　苏锡典　白　琠　孙成智

议决事项

一、梁股长在本厂试验工作亟须依限完成，故各部对于协助工作应尽量先办理，至本厂工作可酌量情形列为次要，以免试验工作迁延时日。

二、三十四年度营业报告尚未编妥寄陈，曾经总公司一再函催，请有关部门赶速办理，务于本月底前寄出。

三、厂务周报各部应分别另备登记簿，以便遇有重要事件随时记载，并定每星期一上午由文书负责将该薄收齐汇送主任室核阅后，即行缮发。

四、总公司前嘱绘制之全厂建筑及机器布置等图，请张技士先将全厂平面图绘出，至机器安装部位及房屋分配等，俟全部建筑工程告竣后再行填入。

五、嗣后一切报表应力求整齐，数字尤须准确。关于限期例报之张表、文件及报告等，务须依限寄出以符规定。

六、本厂厂址数亩向无精确记载，即请郝股长负责整理，确定四至，以与账目数字相符。

七、本厂实际需要之运输工具（车辆）究须若干，现有者是否足敷应用，请事务及营业方面先行匡计每月运输成品及原物料数量、吨位等，以便决定增减，至车辆运输物品应逐日填具日报，其格式请郝股长拟定。

八、所有前接收时溢出之原、物料及机器、零件、工具等,应重新估价后列表陈核,至如何收账再行决定。

散会。

(件存陕西省档案馆民国档案 82-1-995-1 卷)

蔡酒厂兰州面粉厂第七次厂务座谈会纪要

(1946 年 4 月 22 日)

时间　三十五年四月二十二日上午十一时

地点　会议室

出席人　韩巨川　谢奉先　章　淦　郝绍文　王国宾　白　珙　孙成智

议决事项

一、确定领料、发料等手续及样式名称后即行文交印,自本年五月一日起分发各部实行。

二、各部辅助账应由章股长随时督促各股经管人员记载,至账簿格式及记载方式,统请章股长指导办理以资划一。

三、为求整齐划一并减少错误,各部传票均由会计股制作。

四、为随时明了库存成品数量,应研讨手续之慎密,即请章股长负责设计。

五、售出日久未提之面粉,请会计股尽量先清理或登报催提。

六、所有各部暂记欠款,请会计股随时促其清理,勿令时日太长。

散会。

(件存陕西省档案馆民国档案 82-1-995-1 卷)

蔡酒厂兰州面粉厂第八次厂务座谈会纪要

(1946 年 5 月 7 日)

时间　三十五年五月七日下午五时

地点　会议室

出席人　韩巨川　谢奉先　郝绍文　章　淦　王国宾　孙成智

议决事项

一、为节省人力物力及简化手续起见,自即日起泥木工划归工务股管理,嗣后各部如有修配及制作之零星各物事宜，应先由事务股填具委托书陈奉主任室核准后，再交工务股洽办。

二、为谋厂务之逐渐发展，各部工作效率应由各股负责人设法予以提高；又不需要之开支亦应尽量节省，务望各同仁切实注意及之。

三、厂方多余骡马可酌予出售以节开支。

四、账面之运输中，小麦尚有多笔悬欠日久，应分别予以处理以清账目。

散会。

（件存陕西省档案馆民国档案 82 –1 –995 –1 卷）

蔡酒厂兰州面粉厂第九次厂务座谈会纪要

（1946 年 5 月 21 日）

时间　三十五年五月二十一日上午十一时

地点　会议室

出席人　韩巨川　谢奉先　郝绍文　章　淦　王国宾　苏锡典　孙成智

议决事项

一、本厂前为提倡西北机器面粉工业，曾举办有奖征文，截至现在止，仅收到陈自强、张秉务、屈克新三先生论文各一份。此项论文原拟聘请兰市各界名流担任评选人，兹以收到论文太少，聘请名流担任评选人一节，自可作罢，即由本会评定如下：（一）陈自强先生致送头、二、三粉各一袋；（二）张秉务先生致送头粉一袋；（三）屈克新先生致送二粉一袋。即由事务股、营业股两股洽办，以公函分别通知取粉地点，并陈报总厂，不另登报揭晓。

二、为利用饲料及空地起见，拟自行喂养猪、羊、鸡、鸭等，除供给职工伙食需用外，并可平价售给员工眷属。经详细估计，尚不蚀本，即由事务股着手筹办。

散会。

（件存陕西省档案馆民国档案 82 –1 –995 –1 卷）

蔡酒厂兰州面粉厂第十次厂务座谈会纪要

（1946 年 6 月 19 日）

时间　三十五年六月十九日上午十一时

地点　　会议室

出席人　谢奉先　王国宾　郝绍文　章　淦　苏锡典　孙成智

议决事项

一、本厂各部工作应利用机构,层层负责,各股并须密切联系,期收分工合作之效。

二、效法总厂严肃活泼精神,争取工作时间,当日事务期当日办竣,以增进工作效率。

三、同仁私生活方面,应尽量提倡正当娱乐及各种有益健康之运动,俾皆养成规律之生活。

四、本厂因职员较少,关于普通工作多有服务生办理,各部对于各该服务生应多加训导及督促,以免有所贻误或因循情事。

五、工友宿舍已迁移竣事,管理方面应予以加强,并应订定管理规则,以资遵守,此项规则即由事务股负责拟定。

六、工友宿舍因铺位无多,凡住家距城较近之工友,如愿回家住宿者可准其搬出,至在厂住宿而时常回家者,应令其迁出宿舍经常住宿家中,俾便其他工友住宿,以免徒占铺位。

七、工友宿舍就寝及熄灯时间,应斟酌各部工作情形予以规定,切实执行,如有违犯应即处罚。

八、住厂工友因事返家时,须由各该部主管事先通知事务股,以便管理。

九、厂门应按规定时间关闭,非有特殊事故,各工友不得在规定时间以外出入,即由事务股转饬警卫遵照。

十、自本星期五起,工友饭厅、厨房、茶炉等一律迁入新室。

十一、职员及工友饭厅分开后,职员厨夫业已减少,此后职眷除来客加菜可由职员厨房代办外,其余零星工作已另派杂工一人负责担任,毋须再由厨夫代做。

十二、为预防南山水患,厂门应酌予修改,并转饬警卫于雨天时提高警觉,随时注意山洪。

十三、气候已渐干燥,消防工作亟应准备,并应分别编队,指定队员,以防意外。即由事务股积极筹办并觅定消防工具存放地点,以免临时仓促。

散会。

(件存陕西省档案馆民国档案82-1-995-1卷)

蔡酒厂兰州面粉厂第十一次厂务座谈会纪要

（1946 年 7 月 9 日）

时间　　三十五年七月九日上午九时

地点　　会议室

出席人　韩巨川　谢奉先　梁其瑾　王国宾　郝绍文　章　淦
　　　　苏锡典　秦子颖　孙成智

议决事项

一、本公司各厂营业报告，须于每年度终了时编制一次。兹因本厂自本年元月份接管后，一切均在整理，情形比较特殊，为使总厂及总公司明了本厂整理情形及工作进度起见，拟编制本年上半年度营业报告寄陈核阅，即请各股分别赶拟，并希于下礼拜（十五日）拟妥，以便早日缮发。

二、本厂外庄每月所购原料为数甚夥，惟系大车运输，既费时日，复不经济。兹为减轻运费并使原料能充分供应免受停工损失计，拟函请总公司拨给卡车两部，以备应用。即请苏股长估计定西、临洮每月运输原料吨位及大车与汽车运费比较数字，以便据以请拨。

三、中行河路仓库业已奉命办理结束，所有房屋经与中行洽妥，于该库全部结束后，由本厂与兰毛厂留用。

四、制乳粉事经水试验后，情形尚佳，以目下机器效能估计，每日可出乳粉二百三十斤之谱。

散会。

（件存陕西省档案馆民国档案 82 －1 －995 －1 卷）

蔡酒厂兰州面粉厂第十二次厂务座谈会纪要

（1946 年 8 月 20 日）

时间　　三十五年八月二十日上午十一时

地点　　会议室

出席人　韩巨川　谢奉先　王国实　郝绍文　章　淦　苏锡典　孙成智

议决事项

一、库存原物料、成品等为数甚夥,嗣后尚须逐渐增多,对于保管方面应切实注意,以期减少损耗。

二、各部分所需物品及一切开支均应力求节省,以减轻厂方负担,至嗣后请购各物除零星用品外,应一律填具请购单,经主任室核准后再行购买。如不适用于请购单之所需各项料品及开支,可填具委托书陈核以便统筹办理。

三、运送各代销处之面粉应由事务、营业两股于提取时派员详细检查,如有潮湿者可即检出,务期运出之粉不再退换,以免往返周折。

四、面粉每袋斤量由工务股转饬装面部分,切实注意准确,以免有不敷及多余情事,并随时检查磅秤是否准确。

散会。

(件存陕西省档案馆民国档案 82－1－995－1 卷)

蔡酒厂兰州面粉厂第十三次厂务座谈会纪要

(1946 年 9 月 30 日)

时间　　三十五年九月三十日上午八时

地点　　会议室

出席人　韩巨川　王国宾　郝绍文　章　淦　苏锡典　孙成智

议决事项

一、兰化厂拨让本厂之制皂机器应即迁移河路仓库,所有该项设备内之旧砖,一并拆运本厂以备用。如工人及运输工具不敷,可将运煤大车暂时留厂调用,即由事务股负责,会同工务股办理。

二、库存旧粉袋用罄后,即用新制粉袋,惟用新袋时可将罗底改换以资提高粉质。

三、自十月一日起恢复五月十五日以前【办公】时间,本厂职员办公时间改为上午八时至十二时,下午一时至五时半,并暂时规定工友就寝时间为下午九时半。

散会。

(件存陕西省档案馆民国档案 82－1－995－1 卷)

蔡酒厂兰州面粉厂第十四次厂务座谈会纪要

（1946 年 12 月 5 日）

时间　三十五年十二月五日上午十时

地点　会议室

出席人　韩巨川　谢奉先　章　淦　郝绍文　苏锡典　白化蛟　孙成智

议决事项

一、十至十一月份外庄所购之小麦甚少，影响产量颇巨，嗣后应嘱驻外人员切实注意大量收购。

二、十二月份所需原料，除嘱外庄尽量购运外，并由营业股在当地设法购买，以济应用，俾本月份能逐日开车，藉以达到一万四千袋之数。

三、兰州过去情形每届春季粮价必形上涨，故本厂须于年底前设法购存小麦一万石，以备明春应用。

四、岐山面袋业已用罄，而一部订粉尚未交出，计缺少岐山粉袋数千条，可即登报收购岐山旧粉袋（须商标明显、完整不破者为限），每条按一千元作价收回。

散会。

（件存陕西省档案馆民国档案 82－1－995－1 卷）

蔡酒厂兰州面粉厂第十五次厂务座谈会纪要

（1946 年 12 月 25 日）

时间　三十五年十二月二十五日上午十时

地点　会议室

出席人　韩巨川　谢奉先　王国宾　郝绍文　章　淦　苏锡典　白化蛟　秦子颖　孙成智

议决事项

一、为庆祝三十六年元旦，定于本年除夕晚及三十六年元旦日上午举行各种运动及球类等比赛，并于元旦日编出壁报。

二、元旦之各种比赛筹备事宜，由员工福利委员会进修、健康、游艺三组负责主办。

三、凡属室内比赛,如象棋、乒乓球等除夕晚饭后举行,室外者如篮球、单杠、拔河等尽于元旦日中午十二时以前比赛完毕,下午全体休息。

四、各项比赛奖品总值以不超过十万元为限。

五、奖品种类定为肥皂、牙粉、牙刷、糖果、花生米、瓜子等七种,即由庶务部分着手购办。

六、各项比赛之评判人,由主办各组分别聘请。

七、推定韩主任巨川为比赛总评判,谢主任奉先及郝股长绍文为副总评判。

散会。

(件存陕西省档案馆民国档案 82 -1 -1106 -2 卷)

蔡酒厂兰州面粉厂第十六次厂务座谈会纪要

(1947 年 1 月 17 日)

时间　三十六年元月十七日上午九时

地点　会议室

出席人　谢奉先　王国宾　郝绍文　章　淦　苏锡典　白化蛟　孙成智

议决事项

一、本年春节自元月二十一日起休假三天,另补放庆祝宪法完成假二天(共计五天),二十七日起一律照常上班。

二、关于春节期内之礼拜日及休假期间值班人员,议定次序如左:

元月十九日(星期日)　白　琠

二十一日　鹿笃佞

二十二日　郝绍文

二十三日　李国秀

二十四日　章　淦

二十五日　苏锡典

二十六日(星期日)　孙成智

三、值班人员应切实注意全厂安全及客人招待事项。

四、春节期间绝对禁止在厂内赌博及酗酒,即由事务股及厂方名义分别公告通知。

五、春节职工加菜及工役节赏等事,由事务股参照中秋节办法酌拟办理。

六、春节期间工人夜间不回厂者，应事先在事务股登记，以便随时查考。

七、代田粮处配备之混合粉即由工务股会同物料库调配，务须品质一致。

散会。

（件存陕西省档案馆民国档案 82 －1 －1106 －2 卷）

蔡酒厂兰州面粉厂第十七次厂务座谈会纪要

（1947 年 3 月 3 日）

时间　　三十六年三月三日上午十时

地点　　会议室

出席人　韩巨川　谢奉先　王国宾　章　淦　郝绍文　孙成智

报告事项

韩主任提示：奉总经理电，以政府公布经济紧急措施办法，市面银根奇紧，各厂矿除应付职工薪工外，一切用款均应暂行紧缩，原料、物料非十分紧迫者，一律缓进等因，自应遵办。惟查本厂本年内修缮工程尚多，兹经事务股列单估计，共须修缮及改建部分十四处，除已有之一部材料不计外，另约需工料费国币三千余万元。此项工程中是否有暂缓之处，请由各部按照实际需要情形商讨决定，以便开始修缮。

议决事项

一、工友盥洗室已损坏之洋灰盆池拟改筑为砖台木面盆池，约需款一百六十万元，可照办。

二、河路仓库坍塌之东仓库地址上，拟建筑车棚三间以便放置卡车，约需款二百万元，可照修。

三、拟将河路仓库土柱全部修理，并将房顶全部泥修，约需款二百五十万元，可照修。

四、工友眷属宿舍房顶，拟全部泥修，约需款九十万元，可照办。

五、原工友饭厅三间，拟改为职工游艺室及阅览室，约需款六十万元，可照办。

六、河路仓库第四库，拟改修为成品及庶务库，并加筑隔墙一道，约需款七十万元，可照办。

七、全厂因湿倾颓之墙基及脱落之墙皮，拟全部加以泥修，约需款一百万元，可照办。

八、全厂宿舍、办公室拟加以粉刷裱糊,约需款一百五十万元,可先将办公室及工友宿舍全部刷裱,职员及眷属宿舍酌予修补。

九、其余工程,一律暂停。

散会。

(件存陕西省档案馆民国档案 82－1－1106－2 卷)

蔡酒厂兰州面粉厂第十八次厂务座谈会纪要

(1947 年 3 月 19 日)

时间　三十六年三月十九日上午九时

地点　会议室

出席人　韩巨川　谢奉先　王国宾　章　淦　郝绍文　苏锡典　白化蛟

主席　韩巨川

记录　孙成智

议决事项

一、本厂本年度共投保火险九千五百余万元,兹以迩来物价波动及本厂透支额度增加,原物料、成品及机器生财等,最大约值十亿元以上,原保火险数字是否有增加必要,可函陈总公司核示。

二、现值春季气候干燥之际,本厂消防组织亟应加强,即由事务股、工务股两股会同筹办,并与兰毛厂取得联系。

三、迩来电压过低及供电不甚正常,致本厂产品数量不能步入正轨,应先询电厂新机装竣后,电压能否提高,以便决定本厂动力问题。

四、面粉品质近来优劣不齐,是否装袋错误,请工务部分转知装袋工人切实注意,并设法改进。

五、成品库应于最近彻底清查一次,以资明了成品确数。又,库房每日所填之原料及成品结存表,应逐日填写陈核,以便查考。

六、工务部分有无值班津贴,函询总厂后再行决定。在未奉总厂函复期间,仍按过去办法值班。

散会。

(件存陕西省档案馆民国档案 82－1－1106－2 卷)

蔡酒厂兰州面粉厂第十九次厂务座谈会纪要

（1947 年 4 月 17 日）

时间　三十六年四月十七日上午九时

地点　会议室

出席人　韩巨川　王国宾　郝绍文　章　淦　苏锡典　白化蛟　秦子颖

主席　韩巨川

记录　孙成智

议决事项

一、增添之职眷宿舍、汽车间及改修之工友盥洗室、图书室、俱乐部等，尽于四月底以前赶修完竣。

二、本月份面粉产量如能维持一万袋之数，可停车二、三日修理粉楼机器及钢辊拉丝等工作，此后对于面粉品质产量及出粉率等应设法予以提高，并在二粉品质不减低之原则下可酌量增产四粉，以资提高出粉率。

三、肥皂部分应先确定每月产量标准，以便统筹原料之购买与销售方针。

四、各部分记账材料应尽量先准备齐全，于每月初送交会计股编制月报，按时寄出。

五、现值春季，各界来厂参观者必多，各部分对于整洁方面须切实注意，以壮观瞻。

散会。

（件存陕西省档案馆民国档案 82－1－1106－2 卷）

蔡酒厂兰州面粉第二十次厂务座谈会纪要

（1947 年 6 月 27 日年）

时间　三十六年六月二十七上午九时

地点　会议室

出席人　韩巨川　郝绍文　王国宾　章　淦　苏锡典　白化蛟

主席　韩巨川

记录　孙成智

议决事项

一、本厂每月月报尽于次月十日前寄出,所有各部分关于月报之材料,应于每月三日前送交会计股。

二、总公司曾饬各厂尽量紧缩员工,本厂方面拟各部分工人应酌量予以资遣,以节开支。即由各股开具资遣工人名单,送陈主任室核阅。

三、本厂汽车两部经常分赴外县运输小麦,惟以军运关系,在汽车管制期间致本厂运输中断,原料供应不济影响产量甚巨。可函请田粮处转请第三区公路军运指挥部发给长期通行证,以利运输。

四、改产头粉及混合粉事,原则上可决定,至头粉与混合粉之比例数俟后另行商讨。

(件存陕西省档案馆民国档案 82 -1 -1106 -2 卷)

蔡酒厂兰州面粉厂第二十一次厂务座谈会纪要

(1947 年 8 月 7 日)

时间　三十六年八月七日上午十时

地点　会议室

出席人　韩巨川　郝绍文　王国宾　章　淦　苏锡典　秦子颖

主席　韩巨川

记录　孙成智

议决事项

一、本厂库存成品数量对外应绝对保守秘密。

二、本厂成品现已出售而《西北经济日报》仍刊登无货,似属不妥,即请苏股长接洽更正,避免引起外界误会。

三、另辟小成品库存放少量面粉,以备零售提取。

四、永登庄除仍继续收购原料外,并设法赴古浪探询,以便在该地收购。如人手不敷,可增添服务生一人。

五、库存之牙掺粉及前制之平价粉,为时甚久,应赶速设法处理以清账面。至所存四粉应加装石磨改制三粉,以便销售。

六、为简化手续并便于查考计,应另制铜质提粉证,其式样由秦技师设计后送主任室核定。

散会。

（件存陕西省档案馆民国档案 82－1－1106－2 卷）

蔡酒厂兰州面粉厂第二十二次厂务座谈会纪要

（1947 年 12 月 24 日）

时间　三十六年十二月二十四日上午十时

地点　会议室

出席人　韩巨川　郝绍文　王国宾　章　淦　秦子颖

主席　韩巨川

记录　孙成智

议决事项

一、本厂下午售粉以时间所限，当日现金不及送中行收账，致库存数目较大，经常在一亿元以上。如无其他困难，可改为上午售粉，俾当日现金，能于下午送中行进账。

二、为庆祝三十七年元旦并给予员工正常娱乐，于元旦上午举行以下各种活动：

1. 员工整洁检查（由事务股筹备并通知各部分准备）；

2. 体育活动（包括篮球比赛、麻袋竞走、举重、掷远、赛跑、拔河等项，由工务股负责筹备）；

3. 刊出壁报（由事务股主办，通知各员工撰稿）；

4. 全体员工团拜后在工人饭厅聚餐（由事务股筹备）。

三、整洁检查、体育活动及壁报等项优胜者，应酌给奖品，其奖品范围以肥皂、毛巾、茶杯、牙刷、牙膏等为限。

四、十二月份工人工资应提前发放，各部分到工月报于二十九日以前送主任室核阅，三十、三十一两日一律发放完竣。

（件存陕西省档案馆民国档案 82－1－1106－2 卷）

4.来往函电

谢奉先为陈报兰粉厂现状致吕凤章函

（1946 年 1 月 8 日）

凤章经理赐鉴：

敬启者，接管事尚未办理，一则人少无暇兼顾，再则洪襄理拟将旧麦尽行卖出，仅余少量可供本月十五日前磨用，至存粉亦拟尽量设法卖出，于此交接时当可简便清楚也。至应需之原料尚未继续购进，巨川兄于月之二日到兰，适陇处裁撤命令亦到，而伊之工作亦无明令确定，故尚住兰行待命中。职亦因改组命令骤然而来，实有举措不定之感。

接管后工作方针，俟奉有具体指示后再详为计划呈核，今先将所见各事奉陈于左。

一、前途。由现在一切以及环境展望，前途甚艰难。以往业务活动情形虽似板滞，而同时兰市环境欠佳，一般人士咸认为水磨所出土粉价低质良，即【便】土粉价格稍高，亦皆乐于吃用，因之影响机粉之销路不畅。而最近面粉业工会通令各厂，嗣后行销面粉改为议价办法，粮价不超涨百分之二十以上时，面粉不得有提升价格之议。且地方当局对兰市粮价施行畸形统制，各粉厂以原料供不应求，势必多派人员四出采购，以供磨制，地方当局即以该厂囤积食粮、扰乱物价、影响民食为藉口加以干涉。过去生产虽不稳定，但以原物料日有升涨，故其决算并不至太坏。今后则不然，原物料定系日形降落，虽能将生产稳定，谅亦未能抵止物价之降落。故若拟继续维持此厂，惟有增加产量并行稳定，减少开支，降低成本，此外并须改业务方式，促其活跃。理想的业务，能代各机关部门磨制麦粉收取制造费，是为过渡时期的最上策。今者闻各厂业务已归总公司办理，由钧座负责办理，想已有成竹，今敢奉达，谅不嫌多言也。

再，巨川兄来兰工作或许为代总公司负责业务，职亦认为甚得其人，尚盼巨川兄另有协助兰粉厂之责，为盼为祷。

再，总公司若无扩大兰厂计划，仅拟维持现状，真不如将此间可用机器、钢磨统移蔡家坡，如此为总公司计节省了兰厂的开支，亦即等于增加了利益也。

二、生产。刻下日产五百袋之生产量似嫌过低，势必设法增加产量。兰厂尚存钢辊十四只，故最高产量可增至日产千袋之数。

三、建筑。兰厂各项建筑欠坚，粉楼刻已有破裂之处，势必善行修补。再净麦部因建筑关系，各机位置影响工作甚多，且管理困难更耗费人工。如有可能拟行将该部房屋改修。至仓库、宿舍、马厩及一部围墙倾圮渗漏，亦须妥为修葺始能为用。

四、动力。大锅炉如能修理妥善，再配以旧存马达，尚足千袋产量之动力。

五、给水。此间给水系用骡车拉取，效率既低，花费过重，拟改用水泵直接自黄河压水。此项工程约需 $2\frac{1}{2}$″钢管二百余公尺。

六、成本。因建筑给水及动力各事不配合及成本过高，其原动费短期内尚无办法调整合理，其余上述各事最好将其一次调整近乎合理，一切损失消耗定可减少，管理既已方便，用人数量自可减少，成本亦可减低矣。

七、组织。接管后如不负责业务并为减少开支计，短期内最好不再多添人，除会计外暂由职等五人，另调文书一人并练习生三四名足矣。今草拟组织如后：

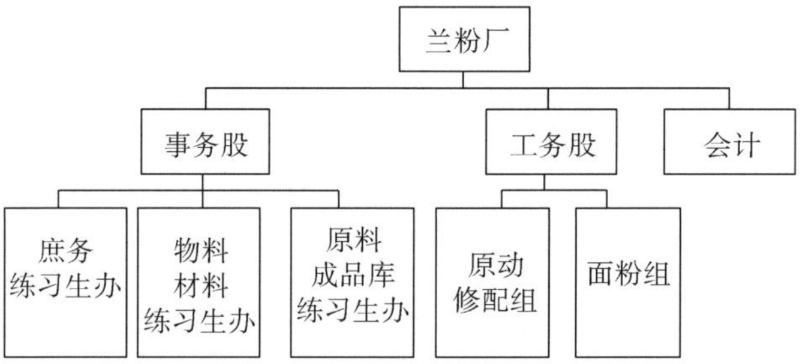

注：事务股设正、副股长各一人，副股长兼文书。兰厂可调为练习生者已有三人（任立安在内），盼能派一服务生来办理工务股记录等事，服务生于淦诚甚适。

特恳者，兰厂改组事务繁杂，尚望钧座早日莅临面示一切，确定计划，俾便遵循为祷。

附上最近新制粉袋样一纸，改组后所用商标以及粉袋图样是否更改，统希指示。

内子于一月二日抵兰，皮带轮一只亦收到并闻。

耑此。敬请

公绥。

职：谢奉光　上

三十五年元月八日

（件存陕西省档案馆民国档案 82－1－1007 卷）

韩巨川、谢奉先为陈报兰粉厂经营及生活现状致吕凤章函※

(1946年12月17日)

凤章经理钧鉴:

关于十一月份成本情形,业已函陈,不悉收到否?本期盈亏数目廿日左右即可估出,大约十二月份不致亏赔,预计本月产量可超过一万袋之数。属厂七至十一月亏损原因,以七、八、九三月粉价惨跌,并特别滞销,原料虽跌价,因资金关系并无储存,十、十一两月以小麦购买困难,产量过低,兼以政府统制特严,粉价终不及麦价也。计七至十一月除提存外,计亏赔九千余万元。可否将厂存面袋六万五千条,原价平均每条九百四十元,如提高二千二百元,即可提存七千二百万元。存煤三二六吨,原值每吨五万六千元,如提高为十万元,即可提存一千四百三十万元,共计可升值九千六百三十万元,以期作为弥补如何?即请我公裁夺见示。

再,现存面粉一万七千袋,计头粉一五二八〇元,政府仍以小麦二七三〇〇元计算,麦价过低,惟有提高袋价。计条布袋每条三十元,原存白袋二千四百元,如此尚可补救。最近各庄购到小麦约为六千石,惟以运输工具困难,运厂者仍不甚多。阴历年前,拟最少购存小麦一万二千至一万五千石,现在计透支陇支行二亿四千万,总公司二亿四千万,合计四亿八千万元,将来恐须超过六亿以上。此点拟请我公向总公司说明。肥皂部已用去四千余万元(建设费一千余万,原料费三千余万),阴历年前拟购存牛油、冰碱等,一批可能尚须七八千万元。阳历年后可与毛厂售完肥皂若干,当可收回数千万元。

再此间十二月份米价为十万零五千五百元,总厂为十八万余元。陕西除食粮外,各货均较兰州为低,故此属厂同仁均感生活之苦,一致要求予以调整,特请我公酌裁赐予补助。如何之处,即祈见示为盼。专肃。

敬颂

钧祺。

职:韩巨川、谢奉光　谨上

十二月十七日

(件存陕西省档案馆民国档案82-1-1002-2卷)

(四)兰州制药厂

1. 企业概况

中国制药股份有限公司兰州制药厂概况报告表

沿　革

民国廿九年春,中国银行董事长宋子文先生暨天水中国银行经理束云章、兰州中国银行经理郑相臣,与现任甘肃省建设厅长张心一诸先生,因鉴于抗战军兴,首重资源,在未将暴敌歼灭之前,其战争序幕初期,我沿海口岸及国际通路势有暂被敌寇封锁阻塞之可能,职是之故,将来之舶品输入当必因之逐渐根绝。处此情况之下,势非急图自给,力求生产,不克渡此难关,而期持久抗战。因念西北宝藏遍地,物资素丰,倘能加以运用,殊多禆益于抗建,如土产之当归、大黄、甘草、麻黄、芒硝等加以提炼制造,颇足代替西药之用。过去因外运维艰,当地又无上项制造提炼之工厂,致多不能利用,殊为惋惜。又足资制造肥皂、酒精、玻璃、纯碱等之原料,如牛羊脂、青稞砂、石锰、养硼砂、土碱、蓬灰等,产量尤丰,一经制为成品,颇可供给社会一般需要。为使货畅其流,物尽其用,适应抗建自给自足,爰倡议发起集资叁拾万元,筹设中国制药股份有限公司于兰州。内设五制造部:1. 制药部;2. 酒精部;3. 硫酸部;4. 肥皂甘油部;5. 玻璃部,以郑相臣为筹备主任兼经理,袁淑范为副主任兼厂长,负责主办。先于西北货栈租借库房三十间,因陋就简,稍施设备后,即开工制造肥皂、玻璃、药物(各种酊剂及戒烟药片)等。按彼时之范围虽小,亦尚可做到供应社会需要之一隅,如廿九年度甘肃省政府得以完成中央戒烟之使命者,本厂配制戒烟药片之工作,实与有力焉。迨是年秋季因股本太少,无法周转,乃改并于雍兴公司,易今名为“雍兴实业股份有限公司兰州制药厂”,并拨资金贰佰万元。在雍兴公司董事长宋子文及总经理束云章先生领导之下,派郑相臣为雍兴公司驻陇办事处主任,派曹柏年君为本厂经理,卞松年君为厂长。另于兰州西部七里河附近选购民地六十余亩,建筑厂址。曹、卞二君于该年九月间到职,接收后当即进行改组积极筹办。至卅年十一月间对于厂方之建筑、机器之设备、原料之收购、人事之部署诸端均经就绪,现已次第生产矣。

组织系统表

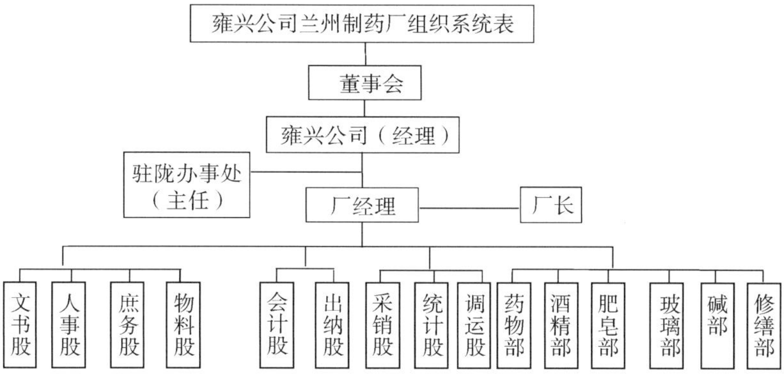
雍兴公司兰州制药厂组织系统表
董事会
雍兴公司（经理）
驻陇办事处（主任）
厂经理
厂长
文书股
人事股
庶务股
物料股
会计股
出纳股
采销股
统计股
调运股
药物部
酒精部
肥皂部
玻璃部
碱部
修缮部

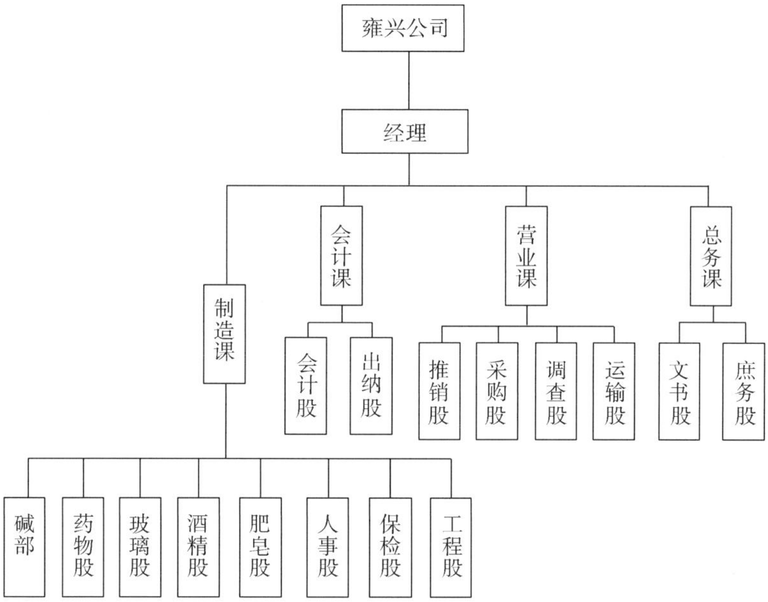
雍兴公司
经理
制造课
会计课
营业课
总务课
会计股
出纳股
推销股
采购股
调查股
运输股
文书股
庶务股
碱部
药物股
玻璃股
酒精股
肥皂股
人事股
保检股
工程股

现有设备

甲、药物部

(1)电动真空机	一部
(2)重蒸馏水制造器	一部
(3)连续浸渍渗流器	二部
(4)蒸汽蒸发器	一部
(5)离心干燥器	一部
(6)电动切断机	一部
(7)电动钢磨	一部
(8)安瓿洗涤装注器	各五部
(9)加压减菌器	二部

乙、酒精部

(1)10HP 锅炉	一具(附有针式双缸水泵及水箱各一具)
(2)蒸酒瓶	五具(附有大凝缩器一具及凝缩器三具)
(3)酒窖	一百一十八座
(4)麯房	十座
(5)钢磨	一部(附有柴油机两具,$7^{1/2}$马达、10HP 马达各一部)
(6)石磨	一部
(7)酒精蒸馏器	一座

丙、肥皂部

(1)直接火加热皂化锅	三具
(2)蒸汽加热皂化锅	三具
(3)溶油锅	二具
(4)炼油锅	四具
(5)烧碱制造锅	二具
(6)凝皂锅	三具
(7)凝皂箱	五十具
(8)晒皂架	二百具
(9)烘皂室	二座
(10)碱液收回器	十具
(11)切皂机	一部

(12)磨机	一部
(13)压条机	一部
(14)切条机	一部
(15)打印机	一部
(16)带动马达	一部
(17)手摇打印机	二具
(18)皂箱印刷机	二具
(19)打片机	二具
(20)人力切条机	三具
(21)食盐清洗器	一部
(22)过滤器	一部

丁、玻璃部

(1)火炉	二座
(2)缓冷窖	三座
(3)平面玻璃制造炉	一座
(4)平面玻璃缓冷炉	一座
(5)铁轨	百公尺
(6)铁车	二十部
(7)烧钢炉	一座
(8)安瓿制造室	一座
(9)磨口机	一具
(10)脚踏气泵	六具

戊、碱部

(1)反射炉	三座
(2)黑灰浸溶器	三具
(3)澄清槽	二具
(4)蒸浓器	二具
(5)结晶槽	三具
(6)烘箱	二具
(7)苛性化锅	一具
(8)石灰窑	一座

现有产品及产量(以每日计)

甲、药物部	
(1)硼酸	五十磅
(2)硫酸铜	五十磅
(3)纯氯化钠	十磅
(4)硫□	五十磅
(5)硫酸钾	一百五十磅
(6)精制硫酸钠	一千磅
(7)兰苏	一百磅(复方煤馏油酚制剂)
(8)盐酸吐根素安瓿	五百支
乙、酒精部	
(1)动力酒精	一百四十加仑
丙、肥皂部	
(1)条皂	五十箱(每箱四十条)
(2)连二皂	一百条
(3)兰花皂	一百块
丁、玻璃部	
平面玻璃及器皿	六百斤
戊、碱部	
(1)碱粉	二百磅
(2)苛性钠液	五百磅

将来生产计划

甲、药物部

（1）制造范围。

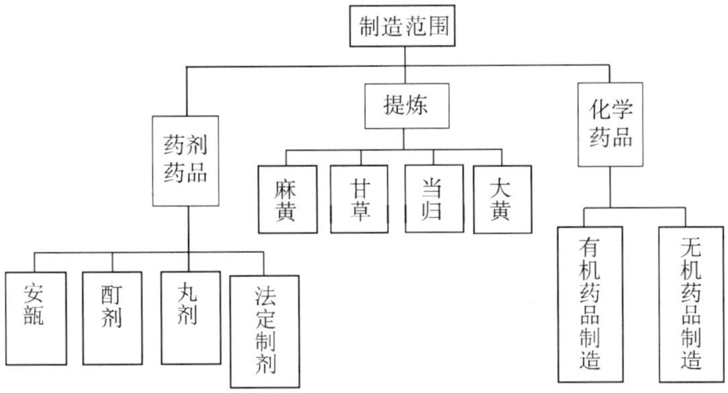

（2）麻黄素之提炼设备于六月底完成。

（3）增电化设备，用于卤化物之分解，过锰酸钾之制造。

（4）维他命及内分泌制剂之制造。

乙、酒精部

动力酒精产量每日增至四百加仑。

丙、肥皂甘油部

（1）条皂每日增产至二百箱。

（2）连二皂每日增产至五百条。

（3）兰花皂每日增产至五百块。

（4）甘油之提炼于六月底可以完成。

（5）甘油每日产二百二十磅。

（6）肥皂粉每日产十五磅。

丁、玻璃部

平面玻璃及器皿每日增产至一千二百斤。

戊、碱部

（1）碱粉每日增产五百磅。

（2）苛性钠液每日增产至一千磅。

（3）小苏打日产三百磅。

（件存甘肃省档案馆 49－2－467 卷）

雍兴公司兰州实用化学厂为检送登记证照厂章印模致公司驻陇办事处函※

（1943 年 10 月 1 日）

公司驻陇办事处大鉴：

查关于敝厂陈请改定厂名一案，兹奉总公司本年八月十九日厂字第十二号函开："查本公司第二届厂务会议，尊处所提'拟请改定厂名，以求名实相符'一案，经大会议决改名为'兰州实用化学厂'，并经本处将更名缘由连同前发原工厂登记证一纸，送请经济部准予换发新证在案。兹接奉七月一日（卅二）工字第五二二七四号批开：'呈表均悉，经核尚合，准予换证。兹填发第三五九四号工厂登记证一张，仰即领收转发并饬自行购贴印花十元，此批。'等因，附发工厂登记证一张。除通函本公司各单位及有关各厂处知照外，用特检同原证寄上，即希洽收，妥为保存，并拍照片二纸，报由本处备查。并由尊处自行刊制角质篆文'雍兴实业股份有限公司兰州实用化学厂章'厂章一方（大小与原章同），自本年十月一日起启用，并拓模报请本公司备案。至前用'兰州制药厂章'应俟届期截毁，就近向本公司驻陇办事处缴销为荷。"等因，附发经济部第三五九四号工厂登记证一纸。奉此，敝厂遵于十月一日改名为"兰州实用化学厂"并自行订制厂章一方，敬谨于同日起用，除分呈并分函外，谨检同经济部第三五九四号工厂登记证照片一张、厂章印模一纸、旧厂章一方，随函陈缴，敬乞查核备案为祷！

此颂

公绥。

兰化厂 张（印章）谨启

（件存甘肃省档案馆藏 49－2－345 卷）

雍兴公司兰州实用化学厂创办经过概况

（1944 年）

本厂创办，迄今已逾四载。溯其设立之初，系由中国银行董事长宋子文先生、天水中国银行经理束云章先生，兰州中国银行经理郑相臣先生，与现任甘肃省政府建设厅厅长张心一先生等，因鉴当时抗战数载，物资来源日艰，爰拟利用土产药材当归、大黄、甘草、麻黄、芒硝等加以提炼制造，俾可代替外来西药，当即倡议集资××万元，于民国廿九年春筹设“中国制药股份有限公司”于兰州，计划以利用土产制造西药为主，而以外来原料改装药品副之，以期供给军需民用，谋战时之自给自足。厂内原拟设立制造部后，即制药部、肥皂甘油部、酒精部、硫酸部、玻璃部，除以制药部为主要制造外，其他四部均为辅助制药之部分。

是年秋改组，归雍兴实业股份有限公司接办，更定厂名为“兰州制药厂”，仍本前订计划，在总经理束云章先生领导之下继续筹备。为大量制造计，经增加资本为××万元，内部仍设五制造部分，惟将硫酸部改为制碱部，其余四部同前，并为提早供应社会需要起见，随租定西北货栈房屋××间暂为厂址，因陋就简，于是年十一月间即行开工制造，计本年度已有戒烟药片、各种酊剂、肥皂及玻璃器皿各货行销兰市。出产虽少，已可供应一部需要，而其中之戒烟药片，尤有助于该年度甘肃省当局完成中央戒烟政策之使命焉。

三十年度本厂七里河自建厂房大部完成，各种设备规模粗具，当由西北货栈迁入新屋，扩大生产，供应社会所出产之酒精、各种玻璃器皿以及吉星条皂与联皂，深得各界人士之好评，乐于购用，大有供不应求之势。因此本厂于感奋之余，而愈知努力焉。惟数年中间，承各界贤达之指导协助及本公司之随时督促，与厂方同人之共同努力，全部制造原已逐渐步入正轨，可望大量出产供应社会。奈自太平洋战事发生以后，战区扩大，海岸封锁，不特购自国外之制药机器输入受阻，即在国内上海定制之机器，亦因寇侵沦陷关系，运进困难，复因交通之阻塞，西药原料购入随之亦成问题，是故提炼土药与改装药品两项工作，终至被迫停顿，制药部分当于三十一年春季实行结束。此为本厂受战事影响所遭遇之第一次挫折也。

三十一年夏秋之交，阴雨连绵。八月四日山洪暴发，水流汹涌突入厂内，致本厂肥皂、玻璃、酒精、制碱各部设备多有浸损，虽经努力修复，但耗时已在三月以上矣。此为本厂因受天灾影响所遭遇之第二次挫折也。

迨三十二年夏，因黄河上游之淫雨，下游水位暴涨，本厂背临河岸，地势洼下，于六月二十六日夜间复遇黄水之灾，所有厂房之墙壁完全冲倒，各部设备大半损毁，而物料成品被水漂去与浸坏者，更难以数计。此为本厂受天灾之影响所遭遇之第三次挫折也。

本厂办厂中间，遇此三次挫折之后，致甫具规模之工业基础几至整个摧毁。自最后一次遭水之后，当复以百折不挠之精神，努力于复厂工作，迄至目前，尚未全部完成，而一年以来，了无成品以资贡献，实深有负社会人士之期望。而原来办厂计划，因以上之种种挫折，致未能全部实现。是为本厂所不胜遗憾者也。

本厂制药工作既已无法进行，前用“兰州制药厂”厂名已与事实不符，故经后批准，本公司于三十二年十月一日起改定现名，并因水灾损失惨重，缩小制造范围，业将酒精、玻璃两部停办，暂设肥皂部、甘油部、碱部及漆墨部四制造部分。现时四部中仅肥皂部略有出品，然尚未步入正轨，其他三部亦均试制成功，准备大量生产，一俟将来各部设备补充完善，即可正式开工。计划肥皂部日产吉星联皂××箱，吉星香皂×箱，吉星药皂×箱；甘油部日产精制甘油××磅；碱部日产精碱×吨，小苏打××磅；漆墨部日产各种油漆××磅，各色铅石印墨、报墨、誊写墨各××磅，以期大量供应各界采用。

以上各部设备之补充，行将全部完成，技术事宜，聘有国内外各大学专科毕业曾在上海重庆办厂之技术专家数位负责，所拟出产之货并各有专人负责监制，以期精益求精，深望能于半年内所有上列产品，同时出而问世，藉酬社会人士乐用本厂产品之夙愿也。尤望各界贤达、化学专家不吝指教品评，俾本厂产品获有改良，感甚，幸甚！

（件存甘肃省档案馆藏 49－2－10 卷）

雍兴公司公司兰州制药厂筹备经过及困难情形并现实概况与前途瞻望说明书

甲、筹备经过（沿革）

民国廿九年春，中国银行董事长宋子文先生暨天水中国银行经理束云章、兰州中国银行经理郑相臣与现任建设厅长张心一诸先生，因鉴于抗战军与首重资源，在未将暴敌歼灭之前，其战争序幕初期，我沿海口岸及国际通路势有暂被敌寇封锁阻塞之可能，职是之故，将来之舶品输入当必因之逐渐根绝。处此胜况之下，势非急图自给、力求生产不克渡此难关，而期持久抗战，因念西北宝藏遍地，物资素丰，倘能加以运用，殊多俾益于抗建，如土产之当归、大黄、甘草、麻黄、芒硝等加以提炼制造，颇足代替西药之用，过去因外运维艰，当地又无上项制造提炼之工厂，致多不能利用，殊为惋惜；又足资制造肥皂、酒精、玻璃、纯碱等之原料，如牛羊脂、青稞砂、石锰、养硼砂、土碱、蓬灰等产量尤丰，一经制为成品，颇可供给社会一般需要，为使货畅其流，物尽其用，适应抗建自给自足，爰倡议发起集资卅万元，筹设中国制药股份有限公司，于兰州内设五制造部：（一）制药部；（二）酒精部；（三）

硫酸部;(四)肥皂甘油部;(五)玻璃部,以郑相臣为筹备主任兼经理,袁淑范为副主任兼厂长,负责主办。先于西北货栈租借库房卅间,因陋就简,稍施设备后,即开工制造肥皂、玻璃、药物(各种酊剂及戒烟药片)等。按彼时之范围虽小,亦尚可做到供应社会需要之一隅。如廿九年度甘肃省政府得以完成中央戒烟之使命者,本厂配制戒烟药片之工作实与有力焉。迨是年秋季,因股本太少,无法周转,乃改并于雍兴公司,易今名为"雍兴实业股份有限公司兰州制药厂",并拨资金二百万元,在总经理束云章先生领导之下,派郑相臣为雍兴公司驻兰办事处主任,派曹柏年君为本厂经理、卞松年君为厂长。另于兰州西部七里河附近选购民地六十余亩,建药厂址。曹、卞两君于该年九月间到职,接收后当即进行,改组积极筹办。至卅年十一月间,对于厂方之建筑、机器之设备、原物料之收购,人事之部署诸端,均经就绪,现已次第生产矣。

乙、困难情形

西北各种工业在战前甚少树立,自战争发生之后,基于战时之需要,已渐呈蓬勃之象,诚属可喜,然以本厂筹备之经验所得,在西北创办工业,其困难不一而足,当此战争期间,所遇困难有尤倍于往昔,因之本厂筹备期间,未能与预之者依限完成,各项产量亦难期与计划者相互吻合。兹就所感困难,略举数端奉告,诸君并望有以教之。

A. 人的问题:(1)人才难以罗致——西北教育尚不发达,当地专门人才可谓凤毛麟角。本厂自筹备以来,屡向各地多方罗致,类多不愿前来。考其原因:一畏地方寒苦,二为交通不便,三因西北工业落后,推进实难。本厂迄至现在各生产部门虽已主持有人,但仍与原计划者相差甚远也。(2)技术工人缺乏——今日技工求过于供,招雇至属不易,致各厂间常有出高价夺取技工情事,本厂技工仍感缺乏,因其缺乏之故,故各厂对于技术较佳之工人,均视同珍宝,不特工资为之提高,且于管理亦极困难。(3)工人动性太大——西北工业落后,民多务农,无在工厂做工之习惯,一般工人多于务农闲时则来工厂做工,一至农收又相率离厂,因此熟练工人甚少,影响于生产之稳定与标准化甚大。

B. 机器问题:自抗战军兴,交通堵塞,舶来机器购运几不可能,而国内制造者,多为由各地搜集之机器旧件凑集而成,品质既劣,极不耐用,即在工业发达之区,自制机器已不及战前所制之优美,何况在此工业落后之西北?以致购用之机器时生障碍,修理复修理,停工复停工。此亦为生产不易稳定及不标准之原因也。

C. 原料问题:(1)原料采购不易——本厂所需原料,如制酿酒精所需之青稞,制肥皂所需之牛羊油等,均系购自青海或甘肃各县,自战事发生以来,此种原料多被统制,以致收购不易,其他原料或因缺乏或为居奇,采购自亦困难,影响制造。(2)原料不标准化——本厂所用原料,因运输与其他关系,尚有不能合乎应用标准者,如宁夏之湖碱、天然碱,均含有芒硝成分,若不经过精制则用时绝无把握;又如煤有时甚好,有时极坏,并且运输困难,如遇阴雨,则数日不能通行,有时发生煤荒。此均足以影响生产。

D. 运输问题:西北运输工具为大车、胶轮车及畜驮三种,亦甚缺乏。此类工具在农闲时尚易雇到,一入农忙时期,运输几成问题,且脚费大而运量小,故在原料之购运上时常发生困难,因而影响生产也。

丙、现实概况

(A)组织——本厂设经理、厂长各一人,下设总务、制造、营业、会计四课,兹为易于明瞭起见,特列表于后:

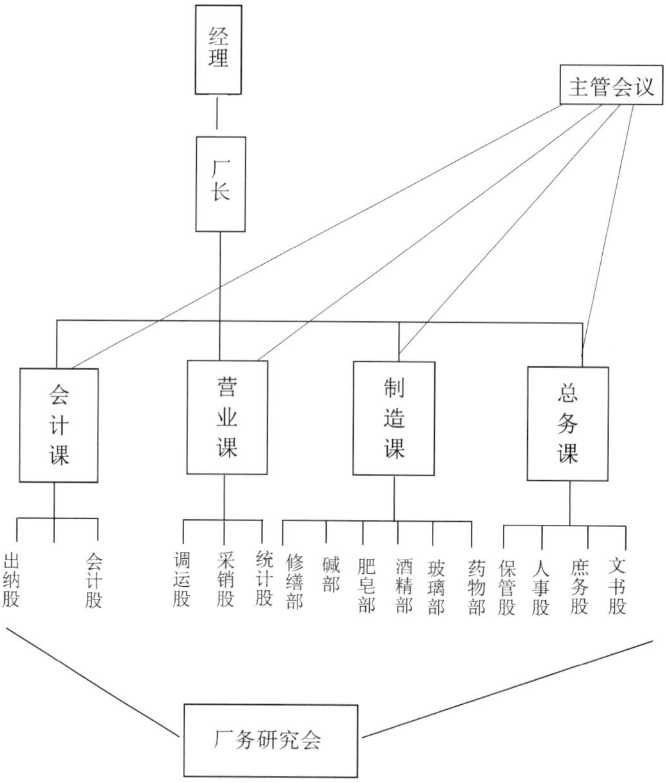

(B)设备——药物部现有电动真空机、重蒸馏水制造器、蒸汽蒸发器、离心干燥器、电动切断机、电动钢磨各一部,连续浸渍渗流器二部,安瓿洗涤装注器各五部,加压灭菌器二部。酒精部现有10HP锅炉一具(附有计式双缸水泵及水箱各

一具），蒸酒瓶五具（附有大凝缩器一具、小凝缩器三具），酒窖一百十八座，麯房十座，钢磨一部，酒精蒸馏塔一座（附有柴油机二具，$7^{1/2}$ HP 及 10HP 马达各一部），石磨一部，肥皂部现有直接火加热皂化锅、蒸汽加热皂化锅、凝皂锅、人力切条机各三具，溶油锅、手摇打印机、皂箱印刷机、切片机、烧碱制造锅各二具，炼油锅四具，凝皂箱五十具，晒皂架二百具，烘皂室二座，碱液收回器十具，切皂机、磨机、压条机、切条机、打印机、带动马达、食盐清洗器、过滤器各一部。玻璃部现有大炉二座，缓冷窖、烧钢炉、安瓶制造室各一座，铁轨百公尺，铁车二十部，磨口机一具，脚踏气泵六具。碱部现有反射炉、石灰窖各一座，黑灰浸溶器、结晶槽各三具，澄清槽、增浓器、烘箱各二具，苛性化锅一具。

（C）出品——本厂以现有设备，药物部每日可出硼酸、硫酸铜、硫□各五十磅，纯氯化钠十磅，硫酸钾一百五十磅，精制硫酸钠一千磅，兰苏一百磅（复方煤馏油酸制剂），盐酸吐根素安瓿五百支。酒精部每日可出动力酒精一百五十加仑。肥皂部每日可出条皂三十箱（每箱四十条），连二皂一百条，兰花皂一百块。玻璃部每日可出平面玻璃及器皿六百计。碱部每日可出碱粉二百磅，苛性钠液五百磅。

（D）营业——本厂各种出品，除用户径向本厂定购外，余均委托雍兴公司兰州各厂联合供销处推销，或招由本市各大商店代销，并由厂派员向渝市及各大城市推销。所有出品百分之八十行销本市，百分之廿行销各县及外省，就现时情形言，酒精及平面玻璃、玻璃器皿销路最畅，其余次之。

丁、前途瞻望

本厂应乎战时而创设，已在筹备经过中详言之矣。自太平洋战事发生，日寇南进，侵我日急，缅甸陷落，我之国际路线滇缅路早为敌寇所遮断，一切国外物资接济困难已臻极度，势非力谋自足自给，实无以言抗建。故全国各工业生产部门，所负责任愈益重大，我工业界一方面亟应加紧生产，方克打破难关，争取最后胜利，完成建国大业；一方面尤应抓紧时机，努力筹谋发展，以奠定内地工业基础，而杜战后再遭经济侵略之危机！故工业前途实于此时露出无限曙光也。

本厂各部生产，均有关于军需民用，惟自筹办以来，因遇上述之种种困难，前途发展不能不稍受阻滞。例如玻璃部，前曾向沪市订购平面玻璃机器，后因交通间阻，该机即未运到，但本厂已能研用人工制造之，虽出品无多，然已可代替舶来品而供销市面。因之本厂自信，如能持之以恒向前迈进，则任何困难当可徐图解决。故本厂决以此种精神，负起战时使命，拟将各部生产量加倍提高，扩大制造范围,以期大量贡献国家与社会。

西北工业落后,而各种制造原料宝藏甚丰,诚所谓取之不尽,用之不竭,本厂不特在战时应以最大努力向前推进,而尤愿在战时结束之后继续发展,以期达到货畅其流物尽其用而后。

（件存甘肃省档案馆藏49－2－10卷）

雍兴公司驻陇办事处为兰州制药厂更改内部组织名称致总公司函※

（1941年9月18日）

总公司大鉴:

顷据兰州制药厂函称:“敝厂第四次厂务会议议决,因制造课保检股之组织及名称未能切乎实际,拟即改为保管股,划隶于营业课,并以该股在业务上与会计有密切联系之关系,应受会计课监督指导。又,工程股之名称,因敝厂各项建筑工程行将告竣,为名实相符起见,亦拟将该股改为技术股,仍隶属制造课,专司研究、设计、鉴定、修造等事项,以期组织健全,藉奠技术进展之基。用特函陈,敬希登照核转备案是祷。”等情,除函复外,用特转陈,即希察备案为荷!

此颂

公绥

驻陇处　启

九月

2. 企业章则

中国制药股份有限公司兰州制药厂章程

第一章　总　则

第一条　本公司遵照《公司法》股份有限公司之规定组织之,定名曰中国制药股份有限公司,依法呈请主管官署登记。

第二条　本公司以发展西北经济,提倡工业及生产事业为目的,办理下列业务:

(一)自办或投资一般工矿及其他生产事业。

(二)受一般工矿之委托,代为管理与经营。

第三条　本公司营业年限定为三十年。自呈准登记之日起计算之,期满时得由股东会议决,呈请主管官署核准延长之。

第四条　本公司设总公司于甘肃兰州,视事实上之需要设分公司于各地。

第五条　本公司之公告登载于总公司所在地之日报,必要时并择国内各重要城市之日报登载之。

第二章　股　份

第六条　本公司资本总额定为国币叁拾万元,分为叁千股,每股壹百元,一次收足。

第七条　本公司股票概用记名式,由公司董事五人以上签名盖章发行之;本公司股东以中华民国国籍为限。

第八条　本公司股东应将其本人或用堂记、厂号名义者之代表人姓名、住址及印鉴报明本公司存查,遇有变更时亦同。

第九条　股份转让时,应由转让人于股票背面签名盖章,交由承受人将股票送请本公司验明过户。其因继承关系请求变更户名者,应提出证据,本公司认为必要时得令其觅保。

第十条　股票污损或须分合时,得向本公司请求调换。但污损程度至不易辨认时,本公司得令登报公告或令其觅保。

第十一条　股票遗失或毁灭时,应即报告本公司挂失,并自行公告登载本公司同意之日报三天以上。自公告日起经过两个月别无纠葛,方可觅保补领股票。

第十二条　股票过户每次应纳手续费国币五角,调换或补领股票每张应纳手续费国币壹元及其应贴之印花税费。

第十三条　股东常会前一个月内,股东临时会前十五日内,均停止股份过户。

第三章　股东会

第十四条　本公司股东会分为常会及临时会两种。常会于每年总决算后三个月内,由董事会就总公司所在地召集之;临时会由董事会或监察人认为必要时,或有股份总数二十分之一以上之股东提出理由,联名请求召集之。

第十五条　股东常会之日期、地点及议题应于一个月前通知各股东,但临时会应于十五日前通知之。

第十六条　股东表决权每股一权,但超过十股以上者,每二股递增一权。

第十七条　股东因事不能到会者，得出具委托书委托其他股东为代表，但代表者连其本人所有之表决权，至多以全体股东表决权总数五分之一为限。

第十八条　股东会之主席由董事长任之，董事长缺席时，由董事会于董事中互推一人代理之。

第十九条　股东会之决议除公司法有特别规定者外，应有股东户数四分之一以上股数，三分之一以上到会，而以其表决权过半数之同意行之，可否同数时取决于主席。

第二十条　股东会议决事项应载名于决议录，由主席签名或盖章，连同出席股东名簿代表出席委托书一并交由董事会保存于公司。

第四章　董事监察人

第二十一条　本公司设董事七人，由股东会就五股以上之股东选任之；监察人三人，就两股以上之股东中选任之。被选权数相同者，以抽签法决定之。

第二十二条　董事任期三年，监察人任期一年，连选均得连任，任期内遇有缺额，以同届候补当选人代行职权。

第二十三条　本公司设常务董事三人，由董事会互选之，并由常务董事中互推一人为董事长。遇有重要事务由董事会开会议决之，并以董事长为主席。

第二十四条　董事会由董事长召集之。

第二十五条　董事会议须有董事过半数之出席方得开议，并须经出席董事过半数之同意方得决议，可否同数时取决于主席。

第二十六条　监察人除依法执行职务外，得列席董事会议陈述意见，但无表决权。

第五章　职　员

第二十七条　本公司设经理一人，由董事会聘任之。

第二十八条　经理秉承董事会处理本公司一切事务。

第二十九条　经理因有事故不能执行职务时，得由董事长会同常务董事指定人员代理之。

第三十条　本公司重要职员由经理商承董事会延聘，其余职员由经理提请董事会核准分别任用之。

第六章　决　算

第三十一条　本公司每年决算期分为两期，一月至六月为上期，七月至十二月为下期。俟年终总决算后，应依法造具各项表册，委托会计师查核证明并送交监察人复核后,由董事会提出,于股东常会请求追认。

第三十二条　本公司每年纯益应先提法定公积金、折旧及所得税,次提股息,按年息八厘。如尚有余再照十成分配,以一成为特别公积,以六成为股东红利,三成为董事监察人及职员酬劳金。

第三十三条　纯益分配于股东常会议决通过后行之,股息及股东红利之发给,按照停止过户日之股东名簿分配。

第七章　附　则

第三十四条　本公司内部组织系统及办事细则由董事会订定之。

第三十五条　本章程未尽事宜悉照《公司法》股份有限公司之规定办理。

第三十六条　本章程自呈奉主管官署核准登记之日施行,嗣后如有应行修改之处,由股东会议依法议决,呈请核准备案。

第三十七条　本公司之发起人姓名如下:

卞白眉　束云章　沈次量　杨朗川　张心一　张鸣冈　胡名甫

康菊农　潘仰山　李紫东　郑相臣　翁叔通　洪午楼　李云纪

陈质文　洪称其　袁少逸　金楚珍　贾俊臣　王子才　韩温甫

孟目的

(件存甘肃省档案馆藏 49 -2 -1 卷)

中国制药股份有限公司兰州制药厂组织大纲

1. 本公司设经理一人,由董事会聘任,秉承董事会处理本公司一切事务。

2. 经理以下设厂长、业务主任各一人,承经理之命处理各该管事务。

3. 厂长以下设技术、考工两课及成品物料库。技术课设技师若干人,考工课设课长一人,成品物料库设管库主管员一人,业务主任以下设文书、营业、会计三课,每课各设课长一人,承厂长及业务主任之命分掌各该课库事务。

4. 各课库视事务之繁简得设办事员及助员各若干人,承经理、厂长、业务主任及各课库主管之命办理各该管事务。

5. 厂长、业务主任由经理商承董事会任免之,其余职员自课长技师以下由经理提请董事会核准任免之。

6. 本公司办理细则另定之。

7. 本大纲如有未尽事宜,得由董事会或由经理提请董事会议决修改之。

8.本大纲自董事会核准之日起实行。

本公司组织系统如左：

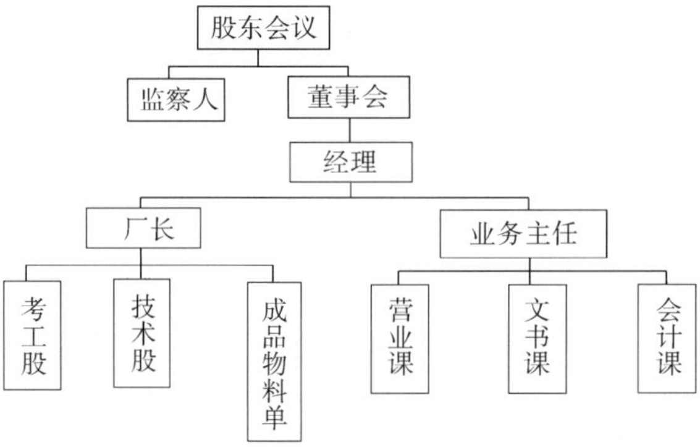

（件存甘肃省档案馆藏49－2－1卷）

雍兴公司兰州制药厂组织规程

第一章　总　则

第一条　本厂设于兰州，视业务之需要得在国内外设置分厂及办事处处理业务。

第二条　本厂所属各分厂均称为雍兴公司兰州制药厂某某分厂，办事处则称为雍兴公司兰州制药厂某某办事处。

第三条　本厂组织系统如左：

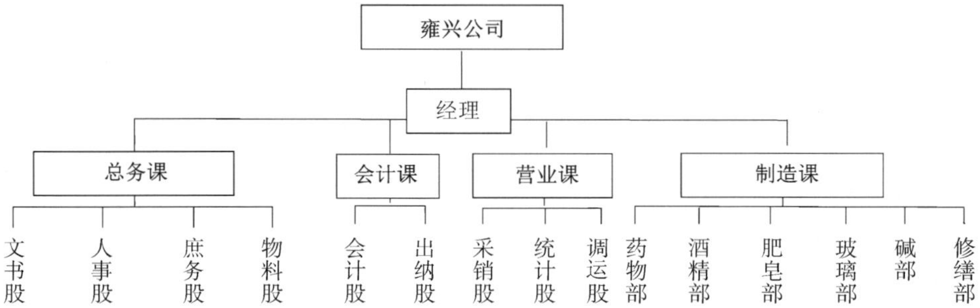

第二章　本　厂

第四条　本厂设经理一人，由雍兴公司聘任之，秉承雍兴公司之意旨办理全厂一切事务。

第五条　本厂设总务、营业、会计、制造四课。

第六条　总务课之职务如左：

甲、掌理文书之一切事务：

一、关于文卷及契约合同之整理与保管；
二、关于各种规章之编订与颁布；
三、关于本厂印鉴、图记之刊刻、保管及分厂办事处印鉴、图记之颁发；
四、关于各项开支预算之整编；
五、关于各项会议之记录及通知与陈报；
六、关于本厂股务之一切事项。
乙、综理庶务一切事项：
一、关于职员进退、升调、考试、薪给、奖惩、请假、恤养等之审核登记事务；
二、关于职员保证书之审查、保管及职员储金、保证金之提存事务；
三、关于营业用器具及一切物料之购置、保管与出纳事务；
四、关于本课所统计材料之供给事务；
五、不属其他各课之事务。
第七条　营业课之职务如左：
一、关于本厂营业方针之计划；
二、关于本厂资金调动、营运之计划；
三、关于存放、借贷款项之事务；
四、关于原料品之购买、运输事项；
五、关于制成品之推销、运输及保管事项；
六、关于市场状况及商家信用之调查报告事项；
七、关于对外特约合同之拟定事项；
八、关于广告宣传事项；
九、关于营业税款之核算事项；
十、关于本课统计材料之供给事项；
十一、关于本课文电撰拟事项。
第八条　会计课之职务如左：
一、关于本厂会计规程所规定会计记载之一切事项；
二、关于全体账表之核对事项；
三、关于账簿、表册之保管事项；
四、关于有价证券票据之保管事项；
五、关于编制决算各表；
六、关于编制营业报告书；

七、关于本厂各种统计事项；

八、关于现金之出纳事项；

九、关于本课文电撰拟事项。

第九条　制造课之职务如左：

一、关于生产之各种计划；

二、关于制造事项；

三、关于药物之移种培植事项；

四、关于各种研究调查事项；

五、关于原料之验收保管及制成品之检验、包装、储藏等事项；

六、关于工厂全部管理事项；

七、关于管理工人事项；

八、关于机器之安装、管理、修理及保管等事项；

九、关于各种工程事项；

十、关于本课统计材料之供给事项；

十一、关于本课文电撰拟事项。

第十条　总务、营业、会计各课各设课长一人，于必要时得设主任办事员一人；制造课设厂长一人，于必要时得设副厂长一人，受经理之指挥主办各该管事务。

第十一条　各课视事务之繁简于所辖各股内设办事员、助员、练习生及技术人员若干人。

第三章　分　厂

第十二条　分厂设经理一人，受本厂之指挥主持分厂全部事务，于必要时得设主任一人，辅佐经理处理分厂事务，如遇经理缺席时由主任代行其职务。

第十三条　分厂设总务、营业、会计、制造四组，总务、营业、会计各组设领组一人，制造组设技师一人，受经理主任之指挥，分办事务与技务。

一、总务组：办理文书及庶务事项；

二、营业组：办理一切营业事项；

三、会计组：办理会计及出纳事项；

四、制造组：办理技务及制造与保管成品原料等事项。

第十四条　分厂各领组除会计领组与制造组技师外，其事简者得由经理或主任兼任，或以一领组兼办两组事务。

第十五条　分厂设办事员、技术员、助员、练习生无定额,受上级职员之指挥办理各项事务。

第四章　办事处

第十六条　办事处设主任一人,于必要时得设副主任一人,受本厂之指挥办理办事处全部事务。

第十七条　办事处设总务、营业、会计办事员或助员各一人,其职务与分厂领组同。如事简者得由主任兼办,或由一办事员办理两项事务。

第十八条　办事处设练习生,无定额,受上级职员之指挥办理各项事务。

第五章　附　则

第十九条　本厂得于各地招设代售处,其章程另定之。

第二十条　本规程经雍兴公司核准后施行之,修改时亦同。

（件存甘肃省档案馆藏 49－2－5 卷）

雍兴公司兰州制药厂职员薪给规则

第一章　总　则

第一条　本厂职员之薪给依本规则办理之。

第二条　职员薪给以国币为单位。

第三条　职员薪给按月发给,发给日期定为每月底,若遇休假得提前一日,不得预支暂借。

第四条　职员遇有变更职务时,其新职薪给于卸旧职后一日起支。

第五条　职员遇有迁调,其时间在月半后者薪给由原在服务处支领,在月半前者由调往服务处支领。

第六条　职员薪给须按日计算者(每月以三十日为原则),按该员实际服务之日数计算发给。

第七条　职员请假须扣薪者照请假规则办理。

第八条　职员薪给自到本厂任职之日起支,卸职之日截止。

第二章　薪　给

第九条　本厂薪给分为左列三种:

一、薪金遵照规定按职务之等级支给之;

二、津贴就所在地之环境及所任职务之情况分别支给之;

三、酬劳金依本厂章程之规定办理之。

第十条　本厂职员之薪金规定如下：

课长　100　120　140　160　180　200　220　240　260　280　300

主任办事员　80　100　120　140　160　180　200

办事员　40　45　50　55　60　65　70　75　80　85　90　95　100　110　120　130　140　150　160

助员　25　30　35　40　45　50　55　60

练习生　10　15　20

厂长　160　180　200　220　240　260　280　300　340　380　420

副厂长　160　180　200　220　240　260　280　300　340　380 420

主任技师　同副厂长

技师　100　120　140　160　180　200　220　240　260　280　300

技术员　同办事员

分厂经理　同本公司课长

分厂主任　同本公司主任办事员

办事处主任　同分公司主任

办事处副主任　同办事处员

第十一条　本公司职员之抗战时期津贴及膳费规定如下：

厂长及副厂长	80
主任技师	80
技师及助理技师	60
技术员	40
课长及主任办事员	60
办事员	40
助员	30
练习生	15
膳费	30

第十二条　本厂经理之薪津由雍兴公司核定之。

第十三条　本分厂及办事处各级职员之薪金由经理核定之。

第十四条　各级职员除经理薪金另定外，无论升调或新进，本厂应按第十条之规定其起支薪额，由经理核定之，但不得超过四级。如原薪已超过定额者得仍支原薪。各级职员所支薪额已达该职薪金之最高数时,非俟晋级不得加薪。各级职员兼职者不另支薪,得酌给津贴,其数目由经理提请雍兴公司核定之。

第十五条　本、分厂及办事处如因当地情形有特别开支之必要者,由经理商承雍兴公司按月核给相当特别津贴,由各该主持人领用之。各级职员因职务上之关系必须应酬以利业务者,由经理商承雍兴公司按月核发该职务相当之津贴,由在职人领用之。

第十六条　依本厂章程第十条所规定之职员酬劳金,经雍兴公司核定数目后,以一部作普通酬劳(其分配办法另定之),另一部作特别酬劳,按服务成绩优异者核定发给。上项分配办法由雍兴公司决定后交经理办理之,服务未满一年者不给特别酬劳金。

第三章　加　薪

第十七条　每年十二月底考核职员服务成绩,其成绩优异者酌予加薪,以资鼓励,每次以加一级为原则,如有特殊劳绩得酌加两级,均由经理提请雍兴公司核定。

第四章　附　则

第十八条　本规则经雍兴公司核准后施行之,修改时亦同。

(件存甘肃省档案馆藏 49 –2 –25 卷)

雍兴公司兰州制药厂工人待遇及管理暂行办法

第一章　总　则

第一条　本厂之工人,依其技术及任务性质之不同,分为左列四者:技工;学徒;工役;公役。

第二条　凡本厂工人均有享受本办法待遇之权利及遵守本办法管理之义务。

第二章　待　遇

甲、工资及津贴与膳费

第三条　技工月给工资 20 元至 100 元,战时津贴 15 元;

学徒月给津贴 5 元至 20 元;

工役月给工资 10 元至 40 元;

公役月给工资 10 元至 40 元;

技工膳费 36 元;

学徒及工、公役膳费25元。

乙、考绩与奖罚

第四条　学徒每半年（六月底、十二月终）技工及工役公役等每年终各考绩一次，按其成绩优劣分列四等：

甲等——技工月加工资10元，学徒月加津贴3元，工公役月加工资5元；

乙等——技工月加津贴5元，学徒月加津贴1元，工公役月加工资3元。

丙等——不奖不加；

丁等——扣减工资及津贴，或降调职务与解工。

第五条　所加工资及津贴，均以递加至所规定之最高额为限。

第六条　学徒学习三年期满，其成绩优良，经测验合格者，即升为技工，或准技工待遇。

丙、福利及抚恤

第七条　学徒及失学工人，每星期有十小时以上之受补习教育（或军事训练）时间，其余全部费用由本厂负担。

第八条　本厂举办工人储蓄会，由工人参加储金备用（办法另详）。

第九条　本厂所组织之合作事业，准工人参加并充分享受其公允利益（合作条例另详）。

第十条　倡办职工俱乐部及图书馆，促进工人正当之娱乐及工作时间外学业之修习。

第十一条　成立工人自治讨论会，予工人以公余德业之互励及研究新学术技能与工作效率增进之机会。

第十二条　每于营业年度终结结算盈余，按照本厂章程之规定对于成绩优良或无过失之工人，分配奖励或酬劳金。

第十三条　在例假或休假日，应业务之需要不能停工时，其工作之工人，除应得之工资外，并按时日另给加工之工资。

第十四条　工人因执行职务而致伤病（花柳病除外）者，本厂除担负其医药费外，并于其不能工作之期间内工资照给。以一个月为限，超过一个月者，给以平均工资三分之二之津贴；如经过六个月尚未痊愈者，其每日工资，得减至平均工资二分之一，但以一年为限。

第十五条　对于因公伤病而成残废或死亡之工人，则依本厂抚恤工人办法以抚恤之。

第十六条　工人如遇婚丧大故而急需用款时，本厂得预借一个月以内之工资，或发还储金全部或一部分。

丁、休息与休假

第十七条　工人继续工作在五小时中间，有半小时之休息。

第十八条　工人工作每七日中有半日之休息(抗战后有一日)作为例假。

第十九条　工人继续工作满一定期间者，依工厂法之规定，应给特别休假，其假日如左：

一、在厂工作一年以上未满三年者，每年七日；

二、在厂工作三年以上未满五年者，每年十日；

三、在厂工作五年以上未满十年者，每年十四日；

四、在厂工作十年以上者，其特别假日每年加给一日，其总数以不超过三十日为限。

第二十条　工人于特别休假期内而不愿休假时，照加该假期内之工资。

第三章　管　理

第二十一条　领工于职务上须承厂长、工程股长及技师之指示。

第二十二条　技工于工作上应受工程股长及技师、领工等之指导，于工作范围外得受人事股及总务课庶务员之管理与纠正。

第二十三条　学徒在学习及服务时间内，除厂方领工以上有责罚权外，而技工仅有教导之义务，绝无责罚权。此外人事股有训导管理权，总务课有维持纪律纠正并管理权。

第二十四条　工役及公役在厂方技务与库务，须受领工及保检助员等以上之指挥，而在机务上总务课庶务员有相调用与管理权。

第二十五条　公役除直接受总务课庶务员管理外，对于其他各级职员亦得诚恳接受其指导。

第二十六条　凡各工人须绝对接受工程股、人事股、总务课之监督指导与纠察管理，不得违抗。

第二十七条　工人若有损坏本厂器具或原料者，得按其情节责令赔偿。

第二十八条　工人如反抗正当之指导与管理，或违反厂规而情节重大者，得即解工或并令赔偿损失。

第二十九条　工人继续旷工至三日以上或一个月以下，无故旷工至六日以上，得即解工或并令赔偿损失。

第三十条　工人有窃偷行为者依法究办。

第三十一条　领工对于职务不忠实，或懈怠致发生事变，或事变范围扩大，得依法惩办。

第三十二条　工人以暴力妨害厂务进行，或毁损工厂之货品器具，依法惩办。

第三十三条　工人鼓惑或以强暴手段胁迫他人罢工者，依法惩办。

第四章　附　则

第三十四条　本办法经雍兴公司核准后施行之。

（件存甘肃省档案馆藏49－2－25卷）

雍兴公司兰州制药厂工人津贴及抚恤条例

一、工人因伤病暂时不能工作，本厂除担任其医药费（由本厂指定医院及医师）外，每日照旧工资〈工资照旧〉。如经过六个月尚未痊愈，其每日津贴减至平均工资三分之二，但以一年为限（但花柳病及一切性病不在此例）。

二、工人因公而受伤生病或成为残废永久失其全部或一部之工作能力者，本厂给以残废津贴，其津贴以残废部分之轻重为标准，但至多不得超过二年半之平均工资。

三、工人因公而死亡者，本厂除给予一百元之丧葬费外，给其遗族抚恤费五百元及二年半平均之工资。前项平均工资之计算，以该工人在本厂最后三个月之平均工资为标准，丧葬费、抚恤费应一次给予，但伤病津贴、残废津贴得按期给予。

四、受领前项条例之抚恤者为工人之妻或夫，无妻无夫者依左列顺序，但工人有遗嘱时依遗嘱。

第一，子女；第二，父母；第三，孙；第四，同胞兄弟姐妹。

五、本条例自陈请雍兴公司核准之日起施行，如有未尽事宜得随时陈准修正之。

（件存甘肃省档案馆藏49－2－25卷）

3. 会议记录

雍兴公司筹设兰州制药公司谈话会记录

(1940年9月25日)

时间　　民国二十九年九月二十五日下午二时

地点　　兰州中国银行

出席人　束云章　毛端梧　曹柏年　卞松年　陈质文　洪德官

记录　　贺书绅

主席　　束云章

卞松年报告接收兰州中国制药公司经过

所有应行接收各项,如机件、物料、原料、账目等,均已于本年八月间照册点收,肥皂、玻璃两部分照常开工。关于账目方面,有在西安购铜管款一笔计五千余元,款已付讫,未见其料,据袁前厂长声明,此事当由彼负责购到。又袁前厂长任内购有私汽油一桶,价值六百元,被官厅察觉加封,将来如何解决? 尚无所闻。再,中国制药公司自二十八年十一月间筹备以来,截至二十九年九月上旬,共用去购地、建屋以及购料、开办等费约四十三万元,合并报告。

曹柏年报告嗣后进行计划

(甲)经费预算:(一)预估全厂建筑约须四十万元;(二)各部分机器及原动之设备并购办材料,约需一百一十一万四千元;(三)生财、书籍、仪器等约需五万六千元,再加已经用去之四十三万元,一切建筑设备约计二百万元。

(乙)组织系统:(一)全厂拟分制药、肥皂、酒精、玻璃、制碱五部;(二)经理以下设厂长、营业主任各一人,又研究室设技师若干人分掌各职。

(丙)成本计算:以制甘草精一端而言,每日需用甘草原料约一千公斤,市价三千六百元,再加直接费三千六百元,间接费七百元,又利息担负一百元,共计每一千公斤甘草之成本为四千元,以一千公斤之甘草可制精五百磅,每磅售价以十六元,合计为八千元,预估每日所获约四千元。至其他各部分之成本计算,当以书面报告。

主席意见

(甲)资本总额拟定为二百万元。

（乙）组织方面，取消研究室及营业主任之名义，改于经理以下分设厂长、会计、营业、总务四部分，各司其事，以便管理。

（丙）所有本厂详细计划及组织章程并经费及预算等，由曹柏年君拟具方案，送由兰州中国银行转陈天水雍兴公司核定。

（丁）接收经过应即造具书面报告，连同表册送由兰州中国银行、送陈天水雍兴公司备核。

下午六时散会。

（件存陕西省档案馆民国档案 82－1－510－2 卷）

雍兴公司筹设兰州制药厂第二次谈话会记录

（1941 年 1 月 6 日）

时间　民国三十年一月六日下午二时

地点　兰州中国银行

出席人　束云章　郑相臣　曹柏年　卞松年　陈质文　洪德官　贺书绅

主席　束云章

记录　贺书绅

曹经理柏年报告筹备近况

（一）建筑工程计已完成十一栋（计厂方四栋、办公室一栋、仓库二栋，又职员及工人宿舍共四栋），其余厂房及仓库各两栋，定于开春后包工建造。预计开工后两个月后可以完成，好在一切砖瓦木料均以购备齐全，只待天气和暖即可动工。

（二）动力方面尚缺少二十、三十、四十匹马力锅炉各一具，拟在西安定制。

（三）制药机器四部，已向美国史透克公司洽妥价格，共计美金二万五千元，并已电请该公司速寄合同条件，以便正式签订，预计六个月可以运抵兰州应用。

（四）器皿玻璃部于本年二月底即可制成新坩埚四座，又于同年三月底可增为八座。以前外间订货近已一律交清，刻正赶制玻璃杯及制药部分所需要之玻璃仪器等品，一以供应市场，一以留备自用。

（五）平面玻璃部分需用之池窑，准于本月三月底制成。在平面玻璃机器未经制就以前，拟即利用上项池窑先制玻璃器皿，以免搁置不用，徒增负担。至玻璃仪器正在精密设计，一俟设计完毕，两个月内即可制妥应用，开始出品。

（六）碱部准于三月底完成出货。

(七)肥皂部分每日可出品八百市斤,现拟于制造去污肥皂以外,酌制香皂若干,以应社会上之需要。制皂原料足供三个月之用,刻又向甘州定妥牛羊油十万斤,以资补充(每日以出肥皂八百斤计算,全年需要原料三十万斤)。

(八)目下全厂开支,因在筹备期内,各部分尚未能尽数生产,故每月约需亏蚀二三千元。俟本年三月间酒精部分开工后,即可略有盈余,惟大部分利益所在仍以制药部分为主干。

主席意见

(一)分购二十、三十、四十匹马力锅炉三具,管理及燃料均不经济,不如向重庆订购一百匹马力锅炉一具,较为妥善。即由曹经理柏年负责速为定制,将来交货时,可由总公司运输部设法代运。

(二)灵宝中棉公司五十匹马力锅炉及引擎各一部,已决定拨归制药厂应用,刻正设法起运,所用运费若干,应由制药厂如数担认。

(三)酒精器具务于本月底由渝运到,并限三月中旬,每日出产酒精一百五十加仑。又自即日起,从速酿醅乾酒,以充蒸取酒精之原料。

(四)据曹经理陈请,拟聘袁翰青君为制药厂顾问,月致车马费一百元。又拟征用屠仲方君为制药厂技师兼人事股主任,月给薪金一百六十元,其余津贴待遇照章交给。又拟以雍兴公司名义与甘肃科学教育馆订立合作化验办法,并由制药厂每月担任经费二百元等情,均可照办。请即以公函陈报总公司核准。兹因屠仲方君在渝之便,可嘱其于到厂以前,先赴重庆、贵阳两玻璃厂参观一周,以资借镜,如有合式工人亦可顺便招致。

下午五时散会。

(件存陕西省档案馆民国档案82－1－510－2卷)

雍兴公司筹设兰州制药厂第三次谈话会记录

(1941年4月29日)

时间　民国三十年四月二十九日上午九时

地点　本公司驻陇办事处(兰州中国银行内)

出席　束云章　郑相臣(洪德官代)　曹柏年　卞松年　洪德官　贺书绅

主席　束云章

记录　贺书绅

曹经理报告筹备近况

一、本厂重要建筑均已告竣，尚有零星工程约于一个月内即可全部完成。

二、制肥皂部分。已于新建厂房内照常开工，每日肥皂出品约计五百市斤。近调查西安市场可以大量销售，故仍拟按照原定计划每日出品八百市斤，如当地不能畅销，亦可运往秦省脱售，无虞压滞。

三、制碱部分。原定三月间即可开工，只以当地陶器工业合作社供给之缸砖，经试用后不合制造炉子之用，刻已函请西安中国银行李经理派人前往同官附近购取坚硬坩土，以备赶制缸砖之用，将来制碱出品先供器皿玻璃及制造部分应用，如有余量，再求外售。

四、器皿玻璃部分。原定制坩埚八座之计划，已于新建厂房内一律告成，一俟半个月后定制铁烟囱交到，便可开工。预计每日制造各种器皿约八百市斤，市面销售情形，颇抱乐观。

五、一百五十加仑酒精塔一座。一以承制厂家交货迟延，一以内地交通颇感不便，多方设法，始于本年三月中旬运抵兰州，刻正加工装配，预计二个月内开始出货。酿酒技术工人，近亦设法觅妥，惟青稞原料购存尚不甚多，已向各方积极觅购。

六、原动部分。原定向重庆方面定制一百匹马力锅炉一座，运兰应用。兹因交通不便，运价极昂，故经决定改向西安定制，俾可节省运费，并拟先行定制五十匹马力锅炉一具，俟后视工作情形，再为添购。

七、灵宝中棉公司五十匹马力锅炉引擎全套，已由本厂设法购运，兹经运抵西安，约半个月后即可运兰装置。

主席意见

一、本厂前拟向美国订购真空渗漏机一部，现据司托克公司复电，约需美金十万六千余元。以目下市价，折合国币共计六十余万元之巨，再加由美国运抵兰州之运费，恐非百万以上莫办。为稳扎稳打、审慎从事起见，不如取消原意，以轻负担。一面在国内定制简单制药机器，先从小规模着手，将来视营业状况及环境情形，再为酌量扩充。

二、本厂购存甘草膏约有七万磅，如运往重庆、贵阳等处脱售，每磅约可盈益六元左右。即由曹经理制备样品十余份，运交重庆豫丰纱厂潘经理及贵阳中国银行赵经理，托为设法打听行市，陆续出售，并即着手装箱，以便起运包装。几日可以告竣？应即规定日期，具报总公司备查。

三、向各处所订机件,应派专人坐催提取,以免久延。

四、各部分工人除由厂中供给膳食外,即由曹经理规定标准工资数目,陈报总公司备查。

五、制造平面玻璃设备,内地难求周密,应即暂缓筹备,俟将来交通恢复再向国外订购。

六、据卞厂长松年报告,如能添置吹玻璃机一具,则玻璃器品产量可增加倍蓰。上项机件内地无现货可购,当由本人设法向贵阳玻璃厂商请供给图样,以备仿制。

七、在此次筹备期间,各部应行推进事宜,应指定专人负责,以收速效。尤当妥拟步骤,务使各种工作取得密切联络,以免顾此失彼之虞。

下午一时散会。

(件存陕西省档案馆民国档案 82－1－510－2 卷)

雍兴公司筹设兰州制药厂第四次谈话会记录

(1941 年 8 月 23 日)

时间　民国三十年八月二十三日下午五时

地点　天水本公司

出席　束云章　沈次量　曹柏年　张鸣冈　胡名甫　康菊农　贺书绅

主席　束云章

记录　贺书绅

曹经理柏年报告

本厂购存制药原料计有:(一)当归十六万市斤(内存岷县中国银行仓库约六万市斤);(二)大黄二万六七千市斤(内存岷县中国银行仓库约六七千市斤);(三)甘草膏十万磅;(四)麻黄五万市斤;(五)甘草十五万市斤;(六)硼砂六千市斤。上列各项药料应如何处置,请为指示,以便遵办。

主席意见

(一)购存甘草膏十万磅,应即装箱运往重庆、贵阳等处,以求脱售。一面将甘草膏样品分寄津行驻港处卞经理、仰光中行王经理、重庆豫丰纱厂潘经理及贵阳中行赵经理,托为打听行市,一面规定装箱完竣如期,陈报总公司备查。

(二)当归、麻黄各留半年制药原料,甘草、大黄各留一年制药原料,其余设法就地脱售，以免搁置日久或有霉损之虞。

（三）所存硼砂应视市面需要情形，酌装安瓿及硼酸等类，如兰州当地不能大批销售，可运往西安以广销路。

主席谈话

统计兰州制药厂每月担负，包括职员薪津、工人工资、职工伙食津贴、燃料杂费以及利息、保险等费约在九万五千元以上，斯则每日开支非有三千二百元左右不能维持现状。此项开支应如何增加营业收入以资抵补之处，请曹经理报告营业计划，以资研讨。

曹经理报告

（一）准于本年九月底每日出产酒精一二〇加仑，延至十月底出足二〇〇加仑，除去修理及假期停工，即平均每日以出产一四〇加仑，每加仑获利十五元计（原料成本每加仑约二十元，市价约三十五元）。

（二）制造玻璃器皿部分。准于本年十月底每日出足四百市斤，以每斤获利一元计，每日约可盈余四百元。

（三）制药部分。每日约可盈余八百元。兹将制药种类及出品日期分列于次：

A. 麻黄精两月内即可出货；

B. 当归、大黄精俟雷焊机运抵兰厂后，一个月以内准即出货；

C. 各种药针如治痢盐水、麻黄等，均可于两个月内，视需要情形酌量出货。其他药针俟返兰详细计划后，再行陈报总公司备案。

（四）制造肥皂部分。以兰州销量无多，决拟每日常川出产去污肥皂二百市斤，将来遇有机会再图扩充。现在以出售二百市斤肥皂之成本计算，售诸市面可不致亏蚀，如产量加增，成本即可减低，将来亦有利可图。

（五）制碱部分。准于本年十月半出货，此项出品专供本厂制造肥皂、玻璃部分之用，不向市场求售，故不计盈亏。

单就酒精、制药及玻璃三部分营业收入而言，每日约可盈余三千二百元，是以本厂在国外制药机器未经购到，尚未大量制药以前，当可维持现状。

主席意见

兰州制药厂营业方针及各部分规定出货日期，应由曹经理切实负责施行，万勿稍有延误为要。

下午十一时散会。

（件存陕西省档案馆民国档案 82－1－525 卷）

雍兴公司筹设兰州制药厂第五次谈话会记录

(1941年9月7日)

时间　三十年九月七日上午十时

地点　天水本公司

出席　束云章　沈次量　张鸣冈　康菊农　胡名甫　卞松年　沈薰南
　　　常缉甫　钱尔嘉　贺书绅　吴葆瑺

主席　束云章

记录　吴葆瑺

主席:月前曹柏年经理来雍,曾将制药厂应行整理各点及以后业务方针分别讨论,议有办法交曹经理回兰实行。兹为再求精确起见,特将本年八月二十三日第四次谈话会记录重行检讨,并请卞厂长根据上次记录逐条发表意见。

卞松年君:第四次谈话主席意见第(一)项购存甘草膏十万磅应即装箱运往重庆、贵阳以求脱售一节,现因厂中所存之箱大小不合且数量无多,一时恐难办到。

主席:甘草膏值价八十万元,关系损益甚巨,万不可再待价而沽,应即赶快添做箱子,从速运往渝、黔等地出售,勿再延误,以免搁置日久,损失愈大。

卞松年君:第四次谈话会主席意见第(三)项,所存硼砂应视市面需要情形酌制安瓿及硼酸等类销售一节,今计算每三斤硼砂只能做硼酸一磅,硼酸每磅现售十六元,而旧存硼砂簿价每斤均价四元,再加制造费及间接费,无利可获。

主席:硼砂做硼酸既不合算,应即停制。

卞松年君:第四次谈话会曹经理报告第(一)项,酒精出产之日期恐难做到。因酒精塔翻砂工程颇费时间,请准予延期一个月,即本年十月底每日出产酒精120加仑,至十一月底每日出足200加仑。

主席:既据卞厂长说明酒精不能如期出产之理由,可准予延期一个月,惟以后不得再请延期。

又现拟为制药厂添置300加仑氯化钙塔一座,以便本厂原有之塔可多出94%酒精(原塔96酒精如可出150至200加仑,改出94则可增至250至300余加仑),经过氯化塔后将浓度提高至98%。此外并拟再加300加仑酒精塔一具,与氯化钙塔配合一起以产高浓度酒精,其原有之200加仑塔届时回复原状,仍出96、200加仑(或再添一氯化钙塔亦可),似此则产量即可较前增加不少。以上新添两塔已分别托益门镇酒精厂吕经理及西北机器厂杨经理代为定制,惟酿制干酒与制麯设备以及蒸汽锅炉等均应早起计划筹备,俾新塔一到即可配合应用,不致临时因配备不齐又生耽误。

卞松年君:关于曹经理上项报告之第(二)项玻璃产量一节,兹按实际情形重行估计如下:

厂中玻璃部现有四个料缸,每日如以三缸料做酒瓶、茶杯等件,共可获利六百元。又中性玻璃料半缸(中性玻璃料每两日方可溶一缸,故每日以半缸计)做1C. C. 安瓿四千支,余料做药瓶或其他器皿,可获利二百元。每日三缸半料共可获利八百元。俟 press machine[①] 造成,产量尚可增加(应为现在之一倍),并一面将推广营业方法力求改善,则每日获利当不止此数(工资燃料及间接费等未计)。至做玻璃之 press machine,最快三个月可以完成。

主席:上次所估玻璃部出数,可照此次所议数目改定。

卞松年君:关于增加肥皂产量减轻成本一节,须增加皂锅三个,每个用铁皮两张半,共用七张半及铆钉等件(本厂存有铁皮,每张估计六百元),并添设炉灶,预计三星期后完成,每日产皂量可至三百斤。

主席:肥皂部增加产量应同时注意脂油原料之供给问题。又所制肥皂应加泡花碱以轻成本而合市面需要,并利用玻璃坩锅每年制泡花碱两次以资自给。

卞松年君:关于制碱部之成本,预计每斤为四角六分,较市面上所售之土碱及水碱为廉,每日出碱约二百二十斤,肥皂部自用四十斤,玻璃部自用一百斤,所余约八十斤左右可向市面出售以减成本。

主席:制碱部开工后应出足数量,除自用之外,其余应比市价酌为减低,设法推销。

主席意见:(1)制药厂各部分各种成品之销路情形,应由该厂及驻陇办事处详确调查,并拟具推销方案具报。又工务部分人员应明了原料成本价格与市场销货情形,营业部分人员应熟悉市面供求状况,深知制造成本以谋推广销路,故工务与营业两部人员,实有密切联系与互相了解之必要(即会计部分亦然)。若各部分彼此各不相谋,各行其是,则结果全局俱受影响。(2)库存各种成品应尽速整理,克期售清。所存原料之有多余及物料之并非急需者,亦应先行查明确数,分别

① 即压力机(压床)。

售脱。因无论成品、原物料,搁置太多均足增加利息担负,万一行市跌落并有损失危险,不可不深切注意。(3)营业应力求活泼,以成品随出随销为原则,且办厂重在制造精良,生产迅速,以供社会需要。若亦如批发商之储货待沽,希冀因行市高涨而得利,则见解根本错误。嗣后厂中营业务必矫正此点,以期灵活。(4)办理工厂,以充分利用设备、尽量出货,使物力人力均达最高标准为主。倘机器或人工少有闲旷或未能充分利用,则暗中损失殆难数计,可决其结果终归失败。嗣后务须全场共同努力,万弗松懈为要。

(件存甘肃省档案馆藏49-1-168卷)

雍兴公司兰州制药厂第一次检讨会议记录

(1942年4月26日)

时间　卅一年四月廿六日下午四时

地点　本厂会议室

出席　郑相臣　曹柏年　卞松年　刘万年　胡民腾　陈荣先　曲有诚
　　　丁慕陶　刘　彬　郭云九

主席　郑相臣

记录　郭云九

主席报告:略谓今天所要提出讨论的是"健全机构问题"。关于药厂的人事,过去虽经注意到,但是各部分现有人员,究竟是否够用及有无人浮于事的现象,很值得加以研讨。因为人事能够做到健全,组织与管理就会严密起来,工作效率就能以提高,营业就能以发达。同时一个机构的健全,尤须赖有章则的维系。药厂的办事细则,迄今尚未全部拟定,根据过去的事实经验,此种细则,极应赶速拟定,始可有条不紊,责任划清,即在纵的方面,命令既易贯彻;在横的方面,亦易切取联系,分工合作,收效自宏。譬如原料须储三个月的需量,而此次燃料直至无存,才能发觉去买,也就是因为机构不健全,章则未订立的缘故。是谁之咎,难以考察。希望在今天的研讨会中能把人事就各部分提出,逐一研讨,在不妨碍工作与不浪费的原则上确定人数(就是多的应当去,少的应当补),及办事细则应当克速详审订定,俾机构获以健全。

研讨结果：

甲、机构检讨

一、总务课

文书股——现有股长一人，助员三人，雇员一人，不予增减。

人事股——现有股长一人，助员一人，工役一人，因夜间考工需人，应添二人。

人事股长应：（一）随时纠正工人过去不良习惯；（二）训示以事业的成功就是自己的成功；（三）鼓励其工作兴趣，提高工作效率。

庶务股——现有股长一人，助员三人，应补充一人负责跑外购置物品。

物料股——股长由人事股长兼，现有助员四人已足用，惟人事股长事务至为繁重，在可能范围内仍请由中行方面调派一人前来负责物料保管责任。

二、营业课

原设采销、调运、统计三股，现仅有助员三人，尚无股长。采销股及调运股应补充股长一人兼任，统计股长由课长兼，并应补充四人分派调运采购两股服务。

三、会计课

原设会计、出纳两股，尚未派股长，现有办事员二人、助员二人，按需要应再添用一人，但目前关于出纳、会计事项均可由冯办事员冀北负责主持，足资应付现状，暂不补充。

四、制造课

酒精部——事务员规定五人，已有三人，应补充二人；

碱　部——事务员规定二人，尚未派定，应即补充二人；

肥皂部——事务员规定二人，已有二人，不再补充；

玻璃部——事务员规定一人，已有一人，不再补充；

药物部——事务员规定一人，尚未派定，应即补充一人，助理技师将来须调出一人。

修缮部——事务员规定一人，尚未派定，应即补充一人。

（A）以上制造课所属六部共缺事务员六人，可尽由练习生补充之，考取之练习生，其尚未办毕手续入厂服务者，通知限本月底办毕入厂，逾限即予取消录用。

（B）各制造部之会计事务员，由会计课陈课长加以训练，直属会计课指挥监督。

（C）为研究制造技术改进并为共谋补充技术人才起见，应即成立技术研究室，呈报驻陇办事处核转总公司备案。

（D）各课人员缺额，统限十天以内补充齐全。

乙、办事细则拟定方式

(一)各课股长及各制造部分之办事细则,由各该部分之主管人员分别负责详细拟定,限本月卅日以前统送总务课汇编。

(二)会计事务员之办事细则,由陈课长荣先负责拟定。

(三)办事细则课与课间之联系部分,由各课长会商拟定。

各课股之办事细则送总务课后,限五月十日以前汇编完竣,一方面由厂切实执行,一方面呈送驻陇办事处核转总公司备案。

下午六时散会。

(件存甘肃省档案馆藏 49－1－173 卷)

(五)兰州机器厂

1. 企业概况

西北机器厂兰州分厂筹设进行状况①

(1941 年 3 月)

兰州方面机器工厂本甚缺乏,本公司在兰设有制药、毛织、面粉三厂,机件修配在所必需,乃于本年三月成立该厂。当时即在西安筹选机件、采配材料并招募技术员工,于本年七月间告一段落,即行将机器材料转运兰设厂,租用兰州中国银行河路仓库为厂址,经二月余之设备装修始告完竣。工作机八部,暂用人力转动。至十二月底,电动力完成工作机运用自如。至于规模及设置方面,仅具雏形,故初为蔡家坡分厂。嗣因管理不便,改归本公司直辖,并由本公司驻陇办事处就近照管。业务范围亦仅限于为本公司兰州各厂配置机件,将来视环境如何,再图发展,以应社会之需要。

(件存甘肃省档案馆 71－1－279 卷)

---

① 节录自雍兴公司三十年度业务报告,文中本年指 1941 年。

兰州机器厂筹设经过与沿革暨厂务进展状况概述

（1942 年 7 月 29 日）

一、筹备的经过与沿革

按本厂系去年三月间在西安开始筹备，名称为西北机器厂兰州分厂。本年奉总经理电示，为本厂办理便利起见，于本年六月一日起改为现在名称（即兰州机器厂直辖总公司）。去年在秦筹备期间，初由总公司拨款伍拾万元，购办各种原料物料及工作机等，为时三阅月，略具端倪。遂招雇技工廿八人，于七月中旬乘坐本厂运料汽车一同抵兰，暂假兰州中国银行河路仓库为临时厂址。下车后开始整理材料，安装工作机器，计有八呎元车一部、六呎元车三部、十二吋牛头床一部、铣床一部、大小钻床一各部、虎钳四部、红炉一台。一切机器动力采用人力手摇轮办法，配制机器零件及工具。历时数月，筹设始告就绪，开始为本公司在兰各厂修配机件，并增制本厂自身生产工具。迨十一月间，兰州电厂供电线路架设完成，各种工作机器、锅炉原动力改用电动机运转，遂将手摇轮与风箱取消，而生产效能为之增高，故于本年增设十二匹马力电动机一部、六呎元车一部、十八吋砂轮一台、六呎龙门刨床一部、六吋虎钳十二部、红炉七台、修理汽车铣缸机两台、翻砂熔炉两座。现有技工六十余人，工徒二十三人，分为机工、钳工、锻工、铆工、木工、翻砂等六部，以期增加生产，扩展营业，供应战时社会需要。

二、目前感受之困苦

查甘省地处边陲，工业落后，民贫地瘠，缺乏五金矿产，一切材料皆仰给他省输入，而交通不便，运输困难，创办工厂有下列各点困难：技工难招；材料缺乏来源，因统制及纳税繁复，购运困难，成本过高；兰市其他工厂太少，一切难收辅助互援之功效；机器出品产生后，缺乏大量销路，故无固定之产品，营业难期较大发展；如出品生产量太小，每月营业收入不敷维持各项开支。以上各点皆为本厂目前感受困苦之大略情形也。

三、将来前途之希望

兰州市面近日趋繁荣开发，西北诸事顺利，本厂实有增加工作机及设法多招技工之必要，并亟应聘请工务方面人员，担负工务一切事宜，则本厂生产量增加，销路则亦可设法推广，将来营业当有可观。但各种原料倘地方政府之统制政策不变,与交通不便运取困难之关系而采购困难,仍恐不免耳。

(件存甘肃省档案馆71－1－279卷)

雍兴公司西北临时办事处改称兰州机器厂并直隶总公司的公函※

(1942年1月26日)

函告尊处改称西北机器厂直隶总公司由

径启者:兹为尊处办事便利起见,自本年一月份起,改称为"雍兴实业股份有限公司兰州机器厂",直隶于总公司,并以尊处厂长马文芳君为经理,自本年一月份起改支薪金贰佰肆拾元。除分函外,用特附同组织系统表一份,即希洽照为荷。

此致

本公司兰州机器厂

雍兴实业股份有限公司总公司西北临时办事处　启

三十一年一月二十六日

(件存陕西省档案馆民国档案82－1－675－3卷)

雍兴公司兰州机器厂厂务概述

(一)本厂之历史

本厂于三十年二月奉命在西安筹设办事处,开始采购材料,购制工作机,历时数月。至七月由西安迁移兰州,暂假兰州中国银行河路仓库为厂址,安装工作机就绪后,开始为本公司在兰各厂修配零件,并制造本厂自用工作机,至本年四月间,开始接外活。

(二)本厂之现况

本厂资本为一百万元,材料约三百万元,现有职员二十人,技工及工友共计一百二十人,每月经常费约四万余元。现有工作机,计钻床二部、元车四部、牛头刨床一部、龙门刨床一部、德制六呎元车一部、虎钳二十把、红炉七座、电焊机一台、十二匹马力电动机一台、三五匹马力吹风机各一台。本厂代客制造锅炉引擎、化学机械以及运输用具,主要产品为车铣刨钻工作机械以及毛纺械件。每年生产量二百二十万元。惟上列各种产量,因现时仍在筹备期间,扩充其生产量当不止此数。

(件存甘肃省档案馆71-1-279卷)

西北机器厂兰州分厂三十年度营业报告

(1942年3月)

一、概述

本厂厂长于三十年二月奉委主办厂务,当即只身由西安赴兰勘查厂址,逗留旬日返陕,路经天水,途遇所邀请庶务主任李福春君一同转回西安。奉总厂杨经理面嘱,在西安尚仁路公字一号租房一间,成立办事处,开始筹备,经由总厂调派梁伯乾君担任文书主任。初承总公司拨到国币三十万元,以为采购原料及工具之用,既有财政关系会计一职至关重要,当即函电分请派员前来,以专责成。旋适束总经理由兰莅陕,谓会计股长已派李君担任,现患病在兰,可先由秦中行调派司账一人,暂为协助,等谕,终因调派不开未果。当时所拨三十万元除购置原料已占用二十余万元外,所存无几。复由束总经理嘱秦中行再拨到二十万元,继续购办,但以资金有限,兼以值物价腾昂,故不免有顾此失彼之感。经购数月略具雏形,遂雇用胶轮大车,于是年五六月间分批运兰。并为早日开工起见,蒙总厂先行拨给各种工作机六部,招觅技工十三人,始于七月十二日乘中行运输处汽车四辆,押运首途西上,□旅五日抵兰,当即下车七里河,暂假中行河路仓库为厂址,即行从事擦洗机器暨修理临时机房,直至九月底,始将各种工作机,均已次第安装完竣。动力暂用人工手摇办法,除开始工作添制自用各种工具外,并即行陆续接制各厂各种工具及修配零星机件。□此时设备上亦粗具规模,渐感事务纷繁,计陆续征用材料主任一人,办事员及练习生各数人,而开支亦较增多。所有每月员工薪津伙食,以及建筑临时工人宿舍,并燃料、物料采购等费,在在需款,遂与兰中行于九月一日成立透支契约一百万元,以资周转。迨至十一月间,奉派之会计股长洪亨德君已到厂任事,着手赶办账务,日以继夜,历时匝月始获整理完竣,得以呈报请核。查本厂自筹备之日起至年终止,计由总公司划拨五十万元及在兰中行透支一百万元,共计一百五十万元,此本厂过去一年来筹备概况也。值兹三十年度肇始,爰将本厂过去各种工作实施情形,及草拟本年厂务一切推进计划,分门别类,沥陈于下,幸垂察焉。

二、建筑情形

A. 本厂为遵从总公司早日开工意旨起见,故特先租用中行河路仓库为临时厂址,计占用南库西□首八十间,最西□首四间为储料仓库,其余十四间作为机房,该仓库又于北面院墙所筑平房三十二间内拨给本厂十一间,作为办公室及职员宿舍,共计每月租金一千元整。此外,本厂于所租该库前面筑一围墙,并自建工人宿舍十二间,员工厨房三间,以资补充目前需要。所建此项房屋均系草筑性质,不求华美,砖木各料得以保持原有形状者,均未加以凿修,以备将来拆除仍可再用,合并声明。

B. 本厂虽已租用中行河路仓库为厂址,此不过临时急于开工起见,然所拨房屋较少,装机、办公均感不敷,且设置仓库之中,对于火险又属可虑。曾由兰中行代为勘觅地址,位于制药厂西侧,面积约五十余亩,正在办理手续及设计房屋之际,当地县府忽称该地系公有,阻止民售,以致尚成悬案。

三、装机情形

A. 动力之配备——本厂动力原计划采用电力,故在西安购得十二匹马力及三匹马力电动机各一部,此外并借兰州制药厂汽车引擎一部,暨面粉厂木炭炉一具,以备电力发生障碍时之用。初以电厂杆线尚未完成,兼称电力不足,故各机动力暂用人工手摇办理,嗣经本厂派员数次交涉,始允供给,所有电灯及马力均已装竣,日内当可挂表接火。

B. 已装之各种工作机——计由总厂拨给钻床两部,铣床一部,六吋虎钳四把,四吋虎钳两把,此外并有自购六呎元车一部,虎钳两把及由总公司拨给电焊机一架,均已分别安装就绪,进行工作中。

C. 在订购中之各种工作机——本厂前在西安购料时,以总厂所拨之各种工作机不敷应用,曾自行与西安毓文铁工厂订立合同,计订制仿造德国新式七□元车两部,十六吋牛头刨床一部及大钻床一部,所立草约曾已呈请在案。嗣以物价关系,复由驻秦办事处与总厂会同订之,此外尚有兰面粉厂在渝复兴工厂订制之拉丝床一部,奉拨本厂,但尚未交货。

D. 拟添购之各种工作机及工具——除现有暨订购之各种工作机以外,尚拟添购十二呎龙门刨床一部,十二呎元车三部,十呎元车一部,十六吋牛头刨床两部,立铣床一部,二吋半、吋六皮带各一百尺,二吋一百尺,大小皮带卡子十打,风铜一百磅,十六磅大槌四把,十二磅大槌四把,三吋、五吋铣钳子各一把,十六吋、十八吋管攀子各一把,双面或平面十二吋锯条二十打,一号、零号、一号半纱布各三十打,(粗细)油石半打,六吋至十吋三爪卡盘酌购数具。此外并拟购修理汽车工具之洗缸机一具,洗缸磨光机一具,蝴蝶或僧帽牌(粗细)瓦拉砂五十打,九件套筒攀子四套及六件小攀子五套,牙钳子六把,瓦拉起子四把,木把改锥子大小一打,庶几供求相应措施裕如也。详细注明于附表内。

四、本厂上半年度工务上设计之得失及草拟本年计划

A. 出品制造之程序——本厂自本年七月十七日,将各种工作机由西安迁抵兰后,当即饬工擦洗机件,赶办安装,先行添制未购到之工具。时以电力尚未完成,为早日开工起见,动力暂制铁轮用人力手摇,陆续为各厂制造各种机器工具及修理零件等活,同时架设天轴,安装电动机,以促进工作上之效能。

B. 工务设计之得失——此间焦炭内含硫磺太多,经翻砂用后,化铁出白口。嗣改用土法以生铁盛于砂罐内熔化,虽可勉强从事,然用煤较多,所出之铁水尤少,甚不经济,且每罐仅得容铁十余斤,较大之活更感困难。再者值此非常时期,良工缺乏,兰省交通不便,招用尤难,以致工作效率往往不能达到与所期望也。

C. 来年计划——除一面设法在外招选良工,俾收事半功倍之效,一面添购应需机器及工具,以求物质上之齐备精良,并拟于工人工余之暇开工徒训练班授以教育,使知工人在抗建前途之重要性,免受异党煽动致碍厂务也。

五、上年度业务之状况及预计本年业务之推测

本厂上年处于筹设装机情形之下,对于外界营业,未暇承揽。除为本厂补充必备机具三,八六四,七三六元之外,并为制药厂代制五〇〇元加仑酒精蒸馏塔一座,72″p 酒精锅二座,42″p 肥皂锅三座,以及为毛织厂、面粉厂灰铸品千余斤,及零星修配千余斤,计六,六五二,五一〇元,共计价值一三,七九一,九一六元。是年以电力尚未完成,所有各种工作机暂采用人工手摇,故不免工作效率较低,甚以为憾。至于本年度业务之计划,按照兰市之需要,依据本厂机具人工之生产能力,兹略测如左:

(一)主要收入

A. 出品——本厂为调整生产能力及兰市需要,在外界定制货物未确定以前,拟选制三百公斤磅秤十台,铁织机五十台,水火保险柜十座,六呎元车十台,洋式铜炉子五十只,约计价值四十四万五千元。于本年度拟为毛织厂仿制四十八幅宽梳毛整条机两台,配及二百锭走锭纺毛机一座,照最低成本价值约为十一万元,如能仿制试用成功,则拟作三十二年经常出品之准备。

B. 铸冶——照兰市需要并按本厂铸冶之设备,除供给本厂出品应用外,每月可定出灰铁铸品二千斤,全年可定出二万四千斤,铜铸品每月可定出二千斤,全年可定出二万四千件,灰铁铸品每斤以八元计,铜铸品每斤以四元计,共计铸冶收入全年为二十八万八千元。

C. 定货——照本公司各厂之需要及兰市各界之需要,每月可定出六千元之定货,全年定货收入为七万二千元。如各界定货繁忙而超过此数时,则出品部分略以减少,以先为各界代做定货为原则。

修理类:

A. 各厂修理——以本公司所属各厂应须修理各种之工作【机】尽先修配之,每月收入约在三千元,全年计算三万六千元,但外界修理零件一概不接。

B. 汽车修理——本厂为兰市急迫需要,特辟汽车修理部一种,专以洗缸,配勾背涨圈,修拐子轴、大梁以及塞带【等】各种大量修理【工作】,每年预计能修十二辆,每辆平均为五千元,共计六万元。

六、推销方法

A. 在兰城设立营业部,以洽办各种定货、销售出品、接洽修理等项【工作】。如在营业部洽定之交易不能再支任何佣金,此项佣金以作营业部之开支。

B.【订】立佣金制度,为推销产品、洽办定货,特予代理经手人以佣金之优待,照定货百分之五扣计。

C. 雇主折扣,凡雇主不能征取佣金者,则给予百分之五折扣,如本公司各厂即给予此项优待。

七、结论

窃溯总公司创办本厂之目的,其第一要义在解决所属各厂自身问题,次供社会需要,故求各厂业务之发展,必先使机器厂健全完善而后可。但以所处之客观环境而论,甘省地瘠民贫,各种工业尤在萌芽,兼受交通不便之影响,以致物料之取给,与夫技工之征用,咸感困难,本厂欲于短期间内收获盈利,实非易易。然此后倘能于各种工作机再求完备,原料物料再事添补以及技工之征用,务期事得其人,人尽其能,以达到增加工作效率之目的。除竭力设法改善各厂工作用具以扶助生产外,并乘此后方需要正殷之际,集中精力,多出成品,以应社会需要,庶可稍获余利,而固厂基也。

(件存甘肃省档案馆 71 - 1 - 279 卷)

雍兴公司兰州机器厂三十三年度营业报告书

（1945 年）

本厂营业方针以代联厂修配机件为主，如有余力另接外活，惟因限于设备不全及原料缺乏关系，对于一切制品，多能达到预期效果。兹将本年一年来之厂务情形，撮要分述如下：

一、设备

本厂自上年六月间迁移西北货栈后，工作厂房尚可敷用，故未另有建筑。关于机器设备，列表附后：

三十三年度开用工作机及三十四年拟增工作机表

类别	机具名称	开用数量	明年拟增数量	备注
工作机	六呎龙门刨床	一部		
	十二呎龙门刨床		一部	拟购置
	二号卧式铣床	一部		
	头号万能铣床		一部	拟请蔡机厂拨让
	十八吋牛头铣床	二部	二部	拟自制
	十二呎镟床	二部		
	八呎镟床	一部	五部	拟增者已由自制中
	六呎镟床	六部	六部	
	一吋及一吋一钻床	三部		
电动机	十五匹马达	一部		
	十二匹马达	一部		
	五匹马达	二部	一部	
	三匹马达	一部		
补助工具机	二百安培电焊机	一部		
	打铁炉	九座		
	三百公斤敞口化铁炉	二座		
	一吨通天炉		一座	拟自制
	七百五十公斤敞口化铁炉	一座		
	老虎钳	三十三台		
	压力机或冲机		一部	

二、物料

本年度一切料物之购存、领用与现存数量及应添备数量，分别列表附后。

三十三年主要原料报告表

名称	单位	上年结存	本年购入	领用数量	现存数量	均价		估计需用时日	应添数量
铁道钢	市斤	7,756	3,721	3,534	7,943	19	84	二年	
竹节钢	市斤	288	2259	128	2,419	96	54	十年	
钢锤	市斤	1,255	228	155	1,228	10	36	三年	
废铝	市斤		761		761	92	94		
废银废铁	市斤		946	228	736	15	39		
铅	市斤	124	5,500	5,031	1,582	14	50		
风钢	市斤	125		37	68	179	16	三月	
洋灰筋	斤	3,455		3,025	430	4	37	二月	
元铁	斤	6,726	296	3,849	3,173	11	84	半年	
3/4″元铁	斤	4,145		1,348	2,797	11	03	半年	
灰生铁	斤	18,258	6,355	19,436	5,178	26	20	二月	
灰铁	斤		24,567	4,200	20,376			半年	30,000
铁板	斤	3,644	1,163	2,099	2,708	26	20	一年	
5/16″铁板	斤	5,672		1,071	4,601	51	09	一年	
扁铁	斤	9,351	491	1,333	8,509	12	09	一年	
连铁	斤	7,075	419	597	6,879	5	08	十年	
汉铁	斤		7,597	1,529	6,068	3	00	五年	
槽子铁	斤	20,208		1,509	18,699	3	00	十年	
三角铁	斤	11,182	33	1,348	9,867	4	10	六年	
铁道铁	斤	7,158		311	6,847	3	10	十年	
废黄铜	斤	17,123	26,756	37,306	6,573	40	30	二月	30,000
废红铜	斤	3,784	4,015	7,459	340	39	00	二月	8,000

三十三年度主要物料报告表

名称	单位	上年结存	本年购入	领用数量	现存数量	均价		估计需用时日	应余数量	附注
洋钉	市斤	189	514	187	516	113	05	二年		
14 号铅丝	市斤	290		164	126	70	00	一年		
8 号铅丝	市斤		112	55	57	500	00	一年		
16 号铅丝	市斤		40	129	1	235	00		50	
18 号铅丝	市斤		1	1		700	00		20	

续表

名称	单位	上年结存	本年购入	领用数量	现存数量	均价		估计需用时日	应余数量	附注
单面锯条	条	646		409	234	21	04	六月	240	
双面锯条	条	42		31	11	41	67	二月	60	
皮带扣	只		48	38	10	100	00	二月	50	
75 加仑桶	只	15	1	4	12	993	50		5	
53 加仑桶	只	5	7	7	5	3385	80		5	
5 加仑桶	只	26		23	3	31	57	一月	50	
砂罐	只	1602	2550	3035	1117	42	96	六月	2,000	
砂布	张	725		71	654	11	21	一年		
○号人头砂布	张	376		241	135	37	84	一年		
15 号人头砂布	张	814		395	419	17	17	一年		
砂纸	张	603		115	487		82	二年		
棉丝	市斤	5	909	192	722	38	52	二年		
黑铅粉	市斤		2,000	393	1607	22	19	三年		
木把	只	15	510	447	78	20	00	二月	1,250	
耐火砖	块	566		438	128	2	87	四月	300	
煤油	市斤	185	278	243	220	73	00			
滑机油	市斤	19		19		75	00			
机油	市斤		226	174	52	270	30	三月	200	
黄油	市斤		71	15	56	503	51	三年		
凡士林	磅		95	25	70	1,000	00	二年		
桐油	市斤	328		100	228	33	70	二年		
青油	市斤	624	20	644		40	00			
胡麻油	市斤		1261	1084	177	41	20	二月	800	
1”单层带皮	尺		300		300	75	00			
2”单层皮带	尺		400		400	100	00			
2”单层皮带	尺		600		600	125	00			
4”双层皮带	尺		50	50		945	00		100	
黑皮线	尺	911		1212	599	6	67			
花线	尺	1638		533	1106			一年		
50W 灯泡	只		24	8	16	500	00	一年		
40W 灯泡	只	11	168	147	32	320	34	二月	100	
100W 灯泡	只	4		4		12	00			

三十三年度主要燃料、建筑材料报告表

名称	单位	上年结存	本年购入	领用数量	现存数量	均价		估计需用时日	应添数量
岚炭	市斤	10,105	39,622	40,007	9,720	3	61	四月	100,000
大山炭	市斤	20,442	429,443	414,370	35,515	3	10	六月	400,000
焦炭	斤	8,942		3,014	5,928	2	01	一年	
兰州焦炭	斤		16,865	12,900	3,965	9	46	六月	12,000
煤皮	市斤	1,006	60,530	37,640	23,896	1	69	六月	20,000
大椽木	根	106		6	100	20	00		
小椽木	根	4,203		14	4,189	10	00		
椽木	根	2,442		1,762	680	9	13		
大桁条	根	18		18		1,000	00		
条木	根	741		28	713	12	95		
大松木	根		31	31		7,690	00		
榆木	根		19	18	1	9,975	00		

三、工务

A. 本年度制成品总值一千一百六十九万余元，半制品去年度剩余二百八十一万余元外，本年度又增加六百八十四万余元，总计本年度生产额为一千八百五十四万余元。其中半制品亦已有多种完成，因每批制品全数未完成，不及转账报成手续，所以半制品数额显示较多也。上半年大多为兰粉厂及兰化厂修配，下半年为兰毛厂修配较多。因上项零星修配，每每需要急迫，故对本厂出品曾经一再顺延，所有未经完成之脱水机、缩呢机以及水泵工作机等大致已完成，仅待装配整理而已。在本年七月份，曾代西北公路局装制胶轮车百余辆，因本厂原料时有不济，故对外活未敢大批接做，今后如能大量购储原料，则生产总额当可增高也。

附三十三年度制成品、半制品报告表。

三十三年度制成品半制品报告表

品名	制成品		半制品		备注
	数量	金额	数量	金额	
考克	24 只	211,636.32			
烤炉	1 座	25,497.68			
打麦机	1 部	369,518.47			
甘油冷凝器	1 部	97,334.22			

续表

品名	制成品		半制品		备注
	数量	金额	数量	金额	
天釉铜□及套	7 套	138,452.37			
炭酸钲器	1 部	23,792.75			
铆大烟筒	8 节	141,688.			
2 吨蒸汽烧碱锅	2 座	287,359.63			
建筑用铁活	253 件	210,795.12			
2 吨蒸汽炼皂锅	1 座	163,871.16			
皮带轮	37 只	206,746.50			
压板及生铁板	44 件	113,581.29			
42 吋打毛机	3 部	119,768.06			
天轴	1 套	252,830.22			
72 吋洗呢机	1 部	222,965.38			
烤碱锅	4 只	189,692.39			
18 吋离心脱水机			1 部	1,136,422.52	
16 吋巨型缩呢机			1 部	977,520.52	
32 吋弹毛机			14 部	735,547.78	
双级离心水泵			5 部	607,836.32	
高压立式水泵			5 部	489,942.37	
高压手推式水泵			6 部	259,577.59	
织布机			4 部	39,321.09	
装配胶轮车	103 辆	2,496,785.68			
300 公斤台秤	14 台	371,040.99			
6″方式虎钳		87,111.57	6 台	131,135.92	
6″立式虎钳	8 台	133,625.30			
6″三角卡头			12 只	39,822.35	
12′双走杆镟床			2 部	2,636,728.90	
8′双走杆重式镟床			5 部		
6′双走杆重式镟床			1 部		
6′双走杆轻式镟床			5 部	332,375.56	
36′重型保险柜			3 座	343,186.36	
全年度修配及铸件		5,784,008.58			
尚未完成修配及铸件			36 种	1,897,874.92	
半制品合计				9,663,337.20	
减去上年度结转未制品				2,814,391.41	
本年度总计	制成品	11,699,705.93	半制品	6,848,945.79	

B. 三十四年度工作计划

三十四年度除将本年度尚未完成之十二呎、八呎及六呎车床陆续装制完成外,其他零星半制品亦尽先赶成。至于三十四年度之预计出品,现已着手筹划与制图,对联厂订件当提前接做,在人力物力允许范围内,外活承揽亦决不失掉机会。估计三十四年度制品总值可达三千五百万元左右,其中百分之三十为联厂制品,百分之四十为外界订活,余百分之三十为本厂出品。如与上项估计或有出入时,当视情形增减其比率,但目的期增生产以利抗建为前提,减低成本为而利业务为宗旨。附产品预计表。

三十四年度产品预计表

规范	品名	数量	单价		总价		备注
二级	离心水泵	5 部	240,000	00	1,200,000	00	
6 呎	双走杆轻式镟床	5 部	240,000	00	1,200,000	00	
18 寸	牛头式刨床	4 部	240,000	00	1,400,000	00	
50 公斤	皮带锻锤	1 部	250,000	00	250,000	00	
72 吋	四槽洗毛机	1 套	3,500,000	00	3,500,000	00	
5 吨	灰石压碎机	1 部	1,500,000	00	1,500,000	00	
60 吋	染呢缸	3 部	500,000	00	1,500,000	00	
48 吋	离心脱水机	2 部	1,500,000	00	3,000,000	00	
	重型压缩呢机	2 部	1,500,000	00	3,000,000	00	
6 吋	方式虎钳	30 台	25,000	00	750,000	00	
4 吋	方式虎钳	30 台	15,000	00	450,000	00	
	全年度联厂修配				6,000,000	00	
	全年度外界订货				10,000,000	00	
	全年度本厂补充工具				2,000,000	00	
	总计				35,750,000	00	

C. 技术改良问题

1. 本厂技术员固少,而机器之准确程度亦嫌不够,但同仁在此种情形之下曾一再设法补救,使所制品质提高,故对雇用技工一节,技术是否优良,特加严密考察。

2. 本厂熔化生铁初采用小型钳灌,继用二节熔炉。前者在目前来讲,不但时间过长,不合经济条件,后者现时记录炭铁之比可达一与四之比。如每月熔铁量较少,使用此炉未尝不可,但产量稍有增加,不但其年度熔铁量尚嫌太少,即以目前焦炭价格而论，似亦不甚经济。是以下年度拟增立炉一座，以减熔化时间，俾轻成本。

3. 工人工资日趋高涨，材料、煤炭亦上涨不已。故本厂对锻工部于下年度增添皮带锤一部，以节时间，而可揽受较大活件。

4. 过去因技术员不敷，一切设计图除必需者外，不备工作蓝图，致多制件不合标准。自设计股成立以来，一切制品均绘蓝图照做，标准精确，废件减少。

5. 熔铜多以坩埚法，然坩埚熔化时间极长，而坩埚价格亦昂，且成分又劣，所以最近改用化铁炉，效果较前颇佳。惟以后废制钱之熔化因其重量太小，尚有设法改良之必要。

四、业务

本年度计售与联厂制成品及代修配机件，共值七百五十二万零六百元，售与一般顾主共值二百八十八万零一百六十三元，本厂添设工具及修配，共值一百六十一万四千九百四十七元，以上总值一千二百零一万五千七百一十元（售品种类，已于每月售品记录簿呈报），超出原预计总值一百四十六万五千余元，另有半制品总值约六百八十四万八千九百四十五元之谱。

五、财务

查本厂资金一部分由总公司拨来，一部分向兰州中国银行抵押透支，计本年初结欠总公司五百七十万余元，结欠兰中行二百三十二万余元。至本年年底，结欠总公司六百四十万余元，结欠兰中行八百一十七万余元，两项合计本年共增加六百五十万余元。大部分用于制成品及半制品，其余用于原料、物料等者较少，盖物价飞涨，生活费用日增，制成品及半制品价值当亦随之增加。

本厂库存原料较少，兰州购买亦颇困难，本年因灰生铁缺乏，出品大受影响。向以在兰市可购买之废铜，今冬亦感困难，来年只有极力推销成品，以所得之款购买原料，俾利工作而资周转。

六、人事

本厂人事之进退，计有工师李景祥、办事员吴家昌、助员赵启瑞、徐资钰等四员先后辞职，办事员侯德华因逾规定请假期限停薪留职，征用刘持忠、马龙海、高增泰等三君为助员，分派在工务课及庶务室工作。又十一月间，资遣庶务办事员刘国仁、会计助员黄寿山等二员，现计有职员十四人，其担任工作列表附后。

现有职员工作概况表

职别	姓名	担任工作	备注
经理	马文芳	督饬全厂一切事宜	
会计课长	张伟侠	主管会计事宜	调合室办公
制造股长	王　垦	主管工务事宜	
技师	宋光洲	机器制造之设计与制图事宜	
庶务主任	李福春	主管庶务及营业	调联合办公室驻厂办事
材料主任	盛　筠	主管原物料	调联合办公室驻厂办事
办事员	吴永振	襄管原物料	调联合办公室驻厂办事
	李膪民	制传票	调合室办公
	殷德林	拟缮文稿	调合室办公
助员	任集贤	记科目账	调合室办公
	胡国龙	管理工具及造工务上各类表报	
	刘持忠	协助绘制机器蓝图	
助员	马龙海	助理庶务	调联合办公室驻厂办事
	高增泰	助理庶务	

七、管理

A. 人事方面。员工之宿舍分别隔离,以便职员公余自修。对于工人则另派有专人管理,注重其清洁,提倡各种游艺。并设有图书室,由厂务负责管理,以供员工阅读用增学识,而免公余无聊,生有不正当娱乐。此外并规定本厂大门每晚九时半上锁,过时不再开启,其有因公者,须于事先陈准。

B. 工务方面。关于制品,由各技术职员分别随时督察各工人工作,对于技术优良、工作勤慎者,定期加薪提升;其工作怠懒之工人,则即予罚薪降级或拟开除。

八、其他

本厂产品及修配机件首重精确,初则颇受私人小工厂之影响,嗣因本厂出品经顾主试用确较他厂为优,且信用可靠,故群起欢迎。若非原料不济,则三十三年度产品总值,当可达二千二百万元以上。如承制甘肃林牧公司鸳鸯池阀门,全部退做解约,兰毛厂之水塔改用木质,西北公路局之胶轮车轴仅做一百零三辆,其余三百辆中辍,并有订做大木桶及油罐者,均因无原料而未能承揽。又与兰毛厂所制之缩呢机、脱水机及离心水泵,亦因无原料未能在三十三年如期交货。

(下略)

(件存陕西省档案馆民国档案 82 –1 –495 –1 卷)

2. 企业章则

雍兴公司兰州机器厂工厂规则

第一条　本厂工友每日均须准时上下班，不得迟到早退及无故旷工。

第二条　本厂工友因病不能到工须事先请假，事后补假仍以旷工处理。

第三条　本厂工友在工作时间内一切工作均须听从管理员、工师暨领班之指导。

第四条　本厂工友在工作时间内须加紧工作，不得擅离岗位闲谈或制造私活。

第五条　本厂工友不得私引外界参观及留宿外人。

第六条　本厂工友在工作时间内不得会客，如重要事情，必须陈明管理人员及工师许可方准会客，但时间最多不得超过半小时。

第七条　本厂工友不得有赌博、酗酒、冶游及其他不良嗜好。

第八条　本厂工友在工作时间内不得在厂房或院内吸烟及随地吐痰，以重卫生。

第九条　本厂工友在工作时间内不得食用零食或其他不守纪律之行为。

第十条　本厂工友除有家眷事先陈明者外，一概不准外宿。如因特别事故不能回厂经核准者不在此例。

第十一条　本厂工友外出时服装须整齐，证章须佩戴明显易见之处，在外不得做任何有损本厂名誉之情事。

第十二条　凡本厂物料及一切细微用品等，工友不得私自携出，倘有违犯，一经查出即作为偷窃论。

第十三条　本厂工友使用工具、材料、动力及其他物件时，均应爱惜节约，不得任意耗费或破坏之，如查出有故意破坏情事，除视情节之轻重处罚外并应照物件之市价赔偿。

第十四条　凡本厂一切规章工友自应切实遵守，不得有阳奉阴违情事。

第十五条　凡上项各条之规定工友如有违犯时，视情节之轻重而以处罚。

第十六条　本规则陈奉总公司核准后公布施行，如有未尽事宜得随时陈请修改之。

（件存甘肃省档案馆 71－1－156 卷）

雍兴公司兰州机器厂考工办法

一、本厂技工所制成品,倘如精细超优并经使用极佳或有新发明者,得奖给该技工三日至三月之工资。

二、本厂所制各品经主管人核定完成时间后,即指定技工包制。如因该技工之努力而未满核定之时间完成者,该技工可得核定时间之工资;如超过核定时间而未完成者,得扣给核定时间以外之工资。

三、本厂技工如工作勤奋、成绩卓著者,由该管领班及工师考核,于每月底转请经理核准增加工资。

四、本厂技工在各月份内未曾请假者,且于本月内未曾迟到者,则该月底奖给勤工工资两日。

五、本厂技工不得因事请假。如因疾病必须请假时,须经本厂医师证明方得给假;如未经给假而擅不到工者概作旷工论,加倍处罚(例如旷工一日罚工资二日);如旷工超过三日者开革。

六、本厂技徒在未满学习期间而技术进展急速者、确能担任技术工作著有成绩者,得酌给津贴,如学习一年半以上而技术超常且有显明成绩者,得提升为技工。

七、本厂技工如将材料做毁以致耗费工数,应扣给该制品之包工全数之半数之工资,或扣给该制品全部之包工之数工资以作抵偿一切损失。

八、本厂技工如能改良指定作法,经领班及工师同意以致节省材料及工数者,得照第一条奖给工资。

九、本厂技工关于厂方设施工作如有心得之处或在他厂优良经验,尽可贡献本厂试行,如经试确有优良成绩,即予以奖工或提升。

十、本厂技工如遇机件或设备将受危险时而奋不顾身前往抢救,以至保全未蒙受损害,则所有本人损失除由厂方补给外,并从优奖励之。

十一、本办法自奉准之日起施行。

十二、本办法如有未尽事宜,得随时呈请修改之。

(件存甘肃省档案馆 71 –1 –156 卷)

雍兴公司兰州机器厂惩奖办法

第一条　本厂为赏善罚恶、策进员工努力工作起见，特制定员工奖惩办法。

第二条　凡本厂员工有关本厂职务上惩奖，悉依本办法办理之。

第三条　本厂员工服务勤奋、热心职务或有特殊功绩时，得斟酌情节照下列规定奖励之：提升、加薪、记功、嘉奖。

第四条　本厂员工如有玩忽职守及重大过失，或危害本厂利益及亏欠公款侵蚀公物等情事，除责令赔偿外，得斟酌情节照下列规定惩罚之：革职、降级、记过、罚薪、申斥。

第五条　凡员工每平日工作成绩优劣，各主管人应切实留意考核有无应行奖励之功绩，或应行惩罚之劣迹。如有应行奖惩之事实，应立即陈明经理处理之，以示赏罚分明。

第六条　各主管对所属员工考核应公平处理，不得有亲疏厚薄之轩轻，以昭公允。

第七条　凡员工罚薪、赔偿、申斥得由本厂经理处理之，无须呈报。其受记过、降级、革职之处分时，得将事由陈明总公司备案。

第八条　凡员工奖励，除传令嘉奖外，其记功、加薪、提升等奖励均须将事由陈明总公司鉴核。

第九条　凡员工犯罚薪三次处分者即记过一次，记过二次者即革职。

第十条　员工如经受记过处分者在一年内如有特殊成绩表现，努力职务，得酌核情形呈请抵销之。

第十一条　凡员工为保护本厂重大利益奋不顾身之特殊事绩，得呈请总公司特别奖励之。

第十二条　本办法自呈奉总公司核准后公布施行，如有未尽事宜得随时呈请修改之。

（件存甘肃省档案馆 71－1－156 卷）

兰州机器厂工徒训练班简章

(1942 年 4 月)

(一)宗旨:本训练班为造就机工人材,增加后方生产为宗旨。

(二)名额:凡本厂各部工徒均应一律参加,工匠愿参加者【可旁】听。但经参加之后不得随意缺课。

(三)课程:A. 国文；　B. 算术；　C. 英文；　D. 机械常识。

(四)教员:聘请本厂职员及匠首分别担任,均系义务职。

(五)时间:每日在下班后授课一小时,暂完午后七时至八时。

(六)地点:本厂工人饭厅。

(七)考试:每月终举行小考一次,三月举行大考一次,成绩优良者酌予奖品或提高待遇,以示鼓励。

(八)笔墨纸张:均由本厂规定相当数量发给。

(九)训练期限:定一年期满,如认为有深造必要时得延长之。

(十)本训练班设主任一人,由本厂经理担任,并设教务员一人,由班主任指定负责一切事务。

(十一)本班自本年四月一日起开课。

(十二)本简章如有未尽事宜,随时改正之。

雍兴公司兰州机器厂练习生训练班课程表

(三十一年四月份)

1	国文	11	机械常识	21	算术
2	簿记	12		22	英文
3	算术	13	簿记	23	机械常识
4	英文	14	国文	24	簿记
		15	算术	25	国文
6	机械常识	16	英文	26	
7	簿记	17	机械常识	27	算术
8	国文	18	簿记	28	英文
9	算术	19		29	机械常识
10	英文	29	国文	30	簿记
簿记:洪课长　机械常识:马经理　国文:赵课长 英文:洪课长　算术:王主任					

雍兴公司兰州机器厂练习生训练班课程表

（三十一年四月份）

1	算术	11	算术	21	算术
2	国文	12		22	英文
3	英文	13	英文	23	机械常识
4	机械常识	14	机械常识	24	国文
		15	国文	25	算术
6	国文	16	算术	26	
7	算术	17	英文	27	英文
8	英文	18	机械常识	28	机械常识
9	机械常识	19		29	国文
10	国文	29	国文	30	算术
国文:赵课长　　机械常识:马经理 算术:王主任　　英文: 洪课长					

（件存甘肃省档案馆 71－1－47 卷）

3. 会议记录

雍兴公司兰州机器厂第一次厂务会议记录

（1942 年 2 月 22 日）

时间　三十一年二月二十二日下午六时

地点　本厂办公室

出席　马文芳　洪亨德　李福春　梁伯乾　王　垦　李景祥

（一）报告事项

主席报告:本厂上年度因创办之初,各种设备未臻完善,除为本公司各厂修制机件外,尚无成品及其他外活营业之可言。现值三十一年度肇始之时,凡我同仁均应一致振刷精神,急起直追,努力服务,互勉工作效率之增加,共图全体事业之发展,庶本厂前途有厚望焉。

（二）议决事项:

主席提议:查本厂各部分工人尚不敷支配,其中并有手艺不佳者,亟应设法招觅良工及辞退手艺不佳者,俾能提高工作效力并增加本厂生产案。

议决:交由工务课详加甄别,如有手艺不良工人应即开革,缺少各种技工应即设法招雇。

主席提议:本厂前定每日工作时间为八小时半,现在春日天长,应改延至九小时半案。

议决:交由文书室通告自三月一日起施行。

主席提议:本厂现有各种工作机及工具尚不敷用,亟应设法添购以利工作案。

议决:交由工务课查明应添购各种工作机暨工具名称,审察如能自制者应赶速制造;不能自制者即行通知营业课在兰市搜购或商借租用,如兰市无有者可速通知文书室电请总公司设法在各地代为购办。

主席提议:本厂新添设汽车修理部,关于该部营业计划书,应详加拟具以便转陈办事处审核备案。

议决:交由公务、营业两课拟具陈报。

洪课长提议:设法竭力节省开支以减轻成本案。

议决:交由文书室通知同仁,应亟力爱惜公物,戒除浪费,以养成节俭之风。发放物品时,应由经理、会计批准,并关于一切开支必须经过会计审核方能付款。

洪课长提议:开设训练班以增进练习生及工徒工作能力案。

议决:交由文书室拟具训练班办法简则,经会审核后再为定期开班训练。

洪课长提议:调整本厂人事案。

议决:各主管课股对于所属员生亟应认真考核,其确能胜任者留之,其不克胜任或闲冗人员,均应甄别呈报予以解雇,俾期撙节而免靡费。

李工师提议:本厂工人工作拟请改为包工制似觉较为适宜请公决案。

议决:交工务课拟具包工办法,经会审核可行再为试办。

梁主任提议:本厂厂务日渐发展,刻又增设汽车修理部,所有工作机暨员工人员亦陆续加多,现占用房屋已感不敷,应如【何】办理,请公决案。

议决:交由文书室迅即函请兰中行,于该仓库内东面库房再为拨租九间,以资应用。

梁主任提议:查电话之设置至关重要,暨较便利,复省时间,本厂尚属缺如,亟应设法设置以利营业案。

议决:交由文书室函请电话局速为架设通话。

散会。

(件存甘肃省档案馆71－1－7卷)

雍兴公司兰州机器厂第二次厂务会议记录

(1942 年 3 月 17 日)

时间　三十一年三月十七日下午七时

地点　本厂办公室

出席　马文芳　李福春　赵秉奇　洪亨德　李景祥　赵启瑞
　　　侯德华　王　垦

主席　马文芳

记录　赵启瑞

一、报告事项

主席报告:(一)本厂以后关于领用材料或物品,请领人应填具领料单或领物单,陈请各主管人转呈经理审核后,凭以向材料室或庶务室领取材料或物品。材料室发料后,应制具发出材料传票并附领料单,送会计课出账。庶务室发物后应凭领物单登记用品账并制传票送会计课核销。(二)本厂营业课接到雇主订货单及图样后,应开具承作通知单,交工务课估价,并注明该批作品需工日期,估价后送经理及会计课审核决定,再将原单交营业课与雇主洽商。如双方同意,即订立合同,订妥后一面通告工务课制造,一面将合同及定金送会计课以凭记账。(三)本厂制成品完工后,由工务课填具制品交库单三份,连同制品送交材料室保管。材料室点收制品无误后,应在交库单上盖章一张,交还工务课一张,营业课一张。附于制具传票之后送会计课。

以上各点望各课室切实遵照办理以符规定手续。

二、提议事项

洪课长提议:如何设法多揽外活以增加本厂收入案。

议决:揽接外活办法:(一)宣传。1. 制宣传片送电影院映登,以广招徕;2. 信封上加印营业要目。(二)参加供销处。1. 派员常驻供销处接洽业;2. 陈列出品。(三)委托代销并订立外面揽活付给佣金原则三条:1. 定制及铸冶部活件佣金 5% 至 10%;2. 汽车修理部活件佣金 10% 至 20%;3. 代销本厂出品佣金 2% 至 5%。(四)本公司各厂定制或购用本厂出品一律给以折扣 10%,修配机件折扣 5%。

以上各点均由营业课拟定详细办法,拟妥后即陈请驻陇办事处转陈总公司核夺。

洪课长提议:本厂每次厂务会议议决案,其有时间性者应定期实行案。

议决:通过。

洪课长提议:厂务会议拟请于每星期五下午七时召开一次,每次开会以一小时为限案。

议决:通过。

(件存甘肃省档案馆 71－1－7 卷)

雍兴公司兰州机器厂第三次厂务会议记录

(1942 年 3 月 28 日)

时间　三月二十八日下午五时(星期六)

地点　本厂办公室

出席　马文芳　王　垦　赵启瑞　洪亨德　侯德华　赵秉奇　吴永振

主席　马文芳

记录　赵启瑞

讨论事项

一、主席提议:本厂设置于河路仓库中,附近毗连四厂,兹值春风荡漾,对于火险殊为堪虑,应如何设计消防以策安全案。

议决:由工务课庶务室负责:1. 对人事时加注意,夜间出入灯火小心;2. 多备太平桶及沙袋、铁锹、扁担、笼筐等消防器具;3. 联络制药、毛织及面粉厂组织消防队,并申叙意见陈报总公司鉴核。

二、主席提议:在此非常时期,物价飞腾之际,本厂各种原料仅敷一年之用,此时应估计各种原料数量,以备来年应用案。

议决:由工务课及原料室,会同估计并填造估计表,陈报总公司,批准后购备。

三、主席提议:本厂练习生及工徒训练班,经筹备多时,应决定何时开课教授,以期深造,请公议决案。

议决:由经理、洪课长、赵课长、王主任分任科目,负责教授并拟定训练班简章、课程时间表,定于四月一日开课。(表附记录外)

四、洪课长提议:本厂制成品时,应于未开工前由工务课估计成本,以便与实际成本比较案。

议决:通过。凡大宗制品备有估价单者,将原估单抄知会计课,以备计较成本盈亏,其他零星制成品及修理活件无须事前估计者不在此例。

散会。

(件存甘肃省档案馆 71－1－7 卷)

雍兴公司兰州机器厂第四次厂务会议记录

(1942 年 4 月 4 日)

时间　四月四日下午四点三十分

地点　本厂办公室

出席　马文芳　王　垦　李景祥　侯德华　洪亨德　赵秉奇(公出)
　　　赵启瑞

主席　马文芳

记录　赵启瑞

提议事项

一、主席提议:本厂铸冶部平日所用化铁炉为砂罐,产量太小,殊不经济,为迅速便利计,应采用立式炉,检大山炭无硫磺者试用案。

决议:由本厂派职员及工人素有认炭常识者,同往此间阿干镇(此处残损若干字),以备订制。

二、主席提议:本厂修理汽车部最要者涨圈、鞲鞴,以上材料系舶来品,兰市不易购置,以后材料应如何配制而受社会欢迎案。

决议:应详细研讨拆毁汽车内之涨圈、鞲鞴,按科学方法化验后分析内含成分,加以精心研究配造,渐次改良以期功效。

三、主席提议:练习生工徒训练班,业经开始授课,纸张铅笔如何发给,规定数目以利教授案。

决议:分别每人按教授科目,各发笔记簿一本,每月发铅笔一支,以备授课时记载之用。

四、主席提议:本厂训练班以后添授汽车构造学及内燃机纲要学,以灌输汽车普通知识案。

决议:通过。

散会。

（件存甘肃省档案馆71－1－7卷）

雍兴公司兰州机器厂第五次厂务会议记录

（1942年4月11日）

时间　四月十一日下午四点三十分

地点　本厂办公室

出席　马文芳　赵秉奇　李景祥　侯德华　洪亨德　王　垦　赵启瑞

主席　马文芳

记录　赵启瑞

提议事项

主席提议：如何健全本厂组织系统、加强工作效率而利厂务案。

决议：应以本厂组织系统表及各课办事细则，由营业课草拟，下次厂务会议讨论通过后，陈报总公司核准后施行。

赵课长提议：本厂工人管理效率应如何加强案。

决议：由工务、营业两课会同修改原定之管理规则，公布施行并于公余后按期集合本厂全体工人，由经理及各课员责人演讲国父遗训及目前时事等诸问题，纠正其行为，使其能循规蹈矩，行动纪律化，更应使其明了战时后方生产之重要，及本厂业务发展之意旨。

赵课长提议：本厂可否投备简单浴室以重卫生案。

决议：本厂添修房屋时，留出一间作为浴室，内置淋雨式简单浴具，以备夏日沐浴之用，由庶务室计划办理。

李工师提议：为促使本厂各工匠积极工作，拟制分配工作表，详列工作先后交工日期，以便查收而免积延案。

决议：通过。

散会。

（件存甘肃省档案馆71－1－7卷）

雍兴公司兰州机器厂第六次厂务会议记录

（1942 年 4 月 18 日）

时间　三十一年四月十八日下午四点三十分

地点　本厂办公室

出席　马文芳　赵秉奇　洪亨德　王　垦　侯德华　吴永振　李景祥
　　　赵启瑞

主席　马文芳

记录　赵启瑞

提议事项

一、主席提议:本厂加强工作效率案,前经第五次会议通过原则,现由营业课拟就本厂组织系统表及各课室办事细则草案,请公决案。

决议:先由各课室拟具意见后,再行讨论。

二、主席提议:关于本厂工人管理规则,上次会议指定营业课拟定草案,现已拟定,请公决案。

决议:先由各课室拟具意见后再行讨论。

三、主席提议:兰州市社会局抄发本市工厂团体寿险办法一份令照实行,如何办理请公决案。

决议:商询雍辖各厂后再行办理。

散会。

（件存甘肃省档案馆 71 –1 –7 卷）

雍兴公司兰州机器厂第七次厂务会议记录

（1942 年 4 月 26 日）

时间　三十一年四月二十六日下午四时半

地点　本厂办公室

出席　马文芳　洪亨德　王　垦　李景祥　赵秉奇　侯德华　吴永振
　　　赵启瑞

主席　马文芳

记录　赵启瑞

提议事项

一、主席提议:依照上次会议,营业课拟就本厂组织统表及课室办事细则草案,请公议决案。

决议:修正通知。

二、主席提议:上次会议指定营业课拟定本厂工人管理规则现已拟就,请公决案。

决议:修正通过。

散会。

(件存甘肃省档案馆 71 -1 -7 卷)

雍兴公司兰州机器厂第八次厂务会议记录

(1942 年 5 月 9 日)

时间　三十一年五月九日下午四时半

地点　本厂办公室

出席　马文芳　赵秉奇　李景祥　赵启瑞　洪亨德　王　垦　侯德华

主席　马文芳

记录　赵启瑞

提议事项

一、主席提议:本厂为整理工友纪律,加强工作效率起见,以后关于厂内工友上班时由工务课负责管理,下班时加派刘办事员管理案。

决议:通过并分别通告各组工友切实遵守厂规。

二、赵课长提议:本厂可否试制织袜机以应社会需要案。

决议:由侯办事员先觅机针等式样再行研讨。

三、王主任提议:刻值夏令,关于工友伙食及宿舍拥挤不堪应即改善案。

决议:时派员责监督厨夫,对于饮食及菜蔬,务宜清洁。关于宿舍内,除每日打扫外,俟本厂新筑宿舍完成后迁移疏散。逢星期日由全体工友大扫除一次,以重卫生。

散会。

(件存甘肃省档案馆 71 -1 -7 卷)

雍兴公司兰州机器厂第九次厂务会议记录

（1942 年 5 月 22 日）

时间　三十一年五月二十二日下午四时半

地点　本厂办公室

出席　马文芳　赵秉奇　王　垦　洪亨德（公出）　侯德华　李景祥　吴家昌

主席　马文芳

记录　萧省非

报告事项

（一）主席提议：

1. 据闻前中央造币厂存有大批机械材料，为充实本厂材料计，拟托郑经理代为探访，可否请公决案。

决议：函请兰中行郑经理代为进行。

2. 为增强本厂生产，以应战时需要并推广营业起见，拟赶制织布机、织袜机等件，所需何项零件请决定以便购买案。

决议：函本厂李主任在西安就近采购下列各品：（1）刺毛滚左右各五十根；（2）牛皮打梭盒五十副；（3）钢综一万根；（4）织袜机所用各号钩针；（5）织布梭子二十根；（6）半马力或一马力电钻一个（如有磨光机更好）；（7）比重表四支；（8）硫酸五十磅；（9）最小气压表一只（做模型锅炉用），约气压两三磅即可适用。

（二）赵课长提议：查兰市技术工人甚少，不易招致，本厂工资较他厂稍低，以致朝来夕去，不能安心服务，对于本厂工作效率影响甚大，可否将本厂现有工友技术加以考核，酌予提高工资以利工作请公决案。

决议：如遇工作紧张时，仍须加添夜班以资调剂，并将优良工友之工资由李工师、王主任考核，酌予提高，以示奖励而利工作。

散会。

（件存甘肃省档案馆 71 －1 －7 卷）

雍兴公司兰州机器厂第十次厂务会议记录

(1942 年 5 月 30 日)

时间　三十一年五月三十日下午四十三十分

地点　本厂办公室

出席　马文芳　赵秉奇　王　垦　李景祥　洪亨德　吴永振　萧省非

主席　马文芳

记录　萧省非

报告事项

主席提议:

1. 本厂现因工作紧张加添夜班,练习生训练班拟自即日起暂行停止授课,可否请公决案。

决议:通过。

2. 查本厂工徒每有发生无故不上班,或未经请假随便回家,并有未经陈明私赴他厂工作情事,应如何纠正防止,以利工作请公决案。

决议:由工务课及管理员严加管束,赴他厂工作者应追原保人赔偿饭费。

3. 关于工人领用原料物料,应如何设法避免虚耗而杜弊端请公决案。

决议:凡制品用原料时,由各该部领班负责率领用料工人前往材料室勘验,应领材料按照规定领料手续具领,如有剩余应由各领班及工师负责监督,即【时】归还材料室,不得存置工务室以待他用,并由工务课切实督饬照办。

散会。

(件存甘肃省档案馆 71 –1 –7 卷)

雍兴公司兰州机器厂第十一次厂务会议记录

(1942 年 6 月 6 日)

时间　三十一年六月六日下午五时

地点　本厂办公室

出席　马文芳　洪亨德　王　垦　李景祥　赵秉奇　侯德华　萧省非

主席　马文芳

记录　萧省非

报告事项

一、主席报告:本日准本公司驻陇办事处通知,定于本月九日(下星期二)下午二时在制药厂召集各厂经理及工程师,讨论本年八月二日全国工程师学会甘肃分会展览品事宜。同日又奉甘肃省政府通令,规定展览品关于工业方面者,分为下列四种:(1)能代替外来品者;(2)具有地方特殊性质者;(3)有畅销国内可能性者;(4)有输出国外可能性者为原则。本厂应从速加紧准备,关于此次送会展览品,务求精巧,适合社会需要,以资推广宣传而利营业收入。本厂拟送何种展览品,由工务课负责规划办理。

讨论事项

二、材料室主任王垦提议:关于本年八月二日全国工程师学会甘肃分会,本厂拟送展览品暂分为下列数种:(1)三角卡头;(2)2#立式保险柜;(3)洗缸机;(4)6-方式虎钳、4-元式虎钳、4/2立式虎钳、40平口虎钳;(5)马达起动机及三相开关;(6)锅炉汽机水泵模型;(7)300公斤磅秤;(8)石丸式织布机;(9)人力单缸抽水机,以及其他零星小型工具等。可否请公决案。

决议:通过。

三、主席提议:为增进同人联系,加强工作效率,推行厂务起见,拟于每星期五由工务课负责召集各部领班及技工等开小型会议,讨论机械技术及其他问题。对于工作效率应如何调整,对本厂出品应如何研究逐步改良完善,如有某一种贡献或技术优良者,得酌予奖赏以资鼓励。遇有其他问题该会不能解决者,得提出于星期六厂务会议讨论之。可否请公决案。

决议:通过。但除有特殊贡献者得呈请总公司给奖外,技术优良者以书面嘉奖之。该组会议时间以不妨碍工作为原则,并暂以一小时为限。

(件存甘肃省档案馆71-1-7卷)

雍兴公司兰州机器厂第十二次厂务会议记录

(1942年6月27日)

时间　三十一年六月二十七日下午五时

地点　本厂办公室

出席　马文芳　洪亨德　赵秉奇　李景祥　王　垦　吴永振　萧省非

主席　马文芳

记录　萧省非

报告事项

主席报告:关于上年驻陇处规定消防救护队情形,据郑经理云,在本厂未成立以前,业饬在兰各厂从事组织,并曾购备消防工具等语。本厂消防救护队现奉驻陇办事处迭次函催,促速组织具报等因,除组织方案业经拟就是否可行提请公决外,关于本厂消防救护队应备增何项工具,请大家讨论。

讨论事项

李工师景祥提议:关于本厂消防救护队拟增制以下各品,可否请公决。(一)挠钩十把、轻便高梯二具;(二)铁锚二个(带链子)、大斧五把、大绳两条;(三)抽水机零件及龙头番布带接口锚子;(四)扁担十付、水桶十付;(五)铁锹十五把、洋镐十把、木锯二把。

决议:照办,并由李工师负责规划监制。

主席提议:兹拟定本厂消防救护队组织人员名册一份,是否可行请公决。

决议:通过,并报请驻陇处备案。

洪课长亨德提议:查本厂工徒训练班因时间关系,上课不到者颇多,拟将上课时间略予变通,改为下午七时三十分至八时三十分,以资调整而收时效。自时间改正后,如仍无故不上课者,即予严处。可否请公决。

决议:照办,并由工务课负责督促各工徒按时上课。

(件存甘肃省档案馆 71－1－7 卷)

雍兴公司兰州机器厂第十三次厂务会议记录

(1942 年 7 月 11 日)

时间　三十一年七月十一日下午四时

地点　本厂办公室

出席　马文芳　赵秉奇　洪亨德　李景祥　王　垦　萧省非

主席　马文芳

记录　萧省非

报告事项

主席报告:查本厂庶务主任李福春前派赴西安采购原料物料,为时已逾三月,各课室如无其他购置,拟即通知回厂。如尚有购办事项,可于本日提出讨论,以便函李主任照办,俾可早日结束。

提议事项

赵课长秉奇提议:查本厂工徒精神仍感散漫,今后对于管理应如何加强案。

决议:工务课对于工徒请假及工作切实监督。

（件存甘肃省档案馆 71 －1 －7 卷）

雍兴公司兰州机器厂第十四次厂务会议记录

（1942 年 7 月 18 日）

时间　三十一年七月十八日下午五时

地点　本厂办公室

出席　马文芳　赵秉奇　李景祥　王　垦　洪亨德　陈祝三　周宝山
　　　傅玉森　吴永根　萧省非

主席　马文芳

记录　萧省非

报告事项

主席报告:本年全国工程师学会决定八月一日在兰州开会,转瞬即届,本厂拟送该会展览品,应设法赶制。在此紧张时期,各部人事如有调整必要,可提出讨论,以资协调而赴事功。其次,本厂近来外活日多,而工人既感太少且来去无定,应要设法多方招雇工人,以资推进厂务,增加生产。

提议事项

主席提议:

一、本厂材料耗蚀不少,关于煤炭如何报销办法案。

决议:所有煤料蚀耗呈请总公司予以核销,碎煤可设法利用制成煤砖。

二、本厂拟送展览品名签业经制就,可否请公决案。

决议:照办。

三、本厂出品龙门刨及锅炉,拟照摄像片送展览会陈列案。

决议:照办。

赵课长提议:近来本厂外活颇多,现有各部工人为数较少,为发展营业计,拟请各方设法多招工人以资增加生产案。

决议:通知本厂各职工多方招雇或介绍。

洪课长提议:按照总公司规定,本厂发出原料应按市价计算,此次市价应如何定完,请公决案。

决议:指派洪课长亨德、吴办事员永振、王股长垦、李工程师景祥、侯办事员德华等五人组织原料计价委员会,共同讨论原料按市价计算办法。

(件存甘肃省档案馆 71 - 1 - 7 卷)

雍兴公司兰州机器厂第十五次厂务会议记录

(1942 年 7 月 27 日)

时间　三十一年七月二十七日下午七时三十分

地点　本厂办公室

出席　马文芳　赵秉奇　洪亨德　刘国仁　侯德华　王　垦　李景祥
陈祝三　傅玉森　周宝山

主席　马文芳

记录　杨毓麟

报告事项

主席报告:今日驻陇办事处召开展览品会议,决定各厂拟送全国工程师学会年会展览品,统限本月二十九日一律送齐。本厂拟送该会展览品因工匠不敷分配,不克照原定计划如期完成。现在召集大家商讨该案如何筹办办法,以本人意见,最好在明日预先送去一部分以资应付,其余继续送去。各位如有其他完善办法请提出,大家讨论。

提议事项

主席提议:

一、本厂送全国工程师学会年会展览品,拟于明日先将洗缸机、磅秤、老虎钳及其他零星物品送去展览,可否请公决案。

决议:照办。

二、本厂送全国工程师年会展览品临时监守人员应如何分派案。

决议:职员方面派侯德华前往主持,工人方面由工务课选派精谙机器性质之工人数名协助办理之。

三、本厂内部整理清洁应如何办理案。

决议:职员宿舍与办公室并本厂内外整齐清洁事宜,由刘办事员国仁、吴办事员家昌负责督促工友办理之。工人宿舍由工务课王股长及各部领班负责督促全体工人办理之。

四、本厂半制品必须整理清楚安放妥善地点,以便展览一致而免杂乱案。

决议:由王股长、李工师负责督促工人妥善整理并择定安放地点。

五、自八月一日起至会毕日止,本厂大星期改为小星期。小星期不放例假,作为加工,可否请公决案。

决议:通过。

六、本厂全体工匠、警役应如何切实管理,以期努力振作而赴事功案。

决议:由刘管理员国仁负责设法办理。

七、关于本厂自本年一月起至六月止,出品制品原料、物料价格及工资等有关各种统计图表应如何制办案。

决议:各种统计图表由洪课长统筹设计绘制,由经理暨王股长及有关各课室供给材料。

八、查全国工程师学会工程师拟于八月四日、五日由洪襄理暨金、张两专员陪同莅厂参观,应如何准备案。

决议:事先准备茶点招待,并推洪、赵两课长暨王股长、萧主任为招待员。

九、本厂筹备经过暨在现与将来服务困难概况应如何编纂案。

决议:请赵课长秉奇、萧主任省非负责办理,限于二十九日下午送办事处核印。

赵课长提议:为扩充本厂厂务、增加营业起见,可否增加工务课人事多接外活案。

决议:俟总经理莅兰面请后,征聘工务课长一人及工程师工人若干人,并增加工作机及银行透支等项,以利进行。

王股长提议:本厂铁工、翻砂两部现在赶出展览品后再做何项活计。

决议:铁工部打锭子二百个,翻砂部做牛头刨床、洗床及其他翻砂等项。

(件存甘肃省档案馆 71 –1 –7 卷)

雍兴公司兰州机器厂第十七次厂务会议记录

(1942 年 10 月 16 日)

时间　三十一年十月十六日下午四时三十分

地点　本厂办公室

出席　马文芳　赵秉奇　张伟侠　王　垦(公出)　吴永振　李景祥

主席　马文芳

记录　杨毓麟

报告事项

主席报告:本厂自今春改组以后,营业一切原料工作机,虽经总公司及蔡总厂拨款拨料并拨一部分工作机外,本厂自制工作机仅属少数。近来营业日见发展,为适应需要拟将关于扩充厂务几种事件对大家报告,请共同议决办理案。

提议事项

一、营业前途有发展希望,拟将今后如何请拨款项、采购何项原物料、应制何种工作机请公决案。

决议:由工务课王股长草拟应购材料、应制工作机、应需款项数目字,文书由赵课长及文书办理。

二、灰生铁来源不易,恐难购到,在此购买不到时期,拟以制钱铜代替,而应需若干数目及如何采购案。

决议:由工务课核计应需若干并计划购办方法,再行陈请驻陇处核准后采购。

三、奉驻陇处令裁汰员工以省开支案。

决议:本厂职员现有工作人员不多,不能裁减,将工役六名减为五名,由文书室备文呈报。

四、矿业公司函再请求派工赴矿区铆装锅炉,应如何办理案。

决议:由工务课核计估工派遣若干工匠并工料若干,函达知照办理。

五、驻陇办事处张主任大约到此月底,抽查本厂库存材料以及生财器具并视察本厂厂务,应如何整理清楚收拾整齐以备抽查案。

决议:由材料室负责人员清理,该销即销,该挂即挂,收拾整齐,以防零乱而免临时束手。

六、查本公司自制工作机工具,向未算入间接费,现奉张主任面示,以后必须算入,应如何办理案。

决议:遵照办理。

散会。

(件存甘肃省档案馆 71－1－7 卷)

雍兴公司兰州机器厂第十八次厂务会议记录

（1942年11月7日）

时间　三十一年十一月七日下午二时

地点　本厂办公室

出席　马文芳　张伟侠　李福春　李景祥　王　垦　陈祝三　傅玉森
　　　周国琳　吴永振　萧省非　赵秉奇（因病缺席）

主席　马文芳

记录　萧省非

报告事项

主席报告：许久未曾开会，上星期本拟召集大家开会讨论厂务，后因事停止。本厂厂务赖大家共同努力得以不坠，然而尚有改进的地方仍然很多，本日诸位如有意见可提出讨论，并将工务课人员工作分配应行规定及有关厂务各点，提请公决。

提议事项

主席提议：

一、王股长在工务课长未觅到以前，所有该课一切事务概由该股长负责，并负领料制品准备之工作与估料。

二、李工程师景祥除协助王股长工作外，并负对外接活及工作指导之责。

三、周办事员管理该课工具及填记工作表报等，曹练习生克勤协助办理之。

四、陈工长祝三负锻铆机钳各部工匠之进退，及分配各部工匠之工作与估工。

五、周工长宝山负翻砂部一切责任，工、匠、徒之进退及工作之分配均属之。

六、傅工长玉森负木工部一切责任，工、匠、徒之进退及工作之分配均属之。

七、嗣后凡完成物品必须先经各部工长检验合格后，方准送交工务课收转仓库保管。

八、嗣后承揽各活，按照营业课工作令之号数，依号制修，以免后先颠倒，次序零乱。

九、本厂制成品工具及生财器具完成后，一律先交库房验收，各雇主或本厂各课室需用时，再凭营业课取物条向库房领取。

十、各部使用残料、废料应在领料单上分别注明【库房】，以便转账并应分别置放保管而免混杂不清。

十一、各部技工每月未曾请假及迟到早退者,每月准加勤工四天,婚丧病假不作旷工论,但不给勤工。事假一概不准,如故犯者概作旷工论,加倍罚工,旷工三日者,即行开革不贷。

十二、本厂拟制成品六呎钻镟床五部,八呎镟床五部,一丈一呎镟床一部,各床床面除一丈一呎者外,余均在西安代铸。

十三、本厂工作时间拟自十一月十六日起改为上午七时三十分至十二时,下午一时至五时。

右列各条件如何请公决案。

决议:一律通过并分别照办。

(件存甘肃省档案馆 71 –1 –7 卷)

雍兴公司兰州机器厂第十九次厂务会议记录

(1942 年 11 月 14 日)

时间　三十一年十一月十四日下午二时

地点　本厂办公室

出席　马文芳　赵秉奇　李海亭　吴永振　李景祥　陈祝三　周宝山
　　　傅玉森　王　垦　张伟侠　萧省非

主席　马文芳

记录　萧省非

报告事项

主席报告:今天开会仍是讨论本厂厂务本身问题,最关紧要的还是工务课各部分人事应如何调整,工作应如何分配并加强。大家如有意见,尽可提出讨论,以资集思广益而利推进厂务。

提议事项

主席提议:(一)据工务课制造股股长王垦称,现时物价日益高涨,在兰各机关与其他工厂员工待遇均已提高,拟请增加本厂工人工资等情,可否请公决案。

决议:照办。

主席提议:(二)据本厂材料室办事员吴家昌、吴永振签称,现时天气日益寒冷,库房宽旷潮湿不便工作。拟在本厂房库前面空地,暂用木板架设临时办公室一间,俾利工作等情,可否请公决案。

决议:照办。

（件存甘肃省档案馆 71 –1 –7 卷）

雍兴公司兰州机器厂第二十次厂务会议记录

（1942 年 12 月 2 日）

时间　三十一年十二月二日下午四时

地点　本厂办公室

出席　马文芳　赵秉奇　张伟侠　李福春　萧省非　傅玉森　陈祝三　王　垦　吴永振　李景祥

主席　马文芳

记录　萧省非

报告事项

主席报告:本日开会除讨论本厂员工请假规则外,现在阳历年关在迩,关于厂务方面事项应积极加以整理,以备清查而便汇报。

提议事项

主席提议:现拟定本厂工人请假及工作时间应遵守规则一种,可否施行请公决案。

决议:通过。

主席提议:现拟定本厂职员请假规则一种,可否施行请公决案。

决议:修正通过。

主席提议:现在物价昂贵异常,本厂办公文具应极力紧缩以节开支,其办法如何请公决案。

决议:由各课室统计月需文具数量,呈由经理核定,照规定具领以示限制。

主席提议:阳历年关在迩,半制品应加紧工作,以资告一段落而便汇报,如何请公决案。

决议:由工务课计划积极分别办理。

主席提议:本厂十八次厂务会议决定,制成品六呎镟床五部,八呎镟床五部,床面均在西安翻制。如何办理请公决案。

决议:六呎镟床床面采用西安毓文工厂轻式者,八呎镟床采用本厂重式者,并由李主任将本厂木样携运西安交毓文工厂照样翻制。

主席提议:各项煤炭现存若干及每月需用数量以便酌定采购案。

决议:由材料室清查现存与每日需煤数量呈由经理核夺。

主席提议:建筑材料应如何清理以符事实案。

决议:由张课长、王股长、李主任、吴办事员永振积极清查以备查考。

主席提议:制造台秤有无确实把握,并以往制成未符准确之台秤现已校正几台。

决议:由工务课查明具报。

主席提议:总公司拨给本厂材料物料尚存若干余。

决议:由材料室分别查明具报。

(件存甘肃省档案馆71－1－7卷)

雍兴公司兰州机器厂第二十一次厂务会议记录

(1942年12月26日)

时间　三十一年十二月二十六日下午三时

地点　本厂办公室

出席　马文芳　赵秉奇　李景祥　王　垦　陈祝三　周宝山　吴永振　张伟侠　萧省非

主席　马文芳

记录　萧省非

报告事项

主席报告:三十一年度行将告终,本厂一切事项应积极加以整理,以资告一段落,并须计划来年度厂务设施及营业方针,将来本席赴西安开厂务会议时,俾便提出报告。否则将本厂本年度一切收支及厂务现状并来年一切计划等汇成报告书,缄封邮寄西安总公司,使其明了本厂过去、现在与将来一切情形,俾于统筹计划方面有所准则也。

提议事项

主席提议:兹将本厂年终应办理事项目录概述如左,如何办理请公决案。

1. 设备概况;2. 本年度营业状况;3. 水灾经过;4. 三十二年度营业计划。

决议:第一项归工务课王股长负责办理;第三项归会计课张课长负责供给材

料,文书室编述情节;第二、第四两项归营业课赵课长负责分别办理报告,书面由文书室整理缮发。

主席提议:本厂职员待遇不均,应如何调整案。

决议:专案呈请总公司照下列办法办理:1. 提高基本薪金;2. 家属津贴(即米贴)遵照行政院之规定按年龄计算,以符功令而示平均;3. 煤贴、房租与市价相差悬殊,应请总公司酌予增加,以资救济。

主席提议:查本厂摊派同业公会各项开支负担太重,又本厂产业工会摊派兰市总工会各项开支尚无着落,应如何办理请公决案。

决议:洽商各厂意见如何再行办理。

主席提议:查本厂员工食宿、房舍均感不敷应用,如何设法解决请公决案。

决议:专案呈请总公司设法建筑或拨让,提出大会核定。

散会。

(件存甘肃省档案馆 71 -1 -7 卷)

雍兴公司兰州机器厂第二十二次厂务会议记录

(1943 年 1 月 23 日)

时间　三十二年元月二十三日下午一时三十分

地点　本厂办公室

出席　马文芳　赵秉奇　李景祥　王　垦　傅玉森　陈祝三　吴永振　萧省非　张伟侠

主席　马文芳

记录　萧省非

报告事项

主席报告:三十一年业经过去,今后对于厂务应积极从新整顿检讨,以期健全。大家若有良好意见,请提供,以资采择。

提议事项

主席提议:查三十二年度营业报告书业经编就,内中情形有无遗漏之处,请公核定案。

决议:通过。

主席提议:兹将三十二年度拟制出品分列如次:一丈一呎元车一台,六呎元车五台,八呎元车五台,轻六呎元车五台,四、五、六寸虎钳各十台,弹毛机十六台,织布机十台,手摇水泵六个,打土机五部二十个,锭子合纱机五部,离心式石磨八套。如何请公决案。

决议:照办。

主席提议:会计课张课长拟具处理制成品办法一种,是否可行请公决案。

决议:通过。

(件存甘肃省档案馆71-1-7卷)

兰州机器厂厂务研究会第二十三次会议记录

(1943年6月28日)

时间　三十二年六月二十八日下午八时

地点　西北货栈西办公室

出席　马文芳　张伟侠　王　垦　吴永振　吴家昌　周国琳　李牖民
　　　刘国仁　杨毓麟

主席　马文芳

记录　殷德林

主席报告

二十六日夜,因黄河水势大涨,深有浸入厂内之虞,幸赖各同仁及工人均能奋勇抢救,仅于十小时内将全部机器及大部分原物料抢运至西北货栈,幸告大致无损。此种勇于公务精神,殊为可嘉,本人于欣慰之余,并代表总公司向各位同仁慰劳。又此次出力员工,除技工、艺徒已按着抢运数量酌予发给劳金用以奖励外,至于各位同仁,本人当另陈请总公司分别奖励。关于迁移此间之机器整理安装及工作之如何分配诸事,尤关切要,亟应赶速进行,故特于今晚召集各位同仁共同商讨(余从略)。

决议事项

(一)办公室尽先整理清楚以便办公,责由会计、文书二部分负责办理。

(二)同人住宿在办公室内殊有未便,责由庶务室赶为设法搬至其他空房。

(三)木工部即由王股长垦同办事员周琳负责指导,以冀提早开工。

(四)员工厨房由庶务室妥速筹办。

(五)关于门岗,因各厂原物料均多运存西北货栈,并值抢运之际,门岗至关重要，应由庶务室随时指导警卫，对于各厂员工出入时应严加检查，以防不虞。

（六）本厂尚未运清之原物料，由王股长垦、刘主任国仁负责雇车继续搬运。

（七）关于工作分配。

散会。

（件存甘肃省档案馆 71 －1 －7 卷）

兰州机器厂厂务研究会第二十四次会议记录

（1943 年 8 月 3 日）

时间　三十二年八月三日下午七时

地点　本厂办公室

出席　马文芳　张伟侠　侯德华　吴永振　权文华　吴家昌　周国琳
　　　黄寿山　徐资钰　李牖民　王　垦　李福春　赵启瑞　杨毓麟

主席　马文芳

记录　殷德林

报告事项

主席报告：自本厂于六月二十六日夜因黄河水势猛涨仓猝迁移此间后，除于六月二十八日召集一次谈话会外，近月余因内部整理工作异常繁忙，致未得暇继续召开会议。兹以各部工作大致就绪，而本厂进行事宜又多待讨论，故于本月召集各位同仁，共同磋商关于厂务各项问题，希望各位尽量发挥意见。如有本人不能解决者，当藉总经理在兰之便请示办法，以便遵循（余从略）。

决议事项

1. 关于本厂文件送核程序，由文书室负责分别性质加盖主办课室小长戳，分送签注后再送经理核阅。

2. 关于采购及领取原料、物料、文具等责，由材料室、庶务室、会计课先行核阅有无验收人或具领人及主管人与经理盖章，再行付款或发给，以昭慎重而杜滥靡。

3. 庶务室工作分配如下：

A. 李主任福春负庶务所用各项物料及报销并保管等之监督事宜。

B. 刘办事员国仁负训练警役、更夫与管理厨房及采购庶务上所用物品。

C. 杨助员毓麟负管理生财器具及文具等收发与登账作传票事宜。

4. 关于来宾，除团体参观者遵照驻陇处所订之招待外行参观办法办理外，凡各位同仁友人来厂时,均须由警卫引见,不得径入厂内。

5. 关于节省开支,曾迭奉总公司函电催报,即责由工务课、庶务室将节省情形赶速填具比较表,交由文书室汇报。

6. 工人宿舍房间过大,管理不便,即由庶务室会同工务课雇工于每间加壁墙一道,分作两间,并每间之指派一人负责管理,由工务课照办。

散会。

(件存甘肃省档案馆 71 – 1 – 7 卷)

三、四川各厂

(一)广元动力酒精厂

1. 企业概况

广元酒精厂视察报告

(1946 年)

一、厂务概况

自卅一年二月正式开工以迄今日,为时四年另一月。计第一年产量为四〇,六八三斤,第二年【为】三〇,九五九斤,第三年【为】三七,〇七六斤,卅四年【为】七四,八五五斤,最近三个月约产一七,〇〇〇斤,历年总产量二〇〇,五七三斤。合计四十九个月内,每月平均出厂四,〇九三斤。而卅四年度各月份之平均产量为六,二三八斤。

至各年度之产销情形为下表:

年别	生产		销售		全年开工月数
	数量(斤)	金额(千元)	数量	金额	
卅一年	40,683	7,592	40,000	4,675	10 个月
卅二年	30,959	13,147	34,363	10,897	8 个月
卅三年	37,076	43,358	40,948	32,362	10 个月
卅四年	74,855	380,000	74,050	320,000	12 个月
总计	200,573	444,092	189,362	367,934	40 个月

产销状况具见上表，其他情形分述于后。

甲、人事

历年职员变动情形为下表：

年别	在职员额	异动员额	异动率(%)
卅一年	27	18	40
卅二年	31	26	46
卅三年	26	26	50
卅四年	24	16	40

在四年变动员额之中，计卅一年度用进十二员，离职六员；卅二年度用进十二员，升职六员，离职一员；卅三年度用进九员，升职八员，离职九员；卅四年度用进三员，升职八员，离职五员。每年变动大批职员，影响工作颇甚，且以职员总人数由最多之卅一至本年度之廿一人，相差达十员之多，可见用人有欠审慎，对于厂务之推行，殊多窒碍。

工役人事亦有相当变动。用人最多时，直接生产工达一四〇人以上，杂役超过六十余人。经迭数调整后，逐渐减少，至卅三年下季，直接生产工减至九七人，其后时有增减，但变动人数在五六名之间。截至本年度(卅五)三月中旬计有：

(一)直接生产工人：

工别	每班人数	全班人数	附注
原动	8	24	锅炉5座，由领班9人管理
麦芽磨碎	5	15	每班有领班1人，共3人
化验培养发酵	3	9	同上
糊化糖化	4	12	同上
蒸馏		12	
修理		18	
杂工		10	清理煤渣及摇动车床
工头		2	调动工人并办理伙食

(二)杂役：

搬 运 伙：一二

警　　卫：一三

职工厨夫：一〇

茶　　役：六

传　　达：一
挑 水 夫：三
理 发 匠：一
滑 竿 夫：二
杂　　役：六
共　　计：五四

现有员工人数尚可缩减，如工务方面共有职员六人、工人一〇二名，倘裁职员二人、工人一〇名，则工作效率仍可保持，一切应为之事毫无影响。惟事实上，由于生产时有中止可能，人心未免难安，为保持现状计，维持现有人数亦属必要。

乙、设施

现有之设备，系逐渐增添而成，各种建筑物未能合理配置，在制造工程上颇受妨碍，致多用工人，并延缓操作时间。一切器具多为陆续购置，致酸酵、糊化、糖化与蒸馏部分未臻合理化。修配部分仅有少数简单工具，往往须向外界修配机件，费时误事，损失不赀。福利设施殊嫌简陋，无论医疗、图书、康乐等颇不符实际需用。

主要机器方面，蒸煮设备不敷精馏器之用。现每日最大限度之蒸煮能力，仅足供制成三百公斤酒精，而精馏塔之效能可达四百斤以上。使用中之锅炉共五座，所出蒸汽不敷原动机蒸煮之用，消耗人力与煤炭甚多，平均每日需煤十一吨左右，日夜三班工人共廿四名之多。

修配问题甚为严重，每以工具不全，辄向外界设法。过去陇海机厂可为修配，今则只有向大华通融，致贻误事功颇甚。又以主要料品(铁管、钢板等)时感缺乏，影响生产能力颇大。

福利设备有名无实。康乐部分，只有运动场，但乏适当之用具。图书仅六十册，沐浴室尚付缺如，医疗室过于简陋，他如员工优待食粮，今亦无之。

去岁傅总稽核前往视察后，对于调整机器提出具体意见，倘即付诸实施，则成效必宏。目前时时感受机器损毁之威胁，影响于经济状况者至为严重。

丙、工务

工务仍有待于改善，除限于物力外，尚有待于改进者，蔡酒厂梁其瑾工程师于视察后，提出如下意见(附原报告)：

1. 水道漏水应用猪血、麻纸、桐油全部填充。

2. 各部工作地点太过分散，管理不易，且多费工人，应尽力集中。

3. 领班太多，同类工作有一领班即足应付。

4. 司炉工作较劳，其他工作较轻，宜调整工作或加减工作时间。

5. 发酵醪中浮渣太多，宜现用粗筛过滤，现用人取出颇费工，亦易沾污工作场所。

6. 贮酵槽位于第四层楼上部，工作不易，损漏太甚，改为废醪预热则更佳。

7. 职员职务轻重不均宜调整。

8. 职员职责分别太过宜兼并。

9. 糖化时宜将大部麦芽先加入糖化罐中，迨加入糊化苞谷时保持于40℃约一小时，然后将其他糊化苞谷续渐加入，保持55℃至60℃约二小时后再行冷却。

10. 酵母培养槽最好移至发酵室较易管理。

除上述情形外，因工务课长不谙技术，遇事多迁就领班，且过于依仗彼等，以致制造工程殊鲜改进，因而对于一切应兴应革事宜，无从实施。

近三年来之工务进度，累如左表：

年别		卅二年	卅三年	卅四年
工作天数		203	238	331
产量	每月最多	7,350	7,707	7,720
	每日最多	237	285	269
	每月平均	4,423	3,090	6,238
	每日平均	153	156	226
总产量		30,959	37,067	74,855
扯工	最多	1.51	1.46	0.57
	最少	0.56	0.29	0.18
	平均	0.69	0.71	0.23
扯料	最多	58	58	48
	最少	37	35	33
	平均	41	45	39
用煤	最多	41	162	169
	最少	65	63	60
	平均	82	104	89

在三年来之进程中，工作日数与产量年有增加，其中以卅二年度为最少，卅四年度为最多。用工扯料亦有改进，卅二三年度由每斤最高用粮量均达五十八斤之多，卅四年度减至四十八斤。各年用粮之最低量，亦由卅三年度之四十五斤，渐降

至三十九斤。扯工方面,自每斤最高之一. 五一工,递减至〇. 五七工,其最低数则由〇. 六九至〇. 二三工。用煤量亦有相当差额,计由每斤之一六九斤至一二四斤,其最低量由一〇四降至八二斤。所有各项数字仍可缩减,其关键在于原动及蒸煮器之合理调整。倘只用两座锅炉,则司炉可由廿四人减其半,用煤量亦可减少四五吨。若加大蒸煮器容量,则制造工亦可减少五分之一,故改进工务须由调整设备着手。

最近时感原料不易购到,此种情势可能持续廿余天之一月之久。据商人称,在纱布管制局朝天驿仓库尚存苞谷十五万斤,业经商有成议,即可水运来厂,一俟购到,可供廿余天之用。此外,农历四月底以前,而已购到宁强、昭化仓粮,如果原料足用,则每月生产量可以稳定于六,五〇〇斤至七,五〇〇之间。就目前情势推测,恐短期停工颇有可能,但最长不会超过一两周。

丁、经营

卅至卅三年度之亏损原因,不外三端:(一)设备;(二)技术;(三)营运。关于设备已略论于前,技术问题见傅总稽核卅四年二月份之报,营运方面,以购买原料失时,蒙受影响最大。查广元产粮不丰,尤以苞谷极少,临近区域以三台、昭化、宁强出产包谷、小麦较多,每年采购六七百万斤尚不困难。每届秋收后,颇易大量进粮,及至冬季春初则来源不旺,且价格甚昂,迄于农历四月底又有巨量仓粮出售,倘于每年秋末夏初进粮最为合宜,过此时令,势必难于大量购进。广酒时以原料不济临于停工,短则数日,长即经月,因而增重成本,以致年有亏损。倘于每年适当时期大量进粮,则官价虽低,亦不致不敷成本。目前价格陡涨,计包谷每斤由四十元增至五十元,小麦涨价廿元(每斤八十六元),故每斤成本(按每月量产四,五〇〇公斤计):

假定每斤需粮四十二斤

1. 包谷三十九斤	价	一,九五〇元
2. 小麦三斤		二五八元
3. 煤百斤		七〇〇元
4. 直接费		一,二〇〇元
5. 间接费		一,一〇〇元
6. 财务费		三二〇元

每斤成本共五,五二八元。

如果每月产量稳定于六,五〇〇斤,则每斤成本减至三,六二七元,以官价五一,六六元售出,则每斤获利一,五三九元。再假定去年底购入大批粮食,则成本更可降低,获益必更多。可见原料价格之高低,影响成本甚巨。

二、改业问题

广酒厂停工后之改业问题,可自左列各点考虑之:

甲、原料

广元境内山岭密布,既无广袤平原,亦鲜可耕山田。天然森林早经摧残,虽有少数林产品,但为量有限。其中数量较多者为丹宁原料,其来源以栎(青杠)、槲、樗及胡桃等树为主体。惟以产区分散,林相凋零,殊难大量搜购,用供经常之生产。此次往广酒厂附近卅里考察时,随处可见少数树林,但未观较为繁茂之林相。此外,利用苞谷酿造威士忌或淀粉,似有可能。但市场如何,须详考察。

乙、市场

广元城郊居民不过十二万人,因生活窘困,购买能力薄弱。至其邻县,虽三台、昭化可通航运,但居民生活艰苦,除必需之衣食外,无力消费其他商品。再顺嘉陵江而下,可达重庆,对于威士忌与淀粉可能获得市场,以重庆人口之消费能力而言,威士忌可望行销。再以战时存在之多数布厂,仍保有相当生产能力,颇可容纳相当淀粉。至于此二种物品之成本,以广元苞谷价较低,运渝推销可能获利,但详情须经调查后,始可确定。再由广至渝航运约廿余日,如用青杠木容器装酒,迨到达市场时其味倍增,颇适于消费之嗜好。

丙、技术

利用现有设备酿造威士忌酒,并无困难,只需略添相当工具即可操作。若制造淀粉,必须增添新设备,势必占用资金,并需相当时日,始能出品。惟此二者之技术人员,可由蔡酒厂借调。

三、善后问题

关于停工后之善后处置,业经吕总稽核与孙经理商获具体步骤,就员工、器材及厂房等分别拟定办法,业经送请核示。

甲、员工之安置。订有资遣办法,就职员中之成绩优良将请求总公司斟酌留用,其他按照年资分别资遣。兹将全体职员在职时间录如左(员工资遣办法草案、员工留用考评表已另呈阅):

1. 满四年以上者　八人

2. 满三年以上者　一人

3. 满二年以上者　三人

4. 满一年以上者　四人

5. 满十五个月以上者　三人

6. 满十个月以上者　一人

7. 不满半年者　一人

共计廿一人

乙、所有器材及建筑已一一查明，均经登入盘存报告表，一俟停工，当即依照公司指示办理(附后广酒厂什物盘存表十四宗共卅一张)。

丙、厂房之处置，经吕总稽核与孙经理商决，派职员二人及警役三人看管。但以广元情形特殊，颇难看管。为策安全善计，似宜设法转让。闻甘肃油矿局广元储运站有意承购，若向该局负责方面进行，并及早获得定局，则停工后，可以消弭枝节问题。

(件存陕西省档案馆民国档案 82－1－1306－1 卷)

广元酒精厂结束报告

(1946 年 11 月)

尹仁甫

广酒由始至迄终，为时五年另八阅月，占地四三亩，厂房一七四间，日产酒精二百余公斤，员工约一七〇余人。因地处贫瘠之区，民风闭塞，帮会组织深入，员工应付至为不易，故影响于厂务者至深且巨。开工以来，原料、器材时感不济，生产成效大为减弱，而销路无常，益臻营运之困难。今以情势所趋迫而结束，职奉命协助，幸能如期蒇事，谨就经过情形分别陈之。

一、历年产销状况

数年以来，资金窘困，购料失时，致生产缩减，成本增高，虽于去年下季转入佳境，幸获盈余，孰意好景倏逝，未经年即陷于结束之一途。

甲、生产

五年之中，除三十五年度因结束只做九个月外，仅三十四年度工作十二个月，其他各年则未曾超过十阅月。再，每日之平均产量迄未达到可能之数量(可能产量为平均每日二五〇加仑)。究其原因，由于冷却设备未臻妥善，以及蒸汽供给不济使然。合计四十九月之内，每月平均可出四六一四斤，其中以三十四年度每月所产六，〇三六斤为最佳，三十三年度每月之三，〇九〇斤为最低(万年生产状况具见附表)。

历年生产状况

年别	工作日数	年产总量(加仑)	产量			每加仑平均		
			每日平均	每月平均	生产月数	扯工	扯料	扯煤
三十一		40,683			10			
三十二	203	30,959	153	4,423	8	0.69	41	82
三十三	238	37,076	156	3,090	10	0.71	45	104
三十四	331	74,855	226	6,038	12	0.23	39	89
三十五	231	43,091	187	4,788	9	0.64	43	111
总计		226,664			49			

乙、销售。

逐年销售情形,由附表见之:

年别	产量(加仑)	销售量	售出百分数	售价总额	每斤均价	附注
三十一	40,638	30,000	73	3,370,000	112	自用96斤
三十二	30,959	34,364	113	10,897,244	317	自用388斤
三十三	37,076	39,800	108	30,488,000	166	自用1,234斤
三十四	74,855	74,000	99	291,631,000	39000	自用24斤
三十五	43,091	46,712	101	243,503,200	5213	尚余46斤
总计	45,533	44,975		115,977,889		

三十一年度售出额仅占产量百分之七十三,三十四年度则为百分之九十九,其他三年之中约在百分之百以上,而以三十三年度之百分之一一三为最高额。虽然历年所制产品大致皆于每年年终售出,但以售价未能按期收回,致周转资金时感拮据,而利息负担尤为可观,又因政府统制售价,每不敷成本,同时购户多为军事机关,故五年以来倍感应付之苦。

二、办理结束过程

由于酒精销路无望,广酒迫而结束,总公司订定结束步骤十三条,用以处理结束事宜。其中员工资遣问题迫于环境,不得已略加变通,其他事项皆依预定程序逐步实施(附广酒结束步骤建议)。

甲、停工与拆卸

截至三十五年九月底,广酒所存原料全部用罄,遂于十月一日停工,即督导工人进行拆卸,并暂留全体职员赶办结束事宜。所有笨重机械于第一周内拆除,一切配件暨水管等物于一日拆毕，其他各种机械及木质容器亦于二十日拆下。当拆卸之始，为便于工作计，仍逐日发电，至二十四日全部设备分别拆除后，即加紧赶拆发电设备，乃于二日内告竣。迄二十六日，已将待运物品分别装箱，至笨重而体积庞大之器材，则拟留置厂中用备将来运陕。

乙、员工之安置

十月四日开始资遣工役，除是日资遣第一批共七十名外(该厂共有工役一四〇人，内有直接生产工九十四人)，嗣即视拆卸工作之需要随时遣散。凡三十四及三十五年度到厂者，发工膳米贴两个月；三十二及三十三年度者发三个月，三十及三十一年度者，除照发三个月外，每人另给补助费二万元。此外不论工资，一律加发还乡费一个月(包括工膳米贴)。至于工膳米贴之多寡，则按九月份所得为标准。在结束过程中，除逐渐遣散全体工人外，其中机匠二人、锅炉工三人已介绍于兰毛，另有机匠二人，木匠、工头各一人，已请吕总稽核予以安插。

当厂务结束事宜大致完毕后，遂于二十四日资遣职员。原拟依照公司之规定办理，乃见于广元公私机关所发资遣费甚优，时一部分职员亦提出种种要求，不得已酌就原定标准变通办理。计服务满一年者发给三个月(不包括膳费)，满两年以上者发四个月；凡负重要责任而成绩卓著者加发一个月；凡三十年度到厂者另外加给五万元，此外每人一律发给还乡费二十万元。至于调职人员经孙经理考察结果共有四人，已专函请求总公司调派工作。

厂警勤务原拟不给资遣费，俟厂房安置完毕后(广酒结束步骤第四条之规定)，函报总公司调派工作。惟全体厂警于资遣工人后，迭次提出种种要求，势非获得结果即行散去。当时以地方不靖，深恐发生意外，乃照发厂警勤务资遣费，并允予请求总公司全体留用，始克照常工作，旋于十月二十五日查明厂警十一人、勤务六人愿继续服务，随附名单拟请总公司予以核准，并调派工作(附广酒留用警役名单)。

总计支出资遣费二七，五四一，三一〇元，其中职员占一二，七一一，七〇〇元，工人一〇，七五三，五五〇元，警役四，〇七六，五九〇元。

丙、器材之处置

利用发酵设备之木器改成各种木箱，将所有便于装箱之器材分别装入。截至十月二十七日，已装妥七十箱，其他笨重物品安置一处。凡可连结一起者，按其种类一一装配。至于全厂木器，已填列详单并待结束蒇事后，将积存于仓库中，由看守员负责封存。每一装箱物品开列名单三纸，除以一份放箱中外，余分交保管、运输人员各执一份。此外另备分类物品单(此单正由广酒赶制中)详填品名、件数、重量及价格等项,用备拨让联厂之参考。

所有装箱暨集中保管之物品,皆以封条加封,一部分剩余物料暨元车等物已就地出售,共收回价款三,二五七,〇〇〇元(附售出物料单),总计待运及已运出物品共约六八吨,运兰器材共四轮车载,经计重一五.五吨(附清单)。现存广酒之器材列于左:

1. 机器重	六.〇吨	2. 铜塔重	三.五吨
3. 铁塔重	一五.〇吨	4. 糊化罐重	三.五吨
5. 轴杆重	〇.五吨	6. 小锅炉重	三.五吨
7. 生铁管重	二.〇吨	8. 生铁杂件重	八.〇吨
9. 熟铁箍重	三.〇吨	10. 铁管重	一.〇吨
11. 材料重	四.〇吨	12. 档案及铁柜重	二.〇吨

以上合计重五二.〇吨。

上列各物中,颇多体积较大、运输较为困难者,惟就需用车辆而言,尚需卡车二十辆。最近倘能装载十车或八车,则所剩物品即可运往豫丰仓库,否则工人遣散后,装车必甚困难,若多留工人,则又颇不经济。

丁、善后之处置

善后问题之中,以脱售厂房最感困难。虽广元县奉令筹办省立职业学校,县府迭次进行洽购,适值县参议开会,曾由专案提出,经决议三项办法:(一)函请总公司捐赠;(二)向省府请款购买;(三)请总公司廉价出售,由川北各县筹二千万元购入。该会闭会后,交由议员及地方绅士数人继续进行。就目前情形而言,售价殊难公允。在参议会讨论此案时,孙经理曾托杨宗逵参议员说明厂中亏损情形,及厂方价值最低价在一亿元以上,当时决议请杨参议员代为进行,而以五千万元为最高购价,并请捐赠全部木器。刻孙经理正与关系方面接洽中。

由十一月一日起,即指派请调职员四人办理未竟事宜,一俟重要器材运陕后,将由职员周少棠负责看守并留厂警、勤务四人协助。所有迁运豫丰仓库之器材,则由职员宋占书协助公司留广运输人员办理,运输事宜尚有一部未完成。会计手续则由朱课长偕办事员李玉铭携回公司赶办。此外,请调职员四人及厂警、勤务十七人,有待于及早予以安插。

广酒售出物料单:

1. 大汽油桶一九九只　　一,七八七,〇〇〇元

2. 五斤汽油桶五七只	一一四,〇〇〇元
3. 六呎元车一部	四〇〇,〇〇〇元
4. 铁管二十六尺	七八,〇〇〇元
5. 硫酸一三五斤	一〇,〇〇〇元
6. 旧条席五〇条	三〇,〇〇〇元
7. 旧麻袋一五〇条	一三五,〇〇〇元
8. 小麦六,六七四斤	五四〇,〇〇〇元
9. 大米一,〇〇〇斤	七七,〇〇〇元

除去佣金两千元外,共计三,二五七,〇〇〇元。

广元酒精厂结束步骤建议

一、生产工作全部停顿后,拟留用职员以不超过现有总人数六分之一为原则(包括留守人员在内,至调职人员可先列报总公司核示)。

二、留用人员限于工作一年以上、成绩确属优良者。

三、除酌留少数技工及长工以便拆卸搬运外,所有工人于停工后三月内资遣(按政府通令办理,必要时请当地政府协助)。

四、勤务、厂警皆行留用,惟有愿离者可于结束蒇事后,依照工人资遣办法资遣;愿继续服役者,于厂房处置完毕,函报总公司设法调派工作。

五、职员遣散办法按原规定办理,至返陕车辆等亦按原议办理。

六、所有机器及器材统由总营业室派车运宝。

七、所有管件、电料皆拆除运宝,剩余粮食及不值得再行搬运之物品,可就地脱售。

八、所有卷宗、图书、仪器、文具及有关广酒厂历史性之文件,皆分别装箱运送总公司收存。

九、广酒运宝物品暂存宝材库,指派专人负责看管,凡联厂需用之器材尽行拨让。

十、一切器材盘点竣事后,除留守及运输人员外,余皆返宝。

十一、房产应设法尽速脱售,为便于房屋出售起见,家具可酌量价让,由孙经理负责办理。

十二、一切账务事项由朱课长请示总会计室办理。

十三、所有财产清册由孙经理、尹专员汇报总公司。

附

留用警役名单

职别	姓名	年龄	籍贯	到厂年月(民国)
班长	刘松恩	38	山东汶上	三十三、五
副班长	董德生	37	江西临川	三十三、五
警卫	王中田	28	山东滋阳	三十四、三
警卫	刘振义	33	江西宜春	三十三、十一
警卫	王学仁	37	江苏徐州	三十四、十二
警卫	杨金生	29	湖南安化	三十五、四
警卫	张凤岐	27	江苏沛县	三十五、七
警卫	嵇绍先	30	江西临川	三十四、十一
警卫	王起昌	26	河南商丘	三十五、八
警卫	帖国端	25	河南郑州	三十五、四
警卫	孙忠源	30	湖北汉口	三十五、二
传达	许宝全	23	北平	三十三、八
茶役	刘阴序	46	河北灵寿	三十四、七
茶役	苗仰芝	35	河北大名	三十四、十一
茶役	毋培生	25	四川剑阁	三十二、十一
茶役	颜学寿	18	四川三台	三十四、五
厨夫	郑金泉	42	江苏江宁	三十五、三

（件存陕西省档案馆民国档案 82－1－1494－3 卷）

2. 会议记录

雍兴公司广元动力酒精厂第二百四十七次厂务会议记录

（1946 年 9 月 28 日）

日期　三十五年九月二十八日

时间　上午九时

地点　本厂办公室

出席　孙镜清　朱锡璋　宋荣昌　李景祥　王静轩　周少棠　王翰鸿
　　　严树森　余怀义　郭仲三

主席　孙镜清
记录　王静轩

一、开会

二、报告事项

主席报告：

（一）本厂已奉令结束，总公司所派人员业已到厂，但结束工作尚需各部分负责同仁努力办理，期限约一个月。其员工资遣办法，届时再为公布。（二）各部分主管事项以及生财、物料，均应分别整理；工务机器除电机外，均速为拆卸，应装箱者，即分别装箱以便运输。关于磨电部分，为夜间易于防守计，仍须继续磨电。关于推销酒精事，应与此间公路局妥为接洽，以及对外来往手续，应速为清理为要。（三）款项不足应用，可向有关各方设法暂时挪借。关于本月份工人米贴，仍按每市斗二千三百元发给为要。

三、闭会

（件存陕西省档案馆民国档案 82－1－1304－2 卷）

雍兴公司广元动力酒精厂第二百四十八次厂务会议记录

（1946 年 10 月 12 日）

日期　三十五年十月十二日
时间　上午十时半
地点　本厂办公室
出席　孙镜清　朱锡璋　李景祥　宋荣昌　王静轩　佘怀义　郭仲三
　　　周少棠　严树森　王翰鸿
主席　孙镜清
记录　王静轩

一、开会

二、报告事项

主席报告：

（一）拆卸工作应加紧进行，到二十日左右看情形如何，再为决定拆电灯设备。至于运输，现正与此间公路局接洽中。（二）所卸下之机件等，计分有留于此地及运往西安或售于其他联枝各厂三种办法，因运输费用太高，应尽量设法售给联枝各厂较为适宜。（三）所有机件、物料、生财等件财产目录，应早日赶造，务于下周内办妥，与会计账核对务必相符；其接收人员更当注意其名称与数量，务必询问明白，整理清楚。（四）成品推销应尽量与此间公路局接洽，最好就地售出，免受损失。（五）所照之临别纪念像片，各同仁每人赠送一张。

朱课长锡璋报告：

材料股移交清册已与会计账核毕无误。

三、讨论事项

王课长静轩提议：关于生财，除留于此地者交周主任少棠外，其运往西安部分及文卷等件，应点交何人？请公决案。

决议：生财运往西安部分，交宋办事员占书接收，至于文卷，届时再为决定。

四、闭会

（件存陕西省档案馆民国档案 82－1－1304－2 卷）

3. 来往函电

孙镜清为报告建厂艰辛及进展情形致束云章函※

（1941 年 6 月 14 日）

云公经理座右：

所奉钧电敬悉种因，除以【急】电先复外，兹再函陈。职厂第一批工程，计仓库七间、职员宿舍五间、工人宿舍七间、公事房七间，已大部竣工。第二批工程，包括蒸塔、蒸煮间、锅炉房、发酵室等早经设计竣事，并已与包工签订合同，先后开工矣，预计此批工程七月底可全部竣工。此外，由渝运来之蒸塔系蒸馏白酒之用，若以利用水糖直接发酵则不实用，故须另备蒸塔一具。原拟在广陇海机厂定制，嗣该厂以技术与时间关系未能承制，遂自行设计铜制蒸塔一座，时派专工携带铜料及详图遄赴蔡厂洽制，约一个月可完。至原动方面，如蒸汽机、电机、电料等，已开列详单，分别委托蔡厂及渝豫丰纱厂迅予代购，并拟日内派车去渝运取。总之，第二批工程最为重要，故前在褒城已邀请岳工程师常俭，来广协助建筑与安装等工程，职除以全力严促，星夜赶工，以期不误机效外，预计若无天时人事之危，七月底完工可望无虞。蒸馏设备及原动安装，如购运顺利，亦无大困难，且八月底可望出酒。惟以过去三月来经过忖度，将来进展尚有数点胪陈于后：

一、广元地处边区，风俗刁恶，人情险诈，人尽知之。须家河远离市区，环境尤属特殊,购地一事已令职焦头烂额,幸痛自贬抑,忍辱含垢,勉赴事功。兹值建厂之时,取材、购料尤须时刻敦睦乡民,纵十分忍耐,然能否遭受意外打击尚难预卜。如最近引水(挑水沟入厂)问题,乡民藉故索价,费尽唇舌,迄尤未决。当地石灰因有奸人操纵,高抬市价,几经婉商,始获批购。他如包工,任意不守诺言、玩忽工程者有之;签约包商延期交货、借端要胁者又有之。职如强、硬处之,必致引起纠纷,且或兴讼,自属不智;如忍而受之,则工事进展必受影响,以商办事业既无政令辅助,又无武力维护,刚柔俱难臻效。此种艰困,犹骨鲠之在喉耳。

二、交通不便亦影响进展。如职厂所用机器零件,均须由外埠购运,程间数千里,往返耗时费功自不待言,且往往有误大计。再如,职厂最近请款所发之电已半月余矣,今始汇到,致包工包商咸认厂方失信也。

三、职厂三月初始从事筹备,迄今不过三阅月,在此期间,购地耗时,几及一月又半。会计主任因奉派赴资、内购糖,三月下旬始抵广元,旋奉总公司客岁十月、十一月间所颁催报表报、公函十余件,又于一月之内数度函催。事关表报,自当遵办,惟赶工期间,人少事繁,有目共睹,尤以会计方面表报甚多,助理无人,收支款项登账核算,皆主任一人办理,且查表报种类繁复,广地不能承印,向外埠订印尤需相当时日,是以应行送陈各种表报迟未填送,除尽力征用会计人员,并急向外埠订印表格以期早日补报外,已先将五月份会计月报划表填送,所有迟误之因,具实奉陈。

四、职厂事务主任(今改营业主任)吴君一峰系渝豫丰纱厂所派。吴君才猷干济,职极欲借重,以收臂助之益,故筹备以来,签约购料皆为吴君一人办理,职责自属重大。讵近日吴君行动焦燥且有辞意。按吴君刚愎自用,尤欠处群之功,最近竟有袒护包工、包商之嫌,是否属实,尤待证明,然种种情形,豫丰、广库同寅及职厂会计主任李君善逌已明了泰半。据闻潘经理有函欲调吴君赴他处就事,果将如此,职意无论如何非将其经手事务清理完毕,方可他去。

五、职厂赶工之际,人少事繁,以原有之三五人员,实不敷分配。前次钧座过双,承嘱为随时征用人员,今以需人甚急,故于近日经职征用三五技术及事务人员,除以公函送陈各员履历并向总公司报到外,并此陈明。

综上情形,皆为事实,材惭下驷,何德何能,乃能仰邀青睐,畀以厂长一职任事以来,时虞勿胜,行事待人,无一不秉丹诚。乃近月遭逢际会,不无刺激,我公明察秋毫,谅已洞鉴,惟处境纵艰困如此,职必力持委曲求全方法贯彻始终,其于工事亦必尽力之所及,不顾艰险,督促赶工期,于八月底出酒,以副钧座殷殷畀依之忱,尚冀不弃葑菲，时锡教言，俾永佩勿谖。专肃奉陈，祗请崇安，诸维朗照。

职：孙镜清　谨肃

卅年六月十四日

（件存陕西省档案馆民国档案 82－1－18－2 卷）

蔡酒厂为转陈广元酒厂拟具员工眷属膳贴办法致雍兴公司函※

（1941 年 7 月 13 日）

敬启者：据广元分厂本年六月二十四日蔡总厂字第十号函开："查迩来生活程度日高，尤以广地为甚。前奉尊处函示，为体念同人，俾得安心服务起见，自三月份起，已婚同人除原支薪俸及战时津贴仍照旧支领外，每月加给战时生活补充费五十元；未婚同人加给二十元又膳费十六元，膳贴二十元照旧拨给。但同人在公家用膳者，其每月实摊膳费超过三十六元时，得由公家照数贴补以示优遇等因。查本厂携眷职员纵得以上各项优遇，然以广地生活奇高，环境特殊，仍感入不敷出。兹拟将携眷驻厂者职员眷属均准加入本厂伙食，且每月亦以三十六元计扣。其育有子女者如十五岁以下，可否免出伙食费，以资挹注而示体恤。所拟是否有当，用特函陈，敬祈查核转陈，总公司核示为荷"等由，查广元地区生活高涨，情形自属特殊，而该厂员工生计亦非设法补救不可，所请该厂员工眷属膳贴办法是否可行，理合备文转陈，请予鉴核示遵为荷。

此致

雍兴实业股份有限公司

雍兴实业股份有限公司蔡家坡动力酒精厂筹备处启

（件存陕西省档案馆民国档案 82－1－18－2 卷）

孙镜清为请另派营业主任人选致束云章函※

（1941 年 8 月 12 日）

云公经理钧鉴：

久暌枵辉，慕臆频萦，祗维禔躬，康畅为颂。

昨发真电，计登签掌。本厂建筑工程已大半完竣，机电各料亦已购运来广，安装不成问题，本月底出酒似过匆促，恐难达到，然如无天时人事之危，九月下旬出酒可望无虞。溯自筹备伊始，迄今不过五阅月，一片荒山，遽然华屋崇隆，瀼墅韦壮,俨然一大工厂,言念及此,稍堪自慰,谅亦公所乐闻也。惟有一事最堪痛心,本厂营业主任吴一峰,开办人员,不无才具,只以刚愎之性,对外往往因事伤人,当地绅民咸有怨声;对内复多专横,越权涉事,厂内同仁间有摩擦。环境如斯,堪谓人地不宜,其余包商、包工,尤多袒护索佣行为。吴君自知处境险恶,时现焦灼形色,曾数度兴辞,均以经手事务未清,未允遽离,讵近日厂务甚繁,建筑工程正值紧迫之际,吴君忽改变行动,非但无意辞退,反遇事妄干,且公然鼓舞工潮,阻挠工作,滥用职权,要挟厂方,意图掣肘,于公于私俱难姑息。若不准辞,则厂内工事不能进展,误期出酒,其责应由吴君负责之。镜清筹厂以来,行事待人无不以诚,独于吴君此种行为无法曲原,除请吴君将经手事务□□□理,恭候交代外,用特奉陈至乞俯予遴派营业人员携带明文来广接替,以利进行。为企为幸,专肃。祇颂崇雅,惟祈澄察。

孙镜清　谨肃

卅年八日十二日

束云章批注:已去电将吴一峰君辞退并请镜清兄自觅接替人选。

(件存陕西省档案馆民国档案 82－1－18－2 卷)

孙镜清为报告原糖料运输损失、职员待遇及战时生活补贴等致束云章函※

(1941 年 8 月 26 日)

云公经理钧鉴:

径、敬两电,计登典签。兹就垂询各节缕陈于左:

一、吴一峰经手事务大致清结,日内搭本厂料车回渝。遗缺已请会计主任李善遒暂时代理,谅不致有误机效。乞释厪系。

二、第一批水糖原装八十吨到广,实收毛重六十七吨,损失竟达十三吨之数,除已电请潘经理向承运及保险公司据理交涉外,并此禀闻。偌大损失影响成本,必非浅鲜,再查此批糖料净重不过六十吨,每日以五百加仑计算,仅敷十四日之用。今又到八船,其余在运途中。

三、建筑工程正以全力使于本月底完成,下月着手安装,所缺机件力疾购配亦不致有误安装,惟今秋雨水是否连绵,尚堪忧心也。

四、职员薪俸略为提高,仍以原规定之《职员待遇暂时办法》为标准,愚意拟增之数详见附表。

五、战时津贴,最近驻秦办事处有统筹办法,自不应再妄思觊觎。

六、生活补充费应以物价之涨落为转移,如有必要,或发给平价米亦为妥善办法。昨奉尊处总计字第十五号公函略开:"携眷驻厂之职员,再加生活补充费五十元,不准在厂入伙"等因,其为体念同寅,尚属无微不至,自当遵办。惟各员携眷独自立伙,房屋灶具种种不便,愚意在厂眷属除另加五十元外,仍准在厂入伙,至应摊伙食费,由各携眷职员按照实需数目缴纳。其不驻厂职员眷属,既经证实,亦请尊处酌增津贴,以示优待。所拟是否有当?统乞鉴核示遵,专此,敬请崇安。

孙镜清　谨肃

附

职员薪俸拟增之数表

职别	原支薪俸	拟增以后之数	总厂规定
厂长	200		200～360
工程师		200	160～320
主任	100	120	80～160
技师	100	120	80～160
办事员	50～60	60～80	45～100
技术员	60	60～80	45～100
助员	25～40	30～40	25～40
练习员			

(件存陕西省档案馆民国档案 82－1－18－1 卷)

孙镜清为报告厂建工程进展、水糖原料及技术人才缺乏等致束云章函※

(1941 年 8 月 20 日)

云公经理钧鉴:

巧、皓两电,计登签掌,兹将近月建厂情形、未来棘困及管见所及,缕陈于左:

一、本厂建筑工程其主要者如蒸馏塔、发酵间、机电房、原动间等,均已大部完成,蒸塔仅余一层,若非前日包工发生纠纷,早已报竣。他如仓库、宿舍、办公室等次要工程,早已全部完竣,并经函报在卷。至修饰润色之工程,不妨从缓。总之,全厂建筑工程均于本月底竣事。

二、蒸塔、机电及原动安装,均拟于下月初着手。惟有一部机电零件尚付缺如,刻正向秦、渝各市搜购,谅不难购得,安装技工有人,着手可成。如无意外阻碍,下月中旬试机,月底出酒可期无虞(其添设之蒸醪塔早已向蔡总厂订制)。

三、开工酿酒必须征聘三五学验具丰之技术人员,分值蒸馏、发酵、养曲等工作,事关学术不容忽视,刻正向各方征集。惟待遇一层,因广地生活奇高,千山千水,以本公司原有之规定征聘,此项人才往往不肯来就,此层殊堪顾虑[①]。

四、以水糖作原料几为已定计划,其成本之高、运输之难,早已深见及此,讵近日所到之糖,损失竟达二分之一,通盘核算必致成本锐增。再查,起运之日迄今已达三月,时间、运力两不经济,绝非永久之计。若要改用包谷,必向阳平一带采购,单价、运力须有统计,并须增设糊化锅、糖化锅等设备[②]。

五、以目今本厂情形,出酒一层,如无天时人事之危,已无问题。惟月来警报频传,使人不得安心工作,工率因亦蒙受相当影响。至将来酿造技术,镜清可负全责,惜乎水糖原料已为迎头打击,若不思以补救之方,必致前功尽弃。盖成本既高,人员、工役、杂项开支,亦随物价增高,直间成本俱增,必致亏本,有失办厂意旨。愚见如原料有法购置,可否增加每日之产量,如可增加,首先添设包谷制酒设备,继则派员遄赴阳平,大量收购包谷,存渝之锅炉仍运广应用,每日产量以千加仑为目的。糖与包谷并用,庶可调剂成本,以五百加仑之人力、物力,生产一千加仑之出品,其得失可想而知。要之,水糖无利,包谷未必亏本,水糖来源停顿,包谷未必断绝,最低限度仍维五百加仑之原议,不致有间断之虞。设厂已成事实,何不贯彻到底,明哲如公,当能俯察斯意也[③]。

六、广地生活奇高,几与渝、蓉相等,本厂人员待遇皆系沿用蔡总厂之规定。广、蔡两地物价悬殊,人尽皆知,以蔡厂之待遇度广元之生活,其难易可知,非但招致人员感觉困难,且旧有人员亦皆不能安心任事。况生计迫人,其只身一人者未必适合条件,其适合条件者又未必不携眷,最低限度每用一员必须使之生活安定,始可有济。是以广厂人员待遇应特别提高,不能与蔡厂并论,否则无法维持矣[④]。

综上各节,除一、二、三、四节为实际情形外,其五、六两节为区区管见,是否有

① 束士章批注:“同人待遇,前已电嘱拟具薪额候核。”

② 束云章批注:“糊化锅、糖化锅之设备需款若干,电询并嘱电复。”

③ 束云章批注:“购粮有无人手,运糖有无办法,先电询并嘱电复。如购量有办法,第二酒精塔自可运广。”

④ 束云章批注:“同人待遇可按当地生活情形提高。”

当,尚冀钧裁示尊。专肃。敢布丹诚,祗颂崇祺,惟祈朗照。

孙镜清谨肃

三十年八月廿日

(件存陕西省档案馆民国档案 82 –1 –18 –1 卷)

雍兴公司为广元酒厂改归公司直辖致驻办事处函※

(1941 年 9 月 2 日)

敬启者:查蔡家坡动力酒精厂广元分公司自九月一日起改归总公司直辖一节,业经电达在案,谅荷译洽。再查该厂系在四川省境内,嗣后该厂函电表报为便捷起见,应自九月一日起径寄本公司核办。除函该厂查照外,用特函达,即希洽照为荷。

此致

本公司驻秦办事处

雍兴实业股份有限公司总公司　启

(件存陕西省档案馆民国档案 82 –1 –1266 –1 卷)

雍兴公司西安临时办事处为广酒厂更改组织致该厂函※

(1942 年 1 月 27 日)

敬启者:兹为尊处办事便利起见,自本年一月份起,特将尊处组织改定如左:

经理——文书、会计、营业、工务

经理一职聘即以尊处厂长孙镜清君担任,并自本年一月份起,改支薪金贰佰捌拾元。用特函达,即希洽照为荷。

此致

本公司广元酒精厂

雍兴实业股份有限公司西安临时办事处　启

(件存陕西省档案馆民国档案 82 –1 –675 –3 卷)

孙镜清为报告厂中情形致束云章函※

(1942年9月15日)

云公经理钧鉴:

九月五日函示及真电均敬奉悉,谨将厂中情形报告如左:

一、小学及医院事。广厂距城较远,约有七公里余,职工子弟男女儿童计有三十余名,求学至感不便,失学损失更大。为培养后期国民计,成立小学乃不得【已】而为之。至于职工同人现有百余名,加以临时佣人约在百六七十名,以去城不便,山僻人稀之处,一有疾病即束手无策,不惟有害于国,抑且无益于厂。兹为保全生命及健康计,早已聘到医科大夫,呈报有案。今尊电嘱广厂根基未固,为求节省计应缓办或从省,自当遵照,惟职此次建设之小学、医院及游艺室等,曾于钧座由渝回省路经广厂所面准者,且于本月七日已将草图及估价单附上,现建筑物瞬将告竣,惟均用土坯砌成,木瓦亦皆用剩余之材料,因陋就简而成,并非大兴土木可比。至于小学教员,拟请李善遒之夫人及周少棠之小姐充任,一方报酬较少于外聘之教员,一方减轻同人家庭之负担,似乎两有裨益。则广厂同人福利首由小学、医院、游艺室等开始,其所需经费每月共计开支不过四千元之谱,公司虽费而收益甚巨,国家、社会实利赖之,岂特同人之福利而已哉。预算编妥,不日呈阅,务祈核准为幸。

二、糊化锅身以蔡机厂来往不便,决定在广处铆制,工料约三十余万,日期至少需六十天,原由西安所运来之铁板,拟自铆制糖化锅。可否裁示?

三、此处包谷约七十元一老斗(四十余斤),以现时酒精市价尚有余利,已派人设法积极购置。

四、液委会交酒精事。经潘经理一再之交涉,恐必需由九、十、十一月三月各交万加仑,九、十均可交足,惟十一月份之原料尚不能足用,以现时估计,可共产二万六千加仑。

五、广厂新之添设,职以购置物料之棘困及工务人员之缺乏,苦难至多,无论如何十二月内预计即可完成也。谨此奉复,并颂绥祺。

职:孙镜清　拜上

(件存陕西省档案馆民国档案82-1-22-2卷)

孙镜清为陈报订制糊化锅事致雍兴公司函※

（1942年9月16日）

敬启者：顷准广元陇海机厂陇营字第十六号公函内开："准贵厂机字第295号函开：'敬启者：顷准陇营字第十五号台函，为承制糊化锅锅身二部，价款约三十六万元，以七十天交货，若两个月后物价指数高涨，须另行酌核价目，嘱查照见复等由，查该项糊化锅之总价为数甚巨，可否稍为核减，并希于承允日起六十天交货。至于两月后物价指数高涨，另行酌核价目一节，自可商洽办理。并希即日动工，用特函复，即希查照见复，将订货单一并掷下为荷。'等由。查敝厂所估计之工料总价，及承允交货日期均至最低限度。兹承贵厂函商酌予核减，敝厂拟对总价照百分之九十五折收，即合叁拾肆万贰仟元，至于承允日期及两月后物价指数高涨另行酌核价目，敝厂仍拟保留原议，并希照敝厂定交货规定预交三分之一定金，以便动工。相应函复，即希查照，并见复为荷"等由，准此。除已洽订并照交三分之一定金外，兹特检同该机厂订货单副张一纸具函送陈，敬祈查核备案为企。

此致

总公司

孙镜清　启

（件存陕西省档案馆民国档案82－1－22－4卷）

孙镜清为拟向广元中国银行抵押透支事致束云章函※

（1942年9月16日）

云公总经理钧鉴：

广厂拟向利处抵押透支百万元，惟利处手续过繁，未克订定。兹由该厂抄来渝总处及利处所拟具与本厂透支之草约，一并呈阅。以职观之，此约似欠公允，但以购备原料迫不及待，若由总公司寄款，有时难免耽搁，故仍以成约为是。是否可行，尚祈裁夺。

除一面向该处交涉外，谨陈我公参阅，其不适宜处尚祈指正，并祈示复①。专此。即颂崇祺。

① 束云章批注：请明甫兄研究后速电广酒厂照订。

附利处合同一份

职:孙镜清 谨启

附

广元酒精厂与广元中国银行合同

立合约:雍兴公司广元酒精厂、广元中国银行(以下简称甲方、乙方),并包括法定代理人及承继人。

兹因甲方需用流动资金,以本厂储存苞谷、小麦、水糖、粬酒、酒精及各种原料制成品等向乙方作质透支款项,双方议定合约条件如左:

(一)此项透支以国币一百万元为度。

(二)此项透支后制定在广元支用及归还。

(三)此项透支以一年为期,自民国年　月　日起至民国　年　月　日止。期满后应即由甲方将透支本息如数清偿,惟届期双方继续往来时,得将本透支合约期限延长,并由双方互换公函证明之。

(四)此项透支暂按月息九厘计息,每月底结算一次,由甲方开具支票送交乙方,但乙方于每年年终得视甲方年度决算盈亏情形,酌情将上项透支利息增加之。

(五)此项透支甲方以本厂储存各项原料及制成品开具数量及时价证明文件,由经理会同会计签章后,送向乙方按时值十足价质。如在作质后该项质物市场价低落,只能按市值若干作质;质押品设有败坏以致不敷作质时之价值,无论其原因由于天灾人祸或其他一切事由,均由甲方负责增加质押品或归还现款以补足。设补偿不足,由本合约内保证人负完全补偿责任。

(六)此项透支质物应存放乙方承租之仓库,其租约由乙方与甲方另定之。乙方并得于仓库外悬挂“中国银行仓库”之牌记,以资区别。如乙方认为必要时,并得将该仓库内所存之质押品,自由移存于其他仓库内,其一切搬运费用均由甲方负责。

(七)此项透支之质品,应由甲方用乙方名义,按照实值价格。问经乙方同意之保险公司保足火险,于必要时并应加保兵险及其他各险,统以乙方为赔款受益人,保费归甲方支付,保单交乙方收执。如质押品损失,保险公司赔款时,应即照数拨交乙方,作为偿还乙方透支本息之用,如有敷余仍交还甲方;若有不足,应由甲方以现款补足之。在未保兵险时,乙方受质押品如遭遇轰炸及引起燃烧等损失,均由甲方负责补偿,设补偿不足,应归本约内保证人赔偿现款之。

(八)此项透支之质品,如遇天灾地变及一切非人力所能抗避之事由,致有一部分损坏或全部毁灭时，乙方不负任何责任，同时并应由甲方将质品缺短之一部或全部立即补足或归还现款。设补偿不足，由本约内保证人负责偿清之。

（九）甲方为使乙方管理质物便利起见，应每日将质物变动情形列表报告乙方，以资查考用款外，并由乙方派管库员一人或二人常川驻厂，管理质品。

（十）本合约期满，甲方如不能将透支本息全部清偿，乙方得不征甲方同意，径将质物自由处分，变价抵偿透支本息，如有敷余，交还甲方；若有不足仍应由甲方补偿。设补偿不足，归本合约内保证人负责偿清，甲方及保证人并不得强辩先诉。

（十一）此项透支倘因军事影响，或遇当地金融紧迫，应暂行停止，俟时局平定、金融恢复本态，再行往来，甲方不得提起异议。

（十二）乙方为明了甲方营业情形，得随时派员检查甲方帐目及仓库受质押品，甲方不得拒绝并应翔实说明。关于检查押品搬动上下力及一切使费等，均归甲方负担。

（十三）本合约如甲方有不能履行情事，或仅履行一部分，乙方不能满意时，乙方得于一个月前通知甲方停止质押，清还透支本息，解除本约。如甲方不能照办时，乙方得照本合约内第十条之规定办理，一面通知本约内保证人负责赔偿乙方一切损失责任，甲方及保证人均不得【持】异议。

（十四）本合约内保证人自愿对乙方保证一切责任，并另填具保证书交乙方收执，履行本合约内所处保证地位之义务，非至甲方全部透支本息如数清偿后，其余责任不得消灭。

（十五）本合约缮具正本二份，由甲方各执一份，另副本四份由甲方收执，一份报总公司，其余三份归乙方收执，转报管辖行总行备案。

主合约人

保证人

见证人

（件存陕西省档案馆民国档案 82－1－22－3 卷）

孙镜清为报告广酒厂近期生产情形致束云章函※

（1942 年 9 月 22 日）

云公总经理钧鉴：

敬肃者广酒厂近日情况尚好，谨将各事略陈如次：

一、购包谷、高粱事。现时包谷价值每老斗七十余元,高粱三十余元,暂时较为合适,将来仍须高涨,惟以大批购置,因歉收影响,感觉棘手。现已由众决议赴阳平(属陕西宁强县)、虎跳驿(属四川昭化县)及广元等处设站收买。

二、利处抵押透支事。其合约条款似欠公允,已将原稿呈阅,祈早示遵。

三、近日酒精产量每日可出三百加仑左右,月底第三部锅炉安装妥恰,新添之发酵桶亦可完成二个,则每日可出四百五十加仑。

四、糊化锅业与陇海厂一再商洽妥当,开始铆制,已有数日,二部工料共计三十四万二千元,订为七十天交货,据现时情形观之,六十日内即可竣工。原由西安所购之铁板眼孔过多,且尺寸大小不一致,职拟以之作糖化锅炉,可否示知?

五、厂内所存之糖原料,约可制式万五千加仑酒精,于十一月间,诚恐原料不济,拟设法再购一部分粗糖,务使达到政府所需要之数量为要,可否示知?

六、厂中最近即开始修建糊化间及麦芽间等工程。

专此。即颂绥祺。

职:孙镜清　拜启

(件存陕西省档案馆民国档案82-1-22-4卷)

孙镜清为将拟建小学校及医院等改为职员宿舍与医药室致雍兴公司函※

(1942年10月2日)

函陈本厂拟建小学校及医院等现改为职员宿舍医药室,祈核备并代更正由。

敬启者:顷奉厂字第六十八号尊函附退回第五十一及五十三号购料申请书,嘱小学缓建,医药室应力求樽节,并另估候核等因,附件照收。查本厂原拟建筑小学及医院八间,皆系利用旧有材料,因陋就简而资筑成。既蒙尊处函示小学缓建,自应遵办。惟本厂已开始制造,职员日增,原有宿舍已感不足,拟将该项建筑改为职员宿舍六间、医药室二间。其拟办小学暂借该宿舍两间,以家庭教授方法先行试办,借以补救员工子弟失学之苦[①],亦可减轻厂方负担。所有工程合同及房图估价单等,业于九月七日以总字第四零六号函陈在案,谅荷查阅,用特检同更正原陈五十一及五十三号购料申请书各一纸,敬祈查核,将小学合同等赐予更正并准备

① 雍兴公司批注:"据称就原建小学工程大部改充职员宿舍,仍留一小部分作为教室,姑准照办。希将施工说明及需用材料补报备查,附送申请准予照购。"

案为祷。

此致

总公司

孙镜清　启

（件存陕西省档案馆民国档案 82－1－22－5 卷）

束士方为转寄孙镜清陈报广酒厂生产组织等情况及其复信致沈次量、杨朗川函※

（1942 年 10 月 5 日）

次、朗兄大鉴：

兹将孙镜清兄来函及弟复函抄奉如下："敬肃者，日前我公以公事紧急仓卒离广，计已安抵重庆矣，谨将各事陈报如后：（一）广酒厂现以锅炉时发生毛病及常有警报扰乱，以致每日生产量不能照常，但现正设法改善，而发酵桶亦在添备中，产量当能增加；（二）小学及医药室等开支竭力缩小，遵照电示办法办理，原拟建设之房屋暂充职员宿舍（原有宿舍已不敷用），拨二间为医药室之用；（三）广酒厂购料需款已向西安总收三十万元，又请潘经理向交通司办理交货取款手续，并拟先取一百四十万元；（四）文书课改为事务课事，系以各事集中，责成专人，预算照旧，并非扩大组织及另设冗员，增加开支。我公如为可行，拟即请明文示知，以便遵办而资调整；（五）铁管事由渝方已购妥 1"计百四十余呎，秦方已购妥者 2"计百四十余呎，2"计百一十余呎，其数量与实际需用尚感不足。除四吋铁管已由总公司函渝方代购外，尚祈渝方代购 1"铁管五百呎。请转达潘经理代办为感；（六）前请潘经理代购之各件，务请便中催请早日购妥运广应用；（七）广酒厂以地址而论有存在之必要，惟原料之棘困及受统制之限制，如大刀阔斧前进，以与交通司合作较为合适。职可与颜先生函中商榷，尚祈我公与该司高峰商谈，以期有成为盼。"

当复："九月廿八日函悉，兹分复如下：（一）锅炉应速设法改善，增加酒精生产，于最近期内达到标准产量。（二）文书课改为事务课既，预算照旧不增开支，可照准。（三）1"管五百呎，已运出一四〇呎，余请仰山兄设法续办。（四）广厂与交通司合作一点，请兄先与颜作初步商洽为荷。"即请察洽为荷，专此。即颂大祺。

弟：束士方 谨启

（件存陕西省档案馆民国档案 82－1－22－4 卷）

孙镜清为陈报添建糊化糖化设备间等由致雍兴公司函※

(1942 年 11 月 27 日)

敬启者:顷奉厂字第九十三号尊函为订购条石准予备案,嘱速拟工程计划报核等因,自应准办。查本厂前九、十月间为改装杂粮液体发酵设备,曾添建糖化剂间、成品间及磨碎间等,其房图暨所需工料费等项,均经先后陈报尊处在案。兹查糖化剂间与成品间业已建筑完竣,而磨碎间房屋不日亦将全部落成。至于今后尚须计划建筑之糊化糖化间,本厂为选择适当地点并节省工料起见,几经考虑,决定利用旧有糖池设计,改建为糊化糖化间,以资樽节。又以前建之糖化剂间尚不敷用,仍拟添建三间,关于该项建筑之图样及估价单等,正在估计中,容后另函陈报,奉函前因,相应函陈。敬祈【核备。此致】

总公司

孙镜清　启

(件存陕西省档案馆民国档案 82 - 1 - 22 - 4 卷)

孙镜清为广元酒厂工作进展及购粮等情形致沈次量、杨朗川函※

(1942 年 12 月 10 日)

次、朗二公钧鉴:

十一月廿七日来示奉悉,谨将广酒厂最近情形状况复陈如后:

(一)工作情况。厂中所存粗糖,预计本月二十日以前即可用尽,利用此空闲时间,装备糊化、糖化、磨碎等设置。关于此项设备,大部分完备,惟机件方面系由渝及西安各处采购,屡次函电催促,未有答复者有,在购买中者有,在运输中者有。蔡机厂所订之机器零件应于九月底交货,迄今尚未运到,他若动力之不足,职于七八月间即商请渝潘经理代购卡车引擎及蒸汽机等,至今尚无确实消息。是以何时正式可用杂粮发酵,职实不敢估计也。

(二)购粮情形。广厂购粮事:(1)与汪良臣等订购二百石,以粮价高涨无法维持原合约,只以前五十石按原价算,其余数量以市价结束;(2)与谢超仑等订千石,定约时即言明交四百石后即另议价格,惟粮价之高涨已述于前。复奉电指示以式百石按原价付款,后即解约。惟谢君等所预支款能交百余石粮食,现已交二百三十余石,日内可望交齐。职拟即遵指示办法结束,二百石按原价照算,其后以市价结束;(3)厂中营业课谢课长前后共买到二百余石,总计全厂存粮尚不及千石,而糊化糖化新设备完成后,即月需杂粮千石。将来原料诚为一大问题也。

(三)交通司提议取酒精问题。厂中以存酒精二万六千余加仑,屡次与交通司方面交涉提货,于昨日始派员来厂,但只允先收一万加仑。此种成品存放厂中,危险极大,保险费等消耗亦巨,且厂中新的添设及购粮等在在需款,故周转不灵。职拟日内与彼商榷扫数交出,既免危险又可得款,如何容后陈。

(四)西安交通分处存宝红糖约五百吨,职曾与冯处长帜中商洽,终以运输遥远致未能成交。查此批存糖倘能拨交广厂代制,既不使工作中辍,又可得充分时间准备原料与设备。尚祈我公饬属再为交涉为荷。以职管见,此事非尽人力不能成功也。谨此。敬请

钧安。

职:孙镜清　拜启

(件存陕西省档案馆民国档案 82－1－22－5 卷)

孙镜清为陈报广元酒厂厂医、教员薪津致雍兴公司函※

(1943 年 6 月 21 日)

敬启者:顷奉六月五日厂字第三十一号尊函,附寄各厂矿附设职工福利事业、职员薪津等级表,嘱分别酌定,自本年四月一日起照支并陈报等因。自应遵办。

兹暂定本厂厂医高洪恩月支薪俸贰佰捌拾元、津贴壹仟贰佰元,教员马蕴华、周凤雯月支薪俸陆拾元、津贴壹千元,除饬会计课自四月份照数补发外,用特函陈,敬祈查核备案为企。

此致

总公司

雍兴公司广元酒精厂孙镜清　启

(件存陕西省档案馆民国档案 82－1－34－2 卷)

袁雪厓为广元酒厂透押问题致束云章函※

(1943年11月17日)

云公钧鉴:

此次雪厓因公赴广元,镜清先备述广酒厂对利处应对困难各情形,兹胪陈如左。

一、代为收发之电报时常迟缓及错误。雪厓按广厂需款孔急,总公司系十月廿七日电汇五十万,卅日始收到利处,通知计压缓两天。又雪厓由广返秦时致次、朗两公及道伸兄各一电,系九日交拍,直至十三日始发出,比及雪厓抵秦,电报犹未收到,十三日晚雍台才收到。谨将原收电纸两张附陈,祈核阅。

二、关于押透问题,双方早已签订合约不能生效,非经该处最高管辖机关批准后不能用款,因厂方头寸奇紧,再三商请,只准暂用四十万元为度,月息高至一分八厘,每月复利一次。用款须搭给百分之廿节约储蓄券,一再商减,始允为百分之七点五。现在用款尚未至四十万元,昨按该处唐会计云,该韩主任有条示停止本厂用款,尚未接洽,不知是何原因。

查原订透支额为二百万元,准先用四十万元,现仅用卅二万元,中途即经韩保和条令停止,其原因认为未购储券。此次厓与镜清兄往面洽,仍承购储券了事。

三、保险收费只肯予以九折。

现雍行对附业五折,对外客七折。

四、抵押品必须在广中保公司投保,在雍中保公司所出之保单不予承认。

西安保单及广酒厂去缄一概退回,韩保和不予承认。

五、总公司汇来之款项,时常压至二、三日始行通知。

六、关于其他问题甚多,总之对彼之手续吹毛求疵,彼对人之手续亦苛刻殊甚。

七、栈库要交锁匙,几经交涉方允通融。

以上系广酒厂所签闻,利处,对广酒运输处及豫丰仓库,亦莫不如此,颇欠通力同体精神,以耳目所及辄以上闻,伏乞垂察。肃颂钧安。

袁雪厓　谨启

十一月十七日

(件存陕西省档案馆民国档案82-1-34-4卷)

第九章 合资企业

(一)益门镇酒精厂

1. 企业章则

雍兴公司益门镇酒精厂组织规程

第一条 本厂依据《雍兴实业股份有限公司组织法》之规定组织之。

第二条 本厂设经理一人,承总经理之命处理全厂一切事务。

第三条 本厂依据业务之需要,设工务、会计、营业及事务四课,每课设课长一人,承经理之命处理本课一切事宜。

第四条 各课视业务之繁简设工务员、事务员、助理员、练习生各若干人,承课长之命办理本课事务。

第五条 各课职掌事项如下:

一、工务课

1. 关于工程技术上之设计研究及改良事项;

2. 关于制造部分之监督指导及技术训练事项;

3. 关于机器之保管及修理事项;

4. 关于原料及成品化验事项;

5. 关于技术人员之工作分配事项;

6. 关于工厂之管理、考勤及奖惩事项;

7. 关于各种工作报表之编造事项;

8. 关于绘制工务方面之图表事项。

二、会计课

1. 关于账目登记及预算、决算、统计表册报告之编制事项；

2. 关于账目单据之审查事项；

3. 关于合计成本事项；

4. 关于现金出纳、登记、保管事项；

5. 关于票据保管事项；

6. 关于发放薪俸工资事项；

7. 关于会计制度之设计事项；

8. 关于其他出纳事项。

三、营业课

1. 关于调查各地原料、物料、材料之市价事项；

2. 关于采购原料、物料、材料事项；

3. 关于编制购进原料、物料、材料之报告表册事项；

4. 关于原料、物料、材料之运输及运输工具之分配、发送事项；

5. 关于考察委托之代购及运输商栈事项；

6. 关于管理押运员役事项；

7. 关于运输用费、收发事项；

8. 关于销售成品事项；

9. 关于利用或推销副产品事项；

10. 关于其他采购及营业事项；

11. 关于保险事项。

四、事务课

1. 关于文书之收发、撰拟及保管事项；

2. 关于职员进退、奖惩、请假之登记事项；

3. 关于厂务会议提案记录之编制事项；

4. 关于戳记之启用、文契合同暨职工名册并保证书之保管事项；

5. 关于房产、地产修葺、纳税事项；

6. 关于文具、印刷品之购置、收发及保管事项；

7. 关于家具用品之购置、保管及登记事项；

8. 关于交际招待及接洽事项；

9. 关于厂工、卫警之管理及训练事项；

10. 关于职工宿舍、饭厅之清洁卫生事项;

11. 关于材料之点验、收发事项;

12. 关于材料之储存保管事项。

第六条 本厂经理由雍兴公司聘任,会计由天水中国银行派驻充任,其他各课课长、事务员、工务员由经理聘任,呈报总公司备案。

第七条 本厂各课办事细则另定之。

第八条 本规程呈奉总公司核准备案后施行。

(件存陕西省档案局民国档案 82 - 1 - 1326 - 1 卷)

雍兴公司益门镇酒精厂营业课办事细则

第一条 本课办事细则依照本厂《组织规程》第七条之规定拟定之。

第二条 本课设课长一人,秉承经理之命处理本课事务;事务员、助理员各若干人,承课长之命办理课内一切事宜。

第三条 本课处理事务除遵照总公司规定及本厂所定各项规则办理外,所有一切办理程序悉依本细则办理之。

第四条 本课职员因故请假时,应自行委托同人代理,其职务上之责任仍由其本人负之。

第五条 本课主管各种文件、账册、报表,非经经管人员报经课长许可,不得任人翻阅或携往他处。

第六条 各负责采购人员应在采购区域每五日填具三联原料价格调查表,一联填报人存查,一联报厂转至总公司备查,一联送营业课备查。

第七条 采购原料、物料、材料须依据经理签章之请购单办理之,但因特殊情形未经声请先行购入者,应由需用之各课补填请购单呈由经理追认。

第八条 采购人员报告接洽购料事项一律用正式公函,并须编号以备查考。

第九条 采购之原料、物料、材料应随时起运缴厂,不得迟延。

第十条 采购人员须备现金日记账、料品分类账、应用物品账三种。凡现金之收付进入现金日记账,原料、物料、材料之购进及运出须计入料品分类账,运输工具及其他应用物品之存发须计入物品账。

第十一条 采购人员购进原料、物料、材料时须填写三联处庄购运日报,一联留处庄存查,二联报厂分交会计、营业两课记账。

第十二条　采购人员付出料款或运费等事项须填写两联处庄报销抄单，一联存查，一联连同发票或收据送会计课记账。

第十三条　采购人员运送原料、物料、材料至厂时，须填写四联运送料品清单，一联存查，一联交库房过秤验收由库房出具收料单，一联缴课备查，一联送会计课记账。

第十四条　收到运送料品清单及收料单，须对照核算填写两联缺溢单，呈由经理核示后，一联留课存查，一联送会计课记账。

第十五条 运厂之原料、物料、材料如亏损过巨，应由采购人员负责向转运公司

或原售主交涉赔偿，不得藉词推诿。

第十六条　由火车运到宝鸡车站或在本厂附近地区购进之原料、物料、材料，应由采购人员报由课长指派押运员役及大车队负责运厂。

第十七条　运输一切原料、物料、材料及运输工具均由押运员役负责看管，中途如有损失应由押运员役负责赔偿，但遇有特殊情形须将原因陈报，经调查属实者不在此限。

第十八条　运输用费得向会计课预支付清后，连同收据送交会计课冲销。

第十九条　采购及运输人员对于委托代购及代运之行栈，应报课查核并考察其信用。

第二十条　为谋营业上之发展，本课得视环境时势需要，拟具广告呈由经理核准登报或张贴以广宣传。

第二十一条　本厂成品及副产品应由课长或其指派之人员赴需要机关处所接洽推销，如系订购期货应与购主订立合同，并须向购主取得购货订款，至少不得少于三分之一。

第二十二条　购主订购成品如未订立合同，须填写四联订货单，一联存课备查，一联交购主收执，其余两联分送工务、会计两课记账。

第二十三条　售出副产品（酒糟）须填写两联数量单，一联送酿酒室，一联存课备查。收到现款时并应填写两联收款凭单，一联存课备查，一联送会计课记账。

第二十四条　购主提货时（如系订购期货须将原定单交回）由课填写三联提货申请书，一联存课备查，一联交购主持向库房取货，一联送交库房。同时填写三联发票，一联存课备查，一联交购主收执，一联送会计课记账。填写三联请领运照书，一联存课备查，其余二联送请驻厂员填发运照并按照税率逐桶粘贴火酒印花，

其张数及金额应记入税票登记簿。

第二十五条　购主清付货款时，经收人员须将款项立即送交会计课，由会计课出具收据交购主清账。

第二十六条　本厂厂房机器原料、物料、材料保险应由各主管课估计开单，呈经经理核阅后随时接洽办理。

第二十七条　本细则如有未尽事宜，得随时陈请总公司修正之。

第二十八条　本细则自陈奉总公司核准之日施行。

（件存陕西省档案局民国档案 82－1－1326－1 卷）

雍兴公司益门镇酒精厂会计课办事细则

第一条　本课办事细则依照本厂《组织规程》第七条之规定拟定之。

第二条　本课设课长一人，秉承经理之命遵照总公司颁行之《会计规程》处理本课事务。事务员、助理员若干人，承课长之命办理课内一切事宜。

第三条　本课依照本厂《组织规程》及总公司颁行之《会计规程》，分设出纳、司账办理本课事宜。

第四条　关于出纳人员之职责如左：

一、关于现金出纳、保管、登记事项。

二、关于收款收据、收款图章、银行存折、支票及其他一切有关款项单据之保管事项。

三、关于银行存款及现存库存及其他出纳上各种表格之编制事项。

第五条　关于司账人员之职责如左：

1. 关于各种账簿、表册之登记及保管事项；

2. 关于办理预算、决算事项；

3. 关于各种账册、报告及其他表册之编造事项；

4. 关于传票、单据之审核、编订、保管事项；

5. 关于指导登记材料账事宜；

6. 关于各项传票、账册、表格之审核事项；

7. 关于本课文书之撰拟事项；

8. 关于其他审核及统计事项。

第六条　本课制成会计上一切书册、表单、票据后，均须经合法手续由课长及其他负责人员审核签印,否则不生效力。

第七条　本课对外往来文件由课长阅签后方生效力。

第八条　本课每日应行登记之账册、表格,须依照规定时间处理完毕,准于必要时得延长之。

第九条　本课各种传票、账簿、表单、书册应由各经管人负责保管,非经课长允许不得任人翻阅或随意携往他处。

第十条　本课职员因事请假除自行委托同僚代理职务外,其职务上之责任仍由原职员负之。

第十一条　本课处理事务除遵照总公司颁行之《会计规程》及厂定各项规则外,所有出纳、司账人员办事程序分别规定如后。

第十二条　出纳人员办事程序:

1. 一切收付款项应凭正式填制盖章之传票收付之,如支出传票或附件有手续不完备者不得付款。

2. 收款时除照规定出具收据外,对于所收入之银钞、票据应认真检点,如收纳赝制货币或不通用之银币应由经手人负责赔偿。

3. 付款时应向收款人取具收据,如付款在一百元以上者,须以银行支票付之,但提存备付薪工等款不在此例。

4. 每日所收款项须于每日营业时间完毕后,解存所在地之中国银行。

5. 收付各款应随时登入现金收支登记簿,然后将传票及附件交司账人员登账,并每日结算一次,造具库存日报表二份,一份留课备查,一份送总公司。

6. 发付职工薪工时,概以本厂所发证章及各员正式盖章之收据为凭(职员签印应与存厂印鉴相符,工役签章须与工资表上所开列之姓名相同)。

7. 收付款项完毕时,应与各传票上盖用私章及收讫、付讫戳记。

8. 收付传票之编号应随时稽查,如发现有重编或不连贯之处应即向司账人员核对更正。

第十三条　司账人员办事程序:

1. 各项费用账之传票均须凭各课所制送之通知付款单填制。

2. 审查各项传票、书表、单据,如发现不符手续及错误或认为有修改必要时,得退还原处更正或签注意见送请课长核办。

3. 收支及转账传票经审核无讹后,即编列总号(每日改编一次)及分号(即收支转账各编号次每月改编一次)送呈课长及经理盖章以凭支付。

4. 每日应将已经审核、编号、盖章手续完竣之收付转账三类传票汇集，依照科目分别登日记账及课目账，然后结出每日每一科目之收付总数过入总账。

第十四条　本细则如有未尽事宜，得随时陈请总公司修正之。

第十五条　本细则自陈奉总公司核准之日备案后施行。

（件存陕西省档案局民国档案 82－1－1326－1 卷）

雍兴公司益门镇酒精厂工务课办事细则

第一条　本课办事细则依照本厂《组织规程》第七条之规定拟定之。

第二条　本课设课长一人，技士、工务员、助理员、练习生各若干人。

第三条　课长秉承经理之命督率本课职员办理本厂制造技术及工务事宜。依照本厂《组织规程》第五条之规定，其职责如左：

1. 关于工程技术上设计、研究及改良事项；

2. 关于制造部分之监督、指导及训练事项；

3. 关于机器之安装、保管及修理事项；

4. 关于原料成品之化验事项；

5. 关于技术人员之工作分配事项；

6. 关于厂工之管理、考勤及奖惩事项；

7. 关于工务表报之编造事项；

8. 关于绘制工务方面之图表事项。

第四条　本课日常工作暂分昼夜两班，轮流管理，兹规定如左：

一、凡值班人员须将各部工人工作情形、机器运转状况随时载入工作日志，送交课长转呈经理核阅，遇有特殊情形，须立即报告课长或技士办理之。

二、每至换班时间，值班人员须俟接班人员到场，将工作情形及机器运转情形详加述明后方得离去。

三、轮流值班员工暂定每十日倒班一次（即日班倒为夜班，夜班倒为日班），每值倒班得停止工作十二小时，但遇有特殊情形，如整理机器、洗刷锅炉等得随时酌定之。

第五条　各部工作人员须将耗用原料、燃料数量及产品数量等项，逐日填制工作日报送交课长转呈经理核阅。

第六条　各工作部分所需原料、材料、物料及办公用品等，须先开具领单送交课长核签后方得向仓库领取。

第七条　非经常应用之材料、物料须先由需用部分开具请购单，送交课长转呈经理核准盖章后，方得送交营业课照单采购。

第八条　遇有扩充工程或重要整理工作，其所需之材料、物料须先填造购料申请书，经课长、经理核签寄奉总公司核准后再行采购。

第九条　本课所制半制品及成品须先由负责技士检验其品质及数量，然后填具成品交库单，经课长盖章后缴库保管。

第十条　各工作部分每届月终须填造原料、半制品及成品收付表，送请课长经理盖章后送会计课转账。

第十一条　各工作部分每届月终须填造本月材料、物料消耗月报，送请课长经理核阅后送会计课转账。

第十二条　每日所出之副产品，须经各该工作部分负责人员将品质、数量登入账后由营业课发售。

第十三条　各工作部分领用之工具、仪器、药品及特种材料，须将规格、数量、品质造具清册以便清查。

第十四条　各课有委托制造或修配零星什物须先填写修造单，由各该课长盖章后方得照做。

第十五条　为提高工作效率增加产品计，得设奖励办法，其办法另定之。

第十六条　遇有必要时得随时指派工人加工工作，由管理人员随时填写加工通知单送交考工人员计算工资。

第十七条　工人勤惰及工作效率之高低，各部负责人员须详加考核，登入记录簿，分别予以奖惩。

第十八条　工人工作不力或违犯厂规时，管理人员应斟酌情形分别予以处分，并通知考工人员。

第十九条　本细则如有未尽事宜，得随时陈请总公司修正之。

第二十条　本细则自陈奉总公司核准之日施行。

（件存陕西省档案局民国档案 82－1－1326－3 卷）

雍兴公司益门镇酒精厂物料采购暂行办法

一、本办法所称物料包括原料、燃料、建筑材料、运输工具、机器、仪器及工具等项，统由营业课负责采购。

二、采购物料应先由需用部分填写请购单三份，送请经理核准后一份送会计课，一份送营业课，一份存查。

三、营业课接得请购书应即通知采购员采购。

四、采购员于接得采购某种物料之通知着手采购时，应将采购之情形随时报告。其所采购之物料可以立时运厂者，应随时向商号索取发票，连同货物送交管库员验收；其不能立时起运者，应先向商店索取订单，以凭向会计课领取货款，俟起运时再索取正式发票。

五、采购员需用款项时，应报请课长转请经理核批，向会计课领用，营业课并应登记备查。

六、管库人员收到物料后，应将实收数额填写收料单，连同发票交还采购人。

七、原购数额与管库员实收数额如有不符，采购员应填写缺溢单，连同发票收料单等向会计课销账，缺溢单须经经理认可始称有效。

八、采购员应将经手收支款项及所购物料随时记入现金日记账、总账、购料分户账等，以便稽核。

九、采购员应按照规定时间填写现金旬报表、采购日报表、购料清单送厂备查。

十、会计课负责检查发票及订单之责任，非经核验无讹不得付款。

十一、会计课收到订单，付出价款时应先登“预付购料款”科目，俟收到正式发票再行分别冲转。

十二、会计课每日下午办妥传票手续后，应即汇交经理核阅盖章。

十三、会计课记账手续均应遵照总公司《会计规程》办理。

十四、物料价值超过三百元时，须按总公司规定办理申请报告手续。

十五、本办法经经理核准之日施行。

（件存陕西省档案局民国档案 82 - 1 - 16 - 3 卷）

2. 会议记录

筹设雍兴公司益门镇酒精厂第一次谈话会记录

（1941年5月29日）

时间 三十年五月廿九日下午三时廿分

地点 西安中国银行

出席 李紫东 杨挚奇 李亦人 李德良

主席 李紫东

记录 李德良

主席谈话

一、资金方面

甲、资金定为四十五万元，雍兴公司出资三十万元，益门镇酒精厂原创办人杨挚奇兄等出资十五万元，合资营业定名为“雍兴公司益门镇酒精厂”。

乙、按杨挚奇兄所送旧益门镇酒精厂资产负债表，计资产及负债各为三十四万九千四百零九百二角五分（详细科目另见附表）。所有上项资金负债统归本公司益门镇酒精厂继续承担，负债栏内除第二项所载“杨挚奇来款”科目一栏国币十六万零五百零六元，用□债十五万元作为旧益门镇酒精厂入股股款外，实际负债为十八万八千九百零二元六角五分。此项负债即由雍兴公司加入股款三十万元内如数还去，尚存现金十一万一千余元作为本厂流动资金。

丙、将来如有盈亏按照资金比例摊算。

二、管理方面

由益门镇酒精厂委托雍兴公司全权管理，但须声明将来如有盈亏以益门镇酒精厂本身结账为标准，与雍兴公司整个盈亏无关，以示区别。

三、转移手续

现由杨经理将益门镇酒精厂资负表及生财用具清册交来，除将正本转送总公司存查外，另抄副本一份存雍驻秦处备查。由杨经理代表益门镇酒精厂缮具委托雍兴办理之委托书交与雍兴公司。

四、进行步骤

关于厂务进行办法，俟转移手续办妥后，陈请束总经理核示办理。

下午四时散会。

（件存陕西省档案局民国档案 82－1－151－2 卷）

3. 来往函件

束士方为同意与益门镇酒精厂合作致杨毓桢函※

（1941 年 6 月 7 日）

径启者：接奉三十年六月七日大函内开："立委托书人益门镇酒精厂原创办人杨毓桢，兹愿将益门镇酒精厂与贵公司合资营业，并委托贵公司全权管理，以一事权。合作条件胪列如下，如荷赞同，即祈洽查示复为荷：（一）本厂定名为雍兴实业股份有限公司益门镇酒精厂。（二）资金定为四十五万元，由雍兴公司出资三十万元，旧益门镇酒精厂出资十五万元，合如上数。（三）旧益门镇酒精厂所有资产及负债各为三十四万九千四百零九元二角五分，详细科目另附资产负债表于后。上项资产负债悉归雍兴实业股份有限公司益门镇酒精厂（以下简称本厂）继续承担，查负债栏内除第二项所载'杨挚奇[1]来款'科目一栏记国币十六万零五百零六元六角已折价十五万元作为旧益门镇酒精厂入股股款外，实际负债为十八万八千九百零二元六角五分，此项负债即由贵公司加入本厂资金三十万元内如数还清，尚存现金十一万一千余元作为本厂流动资金。（四）将来如有盈亏，按照入股资金比例摊算（所谓盈亏系以本厂本身结账为标准，与贵公司整个盈亏无关）。（五）本厂一切厂务、行政委托贵公司全权管理，但每至年度结账时造送决算表一份，以资接洽"等由，查台端拟将益门镇酒精厂与敝公司合作并委托敝公司全权管理一节可以照办，其合作条件即照尊拟办理，相应函复，即祈洽照为荷。

此致

杨毓桢君

雍兴实业股份有限公司总经理束士方

民国三十年六月七日

（件存陕西省档案局民国档案 82－1－16－2 卷）

---

① 杨挚奇，字毓桢。

雍兴公司为增加益门镇酒精厂资本致杨毓桢函※

（1941年7月23日）

径启者：兹据益门镇酒精厂吕经理凤章称："该厂原有资金四十五万元（尊处十五万元，敝公司三十万元，合为上数）不敷分配，拟请增为六十万元，以资周转"等情，兹拟将该厂资本增加十五万元，连原有资本四十五万元，共为六十万元，以应需要。此次该厂增加资金，以后所有合作条件，除原订办法第二项应该为"资金定为六十万元，由雍兴公司出资四十五万元，益门镇酒精厂出资十五万元，合为上数"以符实际外，其余悉照原订合作条件办理，藉省手续。以上各节如荷赞同，请即查洽见复，以便照办为荷。

此致

杨毓桢先生

雍兴事业股份有限公司总公司　启

（件存陕西省档案局民国档案82－1－16－2卷）

雍兴公司驻秦办事处为增加益门镇酒精厂资本致公司函※

总字第一〇七号

（1941年7月28日）

敬启者：顷准杨经理毓桢本年七月二十日函以请雍兴公司增加益门镇酒精厂资本金十五万元，并请与中行订立透支十五万元等由，查所请尚有需要，除函复照办外，相应函请察照备查。

此致

总公司

雍兴实业股份有限公司驻秦办事处　启

三十年七月廿十八日

（件存陕西省档案局民国档案82－1－16－2卷）

杨毓桢为益门酒精厂增加资金复雍兴公司函※

（1941 年 8 月 4 日）

兹准七月二十三日大函内开："径启者，兹据益门镇酒精厂吕经理凤章称：'该厂原有资金四十五万元（尊处十五万，敝公司三十万，合如上数）不敷分配，拟请增为六十万元以资周转'等情，兹拟将该厂资本增加十五万元，连同原有资本四十五万元，共为六十万元，以应需要。此次该厂增加资金，以后所有合作条件，除原订办法第二项应改为'资金定为六十万元，由雍兴公司出资四十五万元，旧益门镇酒精厂出资十五万元，合如上数'以符实际外，其余悉照原订合作条件办理，藉省手续。以上各节如荷赞同，请即察洽见复，以便照办为荷"等由，准此，查来函所称各节，本人颇为同意，相应函复，即希查照办理为荷。

此致

雍兴实业股份有限公司总公司

杨毓桢　启

（件存陕西省档案局民国档案 82－1－16－2 卷）

雍兴公司驻秦办事处为请增加信透及押透数额致该公司函※

总字第二七七号

（1941 年 11 月 14 日）

敬启者：顷据益门镇酒精厂本年十一月七日益会字第三〇四号函称："兹谨将本厂应行请示各项分别函报如后：（一）本厂资金原定肆拾伍万元，后因相差过远，曾面请束总经理扩充资本，蒙增拨拾伍万元，另信用投资壹拾伍万元。截至现在，设备各项已完成十分之九，再将资金一项计算需达壹佰叁拾万元，拟请再给予信用透支拾伍万元，以敷应用。（二）本厂抵押投资，束总经理曾面允以六百加仑设备完竣，最高限额为壹佰贰拾万元用作储存三个月之粮。按造酒原料应于废历年底购进全年用量之八成，故壹佰贰拾万元之数仅足三分之一。又总经理面谕酒精销售不畅，时暂不出六百加仑，故本厂仅预计每日出产四百五十加仑，亦应请放款最高额提至贰佰柒拾万元。（三）本厂现已作抵押品之整理数量大致相符以后，押品透支皆应用作购买原料当无其他问题。以上所陈各项，均系实在情形，是否有当，应请尊处察核转请总公司鉴核示遵"等情，并附资金支付概述表二份前来，除将原表抽存一份外，查该厂所请再予信透伍拾伍万元及增加押透额至贰佰柒拾万元，可否照准之处，相应函请察照，核示祇遵。

谨上

总公司

雍兴实业股份有限公司驻秦办事处　启

三十年十一月十四日

（件存陕西省档案局民国档案 82－1－16－3 卷）

（二）中南兴记火柴厂

1. 企业概况

中南兴记火柴厂工作报告与今后计划

（1941 年 8 月）

一、筹备时期之经过

本厂与前中南公司签订接让合约后，经前经理刘海楼先生于六月初由蓉抵陕，开始办理接交并即着手筹备，为期两月，时间短促，人力未充，一切厂务之推进尚未能认为经济合理。兹谨将本厂筹备经过简陈如后：

（甲）召回熟练技工

查前中南自二十八年因受战事影响，停工两年之久，一般旧有熟练技工因知一时复工无期，为生计所迫，其为客籍者多徙居四方，其赋居本籍者亦多另改他业。以目前后方劳力之缺乏，一时召回不易。本厂接收后第一步工作，即为召回此般技工，以图积极复业，随即四处招贴登报，除召回旧工外，并另召添新工。截至六月中旬，来厂报到工人已达六十余名。

（乙）办理接收手续

本厂接收手续系于六月底正式办理完毕，共分五种：机器、存料、房屋、工具、家具等。关于机器计分两部分，一为厂内制造火柴机器，一为山厂切制梗片机共二十七件，存料为氯酸钾等十二种，房屋九十间，工具一千一百一十四件，家具等项均已分别接收清楚，并呈报董事会备案。

（丙）整理旧有厂房

本厂厂址设于西安之中山门外北郭门内，位于城东，为赴临潼公路要道，面积约十一亩，原有厂房率皆因陋就简破旧不堪，房屋狭小，一遇雨季坍塌堪虞。本厂接收后以原有房屋不敷应用，如办公室、职员宿舍、工友宿舍等均告缺乏，为事实需要，爰即修缮，厂房破坏窳败者加以整理，应行补充者分别加以增筑。工程由合众营造厂承包，共需工料五万余元。现场内各房均已次第修补建筑完成。

（丁）呈报官厅登记备案

此次中南增用"兴记"扩充资本、改编组织等，应向有关官厅登记备案，手续均已分别办理完竣。

（戊）华州山厂之筹迁

查华州山上梗片厂因地方治安不靖，复因年久无人经管，山林砍伐已尽，而附近又无适当山林可资应用。为将来梗片充实起见，势不得不另迁山厂以资接济。经过多方探询，觅得陇县黄家大厂于山林一处，可供制造梗片二年之需。该处山林系由赵连城转典，一次租价为七千元，已于七月中签订合同，并将租山手续分别办妥，一面进行建筑山厂房屋，同时派员赴华县山厂拆卸机器，以备运往新租山厂安置。惟该项梗片机器因在华州山厂搁置不用已有二年有余，因乏专人保管，经过详细检查发现零件短缺损坏甚多，须大加修理方可使用。现已将机器运往宝鸡十里铺，借维勤纺织用品制造厂地址加以整理修配。原拟在蔡家坡西北机器厂修配后装置，因运输不易，器物过于笨重，不得不变通办法，就近在宝鸡洪顺机器厂修配。月内当可竣工，运赴新租山厂装置，预计梗片源源接济可供充实生产，当在十月中矣。

（己）建筑宝鸡仓库

本厂迭接陕西省建设厅通知，以敌机随时肆扰，关于各工厂为避免损失，限期设法自行疏散以期安全。本厂各项火柴原料，大部属于危险品，兼以原料来自远方，运输匪易，价值既巨，又因本市保险费太重欲不保险，万一失事，影响本厂前途至大。事先应如何筹计存储，方保无虞，在未奉到疏散通知前，即曾筹划于宝鸡建筑仓库一所。经与益门镇酒精厂商定合同，将其场内空地让租一亩，建筑窑洞三处作为宝鸡仓库，由川购来之大批原料均运存该处厂房，需要原料时可以源源提取。西安仓库仅存备短时间制造火柴之用，供应既不缺乏，又可减少无谓损失，至厂内仓库现有四所，二系旧有，二系新建，存储方法系采隔离办法，属于危险品者另行堆置，所制成之火柴亦仿此法，以策安全。

二、开工以来之情形

本厂经两个月之筹备于七月八日开始复工，虽已粗具规模，但期达合理生产

之途径距离尚远,未敢认为满足也。今将复工以来之实际状况报告如左:

(甲)产量

本厂初期复工在三个月之下,以日产三十七箱为标准。其不能增产之原因分列如左:

A. 夹力板之不够——查日产火柴一百箱,需要夹力板六万根之多。本厂旧存夹力板大部分均因年久损坏不能应用,如果勉强使用消耗原料太大,实不经济。经详细选择,勉可使用者只能供给日产七箱之需。

B. 梗片存量之不足——本厂接收旧存梗片只有六百余箱,而山厂之迁徙运输、建筑房屋、修理机械至速需时三个月,约至十月初方能开始制造,故目前以日产七箱维持工作,使不间断。

查七月份厂房因连受大雨影响坍塌一部分,修理期间停工十日,故实际开工只有十二天,共计制造火柴八十余箱,至八、九两月份,以日产七箱计,每月当可制造二百余箱。

(乙)品质

按本厂制造火柴原料,其主要料品如硫化燐、氯酸钾必须仰仗舶来品外,其他附属原料原用洋货者,则均改用土产代替品,因品质稍差,故在此雨季潮湿制成之品,虽不能尽美尽善,但亦差堪告慰(关于附属原料代替情形请参阅附表)。

火柴附属原料代替品一览表

原料品名	代替料名	代替品产地	效能	备考
亚铅华	铅粉	四川	氯化钾与亚铅华有同一效能,惟亚铅华之防潮佳	
巴拉芬油	漆籽油	四川陕南等地	漆油启火点较高,不易引燃且□□不易硬化□□粘泥状态	拟设法自备加工精制
洋胶	土胶	四川	粘性较洋胶□□吸潮量亦大于洋胶,不适用于夏季	拟设法自制以减成本
胡粉	土产	四川陕南等地	品质稍差	同上
洋松香	土产	四川	同上	
白玉粉	土产	四川陕南等地	同上	拟设法自制以减成本

(丙)成本

本厂现因产量较大而管理费不能随产量之低而减缩,至于直接工资,以目前之产量实际只须三十余人即可够用,但以前公司所用之熟练工人早于二年前遣散,均已改业,无法全部召回。在最近本厂所招工人六十余名之中,其熟练者不及半数,一面开工一面训练,以备同时增产之需,故目前直接工资负担因之加大。按最近日产七箱之成本估计,则管理费与直接工资两项需费百十余元,再加原料消耗一百七十元,故实际成本每箱当在二百八十元以上。设一旦扩增至日产六十箱,其所用之工人按现有工人数,再加二十余人已可敷用,则管理费与直接工资每箱只需十元以上,再加直接原料费一百七十元,每箱成本只在一百八十元左右,以现今之市价每箱二百五十元论,日产七箱□□每箱亏本三十元以上,若日产六十箱则每箱可获利六十元上下,故积极促进产量乃本厂当前之惟一急务也。(以上估计系根据最近物价指数为标准)

(丁)包装

接盘前公司旧有商标可供包装二千余箱,其印色配合殊不美观,但以目前后方物资困难,为节省物力计只可继续使用完毕,以资撙节。至新商标纸仍沿用原来刊板改配颜色业已印就绪,旧有商标纸用完后,补充备用。其另行设计之新商标正在进行中,须俟经济部注册核准后方可使用。

(戊)销售

本厂一因最近产量有限,二因当此雨季火柴易于受潮,故各地贩运客商在此时期极少交易,拟于九月间开始批售,以供社会之需要。至于陕甘宁青实际之消费量与生产量之比较,不敷至巨,抗战以来多半仰给外货之输入,故本厂只期原料之能源源接济,对于产销问题可无顾虑也。

三、预计标准产量

查本厂因夹力板必须补充,山厂机器必须修理,故于复工之始未能维持标准之产量。关于夹力板之制造必用动力,经与西京电厂数度交涉,已允接电,八月内接线完成,九月初开始制造,预定日产一千根,须两个月可以补充完毕。关于盒片机之修理,须于九月内方可竣工,于十月初开始制造,逐步增产,源源接济。兹依据夹力板与盒片之生产量补充速度,预定生产标准如后:

第一期——本年十月内日产三十箱,因夹力板与盒片储备未充,故未能利用本厂全部设备尽量制造。

第二期——本年十一月内日产六十箱,其时夹力板之补充已可全部完成,山厂盒片虽未能尽量供给,但已适应日产六十箱之需要,当属可能也。

第三期——本年十二月内日产一百箱,其时山场盒片昼夜制造,可以日产一百余箱，当无问题。以本厂现有之设备，工作时间十四小时可以日产一百箱。

第四期——明年二月始应行补充者均已具备，以本厂之机械及工具之设备充分利用，分两班昼夜工作，可以日产一百三十箱，须视原料之能否充分接济为转移也。

因本厂之机器设备过于老旧，以上之生产能力须按七折估计之。

四、原料之补给与自给办法

查火柴之原料在抗战之前系全部仰给舶来，战后以交通之困难，外汇之高昂，国人业此者因环境之所迫，研求代替药品已有相当成功。最近除燐与氯酸钾尚未能自给外，其余附属原料在西南方面均已设厂专门制造，可以自给矣。今将本厂之原料补给及自给办法分列如后。

（甲）原料接济之筹备

本厂现有之硫化燐四千磅，氯酸钾一万四千磅，按过去配料之标准只可供给制造火柴八千箱之需；以现时物资之困难节省配用，可供制造九千箱之用。以本厂之生产，预计本年七、八、九月制造六百箱，十月制造八百箱，十一月制造一千七百箱，十二月制造两千八百箱，明年一月可制造两千八百箱，于明年一月即可将存料使用完毕。最近本厂呈请董事会向国外订购之硫化燐六千磅、氯酸钾二万磅，尚在洽购之中，以目前运输之困难，必难如期运到。为避免影响停工计，正在国内设法高价搜购以资补救。最近接重庆裕生公司来电云有黄磷二十一箱，每箱一万五千元可以让售，已电重庆裕丰纱厂潘经理进行洽购，是否能不为捷足者先得，尚未获复。

（乙）附属原料之自制

查本厂使用之附属原料如皮胶、松香、铅粉、胡粉、腊油等均购自重庆，价格既昂，运输负担亦重，至不合算，每年用量至巨，殊宜设法自给自足以减低成本。例如皮胶一项，以日产火柴六十箱计，每年用量约在三万斤以上，按重庆最近市价每斤八元运费，每市三元，全年用胶支出须三十余万之多。而今设法自制皮胶原料均系制革厂废弃皮料，预计自制成本每斤约四元左右，以年用三万斤计，可节省二十万元以上。

以上各种附属原料之制造，在技术方面并非过难。经短时间之研究制造，虽不如舶来品之质优，但亦可以使用，其于成本之减低不无补救，且以战后之扩展大量生产，对于附属原料之自给，亦必须因地制宜自行解决而轻负担，故本厂对于附属原料之自给，不论战时战后，均有研究自制之必要也，惟在初期研究须要简单之设备与费用,以现时物价之高昂非数千元莫办。为求促进事业计,研究费之支出似亦不可节省也。

(丙)造林问题

查陇海沿线自西安至宝鸡百里周围交通方便之处,所有森林因抗战以来陕省建筑骤增,所有林木均已砍伐逾尽。因陕省一般山主均不愿以山地让售,而采用定期包山砍木制度,伐者有之,种者无人,影响国家林政前途至深且巨,地方当局若不取缔包山制度,采用伐者有其山,一面采伐必须一面种植之政令,则陕省山林交通便利之处永无茂盛之期矣。本厂制造盒片因附近地点无广大之山林可以采用,只能觅到黄家大厂子山设厂采木制造,距宝鸡铁路车站有一百一十里之遥,交通不便,运输负担过重,殊不经济。按最近之梗片估计每箱约值洋二十五元,其实际制造费只有十二三元,运输负担亦须十二元以上,此项过高运费之负担影响成本加大,在战时固可不计,一旦战事结束交通恢复,惟恐不能与外货竞争,且日后探求山林比较现在距离更远,梗片成品势必更高,故本厂为战后合理生产计,应有计划造林之必要也。查陇海沿线"渭南至宝鸡段"靠近渭河两岸河边之土地均有碱性,不宜耕种,惟对于种植杨柳树尚称适宜,而杨柳树较之其他树木易于培植,长成亦快,有五年之经营当可利用。兹本厂拟与陕西水利局、建设厅、武功农学院分别接洽,租用公家沿河废地若干里,订期五十年,委托武功农学院制苗代种,委托沿河附近保甲长代为管理,种植杨柳树三十万株,预计每年种植十万株,三年完成。谨将约计预算列后:

1. 树苗——三万元　树苗三十万株　每株一角

2. 种植费——一万五千元　每株估计需用五分

3. 管理费——八千元

预计委托附近五联保代为管理,每保每年津贴二百元,五保共贴一千元津贴,八年合计如上数。

4. 地租——四千元

占地面积尚无详细之估计,约计每年地租五百元,按八年计算合计如上数。

合计——五万七千元

以上预算,其树苗与种植费须分三年支出,每年一万五千元,加地租每年五百元,加管理费每年一千元,在三年期内每年造林费之支出总数计为一万六千五百元。此项支出数字虽不算少,但五年后之收益何止十倍于兹!惟此项计划是否能如理想之推行,尚待详细之研究,并须取决于董事会而后可以进行也。

五、本厂之经营与技术。

本厂开办伊始，百端待举，虽已粗具规模，但于工务、事务之管在实在落后，尚未合理循轨，比诸先进相差太远，未敢自满，自应积极求进，急起直追，以期步入科学化之阶段。

（甲）经营方面

会计制度之求其精细简明化；

事务管理之求其经济合理化；

营业方面之求其服务社会化。

（乙）技术方面

配料之深刻研究以求其节省原料而增进使用效能；

制品之周密管理以求其合理生产而减低成本；

包装之搜罗设计以求其经济美观而迎合消费者之心理。

以上数点乃本厂必须做到之准则，当本此目标积极迈进，期以合乎生产原则，用达各股东创业之苦心。

六、战后发展之应具条件

西北气候干燥，除七、八两月雨量较多易于潮湿外，其余十个月之间均极适宜于制造火柴，惜其原料供给与消费市场之条件不甚充分与优越。为发展此种事业使能存在于战后，不为外货抵制蒙受压迫计，必须具备下列几个条件：

（甲）设备之改良

本厂现有工具设备系三十年前所制造者，其生产速度之慢、需劳力之多、原料损耗之大，殊不合现代生产则原则，如为战后竞争计，必须改良设备，采用瑞典最新式制造火柴机，方可减低生产费用。

（乙）产业之增加

现代最新式制造火柴之标准设备，每组机械日产六百箱，购置两组可以日产一千二百箱，始合乎标准之产量，对于直接工资与管理费用均可极度减低。

（丙）附属原料之自给

燐与氯酸钾及包装纸之制造，因其设备过大不能设厂自制，其余附属原料均可自炼自制自给。（已详第四节第四条）

（丁）完成造林

梗片为火柴原料主要品之一，故取得低廉之梗片实为斯业之先决条件。（已详第四节第三条）

(戊)市场之争取

制造火柴在西北之环境,其产量过小则因生产费之高昂,难与外货抗衡,扩充产量又因西北人口之稀少,消费量薄弱无此大量需要,然有最新之设备、标准之产量、低廉之原料、经济之管理应具之优越条件充分具备,则东至开封,北至太原、石家庄,南至武汉,广大市场当亦有争取之可能也。

附言:

查中南前公司于民国二十四年由豫迁陕,制造设备既极简单,产量亦复有限,天然与人为之条件均未充实具备,考其所以存在之原因,盖以当时中央规定之统税尚未实行于陕西,而陕省地方消费税所之行税率低于统税(每箱相差数元之多,按其时火柴市价每箱只有□□元),故山东、河北之火柴,其制造成品虽较陕省为低,但以纳税负担重,故其销售成本因而加大,所以陕产火柴得能多销获利也。

(件存陕西省档案馆民国档案 82 - 1 - 152 - 3 卷)

中南兴记火柴厂西安中国银行合约

(1942 年 1 月)

一、雍兴实业股份有限公司中南兴记火柴厂(以下简称“甲方”),为在兰州、平凉、天水、汉中、宝鸡等地便利销售火柴起见,商得西安中国银行(以下简称“乙方”)同意订立条件如左:

二、甲方在兰州、平凉、天水、汉中、宝鸡等处所售火柴货款,由甲方各该地代销处送交乙方,各该当地中国银行代收汇解乙方转雍兴总公司拨收甲方账册,所有汇费由甲方照算。

三、甲方火柴运抵兰州、平凉、汉中、宝鸡时,得由甲方各该地营业员提交乙方所属各该地中国银行收栈保管并代□保险,所有栈租及保险费由甲方照认,每月终结算一次。

四、所有火柴运费得由乙方所属各该当地中国银行代为垫付,随时划付乙方转雍兴总公司照付甲方账册,所需汇水由甲方照算。

五、火柴出栈以甲方预送之印鉴为凭,其提取手续由甲方所派营业员或各代销商向乙方所属各当地中国银行洽商办理。

六、火柴出栈以根据甲方所定价格收取现款为原则,但甲方原意与代销商中酌量听其赊欠者,应由甲方将代销商牌号及赊欠火柴数量先期通知乙方,以便转知所属各该当地中国银行洽照办理。

七、甲方约定各地代销商或解约时，应事先通知乙方，俾资接洽。

八、本合约暂以一年为期，自双方签订日生效。

九、本合约共缮二份，甲乙两方各执一份。

中华民国三十一年一月□日立

雍兴实业股份有限公司中南兴记火柴厂代表人　□□□

西安中国银行代表人　□□□

（件存陕西省档案馆民国档案 82－1－700－4 卷）

2. 企业章则

中南兴记火柴股份有限公司章程

第一章　总　则

第一条　本公司定名为中南兴记火柴股份有限公司。

第二条　本公司业务范围如左：

一、制造硫化燐火柴；

二、制造赤燐安全火柴。

第三条　本公司设于西安中山门外。

第四条　本公司营业年限定为卅年，期满时经股东会议决定是否继续营业。

第五条　本公司之公告除通知书外，并于西安通行日报揭载之。

第二章　股　份

第六条　本公司法股本总额定为国币六十万元，每股计国币一百元，共计为六千股，一次收足。

第七条　本公司股票概用记名式，股东以中国国籍为限。

第八条　本公司发起人之股份，在开始营业后一年内不得转让。

第九条　本公司股份转让如非转让于其家属者，应尽先由本公司其他股东承买，如无股东承买方可转让他人。

第十条　本公司股份转让应由原股东及受股人双方填具转让证书，签名盖章，连同原股票交由本公司审核后，始得过户换给新股票。

第十一条　本公司股份如因继承原因请求过户时，须填具申请书并附继承证明文件，连同原股票送交本公司审核办理过户手续。

第十二条　股票如有遗失或毁灭情事请求补给新股票时，应由该股东声述情由，登载本公司所在地及遗失发生地之通行日报五日以上，并取具该报纸连同声请书附具证人二人之保证书交存本公司，自登报最后之次日起六十日内无声明异议者，再经本公司审核后得准补给新股票。

第三章　股东会

第十三条　本公司股东会分常会及临时会。

第十四条　股东常会一年一次，于每年总结算后三个月内，由董事会定期于卅日前通告各股东召集之；股东临时会由董事会之议决，或由监察人，或由股份总数二十分之一以上之股东提出理由要求时，得由董事会于定期十五日前通告各股东召集之。前项通告须载明召集事由及其提议事项。

第十五条　各股东如有提议事项，须在股东会开会前五日提交公司审核后，编入议事日程。

第十六条　股东常会及临时会之主席由董事长任之，董事长因事不克出席时，得由常务董事任之。

第十七条　股东会应由股东人数之半数及代表股份总数过半者之出席方得开会，应以出席人表决权过半之同意方得决议。

第十八条　股东会之出席股东不满前条定额时，得以出席表决权之过半数为假表决，通知各股东于一个月内再行召集开会，其提议事项得以出席股东表决权之过半数决议之。

第十九条　本公司股东每一股有一表决权，但一股东尚有十一股以上至五十股者，其超过十股部分每两股作一权；有五十一股以上至一百股者，其超过五十股部分每三股作一权；有一百零一股以上至二百股者，其超过一百股部分每四股作一权；有二百零一股以上者，每五股作一权，不足一权者不计。

第廿条　股东得具委托书委托其他股东为代表人出席股东会，但每一股东只能代表其他一股东。

第廿一条　每股东之表决权及其代理他股东行使之表决权，合计不得超过全体股东表决权五分之一。

第廿二条　股东会之议决事项作成决议录，由主席签名盖章连同出席股东之名簿一并保存之。

第四章　董事监察人

第廿三条　本公司设董事九人，监察人三人。

第廿四条　本公司董事、监察人由股东会常会用连记名投票法选举之,得票多者为当选,票数相同者以抽签定之。

第廿五条　本公司董事须有本公司股份十八股以上、监察人须有本公司股份六股以上为当选资格。

第廿六条　董事任期三年,监察人任期一年,均得连选连任,前项任期已满尚未至下届股东常会时,得延长其任期至下届股东常会为止。

第廿七条 董事、监察人遇有缺额时,得以原选次多数之被选人递补之,其任期以补充前任之期为止。

第廿八条　董事、监察人选出后,应将当选合格之选举票由主席签字交公司封存。

第廿九条　董事会互选董事长一人,常务董事二人。

第卅条　董事会由全体董事组织之,每三个月开常会一次,遇有紧要事件得开临时会,均由董事长召集之。董事会开会时以董事长为主席,董事长不克出席时,由常务董事一人为主席。

第卅一条 监察人之中互选主任监察一人。

第卅二条　监察人会由全体监察人组织之,每半年开常会一次,遇有紧要事项得开临时会,均由主任监察召集之。监察人会以主任监察为主席,主任监察不克出席时,由监察一人为主席。

第卅三条　董事会非有全体董事三分之二以上出席不得开会,监察人亦得列席与议,但无表决权。

第卅四条　董事会提议事项以出席董事过半数之同意方得决议,其决议录由主席签名盖章连同出席董事之名簿一并保存之。

第卅五条　董事长会同常务董事依照股东会及董事会决议事项,有指示本公司一切事项之权。

第五章　职　员

第卅六条　本公司设经理、副理各一人,由董事会聘任之;经理、副理以下设总务、会计、工务、营业四课,各设课长一人,由经理陈请董事会核准后任用之;课长以下各级职员由经理任用,并陈报董事会备案。

第卅七条　本公司组织规程及办事细则另定之。

第六章　会　计

第卅八条　本公司之结账期间每年分为两期,自一月一日起至六月底止为上半期,自七月一日起至十二月底止为下半期,年底结账为总结算。

第卅九条　每届总结算于总收益中扣除总费用外为盈余,先提存法定公积金十分之一,及股份通常红利以达于股款百分之八为限度。如再有余,按百分法支配于左。倘数遇畸零时,作为剩余金并入下届盈余项下。

一、特别公积金　　百分之十

二、股份红利　　百分之六十

三、董事、监察人酬金　　百分之五

四、职工酬金　　百分之十五

五、职工福利基金　　百分之十

第四十条　每届总结算后,董事会应送具下列各项表册于股东常会,开会前卅日送请监察人查核出具报告书,提交股东常会请求承认。

一、营业报告书

二、资产负债表

三、财产目录

四、损益计算书

五、公积金及股利、红利分派之议案

第四十一条　本公司如无盈余不得以股本发给股利。

第四十二条　股利于股东常会终了后一个月内发给之。

第七章　附　则

第四十三条　本章程未尽事宜概依《公司法》股份有限公司之款定办理之。

第四十四条　本章程经股东通过呈奉核准及施行,修改时亦同。

资本支配

一、接盘原有建筑物　　国币四万元

二、接盘原有机器　　国币五万元

三、接盘原有设备　　国币一万元

四、筹备开工费　　国币一万元

五、添设设备　　国币一万五千元

六、修理厂房及增添建设费　　国币九万八千元

七、修理及增补机件　　国币三万元

八、购置山林　　国币六千元

九、筹备华州制梗片厂　　国币二万元

十、流动资金　　　　　　国币三十二万一千元

合计国币六十万元整

（件存陕西省档案馆民国档案82－1－700－3卷）

3. 会议记录

中南兴记火柴股份有限公司第二次股东会议记录

（1942年3月15日）

时间　三十一年三月十五日下午三时

地点　西安中山门外本公司会议室

出席股东　束士方　李紫东　周敬熙　石志学　杨朗川　沈　钥

陆文浩　周文达　徐治平　蒋均如　胡名甫　潘仰山

毛端梧　康菊农　张德凤　冯尚文等十六人，合五千六百股

缺席股东　李维城　刘炳章等二人，合四百股。

由董事长束士方主席

记录　吴葆瑺

一、开会如仪

二、报告

主席报告：

1. 本日到会股东人数及股数均已超过法定额数。

2. 本公司三十年度业务情形（从略）。

三、讨论事项

1. 董事会提议

本公司三十年度盈余除发付股息八厘外，拟发股东红利一分二厘，其余参酌本公司章程（附盈余分派清单）请公决案。

决议：原案通过。

2. 董事会提议

本公司前因采购原料便利生产，曾向中国银行抵押透支二百万元，现接中国银行通知"以转奉四联总处令，对于当地各厂商放款一律紧缩，上项透支拟请陆续归还"等语，本公司自应照办。惟现在市面银行放款均行紧缩，为筹还上项欠款起见，似应增加股本，本会之意拟将本公司股本增加一百八十万元，作成股额二百四

十万元，仍由发起人旧股东分担，计每旧股万元担认增加新股三万元，按本月一日期拨款，以便将中行欠款归【还】一部分，如何请公决案。

决议：原案通过。

四、散会

（件存西安市档案馆 051 – 43 卷）

中南兴记火柴股份有限公司临时股东会议记录

（1943 年 3 月 27 日）

时期　三十二年三月二十七日下午四时

地点　雍兴公司西安办事处

出席者　束云章　石凤翔　沈次量　杨朗川　胡名甫（黄松林代）　冯尚文　刘海楼（冯尚文代）　周敬熙（黄松林代）　张鸣冈　李紫东　康菊农　蒋均如　束樵如　陆文浩（冯尚文代）　周文达（冯尚文代）　徐治平（石凤翔代）李维城（冯尚文代）

到会股东计十六人，到会股东所有股数计二一，六〇〇股。

公推束云章君主席。

报告事项

（一）主席报告：

本公司现有股东十八人，本日亲自及委托代表出席者计共十六人。本公司原有股份二万四千股，本日出席各股东所有股份共计二万一千六百股。人数均已超过半数，应即正式开会。

（二）主席代表董事会报告本公司三十一年度决算纯益分配办法案（见附表），众无异议通过。

（三）主席代表董事会报告本公司为采购用胶便利起见，投资中和制胶公司股本国币五十万元案，众无异议通过。

讨论事项

（一）本公司董事束云章、沈次量、杨朗川、李紫东、蒋均如，监察人张德风、胡名甫函请辞去董、监职务，请公决。

议决：照准。

（二）本公司董事监察人辞退者已过半数，是否应行改选请公决。

议决：改选。改选结果刘海楼、周敬熙、石志学、李维城、蒋均如、陆君谷、金颂匋、刘绍远、冯尚文等九人当选为董事，周文达、陆文浩、徐治平三人为监察人。

下午五时散会。

（件存陕西省档案馆民国档案 82－1－1610 卷）

中南兴记火柴股份有限公司第一次董事会议记录

（1941 年 5 月 1 日）

时间　民国三十年五月一日下午三时

地点　本厂会议室

出席　束士方　李紫东　沈　钥　杨朗川　石志学　刘海楼　蒋均如

主席　束士方

记录　贺书绅

主席提议事项

一、刘经理海楼引年辞职应否予以照准请公决案。

决议：刘经理海楼引年辞职应予照准，俾资休养，所遗经理一缺另聘冯尚文君充任，即由本董事会分别函达查照。

二、本厂厂务拟如何推动请公决案。

决议：兹规定本年七月间应设法先行开工以利生产，即由冯经理尚文拟具计划积极进行，并将筹备开工情形随时函陈本会备查。

下午四时散会。

（件存陕西省档案馆民国档案 82－1－1610 卷）

中南兴记火柴股份有限公司第二次董事会议记录

（1942 年 3 月 8 日）

时间　三十一年三月八日上午十时

地点　西安尚仁路中国银行

出席董事　束士方　李紫东　周敬熙　沈　钥　杨朗川　蒋均如　石志学

列席监察　胡名甫　张德凤

缺席董事　李维城　刘海楼

监察　陆文浩
主席　董事长束士方
记录　吴葆瑞

一、开会如仪

二、报告

主席报告：

本厂筹备开工经过及三十年度业务情形。

三、讨论事项

1. 主席提议

本公司三十年度盈余除发付股息八厘外，拟发股东红利一分二厘（附损益计算书）请公决案。

议决：原案通过并提请股东大会通过实行。

2. 主席提议

本公司前因采购原料便利生产，曾向中国银行抵押透支二百万元，现接中国银行通知以转奉四联总处令，对于当地各厂商放款一律紧缩，上项透支拟请陆续拨还等语。又太平洋战事发生以来，运输日益困难，本公司所需舶来原料以后势将无法输入，其主要原料如燐、硝等在短期间内即将用罄，必须积极设法自行制造，解决困难。现本公司拟增设制燐部分。以现时物价之昂贵，其所需要之资金总计固定设备与流动资金约需一百万元。

基于上述两项之需要，本公司拟增资三百万元方可敷用，可否增资之处请公决案。

议决：可增资一百八十万元（即每旧股一万元担认三万元），将中行欠款归还一部分，提交股东会议通过后实行。至增设制燐部分并应从小规模试办，先行拟具详细方案陈会核定后再办。

3. 李常务董事紫东提议

本公司股东会议开会时间拟定于三十一年三月十二日下午三时举行，可否请公决案。

议决：原案通过。

4. 沈董事钥提议

本公司董监酬金、职工奖金以及职工福利基金应如何规定分配案

议决：由董事长参酌公司章程酌定分配并报告公司股东会议决。

四、散会

（件存陕西省档案馆民国档案 82－1－1610 卷）

中南兴记火柴股份有限公司第三次董事会议记录

（1943 年 3 月 27 日）

时期　三十二年三月二十七日下午二时

地点　雍兴公司西安办事处

出席人　束云章　沈次量　杨朗川　石凤翔　胡名甫　刘海楼（冯尚文代）

周敬熙（冯尚文代）　冯尚文　李维城（冯尚文代）

陆文浩（冯尚文代）　张鸣冈　蒋均如　李紫东　束樵如

主席　束云章

记录　束樵如

主席报告

本日出席董事监察人已足法定人数，如期举行第三次董事会。

讨论事项

一、本公司三十一年度决算纯益计国币一百五十三万七千余元。其分配办法是否可行请公决。

议决：通过。

二、本公司为采购用胶便利起见，拟投资中和制胶公司，股本国币五十万元，是否可行请公决。

议决：通过。

三、董事长束云章以事务殷繁，对本公司董事长一席难以兼顾，函请辞职，请公决。

议决：准予辞职。

下午四时散会。

（件存陕西省档案馆民国档案 82－1－1610 卷）

4. 来往函电

中南兴记火柴公司为转请经济部核准登记发给执照致陕西省建设厅函※

（1941 年 1 月 14 日）

呈为公司加记增添资本、变更章程、改选董事监察、备具文件费币呈请转呈经济部核准登记发给执照事。

窃商公司设在西安中山门外，资本总额原定为国币五万元，每股五百元，合一百股。经先后收缴足额，并于二十四年十一月间呈请转呈前实业部为设立之登记在案，惟查前项登记曾奉批饬改正错误各点，即经遵照补正具复，但迄未蒙发给执照。又查二十八年秋，因战事影响，后方运输困难，原料来源缺乏，遂致无以为继，故停工以来将近两年之久。兹商公司鉴于抗战时期，图强国本，首重工业生产，似应不避艰巨，力谋复业。庶几上副国家提倡抗建之至意，下尽维裕民生之天责，爰拟重整旗鼓，继续开工经营，但迩时物价昂贵，原有资本五万元不敷运用甚巨，经股东会决议，增加资本五十五万元，均由各认股人一次以现金缴足，新旧股本总计六十万元，一并改为每股百元，换发新印股票，并修改章程，公司加用“兴记”二字，改选董事九人，监察三人。理合将声请登记事项详列文后，附其增资额前后股东会决议录、检查人验资证明书、新旧股东名薄、修正章程、损益计算书等各二份，银行代股股本、足额证明书各一份，连同增资执照费一百八十元、印花税费四元，备文呈请鉴核，转呈经济部核准登记，发给执照，实为商便！

谨呈

陕西省政府建设厅

具呈人：中南兴记火柴股份有限公司

全体董事：束士方　李紫东　周敬熙　沈　钥　杨朗川　蒋均如

李维城　石志学　刘海楼

全体监察：胡名甫　张德凤　陆文浩

（件存陕西省档案馆民国档案 82 －1 －700 －4 卷）

束云章为中南火柴厂关于股权作价致沈次量、杨朗川函※

（1944 年 4 月 29 日）

次、朗兄：

电悉。中南股权按六倍（最低数）作价，在我方实属宽大已极，尚文兄更欲按四倍半作价，要求不免太苛，对总处实无以交代。渠应念我行过去对中南多所帮助，否则中南何以得此巨额之盈余？该厂似不应如此计较，仍望两兄根据第十五日电所列原则办理，并将弟意转达尚文兄为荷。

弟：（束士）方

廿九日

（件存陕西省档案馆民国档案 82－1－208－2 卷）

冯尚文为中南股权让渡致束云章函※

（1944 年 5 月 16 日）

云翁总经理赐鉴：

揖别兼月，孺慕良殷，缅维道履绥龢，筹祺畅达，为无量祷。关于钧公司让渡中南股权事，以中南目前资力论，原无把握可以接收，但晚为遵从钧座意旨起见，只有勉力办理，用副尊命。现该项股款已遵嘱按六倍作价承受，除已先付壹百陆拾捌万元外，余分十二个月还清，每月摊还国币伍拾玖万壹仟元（月息贰分捌厘在内），并以美储叁万元及在中行押品余数作为担保品。各项手续正在办理中，惟月来豫中战事日趋紧张，前途事业危虑日甚，万一不幸，难免全部牺牲。本厂同仁多者已服务三年有余，少者亦一年以上，尠因一时战局之演变，即任其流离，置之不顾，不仅于厂方职责有亏，且失人类同情互助之意义。如果到此惨境，尚望吾翁同情救济，准将该项美储赐予发还，俾作迁厂营运之用，至应还钧公司之债务，并恳惠准按月付息延期还本，以资挣扎续存。素蒙垂爱，定荷慨允，特先奉恳。

祈颂

崇安

晚：冯尚文　再拜

五月十六日

（件存陕西省档案馆民国档案 82－1－208－2 卷）

沈钥为中南股权收购致束云章函※

（1944 年 5 月 16 日）

云章兄：

港密。中南股权移转事，尚文兄尊意按六倍收购。先付现一六八万元，其余六〇〇以美金储券三万元及本行透支抵押余保分十二个月付清，月息二八厘，手续今日办洽。

弟：钥、琇

五月十六日

（件存陕西省档案馆民国档案 82－1－208－2 卷）

中国银行西安分行为中南兴记火柴公司贷款抵押致雍兴公司函※

总字第四十六号

（1944 年 5 月 16 日）

径启者：兹准西安中南兴记火柴公司本年五月十日函开："兹因敝公司购买原料及日常开支不敷周转，向雍兴公司商借国币六百万元整，按照借约系以敝公司向贵行所作质押透支之担保品，除担保所欠透支贵行款项外，以其余额悉数担保敝公司向雍兴公司所做上项借款之担保。特函奉商，尚祈惠允并函该公司证明"等由。查该公司向贵公司借款六百万元应行提供之担保品，拟以在敝行叙做质押，透支所交押品之余额部分提供担保一节，敝行同意照办，除函复外，特此具函证明，即请察洽为荷。

此致

雍兴实业公司

中国银行西安分行　启

五月十六日

（件存陕西省档案馆民国档案 82－1－208－2 卷）

雍兴公司西安办事处为中南兴记火柴厂股权转让致中行西安分行函※

总字第四十五号

（1944 年 5 月）

径启者：敝公司投资之中南火柴公司近受统制影响，经营极感困难。经敝公司商得该公司其他股东代表冯尚文君等同意，将敝公司投资股本壹佰贰拾捌万元按六倍让与该公司其他股东承受，由冯君代表办理，共计价款国币柒佰陆拾捌万元。除先付现款壹佰陆拾捌万元外，其余陆佰万元作为该公司向敝公司息借，以美金汇票储券公债等面额美金叁万元及该公司在贵行质押透支所提担保品之余额为担保，分十二个月还清，月息二分八厘，现已按照上项条款办妥手续。再查该公司现有财产估计约合其股金之八倍半，敝公司按六倍让出尚不吃亏。特此函达，即请查洽，代为特陈贵总管理处备案并见复为荷。

此致

西安中国银行

雍兴公司西安办事处　启

五月十九日

（件存陕西省档案馆民国档案 82－1－208－2 卷）

中国银行西安分行为中南兴记火柴厂股权转让致雍兴公司函※

总字第五十二号

（1944 年 6 月 2 日）

径复者：前接四十五号台函，承示贵公司参加投资之中南火柴厂近年以来因物价剧涨，原料难购以及成品受政府统制关系，营业殊无起色，未免资金冻结起见，拟于该公司最近举行临时股东会议时，将我方股本全部让出，嘱转陈敝行总管理处备案并奉复等由。兹已陈奉敝总管理处函示："准予照办，即希查洽，并将办理情形随时具报"等因，用特转达，即祈察洽为荷。

此致

雍兴实业公司

中国银行西安分行　启

六月二日

（件存陕西省档案馆民国档案 82－1－208－2 卷）

第十章 代管企业

一、西北运输处

1. 企业概况

中国银行西北运输处三十三年度业务报告书

（1944 年）

本处自民国三十年四月一日成立，迄今倏忽四载，每届年终，例须编撰业务报告，盖旨在鉴往知来，非徒具文已也。综观既往各年度报告书，其中心问题各有不同：

（一）三十年：以本处机构甫经成立，业务诸待开展，故注意于运输之加强及组织之扩展，如人才之延揽，车辆之购置，皆其首要者也。

（二）三十一年度：以滇缅抢运业经完成，运输重心渐移西北，故着手于人事之管理及章则之厘定，如财务之运用、车辆之养护、器材之统筹、人事之调整，率皆厘有定章，俾管理得以渐次严格也。

（三）三十二年度：以成立两载，规模略具，业务基础渐趋稳定，故工作重心端在承先启后，继往开来，如营运、机务、材料、会计、总务各部门措施，要皆以此为准也。

若概括言之，则三十年度为业务创始时期，偏重于未来之计划。三十一年度为业务进展时期，注意于计划之实施。三十二年度为业务稳定时期，致力于计划之修整。至三十三年度，以大部车辆多被政府征供军用，业务动向为之改观。如成都特种工程运输，新疆、独山、南阳等地军运处车奉调前往服务者，莫不竭尽最大之努力，行驶遐迩，竞博虚声。惟是军事征用既繁，车辆损毁自巨，不仅引擎机器之修理日感困难，即轮胎、配件之补充亦殆难为继，爰自三十三年下期起，奉命开始紧缩，其程序如左：

（一）变更组织：九月七日奉总公司函示，本处修车厂及机务科即日起归西北机器厂接办，材料科归并总公司接办，所有员工警役、机器设备、材料零件、房地生财及一切应交事项均造具清册，分别移交。

（1）修车厂及机务科：计移交六人，机匠、艺徒九十六人，警役六十人，此外移交之土地、建筑物、机器、工具、燃料、食品均按原进价作价，计共六三七，〇二九，三四五元。

（2）宝鸡材料库：计移交职员一人，此外移交之材料、油料、油桶，按原进价作价计共二，六四六，一九九，三三九元，地基房屋、生财器具按原进价作价计共一九五，六二九，三〇六元。

（3）双石铺材料分库：计移交职员一人，警役六人，此外移交之生财器具按原进价作价计共三，四六七，七〇〇元。

（二）裁员减政：十一月三十日裁遣职员二十九人，厉行紧缩，藉维现状。又本处原有汽车共一百五十一部（内已改装客车者一十二部，报废者四部，卡车一十五部），兹奉命除拟保留完好车辆三十部，以备转运雍属物资外，其余均可让售，现已在洽办中。

综观上述，可知三十三年度实为本处业务之转捩时期，由扩展变为紧缩，自为适应环境之一种办法。至来年若何，又当视整个局势之演变为转移也。

（件存陕西省档案馆民国档案 82－1－1625－2 卷）

中国银行西北运输处结束报告书

（1945 年 10 月）

一、创设经过与略史

运输处于民国卅年四月一日正式成立，经于川陕滇交通要道：宝鸡、双石铺、褒城、广元、成都、重庆、泸县、昆明、畹町等地，先后筹设办事处站，逐步推进工作。四年来均以承运雍行券料及雍属各厂机器材料为主，并以敷余运力协助政府输运军公物资。其概况如次：

三十年：上期工作以棉运为主，下期则于滇缅路上集中全力抢运雍属各厂器材。

三十一年：第一阶段仍时赓续抢运各项器材，先由畹町运至昆明，第二阶段则由昆明运至泸县，第三阶段由泸县运至宝鸡，第四阶段由宝鸡分送至各厂。迄是年下期，抢运工作告一段落，所有车辆器材陆续运抵宝鸡，从事修整工作。

三十二年：以转运雍属蔡家坡、兰州各厂机料与豫丰机棉为主，并以敷余运力与西北公路运输局签订租约，调拨卡车协助政府输运军公物资，复以卡车十二辆改装轿车，便利宝广渝线行旅。岁杪又奉政府命开始筹运新疆纱机。

三十三年：除承运一部分器材、机棉及新疆纱机外，大部车辆均被政府征供军用，业务动向为之改观。如参加成都特种工程及新疆独山、【河南】南阳等地军运，莫不竭尽最大之努力。惟是军事征用既繁，车辆损毁亦巨，不惟引擎机器之修理，日感困难，即轮胎配件之补充，亦难以为继受自三十三年下期起，奉命开始紧缩，其程序如下：

二、变更组织

运输处组织系统图如附表。

中国银行西北运输处组织系统表

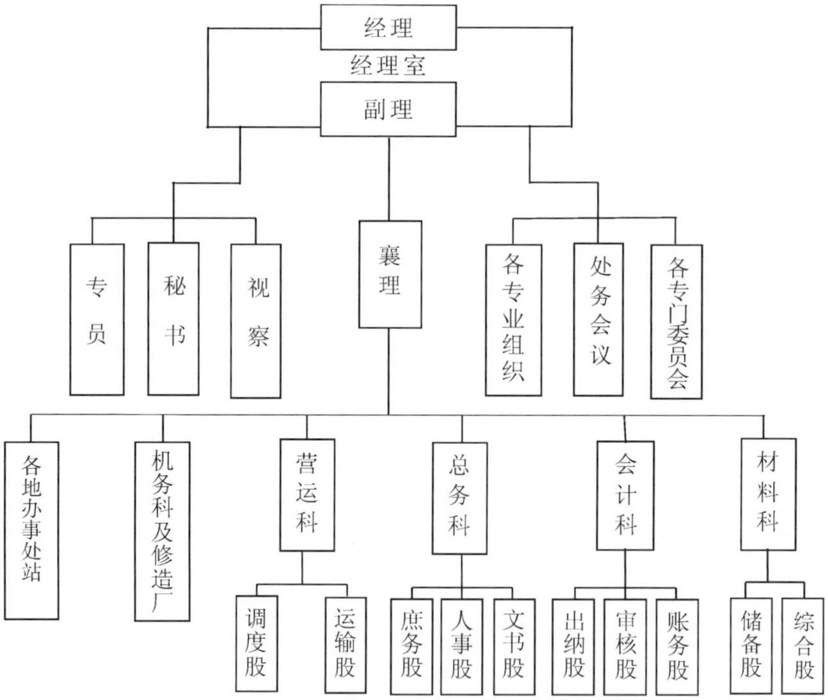

至三十三年九月七日，奉雍兴总公司函示，运输处修车厂及机务科即日起归并西北机器厂接办，材料科归并总公司接办，所有员工、警役、机器设备、材料零件、房地生财及一切应交事项，均造具清册，分别移交。

（一）修车厂及机务科计移交职员十六人，机匠、艺徒九十六人。此外移交之土地、建筑物、机器、工具、燃料、食品，均按原进价作价计共国币六三七，〇二九，三四五元。

（二）宝鸡材料库计移交职员十一人，此外移交之材料、油料、油桶按原进价作价计共二，六四六，一九九，三三九元，地基房屋、生财器具按原进价作价计共一九五，六二九，三〇六元。

（三）双石铺材料分库计移交职员一人，此外移交之生财器具按原价作价计共三，四六七，七〇〇元。

此次变更组织，曾由雍兴总公司颁布《改组办法》并派贺总秘书书绅、傅总稽核道伸来宝主持改组事宜。《改组办法》计十三条，其要点有三：（一）运输处之修车厂及机务科归蔡家坡西北机器厂接管，并更名为“西北机器厂益门镇分厂”。（二）运输处之材料库划由雍兴总公司管理，惟仍用“中国银行西北运输处材料库”原名暂不变更。（三）运输处成立时，曾由中行委托雍兴公司代为管理，故雍兴对于运输处整个设施本有完全处理之权。兹为手续格外清晰起见，关于一、二两条办法，由中行再函托雍兴照办。

三、裁员减政

三十三年度中，职工人数以八月份为最多，计共六百九十二名（内计职员一百零六人，司机管理员一人，司机分队长三十七人，司机一百二十六人，助手一百六十人，机匠艺徒、警役等二百六十二人），经九月份机、材两科改组后至十月底，职工总数减为四百八十七名（其中职员占七十人）。嗣以业务清淡，收入无多，迭奉总公司命裁员简政，藉维现状。经总公司派贺总秘书书绅暂行兼充运输处副经理，并于十一月三十日给资遣职员二十九名、工人八名，迄十二月底，全体职工共计四百五十名。

四、出售车辆

运输处原共有卡车一百七十二辆，嗣西南抢运告竣，运务锐减，爰自三十一年下期起，陆续出让卡车二十一辆，以轻担负。内计售与：（一）南郑中国银行两辆；（二）兰州中国银行两辆；（三）甘肃水利林牧公司四辆；（四）西北公路运输局十一辆；（五）东华漂染公司两辆。又于所余卡车中选机件完好者十二辆，改装轿车，应西北公路运输局之请，供渝宝联运之用（专驶广宝段，载客二十六位），行旅称便。故迄三十二年底运输处可供运货卡车共有一百三十九辆，而其中5422、5461、5420、5421号四车以行驶里程较多，机件损毁过巨，无法修理，申请报废，实际上尚在行驶之卡车计有一百三十五辆。查运输处自有卡车，原供本行运输券料及雍兴各联厂运输机件、物料之用，嗣以各地军事征用日见频繁，运处全部车辆几均被政府征供公用，运费收入不敷成本，开支浩大，难以维持。三十三年岁杪乃决定售车办法，除自留完好车辆十余部以备转运雍属物资外，余均拨售各机关应用。至三十四年度，开始接洽受主，最初已洽妥者计有：（一）青年军第二〇六师师部十六辆；（二）中央银行廿六辆；（三）军事委员会工程委员会第卅七工程处卅六辆；（四）军事委员会工程委员会第卅八工程处十五辆；（五）军事委员会工程委员会第卅九工程处十六辆；（六）军事委员会工程委员会第四十工程处十辆，均已签订合约并收取一部分定金。惟以大部车辆均被政府征供公用，分散各地，而调车之权又操诸路局，一时无从集中验交。旋于七月五日接准战时运输管理局西北公路管理局已养(5)管字第七四一一号代电开："案奉第八长官部辰世忠丙运代电开，奉委座辰宥午侍参电开，据陈部长、俞局长呈称，'查新省军事供应所需输力，须保持完好汽车六百六十三辆，除新省可用车一百五十辆外，尚须增拨汽车三百辆。兹向中国银行西北运输处洽购卡车一百辆，计需价款一亿六千万元，拟请以紧急命令饬国库一次拨发西北公路局领收语，除分别电饬照办外，希就近督饬征购验收'等因，特电仰遵照领收洽购，并将办理情形具报，以便派员验收"等因，正遵办间，复奉战时运输管理局已鱼运调渝三五六六电开："中国银行让售其他机关车辆，已电饬西安、宝鸡两监理所停止办理过户，至一战区征用之三十辆，可转饬汉中分局，就近交涉放还等因，自应遵办，除二〇六师之十六辆系奉委座饬办，仍应照拨外，其余车辆应迅即集中来兰，以便办理价议手续。除另电各监理所，调配所遵照外，相应电请查照办理为荷"等由，运输处车辆既奉命停止过户，改由路局征购，乃不得不变更出售办法。其中除已交（一）青年军第二〇六师师部卡车十六车（每辆车价一百二十万元）；（二）中央银行卡车六辆（内有一辆三十九年年份者车价一百万元，余均一百三十万元）；（三）军事委员会工程委员会第卅七工程处卡车九辆（每辆车价一百三十五万元）外，计售与西北公路局卡车九十辆（每辆车价一百四十万元），轿车十辆（每辆二百五十五万元），又拨交西北机器在厂卡车一辆。截至卅四年八月底，共计让售卡车一百二十二辆，轿车十辆，留供自用者，计卡车十三辆，轿车二辆（卡车十三辆，内有五六一九号车一辆在迪化以西被哈匪烧毁，迄无下落）。

五、办理结束

九月一日，奉雍兴总公司处字第六十二号函示："尊处各办事处站：除宝鸡总处改为本公司宝鸡办事处，又驻蓉办事处改为本公司成都办事处，又驻双办事处归并本公司双石铺材料保管处外，其余重庆、绵阳、广元、兰州、褒城各办事处站，统应于本年九月底以前一律撤销。用特函达，即希洽照，见复为荷”。又奉人字第十五号函示：“查尊处自留卡车，前已决定嘱由蔡机厂保管，并经函达在案。目前事务无多，所有尊处经理及副经理等缺，事实上已无存在必要，应自本年十月份起裁撤（运输处结束未了事务，仍请尊许经理及贺副经理负责办理）。除许经理庸令当由总公司另行聘任要职外，尊处贺副经理书绅原系暂兼，可即返总公司任总秘书原职。用特函达，即希洽照为荷”各等因，遵于九月二日正式发表，宝鸡总处及各办事处站于九月底结束，现有职工除由总公司及联厂调用者外，其余一律给资遣散。自留卡车及轿车移交西北机器厂接管，各办事处站房屋除宝鸡总处改为雍兴公司宝鸡办事处，又驻蓉办事处改为雍兴公司成都办事处。又驻双办事处归并雍兴公司双石铺材料保管处外，余如绵阳、广元、褒城、兰州等处房屋正设法脱售，尚未觅有受主。至运输处对内对外一切未了手续，统于十月一日起由“运输处结束处”负责受理，预计上项结束处，至迟本年年底即可撤销。所有运输处成立及结束经过略如上述，营业方面除不动产外，计盈余现款约一万万五千万元。

中国银行西北运输处：经理：许庸令

副经理：贺书绅

卅四年十月一日

（件存陕西省档案馆民国档案 82－1－468－9 卷）

中国银行西北运输处小史

（1945 年）

中国银行西北运输处是西安中国银行内部机构之一，主要的任务是承运中国银行的钞券，和中行在西北主办各工厂的机器材料，另外并以富裕运力协助政府运输军公物资。在民国三十年和三十一年，曾由缅甸抢运来很多的机器，可以说是替中行主办的西北工业奠定了一个稳固的基础。三十二年则大部车辆与西北公路局签订租约，参加西北路线的生产物资运转、广元至宝鸡间的客运以及专案军品运输。

民国三十三年，配合着同盟国并肩作战，中国的抗战进入更有利的阶段。在成都附近赶修特种工程，本处大部车辆也就被征调到成都，为着祖国的明天，在那里尽着最大的努力！四月底，特运告一段落，因为工地的员工都能各尽职责，乃能略博虚声。

三十二年岁杪，新疆省政府兴建新工业，议定由本行在迪化创办新丰纱厂，存渝机器四百余吨，经济部洽由本处派车筹运。卡车百辆，塞外长征，在西北运输史上，洵辟一新的记录。这项任务，本预期在成都特运工竣后，能够集中全力，依限完成，乃其后各地军运频繁，纱机运输遂不得不络续为之。

三十三年夏季，新疆特运开始，处车奉调前往哈密、迪化服务者先后凡数十部，另如独山军运以及第一战区在南阳征车，无不踊跃以赴，迄今南阳方面犹有三十辆车在输送军粮。

三十四年岁首，蒋主席发动十万知识青年从军运动，全国各地热烈响应，军政部特命本处派车一百二十部，由兰州载运甘肃从军青年前往南郑集训，现正积极进行中。

总之，本处是国家银行的运输机构，义之所在，自当竭尽绵薄，俾对抗战建国的大业有所贡献！

现在西安中国银行的经理是束士方先生，运输处的经理是许庸令先生。

（件存陕西省档案馆民国档案 82－1－468－2 卷）

2. 企业章则

中国银行西北运输处组织大纲

第一章　名称及宗旨

第一条　本处定名为中国银行西北运输处。

第二条　本处专营运输事业，以运输雍属各行及雍兴公司所属各厂及其他有关国防生产物资，俾增强抗战力量为宗旨。

第二章　资金及组织

第三条　本处资金暂定国币五百万元。

第四条　本处设经理一人、副理二人、襄理二人至四人，综理全处事务。

第五条　本处经理室设秘书一人，视察二人，专员若干人，承经理之命办理一切交办事项。

第六条　本处暂设总务、会计、营运、机务、材料五科，各置科长一人，承经、副理之命办理本科各项事宜。

第七条　总务科设文书、人事、庶务三股，每股置主任一人，承科长之命办理股务及交办事项；每股视事实之需要各置科员、助员及练习生若干人，承本股主任之命办理各项事宜。其办事章则另定之。

第八条　会计科设审核、账务、出纳三股，每股置主任一人，承科长之命办理股务及交办事项；【每股】视事实之需要，各置科员、助员及练习生若干人，承本股主任之命办理各项事宜。其办事章则另定之。

第九条　营运科设运输、调度二股，每股置主任一人，承科长之命办理股务及交办事项；【每股】视事实之需要，各置科员、助员及练习生若干人，承本股主任之命办理各项事宜。其办事章则另定之。

第十条　机务科设技术、修造二股，每股置主任一人，承科长之命办理股务及交办事项；【每股】视事实之需要，各置科员、助员及练习生若干人，承本股主任之命办理各项事宜。其办事章则另定之。

第十一条　材料科设综核、储备二股，每股置主任一人，承科长之命办理股务及交办事项；【每股】视事实之需要，各置科员、助员及练习生若干人，承本股主任之命办理各项事宜。其办事章则另定之。

第三章　附属机构

第十二条　本处以营运上之需要，得于各地设置办事处站。各处站置主任或站长一人，承总处之命办理营运及各项事宜；【各处】站视事务之繁简，置副主任或副站长一人，科员、助员、练习生若干人，承主任或站长之命办理交办各项事宜。其办事章则另定之。

第十三条　本处各地办事处视业务之需要，得各设修车厂一处，每厂置厂长一人，承总处之命并商同各该处主任办理本处车辆修理事项；【每厂】置工程师、技士、机务员等各若干人，承厂长之命办理各项事宜。其办事章则另定之。

第十四条　本处组织系统如左：

中国银行西北运输处组成系统表

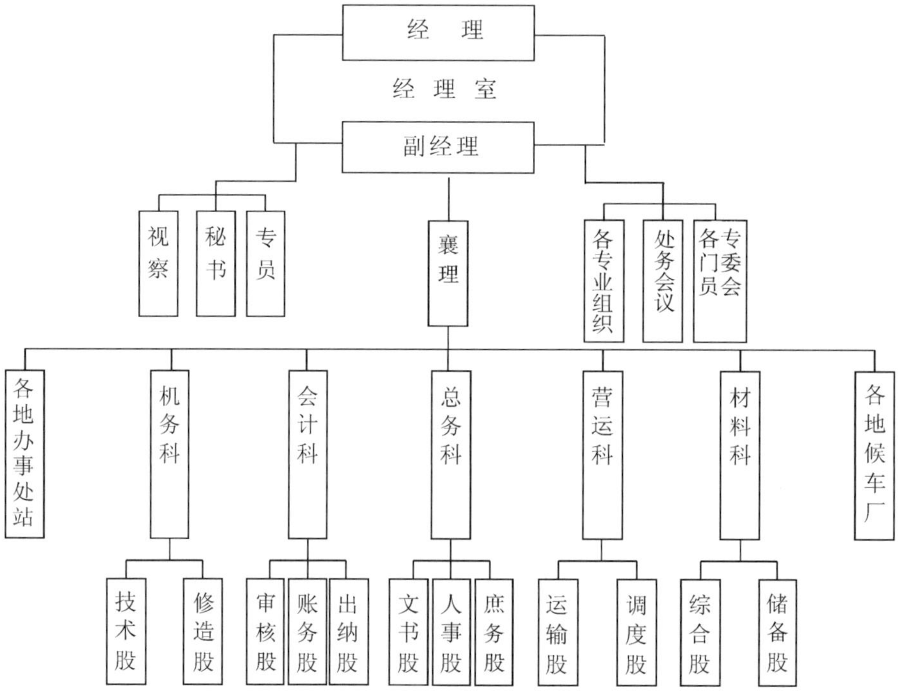

第四章　附　则

第十五条　本大纲如有未尽事宜得随时呈请修正之。

第十六条　本大纲自呈准公布之日施行。

（件存陕西省档案馆民国档案 82－1－468－2 卷）

中国银行西北运输处总务科办事通则草案

第一条　本通则依据中国银行西北运输处（以下简称本处）组织大纲第六条之规定订定之。

第二条　本科承经、副、襄理之命办理本处总务事宜。

第三条　本科设科长一人，综理本科事宜并督导指挥所属人员执行各项职务。

第四条　本科设文书、人事、庶务三股，各设主任一人，科员、助员、练习生各若干人。

第五条　文书股主任承科长之命办理本处文书事宜，其办事细则另定之。

第六条　人事股主任承主任之命办理本处人事事宜，其办事细则另定之。

第七条　庶务股承科长之命办理本处庶务事宜,【其】办事细则另定之。

第八条　科员、助员、练习生之名额,得视各该股工作情况简繁而定之。

第九条　科员、练习生承各股主任之命办理各该股应办事项。

第十条　本通则如有未尽事宜得随时呈请修改之。

第十一条　本通则自呈奉核准公布之日起施行。

（件存陕西省档案馆民国档案 82 - 1 - 1382 卷）

中国银行西北运输处总务科庶务股办事细则草案

第一章　总　则

第一条　本细则依据本处组织大纲及总务科办事通则第七条之规定订定之。

第二条　本股设主任一人,承本处经、副、襄理暨总务科长之命主持本股以一切事宜。

第三条　本股高科员四人,助员二人,承本股主任之命,办理本股各项事宜。

第四条　本股应办事项如左:

甲、关于本处产业之保管事项;

乙、关于本处经常购置及办公费用之开支事项;

丙、关于本处生财、器具、办公用品之保管、收发事项;

丁、关于本处房屋、道路、机器、保卫、家园、车场之建筑修缮与设备事项;

戊、关于本处卫生设备之事项;

己、关于本处警役之指挥与管理事项;

庚、关于本处饮食、灯火之供给、管理事项;

辛、关于本处消防、防空之管理、指挥事项;

壬、关于不属其他各科股之一切应办事项。

第二章　购　置

第五条　本处一切经常购置及星零〈零星〉开支,除另有规定外均由本股办理之。

第六条　本股经办购置金额超过五百元以上者,须先填写请购单呈总务科长转经副、襄理核准后方得购置之。

第七条　本股经办零星开支以事先经过总务科长、经副、襄理之核准为原则,其属于经常性质且款额在五百元以下者,得由本股先行核付(但其性质特殊者亦应先行呈准)。

第八条　本股经办购置及支付项均须于单据上注明用途或事由,填明请购单号数,除经手人及本股主任须签名盖外,并加盖本处图章,其属于各部分专购者,并须请各部分盖章以资证明。

第九条　本股购置物品在可能范围内力求品质精良,式样划一。

第十条　本股须随时调查物价,俾使购置物品达到经济耐用之原则。

第三章　备用金

第十一条　本股为办理经常购置及零星开支应预支备用金,其数额由经理随时核定之。

第十二条　本股备置用金簿,将所有现金之收支按科目详细登记之。

第十三条　本股备用金簿应由总务科长、会计科长随时查核之,必须每日结算一次,每月月终总结算一次,其月终账面结存金额与实存现金应分呈总务科长、会计科长查核之。

第十四条　本股经办购置物品须取得合法单据,出差车资、饭费并须附具证明注明事由,须将此项单据依照会计科目编制庶务股分录单,送总务科长转呈经理签定后再送会计科报支现金,其未能取得合法单据者,由经手人出具条据并呈由主管证明之。

第十五条　本股如有特别费用事项须由备用金外预支款项时,应先填写调查价格预计金额请款单,注明事由呈核后再送会计科提取现金。

第四章　物品领发

第十六条　本股备置物品登记簿,随时分类登记各项办公消耗物品之购与领出。

第十七条　各部分领用物品须先填写领物单,经各该部分主管人盖章送呈经理批准后,再向本股领发之。

第十八条　本股接到领物单应查视所领物品,如系备存须即检发,如须专购应即按照第二章规定办理之。

第十九条　本股发出物品除登记物品登记簿外,并须于领物单实发栏内注明付讫,其未付部分亦须注明请购者,于备考栏内注明请购。

第二十条　本股于每月底编制物料收发分类表及物品领缴分户表,复写三份,除以一份留底外,以一份送总务科长转呈经理核阅,一份送会计科存查。

第五章　财产保管

第廿一条　本股备置财产登记簿,随时登记一切有永久性质之物品并分类编号标记。

第廿二条　本股经购一切有永久性质之物品，均应分类编号标记，不便标记者阙之。

第廿三条　本股经管财产可分下列各项：

甲、房屋、场园；

乙、家具用品；

丙、文具；

丁、服装、械弹；

戊、消防用品；

己、卫生设备；

庚、娱乐器具；

辛、体育用品；

壬、人力车辆；

癸、不必其他科股保管之各项财产。

第廿四条　本股经管财产遇有增加或损坏、让予及变卖时，除应呈请报销外，并于每月编制财产增减表三份，以一份留股存查，以一份送会计科汇编本处财产增减表，以一份呈总务科转呈经理核阅。

第廿五条　本股于每年度终结时，根据财产登记簿编制财产目录三份，以一份留股存查，一份送会计科汇编本处财产目录，以一份呈总务科长转呈经理核阅。

第廿六条　本股经购保存物品之单据，应各加盖分类戳记并注明其号数。

第廿七条　填制财产调查表，以一份存查，一份贴于财产所在地，遇有财产迁移增减须立即改填之。

第六章　修缮布置

第廿八条　本股得依据事实需要，并以整齐美观经济为原则，随时从事修缮布置本处一切建筑与设备。

第廿九条　本股办理修缮事项，一律应先填具修缮请求书，呈请核准后再行动工。

第三十条　本股经办各部门修缮事项，须先由各部分负责人书面请准后，会同设计监修之。

第七章　卫生设备

第三十一条　本处卫生设备如盥洗室、理发室、沐浴室、洗衣部等，均由本股随时指挥经办人注意清洁卫生。

第三十二条　本处庭院、甬道、楼梯，由本股指定工役随时扫除之。

第八章　警役管理

第三十三条　本处警役除另有规定外，受本股之指挥与管理。

第三十四条　本股得依警役服务之勤惰，于每月发给工资时会同人事股评定甲乙两种津贴，列表呈由总务科长通知会计科发给，以资鼓励。

第三十五条　本处警役由本股及人事股随时督导训练，以增进其工作效率。

第九章　饮食管理

第三十六条　本处员工伙食由本股指定专人负责管理，监督指挥厨役工作。

第三十七条　管理人员应将厨役购买之菜蔬油类随时检查，务使合乎卫生。

第三十八条　管理人员应将逐日食用之面、肉、油、菜蔬、燃料等单价数量记载于伙食账簿内，月终结算伙食用款数目，造报清单送交会计科查核记账。

第三十九条　本处饭厅之管理由本股协助人事股管理之，其管理规【则】另定之。

第四十条　本处员工之饮水与用水特设置炉一处，随时供给开水与用水。

第四十一条　本处所用灯火，通电流处用电灯，不通电流处点用蜡烛或油灯，其光度及烛油之数量均由本股规定之。

第四十二条　灯火使用务求完全并竭力节省，以免浪费。

第十章　消防防空之管理

第四十三条　本处为消防、防空起见，将【于】处内设置水桶、沙袋，以备消防救急之用。

第四十四条　本处特建筑防空洞二座，以作空袭警报时避藏安全之计，并对于重要文件、银钱票据之属亦得于事先保藏之。

第四十五条　关于消防、防空之管理与指挥，概由本股全责办理之。

第十一章　其　他

第四十六条　本处所有时间钟表均由本股逐日校对一次，期使准确划一。

第四十七条　本处出入门禁事项应向本股登记，携出物品必须持有携物出门证，送交门警查验后方准放行。

第四十八条　关于剩余用品及各种废料等物，均应检交本股设法利用之。

第十二章　附　则

第四十九条　本细则如有未尽事宜随时修正之。

第五十条　本细则自呈准后施行之。

（件存陕西省档案馆民国档案 82－1－1382 卷）

中国银行西北运输处总务科人事股办事细则草案

第一章　总　则

第一条　本细则依据本处组织大纲及总务科办事通则第六条之规定订定之。

第二条　本股设主任一人，承本处经、副、襄理暨总务科长之命主持本股一切事宜。

第三条　本股设科员三人，助员二人，承本股主任之命办理本股各项事宜。

第四条　本股应办事项如左：

甲、关于本处员工任免、调遣之登记与公布事项；

乙、关于本处员工考勤、考绩及奖惩登记与公布事项；

丙、关于本处员工动态登记与统计事项；

丁、关于本处员工训练及教育之计划筹办事项；

戍、关于本处员工工作效率及生活福利之促进事项；

已、关于其他属于人事项。

第二章　人事进退

第五条　本处职员延聘及机工雇用应如左列方式：

甲、延聘：因特殊要求其具有特殊能力之人员得以延聘方法征用之。

乙、招考：因需人孔亟得以招考办法考取之。

丙、介绍：本处各主管人员得按事实需要随时介绍人员来处服务，介绍人有当然之保证责任。

第六条　对于新进员工应注意之事项：

甲、以前服务机关手续已否清了。

乙、有否殷实保证人。

丙、能否提出关于资历等项证明文件。

丁、适合本处何项工作。

戍、品行是否端方，思想是否纯正，体格是否健康，私生活是否有规律。

第七条　本处职员之任用与离职。

甲、试用：

1. 凡进处工作职员，须先行试用三个月后决定延用与否。

2. 缴二寸半身脱帽照片十三张附贴职员名簿，并具家属状况调查表三份及印签二十份。

3. 妥觅保证人，填具保证书（须妥觅殷实之商保或经本处认可之人士担保）。

4. 试用期间按总公司规定除供膳宿外，月给津贴一百元，至试用期满充任正式职员时，得按核定职级补给薪津。

5. 试用成绩不良者得随时停止试用。

6. 试用成绩优良者得提前升任正式职员，办理授职手续。

乙、授职：

1. 决定授职级位与担任工作

2. 呈报总公司备案，填写进退人员呈报表（附职员名簿、家庭状况调查表暨印签一份）。

3. 总公司核准备案后通知会计科发给薪津（附送家属调查表）。

4. 发给制服（通知庶务股按季节量制）。

5. 发给证章及服务证。

6. 通知各处站附送职员名簿、印签各一份。

丙、离职：凡离处之职员，不论请准长假或因故撤职者，均依左例各项办理：

1. 通知主管科股监督办理移交手续。

2. 缴回证章服务证。

3. 通知会计科结算经手账务，并发给应领薪津。

4. 如系调处职员，应电询有关处站有无未了手续。

5. 填报进退人员表报呈总公司。

6. 通知各处站。

第八条　本处司机、助手、机匠、艺徒之受雇与解雇。

甲、受雇：

1. 填具保证书（如无保人或铺保时，得经主管人之许可，由本处机工五人以上连环保证）；

2. 缴二寸半身脱帽【照】二张，附贴机工艺徒名簿；

3. 宣誓后开始工作；

4. 发给证章及服务证；

5. 通知会计科起薪日期及庶务股准予膳宿；

6. 呈报总公司备案(附名簿一份);

7. 通知各处站(附名簿一份);

8. 机工艺徒服务在两月以上发给工作服。

乙、解雇:

1. 收缴证章及服务证;

2. 收回工作服;

3. 通知庶务股停供膳宿;

4. 询明主管科股有无未了手续;

5. 电询各处站有无未了手续;

6. 通知会计科结算薪津;

7. 呈报总公司备案并分函各处站;

8. 如本人业已离差,其未了手续由其保证人负全责。

第九条　警役雇用及解雇手续与机工艺徒同,惟无须宣誓,不须名簿,不准连环保。

第三章　人事管理

第十条　本处人事登记应办事项:

甲、员工进退之登记与呈报;

乙、员工请假、差遣之登记与呈报;

丙、人事稿件之签拟与登记;

丁、证章、服务证之填发与保管;

戍、聘书、证明书之签发与登记;

已、职员名簿、家属调查表、印签之发填与呈报;

庚、员工职级薪津之登记与呈报;

辛、其他属于人事登记、呈报、保管等事项。

第十一条　本处人事审查应办事项:

甲、员工保证书之审核与对保;

乙、员工请假销假、公出回差日期之审核;

丙、员工考勤、考绩之审核;

丁、员工奖励、惩戒、抚恤之审查与核定;

戍、练习生及试用人员期限之审查与核定;

已、人事各项章则之编拟与审查;

辛、其他属于人事审查考核等事项。

第十二条　本处人事统计应办事项

甲、员工进退之统计；

乙、员工入职级薪津之统计；

丙、员工升遣、调派之统计；

丁、员工考勤、考绩之统计；

戊、员工请假、疾病之统计；

已、员工年龄、籍贯、资历之调查与统计；

庚、员工家庭状况调查与统计；

辛、其他属于人事调查统计等事项。

第四章　员工教育与训练及工作效率之促进

第十三条　本处员工教育与训练筹办分为左列各项：

甲、业余活动——进修会——之组织与辅导；

乙、附设图书馆添购各种书报；

丙、体育之增进与正当娱乐之提倡（亦于进修会中举办之）；

丁、警役、工友之训练与督导：

1. 纠正言行；

2. 监督工作；

3. 督饬进修；

4. 精神讲话。

第十四条　本处为谋求员工福利应举办左列各项：

甲、约定特约医院，增进员工之康健（包括员工眷属）：

1. 体格检查；

2. 疾病预防；

3. 疾病诊疗（包括住院）；

4. 助产接生。

乙、眷属住宅之设备与管理；

丙、员工消费合作社之组导；

丁、办理员工沐浴（夏季每月四次，春冬每月三次）；

戊、办理员工理发。

第十五条　征询工作意见以促进工作效率：

甲、员工工作意见之征询(填发意见书);

乙、员工之各别谈话;

丙、意见箱之设置与整理。

第十六条　其他属于人事应办事项:

甲、宾客之接待;

乙、饭厅之管理;

丙、对外代表交际及参加团体活动;

丁、员工家庭访问。

第五章　附　则

第十七条　本处员工服务规则另定之。

第十八条　本处员工请假规则另定之。

第十九条　本处员工考勤、考绩、奖惩及抚恤办法另定之。

第二十条　本处特约医院诊病规则另定之。

第二十一条　本处饭厅管理规则另定之。

第二十二条　本细则如有未尽事宜得随时修正之。

第二十三条　本细则自呈准公布之日起施行。

(件存陕西省档案馆民国档案 82 - 1 - 1382 卷)

中国银行西北运输处处理公文程序草案

第一章　总　则

第一条　本处处理公文除总公司别有规定外,悉依本程序处理之。

第二条　本程序系参照一般公文程式及惯例,并依据本处实际情形订定之。

第二章　收文程序

第三条　本处为求公文收发敏捷及便利起见,特置内收发与外收发主办之。

第四条　外收发收到一切公文须先登记,持簿径送经理室,经拆封后发交办理内收发人员办理登记手续。

第五条　主办内收发人员于收到收文后,立即挂号并登入收文登记簿。

第六条　收到秘密文电及紧急之件,由经理室核阅登记后,径交主办部分处理之。

第七条　收文如有附件须注明"已到""未到",已到者应即登入收文登记簿,连同主件一并移送或存查。

第八条　收文如有银钱或有价票据暨其他体积过巨之件，应于办理登记后移送各主管部分先行点收保管，并由各主管部分于原文附件数字上盖章并注明之。

第九条　收到文件于经理室批办后发交文书股，由主办内收发人员立即移送各主办部分交各主管人员签收办理之，其存查之件即行归档。

第十条　内收发应置左列各簿：

一、收文总登记簿；

二、移文簿；

三、发文总登记簿；

四、发文总务分类登记簿；

五、发文法规分类登记簿；

六、发文人事分类登记簿；

七、发文会计分类登记簿；

八、发文营运分类登记簿；

九、发文材料分类登记簿；

十、发文修造分类登记簿；

十一、发文设备分类登记簿。

第十一条　外收发应置左列各簿：

一、收文登记簿；

二、发文登记簿；

三、递送公文登记簿；

四、来电登记簿；

五、发电登记簿；

六、邮票登记簿。

第三章　办稿程序

第十二条　本处一切以本处或经理名义分行之公文，凡经批由各部分主稿者，由主管内收发人员分别送达各部分主办；其有特殊情形者，由经理指定专人撰拟之。

第十三条　各部主办稿件由各部主管人员分配办理之。

第十四条　撰拟稿件应注意左列各要点：

一、复答文件须详阅来文意义及批示办法。

二、交办文件须寻绎指示要点或议案内容。

三、须详察有无关系前案。

第十五条　各部分主办稿件人员于稿件拟定经本部主管人核签及有关部分会签后，送请核阅判行。

第十六条　撰拟稿件分送核阅判行，须将根据文件夹附或粘附之（其面谕办理及例行之文件不在此限）。

第十七条　紧急文件得于拟稿后先送经理判行提前缮发，再送有关各部分会签。

第四章　缮校印发程序

第十八条　公文稿件于判行后应即分交缮写。

第十九条　缮写文件应注意左列各要点：

一、分别缓急；

二、格式整齐；

三、字体端正；

四、力求时间上之经济。

第十二条　缮毕文件先与负责校对人员核对，校对以原稿为准，但遇有疑义时，应询明主办人员。

第二十一条　文件于核对后送由负责监印人员监印。

第二十二条　文件于用印时由负责监印人员逐件检阅一过，用印后交由主办内收发人员办理登记手续。

第二十三条　主办内收发人员于接到发文后，立即分别填注发文总号及分类号数，并登入发文分类簿暨发文总登记簿。

第二十四条　发出文件由主办内收发人员于一切手续办理完后，送由外收发封发，同时并将所有稿件及附卷送交主管档案人员点收，由主管档案人员于收发文簿归档栏注明盖章。

第五章　归档调卷程序

第二十五条　本处一切以本处及经理名义分行之公文案卷，以文书股保管为原则，其他各科股就其必须自行保管者亦得分别保管之。

第二十六条　各项文件办毕后，应由主办部分送由文书股主办，内收发人员先将移文手续结束后，再交主管档要案人员点收，并于收发文簿归档栏内注明盖章。

第二十七条　文书股主办档案人员收到文件后，应就其性质按照档案目录妥为分类编号，并将档号分别登入收发文登记簿档号栏内，再分别归档保管之。

第二十八条　本处各部分调阅案卷，应先由调卷人填写调卷证送请主管人员盖章后，向文书股调阅。

第二十九条　文书股主管档案人员接到调卷证时，应立即将文卷检出交调卷人。

第三十条　各项文卷如遇有二人以上同时调阅时，得视其紧要与否，由调卷人径商先后调阅之。

第三十一条　文卷送还时应将调卷证退还调卷人后，归档保管之。

第三十二条　调阅文卷于超过调卷证原定日期时，应由调卷人声明延期，主管档案人员并得随时查询之。

第三十三条　调卷证应由主管档案人员分别编号后，分送各部分备用，其调卷证另定之。

第六章　附　则

第三十四条　本程序如有未尽事宜得随时修正之。

第三十五条　本程序自呈准公布之日起施行。

（件存陕西省档案馆民国档案 82－1－1382 卷）

中国银行西北运输处各地办事处站办事通则草案

第一条　本通则依据中国银行西北运输处（以下简称“本处”）组织大纲第十二条之规定订定之。

第二条　本处承总处及经副、襄理之命办理本处一切事宜。

第三条　本处设主任一人，综理本处事宜并督导指挥所属人员执行各项职务。

第四条　本处视事务之繁简，酌设副主任一人，承部处及经副、襄理与本处主任之命办理应办及交办事宜。

第五条　本处视事务之繁简，酌设科员、助员、练习生若干人，承本处主任、副主任之命办理一切应办及交办事宜。

第六条　本处应办事项如左：

甲、总务

1. 关于文电收发、拟稿、缮校及保管等事项；

2. 关于员工请假、考勤、考绩之登记、统计、转报等事项；

3. 关于经常修缮、购置、清洁卫生、饮食布置及生财器具之保管等事项。

乙、会计

1. 关于账项单表、票据之审核及生财器具之验收等事项；

2. 关于各项账目之逐日登载及转报事项；

3. 关于现金之出纳及保管事项。

丙、营运

1. 关于本处之过往车辆之登记、调派及办理行车手续等事项；

2. 关于本处及雍行、雍属各厂矿处并其他物资之运输事项。

丁、机务

1. 关于本处车辆管理、设计、指导等事项；

2. 关于本处车辆之检验及奉命修理等事项。

戊、材料

1. 关于汽车材料之审核登记及料价调查、奉命采购等事项；

2. 关于汽车材料之收发、统计、表报及保管事项。

第七条　本通则如有未尽事宜得随时呈请修正之。

第八条　本通则自呈准公布之日起施行。

（件存陕西省档案馆民国档案 82－1－1382 卷）

中国银行西北运输处交通班车实施办法

第一条　本交通车系为便于本行及雍属各厂矿处职员因公往返宝渝之间搭乘车辆。

第二条　本交通车暂定每月逢五之日由宝鸡各开班车一次，即五日开放宝蓉段车，十五日开放宝渝段车，二十五日开放宝广段车。如为事实需要得再行增添，其开驶日期另定之。

第三条　本交通车于开车之前一日办理收费及装车手续，准当日晨六时开驶，决不延缓，并分别限定行程日数，如期到达。

第四条　凡同属职员因公附搭本交通车须依照管制站规定，以佩带本行及雍属各厂矿证章或持有证明件者为限。

第五条　凡各界人士如欲搭乘本交通车，虽经本行及各厂矿处介绍，仍须依照管制站规定先向该站办理登记，经其核准指定者方可附搭。

第六条　本交通车之开驶须依照统制局管制办法配装物资，利用空余吨位附搭乘客，故仍有相当限制。

第七条　凡同属职员因公搭乘某段交通班车，务于三日前将姓名、职级及到达地点详细开示，以便代为办理登记手续。如临时请求，客位已满即难加入。

第八条　附搭本交通车之乘客所带行李务求简单，除免费十五公斤外，其收费行李最多不得超过三十公斤。

第九条　如乘客众多，或行李逾重超过吨位不能容纳时，本处得代为介绍车辆或候搭下期班车。

第十条　本交通车暂按照西北、四川两公路局定章收费。

第十一条　凡同属职员附搭交通车，本处于接到各该主管者函知后，即代向管制站登记。经核准后即于行车之前一日代为垫交养路费款，并预办各搭车手续。倘乘车人因故迟误未及附搭，所有已经垫付之养路费款应由具函请求者负责清还。

第十二条　乘客未至到达地点，而在中途处站自动放弃乘车权利者，无论距离远近概不退票。如因车辆抛锚应需较长之期间方可修理完竣时，沿途各处站对于该车附搭之乘客，须设法觅车并依照乘车证填载所赴地点代购车票，俾各该乘客得以早日到达。

第十三条　开车时间沿途各处站均系依照规定一例办理，虽遇阴雨但未经通知者，仍须照常开行，乘客不得藉口阴雨要求展缓，倘有脱落系属弃权，亦不得另有其他请求。

第十四条　本办法有未尽事宜得随时呈请修正之。

第十五条　本办法自呈准公布之日施行。

（件存陕西省档案馆民国档案 82－1－1209－3 卷）

中国银行西北运输处车辆编队运油简则

一、本局为运输美军油料及局油起见，由中国银行西北运输处（以下简称“中运处”）车辆编成运油车队一大队承运之。

二、编制规定五辆为一班，三班为一小队，三小队及直辖一班，合为五十辆为一中队。二中队为一大队，另编独立小队一队（该队为十七辆），共计一百一十七辆（编为一大队，计二中队一独立小队）。

三、班长、小队长、中队长、中队附、大队长、大队附及其他办事人员由中运处派定，中队长附、大队长附并由本局加委。

四、大队部各级人员薪津、办公费等概由中运处自行支给。

五、该大队车辆担任美军油料每月二万五千斤、本局油料自用行车油料及自用物资（暂规定每月二十吨左右，并不碍管制章则之物资为限）等运输。

六、行驶路段玉门油矿分运东南各路，如有特殊紧急运输，亦得随时洽商派往担任酒泉以西任务。

七、该大队车辆凡抵达目的地后，应立即向本局当地调配所报到。至于车辆出发，均由调配所以派车单通知中运处当地办事处，如无办事处地点，得直接通知班长。

八、运费按每车十成付现。

九、行车须用本局路单、货票沿途向本局车站登记，以便列入本局行车电报【以便】考核行程。

十、装运油料漏耗应按本局规定办理。

十一、回程车辆得尽先派装自身物资，惟须不背方向者为限。其次由调配所照章派装，如无利用，由物资托运机关照付空驶费。

十二、装运物资如遇天灾人祸、不可抗力损失者，由双方议定得不负赔偿之责，否则应由中运处负责赔偿之。

十三、该大队车辆所需行车燃、润料概由中运处自行加发，惟本局机油有富裕时亦可价让。

十四、该大队车辆修理由中运处自行负责。

十五、该大队车辆修理应向调配所办理报修手续，照章规定小修五天、大修十五天为限。惟特件不在此限，但应向调配所报告并转本局备查。

十六、该大队车辆中途损坏，由该队自行派车救济，但亦可由本局派车救济，照章收救济费。

十七、该大队车辆凡每车行驶满五千公里者，得按官价向本局价领轮胎一套。

十八、该大队车辆专任运油任务，如须调用担任他项任务者，须经双方同意。

十九、本简则候双方同意签字日起有效。

二十、本简则有未尽事宜得由双方同意后修正之。

（件存陕西省档案馆民国档案 82－1－468－2 卷）

中国银行西北运输处昆明停车场临时办事细则

一、本细则依据组织大纲第七条之规定订定之。

二、本场工作人员办事程序悉依本细则办理之。

三、本场场长、副场长以下设总务组、会计组、修理组、材料组。

四、总务组职掌调派车辆、本场文牍以及不属于其他各组之一切事务，设组长一人。

五、会计组职掌款项出纳、保管、稽核、登记等事务，设组长一人，助员一人。

六、修理组职掌检查车辆、监督修理及试车等事务，设组长一人。

七、材料组职掌材料收发、保管及登记、报销事务，设组长一人，助员一人。

八、本场一切文件章则均须经场长核准后施行。

九、本细则自呈奉核准后施行之。

（件存陕西省档案馆民国档案 82－1－380－1 卷）

中国银行西北运输处昆明停车场临时组织大纲

一、本处为迅速完成抢运工作及便于存放本处西南车辆计，特设昆明停车场（以下简称“本场”）。

二、本场设场长、副场长各一人，均由总处副经理派充之。

三、本场副场长辅佐场长办理一切事宜。

四、场长、副场长以下设总务、会计、修理、材料四组，各组设组长一人掌理组务；酌添助员若干人，受组长之指挥办理事务。

五、材料组附设材料库，库务由材料组组长负责办理之。

六、本场机匠、铁匠统由修理组管理之。

七、本场办理细则另行规定。

八、本大纲自呈奉核准之日施行。

（件存陕西省档案馆民国档案 82－1－380－1 卷）

3. 来往函电

束士方为雍兴运输部改称中国银行西北运输处致沈次量、杨朗川函※

（1945 年 4 月 29 日）

雍行次、朗二兄：

五〇〇电悉函，尊见极是。（一）运输处冠以我行名义，原为对外免于扣车起见，此事已兴志骞兄说妥，请即陈请总处补办手续（此事弟在天水时已提及）；（二）为免辖内及各副业同人对于搭乘运输部车辆不致非分要求计，故由弟亲书弟名交庸令兄利用，以便节制。如有不当，容与面商再说。

弟：方

卅四年四月廿九日

（件存陕西省档案馆民国档案 82－1－134 卷）

雍兴公司为所属运输部改称中行西北运输处事致天水中国银行函※

（1941 年 7 月 25 日）

径启者：查敝公司运输部前经成立，兹以该部在西南、西北两路行车便利起见，拟称为“中国银行西北运输处”，特此函商并请陈报贵行总管理处核准示复为荷。

此致

天水中国银行

雍兴总公司　启

卅年七月廿五日

天水中国银行为改雍兴公司运输部改称中国银行西北运输处复改公司函※

（1941 年 7 月 28 日）

径复者：接准四月廿九日台函，以贵公司运输部为西南西北两路行车便利起见，拟称为“中国银行西北运输处”一节，当经陈报敝总处去后，兹已奉复照准。惟该处既系贵公司投资组织所有，该处一切事务应仍由贵公司全权管理。相应函复，即祈察照为荷。

此致

雍兴实业公司

中国银行天水分行　启

（件存陕西省档案馆民国档案 82－1－134 卷）

西北运输处为请转商暂免养路费个别收现致公司函※

（1941 年 7 月 11 日）

敬复者：案奉六月十七日雍字第二二四号大函敬悉。关于交通部西北公路管理处为便利本处车辆通行、该管路线纳费手续简捷计，嘱按月整付养路费一节，查此间大华纱厂前以该厂所运输之棉花，事属接济军需，若照章按次缴纳路费，未免延误时机，乃于二十九年七月四日函请交通部前西北公路运输管理局汉中办事处尽量给予便利，仍按照运输机器原则予以记账，当蒙汉中办事处二十九年八月九日电饬宝鸡汽车站暂免个别收现。此种办法，迄今并未改变，兹查本处汽车运输之物品，往程多为棉花，回程悉装机器，其为抗战物资，自不待言，现在西北公路运输管理公司汉中办事处虽改组为西北公路管理处，移往天水，但机关则一，对于本处车辆行驶，似可援照大华纱厂记账缴费办法例，免予个别收现，以利运输。相应奉复，敬请查照惠予转商赐复为荷！

谨致

总公司

中国银行西北运输处　启

七月十一日

（件存陕西省档案馆民国档案 82－1－380－3 卷）

许庸令函请公司在宝鸡组设平价商店事宜致束云章函※

云公经理钧鉴：

宝鸡实行评议物价以后，不特百货暗盘激涨，且日常必备用品亦采购困难，当地各界为贯彻物价管制政策，拟组设平价商店，公卖日用百货以图补救。该店由当地机关及公私职业集团体筹集资本，派选妥人主持一切，温专员以雍属资金绰裕，本处及雍属各厂驻宝人员消费甚大，嘱由本处或特呈以总公司名义投资或贷款叁拾万元，分期拨付，以资赞助。窃以组设平价商店，在奉行物价管制之原则下,谋地方福利,本处诚能与之合作,则今后米面油盐及日用生活必需用品负责统筹,随时挹注,不致再感困难。惟本处出资认股与贷款孰为相宜,及温氏所嘱之数目,我公是否同意?用特函陈敬请鉴核裁示为祷。专肃。

祇请崇安。

副理:许庸令　拜启

二月二十一日

(件存陕西省档案馆民国档案 82－1－40－3 卷)

二、咸阳打包厂

1. 企业概况

咸阳中国打包公司概况报告书

(1947 年 10 月 28 日)

(一)前言

本公司在筹备时期,原在西安北门外购地,当时陇海铁路修至西安,仍有继续西展之计划,本公司当以咸阳将为棉花集中点,乃改在咸阳北关外建立厂址。于民国廿五年十月正式开工营业,不久即逢西安事变,咸阳距西安仅五十华里,遂受相当影响,幸停工月余即恢复常态。翌年又逢卢沟桥事变,交通阻隔,此后陕棉改道南运川滇,接济内迁纱厂。在此数载间,敌机窜扰,厂屋、机器屡受摧毁,打包用之主要材料铁皮、麻布来源断绝,后改用土产麻绳、棉布代替。卅一年起,又受棉花管制影响,种种困难如历蜀道。卅四年抗战胜利以还,陕棉虽克东销,然时局纷扰,本公司之营业进入正轨时期为时甚暂。

本公司先后向经济部登记,领到第一〇四一号股份有限公司执照(原领设字第五号执照于办公厅被炸时焚毁,经陈请补发)及工字第一二二二号工厂登记证,并由陕西建设厅发给第八号工厂登记证单。

本公司会计年度适合棉花季节秋间开始夏间结束之情形,采用骑跨年度制。本报告书所报告之各年度概况,其时期亦如会计年度。廿五年度即民廿五年七月至廿六年六月,以次各年度照此顺推。

(二)廿五年度至卅年度概况

本公司自廿五年开工,虽经西安事变,因为时甚暂即恢复营业,故业务尚称盛旺。廿六年全面抗战,陕棉不克东运津沪,本公司业务开始进入不景气状况之中,稍有亏蚀。廿七年秋季,各纱厂内迁四川等地,因运输困难,采购陕棉委托打包出口者甚少。本厂受重庆豫丰纱厂委托,代购陕棉改为由川陕公路运渝,至廿八年开始遭受敌机轰炸,损失不赀,另列专条详述。

廿八年代,豫丰纱厂购花之手续费除开支外,经利用余款在永乐店车站旁购地七十余亩,筑成仓库八所及办公室等共八十余间,以备堆存棉花。

同年秋,本公司与湖北纱布局洽谈合组咸阳纺织工厂,于廿九年三月签订契约,同年八月开工。其详细经过另列专条。

廿九年,被敌机空袭,房屋、机器被毁颇重,停工半年,装配修理方始复工。

卅年营业平平,至卅一年四月,政府开始统制棉花之购运,分配出口棉花减少,本公司营业又趋难关。

打包用之铁皮、麻布在抗战时期内无法进口,本公司存料告罄,市面搜购为数不多,经研究改用麻绳、土布代替。自卅一年起,开始用麻绳土布打包。

(三)卅一年度概况(卅一年七月至卅二年六月)

甲、营业情形:雍兴公司、农本局、军需局相继送货来厂打包,至九月间打清,即趁停工时期修理机器,此后大量收进客货,一时工作颇形繁忙。本年度共打成铁皮及绳捆机包二一,四九二件。

乙、添置棉织部:政府统制棉花购运,对于打包费限制甚苛。陕棉大部分供给当地纱厂及军用,不能尽量出口,本公司打包业务颇不景气,乃于卅二年上半年拟订筹设附业计划。经董事会核准,先行设立棉织部,拟代织军布,先后购制利用人力之石丸式布机五十余台,聘请技师一人主持工务,其余职员即调厂内职员兼任。开工后代织军布数批,以条件过苛,嗣即停止承织,改织打包布。翌年豫西战事紧张时,各工厂奉令疏散,织布工作亦暂停止。综计该部在开工时期所得工资,尚能补助内一部分开支,停工后所有布机于卅五年按市价一并出让,仍有盈余。

丙、修复厂屋:本年度内将历年被炸毁之拣花房、仓库、办公厅大楼及大礼堂,先后重建竣工。

丁、价购郑州协和打包厂机器:郑州协和打包厂原有打包机及原动全副,于敌人侵入郑州时原动被掠,仅余打包机,遂抢运来陕出售。本公司以该项机器若为他厂购去,即将影响本公司业务,遂以一百廿万元之代价由本公司收购,运存永乐店本公司仓库内,拟俟将来利用仓库地址建立分厂。

(四)卅二年度概况(卅二年七月至卅三年六月)

甲、营业情形:查打包业之唯一收入之打包费,以前系由打包同业依照成本公议订定，在物价步涨时期，本已无法预知当时成本之计算是否适合于旬月以后之实际用度，故抗战时期内，打包费屡经调整以资维持。迨本年度仅做花纱布管制局生意，对于打包费之订定极为苛刻。本年度曾三次与该局商订打包合约，总共打成绳捆机包二四，三〇七件。

乙、疏散材料：敌机不时窜扰陕境，本公司厂存土布、土纱、麻绳等疏散至离厂数里之北原窑洞内存放，以减少损失。于卅三年五六月间豫西战复起，关中感受威胁，遂将土布一万另八百匹土纱五，三六二斤疏运平凉，并将文卷账册运至宝鸡，以备转运川境保存。嗣因战局好转，平凉所存土布等即随市出售，文卷账册仍运返厂内保管。

（五）卅三年度概况（卅三年七月至卅四年六月）

甲、营业情形：豫西战事稳定后，本公司首与军需局订立铁皮打包四千件之合约，实际打成铁皮机包四，八六七件，超出之件数经洽增打包费。又花纱布管制局与本公司订定麻绳打包一万件合约，该年度军花产量不丰，复因该局购买陕棉限价过低，致所收之数不敷当地纱厂及军用，该年送来打包之货，迄至本年度终了，仍未打足一万件，其间延搁逾半年。本公司在管制制度及棉花歉收双重压迫之下，喘息难苏。

乙、自办打包材料：打包铁皮缺货改用麻绳后，因需麻数量较多，订购纺制缓不济急，乃自行派员赴产麻丰富之甘肃华亭采购山麻，托凤翔绳厂代纺并予监制。

丙、增辟货场：本公司厂内堆货场两处，每年进货时期牛马车辆麇集，不易维持，爰利用厂门外本公司余地另辟停车场一所。

丁、人事紧缩：本厂停工较久，为节省开支业，将职员及机工五人资遣，又机工一人因病出缺未补。卅四年一月雍兴公司商调本公司会计人员两人赴西北运输处帮忙，计出差恰满一年。

（六）卅四年度概况（卅四年七月至卅五年六月）

甲、营业情形：抗战八载，本年八月胜利到来，花管局奉令取消，各厂家商行可以自由收花，本公司营业稍苏，计一年度内打成绳捆机包二七，九三二件。

乙、成立福利会及审核购料组织：社会部指示应依照法令组织福利委员会，本公司於卅四年七月由职员、机工等合并推选委员，组织职工福利委员会，筹划福利事业。惟各项用款仍由本公司分别贴补及借垫，又为严密审核购料并使有关部份互相联系起见，经于本年成立购料委员会。

丙、打包业工会成立：本公司打包及拣花工人等，经县府划分为打包业职业工人,由本厂职员领导各部分工友组成打包业职业工会。卅五年春节,咸阳纺织厂发生工潮,我厂与工会协议逐渐调整工资,未发生枝节。

丁、预购材料:本年度陕棉增产,预测下年度改包出口之货亦必随增,须先期准备材料,除就近在渭南定织土布备用外,并派员于夏季赴华亭采办大批麻绳,陆续运存厂内备用。

(七)卅五年度概况(卅五年七月至卅六年六月)

甲、营业情形:本年度打包工作之忙碌,历年未有。厂内外堆存棉花常在二万件左右,因保险公司限额关系,常临时停止收货。厂内拣花房,自廿九年供给咸阳纺织工厂三分之二,本厂所用仅有十一所。经于本年再腾出仓库五所,改作拣花之用,仍不敷支配,不断引起客户争议,经悉心应付,均能获得谅解。本年度打成绳捆机包七八,三六二件,实为开办以来之首位记录。

乙、遭受水患:卅五年八月初旬,连日暴雨,山洪骤至本公司,当有大部围墙及房二十余间被水冲毁,经两月余之修缮,方告竣事。其余仓库、拣花房、机器等幸均无恙。惟厂外附近工友所住土房冲毁迨尽,衣物全部损失,经本公司在厂外附近搭盖席棚,临时收容并分发食物,藉以救济。

丙、打包麻绳自纺自给:本年度派员常川驻华亭、平凉两处,自行购麻纺绳达五十万斤,经常雇用绳工一百二十人至一百八十人,并利用汽车赶运,惟觅车颇觉困难,甚费经营。

丁、派员协助接收彰厂:彰德打包厂于卅五年正式接收房屋、机器,经该厂董事会商调本厂工程师及职工、警士等八人赴彰协助工作,不意豫北战起,彰厂被围,调差职工分别于六七月间突围返咸。

(八)房屋机器设备情形

咸阳厂址现增至二百二十一亩,其中有半数供给咸阳纺织工厂应用,厂中建有办公厅、打包楼各一所,拣花房三十二所(供给咸工二十一所)、仓库十三所(内有一所为卅六年九月建成)、职工宿舍住宅十处。火险自保,每年提存保费。

西安二府庄之地基八十余亩,永乐店本公司仓库地基七十余亩,原建有仓库八所、其他房屋二十余间。现已拆除仓库一部分,利用其木料、砖瓦改建拣花房。

本公司咸厂装有二百匹马力蒸汽引擎两座、卧式锅炉两具、旋风式打包机一座、节煤机一具,均系英国制二十三千瓦发电机、七点五千瓦发电机各一具,及车床、钻床、钳床等工具。打包机每小时可打机包四十件,每件约重五百市斤。

(九)本公司与湖北纱布局合组咸阳纺织工厂经过

湖北省纱布局于廿七年间将纱机迁陕,存放宝鸡车站。廿八年秋与本公司商洽合作组织临时纺织工厂，经于廿九年三月签订第一步五千锭合作，合约资本一百万元，纱布局与本公司各占半数。本公司方面以原动机器、房屋作股廿五万元，中行参加现金廿五万元。该厂于廿九年八月正式开工，同年十一月纱布局又将其余五千锭加入合作，增资一百万元。本公司应出资国币五十万元，由中行全部参加投资。卅年十月该厂扩充业务，再增资本四百万元，本公司计投资五十万元，中行参加投资现金一百五十万元。查该厂现在资本共为六百万元，实际本公司所投之资本连同机器、房屋、现金一并在内共计七十五万元，占该厂资本总额八分之一。卅三年一月，湖北纱布局又以布机一百五十五台作价一千六百万元加入该厂合作，并将股权之半数让与本公司，计八百万元，我方之赢亏与该局相等，俟解约时，该项布机仍由湖北纱布局收回。该厂于廿九年八月，开工出产十六支、二十支纱两种，牌号为黄鹤楼，尤以十六支纱为西北第一。胜利后锐意经营，陆续换装新纱锭，俾增加生产，以供西北之需要。至本公司应得之历年盈余，均经记入本公司每年度决算表内。

（十）历年被敌机轰炸损失及修缮情形

自廿六年七七卢沟桥事变以后，敌机时来窥扰，于廿九年秋间始，对本公司厂房滥施轰炸。至卅年冬，连续被炸十余次，厂内先后落弹二百余枚，办公厅全部被焚，机器房炸毁一部分，雍兴公司等户棉花焚去二千余包，职工宿舍、住宅、拣花房、仓库损毁迨遍，职工私有衣物亦同被损失。总计损失之房屋、机器、材料等按照损失时之价格计算，共值一，一九七，三二五．二一元，又间接损失如拆迁费、防空费等计一，一一三，二六七．九七元。以上曾经依照法令随时陈报政府备案。

历年被炸之房屋、机器均随时修理，大致恢复旧观，其费用分别按年度胪列于后：

二十八年七月至二十九年六月	修理围墙大门机房水池等	25,902.10 元
二十九年七月至三十年六月	修理厨房围墙等	3,527.19 元
三十年七月至三十一年六月		
三十一年七月至三十二年六月	重建办公厅及修理机器房拣花房	1,785,499.67 元
三十二年七月至三十三年六月	修建 1、2、3 号仓库等	12,728.40 元
三十三年七月至三十四年六月		
三十四年七月至三十五年六月	重修 7 号拣花房	5,546,794.00 元
三十五年七月至三十六年六月	重修 2 号拣花房	5,189,544.00 元

（十一）筹设永乐打包分厂进行情形

本公司咸厂所收之货大都由三原、经阳、高陵一带运来，其长安、鄠县、兴平各处棉花产量，实为少数。卅五年秋季至卅六年夏间，咸厂进木机包棉花一十七万余件，不特露天堆场内堆货几无隙地，即各处马路亦经常堆满，危险殊甚。又厂内拣花房，除供咸工使用者外仅余十一所，虽将仓库五所改作拣花之用，亦不敷分配。陕省棉花为政府提倡，近来逐年增加，泾阳县属永乐店，本公司筑有仓库。该处铁路纵贯，北通三原，南通咸阳，奄为棉花集中地点，闻当地人士早有集资设立打包厂之议，倘为他人捷足先登，咸厂营业即不堪设想。本公司原购存打包机一部，正可利用永乐仓库地址及打包机，仅添购原动及修建打包楼及拣花房，即日迅速成立分厂，辅助咸厂营业，并解决咸厂营业上之困难。爰於卅六年春，在汉口订购锅炉一部，一百匹马力引擎一部，业已运抵永乐，并购得十五千瓦小发电机一部。现将仓库拆除，先行兴工修建打包楼，如照预定计划陆续建造厂屋，安装机器，本年底即可开工。关于全部建筑费及开办费等，预计需国币二十五亿元，除由本厂卅五年度盈余项下支付外，其余不足之数约计一十亿元，拟另行筹划。

（十二）历年度损益情形

二十五年度益国币	七一，〇八四.五二元
二十六年度损国币	三四，四五五.九二元
二十七年度损国币	八〇六.七二元
二十八年度益国币	一一七，九四三.五一元
二十九年度益国币	一，八五三.九七元
三十年度益国币	一〇二，七〇〇.〇五元
三十一年度益国币	二五五，四六一.五三元
三十二年度益国币	二八四，六一六.八六元
三十三年度益国币	二一一，二四四.〇一元
三十四年度益国币	一，〇七六，六三一.六六元
三十五年度益国币	一六四，五五九，九二八.九三元

自廿五年度起至廿七年度止物价正常，自廿八年度以后，物价波动剧烈，法币渐渐贬值，打包收入除开支外，虽有余益，实不抵偿。因受物价影响之损失，乃开始由打包费及物料升值项下提存，准备以为再生产之力量。嗣后历年提存，截至三十五年度，共计提存国币二，三二三，八七一，七一七.七〇元。该款均作为本厂之厚成，并记入暂时存款户，分别列于兵险费、备抵物料、亏损专款及永乐分厂各

科目内。又咸阳工厂自廿九年度至卅五年度分给盈余及提借共计国币四一,九四三,〇九四.一一元记入暂时存款户。

直接税度核定应年所利得税数额如左:

廿五年度缴纳国币　　三,三八三.三一元

廿六年度缴纳国币　　六六二.六三元

(该年度虽账面结亏,惟税局查账后在开支项下剔出一部分,仍令缴纳核定如上数)

廿七年度　　免纳

廿八年度缴纳国币　　二四,八三〇.三九元

廿九年度　　免纳(该年度账面虽略有盈余,因本厂迭遭轰炸,准予豁免)

卅年度缴纳国币　　八五,三八三.二六元

卅一年度缴纳国币　　七四六,四二〇.二四元

卅二年度缴纳国币　　三六〇,〇〇〇.〇〇元

卅三年度缴纳国币　　四三二,〇〇〇.〇〇元

卅四年度缴纳国币　　六二六,四〇〇.〇〇元

卅五年度缴纳国币　　一〇,二二五,二〇〇.〇〇元

(该年度原定为国币七,一五八,〇〇〇.〇〇元,最近又补征三,〇六七,二〇〇.〇〇元,计如上数)

自廿五年度起至卅一年度止,直接税局均系按查账制度核定税款,本厂均已分别缴纳,并在盈余项下冲抵。此后自卅二年迄卅五年度止,税局改按简化稽征办法所核定之税款亦分年纳讫,惟按照账面盈余,实不敷冲抵,乃转记入暂记欠款户项下悬欠。

(十三)打包费之订定及变动情形另附详表

各打包厂以往接受客货对于改包收费之范围,仅包括包布、铁皮、煤炭、机油、工资等项。其客货在厂内运转,使用拣花用具以及投保火险,须另行办理手续,支付各项费用。迨本公司开工时,经豫陕打包业议定打包费内将顶转力、保险费、拣花用具费用一并包括,以便利客商。

民国廿五年至廿七年,各项物价尚较稳定,每年依照成本,由同业公议订定打包费一次,廿七年间每市担棉花用铁皮改包,按一元八角收费。

民国廿八年以后物价跃进,打包成本随之增加,廿八年至卅一年,分年改订铁皮打包费次数较频,由每市担二元二角逐渐增至六十八元。卅一年起开始用麻绳

打包,最初订价每市担二十元。

自卅二年起,棉花购运受政府管制,是年十一月与花纱布管制局订立打包一万件合同,每市担打包费一百三十五元,打足后重行改订,计与花管局订定合同四次,与军需局订合同一次。

卅四年秋抗战胜利,棉花管制制度奉令取消。十月间又由同业公议订定绳捆打包费每市担八百元,至本年(卅六年七月止)改订十二次,最后改订每市担为二万六千元。

(十四)历年打成机包件数

廿五年度	四二,九六九件
廿六年度	一四,六二七件
廿七年度	二一,九一四件
廿八年度	三一,九七〇件
廿九年度	一三,六八五件
三十年度	三〇,八五二件
卅一年度	二一,四九二件
卅二年度	二四,三〇七件
卅三年度	一〇,四三五件
卅四年度	二七,九三二件
卅五年度	七八,三六二件

(件存陕西省档案局民国档案 82 - 1 - 262 - 2 卷)

咸阳中国打包公司历年打包费数额表

年份	民二五	民二六	民二七	民二八	民二九	民三〇	民三一	民三二	民三三	民三四	民三五	民三六
类别	铁皮包	铁皮包	铁皮包	铁皮包	铁皮包	铁皮包	铁皮 麻绳	铁皮包	铁皮 麻绳	麻绳包	麻绳包	麻绳包
月份	老担	市担	市担	市担	市担	市担	市担	市担	市担	市担	市担	市担
1					5	12	32				1,500.00	9,500.00
2								50		155		14,000.00
3												
4					6			68			2,000.00	16,000.00
5						15				368.00　388.00	2,400.00	20,000.00
6					8			100	200.00　170.00			
7	1.65	1.4	1.8				32 20					26,000.00
8				2.2								
9								120				
10				2.6			60.00 30.00			308	800	5,000.00
11				3.6	10	20		135			1,300.00	65,000.00
12						26	68.00 38.00					
13												
14												
15												
附注												

咸阳中国机器打包股份有限公司概况

一、厂址:本公司设厂于咸阳北门外。

二、沿革:民国二十三年,本公司在天津正式成立,购地于西安北门外,嗣以陇海铁路西展,遂参照陕棉产品及运输情形,改在咸阳设厂。二十五年十月开始营业,厂内建有钢骨水泥机器间、打包机一座及拣花房三十二所,并有钢骨水泥之水塔、凉水池各一,白铁瓦顶仓库十二所,办公厅、员工宿舍、大礼堂等大小二百余间。于二十九年间与湖北省纱布局合组咸阳临时纺织工厂,将拣花房等一部分及锅炉、引擎二份供给咸阳工厂应用。抗战以后,本厂迭遭敌机轰炸,前后共十余次,计落弹二百余枚,以二十九年、三十年间最为剧烈,损失颇巨,机器及厂房大部均遭炸损,厂内堆存之棉花亦焚毁甚多。历年力加修补,现已大致恢复旧貌。

三、负责人姓名:经理汪晴江。

四、组织、职责:本公司董事会为最高管理机制,厂内由经理负责管理。经理之下设厂务、机务、会计、文书、事务各股,共计职员二十二人,技工及普通工人三百二十余人。

五、职工福利、设备概况:厂内设有职工宿舍及住宅、饭厅、图书室、运动场、委托医院、俱乐部、理发室及合办之幼稚园、完全小学等。

六、机器设备:

卧室双火管锅炉两座(英国 Wilson 厂出品,每座 50 B. H. P.);

卧式蒸汽引擎两座(英国 Eianton& Gitinson T. D 厂出品,每座 200H. P.);

卧式水压机两座(英国 fiaucett Pmcoton & Co. L. T. D 厂出品);

打包机一座(旋风式)(英国 fiaucett Pmcoton & Co. L. T. D 厂出品);

直流发电机 23 千瓦、7.5 千瓦各一座;

40IP、10IP 柴油机各一座;

车床、钻床共三座。

七、机器能力及产品规格:

每小时可打机包四十件,每机包重约五百市斤。

32”×27”×20”　等于十立方英尺。

八、警卫及消防设备情形:全厂均安装水管,共设太平水门五十余处,以备消防应用,并由本县警察局派警事员十六人驻厂担任警及消防等事。

九、营业概况:陕棉品种较佳,战前大部分均运销上海、青岛各处,七七抗战后,纱厂内迁转销于四川、云南,近年因军用及陕地纱厂需用增多,致打包外运者较前减少。本厂近二年来营业颇不景气,复因顾主系管制机关,常不按实际成本付贾,故所入常不敷出,目前困难实为严重。

（件存陕西省档案馆民国档案 82 –1 –488 –2 卷）

附

咸阳中国打包公司发起人名单

周作民	杜月笙	严裕棠	尤菊荪	张啸林	吴延清	金颂匋
张公权	卞白眉	马承康	俞叶封	王酌清	张通武	束云章
沈次量	潘仰山	董鸿昌	李维城	景心农	张德枢	

咸阳中国打包公司董监事名单

主　　席	卞白眉					
常务董事	卞白眉	束云章	沈次量			
董　　事	卞白眉	束云章	沈次量	张啸林	杜月笙	严裕棠
	尤菊荪	林凤苞	周作民	宋汉章	金颂匋	
监　　察	高友梅	潘仰山	吴延清			

咸阳中国打包公司股东名单(每股一百元)

宋汉章	六万元	六百股
卞白眉	五万元	五百股
束云章	四万元	四百股
沈次量	四万元	四百股
潘仰山	四万元	四百股
周作民(抵押郑中行)	四万元	四百股
吴延清(抵押郑中行)	三万元	三百股
金颂匋(抵押郑中行)	三万元	三百股
林凤苞	二万元	二百股
高友梅	一万元	一百股
严玉堂	三万元	三百股
杜月笙	三万元	三百股
张啸林	三万元	三百股
尤菊荪(抵押总处信托部)	三万元	三百股

马承康(抵押总处信托部)　　五千元　五十股
俞叶封(内有二千五百元抵押信托部)　　五千元　五十股
奚萼记(通归沪大亚银行转过交通银行)　　一万元　一百股
合计股本总额:五十万元共计五千股

(件存陕西省档案馆民国档案82-1-535-3卷)

2. 企业章程

咸阳中国打包股份有限公司章程

(1948年10月14日)

(工商部京商三十七字第一九七〇六号指令审核修正)

第一章　总　则

第一条　本公司遵照公司法股份有限公司之规定组织之,定名曰咸阳中国打包股份有限公司,依法呈请登记。

第二条　本公司所营之事业列左:

一、代客打包;

二、兼营仓库;

三、特约银行代办押汇押款事宜;

四、特约保险及运输公司代办保险运输事宜。

第三条　本公司营业期限自开办之日起定为三十年,如期满欲继续营业,应由股东会议决呈请主营官署核转登记。

第四条　本公司设于咸阳城外。

第五条　本公司之公告登载于咸阳及京、沪、津等处通行之日报,及直接通知股东。

第二章　股份及股票

第六条　本公司股本总额定为金圆六十万元,分为五千股,每股一百二十元,一次缴足。

第七条　股票用记名式,分为五股、十股两种,盖以本公司图记并由董事五人以上签名盖章发行之,执有股票者以本国人为限。

第八条　对于本公司股份以本公司股东名簿所载之人为所有人,如有用堂记厂号名义者,应将代表人姓名、住址及印鉴报告本公司存查。代表人如有变更,不先通知本公司因而发生损失时,本公司概不负责。

第九条　股份因合意行为而移转时,应由册载股东签具让与书,检同原股票并开列让售人姓名、籍贯、住址送交本公司查核,为移转之登记并换给新股票,其让与书之署押印章应与原存印鉴符合。股份因本于法律上原因而移转时,应由承受人提出证明权原凭证,缴销原股票,经本公司查核无异,方可换给新股票。所发凭证如有私文书,本公司得嘱承受人邀同妥保出具保证书。

第十条　股票污损或须分合时,将旧股票送交本公司验明注销,另换新票。但污损程度至不易辨识时,本公司得拒绝调换或另觅具妥保方能照换新票。

第十一条　股票遗失或烧毁时,应即报告本公司挂失并将股票号数、股额、户名、姓名自行登载报纸三月以上声明作废,自公告日起经过两个月别无纠葛,方可觅具妥保补领新票。

第十二条　股票过户,每张应纳手续费银五角,调换或补领股票每张应纳手续费银一元及其应贴印之花税费。

第十三条　定期股东会一个月前,临时股东会十五日前,均停止股份过户。

第三章　股东会

第十四条　本公司股东会分为定期会及临时会两种。定期会于每年决算后三个月内,由董事会就本公司所在地,或于京、沪、津三处酌择一处召集之;临时会由董事会或监察人认为必要时,或由股份总数二十分之一以上之股东提出理由,联名请求时召集之。

第十五条　股东会之日期、地点及议题,应于一个月前通知各股东,但临时会得于十五日前通知之。

第十六条　股东表决权每股一权,但超过十股者其超过数每五股为一权,如有零数亦作一权论。

第十七条　股东因事不能到会时,应出具委托书委托他股东为代表。

第十八条　股东会之主席由董事长任之,董事长缺席时,由出席董事互推一人任之,临时会之主席得由出席股东公推股东一人任之。

第十九条　股东会之决议,应有代表股份总数过半数者之出席,以出席人表决权之过半数行之;可否同数时,取决于主席。

第二十条　股东会议决事项应载明于决议录,由主席签名、盖章,连同股东签到簿交由董事会保存于本公司。

第四章　职　员

第二十一条　本公司设董事十一人,监察三人,均由股东会就股东中选任之。

其当选资格董事应有股份十五股以上，监察人应由五股以上，被选权数相同者以抽签法决之。

第二十二条　董事任期三年，监察人任期一年，连选均得连任。

第二十三条　董事十一人选出后，先由董事中互选常务董事三人，再就常务董事中选任一人为董事长，处理本公司业务。董事长有事故时，得委托常务董事一人代理之，如未委托，应由常务董事互推一人代理之。

第二十四条　董事组织、董事会设于天津中国银行内，每一个月至少开会一次。议决本公司重要事务会议时，以董事长为主席。

第二十五条　董事会议由董事长召集之，董事三人以上提出请求、经过十五日而董事长不为召集之时，由董事三人以上联名召集之。

第二十六条　监察人除依法执行职务外，得列席董事会议陈述意见，但无表决权。

第二十七条　本公司设经理一人，由董事会议决聘任之。

第五章　会　计

第二十八条　本公司每年十二月底为决算期。董事【会】应依法造具各项表册，委托会计师查核证明，并于开会前三十日送监察人查核后，提出于定期股东会请求承认。

第二十九条　每年决算于总收入中除去总开支后如有盈余，先提公积金十分之一，提股息常年八厘，其余照百分率分配如左：

一、股东红利百分之二十。

二、董事监察人酬劳百分之十二，其分配如左：

（一）董事长十二分之一点八；

（二）常务董事十二分之二点二；

（三）其他董事监察人十二分之八。

三、办事人酬劳百分之十八。

四、特别公积金百分之十。

第三十条　分配盈余于定期股东会议决通过后行之，股息及股东红利按照停止过户日之股东名簿分派。

第六章　附　则

第三十一条　本章程未尽事宜，悉遵照公司法股份有限公司之规定办理，如须变更应经股东会依法议决，并呈报主管官署核转工商部核准登记。

第三十二条　本章程自呈准登记之日实行。

（件存陕西省档案馆民国档案82－1－335－2卷）

3. 会议记录

西安中国打包股份有限公司创立会议事录

（1934年5月20日）

时间　民国二十三年五月二十日上午十时

地点　天津中国银行

出席者　张啸林（函托吴延清代）　杜月笙（同上）　严裕棠（束云章代）

尤菊荪（同上）　周作民（吴延清代）　吴延清

金颂匋（吴延清代）　张公权（沈次量代）　卞白眉

马承康（束云章代）　俞叶封（束云章代）　王酌清（同上）

张通武（沈次量代）　束云章　沈次量

潘仰山（沈次量代）　董鸿昌（束云章代）

一、行礼如仪。

二、公推吴延清君为主席。

三、主席报告：本公司资本总额五十万元，业经认足。本日出席人数占全体认股人半数以上，代表股额亦已足数。

四、主席报告本公司筹备经过情形。

五、讨论本公司章程计三十二条。

议决：全文通过。

六、依照本公司章程第十六条暨第二十一条各规定，选举董事十一人、监察人三人。当选人名如左：

董事：张啸林　杜月笙　严裕棠　尤菊荪　周作民　金颂匋

张公权　王酌清　卞白眉　束云章　沈次量

监察人：吴延清　潘仰山　董鸿昌

上午十二时散会。

（件存陕西省档案馆民国档案82－1－116－1卷）

西安中国打包股份有限公司临时股东会议记录(一)

(1935 年 3 月 30 日)

时间　民国二十四年三月三十日下午三时

地点　天津中国银行

出席者　周作民(王毅灵代)　张公权(束云章代)　卞白眉(沈次量代)
吴延清(王毅灵代)　金颂匋(束云章代)　杜月笙(束云章代)
张啸林(束云章代)　尤菊荪(束云章代)　严裕棠(束云章代)
沈次量　束云章　潘仰山(沈次量代)　王酌清(束云章代)

一、临时公推束云章君主席。因卞董事长因公赴沪。

二、主席报告:本日出席股东及代表出席股东之表决权,占全体股东表决权半数以上。

三、查西安为关中各县产棉聚集之区,陇海铁路通至西安以后,棉花输出便利,打包营业有裨于棉商者至巨,故本厂原定设在西安地点本极适当。惟现闻陇海路线已定于本年内展至咸阳,虽西安棉业不至遽受重大之影响,而附近咸阳一带之产棉从前不得不趋西安者,现可聚集咸阳装车运出,以图近便,实为势所必至。本厂为努力开发西北、推广业务起见,拟将秦厂范围扩大,添招股本,设分厂于咸阳,联秦咸为一系。前因公赴沪与尤菊荪先生晤谈,彼方亦有拟在咸阳设立打包厂之议,所见正复相同。经互相商酌,尤君颇以本厂主张为然,复经洽商各董事,均主召集股东会议讨论决定。兹经出席股东表决权三分之二以上之决议,扩大秦厂范围,设立咸阳分厂,添招股本五十万元,欢迎尤君所集股份加入,下余即由本厂原股东摊认并授权,董事会与尤菊荪先生洽商,期早实现。

下午四时三十分散会。

(件存陕西省档案馆民国档案 82 - 1 - 116 - 1 卷)

西安中国打包股份有限公司临时股东会议记录(二)

(1935 年 6 月 1 日)

时间　民国二十四年六月一日下午三时

地点　天津中国银行

出席者　周作民(王毅灵代)　张公权(束云章代)　吴延清(王毅灵代)
卞白眉(沈次量代)　沈次量　金颂匋(束云章代)　束云章
潘仰山(沈次量代)　王酌清(束云章代)　张通武(束云章代)

一、临时公推束云章君主席。

二、主席报告:本日出席股东及代表出席股东之表决权,占全体股东表决权半数以上。

三、陇海路线已定于本年年内展至咸阳。查咸阳及附近各县产棉较多,集聚较易,本公司为发展营业,永植根基起见,拟将本产移设咸阳。

四、秦省产棉区域及集中地点,并因迁移厂址搁压款项情形列左:

(一)秦省产棉区域及棉花集中地点:

陕西产棉重要区域如三原、临潼、高陵、泾阳、蒲城、大荔、朝邑(今属于大荔)、韩城、郃阳(今合阳)、咸阳、兴平、武功等县,多在渭河以北,河南之长安、盩厔(今周至)、鄠县(今鄠邑区)等虽亦产棉,然因其地水田甚多,又有终南山脉横亘其南部,棉田不易扩充,故产量甚少。至于全省棉花集中之地点,因道路河流关系约分潼关、渭南、咸阳三处,韩城、朝邑、郃阳、大荔及山西之荣河等处之棉均顺黄河而至潼关装火车,东运渭南、蒲城、临潼及高陵、三原,一部分集中于渭南,若三原、高陵、咸阳、富平、兴平、扶风、武功、泾阳等县则集中于咸阳。去年陇海路原定修至西安为止,故在西安设立打包厂,以吸引集中咸阳各县之棉花,至西安打包装运择地,原甚适当,现以陇海路线已决定展至咸阳,今年年终即可通车,故西安之厂实有迁设咸阳之必要。况泾惠、渭惠两渠支流,均系向东或东北开掘,将来因水利关系,上述各县之棉田自必激增。以地利论,打包厂设在咸阳比渭南、潼关为优胜,至西安是否另设小厂,以目前产量而论,似可从缓。

(二)厂址迁移款项搁压及损失约数:

(1)机件及建筑材料,可全部搬至咸阳无损失。

(2)西安地皮一百另四亩余约六万元。

(3)西安地皮(在北关廿三亩,余由尤菊记转移)约一万七千余元。

(4)土围墙约二千元。

(5)水井(土井三口,洋井一口已成三分之二)约五百元。

(6)已盖成小房廿一间约三千四百元。

(7)已购进(粗沙四百余方,石子七百余方)约一万八千六百元。

(8)已购进石灰约两千余元。

以上只须地基另有受主，除地皮得价若干尚难预必外，其余亦可附带作价，不致全部受损。

(9)烧成之砖瓦可以出售，价钱不致吃亏，或可获利。

(10)起土人工(因厂基高低不平，在做机房及打包楼处将土挖下十余尺，共一万五千方之谱)约两千两百元。

(11)机器材料由车站搬至厂中脚力约三百元。

(尚有笨重机件存在车站待转咸阳)

(12)开办费用(秦账约四千元，津账约六千元)约一万元。

以上土方人工、机器、脚力、开办费四项均属消耗，不能回收，由西安至咸阳一段之运费不能作为消耗，惟笨重之机件，在火车未通咸阳之前，是否易于搬运，尚需调查(最重者有九吨余)。

(三)今后进行之程序：

(1)秦厂一切工程全部停止。

(2)在咸阳进行购地。

(3)厂基购妥后，即开始打做围墙、烧窑、计划水源，一面将秦厂一切材料陆续搬运，先从机器房、打包楼着手建筑。

(4)为搬运材料便利及将来输送客货起见，应购置二吨雪佛兰运货汽车两辆备用。

(5)办事员工分驻咸、长两处，担任照管。

(6)股东张啸林、杜月笙、尤菊荪、俞叶封、奚萼记、马承康诸君提议本公司打包厂移设咸阳之具体方案，请公决案：

A. 本厂决定移设咸阳，应更改公司名称曰咸阳机器打包股份有限公司。

B. 本公司经此周折，原定资本殊感不敷，应增加资本一成计洋五万元，并由提案人邀请对于咸阳一厂深切注意之交通银行加入股本，以资合作。

C. 本公司加入新股东后，另召股东大会，改选董事、监察人，并为办事便利起见，将董事会移设上海。

D. 推束云章董事切实调查，在最近期间如有人拟在西安设厂，则本公司已经设置之一切财产，可由新董事会照原来价值让渡之，以期两得其益。

议决：第一、二、三条通过，第四条改为交由董事会支持办理。

下午五时散会。

(件存陕西省档案馆民国档案 82－1－116－1 卷)

咸阳中国打包公司董事会第二次会议记录

（1936年6月27日）

时间　民国二十五年六月二十七日下午二时

地点　天津中国银行

出席董事　周作民（王毅灵代）　张公权（束云章代）　卞白眉　沈次量
　　束云章　张啸林（束云章代）　林月笙（同上）　尤菊荪（同上）
　　王酌清（同上）　严裕棠（同上）

主席　卞白眉

报告事项

一、本公司原设西安，嗣以陇海路线展至咸阳，为发展营业、永植根基起见，前经股东会议决移设咸阳，是以筹备一切为时较久。兹据厂方报告最近情形如次：

（1）建筑工程：拣花房原定五所，已造成三所，余两所正在施工，不日可以完成。现拟添造三所，至迟八月底可全部告成。散花房已造成三所，第四所业已动工。办公厅及职员住宅图样早经绘就，现正拟兴工。水塔及池业已完工，水井水质不佳，用之锅炉颇不相宜，刻正拟开凿深井。

（2）装机工程：左右两部引擎、帮浦电机及抽水机等均已装齐（柴油发电机亦已试车，烟囱亦立好）。锅炉尚在砌砖，节煤机已装置过半，打包机底部机件及套筒心子等皆经装妥（惟上部各件未全装成），电灯电线正在架设中，预计六月底当可装妥，不久即可开始营业。

二、本公司因西安方面所置厂基一时未及出脱，资金不免搁压，加以迁移之损失费用及筹备打包预购铁皮及机器备件等（此两项约计十万元），资金早感不敷，现计共用六十六万零九百四十六元有奇（截至六月二十日），除股本外，计欠津中行约十七万元。兹略举各项支出如左：

地基：十一万八千三百零一元四角

西安：八万一千四百九十元零三分（现正拟设法售出）

咸阳：三万六千八百十一元三角七分

房产：八百三十元

机器：二十三万九千四百八十六元三角六分

器具：四千三百九十一元三角七分

建筑物料：十二万六千三百十五元七角三分

西安厂存：二万五千八百九十八元七角四分（砖瓦沙石等）

咸阳厂存：十万零四百十六元九角九分（砖泥、木料、沙石、洋灰等）

铁皮及五金杂料：十万零九千三百八十二元八角一分（建筑用各项材料、自来水、电灯、机装机各种配件）

开办费：三万二千四百八十二元二角六分

三、本公司前为声明迁移地址并请派员验资，于本年五月十九日具呈陕西省建设厅，旋奉五月卅日批示，以本公司名称、地址与从前均有不同，应重新依法呈请备案，此项备案主文已由本会委托杨曾询会计师代办。

讨论事项

一、本公司股东代表人近来已有变更（如张公权、王酌清两先生是），应由各该股东正式函知本会，并另行委托案。

决议：照办。

二、董事、监察人应行改选案。

决议：董事出缺，照章应由股东会补选。监察人一年任期既满，亦应由股东改选。

三、关于本公司所欠津中行之款项应如何处理案。

决议：在筹备期中，所需款项先请津中行暂行垫付，待至正式开始营业以后再以厂房、机器向中国、金城两行叙做押款，以完手续。

四、召集股东会案。

决议：定于八月八日举行第一届定期股东会，并照章先一个月函知各股东召集之。

下午五时散会。

（件存陕西省档案局民过档案 82－1－166－1）

咸阳中国打包公司第一届定期股东会议记录

（1936 年 8 月 8 日）

时间　民国二十五年八月八日下午三时

地点　天津中国银行

出席者　周作民（王毅灵代）　吴延清（同上）　金颂匐（同上）

宋汉章(卞白眉代)　卞白眉　東云章　沈次量　林凤苞

高友梅　严裕棠(東云章代)　潘仰山(東云章代)

一、卞主席报告,因有要公须赴市政府接洽,改推東常务董事为临时主席。

二、主席报告:本日出席股东及代表出席股东之表决权,共计八百六十八权,超过全体股东表决权半数以上。

三、主席报告筹备期中经过情形及账略,大致如左:

查本公司原拟设在西安,嗣因陇海铁路展至咸阳,为发展将来业务及适应地利关系起见,前经二十四年六月一日临时股东会议改在咸阳设厂。筹备以来无不积极进行,目下建筑装机等工程大略均已就绪。本月初试车,打包成绩良好,新花上市之际,可以正式开工营业(详情另详报告书中)。筹备经过虽因变更厂址,时间未免稍长,而预计咸阳营业必较西安繁荣,将来获利当可较西安为优。

至经济状况,查本公司额定资金五十万元,计在西安方面用去者为(以下系根据本公司六月份月计表):

(一)地基:八万一千四百九十元零三分(现正拟设法出脱)。

(二)建筑材料:二万五千八百九十八元七角四分。

1. 砖:六千一百零二元八角四分;

2. 瓦:一千三百零三元五角;

3. 石子:一万二千六百六十元四角(有一部分正在出售);

4. 沙子:五千八百三十二元。

(三)房屋:十间八百三十元,十一间约两千四百元(确数尚未转正)。

以上西安方面约共支出十一万元之谱,至咸阳方面支出者计:

(一)地基:三万六千八百十一元三角七分。

(二)机器:二十三万九千四百八十六元三角六分。

(三)建筑及物料:十万零四百一十六元九角九分。

(不日工程告竣所有物料各项用款即全部转为建筑)

1. 火砖火泥:二千四百九十九元九角;

2. 沙子:三千八百九十四元四角八分;

3. 石子:一万五千二百九十五元六角四分;

4. 洋灰:四万一千五百六十六元三角一分;

5. 石灰:四千五百零三元;

6. 木料:三万两千六百五十七元六角六分。

（四）器具：四千三百九十一元三角七分。

（五）开办费：三万二千四百八十二元二角六分。

（六）铁皮（打包用）：二万四千五百二十一元三角六分。

（七）五金杂料：八万四千八百六十一元四角五分。

（内有自来水、电灯、装机等配件，又有铜筋、扁铁、圆铁及铜芯等约五万元系建筑用，不日工程完竣即可转正）

（八）包工暂欠：六万三千九百七十九元六角二分。

（工程尚未完竣，故账未转正）

查上列各项用款，除去股本收入利息两万余元外，共为六十七万余元，不敷之数均暂由津中行代垫，然除去西安地基、物料两项，搁压资金约十一万元。又打包物料、备用机件等费，按之实际，咸阳全部建设及开办等费用约共五十三万余元，一俟将来西安厂基、物料出脱后，资金方可活动。

四、关于本公司目前支出不敷之款，前经第二次董事会议决，在筹备期间所需款项先请津中行暂行垫付，待至正式开始营业以后再以厂房、机器向中国、金城两行叙做押款，以完手续。此案应请本会通过以便办理，当经在场股东一致通过，授权董事会照该会决议办理，惟上项中、金两行借款其利率不得过月息一分。

五、中棉公司股份现已过归中国银行，其股东代表人王酌清君曾经本会选为董事会董事，照章应即补选，当经出席股东推选结果，林风苞君以多数当选，继王前董事之任；又中国银行股东代表人张公权君现任铁道部长，由中国银行另行委托该行总经理宋汉章君代表张君原任董事会董事，亦应另行补选，当经出席股东推选结果，宋汉章君以多数当选继张前董事之任。

六、监察人一年任期已满，照章应即改选，当经出席股东推选结果，吴延清、潘仰山、高友梅三君以多数当选。

下午五时散会。

（件存陕西省档案馆民国档案 82－1－166－1 卷）

咸阳中国打包公司董事会第三次会议记录

（1937 年 11 月 6 日）

时间 民国二十六年十一月六日下午三时

地点 天津中国银行

出席董事 周作民 宋汉章 卞白眉 沈次量 束云章 林凤苞
张啸林（交通不便未及列席） 杜月笙（同） 尤菊荪（同）
严裕棠（同） 金颂匋

主席 卞白眉

报告事项

一、本公司因西安方面所置地皮须陆续出脱，及迁移厂址各项耗费积压资本，以致流动资金周转不敷，短缺之款均商由中国银行垫付。上次本会议曾议决，将所欠中行之款十七万余元（现欠十四万八千余元），俟公司开工后，以厂房机器向中国、金城两行作押抵还。嗣以公司开工未久，即值西安事变产生，又以公司注册尚未办竣，不动产之登记亦恐手续上不无困难，乃迟未商办。现拟俟公司注册执照颁发到后，即照上项议决办法，向中金两行商做抵押借款，拨还中行垫款，以完手续。

二、本公司汪经理前以三原、泾阳一带棉产量丰富，运至咸阳均用大车装载颇感不便，既费时间又恐偷窃，棉商素感痛苦，拟购置载重汽车数辆，专为代客装运棉花至厂打包之用并酌收运费，棉商既感便利，公司营业亦可发展，当经本会核准照办。兹据函报，业已在沪购妥司蒂倍克牌载重汽车三辆，俟交通便利即行运咸应用，将来如营业发达，拟再添购，以利客商。

三、前本公司在西安回坟左近所购地皮，经分售与中国银行、通成公司各十一亩余。现中行所购部分十一亩六分六厘，每亩一千一百元，共计价款一万二千八百二十六元，业经该行付清。其售与通成公司之十一亩余，契纸虽已写就，惟该公司对于地价迟未照交，嗣经商允，该公司在未交地价以前，每月照付租金一百四十二元，自二十五年八月份起租。

四、自卢沟桥事变发生后，时局紧张，交通梗阻，本厂寄会各项文件、表报邮递迟滞，核办甚感困难。适本公司常务董事束云章君因公在郑，为厂务进行接洽便利起见，特委托束董事在郑就近代为主持一切，俟时局转好，交通恢复再行照常办理。上项办法已于八月十日函知厂中照办。

五、本公司自二十三年五月从事筹备成立以来,瞬阅三载。其间因陇海路线展至咸阳,厂址随地理上之便利而迁移,原来设计变更,一切进行遂觉稍缓,所幸新计划均能如期完成,并于上年新花上市以前实行开工,差强人意。总计全年收进松包棉花七万七千四百一十包,共打机包四万二千九百六十九件,收入打包费二十五万七千一百六十一元六角一分,除去打包费支出九万五千八百四十二元二角一分,利息除收实支六千八百四十三元九角一分,营业费支出四万零八百五十五元二角五分,杂损益汇水支出一千二百零七元四角,厂屋、机器、器具折旧及开办费摊销支出四万一千三百六十四元三角二分,计纯益七万一千零四十八元五角二分。

(附注)本年度营业收入尚有保险费溢余八千五百余元,为增加公司厚成起见,已在决算前提出收入各项准备项下另户存储,又办事人酬劳亦于决算前提出七千八百余元,故本年度实际盈余之数当为八万七千余元。

讨论事项

一、本届决算盈余分配案。

决议:查本公司股本在二十三年,即已开始收集各股东交股,日期先后参差不齐。此次分配股利,如一律平均计算,则先交股款之股东不免吃亏,有失平允之旨。兹议定本公司股款自交付之日起至廿五年六月三十日止,援用公司法第一百七十三条之规定,给予周息二厘共计一万八千七百四十四元一角,先行在盈余总额内支出拨付。其余盈余之数计五万二千三百零四元四角二分,依照公司章程第二十九条之规定,先行议定分配如下:

盈余:五万二千三百零四元四角二分

公积:五千二百三十元零四角四分

官利:四万元

红利:不分

董事、监察人酬劳:八百四十八元八角八分

特别公积:九百十九元六角二分

办事人酬劳:一千零六十一元一角

下余四千二百四十四元三角八分,应归入盈余滚存项下。又办事人酬劳,在决算前已有营业费科目支出七千八百七十五元,系按职员全年实得奉薪十个月之数计算(每俸薪一元,发给酬劳金约合八角三分三厘三),此次分配办事人酬劳一千零六十一元一角，应一并归入盈余滚存项下。

二、办事人酬劳拟按全年实得俸薪十个月发给案。

决议：本公司同人平日办事均甚勤奋得力，上年西安事变，应付各方，维护厂产，使公司于艰危之中毫无损失，其忠贞劳苦，洵有足多。本届公司盈余不丰，按照章程分配办事人所得实甚菲薄。兹经议定，办事人酬劳一律按全年实得俸薪十个月发给（即每俸薪一元，实得八角三分三厘三毫之谱），以资奖励。

三、本届股息拟先发给案。

决议：本公司本届所派股息，本应俟召开股东会后再行发给，惟近以时局关系，股东会一时未能召集，而各股东中有要求先行发给股息者，兹议定即照上项决议定于十一月六日开始发给，将来再提请股东会追认。

四、召集股东会案。

决议：依本公司章程第十四条规定，每年决算后三个月应召开股东会，近以时局关系，交通梗阻，设远道股东来津出席颇感困难。现拟俟时局稍定、交通恢复后，再由本会酌定日期，召开股东会议。

五、请会计师查核本公司一切账目案。

决议：按照本公司章程第廿八条办理。

下午五时散会。

（件存陕西省档案馆民国档案 82－1－166－1 卷）

咸阳中国打包公司董事会第四次会议记录

（1940 年 2 月 15 日）

时间　　民国二十九年二月十五日下午四时

地点　　香港毕打行二楼六号

出席董事　宋汉章　卞白眉　束云章　沈次量（卞董事长代）

　　　　　林凤苞（束董事代）　金颂陶（束董事代）

主席　　卞白眉

报告事项

一、本董事会第四次会议原应在天津举行，兹因时局关系，交通不便，故改在香港召集。又廿七年十二月二十一日，在香港举行之第四次董事会议，因出席董事不足法定人数，故临时改为谈话会议。

二、本公司现已正式营业，根据廿五年二月七日第二次董事会议之议决案“在筹备期中所需款项先请津中行暂行垫付，待至正式开始营业以后，再以厂房、机器向中国、金城两行再做押款，以完手续”，业由大会于廿八年二月八日，商准天津中国银行驻港处河津中行前垫之三十万元改为厂基押款，以全部地基、房屋、机器作为抵押品，另商借信用透支以十万元为度，以厂基抵押品之余额及厂存物料□□一切财产作为担保。

三、本董事会暂设天津中国银行，其一切办公用具如文具、房社、灯碳等，为数不赀，平时皆由天津中国银行担负，并将本会经费每月一百五十元总数拨交津中行，以资津贴。嗣为便利起见，自廿八年二月份起，由津中行驻港办事处将该项经费每月在本公司向津中行驻港处透支以抵付，以省手续。

四、本公司廿五年度下期应补纳之所得税，计国币四千零四十五元九角四分，于二十八年五月间如数交纳。

五、陕西省战时物产运输调整处所赔棉花，在渭厂打包，商得该厂同意，在打包费内提出十分之一，补助救国团体或慈善机构，充作经费，要求我厂同样办理。我厂因此事业经省政府规定有案，无法拒绝，遵照办理，又恐与打包同业联合会定章有所抵触，为兼筹并顾计，由我厂自动捐给陕西省赈济会及陕西省抗敌后援会、儿童保育会各五百元，以了此案，并声明与打包费无涉，嗣后打包不得援例请求提成。

六、本公司廿七年度全年营业，计进原包棉三万八千五百十七包，打成机包二万一千九百十四件，比较上年度得增加十分之五。全年之收支情况有如左述：

1. 打包费收入：一六九，四五三. 四三元；

2. 保险费收入：一五，六九三. 二二元；

3. 杂损益收入：八，〇七八. 一八元；

以上共收：一九三，二六四. 八二元。

1. 打包费用支出：八二，一四三. 六九元；

2. 营业费支出：四五，九一九. 一一元；

3. 利息支出：二三，一六四. 二四元；

4. 房屋折旧支出：一三，六四二. 六二元；

5. 机器折旧支出：一七，四四七. 一七元；

6. 器具折旧支出：三，〇二六. 三七元；

7. 摊销相对费支出：五，三八〇. 三九元；

8. 摊损益支出：一，四六九．六七元；

9. 呆账：二，四〇三．六八元；

以上共支：一九四，五九六．九四元。

收支相抵计共折损：一千三百七十二元一角六分。

讨论事项

一、按本公司章程第二十九条之规定，每年决算于总收入中，除去总开支及折旧摊提等项后，如有盈余先提公积金十分之一，次提股息常年八厘，其余公配股东红利、董监事酬劳及办事人酬劳等。兹以本公司廿七年度决算计亏损一千余元，故廿七年度之公积、股息、红利、酬劳等概不提及分配。

决议：通过。

二、查咸阳本厂基地、厂房均有敷余，原动机、器具尚有余力可使。兹以湖北省纱布局以廿七年由汉口拆卸运存宝鸡纺纱锭五千枚及其附属备件，未能利用，殊觉可惜，商与本公司合作，在咸阳本厂内合组临时纺织工厂。该局纱锭及附件作价四十三万元，另出资现款七万元，作为出资五十万元；本厂原动设备及一部分厂屋、工房作价二十五万元，另出资现款二十五万元，作为出资五十万元，合计共一百万元，双方利益均等，以从事后方生产事业。合作期限以五年为期，至本公司应出之现金二十五万元，拟请中国银行信托部代为筹集，对外仍由本公司单独出面与该局合作。将来无论盈亏，本公司与中行信记部代为筹集之投资各半分摊。附抄原合同等件，请付讨论案（合同另附）。

决议：照办。

三、召集股东会案。

决议：按本公司章程第十四条之规定，每年决算后三个月应召开股东会。近以时局关系，交通梗阻，各股东散处各方，召集困难，拟待时局平定，交通恢复后，再由本会酌定日期召开股东会议。

四、请会计师查该公司一切账目案。

决议：按照本公司章程第廿八条办理。

散会。

（件存陕西省档案馆民国档案 82－1－166－1 卷）

咸阳中国打包公司董事会第五次会议记录

（1943年3月20日）

时间　　三十二年三月二十日下午二时

地点　　西安尚仁路十三号中国银行

出席董事　卞白眉（束云章代）　束云章　沈次量　金颂匋

宋汉章（束云章代）　林凤苞（沈次量代）　杜月笙（束云章代）

缺席董事　张啸林　尤菊荪　严裕棠　周作民

主席　　束云章

记录　　束樵如

主席报告

现因时局关系，交通梗阻，本公司各董事散处各方，召集为难，以致二十八、二十九两年应行召集之董事会议未能如期举行。兹将本公司二十八、二十九、三十年各年度业务情形，分别报告如次。

甲、二十八年度

一、查本公司与湖北省纱布局合组咸阳工厂合约，已于二十九年二月十八日签订。该厂同年八月即行开工，开工未久即遭敌机轰炸，所幸厂房机器损失尚轻，旋经积极整理，即行复工。

二、本公司本年度迭遭敌机轰炸，其中以三月三十日及八月三十日遭受损失最重大，办公厅完全炸毁，此外尚炸毁其他房屋、机器及物料等项，以时价估计约值六十余万元。

三、战局延长，打包材料无不涨价数倍。豫、陕各同业为顾全成本起见，曾迭将打包费改订，并经各同业公议实行。兹将历次改订日期及价格列表于后。

改订日期	种类	每市担打包费
二十八、八、十五	铁皮	2.20
二十八、十、一	铁皮	2.60
二十八、十一、二十	铁皮	3.60
二十九、一、一	铁皮	5.00
二十九、四、一	铁皮	6.00
二十九、六、一	铁皮	8.00

四、本公司本年度全年营业，计收进打包原棉六万四千四百八十五包，打成机包三万一千九百七十件，比较上年度约增加三分之一。全年之收支及盈余状况如左：

1. 打包费收入：六三八，九四八．九七元；

2. 保险费收入：四〇，六六．八〇元；

以上共收入：六四三，〇一五．七七元。

1. 打包费支出：三三八，七二四．九七元；

2. 营业费：八三，七四二．一二元；

3. 利息支出：一八，〇一一．六二元；

4. 房屋折旧：一三，六九九．〇二元；

5. 机器折旧：一七，四四七．一七元；

6. 器具折旧：三，〇七八．二五元；

7. 摊销开办费：八，四〇六．八六元；

8. 杂损益：四一，九五二．二五元；

以上共支出：五二五，〇七二．二六元。

本期收支相抵计纯益：一一，七九四三．五一元。

讨论事项：

分配盈余案：

按本公司章程第二十九条之规定，每年决算于总收入中除去总开支及折旧摊提等，如有盈余先提公积金十分之一，次提股息常年八厘，其余分配股东红利、董监事酬劳及办事人酬劳。兹本公司本年度计盈余一一，七九四三．五一元，除照章应提公积金十分之一计一一，七九四．三五元；纳所得税一，七三五〇．一四元，利得税七，四八〇．二五元，并拨提历届亏损三五，二六二．六四元外，净余计四六，〇五六．一三元，拟提付官利八厘计四万元。其余红利、董监事酬劳均不分派（办事人酬劳已由营业开支发给）。所余之数计六，〇五六．一三元，转入盈余滚存。

决议：照办。所余之数无多，应收入盈余滚存并俟召集股东会时请求追认。

乙、二十九年度

一、本公司前与湖北省纱布局合组之咸阳工厂，依据原合约第八条规定，原有继续租用纱布局存放宝鸡，所余之五千锭及其足敷应用之附属机件，为第二步之合作，并经双方同意，已于二十九年十一月二十日签订合约。此项合约签订后，本公司应出资金五十万元，已先由中国银行垫付，将来本公司与中行双方如何摊做，另行商办。

二、本公司于三十年五、六两月间，先后复遭敌机猛烈投弹，厂房及职工宿舍多数被炸，打包机器亦同被波及，停工几逾一月之久。嗣经昼夜积极修理，始于七月底竣工试车，不意于八月二、九、廿八、卅一日又遭敌机投弹。所幸房屋机器未中要害，加以修理仍能照常工作。

三、本年打包材料价格倍增，铁皮来源日绌，经各同业公议，再度增加打包费。本年度曾三次改订价格，本公司均已照办。兹将逐次改订价格列表于后。

改订日期	铁皮包	麻绳布	自备铁皮	自备包布
29.11.1	10.00	8.00	6.00	5.00
30.1.1	12.00	8.40	7.00	6.00
30.5.1	15.00	12.00	9.50	7.50

四、本公司全年计收进打包原棉一万九千三百九十六包，打成机包一万三千六百八十五件。全年收支及盈余状况如左：

1. 打包费收入：五八九，七七八．六〇元；

2. 杂损益：一〇八，七八四．八四元；

以上共收入：六九八，五六三．四四元。

1. 打包费支出：三八八，三四六．五五元；

2. 利息支出：三五，七六八．四七元；

3. 营业费支出：一九六，七〇九．〇六元；

4. 房屋折旧：九，九八三．〇〇元；

5. 机器折旧：一七，四四七．一七元；

6. 器具折旧：二，〇九四．八〇元；

7. 呆账：三，四六〇．八五元；

8. 空袭损失摊提：三二，八一一．三四元；

9. 摊销开办费：一〇，〇八八．二二元；

以上共支出：六九六，七〇九．四七元。

本期收支相抵计纯益：一，八五三．九七元。

讨论事项：

分配盈余案：

本届决算盈余，除打销折旧及摊提空袭损失外，净余仅一千八百五十三元九角七分,为数甚微,暂不分派。

决议:应暂不分派,即将该款如数转入盈余滚存并俟召集股东会时请求追认。

丙、三十年度

一、本公司与湖北省纱布局合组咸阳工厂,其第二五千锭我方应出资五十万元。前已商准由中国银行暂垫,本年十月间,该厂因流动资金不敷,复经与本公司商定增资四百万元,双方各出资二百万元,此项增资本公司部分仍由中行代垫。此系当时办理情形。兹经与中行商妥,上项续订第二步五十锭出资五十万元及增资二百万元,共计二百五十万元,本公司拟担任五十万元,其余二百万元由中行担任,业经中行同意,现双方手续均已办妥。再本公司担任该厂资金,连同第一步五千锭以厂屋原动作价二十五万元,共为七十五万,计合资本总额八分之一。

(附注)中行担任该厂资金共计二百二十五万元,其中二百一十万元已让与雍兴公司,其余十五万元已让与雍裕纱厂。

二、本公司前置地基一段计四十九亩四厘六毫,现租与咸阳工厂。业经双方订立租约,每月租金六百元,预交一年。期满后当照一般物价指数,每年酌量重订租金一次。

三、本年打包公司材料价格仍续涨不已,各同业为顾全成本起见,又屡次改订价格。兹将历次改订日期及价格列表于后。

改订日期	铁皮包	麻绳包	自备铁皮	自备包布
三十、十、十五	20.00	12.00	10.00	
三十、十二、一	26.00	15.00	14.00	
三十一、一、一	32.00	20.00	17.00	

四、本年度共计收进打包原棉五八,六六三包,计打成机包二,九三三件,麻绳包一,五一九件。全年收支状况如左:

收入部分:

打包费收入:四,四二七,六三九.六三元;

以上共收入:四,四二七,六三九.六三元;

支出部分:

1.打包费支出:二,三九二,四四〇.九七元;

2.利息:六三,二一一.〇五元;

3.房屋折旧:一九,六六八.二五元;

4.机器折旧:一九,一一八.五三元;

5. 器具折旧:八,三一七. 七三元;

6. 杂损益:一三二,五一五. 七四元;

7. 营业费:五六二,四二七. 七六元;

8. 空袭损失摊提:一,二二七,二三九. 六五元;

以上共支出:四,三二四,九三九. 五八元。

收支相抵计纯益: 一〇二,七〇〇. 〇五元。

讨论事项:

一、分配盈余案。

本公司本年度盈余账面为一〇二,七〇〇. 〇五元,嗣以直接税局派员至厂查账,认为本年度决算提存之空袭损失为数过巨,乃令予核减,照原报之数八折提存(原报之数为一,二二七,二三九. 六五元),当经核定本年度盈余应为三四八,一四七. 九八元。唯本公司年度决算早已核竣,其盈余差数二四五,四四七. 九三元,只可由提存空袭损失项下付出,转入本年度盈余滚存账内,再行分派。兹按本公司章程第二十九条之规定,每年决算于总收入中除去总开支及折旧摊提等项后,如有盈余,先提公积金十分之一,次提股息,常年八厘,其余分配股东红利、董监事酬劳及办事人酬劳等。兹本公司本年度盈余共计三四八,一四七. 九八元,除照章应提公积金十分之一计三四,八一四. 八〇元,纳所得税三一,三三三. 三二元,利得税四四,〇四九. 九四元,提付股息常年八厘计四〇,〇〇〇. 〇〇元,又战时提存特别准备三一,三三三. 三二元外,净余计一六六,六一六. 六〇元。按百分率分派如左:

股东红利	60%	九九,九六九. 九六元
董监事酬劳	12%	一九,九九三. 九九元
办事人酬劳	18%	二九,九九〇. 九九元

(办事人酬劳已由营业费开支发给,此款应即收入盈余滚存)

特别公积金	10%	一六,六六一. 六六元

以上分配办法是否可行,请付公决议。

决议:股东红利按一分六厘分派,多余之款连同办事人酬劳一并转入盈余滚存,余照办并俟召集股东会时请求追认。

二、召集股东会议案。

决议:本届及上两届股东会议,因各股东散处各方,未能召集,容俟时局平定,再行召集。

三、请会计师查核本公司一切账目案。

决议:按照本公司章程第二十八条办理之。

散会。

（件存陕西省档案馆民国档案 82－1－166－2 卷）

咸阳中国打包公司董事会第七次会议记录

（1945 年 8 月 4 日）

时间　　民国三十四年八月四日下午四时

地点　　西安尚仁路十三号中国银行

出席董事　卞白眉（束云章代）　束云章　沈次量　宋汉章（束云章代）
林凤苞（沈次量代）　周作民（余养轩代）

缺席董事　尤菊荪　严裕棠　杜月笙

主席　　束云章

记录　　束樵如

报告事项

本公司三十二年度决算已经结出,兹将全年营业情形及收支状况分别报告如左:

1. 原棉自经政府统制后,本厂只做花纱布管制局生意。三十二年十一月与该局签订第一次合同,计代打（麻绳）机包一万件,打包费每市担一百三十五元,由局方一次预付打包费二百万元。三十三年一月间复与该局签计第二合同,计代打（麻绳）机包一万件,打包费每市担一百五十五元,并由局方预付打包费二百七十五万元。同年五月间,又与该局签订第三合同,代打（麻绳）机包七千件,打包费每市担一百七十元,由局方预付打包费三百万元。全年度共计打绳包二万四千余件,与上年度情形不相上下。

2. 本公司为弥补开支起见,设置布机藉增收益,业于第六次董事会报告在案。本年度先后添置铁木布机共五十二台,开工后曾代郑州私立小学织布一批。又自织打包布成绩尚佳。旋与军需局洽订合同,试织军布数批。因该局规格太苛,且领纱、交布、结账、领款种种手续过于繁琐,而所得工资又不敷成本,自三十三年四月以后即停止领纱。俟将领到之纱织毕,拟暂时停工。以后如条件适宜,本厂仍拟与该局订约承织。

3. 三十三年五六月间，中原战事扩大，关中震动。本厂为保全物资起见，曾将厂存打包窄面土布一万零八百匹，又土纱五三六二斤，雇大车疏运平凉保存，嗣时局平定照常开工。惟因打包改用宽面土布较为合算，上项疏运平凉之纱布既不合用，将来拟随市售出，以资换购宽面土布。

4. 年来物价继续上涨，公司财务极感紧绌，中行原有押透九十五万元益感不敷，上年曾先后向行庄用贴现方式贷款周转应急，利息负担甚重（此项借款大部系用于购买备用物料），现正向中行商请增加透支额度。

5. 本年度同业棉花打包价格经花纱布管制局厘定，兹将历次签订价格列表于后：

订定合同机关	订定日期	绳包每市担价格
花管局	三十二、十一、十	135.00
军需局	三十二、十二、十八	135.00
花管局	三十三、一、十九	155.00
花管局	三十三、五、二十二	170.00
军需局	三十三、六、十五	200.00 铁皮每市担价格　200.00

6. 本公司三十二年度共计收进原棉五万一千六百五十件，打成绳包二万四千三百零七件。兹将年度决算收支概况分别列后：

收项：(1)打包费收入　一一，八五六，三七五. 九九元

(2)杂损益　二〇一，三四五. 七七元

以上共收入　一六，〇五七，七二一. 七六元

付项：(1)打包费支出　八，四七三，五三三. 六四元

(2)营业费　六，三三二，七六七. 九一元

(3)利息支出　七一〇，四七〇. 二〇元

(4)汇水　六，五〇〇. 〇〇元

(5)房屋折旧　一四一，〇〇八. 五〇元

(6)机器折旧　三七，九八一. 三四元

(7)器具折旧　七〇，八四三. 三一元

以上共支出　一五，七七三，一〇四. 九〇元

本期收支相抵计纯益　二八四，六一六. 八六元

讨论事项

1. 本公司三十一年度所得税前经税局核定为二三三，七八四. ○九元，又利得税四六一，二一七. ○四元，与本公司原计算应缴之数计多六四三，五八二. ○二元。当时本公司以税局核定税额太重，无力负担请求重行核定，一面为应付计当时先付十五万元。嗣迭经交涉卒未邀允，且限期綦严，否则处罚，不得已已将该款照数陆续缴清，在盈余滚存项下支付(该局核定本公司应剔出转作收益之提存备抵物料损失专款，暨备付机油、铁皮价款共一，○四三，三三八. 九二元，同时亦已转入盈余滚存)。请予备案。

决议：备案。

2. 三十二年度决算盈余共为二八四，六一六. 八六元，惟税局按简化征税办法核定本厂所得税为一四四，○○○元，利得税为二一六，○○○元，共计三十六万元，按照账面尚不足抵付。兹拟将此项税款以暂计欠款，暂为悬欠。至该年度盈余，即仍按账面二八四，六一六. 八六元分配，计照章提存公积金十分之一计二八，四六一. 六九元，战时提存特别准备金二五，六一五. 五二元，提付股息常年八厘计四○，○○○元，净余一九○，五三九. 六五元。按百分率分配如左：

股东红利	60%	一一四，三二三. 七九元
董监事酬劳	12%	二二，八六四. 七六元
办事人员酬劳	18%	三四，二九七. 一四元

(办事人员酬劳已于决算前由营业开支发给此款，应收盈余滚存)

特别公积金	10%	一九，○五三. 九六元

以上分配办法系按本公司章程第二十九条之规定办理，惟近来物价高涨，股东及董监事所得无几，本年度拟比照上年酌为增加。如何请公决。

决议：照办股东红利本年度仍按四分发给，又董监事酬劳董事长按一万元，常务董事每人按八千元，其他董监事每人按六千元致送。上项分配不敷之数由盈余滚存项下转付，将来向股东会并案请求追认。

3. 请会计师查核本公司一切账目案。

决议：按照本公司章程第二十八条办理之。

临时动议

周作民先生提议：金董事颂匋对本公司颇多劳绩，不幸逝世，本公司应如何送致赙金案。

决议：由本公司致送赙仪二十万元。

散会。

（件存陕西省档案馆民国档案82－1－1216卷）

咸阳中国打包公司董事会第九次会议记录

（1947年9月18日）

时间　　　民国卅六年九月十八日下午三时

地点　　　上海中国银行三楼会议室

出席人数　卞白眉等六人（详签到簿）

报告事项

本公司卅四年度决算已经结出，兹将全年营业情形及收支状况分别报告如左：

一、本年度花纱管制撤销后，本场营业较前活动，全年度共收进本机棉六五，二〇七件，除有一部分原包出厂外，共打绳包二七，九三二件。

二、本厂与西安中行所订抵押透支合同额度五百万元，上年期满已商得该行同意将额度增改为五千万元。

三、本公司与湖北纱布局合组之咸阳工厂，卅三年及卅四年决算账面共计结亏一六，八七五，五二八.二二元。惟该两年度中，该厂尚有应收花纱布管制局补付工缴及提存兵险等款共计一〇五，六七〇，七二〇.七七元，本年经提出作为收益，除弥补账面亏损及缴纳所得税外，净余八五，四三三，一九二.五五元，我方按投资成份分派计得一〇，六七九，三九九.〇七元。连同该两年度应发本厂折旧款三，〇八八，一五一.四五元，共计分得一三，七六七，五五〇.五二元，已并入历年提存专款列作厚存，未以盈余做账。

四、本年度打包价格随物价波动，迭经调整，兹将历次改订价格列后：

年　月　日	种类	每市担价格
卅四、十、六	绳包	800元
卅五、十一、十	绳包	1,300元
三五、二、一	绳包	1,500元
三五、四、一	绳包	2,000元
三五、五、廿六	绳包	2,400元

本公司卅四年度决算收支概况如左：

收项：

打包收入	一四三,四六三,六三三.六〇元
杂损益	二五,〇〇二,三八九.二〇元
以上共收入	一六八,四六六,〇二二.八〇元

付项：

打包支出	九七,四五〇,六一八.九九元
利息	一,三三二,四二四.五九元
汇水	一二,〇四八.〇〇元
房屋折旧	二一八,〇八九.七三元
机器折旧	三七,九八〇.三四元
器具折旧	二一一,二四六.六四元
营业费	六八,一二六,九七一.八五元
以上共支	一六七,三八九,三八一.一四元
收支相抵计纯益	一,〇七六,六四一.六六元

讨论事项

一、本公司卅四年度决算盈除共为一,〇七六,六四一.六六元,除照章提存公绩金十分之一计一〇七,六六三.一七元,又所得税五三八,七〇四元,利得税八七,六九六元,次提付股息常年八厘计四〇,〇〇〇元,又除去垫付卅三年度股息红利及董监酬劳不敷分配数一三二,二六四.一三元,净除一七〇,三〇四.三六元,按百分率分配如左：

股东红利	60%	一〇二,一八二.六二元
董监事酬劳	12%	二〇,四三六.五二元
办事人员酬劳	18%	三〇,六五四.七八元

（办事人员酬劳已于决算前由营业开支发给,此款应收盈余滚存）

特别公积金	10%	一七,〇三〇.四六元

以上分配办法系按本公司章程第廿九条之规定办理,惟年物价高涨,股东及董监事所得无几,本年度股东红利及董监事劳,应否比照上年度酬量增加,请公决。

议决：股东红利仍按四分发给,有余则转入下半年度盈余滚存,董事酬劳捐作员工福利金。

二、本公司卅二年及卅三年度所利得税共付七十九万两千元，当时均以暂记欠款□□暂为悬记。上届董事会开会时决议，卅四年度如有盈余再行支付冲转。惟查卅四年度盈余无多，仍属无法支付。该两年度税款应如何处理，请公决。

议决：仍列记暂记欠款账，俟来年度决算如有盈余，再行支付冲转。

三、本公司上届董事会因交通困难暂缓召集股东会，半年以来各地交通已较前良好，兹拟俟卅五年度决算办竣后，在上海或西安召集股东会，追认历届董事会议决各案，并照章改选董事监会人，如何请公决。

议决：于本年十月二十日左右召集股东会。

四、本公司董事长及多数董监事均【在】上海，为会议及办事便利起见，自本届起在沪集会并加入雍中行束经理主持之附属事业，各董事会联合办事【处】办公。请备案。

议决：通过。

五、本公司董监事车马费，前因抗战时期又值公司百端草创，是以未经致送。兹胜利来临，业务较前好转，拟自本年一月份起，按月致送各董监事车马费。计董事长月支三十万元，常务董事各月支二十万元，董事及监察人各月支十五万元。请予备案。

议决：照办。

六、本厂采用骑跨会计年度，对外接洽颇感不便。兹卅五年度（卅五年七月一日至卅六年六月卅一日）应缴所得税已缴讫，并奉税局批准，自卅七年一月一日改用通行会计年度，拟即自卅七年一月起实行，自本年七月一日至十二月三十一日止，拟办理半年度决算，以利进行。如何请公决。

议决：通过。

七、本公司前为扩充业务，曾于卅三年购得郑州协和打包厂打包机一部，因无原动，迄今仍在永乐店本公司仓库存放。近来关中棉产，政府提倡正力，推测打包业务前途发展可期，原拟利用本公司永乐店仓库房屋及购存之打包机，在该地设立分厂，并在汉口方面觅购锅炉及蒸汽引擎一套，价值约两亿元，设法赶运来陕装用，现因时局吃紧，又须得从缓办理。除一面继续规划外，俟时局稍靖，再行酌量情形办理。如何请公决。

议决：照办。

八、本公司资产升值，现正遵照政府规定办法积极研究办理中。惟本公司创设于民国二十四年，股本国币五十万元，嗣以抗战军兴，股东散处各方，迄未增资，衡以目前币值低落及公司业务发展情形,实有再行增资之必要。应否增资为亿元,由股东比例分摊,请公决。

议决:请束总经理研究办理,再行提交本会备案。

九、请会计师查核本公司一切账目案。

议决:按照本公司章程第廿八条办理之。

(件存陕西省档案馆民国档案 82 - 1 - 319 卷)

咸阳中国打包公司股东大会议事录

(1947 年 6 月 28 日)

日期　　民国三十六年十月二十八日

时间　　下午三时

地点　　上海中国银行三楼会议室

到会股东　九人(详签到簿)计三千三百股

主席　　公推卞白眉为主席

报告事项

一、主席报告

1. 主席代表董事会报告本公司自民国二十五年至卅五年度之业务概况(详见报告书)。

2. 本公司董事会每年均召开一次或两次,业务方针均系取决于董事会之股东大会则因战事影响迁延迄今乃得召开,情非得已,请予原谅。

二、监察人报告历年盈余情形(详见报告书内所附账略)。

讨论事项

一、主席代表董事会提案

A. 本公司二十八年度决算共计盈余一一七,九四三. 五一元,除去各项提存外净余四六,〇五六. 一三元。经本公司第五次董事会议决,提付官利八厘计四六,〇五六. 一三元转入盈余滚存。

B. 本公司二十九年度决算共计盈余一,八五三. 九七元,因为数甚微,经第五次董事会议决暂不分派,扫数转入盈余滚存。

C. 本公司三十年度决算共计盈余一,〇二七,〇〇〇. 〇五元。嗣以直接税局以本厂本年度提存之空袭损失过巨,核减八折提存,并经核定本公司本年度盈余为三四八，一四七.九三元（惟因本年度决算账业已办竣，故只能将盈余差数二四五四四七.九三元转入盈余滚存），除去各项提存外，净余一六六，六一六.六〇元。经第五次董事会议决，股东红利按一分六厘分派，多余之款转入盈余滚存。

D.本公司三十一年度决算共计盈余二五，五四六一.五三元，嗣以直接税局以本公司本年度提存之备抵物料损失专款及预提备付机油铁皮价款等，应予剔出作为收益，并经核定本年度盈余共应为一，二九八，八〇〇.四五元，照章应纳税四六一，二一七.〇四元。本公司以核定之税款过巨，无力负担，请求重新核定（截至三十二年始解决），故拟按账面盈余二五五，四一六.五三元之数先行分配，除去各项提存外净余一一五，五〇四.七三元。经第六次董事会议决，股东红利按四分发给，又董监事酬劳董事长按四千元，常务董事每人按三千元，其他董监事每人按二千四百元致送，不敷之数由历年盈余滚存内拨付。

E.本公司三十二年度决算共计盈余二八四，六一六.八六元。惟税局简化手续办法核定，本公司所得税为一四，四〇〇元，利得税二一六，〇〇〇元，共计三十六万元。盈余不够支付，故只得将税款以暂记欠款悬记。经第七次董事会议决股东分利仍按四份发给，又董监事酬劳董事长按一万元，常务董事每人按八千元，其他董监事每人按六千元致送，不敷之数由盈余滚存项下转付。

F.本公司三十三年度决算共计盈余二一一，二四四.〇一元，而税局简化征税办法核定，本公司应纳之所得税共计四三二，〇〇〇元，盈余不敷分配，故将税款仍予悬记，按账面盈余先行分配。经第八次董事会议决，股东红利仍按四分发给。又董监事酬劳仍照上年度数额致送，不敷之数仍在盈余滚存项下支付，如仍不符，以暂记欠款悬记。

G.本公司卅四年度决算盈余共计一〇七，六六三一.六六元，除去各项提存外，净余一七〇，三〇四.三六元。经第九次董事会议决，股东红利仍按四分发给，有余则转入盈余滚存；本年度提供分配之董监事酬劳部分计二〇，四三六.五二元，捐金【作】员工福利金，不另致酬。

以上各项分派情形，请股东会予以追认。又：

H.本公司卅五年度盈余计一六四，五五九，九二八.九三元，可供分派股息及红利，拟暂不分配，俟此次股东大会决定资产升值办法后提存，作为股东依照增值办法应缴五分之一现金资本（增值办法详提案二）。如何请公决。

议决：通过。

二、本公司鉴于近来物价日涨，币值益贬，本公司固定资产之价值亟宜重估，并调整资本总额,以维股东权益。现本公司资产升值正遵照政府规定积极研究办理中,为使办理增值增资手续迅速进行起见,可否将股本总额增资为二亿元(本公司原有股本总额为五十万元计五千股,每股一百元。股本总额增为二亿元后,每股改为四万元,即每股增资三万九千九百元)。如何请公决。

议决:照办。

三、本公司章程第五条"本公司股本总额定为国币五十万元,分为五千股,每股一百元,一次缴足"拟改为"本公司股本总额定为国币两亿元,分为五千股,每股四万元,一次收足"。如何请公决。

议决:通过。

四、本公司先后投资咸阳纺织工厂七十五万元(计占该厂总股本八分之一)合作经营,请股东会予以追认。

议决:通过。

五、本厂采用骑跨会计年度,对外接洽颇感不便,兹卅五年度(卅五年七月一日起至卅六年六月卅一日止)应缴所得税已缴讫,拟自卅七年一月起改用通行之会计制度(税局已核准),至卅六年下半年之决算,拟办理半年度决算。如何请公决。

议决:照办。

六、本公司在卅二年度决算时,账面盈余二八四,六一六.八六元,卅三年度盈余二一一,二四四.〇一元(实际上该两年度尚提有厚存)。直接税局实行简化稽征所利得税办法后,本公应纳所利得税计卅二年度为三十六万元,卅三年度为四十三万二千元,合计共为七十九万元。该两年盈余均不敷抵付,故列入暂记欠款项下悬记(请参看提案一)。嗣以卅四年盈余仍不够充抵,故迄未冲转,可否于卅五年度盈余内提出打销,请公决。

议决:通过。

七、本公司拟在永乐店筹设分厂一事,前经提请第九次董事会议通过,兹虽因时局关系进行困难,但筹设工作早经展开,只候时局稍靖,仍须加紧进行,现组织系统已由该厂拟定,经核尚属可行,请予备案。又,该厂设立永乐店分计划全部工程费约二十五亿元,除现已购得材料约十余亿元外,核计尚差十余亿元,可否向银行叙做押?请公决。

议决:照办。

咸阳中国打包公司组织系统表(草案)

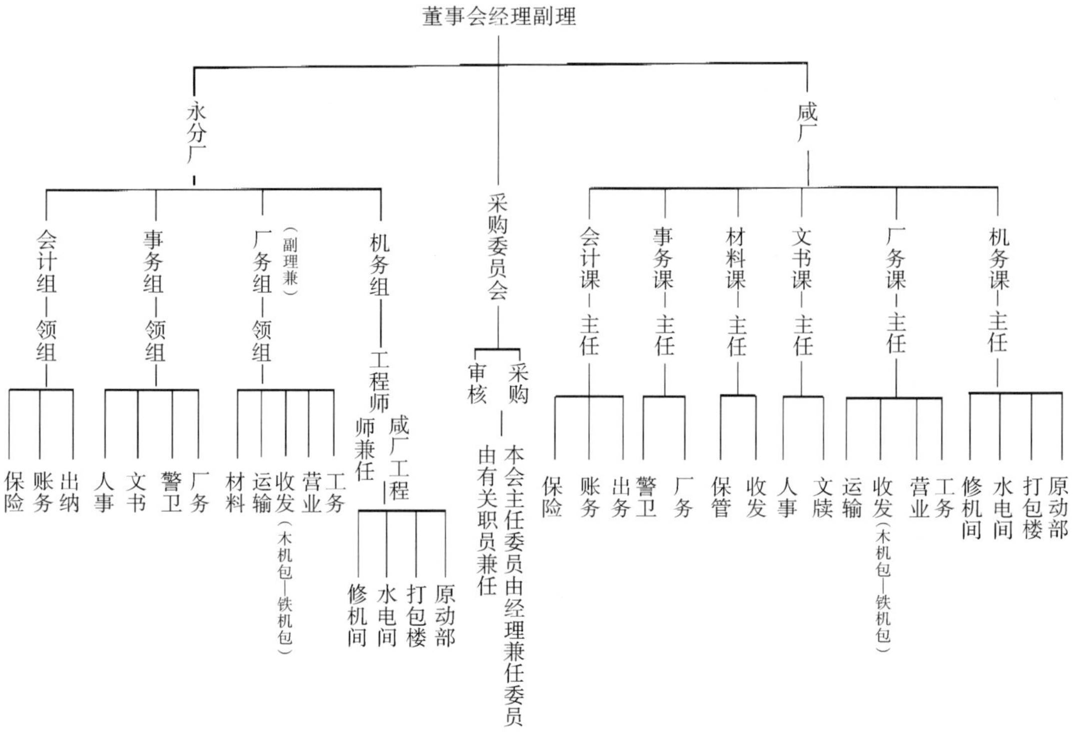

八、本公司董事张啸林、金颂匋及监察人吴延清均已亡故出缺,又原任董监事均已届改选之期,请另行推选以符定章。

议决:当经推选,卞白眉、束云章、沈次量、宋汉章、林凤苞、周作民、杜月笙、严裕棠、张武、张法尧、陈冠杰等十一人为董事,潘仰山、高友梅、徐左良等三人为监察人。

(件存陕西省档案馆民国档案 82 - 1 - 262 - 2 卷)

咸阳中国打包股份有限公司临时股东会决议录

(1947 年 12 月 9 日)

时间　　民国三十六年十二月九日下午四时

地点　　上海中国银行三楼三〇一室

出席股份　　三七八〇股,本公司共有股份五千股

主席　　卞白眉

主席报告

今日到会股份已足公司法第二、四、六条之规定，依法可以开会。

本公司资本总额现因物价影响致原有资本不敷营运周转，实有增加资本之必要，至增资之方法与增资之数目，曾经董事会研究如左：

一、先由董事会遵照经济部公布之《工矿运输事业重估固定资产价值调整资本办法》《补充估计方法》暨《应用物价指数及估价倍数最高限额表》之规定，重估固定资产价值后，再提请股东会决议。现董事会依法重估固定资产价值，计可增值一，五二六，五〇〇，〇〇〇．〇〇元，拟将此项金额全数转作资本，按各股东出资原额比例分配与各股东，并依法应增募重估增值五分之一之现金股款计四七，三〇〇，〇〇〇．〇〇元，亦按各股东出资原额比例摊认。

二、本公司原有资本总额五十万元，连同重估增值一，五二六，五〇〇，〇〇〇．〇〇元，及另增现金新股四七，三〇〇，〇〇〇．〇〇元，共成资本总额二十亿元，分为两万股，每股十万元。此项增资之方法与数目是否可行，请公决。

议决：照办。股东应缴现金股款由盈余项下拨付。

三、本公司本年十月二十八日股东大会曾决议本公司股本总额增资改为二亿元，兹照上项财产升值增资办法，本公司应增加现金新股四亿七千三百万元。似此行则本公司十月二十八日股东会议决增资一亿九千九百五十万（连同原有股本五十万元合共二亿元）一案可归并此项增资案内办理，以节手续。可否将十月十八日股东大会之增资案撤销，请公决。

决议：准予撤销。

散会。

（件存陕西省档案馆民国档案 82－1－262－2 卷）

咸阳中国打包公司董事会第十一次会议记录

（1948 年 10 月 29 日）

时间　　民国三十七年十月二十九日下午三时

地点　　上海中国银行三楼三〇一室

出席董事　卞白眉等十人

主席　　卞白眉

报告事项

一、业务状况

本公司原采骑跨会计年度，因事实上颇不方便，故自三十六年度起，拟改用通常之会计年度。前次董事会议时已提出报告，兹经陈奉税局核准照办，自三十六年七月至十二月作成半年度决算，所有八月份以前打成之机棉包数及收入并入三十五年度（三十五年七月至三十六年六月）计算。三十六年秋季陕省新棉上市后，我厂自九月开始进货，截至十二月底，共收进木机包棉花六七，二七七件（十八万市石以上），打成之绳捆机棉二六，八四四件（约十三万余市石）。大部分系纺建、裕华、大华、申新、豫丰各厂及中国农业公司之货，连同其他打包客户达五十余单位。

打包收费办法系经陕省同业议定，尚足维持，颇有盈益。

二、奖励生产

本公司奉令成立劳动效率促进会后，三十六年十一月份规定最低生产标准为机包一万一千件，十二月份一万两千件，达到标准发给奖金，超出标准时分级递加。经各员工努力结果，十一月份打成一一，三八一件，十二月份打成一二，一三三件，其奖金当即按照原来规定发给。

三、储备材料

打包之包皮布大部分仍向渭南方面定制，接济较易。所用蔴绳原向甘肃华亭采购，山蔴在华亭、平凉自行雇工监织，集中平凉发运来咸备用。该项山蔴系在集市上零星收购，纺绳处所亦分散各行店内，复因运输工具全赖卡车、马车，故照料、交涉之际颇费人手，派往蔴庄人员已达五人，源源接济，蔴绳尚不至匮乏。其他如锅炉用煤为同官耀县一带所产，虽有陇海支线贯通，因年来车辆导常缺乏，且时局亦颇不靖，致不能尽如人意，辄需多方致罗以资应付。所幸预为筹谋，尚能勉强敷用。

三十六年在汉口所购一部分物料及小电机，运抵郑州后适值豫西战事紧张，铁路公路均告中断，不得不连同自上海购到之帮浦车、消防用具等，一并储存郑州中国银行仓库，俟交通便利，再行启运到陕。

四、开辟露天堆货场

年来厂内存棉常达木机包一万四五千件以上，最多时达二万件，因保险关系，需隔离堆放，原有货场不敷应用。三十六年度内购置与第二货场毗连之地亩一段，计三，五〇四亩，将第二场扩大。又厂外购置之地基一段计一〇，五二四亩，原备两厂员工子弟学校建筑校舍之用，亦暂时辟作厂外堆花场。

五、代中纺建筑仓库

豫西战事再起，交通阻塞，中国纺织建设公司在陕西所购棉花不能大量东运，为储存便利计，向本公司洽商在厂内建筑可容机棉一万件之仓库数所，先预付打包费资币二十亿元，由本会代为建筑，其借款陆续在应收打包费内扣还（每一机包扣六万元）。中纺使用仓库期限为一年，不计栈租，期满改为租用，双方订有合约。该项仓库共建成两排计共七所，于三十六年年底已全部完成。

六、永乐分厂筹设情形

本公司筹设永乐分厂，原计划在锅炉引擎运抵永乐店时，即开始建筑钢骨水泥打包楼机器房，以便提前安装机器，随后修建砖木拣花房。嗣因锅炉引擎到厂后豫西路断，钢骨、水泥不克运陕，经变更计划，拟将打包楼机器房改用砖木建筑。当选购木料时，适值交通不便，加以打包楼下应先筑成之旱井两眼工程，因泉水浸窑未能及时竣工，原订三十六年年底开工打包之计划不果实现。本年三月间，陕北战事又起，永乐为泾阳所辖区域，密迩前方，进行困难，以此延搁，俟后再相机进行，以资妥慎。

七、财务情形

本公司收入全赖打包费一项，系逐日零星计收，每月所需购料款项为数颇巨，加以垫拨永乐分厂机器及建筑材料等用费为数尤多，致资金周转颇为困难。本年三月间，咸阳成立城郊工程委员会，修筑工事，硬性摊派本公司三十亿元（总数共为二百余亿），不容请减，催迫至急，已陆续缴纳十八亿元，致本公司周转资金益见困难，多方张罗，始克勉强度过。

八、盈余情形

本公司三十五年度（三十五年七月一日至三十六年六月三十日）决算盈余，计一六四，五九九，九二八．九三元。除去多项提存并缴纳直接税外净余一三六，九四八，九一八．六六元。又三十六年度（三十六年七月一日至三十六年十二月三十一日）决算盈余七二一，五五四，二九三．五九元，除去多项提存并缴纳所得税外，净余五七七，一九八，八六四．二三元。上列两年度盈余均可供分配，惟本公司去年办理增资手续，股东应缴现金股款五分之一系由厂方垫缴，上项盈余是否可拨充归垫，拟请予以讨论。

讨论事项

一、本公司三十五年度（三十五年七月一日至三十六年六月三十日）决算盈余一六四,五九九,九二八.九三元,除照章提存公积金十分之一计一六,四五九,九九二.八九元,又缴纳所利得税一〇二,二五二,〇〇〇.〇〇元,次提付常年股息八厘计四〇,〇〇〇.〇〇元,又除去垫付三十四年度股东红利不敷分配数九七,八一七.三八元,及垫付三十二、三十三年度取利得税不敷款七九二,〇〇〇.〇〇元,净余一三六,九四八,九一八.六六元,按百分率分配为左:

(1)股东红利 60% 八二,一六九,三五一.二〇元

(2)董监事酬劳 12% 一六,四三三,八七〇.二四元

(3)办事人员酬劳 18% 二四,五六〇,八〇五.三六元

(决算前由营业开支发给,此款应收盈余滚存)

(4)特别公积金 10% 一三,六九四,八九一.八六元

以上分配办法是否可行请公决。

议决:准予照办。

二、本公司三十六年度(三十六年七月一日至十二月三十一日)决算盈余七二一,五五四,二九三.五九元,除照章提存公积金十分之一计七二,一五五,四二九.三六元。又缴纳所得税七二,一六〇,〇〇〇.〇〇元,次提付常年股息八厘计四〇,〇〇〇.〇〇元,净余五七七,一九八,八六四.二三元,按百分率分配如左:

(1)股东红利 60% 三四六,三一九,三一八.五四元

(2)董监事酬劳 12% 六九,二六三,八六三.七一元

(3)办事人员酬劳 18% 一〇三,八九五,七九五.五六元

(决算前已由营业开支发给,此款应收盈余滚存)

(4)特别公积金 10% 五七,七一九,八八六.四二元

以上分配办法是否可行请公决。

议决:准予照办。

三、本公司三十六年十二月九日股东会议决资产升值增值为二十亿元,其中增加现金新股四七三,〇〇〇,〇〇〇.〇〇元,由盈余项下拨付,除已将三十五、三十六年度各股东分配应得红利四二八,四八八,六六九.七四元及常年股息八〇,〇〇〇.〇〇元,两共四二八,五六八,六六九.七四元拨充应缴增资股款外,计尚不敷四四,四三一,三三〇.二六元,拟由盈余滚存项下拨出抵缴,是否可行,请公决。

议决:准予照办。

四、本公司永乐分厂建筑打包楼一事,估计尚需三百亿元方可完成,因本公司

资金短绌,拟俟秋后打包收入增裕后,再行陆续抽款筹办,请予备案。

议决:准予备案。

五、本年三月间,咸阳县城郊工程委员会因修筑城防工事,指派本公司负担工程费三十亿元,无法婉拒,已陆续缴纳十八亿元,请予备案。

议决:准予备案。

六、本公司董监事车马费自本年一月份起改订如左:(一)董事长每月八十万元;(二)常务董事每月六十万元;(三)董监事每人每月三十万元,请予备案。

议决:准予备案。

(件存陕西省档案馆民国档案 82-1-1216 卷)

三、咸阳纺织厂

1. 企业概况

咸阳工厂厂务概况报告书

(1940 年 10 月 6 日)

敬陈者:窃查本厂筹备进行历时将近半载,其中一切经过情形除已专函陈报者外,谨再就主要各点分别胪陈于左:

(一)厂房、工房及职员宿舍

在此非常时期,建设第一,生产第一,厂房整个之利益事大,个人之安宁事小。故于本厂创办伊始,首先以全力开辟厂基,改造厂房,添筑原动房屋,移装引擎,限日完成,赖全体员工之努力争取时间,卒于最短期内达到开工之目的,现工作业已循序进行,入于常轨。但回顾我上下同人工友,仍多寄宿于拣花间及仓库之中,日夜辛勤,不得安息,严寒一届,益觉难堪,只以限于人力物力,未能通盘办理。念及我总经理向来关心职工生活之本意,思之恻然,现拟在适合战时防空设备及经济节约制原则下,酌筑房屋若干间,分配职工居住,以御冬寒。

(二)机器原动及修机

(甲)机器:本厂所用机器年代既久,且经远道搬运,毁损散乱,整理维艰,幸官布局零件尚可调换修补,勉能装齐应用。惟清花部分仅有清花机三台,原棉既难松展，除尘作用亦欠完善，因添制松花机及和花缸各一部，以资补救。又细纱机原系死皮棍，费油既多，条格亦不均匀，现已全部改为套筒式，试用以后成绩甚佳。此外摇纱机之木锭导纱板、毛刷车板等均欠合理，已加改善，将来拟再择其轻而易举、用费少而效率大者，如粗纱皮辊、细纱叶子板及隔纱板等，逐次改造之。

（乙）原动：我厂所用动力系利用打包厂引擎，原有之飞轮镟成绳槽四道，带动细纱天轴，另装七呎四吋绳轮于他端，带动粗砂天轴，至于安装天轴之掛脚及婆司等原均笨重，极不合用，现经改善，型式轻便，且婆司内装循环油领极为省油。

（丙）修机：本厂机器之修配及原动附件之应添置者甚多，因修机间机器原仅有车床二部、铣床一部、刨床一部、钻床一部，均系旧式，效率甚低且无翻砂器具，一切多不能自制，交由外间各铁工厂代做，价值奇昂且不能按期交货，贻误工作，损失甚多。兹为设法自给自足计，已由打包厂借用车床一部、钻床一部，由已买成通机器中借到车床二部、刨床一部，将修机间加以充实，并由官布局运到大小翻砂箱多只，制就熔铁炉一个，将翻砂间克日完成，将来拟即以之仿制第二五千锭用之松花机和花缸及供修配各部分机件之用，即新收成通机器将来配修，亦可以帮助不少。

（三）工人

本厂工人因交通梗阻，虽曾在洛阳、山西等地招来一部分熟手，但人数仍不敷用，且因该工人等闲散过久，手艺生疏，除极力改善其工作法外，已招收养成工多名，积极训练以备补充。

（四）工作状况

本厂机器因在官布局露天搁置已有二年，积锈甚厚，迨运至咸阳后，即雇临时工多名擦锈，复经设法修改补配，得于八月一日装齐一千五百锭。惟以运转开始机件不灵，加之粗纱机系死皮辊锭，壳内之锈无法擦尽，故粗纱工作异常困难，以致细纱受其影响，不能如数开出。现经极力整顿，机器运转情势稍好，各部工作亦均有进步，不独粗纱产额较前增加，即细纱出数每锭亦进至一磅有强，已突破官布局以往之纪录矣。惟以此间所用之煤品质甚劣，不能烧足汽力，以致运转不能达预期之速度；又以物料不易购到，且难得上品，将就使用影响出数亦巨，否则其出数当不止此也，至第二组一，八八〇锭行将装齐，惟原动用绳轮系陇海路长安机厂承制，已不能按期交来，本月内恐不能开齐。盖我厂现在使用原动装置本系临时设计安装，仅足敷现开一，五〇〇锭之用而已。又第三组车间现正整理地面，预备安装机器，乃以洋灰不易购到，工作有停顿之势，殊为可虞。

（五）材料购备情形

本厂创立适值困难严重、后方物资极度缺乏之时，关于材料采购不惟价值奇昂，抑且困难万状，幸经多方设法，所有必须各料，除煤炭一项因统制及运输关系，虽已出价至每吨五百五十元（上等大炭）尚不能大量购储、时虞中断外，其余均已购到少数，近期内或不至供不应求。

（六）花纱存量及营业情形

本厂原在泾阳、三原、永乐店三地共存有原棉三，一七〇包，重八，六九〇.三二市担，除九月间曾运厂一九〇包合五一八.〇六市担备用外，泾阳等地尚存二，九八〇包，共合八一七二.二六市担，地点不便，水火可虞。现拟在本厂附近择一比较安全地点，建临时仓库若干间，将该项存棉由泾阳等地陆续运咸，妥行存放，以便就近看守照料。至棉纱方面，本厂八月份纺出16”纱一一大包，九月份纺出16”纱五二大包（十月份未计入）。每包成本按约数二，三四〇元计算，约共值一四七，〇〇〇元。现此项棉纱于九月份按每大包价二，一〇〇元，已售出三五大包，十月间又售出价二，七〇〇元者十大包，价二，八〇〇元者一五大包，下存三大包，按每大包二，八〇〇元计算，共为一五〇，九〇〇元，与前项成本相较约可盈余三，九〇〇元。此后出纱益多，成本益低，如无意外情形及警报耽搁，至本年年终约可出纱四〇〇包，每包盈余以一，〇〇〇计，可盈余四十万元。

（七）收付款项约计情形

本厂自开办起至九月底止，收付款项约计情形如附表。

右谨

呈总经理束

职：李泰□、王瑞基

十月六日

（件存陕西省档案馆民国档案82－1414－5卷）

湖北省纱布局咸阳纺织厂概况

（1948年）

一、厂名

湖北省纱布局咸阳纺织厂。

二、厂址及建筑

本厂位于陕西省咸阳县北关，厂址总面积占地二，七四八，八五一市亩，房屋一，三九九间。

三、沿革

本厂系湖北省纱布局、中国银行主办之咸阳中国打包公司组合成立，所有纺织机器乃前清张文襄公督鄂时创设之湖北省纱布局旧有之物，迄今已有五十余年之历史。民国二十七年秋，武汉吃紧，纱布局奉令内迁，遂将一部分机器运往陕西宝鸡，设立纱布局迁建筹备处进行建厂。惟当时以厂址房屋、原动等种种问题一时不易解决，稽延年余，嗣由经济部土矿调整处驻陕办事处主任刘益远介绍，与中国银行洽商，利用中国银行所办之咸阳中国打包公司原动、房屋合作复工，于民国二十九年三月一日正式签订合约开始进行。惟时值敌机轰炸，警报频繁，幸赖员工不避艰险，改建厂房，安装机器，于同年八月初出纱一千余枚。不意八月三十日，复有大批敌机突来猛袭，房屋原料焚烧甚多，工人亦有伤亡。三十年轰炸更烈，自五月至九月前后被炸达九次之多，机器、原动、厂房、宿舍毁损，几至不堪使用，旋修，旋炸；旋炸，旋修。卒能于三十年底装齐第一个五千锭子，三十一年底又装齐第二个五千锭子，前后共开支出一万锭子。三十四年八月又将纱布局存放宝鸡之布机一五五台运咸，继续安装完成，以自纺之纱织成白布供给军需民用。迄三十五年合租期满，复于三十六年经双方协议按照原合约继续延长三年。

四、组织

本厂设总经理一人，下设经理、副经理、厂长、总稽核各一人；副经理下设总务、营业、会计、文书四课；厂长下设总工程师、纱布两场，原动、修机、保全、运转、试训五部及人事、材料两课与花纱库，共有职员六十六名、工人、警役一千二百余名。

五、机器设备

本厂现有蒸汽引擎三座，计：（一）250HP；（二）200HP；（三）200HP，共有马力650匹。直交流发电机二部，计：（一）30千瓦；（二）23千瓦，共有53千瓦。原有全套旧纱机10,000锭，三十五年复向雍兴公司蔡家坡西北机器厂订购新纱机8,800锭，共计18,800锭（内有新锭400枚系借用）。惟因旧纱机过于陈旧不堪使用，复限于原动无力负荷，经于三十六年至三十七年陆续拆旧换新，现在实开纱机13,312锭（内新锭8,800枚，旧锭4,512枚），布机155台，实开154台。此外附有车床、钻床、镟床、刨床、钳床等，及全套翻沙、电焊等工具。

六、原料及产量

本厂位于产棉中心区，所需原棉除由当地采购外，多在三原、泾阳、渭南及河南灵宝等处采购。每月约产黄鹤楼牌16支及20支棉纱七百件左右，咸阳古渡牌14磅棉布七千余匹。

七、营业情形

本厂原动及纱布机均已老旧，较西北同业各厂相差甚远，一切消耗成本均较他厂为高。在抗战期间，始由军需局统制产品，继由管制局接收管制，所发工缴利润不敷成本甚巨，月有亏蚀。日需开支纯恃向银行抵押贷款以资维持。三十四年□抗战胜利，政府撤销管制，自由营业，所产纱布仍系本以往情形供应军需民用。惟自中央□□停止后，本厂资金益形短绌，周转困难，现厂存原棉仅敷一月余之生产，深感维持之不易也。

八、职工待遇及福利设施

本厂职工待遇，职员系比照中国银行主办各厂待遇发给，工人系按照陕西省零售物价指数每月调整一次。职工福利方面设有：（一）职工子弟小学；（二）职工子弟幼稚园；（三）工友补习班；（四）托儿所；（五）职工图书馆；（六）职工理发室；（七）职工浴室；（八）中西医疗室；（九）职工食堂；（十）职工宿舍及职工眷属宿舍；（十一）日用品供应处；（十二）洗衣补衣室；（十三）俱乐部（平剧、豫剧、秦剧、晋剧，乒乓球、克郎球、围棋、象棋、军棋等）；（十四）体育场（篮球、排球、网球等）；（十五）询问代电处；（十六）邮电部；（十七）互保寿险；（十八）农场。

九、重要负责人

职别	姓名	年龄	籍贯	出身	经历	备考
总经理	束云章	62	江苏丹阳	前清京师大学堂毕业	中国银行雍行经理兼雍兴公司总经理，现任中国纺织建设公司总经理等职	
经理	刘绍远	56	湖北崇阳	日本东北帝大工专毕业	历任江西省工业专门学校校长，华威银行副行长，财政部编撰，浙江建设厅技正科长，浙江公路局局长，鲁工纱厂经理、军委会审厅后少将科长，湖北纱布丝麻苏四局整理委员会常务委员	现已辞职

续表

职别	姓名	年龄	籍贯	出身	经历	备考
厂长	傅道伸	49	湖南醴陵	南通学院纺织科、英国孟彻斯特工艺学院、法国美隆学院、美国北加罗林大学毕业	曾任□□□□厂厂长等，湖南建设□□纺织工务课长兼工程师、棉业纺委会专员、棉业实验馆专任研究员、雍兴公司纺织总稽核及总工程师等，现任本厂厂长	
副经理	汪晴江	53	安徽休宁	上海南洋路矿学校毕业	曾任郑州协和打包厂经理及中国纺织建设公司西安办事处主任，现任咸阳中国打包公司经理兼本厂副理	因公在渝
总稽核	张德风	64	江苏吴江	盛湖公学毕业	曾任参、陆两部科员，晋华、晋生纺织公司联合办事处总秘书，中国银行主任襄理、副经理等	现已辞职
总工程师	张仲书	45	湖南湘阴	吴浙中国公学及申新养成所毕业	曾任申新纱厂工务员及隆平、振兴纺厂□工主任及恒大纱厂□等	

（件存陕西省档案馆民国档案 82－1－488－2 卷）

咸阳纺织工厂概况表

<table>
<tr><td rowspan="3">一般状况</td><td colspan="3">厂名</td><td colspan="3">地址</td><td colspan="2">创办年月</td><td colspan="2">经济部备案年月</td><td>商标</td><td colspan="2">资本额</td><td>现有职员额</td></tr>
<tr><td colspan="3">咸阳工厂</td><td colspan="3">陕西咸阳北关外</td><td colspan="2">二十九年三月</td><td colspan="2">三十年四月</td><td>黄鹤楼牌</td><td colspan="2">6,000,000 元</td><td>76 人</td></tr>
<tr><td>沿革</td><td colspan="7"></td><td>组织</td><td colspan="5">总经理一人,下设经理、副经理、厂长总结稽核各一人,副经理下设总务、营业会计、文书四课,厂长下设原动、运转、保全三部,人事、材料两课及花纱库。</td></tr>
<tr><td rowspan="10">设备</td><td colspan="3">厂房</td><td colspan="3">动力</td><td colspan="8">重要生产工具</td></tr>
<tr><td>名称</td><td>数量</td><td>单位</td><td>名称</td><td>数量</td><td>马力数</td><td>名称</td><td>尺度</td><td>数量</td><td>制造处</td><td>名称</td><td>尺度</td><td>数量</td><td>制造处</td></tr>
<tr><td>占地</td><td>155</td><td>亩</td><td>发电机</td><td>1 座</td><td>30RVA</td><td>拆包机</td><td></td><td>1</td><td>周洪顺铁厂</td><td>粗纱机</td><td></td><td>27</td><td>卜洛克公司</td></tr>
<tr><td>工作间</td><td>72,764</td><td>方呎</td><td>电动机</td><td></td><td></td><td>和花缸</td><td></td><td>1</td><td>周洪顺铁厂</td><td>细纱机</td><td></td><td>29</td><td>爱沙礼列公司</td></tr>
<tr><td>办公室</td><td>53,266</td><td>方呎</td><td>蒸汽机</td><td>2 座</td><td>共 550H. D</td><td>清花机</td><td></td><td>6</td><td>勃拉特公司</td><td>摇纱机</td><td></td><td>68</td><td>本国造</td></tr>
<tr><td>宿舍</td><td>94,711</td><td>方呎</td><td>木炭机</td><td></td><td></td><td>钢丝机</td><td></td><td>42</td><td>卜洛克公司</td><td>小打包机</td><td></td><td>2</td><td>本国造</td></tr>
<tr><td>仓库</td><td>123,119</td><td>方呎</td><td>其他</td><td></td><td></td><td>并条机</td><td></td><td>5</td><td>卜洛克公司</td><td>大打包机</td><td></td><td>1</td><td>本国造</td></tr>
<tr><td>浴室</td><td>1,500</td><td>方呎</td><td></td><td></td><td></td><td></td><td></td><td></td><td></td><td></td><td></td><td></td><td></td></tr>
<tr><td>厕所</td><td>3,600</td><td>方呎</td><td></td><td></td><td></td><td></td><td></td><td></td><td></td><td></td><td></td><td></td><td></td></tr>
<tr><td rowspan="4">工人状况</td><td rowspan="4">统计</td><td colspan="2">工人总数</td><td>976</td><td colspan="2">熟练工人</td><td>811</td><td rowspan="4">待遇</td><td colspan="2">每月最高工资 630 元</td><td colspan="2">计算工资办法</td><td colspan="2">按日计算</td></tr>
<tr><td colspan="2">男工</td><td>742</td><td colspan="2">普通工人</td><td>105</td><td colspan="2">每月平均工资 405 元</td><td colspan="2">年终奖励办法</td><td colspan="2">酌分奖励金</td></tr>
<tr><td colspan="2">女工</td><td>142</td><td colspan="2">学徒</td><td>35</td><td colspan="2">每月最低工资 300 元</td><td colspan="2" rowspan="2">平时惩奖办法</td><td colspan="2" rowspan="2">按升奖金,告诫罚工开除</td></tr>
<tr><td colspan="2">童工</td><td>92</td><td colspan="2">劳役</td><td>25</td><td colspan="2">学徒工资 150 元</td></tr>
</table>

续表

员工福利	已办事项	项目		受惠人数	项目	受惠人数			拟办事项	项目	受惠人数	说明
		职工供应部		千余人	浴室	千余人				团体寿险	千余人	
		平价米面煤		千余人	图书馆 俱乐部	千余人				清洁竞赛	千余人	
		医药室		千余人	节约储金 伤亡抚恤	千余人				预防传染病注射	千余人	
工人组训	组织情形	原动部	机目	机工	助手	技工	小工	养成工	训练状况	养成工人厂后,由厂指派专人训练之,训练方法分学、术两科,使其思想纯正,知识充足,工作合理。开厂以来已训练养成工多人,在厂者均极良好		
		运转部	组长	指导工	助手	技工	小工	养成工				
		保全部	机目	机工	助手	技工	小工	养成工				
人事	经理方面	职别	姓名	籍贯	年龄	学历			经历		党证字号	备注
		总经理	束士方	江苏丹阳	57	中国银行			曾任中行津行副理,现任中行经理			
		经理	刘绍远	湖北崇阳	52	日本东北帝大工专毕业			曾任湖北省纱布涤麻四局委员会常务员			
		副经理	汪晴江	安徽休宁	49	上海南洋路矿学校毕业			曾任协和打包厂经理,现任咸阳打包厂经理			
	技术方面	厂长	王瑞基	河北清苑	39	日本东京工业大学毕业			曾任山西雍裕纱厂工程师			
		总工程师	高涤尘	江西武宁	38	日本东京工业大学毕业			曾任山西雍裕纱厂工程师			
生产	原料	种类	来源	数量	购入总值				成品	品名	数量	产品总值:65,099,500
		中级原棉	咸阳泾阳三原等地	10,211 包	31,909,375					10 支	100 包	
										16 支	2,203(1/2)包	
产品销售区域			陕西		成品推销情形				全归军政部第一军需统制征用			
备注	原料、成品均以三十一年度为标准											

(件存陕西省档案馆民国档案 82 -1 -1395 -3 卷)

咸阳纺织工厂概况表

（1947 年 11 月 7 日）

<table>
<tr><td>厂名</td><td colspan="12">咸阳纺织工厂</td></tr>
<tr><td rowspan="2">厂址</td><td colspan="6" rowspan="2">陕西省咸阳县北关外</td><td colspan="3">电报挂号</td><td colspan="3">1562</td></tr>
<tr><td colspan="3">电　　话</td><td colspan="3">咸阳电话局转</td></tr>
<tr><td rowspan="2">事务所或批发所地址</td><td colspan="6" rowspan="2">办事处（西安崇廉路东段 92 号）</td><td colspan="3">电报挂号</td><td colspan="3">4784</td></tr>
<tr><td colspan="3">电　　话</td><td colspan="3">456</td></tr>
<tr><td>职员姓名及职务</td><td colspan="12">总经理：束云章　　经副理：刘绍远、汪晴江
厂长：傅道伸　　工程师：张仲书</td></tr>
<tr><td>现实资本总额</td><td colspan="6">$ 22,000,000</td><td colspan="3">创办日期</td><td colspan="3">民二十九年三月</td></tr>
<tr><td rowspan="2">锭子数</td><td colspan="3">实开纱锭</td><td colspan="3">12,748 枚</td><td colspan="3">已装未开锭数</td><td colspan="3">6,000 枚</td></tr>
<tr><td colspan="3">已购未装纱锭</td><td colspan="3">2,000 枚</td><td colspan="3"></td><td colspan="3"></td></tr>
<tr><td>布机数</td><td colspan="3">实开开数</td><td colspan="6">154 台（因新原动尚未装齐暂时停开）</td><td colspan="3">未开数</td></tr>
<tr><td>产纱种类及数量</td><td colspan="12">16”棉纱 101.5 件，20”棉纱 522.5 件（十月份产量）</td></tr>
<tr><td>产布种类及数量</td><td colspan="12">14 磅布</td></tr>
<tr><td>购棉地点</td><td colspan="8">陕西泾阳、三原、咸阳、渭南、灵宝等处</td><td colspan="2">用棉量</td><td colspan="2">2,808 市担</td></tr>
<tr><td rowspan="2">商标</td><td>纱</td><td colspan="11">黄鹤楼</td></tr>
<tr><td>布</td><td colspan="11">咸阳古渡</td></tr>
<tr><td rowspan="2">工人数</td><td rowspan="2">纱厂</td><td>男</td><td>740</td><td rowspan="2">间接工</td><td>男</td><td>53</td><td rowspan="2">布厂</td><td>男</td><td>186</td><td rowspan="2">间接工</td><td>男</td><td>31</td></tr>
<tr><td>女</td><td>64</td><td>女</td><td></td><td>女</td><td>33</td><td>女</td><td></td></tr>
<tr><td colspan="13">附注：本厂新原动装成后每月产量可达 700 件</td></tr>
</table>

（件存陕西省档案馆民国档案 82－1－81－3 卷）

2. 企业章则

湖北省织布局、咸阳中国打包公司合组临时纺织工厂组成大纲

（1944 年 12 月 15 日）

第一条　本厂设总经理一人，主持本厂一切事务（组织系统如附表）。

第二条　本厂设经理一人，专司监察厂务、稽核财政。

第三条　本厂设总稽核、厂长、副经理各一人，承总经理之命办理各该管一切

事务。

第四条　总稽核以下设办事员若干人，承总稽核之命办理本厂一切稽核事宜。

第五条　副经理以下设总务、营业、会计、文书四课，各设主任一人，办事员、助员、练习生各若干人，承副经理及主管主任之命办理各该课一切事宜。

第六条　厂长以下设总工程师、工程师、保全技师、运转技师、原动技师，及各科主任、办事员、助员各若干人，承厂长及各主管工程师、技师，主任之命，办理工务、机务、原动、保全及工人登记训练一切事宜。

第七条　总稽核、厂长、副经理、总工程师由总经理任免之，经理由总经理商承湖北省织布局主管机关任免之，工程师、技师、主任以下各级办理由总稽核、厂长、副经理各就所属人员分别陈明。

第八条　本厂办事细则另定之。

第九条　本大纲如有未尽事宜得随时修正。

第十条　本大纲颁布之日施行。

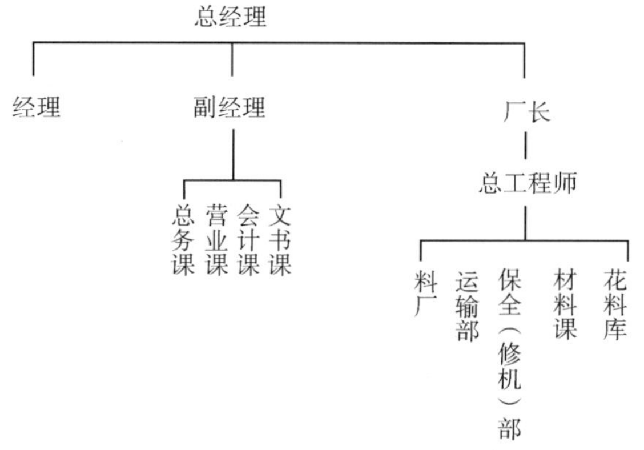

湖北省纱布局、咸阳中国打包公司合组临时纺织工厂员生服务规则

（1940 年 12 月）

一、本厂员生（以下简称员生）在服务期内应遵守下列规则：

（一）员生应遵守本厂一切规章，并服从命令。

（二）员生遇有事项未经规章专条明定或虽有专条但尚待解释者，应陈明该部分主管转陈总经理核定办理。

（三）员生不得违反上级人员指令，如有意见需陈明理由。

(四)员生不得自营他业或做一切投机之行为。

(五)员生不得兼任他项职务,但得总经理许可者不在此限。

(六)员生对于本厂事务及工作状况应守秘密者须严守秘密不得泄露。

(七)员生不得向本厂往来商家挪借款项。

(八)员生不得假借字号及其他名义向本厂权作交易。

(九)员生除办理本厂事务外不得用本厂名义。

(十)员生不得有吸食鸦片、毒物及酗酒、赌博、嫖娼等事。

(十一)员生派往外埠办事,除正当交际范围以内酬应外,不得收受商家馈赠礼物或特别招待。

(十二)员生应和衷共济,各尽其志,不得妄生意见,自立门户,党同伐异,致起纠纷。

(十三)员生不得私自结合团体或勾结工人对本厂做不利之行为。

(十四)员生于本职外,遇有他项事务必须助理他人时,除有特别理由不得推诿。

二、员生违反第一条各规定时,应分别受下列五种之惩戒:

(一)记过;(二)罚俸;(三)减俸;(四)开除;(五)开除并令保证人赔偿。

三、惩戒之标准如左:

(一)违反第一条(一)(二)(三)(五)(九)(十一)(十四)各款之规定者,分别轻重予以前条第(一)(二)(三)(四)种之惩戒。

(二)违反第一条(四)(六)(七)(八)(十)(十二)(十三)各款之规定者,分别轻重予以前条(四)(五)种之惩戒。

四、受第二条第(一)种惩戒至二次以上者,得分别轻重予以同条第(二)(三)(四)种之惩戒。

五、无故旷职或请假未经核准即行离职或怠忽职务、贻误要公者,得分别轻重予以第二条第(一)(二)(三)(四)种之惩戒。

六、员生在服务期内有下列情形之一者予以第二条第四种惩戒:

(一)受刑事诉讼之处分;(二)破产。

七、员生之惩戒由总经理定之,交副经理室文书课登记备核。

(件存陕西省档案馆民国档案 82-1-145-4 卷)

湖北省织布局、咸阳中国打包公司合组临时纺织工厂薪津规则

（1940 年 12 月）

一、本厂员工之薪津应依据本规则规定等级支给之。

二、员生薪津分三等二十五级，列表如左：

级＼等	一	二	三
一	500 元	175 元	50 元
二	480 元	170 元	48 元
三	460 元	165 元	46 元
四	440 元	160 元	44 元
五	420 元	155 元	42 元
六	400 元	150 元	40 元
七	380 元	145 元	38 元
八	360 元	140 元	36 元
九	340 元	135 元	34 元
十	330 元	130 元	32 元
十一	320 元	125 元	30 元
十二	310 元	120 元	28 元
十三	300 元	115 元	26 元
十四	290 元	115 元	24 元
十五	280 元	105 元	22 元
十六	270 元	100 元	20 元
十七	260 元	95 元	18 元
十八	250 元	90 元	16 元
十九	240 元	85 元	14 元
二十	230 元	80 元	12 元
廿一	220 元	75 元	10 元
廿二	210 元	70 元	8 元
廿三	200 元	65 元	6 元
廿四	190 元	60 元	4 元
廿五	180 元	55 元	2 元

三、本厂总经理支给薪俸自一等十三级起至一等一级止；

本厂经理、稽核、厂长、副经理、总工程师支给薪俸自一等二十三级起至一等六级止；

本厂技师、稽核主任支给薪俸自二等二十四级起至一等二十三级止；

本厂办事员工、务员支给薪俸自三等十六级起至二等十六级止；

本厂助员支给薪俸自三等十九级起至三等一级止；

本厂练习生之津贴自三等二十五级起至三等二十级止。

四、本厂职员系兼差性质者，其薪俸额由经理另行核定。

五、本厂委任以下员生每月除支本薪外，全月不请假者逢一、三、五、七、八、十、十二七个月各另给升薪六天；逢四、六、九、十一四个月各另给升薪五天；逢二月份各另给升薪三天。其到厂服务不足一月者，升薪按照比例算给；请假者每请假一天，扣升薪一天。

六、本厂员生每年六月份及十二月份除支给本额薪津外，另特给薪津一个月。其到厂服务不足六个月者，按照比例算给。

七、员生之薪津均自到职之日起算。

八、员生之薪津均于次月一日发给，不得预支。

九、员生请假违背请假规则第二条各款项规定者应照扣本薪。

十、员生遣散或死亡时得支本月份全月薪津。

十一、员生有下列事情之一者得增加其薪津：

（一）曾记大功二次以上者；

（二）办事有异常成绩，特著勤劳者；

（三）对于厂务有特殊贡献者。

十二、本厂员生之薪津由总经理核定。

十三、本规则自总经理核定之日施行。

（件存陕西省档案馆民国档案 82 －1 －145 －4 卷）

湖北省织布局、咸阳中国打包公司合组临时纺织工厂厂务会议简章

（1940 年 12 月）

一、本会议以本厂总经理、经理、总稽核、厂长、副经理、总工程师、技师及各课部主任以上之职员组织之。

二、会议以本厂总经理为主席。

三、本会议之使命为检讨本厂业务、工务、事务进行之状况而定改进之方针。

四、凡列席本会议人员如有提议事项，应于会期三日以前以书面交副经理室文书课编入议案。

五、本会议提议事项应由副经理室文书课汇集油印于会期前一日，分送参加列席本会议人员，以资研究。

六、本会议提议事项遇有属于专门性质而一时未能解决者，得由主席邀请专家研究，拟具具体方案计划决定之。

七、本会议开会特由主席指定二人记录，开会后会同整理。

八、本会议议决事项由副经理室、文书课抄录二份，送请总经理核阅盖章后，分别通知各主管部分照案执行。

九、本会议定为每年例会两次，上半年及下半年举行之。

十、本会议日期及地点由主席临时酌定，于十日前通知。

（件存陕西省档案馆民国档案 82－1－145－4 卷）

湖北省织布局、咸阳中国打包公司合组临时纺织工厂办事细则

一、本细则依据本厂组织大纲第八条之规定订定之。

二、总经理

(1)总经理主持本厂一切事务。

(2)本厂组织及章程之变更，由总经理拟请咸阳中国打包公司董事会决定之。

(3)本厂人员之任免、升迁、调补、待遇、奖惩，由各主管部分陈请总经理核定行之。

(4)重要合同文件之签发，经总经理盖章方为有效。

(5)本厂工务上、业务上进行方针之决定，预算、决算之编制施行，由总经理裁可行之。

(6)本厂每年度工务计划及营业计划送请总经理核定之，每年终工务进行及营业状况仍详报总经理查核。

(7)总经理不在厂时，所有职务由总稽核或厂长代理之，如总稽核、厂长，有一人不在厂时，由其他一人代理之。

代理期间遇有重大事件，仍需随时请示再行办理。

三、经理

(1)经理秉承总经理之意旨，考查本厂一切事务。

(2)本厂一切支出之款及存款、开支等项均由经理随时监督并考核之。

(3)本厂厂务上、财政上发现有缺点时，经理得随时建议总经理纠正或改善之。

(4)本厂各项单据、传票、表报应送由经理核阅盖章，又各种重要文件亦应经经理核阅后呈判。

四、副经理室

甲、总务课

(1)每日开始办公时，应检查先一日未办完之事，提前办理，不得积压。

(2)每日下班时，如有当日可办完之事，应稍延长时间将事办完，不得延至次日。

(3)对于厂警及伕役应随时督查，使其确守厂规各尽其职。

(4)对于厂警及伕役如查有不守厂规或不尽职责者，应分别轻重予以处罚或开除之。

(5)厂警及伕役应分别设立名册，遇有进退随时登记。

(6)厂警及伕役之进退应于办理后随报副经理。

(7)本厂警役之岗位至少每日须巡视一次。

(8)本厂消防应随时训练，消防器具应随时检查，如有破坏速行修理。

(9)厂房、仓库等地应饬警随时巡逻检视，预防火灾，遇有火警发生，应督饬消防警队迅速消灭之。

(10)厂内、院内绝对禁止吸烟，应饬警随时注意，切实执行。

(11)职员厨房、饭厅应派干员妥慎管理，每月账目至迟应于下月三日以前报出。

(12)本厂厨房、饭厅应于每饭后打扫之，每日至少须详细检查一次。

(13)本厂卫生设备应积极进行传染病之预防，诊疗室之管理尤应切实办理。

(14)本厂沟渠、厕所应督饬清洁之，随时打扫冲刷，每日至少须检查一次。

(15)本厂办公厅及职员宿舍应督饬仆役随时打扫并检查之。

(16)本厂仆役宿舍内应随时检查，如有不清洁或违背厂规之举动，应随时纠正或处罚之。

(17)遇有建筑或修缮等事,须先将建筑计划及修缮范围陈明副经理,转呈总经理核定后再行动工。

(18)建筑修缮等费须于竣工后立即连同单据分别报销。

(19)凡购买零星物品及支付零用款项等,得常存国币五百元以便随时支付。

(20)凡支付之零星物价及用款,应于次日将发票单据送至会计课取回现金。

(21)每月底应造具警役姓名表,记明职别、姓名、到差年月日、支薪饷数月、支津贴数、实支薪津数及辞退递补情形,送陈副经理转呈总经理查阅。

(22)对于本管事项之外来函件,如以自行答复较为便利者可自行拟稿,送由文书课核转副经理、厂长、总稽核、经理、总经理盖章后缮发归档;不拟自复者可在原函上签注意见,交还文书课拟办。

(23)对于本管事项应随时与有关各部取得联络,听取意见,参考进行。

(24)每遇例假日应派员轮流值日。

乙、营业课

(1)每日开始办公时应检查先一日未办完之事,提前办理,不得积压。

(2)每日下班时,如有当日可办完之事,应稍延长时间将事办完,不得延至次日。

(3)本课各员生对于本厂之营业计划应绝对严守秘密,不准泄露。

(4)每年在棉花种植期后,应调查各植棉区之植采状况,作成调查表陈明副经理转报总经理。

(5)每年在棉花成熟期前,应调查各植棉区之估计产量,作成估计表并将成本、年份、购棉方案陈明副经理,转报总经理核夺。

(6)应随时注意本厂出品之成色包装,如发现有不合市面需要时,应拟具改良意见陈明副经理,转报总经理查核。

(7)本埠及外埠之原棉成品销售情形、行市及涨落趋势应随时调查,陈报副经理、总经理参考。

(8)在本埠购买原棉或售出制成品时,应按照市面情形审定价格,对于零星小数,可随时陈明副经理办理,如系大批交易,须由副经理陈总经理核准后办理之。

(9)如售出期货或购进期棉,须先计算生产量及需用量并考察市面趋势,申具意见陈明副经理转呈总经理核准后办理之。

(10)凡售出期货或再购进期棉,应分别设立便查簿,逐笔登记以便随时检查。

（11）当地各厂所产或外埠运来之原棉制成品在市面最畅销时，应研究其成色包装与本厂出品相比较，将其结果报告副经理、总经理参酌改善。

（12）每年应采集各地所产原棉，分别装成标本并编列等级，作为成色标准分交有关各课部参考。

（13）每年所制之原棉标本及编列等级，使各购花员彻底认识，以期出外购棉时有所根据，其成色须与厂内所需要者相符。

（14）本埠原棉纱布行市及销路情形，应随时通知驻外各办事处。

（15）本厂出品之种类、产量、定价及库存数应随时注意，力求适合市面供求关系，并随时通知驻外各办事处参考。

（16）本厂拟购原棉之种类、数量应以密电或密函通知各办事处办理。

（17）凡在本埠售出成品或购进原棉，无论期货或现货应于成交后，即得填制批单。

（18）凡售出成品或购进原棉时所立之批单，除由买卖双方盖用公司或商号图章外，应由主任加盖私章后交由会计课登记。

（19）凡在本埠购进原棉，须于成交后将花样分装两袋，由主任在封口上加盖私章，并将该袋上所列之表格（包括名称、等级、数量、单价、购买地点、成交日期、交库日期等项）逐一填注，以一袋送花纱库凭以收花，一袋留存本课备查。

（20）接到驻外各办事处寄来购棉报告及样品后，即拆视其样品是否与所列等级相符，如有不符之处应即以电报纠正之，一面仍将该样品用原袋封妥并加盖主任私章，以一袋送花纱库凭以收花，其余一袋留存本课备查。

（21）驻外各办事处办事人员对于本厂所制原棉标本及出品成色须彻底认识。

（22）驻外各办事处应将当地之原棉产量及纱布销路情形，每日□□时报告本厂，并通知其他各办事处查照。如行市有特别涨落，或有特别涨落之趋势时，应即以电报报告本厂及其他办事处预为□。

（23）驻外各办事处应随时收集当地所产之原棉及销路最畅之纱布，分别标明牌号、名称、等级、长度、宽度、单价、来源、重要用途、畅销原因等项，制成样品等厂查备。

（24）驻外各办事处售出成品或购进原棉时，应于成交后填立批单（将副本寄厂查核），除由买卖双方盖用公司或商号图章外，应由主管人员加盖私章。

（25）上项批单订妥后，应即刻将购买或承售之商号、名称、货物、种类、数量、价格、批单号数、交货日期电报本厂。

(26)各驻外办事处售出成品后,除依前项手续报告外,应即填制售出品报告,随同批单副本寄厂。

(27)驻外各办事处购妥原棉后,除依第(25)项手续急速电报外,应即将花样分装三袋,由主管人员在封口上加盖私章,并将该袋工所列之表格(科目同19)逐一填注,以两袋随同批单副本寄厂,以一袋自留备查。

(28)驻外各办事处售出成品或购进原棉,须在营业课所通知之种类、数量、范围以内,如有超出此范围之交易,应即以电报请示,候核准后再行成交,但此项交易无论成交与否,一俟决定后均应即刻电陈。

(29)驻外各办事处将所购某批原棉收齐后,应即填寄购棉报告,连同各项单据寄厂报销。

(30)驻外各办事处收进原棉后,即作为办事处库存,一面将该批货价及一切费用付账。

(31)驻外各办事处运出原棉时,应即填运棉报告寄厂,一面将该项原棉在办事处库存内付出。

(32)(字迹无法辨认)

(33)驻外各办事处交出所售货品后,应即填寄发货报告并随附各项单据交厂备查。

(34)驻外各办事处收进货价后即行收账,仍将钱款存放及支配情形随时函报,并于每月底详细表报寄厂备查。

(35)本课对于本管事项应随时与有关各课部取得联络,听取意见,参考进行。

(36)对于本管事项之外来信件,如以自行答复较为便利者,可自行拟稿,送由文书课核转副经理、厂长、总稽核、经理、总经理盖章后,缮发归档;不拟自复者,可在原函上签注意见,交还文书课拟办。

(37)每遇例假日应派员轮流值日。

丙、会计课

(1)每日开始办公时,应检查先一日未办完之事,提前办理,不得积压。

(2)每日下班时,如有当日可办完之事,应稍延长时间将事办完,不得延至次日。

(3)本厂一切账务及月算、决算等,均应按照会计规程办理之。

(4)每日现金账必须于当日记载完毕并制成库存表,其他各账必须于次日记载完毕,不得积压。

(5)每日现金收付俟制成库存表后，应由主任详为点查。

(6)各种日报须于第二日制成交邮(例如一日之表报至迟三日必须交邮)。

(7)各种传票须送经总经理、经理、总稽核、厂长、副经理及关系各部门盖章。

(8)每日传票于记账完毕后经检查应办手续已无遗漏时，应即装订成册，妥为保管。

(9)各种表报，未经总经理及关系部分盖章者，不得寄发。

(10)各种传票、表报及单据等应指定专员详为复核，一经复核后，该员应即加盖名章。

(11)每月之本品成本不迟应于下月五日算出。

(12)每月月报至迟须于下月十日付邮。

(13)员工薪津须于次月一日发出，平时无论何人不得预借。

(14)工人工资发放之时期由厂长规定之，届时由工账处造具全体工人工资总册，经厂长或总工程师加盖印章送至总经理核准后，转送副经理交会计课复核无误，会同工账处到各车间分别发放。

(15)警役薪饷须于次月一日发出，届时由总务课造具全体警役名册，详列应扣、应发数目，经副经理签盖名章转呈总经理盖章后，交由会计课复核无异，会同总务课分别发放。

(16)凡收入现金，须根据各部分运来之表报或单据填制传票，由复核员复核送经主任盖章后，方能照收。

(17)凡付出现金，除照上条办理外并须经副经理、经理盖章后方能照付。

(18)应设立保管簿，将所收进或付出之保管品(如重要合同、契约、单据及有价证券等)随时登记，该项保管品每月至少须点查一次。

(19)暂存、暂欠两科目每至月终，须尽量整理之。

(20)本厂每年度之直接、间接开支，应编制预算陈请副经理转请总经理核定施行。

(21)每日库存现金至多不得超过三千元，如过此数，应即送银行收账。

(22)凡对外发出单据时，除由关系部分之主任盖章外，应由本课主任复核，加盖厂章及名章送呈总经理盖章后方能寄发。

(23)每日记账完毕后，应尽先填制头寸日报二份，分送总经理、经理核阅。

(24)本厂对外之重要图章应严密保管。

(25)本课各员对于本厂盈亏及制品成本、金融状况等应严守秘密不得泄露。

(26)本课对于本管事项应随时与有关各课部取得联系,听取意见,参考进行。

(27)对于本管事项之外来信件,如以自行答复较为便利者,可自行拟稿,送由文书课核转副经理、厂长、总稽核、经理、总经理盖章后,缮发归档;不拟自复者,可于原函上签证意见,交还文书课拟办。

(28)如遇假日,应派员轮流值日。

丁、文书课

(1)每日开始办公时,应检查先一日未办完之事,提前办理,不得积压。

(2)每日下班时,如有当日可办完之事,应稍延长时间将事办完,不得延至次日。

(3)凡本厂对外文件应送请总经理判行后寄发。

(4)凡本厂收到之函电,应先盖收到日期之戳记,并在收文书簿内摘由编号,即将所编之号记入原件上端,然后按函电之性质分别最要、次要、普通三种各置一夹,送请总经理及关系部份签阅后随即办理,不得积压。

(5)凡应复之函电或总经理、经理、总稽核、厂长、副经理嘱办之函电,应先拟稿送签,俟签阅后即行缮正,经过校对后送请盖章寄发。

(6)凡往来函电于办妥后,应即将收签文稿分别归档,妥慎保管。

(7)凡发出函电底稿,系由各主管课自行拟办者,应即将该底稿审核后加盖本课主任名章转呈副经理、厂长、总稽核、经理盖章后,呈送总经理判行后缮发归档。

(8)凡发出函电系由本课自行拟办者,应将底稿送经各关系部份之技师或主任签洽。如因时间关系急待寄发,未及将底稿送经签洽者,应于签发后送往补签。

(9)本厂全部员生应设置人事登记卡片,遇有各员生职务更动改定薪额支领回籍旅费、记功记过等事,即随时在该员生卡片内登记以便查改。

(10)本厂员生之进退及职务更动,应随时陈报总经理备查,每月底仍应造具本厂全体员生姓名表,详列各员生职务、姓名、到差年月日、月支薪金数、月支津贴数、实支薪津数等陈报查核。遇有新到职人员,并应将略历填入附记栏内。

(11)本课应设置员生考绩簿,遇有总经理平日考核各员生之勤惰通知登记时,应即随时记入,以便年终考绩。

(12)本课应设置员生请假登记簿,随时将请假员生之姓名及请假之由与日期在登记簿内登记之。

(13)员生保证书经总经理审核后应妥为保管,每年并应对保一次。

(14)本厂应用之图记及密电应严密保管，经办各事并应严守秘密。

(15)凡交邮寄递之函件及应拍发之电报，应由本课向会计课预借相当数额之邮电费先行支付，月底开列清单连同收据送交会计课报销。

(16)凡派役送出之函件，对当地机关、团体、个人者，应用送达簿由收件人签收；对本厂各课部或职员者，应用送件簿送由收件人签收。

(17)凡总经理之手示应抄录通知簿，送交各部分签洽，一面将原手示任本课内公布，俟经过三日后即粘于手示簿内保管之。

(18)本课对于本管事务应随时与有关系各课部取得联络，听取意见改进之。

(19)每遇例假日，应轮流派员值日。

五、厂长室

甲、总工程师

(1)每日开始办公时应检查先一日未办完之事，提前办理，不得积压。

(2)每日下班时，如有当日可办完之事，应稍延长时间将事办完，不得延至次日。

(3)各部工人之支配及工资之订定应陈请厂长核准施行，一面通知人事课存查。

(4)各部工人之进退、赏罚应听取各主管员陈明处理，一面报告厂长查核并通知人事课备查。

(5)各部每日到工人数须于每日上工后一小时内填具报告，放工后两小时内应责成各该主管人员造具工资日报，送经厂长盖章后送交人事课备查。

(6)原动机器之装修、配置、检查、清理应随时督促原动部设法改进，原动用之煤油类并应随时责成原动部设法力从俭省，以发挥经济使用之原则。

(7)厂内机械之安装使用、各种纱支配之花成分与支数之变更，应秉承厂长规定，随时注意改进。

(8)厂内原料品与制成品之供求调节，各种制成品品质之检查，养成工之训练、工人工作能率之考查，应责成运转部随时注意推行，不使稍有松懈。

(9)厂内各机之清理、修平、装配、排列应责成保全部留心考查，随时改进。

(10)厂内所用材料应责成承领部分主管人员盖章后复核盖章，再向材料课领取。

(11)厂内应用材料应事先妥行筹划，随时开列清单，送请厂长盖章后交材料课预为采购。使用时并须注意节省，如发现品质不佳或式样不合时，应随时通知材料课设法改进。

(12)原料品、制成品及废花之保管、出纳,应责成花纱库随时检查整理,勿任毁损遗失。各部所出下脚花,并应随时注意减少,设法利用。如发现有糟蹋情形,应研究改良之。

(13)每月底盘查存货、存料应责成该管各课部切实查点估计,不可草率错误。

(14)对于本管工务人员工作情形应随时考查监督,并随时向总经理、厂长报告。

乙、人事课(兼工账)

(1)每日开始办公时应检查先一日未办完之事,提前办理,不得积压。

(2)每日下班时,如有当日可办完之事,应稍延长时间将事办完,不得延至次日。

(3)工人进退之手续、工资之核算、膳宿及工作场所以外之生活方式、业余训练等,均由本课管理之。

(4)招收新进之男女养成工,应先行口试,认为合格发给准行投考证,指定□□□□至关系主管部分听候考验,考验合格后即发给志愿书及保证书,填妥带同来应□□登记后发给门证、餐证,送入男女单身宿舍,次日入厂。

(5)新进男女熟练工人应给条送至关系主管部分考验,如认为合格,即在原条上批注凭条登记,其他手续与养成工同一办理。

(6)新工人于进厂之一星期内,应令将像片及履历表办齐备查。

(7)各部工人解雇时,其解雇单经由总工程师通知后,应即分别注册,并将门证、餐证收回,通知工房管理人员查验其携出之寝具、衣物,如无错误,即日催令出厂。

(8)每月进出工人总数应于次月三日前造表送请总工程师、厂长转呈总经理核阅。

(9)如遇本地工人不敷应用时,应速向外埠招募。又当日某部工人如有缺少时,应即设法补充,务须使工厂不致发生关车情事。

(10)工人工资之订定于总工程师通知后,应即分别注册。

(11)工人之赏罚、升调、加薪等事,于接到总工程师通知后应即分别注册,并于每月底造表送请厂长查核。

(12)工人正式到工后即发给工折存执,每日班上午上工时,应派人到厂分别查验,下午发还。每夜班于前半夜上工时,派人到场取回分别查验后,下半夜发还。

(13)每日接到工资日报后,应即分别登记,妥慎保存备查。

(14)工资每月分两次发放,其时期由厂长规定之。

(15)工资发放前应迅速造齐工资总册,详列工号、工人姓名、工资日期、到工日数、应得工资、赏罚应加应扣工资、实得工资、实发工资、下存工资等项,送经总工程师、厂长查核盖章后,送总经理核准,再送副经理交会计课核发。

(16)前项公司总册经会计课□□转陈,本课可派员会同会计课人员前往各车间,按名发放时应将工资总册与工人工折详细核对之。

(17)工资发放后,应将工资总册及余存款项交由会计课收回保存。

(18)补领工资及解雇工人结算之工资,应开条令向会计课直接具领。

(19)工人厨房、饭厅应遴派干员妥慎管理,每月账目至迟应于下月五日以前报出。

(20)工人厨房、饭厅及炊具、食具应于每饭后饬役扫除洗涤,每日至少须详细检查一次。

(21)工人餐证应于用餐时详细检查,并随时注意饭厅秩序之管理。

(22)男女工人进入单身宿舍者,应将其所带行篋及重要衣物用簿登记,同时将各该物贴一盖章之号码,再行派定铺位。离厂者亦须按簿查点明确,方准携去。

(23)每日早晚上工时,须在宿舍内巡视一周,如有藉故停工者,应□上工。如厂内当日缺人时,并应帮同工务主管人员在宿舍内查找补充。

(24)各室清洁每日须巡查一次,责成各室长督促整理之。

(25)工人请病假者须有医生证明、请事假者需有各该管职员准假条方得放行,倘因要事或疾病临时由本课给假者,须从速用簿通知各该主管人员备查。

(26)工人知识、礼貌及一切生活方式应统筹训练之。

(27)工人一切福利事项,在可能范围以内者,应陈请厂长核办。

(28)工人在工作场所外一切纠纷应随时解决,比较困难者应向厂长请示办理。

(29)工人携有眷属者,应酌为派定眷属住宅并随时考查,如有不正当娱乐或故意损坏房屋者,勒令迁出,同时通知各关系部分查照。

(30)工人眷属搬入时应详细登记,以后每月查询一次并造表送陈厂长核阅。

(31)各房屋应加修理者,应先陈经厂长核准,再通知总务课饬匠修缮。

(32)对于本管事项之外来函件,如以自行答复较为便利者,可自行拟稿,送由文书课核转副经理、厂长、总稽核、经理、总经理盖章后缮发归档;不拟自复者,可于原函上签证意见,交还文书课拟办。

(33)对于本管事项应随时与有关各课部取得联络,听取意见,参考进行。

(34)每遇例假日应轮流派员值日。

丙、原动部(兼修机)

(1)每日开始办公时应检查先一日未办完之事,提前办理,不得积压。

(2)每日下班时,如有当日可办完之事,应稍延长时间将事办完,不得延至次日。

(3)原动各机应规定适当时期检查清理,如有特殊情形应随时督率工人修整之。

(4)原动各机每遇修整时,应将损坏及修理情形详细记录。

(5)输电路线至少每星期巡视一次,每月底须详细检查一次。

(6)输电路线如发生故障,无论其为自行发现或他人通知,均应立即派工修理。

(7)原动各机所耗煤斤及滑润油应逐日及逐月统计,并随时设法节省。

(8)应用材料就实用数量向材料课具领,无存料时另开请购材料单,请厂长盖章后交材料课采办。日常所必须之重要材料,并应预先计划,早日存储,以备不时之需。

(9)每日所需煤斤,应于先一日开条向煤栈领进,过磅登记并试验其所含水分,每日所出煤灰亦应记载测验灰分。

(10)材料课送来煤样,应逐一化验核算每公斤所含热量,造具化验报告分送厂长及购煤处备查。

(11)□□应行修理之机件,应即开具通知单交修机间修理,或通知材料课向厂外配置。

(12)领用工具应造册登记并派员负责保管。各技工所领工具,由各技工自行负责保管,如有遗失损坏,责令赔偿或罚扣工资。

(13)工人到工人数应于上工后一时内查明,并于当日放工前造具工资日报,送经总工程师、厂长汇转人事课。

(14)各部分值班技工,非经转接替不得下班。如□□□□请求派工接收。

(15)工人工作应逐日加以分记,每月工作状况或□原动日报于次日上午送陈总工程师、厂长查检。

（16）工人工作之勤惰应随时考察，酌量情节分别奖励惩罚，并随时造表陈报总工程师、厂长转知人事课登记。

（17）工人进退，应随时将姓名、职务、工资及进退原因陈报总工程师、厂长，转知人事课登记。

（18）各部分记录应责成值班工人依照规定时间照式抄填，并应装订保存，用备稽考。

（19）新装或加装电气器具以经总经理、厂长所允准者为限，修理电气器具应凭各部分主管人员之通知依次修理之。

（20）本部制造修配各种机件，应根据各部主管人员呈经厂长或总工程师允许盖章之通知单办理之。

（21）造成各件应开具发票送交材料课收账。

（22）修理各件每月应造具《修理机件月报表》于月底送交会计课分别转账。

（23）本部所用材料应预计需用数量，填制领料凭单，送请厂长或总工程师盖章后向材料课领用。

（24）本部对于本管事项应随时与有关各课部取得联络，听取意见，参考进行。

（25）每遇例假日应轮流派员值日。

丁、运转部

（1）每日开始办公时应检查先一日未办完之事，提前办理，不得积压。

（2）每日下班时，如有当日可办完之事，应稍延长时间将事办完，不得延至次日。

（3）机器安装、配置、使用是否尽合科学原理，应随时研究改良，以求效率之充分发挥。

（4）各部机件传动，应注意其有无摩擦毁损，随时通知保全部从速修理。

（5）每日应填造运转概况日报表，记明开车及中途停车情形，阐述其原因并提出改善办法送陈总工程师、厂长核办。

（6）每日应按规定次数检查机上出品，如发现重量、条干、燃度、组织等差异太大时须妥加调整。

（7）须维持并改进制品之本质，不可使有忽好忽劣之弊。

（8）原料品之供求及其搭配应力求适合。

（9）变更制品之品质，应通知关系各部照办。

（10）□□如过于干燥或潮湿时，应速即调整摇纱间之发水量。

(11)应随时注意成包间所存成品之轻重,不致相差过大,务使随时可以成包。

(12)各部管理及工作法如发现松弛及不合规定情事,应随时报告总工程师,并责成该管职员努力改良。

(13)各部分工作状况如发现困难,应随时考察改正。

(14)每月应填制各种统计如用花、出纱、下脚、工资、物料等表,以资比较。

(15)机器之运转及工人工作之方法应随时研究改良,以期增加出数。

(16)工人之训练由本部秉承厂长、总工程师意旨办理。其训练之纲要如左:

(A)各部标准工作法之拟定;

(B)养成工之训练;

(C)熟练工之深造;

(D)各工日常成绩之考核;

(E)养成工赏罚、升降、迁调之处理;

(F)各工善良风俗之养成;

(G)各工流动率之调查与防止。

(17)左列各事应由本部协同办理或建议改良:

(A)有关训练成效之各种工程之设计;

(B)工人福利□□□□;

(C)工人膳宿之管理;

(D)工人之招募及来源之开发。

(18)新工人厂由人事课发给允许证、投考证,并经关系主管人员审核合格后,应由本部实施训练。

(19)训练以下列四项为最高原则:

(A)工作合理化;

(B)生活军事化;

(C)教育学校化;

(D)感情家庭化。

(20)训练分学、术二科。术科系指工厂内工作法之传授,学科则分为工作讲话、常识讲话、精神讲话三种。每日除以大部分时间从事术科外,至少应有一个小时分部举行讲述,以收知行合一之效。

(21)各部分工作法应按其操作之繁简划为数个阶段,制成课程进度表,分期传授,迄底于成。

(22)训练期间如发现有品行顽劣或体格孱弱不能胜任者,随时辞退之。

(23)养成工之头脑聪颖成绩优异者,得呈请提早其毕业期限,以示奖励。

(24)新进熟练工到厂时,应负甄别考选之责任,并将结果陈报总工程师、厂长以定去留。

(25)熟练工人入厂后如工作尚未适合本厂所定之标准,仍须另受相当之训练,方准取得工籍开始工作。

(26)已毕业之养成工如有工作不合法或能力低落,经总工程师退回者,应重新训练之。

(27)每一星期或每半个月,应按平日成绩及考试结果,将养成工升期或毕业一次,并将名册送陈总工程师、厂长核转人事课查照登记。

(28)工人请假不归或自行告退太多者,应速即详察其原因,妥筹对策。

(29)本部应有训育室之设备,配置标语、图表、机械模型以供讲解之用。

(30)每日或每月应制备下列统计表册,藉凭检讨:

(A)养成工工资日报;

(B)各部养成工逐日到工人数统计表;

(C)各部工人逐日工作考绩表;

(D)养成工逐月进厂人数统计表;

(E)养成工逐月毕业人数统计表;

(F)各工能力升降表;

(G)各工流动统计表。

(31)对于本管事项应与有关各课部取得联络,听取意见,参考进行。

戊、保全部

(1)每日开始办公时应检查先一日未办完之事,提前办理,不得积压。

(2)每日下班时,如有当日可办完之事,应稍延长时间将事办完,不得延至次日。

(3)□□各机之清理修平,应规定适当周期留心考查,随时改进。

(4)各机须常保持完整,如有缺乏零件或屡生故碍,虽未至整理时期,亦应督饬机工立加修理。

(5)某机某部如常生故障一再损坏时,应研究其原因,加以改良。

(6)各机之配件须完全照所制图样或原样,如发现大小不合、材料欠佳时,应即向材料课另领合适之配件更换或改制之。

(7)须注意各项配件之存储数量,随时通知材料课添配。

(8)须注意保全工人之工作状况,勤加督察。

(9)本部所用工具应造册登记,用毕发交工具室保管并应随时考查,以防偷失。

(10)新用技工经试用合格,由主管人员拟定工资陈请厂长核定后,应即通知人事课登记。

(11)本部主管人员应随时督促技工力求工作之精良迅速,以及材料之节省。

(12)技工退工或被开除时,须将领借各件如数缴还方准结算工资,如有缺少,照价扣之。

(13)技工退工或被开除时,应由主管人员填注解雇单,送交技师转陈总工程师、厂长核定盖章后,即通知人事课办理出厂手续。

(14)本部之工资、物料、成品,应于每月终分别造具月报,借以考核全月收付情形。

(15)对于本管事项应随时与有关各课部取得联络,听取意见,参考进行。

己、材料课

(1)每日开始办公时应检查先一日未办完之事,提前办理,不得积压。

(2)每日下班时,如有当日可办完之事,应稍延长时间将事办完,不得延至次日。

(3)每日接到各部申请购料单,或由本课计划自行购备者,均应即时填具本课购料申请单,送陈厂长盖章后方能购买。

(4)购料申请单经核准后,应立即向本埠或外埠各店号采购,同时将日期、请购单号数、物名、种类、数量登入采购簿内;已办妥者,再将单价、购买处所、收到日期续填簿内,以便检查。

(5)各商号兜售商品来函须由总经理审阅批交本课方能照办,但报价单、估价单等仅供参考之用者,本课可直接收受。

(6)对于本管事项之外来函件,如以自行答复盖较为便利者,可自拟稿,送由文书课核转副经理、厂长、总稽核、经理、总经理盖章后缮发归档;其不拟自复者,可在原函上签注意见,交还文书课拟办。其自动发出文件订购物料者,陈经厂长核准后亦可按照前项手续办理。

(7)添购机器、马达等重要物品,应将各店所报机器规格、价值列表转陈总经理核定后,再照购置手续订立合同或承揽契约。

(8)合同及承揽契约内所列条款项,先拟稿陈请总经理核定后送文书课缮正,加盖厂章及总经理印章方为有效。

(9)合同及承揽契约内所列条款,如系由对方拟妥征求本厂同意者,须将原件陈请总经理核定交文书课加盖厂章方为有效。

(10)预付货款须先将商号名称及所购物料数量、总值、预付理由陈请总经理核准后方准支付,但临时交易不及陈请或陈请有误时机者,在二千元以下之额度内,可将货款预付,仍须将预付情形补报查核。

(11)凡货物提单、发票于收到后,应于当日办妥手续,派人提取随同原商号押运人或承运商号押运人拆封验明过秤。

(12)商号寄来账单发票如与进料斤秤、数量、品质不符时,应详细核对,向(若干字不清)商号或原售料商号接洽补足或照实收数批注作价,通知材料课【备查】。

(13)材料库收进材料时,应凭材料课主任通知详细点收,俟收齐存库后,应登记并填制进料凭单,记明收到日期、名称、种类、实收数量、单价、共价等项,由主管人员盖章,连同发票送经本课主任及厂长盖章后,转送会计课按补足价或实收价核付价款。

(14)材料库发出物料时,如系工务方面者,应凭厂长或总工程师盖章之领物证;如系事务方面者,应凭副经理盖章之领证照付,付讫即行登记并填制发料凭单,记明发出日期、名称、种类、□□、数量、单价、共价等,连领物证送经本课主任及厂长盖章后转送会计课登记。领物证须用复写,一份由领料课部自行存查,一份由材料库附于发料凭单内转送。

(15)进料及发料凭单、库存日报表等所列各项数字,应详细复核,再送会计课转核,以免错误。

(16)□□各职员对于采购、收发等事,平时各负专责,事忙时应互相协助办理,以免耽误。

(17)材料库雇用栈工,应先将工人姓名及所编工号、派任职务、拟给工资详细填具报告单,陈请厂长、总经理核准,再送会计课登记。

(18)材料库所用栈工,应设立姓名簿。

(19)材料库每日将栈工及临时到工人数□□□□填具报告,连同工折送会计课登记。

(20)材料库每日收进材料如系大批不易捡点者,应先分别种类(如号数、尺寸、名称等)、点收单位(如件数、捆数、根数、箱数、桶数等),然后再从容统计数量(如过磅量尺、点收细数等),必须点验清楚方可入账。

(21)材料库每日发放材料,应规定时间、次数启开库房,如非特别急需之物料,过时即行停发。

(22)材料库每日发放材料,如发觉某项材料不足领物证所发数量时,应即在领物证内注明实发数量或完全划销,同时以最快方法购到,通知再领。

(23)每遇例假日,上午材料库仍照常开库发付物料。除特别急需之料,经总工程师或厂长核准者外,下午不再发放。

(24)每遇例假,上午材料库职员应轮流派一值日员负责接洽应办各事,监督栈工整理存料,如有必要,下午亦应继续工作。

(25)【库存】材料每月底必须盘存,造送库存月报表呈送总工程师、厂长转呈总经理查阅。

(26)重要材料之消耗,应以简明之数字制成比较图表,表明其每月用量之增减,以备参考。

(27)对于本管事项应随时与有关各课部取得联络,听取意见,参考进行。

庚、花纱库

(1)每日开始办公时,应检查先一日未办完之事,提前办理,不得积压。

(2)每日下班时,如有当日可办完之事,应稍延长时间将事办完,不得延至次日。

(3)仓库各门每日启开时,须有主管人员监视查验。

(4)仓库不敷应用时,得陈请总经理许可在露天堆放,但地面须用三层木方打底,上面须用大帆布或芦席妥为盖好,且时间至多不得超过一个月。在此期间,务须设法尽先使用或移入仓库之内。

(5)棉花堆存栈内须用方木三层打底,纱布则用五层打底,每月至少须翻新一次以免吸入地面潮湿,且每逢星期六,须详细检查并与账目核对一次。

(6)各种花纱布应按照种类分别堆存,每堆四面应各留空隙,以便检查翻动并预防空袭及火灾。

(7)棉花到厂由营业课通知起(若干字不清)会同营业课逐包拆取,检查是否与购时之小样相符,如发现不符合者时,应由营业课处理之。

(8)棉花到厂办妥上项手续后,应即起入仓库过磅,登记进花号码单,同时将花包记明号码及重量,并将采取之样拟具意见陈请厂长批定等级,再标挂盈亏对数表、斤磅对照表，以便用花时凭表对照。

(9)棉花内所含潮分若干，应于到厂时扦取花样筒中缮具请验单，交由主管试验人员烘干，试验有无潮分，潮分若干，均记入请验单内送还本库□□□□时，即由花包上所记复磅重量内，将此潮分及包皮扣除。

(10)外庄采购之花样及码单由营业课送到时，须编号收存，该货到厂时对照验收。俟收齐后，即将该码单附入复磅之码单，连同进花凭单、存表一并送会计课核转。

(11)清花间领用棉花时，如发现有□□或破子石块等夹杂物，应予调换并即转知营业课向原货主申请赔偿。

(12)清花间每日领用各种棉花，应凭总工程师盖章之用花凭单照发，发出后将该凭单送厂长盖章，连同库存表送会计课入账。

(13)凡各项收付账目应逐日过清，各种存棉、纱布表册应陈请厂长核阅者，须于次日九时以前送出，每月月报应于次月三日以前送出。

(14)本厂所出成品须于每日下午五时以前，连同送库单一并送到，经点收无误，即在该单所附之回单上盖章交回查验。次日早九时以前，应将该送库单送陈厂长核对盖章后，连同库存表送会计课入账。

(15)厂内交来下脚须逐一过磅，如质重相符即将回单上盖章。否则拒绝□□。

(16)待出成品及各种下脚，须由营业课开具取货凭单，呈由总经理盖章后照付，付出后将该凭单连同库存表送会计课入账。

(17)每日各种库存□□□□须于次日上午九时前，送陈厂长核阅盖章后，一份存查，一份送营业课参照。

(18)每月各种盘存表须于次月三日以前造齐，送陈总经理、厂长盖章后，一份送会计课核对，一份送营业课存查，一份送总工程师核阅。

(19)对于本管事项应随时与有关各课部取得联络，听取意见，参考进行。

六、总稽核室

(1)本厂每日营业上及工务上一切账目单据、表报等应随时考核。

(2)本厂每日账目凭单、单据应于第二日复核后送会计课保管。

(3)会计课编制之每月月报及年度决算应审核其是否确实。

(4)厂内及各办事处账目每年至少应详核二次。

(5)原料、物料及成品各库应随时检查。

(6)本厂收支款项及一切单据应随时考核其是否完全正当。

(7)本厂职员如查有成绩优良或办事不力、品行不端者,应随时陈明总经理核办。

(8)考核预算是否适当。

(9)本厂工务上、事务上一切设施,应考察其是否悉臻妥善。

附则:

(1)本细则自颁布日施行。

(2)本细则如有未尽事宜得随时陈请修正之。

(件存陕西省档案馆民国档案 82 - 1221 - 卷)

湖北省纱布局、咸阳中国打包公司合组临时纺织工厂业务会议简章

一、本会议之宗旨,在讨论业务方针及业务上一切改进事宜。

二、本会议由总经理或副经理召集,以经理、总稽核、厂长、会计课主任、营业课主任及营业课重要办事员组成之。

三、本会议定为例会及临时会两种,例会每月举行一次,临时会由总经理、副经理或由营业课主任陈请总经理、副经理召集之。

四、本会议除经理、总稽核、厂长、会计课主任、营业课主任及营业课重要办事员须列席外,凡与本会议有关系之其他各部分人员,经总经理、副经理认为有召集参加之必要者,亦得列席。

五、本会议以总经理或副经理为主席。

六、凡列席本会议之人员,均有提议及发表意见之权。

七、本会议每次议事,应由主席指定专人记录,并抄录副本送经总经理核准并盖章后,分交有关部分照案执行。

八、本会议之日期、地点由主席临时约定之。

(件存陕西省档案馆民国档案 82 - 1206 - 1 卷)

湖北省纱布局、咸阳中国打包公司合组临时纺织工厂工务会议简章

一、本会议之宗旨在讨论直接、间接与工务上有关之一切改进事宜。

二、本会议由总经理或厂长召集，以总工程师、技师及重要工务人员组成之。

三、本会议定为例会及临时会两种，例会每月举行一次，临时会由总经理或厂长随时召集之。

四、本会议除总工程师、技师及重要工务人员必须列席外，凡与本会议有关系之其他各部分人员，经总经理、厂长认为有召集参加之必要者亦得列席。

五、本会议以总经理或厂长为主席。

六、凡列席本会议之人员均有提议及发表意见之权。

七、本会议每次议事应由主席指定专人记录，并抄录副本送经总经理核准盖章后，分交有关部分照案执行。

八、本会议之日期地点由主席临时酌定之。

（件存陕西省档案馆民国档案 82－1206－1 卷）

湖北省纱布局、咸阳中国打包公司合组临时纺织工厂请假规则

一、本厂员生非婚丧疾病或不得已之事由不得请假。

二、员生每年给假日期应分别事由，照左列各规定办理：

（1）亲丧特准给假三十天；

（2）成婚特准给假二十天；

（3）事假不得逾二十天；

（4）病假不得逾四十天。

上列期限非位居本地者得另计来往途程日期。

三、逾前条各款项规定期限者，应按日扣发薪津，但因病缠绵而平日办事确曾著有劳绩者，得陈请总经理核准免予扣薪（病假在一星期以上者，须取具医师诊断书，以资证明）。

四、员生请假除不满一日者，事务人员可用便条呈由副经理核准，工务人员及人事课、材料课、花纱库人员可用便条呈由总工程师核准，汇存文书课备查；其请假满一日以上者，均应依式缮具请假单分别送呈副经理、总工程师、厂长盖章，转送总经理核准，交文书课存查。每月终由文书课汇总登记，列表呈送总经理核阅。如请假逾本规则第二条各款项所定期限者，应通知会计课扣薪。

五、主任以上职员请假，应由该管各室陈请总经理指派代理人，其他员生请假，应由该管各室指派适当之员生代理之。

六、员生请假未经核准，或未经该部分主管人员许可，或未将经手事件交托他人代理者，不得离职。

七、本厂委任以下员生，两年未曾请假返籍者，得照支往来舟车费。

八、本规则自总经理核定之日施行。

（件存陕西省档案馆民国档案 82 - 1206 - 1 卷）

湖北省织布局、咸阳中国打包公司合组临时纺织工厂厂务会议简章

一、本会议以本厂总经理、总稽核、厂长、副经理、总工程师、技师及各课部主任以上之职员组织之。

二、本会议以本厂总经理为主席。

三、本会议之使命为检讨本厂业务、工务、事务进行之状况而定改进之方针。

四、凡列席本会议人员如有提议事项，应于会期三日以前，以书面交副经理室文书课，编入议案。

五、本会议提议事项应由副经理室文书课汇集油印，于会期前一日分送参加列席本会议人员，以资研究。

六、本会议提议事项遇有属于专门性质而一时未能解决者，得由主席邀请专家研究，拟具具体方案讨论决定之。

七、本会议开会时由主席指定二人记录，闭会后会同整理。

八、本会议议决事项由副经理室文书课抄录二份，送请总经理核阅盖章后，分别通知各主管部分照案执行。

九、本会议议定为每年例会两次，上半年及下半年举行之。

十、本会议日期及地点由主席临时酌定，于十日前通知。

（件存陕西省档案馆民国档案 82 - 1206 - 1 卷）

湖北省纱布局、咸阳中国打包公司合组临时纺织工厂旅费规则

一、本规则于职员因公派遣或职务遣调时适用之。

二、旅费自出发之日起至公毕到职之日止，按日计算，但中途因私延搁者不得开支。

三、旅费分为舟车费、日用费、邮电费三种。

四、总经理舟车费开支头等；经理、总稽核、厂长、副经理、总工程师、技师、稽核、各课主任均开支二等；其余职员均开支三等。至交通不便之处，所有舟车、舆马等费均实用实报，陈候核销。

五、总经理、经理、总稽核、厂长、副经理、总工程师之日用费，每日开支实报实销，至多不得过八元；技师、稽核及各课主任每日开支实报实销，至多不得过六元；其余职员每日开支实报实销，至多不得过四元，但因公派往外埠、庄处办事者，其日用费支至到达之日止。

六、邮电费均实用实报。

七、凡因公派遣者于出发以前预支旅费若干，由总经理核定之。

八、凡新到职员系招聘性质者，得通用本规则第四条之规定，按照等级支给来【厂】舟车费，不支日用费，但本厂登报招考之员生不适用本条之规定。

九、本规则经陈请总经理核准后施行。

（件存陕西省档案馆民国档案 82－1206－1 卷）

咸阳工厂健行社简章草案

第一条　本社以敦品励行、锻炼身心、研求学术、提倡正当娱乐为宗旨。

第二条　本社定名为“咸阳工厂健行社”。

第三条　本社以咸阳工厂（以下称“本厂”）全体同人为基本社员，组织社员大会选举理事五人组织理事会，再由理事互推一人为常务理事，主持本社一切进行事宜。另聘干事一人，受理事会之指导，监督进行本社一切计划、筹备设施等事【宜】。

第四条　凡与本厂有关之团体、个人愿加入者，经本社社员二人之介绍并得理事会之许可，得为本社赞助社员。

第五条　社员大会每半年开常会一次，由理事会召集之；临时会无定期，由理事会或社员半数以上之请求经理事会核准召集之。

第六条　理事会每月开常会一次，由常务理事召集之；临时会无定期，由常务理事或者理事三人以上召集之；常务理事、理事任期为一年，连选得连任。

第七条　本社设左列各组，【各】组设主任一人，由理事会在理事或基本社员中选任或选择适当人才聘任之，受理事会之指挥、监督及干事之指示进行本组一切计划筹备设施等事。

（一）体育组：包括早操、拳术、球类、田径赛、旅行等；

(二)学术组:包括读书、学术讲演、学术竞赛、图书及展览等;

(三)游艺组:包括旧剧、话剧、音乐、歌咏、棋类等。

第八条　本社社员除早操、学术讲演必须全体参加外,并须自行加入其他一组或二组,除请假及有工作者外,不得无故缺席。

第九条　本社各组除例假日全部开放外,其余开放时间在不妨碍工作进行之制原则下,由各组自行酌定公布。早操时间由本社理事会规定通知本厂公布之,讲演时间由理事会临时酌定通知。

第十条　本社社费由本厂在职工福利项下指拨,其数目由理事会议决提请总经理核定之。

第十一条　基本社员及赞助社员均有享受本社一切设备及参加各种组织之权利。

第十二条　基本社员及赞助社员均有服务本社及遵守本社社章之义务。

第十三条　各组之办事细则另定之。

第十四条　本简章为有未尽事宜由社员大会修正之。

第十五条　本简章自社员大会通过之日施行。

附:组织系统表

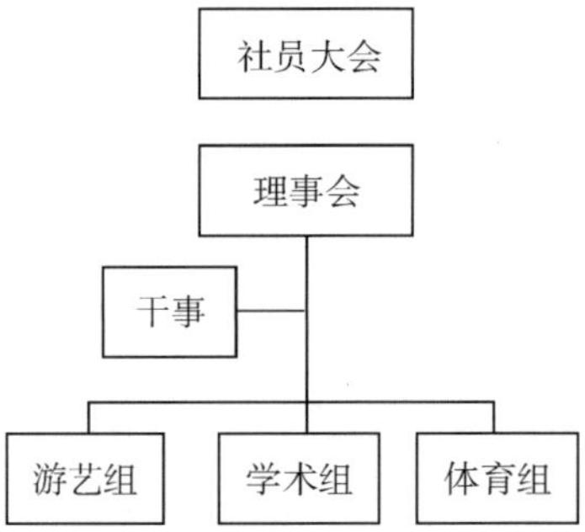

(件存陕西省档案馆民国档案 82－1－145－3 卷)

3. 会议记录

筹备咸阳纱厂谈话会记录

(1940 年 10 月 17 日)

时间　　二十九年十月十七日上午九时

地点　　西安中国银行

出席者　束云章　杨挚奇　胡名甫　李紫东　毛端梧　刘绍远　王瑞基
　　　　刘持钧　汪晴江　钱尔嘉　蒋均如　贺书绅

主席　束云章

记录　贺书绅

李紫东、王瑞基报告筹备经过

查咸阳中国打包公司与湖北省纱布局合作之第一步五千纱锭，自签订合约开始筹备以来将近半载，经全体员工之努力工作，已修整纱锭一千五百枚正式开纺，每日出纱三件以上。只以湖北省纱布局所有机件历年已久，设备欠佳，加以长途搬运，损坏散乱尤所不免。目下人力、物力均感缺乏，修理添配颇费时日，否则开纺锭数以及出产数量尚可增益。所有筹备经过，已详具书面报告，词长从略（附报告书一份）。至所余之三千五百锭，如材料应手并原动机器可以觅获，则迟至本年年底准可开齐。

主席意见

（一）所余三千五百锭务于年内开齐，增加产量。所需急用材料，如粗纱、钢管、水泥等，除由本人电致豫丰纱厂代为设法克日购运外，其他各种需要物料应由咸阳工厂自备汽车数辆自办运输，俾得运用自如，缓急可恃。

（二）原动马达或利用咸阳打包厂之卅八匹柴油引擎予以改造，或觅购七英寸半圆径之钢条另行新制。究以何者为便，即由该厂洽商杨挚奇兄办理。新制马达所需之钢条，亦已电请豫丰纱厂代为搜购。

（三）第二步合作之五千锭，俟双方商妥条件签订合约后，再为拟订计划，以便推进。

正午十二时散会。

（件存陕西省档案馆民国档案 82－1－138－3 卷）

筹备咸阳纱厂第二次谈话会记录

（1940 年 11 月 11 日）

时间　二十九年十一月十一日下午三时

地点　西安中国银行

出席者　束云章　杨挚奇　胡名甫　毛端梧　刘绍远　王瑞基　刘持钧
　　　　汪晴江　钱尔嘉　蒋均如　贺书绅

主席　　束云章

记录　　贺书绅

主席谈话

(甲)第一步合作之五千锭

本年十月十七日召集第一次谈话会时,已据王厂长瑞基报告,现已开纺一千五百锭,其余三千五百锭如物料应手并原动机可以觅获,至迟本年年底准可陆续开齐。急需材料如粗纱、钢管,洋灰等,曾于本月七日由本人电托重庆豫丰纱厂代为觅购运秦,兹接复电俟设法觅得车辆,即将上项物料装运来秦。是以该厂所顾虑之材料问题可告解决,一俟该项材料运到,应即积极筹备,再加开两千五百锭。至其余之千余锭,亦应从速觅购四五十匹马力原动一部,尽本年年内设法开齐。

(乙)第二步之五千锭

第二部合作之五千锭,须俟湖北省政府将合作条件寄到,经双方同意签订合约后方能着手计划。但上项机器散置露天,疎失堪虞,可由咸阳纱厂加派厂警数人轮班看守,所有看守费用不妨暂由咸厂负担,但保管机器责任在未经签妥合约并经咸厂接受以前,自应仍由湖北纱布局方面负其全责。又将来第二步五千纱锭拟装置何处,抑自建厂房,抑暂时设法租用适当空屋,请刘绍远、李紫东、王瑞基、汪晴江诸兄先行洽商具体办法,陈报咸阳中国打包公司董事会备核,以便合约签订即可按照所拟计划及早推进。

下午五时散会。

(件存陕西省档案馆民国档案 82 - 1 - 138 - 3 卷)

整理咸阳纱厂谈话会记录

(1940 年 10 月 27 日)

时间　　二十九年十月二十七日上午十时

地点　　西安中国银行

出席者　束云章　王瑞基　刘绍远　汪晴江　贺书绅

主席　　束云章

记录　　贺书绅

主席意见

为求早日生产起见,拟将咸阳纱厂第一步五千锭及第二步五千锭合并为一厂,俾便管理,并决定合并办法如下。

(一)截至二十九年年底,将第一步五千锭盈余之数作一结束,并将纯益之款按股匀分。自三十年元旦日起,第一、第二两厂将来无论盈亏,通盘计算,至本年年底决算之编造,拟采用下列方式办理:

(甲)所有已用去之开办费,于本年度盈余项下一次摊销。

(乙)购存原棉按市价盘存。

(丙)用余物料及米面食粮等按购进价盘存。

(二)将来装设第二五千锭时,应就咸阳打包厂按照第一次合同所拨出之拣花房四间内设法安置,至工人宿舍及物料库等,可于中国银行已购妥之空地上(邻近咸阳)酌量建造,惟须另办租地手续。

(三)第二五千锭及布机一百六十台,即请刘绍远兄负责克日运交咸阳工厂,以便验收装置。

(四)厂房建造力求单简,屋顶如能用稻草或芦苇覆盖尤较妥善,以防万一房屋被炸震坍时,下面机器可不致压坏。

(五)第二五千锭限三十年六月底一律装妥开纺,如因特别事故不能如期完成时,其超过期间至多不得逾一月。此事应请王瑞基兄负责办理,并请造送装机计划书以资考核。

(六)第二五千锭所需原动由刘绍远、汪晴江两兄合同设法早日觅取,以不误开车为原则。

(七)钢丝针布及盖板针布统由本人负责代为设法运陕,决不致误。

上午十二时散会。

(件存陕西省档案馆民国档案 82-1-138-3 卷)

咸阳纺织工厂第一次谈话会

(1946 年 1 月 6 日)

中华民国三十五年一月六日午后六时,在本厂招待室开第一次谈话会,出席人员如次:张仲书、何云从、周尚志、马怀运、张逸民、吴澄治、刘汉卿、俞仁治、黄懋辉、吴标、彭才毅、南若蓝、何新斋、王飞彪。

首由厂长说明召开谈话会意义,并阐述各部门职责之重要,而以增加生产、改进品质、减少消耗、发挥效率、节省人工、实行标准工作方法为全厂共同目标,勉励同人全力以赴，以期达到工业救国之目的。

继由各出席人员自由发表意见，分别报告工作概况，并陈述各部门办事困难经过，提供改良意见。

最后讨论并议决左列各事：

（一）工人米面改定星期日（即本厂规定停工之日）由总务课配售并由人事课帮同照料。

（二）各部工人数均已超过需要之数，亟应停止添雇新人，遇缺亦不得补进。

（三）各部需用之人数，须由各主管人员规定一标准名额，分别职务工资列表陈报，总以不浪费人力物力为目的。

（四）发给工资应照原例仍在厂内分部发给，并由各部主管人员帮同照料。

（五）同人考绩分数表由各部主管人根据定章及实际观感，妥慎填报。

（六）纺织各部应切实督促工友遵守标准工作，以期改良品质。

（七）各部主管人应将每日经办之重要事项，摘要填写工作日志送阅。

（件存陕西省档案馆民国档案 82－1－67－1 卷）

咸阳纺织工厂第一次谈话会记录

（1947 年 5 月 19 日）

日期　三十六年五月十九日下午七时

地点　本厂招待室

出席　傅道伸　张仲书　何云从　吴澄治　黄懋辉　何新斋　马怀运

郭挹珊　吴　标　王飞彪　张逸民　彭才毅　刘汉卿　丘达文

公出　周尚志　南若兰

请假　傅启标

主席　傅道伸

记录　丘达文

一、报告事项

主席报告——略谓总公司沈协理最近将赴港向总经理报告各厂情形，日前曾询及本厂近来状况，并谈及将来有无发展之希望各节，本人当面□□述本厂同仁在精诚合作之下研究改进，克服一切困难，将来发展确敢担保无问题等语。惟查本厂虽经年来各同仁之努力，但除产量一项较以前略有增加外，其余尚待各同仁改进之处甚多,如不能继续努力撑此难局,将来不仅发展无望,即本身之存在亦大成问题。本人对总公司既声明担保将来发展无问题,而事实上此项任务之完成,全赖诸位之分层负责推进,方能巩固本厂基础,实现本人之诺言,亦即此次会议召开之重大意义也。

1. 总务课——略谓近几月来本课业务只是照常进行,谈不上什么特别改进。兹分别报告如下:(1)事务方面:A. 米、面、油、盐之供应存储情形;B. 同仁春季及夏季制服筹办之经过;C. 同仁伙食之改办情形;D. 勤务杂工之训练改进情形;E. 家具房屋之编查丈量,以及近以需要过多,不敷分配之困难。(2)警卫队:以时局关系补充足额为五十名,对于门禁检查尚称周密。(3)消防问题:本厂以设备不足,只能就现有消防器具略加整理,交由警卫队负责保管,在可能范围内,拟即设法补充以策安全。(4)建筑情形:本年除建筑厂房前之仓库一所外,其余均系修葺,无大宗建筑。(5)菜园耕种情形及新渠之开置。(6)中西医诊疗室诊病情形。(7)对外交际情形。

2. 会计课——略谓(1)本厂成本计算,在过去管制时期,系成本加合法利润,自取消管制后,乃按照实际情形,原棉加直接开支、加间接开支、加财务费除每月产量计算之。惟自本年三月份起,物价波动后,为顾及再生产起见,不得不将原棉物料及燃料等项按照市价计算。(2)本厂三十五年所利得税,直税局迭次催报,迄今未报送,本厂将来究竟是否报账,抑由其仍按往例以简化估课,尚在研究考虑中。(3)印花税:本厂近两月来已购一百五十万元至二百万元,而局方最近核定,以本厂每月负担三百万元,现正在交涉中。

3. 材料课——略谓本厂购料大宗委托雍兴公司代办,至零星物料由西安办处及本课采购,大致无缺。近数月来包制机件颇多,承制家均如期交货,惟一发生问题者为抢购煤炭。目前西安市价,架炭七十万元一吨,本厂收六十万元,大炭四十万元。近因咸阳县稽征处行商营业税按百分之一点五抽煤商税,故来源渐少。本厂每月之车皮仅拨完二月份者,三、四、五、六月份毫无希望。二月份者其他各厂所得数更少,陇海路局短期内亦无车可拨,厂内存煤仅敷二十日之用,收购困难实多。现在每日原动部须用约二十四吨,关于本厂耀县办事处,每月员工开支将近千万,如每月能如数拨车二百九十五吨,则勉强合算,如拨不到车皮,实太不经济,可否予以撤销,仿照雍兴公司委托煤商代运办法办理之?本课所存车油可供五个月,汽缸油可供三个月,锭子油可供两个月之用。惟领用数量较抗战期间之劣油数量上亦未减少,亦许因加锭之故。

4. 人事课——略谓(1)本课自集中办公后,各部工友登记较前确属便利。(2)工饭团食量差价不宜填报,应予取消。厨房炉灶火门安装多不适宜,易染灰尘且碍卫生清洁,拟请重新修建;厨房后院太狭小不敷应用,请予以扩充。为防雨水浸入蓄水池,应添建厂棚房二间。(3)男工房、各寄宿舍前宜修建阴沟,使一切脏水有所排泄;厕所亦觉太少,均宜重新添建。(4)助手以上工人,原规定有眷属住房,现以人数增多,工眷房不敷分配,拟请增减。

5. 营业课花纱库——略谓(1)配售棉纱情形:自本月上旬起改订售纱手续。(2)纱布存量截至五月十六日,二十支纱库存四十件,十四吋布库存四千八百八十八匹。(3)原棉存量至四月底验收雍兴购棉部棉花约一万七千担。A. 最近灵宝运来四百余包,品质尚佳,但棉籽仍多,可能再有五百余包运来;B. 永乐仓库存棉六百包,陆续运厂;C. 泾棉已较灵宝棉为优;D. 库存原棉二千七百二十一包,约七千三百余担,可敷用至八月半,尚差两个月原棉;E. 中纺公司拨交赋棉已大致收齐,且已超收三十余担。(4)纱布仓库问题:A. 军需局四月份应提14尺布七千五百匹,屡经函催,迄未来提;B. 上号仓库系水多□□房,人热存而太湿,布匹发霉,近日正饬工赶修,惟存数太多,收效甚微。拟请讨论改善办法,并与新建之大仓库暂为调换。(5)露天货场——前以丹阳纱厂□□无处存放,临时借用本厂露堆,实系雍兴棉花因每日花行交货过秤人多,门禁无法考查,又本厂应接收之棉花尚无处存放,已通知雍兴黄主任暂缓进货。(6)减少用人——原用工人二十六名,现仅二十二人,工作忙碌不敷分配,仍须添补二三人。(7)(以下多字不清)预存储,随时注意保管。

6. 张总工程师——略谓(1)用料之统计。(2)产量之统计。(3)训练情形——本年来粗纱已停止训练,细纱与粗纱有养成工共二十名;布厂亦停止训练。(4)保全方面——新装和花缸一台、除尘匣四节、单程粗纱二台、卡氏皮圈细纱机五部,均已装妥开出。又南厂旧锭子,已有四部移装北厂。(5)工人数目——现已减至一千零数十余人,详情载于各项目报表中。

7. 何工程师——略谓纱厂现有纱锭13084锭,工人一千零数十余名,产量每日平均二十三件余,品质方面现由训练部指导改进中。

8. 保全部——略谓新购西北机厂纱机五部,均已装竣。在西北机厂新机尚未继续运到以前,现正修整旧纱锭,惟所需应备物料,如钢丝(以下多字不清)所用之猪鬃等,尚须大宗款项购进。

9. 张总工程师补充报告——略谓本厂年来所用纱管消耗过多,近由□□□招工包制，所出纱管由运转部领用五千只，正在实验中。如果品质优良、成本低廉，将来继续包制。

10. 训练部——略谓训练情形：现受训练之养成工只有细、摇两部，共二十一名；粗纱已停训，试验（约四字不清）车每落纱断头三百三十余次，皮圈式断三百五十余次，并条四部，速度太高，出条节粗细不匀，应重新改正之。

11. 运转部——略谓现纱锭已开出达一万三千枚，较前增纱锭近三千枚之多，但工作人数各部门均反较前减少十名至三十名，因此工人效率亦随之增高。至于各部门工作法与清洁等事，已同时加紧按妥拟之计划进行，并拟即实行工作比赛，以资发挥工人效能。现所感困难者，因原动转数时快慢不匀，影响工作难做，产量亦无法上增。

12. 准备部——略谓（1）准备部三十五年底有工友三十六名，因流动减至三十名。（2）织机三十五年底有工友九十六名，因流动现减至八十二名。（3）络纱机现有一部涨力装置，该机比较以前难做，将来还补充工人数名，然后可以够用。（4）浆纱方面：因天气渐热，浆成纱轴不敢过潮，恐防霉烂。（5）织机间因夏天来临，厂□□变增，大工作日见难做，同时经纱已觉枯干，并且四周窗户关闭，储存温度、喷雾机亦未便开小，因工作有关系只开到平稳为止。（6）织成布匹经整理成梱，转送仓库存放，但仓库四周上下都要流通空气，以免湿□交作发生变色及霉点之患。（7）现因整理间未置刮布机及压光机，布中所含潮湿未能去尽。

13. 主席——各部报告均极详尽，彼此得有互相明了之机会。按本厂系临时组合，并非一有计划之工厂，所有一切建筑设备均系因陋就简，不能如理想，故迄今仍有很多困难问题不能解决。在此情形下，亦仅能在可能方面尽量设法改进。如外国机器不易购到，只能在本国购买，本厂委托蔡机厂代制之一部分新纱机是也。关于制造新纱机，总公司现成立一实验室正在研究改进，各位如有改进意见可以尽量贡献。本厂在物资方面困难很多，亦只有尽力克服。本人近参观同业申新、大华各厂，无论事务、工务均较过去有很大之进步。本厂过去进步之处固多，但最近颇形消沉，缺少朝气。古云："不进则退"。工业方面万不应保守，要有日日新又日新之精神。本人借此机会，提出下列几点贡献各位参考，并愿共勉。（1）循名核实——各主管同仁，无论对于员工及本身所负之责任，都应反省一下是否已尽职责，于自己要反省，于部属要督促。希望各位要有积极的精神，不要保守要有朝气，不可有暮气，在外国有主张青年为领袖者，即取其做事有朝气也。各部门对于每件事的处理，都要有一个计划并且按照计划去施实，最后要确实报告出结果来。此次总公司吕总稽核赴沪，总经理嘱其转告各厂：A. 于每一部门都应有很精确之统计数字记录，尤其在工务方面数字的记录要确实可靠。这就是科学管理法之要点。B. 注重保全。所谓保全不仅指工务，即事务方面如房屋、器具、物品等之保全亦在内。以上两点望大家特别注意。(2)一切动作要敏捷——计划一提出即要争取时间，不要因循误事。对于同仁方面，要随时督责其努力工作，万不要袒护。古云："君子爱人也以德，细人之爱人也以姑息。"要使每一个人重视自己的职位，不应自暴自弃。以上所讲虽属浅近，亦实至理。本人希望与大家共勉之。

二、讨论事项

(一)本厂三十五年度报告急应赶编汇送案。

讨论结果：限本星期内由各课部拟送文书课整理汇编。

(二)各部分增添工人应先请经副理、厂长核准案。

讨论结果：依照过去规定，经试工合格后，非经陈明经副理、厂长不得上工。

(三)按照总公司规定，同仁不准兼营与本身业务有关之一切商业行为案。

讨论结果：遵照规定，严加禁止。

(四)近有少数同仁在办公时间阅报，难免妨碍工作，应行制止案。

讨论结果：各部主管转告各同仁，在办公时间内禁止阅报(各部主管除外)。

(五)近有少数同仁于签到后回家，并不在办公室上班，应行禁止案。

讨论结果：由各主管转知，各同仁于签到后不得随意回家。

(六)花纱布仓库不敷分配，应如何办理案。

讨论结果：暂将布库与花库互相调换，至于另行建筑仓库一节缓议。

(七)同仁宿舍家具如何规定案。

讨论结果：按照规定数量重新调整，多余者退回，不足者补充。

(八)本厂携眷同仁日增，现有宿舍不敷分配，如有在外租房居住者，应否给予房贴案。

讨论结果：函总公司索房贴办法，参照拟订房贴办法。

(九)本厂春季旅行案。

讨论结果：本年春季旅行改为参观各厂，详细办法由张工程师负责召集有关各部商定。

(十)关于书记工面贴应该划一规定案。

讨论结果：由张工程师召集有关各部商定。

散会。

主席　傅道伸

（件存陕西省档案馆民国档案 82－1－556 卷）

咸阳纺织工厂第二次谈话会记录

（1947 年 5 月 20 日）

日期　三十六年五月二十日下午六时

地点　本厂招待室

出席　傅道伸　黄懋辉　彭才毅　马怀运　吴　标　丘达文　张逸民
何新斋　傅启标　刘汉卿　何云从　王飞彪　吴澄治　张仲书
汪晴江　郭挹珊

公出　周尚志　南若兰

主席　傅道伸

记录　丘达文

一、报告事项

主席——略谓。昨日谈话会中尚有许多问题，以时间过晚未能讨论，故本日陆续开会进行研讨，希望大家多多贡献意见。

二、讨论事项

（1）关于本厂耀县办事处拟予撤销，并仿效雍兴公司委托煤商代办案。

讨论结果：由材料课先向煤焦联运站接洽代办情形后再进行规定。

（2）助手以上工人眷房不敷分配，应否增建案。

讨论结果：暂从缓议，俟本厂经济情况充裕时再行添建。

（3）男工房及工眷房厕所日久损坏，拟请重新修理案。

讨论结果：俟泥工有暇即行动工修理。

（4）工饭团为防雨水浸入蓄水池，拟请添建敞篷二间案。

讨论结果：照修。

（5）本厂每月购贴印花数量案。

讨论结果：由会计课郭主任负责，再向直接税局交涉。

（6）职眷随意在木匠房拣柴且将正式料木拣去，应予制止案。

讨论结果：布告严禁拣取废柴，仍由总务课统筹分配。

(7)附近村水管随意放水,影响用水,应该如何制止案。

讨论结果:在茶炉水管处加设总开关,按时开放以资控制。

(8)夏令已届,关于饮水、厨房、宿舍、厕所等处之清洁卫生,应如何注重以维护公共卫生案。

讨论结果:除原动部注意蓄水外,购买 DDT 石炭酸卫生球等,向各处洒撒,一面督饬小工勤加清除,由总务会同人事课办理。

主席略谓。本人在此会议讨论已完,将此次出席总公司谈话会时,沈协理所提之两点意见转达各位:一是科学管理;二是提高工作效率。所谓科学管理,就是1. 没有一件物品没人管理;2. 没有一寸地方没人管理;3. 没有一分时间没人管理;4. 没有一桩事情没人管理;5. 没有一个人没人管理。至于如何提高工作效率,不外从"心到""口到""眼到""手到"各点做起。所谓"心到",即凡事都要先在心里详细计划一过,务须慎密无遗,然后令人去做;所谓"口到",就是命人执行时要说得明白清楚,如执行人员对于你的命令有所陈述,你须十分注意,可采取者就采取,不能采取者,亦应详告原由使其明了,然后限定时间、明示标准令他去做;所谓"眼到",即做完了要亲眼看过,是不是照你的计划、期限和标准做得样样相符,妥帖完善;所谓"手到",是将你计划的事情和施行的结果用笔记下,一则考核事功,一则观察人才。以上两点实属至理名言。本人愿与各主管同仁深体力行,互相共勉。

散会。

主席　傅道伸

(件存陕西省档案馆民国档案 82 - 1 - 556 卷)

咸阳纺织工厂第三次谈话会记录

(1947 年 6 月 18 日)

日期　三十六年六月十八日下午七时

地点　本厂招待室

出席　傅道伸　张仲书　何云从　郭挹珊　黄懋辉　彭才毅　张逸民　何新齐　马怀运　吴　标　王飞彪　傅启标　南若蓝　周尚志　吴澄治　刘汉卿

主席　傅道伸

记录　丘达文

主席略谓。纱厂成绩之良窳,全视机器之好坏与夫原棉品质之优劣。例如业精纺织厂机器最新,其所纺之纱品质自然佳尚,而其所售之价亦必高人一等,蔡厂纱机次之,我厂纱机更次之,所以品质与牌号关系机器至为重要,是不能不急切注意的。现以本厂三年来产品数量之比较,即可知各同仁工作努力之一般。三十四年五月份本厂产纱320余件,三十五年五月份即产至420余件,今年五月份增至640余件。不过三十四年因管制局棉花不裕,去锭减产,若非各同仁之努力,何能有如此之进步?年末本厂纱锭已增开至2,500枚,已占一万锭之1/4。如以比例增加,将来二万、三万以至四五万锭亦不敢定,只看各位仁之努力程度如何耳。刘经理此次由汉购到新锅炉一部,对于本厂贡献实属伟大,经理尚且如此,我们各位同仁尤应克尽厥职,发扬本厂前途。

本年下半年即本厂之最严重阶段。何以言之?一因布厂原动即要动手拆装,在旧原动拆卸后、新原动未装齐前,布厂即须停机织布,所有织布间之工人230名,大部须移拨纱厂或其他部门工作。二因纱厂增添工人,棉纱扯工即多,成本一定加大,即以每人每月30万计算,全月即有6,900万元之巨额开支,均归纱厂担负此项庞大开支,如何方可弥补?希望在座同仁各抒所见。

现以本人所见,弥补之道不外开源节流。开源是要增强生产效率,改良纱布品质,此非一手一足所能办到之事,希望各部同仁分工合作,迈力齐进〈齐力迈进〉,以达预期之计划。至于节流,尤须普遍实行,每一课、每一部、每一角落、每一同仁均须确切注意,即片纸、滴油亦不宜浪费使用。例如一只纱管即需三二千元,每日少损失十只,即可节省两三万元;若以棉花而论,相差更不至此。甚愿工务同仁切实注意及之,如能度过今冬明春,本厂原动机器诸多条件达到计划程度,始堪与同业其他新式机器各厂相竞争,相媲美。故本厂目前之唯一主要条件,即是原动问题,原动优越,机器效率自然增强,将来24支或32支棉纱亦有可能纺出。此尤视各同仁之努力成绩为如何。换句话说,本厂命运之兴替亦操诸位各同仁之手,各同仁如能同一步伐,努力协调,自可众擎易举。他人所谓“各自为政”与“各扫门前雪”者,已成过去之谈,不适于现在社会之竞争时代,幸勿以此种观念存诸心里。本厂前途实有利赖,愿同仁共勉之。

讨论及决议事项:

1. 总工程师提议:本厂需用棉条滚筒,可否请厂长在沪购买。

决议——厂长至沪后斟酌情形进行,恐需款约在一亿之以上。

2. 何工程师提议：纱厂保全尚需零星材料，可否由沪购买。

决议——应由保全部另开购料详单，请厂长代沪洽办。

3. 吴主任提议：露堆棉花以芦苇遮盖，既不耐用，复不经济，可否在沪购大帆布数块代替。

决议——大帆布系舶来品，恐货缺价昂，搜购匪易，暂可后购，如视需要可以油布代替之。

4. 临时提议：本厂前于开办之初，曾经汪学礼先生在沪向慎昌、海京、怡和各洋行代购之（钢丝盖板，锡林道夫）针布及机油等料。因战事关系，迄今多未交货。可否请厂长至沪向有关方面查询催交？

决议——查抄有关文件，带沪洽办。

散会。

主席　傅道伸

（件存陕西省档案馆民国档案82－1－556卷）

咸阳纺织工厂第一次谈话会记录

（1948年2月6日）

日期　三十七年二月六日下午七时

地点　本厂招待室

出席　傅道伸　丘达文　张仲书　吴澄治　刘汉卿　马怀运　彭才毅
张逸民　周尚志　王飞彪　南若兰　黄懋辉　吴　标　傅启标
何云从

主席　傅道伸

记录　丘达文

一、开会

二、报告事项

主席略谓。此次谈话会恰值旧历新年即将届临，我们以极愉快的精神来迎接此新年。回忆过去两年以来，本厂成绩日见进步，实足为吾人堪慰。此种成果，皆由于诸位及各同仁之努力而来。本人时常听道有人称赞本厂同仁之努力，即总经理亦曾来函嘉勉，可见能努力才能得到荣誉。诸位及各同仁之所以能获此成就，绝非偶然，实由于（一）大家对于事业之成功，抱有一种坚定的信心；（二）大家对于其职分内之工作,具有高度的兴趣,而未尝沾染一般因循、敷衍、推诿种种恶习也。

在旧历春节期间,本厂又因修理锅炉,故停工时间较长,望各同仁加倍努力,提高工作兴趣。我们现均系已有工作,生活且较安定,但须知尚有若干无职业而生活困难者,在此时局动荡中,由于不满现状,难免趁机潜入作轨外企图。最近报载沪上情形即为先鉴,故各位应处处留心,要有曲突徙薪的准备。古云:"凡事豫则立,不豫则废。"倘平时有准备,成竹在胸,不至临渴掘井,仓皇失措。总之各部门应共同负责,注意并彼此取得联系。在此休假期内,各部门准备工作希各择要报告。

(一)总务课:(1)警卫工作;(2)建筑工作;(3)杂务。

(二)人事课:(1)办理工人假期返里登记;(2)春节游艺;(3)工友开饭问题。

(三)材料课:(1)分配轮值办理日常事务;(2)处理假期临时收煤工作;(3)规定假期小工轮值,及遇有特殊事故,不准随声附和。

(四)营业及花纱库:(1)清结营业账务并妥存;(2)停止售货;(3)花栈棉花、废花分别入库存储;(4)派工日夜守库。

(五)工务处:(1)假期派职工轮值日夜班;(2)商洽原动建筑之进行;(3)整理布厂。

(六)保全部:(1)清花间尘塔及尘室在假期内务必完成,免误开车;(2)和花缸直立轴钢珠碗磨坏,假期内拆送修机间修理;(3)钢丝机大小锡林,初三日派工在厂逐台回转半转,以免受潮;(4)新细纱机锭带盘全部加油一次;(5)全厂并粗细、死活皮辊全漆一次;(6)各部窗户均须用铅丝扭紧,以防意外。

三、讨论事项

(一)张总工程师提议——假期内事务各部门应否加派值夜职员,以资周密案。

决议:(1)除工务方面必须派值日值夜职员外,其余事务方面值日不值夜。

(2)值日值夜人员须将经办各事登记值日记事簿。

(3)各主管人员应一律参加值日或值夜。

(4)假期内值日夜职员由各部门派定后,即列单送交文事课汇列呈核。

(二)假期内职工出入厂内,应一律配带证章工作证,以资识别案。

决议:(1)布告;(2)由各部主管人员口头通知各工友。

四、临时动议

主席略谓。在此停工期间,原动部工作繁重,责任极大,本厂动力将来之能否尽量发挥效能,须视原动部各同仁加倍努力云云。

散会。

主席　傅道伸

（件存陕西省档案馆民国档案82－1－556卷）

咸阳纺织工厂第二次谈话会记录

（1948年3月4日）

日期　三十七年三月四日下午七时半

地点　本厂招待室

出席　傅道伸　周尚志　黄懋辉　王飞彪　张逸民　何新斋　马怀运　彭才毅　何云从　南若兰　丘达文　张仲书　吴澄治　刘汉卿　郭挹珊

主席　傅道伸

记录　丘达文

一、开会

二、报告事项

主席略谓——谈话会原规定每月召开一次,自春节以后迄今已二十余日,今日适为例会。在此春天,一切工作易于进行,故与大家交换意见,按往例仍由各部分分别报告最近重要工作,以资检讨之。

1. 总务课——略谓。(1)水池修建情形——预定三十五日完成;(2)食粮储备情形——已托蔡酒厂代磨混粉五千袋,约近中即可运到一部分,存米尚有六万余斤;(3)工人奖布一、二月份已备妥,三、四月份正在洽染;(4)警卫之进退情形。(5)菜园方面,养猪以管理及时令关系,致死伤很多,损失甚大。至于蔬菜正在播种,短期内无收获,难免亏蚀;(6)消防方面开会两次并训练情形;(7)环境卫生方面已在改善;(8)最近偷漏情形已减少。

2. 人事课——略谓。(1)春节游艺之举行;(2)处理工潮之经过;(3)办理让售工人面粉;(4)工饭团饭厅秩序及工房情形均尚好。

3. 花纱库——略谓。(1)以纱易花经过;(2)截至现在存棉五千余担,以目前产量计,勉可生产两个月余;(3)近以布厂开工,调回库丁不敷分配,不得已添雇临时工人。

4. 材料课——略谓。春节以后以纱、布两厂均已开工,所需料品及工具较多。

(1)现存洋灰一四四桶,尚须添购七〇桶方敷目前应用。惟以款项困难,尚须请示办法。至其他物料及机件不能即行购买之,原因亦然。但因急用者暂行赊欠,以不误工作为原则;(2)燃料截至现在存有架炭、大炭、原煤、混煤等共约二五七四吨,其中以大炭存量最少而用量最大,在此采购困难之时,希望能多用原煤。

5. 原动部——略谓。(1)赶开布厂情形;(2)凝结器已函蔡纺厂要;(3)电力负荷太重,应于电灯方力求节省,以免电机发生意外;(4)布厂马达应请购存备货。

6. 工务处——略谓。(1)春节期间完成清花地弄尘塔;(2)保全方面清花间正在安装解包机;(3)北厂单程粗纱机移往南厂安装;(4)细纱机大牵伸 JL 式已安妥第八部并已开出;(5)布厂开工后纱布两场工人各有调动;(6)春节后工人方面自动退厂与除名者计八人;(7)二月份产纱三七七件余,每件扯棉五百零二磅余,布厂现已开出布机一三八台,明后两日可以开齐;(8)纬纱车已计划进行安装在试验部对面之房间内现已先安两部,在北厂条子车旁试转。

7. 试训调查课——略谓。关于训练新养工已无,现仍进行各部老工调训,试验照常进行,外加纱布厂调查一项,均已开始进行。至于原棉检验方面,以房屋关系一时不能展开,现就原有地方正在开始进行,待新检验室告成后再行迁入。

8. 会计课——略谓。(1)关于三十六年决算已与胡副理商妥办法,正赶办中;(2)直接税局召集会议,说明三十七年所利得税按三十六年加六倍,并限三月二十五日前预交;(3)本厂头寸甚紧,各部分需款希注意。

三、谈话结果

1. 关于警卫队枪支子弹,总务课应责成张队长时常检查。

2. 为节省电力以免影响生产起见,由原动部、傅稽核、总务课会同检查各宿舍电灯,限制灯盏及电泡烛数。

3. 原动部继续努力改进,节省用煤,及改用普通煤,并研究用煤成分。

4. 新纱机应加速安装以资争取时间。

5. 调查方面甚为重要,试验部应积极推进棉检分级,务须与花纱库取得密切联系。

6. 布厂马达备货由材料课各方设法搜购。

7. 对于工人训练应多取劝诫方式,尽力避免罚工。

8. 白铁购买困难,嗣后除工务方面必须应用外,其他概不准乱用。

9. 棉条筒由修机间设法赶修。

主席略谓。本厂所存原料燃料仅敷生产一二个月成品,库存亦无几,在此情形下，维持生产仍不外开源与节流两端。开源方面：(1)增加生产；(2)改良品质。节流方面，如煤炭之节省等。至于保全运转，应注意新机之爱护保护。原动方面对于新装电机、锅炉亦应特别注意爱护。又本人此次赴蔡纺厂得到很多事实与经验，足供吾人参考。如工潮问题，蔡厂情形与本厂大致相同，而伊能消患于未然，实足为吾人虚心学习取法也。

散会。

主席　傅道伸

（件存陕西省档案馆民国档案 82－1－556 卷）

咸阳纺织厂谈话会记录

（1948 年 4 月 16 日）

日期　三十七年四月十六日下午七时

地点　本厂招待室

出席　傅道伸　丘达文　吴澄治　刘汉卿　傅启标　黄懋辉　周尚志
何云从　南若兰　吴　标　何新斋　张逸民　郭挹珊　彭才毅
马怀运　张仲书　王飞彪

主席　傅道伸

记录　丘达文

一、开会

主席略谓。谈话会原定每月举行一次，兹以届四月中旬，仍按以往情形，请各位随便谈谈。今后每次会议在未报告以前，应先将上次会议决定事项加以检讨。

二、检讨上次会议决议事项执行情形

三、报告事项

1. 总务课——(1)面粉存付情形；(2)城防捐五十亿，已交三十五亿；(3)水池三十五日内即可挖成。

2. 工务方面：(1)纱厂产量：现在每日产量为二十五件左右，如原动不发生其他故障，速度稳定，前纺供给充实，产量可能保持此数字。(2)保全：新细纱机尚有一台，因零件短缺未能装成，其余均已安妥开车；清花、第二套松花机、和花缺，现正打地基，约下星期可能安装完成。(2)布场产量：前因准备打筒之数量不够供用，以致布机未能开齐，现在筒子业足供用，故布机已开足一百五十三台，每日可产布二百八十匹左右，如原动再能稳定，尚能增加。

3. 原动修机——(1)一号引擎自新细机齐后，以负荷较重，速度稍减，目下锅炉气压烧至130□时，始能开到100转，稍低则只能开90余转，故负荷似有减轻之必要。(2)二号引擎自气候转暖后，冷凝器之真空度降至十八九十吋/泵柱，非另注入冷水则不能【开】车，故冷水池亟应提早建成。(3)新引擎温水箱已做成，所零件正在赶制中，约下星期可看手安装。(4)新引擎冷凝器所需之10HP马达应从速购置，已备应用。

4. 人事课——(1)工友房及饭厅虽加修葺，但夏季一至，恐仍有倾圮之险。(2)工房原拟安装电灯，现已负荷困难，迄未安装。(3)下水道尚未修建。(4)人民服务队已将男工友编训并拟训练女工。(5)城内自卫队已派员来厂商洽编训工友。(6)托儿所房子已经总务课划改职眷房，另将托儿所移西边女工房。

5. 材料课——略谓。大炭存有数十吨，未运到者尚有十几吨，其他混煤存量较多，惟自陇海路运费增加后，已与大车所运煤炭相差无几。又关于建筑水池所用洋灰，以总公司久未购到，曾函请止购，惟顷总公司来函云，已代购一百桶，若不能如期运到，当再设法另购。至于油类方面，汽缸油最缺，闻已涨至每桶一亿元矣。

6. 花纱库——(1)原棉库存100余包，约3,700担。最近委托雍兴代购1,000担，以纱易花500担。又本厂自行换进四五百担，估计存棉约敷一个半月纺用。(2)纱布库存20"纱50件，14^P.军布1000余匹，14^P.卖布1,800余匹。前售与甘肃保安司令部14^P.布3,255匹，日内即可织齐交货，库存纱布正在积极输送西安。

7. 会计课——略谓。本厂头寸原紧，近以城郊工事款及面粉款愈感困难，中行已透支六十亿，不予多付，故最近如收购煤炭，恐须另行设法。

8. 主席略谓——本厂目前经济情况确实困难万分，各位应一致设法维持以渡此难关。其法不外开源与节流，开源为增加生产，节流即减少不必要之开支，如最近同仁眷属宿舍问题，短期间实无力增建，请大家向各位同仁说明解释。

本厂刘经理近以身体关系，向总经理及鄂省府请辞，在总经理方面，已来电慰留，鄂省府方面，以新旧主席交替，兼之刘经理以私人关系托人恳辞，最近似有照准可能。惟本厂创办以来，刘经理费神很大，同仁自不忍分手，如何表示，望各位供献意见。

讨论结果：推张总工程师仲书、郭主任揖珊、马主任怀运、丘主任达文代表全体同仁向刘经理表示敬意，并请汪经理返厂。

散会。

主席　傅道伸

（件存陕西省档案馆民国档案 82－1－554－1 卷）

咸阳纺织厂谈话会记录

（1948 年 6 月 1 日）

日期　三十七年六月一日下午七时

地点　本厂招待室

出席　傅道伸　汪晴江　何云从　丘达文　何新斋　王　鹏　马怀运
王飞彪　黄懋辉　南若兰　刘汉卿（汪煜廷代）　彭才毅　傅启标
周尚志　吴澄治　郭挹珊　张仲书

主席　傅道伸

记录　丘达文

一、开会

主席略谓——本日仍系循往例召开谈话会，交换意见，继报告蔡三厂、业精及申新各厂复工经过及现在生产情形。

二、检讨上次会议决议事项及执行情形

三、报告事项

1. 人事课——（1）本厂最近所雇临时工计修机间五名、保全部二名、原动部一名、花纱库二名、建筑股十五名，共计二十五名。（2）国防部人民服务队训练本厂男女工，情形良好。

2. 材料课——（1）燃料方面，厂存及已购者足敷两个半月之用。（2）锭子油货缺价昂，正在多方搜购中。

3. 试训课——原棉分级试验已进行分级到十分之八，以限于房屋无法分置，暂时不能过细分级。

4. 原动部——（1）水池完工已放水，情形良好。（2）热水箱做好已装用。（3）凝结器以天汽门、截气门尚未制成，正在催制中。

5. 总务课——（1）钢磨正在安装，约一月后即可完成。（2）奖励布已洽染中。（3）所购蔡酒厂面粉五千袋，已全部运到。（4）油盐等正赶购。

6. 工务方面——保全（1）清花间喂花供给刻已分为两套，除尘匣新添八节，除尘效力较前进步。(2)单程粗纱刻又改出一台，现新旧两种共开七台，老式头二道粗纱机均废止不用，拆存库房。(3)JL 细纱第十五部所缺机件，均由厂外铁工厂配齐，现已安装完竣，正式开车。

7. 会计课——(1)直接税局通知要三十六年度盈余账，本厂已函复。该账前以时局关系，已疏运西安转渝，俟取回再缴阅。(2)直接税局对于贴用印花，嘱按每月营业额减除货物税后，缴纳千分之三，除继续交涉外并向其他厂调查。

四、讨论及主席提示事项

1. 临时工人务须减少——本厂现有工人一千一百九十余名，较以前减少三百四十余名，过去每件纱扯用六十工，现在只扯用三十工，进步之处固多，但与中纺规定生产标准——每万锭工人三百名，相距甚远。倘临时工仍无限制增加，即等于没有减少。今后除尽量节用正式工人外，临时工人亦绝对不应随意增加。

2. 对于国防部人民服务队训练工人情形，应随时注意并协助其进行。

3. 对于工人赏罚务须处理公平。

4. 尽量节用锭子油——关于锭子油，现虽每日少用二十磅，惟以购买困难，价值过昂，仍应设法减少用量为宜。

5. 修理洋井或重打土井——本厂壹号洋井水源不旺，每届夏季发生水荒，应即觅打洋井者彻底检查勘估修理，或另打土井代替，以裕水源。

6. 原动部仍须设法研究节省用煤量。

7. 注意清除公共卫生——时届夏季疫疾流行之际，总务课对于庭院、厕所、垃圾之清除，应随时注意清除，不可堆置。

8. 成立废料处理委员会——本厂各部分废料及不需用之物品，应组织废料处理委员会，调节标售或利用之。

主席略谓——生产要素有三：(一)资本——即生产工具、房屋建筑等；(二)劳力——即生产之工人；(三)心力——即管理指导生产之职员。有此三者方能生产，而三者之中，心力一项为最要紧。盖一厂生产之能否发达或萎缩，于心力者之努力与否关系至巨也。

散会。

主席　傅道伸

(件存陕西省档案馆民国档案 82－1－554－1 卷)

咸阳纺织厂谈话会记录

（1948 年 6 月 15 日）

日期　三十七年六月十五日下午七时半

地点　本厂招待室

出席　张仲书　刘汉卿　南若兰　汪晴江　马怀运　傅启标　吴　标
　　　彭才毅　王飞彪　黄懋辉　周尚志　何云从　吴澄治　郭挹珊
　　　何新斋　丘达文　傅道伸

主席　傅道伸

记录　丘达文

一、开会

主席略谓。本日谈话会：（一）讨论废料处理问题；（二）讨论其他问题；（三）报告雍属蔡纺、业精、蔡酒、蔡机各厂近况及生产情形；（四）陕西各厂存棉，除大华较多外，总计距新花上市尚差七万担，目前棉农及棉商存底均缺，不易收购。日前由同业公会召集各厂，决定推举代表赴建设厅等处说明生产原料困难及请求补救办法，本人亦被推参加，请祝主席此次在京就近向工商部纱管会要求：（1）将在西北所收之花，按市价让售各厂；（2）与内地各厂一律分配外棉；（3）请停止在西北收花。此项意见并已由同业公会作成备忘录送请省府，请求核办矣。

二、检讨上次会议决议及执行情形

三、报告事项

1. 总务课——（1）半年以来，关于食粮大宗系向蔡酒厂洽购，在价格方面亦尚称公道；（2）开支方面力求撙节；（3）警卫检查方面，工人偷漏情形已渐减少；（4）建筑方面半年来多系协助工务上建筑工作，如储水池等；（5）菜园方面虽经督责努力经营，仍系亏本，惟因福利事业，既不能取消，亦只有贴补；（6）卫生方面除经常一般者外，关于夏令卫生以费用过巨，正在研究考虑中。

2. 惠工课——（1）工饭团办理情形半年来尚称顺利，工人对于伙食并未发生若何纠纷，惟关于厨房现已漏塌堪虞，仍请早日设法建筑；（2）男女工房半年来尚未发生失窃事，至于赌博一项，以查禁甚严，亦无发现；（3）男工房宿舍内安装电灯一节，以电机负荷过重，迄今无法安装，惟请于厕所内安电灯两盏；（4）近来工人重病者多在厂外医院诊治者现有三名，关于所需医药费用浩大，厂房规定贴补有限,应请设法救济解决。

3. 材料课——以主管公出,未出席报告,从略。

4. 花纱库——仓库兼办运输,自今春以来,时局时弛时张,为策安全计,大部产品多运往西安。以往系用卡车或胶轮车直运西安,近因省垣附近常有军队抓车情事,改由卡车送过沣河桥,雇用胶轮车运送,计算运费尚不为高。现因农忙,车辆稍感缺乏,惟运输从未间断。刻库存棉纱一百余件,棉布一百余件,原棉已进未进约三千五百余担,只敷月余纺用。存棉仓库因棉花分级种类繁多,以现有之数量勉敷堆存之用,如棉花多时即感仓库少矣。消防方面原计划添筑水池、沙坑以防万一,但迄今未建筑,现仅有太平水缸、水桶、铁锨、木梯等器械,既感不足,只有责成守库工友昼夜多加注意耳。

5. 会计课——(1)六月底赶办决算;(2)约计盈亏情形(以有关经济数字,故从略)。

6. 文书课——(1)文书收发情形,半年来总公司文件较以前为少;(2)幼稚园本学期学生原有四十余名,教师已感不敷,嗣以时局关系有一部分学生离厂,勉可容纳,惟暑期后学生再多,教室必须增添;(3)图书馆半年来增订书报刊物很多,原拟将阅览桌凳重新添置,嗣以厂内撙节开支,故迄未添置,且限于房屋狭小,无法扩充。

7. 原动部——半年来原动情形大致尚佳,无重大故障。发生停车时间甚少,目下北原动运转颇为正常,惟南原动以负荷过重及水池温度甚高,致真空过低,故转数特慢,有时尚未及 90 转,补救之法除一面注凉水入冷凝器以增加真空外,一面设法减轻负荷。现正着修机间赶制绳轮,拟将原负荷之钢丝机改由北原动负荷,将来情况自可改善。又新引擎之冷凝器,以西京修造厂所造之截汽门尚未交来,仍未装妥。

8. 保全部——(1)清花间开棉各机分两组排列后,第二组尚缺棒棉机一台,且第一和花缸因尘格方向不对,故除尘效力较差。现已另行新做尘格,约在下月上旬方可完成,加装之棒棉机本月内亦不能动手。(2)并条机新开一台,刻共开出六台,计十八节,将来并条供给可无问题。为求条干均匀,并拟将每条第一、二两根罗拉换新。现已请西京修造厂试做十二根,将来配装后,如成绩良好,再为继续更换。(3)南厂新细机二十台,本年四月底完全开出后,即将以前所开各机揩洗锭脚、锭胆,校正锭子及虾末螺丝,刻正整理北厂老细纱机。

9. 试训部——(1)试验方面以缺少仪器,仅就所有仪器试验进行。(2)训练方面所有养成工两名,一分班,一告退。老工施行补训已完毕。(3)调查方面,积极进行速度调查与工作状况调查。(4)原棉分级现已分为十二级。

10. 运转部——(1)生产方面,因机器一部分之改善与气候之适宜,确较上年增加不少;(2)成本方面,各部门人数已不断紧缩,用料亦渐减少;(3)品质方面,各部门工作法均加以注意,但过去因尚有机器条件不够之处,近来亦已初步改善,如清花工程改良后,对于品质确见有效。不过近来所感困难者,为北厂细纱机因原动速度不匀关系,纺出之经纬纱欠佳,以致布厂各部门工作难做,同时以布厂人数紧缩过度不敷分配,故近来品质与生产略受影响。

11. 工务补充报告——纱布厂工人流动后补充问题困难,盖以目前时局关系,不仅考验其技术,且须注意其来历。近来有许多熟练工人要求进厂,惟以无身份证未敢收用。

12. 傅稽核——(1)经常调阅传票;(2)验收煤炭等料物;(3)临时事项,如结算蔡机厂纱机尾款,审核铜宜公司煤炭运费,以及办理企委会一部分文件。

13. 江副理报告营业情形,略谓——(1)营业方式,自去年规定由同业公会议价后,营业情形较以往单纯易办。本厂纱布在议价低、市价高时,即停止售货,俟同业公会调整后再出售,绝不卖黑市。在市价低、议价高时,即采取现货期款方式,亦绝不落价。现厂存棉布共三千匹(段布、次布亦在内),内好布一千匹,棉纱一百余件,惟以存棉过少及资金不足,故成品不能存留一个月。以目前市价估计,每月成品可售得二千亿元,但每月开支亦须二千亿元。在此情形下,成品一遇滞销即无法维持,遑论存储成品。(2)品质方面,自棉纱增为八十一牙,改换修正之商标后,市面售价已增高。至于各织布厂购纱情形,过去往往发生厂价高于市价时则不来购,一遇厂价低于市价则均纷纷争购。此种现象现在已较少,一方面以过去从中取利者现已他往,一方面以调整纱价手续较前灵活,故从中取利之机会较少。

主席略谓。综合报告,实已均有进步。此种成绩系赖大家上下一致劳心所得,兹再提出三要素:(1)生产;(2)品质;(3)成本。关于生产方面,直接固赖于工务、保全、运转机器等,但间接方面事务上亦能影响一切,故工务、事务在生产上同样重要,必须大家一致努力,方能促进产量增加。关于品质方面,如果生产情形好,品质自亦随之优良。至于成本方面,于生产、品质两者亦甚有关系,产量增加可以减低成本,节省开支亦能减低成本,而成本之能否减低,全赖我劳心同仁每个人之能否努力与是否用心。本日讨论处理废料亦即设法减低成本也。

四、讨论及决议事项

1. 16 支纱每月定纺 10 件，供应三阳川合作社。

2. 拟试纺 32 支纱。

3. 拟利用斩刀花纺 10 支纱。

4. 本厂菜园以赔累关系，乃以向外招包或另行物色农学院园艺系人员主持经营为宜。

5. 关于肺病工人疗养问题，拟于将来处理本厂废料后，提出款项一部分存储厂外或购成实物，作为资遣此项工人之额外疗养救济金。

6. 关于中医师问题，决定由城内特约有合法医师证明者数处由工友任择往诊。

7. 凝气短零件（截门等）由材料课速催制设法运厂，以资节省燃煤。

8. 锭子油一面积极设法洽购，一面向沪询购。

9. 指派张仲书为废料委员会主任委员，傅启标为副主任委员，吴澄治、郭挹珊、周尚志、刘汉卿、王飞彪、张逸民、丘达文为委员，并指定丘达文兼任秘书。

10. 改建工饭团厨房及炉灶。

11. 工人夜班费由张总工程师酌为调整。

12. 厂外杂工夫役应力求减缩。

散会。

主席　傅道伸

（件存陕西省档案馆民国档案 82－1－554－1 卷）

咸阳纺织厂谈话会记录

（1948 年 6 月 29 日）

日期　三十七年六月二十九日下午七时半

地点　本厂招待室

出席　丘达文　刘汉卿　张仲书　周尚志　黄懋辉　吴澄治　南若兰
　　　何新斋　彭才毅　吴　标　张逸民　岳德明　王飞彪　丁际渭
　　　何云从　傅道伸

主席　傅道伸

记录　丘达文

一、开会

二、检讨上次会议议决案及执行经过

三、报告事项

1. 花纱库——原棉情形自上次关中变乱之后，棉价逐步上涨，由当时之每担一千二、三百万元，现已暴涨至七千万元尚不易购买，形成棉荒现象，刻厂存原棉约三十担，仅可纺至下月底（七月）。近委托雍兴购棉部续购二千担，已在泾阳石桥等地分别转托花行抄庄收买，惟能否购到若干尚无把握，即令购足二千担之数，至新花上市时，仍差两个月之原料。故原棉问题确属严重。

2. 材料课——（1）煤炭储备情形，至六月底止，厂存架炭60T，大炭800T，原末煤1,200T，及外订者大炭320T，可敷两个月之用。惟架炭近因国军将金锁关封锁不准出货，邠炭近亦无来者，故收购不到。（2）锭子油近购八桶，可敷四个月之用，惟凡士林、汽缸油仍缺，包纱纸仅存60令。4/0钢丝圈行将用完，湾脚针布无存，此二者早已托人由沪购运，惟近来空运运费增加，且闻沪航运公司停收货物，致收购异常困难。

四、讨论事项

1. 在此棉价高昂、棉源缺乏之际，应如何于生产过程中加以爱惜，节省耗损案。

决议：（1）训练工人使其知棉花昂贵缺乏，尽力减少耗量，利用废花。

（2）油花务须先行拾拣，然后再扫，以免油花沾土不能利用。

2. 一号原动仍系燃用一部分架炭，务须随时补充以免中断案。

决议：材料课注意设法收购。

3. 厂外同助手以上工人请求供给眷属宿舍，如何办理案。

决议：缓议，保留下次再讨论。

4. 本厂面粉机已将装起，拟于下星期二试车一昼一夜，请供给动力案。

决议：原动部于是日供电。

五、临时动议

主席略谓。关于本厂刘经理辞职一节，前经鄂省府照准，并派熊道琛先生接充，近又接鄂省府令改派鲁新烈先生，想不久即可到厂。至于刘经理交代以后，总经理拟另聘为顾问，以便随时咨询。至于人事方面，以本厂组织已有规定，当不至有何变动，希转知各同仁安心工作。又本厂同仁间相处已多年，彼此之间应劝善规过，一方面要和平善意批评，一方面要虚心接受反省云云。

散会。

主席　傅道伸

（件存陕西省档案馆民国档案 82 –1 –554 –1 卷）

咸阳纺织厂谈话会记录

（1948 年 8 月 23 日）

日期　三十七年八月二十三日下午七时

地点　本厂招待室

出席　傅道伸　丘达文　岳德明　刘汉卿　张逸民　王飞彪　何新斋　周尚志　彭才毅　何云从　黄懋辉　傅启标　南若兰　马怀运　吴澄治　张仲书　吴　标

主席　傅道伸

记录　丘达文

一、开会

二、检讨上次会议议决案及执行经过

三、报告事项

1. 营业课及花纱库——(1)原棉库存六六五包，计一，六〇〇余担，约敷半月纺用。估计新花上市时尚差二十天至一个月之原料（雍兴最近代购及换纱之六四〇担除外）。(2)棉纱库存十六支纱七五件，二十支纱二四四件。(3)棉布库存 41.5 码 14 磅，布二二〇匹，40.5 码七八〇匹。次布三三〇匹，段布四五匹，零码布二七〇匹。40.5 码不合规格，市销不利，希望日后少产。(4)其他：A. 前订与第七补给区及被服总厂 14 磅布二〇，一〇〇匹，二十支纱一五七件，截至现在已交 14 磅布一，〇五〇二匹，二十支纱三〇件。B. 前据被服厂及纱布号客人提布时，屡次声称本厂布包包装太松及包缝线不坚，极易发生偷漏抽取情事，希望嗣后对于棉布包装设法改善。C. 大车运送纱布因雇车问题，常有深更半夜始运抵西安，甚属不妥，以值兹时局不靖，深恐发生意外事端。拟请将本厂卡车从新请领牌照，以便直驶西安而利今后运输。D. 消防设备蓄水池及沙坑正在建筑，太平水沟亦有增加。

2. 材料课——煤炭存量原煤一，三八五吨，末煤一六五吨，大炭九一七吨，共计二，四六七吨。原煤与末煤可供四个月用，大炭可供两个月用，惟架炭一项无存,以产地金锁关失陷,来源断绝。黄、耀两站亦无存货,邠州炭尚存一部(在大炭内),现因大车均改运食粮,故亦绝迹,以后原动部领用煤炭时请加注意。再高热汽缸油存九桶内,普通者三桶,每月用普通者须六桶,故所存仅敷用半个月。市面存货不多,每桶在上星期已索价十五亿元矣。皮带针由沪来十盒已全部购进。上星期总务课以建筑工饭团申购大批木料,曾函托本厂西安办事处询价,所询价目均较当地木厂索价为高,且需运输及一切费用,不及在咸购买合宜。惟大梁一项西安较贱,可在省购或委人承办,上项木料是否购买请示办【法】。

3. 总务课——(1)食粮方面,七月份先后购入大米三〇,〇〇〇余斤,小麦一二〇,〇〇〇余斤,自产面粉四百余袋,连旧存米面约可供三个月之食用。(2)同仁伙食由八月一日起重行改组,伙食委员会由单身同仁负责管理。(3)本课人事方面雇员陈泰义业经资遣,助员王述德调面粉间服务。(4)面粉间钢磨装成试磨,情形尚好,估计每月仅开日班,约可制面粉二千四百袋左右,现缺少马达带动,正洽购中。(5)菜园方面以赔累过甚,已将制造粉条、豆腐、豆芽等部分取消,在外包换专种菜蔬,至多余工人已调往面粉间工作。(6)中医现由许县长介绍一位许先生担任,惟系特约性质,每日上下午按规定时间来厂应诊。上月致送津贴三,〇〇〇万元,本月份当再调整。(7)警卫方面注意训练消防云云。

4. 惠工课——(1)七月份工友伙食:技工七七七万元,普通工六〇九万元;(2)办理产业工会改进;(3)着手拆洗男女工房被褥;(4)工饭团厨房破坏不堪,请速加修理。

5. 原动部——近月以来之主要工作即为停工修理机炉,以工程较大,故时间稍久。加之重要机件,如主轴及轴承等,于修理后须经长时研磨,始臻妥善,故开动之初情形欠佳,嗣经逐次调整,业已恢复正常状态。目下第二号原动每分钟可达七十余转,第一号原动以负荷减轻(原拖之钢丝机改由二号负荷),速度较停修前为高,每分钟可达百转左右。新引擎之温水箱已应用月余,凝结器经三次试验之结果,真空速可达13吋/卡□,惟只能维持数分钟之久,拟于下星期添装空气□筒及增加水泵转数,再予试验之。

6. 傅稽核——(1)结算日用品供应部物品及账目;(2)办理配售前以棉纱所换之衬衣裤,又及夏威夷衣等之经过。

7. 会计课——报告七月份棉纱布之成本及盈亏情形(从略)。

8. 工务方面——七月下旬二十五日起,清扫南北两锅炉烟道灰及修理原动机器,故影响生产较少,计棉纱五,三四七件,棉布四,九七五匹。于八月二日修竣开工时,以始修关系各部动作未能如意圆滑运转,因之纱布机亦不能全数开动,迄月之十日以后,纱布机始全数开齐,生产亦恢复常态。近星期来产量更见上增,纱每日可产二六件左右,布三〇〇匹以上。至于工人进退情形,纱场现有六一〇名,布场二二〇余名,较以前无增减云。

9. 试训部——(1)试验调查:七、八两月以来,纱布试验调查工作仍照以往办法推进。(2)训练:七月十二日招新摇纱女养成工八名,八月十一日续招一名,前后共计九名。已有八名训练纯熟,经考试成绩尚佳,每分钟接头有达十一至十三个者,最近即可择优者派班,将来再续招二批训练。(3)原棉方面:原分为十二级,因花库存放困难,已简化为四级。八月份开始混棉混配法,原拟采三种,嗣以工程师意见改为两种:A. 售纱;B. 经纬纱。已实行两周,结果细纱单速度增高时,生活尚能维持,所产之纱布渐见匀净云。

10. 保全部——(1)清花间自调给棉机两台,倾斜簾钉子打弯及缺钉者颇多,影响给棉量,厚薄不匀,前在西安包做钉板六〇根,新配倾斜簾一卷,予以调修,刻两台均已修妥照常使用。(2)簾子给棉机两台已由蔡机厂运到,现正开始拆箱擦锈。(3)新钢丝机六台,上月应将洋灰地基打妥,现已起立车架三台,用砥砺机磨大锡林。(4)南厂改单程粗纱机两台,自新换罗拉两根后,纺出纱来较前均匀,惟因锭子磨损法蓝及龙筋均摆动过甚,刻将锭子逐根修理并烧以电焊,试用成绩尚可。(5)JL 细纱机十五台,开纺时间业已数月,现正着手逐台复平并打稳定销子,以免走动云。

11. 运转部——(1)自八月初原动清除烟道、修理引擎开工后,又以引擎修理似未完善,时开时关,以致上半月纱布厂出数颇受影响,迄下半月原动速度始渐入稳定,生产日渐增高。近来由于清花工程改善与原棉分级,各部门生活确较有进步,惟尚有部门似未尽善,仍须多加人力补救,如钢丝车常见掉网与粗纱条格欠匀等。现部门人数分配摇纱工人感觉不足,以近来原动速度加快,细纱出数日渐增多,现虽已训练养成工,但因一时难以熟练,须再招补老工以利工作。(2)布厂方面,布机业已开齐,因喷雾机损坏不合用者太多,原有八个,现能喷雾者仅有四个,以湿度不足生活难做,影响生产甚大。又五号小马达以负荷过重,时常停修,影响生产亦不少云。

四、讨论及决议事项

1. 各部分向材料课领用料物,均须有主管人盖章并应加以审核。

2. 总务课腾出一仓库,材料课可以并入,所遗材料课之一库可拨交花纱库存棉。

3. 关于原动方面技术欠缺之处须继续努力,多多研究,以求进步。对于计划应做之工作,尤应争取时间,克日完成,以竟事功。

4. 面粉间需购之马达经洽索棉纱四件交换,似嫌价高,由材料课再与之洽减,以三件纱左右为准。

5. 棉花分级工作极为重要,务须继续努力研究,并需花纱库及运输各方面予以协助,始可望发生效力。

6. 保全工作应加速进行,争取时间,但亦不得草率从事。如新钢丝机应从速装成,以增生产。又保全工作人手已不少,须指导其对于技术方面细加研究,以求进步,避免将来因技艺落伍而遭受淘汰之厄运。

7. 运转方面近来既有相当进步,更应切实注意工作法,以期生产之质与量得以平均发展。又布厂损坏之喷雾机须设法赶修,以免影响生产。

主席略谓。上年考绩已奉总经理核定公布,大致公允恰当,以事先曾经刘、汪二位经理及本人共同一再商酌也。惟内中或仍难免有少数人员不应加薪而侥幸被列入者,亦或有一二人员可能应加薪而漏未列加者,希望同仁中幸运者要继续加倍努力,漏加者亦不要灰心,只要努力肯干,有成绩表现,绝不致长久被忽视也。总经理日前函本厂未在厂时,由本人代行总经理职务一节,系本厂办事细则原有规定,此次来函乃重申原令之意。嗣后本人处理各事,自当本一贯方针随时与经副理取得密切联系,并诘询各部主管人员意见,以期斟酌,尽当无负总经理谆谆付托之厚意。近接鄂省府委派本厂新经理鲁新烈先生自渝来电,不久即可到厂视事,全厂同仁自当表示欢迎。惟最要者,各人均应重视自己之职责,努力推进工作效率,切忌虚言空论、淆惑听闻及以耳当目、不顾实际等弊,庶可给新来人士以良好印象,而免故步自封、空疏不实之讥。又,一团体之兴盛,必须其团体健全,人人自觉,人人振奋,能说能行,有守有为,如是其团体乃能可久可大,屹然而不拔,否则因循敷衍,笃守故常,画地自限,逆时失事,必致落伍败亡。此吾人所以有忠实不欺,力求上进之必要也。愿与我同仁共勉之。

散会。

主席　傅道伸

(件存陕西省档案馆民国档案 82 - 1 - 554 - 1 卷)

谈话会记录

（1948 年 10 月 4 日）

日期　三十七年十月四日下午七时

地点　本厂招待室

出席　彭才毅　刘汉卿　张逸民　吴澄治　马怀运　何云从　黄懋辉
　　　王飞彪　郭挹珊　何新斋　汪晴江　吴　标　南若兰　周尚志
　　　张仲书　丘达文　傅道伸

缺席　傅启标

主席　傅道伸

记录　丘达文

一、开会

二、检讨上次会议议决案及执行经过

三、报告事项

1. 营业课及花纱库——(1)原棉方面：本年陕棉棉田面积比去年增加，惟因开花结苓时期苦旱不雨，近日正值棉桃吐絮时期，又受阴雨连绵影响，估计产量水田每亩最高八十斤，旱地二十斤，全省约计产量九十余万担，与去年不相上下。库存原棉五百余包，约一千五百余担，约敷十余日纺用，连同泾原购进尚未到厂者约一千五百担，可用至本月底。厂内存棉仓库仅有一处按照分级办法顶磊，实感不敷应用。(2)纱布方面：库存 16^{S} 纱三十八件，除配售天水、三阳川合作社及兴平双山合作社外，净存十余件；20^{S} 纱库存四百余件，内有应发军纱一〇四件，及配售西安市手工纺织公会及生产合作社，又纱布商号亦在陆续配售，实际净存仅一百余件。配售价格完全遵照政府之限价，20^{S} 纱每件五五〇元，配售手续，手工纺织业及合作社凭各该会社之登记证、纱布号凭、营业证，另外需填具购纱申请书及保证书，以杜流弊；$14^{P.}$ 棉布库存七千余匹，内有应拨军用四千五百匹，陕保安司令部五千匹，尚未提去；次布及合匹布库存数百匹，有关机关及布店亦有配售，多作染色之用。(3)废棉方面：粗纱头及斩刀花除以一部换作好花外，其余留作员工冬季配棉之用。关于较次废花，如破籽花、车肚花等出售时，购买人需取具保证书，以防掺杂好花。

2. 材料课——(1)物料方面:现存机油六十一桶,锭子油三十五桶,汽缺油十二桶,马达油二十一桶。急应补购者为浆纱、牛油、煤油及凡士林、打包纸、白铁皮、麻绳及木料,惟近月来因受限价影响,物资逃避,购买困难,且运输出城更费周折。(2)燃料方面,厂中实存焦煤六十六吨五百九十四公斤,大炭七百九十四吨三百〇九公斤,原煤一千二百六十七吨六百九十公斤,惟架炭缺乏,产地不能外运,西安售价甚高云云。

3. 总务课——库存大米四万余斤,小麦约一千石,面粉五千余袋,勉可供给三个月之食用,惟香油已不多。面粉间以动力关系,上月份产粉不足两千袋。菜园方面工眷要求恢复供给豆芽、粉条。对外方面为商会摊派,县参议会将工界单独划出,负担全县百分之二十,已联合各厂共同向县府呼吁不予承认云。

4. 惠工课——(1)工饭团年久失修,应请从速另建,以免发生意外。(2)男工房、厕所、办公室请装电灯,路灯亦请改安电灯。(3)工友要求提前售给零头布及冬季用棉。

5. 原动部——(1)一号引擎远于二十九年初安装时,因赶工关系,开车仓促,以致地脚螺丝松动,底座微有摇动现象,虽经历次修理然而均未见效,此次利用中秋节休假机会,将基座另行垫牢,加灌洋灰,经二日后试车,成绩甚佳,现开车已十余日,基座毫无松动现象,因之速度得以增快,不正常之音响亦已轻微,以后故障可望减少。(2)115HP之大马达在本月中旬修竣,经供一星期后始于二十七日试车,发现尚有线卷两支发热,须再待检查修理。(3)电线整理工作本月中已以积极进行,计竖电杆二十六根,敷线四百码,惟近日天雨,工作无法推进,须俟天晴后再继续敷线。(4)布厂传动系统正拟予以简化,该项工作约下月可以完竣。

6. 会计科——月报表原定于次月十日前完成,惟八月份以改革币制,各部门未能将材料送到,故迟延现在未能如期完成,嗣后希望各部门务于每次月七日前送到本课,当可于十五日完成。

7. 工务方面——九月份生产情形较上月为好,产纱六八,二一三件,每件纱扯用原棉四四,七五一市斤,产布七,九九二匹。

8. 试训部——(1)试验:关于试验方面,燃度试验器未修好,纱支燃度尚未试验格林试验,最近并条及粗细纱格林均较前稳定。拉力试验,现在各支纱之拉力较以往增加,十六支纱每小绞拉力九十四磅左右,二十支纱每小绞拉力为七十二磅左右。棉卷分码测验结果仍厚薄不匀,此码与彼码之差常上下错至二盎司左右，致使钢丝条、棉条、粗细纱等均现出条干不匀状态，补救之法似应注意速度，改善机燃器及调整各部机器隔距为要事。本部已依照混棉纤维之长度开始设计，各机隔距前试改之一部钢丝隔距，结果良好，业于两周前按照试改之车一律改完。(2)训练：七月上期所改进之第一批摇纱女养成工，现均分借予两班摇纱间，工作成绩优良者每日可摇至三十三四车，次者摇至二十八九车，于十月一日举行毕业，正式排班。九月一日所招进之第二批摇纱女养成工，现已训练一月有余，考试成绩优良者每分钟可接头十个，每七十秒钟紥绞一车，次者每分钟接头八个，每十分〇二秒钟紥绞一车。(3)调查：各种调查表格式样，均已呈交总工程师审阅，现仍进行纱布厂各机速度调查及工作状况等。(4)原棉：自开始分级起至现在为止，已分过四千余包，所有之陈花业经分完用尽。最近到者均系新花，按今年出产之花衣多为中上级品。近日霪雨连绵，以后产者恐下级花为多。咸阳花色泽洁白，惟纤维粗短，故适合纺纬纱用；泾阳棉纤维细长，拉力较大，甚合纺经纱用，分出之五、六两级花，尤适合纺三十二支纱之用。再者分级工作手续较繁琐，原有之一名工友不敷调动，倘因事或病请假，工作无法进行，故拟请速调来一名工友，以利工作进行。

9. 保全部——(1)解包部及簾子给棉机两套均先后装好开出，除尘效力较前大有进步，惟尘道太狭，因地位限制无法加大，刻拟在尘道内加装15”直径油桶铁支管三十呎，暂为试用，以现效果。(2)清花机六台，原来之尘笼均已破烂不堪，对花卷之均匀影响颇大，现已开始包工新做，预计在本年年终可做完四只，先将三道清花机两台予以换新。(3)新钢丝机六台均已平好车架，装妥大锡林，并借用蔡机、蔡纺、业精三厂之砥砺机，正在研磨大锡林，有两只已快磨平，待针布到厂后即可着手装配。(4)单程粗纱机七台，在七月份已逐台小平车一次，三道粗纱机五台，自八月份起已开始逐台大平，刻已平好四台，第五台正在平装，约在九月上旬即可平完。(5)JL细纱机十五台，开出后将近半载，自九月份起已开始复平，并逐台打稳定销子以求坚固，现共平好五台。(6)JL细纱锭胆因原来之式样对于锭油循环未能畅通，刻加开油槽两道以利循环。现共改出五台，试验结果尚佳。

10. 运转部——关于工务情形，工程师报告已很详细，兹再补充报告。纱厂各部门情形尚称如常，现仅有布厂因近来产布日渐增高，其经轴供给不见足用，此因由于浆纱机速度太慢关系，须即设法改善以资增加生产。

11. 整包部——(1)收进16^S纱共二五八七五大件，付库三五大件，除付尚存

○.一八七五大件。20”纱共四二五三一五大件，付库四二三，一二五大件，除付尚存三，一六八大件。(2)布包机经整理改良，现较以前打紧，缝口改用麻线，包口亦已坚实，共收14^{R}布八，○一二匹，付库各种布七，九三○匹，除付尚存布四○六匹，内拣出短码布八五匹，次布一○五匹，段布三五匹，此外尚有零头布一一八匹。

四、讨论及决议事项

1. 托青纺公司所购之油类，再函雍兴公司洽领。

2. 汽缸油此地货缺，应函渝丰托代洽购。

3. 包纱纸应速向申新办事处洽购。

4. 淀粉无货，日后可改用面粉代替。

5. 总务课应注意磨粉时间。

6. 总务课对于工友要求恢复制豆芽、粉条一节，以向外包做为原则。

7. 关于工友福利事项，日后均应透过惠工课转洽各主管部分办理。

8. 工友零头布可以提前配售，至棉花以冬季尚未到且恐有退厂者，故仍作第二步于配售零头布以后再办。

9. 原动的配备负荷以及烧煤工人之训练均应特别注意，俾将来可以达到日产纱三十件之可能。

10. 原动方面两水池应如何设法沟通。

11. 原动部对于使用油类应加以研究，以资节省用量。

12. 电灯路线原动部应赶紧整理

13. 各部门有关会计方面之材料应提前送到，以便编制成本。

14. 会计课对于成本以材料关系可以迟缓几日，但对于往来户可以提早处理。

15. 试训部与花纱库应取密切联系，以利检验。

16. 库司应尽可能协助试训部检验工作。

17. 保全工作要争取时间赶速进行。

18. 保全方面之工务雇员，应转饬其对于技术加以研究【以】求进步，免遭将来自然淘汰。

19. 北厂地板尽量设法装补。

20. 浆纱机工人轮流吃饭不停问题，运转部可与原动部联系。

21. 厂房漏雨问题，总务课应饬建筑股设法修补。

22. 运转部注意工作法，对于工人多加训练，避免罚工、开除等消极办法，以期达到科学管理之领域。

23. 钢丝机要时时注意，以期减少停车率。

24. 注意加油以期减少油花。

25. 准备利用废料纺织 10 支或 14 支棉纱。

主席略谓。各部门（无论事务、工务）应共同注意者有次列各项：第一要有研究精神，遇事如能彻底研究，必能有所改进。第二要有进取精神，工业是时时进步的，断不宜墨守成规，偏重保守。第三要有精诚团结的精神，凡事要推崇合作，同心协力，共求进步。本厂以往达此成果，实赖全体同仁有研究精神、进取精神及精诚团结精神得来的，希望各位要保持以往这些好的精神。各部分可以随时召集同仁谈话，对于本部分事务要详加检讨，以期人尽其才，物尽其用，藉以达到增进生产、改良出品、减低成本之目的。以上各端愿与我同仁共勉之。

散会。

主席　傅道伸

（件存陕西省档案馆民国档案 82－1－554－1 卷）

咸阳纺织工厂谈话会记录

（1948 年 10 月 21 日）

日期　三十七年十月二十一日下午六时半

地点　本厂招待室

出席　傅道伸　张仲书　丘达文　刘汉卿　黄懋辉　张逸民　何新斋　马怀运　南若兰　吴　标　彭才毅　傅启标　王飞彪　周尚志　何云从　吴澄治　郭挹珊

主席　傅道伸

记录　丘达文

一、开会

二、检讨上次会议议决案及执行经过

三、报告事项

主席略谓。上次会议距今仅两周多，但两周以来厂中也曾发生许多事情，如工潮等。本人在此期间，曾奉命到业精及蔡家坡各厂考察，关于考察情形有致杨协理之报告一份，请各位传观。业精以原动分散，进步实属困难；蔡纺原动集中，较业精为佳，惟厂房建筑系东拼西凑，非整个有计划之建造，于生产影响很大。复以日前工友停工，产量不及以往，近来已较好，过些日子当可恢复常态。我厂与业、蔡各厂息息相关，彼此均应有极深刻之明了，以资观摩借镜。本人此次在蔡纺曾召开保全会议。

本厂此次工潮发生，幸能快速解决，尚未影响其他各厂，但检讨工潮起因，责任不在本厂而实由于社会环境。发生以后幸大家各方一致努力，尚能及早解决复工，乃吾人可以相慰之处。不过物价如此继续波动下去，将来实不堪设想，大家更应切实注意之。兹按旧例，仍请各部分分别将最近工作择要报告。

1. 营业课花纱库——(1)原棉情形：近来因棉花有统购消息，市面较前几日略趋稳定。本厂棉花来源大部由雍兴购棉部代购，以纱易花，前因限价关系不易采购，亦有向有关厂家暂借者。现库存原棉九百余包约计二千五百余担，雍兴代购及易纱之花尚未到厂者约三千担。(2)纱布情形：近因牌价与实际成本相差过巨，而厂中原棉缺乏，只有以纱易花勉维生产，已由同业公会报请政府备案。前订与第七补给区司令部及西安被服总厂之20支纱一五七件、14磅布二〇，一〇〇匹已交齐；又订售与陕保安司令部14磅布五，〇〇〇匹，已拨交二，五〇〇匹，现库存16支纱一六〇件半，20^{S}纱欠一三八件半，14磅布存三，一九一匹。(3)仓储运输情形：厂内存棉仓库仍感不敷应用，故最近接收永福一批棉花，只好暂放于纱布仓库内。运纱方面，近因西安储量关系，大车价昂而不易雇，且到西安往往深夜，值此时局不靖，一旦发生意外，责任更属重大。前请西安办事处办理卡车重新请领牌照事，迄未办理，仍请设法进行，以利纱布输送。

2. 材料课——(1)机油存五三桶，锭子油二四桶，过热汽缸油七桶，由青岛购来之锭子油二〇桶、汽缸油一〇桶，已由杨先生于雍兴公司取出运至办事处。惟牛油、煤油、打包麻绳货缺难购，打包纸曾两函申新顾元伯君洽购，惟迄无回信。(2)厂存大炭八五八吨，原煤一，三三九吨，架炭一七吨，惟来源困难，闻同官煤矿及其他各小矿均行减产，零售商已告绝迹，其他各煤商亦无来本厂洽订者。

3. 总务课——(1)目前存粮可供两个月之用，惟须延长磨粉时间，并从速进购原料，方能继续维持职工食用。(2)食油食盐购买困难，且以价值关系账务无法处理。(3)关于工饭团包建问题，经嘱包工人估价，惟以物价波动过剧，迄尚未送来。

4. 傅稽核——办理新旧移交。

5. 会计课——九月份日记账及总账本月底可以完成，惟近几日来以营业困难，头寸稍紧。

6. 工务方面——最近生产情形较之上月更有进展，现纱厂日可产纱二十七至二十八点七件，布场日可产布三三〇至三五六匹，

7. 试训部——(1)试训调查：关于前纺格林试验结果均较标准为重，尤以钢丝生条平均每六码常超过二十格林左右，后纺细纱20支与标准相差无几。14支经纬纱每一二〇码长，经常即超过标准约五六格林。又试验JL车所纺出之20支细纱，表面光滑，条杆均匀，卡氏所纺者则表面多毛羽而粗糙。近来细纱燃度显老，各部中心调整加大，训练之摇纱养成工除借给运转部数名，尚余二名仍继续训练。自本月十八日起，将摇纱指导调至前纺，注意运转各工友之工作法，随时加以改正。后纺亦在加紧训练及纠正工作法，纱布场各机速度规定每礼拜调查一次，每日除查成包间纱团外，并抽复小包重量及布场织成之布匹检验。(2)原棉分级：关于本年之新花衣大体品质尚佳，只咸阳花稍差，以棉纱换进之咸阳棉品质尤差，所以近日配棉更加注意。至于和花工作较前亦有进步，惟仍有大块花衣及未经撕开之回花和入。嗣后和花工作，亟应彻底认真去做，方能达到和花均匀之效果。

8. 运转部——略谓。近来各部门工作均有进步，生产增多，惟关于人事方面，如工作时工会理监事或小组代表常常随意出厂，应由工会于会议前先通知各该管理员，以便派工代替而不致贻误生产。其次细纱所供之布场经纬纱，以近来布场生产激增，似不足用，须即设法在北细再添装细纱车补充之，或在南细JL式车用赶制各种变以配换牙改纺经纱补充云云。

9. 原动部——(1)115HP马达业已修妥。(2)全厂线路大致整理就绪。(3)布厂传动系统已予简化，计省绳索七根，轴承五付。

10. 整包部——(1)本月一日至二十日共工作16$\frac{1}{2}$天，产20支纱二七九大件，较九月份增加三八大件。(2)本月一日至二十日共工作16$\frac{1}{2}$天，产布五，四〇九匹，较九月份增加约四〇〇匹。

11. 惠工课——(1)工友零头布已售过。(2)下周售工友好布。(3)工饭团补食牛肉五百斤。(4)赶办配售工友冬季用棉。(5)工饭团因年久失修，危险处颇

多,应请重新修建以策安全。

四、讨论及决议事项

1. 包纱纸材料课应继续洽购。

2. 淀粉可改用次淀粉。

3. 节省电力办法:(1)各部分及眷属宿舍,应注意饬工役随时关闭如惠工课供应部等处。(2)由材料课搜购小烛灯泡40、25、15三种,酌发各部分换用。(3)由原动部检查,不必要之灯(如各处及眷属宿舍或路灯)一律取消。

4. 原动部尽量设法加工赶整各路线。

5. 各部门不得以任何理由再增加工人。

6. 原动部应通知西京修造厂派人来厂验看其承制已被炸之截气门。

7. 原动部每礼拜应注意检查锅炉保险一次,以免发生故障。

8. 卡车行驶问题,营业课应继续催西安办事处洽办行驶证。

9. 营业课可以继续以纱换花。

10. 煤炭以小矿倒闭或减产,材料课应多方设法搜购。

11. 汽缸油应再函雍兴托向沪洽购。

12. 傅稽核对于废料处理应多注意,继续进行。

13. 头寸过紧,会计课可向交行洽办透支。

14. 各部分工务人员对于工人工作应注意多加监视,并注意工作法之训练。

15. 保全部工作应加速进行。

16. 原动部对于煤渣之处理,可向花纱库借用马车运除。

17. 整包部应多与运转部联系,以减少零段等布。

18. 关于工人小组组长随意出厂开会一节,可由惠工课向工会说明本厂困难,注意生产,务须事先报告各主管工务人员后出厂开会。

19. 厂内水管漏水,可随时以电话通知原动部注意关闭。

20. 总务课对于家具初步清查已完,应再复查。

21. 关于门禁问题,总务课应通知张队长注意厂警之训练。

22. 各部分向材料课领用料物应加以审核。

23. 鸡毛盼更应函雍兴托向沪处购买,以资节省汽缸油。

24. 总务课应注意审查医院药品有无浪费情事。

散会。

主席　傅道伸

（件存陕西省档案馆民国档案82－1－554－1卷）

咸阳纺织工厂谈话会记录

（1948年11月15日）

日期　三十七年十一月十五日下午七时

地点　本厂招待室

出席　傅道伸　丘达文　南若兰　刘汉卿　张仲书　张逸民　傅启标
吴　标　彭才毅　岳德明　何新斋　周尚志　何云从　吴澄治
马怀运

缺席　黄懋辉　王飞彪

主席　傅道伸

记录　丘达文

一、开会

主席略谓。本厂上次谈话会距今已有二十余日，现又恰值十一月份例会之期，本人此次在西安参加省政府召集之各厂矿负责人在建设厅举行会议，商讨：（1）增加生产；（2）调整工资；（3）供应原料；（4）管理工人等问题。经研讨决定：（1）关于工资调整方面，除实物仍照发给外，工资自十一月份起，根据十月份下半月生活指数发给上半月工资，下半月工资根据十一月份上半月生活指数发给，以后依次类推。（2）关于工人管理方面，严格督导工会依法活动，考核工会工作成绩，依法奖惩，工会活动不得影响工厂生产。各厂得按照其厂规严格管理工人，加强训导工作。（3）关于原料供应方面，各厂所需原料，依照各该产地议价自由购买。运输方面请省府尽量予以协助。（4）关于增加生产方面，请省府转请中央开展工矿贷款，并增加本省贷款额数，以利于增产。纺织各业，依照中国纺织建设公司规定之20支纱及16支纱丙、丁两项标准（即每天每锭16支纱应产1.518－1.439磅；20支纱1.150－1.029磅）为生产标准。各厂应依据省府颁发推行勤俭运动办法，拟定工作竞赛办法切实推行，以增生产。

又，雍兴总公司陈总营业叔虎由沪返陕，据谈京沪一带之纷乱以及食粮日用品之购买困难情形，反不及西北安定，故日前逃沪者近确有不少已返回。关于同仁待遇调整问题，亦经拟定向总经理请示中，不久当可规定。

二、检讨上次会议议决案及执行经过

三、报告事项

1. 营业课及花纱库——近来出品改良，日有进步，外间对本厂纱布均有好评，弥足欣慰。棉价因联购解体微有波动，刻市价每担四百元，二十支市价每件三千五百余元，库存原棉约二千担（尚有一千余担货已到厂尚未办清手续）。雍兴代购及易纱之棉花尚欠四千七百余担，咸阳易纱尚欠棉花一千六百余担，合计六千余担，约敷两个月纺纱之用。十六支纱库存十七件，二十支纱因易花较多，结欠三六三. 五件，十四磅布结存八，五三四匹（内二，五〇〇匹系交陕西保安司令部者，尚未提出）。

2. 材料课——(1)截至现在厂存大炭四二六吨六七五公斤，原末炭一，三〇八吨三五〇公斤，惟架炭一项来源断绝，西安市价每吨虽高至八百元，仍无来货，邠州炭近以大车均运食粮，故亦无来货，现正多处设法收购，惟厂内头寸甚紧，赊欠困难，故请设法备款。(2)汽缸油现有二十桶，内过热者十三桶，普通者十一桶，重庆豫丰曾代购二桶尚未运到，闻讯系随雍兴公司来货车一同装运。机油现存四十桶，日前在西安又洽换马君三十八桶，两共足敷七个月之用。(3)宏文打包纸供应不济，势将中断，近已派人赴乡下洽定土纸矣。

3. 总务课现存小麦约一万石，每月磨粉约需五百石，预计交军麦约需二百老石，故面粉间亟须添购小麦。上月产粉一，七〇〇袋，因产量过低，十二月份面粉尚成问题。此外尚需采购油盐及认交军鞋、捐款等，须筹妥大宗款项，方能应付裕如。

4. 傅启标——近日曾同工友三人赴西安为供应部购双线、袜子、毛巾、条布、肥皂等，以天雨所费时日较多。

5. 会计课——上月份成本，以职饭团及惠工课尚有一部开支未送到，故未结出，已分别催送中。

6. 惠工课——十月份工友伙食十二元余，较上月增加一倍左右。福利方面配售白布，冬季用棉及折价之丰袋面粉。

7. 工务方面——十月份产纱共七二二. 一五件，14^{R}尺布八五三九匹，16^{S}纱每锭扯点九四八磅，20^{S}纱每锭扯点九八磅。本月初每日产纱本已超过三十件，惟近日原动以无架炭关系，速度较慢，生产每日降低为二十八件左右，布场亦以发动喷雾之电机修理，每日生产14磅布三百匹左右。

8. 原动部——(1)布场暖气管添装一根事正进行中。(2)曾拆掉之细纱暖气管业已装妥。(3)松花机及开棉机已于本月初改由马达拖动，对原传动之南原动可减少约十匹马力，惟直流电机之负荷则增加三十余安倍。(4)前损坏之交流发电机已送西安修理，约二星期可以完竣，故各家眷宿舍目前仍不能供电。

9. 试训部——(1)试训调查：最近试验各部格林尚称稳定，惟多重过于规定标准，十六支细纱每百二十码长平均重63.5至66.5格林，拉力平均94至105磅，二十支细纱每120码长平均重50.5至53格林，拉力平均69至78磅。训练之摇纱养成工尚有八名，月终即可结业派班，考试成绩均称良好。纱、布两场速度仍按照每礼拜调查一周进行，并每日抽查成包间所成小包重量及检验布场整理间坏布。(2)原棉分级：分级工作日烦，已将纱厂后纺指导工李生娃调至检验室，每日上午练习分级工作，下午仍回细纱指导工作法，待学习纯熟后，如遇分级工作忙迫，即临时抽调帮助分级，暇则仍做纱场后纺指导工作。最近以纱换进之花品质欠佳，棉包内曾发现掺进针簾花及破籽花情事，经验出后即随时通知花纱库将原包退回另换。和花工作最近又见疏忽，常发现原棉及和花均未撕开即行相和，故和成后自难均匀，已通知各该管理部主管及工作员均切实注意。

10. 运转部——近日工友自礼拜工改订后，除礼拜六与礼拜日一两日外，均多藉故停工，以致车间开车常感工人不敷，尤以夜班为最。布场方面近因喷雾机损坏过多，其工作特感困难，急应早日修妥，以利于工作。

11. 整包部——(1)成包方面，十一月一日至十五日共收16支纱二大件，20支纱二百六十大件，较上月上期增加约四十二大件，除付库外，尚存16支纱一.七七大件，20支纱三七.八大件。(2)整理部十一月上期产包皮布三六五匹，14磅布三，五五六匹，较十月份上期减少三〇元匹(因喷雾机未开之故)，除付库外，尚存包布一二五匹，14磅布五〇二匹。又整包所用之麻绳已改用花纱库捆花包之旧麻绳，利用废物减低成本。

四、讨论及决议事项

1. 材料课对于架炭或邠州炭应多方面设法收购，使南原动汽压增高，产量增大。

2. 原动部对于烧锅炉工友应再设法鼓励其努力。

3. 材料课对于包纱纸应设法收购或订购土质纸。

4. 惠工课对于工房有无赌博,应切实注意查禁。

5. 马主任对于工厂饭厅应常常往看。

6. 原动部对于马达电机以后务须特别注意,以免损坏。

7. 试训部对于工作法应切实注意纠正。

8. 原棉分级,试训部应多多研究。

9. 试训部应多多与运转部取得联系。

10. 运转部应再切实注意工作法。

11. 浆纱应先用次淀粉,由工务处即领用。

12. 原动部速催修交流电机及喷雾机。

13. 汽车通行证再备函交傅稽核往绥署洽办。

14. 傅稽核应注意废料处理问题。

15. 警卫队切实注意消防。

16. 备代电向绥署请禁止驻军手令。

17. 利用花纱库马车于空余时间拉运原动部煤渣——总务、花纱库洽办。

18. 利用花纱库废麻绳打包——整包部与花纱库洽办。

散会。

主席　傅道伸

(件存陕西省档案馆民国档案 82 –1 –554 –1 卷)

咸阳纺织工厂谈话会记录

(1948 年 12 月 3 日)

日期　三十七年十二月三日下午七时

地点　本厂招待室

出席　刘汉卿　何云从　郭挹珊　黄懋辉　傅启标　吴　标　彭才毅
南若兰　丘达文　张仲书　吴澄治　马怀运　何新斋　张逸民
周尚志　傅道伸

缺席　王飞彪

主席　傅道伸

记录　丘达文

一、开会

主席略谓。新年快到，距现在不过一个月，正应检讨过去一切。本厂举行谈话会，旨在交换意见，集思广益。历次会议记录送往总公司，总公司甚为注意，闻蔡纺厂近亦效仿此谈话会办法，按月举行。总经理最近以本厂生产增加、管理保全均有进步，来函嘉勉，此种成果并非一人之力量所能得到，实由于工务、事务各部门大家和衷共济，通力合作之所致也。日来各厂如申新、大华等均曾来本厂参观，足证声誉在外，已稍有成就。惟我同仁仍须时时警惕，研究再求进步，方能保持此声誉，不负总经理之所望。

本厂职员较蔡纺厂多至一倍，惟望多多表现成绩，使多一人确能多做一分事，达到人力虽多而并不浪费之目的。

二、检讨上次会议决议案及执行情形

三、报告事项

1. 营业课及花纱库——(1)市况：近因各地金银兑现，大部分游资群趋于此，以致银根甚紧，各货疲滞。棉花市担五三〇元至五四〇元，20 支棉纱六，二〇〇元至六，三〇〇元。本厂古渡布市价二一〇元至二二〇元。惟此布前因供应军需关系，市面无货销售，两次缺货形成货冷，是以迩来市销颇感不畅。上月十五日曾以二〇元推销一部计一四五件，二十五日又以一，二五〇元配销一九三件，多属期款。(2)原棉：账面结存(11 月底止)二，三二九. 九〇担，又以纱易花欠交棉花二，六八二. 九五担，合计五，〇一二. 八五担，约敷四十日纺纱之用。(3)纱布 16 支纱存八件，20 支纱欠二二件，14 磅棉布存五，三五六匹。(4)其他：运货卡车通行证已由绥署领来，惟是否尚有其他手续不得而知，拟日内装纱赴省试行一次，如有问题再行交涉。

2. 材料课——(1)物料：现存机油七五桶(内有三桶在西安办事处)，锭子油四〇桶(雍兴公司借一〇桶)，汽缸油二一桶，包纱纸三四令，仅敷二十日用，此外白铁皮灰生铁等料均短缺，不易购到。(2)燃料方面：存大炭二八二吨，末炭一，一四九吨。架炭以购买不到已无存余，以现在用量，每日大炭即须二十余吨。同官煤矿理事会欠炭已经交清，该会生产减少，每月产量供给陇海等处，自用尚感不足，故停止向外订货，北同官各矿各站均无存货，来源减少。按往年此时正值大量收进煤炭之季节，本年则事实恰反。本厂大炭存量甚微，必须急收邠州大车炭以谋补救而免停工,但收大车炭必须储备现款,支票则不易收到。

3. 会计课——(1)近来银根紧,本课感觉应付困难。(2)中行来函可以申请透支,已按三个月所需原物料价值列表送去。(3)国税局征收三十七年上半年所利得税,可能仍照往年简化手续缴纳,本厂暂按一百倍交纳。(4)年关临迩,结算在即,望各有关部门提前结束,将材料送本课,以便早日赶办。(5)关于事务方面,各部分工资拟请各部门自己办理。

4. 总务课——最近购进香油七千余斤,在蔡酒厂订购面粉五千袋,连厂存之二千袋,可供员工两月之食用。又购进小麦三百石,连厂存除交军麦卖外,不足两月之磨制。大米尚存二万余斤,可维持两月食用。此外工饭团之建筑,现已加速将厨房部分完成,大饭厅须俟材料备齐及气候转暖后再建。菜园方面以冬季蔬菜既少,业务清闲,一切开支正在力求紧缩中。

5. 惠工课——(1)工务人数九七五名,较上月增九名,事务人数二三九名,较上月减少一名。(2)发工友十一月份面粉。(3)设立成衣铺于男工房,招雇裁缝五名,由厂方供给伙食灯房,成衣按市价折半给予。(4)居住厂外工友保甲摊派,按照十二保办法由厂方贴补。(5)理发工及洗衣服工工资之改善均按市价半数给予。(6)工友伙食总消耗七万四千余元,较上月增加技工全月九十六元余,普通工全月五十五元余。

6. 工务处——十一月份工作日数28天,产16支棉纱二六一.七八件,20支棉纱五〇四.三一件,共计七六六.〇九件。产14磅布七,五九九匹,8包皮布七八〇匹,共计八,三七九匹。用棉三,四三二.一四斤,人工(每件)四四八石,现在每日出纱均二九件左右。

7. 原动部——(1)布厂添装之暖汽管业已装妥应用。(2)2号引擎汽缸边之过桥绳因负荷过重,绳轮沟槽磨光及受热影响等原因,时有滑动现象,拟于本星期日,在东墙外清花间内添装绳轮,挂绳三道以资补救。(3)本厂路电经整理后已减去十六盏。

8. 运转部——纱布厂各部门工作人数无大变动,原动速度已渐平稳,所感觉困难者,即近来收进之原棉质料太差,致清花间每天所出之下脚花较前要增加百磅之多,钢并粗细各机废花太多,清洁不易,细纱生活难做,其他一切情形均如常。

9. 试训部——(1)试验方面:清花三道花捲,每码平均重13至14盎司左右,梳棉每六码平均重380至415格林左右,较标准常重过30格林左右。三道并条每六码平均349至450格林左右。单程粗纱每30码平均200至215格林左右,三道粗纱每30码平均100至105格林左右。16支细纱每120码平均62.5至66.5格林左右,拉力平均68至75磅左右,20支细纱每120码平均50至53格林左右,拉力平均55至68磅左右,原棉差拉力亦小。(2)训练方面:摇纱第二批养成工已训练三月期满,于十一月底考试毕业,十二月一日正式排班工作。又于十一月二十五日招进第三批摇纱养成工六名,将指导工朱爽秋仍调回摇纱训练新工。关于各部工作法之改进及调查,仍有李生娃前后照顾。最近各工友均能遵照标准工作法去做,只有和花尚未彻底。(3)调查方面:调查纱布厂各机速度仍按照每周一次进行。又每日所试JL细纱20支,前罗拉速度每分钟最快165转,最慢160转;卡氏细纱20支,前罗拉速度每分钟最快167转,最慢159转;经纬纱最快148转,最慢142转;细纱落纱速度最快32秒,最慢38秒。查最近皮辊花内有细纱头,很多未拣净,至再用时不但损坏钢纱针布,且影响粗细纱之生活。抽复成包间每小包平均重10.25至10.37磅。又检验布之经密52根,纬密51根,宽度36"重14磅。(4)原棉方面:原棉自分级起,至现在已分过七千棉包,始终一贯,做法未敢少懈。按九、十两月份所进之原棉,品质甚佳,至十一月份则差,尤以棉纱换进之咸阳花品质最差,甚有掺入针簾花、破籽花及各种杂质等,凡经验出即立交花库退换,绝不通融。尽如此慎重,而近来之花较前已各错一级,如现在之五级花实以前之六级花也,六级即以往之七级,七级即以往之八级,八级即九级品质,以是影响分级配棉。

10.整包部——(1)成包:十一月份产16支纱九大件,20支纱五〇四大件,除付库外,厂内实存16支纱七五大件,20支纱四九大件。(2)整理:十一月份产14磅布七,五九九匹,8包皮布七八〇匹,共八三七九匹,除付库14磅布七,八六七匹,8包皮布七六〇匹外,实存厂内14磅布二二八匹,8包皮布二〇匹。零头布九〇匹,较上月减少三八匹;次布二〇匹,较上月减少二六匹,短码布七七匹,较上月增加四二匹。(3)棉纱较上月增加四十八大件,棉布较上月减少三二〇匹。

11.傅稽核——(1)赴西安为福利社购货经过。(2)联谊会房屋退租一部及搬并情形。(3)办理汽车通行证经过。

四、讨论及决议事项

1.花纱库注意日后多收泾阳花,少收咸阳花。

2.材料课注意车间嗣后务要发焦炭末,不准发大块。

3. 银根紧，除必需物品外，其他不必要开支务求节省。

4. 三十七年决算材料各部分务提前送会计课。

5. 事务、工资除厂警勤务外，其他均可并入惠工课办理。

6. 菜园方面日后绝对不许再添长工。

7. 原动部应特别注意北原动。

8. 运转部继续注意工作法，加强管理，以补救原棉品质之劣、工作之不易进行。

9. 试训部(1)对于泾阳花与咸阳花要并用；(2)检查训练，注意工作法；(3)注意落纱断头减少。

10. 保全部应特别注意检查工作并须加快。

11. 材料课电询西安办事处，询申新已允售之包纱纸五十令。

12. 原动部再催询修理之电机。

13. 材料课向外洽售石煤。

14. 技工等级之限制由张总工程师负责，召集各有关部门研讨规定之，如工资之增加及一切待遇，不得随意增加。

15. 工房成衣铺安装电灯问题，于交流电机修好以后由原动部斟酌情形办理。

16. 关于事务及工务雇员冬季用煤一节，按照单身职员与携眷属员所购之半数售给。

散会。

主席　傅道伸

（件存陕西省档案馆民国档案82－1－554－1卷）

咸阳纺织工厂谈话会记录

（1948年12月25日）

日期　三十七年十二月二十五日下午六时三十分

地点　本厂招待室

出席　傅道伸　周尚志　郭挹珊　张仲书　刘汉卿　吴澄治　南若兰
何新斋　马怀运　吴　标　王　鹏　汪晴江　何云从　彭才毅
王飞彪　陈希俭

缺席　傅启标

主席　傅道伸

记录　陈希俭

一、开会

主席略谓。今天是民族复兴节，也是圣诞节，同时又是三十七年行将终了的一天。我们检讨过去数月来，曾面临多次警慌时期，幸均获化险为夷，未受到何种损失。自今年来，我们许多地方确有相当进步，生产数字比较增多，品质亦受市场欢迎，品质既有进步，成本自尔减低。惜近来原棉掺杂过多，品质太劣，以致用棉数量较多。至于其他机油、煤炭等料，均较以往用量有减无增，即如细纱机，近将锭胆加制小槽一道，每日可省锭子油三磅左右，若再稍加改良，每月可能节省锭子油一五〇磅以上。大致而言，各部均有进步，总经理亦曾以此来函嘉勉。此皆各同仁高度合作精神及和衷共济之表现所致，近日同业各厂派员来咸参观者均交口称道。

吾人既获有以上之声誉，相信不久将来各部工作定必有更多之进步，须知“事在人为”，只要持之有恒，有百折不挠之毅力，更加以互助互谅、携力合作之精神，则无论何种困难皆可设法解决，无论何种事功皆可设法完成，愿我同仁共勉之。兹附带将我厂三年来公务及业务改进情形，略述于左。

本厂纱机本系年龄太老，过于陈旧，生产效率既低，扯用成本又大。两三年来计增添新型纱机有自调松花机一台和扒给棉机二台，直立式开棉机四台，钢丝机六台，粗纱机四台，细纱机二十台，现尚有纱锭三，三八四枚，因原动负荷不够，尚未开出，是纱机方面之改进业已超过预定计划。惜原动一项迄未达到理想之目的，倘原动不再发生障碍，日产棉纱三十件不成问题，可是关于用煤方面确有不少进步，仍希原动部同仁加倍努力。最近本人曾与王经理谈及拟由本厂借用永乐店打包厂引擎一部，以助原动之不足，此点尚须看经济条件是否适合再作决定。至于事务方面，亦已减除不少浪费，例如菜园代制之粉条、豆腐等项，收效甚微，损失不赀，经取消以后亦可节省一笔开支。他如文书、材料、营业、会计、惠工等部，亦均有好的成绩表现。目前厂中最须注意之事，即是原棉与燃料存均仅敷短期之需，应从速设法补充。本人今天所谈均系约略而言，挂漏之处自所难免，希望各位同仁今后仍要本过去和衷共济、苦干快干之精神向前迈进，本厂前途定必有更大之发展。

二、检讨上次会议议决事项及执行经过

三、报告事项

（一）营业课花纱库——1. 市况：近来因时局及调整外汇关系，市场涨风颇为混乱，黄金领导于先，纱布、棉花继之于后。西安纱布号因最近有一批以花易纱者，纷纷来咸购花，加以连日雪雨，泥泞载道乡人来城卖花者少，而购买人多，形成争购，棉价一哄而上，刻每市担一〇，五〇一，一〇〇元，20”纱现款一五，〇〇〇元，期款一六，〇〇〇元（星期一款），雁塔细布七〇〇余元，本厂古渡布五〇〇余元至六〇〇元。2. 纱布库存16”纱八件，20”纱本应存一〇八件，因雍兴最近代换棉花关系尚结欠一〇〇余件，十四磅布现存四，三二四匹。3. 棉花库存二，三八八. 二五担，以纱布易棉尚未转账者一，一三八. 六一担，合计三，五二六. 八六担，约敷一个月纺用（雍兴最近代换棉花约三，〇〇〇余担，及联购处应拨之花未计在内）。

（二）材料课——本厂现存煤炭仅有架炭一九吨七三八公斤，大炭二三二吨七二四公斤，原煤九八一吨九四二公斤，只敷七八日之需。各来往户拖欠本厂煤炭者计：铜宜公司欠交大炭三四一吨四二八公斤、架炭五八吨八五四公斤，利肆煤矿欠交大炭一〇〇吨，茂记煤厂欠交大炭一七三吨三〇八公斤，远东公司欠交大炭二一四吨四五九. 五公斤。机油省存三八大桶，库存二七大桶，共计六五大桶，以每月需用一〇大桶计，可敷六个半月之用。锭子油省存二〇大桶，库存一八大桶，共计三八大桶，以每月需用三四桶计，可敷十个月之用。汽缸油库存过热者七大桶，普通者六大桶，共计一三大桶，约敷两个月之用。浆纱牛油库存一，五八五磅，以每月需三五〇至四〇〇磅计，可敷四个半月之用。淀粉库存八七五袋，约敷三个月之用。包纱纸库存只有五五令，不足一个半月之用，应速洽购。

（三）会计课——三十七年度行将终了，关于各项有关会计表报，务请各课部于三十八年元月七日以前送交会计课，以便赶办决算。不过截至今年年底，匡计本厂只存原棉五，〇〇〇担，较之去年年终所存原棉一五，〇〇〇担已相差三分之二。再本厂在八一九改革币制期间，又将原存黄金六〇〇余两全数兑换，迄今并未购进原料，诚属损失不资，估今年厚成恐非昔比。

（四）总务课——1. 本厂现存米面油盐等项可敷三个月食用，惟小麦库存只够月余之需，尚须设法补充以裕食粮。2. 工饭团厨房现已大部分建成，尚需青砖一五，〇〇〇块，现正洽购中。3. 关于冬防警卫事宜，已通知警卫张队长与打包厂赵队长密切联系，严加注意。4. 对外方面，关于地方摊派成分及织布营业税二事，刻正研求应付办法努力解决中。

（五）惠工课——1. 工饭团在往年入冬以后即购储白菜一批，以备冬季及年节食用，今年因物价特高，现尚未购。据云白菜一斤现已售价一元有奇，如现在购买需款甚多，势不可能。现拟购存萝卜一批，以备食用。2. 本月份各部临时工共有四四名，已较上月份减少十余名。3. 工饭团炉灶自改造后，现已开始烧用末煤。

（六）工务处——十二月份截至现在工作日数二十七天，计产16”纱二五六.一件，20”纱四六五，二八五件，合计七二一，三八五件。14R布七，六七四匹，包皮布二五四匹，共计七，九二八匹，用棉量三，二七五.一二市担，平均每件扯用棉花四五四市斤，每天平均出产棉纱二六.七一八九件，机布二九三.六三匹。

（七）原动部及修机间——1. 近日原动因煤质较次及气温寒冷之故，速度较前稍慢。2. 拟将原动部油房取消以后，用油仍向材料课零星领取，以期节省人力。3. 翻砂间因无生铁熔铸，所有翻砂工作自十六日起暂行停顿。4. 新钢丝机用之10”棉条筒已作成七四只，并送交运转部应用。

（八）运转部——运转部本月工作无多进展，纱布两场均保持原状，惟清花间近将头道花卷磅数加重，供给情形甚为充实。至准备部，现因筒子损失过多，周转不灵，急应补充，以利工作而免贻误产量。

（九）保全部——1. 头道清花机铁炮螺旋牙由单螺旋改为双螺旋，头道花卷之重量增加，减少二、三道清花栈之停车率。清花间每日午后四时左右即可关车，借此时机对各机之清扫或修理，方便不少。2. 新钢丝机盖板因与针布尺寸不合，均送至修机间刨修，刻正改做工具，约在下月初方可正式修理。3. 并条喇叭头自本月中旬起，已派工逐台检查。每台第三节均换用新喇叭头，第一、第二节亦一一整理一次。4. 并条第一、第三两台之第三节罗拉均磨损过甚，不堪使用，前请西京修造厂新造之罗拉十二根，业已连催数次，请其早日交货，以便换装。5. JL 细纱业已复组十四台，每台均将锭胆改修，每日所用锭子油较前已减少四磅，将来卡氏细纱五台若再将锭胆予以修改，则锭子油之消耗或可再省一磅，如此每月所省锭子油约有一百余磅。

（十）试训部——1. 试验方面：试验细纱拉力最近稍增，十六支细纱每小绞87磅，二十支细纱每小绞66 磅。在晴天时，车间温度较低，温度高时生活常现难做，故调节温湿度极应注意。2. 训练方面：摇纱第三批养成工已进厂一月，经逐次考试各工成绩，接头快者每分钟接十个，扎绞快者每六分十五秒扎绞一车。又各部工作法现已改正就绪，均能按照标准工作法去做。3. 调查方面，纱布厂各机速度尚称稳定。工作状况，因细纱间送至清花间皮辊花，常发现未经撕开即行送去，并带回丝很多，经再用时影响各部生活极大。4. 原棉方面：本厂近来运进棉花品质甚差，故分出之八级棉增多，至和花成分八级棉由8%现增至35%左右。最近原棉分级益加注意，凡遇有品质太差、掺杂太多、水汽太大、纤维太短、死棉太多或拉力过小等，一律列入不合格内，将包头刷印符号，另作不合格通知单，连同不合格棉样一并呈交工程师、总工程师审阅后，再通知花纱库退换。自本月十日起，将混花重新改正利用，泾阳棉与咸阳花充分混合法，自实行以来，生活确实比较好做。

（十一）整包部——1. 本部截至十二月二十五日工作二十三天半，共收16”纱二. 九大件，20”纱三八八. 一大件，合计三九一大件，较上月减少三五大件。除交花纱库外，厂存16”纱三. 六大件，20”纱存三七大件。2. 整理间本月共收14^R部七，〇一六匹，比较上月少一六〇匹，短码布减少二五匹，次布比平零头布减少一一匹，且因本月份气候严寒原动稍慢，除付库外，实存厂布四〇〇匹。

四、讨论及决议事项

（一）收进原棉品质问题，可函请购棉处嗣后代购棉花应随时派员来厂会同过秤。

（二）存煤短少问题可由材料课尽速设法定购。

（三）会计课应通知本厂各有关部分将三十七年十二月份账于元月七日前送交会计课，以便赶办决算。

（四）原动部对于眷属房及不必要地方开安电灯，嗣后不得以任何理由增加，以免影响生产。

（五）加选何工程师云从、周技师南志、刘主任汉卿、郭主任挹珊、丘主任达文、张主任逸民等六员为两厂自卫委员会委员。

（六）关于自卫委员会进行组织及一切事宜，请由本厂张总工程师及打包厂杨厂长另行负责召集开会讨论。

（七）函蔡纺厂询问施用电网时以电压若干可生效用。

散会。

主席　傅道伸

（件存陕西省档案馆民国档案82－1－554－1卷）

咸阳纺织工厂第一次谈话会记录

（1949年1月18日）

日期　三十八年元月十八日下午七时

地点　本厂招待室

出席　傅道伸　周尚志　张仲书　吴　标　郭挹珊　南若兰　何新斋
张逸民　彭才毅　吴澄治　陈希俭　何云从　王飞彪　马怀运
刘汉卿

缺席　傅启标　丘达文

主席　傅道伸

记录　陈希俭

一、开会

主席略谓。本人近因奉聘兼领雍兴公司西安办事处主任一职，故在西安事务较繁，不克常川驻厂。关于厂内事务，诸承汪经理、张总工程师及各位同仁偏劳办理，各部工作均能照常推进，毫无松弛之现象，极可感佩。迩来沿陇海路西北各纱厂工作情形大致相同，本人虽十天半月未在厂内，但今日视察各部情形大致尚属良好，惜产额较前稍差。而其减产原因约略言之，不外发放奖金以后，工友工作情绪减低，托故请假者甚多，兼之近来收进原棉品质欠佳，机器速度亦慢，在在皆是减少生产之由。此种困难，希望大家不要灰心，工人方面仍须耐心多加训练，务使徐徐纳入正轨。现时收进原棉品质确属低劣，来春进货可能较好，倘能从多方面设法努力改进，再接再厉，自有好转之日。

雍兴蔡家坡各厂现仍亟谋发展，蔡纱厂预计三十八年增开之纱锭现正积极进行，以期达到开齐两万锭之目的。蔡机厂人手虽然减少，而其工作成绩并未降低，除制纱机及机器零件外，现尚计划添造面粉机。他如蔡酒厂、业精，亦均蒸蒸日上，较前更有起色。

说到时局方面，现各方呼吁和平甚嚣尘上，或许大局即有好转之可能，且此地又非天津、青岛可比，想不至于有争城夺地之战斗。站在我们立场，大可处以乐观态度，望各同仁随遇而安，幸勿自相惊扰。

关于同仁待遇问题，杨协理极为关心，已与数度相商，并已电请总经理迅予调整，不久即可得到解决办法。但是要想达到能使人人圆满如意，恐亦很难。我们目前待遇虽比不及大华、申新，而比一般普通公务员则有过无不及，倘能做退一步想，则或可得到安慰。古人云："知足常乐，能忍自安。"又云："学问本领当比胜过我者，境遇享受当比不如我者。"吾人果能体会此旨，则心安理得，当不致过分苦闷也。

二、检讨上次会议议决案及执行经过

三、报告事项

1. 营业课及花纱库——营业课方面：近日年关临迩，正在催促各来往商号清结手续，是以近日各处来花甚为踊跃。原棉品质，因秋间雨水过多及近来已届霜黄期，品质较新花上市时显见低次，惟花纱库收花一本严格办理，凡有过次者仍予拒收或饬令退换。花价一度哄高至每市担二，五〇〇元，近因时局及运输关系回跌至二，〇〇〇元左右，账面存棉二，二〇〇余担。外处欠花（包括联购处未拨一，五五〇担及以布纱易花欠交者）约五，〇〇〇担，合计约八，〇〇〇余担，可敷两个月余纺纱之用。

棉纱黑市曾涨三六，〇〇〇余元，近日仍在三万四五千元盘旋，而厂价仍为二五，〇〇〇元，厂方牺牲血本，予中间人极大利益，此种现象至不合理。14 磅布市价一千三四百元，库存 16 支纱一七件，20 支纱欠一四六件，14 磅布除拨交军用一，五〇〇匹外，尚存二，〇〇〇匹（陕沪互换应交军布未计在内）。花纱库现因到厂棉花甚多，原有仓库不敷容纳，拟恢复厂内露堆及花栈露堆，以作存棉之用。

2. 会计课——本月初中行头寸甚紧，厂内因发放工友年终奖金，需款甚巨，一时现款无着，不得已遂抛售棉纱数十件，连同中行提款共一七〇万元，业于旬日前运厂发用。中行虽有存款七〇余万元，惟近因购买煤炭及杂项开支用去五六十万元，现中行仅存十余万元。三十七年度决算行将办完，预计阴历年前可以统计竣事。再以时局关系，拟将账箱卷宗预备疏散渝、蓉等地，以便保管而免散失。

3. 材料课——(1)燃料方面：自三十八年九月一日以来，燃料即入于恐慌状态，冰天雪地大车不能行动，生产车皮路局不拨，彼时厂内存煤不过数十吨，仅敷三日之用。由本课同仁努力向外收购之结果，迄今幸未因煤荒而停工。目前存架炭八八吨〇四〇公斤，大炭一三六吨九一七公斤，原煤五三七吨三一五公斤。(2)用量方面：原动部每日用架炭二吨，大炭二三吨五〇〇公斤，原煤一〇吨五〇〇公斤，前与铜宜公司订购架大炭四〇〇吨，利群煤矿订购一〇〇吨，渭北公司二〇〇吨，同官煤矿理事会二五〇吨，如能利用春节时间路局拨大批车皮时，则可接济无虞。(3)其他物料：现存机油五十八桶（在省办事处三十八桶），锭子油三十六桶（省存八桶，总公司十六桶），汽缸油十六桶，浆纱牛油一三八五一磅，打包纸一〇五令，生铁订购二万斤尚未交货。3”皮带长安制革厂送来甚多，足敷应用。

4. 总务课——本厂现存有面粉约六千袋，二月份工友面粉因旧历年节关系，拟提前发放一次。如果委托蔡酒厂代磨之面粉二千袋在二月份能以交货，或再由西安购买一批，即可供两个月食用。至于大米、油盐等储存尚多，可敷三个月之用。对外尚有县公粮商会摊派之麸草料，以及军氏合作总站追交三十四年欠交马草等项，现正研究应付办法努力解决中。

5. 惠工课——(1)本月厂房正式工作，工友男一，〇八六人，女一二七人，共计一，二〇三人，较十二月份减少一人，事务工友未动。工账股近因发面粉、发奖金、补发面粉价等事，工作异常忙迫。又一月份工资及不请假奖金如在旧历年前发放，又需一笔款项。(2)工饭团年节用肉已订购大肉二千斤，牛肉一千斤，白菜购存三四千斤以备食用。上月伙食总消耗一七三，二三六.〇六元，机工每人全月一八一.三五元，普通工每人全月一三三.五〇元。(3)现因物价波动关系，工友于发放工资、奖金后，多有购存实物，惟以存购棉花者较多，各宿舍墙上床下触目皆是，日前有一工友因找身份证致将存花燃着，幸人手得济未酿巨灾，翌日公布不准再在宿舍堆放棉花。现春节假期将届，易于引火，其已存放之花应如何设法处理，以策安全。

6. 工务处——三十七年十二月份共纺16”纱二七六.三六件、20”纱五〇〇，九六五件，共计七七七，三二五件。16”纱每锭扯用.九四五磅，20”纱每锭扯.九〇四八磅，共用原棉三三九，五二二，八八八市斤，每件扯花四三六，七八四市斤。产14磅布八，二四三匹，包皮布二五四匹，共计八，四九七匹。三十八年九月截至十七日，共纺棉花三四六，九四五件，布三，四六六匹。近来一般生产情形不见顺利，其原因不外(1)原棉差；(2)原动曾因煤不好较慢；(3)奖金发后工友情绪不佳；(4)请假或因病歇工者多，对于生产影响极大。

7. 原动部——原动修机两部，近日工作持平，无可报告，刻正准备春节停工修理事宜。

8. 运转部——自发放年终奖金后，工友托故请假者平均日有四十名之多，影响工作甚巨，管理员又无法制止。

9. 保全部——(1)新到直立式开棉机两台,于本月上旬业已装妥一台,借用蔡纺厂之一台已派人送还。(2)新钢丝机盖板修期间正在创修。(3)卡氏细纱机已复平二台,其余三台在春节后继续再平,刻正拆洗细纱挂脚。

10. 试训部——(1)试验方面:清花捲欠匀速度太慢,此其最大原因之一。并条粗纱干亦不见匀,近因气候关系,温湿度欠调剂,又加原棉品质太差,细沙拉力均不甚高。(2)训练方面:摇纱养成工六名,每日能摇 20”纱六十车左右,现有二名已借至甲班摇纱工作。关于运转各部工友之工作法,均在加紧注意改正中。(3)调查方面:纱、布两厂各机速度均不见快,纱厂前纺回花较多,细纱皮辊花内仍夹带回丝不少。(4)原棉方面:原棉最近收进中上级者甚少,只占 5% 左右,次中级占 25%,下级占 50% 左右,其余 20% 为不合格棉,列入九级内以备纺十六支纱以下之纱使用。

11. 整包部——(1)成包部元月上期十三天工作收进 16”纱六大件,20”纱二〇九大件,合共二一五大件,较之十二月上期减少产量一〇大件。此与原棉欠佳及原动转慢均有关系。除付库外,厂内存棉纱四十三大件。(2)整理间元月上期共收进 14 磅布三,三〇〇匹,较之十二月上期出数减低一,〇〇〇匹,棉质不佳及原动停车太多,牵轴供应不及常停二、三十部之多。惟减少短码布三〇匹,次布相等,领头布减少一〇匹,除付出外厂 14 磅布三六四匹。

四、讨论及决议事

1. 会计课账箱及券箱疏散问题,可与打包厂商讨一并办理。

2. 原棉堆存问题,可由花纱库恢复厂内露堆及花栈露堆,以作存棉之用。

3. 工友在宿舍存放棉花一项,应由惠工课会同营业课比照市价稍高一次收购,不准再存。

4. 工人春节游艺会问题,由惠工课得与县政府事先接洽。

5. 材料课应速设法洽购,盼更,以备停工时修理原动需用。

6. 本厂拟购之刮布机一部,如对方情愿出售,可以棉纱三件价为标准。

7. 工友请假问题系目前一般情形,可由各部管理员善言开导,勤加劝勉,使其在可能范围内减少请假。

散会。

主席　傅道伸

(件存陕西省档案馆民国档案 82 - 1 - 554 - 1 卷)

咸阳纺织工厂第二次厂务会议记录

（1946 年 10 月 14 日）

日期　三十五年十月十四日下午六时半

地点　本厂招待室

出席　傅道伸　何云从　郭挹珊　黄懋辉　南若兰　王飞彪　何新斋
张逸民　彭才毅　傅启标　吴澄治　周尚志　马怀运　吴　标
张仲书　刘汉卿　丘达文

主席　傅道伸

记录　丘达文

一、开会如仪

二、报告事项

主席略谓。本厂厂务会议在本人到厂时曾召开一次，嗣以厂内发生工潮，除遇事随时召开谈话会而外，久未举行。惟厂务会议对于厂务之推进关系甚大，诸位聚集一堂，对于应兴应革之事提供意见，不仅收集思广益之效，且可检讨过去，策励将来。本人记得在第一次会议时，曾提出增加生产、改进品质、减少消耗、发挥效率、节省人工、实行标准工作方法等目标。此次会议中，希望各部分主管本上项目标准详细检讨报告，并多多提供改进意见。

1. 总务课报告——本课所辖有庶务、建筑、面粉、菜园、警卫队、西医室、中医室等七部门，除面粉间及菜园两部分略有生产外，其余均系消耗。（A）菜园方面，近两月来自调任正午君主持后，积极整理空地，充分利用生产，并竭力减少消耗，虽收支仍不能相符，但不似以前之过于悬殊矣。此项目生产乃本厂福利设施，事实亦无法计算盈亏，所有出品售出均较市价为低，而原料则日在猛涨，故不能不亏本也。（B）面粉间每日约产面粉二千四百斤，现存之量约可供两个月之需用，另已购妥机粉五千五百袋，合供两月之食用。此外尚购有大米二万斤。（C）建筑方面，本年除部分修葺外并无大宗建筑。因伙食过高，故惟一原则尽量减少里工，多作包工。截至现在，泥木工已由五十余名减为三十余名。（D）庶务方面，实感人手不敷分配。虽然伙食一部分现分组伙食，委员会减少部分工作，但仍请在可能范围内增加助手二名，一人管理仓库，一人管理人事兼办伙食，方较合理。（E）警卫队方面，过去本有，一度裁减，惟自夏季以时局关系，本厂治安攸关，不得不将原亏额补充，现在增加至四十余人。（F）西医室、中医室两部分经常均有报告，本人不再另作报告。

2. 工务处报告——（A）纱厂方面，现有工人八百九十余名，九月份工作二六.五天，共计产纱五〇七件，平均每日产纱一九.二四件。每件平均用棉五二五.九磅，较上月份每件纱少用棉九磅，每件纱需工四九名。（B）布厂方面，现有工人三〇二名，九月份工作二六.五天，开布机一四〇台，共计产布七〇五九匹。每日平均产布二六六.三匹，每匹需工一.二名。至于用料方面，两厂均在竭力减少消耗，尤以油料一项较上月节省百分之六。总之纱、布两厂无不遵照上次会议所提增加生产、改进品质、减少消耗等目标，尽量节省人力物力，积极发挥效率，以期实现标准工作方法，而使成本减低，成品精良。

3. 人事课报告——本厂九月份工人数目，计原动部七二名，修机间五九名，保全部五六名，运转部六七七名，养成部五八名，布厂三〇二名。又事务方面，工人及警卫队约二七八名，总一，五〇〇余名。此外有关福利方面，只由厂内供给伙食者尚有一五名左右，工饭团方面伙食消耗，以近来天气渐凉，工人饭量增加，故主食（米面）及副食（油盐菜蔬）均较夏季为多。本课管理工饭人员现在减为一人，实属不敷分配，拟请增补助手一人，以均劳逸。工友冬季火炉以烟筒及煤炭购买困难，且查申新、大华及蔡纺均无此设备，拟请利用本厂零段布及废花制发褥子，代替火炉。又工房之托儿所过于狭小，拟请加以扩充。又工人俱乐部拟请添加武术组。又男女工房内衣物散置，凌乱不堪，拟请制发木柜，以资整齐清洁。又工人饭厅地方不敷应用，拟请将现有厨房扩为饭厅，另建厨房并将炉灶大门改在厨房外面，节省煤炭，以资清洁。

4. 原动部、修机部报告——原动、修机两部工作情形大致与往年相同，惟本年主要工作为装置省煤机。自省煤机安装后，二号锅炉每日约可节省炭二吨，总计（一、二、三号锅炉）原动方面每日耗煤二十二吨余。引擎自改用外国油料以后，因品质较好，每月约可节省油料百分之四十。修机部本年只作零星配件，对于整套机件多半委托各机器厂代制。至于工人，原动部元月份七四名，现减至七二名，修机部元月份七〇名，现减至五九名。

5. 材料课报告——本课任务为供应各部分所需之各项料物，主要者为煤炭与油料。煤炭方面，过去数年交通尚畅，各地矿厂较多，购煤尚不感十分困难。

本年夏季因清河桥被水冲坏两月之久，以及受时局紧张影响，运输停滞。现在虽然桥已修复，但因陇海路线延长，车皮短少，运输仍感困难。复以矿厂积压煤量过多，资金不敷周转，纷纷停工，故收购亦大感困难。幸有邠县（即今彬县）煤接济，始不至影响停工。目前本厂所收购大车架炭每吨二六万元，邠县煤每吨二五万元，将来交通畅达后，产地存煤既少，价格难免上涨。截至本月（十月）十三日，本厂存煤约有一，〇一一余吨，在外订妥尚未交货者约有一，五〇〇余吨，在耀县购妥积存者（九月下旬数）约有一，〇二七余吨。但于十月上旬曾以货车运出数百吨，至于详细数目因十月上旬报表尚未寄到，且有运输在途者，故确数不详。至于消耗数量已由各部分报告，不再报告。油料方面，过去勉用土制代替品，不仅价昂而且损坏机器。自胜利后，外货源源涌入且价格较廉，目前除本课自行采购外，并委托雍兴公司及西安办事处多方采购。现存汽缸油可供半年之用，锭子油可供九个月之用，机油可供四个月之用。此外，订购之机件，近以物价波动甚巨，尚有数家未能如期交货者，现均加紧催制中。其他次要物料现存数约略报告，俾工务同仁了解，以作选择领用之参考。最后，本课以管理料库仅有一人工作，实属过忙，拟请各部分领用料物，仿照蔡纺厂办法缩短时间，俾管库有暇登账及整理之时间。拟每日早六时起至十二时止为发料时间，至于夜班仍可照发。

6. 营业课报告——本年以交通关系，纱布价虽随一般物价上涨，但五六月间波动尚小，惟自八月后迄最近，因上海飞涨影响陕西，波动亦甚巨。本厂纱布大部分已供给军需，截至十月十二日，16 支纱结欠五五件，20 支纱结存八三件，14 磅布结存五，一六〇匹。此外军纱三〇〇件，已交一五〇件，军布三五，〇〇〇匹，已交一八，八〇〇匹。原棉方面，本厂每月生产平均用棉二，三五〇担，现存原棉七，八〇〇担，可供阳历年底生产之用。仓库方面，本厂仓库向不敷用，厂内有棉花仓库二个，纱布仓库一个，外借打包厂置棉花栋花房三个，最近打包厂尚要求交还。花栈有棉花库三个，废花库一个，拟请添建仓库一所，方能勉可敷用。至于厂存废花，以需库关系，现已陆续售清，仅存有车肚花及破籽花一部分。

7. 会计课报告——本厂经济以近几月来纱布订货尚未付清，不能出售现货，收入甚少。以前所收订款以付购料及订机器，均已付罄，目前惟有赖向中行透支，故相当紧缩。今后各部分大宗用款，务希预先通知本课，以使设法准备。又生产成本，本厂七月份产 16 支纱二八二件，每件成本八八万元；20 支纱二一六件，每件成本一〇〇万元;又产14磅布五,八〇〇匹,每匹成本四七,〇〇〇元。八月份产16支纱三一三件,每件成本一〇三万元;20支纱一〇二件,每件成本一一九万元;又产14磅布四,八四〇匹,每匹成本五万元。九月份产16支纱三六六件,每件成本九六三,〇〇〇元;20支纱一四一件,每件成本一,一〇六,〇〇〇元;又产14磅布七,〇五九匹,每匹成本五三,〇〇〇元。本厂所产棉纱成本与蔡纺厂所产棉纱成本比较(蔡厂七月份产纱七二四件,每件成本四六三,〇〇〇元),本厂七月份原棉方面每件纱多支出一八万元,动力费多支出一四万元,工资多支出三万元,其他多支出一八万元。八月份(蔡纺厂产纱五七一件,每件成本六四九,〇〇〇元)每件纱原棉多支出一二八,〇〇〇元,动力费多支出一七三,〇〇〇元,工资多支出四六,〇〇〇元,其他多支出一九六,〇〇〇元。又本厂直接工资,一月份每件四五,〇〇〇元,七月份每件八一,〇〇〇元,八月份每件一二一,〇〇〇元。最后,希望各部分对于有关成本报账,务于每月十日以前送交本课,以便于十五日前结算成本。

8. 文书课报告——本课所属工作为文书、人事、图书、幼稚园。文书方面,过去对于到文处理系先呈经副理、厂长阅后再送主办部分及有关部分阅,最近改用摘由纸,到文先送主办部分,于拟办栏内签注意见后,再呈经副理、厂长决定办法,交文书课办理。惟实行以来,主办部分仍有盖章不签注意见者,致本课难以处理且稽延时日。希望各主办部分务于拟办框内签具意见,以便处理迅速。图书方面,本厂图书室房屋过于狭小,且无专人管理,致阅览人员难免有不甚方便之处。最近除向大公报馆订购大批杂志画报充实外,拟请在可能范围内设法扩充房屋,俾便布置,以供同仁阅览研讨,更望能派专人管理以免遗失。幼稚园方面,本年学生已增至三十余人,近拟派王先生赴西安青年会幼稚园参观,借镜改进。惟在设备方面如压板、滑梯、秋千等时常损坏,望即派工加以修理。

三、讨论事项

1. 本厂所存原棉虽敷阳历年底之用,但雍兴仅允代购棉二千万元,且须待交业精、蔡纺厂以后再交本厂,将来棉价高涨,成本攸关,本厂现时可否就地零星收购案。

决议——请汪经理主持办理。

2. 工房冬季火炉本年以烟筒材料购买不易,且购煤亦困难,可否将火炉取消,利用本厂零段布及废花制发褥子替代案。

决议——由人事课积极筹备。

3. 工人在厂内购买米面，出入极为不便，可否由工房贩卖部代售案。

决议——由人事课会同总务课商酌照办。

4. 本厂工人出入时门警应严厉检查案。

决议——由总务课通知警卫队，工人无出门证者概不准出厂，持有出门证者亦须周密检查。

5. 厂房内时常发现工人拿馍，应如何防制案。

决议——由人事课通知厨房注意收藏，总务课通知门警检查。工务方面由同仁在厂随时检查制止。

6. 本厂现有生产设备及现有工人数字，较之上海各厂生产标准人数实已超过太多，长此以往，将来势难竞存，应如何再行紧缩案。

决议——各部分对于工人已请长假离厂空额，应切实履行不再添补原则，必要时并应互相调拨。

7. 本厂仓库不敷应用，如何扩充或增建案。

决议——添加仓库一所。

8. 会计课提议本厂近来经济困难，大宗用款各部分应先通知，以便预筹案。

决议——各部分切实照办。

9. 会计课提议各部分报账应于每月十日以前送交会计课，以便于十五日以前计算成本案。

决议——各部分依限办理。

10. 材料课提议各部分领料限定时间，以资节省人力，便于登账整理案。

决议——各部分领用料物尽量缩短时间，关于文具限定每月统领一次并规定数量。

11. 文书课提议各部分处理到文，主办部分应签注意见案。

决议——各部分照办。

12. 关于工人饭厅之添建，工房添做衣柜，工人俱乐部添武术组以及图书室之扩充案。

决议——缓议，俟将来经济充裕时再酌办。

13. 主席提议本人虽兼任总稽核名义，但并无充分时间亲到各部分考核，现拟派本厂稽核傅启标君代表本人随时赴各部分考核，各部分务须接受批评指导,傅稽核对于每事在未考察明了之前,亦不应随意批评,望均本精诚合作之精神相处。

决议——各部分遵照。

散会。

主席　傅道伸

（件存陕西省档案馆民国档案 82－1－556 卷）

咸阳纺织工厂厂务会议记录

（1947 年 12 月 27 日）

日期　三十六年十二月二十七日下午六时

地点　本厂招待室

出席　傅道伸　丘达文　张仲书　张逸民　傅启标　黄懋辉　吴　标
王飞彪　岳德明　马怀运　刘汉卿　南若兰　周尚志　彭才毅
吴澄治　何云从

主席　傅道伸

记录　丘达文

一、开会

二、报告事项

主席略谓。三十六年已届终了,亟应开会以作检讨。(一)原定计划是否已依照顺利实行,其未实行者究系若何原因。(二)应把握时间,赶速设法改进,以期补救。据本人最近赴雍兴各厂观察所得,我厂固有进步,但他厂亦有较我厂进步,超过之处甚多。所谓知己知彼,然后方能百战百胜,望各部门详加检讨一直努力,云云。

1. 工务处报告

(一)纱厂

甲、生产项

厂别	车部	锭数	每锭扯数	产量分计	每日产量	每日用棉	每件纱扯棉
北厂	336×6	2,016	0.654	16” 9.7件			折合（4.3193担）
	376×6	2,256	0.665				
南厂	376×10	3,760	0.717	20” 18.5件			
	420×5	2,100	0.920卡				
	420×5	2,100	0.842丁				
	400×1	400	0.780里				
合计		12,632			27.2件	12,263斤	476.22磅

乙、消耗项（重要）

物品＼部别	运转	保全	合计	运转	保全	现用合计
车油	51P.	8P.	59P.	45P.	8P.	53P.
锭油	24P.	19P.	43P.	25P.	21P.	46P.
凡士林				1P.	5P.	6P.
锭带				3卷		
锭绳				14尺		
钢丝卷				192盒		
皮带扣				7付		
羊皮					16张	16张
小牛皮						
法兰皮					10张	10张

丙、试训项

现有养成工	往后工作	运转工作
细工	下月起开始检查两班各部门工友工作方法，俾使予以纠正之训练。同时对于清洁应注意之事亦加以训练	进行大牵伸纱粗纱分段及全部清洁整理诸应注意事项

丁、纱厂人数统计比较项

月份	部分 人数	清花	钢丝	粗纱	细纱	摇纱	保全	训练	成色	统计
8月7日	甲	22		61	157	64				
	乙	24		61	158	61				
	合计	46		122	315	125	56	14	13	691
9月11日	甲	14	7	61	146	60				
	乙	17	7	59	154	60				
	合计	31	14	120	300	22	34	19	13	673
11月21日	甲	15	6	61	146	59				
	乙	17	6	60	151	61				
	合计	32	12	121	297	120	55	18	12	667
12月27日	甲	15	6	61	145	59				
	乙	17	6	58	151	61				
	合计	32	12	119	296	120	56	18	12	665

戊、保全项——a. 本年保全部系拆旧换新与整修原有机器，除上半年装妥卡式皮套车五台，及安装修理旧细纱机六台与新单程粗纱机两台外，则搬移并条车工作，近月来已装妥新 J2 式细纱机五台，第六台正在安装中，其第七台如提前借到皮辊及皮卷座以资调换后，亦即可动手安装。b. 北细 33% 锭改装 376 锭车事，现已拆去一台，正在打地脚中。c. 三道车已拆去二台，并开出新到单程粗纱机一台、整装并条车三节。d. 安排另一部单程粗纱及并条车，现已开始打地脚。

己、设备项——a. 摇纱已新装缓气管两排，同时北厂亦须新装两排，及南粗另一排现均在进行中。b. 南细南边已加开天窗一排，而北厂北边亦拟加开，正在预计中。

（二）布厂

正整理一切准备开工中。

2. 原动修机报告

（一）原动部分——甲、本年度之重要工作为安装新原动机。自七月初动工至十一月初竣工历时四月，幸能如期开出第二号引擎，得赖新锅炉之供气转数较前增加。又布厂马达本于十一月装竣试妥，不意日前因受潮湿影响，致将线卷烧坏，现正昼夜赶修，约须一月后始可开工。乙、纱布厂之暖气管。本年度新装完成者，计布厂 462 尺，摇纱 340 尺；正在安装者，计南厂粗纱一排，北厂二排，共约 500

余尺，预计废历年前可以竣工。丙、厂内外各处电线之整理已计划就绪，惟电杆及粗电线尚未购到，故迄未动工。丁、主要材料逐日消耗情形如左：

汽缸油66斤：#1 引擎26斤；#2 引擎16斤；#1 水泵10斤；#2 水泵14斤

滑机油32斤：传动4斤；#1 引擎12斤；#2 引擎16斤

煤30吨：#1 锅炉7吨；#2 锅炉23吨

（二）修机部分——本年度以人手减少，大宗配件即不制造，仅系少数急需机件及修补等工作，尤以下半年因装新原动，全力赶配机炉管等件，对于纱布厂机件更少配置修制品，俟统计后另列。兹将材料消耗情形择要列报，计元铁六吨、生铁十四吨、生铜一吨、白铁约一百张、锯条一，二六八根、锉刀五〇八把。

3. 总务课报告——本课本年来主要任务，在上半年系协助工务解决工潮，下半年系协助工务建筑原动工作，截至目前已需建筑费一三亿余，近正在计划修蓄水池、面粉间。本年已停磨，所需面粉多系向蔡酒厂购进或委托代磨，价格方面因系预购，较市面尚称公道。菜园方面实亏一五，〇〇〇，〇〇〇元。医药方面，中西药每月约须一，〇〇〇余万元，较蔡纺厂为高，正研究节俭中。人事方面，警役去岁一七八名，现在一七〇名，较去年减少八名。

4. 人事课报告——工友厨灶房屋被烟熏火烤已久，且时有折椽塌顶之虞，实应迅速修建免出意外。工友伙食每人每日食米面约二二两，较夏季（一九两）增多，菜金约九〇二元，调料约一，四六二元，猪肉一，三〇九元，炭二，八一〇元。男工房过于拥挤，每舍住有工友十二三名，甚有住十四五名之多，在此冬季空气即感觉不流通，如到夏季更不卫生。男女工宿舍无下水道，于清洁卫生大有妨碍，仍请设法修建。

5. 材料课报告——甲、煤炭方面，自本厂耀庄撤销后，即委托铜宜公司代运，迄今大部分已告运竣，中间火车运输于七月间因清河、泾河两桥冲断，为时甚久，嗣后又因战事关系车运繁忙，影响煤炭运输不畅，仅赖收购一部分澄炭维持。迨晋南共军过河，豫西铁路遭受破坏，陇海路线缩短，车皮增多，故近来由同耀来煤不少。除本厂固定车皮外，商煤亦源源不绝。目前厂中有存量架炭三〇六余吨，块炭七五九余吨，末煤一，六九六余吨，共计二，七六三余吨。已订尚未运交者，架炭三〇〇余吨，块炭七，五五余吨，末煤七，四八余吨，共二，〇〇四余吨。消耗方面,原动部每日三〇吨五〇〇公斤,连同人事总务两课每月共需九一四吨,冬季火炉用煤尚未记在内。乙、油料方面。现存汽缸油二三桶,机油一二三桶,锭子油一七桶,每月消耗汽缸油六桶,机油一〇桶,锭子油三桶。汽缸油存量不多,价昂(每桶二,四〇〇万)难购,请领用部分多注意。丙、机件方面。本年在外包制甚多,交货情形尚好。除刘世承制之叶子板尚欠一,一二〇只外,其余均能按期交货。丁、近来购料困难之原因,即支票不能提现,遇有货时因厂中无款不能购,俟有款时即已无货。近来生铁、白铁未能购到,即系此原因也。

6. 营业及花纱库报告——甲. 原棉:(一)本年第一次委托雍兴购棉五,〇〇〇担。(二)雍兴以纱易花,计20"纱五八六件换花六,〇三一. 五〇担。(三)本厂以纱易花,计20"纱一,六〇五件换花一,六二八担,总共易花一二,六五九. 五〇担。自本年十二月十日开始纺用,约可用至明年四月。至于品质方面,因收花时雨水过多,比去年略逊。又因本厂资金短绌,好花时期未能大量购进。(四)库存原棉一,七八四包,约四,八〇〇担,泾阳花占1/3强。乙. 纱布:(一)16"纱库存二,六六五件,除售净存一,一七五件。(二)20"纱库存二,二八五件,除售净欠一六九件。(三)14"尺布库存七七八匹,除售净存六九一匹。(四)办事处往来16"纱,平20"纱欠二,四三五件,14"尺布欠二四匹。(五)联勤部被服厂原订16"纱七二〇件,最近忽变更索换20"纱,前缴款四二亿元作十一月份提16"纱二〇〇件,自元月份起改拨20"纱一五〇件(每旬五〇件),已缴款四五亿元。丙. 废棉:(一)棉检所通知本业工会转知各厂停止出售废花,以免奸商作伪。(二)以废花与宏文纸厂换包纱纸。(三)本厂拟定处理废花办法,破籽花拟明春天暖打净,运平凉出售,粗纱头、皮辊、花针、簾花等,拟俟明年棉花落零时相机出售。

7. 会计课报告——甲、盈亏。乙、提存。丙、财务状况。丁、年终开支。戊、十一月份产纱成本。(另详)

8. 稽核报告——甲、各课购进料品既由稽核监收,嗣后进料价款拟请先将发票送由稽核审核盖章后,会计课方得付款。乙、各课部门借用机物料,均由材料课按月列报打销。惟各课部门究系作何用途、消用及实存数字均无从查考,嗣后拟由领料各课部将上存领取、消用及实存数字,按月列表造报以资查考。丙、西安办事处收支各款未能随时记账,前经规定报账办法仍未遵行,应如何促其切实办理。

主席——根据诸位报告,知道各部分均有进步,人数减少,生产增加,至为愉快,惟按中纺所定生产标准,每万锭应有职工若干、用油量若干以及产量若干,尚差甚远。总经理亦曾来函向本厂问过,总公司前次对于蔡纺厂检讨情形,以为

（一）职工人数较沪上各厂为多。（二）棉花品欠佳。（三）棉纱品质平平，惟每包长度重量均不够。（四）生产数量离标准尚远。（五）保全技术过差。（六）工人训练及管理皆尚不够，工作法尚待努力推行。（七）物料消耗过巨。（八）动力设备过于破旧。（九）间接费用过高，应确立审核制度。以本厂与蔡纺厂比较，不及之处颇多。兹以蔡纺厂与本厂职员方面作一比较：工务处三人/本厂二人；运转甲三人、乙三人/本厂纱布两厂甲五人、乙六人；保全四人/本厂三人；原动五人/本厂三人；修机二人/本厂二人；事务五人/本厂八人（医疗室在内）；会计五人/本厂五人；人事五人/本厂五人；文书二人/本厂三人；花纱库二人、外站收花在内/本厂三人；材料四人，外站收煤在内/本厂六人。又工人方面，蔡纱厂亦较本厂人数比例减少，希望各部门嗣后不得以任何理由申请增加人数。各部门现有人数如超过蔡纺厂者，应有多的成绩表现。各主管对于部属督责宜严，应时常召集本部分同仁谈话，互相勉励，力图改进，倘仍泄泄沓沓，不求进步，将来随时有被淘汰之可能。如果平时工作努力能表现成绩，万一遇事尚能为人谅解，决不致有失业之患，否则定要自食其恶果。各主管如果遇事姑息，管理松懈，表面虽系护他，实则害之。为本厂前途、为爱护同仁，故本人不得不再三剀切说明，务望在座各位要责成各同仁负责任，守纪律。蔡纺厂对上下班很守时间，本厂同仁难免随便。本人受总经理之命令，今后须时常赴虢、蔡各厂视察，此间希望各主管同仁多负责任。过去曾说过："忧劳足以兴国，逸豫足以亡身。"故吾人务必勤慎从公，以免自趋灭亡。今后各部门不仅不准添人，遇有必要且应互相调用，不应划分太清。对于不得力之职员一定要严加警告，不应采取姑息政策。

本厂用棉距标准相差太远，应力求减少。油花太多，须设法尽量减少。各部门用油务须尽量减少，注意工人加油时须加在机器油眼内，不要滴在地上，以不伤害机器为原则，不必加油太多。对于用煤，原动部及总务人事两课均须极力设法节省，如炉灶之改进，以及如何改用求煤等。对于工人警役之训练，除训练部分外，保全、运转、原动、总务均须加紧切实训练。再本厂间接费开支太大，傅稽核应注意各处之是否浪费，随时报告总公司。前次派人到蔡纺厂检讨各点，均已大加改进。办厂原则无非开源节流两端，故除注意增产外，对于人力物力之节省，极为重要。本厂应急起直追，努力迈进，云云。

三、讨论事项

1. 信纸、信封消耗过多，应如何节省案。

决议——由材料课会同文书课，拟定每人每月发给数目公布之。

2. 试用、实习生拟由厂每人送给棉制服一套案。

决议——总务课照办。

3. 蓄水池应积极赶修案。

决议——原动部会同总务课赶修。

4. 新原动安装后，烧煤工人应训练以新的方法，以资节省用量案。

决议——由原动部负责训练。

5. 汽油昂贵，存量不多，本厂汽车可否限制开驶案。

决议——尽量减少开驶。

6. 各课部购置物品应向总务课登记以资编列财产目录案。

决议——各课部照办。

7. 原棉开包使用时应注意有无坏花，如发现有坏花并应将花包号码记明转知花纱库，以便交涉案。

决议——纱厂运转部照办。

8. 本厂清洁方面欠佳，嗣后应特别注意案。

决议——总务课照办。

9. 纱布局所存破旧纱管应设法处理案。

决议——由傅稽核商请刘经理报请鄂建总处理之。

10. 拆卸之旧纱机应如何捆整以次存放案。

决议——派甄文鹏、蔡树炎率同工人办理。

11. 眷属领用之水壶应规定按期发给，概不代修案。

决议——总务课照办。

12. 各课部应分别召集同仁时常举行讨论会，以资研讨推进案。

决议——各课部照办，并应将会后记录呈经副理厂长核阅。

散会。

主席　傅道伸

（件存陕西省档案馆民国档案 82－1－556 卷）

4. 工潮问题

沈次量、杨毓琇为工潮经过情形致束云章急电※

（1946 年 2 月 11 日）

云章兄函密：

顷接咸工代电，称："本月七日粗纱部少数工人无故停工，并捣毁机器、房舍，情势严重，经保安司令部及咸阳县长到厂调处并派队弹压，工人代表要求按照蔡纺厂待遇等条件，本厂当即接受，工人亦同意复工。惟因少数分子阻挠，迄十日始有一部分工人复工，拟于十一日全部复工。以后情形，随时电陈"等语，除将咸阳工厂原代电航陈外，特先电闻。

弟：钥琇

二月十一日

附

咸阳纺织厂致束云章代电

（1946 年 2 月 11 日）

总经理均鉴：

查本月七日上午十一时半，突有本厂粗纱部少数工人无故停止工作，当由在场技师及工务管理员劝导，询问原因，该工等置之不理，且强迫其他各部一律停工，率领暴动，捣毁机器，并将本厂何技师头部击伤，一时情势混乱。经本厂一面派员报告地方政府及军警机关，一面邀请产业工会召集各部负责工人询问有何要求，速即推举代表，以合法手续提出商谈解决。该工等既不表示意见，亦不推举代表，延至下午五时，正在当地政府及军警主管来厂调查商讨处置间，该工人等复于开饭后相率暴动，将办公室、材料库、招待室、图书室、饭厅以及院墙等处捣毁，混乱不堪，情势异常严重。时至昏暗，忽闻厂内外发生枪声，暴动工人始陆续出厂。是时十区保安司令部派张副司令及咸阳县政府王县长等亦赶到，即会同产业工会理事召集工人代表调处，工人代表提出要求按照蔡家坡纱厂待遇等条件，本厂均全部接受并立即布告周知，工人等亦同意允于八日早先行复工，修整机器。讵料仍有少数不良分子意图扩大事态，从中鼓动，不遵复工且扬言继续暴动，大举破坏原动机器，捣毁职员眷属宿舍，人心惶惶，危在眉睫。幸经保安司令部派队赶至弹压，形势稍趋和缓，复经张副司令、王县长及产业工会理事会同工人代表于晚餐时，召集全体工人在饭厅训话，并询问不上工原因及有无其他要求提出，该工人等均答已再无要求，并应允于九日早复工。至九日早进餐后，正在准备进厂时，复有少数分子强行阻止，以致纷纷离去，并发现厂内及工友宿舍遍贴制止复工等标语。再经张副司令及王县长于当日下午在工人宿舍召集全体工人训话，又允十日早复工。截至本日已有一部分工人复工，修整机器，拟于十一日全部开工。查本厂工人待遇与蔡家坡纱厂待遇大致相同，而粗纱部工人待遇较该厂尚高，且本厂对于工人间接待遇，如准购平价米面、油盐等日用品，福利事业均比蔡家坡纱厂为优，此次粗纱部少数工人鼓动工潮，事先既未向本厂正式要求条件，乃突然罢工暴动，显系有少数不良分子从中煽惑。现虽因军队驻厂，一时似不敢再有暴动行为，惟情形复杂，随时均有借故生事可能，前途演变，仍难预料。除随时注意并陈报外，谨将事实经过电请鉴核备查。

咸阳纺织工厂　丑蒸叩

（件存陕西省档案馆民国档案 82－1－67－1 卷）

咸阳纺织厂为工潮处置情形致束云章函※

（1946 年 2 月 15 日）

总经理束钧鉴：

本厂二月七日工潮经过情形，前以丑蒸电陈在案。兹查工潮经保安司令部及咸阳县政府调处，已于二月十一日正式复工。惟当时尚有怠工情形，复经张副司令及王县长莅厂召集工人代表训话后，现已情形良好，恢复工作常态。除工人待遇及奖金等俟蔡纺厂规定后，本厂援照调整另报外，谨电请鉴核备查。

咸阳工厂　丑删叩

（件存陕西省档案馆民国档案 82－1－67－1 卷）

咸阳纺织厂为工潮经过致束云章代电

(1947年2月2日)

总经理钧鉴:

查一月卅一日下午四时,本厂接到产业工会函送工人要求调整待遇办法六项,本厂当以近日物价高涨,先行口头允予商讨合理调整。突于下午六时左右昼夜两班进餐时,夜班大部分工人饭后不进厂工作,经会同产业工会理监事向前询问,并说明所提要求本厂已允予商讨调整,劝其安心工作。讵料各工人不听劝解,高声叫嚣,大有暴动之势,时值天晚昏暗,深恐与厂外不良分子有所联系,企图扰乱治安,当即一面电话报告咸阳县政府、专员公署及当地军警,一面通知警察局派驻本厂警察队在花园一带南北线上及厂门警戒。是时工人骚动愈烈,忽有暴徒数人闯入警戒线内,企图夺取警士武器,该警等为自卫计被迫开枪示警,该暴徒即混入人丛中逃逸,各工友亦纷纷出厂,内有工人杜文泉、郭定国二人被流弹误伤腿部,当经送至本厂医疗室妥为治疗。少顷,警察局荆局长、县政府社会科吴科长及总工会柏常务理事均先后到厂,召集产业工会全体理监事及昼夜两班组长训话,并对产业工会所提调整工资意见,保证转达厂方予以合理调整。各组长已允劝导各工人于二月一日早先行复工,惟是日早,复藉口厂警任意开枪、生命无以保障,仍未复工。旋经县政府周县长、专员公署李主任、县党部董书记长、县参议会鲁副议长、青年团赵干事长以及警察局荆局长、总工会柏常务理事等再行召集全体工人训话,复将产业工会所提六项意见分别予以答复,于过午六时,全体复工。除分电当地各党政、军警各机关外,谨将工潮经过情形,电陈鉴核。

咸阳纺织工厂　丑冬叩抄

(件存陕西省档案馆民国档案82－1－81－1卷)

咸阳纺织厂为工潮发生及解决经过情形函致第二区机器纺织工业同业公会※

组(三十七)字第九六〇号

(1948年10月14日)

第二区机器棉纺织工业同业公会公鉴:

本月十一日拂晓，据报在男工房至本厂道旁摊贩席棚上发现匿名字帖一张，略谓："诸位同志们，最近生活程度高涨数十倍，本厂职工工资及一切待遇还是照常，工友们生活是否可以维持下去，眼看阖家人不能生活。定于今晚罢工，向工会要求一切待遇，若正式许可，再可上工是盼"等语，是日为本厂补放星期例假，经向产业工会理监事询问上项匿名字帖是否知情，工友有无到工会要求事件，均云不知，工人亦无若何要求，当即嘱其负责调查并注意一切。迨是日下午，夜班上工时，工人乃于晚餐以后纷纷出厂实行罢工。当即邀集产业工会理监事，嘱其劝导各工友先行复工，如有要求可依法提出，共同商讨解决，一面将罢工情形先后以电话报告咸阳县政府、咸阳县警察局及社会处陈处长等。旋警察局刘局长到厂，在产业公会召集理监事及各小组组长询问罢工原因，当即提出书面要求若干项，最要者为"要拿现在所得工资，按照八月十九日之评定物粮价格，向厂方购买面粉、布匹由供应部每月上下期分别售卖两次，或由厂方代工友代购物粮，以资维持生活"，其次各条均为本厂原有福利部分之有关设施枝节问题，最后一条为"上项一切条件，厂方如立即答复，便立即复工"。刘局长接上受项书面要求各条，允向本厂负责交涉，并劝导其负责召集工人先行复工。当时工会理监事及各小组长，亦允负责转知工友于次(十二日)早复工。及十二日早，工友仍未复工，刘局长正在继续调解间，县政府许县长、专署邵主任、第十八绥靖区张处长、县党部郑书记长等先后莅厂，召集产业工会理事及各小组组长训话，并将政府戡乱期间随意罢工、违犯戒严法令利害说明，嘱其转告各工友立即复工，至所提各项意见，应照合法手续提出，听候合理解决。迄下午六时，全体工友正在接受各首长开导时，适社会处申主任、李科长及刘视导均由西安赶莅本厂，复至产业工会召集理监事及各小组组长训话，并至工饭团向乙班工友训话，遂于七时左右正式复工。晚间申主任复会同许县长、刘局长先行召集产业工会理监事之各小组组长谈话，听取其意见，并当众宣布西京市工人八一九生活指数。复经合理计算，较九月份应增加为百分之一一三.六，从八月份起一律补发差数百分之四六.九三，已于十月十一日通知第二区机器棉纺织工业同业工会转知各厂补发。嗣向本厂商讨解决工友要求各点，除第一项遵照申主任带来重行计算之指数，将八、九月份工资一律再补发差数百分之四六.九三外，其余有关原有福利部分各点均于可能范围内加以改善。现厂内生产已逐渐恢复常态，除分电外，特将此次工潮及解决经过情形，电请鉴察。

湖北省纱布局咸阳纺织厂　酉寒

三十七年十月十一日

附:工人罢工要求条件

一、要拿现在所得工资按照八月十九日之评定物粮价格,向厂方购买面粉、布匹,由供应部每月上下两期分别售卖两次,或由厂方代工友代购物粮,以资维持生活。

二、工饭团伙食太差,应设法改良,并经常由甲乙两班各选代表二人监督饭厅,所有饭厅一切由监督人协同管理人负责支配,倘服务于饭厅工友不听指挥,立即协同秉公处理。

三、普通携眷工之煤灰要求即行布告发给。

四、供应部要继续开张,供应一切日用必需品。

五、要恢复照常按期食肉,如无猪肉,牛羊肉即可。

六、工友工作饭单(即围裙)要绝对按规定日期(三个月)换发一次。

七、上项一切条件厂方如立即答复,便立即复工。

(共计七条)

咸阳县纺织业产业工会要求改善福利教育意见

产一业字第三三号

(1948 年 10 月 13 日)

敬启者:

兹将本会会员要求有关改善福利教育等意见综合于后,相应函请查照办理,并希见复为荷。

此致

咸阳纺织厂

理事长:马连明

理　事:赵学文　张少昆　田学文

罗新定　王俊川　李进才

常务监事:赵宪顺　王瑞林

会员要求意见如左:

一、目前工友生活困难请设法补救,补救之方应请厂方按八一九各物评价,责由供应部每月上下期分别售卖工友面粉、布匹两次。厂方上项布面如感缺乏时向外代购,以资维持生活。

二、工饭团伙食太差,应设法改良,并经常由甲乙两班各选代表二人监督饭厅,并协同管理人负责支配一切。倘饭厅工友不听指挥,立即协同秉公处理。

三、普通携眷工应领煤灰,要求即行布告发给。

四、供应部要继续开张,供应一切日用必需品。

五、要恢复照常按期食肉,如无猪肉,牛、羊肉均可。

六、工友工作饭单要绝对按规定日期(三个月)换发一次。

七、工友宿舍人数较多,请厂方设法调整。

八、厂内医药设备欠佳,请即设法充实,并保持中西医诊断证明书继续有效。

九、如工友确因患病经医生检查证明后,应准予请假以便休养。

十、请设劳工补习教育。

十一、为工友发售布头尺码过短不成材料,请厂方设法另换段布,并实行本会所属职工会员福利待遇一律相同。

(件存陕西省档案馆民国档案 82 - 1 - 1600 卷)

咸阳纺织工厂为回应有关要求复咸阳县纺织业产业工会函※

组(三十七)字第九五一号

(1948 年 10 月 14 日)

径复者:十月十三日产业字第三三号台函以会员要求有关改善福利教育等意见,洽悉一是,兹分复于后:

一、关于第一项所请,按八一九各物评价,责由供应部每月上下期,分别售卖工友面粉布匹两次或由代购一节,应遵照县政府转奉社会处令发之西安市工人八月十九日生活指数一一三.六,补发八、九两月及十月份工资(扣除八、九月份已发之六六.六七)。

二、工饭团伙食由甲乙两班各选代表二人参加监督管理一节,事关工友直接生活健康,至为重要,本厂甚愿工友参加,过去工友方面曾经参加监视,嗣以日久有感管理困难,无形退出,故仍由本厂派员办理。此次工友既愿参加,自可照办,惟关于饭厅工友之管理,应向管理员建议办理,以免管理人员过多,无法处理。

三、请发给普通携眷工煤灰一节,可以照办。惟以住咸之直系亲属并暂以冬季三个月为限。

四、关于供应部继续供应一切日用必需品问题,由本厂转促职工委员会召开会议,研究如何供应办法,资金方面本厂可酌按厂方经济情况予以借助。

五、关于恢复食肉一节,尽量向市面设法搜购猪肉或牛羊肉,倘限于事实不能如期购到时，可改食其他菜蔬。

六、关于饭单一项本厂原规定三个月换发一次，函请照发一节自不成问题。

七、关于工友宿舍人数较多请求设法调整一节，可就现有宿舍尽量调整。

八、关于医药设备，可以设法改善。

九、工友患病，本厂原规定凭本厂西医检查证明后准予休养，函请各节自不成问题。

十、关于请设劳工补习班一节，事属工友补习教育，本厂向极注重。原曾设有男女工友补习班，惟以日久参加无人，此次工友既愿恢复，自可照办。

十一、关于向例配售工友零头布仍照售，本厂复为体恤职工起见，另按八一九限价在最近配售古渡布，每六人一匹，一次为限，下不为例。

以上各点除分别通知各主管部分办理外，相应函复，即希查照为荷。

此致

咸阳县机器纺织业产业工会

湖北省纱布局咸阳纺织厂　启

（件存陕西省档案馆民国档案 82－1－1606 卷）

四、灵宝打包厂

1. 企业概况

灵宝中国打包公司概况报告书

（1947 年 11 月）

（一）前言

查灵宝产棉品质优良，占国内首要地位。本公司为扩展棉产、便利运输起见，在灵宝筹设打包业务。自二十三年七月开始筹备，至二十四年三月开工，彼时国内承平，商业得自由发展，从事棉业运销业务者尤觉活跃。本厂开业之初，适逢豫西棉花丰收，各地厂商莅灵采购者甚众，棉市颇称繁盛，本厂业务亦极蓬勃。迨至二十六年七七事变发生后，时局紧张，交通梗阻，晋南各县又先后沦陷，灵宝与晋南隔河相望，时受炮火威胁。后因棉花管制限价收购，棉业市况甚为黯淡，本厂业务亦随诸萧条。至三十三年，日寇自中原西窜，灵宝一度失陷，渭白段轻便铁路管理处乘时强将本厂原动机件及器材抢拆运陕，几经交涉，结果仅将原动机给资收回，其余器材多未交出。彼时豫陕局势仍极紧张，本厂一时无法复工，经陈奉董事会核准，将原动机件等租与咸阳工厂，租期订为两年。至本年七月租约期满由本厂收回，正拟运厂安装，以期在新棉上市前恢复开工，乃中原战争陡起，灵宝失陷，复厂工作又遭中阻，拟俟时局好转，当即继续进行。

本公司采用骑跨式会计年度，本报告书所报告各项亦系根据会计年度，例如二十四年度即系二十四年七月至二十五年六月，余仿此。

（二）二十四、二十五年度概况（二十四年度：二十四年七月至二十五年六月；二十五年度：二十五年七月至二十六年六月）

（甲）业务情形：本公司于二十四年开工，以灵宝地点适中，所有陕州、阌乡以及晋南各县产棉均运灵出售，各地厂商云集收购改包，故本厂业务颇称顺利，计二十四年度共打机包四一，〇九八件，二十五年度共打机包四〇，三二〇件。

（乙）添修客房：本厂为便利打包顾客住宿，备有客房十二间。继因客户较多，原有客房不敷分配，故于二十六年春续修客屋十二间、下房二间，以作接待顾客之需。

（三）二十六年至三十一年度概况（二十六年七月至三十一年六月）

二十六年卢沟桥战争突起，时局日趋紧张，棉业厂商多抱观望，只汉口尚有少数销路，惟因吞吐量太狭，来灵购棉客帮无多，本厂打包业务大为锐减，计本年度打机包一八，五九二件。

二十七年三月，晋南解县、芮城等相继失守，灵宝与晋南敌区一河相隔，曾于十二日隔河炮战，本公司落有炮弹数枚，各拣花房门窗稍有破坏。为预防机器等遭受破坏，将机器房顶加盖掩土并加修砖墙，又在原动房前添作土墙一座，并将重要账册文卷装箱，托中行由汉运渝保管。十二月间，农本局福生庄来灵设庄收花，本公司业务稍见开展，本期共打机包二〇，二三五件。

二十八年六月，敌军隔河炮击，厂内落弹百余枚，八月间又遭敌机两次夜袭，厂房损失颇重（详第八项），幸厂存重要物件已移存乡间，未遭损失。彼时沪汉交通均已断绝，只有福生、豫丰、大华等厂在灵购花打包转运川陕。本厂因晋南战争时紧时缓，业务亦时作时辍。本期本打机包五，五二三件，而本厂以战争影响，业务已呈每况愈下之势。

二十九年四月及十月，厂内又两度遭敌机轰炸（详第八项）。本期在灵购花者除福生庄、大华纱厂外，本公司又代雍兴各纱厂收购棉花，计打铁皮机包及麻绳机包共四,二一八件。打包材料所用之铁皮、麻布来源断绝,旧存已将用罄,经豫、秦两地同业洽商改用土布、麻绳代替,并议定铁皮机包每市担收费五元,绳包收费三元六角(一月份议定),至十一月打包费改增铁皮机包十元,绳包八元。

三十年度仍因对河之敌时有蠢动模样,且不时炮击,人心惶恐,豫西商民内迁者甚多。本厂为策应政府法令抢运物资,照常开工,彼时政府已宣布棉花统制,交易尤见减少,打包顾客只有雍兴公司、农本局、军需局三数家,计打机包九,三一〇件,本年打包费铁皮机包每市担三十二元,绳包每市担二十元。

三十一年因棉价限定较低,棉田顿见减少且政府实施统制原棉办法甚严,即打包费亦受限制,本厂处境甚为困难,为撙节开支起见,将机工、警役七人分别资遣。又适因雍兴公司在洛阳设立采购处,商由本厂借调职员六人前往工作,所有借调人员薪津均由该公司担负。本厂打包顾主只有花管局一家,计本年共打机棉三,七五二件,打包费铁皮包每市担六十八元,绳包三十八元。至六月绳包打包费改为一百元,铁皮包已停止。

(四)三十二年度概况(三十二年七月至三十三年六月)

(甲)业务情形:自政府统制棉花后,本厂业务益趋困难,花管局对于打包费甚为苛刻,前后两次该局订定打包费,价为一百十四元,计共打绳包七,一三七件。

(乙)中原事变:本年四月敌人在豫西蠢动,势甚猖獗,五月洛阳告急,灵宝日见紧张。本公司乃尽量将重要物料器材及发电机等先行疏散神窝村,又打包铁皮、铅丝等疏散沟水坡,包皮布三百捆计一万三千匹,雇胶轮大车径运咸阳中国打包厂暂存厂中。机器因与花管局订有合同,为服务公家不得不履行责任。迨五月中旬,敌人进迫灵宝县境十里铺地方,彼时地方秩序大乱,本厂即酌派员役驻厂看守,其余人员暂避遥为照料。至五月二十二日,渭白段轻便铁路管理处即约同驻军以疏散为名,强将本厂锅炉、引擎、车床、钻床及其他器材等抢拆运陕。吴前经理闻讯,即带同员警冒险返厂察看被拆情形,后转赴西安向董事会报告,并向该处交涉索回,未有结果,吴前经理因劳病故,灵城亦于六月十三日沦陷。

六月二十日,敌人退驻距灵城二十里大营,地方秩序未复,本厂继任经理张一鸣即冒险到厂察看,并将渭白路折运之器材情形向当地县府备案,以利交涉。至厂内埋存之铁管并零星铁料,幸尚完好。

(五)三十三年度概况(三十三年七月至三十四年六月)

(甲)厂内情形:灵宝方面□人虽已撤离,惟局势仍甚紧张,已成为缓冲地带,厂内房屋大部由国军驻住,打包机及地下水管均为完整。

(乙)与渭白路交涉情形:渭白轻便铁道强【拆】本公司原动机件等,嗣由雍中行出面,会同西北区工矿调整处数度交涉,由本公司负担拆卸费用一百六十万元,方将原动及车钻床等数大件收回,其他器材均未交还。又前运存神窝村之器材等,在灵城失陷时亦遭损失。

(丙)出售剩余物料:在灵城失陷前,由本公司自行抢运来陕之打包土布,及铁皮白铁瓦一部分铁料等分别让售各联厂,共得价款一千六百二十余万元。为防物价波动法币贬值计,乃商得董事会同意,随时妥为运用以免亏折,并由董事会代为购存黄金储蓄二百两,以资妥慎。

(丁)出租原动:原动机件及车钻床收回后,以豫西局势仍紧,本厂一时无法复工,经陈奉董事会核准,将上项机器租与咸阳工厂使用,所有折运及终运等费均归该厂负担,租期订为两年,第一年租金一百六十万元,第二年租金按物价指数计算为一千万元。

(戊)人事调度:本公司以一时无法复厂,为节省开支起见,于九月间陆续资遣职员五人、机工警役十余人,除雍兴借调职员二人留洛看管物料外,尚有职员四人、警役五人分别留驻灵宝、西安两处办公。

(六)三十四年度概况(三十四年七月至三十五年六月)

(甲)厂务情形:八载抗战胜利降临,各地工业均谋复兴,本公司亦亟谋复厂,除先行整修厂房及购备机器备件、材料外,一俟原动租期届满,即可运厂安装。

(乙)人员借调:棉花统制法令于胜利后取消,本公司张经理兼办雍兴购棉事宜,为减轻厂内负担,除留职工二人照料厂务,余均借调雍兴公司购棉部工作,所有借调人员薪津均由该部开支。

(丙)余款运用:前由董事会代购之黄金储蓄二百两(实得一百二十两),售出后所得价款及代雍兴购棉手续费经数次妥为运用,存放生息,至年度终了约余一亿三千万元,备作复厂一部分费用。

(七)三十五年度概况(三十五年七月至三十六年六月)

(甲)厂务情形:灵宝棉花市场渐复旧观,本公司在原动未装妥、房屋及一切设备未修复前,暂利用拣花房及堆货场,作代客堆存棉花及代理中国保险等业务,计本期收进机租国币七四,三一六,五三九.八九元,收进保险手续费国币五,八七四,三〇〇.二一元。本公司为积极进行复厂起见,将厂房陆续整修,并将本厂数年来运用之款及向中行透支之伍亿元,在汉口、西安购妥复厂必需器材一部分。

(乙)复厂准备:另详第九项。

(八)抗战期间及撤退之损失情形

抗战第二年(二十七年),晋南各县相继沦陷,灵宝毗连晋南,逼近前线,本公司厂址时在敌人飞机、大炮轰炸目标之下,厂存重要物料及备件大部运存乡间保管(神窝村距城十五里)。每逢局势紧张,厂内员工除派留一二人外,余即下乡暂避,稍见缓和即回厂工作,如此已成常事。二十七年三月十三日,对河敌炮向灵城轰击,厂内落弹数枚,将九号拣花房门窗炸毁,其他厂房稍有损坏。

二十八年六月九日,敌炮轰击甚烈,厂内落弹百余枚,水塔全部被毁,其他房屋及烟筒均遭损坏。同年八月二十八日,敌机夜袭,本厂遭受重磅炸弹十余枚,将九十两号洋灰拣花房全部炸毁,其他房屋塌倒甚多,地下自来水管亦被毁四十余尺,损失甚重。又十月二十四日,敌机两次来袭,落弹十余枚,将原动房、机器房顶炸穿两巨孔,砖墙倒塌数丈,锅炉汽表及烟囱铅丝绳等完全炸毁,其他机件亦有损坏,一至四号洋灰拣花房砖墙塌倒一部,又房屋五间均被毁。

二十九年四月十九日,敌炮与敌机同时袭击,厂内落弹数枚,将打包楼扶梯炸毁丈余,十二、二十三、二十四号件花均被炸一部分。

三十年九月四,敌炮隔河轰击达数百发,本厂三号拣花房及办公室被炸一部,木器家具亦被毁甚多。

三十一年至三十二年,豫西局势呈胶着状态,本厂虽时遭敌机敌炮轰击,损失尚轻,均能随时修复。兹查自二十七年至三十二年,厂内被轰炸之损失,按损失时估值约一五〇,九六〇.〇〇元。

三十三年五月间,敌人西侵,灵城于六月失陷,厂存器材除自行抢运一部分外,其余乡存物料及由渭白路抢出未还之各种物料大部分已遭损失,按损失时估值约四三,八六四,七一三.〇〇元。

总计以上屡次被炸之损失及撤退时之损失,并拆迁费、防空救济等费,间接损失共约值五四,四〇七,三九九.七九元。

以上损失均已造表报由政府有关机关备案。

（九）复厂计划

本公司原动租与咸阳工厂至三十二年四月期满，惟据该厂称，以汉口所购原动未曾运到，如按期拆运势必停工，深恐引起工人纠纷，经商洽延期至七月中旬交还。本厂一面即开始积极筹备，将打包楼、拣花房、水塔等先行雇工整修，所缺主要机件及打包材料，如天轴、大轮、电料、火砖、土布、麻绳等均已分别在汉口、西安定购一部分，惟预计复厂费用及打包材料约需款一十八亿四千余万元（六月份估计）。除将自有余款支用，并由董事会申请雍中行先行透支伍亿元暂为应用，如时局无其他变化，本年新棉上市当可开工也。

（十）历年决算损益情形

二十四年度纯益国币	七〇，九五〇.九七元
二十五年度纯益国币	五四，七一六.九〇元
二十六年度纯益国币	二三，七五三.〇〇元
二十七年度纯益国币	三一，六一一.三七元
二十八年度纯益国币	四，八六九.三六元
二十九年度纯益国币	二三，三二六.二八元
三十年度纯益国币	六六，一五三.六四元
三十一年度纯益国币	三四，八六九.〇六元
三十二年度纯损国币	三，二三四.六八元
三十三年度纯损国币	三六，七〇九.一〇元
三十四年度纯损国币	八八，七六九.六一元
三十五年度纯损国币	二，一六二，九三三.三九元

（十一）历年打包件数

二十四年度	四一，〇九八件
二十五年度	四〇，三二〇件
二十六年度	一八，五九二件
二十七年度	二〇，二三五件
二十八年度	五，五三三件
二十九年度	四，二一八件
三十年度	九，三一〇件
三十一年度	三，七五八件

三十二年度　　　　　　七,一三七件

（件存陕西省档案馆民国档案 82－1－1662 卷）

2. 企业章则

灵宝中国打包股份有限公司章程

第一章　总　则

第一条　本公司遵照《公司法》股份有限公司之规定组织之,定名曰灵宝中国打包股份有限公司,依法呈请登记。

第二条　本公司所营之事业列左:

一、代客打包;

二、兼营仓库;

三、特约银行代办押汇押款事宜;

四、特约保险及运输公司代办保险运输事宜。

第三条　本公司营业期限自开办之日起定为三十年。如期满欲继续营业,应由股东会议决呈请主管官署核转登记。

第四条　本公司设于灵宝城外。

第五条　本公司之公告登载于天津、郑州、灵宝三处通行之日报或直接通知股东。

第二章　资本股份及股票

第六条　本公司资本总额定为国币十五万元,分为三千股,每股五十元,一次缴足。

第七条　股票用记名式分为一股、十股、百股三种,盖以本公司图记并由董事五人以上签名盖章发行之,执有股票者以本国人为限。

第八条　对于本公司股份以本公司股东名簿所载之人为所有人。如有用堂记厂号名义者,应将代表人姓名、住址及印鉴报告本公司存查。代表人如有变更,不先通知本公司因而发生损失时,本公司概不负责。

第九条　股份因合意行为而移转时,应由册载股东签具让与书,检同原股票并开列让受人姓名、籍贯、住址送交本公司查核,为转移之登记并换给新股票,其让与书之署押印章应与原存印鉴符合。股份因本于法律上原因而转移时,应由承受人提出证明权，原凭证缴销原股票，经本公司查核无异方可换给新股票。所发凭证如为私文书，本公司得属承受人邀同妥保，出具保证书。

第十条　股票污损或须分合时，得将旧股票送交本公司验明注销，另换新票。但污损程度至不易辨别时，本公司得拒绝调换，或令觅具妥保，方能照换新票。

第十一条　股票遗失或毁灭时，应即报告本公司挂失，并将股票号数、股额、户名、姓名自行登载报纸三日以上声明作废，自公告日起经过两个月，别无纠葛，方可觅具妥保补领新票。

第十二条　股票过户，每张应纳手续费银五角；调换或补领股票，每张应纳手续费一元，及其应贴之印花税费。

第十三条　定期股东会一个月前，临时股东会十五日前均停止股份过户。

第三章　股东会

第十四条　本公司股东会分为定期会及临时会二种。定期会于每年决算后三个月内，由董事会就本公司所在地或于津、郑两处酌择一处召集；临时会由董事会或监察人认为必要时，或有股份总数二十分之一以上之股东提出理由，联名请求时召集之。

第十五条　股东会之日期、地点及议题应于一个月前通知各股东，但临时会得于十五日前通知之。

第十六条　股东表决权每股一权，但超过十股者，其超过数每五股为一权，如有零数亦作一权论。

第十七条　股东因事不能到会时，应出具委托书委托他股东为代表。

第十八条　股东会之主席由董事长任之，董事长缺席时由出席董事互推一人任之，但临时会之主席得由出席股东公推股东一人任之。

第十九条　股东会之决议应有认股人过半数代表、股份总数过半数者之出席，以出席人表决权之过半数行之，可否同数时取决于主席。

第二十条　股东会议决事项应载明于决议录，由主席签名盖章，连同股东签到簿交由董事会保存于本公司。

第四章　职　员

第廿一条　本公司设董事九人，监察人三人，均由股东会就股东中选任之。其当选资格董事，应有股份九股以上，监察人应有股份三股以上，被选权数相同者以抽签法决之。

第廿二条　董事任期三年，监察人任期一年，连选均得连任。

第廿三条　董事九人选出后，先由董事中互选常务董事三人，再就常务董事中选任一人为董事长处理本公司业务。董事长有事故时，得委托常务董事一人代理之，如未委托应由常务董事互推一人代理之。

第廿四条　董事组织董事会设于天津中国银行内，每一个月至少开会一次，议决本公司重要事务会议时，以董事长为主席。

第廿五条　董事会议由董事长召集之，董事三人以上提出请求。经过十五日而董事长不为召集之时，得由董事三人以上联名召集之。

第廿六条　监察人除依法执行职务外，得列席董事会议陈述意见，但无表决权。

第廿七条　本公司设经理一人，副经理一人，由董事会议决聘任之。

第五章　会　计

第廿八条　本公司以每年六月底为决算期，董事应依法造具各项表册，委托会计师查核证明，并送监察人查核后，提出于定期股东会请求承认。

第廿九条　每年决算于总收入中，除去总开支及折旧摊提等项后，如有盈余，先提公积金十分之一，次提股息常年八厘，其余照百分率分配如左：

一、股东红利　　　　百分之六十

二、董事监察人酬劳　百分之十二，其他分配如左：

甲、董事长　　　　　十二分之一. 八

乙、常务董事　　　　十二分之二. 二

丙、其他董事监察人　十二分之八

三、办事人酬劳　　　百分之十以上、百分之十五以下，由董事会决定分配之。

四、特别公积金　　　百分之十

五、发起人特别利益　百分之三，享受者九人，姓名列左：

苏绍玉　卜秀峰　杨醒吾　苏宜古　周作民　金颂匋

张公权　卞白眉　张雩春

第三十条　分派盈余于定期股东会议决通过后行之，股息及股东红利按照停止过户日之股东名簿分派。

第六章　附　则

第三十一条　本章程未尽事宜悉遵照公司法股份有限公司之规定办理，如须变更应经股东会依法议决，并呈报主管官署核转实业部核准登记。

第三十二条　本章程自呈准登记之日施行。

附

灵宝中国打包公司发起人名单

卞白眉　张公权　金颂匋　周作民　苏宜古　杨醒吾　卞秀峰
苏绍玉　张雩春　王酌清　杨辅卿　束云章　沈次量　孙明哲
潘仰山　王义仁　薄宜亭　张殿岑　马敬轩

灵宝中国打包公司董监事名单

主　　席　卞白眉
常务董事　卞白眉　束云章　金颂匋
董　　事　卞白眉　束云章　金项匋　周作民　沈次量
　　　　　林凤苞　孙明哲　苏宜古　苏绍玉
监　　察　潘仰山　马敬轩　王义仁

（件存陕西省档案馆民国档案 82－1－535－3 卷）

灵宝中国打包公司紧急时期处置办法

1. 本公司遇到局势万分迫切无法开工时，应指派可靠职员二人、机匠二人、厂警察二人、杂役一人留厂看守。职员除守厂者及经副理、厂务会计两主任留职并暂支原薪外，其余各发给两个月薪额遣散，其月薪不足三十元者，可另行酌发川资。至未经指定留厂之机工、警役亦各酌发川资遣散（以一个月工资为度）。前项留厂之员工、警役，应将名单陈报董事会备案。其待遇办法另定之。（附后）

2. 守厂员工遇到危机时，可往乡间暂避，惟无论如何须留一人在厂（或厂之左近），以备通达消息。至留职之经副理等四人应退郑转汉，如其时交通已断，可酌量情形选择其他安全地点租定相当房屋一所，迁往暂避。

3. 留职之经副理等最多可留杂役一人服务。

4. 留守之经副理等在离厂时，应将本公司账册文件运至安全地点，并将运出之账件等造具清册陈送董事会备案。

5. 本公司机器另件及值钱物料应酌量情形运存安全地点，如能运咸厂最佳。

6. 本公司职员无论为留职或已资遣者，其家属避至何处，由各同人自行负责，本公司不能过问。

附

守厂员工暂行待遇办法

1. 守厂员工如因公受伤以致残废者，由公司按月给予薪工半数之养金（以八年为限）；其遭意外死亡者，按五年薪工之数一次发给恤金（按照最近月支薪工数额发给，津膳不计）。

2. 守厂员工在留守期间薪工按照原数支给，事平后另行酌给奖金。

（件存陕西省档案馆民国档案 82－1－1344－1 卷）

3. 会议记录

灵宝中国打包公司董事会第六次会议记录

（1938 年 12 月 24 日）

时间　　民国二十七年十二月二十四日下午三时

地点　　香港毕打行二楼六号

出席董事　周作民（未到）　卞白眉　孙明哲　沈次量　束云章　林凤苞　金颂匋　苏绍玉（束云章代）　苏宜古（束云章代）

主席　　卞白眉

报告事项

一、本董事会第六次会议原应在天津举行，兹因本会多数董事均因事在港，故改在香港举行。今日本会出席之董事已足法定人数。

二、上年八月间，本公司厂中鉴于时局日渐紧张，各地公私团体对于防空设备均在积急进行之中，厂中为一切重要文件安全保管计，将新建客房地底掘一地洞，以备储藏（长一丈六尺、宽八尺、高七尺五寸、深一丈八尺），并为全厂职工安全起见，在本厂后面货场掘临时地洞一二处，以备空袭时藉作保障，又厂中捡花房六所，其房顶系白铁所盖，漆为红色。在此时局严重时期，红色太觉显明，为避免目标计，将捡花房六所之房顶改漆灰色，以上工料共约一千元之谱。

三、本年春间晋南战局日趋紧张，灵地中、交两行奉命撤退，各机关亦在准备迁移。本公司为准备万一起见，陈由本董事会拟定紧急时期处置办法。关于员工之处置及重要账册文件与物料之运存，在该办法中均经规定，以备万一之需。又厂中为准备撤退及同人安全计，在南乡距城三十五里觅定土房数间，又在本城东门附近赁妥民房一所（因本厂距铁路甚近且目标太大）以作退避之用。

四、本年三月十三日，灵地遭日军隔河之炮击，市面商民纷纷迁徙。本公司职工除留一部分在厂留守外，其余暂往乡间躲避，事后回城调查，厂中落有数弹，九号捡花房之铁门及其他门窗稍有破坏，其余无大损伤。

五、厂中为求妥慎起见，将重要账册文件非日常应用者分装四箱，于本年六月间委托中国银行代为运渝保管。

六、本公司股票均已填妥，已有大部分换发，其有少数未经换发者，系因交通梗阻或各股东地址迁移无法接洽，此项未经换发之股票现由本会保管。

七、自卢沟桥事变发生后，本厂寄董事会之文件、表报邮递迟滞，核办困难。去年秋间，适本公司常务董事束云章君因公在郑，为厂务进行接洽便利起见，特由本会委托束常务董事在郑就近代为主持一切，嗣因时局关系，束君由郑迁至汉口，复于本年春间由汉迁至香港。现本公司厂务仍由本会委托束君在港遥为主持。

八、本公司第三届年度营业自二十六年七月至九月，正值棉花新陈不接之时，市面存货甚少，来源无多，厂中营业极为清淡，计三个月内仅打机包九十六件。至十月以后新棉逐渐登场，客帮陆续莅灵，继以汉口棉市稍好，运销得利，因之来灵贩运者颇多。故自二十六年十月至本年二月，厂中业务极为顺利，计共打机包一万二千四百五十五件。讵于三月中旬突遭日军隔河炮击，人心惊慌，客帮纷纷他去，市面萧条，交易断绝。迨至四月中旬，晋南局势稍缓，灵地市面略见恢复，间有少数客帮从事收花。不意五月中旬又连遭隔河之炮击，交易复又暂告停顿。故自本年二月至六月底止，厂内工作均在时作时辍之中。在此四个月内，共打机包六千零四十一件，总共本期共打机包一万八千五百九十二件，收入打机包费十二万零三百二十六元九角六分，除去打包费支出四万五千九百三十一元零二分，营业费支出三万三千二百七十一元八角，利息支出一千一百八十七元三角一分，房屋机器器具折旧及摊销开办费等一万六千一百八十三元八角三分，共计支出九万六千五百七十三元九角六分，收支相抵计纯益二万三千七百五十三元正。

（附注）本届办事人酬劳及机工奖金在决算前提出三千五百七十五元，故实际盈益为二万七千三百二十八元。

讨论事项

一、本届决算分配盈余案

决议：本届决算盈余之分配，依照本公司章程第二十九条规定，兹议定如次：

盈　余　二万三千七百五十三元正

公　积　二千三百七十五元三角（盈余百分之十）

官　利　一万六千元（股息常年八厘）

下余五千三百七十七元七角，按照公司章程规定之百分率分配如左：

红　利	60%	三千二百二十六元六角二分
董事监察人酬劳	12%	六百四十五元三角二分
特别公积金	10%	五百三十七元七角八分
发起人酬劳	3%	一百六十一元三角三分
办事人酬劳	15%	八百零六元六角五分

查办事人酬劳在决算前已由营业费科目支出，系按职员全年实得俸薪额，每俸薪一元发给酬劳金五角计算，发给此次分配办事人酬劳八百零六元六角五分，应归入盈余滚存项下。

二、本届股息红利拟暂缓发给案

决议：本公司本届所派股息红利应俟召开股东会后再行发给，现以时局关系，股东会一时未能召集，且值此时局不能不酌留现金为万一之准备。兹议定暂缓分发，由公司将该股息红利收入暂存项目下，俟大局底定看公司营业情形，再为补发。

三、召集股东会案

决议：按照本公司章程第十四条规定，每年决算后三个月应召开股东会。近以时局关系，交通梗阻，远道各股东出席颇感困难，现拟俟时局平定交通恢复时，再由本会酌定日期召开股东会议。

四、请会计师查核本公司一切账目案

决议：按照本公司章程第二十八条办理。

下午五时散会。

（件存陕西省档案馆民国档案 82－1－503 卷）

灵宝中国打包公司董事会第七次会议记录

（1939 年 11 月 20 日）

时间　　民国二十八年十一月二十日下午三时

地点　　香港毕打行二楼六号

出席董事　卞白眉　束云章　沈次量　林凤苞（沈次量代）
孙明哲（束云章代）　苏宜古（束云章代）　周作民（未到）
金颂匋（未到）　苏绍玉（未到）
主席　卞白眉

报告事项

一、本董事会第七次会议原应在天津举行，兹因多数董事均因事在港，故改在香港举行。今日出席之董事已足法定人数。

二、前因时局关系，曾由本会委托束常务董事在港遥为照料厂务并主持一切。目下时局尚未平定，适束常务董事仍因公在港，本厂事务仍由束董事代为主持。

三、本年六月初旬，敌军隔河向灵宝炮击，本厂落弹百余枚，计：

（1）大门、厂警室击透一洞；

（2）客房及宿舍击塌六间；

（3）洋灰捡花房十四间门窗多数震落，顶透墙穿；

（4）白铁捡花房六间门窗震落，顶透墙穿；

（5）水框水塔上半部完全破坏；

（6）打包楼头二层对墙略有损失，机器房下面击透一洞，锅炉房正面砖墙上半部击毁甚重，后面及屋顶击透二处；

（7）堆煤小房一间完全击塌；

（8）前后货场上围墙击塌三处约一二丈；

（9）全厂门窗玻璃十分之八均被震碎；

（10）机器大车皮带已被震断，铁轮小有微伤；

（11）锅炉上面玻璃管及水表稍受损失；

（12）烟囱铁丝绳折断四根。

估计损失总数在一万一千元左右。现据本厂吴承周经理函称，除机件受损较轻，已饬机工积极修复照常开工外，其余各项建筑除水塔暂时无法修理外，其他损失较轻之处已尽目前急需者积极修补，估计修理费用约需七千余元。

四、本公司成立后之第四年度（自二十七年七月至二十八年六月）在开业之初，因棉花新陈不接，间乡存棉底薄，晋南苗城一带虽有存棉亟待脱售，惟因战局关系黄河渡口旋开旋停，未能随时运灵，故自七月至十月，市面清淡，厂内工作无多，计四个月内共打机包三千七百余件。十一月初，新棉逐渐登场，市面来货渐多，各帮买客及囤户均着手收进，十二月初福生公司来灵收买，市面尤显活跃，厂内进货骤见增多，计自二十七年十一月至二十八年二月底，厂中业务尚称顺利，四个月内共打机包一万三千六百余件。讵于四月下旬敌机来灵轰炸，并在河岸发炮射击，车站及城关等处均受损，一时人心恐怖异常，商民相率逃避，市面趋于停顿。嗣经豫丰纱厂收货，市面方见活动。乃六月上旬自晋南局势突紧，敌军隔河炮击，铁路交通破坏，本厂亦遭波及（已详第三条），幸打包机器无大损伤，稍经修理已能照常开车，对于业务并无影响。旋局势转趋稳定，市面恢复，而棉市已成尾声，仅有三数客商犹作少量收进，计自三月至六月共打机机包二千九百余件，总计本年共打二〇，二三五件，收入打包费一四六，五三一．〇六元，利息收入五，八〇四．六八元，共计收入一五二，三九八．八五元，除去打包支出六八，一九四．三八元，房屋机器工具折旧及摊销开办费一四，五四二．九七元，营业费支出三七，二六五．一三元，呆账七八五．〇〇元，共计支出一二〇，七八七，四八元，收支相抵，计纯益三一，六一一．三七元。

（附注）本届办事人酬劳、机工警役奖金及守厂警役特别奖金等在决算前提出三，八七九元，故实际盈益为三万五千四百九十元零三角七分。

五、查本厂所在地（灵宝）自战争发生后，因交通阻隔，材料价格大涨，不得不将打包费酌量增加，以维成本，当经秦、豫两省机器打包同业联合公干事部会议议决，自二十七年十月一日起，各厂打包费一律改为每市担收费一元八角（保险及顶转力在内）。本年来交通更感困难，且外汇高昂，打包所用材料多属舶来品，价格狂涨，又经本年八月十五日及十月一日两次协同豫秦各同业联合加价，现改为每市担收打包费二元六角，惟目下料价仍飞涨不已，为维持成本计，恐将来打包费仍须继续增加。

讨论事项

一、本届决算分配盈余案

决议：本届决算盈余之分配，依照本公司章程第二十九条规定议定如左：

盈　余　三万一千六百一十一元三角七分

公　积　三千一百六十一元一角四分（盈余10%）

官　利　一万六千元（股息常年八厘）

下余一万二千四百五十元二角三分，按照公司章程规定之百分率分配如左：

红　利	60%	七千四百七十元一角四分
董事监察人酬劳	12%	一千四百九十四元零三分
特别公积金	10%	一千二百四十五元零二分

发起人酬劳　　　3%　　三百七十三元五角一分

办事人酬劳已于决算前由营业费科目支付，故此次应分配之15%，计壹千捌百陆拾柒元伍角叁分不再发给，归入盈余滚存项下（详附注）。

上列分配案俟召集股东会议再请追认。

（附注）办事人酬劳在决算前由营业费科目支出，系按职员全年实得俸薪额，每俸薪壹元发给酬劳金伍角计算。

二、本届股息红利拟照上届办法暂不发给案

查本公司上届（二十六年度）应派股息红利曾于第六次董事会议决，应俟召集股东会后在行发给，惟因时局及交通关系，股东会未能召集，且值此局势之下，公司不得不酌留现金以为万一之准备，特议定暂缓分发，由公司收入暂存项下，俟时局平定，视公司营业情形再行补发在案。目前时局尚未平定，本届（二十七年度）股东会仍难召集，故本届股息红利拟仍照上届办法办理，提请公决。

决议：本届（二十七年度）应付股息及红利仍照上届办法，由公司收入暂存项下，俟时局平定召开股东会时，再行审查当时公司营业情形，以定补发与否。

三、本厂所在地各股东催询发给上届及本届股息红利案

据本厂函称灵地自战事发生以还，生活日高，本年又值棉花歉收，农村经济更形竭蹶，当地股东时来本厂催询股息红利分配办法，拟请在不影响本公司实力范围以内，并兼顾各股东困难情形，通融将二十六、二十七年度股息先行垫发半数（每年四厘），俾公司与股东两得其益等情。查本厂所称当地股东困难情形，自系属实，拟照本厂所拟办法，先将二十六、二十七年度股息发给半数（每年四厘），提请公决。

决议：二十六、二十七年度股息先行由公司垫付半数（每年四厘），以暂欠科目付账，俟将来发付股息时再行冲回。

四、按照本公司章第十四条之规定，每年决议后三个月召开股东会，近以时局关系交通梗阻，各股东去津出席颇感困难，可否俟时局平定，交通恢复时，再由本会约定日期召开股东会议，提请公决。

决议：股东会俟时局平定，交通恢复后，再行定期召开。

五、董事会经费每月一百元拟拨归天津中国银行作为津贴案。

查本厂每月所寄本董事会经费一百元，如为办理本会会务延聘专人，则对于该员之薪膳及房租、灯炭、纸张、笔墨等费每月一百元，实不敷用。现因本会暂设天津中国银行内，所有会务暂由该行派员代为处理，对于职员薪水以及纸张笔墨

等费均由该行支付,故拟将上项经费拨归该行以资津贴,提请公决。

决议:照办。

六、请会计师查核本公司一切账目案。

决议:照本公司章程第二十八条办理。

下午五时散会。

（件存陕西省档案馆民国档案 82－1－503 并 504 卷）

灵宝中国打包公司董事会第八次会议记录

（1941 年 9 月 1 日）

时间　民国三十年九月一日下午三时

地点　甘肃天水阮家街三十四号

出席　卞白眉　沈次量　林凤苞　束云章　苏宜古（束云章代）

主席　束云章

报告事项

本厂因时局关系,交通梗阻,前由董事会函托本席代为就近主持。兹特假甘肃天水中国银行举行第八次董事会,将两年来本厂经遇情形分别报告如左:

一、灵宝毗连晋南,逼近前线,故本厂时在敌人飞机大炮威胁之下,业务备受影响。二十九年四月十八日及十月三十日,本厂两遭敌机轰炸,第一次落弹三枚,一中打包机楼南楼梯墙外炸毁砖墙丈余,一中捡花房顶炸透一洞,一中二十三、二十四号捡花房夹道中间两山墙炸塌一部分,消防救火水龙头亦被炸坏。第二次落弹三枚,十四、十六拣花房砖墙击透两洞,损失轻微。以上两次被炸,机件幸免受损,职工均各安全。

二、灵宝县政府奉河南省财政厅令筹设地方合作金库,共募基金五万元,当地商号计担任一万元。本厂接商会通知担任三十股,每股四十元,合计国币一千二百元,已如数缴讫。

三、打包材料缺乏,工人工资亦较前倍增,打包费用虽经一直涨价,仍属难敷成本,曾于二十九年一月、四月、六月、十一月,经秦豫两地同业洽商同意,先后改订四次(二十九年一月改订者,铁包机每市担改收打包费五元,绳包每市担改收三元六角;四月改订者,每市担改收六元;六月改订者,每市担改收八元;十一月改订者,机包每市担改收十元,绳包改收八元),仅得勉维现状。又麻布、铁皮所存无多,购买困难,将来一旦告罄,只有用麻绳、土布以资替代。

四、本厂营业情形,因近两年来晋南战争时紧时缓,而敌人之空袭与隔河之炮击又不断威胁,故灵市棉花交易有时极为活跃,有时极为冷落,而本厂营业随市面转移,故亦呈升降不定之势,且大批买客多持观望,散户小商时聚时散,仅福生、大华及雍兴等数家照常采购,本厂营业赖之差足支持。综计二十八年度(二十八年六月至二十九年七月)共打包机五千五百二十三件,又二十九年度(二十九年七月至三十年六月)共。

打机包四千二百余件。兹将该两年度营业收支状况分列如左:

一、二十八年度营业状况

(1)打包收入	一〇〇,四九九.七三元
(2)利息	八五五.五一元
(3)杂损益	二,七一〇.八七元
以上共收入	一〇四,〇六六.一一元
(1)打包支出	三四,二一九.八二元
(2)汇水	一五九,六〇元
(3)房屋折旧	四,五三二.四九元
(4)机器折旧	七,四四六.二四元
(5)器具折旧	一,〇八四.二四元
(6)营业费	五一,七五四.三六元
收支相抵计纯益	四,八六九.三六元

二、二十九年度营业状况

(1)打包收入	二二六,一二〇.〇二元
(2)杂损益	三,六〇九.二二元
以上共收入	二二 九,七二九.二四元
(1)打包支出	八四,一七四.七六元
(2)利息	四,二八四.四〇元
(3)汇水	一,二六〇.〇〇元
(4)房屋折旧	四,五三二.四九元
(5)机器折旧	七,四四六.二四元
(6)器具折旧	五七一.三五元
(7)营业费	一〇四,一三三.七二元

以上共支出　　　二〇六，四〇二．九六元

收支相抵计纯益　二三，三二人六．二八元

讨论事项

一、补发廿六、廿七两年度股息半数(每年四厘)案。

查本公司廿六、廿七两年度决算盈余，前因时局及交通关系未能召开股东会，原拟暂不发给，嗣以本厂所在地各股东迭次催发，曾于廿八年十一月廿日第七届董事会决议，先由本公司垫付半数(每年四厘)，以暂欠科目付账。兹复据一部分股东催发其余半数，应否补发提请公决。

决议：廿六、廿七年两年度应补股息半数仍由本公司垫付，以暂欠科目付账。俟将来召开股东会时，再请追认并冲回。

二、廿八、廿九年两年度股息红利仍拟暂不发给案。

查目前时局当未平定，股东会仍难以召集，廿八、廿九两年股息及红利，除廿八年度盈余甚微无法分派，拟收入盈余滚存项下外，其廿九年度盈余拟仍照廿六、廿七两年度办法由本公司垫发，官利八厘。如何请付公决。

决议：廿八年度盈余甚微无法分派，应即收入盈余滚存项下。又廿九年度仍照廿六、廿七两年度办法由本公司垫发，官利八厘，以暂欠科目付账，俟时局平定召开股东会追认后再行冲回。

下午四时散会。

(件存陕西省档案馆民国档案 82－1－368－1 卷)

灵宝中国打包公司董事会第十次会议记录

(1944 年 2 月 28 日)

时间　　民国三十三年二月二十八日下午二时

地点　　西安尚仁路中国银行

出席董事　卞白眉(束云章代)　束云章　沈次量　金颂匋

　　　　孙明哲(沈次量代)　苏宜古(束云章代)

缺席董事　周作民　张云春　苏绍玉

主席　　束云章

主席报告

三十一年度决算业已终了，兹将本公司一年来业务情形及收支状况报告如下：

（一）本年度灵宝附近棉田减种，产棉欠丰，且因政府即将实施原棉统制，本厂业务大受影响。为撙节开支起见，四月间将厂内机工、警役七人分别资遣。又因其时适雍兴公司在洛设立采办处，向本厂商调人员帮助，本厂当将一部分职员借调该公司办事，一切待遇均归该公司担负以节开支。

（二）上届董事会苏董事宜古提议，以本公司业务日形清淡，应如何补救请付公决一案，当时决议由常务董事酌拟办法后，再召开董事会决定。兹经各常董详加研究，佥以公司资金紧绌，兼营并骛，困难甚多，且恐与公司章程不符。好在上年豫西灵宝一带棉花收成尚好，来年业务颇有来苏之望，如将来营业确无办法，再谋补救。

（三）本年度打包用料节节上涨，豫陕各同业迭经公议增加打包费。兹将历次改订价格列表于后：

年月日	绳包	铁包	铁皮或麻绳客家自备	包布客家自备
三十、十、一	36.00	60.00	25.00	25.00
三十一、十二、一	绳包	布由客备绳由厂方供给	绳由客备布由厂方备	布绳均由客备
	30.00	32.00	28.00	22.00
三十二、一、一	铁皮布包均由厂方供给	客家自备铁皮布包	客家自备铁皮厂方供给包布	客家自备包布厂方供给铁皮
	68.00	22.00	28.00	62.00
三十二、二、十	绳包			
	50.00			
三十二、四、十一	68.00			
三十二、六、二十一	100.00			

（四）本公司本年度全年营业，计收进打包原棉八千二百八十三件，打成机包一千零八十二件，绳包二千六百七十六件，全年收支盈余状况如左：

收项

1. 打包费收入　　六三九，八四四．一八元

2. 杂损益　　三二六，八四二．五九元

以上共收入　　九六六，六八六．七七元

付项

1. 打包支出　　一〇五，一三二．八四元

2. 利息	四九九. 七六元
3. 房屋折旧	四,五三二. 四九元
4. 机器折旧	七,四四六. 二四元
5. 营业费	八一四,二〇六. 三八元
以上共支出	九三一,八一七. 七一元
本期收支相抵共计纯益	三四,八六九. 〇六元

讨论事项

一、分配盈余案

本年度决算纯益为三四,八六九. 〇六元,照章程应提存公积金十分之一计三,四八六. 九一元,所得税一,八八二. 九三元,战时提存特别准备二,九四九. 九二元,提付股息常年八厘计一六,〇〇〇. 〇〇元,净余一〇,五四九. 三〇元,按百分率分配如左:

(一)股东红利	60%	六,三二九. 五八元
(二)董监事酬劳	12%	一,二六五. 九二元
(三)办事人酬劳	15%	一,五八二. 三九元

(办事人员酬劳已于决算前由营业费开支发给,此款应收入盈余滚存)

(四)特别公积金	10%	一,〇五四. 九三元
(五)发起人特别利益	3%	三一六. 四八元

以上分配办法系按本公司章程第三十一条规定办理,惟股东红利历年分派无多,又董监事及发起人酬劳照本年盈余分派所得亦极有限,本年度拟酌为增加。如何请公决。

决议:照办。股东红利本年度可按三分发给。又董监事酬劳,董事长按三千元,常务董事每人按二千元,普通董监事每人按一千五百元,发起人利益每人按八百元致送。按照上项分派,其不敷之数可由历年盈余滚存及保险折余项下拨付,将来向股东会并案请求追认。

二、请会计师查核本公司一切账目案

决议:按照本公司章程第二十九条办理之。

散会。

(件存陕西省档案馆民国档案 82 –1 –54 –1 卷)

灵宝中国打包公司董事会第十一次会议记录

(1944 年 8 月 25 日)

时间　　民国三十三年八月二十五日下午三时

地点　　西安尚仁路中国银行

出席董事　卞白眉(束云章代)　束云章　沈次量　金颂匋

　　　　孙明哲(沈次量代)　周作民(刘知敏代)

缺席董事　张云春　苏绍玉　苏宜古

主席　　束云章

记录　　束樵如

报告事项

(一)原棉自政府统制后,本厂业务益趋困难。本年新花登场后,花管局灵宝办事处在豫西一带收花,仍在灵宝打包,于上年十一月与本厂签订第一合同,计代打机包七千件(约三万担),打包费每市担一百四十五元,由局方一次预付一百五十万元。同年十二月,复经该局洛阳办事处与本厂签订第二合同,计代打机包四千件,每市担仍为一百四十五元,并由局方预付打包费一百万元。截至豫战发生本厂停工,计第一合同代打成机包六,八四九件,应扣预付打包费一,二一二,三四四.五〇元,尚应找回局方二八七,六五五.五〇元;第二合同计打成机包二八八件,应扣抵预付打包费一九三,九四九.一〇元,尚应找回局方八〇六,〇五〇.九〇元。以上两笔共应找回局方打包费为一〇,九三七,〇六.四〇元,本期共计打成机包七,一三七件。

(二)本年四月间,敌人在豫蠢动,势甚猖獗。五月间,洛阳吃紧,灵地日见紧张。当经本会函知本厂将打包材料、配件等先行疏散,遇必要时并应商承地方当局将机器拆运后方保管。该厂奉命后当即将一部分物料器材共装十三箱,又发电机一具、白铁瓦三十一张、包皮布二千七百匹,先行疏散附近乡间之神窝村,又铁皮八吨半、铅丝十三盘疏散沟水坡,并将包皮土布另一部分三百捆计一万五千匹,雇胶轮大车径运咸阳中国打包公司暂代保管。惟厂中机器因与花纱布管制局订有打包合同,为服务公家起见,不得不照常工作履行责任。迨五月中旬,敌人进迫灵宝县境之十里铺,其时城内秩序极度紊乱,交通工具绝难觅到,本厂拆迁机器势更无从着手。该厂吴经理处此情况之下,只得指派员役驻厂留守(必要时暂避附近乡村遥为照料），本人率同会计、营业一部分职员暂行来陕办公，以资安全。

五月二十六日，此间得工矿调整处消息，据云第八战区副司令长官部已派人至东路陇海沿线抢运物资，本厂恐亦在其内，乃嘱吴经理设法打听。旋据吴经理面称二十九日得留守人员函报："二十一日晚，闻我厂机器有被拆运之说，翌晨绕道返厂，向驻军三十九师白国庆营长询问，此次拆卸机件系渭白轻便铁道管理委员会铁工厂厂长高凤岐、材料组组长张羽奉蒋委员长电令，所有铁路沿线大工厂之机件，除先尽轻便者代为拆运保管外，其笨重机件于必要时即行破坏，以免资敌，该地驻军并须予以协助办理等语。该营除遵令将拆卸之机件协同运至函谷关外，并由高厂长等设法西运。当时本厂被拆卸之机件计有车床全部、钻床全部及柴油机（十四马力及六匹马力各一部）、锅炉管子五根，其余机件尚未拆动。查该委员会（与工矿调整处所称第八战区副司令长官部派人系属一事）代为拆运机器，本厂事前并未得悉，此项已拆卸机器在当地无法交涉，将来应如何请求发还，请向董事会请示"。本会据报后，即嘱吴经理于三十一日率同职员杨森甫、警卫班长张效良前往灵宝视察厂内情形。旋据六月三日来函报称："奉命来灵视察，到灵后方知本厂机器除打包机、花箱及帮浦未拆外，其余锅炉、引擎均被拆运一空。此外，尚有水龙、灭火机、机油、各种铁料修机用具以及四号房间所存拆卸之竹节钢，亦被运走，尚有其他等……正在清查中……"。迨至六月五日，敌人又向西进，该经理急将疏散神窝村之土布二千七百匹抢出，仍折返西安。灵城遂于六月十三日沦陷，该经理因冒暑奔波，卒劳过度，猝患痰疾，于六月二十二日故于西安。

灵城敌人退出，秩序恢复后，本会即派新任经理张一鸣前往厂中察看，旋据张经理报称："据留守人员报告，六月十五日敌人自灵城东撤，十八日地方各机关及驻军回城维持秩序。二十日渭白轻铁道张某忽又率领士兵及工人三十余名，来厂强运铁筋、麻绳及剩余材料。当时留守人员因阻拦无效，即向县政府报告，仍无结果，仅允暂为备案。又据报，本厂前存沟水坡之铁皮八吨半及铅线十三盘均尚完好，又埋藏本厂地下之铁管二十六根及零星铁料亦未损失。惟神窝村之器材十三箱及白铁瓦已于灵城陷落时被敌人及当地莠民抢劫，事后检点仅剩发电机（已坏）及残余零星材料共装四箱，运至宝鸡，现正在清点中……"。

（三）本厂三十二年度决算现尚在整理（约计损失一百一二十万元），俟下届董事会开会时再行编制报告，并拟抵补办法。

讨论事项

（一）中原战局前途难测，本厂遭受情形已略详报告，盱衡局势一时无复工希望。兹将当前亟待研讨解决各事提出并拟办法如左：

(1)抢出之包皮布一万七千余匹及铁皮、铁料、残料、配件，暨由厂房拆下之钢筋、白铁瓦等，拟觅受主陆续变卖(约估一千二百万元)。

(2)本厂现欠中行透支及花纱布管制局预付打包费、咸阳打包厂货款共约五百万余元，连同遣散员工等开支，总计至少共需六百万元，拟即以前项运出物资售得之款支付，有余存放殷实商号生息，以弥补停工期间开支，本金即留为本厂将来复业之用。

(3)厂中之打包箱及帮浦暂时不拟拆运，惟将打包楼门窗用砖砌塞。其消防水管应将地面者拆卸，先行运陕；其装置地下者，俟觅有受主再行拆卸。此外，厂中如尚有零星器材能拆卸变价者，仍尽量拆卸并责成张经理负责办理。

(4)渭白轻便铁道管理委员会拆卸运走本厂器材，应由驻厂员详细查明，以便由本会向工矿调整处请求交涉发还，在合理条件之下本厂可酌担拆运费。

(5)本厂员工除酌留一部分看守厂屋，一部分在西安办理善后外，其余给资遣散。

以上解决办法五条是否有当，请公决。

决议：通过。

(二)本厂吴经理祥凤于六月二十二日病故，遗缺聘张一鸣君为本厂经理，请予备案。

决议：备案。

(三)本厂经理吴祥凤年来在敌人炮火之下支撑危局，备极艰辛。此次事变突起，犹复努力抢运，迨灵城濒陷始行离灵，个人衣物尽遭损失，而本厂赖以保全者实不在少。该经理身后萧条，所遗孤寡生活困苦，除由本厂料理棺殓外，并致恤金国币五万元，又特赙仪二万元，请予备案。

决议：备案。

(四)此次灵城失陷，本厂同人或被派外出抢运物资，或指定驻厂留守，个人衣物多数被劫一空，当此米珠薪桂，为体恤起见，拟按其损失轻重酌于贴补，每人最多以三万元为度，请予备案。

决议：备案。

(五)豫战发生后，本厂以抢运器材及员工开支需款孔亟，商请中行将透支额度增加改为三百万元，此项合同已由本会向该行签订，请予备案。

决议：备案。

(件存陕西省档案馆民国档案 82－1－54－2 卷)

灵宝中国打包公司董事会第十二次会议记录

（1945年8月4日）

时间　　民国三十四年八月四日下午三时

地点　　西安尚仁路十三号中国银行

出席董事　卞白眉（束云章代）　束云章　沈次量　孙明哲（沈次量代）
　　　　周作民（余养轩代）

缺席董事　张云春　苏宜古

主席　　束云章

记录　　束樵如

报告事项

（一）上年渭白轻便铁道管理处拆运本厂锅炉引擎及各项器材经过情形，已于上届董事会报告，嗣经雍中行出面，会同工矿调整处西北区办事处，转向该管理处交涉领回，经数度折冲，由本厂负担拆运费用国币一百六十万元，领回锅炉引擎全套，车床、镟床各一部及柴油机两部（附清单），至其余机料零件全部均遭损失，无法领回（附清单）。又领回上项锅炉等件已运存咸阳，暂托咸阳中国打包公司代为保管。

（二）本厂根据上届议决，为节省开支起见，陆续将员工五人及一部分警役予以资遣。现在留厂看守者尚有职员二人，警役二人，机工一人，暂驻西安办公者，职员连张经理共三人，警役三人（此外尚有雍兴借调赴洛购料职员二人，现仍留洛阳，音讯隔绝，每日开支仍由雍兴担负）。

（三）本厂上年抢出土布共计一七，六四八匹，为安全起见，分运宝鸡、平凉存放，现已先后售出，计得价九百七十余万元。又白铁瓦及五金材料、打包铁皮等亦已售出，计得价六百五十余万元。以上售价共计一千六百二十余万元，除拨还花纱布管制局预付打包费、咸包厂欠款、雍中行透支以及付还渭白轻便铁道管理处抢运费等项共计九百五十余万元外，尚余六百数十万元。为准备战后复厂起见，已先后向雍中行购进黄金存款二百两，计四百万元，其余即分存殷实商号生息，弥补每月开支。

（四）本厂上年以疏散器材及员工开支需款孔亟，曾商请雍中行将所订契约透支额增加至三百万元，本年以存宝平土布售出后资金稍裕，已将前次透支清还一部分，现该行透支额度仍恢复原来九十万元之数，并指定以存咸阳锅炉引擎作质。

（五）本厂三十二年度账目结出后，实际亏损为一，一〇三，二三四.六八元。兹经决定由本厂将抢出之白铁瓦售价项下提拨一，一〇〇，〇〇〇元收入杂项收益项下抵补，作成三十二年度决算纯损益三，二三四，六八元。收支状况如左：

收项

1.打包收入　四，六五八，三二二.二〇元

2.杂损益　一，一〇二，五一八.〇〇元

付项

1.打包支出　二，八三六，一九四.〇一元

2.利息　一六二，四一八.九九元

3.汇水　八〇〇.〇〇元

4.房屋折旧　四，五三二.四九元

5.机器折旧　七，四四六.二四元

6.营业费　二，七五二，六八三.一五元

以上共付出　五，七六四，〇七四.八八元

收付相抵计损　三，二三四.六八元

讨论事项

（一）灵宝地当前线，本厂一时尚无复工希望，上年拆运来陕之锅炉引擎，现经商得咸阳纱厂同意订立租约，租与该厂使用。其条件如下：

1.付与本厂拆迁运费一百八十万元，并负责将锅炉引擎残缺零件修配完好，作为第一年租金。

2.自第二年起每月租金暂定为二十五万元，租期二年。此外车床、水泵等亦已商由该厂一并承租，每月租金四万元，请备案（附租约）。

决议：备案。

（二）本公司三十二年度股利是否由公司垫发，又董监事酬劳应如何发给，请付公决。

决议：公司决算既无盈余，股利及董监事酬劳均不发。

（件存陕西省档案馆民国档案82－1－1337－1卷）

五、豫丰和记纱厂(渝合支厂)

1. 企业概况

束士方赴渝规划豫丰纱厂进行报告书

(1939年8月24日)

查豫丰纱厂自迁渝以来迄至近时止,对于运输事宜将次告竣,建筑工程正在积极进行之中,急须实地考察,藉资规划。故方于六月初由港去防,经公路直达重庆,于八月下旬飞返香港,计在渝一月有半,对于建筑工程之督促及工务、事务、储棉等规划,均分别召集会议逐一议定办法,藉作进行方针。兹特检奉《工程》《工务》《事务》《会计文书联席》会议记录各一份,并将规划经过分陈于左,敬希察核。

一、建筑工程

1. 大厂之建筑工程,系由洪发利营造厂承包,原包价为九十一万元,现在工程进行已达百分之七十以上,刻下工价、料价无不暴涨,该营造厂尚能顾全信用,继续工作,惟工程进行迟缓,对于豫丰之整个计划颇受影响。当即促其加工赶造,限于九月初竣工,且鉴于该营造厂确有赔累实情,故允其将来完工后酌予补助,大约在七八万元之间。按照现在工料价格,此大厂之建筑费最小亦须一百四五十万元,故虽给予补助费七八万元,连同原包价总计约一百万元之谱,甚属便宜,且在近二三月可望完工,否则恐迟至明春亦未可料也。

2. 动力厂仓库、水池、水塔、办公楼、职员宿舍、工房等均系自行购料,包工建筑,此项工程之原预算,连同平地、道路、桥梁在内为九十九万三千余元。因平地工作费时较多且料价飞涨,购买不易,除职员住宅已完工未超过预算外,其他各工程因工料暴涨(较之去冬约高出百分之五六十不等),按照现在情形确实估计,约须超出原预算三十八万余元,幸砖瓦、木石等已购妥一部,否则恐超过之数不下五十万元。现对于各种材料正在积极购买,倘能进行顺利,则估计超出预算或可不致再有不敷。

3. 动力厂原计划所定地址距离大厂过远,将来消耗电力必巨且管理亦较不便,故改择于大厂附近,惟平地及水池挖土工程须增加费用。又近来渝市时受空袭,该厂为求职工安全起见,加筑防空洞两个,又为出水通畅起见,加筑涵洞一个,总计增加工程约需十四万余元。

二、工务计划

1. 去冬今春间,该厂因鉴于当地纱价相宜,且正式大厂完工期远,故曾筑草顶泥墙之临时厂房两所,计先后装妥纱机三十三架(计纱锭九千五百零二枚),一面即招工训练,迨至五月间每日约可开四五千锭,惟工人均系生手,故每日出纱仅得四五包。现因纱价特涨,求过于供,急须增加产量,以资应付,惟大厂完工尚须数月,故一面即派员至沙市、西安等处招募熟手女工(现两处已招到三四十人),一面即将现有之临时厂房因陋就简,加以扩充,以期装足一万五千锭(连已装妥约一万枚在内,大约九月底可装竣)。自熟手女工增加后,刻下每日约可出纱十一二包,大约十月底止,此一万五千锭可望开齐,每日约可出纱二十三四包。

2. 临时一、二两厂先后安装一万五千锭之经过情形,已如上条所述,大厂竣工之后,对于临时厂已装妥之纱锭拟暂时不动,照旧工作,以期乘此纱价高涨之时,补偿一部分之拆迁损失,一面在完工之大厂内择较为完整之纱锭装置三万枚,随装随纺,俟三万锭完全装妥开齐后,再将大厂未建筑之一部(大厂之计划原定为五万六千锭,现在先筑三万锭)兴工建筑,然后将临时厂之一万五千锭移入。

3. 该厂电机现在先装1500KW及500KW各一座,将来五万锭装齐亦足敷用。该项电机大约十一月底可望装竣。该两电机在拆运期内,其零件虽有损失,幸尚不重且可将其余两机之零件挪用,故此次对于添配费为数不多。

三、原棉储存情形

该厂在拆迁之时,计存原棉一万八千余担,迨至决定迁往重庆后,因鉴于当地供给原棉之希望甚少,故即在汉购进三千余担,一并运往宜昌转运重庆。此两批共计约二万一千余担(在运输途中因沉船及受潮等受有相当损失,幸均保险不致吃亏)。复于去冬今春在沙市购进八千余担,咸阳购进三万八千余担,灵宝购进六千余担,重庆购进八千余担,截至现在,除临时厂用去外,约存七万五千担左右,足敷一年之用。此项原棉为求安全起见,分存于重庆、广元等处(重庆方面亦分存数处),其存在宝鸡及灵宝两处者,将来运至川省时,亦拟先行堆存广元,俟需用时再陆续运至重庆,以免危险。

四、机器运输情形

该厂重要机器原有纱锭五万六千余枚、透平四座(计1500KW及1000KW各一座,又500KW两座),于二十七年三月开始折卸,运至汉口转运沙市、宜昌等处,旋又经巴东、万县运往重庆,辗转一年有半,刻下运输工作将次告竣(其未运到者亦不过木船十余只,约再一个月内可以运毕),其运输困难情形,业经随时陈报在案。兹查其运抵重庆之机器,除船只沉没无法打捞,及折卸装运等破坏外(幸均保险,故吃亏尚微)。对于纱机部分,如装置三万锭不需添配,只须略加修理,其费用亦微;若装四万锭,则须加以相当之添配及修理,约需费十四万元之谱;若再加装一万锭(共五万锭),则添配修理较为困难,其费用亦较巨大,约需一百万元左右,且时间亦须较长,恐非半年所能办竣。至透平部分,装置1500KW及500KW各一座,可不需若何添配,只须略加修理,已如第二条第三点所述,其余两座若拟装置,则添配较多,费用亦钜,好在即使五万锭开齐,则有已装之2000KW动力,已足敷应用。

五、修改组织

该厂迁渝之初,因在建筑期间,故仅设筹备处主持一切。现在纱机已有一部分开工,建筑工程不久亦将告竣,筹备处名义已不适用,故照正常时之组织加以改组,并为拟定组织大纲及职掌大纲,已另函抄陈钧处备案。

束士方　谨上

二十八年八月二十四日

附:

工程会议、工务会议、事务会议、会计文书联席会议记录各一份。

(件存陕西省档案馆民国档案82-1-383-2卷)

豫丰和记纱厂三十一年度营业报告

(1942年)

本厂迁渝成立分厂已逾五载,经过情形已详历年报告,兹将本年度营业概况略陈如左:

(一)本公司渝合两厂,截至本年底,重要工程均已次第完竣。渝厂已开足二万四千锭,日出棉纱四十五件;合厂亦开一万三四千锭,日出棉纱三十件,两厂全年共出棉纱约两万三千余件,一切工作进行尚称顺利,两厂所出棉纱均由政府限价征购。

(二)本公司为增加后方生产计,本年曾向雍兴公司租用该公司自仰光内运之勃拉特纱机,计前纺四万四千锭、后纺三万一千五百锭(均系约计数),利用渝合两厂原有厂房分别装置,以利生产,并为早日完成此项计划计,于本年初在距重庆百余里之余家背地方筹设机器厂一所(简称"余机场"),专供修配纱锭及添置零件。截至本年底已粗具规模,已开工作机约六十台,工作进度尚能按照原定计划进行。

(三)本年物价仍继续高涨,公司负债日重,曾于本年七月间召开临时股东会,将股本增加改为一千四百七十万元,然仍不敷周转。财务方面至感紧绌,开支日渐浩繁,出纱成本与政府限价相差甚。巨所幸本厂原有存棉成本尚低,略可弥补。

(四)本公司本年度渝合余三厂全体决算,共计纯益四百七十七万三千一百零三元八角九分。(附决算资负平衡表、捐益表及盈余分配表)

豫丰和记纱厂三十一年度决算资产负债平衡表

资产科目	借方金额		负债科目	贷方金额	
现金	1,262,529	52	应付花价	159,778	50
存放银行号	7,820,115	30	应付料款	264,589	30
应收票据	7,413	48	应付利息	5,609,244	21
应收利息	273	97	应付款项	20,063,180	00
暂记欠款	27,686,641	05	应付成品	13,020,695	00
办事处往来	5,114	02	暂时存款	21,558,259	68
棉花	58,093,848	68	活期信用借款	993,889	04
物料	35,779,278	61	抵押借款	141,381,770	67
建筑材料	248,726	55	定期信用借款	972,896	06
棉纱	31,242,261	91	厂机押款	6,600,000	00
布匹	2,568,334	38	预收款项	208,107	39
在制品	13,309,913	98	期付花款	1,103,104	20
废花布脚	410,461	84	期付成品	150,415	00
厂地	1,251,492	38	清偿欠款准备	1,012,620	00
建筑物	15,138,784	15	备抵呆账	40,000	00
机器	8,058,292	27	折售准备	6,681,345	75
生财器具	2,627,007	78	公积金	1,455,009	43
预付款项	33,179,411	66	股本总额	14,700,000	00
押租	182,051	11	本期损益	4,773,103	89
催收款项	2,148	00			
期收棉花	1,103,104	20			
期收货款	150,415	00			
历年损益	620,388	28			
合　　计	240,748,008	12	合　　计	240,748,008	12

豫丰和记纱厂三十一年度损益计算表

收益		摘要	损失	
36,430,749	61	棉花作价比益		
470,429	44	修理品益		
3,906,444	01	杂项收益		
		售纱损失	13,302,193	66
		售品损失	231,361	12
		新机运费	2,054,376	38
		折旧	2,446,588	01
		本期盈余	4,773,103	89
40,807,623	06	合计	40,807,623	06

豫丰和记纱厂三十一年度盈余分配表

本期盈余	4,773,103			89
公积金	477,310	39		
战时损失准备	429,579	35		
特别准备	1,008,492	59		
所得税	429,579	35		
利得税	74,992	83		
中行酬金	213,426	58		
净益	2,139,722	80		
合计	4,773,103	89	4,773,103	89

（件存陕西省档案馆民国档案 82－1－1624－1 卷）

豫丰和记纱厂股东姓名股数权数清单

股东姓名	股数	权数	
宋子文	6,000	3,005	
宋汉章	4,000	2,005	
汪楞伯	1,505	758	
卞寿孙	3,000	1,505	
束士方	3,000	1,505	
张　武	1,000	505	

续表

股东姓名	股数	权数	
沈　钥	1,000	505	
林风苞	1,000	505	
杨世禄	1,000	505	
高兴魁	1,000	505	
胡鸣葆	1,000	505	
杨毓琇	1,000	505	
程作楫	1,000	505	
潘世经	1,000	505	
程维墉	1000	505	
李汝霖	1000	505	
赵宗傅	1000	505	
康菊农	1000	505	
李泰来	1000	505	
张德凤	512	266	
张鸣冈	512	266	
郑州中国银行	575	293	
徐善之	100	55	
徐其敏	100	55	
徐其恕	100	55	
姜家驹	100	55	
姜伯范	100	55	
邱尔康	100	55	
邱　均	100	55	
邱毓声	100	55	
毛亦谦	100	55	
邓恭守	100	55	
张项如	100	55	
张祖先	100	55	
张嘉猷	100	55	
张一麟	100	55	
萧揖三	100	55	
萧干臣	100	55	
郭春苏	100	55	

续表

股东姓名	股数	权数	
郭柏年	100	55	
郭　素	100	55	
黄秋三	100	55	
黄唯吾	100	55	
章日涛	100	55	
董　浩	100	55	
董克予	100	55	
范　晔	100	55	
许端凯	100	55	
许铭秀	100	55	
许文治	100	55	
许允恭	100	55	
毕　迈	100	55	
林惟平	100	55	
林静有	100	55	
林徽五	100	55	
林亦鲁	100	55	
林海宗	100	55	
李家平	100	55	
李　钟	100	55	
胡　铭	100	55	
胡觉先	100	55	
胡家祜	100	55	
吴一之	100	55	
吴荫三	100	55	
吴　霖	100	55	
吴寿平	100	55	
傅朗宇	100	55	
傅少甫	100	55	
吕继光	100	55	
吕　瑛	100	55	
崔文佑	100	55	
崔文清	100	55	

续表

股东姓名	股数	权数	
吉其瑜	100	55	
吉友齐	100	55	
都　濂	100	55	
郝乃宽	100	55	
薛乃光	100	55	
唐光宇	100	55	
唐曾基	100	55	
袁桐孙	100	55	
袁润身	100	55	
冯仲卿	100	55	
孙浩然	100	55	
孙泽生	100	55	
孙觉存	100	55	
孙洪智	100	55	
魏大鹏	100	55	
魏家平	100	55	
魏其宏	100	55	
顾亚芬	100	55	
顾长佑	100	55	
谷卓吾	100	55	
谷　岑	100	55	
戚翼之	100	55	
常实甫	100	55	
谭　谦	100	55	
曾　光	100	55	
曾日琦	100	55	
曾铨秋	100	55	
候国东	100	55	
苗国华	100	55	
蒋伯衡	100	55	
蒋　樵	100	55	
蒋彝允	100	55	
蒋鹿鸣	100	55	

续表

股东姓名	股数	权数	
景鸣五	100	55	
任亮钧	100	55	
叶旭初	100	55	
叶卓亭	100	55	
夏槐森	100	55	
潘瞻孙	100	55	
蒋庶华	100	55	
潘荫生	100	55	
鹿怀瑜	100	55	
丁震新	100	55	
丁海如	100	55	
丁铭德	100	55	
茹伯平	100	55	
陈养吾	100	55	
陈穆如	100	55	
陈鹤鸣	100	55	
陈锺庆	100	55	
王源祖	100	55	
王　槐	100	55	
王锡甫	100	55	
杨少勃	100	55	
杨汝棠	100	55	
杨汝荫	100	55	
杨学巽	100	55	
周晓楼	100	55	
周洛臣	100	55	
邬邦治	100	55	
熊启明	100	55	
熊芝庆	100	55	
朱若愚	100	55	
朱新明	100	55	
朱　侃	100	55	
梁季武	100	55	

续表

股东姓名	股数	权数	
梁易卿	100	55	
倪文清	100	55	
倪穆如	100	55	
项静涛	100	55	
项斯年	100	55	
尹　遂	100	55	
尹伯云	100	55	
洪嘉言	100	55	
颜也愚	100	55	
冷文蔚	100	55	
冷子嘉	100	55	
尤　镇	100	55	
邢勋达	100	55	
雷　洪	100	55	
邬　瑾	100	55	
曲日楠	100	55	
曲尹皆	100	55	
屈詠功	100	55	
屈谐南	100	55	
秦采卿	100	55	
秦　益	100	55	
厉挹峰	100	55	
厉乃秋	100	55	
戈佩璜	100	55	
钱通扬	100	55	
钱振声	100	55	
鲍世元	100	55	
鲍钧理	100	55	
柯宗武	100	55	
柯昌年	100	55	
柯愚伯	100	55	
戴　溪	100	55	
戴仲辉	100	55	

续表

股东姓名	股数	权数	
莫　严	100	55	
邵应昌	100	55	
邵应炽	100	55	
邵敏林	100	55	
俞远帆	100	55	
俞维敏	100	55	
刘　琪	100	55	
刘立三	100	55	
刘昌龄	100	55	
刘云卿	100	55	
何海秋	100	55	
何　炳	100	55	
何允书	100	55	
马汉宗	100	55	
马亦凡	100	55	
宋嘉令	100	55	
宋尔诚	100	55	
宋鼎铭	100	55	
谢允彭	100	55	
谢　武	100	55	
谢汝昌	100	55	
汤友声	100	55	
汤诒谋	100	55	
汤起文	100	55	
金　朴	100	55	
凌　冰	100	55	
罗维扑	100	55	
詹佑之	100	55	
金梅荪	100	55	
华一峯	100	55	
陶家谟	100	55	
以上共计股东二〇一人 股数五〇,五九二股 权数二六三,二九七权			

续表

股东姓名	股数	权数	
			户主
丁九丞	30	20	丁九记
卜少如	30	20	卜少记
王墨卿	30	20	王墨记
王碧燮	60	35	
王树庭	75	4	王树记
许玉如	30	20	颐庆堂
王祥轩	66	38	德记
王祥轩	165	88	积庆堂
元亨丰	15	13	
田仲田	300	155	公兴堂
田仲田	63	37	田仲记
白少玉	63	37	
石叙五	63	37	石叙记
任佩齐	15	13	佩记
朱纯甫	30	20	朱纯记
朱余梁	60	35	德记
朱选亭	15	13	伯文堂
朱作亭	15	13	仲光堂
牟锡卿	120	65	
江玉山	15	13	玉记
徐耀之	15	13	贞记
吴恭先	9	9	
吴琴甫	9	9	
余鸣岐	45	28	余鸣记
祁小峯	81	46	永福堂
邱培枚	15	13	
李葆成	429	220	
李刚山	15	13	积庆堂
李祥卿	30	20	积福堂
李宝煦	30	20	贞记
沈杏芳	15	13	沈杏记
沈仲芳	30	20	沈仲记

续表

股东姓名	股数	权数	
沈葆甫	183	97	思记
杜秀卿	30	20	杜庆余
汪嘉颖	3	3	
汪镜清	93	52	
汪凤冈	15	13	纶记
汪文竹	15	13	淑记
汪文竹	15	13	涵记
周聚伯	48	29	
岳翼如	15	13	耕道堂岳
林顺友	159	85	林顺记
林福生	15	13	福记
汉口原生花	150	80	厚记
梁耀庭	15	13	梁耀记
徐梁卿	366	188	徐梁记
徐在山	30	20	徐在记
徐晓佩	30	20	徐晓记
徐晓佩	30	20	徐筱记
徐定远	33	22	徐定记
徐德卿	96	53	
陈嗣生	243	127	陈嗣记
陈凤璋	15	13	陈凤记
陈耀德	66	38	陈耀记
陈德卿	15	13	
陈少南	3	3	
陈椿堂	90	50	丰记
陈一齐	81	46	益寿轩
陈一齐	81	46	怡晖轩
姚衡山	96	53	姚衡记
姚衡山	60	35	德记
马宝书	30	20	
高伯循	63	37	
唐裕斋	63	37	唐裕记
袁鼎臣	30	20	

续表

股东姓名	股数	权数	
袁燮臣	15	13	敉记
商寿山	15	13	寿记
商履安	15	13	善记
黄师让	153	82	
汤子庸	63	37	
吴佑苍	6	6	
张镜善	10	10	张善记
张密之	6	6	
张启钊	279	145	理记
张秉钧	21	16	
华玉波	30	20	
孙孟刚	10	10	
孙　虎	10	10	孙起元
孙　诚	10	10	孙浚元
孙缦卿	30	20	
孙筱丛	60	35	孙敬修堂
孙体元	30	20	孙君喻
孙秋澄	46	29	
孙渭占	63	37	渭记
孙培镒	15	13	项记
万泽生	63	37	万泽记
彭元圃	10	10	
杨沛霖	2	2	沛记
熊志成	30	20	五福堂
黎仲贤	90	50	
刘祥良	6	6	
刘福田	63	37	刘福记
潘镜清	30	20	
保宝庆丰义	300	155	义记
郑乾三	150	80	乾记
郑少坪	45	28	谌华记
卢心培	30	20	敦厚堂
穆藕初	200	105	

续表

股东姓名	股数	权数	
罗义生	93	52	
罗友松	30	20	
蓝照周	15	13	熙记
韩兰圃	15	13	韩蓝记
韩庆来	30	20	韩庆记
萧叔庆	63	37	
龚寿徵	243	127	寿记
洪莩楼	30	20	洪莩记
程佩葴堂	45	28	合记
福泰昌	15	13	
党健丞	15	13	党复顺堂
庄浩然	33	22	庄浩记
余衡甫	5	5	馨记
李德齐	15	13	德记
王善臣	15	13	善记
汪伯勋	30	20	原记
杨韩氏	30	20	秀魁堂
和　记	21	16	
翁长禄	5	5	长禄记
翁思义	5	5	思义记
思敬记	5	5	
陆永庭	30	20	永记
郎达人	43	27	工记
杜家瑞	20	10	裕记
王鹤龄	192	101	
邓陶卿	300	155	
刘克仁	30	20	刘树德堂
叶锺庭	6	6	
董乃兴	30	20	
秦树勋	30	20	
刘德理	60	35	
余廉节	40	25	甡记
余鹏年	20	10	鹤记

续表

股东姓名	股数	权数	
德昌花行	45	28	
李垣初	15	13	
陈宫辅	90	50	公记
晋和庄	126	68	晋余堂
蔡元兴	105	58	蔡兴记
蔡体锡	45	28	
吴荣庆	8	8	良记
福康庄	13	12	
吴克齐	645	328	
林可仪	3	3	
楼服莱	100	55	服记
杨建章	46	28	
骆凡笙	30	20	
胡增寿	400	205	俭德堂
薛志口	10	10	
以上 股东一四六户 股数九,四〇八股 权数五,四二二权 总计 八万股 十三万一千七百一十九权			

（件存陕西省档案馆民国档案 82－1－145－3 卷 145－4 卷）

企业章则天津中国银行豫丰和记纱厂厂务会议简则

一、本会议以本厂主任、副主任、经理、厂长、稽核、工程师、文书、营业、会计、总务、物料各课课长及各技师组织之。

二、本会议以本厂主任为主席。

三、本会议之宗旨为检讨本厂工务、业务、事务进行之概况而定改进之方针。

四、本会议定为每年例会两次,上半年及下半年各举行一次。

五、本会议日期及地址由主席临时酌定,于十日前通知。

六、本会议提议事项应于三日前由本厂汇集油印,先一日分送参加列席本会议人员，以资研究。

七、凡列席本会议人员如有提议事项，应于一星期以前，以书面交本厂经理室先行审查，以便编入议案。

八、本会开会时由主席指定二人记录。

九、本会议提议事项遇有属于专门性质而一时未能解决者，得由主席邀请专家研究，拟具具体方案讨论决定之。

十、本会议决议事项，应由关系部分切实执行。

十一、本会议决定事项，由本厂经理室抄录二份陈送天津中国银行备案。

（件存陕西省档案馆民国档案 82－1－1348 卷）

豫丰和记纱厂紧急时期留厂委员会章程

（1937 年 10 月）

一、本委员会之任务在看管本厂停工期间之房屋机器及其他一切留厂之产物。本委员会由本厂指定之同人组织之。

二、本委员会设委员七人，并由委员七人中指派一人兼任主席委员。

三、本委员会之组织及系统如左：

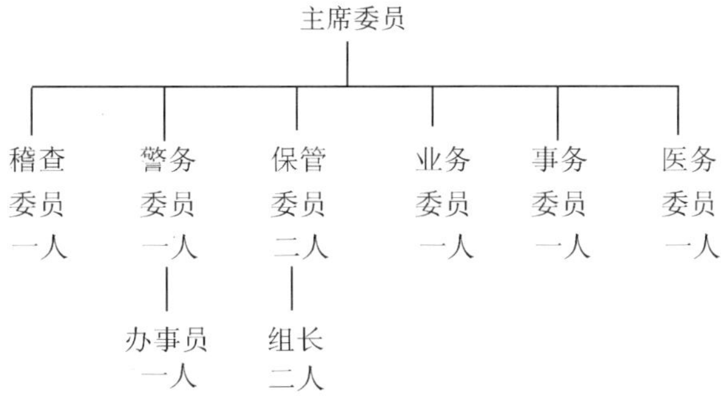

四、本会各委员之职掌如左：

保管委员——统率并分配留厂工匠日夜分班守视纱厂、布厂、电厂、修机厂、花纱机、物料机等处并负保管各该处钥匙及保全各该处机器、花纱、物料之责。又留厂工人由保管委员管理之。

业务委员——办理各分庄花纱号营业方面未结束事宜。

警务委员——统率并支配留厂厂警日夜分司全厂、豫丰东西里、全部工房、女子宿舍。警卫之职并兼管工房、女子宿舍、豫丰东西里之一切事宜。

事务委员——保管留厂之一切账册、文件并办理文书、会计、出纳、庶务等事

(留厂茶役由事务委员支配并管理之)。

稽查委员——稽查全厂各部留守情形,考察各员工有无违背本会简约情事,逐日缮具报告,交由主席委员汇报。

医务委员——保管本厂医院之全部药品、器械,并担任诊治事宜。

五、保管委员二人每周轮值日夜班(每周在轮换值守时,须报告主席委员登记),保管委员下设组长二人(在工人中指定),由保管委员调度之。

六、警务委员下设办事员一人,帮同办理该委员所管事宜。

七、本会委员在处理本身所管事务外,如有余暇,经其他委员商请帮忙时得协助之。

八、本委员会在时局平定后撤销之。

九、本会委员在规定职掌之外,其他各事对本厂大局无关重要者,得由主席委员酌量处理之,但对该厂中关系重大者,本委员会无权处理,须设法陈请主任或经理、厂长稽核总合计核示。

附

本会简约

(一)留厂员工职在守厂,凡厂外之一切活动绝对禁止。

(二)留厂员工无论局势如何严重,不得中途告退。

(三)留厂员工须一律住在厂内或豫丰东西里(由各该管委会指定住所)。

(四)留守期间,本厂厂门、豫丰里门无论日夜均落锁严闭(有事随时开启),员工有要事外出者,须先陈明各该管委员,并向留厂委员会主席委员领出厂许可证方可出厂。又员工出厂时间之长短由门警登记,每日呈缴主席委员汇存备查(外勤、茶役、厨司另发通行证)。

(五)留厂员工在厂内须佩戴留厂委员会颁发之符号,每日下午六时由主席委员颁布“问答”口号,由各委员按次传递,凡留厂员工每晚务必将口号记忆清楚,以免遭受惩戒。

(六)留厂员工不准领带闲人入厂。

(七)留厂员工除疾病沉重者以外不准请假。

(八)留厂员工如有违背本简约者,得取消其在留守期内优待条件。

留厂委员会各委员办事员名单

主席委员　郝通伯

保管委员　章秉三　章立元

组　　长　冯步云　钟子明
业务委员　郝通伯兼
警务委员　蓝光普
办 事 员　邱海涛
事务委员　朱一中
稽查委员　祖　荫
医务委员　沈同阶

留厂工匠警役名单

工匠　毛文和　陈阿福　冯步云　萧阿顺　阿　二　祁国桢　张二宝
张顺安　沈长生　陈常吉　马宝大　陆金生　邹　桐　钟子明
张书轩　朱骥云　虞云来　徐宫保　徐廷潮（计十九人）
（冯步云、钟子明二人各派为组长）
厂警　原有全数
茶役　张庆生　王锡永　樊德林　阿　康　老　王（计五人）

（件存陕西省档案馆民国档案 82 －1 －2 －3 卷）

豫丰厂修正技术工人抚恤条例

（1940 年 11 月 4 日）

豫厂函请雍中行管理办事处修正技术工人抚恤条例

雍中行管理豫丰办事处大鉴：

查本厂技术工人伤亡抚恤，前经拟具条例陈奉尊处工字第十号函核准施行在案。现因战时物价继长增高，如极次之棺木每具须一百四十元，又抬力与衣殓费亦须八九十元，该项抚恤条例似宜酌予修改，俾安工心。附上《修正技术工人抚恤条例》一份，是否有当，敬祈鉴核示，遵祇项公绥。

谕厂　启

廿九年十一月四日

附件

修正技术工人抚恤条例

一、本厂技术工人如因病死亡,得由厂方给以棺殓费二百四十元(原为六十元),惟领取此项棺殓费者以其直系亲属为限,并须觅具证人以资证明。

二、本厂技术工人如因公受伤,除医药费由厂方担负外,该工人应得之工资在养伤期内照旧发给,如经医生之证明:(一)创伤已愈可以工作而不进厂工作者,则工资停发,并取消其工籍;(二)创伤已愈而未至残废程度尚堪工作者,当给予较轻之工作,其工资视其工作而定。如本人不愿工作者,得给予一次抚恤金一百六十元(原为八十元),并取消其工籍;(三)创伤已愈,已成残废不能工作者,得给予一次抚恤金二百四十元(原为一百六十元),并取销其工籍。

三、本厂技术工人如因公受伤以致死亡者,除医药费由厂方担负外,另给棺殓费二百四十元(原为六十元),并一次抚恤金三百二十元(原为二百四十元)。此项棺殓、抚恤费之领取以死者直系亲属为限,并应觅具证人以资证明。

四、本条例自呈奉核准公布日施行。

(件存陕西省档案馆民国档案 82 - 1 - 17 - 2 卷)

豫丰纱厂调整职员薪给津贴类别表

(1945 年 4 月起实行)

一、正薪。

二、生计津贴:正薪在六十以下者,按正薪数另给四十四倍;正薪一百元以下者,其六十元部分按四十四倍计,其超出部分按四十二倍计,合共发给之;正薪在五百以下者,其六十元部分按四十四倍计,四十元部分按四十二倍计,其超出部分按三十六倍计,合共发给之。

正薪在一千元以下者,其六十元部分按四十四倍计,其四十元部分按四十二倍计,四百元部分按三十六倍计,其超出部分按三十倍计,合共发给之。

三、米贴:本月每担作价一万四千元,经理、厂长按一石计,襄理、副厂长、总工程师、工程师、秘书、技师、课长按九斗计,主管人员按八斗计,办事员按七斗计,助员按六斗计,发给代金。

四、布贴：本月每尺按一百元作价，经理、厂长按廿尺计，襄理、副厂长、总工程师、工程师、秘书、技师、课长按十八尺计，主管人员按十六尺计，办事员按十六尺计，助员按十二尺计，发给代金。

五、煤贴：本月每担作价四百零六元，每职员一律按四担计算，发给代金。

六、附注：女职员除米贴照职员待遇外，布八尺、煤二担发给之，练习生每月津贴五千元。

（件存陕西省档案馆民国档案82－1－59－1卷）

2. 会议记录

河南郑县[①]豫丰纺织股份有限公司第八次董事会议记录

（1941年4月21日）

时期　民国三十年四月二十一日下午二时

地点　天水中国银行

出席人　束云章　沈次量　潘仰山　卞白眉（束云章代）　宋汉章（沈次量代）
　　汪楞伯（潘仰山代）　张　武（沈次量代）

公推束云章为临时主席

记录　贺书绅

主席报告

（一）本厂二十九年度年终决算，计盈益一百七十二万四千七百七十九元七角。兹附具决算损益表一份，请为公鉴。本厂去年被炸六次，有形无形之损失不可数计，其尚能勉维现状、幸免赔累者，固由全体员工忠诚服务，共济时艰，而中国银行源源接济，资金得以周转无绌，继续出纱，所裨尤大，否则本厂前途殆将无法支持。

（二）合川支厂自去年秋季开始筹设，迄今约仅半载，关于运机、装机以及购地、建厂诸端，均经分头积极进行，大致完成。如无意外事故发生，该厂当可于本年五月间陆续开纺一万锭，七八月间将全部一万五千锭开齐。

（三）据渝厂二十九年七月三日及三十年三月三十日，又四月四日先后函陈：

① 即现河南省新郑市。

甲、渝厂建筑经费一以人工物料日趋上涨,一以新建工程增加多起(即原预算内未经列入者),以致超出预算甚巨,预计全厂完成共需六百五十四万一千六百二十五元六角六分,比较二十九年七月间第一次陈请,追加预算五百一十八万零一百八十元零三角八分之数,尚须增加一百三十六万一千四百四十五元二角八分,请为追加。

乙、合川支厂因购地、建厂、运机、装机、添配机器工具,以及各项开支等,截至目前已支用二百六十七万六千二百六十元四角五分,比较原预算一百二十万元之数超过一百四十余万元。此外尚有一部分建筑正在进行,将来全厂完成大约尚须用款一百余万元,因人工物料日趋昂贵,暂时实难估定,拟请俟完工后,就实际支用之款一并汇报,各等语。查该厂所称各节均属实情,所有上列渝厂、合厂因工料剧涨,并因增加工程,以致超过预算约二百七十余万元,拟请准予照数追认,俾两厂整个工程得以迅速完成。又工料物价时有变迁,经费预算实苦无法确定,嗣后建筑工程只有按照预算内所规定之款目加工赶造,并就当时实际支用数目于完工后一并汇报,藉免预算一再变更,仍难切合实际。如何之处,请付公决。

决议:照案通过。所有上需用各款,即函商天水中国银行准予借垫,以利进行。

讨论事项

主席提议:

(一)本公司二十九年度盈余一百七十余万元,营业情形较前略有起色,二十九年三月三十一日临时股东大会所议决减资一案,是否应有变更,请付公决。

决议:本公司二十九年度既稍获盈余,则实际资负情形已略有变迁,前次临时股东大会议决减资一案现已无此必要,所有本公司股票每股应仍照七十元计算,即由董事会陈请经济部备案。

(二)本公司增加资本一案,应仍照二十九年三月临时股东大会议决办理。惟前次议决资本总额增为一千五百万元一节,若照每股七十元计算,应为二十一万四千二百八十五股,惟剩有零数五十元,不能凑成整股。应如何办理,以便凑成整股之处,请付公决。

决议:为凑成整股便于核算起见,应将本公司资本总额增为一千五百万零二十元(较前次议决总额增加二十元),分为二十一万四千二百八十六股,每股七十元,合如上数。所有增股手续,应即根据去岁临时股东大会议决案办理,并将章程内关于股数条文加以修正。

（三）本厂于去年一年以内被炸六次，所幸全体员工每次轰炸之际，均能奋不顾身，竭力抢救，深堪嘉尚，否则大厂已竣工程殆将付之一炬。其忠勇劳苦，所全实多，本年度职工奖金允宜从优发给，以昭激劝。兹拟提职员奖金十三万八千一百八十三元，工人奖金十九万九千六百三十元，共计三十三万七千八百十三元。如何之处，请为公决。

决议：照数发给。

（四）为谋职员永久福利起见，本公司已逐月摊提职员福利基金，二十九年度共提一百二十万，请付公决。

决议：通过。

（五）雍兴实业股份有限公司在广元设立酒精厂，资本八十万元，每日出产酒精五百加仑，预计本年八、九月间即可开工。渝厂来函拟出资四十万元与之合作，以期将来购用酒精可较便利等语。该厂所拟投资合作一节是否可行，请为公决。

决议：本厂投资四十万元与雍兴实业股份有限公司合办广元酒精厂一节，可照办，由本董事会函致该公司洽商办理。

沈董事次量提议

（六）束主任二十九年酬劳应如何致送案。

决议：束主任主持渝厂合厂，荩劳卓著，本年度年终酬金致送国币六万元，以酬劳勋。

下午五时散会。

（件存陕西省档案馆民国档案82－1－17－4卷）

河南郑县豫丰和记纱厂第十三次董事会议记录

（1944年7月26日）

地点　西安中国银行

时间　民国三十三年七月二十六日

出席人　卞白眉（束云章代）　束云章　宋汉章（束云章代）　沈次量
潘仰山（沈次量代）　汪楞伯（沈次量代）　张　武（沈次量代）

主席　束云章

记录　束　若

讨论分配三十二年度盈余案

本公司渝、合、余三厂三十二年度全体决算盈余已经结出，共计为八百二十六万零五百七十二点三六元。上届董事会开会时经决议由本届会议决定，兹拟分配办法如左：(1)提存公积金十分之一，计八十二万六千零五十七点二四元；(2)提存战事损失准备七十四万三千四百五十一点五一元；(3)提存特别准备一百四十六万六千五百八十二点七七元；(4)缴纳所得税一百零四万零八百三十二点一二元；(5)利得税七十六万一千六百二十二点二六元；(6)付中行酬劳金三十二万二千九百零五点九零元，净余三百零九万九千一百二十点五六元。按本公司章程第二十四条之规定，将上项净余除分配股东通常股息八厘外，其余一百九十二万三千一百二十点五六元应作十四分开派计股东红利十成一百三十七万三千六百五十七点五四元，董事、监察人、总经理、经理、厂长、职员奖金以及全体职工福利四成，计五十四万九千四百六十三点零二元。以上分配办法是否可行，请公决案。

决议：

(1)股东红利按八厘分派，计一百一十七万六千元，余款十九万七千六百五十七点五四元转收盈余滚存。

(2)董事长致酬四万元，常务董事每人致酬二万元，其他董监事每人致酬一万元(总经理、厂长及职员酬劳已于决算前发给，又福利基金拟另提)，其余之款均转收盈余滚存。

以上分配办法，俟召集股东会时请求追认。

散会。

(件存陕西省档案馆民国档案 82－1－1624－4 卷)

河南郑县豫丰和记纱厂第十四次董事会议记录

(1944 年 10 月 9 日)

地点　重庆牛角沱十九号

时间　民国三十三年十月九日

出席人　卞白眉　宋汉章　束云章　潘仰山　张　武　汪楞伯(卞白眉代)　沈次量(束云章代)

主席　卞白眉

记录　陈豪楚

报告事项

一、本厂为增进后方纱支生产，前经决定在合川支厂添装新锭一万锭，并经商由花纱布管制局拨借本厂国币五千万元作为装置费用。现此项新锭已于本年六月份装妥，连前装之二万五千锭共为三万五千锭，惟原有电力不敷供应，虽经向工矿调整处添购发电机与锅炉，亦仅能开出三万锭。现上项发电机与锅炉正在装置中，约十一月中可以装妥，届时即可开足三万锭，至因电力不足而未能开出之五千锭，业经拆卸运渝，改在渝厂内装置，现已装妥一部分，并随装随开，约十一月中亦可全数装妥开齐。

二、余家背机器厂自设立以来，从事纱机之修理与制造尚具成绩，惟因物价日涨，原料物料之购置需款甚巨，颇感周转为难。现已函雍中行请在工矿贷款项下拨借五千万元，定期一年，即以该厂所存全部物料及半制品作为抵押，此事正由雍中行向中行总管理处请示中。

三、本厂与新疆省政府合办之新丰纱厂自筹办以来，所有纱锭五千枚及其物料均已办妥装箱手续，并已有五十六车陆续运出，惟一年以来因承运机件之中行西北运输处车辆常被征调军运，故已运出之部分现尚卸置于中途各站。现车辆和零件极度缺乏，油料亦已加价，照目前估计，如将全部机物料运抵兰州，需款约五千万元。如运抵迪化，需费约一万万元，而新疆省政府最近又值改组，所需运费未能继续拨汇，故此事暂在停顿状态中，须待新省运费拨到，始能继续起运。

四、本厂鉴于保险事业为协助社会安全之重要设施，因于本年内参加投资两种保险公司，一为中国人事保险特种股份有限公司，本厂投资五十万元；一为中国工业联合产物保险股份有限公司，本厂投资一百万元。

讨论事项

一、本厂参加投资中国人事特种股份有限公司股本五十万元，又参加中国工业联合产物保险公司股本一百万元，又参加中国纺织企业股份有限公司股本三百七十五万元，提请追认案。

决议：准予追认。

二、为准备重建郑州本厂，拟请预购纱机五万锭、布机五百台及所需发电机案。

本厂自郑州拆迁来渝，先后在渝、合两地设立分支厂，现已各有纱锭三万枚（合厂三万锭，内有两万系向雍兴公司租用），将来战事结束以后，川省已有之工业基础，必将继续维持，尤以纱布在川省销路甚广。而原棉之供给，北自陕西，东自湘鄂，亦可不虞匮乏，【尤以】合川邻近各县棉产丰富，取给更便，故渝、合两厂将来当仍在原址分别予以维持，而无重迁之必要。惟本厂原设郑州，本有五万六千锭之设备，战事发生，所有机件虽经拆迁，但厂基房屋依然存在，且郑州地当交通要道，豫北又为产棉著名之区，以本厂过去在郑州之声誉，如重加兴建营业，前途必可乐观。兹为准备战后重建起见，拟向美国预先订购最新式纱机五万枚、布机五百台，一俟战事结束，即优先制运来华，至所需一千六百千瓦发电机三具，亦拟同时向外国订购。兹拟具纱锭、布机及发电机规格与所需价款，应如何准备进行订购，敬祈讨论。再，余家背机器厂亦拟酌量添购精致工作机，以备战后之发展，是否可行，并请公决。

决议：原则通过。授权束经理委托妥实商人向英美订购，其所需外币陆续预为筹措，并将办理情形随时向本董事会报告。

（件存陕西省档案馆民国档案 82－1－1624－4 卷）

河南郑县豫丰和记纱厂第十七次董事会议记录

（1946 年 6 月 27 日）

时间　民国三十五年六月二十七日

地点　上海中国银行

出席人　宋汉章　卞白眉　张公武[①]（沈次量代）　束云章　沈次量　潘仰山

主席　卞白眉

报告事项

（一）本厂现开纱锭数目及上年度营业情形，词长另详，当函报告。

（二）三十五年一月工人罢工，提出要求按三十四年全体所得百分之四百发给年终奖金。经官厅仲裁，机工奖按百分之一百、普通工按百分之六十发给，近数月来尚能照常工作，相安无事。

（三）本厂前以信托方式投资雍兴公司蔡家坡酒精厂、广元酒精厂国币二百五十万元（计蔡酒厂一百五十万元，广酒厂一百万元），数年以来，因该两厂押护政府管政，出品供应公家，每期决算均有亏损。上年八月间抗战胜利，为结束此事起见，业经商得雍兴公司同意，将上项投资两厂之国币一万五千万元，连同本厂应

① 张公武疑与张武同为一人。

负该两厂历年损失之款国币一千一百八十四万二千二百零二点六三元，一并由本厂收回，作为弥补上项投资之利息。

（四）本厂三十二年遵照经济部令，代表雍兴公司与新疆省政府签订合约，在新省组织新丰纺纱公司一事，前经我方派员赴新筹备，一面购置物料，一面积极起运纱机。惟以新省府汇渝之款未能衔接，兼以西北运输困难，截至三十二年八月，共计运抵迪化①、兰州、肃州之机料约达三百吨。迨后复以黔桂告急，各方军运频繁，车辆悉被征调，而新省又□□可派，遂又运输停顿。为谋解决此事，曾于三十四年七月间具呈经济部翁部长及新省府吴主席，提出如下办法：（1）如新省府欲继续办理，我方仍愿将机器重新公平估价，以股东地位与新省府合作，但运输之责及所需建筑费均由新省府负责筹划。（2）新省府不欲继续办理，则所有物料可由新省府变价出售，以所得价款偿还垫款。至于运抵迪化、肃州、兰州之纱机，当俟将来局面安定，运输畅通，即由我方自行运回。经济部及新省府对于所提两种办法尚无具体答复。

讨论事项

（一）本厂襄理兼会计课长钱乾裕调驻上海办事，其所遗会计课长职务经西安中行派李缙君接充，并由本厂请其兼任襄理，请予备案。

议决：准予备案。

（二）本厂为在沪采购物料便利暨灵通市场消息起见，已与雍兴公司洽妥在沪设立联合办事处，每月开支各半分摊，并聘陈柱臣君为该厂主任，请予备案。

议决：准予备案。

（三）政府以接收上海、青岛、天津各地敌伪纱厂，组织中国纺织建设公司，聘请本厂之总经理为该公司总经理，并借调本公司一部分职员协同接收。事关协助政府建设，当即遵办，惟借调各员在本厂服务有年，拟予一律保留原资，请予备案。

议决：准予备案。

（四）本厂为谋抗战胜利继续发展计，决定：（1）余机厂局部复工，完成价值甚巨之半成品，一面尽量修理渝厂纱机，以期出品数质能与同业相竞争。（2）渝厂机器决定一面修理，一面设法开齐，同时并拟扩充布机五百台、小规模漂染厂一所。（3）合厂纱机亦拟设法开齐，惟动力不敷，耗煤又多，急需订购二千 KVA 发电机一套，以资替换。（4）为筹谋抗战胜利后恢复郑州旧厂，曾向美商慎昌洋行定

---

① 即现在的乌鲁木齐。

购纱机五万锭、布机五百台及一千 KV 电机两座,总值约美金二百七十一万二千五百元,并已订妥合同,付讫定金。现正向该行催运,拟以半数恢复郑厂,半数就武汉设厂,增加生产。如何请公决案。

决议:第(1)项通过。第(2)(3)两项如本厂能自行筹款,可照订购,如需向中国银行洽借款项,应先与中行洽妥后再行决定。第(4)项按照已与中行商定之办法办理。

(五)政府为解决国内纺织业供应困难,特将津、沪两地接收敌伪机器厂合并,组织中国纺织机器制造公司,资本拟定为六十亿元,官商各半,商股部分由各民营纱厂按照锭子数比例摊认。本厂按照锭数比例共应摊认六十万元,业经照认,请予备案。

决议:准予备案。

(六)本厂拟出资国币三亿元与雍兴公司合资在丹阳设立一小型纱厂(太平洋战争发生前,津中行曾代雍兴公司向美国维定厂购纱机二万一千二百锭,最近已有一万锭运至上海,拟即以上项锭子先行运丹装设),以利生产。如何请公决案。

决议:通过。本厂方面应行参加之董事,由董事长指定。

(七)本厂渝、合、余三厂三十四年度全体决算盈余已经结出,共计七千五百五十三万一千五百四十二点六一元。兹拟分配办法如左:(1)提存公积金十分之一,计七百五十五万三千一百五十四点二六元。(2)提存战争时准备计六百七十九万七千八百三十八点八四元。(3)提纳所得税,计一千三百五十九万五千六百七十七点六七元。(4)提纳利得税,计三千一百七十一万零三百二十九点七一元(以上两项因直接税简化征收办法关系将来摊派数目或高,须稍有增加,此系匡计数字)。(5)提存特别准备金,计四百七十六万二千三百六十二点六四元。(6)付中行酬劳金一百五十一万一千二百七十六点七六元。净余可供分配额九百六十万零九百零二点七三元,按本厂章程第二十四条之规定,将上项盈余除分配股东通常股息八厘外,其余八百四十二万四千九百零二点七三元应作十四分开派,计股东红利十成六百零一万七千七百八十七点六六元。董事、监察人、总经理、经理、厂长、职员奖金以及全体职工福利四成,计六百四十万七千一百一十五点零七元(职工奖金已在平时成本内已提)。

以上分配办法是否可行,请公决案。

决议:(1)股东红利按二分二厘分派计三万二千三百四十元元,余款二百七十八万三千七百八十七点六六元，转收盈余滚存。（2）董事长致酬三十万元，常务董事每人致酬二十万元，其他董监事每人致酬十五万元，其余之款均转收盈余滚存。以上分配办法俟召集股东会时请求追认。

临时动议

（一）近来生活日高，员工平时薪津收入已感捉襟见肘，设遇婚丧大事更苦无以应付。兹拟筹借国币三千万元充作职工福利基金，以期安定职工生活而谋增进工作效能。如何请公决案。

决议：通过。

（二）近年以来，社会各方面有以本公司总经理为对象劝捐款项之事，过去类此捐款之或由本公司出账或由个人自负，当兹物价腾贵，公家开支颇感困难，个人负荷尤为力绌，长此以往，何以为继？兹拟请拨款一千五百万元作总经理捐款基金，由总经理指定人员妥为经营生息，遇有此类捐款，即由孳息项下支付，年终开列收支报告董事会议备案。以上所拟是否有当，请公决案。

决议：通过。

（三）束总经理云章对于厂务之推进贤劳备著，拟致送国币五百万元，以酬劳勤。如何请公决案。

决议：通过。

（四）丹阳劫后灾情奇重，地方人士正在捐集款项筹建医院、学校，以谋复兴。现本厂拟与雍兴公司合资在丹设厂，为联络地方感情，协助恢复繁荣起见，拟由本厂捐助赈款一千万元。是否可行，请公决案。

决议：通过。

（件存陕西省档案馆民国档案 82－1－300 卷）

河南郑县豫丰和记纱厂第十八次董事会议记录

（1947 年 6 月 2 日）

地点　上海中国银行四楼会议室

日期　三十六年六月二日

出席人　卞白眉　宋汉章　束云章　沈次量　张公武　潘仰山

杨朗川（钱健庵代）　高友梅（陈柱臣代）

报告事项

一、三十五年春间，渝厂工人提出无理要求，实行罢工，经政府调解数次，终将不良分子解雇三百余人，一面招训工人增加生产，一面拟订计划改善机器。至八月份后，人事渐臻稳定并按照预定计划开足二万五千锭。合厂工人尚属安定，惟在九十两月间，以原动机生障碍减开一万锭，经修复后即恢复原状，开纺二万锭。三十五年度内，渝、合二厂共纺纱一，六二〇件，比较三十四年度多产一千余件。

二、余机厂自上年春季受渝市各厂工人返乡工潮之影响，曾一度停工从事整理，旋以该厂所存半制品为数甚多，需待完成，而渝厂纱机亦待修至急，乃于六月一日局部复工。初仅选用工人二百人，迄至年底陆续增至四百人，统计三十五年度，代渝厂完成新并条机二十一节，修配钢丝机七部、粗纱机五部、细纱机十二部、走锭机二部、梳毛机一部、水管式锅炉一部、单程粗纱机三部，又代渝厂新制清花机三组、钢丝机十八部，上项新制之纱机，迄年底止计已完成百分之五十以上。

三、为扩展业务计，原拟向美商慎昌洋行订购纱锭五万枚、布机五百台、二千千瓦电机二座，以作恢复郑厂及添设汉厂之需，刻以资金筹措不易，先向该洋行定购发电机二座、纱锭二万枚，约于三十六年八月份及三十七年八月份先后分交各一万锭，纱锭二万枚连运费加价在内，约需美金一百四十万元；发电机二座连运费加价在内约需美金八十二万元；并在香港东方贸易公司购得七百五十千瓦旧发电机二座，计港币七十五万。兹以本厂所合资经营之丹阳纱厂需要发电机至为急迫，拟即以上项发电机一座暂借该厂应用。

四、郑州复厂已在积极筹备，郑厂原有房屋损坏不堪且多为驻军占据，现一面与各机关首长接洽迁让，一面利用残余房屋暂加修理，并拟于秋季先将合厂旧锭搬运一万枚至郑，设法现行开工，俟获有盈余，再陆续恢复各项建筑，以图扩充。在目前物价指数、生活状况之下，估计房屋修理费约需三十余亿元，运费约需十余亿元，截至去年年底，已在售纱价款项下提存修建费三十四亿元，以备支用。

五、汉口设厂之目的在谋，得渝、郑二厂之联系，兹已在汉口罗家墩购妥厂基二百四十余亩，总计地价二亿零二十万元。现因限于资金，拟俟郑厂竣工获有利润后再行筹设。

六、本厂所需原棉向系在陕西购办，但近来川陕运输至感不便，由陕购运棉花至渝往往需半年之久。兹为减少上项困难，已在汉口设办事处，一面就近采购，一面接运郑州运来之花衣，溯江运输，以期迅捷。

七、本厂投资事业计有左列九种：

1. 中国工业联合产物保险股份有限公司，投资一百五十万元（董监事陈霭士、章国纬等）；

2. 中国麻业股份有限公司，投资三百万元（董监事孙科、孔祥熙等）；

3. 渝西自来水厂特种股份有限公司，投资五十元（董监事张家祉、刘玖芸等）；

4. 中国纺织机器制造公司，投资六千万元（董监事彭浩徐、杨锡仁等）；

5. 中国人事保险股份有限公司，投资五十万元（董监事孔庸之、俞鸿钧等）；

6. 天山工业公司，投资三百万元（董监事杜月笙、铁新之等）；

7. 丹阳纱厂，投资十亿元（董监事束云章、沈次量等）；

8. 中国纺织企业公司，投资三百七十五万元（董监事杜月笙、李升伯等）；

9. 中国国际兴业总公司，投资十万元（董监事黄德惠、杨虎等）。

以上共计投资十亿七千二百三十五万元。

讨论事项

一、本厂正在积极恢复郑厂，单位增加，事务益繁，为对内事权划分、对外期于一致起见，拟成立总公司，其对外一切业务，如采购、物料、出售成品以及人事调动，均由总公司统筹办理，凡厂内事务由厂长负责处理。如何请公决（附组织系统表一份）。

决议：通过。交由总经理筹划办理，陈报董事会备案，组织系统图一并交由总经理重拟后，陈报董事会备案。

二、查西安中国银行对本厂之管理权，系根据慎昌洋行移转天津中国银行之厂机押款而来，上项押款虽已还清，惟念本厂得由郑迁渝继续生产，获有今日之成果者，全仗中国银行热忱维护及管理得法所致，拟请由本厂董事会仍本以往历史具函授权西安中国银行继续管理，以谋将来业务之扩展。如何请公决。

决议：通过。

三、本公司董事长及多数董事、监察人均在上海，为会议及办事便利起见，自本届起在沪集会，并加入雍中行束经理主持之附属事业各董事会联合办事处办公。请予备案。

决议：准予备案。

四、本公司为重估固定资产之价值及换发股票等事，拟于本年□月间召开股东常会，以资取决。如何请付讨论。

决议：定于七月二十三日召开。

五、本厂渝、合、余三厂三十五年度全体决算盈余已经结出，共计十六亿九千八百五十三万四千三百一十三点五三元。

应纳所得税四亿二千四百六十三万三千五百七十八点三八元，除去提付中行酬劳金六千三百六十九万五千零三十六点七六元外，可供分配额计十二亿一千零二十万五千六百九十八点三九元。

附注：1.应付股息八厘计一百一十七万六千元，已在本期盈益项下预提；2.公积金业经提一千一百九十九万八千二百七十八点二七元，已超过资本额二分之一，本年度不再提存。

应如何分配，请公决。

决议：（一）股东红利暂不分配，俟开股东会决定资产升值办法后，提成作为股东新增加之资本；（二）董事长致酬六百万元，常董致酬每人四百万元，其他董监事每人致酬三百万元，下余之款转收盈余滚存。以上分配办法，俟召集股东会时请求追认。

六、束总经理云章对于厂务之推进贤劳备著，拟致送国币五千万元，以酬劳勤，如何请公决。

决议：改送特别酬金五千万元。

七、本公司与雍兴公司及其他各联厂因业务上之需要，常有彼此借用机器物料以应急需情事，上项临时借用之机料既一时不能归还，不如由双方公平作价，互相谦售，以清手续。如何请公决。

决议：原则通过，由双方协商办理。

临时动议

一、本厂向慎昌洋行订购之纱机二万枚、二千千瓦发电机二座及余机厂订购之工作机等，共需美金二百二十八万元，除能自筹美金八十万元外，尚不敷美金一百四十八万元，深感无法筹措。敬祈商洽中国银行，准将所订购之美国机器作抵押借款，以资拨付。如何请公决。

议决：除自备外汇外，先由本公司商请中央银行准予结汇，俾得向中国银行请求垫借，再有不足，由本公司另行设法或将发电机减定一具。

附

豫丰纺织公司组织系统表

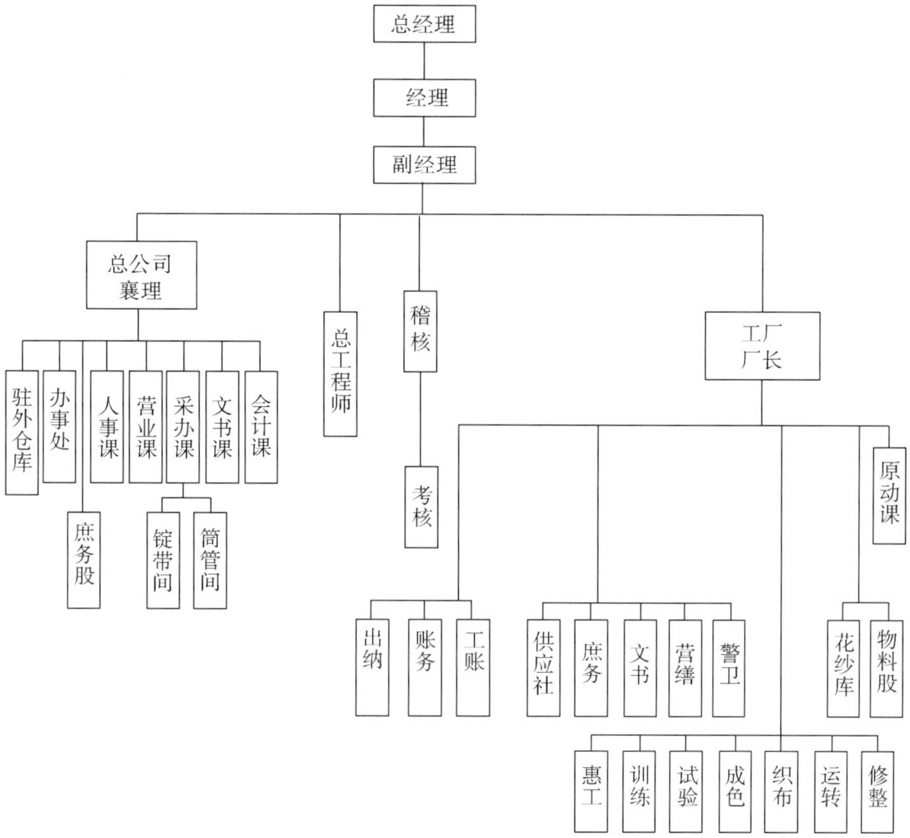

（件存陕西省档案馆民国档案 82－1－300 卷）

河南郑县豫丰和记股份有限公司第十九次董事会议记录

（1947 年 8 月 21 日）

时间　　　民国三十六年八月二十一日下午三时半

地点　　　上海中国银行三楼会议室

出席董事　卞白眉等六人（详签到簿）

公推卞白眉为主席

报告事项

一、本公司渝、合、余三厂三十一年至三十五年度营业情形（见营业报告书）。

二、本公司股东大会自卅一年七月卅日召开以后,因战事影响交通梗塞,迄未能召开。上届董事会开会时始议决与本年七月廿二日召开,现已如期举行竣事,所有应提请股东会讨论事项均经分别提付讨论,计有议决案六件,详见本年股东会议事录。

三、本年度董监事改选业经股东大会议决,除汪董事楞伯所遗一缺改选股东王君韧充任,又张董事公武改推股东赵雨圃充任外,其余各董监事均议决连任一次。既已改选,故此次董事会议即为新董事会成立会。

四、本公司在郑州复厂计划,因近来物价上涨,修建工程需款甚巨(约九十余亿元),一时不易筹措,加之豫北地方不靖,困难更多,故已决定暂缓进行,业经提请股东大会备案。

讨论事项

主席提案:

一、此次会议诸董事出席者在半数以上,已足法定人数,兹请按照本公司董事会组织章程之规定,在新董事七人中互选常务董事三人,再就常务董事三人中互选一人为董事长。

议决:当经推选董事卞白眉、束云章、赵雨圃为常务董事,并选任卞白眉为董事长。

二、本公司增值增资手续已由股东大会议决交由本会办理,兹本公司已由雍兴、咸包、丹纱、灵包、彰包各厂在沪合组董事会驻沪联合办事处,该处已自本年六月份起开始办公,上项增值增资手续拟即交由该处会同渝厂办理,请公决。

议决:通过。

三、兹接雍兴公司函称,以本公司民国卅一年及民国卅三年一月间,曾先后租用该公司纱锭两万枚,所收租金为数甚微,上项纱锭对于本公业务裨助良多,但该公司因此而蒙受之损失为数亦巨,屡欲收归自用,以该公司与本公司交谊素深,未便收回,兹拟请作成股本卅五亿元加入本公司合作经营(如本公司拟凑成股本一百亿元,该公司股本可照百分之卅五计算),并请自本年九月份起按照上项比例分配盈余,以昭公允,等语(该公司来函附后)。查上项纱锭对于本公司业务扩充确有裨益,在目前情况之下,又必须继续租用,如允其加入作为股本合作经营,一方面可节省租费,一方面可巩固本公司业务基础。如何请公决。

议决:雍兴租与本公司之纱锭两万枚,准予作价加入本公司作为股本,计卅五亿元(本公司股本总共为九十八亿元),本年度盈余自九月份起,即照上项比例分配。应付上项纱锭之租金，自九月份起即行止付，俟下次股东会时再行提请追认。

丙、临时动议

一、兹□□先生发起设立一轧花打包公司，邀请本公司投资合作。查打包业务将来大可发展，而本公司所需棉花又必须假手打包公司打包，该公司筹设后对于本公司将有裨益，拟由本公司投资六亿元。如何请公决。

议决：通过。

二、本公司投资天山工业公司计三百万元，兹该公司办理增资手续，经股东会议决，每一老股东升值一股外，希望各股东每股加认四股。本公司如每股加认四股，应缴一千二百万元。是否照加，请公决。

议决：通过。

三、兹由豫丰渝厂寄来改组总公司组织系统表一份，是否可行？又其中关于人事之调整，应如何办理？请公决。

议决：关于总公司之组织系统及人事调整等事宜，均请束总经理云章负责办理，并将办理情形提交下次董事会备案。

（件存陕西省档案馆民国档案 82－1－300 卷）

豫丰和记纱厂事务会议事录

（1940 年 5 月 6 日）

时期　民国二十九年五月六日下午四时

地址　潘经理住宅

出席者　束云章　杨朗川　沈次量　潘仰山　郑彦之　贺书绅　钱健菴　张仲实　郝通伯　潘薇屏　彭云腾　邱云舫　邹君乐　傅干臣　臧启怀

缺席者　陈焕熔

主席　束云章

记录　潘薇屏

主席谈话

事务方面，去岁六月间所议决者是否一一见诸实施，实有检讨之必要。兹略举三端如左，请潘经理报告一切。

（1）同人每日上班、散值是否依照规定时间认真服务？

(2)宿舍规则、请假规则等是否能严格履行,不致日久生玩,视同具文。

又烟赌嫖三项本厂悬为厉禁,凡我同人确能束身自爱、未染此恶习否?

(3)各部分相互有关事务能否彼此联系,略无隔阂否?

潘经理报告

根据主任所询,分别报告于左:

(1)同人每日上班、散值均依照规定时间办理(上午七时半至十二时,下午一时半至六时),并无迟到早退情事。办公时间以内尚能奋勉从事,各尽厥职。

(2)宿舍章程、请假章程始终恪守。无逾至烟赌嫖三项,敢负责报告,同人中绝无染嗜者。

(3)各部分相互有关事务均能彼此联系,毫无隔阂。例如磅余分级两项而言,工务、营业方面虽立场各有不同,然均能不分界域持平处理。

主席提议

(1)拟就本厂现有之消费合作社,扩大其组织,健全其结构,与重庆及天水两中国银行通力合作,以谋员工之福利。采购外埠货物,拟请重庆中国银行在沪统一办理,货抵重庆再行分配,所需资本由三方比例分摊。人选方面,拟由本人名义电请李蕃如君来渝主持其事,因知李君对于合作社事颇有经练,且过去成绩亦甚优良也。如何请付讨论。

决议:本厂合作社与雍渝两行合作原则通过。另由张课长拟具体详细办法提交厂务会议商讨。李蕃如君即日电聘,将来另由厂方派职员一二人协助之,所有合作社员工薪金及一切费用暂由厂方支付,俟该社营业发达得以自给时,再归社方自理。

(2)利用本厂现有织布机及原棉等,即日着手纺织布匹及毛巾等,其出数以能供本厂员工及雍渝两行同人之需要为限,不图牟利外售,至数量之分配及价格之厘订,请潘经理拟具方案,交由厂务会议商讨决定。再,为避免外间误会本厂织布牟利起见,将来拟将织布事宜归合作社名下办理。

决议:通过。

潘经理提议

现在厂中患病者日以百计,原有中医一人、西医二人、护士一人不敷分配,以致疗病室照料病人医药之责,不得不暂由不谙医药之普通书记工代替办理,长此以往,殊非所宜,拟请添用女护士二人,以利病者。

决议:可添用女护士二人以应需要,但每日患病者之多,殊骇听闻,应由本厂医士负责统计病者人数及所患病症种类等等，藉以研求致病之由，而施以预防之策。目下已届夏令，霍乱最易发生，务当妥谋预防，以免一经发现，即有蔓延之虞。

下午六时散会。

（件存陕西省档案馆民国档案 82－1－1349－2 卷）

豫丰和记纱厂第一次厂务会议事录

（1940 年 5 月 18 日）

时　期　民国二十九年五月十八日下午二时

地　址　潘经理住宅

出席者　束云章　沈次量　杨朗川　潘仰山　郑彦之　邱云舫　郝通伯　钱健庵　陈焕熔　傅干臣　臧启怀　邹君乐　彭云腾　张仲实　潘薇屏　贺书绅

主　席　束云章

记　录　潘薇屏

主席致词

兹于开始讨论前，先就本人两旬来实地视察之结果略述数语，以供互勉。查本厂全体员工，均能忠诚服务，殊堪欣慰，但精神终觉散漫，工作未见紧张，以致事倍功半，成效鲜著。欲矫此弊，首在领导，在上者于事前拟具妥善计划以资遵守，至如何本既定方针促其实现，则有赖中级同人任劳任怨以推动之。尚望我同人通力合作，藉收指臂相使之效，厂务前途庶几有济。现在各方面应造具之报告及计划等，均已依照前次各种会议所议决者造送到会，其中有待修正或加补充之处尚多，特一一提出，以资讨论。

一、建筑部分

（甲）建筑报告中关于各种工程，虽已规定完工日期，但何日动工，以地面未经出清，尚无确讯。此事应由建筑课召集有关系部分，互相商讨，确定出清地面日期，俾可早日动工，至何日动工，何日得以完成，仍由建筑课造具简表提出下次厂务会议报告之。

（乙）本厂各种工程之完成共需用款项若干，应照左列三点分别填报：

1. 比较二十八年六月间预算数，尚须超出若干？

2. 漏列预算各项工程目下已在建筑中者，已用去建筑费若干？全部落成尚需款几何？

3. 将来增加各种工程预计需用款项若干？

以上三点均请分清项目详细列报告。

（丙）经理、厂长住宅及工人宿舍各种围墙之建筑，应由建筑课会同建筑工程师勘察地势，通盘计划。

（丁）应添材料请分别物品及数量详细列表，报请下次会议查核。

（戊）工人眷属住宅二百五十四所，建筑费七十七万，数目太巨，应另行计划求其缩减（如因山地建筑费用较多，可另择地或购地兴建）。

（己）医院建筑费六万系按能容纳病人二百名之设计，亦嫌太大，可将规模缩小，就实际上之需要改按一百二十人计划之，并将建筑费比例减小。

（庚）小学校舍建筑暂按单轨制计划兴造，其经费以三万元为限，俟将来学校方面凑足基金，再图扩展。

（辛）水池漏水应如何补救，应由兴业建筑师克日拟具计划设法修【缮】使不漏。

决议：照办。

二、工务部分

（甲）据报装机计划除已开一万五千锭外，第一期应完成之一万五千锭，原定四月三十日完成，现以缺乏罗拉须改迟至七月十日完成，第二期之一万五千锭定期十一月十日完成。查所开完成日期均不免太长，应设法尽量缩短，俾可早日开纺，又俟上开四万五千锭装齐后，尚有五千锭亦宜设法配修，计日完成。

（乙）关于机件之修配，可另组修机委员会办理其事。人选以潘仰山、郑彦之、邱云舫、陈焕熔、钱健庵、彭云腾、戴修齐七人组织之。

（丙）训练女工程序，盼即按照所送《女工训练教程大纲》次第进行，并望于下次召开厂务会议时，将欲付印各项基本条件编就送审。

（丁）各种纱厂管理规约及整洁比赛运动条件等，盼即依照所拟送者切实施行。

（戊）所定《工人与工资之标准数》，虽比较最合理标准相差尚远，但第一步应即照此标准迈进，以期早日达到目的，再图改进。

决议：照办。

三、营业部分

（甲）营业报告及纱业调查报告中，除对于前次营业会议所规定应行调查各事项已有详细记载外，另附提议五点：

1. 纱上黑屑请设法除去。

2. 纱支出品请酌量随市出售以应门市，而免牌子冷落。

3. 自备二百吨至三百吨浅水轮二艘，行驶渝汉与长沙之间。又备八十吨川江内浅水货轮一艘，行驶土湾、重庆及附近合川等处，自运花纱及煤斤，以免运轮方面受人挟制。

4. 招考练习生在营业会计课各实习三个月，以备任用。

5. 本厂棉纱全售现款，他厂有售期款者，将来应否仿效？

决议：

1. 请工务方面特别注意，设法改进。兹据郑厂长报告，棉纱黑屑俟清花间完成后可以除清。

2. 照办。

3. 所见甚是，但现在购轮不易，所费亦巨，暂从缓议。

4. 招考练习生可以照办，由潘经理拟具《招考章程》提交下次厂务会议商讨，练习生之考选应加注意者：

（1）资格（初中或高中毕业）；

（2）品行端正，体格健强；

（3）脑筋灵敏，富有办事能力；

（4）绝对须有保人。

（乙）所拟《胶轮板车运输计划大略》，于将来实行运输时有无困难未可逆料，为妥慎计俟实地调查后再作计议。

决议：照办。

（丙）仓库管理规划大致尚妥，请加讨论。

决议：通过。

四、事务部分

（甲）《合作社扩大拟议》关于自织布匹毛巾分配数目已有规定，但售价以何者为标准，仍付缺如。请依照前次事务会议所议决者，将价格一层予以厘定，并与重庆中国银行商定合作具体办法。

决议：照办。

（乙）《豫丰消费合作社章程》有待修正者计：

1. 第二十五条设“工友三人”未免太多，应酌予减少。

2. 第二十九条“股本金额每股国币二元”似觉太少，不妨增为五元而以半股为单位（二元五角），以便工人认购。

3. 第二十五条“本社售货定价不得高于市价”乃属当然之事，不必明文规定，应予删除；第三十六条“本社售货虽非社友亦得购买”，若照如此规定，恐于社友之征集发生影响，拟请修正为“本社售货以社员为限”；第四十条“凡一切不意料之收入皆提充为公积金”，辞意似欠明显，请修正或删除之。

决议：由总务课另拟章程提交下次厂务会议商讨。

下午六时散会。

（件存陕西省档案馆民国档案 82－1－1349－2 卷）

豫丰纱厂整理厂务谈话会记录

（1941 年 3 月 21 日）

时间　民国三十年三月廿一日上午九时

地点　本厂图书馆

出席者　束云章　潘仰山　郑彦之　郝通伯　钱健庵　潘薇屏　彭云腾　臧启怀　邹君乐　陈宗鼎　蓝光普　贺书绅

主席　束云章

记录　贺书绅

主席致词

关于厂务之整理以及工务、业务之改进，本人到渝以后，迭经召集会议确定方针，并嘱由各部分根据既定方针拟具实施方案，以期分别步骤，次第实行。目下各部分送到计划已有多起，其因时间关系未及如期拟具者，盼尽本月底以前一律妥拟补送，俾可通盘筹划，以作将来实施之标准。兹参照各方所送计划书，并总括历次讨论之经过，作一结论如左，务祈切实照办为幸。

甲、关于工务部分

（一）雾季将过，空袭堪虞，所有本厂纱锭亟应设法疏散，以轻危险。即由工务部分依照所拟疏散纱锭办法切实施行，限四月底以前一律完成。

（二）兹为积极增加生产起见，限于最近期内廿支纱出数，至少须在点八五以上，并于相当时期内陆续增至点九，最后出数应暂以一磅为标准。深盼工务同人悉心研讨，循次以进，务必达到最后目标为要，并请郑厂长拟具详细计划送核，以资查考。此外，装妥纱锭亦希望能有百分之九十七常在运转之中，藉免多停一锭，即多一锭之损失。

（三）装修纱机之迅速与否，与纱支出数之多寡息息相关，是以保全部与修机间之间务，必取得密切之联络，并应健全其组织，俾能充分发挥其工作效能。此事由郑厂长拟具计划送核。

（四）目下购棉不易，运输尤极困难，用剩废棉应以何利用以资节省之处，由郑厂长妥拟办法，先由合川支厂试办，筹划期间预定六个月，上项利用废棉计划，务于本年十月间付诸实施。豫安纱厂购有废纺机一部，已由香港转仰光内运，此机运到，拟即借给渝厂应用。

（五）工房及工人饭厅之管理，应照此次人事课所拟规则切实施行。

（六）本厂纱支出品，其成色仍应改进，以免影响牌号，嗣后如遇出品不佳时，宁打副牌，勿用正牌。

（七）设法改纺一部分十支或十二支粗纱，以应市面需要。

（八）本厂原有纱锭五万六千余锭，长途搬运及历次轰炸后，现渝厂、合厂仅共装出约四万锭，应再设法修装。除已装四万锭外，第一步再先以五千锭为目的，总期将运来纱锭尽量利用。即由郑厂长拟具计划，规定时效，以便着手修装，限期完成。

（九）花纱库与工务部分原棉之收付，应确定手续以资考查，最好由花纱库将送出原棉之件数、磅数载明送货薄，交由工务部盖戳验收。如遇欲去潮分时，潮分以百分之十二为标准，过此标准照超过之实际潮分扣减。可由工务部分将所除潮分注明送货薄，以资证明，剔存潮分如数交还花纱库过秤收账。

（十）工务方面所用各种物料，应每月分类作表，比较考查用料实际状况，力求节省。

（十一）现在每包纱究用原棉几何，应切实考核，按月比较，以期达到合理之标准数量。

（十二）为养成本厂基本人才计，应设法征用职业学校学生，就其所学分别予以训练。

乙、关于营业部分

（一）据报秦省运到棉花时有亏磅情事，其实亏成分约计十分之一左右，应由会计、营业两课调查亏磅原因具报，并妥筹补救办法，以免日后再有短少。

（二）择成都、遂宁等处酌设办事处，以期推广营业。

（三）本厂所出纱支原系每包460磅22支82牙，比较裕华出品重出十磅，暗中损失实非浅鲜，应自即日起改为每包450磅21支83牙，并函请纱业工会特陈经济部平价处，将本厂廿支纱售价增为四千九百元，期与裕华纱价同等待遇。一面由工务部分会同营业课将本厂纱支出品，与裕华、庆新各厂出品作一详细比较，优劣何在？书面具报，以备将来在改进时知所依据。

丙、关于建筑部分

（一）为避免植物油厂及大鑫炼钢厂假道本厂出入起见，应即在沿江洪水线上，筑一三公尺宽之马路，直通大鑫码头，另于本厂二门外辟一马路通至公路，庶彼此各有界限不致混杂。盼按照上项计划与植物油厂及大鑫炼钢厂合商办理，所有修路用费，如该两厂不愿分认时，可由我厂担负。

（二）沿江码头只求有路可循，不必建筑石级，以资节省。

（三）水沟水位在十八公分以上时，应加筑水闸一道，用以蓄水。

（四）本厂西面加筑水池一方，俾遇火灾时得以就近取水灌救。

（五）择厂内适当地点建筑防空室三间，每间以容纳六人为度，以作警报期内救护人员临时躲避之所。

（六）第一、二女工宿舍及机工宿舍之厕所，概用自动冲水及化粪池之设备，并于厕所及宿舍之间筑一走廊以避风雨。

（七）沿江茅棚一律撤除，并加筑围墙一道，以昭谨慎。

（八）医院及学校暂缓兴造。

（九）礼堂及办公室应分开建造，不宜过于接近。

丁、关于原动部分

（一）保护原动间工程，应由中建公司负责从速完成，如感工人不敷分配，可由本厂另行拨给。

（二）500RW及1000RW透平发电机各一具，由郑厂长负责督率，根据中建公司所拟具之计划如期完成。

戊、关于事务部分

（一）本厂消防事宜，即照总务课所拟之消防简则积极筹备，并定于四月十五日起实行演习，以防不测。

（二）所请增加厂警十五名一节，姑准照办。俟本厂建筑完成，一切部署就绪后再为酌量核减，厂警待遇亦准酌量提高，但渝厂、合厂应趋一致。查管理厂警，首重训练值岗而外，无论读书识字或国技操演，总期各有所役，身心不致旁骛。我厂过去训练厂警，如稽查工人之进出以及防范窃盗、维持治安等基本条件，不知曾否订有条文加以晓谕？盼将所订条文送阅，以作厂警服务之标准，并由潘经理于一月以内，罗致富有警察学识者一人，专司训练之责。

（三）人事课应即移设本厂二门附近，以便工人进出易于检查。

（四）警察夜间值岗，应由厂长、课长、技师等规定日期轮班巡查，认真考核。

（五）择厂内最高地点设瞭望台一所，以资警卫。

（六）豫丰小学学生名额及班数不必限制，但所授课程应注重中文、算学、历史、地理、写字、体育等课，学生自修尤应由教员认真督率，俾免荒嬉。该校应另造预算送核，将来提取学校基金时可藉作参考。

（七）医院应有专人负责，所拟疗养院计划暂从缓议，可于将来提取医院基金时作为参考。

（八）为扶植合作社发展业务起见，暂由厂中酌借营运资金，五万元以内可不计息，超过五万元时，以月息四厘计算，惟以一年为限。

上午十二时散会。

（件存陕西省档案馆民国档案 82－1－1349(1)卷）

豫丰纱厂重庆分厂三十三年第十二次周会记录

（1944 年 4 月 30 日）

时期　三十三年四月三十日上午十时

地址　会议室

出席　潘仰山　郑彦文　钱健庵　郝通伯　彭云腾　刘瑞蒉　彭佩青
　　　吴祖荫　蓝光普　臧启怀　葛泉声　胡干才　雷志璃　曹永茂
　　　潘薇屏

主席　潘仰山

记录　潘薇屏

讨论事项

一、花纱布管制局驻厂专员面请对于调查纱支给予便利案。

决议：由车间各部门随时予以便利。

二、空袭防毒已迭由防控司令部及警局分别通知,应如何办理案。

决议:

(一)防毒口罩由职工各自按照防控司令部公布之简易口罩办法,用毛巾、肥皂、绛铡备用;

(二)口罩应用之纱布由采购课、总务课会商购办,按原价售给员工;

(三)负防空责任之职员应备口罩,由厂发给;

(四)备担架八个,由总务课小工任担架队。

三、送纱工人应否分拨归摇纱间管理案。

决议:送纱工各半支配,以半数归运转部管理专任送纱,又以半数归摇纱间管理,担任拾筒管。

四、女工应否即排队上工案。

决议:下星期起女工上班一律排队。

豫丰纱厂重庆分厂三十三年第十三次周会记录

(1944 年 5 月 7 日)

时期　三十三年五月七日下午四时

地址　会议室

出席　潘仰山　郑彦文　钱健庵　雷志璚　臧启怀　葛泉声　胡干才
　　　康叔峙　潘薇屏　刘瑞蓂　吴祖荫　郝通伯

主席　潘仰山

记录　潘薇屏

讨论事项

一、落纱现每日为七落半,能否减少案。

决议:仍照七落半办理,惟断纱接头随时注意。

二、据原动股报告,纱车多被工人打坏案。

决议:由管理员与组长切实注意禁止打车,如再有此类情事,应严加处罚。

三、组长、加油工应举行精神训话案。

决议:由各该主管人员每月举行精神训话一二次,将工作方法与做人之道详为指导。

四、禁止乱倒垃圾案。

决议：

（一）垃圾应倾于垃圾桶内，由庶务派小工运倒江中。

（二）原来垃圾桶如有损坏者，由庶务股查明原放垃圾桶处所，通知建筑课改用砖砌。

五、江边应否安装起重机案。

决议：俟其他厂起重机制成后，查看情形再议。

六、组长工资能否视工作成绩随时增减案。

决议：工资仍固定，惟成绩佳者得由考工核加奖金，其奖励办法由工务处拟候核定。

七、盖板、针布之除尘用机抄抑用人工挑剔案。

决议：仍用机抄。

八、三道清花钢板斩刀应否改用针板斩刀案。

决议：研究改用针板斩刀。

九、二道清花应否仍用调节器。

决议：研究改用调节器。

十、棉条车前罗拉应否改用皮辊。

决议：缓办，但应将自动关车机整理完善。

十一、细纱前罗拉急待需用，应催余机厂交货案。

决议：催令余机厂赶将前定之罗拉速为交货。

十二、棉花包绳应谋利用案。

决议：棉花包绳由清花间拆存，送交物料股整理后，备供打纱包用。

十三、打小包纱绳应否改用麻绳案。

决议：仍旧用纱绳。

十四、现在新配机器零件合于甲，不合于乙，应否采用标准制案。

决议：机器已旧，各车情形不同，采用标准制恐仍不能一律适用，仍以就各机配制为宜。

十五、粗细纱车罗拉偏心应否镶嵌方榫。

决议：毋庸镶嵌。

十六、工具储藏室应即恢复案。

决议：俟工具室修改完成，即实行逐日收发。

十七、工人食堂饭碗破坏为数甚巨，应否改由工人自备案。

决议：工人饭碗仍由厂备发，责成伙食股责令司碗工人注意，应以破换新为原则。

十八、通工眷宿舍总门应否提早门禁案。

决议：因有职员眷属住第三女工宿舍旁，早恐不便，每晚九点钟落锁，无故不得开启。

束云章旁批：

饭碗可以每工人发给一个，如有破坏即由本人自购；或严定管理饭堂规则，嘱管理员切实注意管理，如有工人故意损坏，应责令赔偿；或洗碗工人粗率经事致饭碗损坏，即应责令洗碗工人赔偿。据闻此一年赔碗之费为数甚巨，应注意此亦为管理厂务重要之事，如此事尚无改善办法，试问“管理”二字作何理解？

豫丰纱厂重庆分厂三十三年第十四次周会记录

（1944 年 5 月 15 日）

时间　三十三年五月十五日下午三时

地址　会议室

出席　潘仰山　郑彦文　钱健庵　郝通伯　彭佩青　吴祖荫　彭云腾
　　　刘瑞蓂　臧启怀　葛泉声　胡干才　梁梦周　刘子义　潘薇屏
　　　曹永茂

主席　潘仰山

记录　潘薇屏

讨论事项

一、本厂及合支厂此次应厂命所作，对于职务意见颇多，具有见地，有可采择处，应如何奖励案。

决议：择优在纪念周上发表并给奖金。

二、各主管人员于组长训话时，宜着重事项。

决议：（一）禁止工人在工作时闲谈；（二）粗细纱筒管落地者随时检（捡）拾；（三）皮棍锟不准乱丢；（四）禁止搬动马达与粗纱亨司表；（五）放工时将饭单内皮棍锟取放筒内。

三、工人证章仍有不佩戴者，应如何严督佩带案。

决议:由各该管人员严督工人佩带。

四、工人请假应如何与工账股取得联系,补工及存工应如何缩短期间案。

决议:(一)工人请假单应送由工帐股登记;(二)补工应隔日行之;(三)存工三个月不取即行没收;(四)存工应由工人自取,不得由职员或组长代领;(五)管理员盖印工折之印鉴,应取送一份交工账股存查。

五、招募女工奖金应缔定领取及追还办法案。

决议:招募女工以在本厂工作半年为限,自工人到厂日起两个月后给奖金,工人工作不满六个月者追还奖金。

六、各部分开除或解雇工人应如何与人事、伙食、宿舍、工账等部分取得联系案。

决议:各部分开除或解雇工人,应将解雇单连同工人同送人事课办理,再由人事课分别通知伙食、宿舍、工账各股。

七、替工应否禁用案。

决议:绝对禁用替工,不足人数由管理员自行支配,可以不到工之工资酌情匀分工作各人。

八、工人偷饭应如何办理案。

决议:工人偷饭如果查获,不论何项工人即予开除,并予查获者以重赏。

五时半散会。

豫丰纱厂重庆分厂三十三年第十五次周会记录

(1944 年 5 月 30 日)

时期　三十三年五月三十日上午十时

地点　会议室

出席　潘仰山　钱健庵　郝通伯　彭佩青　吴祖荫　潘薇屏　臧启怀
　　　胡干才　梁梦周　曹永茂　彭云腾　刘瑞萁　蓝光普

主席　潘仰山

记录　潘薇屏

讨论事项

一、工人解雇或外来冒充工人在工人食堂混杂吃饭者仍不能免,又工人食堂饭碗毁损月在五千只以上,应如何防止案。

决议：

（一）工人饭碗改用搪瓷碗，每人各发一只，收取保证金二百元，遗失即作赔偿，补发饭碗补缴保证金，退工时缴还饭碗发还保证金，先自女工食堂办起。

（二）各部分职员所辖有工人者，应每一周会同伙食股管理人员在食堂巡视三四次，如发现有混食工人，即予随时送警究治。

（三）每夜派稽查在伙食股一带查拿偷饭工人。

（四）随时清查工人及工眷宿舍，如有已解雇或非本厂工人在内混居者，即送警究治。

十一时半散会。

（件存陕西省档案馆民国档案82－1－44－2卷）

3. 来往函电

束士方为应注意事项致留厂委员会各委员及办事员函※

（1937年10月）

通伯、秉三、立元、光普、海涛、祖荫、一中、同阶执事大鉴：

此次时局幻变，本厂为环境所迫不得不暂时停工，所有职员已大部迁离郑州。执事愿留厂看守，为公之心殊堪嘉尚。兹由本厂组织“紧急时期留厂委员会”，派执事为该会××员，附上该会章程简约及各委员、办事员暨留厂工匠茶役名单各一份，即希查收并遵照该章程所定职权，自即日起就职执事，视社会事业为重，当能忠于职守，戮力同心，共扶危局。兹有为执事勖勉者：

（一）执事毅然留厂，忠诚之心至可嘉佩，惟望勿偶遇艰难而稍渝初志，务必坚守信念，贯彻始终，庶可不致功败垂成。

（二）留厂期内之员工务必上下一贯，指臂相助。须知排除困难，端赖精诚团结，值此风雨同舟之时，各事须为大局着想，切勿坚持己见。

（三）本厂对于职员平日劳绩素所深知，凡任何机关，其单位系由职员组合而成，故每一职员对于服务所在机关，均有同等重要性，绝不因地位之高低而有所轩轾，犹如各种机器，其轮轴与螺丝同属重要，如缺一螺丝，则全部机器在运转上亦即发生影响。故留厂职员，务须忠勤职守，上下同心，不必自矜自伐。盖职员虽有地位之不同，而本厂对其服务之业绩，绝不因之而有所召歧视也。

以上三点，并希察照转知，共体斯旨，是所至盼。此颂公祉。

束士方　启

（件存陕西省档案馆民国档案 82－1－2－3 卷）

束士方为紧急时期处置办法致留厂委员会函※

（1937 年 11 月 3 日）

仰山、彦之、仁奎、凤年我兄大鉴：

径密启者：前因时局变幻莫测，为准备起见曾于十月廿三日下午八时，与兄等在郑中行商讨豫丰紧急时期处置办法，并议决组织留厂委员会，所有该会委员、办事员、工匠、警役暨该会章程、简约等，均经与兄等共同商定。现在时局紧迫，兹除将致该会各委员、办事员函件附请转致外（转交请代填日期具报），再将十月廿三晚所议决其他各事摘要如左：

（一）未经指定留厂之职员，一概撤退（女职员先退）。

（二）凡撤退之职员，均留职停薪，各发给五个月薪水作为回籍川资（在撤退前借过送眷川资或其他费用，在此五个月薪水数目内照数扣还）。

（三）仁奎、彦之、凤年、润身诸兄，偕同移汉主持一切，并派潘薇屏、李善遒、李善遵、邱云舫、叶英才、张渊如、陈慎熔七君随同前往办事。

（四）徐处营业员凌震甫，许处营业员彭佩青、季泰松，汉处营业员王子彭、沙绍庭、杨玉章及练习生一人，俟各该处营业结束后，赴汉办理交代后听候派遣。

（五）派往汉口人员应察酌时局情形，再作第二步考虑，如战事一时难望结束，而汉口方面事务无多，得将驻汉人员酌量减少。

（六）《本厂非常时期留厂职员待遇办法》驻汉办事人员不适用之。再驻汉人员得酌量情形每月发给维持费，不支薪水（十一月六日与四总面议补充，八日陈报总处津行备案）。

（七）吴海清办理警务已有时日，在过去期间，或有不肖之徒对其发生怨恨，为体念计，应嘱其随同撤退。

（八）本年年底奖金，其停职之各职员，仍按之服务之时间照数发给。

（九）厂中所存成品、物料，在可能范围内应尽量设法运出。

（十）豫安派在本厂实习之练习生，如有愿往他厂实习而本厂可予介绍者，在他厂实习期间津贴按半数支给，膳宿费由本厂代为算付。至练习生本人愿意回籍或无相当之厂可予介绍实习者，津贴亦按半数支给，但不给膳宿费。

（十一）留厂职员（即留厂委员会各委员、办事员）及工匠、警役待遇办法按照弟十月九日函所附办法办理。特函奉达，统希参照办理为荷。

此颂

公绥

弟：束（士方）拜启

（件存陕西省档案馆民国档案 82－1－2－3 卷）

郑彦之为工潮处理及请假事宜致束云章函※

（1938 年 1 月 15 日）

云公钧鉴：

厂中去岁十一月二十二日因缺煤宣布暂时停工后，工人利用时机大肆捣乱，纷向党政军警当局请愿。查其妄诞之要求：（一）成立工会；（二）停工时工资仍须照给；（三）妄称厂中去岁盈余三四百万，须照工厂法之规定提取十分之一作全部工人之红利；（四）每逢例假工资照给。于是厂内厂外之棍徒，认为绝好机缘，一面煽动工人，一面威吓厂中，居然有人索讨巨额之代价，谓可包平此项风潮，满城风雨，一若大难之将临者。幸厂中早有成算，任其风声如何险恶，仍本预定之计划行事。不数日官厅谅解，工人软化，最近闻由软化而分化，一般索讨代价者，一变往日狰狞之面目而向厂中乞怜，结局工人要求概自取销，其付与之奖励金（此时尚未发）较我公所密示仰山兄者，少付十二天，约洋万余元。

因此事关于厂中今后之利害太大，故以全副精神细心处理，一切堪□厘注者，事前事后之布置，似尚丝丝入扣，至其戡乱之方，仰山兄当早有详报，兹不赘陈。兹尚有数事，尚需请示及谏报我公者，谨缕陈于次：

（一）关于工务方面之不必要职员，如助员及练习生之类，彦采疏散政策，分别酌令请假返里，薪资照停，现已归去者达十余人，似此于厂于彼皆有益处。有地位较高之职员二人未在预遣之列，亦请假归里，彦当即予以停职处分。近仰山兄复欲将其归里者，无论其地位之重要与否，是否由厂中预遣，一律停职，彦当然照办。不过此辈归去后，工作方面丝毫未受影响，厂中人心亦尚安定如故。此应向我公预为申明者。

（二）厂务方面，有女职员三人，去岁十二月，彦以时局严重，为谨慎起见，令其先归，当时曾奉仰山兄之命留职停薪，毫无异言。惟近经理室有女职员二人离郑赴□，经仁奎兄之要求，薪水照给。同为女性，同属厂中职员，其待遇似应一律。

该三女职员，二为湘人，一人苏籍，其苏籍者，彦念其清风两袖，流离异乡，情殊可怜，由彦私人每月给以伙食费五元，以安其心。

（三）有职员臧启怀、章秉三、章立元、刘子义、康叔峙、赵子中六人，平素做事尚称勤慎，助理此次风潮出力颇多。我公可否念其忠勇，臧启怀、章秉三、赵子中另给奖金一月，章立元、康叔峙、刘子义另给奖金二月。

（四）厂煤源源而来，旧历年内可望不致再停，但因煤质太劣，日少开纱锭七八千枚不等。

（五）明校长已就三十三支队游击司令之职，但尚未正式辞职，闻曾托仁奎兄向仰山兄请商二万，以作军服之用。

（六）厂中工人自此次风潮平息以后，或不致再行闹事，北方战局近亦好转，看来郑州谅无他虑。彦拟乘年底停工之暇，请假赴沪，接眷返湘，沪上虽甚平安，无如开支太大，势难久居。仰山兄已有允意，惟嘱再陈我公，彦义应呈准我公，方始成行，惟欲向我公陈明者，短期请假系认定厂中无事，可以偷闲，既非藉故卸责，亦非嫌厂内摩擦太多，章法紊乱。彦此时唯一之信念，只在一片效忠我厂、效忠我公之心。值此多事之秋，应如何始能发挥尽致，如稍存瞻徇畏难之心：1. 此次风潮初时，实颇险恶，何致穷数日夜之力，绞尽脑浆，力破重围，工作丝毫不受影响，厂柄依然在握；2. 月来厂中男女工人，在不动声色之中开除三百二十八人，每人奖励金及解散费以十五元而论，得省洋五千余元；3. 未曾奉命归里之职员皆系至好，何致只重厂纪，不顾私情，□然予以停职，藉杜泄沓之风？但已奉命者，彦颇不赞成遽予停职尽停薪可也。观乎此年底之短期请假，实因诸事告一段落，有闲可偷。因恐我公远道，有何不放心之处，故敢缕陈所以耳。耑肃。敬请崇安。

晚：郑彦之　谨上

一月十五日

（件存陕西省档案馆民国档案 82－1－1－2 卷）

郑彦之为厂中工潮及南迁等事致束云章函※

（1938 年 3 月 4 日）

云公钧鉴：

工人遣散问题，昨晚始告正式解决，中经十余日，四处陈说，仰山兄颇费苦心，卒以每人发给十二元了事。谨将经过情形缕陈于次。

彦于上月十八返厂后，目击厂中到工者仅原有十分之一，而每日空袭警报三四次不等，同时平汉路战情亦甚紧张。我公既有拆车南迁之命，为求火速竣事起见，乃于二十日即着手拆车，而工人扰嚷之事遂亦因是而起。方工潮未起之时，彦等早具戒心，惟其应付之策略颇异往昔。以前屡次工潮，皆系由彦与工人接头，暗中施以各个击破或收服之手段，其能迭次收效者，非彦长于言辞之功，盖人们攀龙附凤之心理，贤者亦有时难免，故此辈之最易入彀。此次举厂南迁，工人认为永失依靠，其所存之心理，自与昔日大异，如以密语甜之，终将格格不入；如以小利诱之，复恐其欲壑难填。好在此次系奉命南迁，不如将解决工人问题之责任，诿之政府，较为干脆。策略既定，遂于十九日随仰山兄面谒政训处处长。初厂中仅允解散费每人六元，卒以处长之要求，每人预定给以十元。处长复当面表示，如工人发生扰嚷，愿负解决全责，其人之诚恳，固堪感激，但彦并不引为乐观。盖彦处理工人事件，曾有多次，从未有片言立时而决者，以此次迁厂大事，谓可由片面决定，安然迁徙，宁就奇事！故彦仍追随仰山兄之后，奔走于各机关之门，反复陈说，不惮唇焦，谁知地方政府卑怯无能，一闻工人便如谈虎，而党部更欲实现其“中山主义”，藉此渔利，更闻党部与政训处因各争民众之故，摩擦素深。而政训处长复于此时因公离郑，主持正义者无人，推波助澜者日益增多，于是工人气焰因之大振，廿三日竟发生聚众阻拆，几将暴动情事。后虽抑止，狡黠者随众捣乱，忠厚者畏事缩头，暴动之事虽可幸免，怠工之势无形造成。而解散费之要求，初为卅元，后竟涨至五十元。叩见程主席，无如堂陛簾高，乞援工矿会，谁顾一纸空文？迩时形势，颇感棘手，但彦等委诸政府解决工潮之策略，始终屹然不变。幸仰山兄交遊广阔，各方景仰，居然以为警察局筹饷之功，而受警备司令之感激，同时警备司令复接中央负责解决之电令，叱咤一声，群小从而歛迹，专员、县长一若死尸还魂，始翊翊然而有生气，乃于三日向工方说妥，并定有办法五条（另纸抄陈）。昨晚各方签字，随即发给维持费及工资，一场风波始告段落。十余日之焦思，餐为忘，寝为废，面庞为瘦，而其结果，偏惠工方。然一念及工人今后生活之艰苦，及厂中全部机器安全南迁之愿望，给以此数，复许诺言，我公或亦不致十分见责也。

厂中机器现仅拆五分之一，风潮解决，此后可望加快。如时间许我一月，机器、生财以及其他有用之物，彦拟悉南迁，片物不留。惟今日空袭竟日，传闻风声颇紧，不知能否如愿以偿也。

果厂中机器能悉数南移，彦亟愿我公促成复兴，倘多损失，无处补偿，未免可惜。厂既南迁，以前我公颁给之保管条例，殊失时效，恳请收回，另定办法。彦意此次帮迁出力人员，如我厂有即刻复兴之意，此辈人员到汉，可不必即时遣散，但人数彦意亦不必在多，至厂中可酌留厂警数名、保长一名足矣。如我公赞成斯意，彦当与仰山兄细商，再行呈请核准。专肃，敬请崇安。

晚：郑彦之　谨上

三月四日

（件存陕西省档案馆民国档案 82－1－1－2 卷）

束士方为豫丰在渝创办应嘱诸事致潘仰山函※

（1938 年 6 月 22 日）

仰山我兄大鉴：

豫丰在渝建设伊始，各事手续应力求周密，处理须有条理系统，前函已与吾兄谈及。现钱健庵兄已由此间陈请总处派为豫丰会计主任，俟其抵渝后（可由兄催其从速至渝），请将豫丰会计课即日组织成立，并拟定暂行会计规则陈核。所有各处代付豫丰用款，一俟会计课成立后，即专付厂账，以资集中。再，豫丰如须与渝行订立往来，请其代付各处划至厂中之款，请将办法及条件寄下，以便敝处转托渝行洽办。又，豫丰文书方面，如函件之拟办、查复及归卷、保管等，亦须办理完善，条目分明。总之，厂中各方面事宜，都应定一有系统之办法。现当创办之初较易为力，务将各事妥为筹划，使其头绪分清，有条不紊，以免日后无法整理。至同人管理方面及其服务精神，尤应于开办之始，即树立良好规模。凡此种种，谅兄亦早顾虑及之，无待弟言，但弟之所以喋喋者，实因对豫丰渝厂希望太切。因此厂之成败，关系本行纱业计划至巨，故时相勗勉并藉以自励，以冀能共为事业努力。惟弟为事实所限，不能在渝少分劳苦，心殊不安，凡弟未能想到之事，尚望代为计划，以臻至善。因弟在次尚须处理其他事务，不克专心一致应付豫丰，设有疏忽，诚恐无以对公家，惟赖兄等多多注意，以匡我不逮耳。耑此。顺颂公绥。

弟：束云章　拜启

再，豫丰在宜州等地购买原料，弟意可向沙处、宜处叙做十足押汇，货到渝厂后，改向渝行做十足押款（如该行处因作十足押款押汇恐有风险，可由敝处出函担保）。弟曾向总处谈及，以后豫丰生意如乃由津行承做不甚妥便，以由该厂当地所在行承做为宜，因豫丰以后在各地赖于当地行帮忙者甚多，不可使其只尽义务。弟此次在各地视察时，亦曾与当地行谈及也。

弟：方　又及

（件存陕西省档案馆民国档案 82－1－2－4 卷）

束士方为胡瑞芝等三人调厂任职诸事致潘仰山函※

(1938 年 6 月 27 日)

仰山我兄大鉴:

接奉廿二、廿三日航函,备悉一一。

一、睢怀荪、赵文波二君可调至豫丰办事,俞自湘拟暂留在敝处服务。豫丰文书方面,请另行添调相当人员。又胡瑞芝兄来函,以家庭方面人口众多,担负甚重,不愿去津,请为设法云云。弟因豫丰将来营业上尚需添人,拟即将瑞芝兄调至豫丰办事,即请察照。再,豫丰如仍须补充人手,请兄就津属撤退之行处人员中酌量遴选,不必拘拘于郑支行及郑属各处庄。至郑属调往豫丰办事之人员,请尊处(郑支行)以公函陈报,以便转陈总处。惟此次津属各行处人员调往豫丰办事者,在本行方面系念其过去办事能力良好,方为其前途着想,代为设法,故渠等调往豫丰后,不能作为本行同人(与派驻性质不同,我行对于豫丰派驻人员,除经理及会计两缺外,其他调用人员均不能作为派驻,亦不便向总处陈请),只可陈请总处保留原资。弟当竭力去办,能否办到,现尚无把握。是以本行调至豫丰之人员即作为豫丰人员看待,对于待遇等须由厂方核定,不得以本行原给待遇作比,斤斤计较。至于入厂以后,尤须刻苦耐劳,认真办事,为豫丰同人树立良好规模,不可养尊处优,稍有银行气习,致贻人口实,并请将此意传达本行调往豫丰之人员为荷。总之,在此国难期间,能不失业即为万幸,我辈代另设法安补,亦已费尽心力,深望同人能体谅此意也。

二、胡瑞芝、睢怀荪、赵文波除请尊处以公函陈报敝处调往豫丰办事外,并请吾兄将该三君本行原给薪津查示,并拟定豫丰拟支薪额见告,以便酌定。再,睢怀荪调管豫丰事务所,设事务系指杂务而言,抑指总务而言,如系总务则头绪正繁,主持者非细心周到而办事又有及严密条理者不可,睢君能否胜任。兄当加以斟酌也。

三、兄之房租请不必由豫丰以“特例办公费”名义出账,请将该款按月划至“津驻港处”,由此间设法出账可也。

四、吾兄所收豫丰股票,票面二万八千元,以兄所处地位,最好按原收折扣(二九折)售给本行,并请将该股票张数及每张面额与抬头,开列清单,以公函陈报系由尊处代为收进,以便敝处转陈总处备案。

五、前寄上彦之兄所拟《建厂工程步骤》,计已收洽,彦之兄现曾抵渝否?至以为念。一俟彦之兄抵渝,请速与与兴业工程师早日将建厂计划书及其竣工期限，拟定见示。至盼！

六、兹拟就豫丰组织系统一纸随函附上，请兄再为斟酌，如有意见，望即示知。再，该表中各股主持人选并望拟定寄下，以便核定。耑此，即颂时祉。

弟：束云章　拜启

（件存陕西省档案馆民国档案82－1－1－2卷）

潘世经、郑国栋为豫丰渝厂纺纱出数、建筑工程、棉花保存等致张鸣冈函※

（1939年9月22日）

鸣冈我兄大鉴：

奉读九月十三日手书，承示云翁以操劳过度，致痰中带血，就医休养，已起居如常，现在假中，犹劳心厂事，敬聆之下，既慰且念。查厂事成败，大之固有关国家社会，就其小者言，亦足以影响弟等之名誉。凛于此义，故无日无时不密切注意，虽时受敌机威胁，仍本工务第一、建筑第一之精神，努力迈进，未稍懈怠，以期不负委托。兹将转嘱各点布复如左：

一、纺纱出数：查渝地四季阴雨多而晴朗少，潮度既高，纺纱甚受影响，就过去之成绩，加将来之努力，其出数约只能纺至点八，购办原料，似可即以此为标准。

二、建筑工程：查新厂被敌机摧毁部分，修理重建费工旷时，□□□感本厂之宽大，已经商定自九月十三日起，仅两个半月努力全部完成，阴雨及空袭时间除外，惟旬日来阴雨连绵，以后晴雨尤难预测，但既有两个半月之约期，当随时尽力督促，不使迟延。

三、保存棉花：查棉花保管方法业经厘订施行，今后当随时调查，使之实践翻包堆装各以其时，用旧存新，咸按次序，至空气之流通，堆包之架垫，亦当严密注意，不使草率。

四、存棉年限：棉花保存年限，从前以无久存之花，尚无实在经验。惟自郑运渝，原料有为前年购入之货，今时将两载，其未受潮者，纤维拉力并未减损，纺绩成纱一如寻常，以是类推，果能保管得法，谅可支持四年。

以上诸节，即祈代陈云翁，释注为感。此颂公绥。

弟：潘世经、郑国栋　拜启

（件存陕西省档案馆民国档案82－1－2－2卷）

潘世经为豫丰纱厂重庆支店变更登记致束云章函※

（1939 年 9 月 24 日）

云翁我兄大鉴：

本厂在渝成立后，迭奉官厅文催限期登记。查本厂在郑时，业经登记有案，此番迁川如办“所在地变更登记”，则前年之董监事改选尚须补报，且将来时局平定，郑厂恢复，对此事仍须另起炉灶，未免多费手续。现就“重庆分厂”意义言，似以办理“支店登记”为适宜，谨代董事会拟妥呈文一件，附请核阅，如有未合，即祈改正饬缮，送由董事长签章后寄还，俾便封发为荷。此颂公绥。

弟：潘世经　拜启

附

设立重庆支店声请登记书

重庆市社会局

具呈人　豫丰纺织股份有限公司董事长

地　址

计开附件

登记费国币　十元

印花税国币　二元

登记事项：

一、支店名称　　豫丰和记纱厂重庆分厂

二、支店所在地 四川重庆市小龙坎土湾

三、支店经理人姓名、籍贯、年龄、住址

潘世经，浙江杭县人，年四十六岁，住重庆小龙坎土湾

摘录本店登记事项如左

公司名称　河南郑县豫丰纺织股份有限公司

所管事业　纺纱织布

股份总银数　规元三百万两，改定为国币四百二十万元

股份银数　五十两，改定为国币七十元

每股已缴银数　缴足

本店所在地　河南郑县城外豆腐寨

本店执照号数　二十二年二月二十三日实业部颁发股份有限公司新字第一一五号

（件存陕西省档案馆民国档案82－1－2－2卷）

潘世经、郑国栋为重庆纱厂营业及工务进展情形致束云章函※

（1939年10月12日）

云翁我兄大鉴：

奉读九月二十九日手示，敬悉一一。我兄病中犹不忘情于厂，反复喻解，如聆謦欬，如饮醇醪。惟兄益不忘情，弟等愈觉惭悚，敢不奋发以慰远怀？谨将此间实际情形，以及弟等之见解，略陈梗概于次，祈予垂察。

（一）营业务须机动，此诚不刊之论，但更须具有中心之主张，机动之功用始益显。此间之中心主张即有纱则卖，不赌输盈；见客则谈，不问大小，如有他厂取巧，冀陷本厂于不利，则必予以无情之打击，务使其觉悟而后谨慎应付，总期不落于人之后。

（二）工务上之成绩，虽与我兄理想上之境界，尚有相当之距离，但其表现确已日新周异而月不同。最近一、二两厂狂加速度，一厂已超越点八，而二厂亦大有跟踪迈进之可能，惜乎困难横生，弟等几无日不绞脑浆以思克服之术。例如月前细纱女工补足，而摇纱女工之能力不足以副之，迨摇纱女工补足，满望扶摇直上，而警报频传，甚至一夜数发，及近日月色黯淡，又值迷露漫天，潮湿逾恒，天晴则女工畏炸逃返乡间，天雨则女工畏难蜷缩宿舍。每于蹙额棘手之时，只有绕室彷徨，默思应付之方。弟等虽未能时常深夜出巡，但未明而起，扶策一切，已成常课。论者谓此间之一丝一缕，皆由心、汗、力交纺而成，弟等亦惟相视一笑而已。

（三）现弟等拟将前装之万锭诸事纳于规范，藉为正式纱厂之楷模，并欲出数永远保持点八五以上，故拟于一星期之内，从事此万锭之整理与补充，俟下星期起，再陆续加开新锭。非敢故步自封，为便于今后之推进计，实不能不有此一着，谨特陈明以免悬念。

（四）傅君业已到厂视事，新旧皆相融，值此才难之际，微兄言，弟等亦断无不力作后盾之理，尚祈释注为荷。此肃，顺颂公绥。

弟：潘生经、郑国栋 谨启

（件存陕西省档案馆民国档案 82－1－2－2 卷）

潘世经为陈报港运滞海防材料转运等事致张鸣冈函※

（1939 年 10 月 27 日）

鸣冈我兄大鉴：

本厂由港运滞海防材料，迟迟不能转出，度其困难，固由于货挤车缺，而承运公司未为尽力要恐亦属一因。查现存防地之件，均系待需之品，且战事延长，凡属外货有将一律禁止入口之说，如果任听久延，将来不获进口，影响厂用甚大。闻福生公司海防存货，以鉴于火车运昆较迟，已改在当地交船运良庄，然后再装火车转同登，如此费用既省，且亦便捷。弟意本厂之货，似亦可步武办理，惟各货系新绥等公司代运，不知有无订定专走某道，如能随便变更路线，则船运良庄转同登，可无问题。如何之处，拟请遵处重向商定。倘该公司等仍旧敷衍不为尽力，请即嘱改在海防交货，以备我方自行运输。但对于该公司等已支之运费，可否向之收回，尚祈酌洽示复为荷。此颂公绥。

弟：潘世经 拜启

（件存陕西省档案馆民国档案 82－1－2－2 卷）

潘世经、郑国栋为女工作息安排及纱价调整致束云章函※

（1941 年 6 月 27 日）

云翁经理钧鉴：

奉六月四日手诲，敬悉种切。关于于女工之管理训练，已经按照前拟办法切实实施。如工人食饭，现于大厂辟室作饭堂，凡上工工人于入膳后，即全体至车间工作，不许退出，以前饭后隐匿之弊可以杜绝。又如宿舍将甲乙班分开，各归一宅，上工之际全宅皆空，休息之时全宅就寝，秩序尚称齐一，起居比前安定，工资亦分别提高。惟警报频传，加以天气炎热，女工仍多私逃回家。虽在万县等处招来新工甚多，然车仍开不齐，现设法罗致他厂熟手，期以装妥之锭如数开齐，用增生产，免失时机。又裕华纱厂以工缺亦仅开二万锭，申新亦因女工私逃甚多，不能与人争胜，已别辟蹊径，试办三八制，如果能著成绩，则全厂照改。至本厂与合厂每月盈余数目，已嘱健庵兄以后于次月上旬确计实在数目，兹将一月至五月至确数随函附奉，祈鉴核。又外汇早经注意，惟渝市极难购买，且均属零星小数，现价每元合二十八元，已托上海银行等遇有即为收买。又本纱品质与出数问题由彦之负责整理，设法改进本纱售价，迭商平价购销处改与裕华相若同价，惟该处以从前本纱价格与裕华同等时，纱之重量比裕华高十磅，今纱重相同，价应比小，若相同等，是独提高本纱之价，不允增加①。虽经竭力争持，迄今尚未解决。至于对外事务，凡不涉厂事者，经亦无暇参预，惟有集中精力整顿厂务，总期不负所托，藉抒绮注。专此奉复，敬颂崇祺。

潘世经、郑国栋　谨启

（件存陕西省档案馆民国档案 82－1－17－4 卷）

潘世经、郑国栋为全体职工入党成立区党部以指示工会行动以免隔阂致束云章函※

（1939 年 8 月 21 日）

云翁我兄尊鉴：

皓帑两日电示敬悉。连日与卫戍司令部、市政府党部当局疏通，表示我厂迁渝原为翊赞建国大业，增加后方生产，至工人待遇优厚，福利完善，无不注意，如工会成立后，恐不良分子藉此煽动人心，妨害厂务，则唯停厂之一途。彼等复称工会依法组织，无法取销，前最高当局对于边区曾有暂停之令，近因渝市有某工人团体，为某党窜入，发生罢工事件，政府党部有鉴及此，准予派员指导组织，以防某党蹈隙而入，并准照收会费，但限工会须协助厂方推进生产，如有不兢行为，决随时纠正，严为制止。弟等各种方法已用尽，无法制止。厂内幸不良分子甚少，首恶同人已藉故开除，余孽待清。现惟有设法使工人不参加，防范扩大，用釜底抽薪方法。至工人待遇自当力求改善，使恶者无所藉口，善者益加感奋。查裕华、庆新、军政部纺织厂工人，均有组织，邀彼等共同交涉，恐亦无效。昨闻党部之组织部负责人建议，若厂方全体职工悉入党，藉成立区党部，以区党部立场指示工会行动，庶免隔阂。弟等正在考查中。尊见如何，祈示为荷。耑此，，敬请近安。

弟：潘世经、郑彦之 拜启

① 束云章批注："果重量箱等，价质相等，可以我厂之纱须多十磅，方可与裕华售同等价格，可谓奇闻。"

后束云章批复：

工会既难以取销，可因势利导，但工人中之不良分子仍应设法清除。至全体职工加入党籍，万万不可，将来必至弄巧成拙。右电以沪密拍发。电告此项意见时措词，最好稍作回旋余地。

豫丰渝厂为请改定医务人员及女职员津贴办法致雍中行管理豫丰办事处函※

（1943年3月31日）

雍中行管理豫丰办事处大鉴：

查奉颁职员家属津贴支给办法，于医务人员及女职员均未规定。本厂现有上项人员，在厂务上既不能不雇用，则于其生活上似亦宜同为调整。兹将本厂及所属厂之医务人员及女职员津贴办法，重行改定如次：

（一）医生及男护士每人每月各津贴米六斗，不给布煤。

（二）女护士每人每月各津贴米四斗，不给布煤，取销原来米贴一百元之规定。

（三）女职员每人每月各津贴米七斗，不给布煤，取销原来米贴二百元之规定。

办法为维持各个家庭使生活安定计，谨陈鉴核，乞赐示遵为荷。此颂公绥。

渝厂　启

（件存陕西省档案馆民国档案82－134－1卷）

豫丰纱厂重庆分厂为与宝鸡运输部合作致雍兴公司函※

（1941年5月17日）

径启者：敝厂自迁渝以来，每年所用原棉数量甚巨，均系在陕西泾阳、河南灵宝等处采办，经由宝鸡循公路运输来渝。西北交通本极困难，近来以军运频繁，租车益感不便，此项运输有时竟陷于停顿，因之敝厂原棉之供给常感不敷应付。兹闻贵公司为西北商运便利起见，拟在宝鸡设立运输部，办理商运事业，并为运输燃料之供给，在广元设立酒精厂，硕画伟谋，良深钦佩。敝厂前因豫陕原棉转运关系，原有自办运输之意，今贵公司既有运输部及酒精厂之组织，敝厂拟即加入贵公司合作，以期早日观成。兹并拟具合作原则，另纸抄奉。敝厂夙承协助此项合作办法，谅荷赞同，用特专函奉商，尚希惠允，并缮具正式合同寄下，以便鉴定陈报敝厂董事会备案为荷。

此致

雍兴事业股份有限公司

郑州豫丰和记纱厂重庆分厂

附

合作条件原则

一、贵公司宝鸡运输部额定资金二百万，又广元酒精厂额定资金八十万，敝厂愿各担百分之五十（即对运输部投资一百万元，对广元酒精厂投资四十万元），此款一经贵公司通知，当即如数拨付。

上项资金敝厂委托贵公司信托，投资性质，不作为入股。

二、运输部及酒精厂之用人行政，完全由贵公司全权主持，敝厂不参加意见。

三、运输部及酒精厂之会计应独立办理，每年决算除一切支出外，其损益敝厂按照投资成份百分之五十与贵公司分摊。

四、敝厂宝鸡存棉花疏运上之便利，在本约有效期内，敝厂与贵公司享有同等优先权。但运费均照运输部定章缴纳。

五、合约签订之后，贵公司与敝厂任何一方如愿解除，应于六个月以前通知。

（件存陕西省档案馆民国档案 82 －1 －221 －239 卷）

豫丰公司董事会为投资西北运输处及蔡家坡酒精厂致雍兴公司函※

（1941 年 12 月 13 日）

径启者：查重庆敝厂前以原料运输困难，曾商承贵公司同意，共同设立西北运输处，资金二百万元，敝渝厂担任半数一百万元；又为供给燃料起见，设立广元酒精厂，资金八十万元，敝渝厂担任半数，即四十万元。惟当时各该厂筹设伊始，未拨款，现在运输处业已成立，广元厂亦将出货，又贵公司因运输处添购车辆，已将其资金扩充为五百万元，广元酒精厂因后方物资缺乏，工料价腾贵，已将其资金扩充为二百万元。查敝渝厂重承贵公司鼎力协助运输，受赐匪浅，且双方前已订有合作成约，敝厂对于该厂处资金上之筹拨，亦应共同分担，所有该厂处扩充之资金，拟仍由敝渝厂与贵公司各半担任，计西北运输处资金总数五百万元，敝渝厂应担二百五十万元，又广元酒精厂资金总数二百万元，敝渝厂应担一百万元。再查贵公司蔡家坡酒精厂业经开工，闻该厂资金已扩充为三百万元，敝渝厂亦拟投资半数，计一百五十万元，所有营业盈亏当按原议双方各半担负。用特专函奉商，如蒙惠允，即祈示复，以便将应拨上项款一并拨奉为荷。

此致

雍兴公司

河南郑县豫丰纺织有限公司董事会　启

（件存陕西省档案馆民国档案82－1－221－239卷）

第十一章　附属事业

一、私立雍兴高级工业职业学校

1. 学校概况

私立雍兴高级工业职业学校概况

（1946 年 5 月）

一、创校概述

语云："十年树木，百年树人。"又云："人之才成于专，而毁于杂。"树人惟教育，成人之才亦惟教育，是教育乃树人成才之艰巨事业，而尤贵诸专科也。曩值抗战建国之伟大时代，兴学育才，以担当民族复兴工作，实为当务之急，况近年来政府眷顾西陲，以亟谋开发西北昭示国人，故西北方面应如何就地培养干部、技术人才，以应工业建设人才需要，尤属迫切要图。雍兴实业公司总经理束士方先生，高瞻远瞩，洞鉴及此，爰提倡创办高级工业职业学校之议，苦心擘画，奔走咨筹，不遗余力，卒以创成本校。

先是，本校校董会于卅一年夏成立于西安，公推束士方先生为董事长，沈钥、杨毓琇、李紫东、王瑞基、刘持钧、吕凤章诸先生为校董，遵照职业教育法令，议定校名为私立雍兴高级工业职业学校，暂设纺织、机械两科，并以岐山县之蔡家坡为建校地址。议成，一方面筹募基金，并商承雍兴公司及其附业分担经营费用，策划进行，一方面拟具组织纲要，呈报陕西省教育厅核准创立。同年八月，聘请吴本蕃先生任校长，以专责成，旋奉教育厅核准加委，本校即成立。当于蔡家坡选购地基，兴建校舍，罗聘师资，置备教具，凡百创校庶政，兼程并进。同年九月，呈准教育厅举行首次招生考试，录取纺织、机械两科学生共五十名。时以校舍尚在建设之中，权将录取各生暂分赴雍兴公司蔡家坡纺织厂及西北机械厂实习三月，同年终校舍大部落成，部署蒇事，遂于卅二年元月正式开学授课。经年端倪粗就，应需设备，次第添置，凡图书、仪器、实习机器工具均经广为搜求，逐渐充实。卅二年八月，举行第二届招生，机、纺两科共录取六十名。同年十二月，缮造各项立案表册，赍呈教育厅转部立案。卅三年二月，本校校董会复敦聘工业界先进潘仰山、郑彦之两先生为本校名誉校董，以期集思广益，用观厥成。同年三月，举行第三届招生，两科共录取学生五十八名，与原有之四班，已共为六学级矣①。卅四年六月，举行机、纺两科第一届学生毕业考试，由教育厅派员监试，参加毕业考试者，计机械科十四名，纺织科十二名，结果成绩均及格，当由本校各就其所学，参酌其所愿，分别介绍服务于各大工厂。惟以毕业人嫌少，未能应各厂之需求，实一憾事也。

同年八月，举行第四届招生，两科共录取学生五十四名。九月奉教育厅转部令准予备案，并颁发钤记，至是本校之地位，得正式确立焉。

本校既为培养工业干部人才，促进西北生产建设而立，除对有关学科，兼筹并顾，不使偏废外，对教学设施，务以实事求是、学做合一为唯一方针。因之特重工厂实习，使于实地工作中，求取经验，配合理论，期学以致用时，得心应手。至实习地点，机械科则假诸西北机械厂，该厂实为西北机器工业巨擘；纺织科则假诸蔡家坡纺织厂，该厂规模完善，足资取法，两厂左右毗邻，实习极称便利，荷承指导，嘉惠良深。卅三年春，本校校董会为加强教育效能，有在校内自行创办实习工厂之议，旋即筹措专款，命先开办小型染织实习工场，以应急需，良以蔡纺厂无是项设备故也，计于四月间开始筹备，鸠工庀材与建场房，两阅月落成。时以中原战局影响，一度停顿，待秋初计划重兴，遂积极装置织布、织袜等机器及染锅等，适卅四年二月春季开学时，该场亦已开工。自是纺织科学生，于染织方面，又获得实际体验矣。

本校创建于战时之西北，环境多艰、物资匮乏不待费词，惟是既念于国家需才之切，复感于社会期望之深，披荆斩棘，责无旁贷，筚路蓝缕，悉力以赴，时近四年，勉能初具规模，弦诵不辍，但去理想甚远。值兹战后复员伊始，建国工作维艰，各项技术人才，亟待培植，视工业教育对建国工作所负之使命重大，为何如耶？本校今后除充实现有班级设备外，拟适应社会需求，增设化工及工商管理等科，并继续筹办专供实习用之小型纺纱场及铁工场，以利教学；筹建科学馆，以提高学生科学

① 即共有六个年级。

研究之兴趣;增设体育馆,以加强学生体格之锻炼;扩大图书馆,以充实师生工友等之精神食粮;其他福利设施如医务室、浴室等,亦拟逐渐设立。一俟规模完善,条件具备,拟即改为专科学校,俾学生得有进一步之深造机会,且为社会尽更大职责,是故本校任重道远,惟更临深履薄,竭力策进,庶于国家复兴,略有贡献焉。用特编就本校概况,并述其创建崖略及今后计划如上,幸社会贤远达惠予爱助,并有以教之。

二、组织与职掌

本校设校长一人,经理校务,由校董会聘任,报请主管教育机构加委。下设教务、训导、总务三处及会计室。教务处职掌教务、注册、出版及图书、仪器之管理事项,训导处职掌学生生活指导与管理及体育事项,总务处职掌文书、庶务、出纳、资产、保管及医药卫生事项。各处各设主任一人,教务员、训导员、体育指导员、图书仪器管理员、事务员及办事员若干人,均由校长聘任之。会计室设会计主任一人,由校董会委派,实行会计独立。教务方面暂分纺织、机械两科,各设主任一人,由校长聘请专任教员兼任之。军事训练方面,则遵照规定设立军事训练团,由校长兼任团长,并由军训主管机关指派军训教官负责训练事宜。此外,适应事实需要,得组织各种委员会,辅助校务之进行。兹将组织系统表列如左:

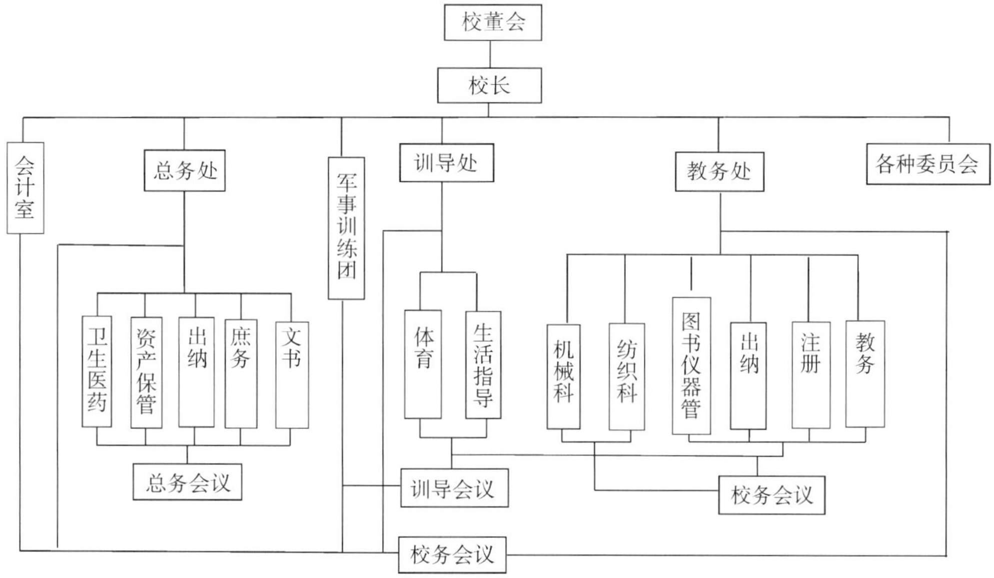

三、校舍建筑及设备

(一)校舍建筑

本校校舍建筑于岐山县属之蔡家坡,背依高原,面临渭水,陇海铁路蛇延横过,太白山峰巍峨遥对。全校面积共为四十六市亩,现有建筑共二一二间,占地面积五〇五八.七〇平方公尺。兹将各项建筑名称及间数表列如左：

建筑名称	间数	占地面积(平方公尺)	备注
办公室	8	200.00	
大礼堂	6	216.00	
教室	26	464.00	
制图室	6	189.00	
理化实验室	3	99.00	
图书馆	3	99.00	
库房	13	291.70	
纺织实习工场	40	884.00	
教职员宿舍	25	476.00	
教职员眷属住宅	32	576.00	
学生宿舍	20	660.00	
学生游艺室	5	125.00	
工人宿舍	10	160.00	
饭厅	8	144.00	
厨房及茶炉	8	225.00	
其他	7	340.00	
总计	212	5,058.70	

(二)设备

甲、图书杂志

我国自抗战以来，文化图籍遭受损失最巨，而沿海内迁及新创立之出版事业又多偏居西南各地，交通困难，运送匪易，故西北文化食粮特感缺之。本校成立后，对于参考用书及学生读物，经尽最大努力，由各地设法搜购，计已有中文书籍二六六一册，西文者三三九册，共三千册；经常订有杂志四十种，报纸十种。除各项参考书籍正在继续设法补充外，兹将已有藏书分别种类表列如左：

类别	册数		备注
	中文	西文	
总类	62	0	
哲理科学类	51		
教育科学类	82		
社会科学类	391	4	
艺术科学类	62		
自然科学类	334	62	

续表

类别	册数		备注
	中文	西文	
应用科学类	3454	112	
语言学类	69	105	
文学类	671	50	
其他科学类	504	6	
总计	2661	339	

乙、理化设备

战时后方，购置理化仪器及化学药品，至感困难，盖以往仰给于舶来者，自太平洋战争爆发以后，来源已濒断绝，国内各厂制造供应者则为数寥寥，种类不全，且因价格高昂，购一仪器所费极巨。本校在此种种困难情形之下，经竭力设法搜求，所需理化设备，主要部分已粗称完备，免可供应教学之用，现抗战已获胜利，俟交通恢复购买容易，当尽量继续充实。兹将现有物理仪器、化学仪器及化学药品，分别表报如左：

1. 物理仪器

类别	名称	单位	数量	备注
物性	满水筒	只	1	
	连通管	只	1	
	桶及圆柱	只	1	
	黏着板	只	1	
	表面张力圈	只	1	
	巴氏水压力器	只	1	
	潜水小人	只	1	
	毛细管	只	1	
	举水唧筒	只	2	
	压迫唧筒	只	3	
	海尔氏仪器	只	1	
	毛细管及水银	只	1	
	比重计	只	2	
	U 形压力计	只	1	
	量液计	只	2	
	泡准器	只	1	

续表

类别	名称	单位	数量	备注
	水之上压力试验器	只	1	
	推进器雏型	具	1	
	水力利用联合试验器	具	1	
	千分尺	只	1	
	各种角规	套	1	
	精密尺	只	1	
	铜球	粒	30	
力　学	三号跑马表	只	1	
	天平	具	2	
	惯性仪器	具	2	
	验重心板	具	2	
	斜塔	具	2	
	均称体	具	2	
	平行四边形合力器	只	2	
	滑车粗木架	具	1	
	双滑车	具	2	
	三滑车	具	2	
	轮轴	只	1	
	离心轨道	具	1	
	环之扁平	具	1	
	回旋仪	具	1	
	米尺	具	2	
	刃口	具	1	
	刃口架	具	1	
	游标尺	只	1	
	圆板	只	1	
	尺(30CM)	只	1	
	铜圈	只	1	
	橡皮圈	只	1	
	朱利氏秤	只	1	
	三足架及棒	套	1	
	摆架子	只	1	
	小车	只	1	

续表

类别	名称	单位	数量	备注
	木球	只	1	
	铜摆球	只	1	
	铅摆球	只	1	
	斜面附滑车	套	1	
	未知重量	只	1	
	皮管夹子	只	1	
	铅质圆柱	只	1	
	弹簧秤	只	3	
	硅码盘	只	6	
	吊秤砝码	只	10	
	螺旋说明器	只	1	
	螺旋测径器	只	1	
热　学	线膨胀仪器	只	1	
	膨胀球及圈	只	1	
	两种不同金属棒	只	1	
	各种金属(汇导)试验器	只	1	
	沸水壶	只	1	
	黄铜管	只	1	
	长颈	只	1	
	有柄铜管	只	1	
	沸水壶三足架	具	1	
	量热器	具	1	
	温度计木架	具	1	
	气体涨缩试验器	具	1	
	气体交流试验器	具	1	
	热之辐射及吸收试验器	具	1	
	传热比较试验器	具	1	
	蒸汽机雏型	具	1	
	蒸汽机解剖模型	具	1	
	温度计	只	1	-30℃ ~200℃
	蒸馏器	套	1	
	内燃机模型	具	1	附锅炉
音　学	风琴管	只	1	

续表

类别	名称	单位	数量	备注
	音义 C	只	1	
	棰	只	2	
	共鸣箱	只	2	
	音义 G	只	2	
	弦音计	只	1	
	钢琴丝	只	1	
	弦柱	只	1	
	长玻璃筒	只	1	
光　学	复反射镜	只	1	
	锥面镜及图	套	1	
	柱面镜及图	套	1	
	万花筒	只	1	
	米尺架子	具	1	
	支镜架	具	1	
	支屏夹子	只	1	
	支烛架	具	1	
	纸屏	只	1	
	毛玻璃片	片	1	
	倒影箱	具	1	
	潜望镜	具	1	
	凹凸镜	具	1	
	七色陀螺	只	1	
	影盘	具	1	
	三球仪	具	1	
	光度计	具	1	
	平面镜	只	1	
	凸镜	只	2	
	凹镜	只	2	
	棱镜	只	1	
	厚玻片	片	一	
	木架块	块	1	
	玻璃片	片	1	
电磁学	磁针	只	1	

续表

类别	名称	单位	数量	备注
	木髓球	只	1	
	卵形导体	只	1	
	空心球	只	1	
	验电板	只	1	
	电容器	只	1	
	丝片及玻棒	套	1	
	猫皮及火漆棒	套	1	
	电流之磁效应	具	1	
	伸缩螺旋	只	1	
	粗电流计	具	1	
	针	包	1	
	棒形磁铁	只	2	
	罗盘	只	1	
	铁屑及瓶	瓶	1	
	蹄形磁铁	只	1	
	电极夹子	只	2	
	接线	节	1	
	电钥	只	1	
	换向器	只	1	
	未知电阻	只	1	
	惠斯登桥	具	1	
	锌片	片	1	
	铜片	片	1	
	铝片	片	1	
	铅片	片	1	
	但尼尔电池	只	1	
	勒克蓝杜电池	只	1	
	螺旋绵圈	只	1	
	电铃	只	1	
	U 形铁心	只	1	
	验电流器	具	1	
	电动机模型	具	1	
	线圈	只	2	

续表

类别	名称	单位	数量	备注
	圆玻杯	只	1	
	铜丝	节	2	
	铁铜铁棒	只	1	
	磁场木板	只	1	
	电动机雏型	具	1	
	电码练习器	具	1	
	变压器	具	1	
	安培表	具	1	
	伏特表	具	1	
	直流电表	只	1	10A
	欧姆表	具	1	0～50000　0～85000
	干电池	节	4	
	电铃线	码	10	
	$^{1/2}$P 马达	只	1	
	伏特电池	只	1	
	水久电解试验器	具	1	
兵器模型	防空部队模型	具	1	高射炮防音机探照内各一士兵六
	炸弹模型	具	1	
	水陆两用飞机模型	具	1	
	滑翔机模型	具	1	
	鹏形飞机模型	具	1	
	P41 战斗机模型	具	1	

2. 化学仪器

名称	单位	数量	备注
酒精喷灯	只	1	
瓷坩埚	只	2	
坩埚钳	把	1	
土三角架	具	2	
滴管	只	2	
滴管架	具	2	

续表

名称	单位	数量	备注
铂丝	节	1	
橡皮管	尺	8	
漏斗	只	10	短茎
漏斗	只	7	长茎
量筒	只	1	50. CC
量杯	只	3	100. CC
量杯	只	1	150. CC
4 升玻塞装瓶	只	40	
5 升黄色装瓶	只	30	
6 升玻塞装瓶	只	22	
7 升玻塞装瓶	只	10	
酒精灯	只	2	
广口瓶	只	35	8023RAOZ32 只
研钵及杵	套	2	
烧杯	只	1	1000. CC
烧杯	只	1	500. CC
烧杯	只	8	250. CC
烧杯	只	4	100. CC
烧瓶	只	6	500. CC
烧瓶	只	10	250. CC
试管	只	95	
玻璃管	磅	3	
玻璃棒	磅	3	
毛玻璃片	片	32	
有塞玻瓶	只	3	
三角烧瓶	只	2	
曲颈瓶	只	1	
玻璃瓶	只	2	500. CC
比重瓶	只	2	
漏斗木架	具	5	
剪刀	把	1	
集气水槽	个	2	
木塞钻孔器	具	3	

续表

名称	单位	数量	备注
铅皿	只	3	
泥坩埚	只	10	
试管架	具	5	
铁三角架	具	10	
铁架	具	5	
铜环	只	5	
铜夹	只	5	
螺旋夹	只	5	
铁丝网	尺	1	
蒸发皿	只	6	
试管夹	只	9	
牛角匙	只	5	
燃烧匙	只	5	
圆锉	把	2	
三角锉	把	2	
镊子	把	4	
压瓶塞器	具	1	
试管刷	把	9	
滤纸	盒	5	
木塞	个	7	
双手万能	套	1	
软木塞	只	37	
戥子	只	1	1g
戥子	只	1	5g
表面玻璃	杯	3	9 cm
表面玻璃	杯	1	6 cm
戥子	只	1	10g
软木塞	只	17	12#
软木塞	只	20	13#
软木塞	只	20	15#
双孔橡皮塞	只	2	7#
双孔橡皮塞	只	2	$6^{1/2\#}$

3. 化学药品

名称	单位	数量	备注
醋酸	磅	1	
硼酸	磅	2	
盐酸	磅	2	
硝酸	磅	2	
草酸	克	30	
硫酸	磅	3	
单宁酸	盎司	10	
撒酸	盎司	30	
硼酸	盎司	10	
酒精	仑	2	
镁粒	两	20	
氯化铵	磅	2	
氢氧化铵	磅	1	
锑粉	盎司	1	
氯化钠	克	23	
硝酸银	克	27	
硼砂	克	4	
大理石	克	65	
炭化锌	克	10	
氯化钙	盎司	3	
氟化钙	克	20	
氧化钙	磅	0.5	
氢氧化钙	磅	0.5	
硫酸钙	克	8	
漂白粉	克	15	
骨碳	克	35	
二硫化碳	C.C	220	
粘土	克	10	
哥罗仿	克	35	
铜片	克	100	
氧化铜	克	7	
硫酸铜	克	380	

续表

名称	单位	数量	备注
乙醇	克	35	
硫化低铁	克	140	
铁钉	克	100	
硫酸低铁	克	12	
福尔马林	克	25	
五倍子	克	5	
动物胶	克	5	
葡萄糖	克	5	
甘酒	盎司	4	
碘	盎司	10	
铅丸	克	130	
醋酸铅	克	6	
氧化铅	克	6	
硝酸铅	盎司	0.5	
石蕊试药	克	3	
石蕊试纸	合	0.5	
镁带	公寸	4	
硫酸镁	磅	0.5	
氯化锰	克	12	
二氧化锰	磅	1	
汞	磅	1	
甘汞	克	7	
升汞	克	6	
铬化汞	盎司	20	
硝酸低汞	克	2	
氧化汞	克	3	
过氧化汞	C. C	50	
萘	C. C	15	
蜡	C. C	5	
酚	两	20	
菲诺儿菲他林	公分	90	
火磷	盎司	40	
黄磷	盎司	70	

续表

名称	单位	数量	备注
吐酒石	克	15	
溴化钾	克	14	
碳酸鉀	两	0.5	
氯酸钾	克	30	
氯化钾	盎司	20	
铬酸钾	克	30	
重铬酸钾	克	4	
赤血盐	盎司	2	
黄血盐	盎司	1	
氢氧化钾	盎司	2	
碘化钾	盎司	2	
硝酸钾	克	135	
高锰酸钾	盎司	2	
硫干	磅	0.8	
明矾	盎司	2	
松香	克	20	
硷石灰	克	80	
醋酸钠	克	20	
碳酸氢钠	盎司	10	
溴化钠	盎司	1	
碳酸钠	克	25	
氯化钠	磅	0.5	
氢氧化钠	盎司	3	
酒石酸钾钠	克	11	
硫酸钠(结晶)	克	10	
硫酸钠	克	14	
无水亚硫酸钠	克	1	
硫化硫酸钠	克	15	
淀粉	克	5	
硫粉	克	70	
升华硫磺	磅	1	
锌	克	400	
硫酸锌	克	100	

续表

名称	单位	数量	备注
硫酸锌	克	4	精制
锡	盎司	170	
凡士林	磅	0.5	
煤油	斤	1	

丙、体育设备

本校共有体育场二所，占地面积共为一六〇〇平方公尺。兹将各项体育设备表列如左：

名称	单位	数量	备注
篮球场	所	2	现有篮球四个
排球场	所	1	现有排球四个，网球一个
垒球场	所	1	现有垒球四个，棒二根球一个
足球场	所	1	现有足球二个
板羽球场	所	1	现有球网一个，球四个，球拍八个
圈球场	所	1	现有球网一个，圈球四个
双杠	所	1	
单杠	所	1	
跳远沙地	所	1	
平台	架	1	
木马	架	1	
跳高架	架	1	
铁球	支	1	
量高尺	座	1	
乒乓球台	台	1	
单刀	把	120	国术用
齐眉棍	根	60	同上
计分板	块	2	
挂衣架	个	2	
皮尺	根	1	
裁判椅	把	1	

四、实习工厂与实习分配

(一)纺织科

本校纺织科学生现假蔡家坡纺织厂实习,嗣因该厂现无染织设备,特自筹集一小型染织实习工厂,以生产配合教育,寓理论于实践,俾期提高学生之学习精神。至小型纺纱厂容有余力,亦当筹设,兹将机织实习工厂设备及学生实习情形等分述如左:

甲、设备

设备名称	单位	数量	备注
铁轮机	部	15	
提花机	部	1	
多臂机	部	1	
压花台	部	1	
合线机	部	1	
织袜机	部	2	
织背心机	部	1	
木机	部	5	
线毯机	部	1	
毛巾机	部	1	
锭带机	部	1	
整经机	部	2	
染色罐	只	32	

乙、实习工作分配情形

学生染织实习进度,系参酌各学期课程规定,俾能学做合一,理论与实践互相配合。兹将进度列表如左:

第一学年		第二学年		第三学年	
第一学期	第二学期	第一学期	第二学期	第一学期	第二学期
浆纱导筒索经整经卷线等织造准备之实习	1. 木机花纹织物及穿线穿扣踏木打结等实习 2. 铁轮机平纹织物之实习	1. 木机花纹织物之设计 2. 棉毛丝之精织漂白等实习	1. 铁轮机之安装及织造前之设计 2. 各种染料之染棉法等实习	1. 提花机及其织造之设计 2. 针织物之实习 3. 各种染料之布毛丝法等实习	本期实习课程同上期

丙、布厂工人数——现有织工五人，分负学生实习后之整理工作。

（二）机械科

本校机械科学生系假西北机器厂实习，故尚未购配机器。惟年来关于实习应需工具，除由西北机器厂拨用外，复先后自行添置一部分。兹表列如左：

名称	单位	数量	备注
$1^{1/2}$P 榔头	把	5	
12P 榔头	把	10	
冷錾子	把	5	
热錾子	把	5	
平锤	把	5	
双卡钳	把	5	
上下甩子	把	14	
下葫芦	把	5	
火钳	把	15	
火臂	把	5	
六方下槽	把	5	
油钩	把	7	1/2″×4″
沙钩	把	10	五把，1/2″×14″五把
勺匙墁	把	11	
方头墁	把	14	
元头墁	把	15	
起型针	把	15	
气孔针	把	15	
撞　锤	把	15	
2/8″正口圆錾	把	5	
3/8″反口圆錾	把	4	
3/4″正口圆錾	把	5	
1″反口圆錾	把	5	
1″平铲	把	7	
3/8″平铲	把	8	
$1^{1/2}$″刨子	把	9	
$1^{1/2}$″刨子	把	10	

续表

名称	单位	数量	备注
30″锯条	把	4	
20″锯条	把	5	
斧头	把	3	
锉刀	把	10	
铁钻子	个	2	
铁角尺	个	30	
风箱	只	3	
铜筑坯	只	15	

五、教学设施及其实况

本校纺、机两科均系遵章招收初级中学毕业，或具有同等学力（以不超过百分之二十为度）之男生，肄业、修业期限一律三年。查工业职业教育，既较一般学校课程繁重，而纺织及机械又为工学中较重之两科，以规定修业三年之短促期限，欲使学生获得应用之知识与技能，以期学成后从事工业建设工作，胜任愉快，则教学设施之如何重要，不待赘言。本校四年来之教学设施，容有仍待改进之处，第本于实事求是之宗旨，自信已尽最大努力。兹将教学实况，逐项胪陈于后：

（一）各科课程及教学时数之分配

本校纺织、机械两科必修课程，均系遵照职业教育法令，参酌事实需要，分别排定。综要言之：第一学年侧重基本知识及学理，课室教学时数较多，工场实习时数较少；第二学年实习时数增多，与课室教学时数均衡进展；第三学年则侧重实习工作，故工场实习时数多于课室教学。兹将各科课程分别表列如左：

甲、纺织科

学程 名称	每周授课时数						备注
	第一学年		第二学年		第三学年		
	第一学期	第二学期	第一学期	第二学期	第一学期	第二学期	
公民	1	1	1	1			
国文	3	3	2	2			
英文	2	2	2	2	2	2	
历史	2	2					
物理及物理实验	4	4	1.5	1.5			第二学年每隔周三小时

续表

学程 名称	每周授课时数						备注
	第一学年		第二学年		第三学年		
	第一学期	第二学期	第一学期	第二学期	第一学期	第二学期	
化学及化学实验	3	3	1.5	1.5			同前
算学	6	6	2	2			
机织学	3	3	3	3	3	3	
纺织学	1	1	3	3	3	3	
织物整理					2	2	
织物分析					1	1	
漂染学			2	2	2	2	
机构学			2	2			
机电学大意			2	2	2	2	
用器画	3	3					
图案画			3	3			
机器制图					3	3	
水彩画	1	1					
工厂管理					2	2	
工业簿记					2	2	
军训	2	1	2	2			
体育	1	1	1	1	1	1	
工厂实习	9	9	14	14	18	18	
总计	41	41	41	41	41	41	

乙、机械科

学程 名称	每周授课时数						备注
	第一学年		第二学年		第三学年		
	第一学期	第二学期	第一学期	第二学期	第一学期	第二学期	
公民	1	1	1	1			
国文	3	3	2	2			
英文	2	2	2	2	2	2	
历史	2	2					
物理及物理实验	4	4	1.5	1.5			第二学年每隔周三小时

续表

名称＼学程	每周授课时数						备注
	第一学年		第二学年		第三学年		
	第一学期	第二学期	第一学期	第二学期	第一学期	第二学期	
化学及化学实验	3	3	1.5	1.5			同前
算学	7	7	2	2			
应用力学			5				
材料力学				5			
机械制作法	4	4	2	2			
机构学			2	2			
热机学			2	2	4	4	
电工学					2	2	
图案画			3	3			
机器制图					3	3	
金属学大意					2	2	
用器画	3	3					
机械设计					2	2	
机械制图			5	5	6	6	
工厂管理					2	2	
工业簿记					2	2	
体育	1	1	1	1	1	1	
军训	2	2	2	2			
工厂实习	9	9	12	12	18	18	
总计	41	41	41	41	41	41	

（二）教材之选择与编译

查我国举办工厂职业教育，已具有相当历史，惟关于应用教科书，迄今尚无统一规定与系统的编著出版，故从事工业职业教育，不能不先作教材之准备。本校各科所用教材，除普通学科如公民、国文、英文、数理等选用一般高级教科书外，其属于专门学科者，多系由各科教员根据教学经验，准酌学生程度选编讲义。讲授标准，在普通学科方面，注意基本知识，使学生树立较稳固之基础，辅助其对于各种专门学科之理解及进一步之研究；专门学科方面，则针对现代工业趋向及工厂设备，作系统的学理介绍与讲解，而以不与实际工作脱节为归依。兹将年来编选教材引用之主要参考书籍，表列如左。

书名	编著者	出版处	备注
棉纺学	石志学	西安大华纱厂	
纺纱学	成希文	商务印书馆	
棉纺学	钱彬编译	同上	
纺织	朱升芹	同上	
实用纺织学	陶平叔	中华书局	
力织机构学	大住吾八著,曹骥才译	商务印书馆	
毛巾织物机织法	王芸轩	同上	
嘉氏提花机及综线穿吊法	王芸轩	同上	
染料概论	谭勤馀	同上	
浸染学	李文	同上	
机械原理	刘仙洲	同上	
工程力学	陆志鸿	同上	
应用力学	石志清	同上	
材料力学	石志清	正中书局	
水力学	张含英	商务印书馆	
工程热力学	戈本捷	正中书局	
热机学	刘仙洲	商务印书馆	
机械设计	冯雄	商务印书馆	
机械设计习题	李西山		
机械制图	沈正功	兵工署第十一技工学校	
MODERN SHOP PRACTICE	H. M. RAYMORD		
ENGINEERING DRAWING	THOMAS E. FRENCH M. E.	MCGRAW HILL BOOK COMPANY INC	
金属材料	沈正功	兵工署第十一技工学校	
工程金属材料学	徐恺廷	商务印书馆	
电工原理及实用	A. Gray&G. A. Wallace 著	正中书局	孙朝洲、姚卓文等①译
现代工业管理	孙洵候	商务印书馆	
工厂管理法	周纬	同上	
实用簿记	李亦人、陈徐方	工商书局	

① A GRAY, G A WALLCE. 电工原理及实用. 孙朝洲、俞国顺、姚文卓、程祖宪,译. 王国松,校译. 南京:正中书局,1947.(孔夫子旧书网查证)

（三）师资之遴聘

本校师资人选，悉系遴聘国内外著名学校出身，从事教育或工业有素之学者及专家分任各科课程，共同努力，为国育才，并为求取教师精神贯注，专一心志于教学起见，除少部分特殊课程，就近延聘各厂专家兼授外，其余纯系专任性质，且一律寄居校内，教学时间之外，学生仍有质疑问难之机会。至现有教职员详细资历，另有列述，兹不赘及。

（四）教室设备

本校图书杂志、理化仪器及实习工厂等设备，业已分别列表详述。惟查教室之布局合理与否，影响教学效率亦非浅鲜。本校各教室除力求光线充足，空气流畅，课桌讲台布置整齐，并于夜间配用电灯照明，以备学生自习外，他如理化教室之布置，力求合于示范实验之原则；数学教室则广置黑板，足敷多数学生演习之用；制图教室特依照工厂设计工程适用之绘图桌椅分别备置，并备绘图仪器，分配学生应用，既足以助长学生学习精神，亦予教学者以莫大之便利。

（五）考试与成绩

职业教育之有无成就，实视学生平时学习有无心得、毕业后能否胜任实际工作以为断。故本校于学生平时作业及工场实习，特加注重，每学期关于一般学科，至少每两周须有一次作业工场实习，并须随每一实习完毕后缴验实习成品或报告。各科教员均负有督促及考核之责。实验方面，平时试验，每周授课一至二小时者，每学期至少举行二次；每周授课三小时以上者，至少举行三次。均由教务处按时通知各科教员抽试之，事前不予公布，以矫学生临时抱佛脚之弊。学期试验，则于大礼堂举行全体会考，编号入座，严肃一致，以养成学生恪遵考试规则之精神。至每学期成绩之计算，以平时作业及试验平均分数占总分数三分之二，期考分数占总分数三分之一，而平时作业及试验平均分数，则以平时作业占其三分之一，试验占其三分之一，每学年之总成绩，以两学期之总分数平均计算之。毕业成绩，则以各学年总平均分数占三分之二，毕业试验分数占三分之一。其学年总成绩不及格，或总成绩及格而学科中有三门列丁等，均应留级；一学年内有四门列丁等者，除名；总成绩及格而各学科中有一二门列丁等者，须于次一学期开始前补行试验，及格后方得随原级上课。又，对每学期各科均及格，而总成绩在八十分以上，操行亦列甲等者，酌给奖学金，用资鼓励。此外更于每学期中，随时举行各科测验竞赛，择优给奖励，故本校学术空气浓厚，砥砺切磋，蔚为良风。

六、现有教职员与学生

（一）现有教职员人数及其资历

本校现有专任教员兼职员八人，专任教员五人，专任职员十三人，兼任教员二人，军训教官一人，兼任职员一人（校医）共三十人。兹将各教职员姓名、资历及所担任课程表列如左：

职别	姓名	年龄	籍贯	资历	担任课程
校长	吴本蕃	46	安徽怀宁	日本东京工业大学机械科毕业，军事委员会庐山暑期训练团第一期毕业。曾任安徽省立第一中等职业学校校长、安徽大学讲师、金陵兵工厂设计室主任、安徽省立高级工业职业学校校长。中国工业合作协会川康区督导室主任、资源委员会工程师等职	
专任教员兼教务主任	吴繁枝	47	安徽怀宁	日本东京工业大学电化科毕业，曾任北平第一中学教员、安徽大学讲师、军调部上校编译官等职	化学 化学实验
专任教员兼训导主任	陈正仪	30	湖南长沙	国立武汉大学机械工程系毕业，曾任航委会教官四川省立成都高级工业职业学校教员等职	机械设计 机械学 机械制图
专任教员兼总教务主任	李秉垚	35	安徽泗县	安徽大学毕业，曾任军委会委员长西北办公厅第四处中校秘书、西北青年劳动营中校秘书等职	公民 国文
专任教员兼机械科主任	姚崇实	42	山东历城	天津河北工学院机械科毕业，曾任南开大学电工系助教及教员，陇海路帮工程师西北机器厂工程师等职	水力学 机械制作法
专任教员兼纺织科主任	路清淮	36	河北沙河	日本东京工业大学纺织科毕业，曾任西北实业公司纺织厂厂长、咸阳工厂工程师等职	纺织学 纺织实习
专任教员兼普通科主任	刘景岳	39	山东寿光	齐鲁大学数学系毕业，曾任齐鲁中学教员、西北农学院附设农职教员、西北农学院讲师等职	微积分 大代数 解析几何
专任教员	刘麟阁	54	陕西临潼	日本东京工业大学色染科毕业，曾任陕西省教育厅督学、省立三原工职校校长等职	织物整理 漂染学 漂染实习

续表

职别	姓名	年龄	籍贯	资历	担任课程
同右	张雄选	46	山西平陆	日本东京工业大学机械科毕业，曾任山西运城中学训育主任、国立七中高中部主任、教育部战区教育督导员等职	材料力学 机械工程 大意机械 制图用器画
同右	李亚晋	35	山西汾阳	山西大学工学院毕业，曾任西北制造厂厂长、二战区汽车管理处工务主任、西北机器厂技师等职	热机学 机械制作法
同右	赵俪生	31	山东安丘	国立清华大学外国语文学系毕业，曾任陕西省立乾县中学教员、西安高中教员、交通部立扶轮中学教员等职	英文 国文
同右	顾兆丰	36	浙江绍兴	国立北京大学物理学系毕业，曾任河南开封女师教员、天津扶轮中学教员等职	物理 物理实验 解析几何
专任教员兼纺织科实习指导员	郎需时	28	山东潍县	国立西北工学院纺织系毕业，曾任军政部第二纺织厂工务课中尉技佐等职	纺织学机织学 图案画 纺织科实习
专任教员兼课外活动指导员	田缵之	43	河北深县	北平民国大学体育系毕业，曾任河北冀县中学体育主任、太原并州大学体育主任、洛阳潞州中学训育主任等职	体育 课外活动
兼任教员	刘存章	29	陕西临潼	国立西北工学院毕业，曾任陕西省立三原中学教员、现任西北机器厂技师	电工学
兼任教员	宋诚敏	31	南京市	湖北省立武昌高职机械科毕业，曾任贵州省立安顺职业学校教员，现任西北机器厂技师等职	机械科 实习
军训教官	徐静轩	38	湖北保康	中央军校军官训练班毕业，曾任团附主任参谋、军训教官等职	军训
会计主任	方增华	34	北平市	北平财商专校毕业，曾任中国旅行社会计、西北运输处会计课长、雍兴公司会计等职	
纺织科实习指导员	张金生	29		河北省立保定高职毕业，曾任西北实业公司纺织厂副主任等职	纺织实习

续表

职别	姓名	年龄	籍贯	资历	担任课程
教务员兼课外活动指导员	任之涛	32	陕西大荔	中华艺专毕业，曾任大荔日报编辑、县党部秘书、县中教员等职	音乐
训导员兼历史教员	马作骏	33	河南洛阳	北平中国大学肄业，曾任洛阳中学训育员、宝鸡惠工中学教员等职	历史
出纳员	袁立臣	43	山东黄县	浸信会崇实大学肄业，曾任国立西北医学院出纳组主任、西北机器厂股员等职	
事务员	张西源	29	山东牟平	山东省立烟台中学高中部毕业，曾任苏鲁战区宣传干事等职	
图书仪器管理员	吕师良	23	安徽贵池	国立九中高中部毕业，曾任军政部第一纺织厂助理员等职	
事务员	陈纯仁	35	河北雄县	北平中国大学毕业，曾任河南嵩岳中学事务主任、河南遗爱中学教员等职	
事务员	杨子昭	33	山西灵石	天津商业簿记学校肄业，曾任天津汇托银号会计科科员、军委会驻陕抚恤处会计科科员等职	
办事员	孙世宁	29	湖北枣阳	雍兴公司会计人员训练班毕业，曾任中国银行西北运输处会计科员等职	助理会计
办事员	王秉德	25	河北定县	国立十中高中部毕业，曾任岐山县中心学校教员、咸阳酒精厂工务股股员等职	助理教务
校医	段启戊	43	江苏江都	复旦大学医学院毕业，曾任宝天路医院院长，现任西北机器厂医务室主任	兼职
服务生	朱庆祚	31	河南舞阳	河南省立南阳中学高中部毕业，曾任中学教员等职	

（二）各科级现有学生人数及姓名

本校现有机械、纺织两科学生共六学级，计机械科三年级（即机秋三五级）九名，机械科二年级（即机秋三六级）二十名，机械科一年级（即机秋三七级）三十一名，纺织科三年级（即纺秋三五级）二十二名，纺织科二年级（即纺秋三六级）十二名，纺织科一年级（即纺秋三七级）二十八名，共计一二二名。兹将各科级学生姓名及年级籍贯表列如左。

科级别	姓名	年龄	籍贯	备注
机械科秋三五级	王光涛	22	河南罗山	
机械科秋三五级	刘鸿云	21	河南荥阳	
机械科秋三五级	党定学	21	陕西郃阳	
机械科秋三五级	郭宗成	22	陕西扶风	
机械科秋三五级	郭立夫	20	陕西大荔	
机械科秋三五级	范宗兰	19	福建闽侯	
机械科秋三五级	马乾一	20	陕西富平	
机械科秋三五级	王保民	19	陕西盩厔	
机械科秋三五级	原崇义	20	山西解县	
纺织科秋三五级	杨禹德	19	河南开封	
纺织科秋三五级	王承先	20	陕西韩城	
纺织科秋三五级	吴俊凯	22	陕西扶风	
纺织科秋三五级	张英林	20	辽宁沈阳	
纺织科秋三五级	李百长	21	陕西岐山	
纺织科秋三五级	张树常	20	河北蠡县	
纺织科秋三五级	宋庆丽	19	河北深泽	
纺织科秋三五级	窦德生	18	陕西蒲城	
纺织科秋三五级	席名武	23	河北汜水	
纺织科秋三五级	贾自路	23	陕西鄜县	
纺织科秋三五级	董梦缘	20	河北元氏	
纺织科秋三五级	潘昭齐	21	广东南海	
纺织科秋三五级	赵醒人	23	河北高阳	
纺织科秋三五级	黄登霄	21	陕西扶风	
纺织科秋三五级	白炳琨	20	陕西绥德	
纺织科秋三五级	刘光汉	20	陕西扶风	
纺织科秋三五级	张　谆	18	河南灵宝	
纺织科秋三五级	王书斌	23	山东平原	
纺织科秋三五级	王述德	21	陕西泾阳	
纺织科秋三五级	蔡明慎	22	河北获鹿	
纺织科秋三五级	马富根	22	江苏丹阳	
纺织科秋三五级	王学良	22	河南洛阳	
机械科秋三六级	屈中元	19	陕西郃阳	

续表

科级别	姓名	年龄	籍贯	备注
机械科秋三六级	张志坚	20	陕西凤翔	
机械科秋三六级	张秉鈞	21	陕西咸阳	
机械科秋三六级	范升乾	20	陕西郃阳	
机械科秋三六级	丁景林	19	陕西长安	
机械科秋三六级	胡熙鉴	19	江苏无锡	
机械科秋三六级	杨铁松	19	陕西扶风	
机械科秋三六级	周　鉴	20	湖南祁阳	
机械科秋三六级	薛　枢	19	山西稷山	
机械科秋三六级	周汇伦	20	山东金乡	
机械科秋三六级	齐义方	20	河南灵宝	
机械科秋三六级	张元亭	22	陕西朝邑	
机械科秋三六级	吕崇生	20	山东青岛	
机械科秋三六级	王宏艺	20	陕西岐山	
机械科秋三六级	魏凤魁	21	天津市	
机械科秋三六级	苏文选	20	河南灵宝	
机械科秋三六级	陈　玿	23	河北清丰	
机械科秋三六级	吴延猛	19	河南孟县	
机械科秋三六级	李云祥	21	陕西朝邑	
机械科秋三六级	邱福生	22	安徽怀宁	
纺织科秋三六级	庞文侠	22	陕西岐山	
纺织科秋三六级	王兆华	20	陕西大荔	
纺织科秋三六级	赵建合	18	陕西咸阳	
纺织科秋三六级	王天长	19	陕西大荔	
纺织科秋三六级	王志明	19	河南广武	
纺织科秋三六级	崔云景	19	陕西岐山	
纺织科秋三六级	周晨光	18	陕西郃阳	
纺织科秋三六级	王怀堂	20	陕西大荔	
纺织科秋三六级	田颐慧	19	北平市	
纺织科秋三六级	王应龙	19	陕西渭南	
纺织科秋三六级	耿全组	22	河南孟县	
纺织科秋三六级	吴永昌	22	河南原武	

续表

科级别	姓名	年龄	籍贯	备注
机械科秋三七级	魏祖武	20	河北任丘	
机械科秋三七级	钱　旭	18	河南郑县	
机械科秋三七级	曾慎聪	17	福建闽侯	
机械科秋三七级	刘后启	19	湖北汉阳	
机械科秋三七级	张志恒	18	陕西扶风	
机械科秋三七级	邓志建	21	湖北获鹿	
机械科秋三七级	李作贤	19	山西太原	
机械科秋三七级	李复光	18	河南温县	
机械科秋三七级	陈俊廷	18	河南南阳	
机械科秋三七级	苗志明	17	陕西泾阳	
机械科秋三七级	王庚辛	17	山西猗氏	
机械科秋三七级	刘印林	18	陕西凤翔	
机械科秋三七级	刘永茂	21	陕西扶风	
机械科秋三七级	符得玺	18	陕西盩厔	
机械科秋三七级	许宝荣	17	陕西凤翔	
机械科秋三七级	何　洲	18	陕西凤翔	
机械科秋三七级	郭福民	17	山西文水	
机械科秋三七级	彭　湘	19	陕西扶风	
机械科秋三七级	王天恩	18	陕西扶风	
机械科秋三七级	邵遇棠	18	陕西武功	
机械科秋三七级	张　杰	19	陕西扶风	
机械科秋三七级	姚振华	19	陕西韩城	
机械科秋三七级	焦元章	18	山西夏县	
机械科秋三七级	刘后银	19	湖北汉阳	
机械科秋三七级	刘维光	10	山西临汾	
机械科秋三七级	母荣章	19	陕西韩城	
机械科秋三七级	王丕福	19	陕西富平	
机械科秋三七级	姚娱俊	19	陕西扶风	
机械科秋三七级	罗宗礼	19	陕西扶风	
机械科秋三七级	刘民选	18	河北深县	
机械科秋三七级	胡豫平	19	河南偃师	
纺织科秋三七级	王武耀	21	河北邢台	
纺织科秋三七级	李本楷	20	陕西凤翔	

续表

科级别	姓名	年龄	籍贯	备注
纺织科秋三七级	翟金芳	19	陕西扶风	
纺织科秋三七级	侯尚礼	20	陕西郿县	
纺织科秋三七级	白竞琦	19	河北清苑	
纺织科秋三七级	李启学	19	陕西凤翔	
纺织科秋三七级	梁炳福	18	陕西岐山	
纺织科秋三七级	席德源	20	陕西扶风	
纺织科秋三七级	林复康	17	福建闽侯	
纺织科秋三七级	刘崇禧	18	陕西咸阳	
纺织科秋三七级	郭万生	18	陕西郃阳	
纺织科秋三七级	李慕道	20	陕西扶风	
纺织科秋三七级	魏天骄	17	陕西咸阳	
纺织科秋三七级	李永长	17	陕西大荔	
纺织科秋三七级	杨德喜	17	陕西大荔	
纺织科秋三七级	吕作民	18	陕西岐山	
纺织科秋三七级	张纯儒	18	陕西武功	
纺织科秋三七级	赵玉琼	18	陕西盩厔	
纺织科秋三七级	李文超	18	陕西武功	
纺织科秋三七级	丁开合	17	陕西大荔	
纺织科秋三七级	李醒民	18	陕西蒲城	
纺织科秋三七级	陈　灏	18	浙江吴兴	
纺织科秋三七级	亢　照	20	陕西岐山	
纺织科秋三七级	董志远	18	陕西永寿	
纺织科秋三七级	刘昌钧	19	陕西渭南	
纺织科秋三七级	汶效武	19	陕西郿县	
纺织科秋三七级	陈莲生	20	江苏江都	
纺织科秋三七级	高清泉	20	陕西平民	

七、毕业生概况

本校机械科第一届（秋三四级）毕业生十四名，纺织科第一届（秋三四级）毕业生十二名，共计二十六名，已由本校悉数介绍至重庆、兰州、宝鸡蔡家坡等各大工厂服务。兹将各科第一届各科级毕业学生姓名、年龄、籍贯、服务处所表列如左：

科级别	姓名	年龄	籍贯	服务处所	备注
机械科秋三四级	张治宇	23	河北宁津	重庆豫丰机器厂	
机械科秋三四级	吴德福	21	浙江杭县	同上	
机械科秋三四级	吴连福	19	浙江杭县	同上	
机械科秋三四级	贾献琳	19	山西安邑	蔡家坡动力酒精厂	
机械科秋三四级	魏知信	20	陕西兴平	同上	
机械科秋三四级	冯鸿业	21	广东三水	蔡家坡纺织厂	
机械科秋三四级	李锡家	21	河北安新	同上	
机械科秋三四级	夏俊康	22	辽宁抚顺	蔡家坡西北机器厂	
机械科秋三四级	胡广义	21	河南开封	同上	
机械科秋三四级	梁培寿	20	南京市	同上	
机械科秋三四级	丁秀亭	22	陕西韩城	同上	
机械科秋三四级	武长植	19	天津市	同上	
机械科秋三四级	殷方元	21	湖北黄陂	同上	
机械科秋三四级	杨守义	21	河北宛平	同上	
纺织科秋三四级	张光熙	20	河北唐县	同上	
纺织科秋三四级	楚宝恕	22	河北蠡县	重庆豫丰纱厂	
纺织科秋三四级	石泽淮	19	南京市	同上	
纺织科秋三四级	王凤仪	21	陕西长安	同上	
纺织科秋三四级	王守书	20	河南安阳	同上	
纺织科秋三四级	刘玉章	21	河北博野	兰州毛织厂	
纺织科秋三四级	张树栋	22	河北安平	宝鸡业精纺织厂	
纺织科秋三四级	王鼎芳	20	陕西韩城	同上	
纺织科秋三四级	蒋念祖	20	江苏南通	蔡家坡纺织厂	
纺织科秋三四级	叶福山	20	河南淮南	同上	
纺织科秋三四级	杨少含	21	陕西岐山	同上	
	王修平	22	河南温县	同上	该生卅五年三月间病故

八、学生生活之指导与管理

今日在校攻读之学子，即将来国家社会之中坚。如何能使德智体群四育获得均衡发展，俾其成为健全之公民，实有赖于平日管教养卫之指导与训练，故谓训导工作较之教学设施尤为重要，亦非过甚。训导方式，虽有多端，而要在寓爱护于纠绳，因习性而诱导，严管训以杜渐防微，崇指导使修身止善，期学生斐然向风，得达成道德高尚、知识丰富、体魄健全、能力优越之训育理想，庶几整肃朴实之风气于以养成，革命建国之心理建设从而巩固。本校准此原则，特订“正仪容、爱整洁、勤学问、习劳苦、富朝气、有礼节、重秩序、守纪律”八点为第一期训导目标，由训导处与军训团共负推进之责，兼以导师制辅助，施行以来，尚著成效。兹就学生生活之指导与管理摘要分述于左。

（一）学生生活之指导

学生生活指导之目的，在使学生养成优良品德，达到训育最高理想，故生活指导实为训导工作之重心。而训导之中，以课外活动为尤要，盖其不惟能砥砺学行，调剂生活，抑且可培养办事能力，发挥服务精神。以故本校学生课业虽较普通中学为繁重，然于课外活动一项，提倡督导，不遗余力，务期于甚少之余暇中，发挥其最大之效力。兹就德智体群四项分述于后：

甲、关于德育活动指导

学生课外之各种活动，靡不含有道德教育之意义，如自治会、级会、竞技等，何在非是？本校教职员除在课堂或集会中，对德育活动作直接之教导外，同时全体教职员均住宿校内，与学生共同起居作息，一言一动，在在皆予学生以优良之楷模，目染耳濡，自不难收潜移默化之效。无论直接间接之指导，要皆在促进高尚品德之养成，自治风气之树立。

乙、关于智育活动指导

本校为适应学生个性，增进学生研究兴趣起见，特指导学生组织党义、文学、社会科学、自然科学、美术、音乐等六研究会，聘本校教职员及校外学有专长人士担任指导。又为培养学生写作能力并增进其兴趣，特指导学生编有《雍职半月刊》壁报一种，每期新闻、寓言按时刊布，【并】举办智力测验，以提高其注意力并作指导之参考。

丙、关于体育活动指导

本校为增进学生健康，陶冶学生品格起见，除体育正课外，有早操及课外运动，由体育教员指导，学生一律参加。将全校学生以每队十二人为准，组成若干球队，逐月举行球类联谊赛，以提高其兴趣，并于每年青年节及双十节举办级际球类锦标赛，以资观摩。此外尚有国术、器械操、劳动服务，以劳其筋骨，而每年春秋佳日，举办长距旅行，以拓其心胸。以上种种，均所以从事积极锻炼之指导。至于保健方面，则定期举行全体学生身体检查，及施行种痘与防疫注射等，此外并按月实行全校大扫除，清洁总检查，务期达成积极防范之目的。

丁、关于群育活动指导

本校学生在校长及训导处督导下，组织有学生自治会，下设服务、学艺、健康、风纪、事务等五部，各种活动均由校长选聘教职员分别担任指导。该会下设有工友补习夜班，对本校工友实施补习教育，并于农忙之际，组助耕队分赴附近帮助农民工作。此外，训导人员及各级导师并于课外择定适宜时间，召一部分学生举行讨论会、茶话会及远足等，以增益其群育的活动。每年并按季节分别举行讲演会，音乐演奏会，各种小规模之运动会、游艺会，及其他各种同乐晚会，以加强社会生活之训练。

（二）学生生活之管理

指导与管理二者之于训导，正犹运动与药饵之于人身，一则以增进健康，一则以防止疾病，虽相反，实相成，济短益长，并行不悖，学生生活管理之重要性较之指导毫无二致。本校学生自入学后即一律实施军事管理，施行以来，尚无窒碍。兹就精神与物质二者分述于后。

甲、精神生活之管理

学生起居作息，均以号音为准。无论正课及自习均有一定座次，另定教室及自习室规则，着各生共守之，并随时由训导处加以考核。至于实习课程，除成品缴存核给成绩外，另须制成实习报告，按时呈阅，评定分数，作为平时成绩之一，以加强其注意力。至于学生思想，除对学生阅读之书报做检核与指导外，并随时召集学生作个别谈话，俾启迪其新知，纠评其误解，务期学生思想一归于纯正。

乙、物质生活之管理

物质生活，不外食衣住三端。本校学生膳食，在训导处与总务处督导下，由学生自行组成学生膳食管理委员会管理之（每月膳食费用由学校斟酌情形贷予实物或代金），并由训导处会同校医按季节及市场情形，排定营养食谱，供该会之采择，实行分食制，以杜疾疫之传染。至于饮水问题，本校除有普通井二口以供洗漱之用外，另开有一约三百尺深之自流井一口，水质澄清甘洌，专作饮用，由学校派工专司茶水，随时供应。关于本校学生衣着，平日均着制服，冬青夏灰，整体朴素。至于居住，本校供有宿舍，学生一律住宿校内，按军训编队排定寝室位次，非有家长证明，无论何时，均不得在外住宿。每日按时起居，轮值整洁，逐日检查内务，并定期举行整洁竞赛，以鼓起学生之竞争心理，而促良好习惯之养成。此外，患病学生另设有养病室，与寝室隔离，俾便调治。

九、其他

本校成立于抗战期间，校董会体念战时物价高昂，生活维艰，多数学生来自沦陷区及农村，经济状况困难者居多，故除规定所有学杂各费一律免收外，并由学校全数贷给膳食费及按年津贴服装费用。现抗战虽已胜利，而物价尚未低落，依旧保持。至有关教职员及学生生活之各项福利，亦尽力之所及，一一举办，尚有足述者，兹分陈如左。

（一）膳宿服装

本校学生膳食贷金，系由学校按照物价逐月发给，并指导学生组织膳食委员会自行管理。现有学生多系北方数省人，故每日三餐，面食为主，米饭辅之，菜蔬每餐一律两大碗，简单卫生，营养充足。宿舍均系大房间，空气流畅，布置整洁，全体学生均由学校发给半价白被单一床，夏季借给蚊帐一具。服装规定冬夏制服各一套，工作服一套，其费用一律由学校补助一半。

（二）沐浴理发

本校教职员及学生沐浴，系与西北机器厂合作，于该厂内设有大型浴室，经常每周放水三次，夏季增至四次，教职员及学生均可按照规定时间前往洗浴。此外，本校雇有理发师一名，住校理发收费低廉。

（三）医药卫生

本校医务事宜，系与西北机器厂合作，于该厂内设有医务室养病室，并聘有校医协助厂医主持其事。医药设备亦尚完备，教职员学生遇有疾病，均可前往免费诊疗。至各项卫生设施，均由校医按照建议举办。

（四）环境布置

本校左邻蔡家坡纺械厂，右邻西北机器厂，不仅学生学习方便，广增见闻，且处此工业区域内，尤能增进学生从事工业志趣，而憧憬未来之新建设。且校舍建筑整齐，校园广植树木花草，培育一恬静庄严之环境，于学生读书生活及身心健康与夫品性陶冶，又复裨益匪甚少也。

（件存陕西省档案馆民国档案 82－1－74－5 卷）

2. 学校章则

私立雍兴高级工业职业学校组织大纲

（1943 年 6 月第三次校务会议修正通过）

第一条　本校定名为私立雍兴高级工业职业学校。

第二条　本校以遵照教育部所颁职业教育法令，培养中级工业技术人才，促进国家生产建设为宗旨。

第三条　本校暂设纺织科、机械科两科，招收初中毕业或同等学力之学生，修业期限定为三年（必要得增设其他学科或训练班）。

第四条　本校设校长一人，综理校务，由校董会聘任之。

第五条　本校设教务、训导、总务三处，各处设主任一人，由校长聘任之，秉承校长主持全校教务、训导、总务等事宜。

第六条　教务处设教务员、图书管理员、仪器管理员各一人，书记四人，秉承教务主任分别办理教务、注册、出版图书、仪器管理等事宜。

第七条　训导处设训导员二人，体育指导及军训教官各一人，秉承训导主任分别办理训导、体育、军训等事宜。

第八条　总务处设事务员二人，文书、出纳、校医及护士各一人，秉承总务主任分别办理庶务、文书、出纳、资产保管、卫生医药等事宜。

第九条　本校设会计室，其主任由校董会派充之，助理会计设一人，由校长聘任之，依法均受校长之指挥，办理本校岁计、会计事宜。

第十条 本校校长室设秘书一人，办理机要及校长交办事宜，由校长聘任之。

第十一条　本校各科设主任一人，由校长聘请专任教员兼任之。

第十二条　本校教员依照校董会所颁规程聘任之。

第十三条　本校为辅助校务进行，设左列四种会议：

甲、校务会议：由校长秘书、教务主任、训导主任、总务主任、科主任、会计主任组织之，以校长为主席，讨论全校内外一切重要事项。

乙、教务会议：由教务主任、科主任、全体教员、教务员等组织之，讨论一切有关教务事宜，由教务处召集之，以教务主任为主席。

丙、训导会议：由训导主任、科主任、各级导师、训导员、体育指导员、军训教官等组织之，讨论一切有关训导事宜，由训导处召集之，以训导主任为主席。

丁、总务会议：由总务主任、事务员、文书、出纳、校医等组织之，讨论一切有关全校事务事项，由总务处召集之，以总务主任为主席。

第十四条　本校一切会议议决案，须陈由校长核准执行，必要时并陈报校董会备案。

第十五条　本校于事实需要时得设学生就业指导部、工业调查部、特殊技术研究部或其他委员会，其办法另定之。

第十六条　本校办事细则另定之。

第十七条　本大纲如有未尽事宜，得提交校务会议修正后，陈校董会核准。

第十八条　本大纲呈准校董会后公布施行

（件存陕西省档案馆民国档案 82－1－38－3 卷）

私立雍兴高级工业职业学校训导纲要

（1943 年 1 月）

第一章　总　则

本总则遵照总理遗教、中华民国教育宗旨、职业学校六项训导及抗战建国之各项训导方案制定之。

第二章　训导目标

一、确立国家民族高于一切之信念。

二、认清生活之目的，为增进人类全体之生活及生命之意义，为创造宇宙继续之生命。

三、信仰三民主义并服从领袖。

四、了解中外大势及我国对世界所负之使命，以促进世界大同。

五、发挥忠孝、仁爱、信义、和平之国民道德。

六、养成新生活之习惯。

七、注意个性，使其身心得以正当发展，并限制个人自由以求团体自由。

八、锻炼健全体魄，能使刻苦耐劳，并涵养公诚朴实之精神。

九、增进职业道德，使服务社会，能彼此互助，祛除夺取心，以社会福利为前提。

十、培养审美能力，以增高生活情趣。

第三章　训导原则

一、训导之实施，应根据团体化、纪律化、科学化、平民化、生产化之原则，使无处不含有三民主义之精神。

二、由固有道德之提高，民族意识之灌输，以养成青年爱护国家民族之精神。

三、由课外作业及其他劳动生活之实习，以训练青年勤苦耐劳之习惯及爱好职业之心情。

四、由体操游艺竞技等运动，以锻炼青年之强健体格。

五、由自动之各种学术之研究，以养成青年潜心学问之兴趣。

六、一切训练务使其与实际生活相接触，并谋家庭及社会之联络。

七、教职员均应随时随地负责训导，横的方面，应以青年全部生活为训导之对象；纵的方向，顾及中学于小学训导事项之联络。

八、由指导学生自治会及其他各种集会，以训练团体自由及四权之运用。

九、由指导参加或举办各种合作事业、社会事业，以训练青年协力互助之精神，及服务社会之精神。

十、由家族观念延及国族观念，以唤起青年“先国后家”之思想，并革除其依赖家庭之心理。

十一、由课外娱乐之指挥，以陶冶青年之优美性情。

十二、由日常生活及生理卫生之讲解，以指示青年对于整齐清洁之注意。

十三、由纪念周升降旗及各种纪念之举行，以坚定信仰总理、服从领袖及拥护国民党之观念。

第四章　训导实施

一、人格感化。根据教师以身作则之原则，力行人格感化，使全体师生均能精诚团结，均有“相亲相爱”“自我批评”“自我训练”之精神，俾养成健全人格，达到“完人”教育目的。

二、指导方式约分三种：个别；小组；团体。

（一）关于个别指导：

1. 修身指导；2. 思想指导；3. 职业指导；4. 整洁卫生指导；

5. 阅读指导；6. 质疑及建议指导；7. 其他。

（二）关于小组指导：

1. 服务指导；2. 学术指导；3. 竞赛指导；4. 娱乐指导；

5. 批评会及座谈会指导；6. 其他。

（三）关于团体指导：

1. 学生自治组织指导；2. 新生活及精神总动员指导；

3. 参加抗战建国工作指导。

第五章　附　则

本章纲要经校务会议通过施行。

一、本办法遵照教育部颁发中等以上学校导师制纲要订定之。

二、各导师实施训导，均应依照导师会议所商订之训导方案实行之。

三、训导实施时间，以不妨碍上课时间为原则，但得于自修时间行之。

四、本校全体学生按班别分组，每组设导师一人，由校长指定专任教员充任，并指定训导主任综理全校学生训导事宜。

五、本校将全年分为两期，每期每导师指导学生一组，到第二期时可另换一组。

六、各导师对于学生之思想行为、学业及身心、摄卫，均应体察个性，施以严密之训导，使得正常之发展，以养成健全之人格。

七、各组学生由各该组导师按照分组名单，自行召集，地点及时间均由各导师自行择定。

八、训导方式：

（一）个别谈话；（二）举行学术讨论会；（三）举行座谈会；（四）举行远足会；（五）举行批评会；（六）其他。

九、各导师举行团体训导时，由学生一人至二人担任记录，举行座谈会及批评会时，亦须由学生担任笔记，交由导师核阅后，汇交训导会议存查。

十、各组导师每月举行导师会议一次，会报各组训导实施情形，并研究关于训导之共同问题，导师会议由校长主席，校长因故不能出【席】时，由教导主任代表主席。

十一、训导主任办理议定事项，收集报告表格及缮发通知等事宜。

十二、导师会议商讨下列事项：

（一）议定导师训导方案及实施方法；

（二）商讨各导师成绩报告；

（三）研究训导实施时所发生之问题；

（四）拟定各项应用表格。

十三、导师实施训导时应注意左列各点：

（一）注意人格感化；

（二）指导学生生活；

（三）研究学生身心状况；

（四）导师互相合作。

十四、导师于每期训导结束时，应对学生之思想、个性、学业、身体状况、特点等，依照格式详密记载并加考语送训导主任，以作学生参考。

十五、各导师训导方法，应商取相同步骤，严格实施训导，如有不堪训导，或不服训导学生，可由导师提出，训导主任转报校长予以处罚。

十六、本办法由校务会议通过施行。

（件存陕西省档案馆民国档案 82－1－138－3 卷）

私立雍兴高级工业职业学校考查学生操行成绩办法

（1943 年 1 月）

甲、考查操行之标准

1. 关于思想方面：

（1）能否理解三民主义；（2）爱护党国及民族观念是否坚定；（3）课外所读书籍是否违禁；（4）所选文稿内容是否正确；（5）其他。

2. 关于言语方面：

（1）言语有无诋毁他人；（2）言语有无虚伪；（3）言语躁急或温和；（4）其他。

3. 关于态度方面：

（1）和气或横蛮；（2）庄重或轻佻；（3）谦恭或傲慢；（4）勇敢或懦弱。

4. 关于勤劳方面：

（1）生活能否按时；（2）上课及自修是否专心；（3）实习是否认真工作；（4）早操期升旗是否按时参加；（5）各课习题及课外作业能否遵期照缴；（6）对课外（字迹不清）自治团体能否负责；（7）对于学生服务是否负责；（8）请假旷课情形如何；（9）其他。

5. 关于俭朴方面：

（1）所着服装及用具是否整肃清洁；（2）日常消费是否刻苦节俭；（3）其他。

6. 关于公德方面：

（1）能否爱护公物；（2）能否热心公益；（3）有无妨碍他人举动；（4）其他。

7. 关于合作方面：

(1)能否与他人合作；(2)同学感情如何；(3)对于自治团体规则是否遵从；(4)其他。

8. 关于服务方面：

(1)有无自动服务精神；(2)对指定服务能否努力；(3)有无服务持久毅力；(4)其他。

9. 关于情趣方面：

(1)对科学及工作有无兴趣；(2)对书籍有无欣赏兴趣；(3)对于学业有无兴趣，平常表现于作文及讲话者如何；(4)对于文学、美术、音乐、戏剧等有无兴趣；(5)其他。

10. 关于纪律方面：

(1)对升旗是否肃然起敬；(2)闻国歌声是否肃然起敬；(3)能否遵守军事管理规则；(4)在工厂、教室、饭厅、寝室、图书馆及实验室等能否遵守秩序；(5)其他。

11. 关于爱国运动方面：

(1)能否热心参加关于爱国运动大会；(2)能否热心服务关于爱国运动工作；(3)其他。

12. 关于卫生健康方面：

(1)身体服装是否整洁；(2)有无不良嗜好；(3)寝位是否整洁；(4)是否勤于沐浴及理发；(5)饮食有无节制；(6)用功有无节制；(7)其他。

乙、学生操行以七十分为操行成绩基数，再根据丙条各项增减之。

丙、增减学生操行分数之根据

1. 根据学生缺课旷课统计表。

(1)请病假五十小时者，扣操行总平均分一分；

(2)请事假三十小时者，扣操行总平均分一分；

(3)旷课十小时者，扣操行总平均分一分。

2. 根据各教职员操行报告。

3. 根据军训教官操行报告。

丁、操行成绩之等级

操行成绩分甲、乙、丙、丁四等，以百分为满分，八十分以上为甲等，七十分以上为乙等，六十分以上为丙等，不满六十分者为丁等，丁等级以上者为及格，列丁等在四十分以上者得令其读试，四十分以下者开除学籍。

戊、操行成绩之类别

1. 学期操行成绩——为每月操行成绩之平均数；

2. 学年操行成绩——为每学期操行成绩之平均；

3. 毕业操行成绩——为各学年操行操行成绩之平均数。

（件存陕西省档案馆民国档案82－1－138－3卷）

私立雍兴高级工业职业学校学生奖惩办法

（1943年1月）

甲、奖励：为鼓励学生敦品勤学及养成服务精神起见，分别予以奖励。

（一）奖励之标准：

1. 学生操行成绩优良者；

2. 学生在校服务著有成绩者；

3. 学生行为高尚足资表率者（如拾金不昧等）；

4. 学生行为足资显扬本校声誉者（如参加各种竞赛获得锦标者）；

5. 一学期内不请假及不缺课者；

6. 其他。

（二）奖励办法：

1. 奖状或奖章；

2. 口头奖励；

3. 记小功；

4. 记大功。

（三）凡记小功三次者等一大功，三大功者发给奖状或奖章。

（四）凡记小功者增加操行分数三分，记大功者增加九分。

（五）凡记小功者可抵一小过；记大功者可抵一大过。

乙、惩戒：对操行不良学生，分别情节轻【重】，予以相当惩戒。

（一）惩戒之标准：

1. 违反校规者；

2. 不请假擅自离校者；

3. 随地吐痰便溺妨害公共卫生者；

4. 衣履不整有碍观瞻者；

5. 阅读违禁书籍者；

6. 妨害公共秩序者；

7. 故意损毁学校图书、校具或建筑物者；

8. 诋毁他人名誉者；

9. 殴辱同学或校工者；

10. 行为有伤学校名誉者；

11. 涂抹牌示者；

12. 对师长无礼貌及出言不逊者；

13. 总理纪念周或公共集会无故缺席者；

14. 参加总理纪念周及升旗不恭敬者；

15. 经师长屡诫不悔者；

16. 操行成绩恶劣不满四十分者；

17. 有窃取行为者；

18. 触犯政府禁令者；

19. 藉端滋事，聚众要挟鼓动风潮者；

20. 行为危害学校者；

21. 其他。

（二）惩戒办法：

1. 口头训诫；

2. 记小过；

3. 记大过；

4. 开除学籍。

（三）记小过三次者算一大过，三次大过者开除学籍。

（四）凡记小过【者】扣操行分数三分，记大过者扣九分，以此类推。

（五）凡记小过者可抵一小功，记大过者可抵一大功。

（件存陕西省档案馆民国档案 82－1－138－3 卷）

私立雍兴高级工业职业学校学生请假规则

（1943 年 1 月）

第一条　学生请假须经训导主管人员核准后方得有效。

第二条　凡请假学生须亲到训导办公室办理请假手续。

第三条　凡经核准给假之学生须报告其级长。

第四条　凡请假离校在一日以上者，须有家长或保证人证明文件，或校医之诊断书。

第五条　凡请假离校不能如期销假者，须有函叙明理由，申请续假并须附有相当证件。

第六条　凡请假在一周以上者，须先得本科主任之许可，再至训导办公室请假。

第七条　请假规定之范围及限期如左：

1. 事假　限一星期；

2. 丧假　限两星期；

3. 病假　逾一学期四分之一者以休学论。

第八条　请假逾期而未续假者以旷课论。

第九条　学生请假返校后应即到训导办公室销假。

第十条　凡学生假冒家长或保证人函件及校医诊断书，一经查出，除缺课时间作旷课论外，并予以惩戒。

第十一条 本规则经校务会议通过执行。

（件存陕西省档案馆民国档案 82 －1 －138 －3 卷）

私立雍兴高级工业职业学校学生集会规则

（1943 年 1 月）

第一条　学生组织团体，须将组织团体之宗旨及负责发起人之姓名，用书面呈递训导主管人员审核登记，核准后始得组织之。

第二条　学生团体只限在研究学术、艺术、体育等之组织。

第三条　凡本校各学生团体于组织成立后一星期内，须将全体会员名单送训导主管人员备查，如自动解散时，亦须呈报解散原因。

第四条　凡本校学生团体之职员姓名，于选举或改选后二日内，须将名单送训导主管人员存查。

第五条　本校学生团体或学生非经本校允许，不得擅用本校公共名义对外参加各种活动或组织。

第六条　本校学生团体或学生非经训导主管人员允许，不得自由召集各种临时集会。

第七条　学生团体集会须于事向训导主管人员记登，领取集会报告表，于会后将报告依式填报备查。

第八条　本校学生团体邀请校外人士来校演讲，或全体会员往校外参加各种演讲会时，均须于事前得训导主管人员之允准。

第九条 凡本校学生团体开大会时，须请训导主管人员参加指导，否则停止集会。

第十条　学生团体开会时间与地点，不得妨碍授课及自修。

第十一条　集会时须严肃整齐，注意场内秩序及清洁。

第十二条　集会时须遵守时间，不得迟到和早退。

第十三条　本规则经校务会议通过实行。

（件存陕西省档案馆民国档案 82 －1 －138 －3 卷）

私立雍兴高级工业职业学校招生简章

（1944 年 7 月）

一、宗旨：本校以培养工业技术人才，促进国家生产建设为宗旨。

二、科别：暂设纺织科，机械科。

三、名额：纺织科一年级新生三十名，机械科一年级新生三十名。

四、投考资格：投考一年级者，需年十六至二十岁之初中毕业或具同等学力之男生。

五、报名手续：自八月十日起至八月十二日止，向西安尚仁路中国银行左邻雍兴总公司本校报名处或蔡家坡本校缴验毕业登记书或证明文件，最近二寸相片两张，考试费五十元，取回收据，并领取准考证及应试规则，按期来蔡家坡本校参加试验。未经录取各生证件，得于试验结果揭晓后三日凭据退还。

六、考试日期、考试科目及地点：

八月十五日至八月十七日，在蔡家坡本校举行。

第一试

第一日　公民算学（算数　代数　几何）

第二日　国文　英文　理化

第二试

第三日　口试　体格检查

（附注）凡第一试不及格者不得参加第二试。

七、修业年限：三年。

八、费用：学费、宿费、杂费免收。

膳费：由学生遵照规定手续向本校申请贷金，毕业后分年抽还，中途退学者由保证人负责一次偿还。

制服费：冬夏制服各一套，棉大衣一件，工作裤一条，白被单一床，由本校规定质料划一式样，由学生预缴工料价值之半数（金额临时公布），其不足之半数由本校辅助。

书籍仪器费：本校自行规定之教材悉由本校印发讲义，其指定之教科书由学生预缴书籍费八百元，由学校代办，多退少补。绘图仪器及计算规尺等，学生无力自备者，得按照规定手续向本校借用。

九、入学手续及日期：录取后由本校另函通知。

十、校址：陕西省岐山县蔡家坡。

十一、注意事项：

甲、本校学生毕业后，由本校按照成绩分别介绍给各大工厂服务。

乙、来学者须体格健全，绝无不良嗜好，意志坚定，自愿接受严格训练，具毕生致力于技术工作之决心，否则可勿与考。

丙、本校录取新生，首重体格、气质及算学、理化等学科之基础。其体质孱弱，不胜劳苦，对上述学科不生兴趣者可勿来试。

丁、函电保送或介绍学生概不奉复。

戊、投考学生如需本校代办食宿者，请预缴三日膳费一百二十元。

中华民国三十三年七月

（件存陕西省档案馆民国档案 82－1－56－3 卷）

私立雍兴高级工业职业学校学则草案

（1944 年 1 月）

第一章　入　学

第一条　在公立或已立案及教育部备案之私立初级中学毕业，或同等学校毕业，或具与初级中学毕业之同等学力，经本校之入学试验及格及体格检查合格者，得入本校一年级肄业[①]。录取同等学力之学生，最多不得超过录取总额五分之一。

第二条　入学年龄以实足年龄十五岁至二十二岁为限。

第三条　在与本校性质相同之学校修业满一年以上之学生，持有原校之修业证明书及学科详细成绩书，经本校审查合格准予参加转学考试，并经录取者得转入本校肄业。

第四条　本校于每学年开始前招考各科一年级新生一次，每次每科以三十名为足额，其招考规则另定之。

第五条　本校于招考一年级新生时举行转学试验，其详细规则另定义。

第六条　转学生须先经一年级入学试验，再加受转学试验。

第七条　三年级不收转学生。

第八条　凡经入学试验已经录取之新生，须于限定日期内来校报到，逾期无故不到者即取消其学籍。

第二章　注　册

第九条　学生入学应于规定期限内注册，否则分别以缺课或旷课论。但因亲丧疾病预先请假或有确实证明者，不在此限。

第十条　入学或转学之新生须按左列程序注册：

一、先填具所发给之志愿书及保证书，随携入学证来校报到。

二、到教务处报到对相片。

三、到医务室复验体格。

四、到教务处注册并领取学生证。

五、到训导处口试，交志愿书及保证书，并派定宿舍。旧生除第一项外，余均与新生同。

---

① 此处意为修习课业。

第十一条　学生于开课后逾十日尚未到校注册而又未请假者，以自动退学论；其已请假逾十日尚未到校而未续假者，以自动休学论，但须补行休学手续方准保留其学籍。

第十二条　学生在开课后十日内所缺之课，已经请假者按缺课扣分；未经请假者按旷课扣分，复学生、借读生准此办理。

第十三条　学生于注册手续完毕后发给学生证，始得享受本校一切待遇。

第十四条　各科学生一律不准转科。

第三章　纳　费

第十五条　学生纳费依左列各项办理：

一、学费、宿费、杂费免收。

二、膳费：由学生遵照规定手续向本校申请贷金。此项贷金于毕业后分五年抽还，中途退学者由保证人员一次偿还。

三、制服费：冬夏制服各一套，棉大衣一件、工作衣一套。由本校规定面料，式样划一，由学生预缴一部分（其数目每学期开课之前临时规定），不足之数由校辅助。

四、书籍仪器费：本校自行规定之教材由本校印发讲义，其指定之教科书及参考书概归学生自备。

五、绘图仪器及计算规尺等学生无力自备，得按照规定手续向本校随时借用。

第四章　学分成绩及试验

第十六条　本校采用年级及学分混合制，凡每周讲授一小时满一学期者为一学分，理化实验及工厂实习、制图钟点二时至三小时作一学分计。

第十七条　每学期之学程及学分另表规定之。

第十八条　本校试验分平时试验、学期试验及毕业试验三种。平时试验由教员按学程学分之多寡随时行之（每周上课一至二小时者每学期至少两次，三至四小时者每学期至少三次），学期试验于每学期终行之，毕业试验在修业期满时行之。

第十九条　试验成绩之登记采用百分法，其等级如左表：

等级名称	超	甲	乙	丙	丁
简号	E	S	H	I	F
百分制	90—100	80—89	70—79	60—69	59 以下不及格

第廿条　各学程之学分数乘各该学程应得分数谓之积分，积分之扣除以学分

总数即为学期平均分数。

第廿一条　学生各学程平时成绩，由各学程日常作业成绩与平时试验成绩合并计算，日常作业成绩占三分之一，平时成绩占三分之二，其公式如左：

平时成绩1/3 日常作业成绩2/3 平时试验成绩

第廿二条　学生各学程学期成绩由各学程平时成绩与期考成绩合并计算，平时成绩占三分之二，学期试验成绩占三分之一，算式如左：

学期成绩2/3 平时成绩1/3 期考成绩

第廿三条　学生毕业成绩由各学年总平均成绩与毕业试验总平均成绩合并计算，前者占三分之二，后者占三分之一，算式如左：

毕业成绩2/3 各学年平均成绩1/3 毕业试验总平均成绩

第廿四条　学生在一学年内，有三种主要学程列丁等者不得升级，四种（主要学程列丁等）者令退学。

第廿五条　学生在一学年内有两种学程列丁等者，准其补考。

第廿六条　补考只限一次，如成绩仍不及格，一门者重修，两门者留级，留级只限一次。

第廿七条　留级学生对于原年级未及格学程应重修之，并应重受试验，其已及格之科目仍为有效，但得该科主任之许可后得选修高年级之学程。

第廿八条　学生因下列事由之一不能应学期之试验或毕业，试验时呈经教务主任或校长之核准者方得请求补考，但补考成绩以八折计算。

甲、亲丧（须有亲属或保证人之证明）；

乙、重病（须有本校医生之证明）。

第廿九条　补行学期试验或补考日期，于下学期开课后二星期内行之，逾期不再举行，无故不参加者以补考不及格论。

第卅条　借读生各项成绩考核法与正式生同。

第卅一条　试验日程由教务处公布之。

第卅二条　试验规则另定之。

第五章　缺课与旷课

第卅三条　学生因事或因病经请假照准者，其缺席为缺课，未经请假者为旷课。

第卅四条　凡学生缺课每达五小时减扣学期总平均分数一分，旷课加倍。

第卅五条　凡学生于每学期内缺课逾授课时数四分之一者，或旷课逾授课时数八分之一者,予以留级或休学处分。

第卅六条　学生缺课无论请假与否,均由教师填写缺课报告单,于下课后交教务处登记。

第卅七条　学生因事或因病不能上课,须先亲到教务处请假,因病请假须得校医之证明。

第卅八条　学生请假满一日以上者,须得校长之核准。

第卅九条　学生请假离校而欲续假者,须先由家长或保证人专函告知本校。

第六章　休学与复学

第四十条　学生有左列情形之一者,本校即令其休学:

(一)学期开学后请假逾十日尚未到校而未续假者;

(二)一学期内缺课逾授课时数四分之一,或旷课逾授课时数八分之一者。

第四十一条　学生因事或因病得呈请教务主任转呈校长准予休学。

第四十二条　无论勒令休学或自请休学,其期限不得超过一年,期满不能复学者以退学论。

第四十三条　因事休学者,须先向教务处领取休学申请书,由家长或保证人填明休学理由及期限,送请校长签发离校证,始能生效;因病请求休学者,须于休学申请书上附呈医生证明书。

第四十四条　凡申请休学者,须办清对学校应缴还所有贷金,并赔偿图书、讲义、仪器各损失费,否则不发给离校证。但以特殊情形经校长许可者不在此例。

第四十五条　凡申请休学手续未曾办清即行离校者,不予保留学籍并依法追回其一切费用。

第四十六条　凡经核准休学者,应于领到离校证一星期内离校,但有疾病经校医证明,或经校长特许者不在此限。

第四十七条　学生请求休学无论何时提出,盖以全学年计算,休学期间修习未完之学程,概作无效并不得补考。

第四十八条　休学学生欲复学时,应于休学期满后,学期开始前一个月内,由家长或保证人专函声明该生离校后状况或经历,呈请校长核准后方准编入原年级,遇必要时并得受本校之编级试验。

第四十九条　学生在本校休学期间,如在他校肄业,其所得成绩本校不予承认。

第七章　退　学

第五十条　学生因事得呈请教务处转呈校长准予退学,但须出具家长或保证人之证明文件。

第五十一条　自请退学之学生曾在本校肄业一年以上者，得请发修业证明书及成绩证明书。

第五十二条　学生有左列情事之一者得令其退学：

一、违犯校规；

二、操行成绩不及格；

三、全年成绩有三种以上之主要学程列丁等；

四、连续两次留级；

五、开课后十日尚未到校注册亦未请假；

六、休学期满未能照章复学；

七、有特别疾病治疗无望。

凡因一、二两项情事斥令退学者概不发给任何证明。

第五十三条　凡经退学之学生一律不准复学。

第五十四条　退学之学生须办清对本校之一切手续，并按照第十五条第二项之规定缴还所领贷金。

第五十五条　退学之学生于办清对本校一切手续后，由校长签发离校证即日离校。

第八章　毕　业

第五十六条　学生须在本校修满六学期各该科规定之学分，经毕业试验及格者始得毕业。

第五十七条　学生毕业总平均成绩须在六十五分以上始得毕业。

第五十八条　本校学生须在本校，或本校认可之相当工厂，完成规定之实习工作领得证明书者始得毕业。

第五十九条　本校学生军训、体育成绩完全及格者始得毕业。

第六十条　借读生之毕业遵照教育部规定办法办理之，但已经改为本校正式生者与本校学生同。

第六十一条　本校毕业学生由本校照章发给毕业证书。

第九章　附　则

第六十二条　本校学则如有未尽事宜，由教务处提交校务会议修正之。

第六十三条　本学则经教务会议通过由校长公布施行之。

中华民国三十二年一月

（件存陕西省档案馆民国档案 82－1－38－3 卷）

私立雍兴高级工业职业学校职教员规则

一、本校专任职教员非经校长特许不得在外兼职或兼课。

二、本校专任职教员无论有课无课，均应每日按照规定时间到校办公，不得迟到早退或缺席。

三、专任教员每周授课时数完全由本校规定，但以不超过十六小时为原则（实习、制图以两小时作一小时计）。

四、专任职教员假期中亦有到校服务之义务。

五、专任教员须按照本校规定督改各科练习，或督缴各科实习报告及成品。

六、专任教员须于课余编纂各科教材，随学期结束送校长室，其编纂完竣之讲义经审定后，得呈由校董会酌致编纂费并付印。

七、专任教职员凡遇国父纪念周及各种纪念仪式均应出席。

八、职教员在工作期间请假在一星期以上者，应觅妥人代理，经校长认可后方得离校，代理期间之薪津由代理人领受之。

九、教员请假不足一星期时，应于销假后定期补课。

十、专任教职员必须在校内膳宿，其宿舍之供应，由本校按照规定统筹分配，无论何人不得要求例外或优异。寄居本校之职教员眷属并须接受本校之管理规程。

十一、专任职员其职务有关本校财务处理或担任财产保管工作者，一律须填具保证书，本校如认为其保证书不合标准时，得将原聘书予以收回。

十二、职教员接受聘书后，同意各项规定时应于三日内在应聘书上签名盖章，职员并连同所具保证书一并送交校长室。

（件存陕西省档案馆民国档案 82－1－86－7 卷）

3. 来往函电

雍兴高职校校董会特聘沈次量为校董书※

（1942 年 7 月 22 日）

敬启者：查本校校董会业奉陕西省教育厅颁发钤记亟应组织成立，除雍兴公司束总经理士方以代表设立人之资格为本校当然校董并兼任董事长外，兹特聘请台端为本校校董。耑此奉达，敬祈惠允为荷。

此致

沈次量先生

私立雍兴高级工业职业学校校董会　启

雍兴学校校董会为呈送有关备案表册材料致陕西省教育厅函※

（1943 年 2 月 11 日）

为呈请立案事。

窃雍兴实业股份有公司前为培养工业人才，增进生产教育起见，在本省岐山县蔡家坡地方设立雍兴高级工业职业学校一所，并依法组织校董会，于三十一年七月三十日呈请钧厅立案，当蒙于同年十一月四日中学第一一二七五号训令内开："奉教育部令，该校董事会应准备案。"等因，各在案。查本校成立已一年，遵章应即呈请立案，理合检同本校呈请立案各种表册、组织系统表、组织大纲、训导纲要、全校平面图各两份，备文呈请查核，准予立案，实为公便。

谨呈

陕西省政府教育厅

具呈人：雍兴公司学校校董会

代表人：董事长束士方　谨呈

（件存陕西省档案馆民国档案 82 －1 －38 －2 卷）

吴本蕃为添备相关设备计划为利纺织科学生实习呈校董会文※

（1943 年 4 月 2 日）

径陈者：窃以工职业学校之设置，端重于工业技能之训练与生产教育之实施，故教育部所颁定职业学习规程第三十七条云："职业学习每周教学四十至四十八小时，以职业学科占百分之三十，普通学科占百分之二十，实习学科占百分之五十为原则。"是即注重工业技能之训练者。又第二十一条云："职业学校每年扩充设备费至少须占经常费百分之二十。"又第二十四条云："职业学校每年须有实习材料费，其款额视职业性质定之，如学校已有营业收入时，得减去实习材料费之一部或全部。"又第二十五条云："职业学校学生实习或营业所得之盈余，应列入预算之内。"以上三条均针对生产教育之实施，本校既称职业学校，自应以此为着重点。

查本校纺织课实习，前因限于经费，原拟藉蔡纺厂。惟学生在制造厂内实习，实不若在学校工厂内实习能得切实研磨之效。况藉蔡纺厂实习，虽于棉纺可窥得粗形，而机织一部因该厂无此设备，不能得到实习，且有纺无织固属不可，即有纺有织而无染色亦不能称之为完全学科。故纺织科虽名为一，实际含有纺、织、染三部门，缺一不可者。机织内尚有针织一部分为编织物实习之用，亦纺织内不可少者。本计划书即按此种需要而拟定，其中提花机本应设备五台，方够分配，因限于购置不易，暂由业精纺织厂拨借一台，聊供学生之参考。铁木机十五台，实习用十台，生产用五台，以供学生、教职员之制服及补充实习之消耗，以期自给自足。至于染色实习，欲期工业化稍感困难，然最低限度亦得使学生明了各种染料之性质及其概况，故于此项实习之设备，不过三十个染罐及数种颜料而已。以上之计划，仅按每班三十名学生分配，为实习应用之最低数量，按此设备除学生实习外，如能经常运转，依计划书所预算，每月出品增值可达四五十万元。由此观之，起初设置此项费用虽巨，而每月营业所得之盈余，经月累积亦可偿归原本，进而更可补助学校经费，增加学校基金，是则于职业学习之本质相符，而于本校发展之前途有望。故特造具计划书，检请核示。

此呈

校董会

私立雍兴高级工业职业技术学校校长　吴本蕃

（件存陕西省档案馆民国档案 82－1－39－1 卷）

校董会为添备纺织科学生实习及工作机件事复雍兴高职校函※

（1943 年 4 月 9 日）

径复者：顷接尊处本年四月二日自总字第八十六号函，为纺织科拟设实习工厂、添建厂房及工作机件等以便实习，附具计划书请核示一节，查所拟计划详密可行。惟设备及建筑等费为数甚巨，目前经费困难，宜暂就原有余房尽量设法利用，并就业精能拨借到校之铁木机、提花机、多备机等先行试办以觇成效，以后再图扩展。用特函复，即希洽照办理，并希将筹办情形见复为荷。

此致

雍兴高级工业职业学校

校董会　启

（件存陕西省档案馆民国档案 82－1－39－1 卷）

雍兴公司西安办事处为请拨交认捐雍兴职业学校当月经费致蔡酒厂函※

帐字第不列号通函

（1944 年 1 月 18 日）

径启者：查蔡家坡雍兴高级职业学校本年上期经费预算每月二十七万七千余元，业经核准照办。兹按照上年各厂认捐经费比例分配计，尊处本年上期每月应认捐该校经费三千三百元。用特函达，即希查照，按月如数拨付交由本公司转交为盼。

此致

本公司蔡酒厂

雍兴总公司西安办事处　启

卅三年一月十八日

（件存陕西省档案馆民国档案 82－1－56－1 卷）

吴本蕃为增建纺织实习工厂事复雍兴公司西安办事处函※

（1944 年 3 月 9 日）

径复者：奉二月二十五日第七〇六号台函，祗悉敝校增建纺织实习工厂，贵公司拟予协助以促其成，至深感荷。除将建筑方面遵照来示编制预算陈核外，其他尚有意见数点，并列如左：

（一）关于建筑方面

校内操场西端，尚有余地可用，遵示添建简单适用之工场一幢，装设尊代借拨之纺纱机器及校方已备未装之纺织布机等。谨将该项建筑之设计图、施工说明书及建筑经费预算表格各一份附函送上。计该项建筑依现时工料估计，约需壹百陆拾万元，至于正式开工时，需加建之工人宿舍及食堂等，拟后再行简单规划，此次未列入预算。

（二）关于机器方面

1. 业精厂之业精式弹花机，拟请商借二台，以作松棉之用，但花卷宽度不同，不能直接供给钢丝车。除该机外，如再加拨蔡机厂自制之清花机一台。

2. 钢丝机希望尽可能拨借两台。

3. 粗纱机拨借一台，设非大牵伸式，则工作方面障碍甚多。拟请指明借用大牵伸式一台，或普通式之头道、二道各一台，将来工作方面始可获得合理之联系。

（三）关于传动方面

自以电力传动为最便，但如有三十匹马力之木炭原动机可以拨借，则本厂可以提前开车，争取时间。

（四）机器安装方面

校内现可择地安装细纱机，惟动力及粗砂供给方面须先求得解决方可开车。

（五）棉花购运方面

棉花亟需设法向各处搜购，或由贵公司指派人员代办，或由本校派员兼理，拟请预借国币壹百伍拾万元以资周转。

以上各点，尚祈卓夺示复。

此致

雍兴实业总公司西安办事处

私立雍兴高级工业职业学校校长　吴本番
中华民国三十三年三月九日
（件存陕西档案馆民国档案 82－1－56－1 卷）

吴本番为奉教育厅令捐助敬恒奖学金事致校董会函※

教字第九五号

（1944 年 6 月 9 日）

敬启者：顷奉陕西省政府教育厅五月廿三日教学第二八五三号训令内开："案奉教育部陈部长函开：'接准中央执行监察委员会秘书处三月十八日函开：盖闻化民成俗，莫重于尊贤，一道同风，宜隆于养老。今中央监察委员会常务委员吴敬恒先生，党国元勋，士林山斗，致力革命垂五十年。自本党改组以来，翊赞中枢，定大疑，决大策，为而弗成而居，姜桂之性，老而弥芳，俭节廉隅，为世楷式。年登大耄而聪明强固，矍铄犹昔，诚天下之大老，一代之伟人。本月廿二日为先生八十生辰，凡我同志，宜掬共心香，【以】祝纯嘏。腴辞浮费，非所欲闻，夷考先生自创立爱国学社，以迄于今，无时不以奖掖后进、作育人才为己任，而于实用工业教育尤力为提倡，以为转弱为强，莫切如此。爰本斯旨，征集敬恒奖学金转为推广实用工业教育之用，应由我全体同志酌挹廉泉，共成斯举。所集款由区分部于到两个月，内逐级呈解中央秘书处妥为存储，其用途由本会指定人员组织管理委员【会】妥为订定，总使庠宫黉舍，同眉寿之增川，编户纯枢，无一夫而失所，是即所以宏先生之襟抱，吾党同志礼亦宜之。除由中央执行监察委员通告各级党部遵照【并】饬所属党员各输热诚，踊跃将事，并分函外，特此函达，即希察照并协助筹募为荷等由，自应量予捐助。除分函外，特此函达，即希察照协助筹募，所集之款并希径寄中央秘书处为荷'等因，奉此，除函复分行外，合行令仰酌量捐助，务于一月内册送以凭汇转为要！此令。"等由，本案应如何办理之处，谨此转陈，敬希察照示遵为祷！

此上

校董会

私立雍兴高级工业职业学校吴本番　启
（件存陕西省档案馆民国档案 82－1－56－3 卷）

吴本番请为学校捐书致沈次量、杨朗川函※

（1944 年 10 月 10 日）

次量、朗川先生赐鉴：

敬启者：窃查百年大业，厥惟树人，际兹抗战胜利在望，兴学育才，以担当国家复兴工作尤为当务之急。本校创立于斯，适值两载，虽以时局多艰，一切设施苦费周章，第于我校董会暨各联枝行、厂、处、矿指导之下，筚路蓝缕，悉力以赴，幸能规模粗具，弦诵不辍。惟是历史浅短，设备尤欠完善，尤以教学参考图籍及学生读物，最感缺之，用特假两周年纪念，发起捐募图书运动，以期集腋成裘，藉资充实。素仰台端热心教育，奖掖青年，不遗余力，对于本校之创立，鼎力襄赞尤多，倘荷嘉兹义举，发动尊处同人，每人慨捐一书，不论任何类别、版本均所欢迎，并希亲为签署，以留纪念，则行见本校东壁琳琅，学子受惠匪尠。瞻引云谊，允宜求铭。至承赐赠之书，交邮寄下或由尊处汇集见示，以便派员洽取，均深纫感！耑此。敬诵道安，诸维垂察。

私立雍兴高级工业职业学校校长：吴本番　谨启

十月十日

（件存陕西省档案馆民国档案 82－1－56－3 卷）

吴本番为调整本校职教员待遇事致校董会函※

总字第五四六号

（1944 年 12 月 15 日）

敬陈者：顷奉十四日校字第三一号大函，为本校职教员待遇，拟请准照雍属各厂调整办法援例办理一节，以经费已编定预算，嘱仍照旧不必变更等因，敬悉。惟查本校虽与雍属各厂性质不同，但实属一个团体，膳食亦由公家供给，办法似不能二致，且本校教员率多专门学科师资，并有系由各厂调聘者，办法不一，待遇悬殊过甚，殊无法维持。而迩来公教人员，皆已调整待遇，收入并不比本校为少，本校为使教学安心，一切计划便于推进，请求改变待遇，实属迫不获已。奉函前因，用再披陈颠末，仍恳准照前函所请办理。至预算虽已编定，此项调整，超出无多，拟请准于学期结算另案追加，统祈察核示遵为祷！

此上

校董会

私立雍兴高级工业职业学校吴本番　启

（件存陕西省档案馆民国档案 82－1－46－1 卷）

杨毓琇转吴本蕃为调整雍兴高职校学生贷金办法致束云章函※

（1946 年 7 月 12 日）

云章我兄大鉴：

六月二十一日电示雍兴高职校自本年秋季开学起，贷金暂按半数贷给，其年度考试成绩最优者可补贷全数，但以每班考列前五名者为限一节，经转知该校照办。兹据吴代校长本蕃复称，略以对于此项新规定，自应遵照办理，惟有两点似宜加以研究。

（一）在校旧生多系清寒子弟，当初招生时，曾公告予以全部贷金，倘中途改发半贷，恐将影响其继续求学，且亦与校方信誉有关，拟恳对在校旧生仍予全贷（将来照章抽还），俾其完成学业。

（二）本年度所招新生贷金即按半数贷给，惟“其年度考试成绩最优者可补贷全数，但以每班考列前五名者为限”一节，拟改为“每科入学考试成绩考列前五名者，第一学期内贷给全数，以后在校期间，每级学期考试成绩名列前五名者，于次一学期贷给全数”。

以上两点在原则上似可予以考虑，未知尊意以为如何？祈即电示，以便转知遵办为荷。耑此。

敬颂

公绥

弟：杨毓琇　拜启

三十五年七月十二日

二、私立西安雍村小学

1. 学校概况

校训

公诚勤敏

（束士方书）

雍村小学校歌

西京巍巍	远溯汉唐	雍村弦诵	洋洋崇基
植本笃实	辉光莘莘	学子醇良	云蒸霞蔚
千柱百梁	育才多难	兴邦终南	翠声渭水
流长雍村	弦诵洋洋		

学校简史

西安中国银行经理兼雍兴实业公司总经理束云章先生，为谋同人子女求学便利起见，爰于民国三十二年二月间倡议筹设本校，当即推定李紫东、傅道伸、袁雪厓、蒋均如、束樵如诸先生负责筹备。时雍兴公司正在建国路玄风桥雍村内建造房屋，乃商得公司同意，将雍村内眷属宿舍西边一部分房屋借作本校校舍之用，并由中国银行及雍兴公司合捐国币五十万元作为本校基金。六月间，束云章先生聘请沈次量、杨朗川、蒋均如、袁雪厓诸先生为本校董，组织校董会，公推束云章先生为董事长，定名西安私立雍村小学校董会。

七月间，校董会议决本校定名为西安私立雍村小学，招收一至六年级单式各一班。各级除容纳西安中国银行及雍兴实业公司同人子女外，遇有空额，招收附近学龄儿童，予以求学便利。并聘请束云章先生兼任校长，由束校长聘请胡镜霞先生为校务主任，筹划校务进行事宜。

同月二十五日，招考各级新生，计录取新生二百六十七名（内雍行及雍兴公司同人子女计五十二名），当时以一年级应考学生特多，故一年级暂设两班。

本校于民国三十三年五月三十日，由校董会陈准长安县政府立案，于民国三十三年度上学期改隶属于西安市政府，改名为西安市私立雍村小学。

（件存陕西省档案局民国档案 82－1－611－2 卷）

本校校董一览表

职别	姓名	字	性别	年龄	籍贯	经历	现任职务	通讯处
董事长兼校长	束士方	云章	男	六三	江苏丹阳	京师大学堂毕业，曾任三秦公学教员，西安中国银行经理	中国纺织建设公司总经理，雍兴实业公司总经理	西安尚仁路雍兴实业公司
校董	沈　钥	次量	男	六四	浙江吴兴	汉口法汉学校毕业，曾任天津中国银行副理	西安中国银行经理，雍兴实业公司协理	西安尚仁路雍兴实业公司
校董	杨毓琇	朗川	男	六二	安徽泗县	曾任天津南开大学、北平燕京大学教授	西安中国银行经理，雍兴实业公司协理	同前
校董	袁雪厓	雪厓	男	四〇	湖南长沙	礼雅大学文科毕业，曾任四川合川县长，雍兴公司总秘书	上海中国纺织建设公司主任稽核	上海江西路中国纺织建设公司
校董	蒋昌镕	均如	男	四六	湖南湘乡	汉口明德大学毕业，曾任西安中国银行襄理	天津中国银行副理	天津中国银行

现任教职员一览表

职别	姓名	性别	年龄	籍贯	学历	经历	到校年月
校长	束士方	男	六三	江苏丹阳	京师大学毕业	三秦公学史地教员	三十二日年八月

续表

职别	姓名	性别	年龄	籍贯	学历	经历	到校年月
校务主任	胡镜霞	女	四八	江苏丹阳	江苏省立第一女子师范毕业	南京女中实验小学、南京遗族学校教员	同上
总务主任	王东明	女	三五	浙江海宁	江苏省立松江女子中学毕业	上海私立浙光中学事务员兼教员	同上
教务主任兼六年级级任	刘竹云	女	二四	河南陕县	河南十一区联立师范毕业	陕县中心小学、咸阳扶轮小学教员	三十四年八月
训育主任兼五年级级任	那韵冰	女	二七	河北易县	河北省立保定女师毕业	重庆豫丰纱厂小学教员	三十六年八月
四年级级任	查仲衡	女	二二	安徽怀宁	陕西省立技术师范毕业	私立化育小学、济生小学教员	三十七年二月
三年级级任	刘爱德	女	二七	山东益都	陕西省立蒲城中学毕业	尊德附小主任、崇德小学教员	三十五 二月
二年级级任	苏丽瑛	女	二四	北平市	甘肃省天水中学毕业	天水四维小学教员	三十五年八月
一年级级任	范莉英	女	二九	北平市	四川大学教育系肄业二年	西安青年会幼稚园主任	三十七年二月
科任	韩若慧	女	二八	河北苑平	北平志成中学毕业	曾任北平师大第一附小幼稚园绒线胡同小学家园	三十七年二月
科任	王玉琦	女	二三	河北保定	陕西省立西安女师毕业		三十五年八月
事务	孙丽霞	女	三九	广东中山	唐山淑德女子中学毕业	南京中央模范管理局收发员	三十五年二月
兼任会计	赵同生	男	二七	江苏镇江	江苏省立镇江师范毕业	西安中国银行行员	三十四年八月
校医	刘人九	男	三九	河北献县	沈阳同善医科专门学校毕业	三原卫生院医师、中央警校校医	三十三年八月

历任教职员一览表

姓名	籍贯	性别	担任职务	到校年月	离校年月	备注
汤文玉	河南	女	教务主任兼六年级级任	三二、八	三三、一	
王慧华	江苏	女	训育主任兼以甲级级任	同上	三三、一	
许小琼	江苏	女	四年级级任	同上	三三、一	
刘佩琴	山东	女	三年级级任	同上	三七、一	
吕景先	江苏	女	二年级级任	同上	三三、七	
戴智英	江苏	女	一乙级级任	同上	三三、七	
孔剑阁	山东	女	科任	同上	三三、七	
杨又樵	河北	女	科任	同上	三四、七	
鲁乐義	湖北	女	事务	同上	三三、一	
荆秀伦	山西	女	护士	同上	三三、七	
姚玉清	山东	男	园艺	同上	三三 、一	
王镇南	江苏	男	会计	同上	三四、一	
刘士英	山西	女	教务主任兼一年级级任	三三、二	三三、七	
郝之行	江苏	女	训育主任兼六年级级任	同上	同上	
徐国梅	广东	女	四年级级任	同上	同上	
陈悦義	陕西	女	科任	同上	同上	
熊默莊	江西	女	事务	同上	同上	
徐慕岚	北平市	女	训育主任兼二年级级任	三三、八	三四、一	
傅景韫	湖南	女	五年级级任	同上	三四、一	
刘淑仪	北平市	女	二年级级任	同上	三五、七	
庞凤清	河北	女	一年级级任	同上	三四、七	
张静贞	河北	女	科任	同上	三四、一	
张　鹏	河南	女	科任	同上	三四、一	
周慧贤	四川	女	事务	同上	三四、一	
华　婉	北平市	女	五年级级任	三四、二	三五、二	
谭维亮	山东	女	三年级级任	同上	三四、七	
郭杏园	河南	女	科任	同上	三四、七	
梁若蓝	广东	女	事务	同上	三五、一	
陈仲吾	江苏	男	会计	三四、一	三四、七	
郝秉坤	山西	女	科任	三四、八	三五、一	

续表

姓名	籍贯	性别	担任职务	到校年月	离校年月	备注
柴慧娟	河南	女	一年级级任	同上	同上	
张姮娥	山西	女	科任	同上	同上	
余湘儒	江西	女	一年级级任	三五、二	三五、七	
张守方	江苏	女	科任	同上	同上	
柳淑荣	山西	女	科任	同上	三五、四	
夏照南	江苏	女	一年级级任	三五、八	三七、一	
赵妙蓉	山西	女	科任	三五、四	三七、一	

第一届毕业生一览表（三十三年七月）

姓名	年龄	性别	籍贯	入学年月	毕业年月	永久通信处
冯凤鸣	十三	女	陕西	三十二年八月	三十三年七月	崇义路
石洪森	十二	男	河南	同上	同上	尚勤路七十二号
任蔼莉	十三	女	陕西	同上	同上	启新巷二号
傅衣达	十一	男	湖南	同上	同上	建国路雍村四号
刘玉生	十三	男	河南	同上	同上	仁爱巷二号
张京笣	十一	女	山东	同上	同上	东大街六二九号
林秀云	十三	女	河南	同上	同上	县门北街四号
解佩珍	十三	女	辽宁	同上	同上	
张庆安	十一	男	山东	三十三年二月	同上	马厂子丁字六号
朱自强	十三	男	陕西	三十二年八月	同上	东羊市二十五号
犹学筠	十二	女	贵州	同上	同上	东厅门社学巷甲字十号
高　斌	十三	男	陕西	同上	同上	启新巷四号
周元夏	十三	男	云南	同上	同上	信义巷一号
周立平	十三	男	辽宁	同上	同上	忠孝巷十五号
江意庭	十四	男	湖北	同上	同上	东八道巷七号
徐明刚	十三	男	浙江	同上	同上	金家巷十八号
崔连谱	十四	男	河北	同上	同上	崇礼路六号

2. 学校章则

西安私立雍村小学校董会章程

第一条　本会定名为私立雍村小学校董会。

第二条　本会以教育西安中国银行雍兴实业股份有限公司职员子女及附近学龄儿童为宗旨。

第三条　本会会址附设于雍兴实业股份有限公司西安办事处内。

第四条　本会依照修正私立学校规程第二章之规定组织之。

第五条　本会设校董五人,除由设立者西安中国银行经理人为当然校董外,其余聘请相当人员充任之,并互推一人为董事长。

第六条　本会校董任期三年,但连选得连任。

第七条　本会之任务如左:

(一)筹划本校经费;

(二)审核本校之预算及决算;

(三)保管本校财产;

(四)监察本校财务;

(五)审核本校设施方针及计划;

(六)选任本校校长。

第八条　本会定每学期终结或开学前开常会一次,由董事长召集之并为会议时之主席,遇必要时得召集临时会议。

第九条　本会常会须有过半数出席之校董始得开会,开会时须出席人过半数之同意始得议决,临时会与常会同。

第十条　本章程呈奉主管教育行政机关核准后实行,如有未尽事宜得呈请修正之。

(件存陕西省档案馆民国档案 82－1－189－1 卷)

附

雍村小学校董会校董名册

姓名	别号	性别	年龄	籍贯	资历	职业	担当职务
束士方	云章	男	58	江苏丹阳	京师大学堂毕业,曾任三秦公学教员、西安中国银行经理	西安中国银行经理	董事长兼校长
沈钥	次量	男	59	浙江吴兴	汉口法汉学校毕业,曾任天津中国银行副理	西安中国银行副理	校董
杨毓琇	朗川	男	57	安徽泗县	曾任天津南开大学、北平燕京大学教授	西安中国银行副理	校董
袁雪厓		男	35	湖南长沙	雅礼大学文科毕业,曾任四川合川县长	雍兴公司总秘书	校董
蒋昌镕	均如	男	41	湖南湘乡	汉口明德大学毕业,曾任西安中国银行襄理	西安中国银行襄理	校董

学校组织大纲

一、本校设校长一人,由校董会聘任之,主持一切校务;主任一人,秉承校长之命综理校务。

二、本校设教务室、训育室及事务员、会计员,其职务如左:

教务室:办理教学及成绩保管等事务;

训育室:办理训导及家庭联络等事务;

事务员:办理文书庶务及其他事务;

会计员:办理会计事务。

各室设主任一人,并依事实需要分股办事,各股设干事一人。其各室规则及事务员、会计员办事细则另定之。

三、本校为便利教师进修起见设教育研究会,其组织章程另定之。

四、本校为审核经费收支实际状况起见,设经济稽核委员会,其组织章程另定之。

五、本校为办理特种事项起见得组织各种委员会,如升学指导委员会、招生委员会等,其组织章程另定之。

六、本校儿童得依照编组保甲方法办理自治。

七、本大纲陈奉校董会核准实行,修改时同。

学校组织系统表

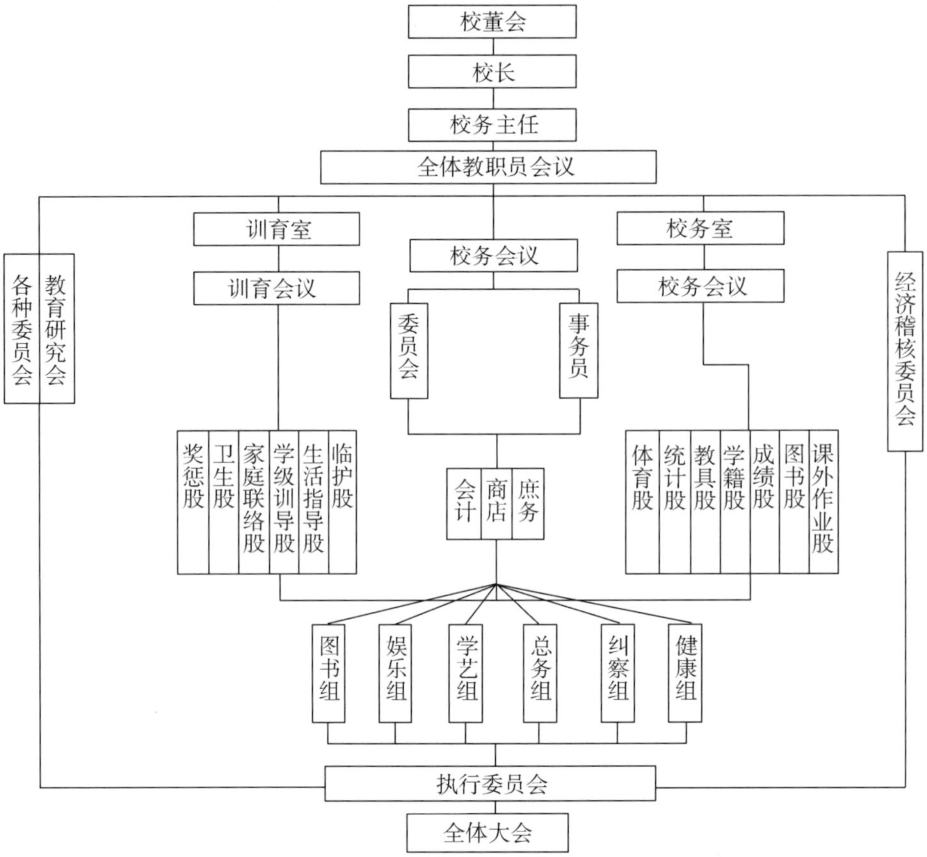

（件存陕西省档案馆民国档案 82－1－611－2 卷）

校务会议规则

第一条　本会以校长、校务主任、各部主任、教职员组织之。

第二条　本会议每月第一周月曜日[①]举行一次，每学期五次。以校长或教务主任为主席，必要时召集临时会。

第三条　本会的任务如左：

1. 审核每学期学校行政历；

2. 审核学校预算及决算；

3. 重要行政事项的审议与处置；

① 即星期一。

4. 解决实施上困难问题；

5. 决定建筑及扩充设备事项；

6. 修订各部组织规程及各股办事细则；

7. 核议各室建议事项。

第四条　本会决议事项由校长分别交各室或委员会执行。

第五条　本会开会时须有应出席人员之半数以上出席，议决案件应得出席人过半数之同意方得成立。

第六条　本规则陈奉校长核准实行，修改时同。

（件存陕西省档案馆民国档案 82－1－611－2 卷）

教导会议规则

第一条　本会议定名为教导会议。

第二条　本会以校长、校务主任、教务主任、训育主任及各教员组织之。

第三条　本会议议事范围

甲、关于教务方面

1. 拟定教学方针；

2. 拟定校务会议事项；

3. 拟定各科课程分量及审定各科教材；

4. 拟定上课时间及审定课程表；

5. 拟定教务方面应用之表册及统计；

6. 拟定补充科之教材；

7. 拟定成绩考查方法；

8. 拟定各种课业比赛办法。

乙、关于训导方面

1. 拟定训育具体标准及实施方法；

2. 拟定学级训导方面各种事宜；

3. 拟定儿童自治方面各种事宜；

4. 拟定训育方面之表格及规程；

5. 拟定体育、演说、清洁等各种比赛与奖励规程；

6. 拟定儿童课外活动之指导事项；

7. 拟定儿童惩奖规程。

第四条　本会议每月举行一次，必要时得由教导室或训育室临时召集之。

第五条　本会议以教务主任或训育主任为主席。

第六条　本会议记录经校长或校务主任核阅后公布。

第七条　本规程如有未尽事宜由校务会议修改之。

（件存陕西省档案馆民国档案 82－1－611－2 卷）

教务室规则

第一条　本室设主任一人，由校长聘定之。

第二条　本室为办事便利起见，分设左列各股：

1. 课外作业股；

2. 图书股；

3. 成绩股；

4. 学籍股；

5. 教具股；

6. 统计股；

7. 体育股。

第三条　室主任办理左列各事项：

1. 规划教学进行事项；

2. 督促各股推进应办事务；

3. 秉承校长支配教师课务；

4. 出席教务会议报告或建议关于教学事项；

5. 执行教务会所议决关于教学事项；

6. 召集室务会议。

第四条　各股设干事一人，由教务会议就教职员内推定，办事细则另订立之。

第五条　本室会议每月第二周水曜日[①]开会一次，以室主任为主席。

第六条　本室开会时应请校长及校务主任出席。

第七条　本室议决案件公布施行。

① 即星期三。

第八条　本规则经校务会议通过实行，修改时同。

（件存陕西省档案馆民国档案 82－1－611－2 卷）

训育室规则

第一条　本室设主任一人，由校长聘定之。

第二条　本室分设左列各股：

1. 奖惩股；
2. 监护股；
3. 学级训导股；
4. 生活指导股；
5. 家庭联络股；
6. 卫生股。

第三条　室主任办理左列各事项：

1. 规划训育上兴革事宜；
2. 督促各股事务进行；
3. 主办儿童公民训练及生活指导各项事宜；
4. 报告或建议关于训育事项于校务会议；
5. 办理校务会议交办事项；
6. 召集室务会议。

第四条　各股设干事一人，由训育会议就教职员内推定，其办事细则另定之。

第五条　本室于每月第二周水曜日开会一次，以室主任为主席

第六条 本室开会时应请校长及校务主任出席。

第七条　本室议决案件公布施行。

第八条　本规则经校务会议通过实行，修改时同。

（件存陕西省档案馆民国档案 82－1－611－2 卷）

职教员服务规则

第一条　凡本校职教员均属专任职，不得兼任校外任何有给职务。

第二条　本校职教员应以整个精神教导全校儿童，无论在课内课外，均须负

责指导并具研究实验态度，时谋改进。

第三条　本校职教员除星期例假外，每日均须准时办公，准时上课。

第四条　级任教员每周任课以一千分钟为准，科任教员每周任课以一千二百分钟为准，其所任职务课务均于聘约上规定之。

第五条　教员于任课外须分任校务，职员则须分任课务。

第六条　每学期开始，职教员均须于开学前一周到校；寒暑假时，职教员均须将所有任务完全结束、交代明白后方可离校。

第七条　职教员对于应出席之各种集会须按时出席，如因事不能出席者，须事先请假并委托代表。

第八条 职教员因病或因事请假，须先商得校务主任同意，自请代理人代理；期内一切由请假人负责，如假期在两个月以上则由校方另聘接替。

第九条　职教员请假须先填写请假单，送由教务主任签字后转交校长或校务主任备查（请假单式样另定之）。

第十条　职教员对于本校一切有关系之规程及本校一切常规信条，均须切实遵守。

第十一条　职教员服务细则另定之。

第十二条　本规则经校务会议通过实行修改时间。

（件存陕西省档案馆民国档案 82－1－611－2 卷）

教务训育主任服务细则

第一条　教务、训育主任除切实遵守本校组织大纲职教员服务规则外，并须依照本细则服务。

第二条　教务、训育主任商承校长或校务主任，领导各教员处理全校教学及训育上一切事务。

第三条　教务、训育主任之工作程序

甲、学期开始时的工作

1. 主持新生入学测验；

2. 支配各级课程；

3. 编制各级日课表；

4. 支配各级用书及课外读物；

5. 厘订儿童课外活动事项；
6. 会同校务主任分发各教员用书及教具；
7. 审阅各级训练纲要及教学纲要。
乙、开学后的工作
（一）每天工作
1. 参加升旗礼及早操；
2. 巡视各教室；
3. 审阅各级补充教材；
4. 视察各教员教学及管理状况；
5. 定时约教员谈话；
6. 整理学生学籍；
7. 填报学校各种报告单；
8. 主持教育统计事项。
（二）每周工作
1. 参加月会；
2. 查阅各级学生缺席情形；
3. 计划劣等生教导方法；
4. 协助各教员更换教室布置。
丙、学期结束的工作
1. 主持学期考试；
2. 主持毕业考试；
3. 审查各级升降生；
4. 协助各教员办理学期结束报告书；
5. 会同各教员办理学生家庭报告；
6. 支配学生假期作业；
7. 协助各教员整理教材；
8. 筹划下学期教务训育上应进行事务。
第四条　本细则经校务会议通过实行，修改时同。

（件存陕西省档案馆民国档案 82 －1 －611 －2 卷）

级任教员服务细则

第一条　本校各级设级任一人，级任除遵守本校职教员服务规程外，并须依照本细则服务。

第二条　级任商承校长或校务主任、训育主任意旨，处理本级教学及训育工作上一切事务。

第三条　级任对于本级儿童之身心状态，须时时注意研究，体察校正。

第四条　级任对于各科教学法、各种行政设施，应会同本级任课各教师共同研究，共谋改进。

第五条　级任之工作程序

甲、学期开始时的工作

1. 调制本级应用簿册；

2. 计划本级教导纲要。

乙、开学后的工作

（一）每天工作

1. 参加升降旗及早操；

2. 巡视本教室清洁情形；

3. 查考学生缺席人数；

4. 督促学生记载学级日志；

5. 视察儿童课外活动及参加课后活动；

6. 处理儿童偶发事项；

7. 办理本级学生请假事宜。

（二）每月工作

1. 参加校务及教导会议；

2. 整理本级学生学籍；

3. 主持本级月考及期考。

丙、学期结束时的工作

1. 办理学生家庭报告事项；

2. 处理本级升降生；

3. 支配学生假期作业；

4. 筹划本级下学期进行事宜；

5. 帮同校务主任收藏书籍及教具。

第六条　本细则经校务会议通过实行，修改时同。

（件存陕西省档案馆民国档案 82－1－611－2 卷）

会计员办事简则

一、会计员秉承校长之意办理全校会计及出纳事项。

二、会计员登记及保管全校会计上应用之各种账表、簿册、单据。

三、会计员应于每学期开始前编制全校经费收支预算，并应于每学期终了时办理决算。

四、会计员以一部分现金交事务员作为备用金，其数额陈请校长核定；关于会计部分现款均应存放行庄，但当日收入不及当日送存行庄者，得于次日全数送存；又遇发薪或其他必须以现金支付，而当日不及向行庄提取时，亦得先一日提取借用。上项现金及行庄存折支票及送金簿等，均由会计员负责保管。

五、上项备用金，每旬由事务员将已付金额连同单据送会计员报账一次；又会计员并得随时将事务员所预支之备用金全数收回。

六、凡大数开支及临时开支由校务主任陈请校长核发，由会计员照付。

七、各项付款凭证数在壹拾万元以下者，送经校务主任签章照付，壹拾万以上者送经校长签章照付。

八、会计科目分资产、负债、经费收入、经费支出四类，分列如左：

甲、资产类

1. 现金；

2. 存放行庄；

3. 应收款；

4. 暂付款；

5. 小商店往来；

6. 用品盘存；

7. 房地产；

8. 装修设备；

9. 校具；

10. 图书；

11. 仪器。

乙、负债类

1. 应付款；

2. 暂收款；

3. 透支行庄；

4. 预支款；

5. 基金；

6. 经费结余。

丙、经费收入类

1. 经常补助费收入；

2. 利息收入；

3. 临时捐款收入；

4. 学杂费收入

5. 小商店收益；

6. 其他收入。

丁、经费支出类

1. 员工薪津：薪俸、工资、膳食、津贴、眷属米贴

2. 办公费：印刷文具、邮电、水电灯炭

3. 特别费：付出利息、保险费、员生工役福利费、其他

九、会计表册：

1. 日记账（分现金收入、现金支出及转账日记账三种）；

2. 总账；

3. 科目账三种（日记账与科目账采用订本式，总账采用活页式，格式附后）。

十、会计表报分预算表、月报及决算表报三种。属于预算表者为经费收支预算表（式样附后）；属于月报者为月计表、经费支出、月报员工薪津膳食，月报重要科目余额表（表式附后）；属于决算表报者为资产负债平衡表、经费收支对照表、财产目录负债期报、经费收支预算与实际收支比较表（表式附后）。上项表报均应加制一份送呈校董会核阅。

十一、本简则陈奉校长核准实行，修改时同。

（件存陕西省档案馆民国档案 82 －1 －611 －2 卷）

事务员办事简则

一、事务员秉承校长【之命】，会同会计处理全校事务事项。

二、事务员之职掌如左：

1. 领付临时款项；

2. 购置物品；

3. 管训校工；

4. 办理膳食及小商店事宜；

5. 校具登记及保管；

6. 校舍之修葺与整理；

7. 办理校务主任交办及同人建议有关事务事项；

8. 文书之收发与保管；

9. 文书之缮写与油印；

10. 按月统计并公告各职教员领用物品清单；

11. 按月公布清点校具情形；

12. 其他。

三、事务员之工作程序

甲、学期开始的工作

1. 分配校具、教具及教室、卧室等；

2. 购置开学时必备物品；

3. 会同教务室办理学生注册收费事项；

4. 会同教务、训育两室办理环境布置；
5. 会同教务室选购教科书、教具及订购簿本等；
6. 缮印课程表及通知学生家属函件等；
7. 筹设小商店；
8. 其他。
乙、经常的工作
1. 按月报告经费收支情形及公布膳食账目；
2. 分配校工工作及管理训练事项；
3. 添置图书杂志；
4. 随时注意全校整洁；
5. 办理各项修缮；
6. 计划并办理卫生设备事项；
7. 办理小商店货品之添购及账目之审核；
8. 其他。
丙、学期结束的工作
1. 清点校具教具；
2. 收回职教员领用物品；
3. 会同会计员清结全期账目；
4. 文书事项之结束；
5. 办理学生缴费定额事项；
6. 办理小商店结束事宜；
7. 其他。
四、本简则陈奉校长核准实行，修改时同。

（件存陕西省档案馆民国档案 82－1－611－2 卷）

教育研究会简章

第一条　本会以促进教师进修、改进教学、训育为宗旨。

第二条　本校全体教职员均为本会会员。

第三条　本会为便利教师进修起见，每学期请各教职员认购书籍二种，以便交换阅览。

第四条　本会会员每天须读书一小时，时间由各人自订。

第五条　本会每月开会一次，研究教育上困难问题，并报告各人研究心得，各会员非有重大事故不得缺席。

第六条　会员之研究报告，得由本会选送各种杂志刊载或在《雍言》上发表。

第七条　本会研究会之召集及书籍之选购等，均由校务主任主持，管理书籍由各会员按月轮流担任。

第八条　本简章经校务会议通过实行，修改时同。

（件存陕西省档案馆民国档案 82－1－611－2 卷）

经济稽核委员会规则

第一条　本委员会依据本校组织大纲第五条之规定组织之。

第二条　本委员会之任务为稽核本校预决算及每月收支账目。

第三条　本委员会设委员五人，由本校职教员互选之，一学期一任。惟校务主任、会计员、事务员无被选举权。

第四条　本委员会设主任委员一人，由委员中互推之。

第五条　本委员会每月开会一次，由主任委员召集之，必要时得召集临时会议。

第六条　本委员会稽核账目时遇有疑问，得请会计员出席说明，如有错误应即通知其更正，如无错误应由主任委员在支出计算书内签名盖章。

第七条　本规则经校务会议通过施行，修改时同。

（件存陕西省档案馆民国档案 82－1－611－2 卷）

招生委员会规则

第一条　本委员会依据本校组织大纲第六条之规定组织之。

第二条　本委员会设委员七人至九人，除教务主任为当然委员外，余由校务会议中推举或由校长、校务主任聘请之。

第三条　本委员会设主任委员一人，由教务主任担任之。

第四条　招生分寒暑两次，日期由校务会议议定之。

第五条　本委员会之任务如左：

1. 学期终了时,调查各级学生之升级降级人数,作为招收新生时之参考;

2. 准备招生时应用之表册;

3. 编印招生简章及新生投考须知;

4. 编造新生考验题材;

5. 接受新生报名及发投考证;

6. 拟定考验顺序、考验时间及考验地点等;

7. 决定投考生之去取。

第六条　监视阅卷以及纠察、招待等职务,由全体委员会互推定之,如人数不足时,本会得聘请其他教职员协助之。

第七条　新生考卷不论录取与否,均须由主任委员保存二星期,以备学生家属阅看。

第八条　本规则经校务会议通过后施行,修改时同。

（件存陕西省档案馆民国档案82－1－611－2卷）

毕业生指导委员会规则

第一条　本委员会依据本校组织大纲第六条之规定组织之。

第二条　本委员会以校长、校务主任、教务主任、训育主任、毕业学级级任教员、毕业学级科任教员组织之。

第三条　开会时由校长或校务主任为主席并定期召集之。

第四条　本委员会之任务如左:

1. 办理毕业考试;

2. 调查毕业生志愿及家庭状况;

3. 索取各中学之招生简章;

4. 介绍办理成绩优良之中学;

5. 主持毕业生考试;

6. 督导课外知识和技能之补习;

7. 敦请专家举行升学就业指导演讲;

8. 其他关于升学就业指导事项。

第五条　本规则经校务会议通过施行,修改时同。

（件存陕西省档案馆民国档案82－1－611－2卷）

学生免费暂行办法

一、本办法为奖励特优学生、家境清寒子弟暨抗战遗族而设。

二、学生有合于下列各项之一者，得免缴应纳学费之半数或全数。

甲、学业成绩在各该级平均成绩第一及体、德两育成绩亦均优良者，得免应纳学费之全数。

乙、服务成绩特别勤劳、体德智成绩均极优良者，得免应纳学费之半数。

丙、抗战遗族具有证明文件者，得免应纳学费全数。

丁、家境极寒，录取成绩平均列入甲等，经试读一学期确能惕励自奋、成绩优异者，得免应纳学费之半数或全数。

三、凡合前条各项规定得免应纳学费之半数或全数者，由本校校务会议审查决定之。

四、本暂行办法经校董会核准后施行，修改时同。

（件存陕西省档案馆民国档案 82－1－611－2 卷）

雍行雍兴公司同人子女现行优待办法

一、本校各级学额每级以四十八名为限，以尽先容纳雍行、雍兴公司同人（包括工友在内）之子弟为原则，遇有余额，再招收附近学龄儿童。

二、在学期中间，雍行及雍兴公司同人因职务迁调其子弟有入学者，本校予以插入相当年级（如遇该级学额已满时暂行登记；遇缺额时即补或至次一学期开始时设法），有退学者予以转学证明书或修业证明书。

三、雍行、雍兴公司同人之子弟因特殊关系需暂时停学者，得由学生家长请求保留学籍。

四、凡雍行、雍兴公司同人之直系亲属（子女），每学期各种费用一律免缴（学杂、书籍、薄本、劳作、体育、自治会及制服等费）；非直系亲属（弟妹侄孙）学杂、书籍费免缴，制服料价折半收取，薄本、自治会、劳作、体育及童军附件等费照章缴纳。

五、本办法陈请校董会核准施行，修改时同。

（件存陕西省档案馆民国档案 82－1－611－2 卷）

膳食委员会规则

第一条　本委员会依据本校组织大纲第六条之规定组织之。

第二条　本委员会设委员七人,除事务员为当然委员外,余由校务会议中推举之。

第三条　本委员会设主任委员一人,由事务员担任之。

第四条　本委员会之任务如左:

1. 检查厨房膳厅清洁事项;

2. 指示厨司采购蔬菜品类;

3. 审查每月膳食账目;

4. 审查每月库存食料。

第五条　本会每月举行例会一次,必要时得召集临时会议。

第六条　本规则由校务会通过施行,修改时同。

（件存陕西省档案馆民国档案 82－1－611－2 卷）

雍小镇章则(总则)

第一章　定名及宗旨

第一条　本镇定名为雍小镇。

第二条　本镇以联络感情、砥砺学行、养成自治合作之精神、谋本镇镇民之利益为宗旨。

第二章　镇　民

第三条　凡本校同学皆为本镇镇民。

第四条　凡本镇镇民得享有左列权利:

1. 选举权;

2. 被选举权;

3. 创制权;

4. 复决权;

5. 弹劾权。

第五条　凡本镇镇民须履行左列义务:

1. 服从本镇；

2. 遵守规章；

3. 服从决议；

4. 缴纳会费。

第六条　本镇一切会务均由本镇镇民主持之。

第三章　组　织

第七条　本镇组织系统如左：

雍小镇组织系统表

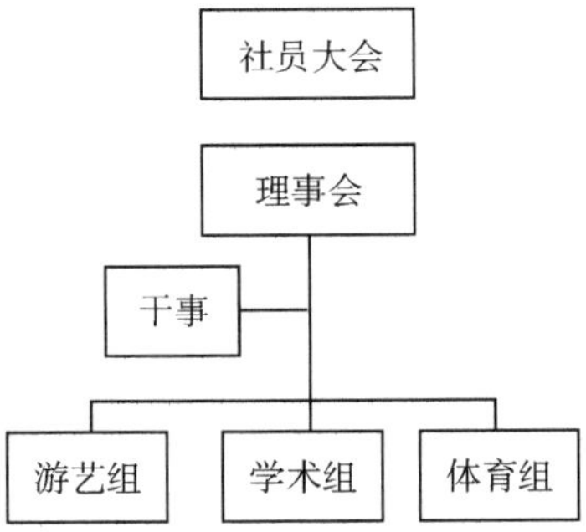

第八条　本镇以镇民全体大会为最高机关，以总务股长为大会执行委员会主席。

第九条　执行委员会为本镇执行镇务及决议进行事宜之机关。

第十条　执行委员会由全体会员选举之，委员之免职亦由全体会员决定之。

第十一条　执行委员各组组长皆不得兼职。

第十二条　本镇镇民对于全体委员会之决议有不满意时，或有重大事件提出讨论，得以二分之一以上会员联名请求，总务组召集临时全体大会解决之。

第十三条　各职员之任期以一学期为一任，连选得连任。

第十四条　全体大会及执行委员会之议决案，由有关系之股【东】执行之。

第四章　经　费

第十五条　本镇经费由本镇镇民分担之，每人每学期应纳会费四万元。

第十六条　本镇经费如遇不足时，得向镇民酌量征收之。

第十七条　本总则由全体大会通过之，如有不当或不尽善处，得于全体大会修改或增减之。

第十八条　本总则自大会通过后公布施行。

雍小镇章则(分则)

第一章　全体大会

第一条　全体大会决定人数为三分之二。

第二条　全体大会为本镇最高机关,其任务为:

1. 订定及修改本镇章则;

2. 选举及弹劾本镇镇民;

3. 决议本镇进行事宜;

4. 得复决执行委员会之决议案及其他属于本镇之议决案。

第三条　全体大会主席由总务组组长担任之。

第四条　全体大会由每学期开始、期中、学期末举行三次。

第五条　依照第一编总则、第三章第八条之规定,得举行临时全体大会,由主席召集。

第六条　每学期开始之第一星期内须举行首次全体大会。

第二章　执行委员会

第七条　执行委员会由全体会员选举七人(各组组长)组织之。

第八条　执行委员会开始之决定人数为三分之二。

第九条　执行委员会之职权为:

1. 执行大会及执行委员会之议决案;

2. 决议本镇之进行事宜;

3. 建议重大事宜于全体大会。

第十条　执行委员会之主席由总务组长担任之。

第十一条　执行委员会于全体大会举行后及举行前为本镇最高机关。

第十二条　执行委员会每二星期举行常会一次,如遇必要时或有二分之一以上委员的请求,得由主席召集临时会议。

第三章　主　席

第十三条　主席总理本镇对内对外一切事宜。

第十四条　主席缺席时由大会记录代理之。

第四章　总务组

第十五条　本组设组长一人,总理本组一切事宜。

第十六条　本组之任务为：

1. 掌理本镇一切对外事宜；

2. 掌理本镇一切文件；

3. 担任全体大会及执行委员会会议记录；

4. 掌理本镇款项之收支并公布之；

5. 购买本镇之需用物件；

6. 保管本镇之一切物件。

第五章　纠察组

第十七条　本组设组长一人，总理本组一切事宜。

第十八条　本组之任务为：

1. 纠察本镇一切事宜；

2. 调解本镇镇民纠纷事宜

3. 弹劾各种非法行为及不尽职者。

第六章　健康组

第十九条　本组设组长一人，总理本组一切事宜。

第二十条　本组之任务为：

1. 掌理本镇一切清洁事宜；

2. 掌理本镇一切诊察事宜；

3. 掌理本镇一切运动事宜。

第七章　娱乐组

第二十一条　本组设组长一人，总理本组一切事宜。

第二十二条　本组之任务为：

1. 组织各种音乐研究会；

2. 组织各种弈棋比赛；

3. 组织话剧团；

4. 组织远足队。

第八章　学艺组

第二十三条　本组设组长一人，总理本组一切事宜。

第二十四条　本组之任务为：

1. 组织各种研究会；

2. 办理各种学艺比赛；

3. 掌理编辑专号或特刊事宜。

第九章　图书组

第二十五条　本组设组长一人，总理本组一切事宜。

第二十六条　本组之任务为：

1. 掌理本组借书还书事宜；
2. 保管各种图书；
3. 拟定借书规则；
4. 登记图书目录及编号；
5. 购买新书。

第十章　附　则

第二十七条　各组务特繁之时得举行组务会议，以组员为会议人员，组长为主席。

第二十八条　本分则由全体大会通过之，如有不当或有未尽善处，得于大会修改或增减之。

第二十九条　本分则自全体大会通过后公布施行。

（件存陕西省档案馆民国档案 82－1－611－2 卷）

儿童公约

一、生活公约

甲、在家里

1. 准时睡觉，准时起床，准时到校；
2. 帮助父母兄弟姊妹做事；
3. 按时做完师长所指定的工作；
4. 课业用品要带齐；
5. 出外和回家要告诉家长。

乙、在路上

1. 靠人行道右边走；
2. 在路上不东张西望；
3. 不买摊担上的东西吃；
4. 遇到尊长要立定敬礼。

丙、进学校

1. 初次见熟人要招呼，见师长要行礼；

2. 留心布告牌上的新布告；

3. 课业用品、雨具、桌椅要安放整齐；

4. 师长不在时也会守秩序。

丁、休息时

1. 不违犯警律；

2. 服从纠察员的正当劝告；

3. 爱惜公共的东西；

4. 遵守游戏的规则；

5. 爱护年幼的同学；

6. 看到果壳纸屑要拾起放在果壳箱里；

7. 痰要吐在痰盂里。

戊、课毕时

1. 能够在校里做完的事要做完；

2. 尽力替全级或全校服务；

3. 要练习适宜的运动；

4. 要准时回家不滞留路上；

5. 回家时要把应用课业用品带回家去。

己、饮茶室公约

1. 喝开水要依次序，先到的先取；

2. 不浪费开水；

3. 要用自己的茶杯；

4. 不揭开茶壶盖取开水；

5. 不用开水洗手、洗笔；

6. 不把水泼在地上。

庚、厕所公约

1. 便时须站近便池；

2. 大便后须把手纸放在坑里；

3. 大小便后要洗手。

二、礼堂公约

1. 集会时依着琴声走进礼堂，要轻要静；

2. 整队时要敏捷、整齐、肃静；

3. 对国旗敬礼时要恭敬；

4. 唱国歌和校歌时声调要庄重；

5. 教师报告或演讲时要注意静听；

6. 看表演时不挤轧不喧哗；

7. 散会出礼堂要依着琴声走步；

8. 见了纸屑果壳就要拾起；

9. 无事不上演台。

三、教室公约

1. 教室中上课下课须照号钟，不得迟到或早退；

2. 进教室时要迅速肃静，就座后要把应用的课业用品放在桌上；

3. 教师上课时，由保长呼“一”全体一律起立；“二”全体一律行礼；“三”全体一律就坐，遇教师点名应起立应到；

4. 上课时应专心听讲，不得自由谈笑，或阅读课外书籍，或习作课外工作，必要用的书籍、文具用品都须预先准备带入教室；

5. 听教师讲话和工作时，身体要保持正当的姿势，要说话先举手，发问及答问要起立；

6. 座位一经排定不得随便更动；

7. 上课时凡非应用的图书和文具不能放在桌上；

8. 上课时不能随便出入或离开座位；

9. 教室内须保持整洁，不得乱丢纸屑、随地吐痰和乱涂黑板、桌椅、墙壁、玻璃等；

10. 下课时要先准备下一课应用的东西，把桌椅放好再出教室；

11. 下课后要离开教室到室外去游戏；

12. 同学违犯规则，经保甲长劝告不听，得报告训育室予以惩戒；

13. 各级于开学后一周内选举正副保长及甲长，整理日常事务。

四、运动场公约

1. 要服从学校的训示和教师的指导；

2. 要注意公众的秩序；

3. 要公正守法，不作无谓的争辩，不能有狂叫大呼、拍手高谈和一切喧扰的行为；

4. 要注意运动道德，服从裁判员的裁判；

5. 爱护公共运动器械，不争夺游戏器具；

6. 运动器具用后须按时送回原处；

7. 听到上课铃就停止游戏。

五、膳厅公约

1. 开饭钟时即到指定集合地点，由教师率领入膳厅，不得争先及喧扰；

2. 进膳厅后依照各人规定位置就坐，不得紊乱秩序；

3. 大家坐齐后由厅长喊“小朋友请用”口号后，大家举箸就食，食时须闭口细嚼，勿作声，勿太快，不好讲话、敲碗或争闹；

4. 学生对饭菜如有意见时，不得吵闹，可报告教师处理；

5. 用膳完毕后可离膳厅，先食完先走，不必等候。

（件存陕西省档案馆民国档案 82－1－611－2 卷）

雍小镇违警律

1. 不敬国旗和师长	罚立十分钟
2. 随地吐痰	罚倒痰盂
3. 抛弃果壳纸屑	罚扫地
4. 侮辱同学或捉弄人	罚行礼道歉
5. 携带不正当东西	没收
6. 私出学门	禁假一月
7. 在廊下奔跑	罚立走廊五分钟
8. 饮茶时争先抢夺	罚最后饮茶
9. 打架说谎言	罚做工作
10. 攀折花木	罚看守校园
11. 涂污墙壁	罚作清洁工作
12. 毁坏公共东西	罚照原物赔偿
13. 大声呼叫扰乱他人工作	罚静默十分钟
14. 不守集会秩序	拉出会场
15. 上下课吃东西	没收食物
16. 私翻人家书包	罚面壁十分钟

17. 做不规则游戏　　罚停止游戏
18. 小便不入尿池　　罚冲洗尿池
19. 排队时奔跑冲撞　　罚直立五分钟
20. 其他不合规则举动　　酌量处罚

（件存陕西省档案馆民国档案 82 －1 －611 －2 卷）

三、私立岐山雍村小学

1. 董事会议记录

雍兴三厂员工子弟小学第二次校董事会会议记录

（1944 年 1 月 11 日）

时间　三十三年一月十一日下午三时

地点　西北机器厂经理室

出席　张仲实　吴树谷　刘持钧　杨　珩　韩巨川

主席　吴树谷

记录　杨　珩

（一）小学校舍以总公司资金困难、各厂亦无从筹垫巨款，不能兴建，应如何解决案。

决议：自下学期起暂由三厂分办，俟校舍筹有着落再行合并。现有小学即于寒假结束，其结束办法如次：

（1）由校长将各厂学生造具名册，分别通知各厂。

（2）由校长将现有教职员造具名册，分别通知各厂，以便由各厂斟酌选聘。

（3）校具用品暨图书等由校长分别造具清册，并注明各该项物品之来源（如由纱、酒、机等厂捐来或购置）及原来价格，以便分配。至分配办法由各厂派员讨论决定之。

（4）解聘之教职员由本校另送一个月之薪津米贴，以示优待。

（5）经费结余俟本校结束后平均退还各厂。

（二）程校长请发教职员及校役年终补助费案。

决议:照发一个月之薪津米贴,以资补助。

（件存陕西省档案馆民国档案 82 - 1 - 896 - 1 卷）

蔡家坡三厂员工子弟小学董事会第□次会议记录

（1944 年 2 月 9 日）

时间　　三十三年二月九日下午三时至五时

地点　　西北机器厂经理室

出席人　吴树谷　　刘持钧　　杨瑞人　　张仲实　　韩巨川

决议事项

一、三厂子弟小学校现因校舍无着,暂在纱厂设立,本校在机械厂设立分校。

二、董事会推举张仲实、杨瑞人为常务董事,就近指挥两校事务。

三、暂在本校设立一、二、三、四、六年级五班,在分校设立一、二、三、五年级四班。

四、本校经费暂照上年分担金额由三厂负担。

五、结余款项暂存简储处以作将来基金。

六、本、分两校所领纱、械两厂消耗品另记专账,由各厂所缴经费开支。

七、本校一切对外文体以董事会名义行之。

八、本校经费仅作薪俸、文具等经常开支,至设备费均由本、分校所在厂负担。

九、添置教职员及学生证章,请纱厂代定。

十、教职员待遇

（一）米贴

主任七斗;

教员六斗;

科任六斗（情形特殊者可酌加）。

（二）薪津

主任　　　　　三〇〇元;

级任　高年级　二四〇元;

中低年级　二二〇元;

科任　　　二〇〇元。

（三）膳费　如不在校用膳者,照厂中职员膳费发给。

(四)担任夜间补习教员,每月酌给津贴三〇〇至五〇〇元。

十一、学期定于二月十十四日正式开课。

十二、学生用品除笔墨及各种记事本、大小字本之外,其教科书及手工纸、浆糊等由本校发给。

十三、学生制服另筹办法,在未决定之前由本校通知各家长,如为学生添置衣服时,低年级一律以黑色学生服、中高级以黑色学生服及黄色童子军服为标准。

十四、教职员在本校服务一年以上者,每年发给制服一套。教职员规定每月应开联席会一次,藉资交换改进意见。

(件存陕西省档案馆民国档案 82 - 1 - 896 - 1 卷)

蔡家坡雍兴三厂员工子弟小学董事会第八次会议记录

(1945 年 8 月 2 日)

日期　三十四年八月二日上午十时

地点　蔡纺厂经理室

出席　吴树谷　王瑞基　吕凤章　杨瑞人　刘持钧　张仲实　狄　玮

主席　吴树谷

记录　张仲实

报告事项

一、酒厂来函,韩董事巨川调职,所遗董事缺由狄玮君继任。

二、刘校长冠杰辞职,改聘王共图君为校长。

三、本年上学期(二至七月份)决算超出七十八万九千八百三十九元四角五分,计米贴超出五十四万于余元,膳费超出十一万元,杂费超出十二万九千余元(烧水用煤每月三万余元,未列入预算)。

讨论决议事项

一、本年上学期经费超出之七十八万九千八百三十元四角五分,由三厂分摊归垫。

二、自本年下学期起,校长薪俸改定为二百元,主任一百二十元,级任一百元,科任八十元,一律加成二十四倍。

三、校长津贴每月五千元,主任及教员每人每月两千元。

四、米贴与上学期同(校长九斗,主任八斗,级任七斗,科任六斗)。

五、下学期经费参照王校长所拟预算酌定如下：

薪俸三万四千五百元
津贴二万九千元
米贴（以每月实支斗数及价格计算，由三厂分摊）
膳费十三万元
工伙五万元
文具三万三千元
图书一万五千元
体育一万五千元
杂费六万元（包括校长眷属平价米贴补费在内）
合计国币三十六万五千元（米贴在外）。

六、三厂学生书籍费、职教员及校工制服费、冬季木炭费、开会、旅行、照相等费列为特别开支，随时由校长商承常务董事办理。用款由三厂分担，不在预算之内。

散会。

（件存陕西省档案馆民国档案82－1－1302卷）

蔡家坡雍兴三厂员工子弟小学董事会第九次会议记录

（1945年12月17日）

日期　三十四年十二月十七日上午十一时
地点　蔡纺厂招待室
出席　吴树谷　吕凤章　张仲实　杨瑞人（吴树谷代）　王瑞基（张仲实代）
　　　刘持钧（张仲实代）　狄　玮（吕凤章代）
主席　吴树谷
记录　张仲实

讨论事项

本会王董事瑞基、刘董事持钧业已奉调赴津，杨常务董事瑞人业已离厂，吴董事长树谷即将奉调赴津，所有缺席董事应如何派代，请公决案。

决议：在各校董公出期间，委托张常务董事仲实全权办理，不另派代。又自三十五年一月份起小学经费,机、酒两厂改按固定数每月各补助国币一十万元,其余由纱厂全部负担。

散会。

（件存陕西档案馆民国档案82－1－1032卷）

蔡家坡雍兴小学董事会第十次会议记录

（1947年10月8日）

日期　三十六年十月八日上午十时

地点　蔡纺厂经理室

出席　吴树谷(吕凤章代)　吕凤章　王瑞基(马醒尘代)
　　　刘持钧(张仲实代)　张仲实　狄　玮(孙镜清代)
　　　杨瑞人(王德荣代)

主席　吕凤章

记录　方小庵

报告事项

一、本学期学生人数共计613名(机厂310名,纱厂184名,酒厂85名,高职校及厂外34名)。其中一年级占173名,两班已无法容纳,故本学期一年级增为三班。二年级134名,三年级121名,四年级102名,以上均为双班。五年级48名,六年级35名,以上均为单班,共计11班。原有教职员14人,本学期添聘3人,共计教职员17人。校舍方面,由蔡纺厂添建小学礼堂九大间,将旧礼堂改为教室,本学期校舍已可敷用,学生桌凳已由蔡纺厂添置。

二、本学期八月份开支为一千八百八十八万三千二百四十三元,九月份开支为二千九百七十三万二千六百八十四元。

讨论决议事项

一、杨董事瑞人、狄董事玮早已离厂,遗缺由孙镜清、王德荣二君递补。

二、吴董事长树谷因调津一时不能返蔡,公推张仲实君为董事长。

三、公推孙董事镜清、王董事德荣为常务董事。

四、机、酒厂一二年级学生因年龄较小,距离学校较远,遇有风雨,往返诸多不便,自下学期起,在机、酒两厂各设分校,以一、二年级为限,分校行政,仍归本校校长管理。三年级以上学生,仍在本校上课。分校至迟于明年暑假成立。

五、本学期班次增加,开支浩繁。蔡机厂因学生人数较多,自本年九月份起,经费增加六百万元,连原认之四百万元,每月共担任一千万元。蔡酒厂仍每月仍担任四百万元,其余暂由纱厂担任。

六、每学期终了,由校长向董事会提出校务报告书,报告学期施教进度及校务行政处理经过。

(件存陕西省档案馆民国档案 82－1－392 卷)

蔡家坡雍兴小学董事会第十一次会议记录

(1948 年 2 月 19 日)

日期　三十七年二月十九日下午四时

地点　蔡纺厂经理室

出席　张仲实　吕凤章　孙镜清　王德荣　马醒尘

主席　张仲实

记录　方小庵

报告事项

一、三十六年下学期共计开支三亿九千七百八十二万五千八百七十元零三角五分。另附经费开支表。

二、共有学生 604 名(纱厂 187 名,机厂 305 名,酒厂 82 名,其他 30 名),分 11 班,教职员 17 人。

讨论事项

一、本年上学期经费,按每月实际开支由纱厂担任百分之四十五,机厂担任百分之四十,酒厂担任百分之十五。

二、王校长请求添置自然科学仪器,由王常务董事德荣先向高职校洽借,必要时再由西安购买。

三、王校长请求添置之体育、童训、教学用具可酌量购置。

四、王校长请求添辟劳作教室及应添之用具等,劳作教室俟本年暑假后机、酒两厂设立分校,本校腾出教室即可辟设,至劳作用具可酌量添设。

五、王校长请求为教职员每学期发制服一身,俟向雍村小学探寻后一致办理。

六、自本年上学期起,超龄儿童及已婚者不得入学。

(件存陕西省档案馆民国档案 82－1－1032 卷)

2.来往函电、布告

束云章为蔡三厂小学不得分办致王瑞基等快邮代电

(1944 年 1 月 21 日)

瑞基、树谷、风章兄大鉴:

兹闻蔡三厂合办之小学有于本年春季由各厂分办之说,弟意甚觉不妥:(一)三厂各办小学,显分畛域,实足以充分表现缺乏合作精神。各人既隶同一机构之下,必须精诚团结,弟苦口告至,再喻至三,今以一小学之微而纷歧若此,是弟平日言论,诸兄仍未体会?反躬循省,既疚且痛,此一不可也;(二)当此经济艰难,事无大小均应力求撙节。小学分设,经费定必加多,有违节约之旨,此二不可也;(三)合设一校虽各厂员工子女上学,远近不一,但令儿童每日步行数里,藉以习劳,实为最好锻炼。若只图近,使在小学时即养成娇惯之风,将来于国于家,均属无益。此三不可也。用特驰电,剀切奉达,所有蔡三厂小学,仍应合厂办,不得分设,希即查照办理具报为盼。

(束士)方

一月二十一日

(件存陕西省档案馆民国档案 82－1－896－1 卷)

束士方为蔡三厂小学应统一名称及管理等事致吴树谷等函※

(1944 年 2 月 4 日)

树谷、瑞基、风章我兄大鉴:

接奉元月三十一日大函,藉悉一一。查蔡三厂所办小学,无论名义或管理方面均应统一,不可分设两校。倘因一厂余屋暂不敷用,自不妨分配两厂上课,以应临时之需。至小学经费由三厂自行筹措,可照办,但在学校方面应另编预算陈核。又关于职工福利事业,可由三厂合办者亦应集中合办,万不可各自为谋,示人以不广,且在同一团体之内而显分畛域,缺乏合作精神,殊非所宜,亟应彻底改变作风,一致团结,至要至盼。此复。即颂公祺。

弟:束士方　拜启

三十三年二月四日

(件存陕西省档案馆民国档案 82－1－896－1 卷)

束云章为年终加发教职员薪津致王树基等函

（1943年1月12日）

瑞基、树谷、凤章我兄大鉴：

兹以迩来物价高涨，尊处自办小学教职员平时教学勤劳、生活清苦，特于年终加发薪津一个月（包括米贴在内），以示策励，祈洽照为荷，并颂

大祺

弟：束士方　拜启

一月十二日

岐山县私立雍兴小学公函

（1946年3月20日）

径启者：查本校自卅一年八月成立以来，尚未立案，经于卅四年十一月依照陕西省小学设立程序第八条之规定，由本校校董会呈奉岐山县政府府教字第二九二九号令，转陕西省教育厅本年元月教三字第九七号指令开："呈及附件均悉，应准备案。惟该校校名应改为岐山县私立雍兴小学，以符规定。"等因奉此，除遵令改正并呈报外，相应函达，即希查照为荷。

（件存陕西省档案馆民国档案82－1－758卷）

私立蔡家坡雍兴三厂员工子弟小学招生布告

一、班级：初一新生五十名，各年级编级生若干名。

二、资格：投考学生以三厂及高职校员工子弟为限，初一新生须口齿清利，精神健旺；编级生须有各项程度相当者。

三、年龄：初一新生以六足岁至八足岁为合格，余类推。

四、报名日期：至八月二十五日上午八时起，至二十六日下午六时止。报名时须呈验三厂、高职校证明文件。

五、科目考试：

初一新生：口试、体格检查。

编级生：国语、算数、常识、体格检查、口试。

六、试期：八月二十七日上午八时至十一时，考生须于七时前到校听候点名，考试同日下午六时发榜。

七、费用：本校除供给员工子弟书籍外，其余各费归由考生自备。

八、开学日期：八月二十八日。

九、另外注意事项：本校旧生统限于八月二十六日一律来校报到。

（件存陕西省档案馆民国档案 81－1－1032 卷）

四、私立兰州雍兴小学

1. 学校概况

私立兰州雍兴小学校学校概况表

（1945 年 5 月）

私立兰州雍兴小学校学校概况表　　民国三十四年五月填报	
经费来源	由雍兴公司兰州面粉、毛织、机器、化学各厂平均负担
开办后经过情形	本校于民国三十三年三月一日正式开学上课。当时招收学生共七十一人，为单级教学，聘请教员二人，校址暂设于兰州面粉厂内。至同年八月份，学生增加为九十六人，加聘教员一人，改编为两班，均为复式教学。三十四年春，学生又增加至一百二十二名，又加聘教员三人，共计六人，并将学生编为四班六级，一二年级单式、中高年级复式教学。将来拟扩充为六班六级。
训育实施情形	标准：根据中华民国教育宗旨及战时儿童训练大纲部分训育标准。 方法：（一）间接暗示　（二）积极指导　（三）指示希望　（四）社会制裁
组织及编制	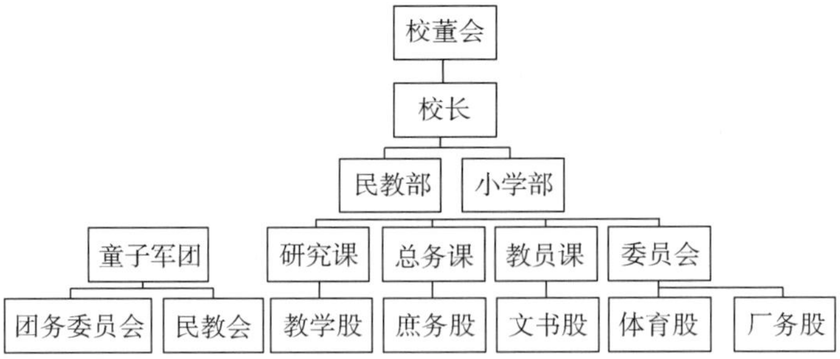 临时委员会　经费稽核委员会 军需股　组训股　训导股　卫生股　统计股　会计股　备书股　训学股 研究会议　总务会议　教导会议　教务会议 本校编制分六级四班，一、二年级为单式；三、四、五、六为复式。

私立兰州雍兴小学校行政组织表

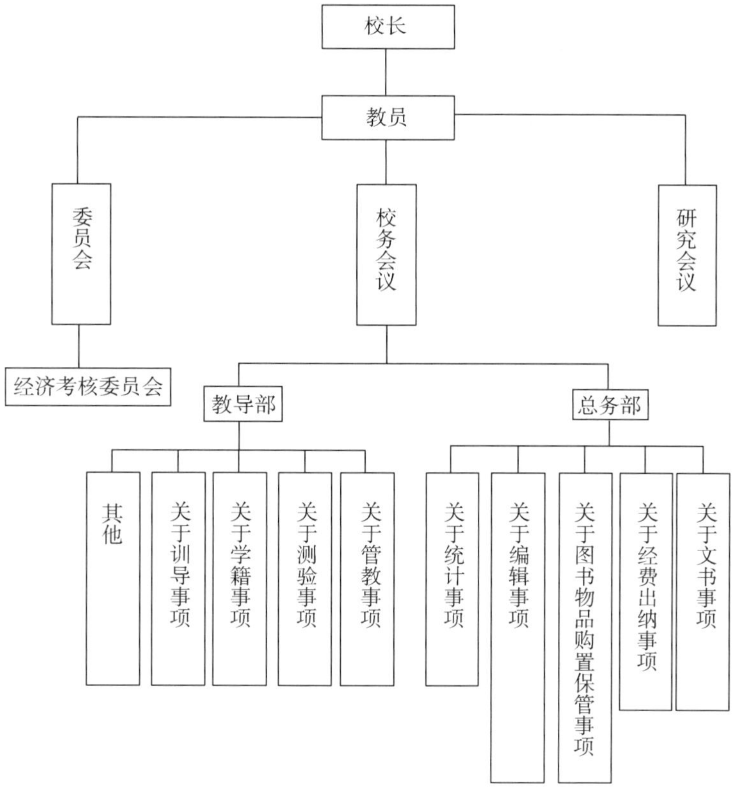

（件存甘肃省档案馆 49－2－451）

私立兰州雍兴小学校各种会议一览表

会议名称	会期	主持人	备考
校务会议	每月十九日举行	校长	
教导会议	每月十五日举行	教导主任	
事务会议	每月三十日举行	事务主任	
研究会议	每月五日举行	研究主任	
经济稽核委员会议	每月月终举行	经济稽核委员主任	

（件存甘肃省档案馆 49－2－451）

私立雍兴小学校单式制一、二年级课程表

单式制一、二年级课程表

星期	一	二	三	四	五	六
8:00 8:20	纪念周	升旗晨操				
8:30 9:20	国语 国语	国语 国语	国语 国语	国语 国语	国语 国语	国语 国语
9:30 10:00	常识 算术	常识 算术	常识 算术	常识 算术	常识 算术	级会 缀法
10:10 10:40	美术 自习	美术 自习	美术 自习	美术 自习	美术 常识	习字 缀法
10:50 11:20	习字 国语	唱游 常识	工作 国语	习字 常识	常识 自习	算术 工作
	午餐					
2:00 2:30	谈话 常识	谈话 习字	谈话 常识	习字 习字	谈话 习字	唱游 自习
2:40 3:10	唱游 唱游	算术 级会	唱游 美术	唱游 唱游	唱游 唱游	周会 周会
3:20 3:50	级会	算术	习字	美术	级会	周会 周会
4:00 4:30	课外活动					大扫除 大扫除
4:40 6:50		降旗				

私立雍兴小学校复式制三、四年级课程表

复式制三、四年级课程表

星期	一	二	三	四	五	六
8:00 8:20	纪念周	升旗晨操				
8:30 9:20	算术 自习	自习 算术	算术 自习	自习 算术	算术 自习	自习 算术

续表

星期	一	二	三	四	五	六
9:30 10:00	国语	国语	国语	作文	国语	美术
10:10 10:40	国语	国语	国语	作文	国语	工作
10:50 11:20	自习 常识	常识	常识	国语	常识	常识 习字
2:00 2:30	美术	国语	工作	唱歌	国语	自习 习字
2:40 3:10	习字	习字 常识	常识 习字	习字 常识	习字 自习	周会
3:20 3:50	唱歌	级会	体育	级会	体育	周会
4:00 4:30	课外活动					大扫除 大扫除
4:40 6:50	降旗					

私立雍兴小学校复式制五、六年级课程表

复式制五、六年级课程表

星期	一	二	三	四	五	六
8:00 8:20	纪念周	升旗晨操				
8:30 9:20	国语	国语	国语	国语	国语	国语
9:30 10:00	自习 算术	自习 算术	自习 算术	自习 算术	自习 算术	作文
10:10 10:40	算术 自习	算术 自习	算术 自习	算术 自习	算术 自习	作文
10:50 11:20	美术	自习 历史	自习 地理	工作	习字	习字
	午餐					
2:00 2:30	自然	公民	国语	自然	公民	自习 地理

续表

星期	一	二	三	四	五	六
2:40 3:10	习字 历史	习字 地理	历史 自习	历史 自习	地理 习字	周会
3:20 3:50	地理 习字	地理 习字	自然	历史	国语 自习	周会
4:00 4:30	体育	自习 国语	音乐	体育	营业	大扫除
4:40 6:50	降旗					

（件存甘肃省档案馆 49－2－451）

私立兰州雍兴小学校职员履历表(一)

（1944 年 3 月）

姓名	韦锡武	程贞淑	韩伟	宋淑婉	谷秀真
性别	男	女	女	女	女
年龄	40	30	32	33	30
籍贯	辽宁开原	安徽绩溪	河南南阳	河南新蔡	河南开封
学历	东省特别区 法政大学 经济系毕业	国立西北大学 中国文学系毕业	河南省立开封 女子师范毕业	同前	国立西北师范 学院史地系肄业
经历		陕西省立工职 教员西安东南 小学教导主任	河南省立 第十三小学 校长	河南省立 第十三小学 教员	河南开封 一小级任
职别	校长	教务主任兼 五六年级级任	事务主任 兼任三四年级 级任	二年级级任	一年级级任
担任课程	公民	国语　常识 自然	算术 地理 历史	国语 常识 算术	国语　常识 美术工作 体育　音乐
任课分钟	60	1320	1260	1260	1260
专任或兼职	兼任	专任	专任	专任	专任
月薪		100	90	80	70
备考	三十四年 八月到校	同前	同前	同前	同前

私立兰州雍兴小学校职员履历表(二)

(1945 年 3 月)

私立雍兴小学校职员履历表

姓名		秦亚云	赵国鉴	吕希谦	张永智	郃述先	杨蕙鲜	宋淑琬
别号		以宇	霁杲	益斋	乐民	进宗		
性别		男	男	男	男	男	女	女
年龄		32	32	32	32	32	31	31
籍贯		甘肃兰州	甘肃洮沙	甘肃兰州	甘肃和政	甘肃清水	山西太原	河南新蔡
学历		省立兰师毕业	兰州乡师毕业	省立兰师毕业	兰州乡师毕业	国立十中高中肄业	太原女师毕业	河南省立开封女师毕业
经历		曾任兰市校长教员等职	曾任省立乡师附小第一实验及武都中学教员	曾任兰市各小学教员	曾任兰州市侯府街小学及省立岷县师范学校教员	曾任清水原泉小学忠丰小学等教员	曾任太原市各小学教员	曾任河南省立第七模范等小学教员
职别		校长	教员	教员	教员	教员	教员	教员
担任课程		公民	国语 常识 图画 地理	自然 算术 劳作	国语 算术 音乐	国语 常识 童训 体育	国语 常识 历史	算术 劳作 体育
薪金	月薪	100 元	60 元	60 元	60 元	60 元	60 元	60 元
	津贴	1000 元	1240 元	1240 元	1240 元	1240 元	1240 元	1240 元
	米津	1 斗	5 斗(19580 元)	5 斗(19580 元)	5 斗(19580 元)	5 斗(19580 元)	5 斗(19580 元)	5 斗(19580 元)
	膳费		7982 元	7982 元	7982 元	7982 元	7982 元	7982 元
到校年月		三十三年三月	三十三年三月	三十三年三月	三十三年五月	三十三年五月	三十四年三月	三十四年七月
备考		车马费						

(件存甘肃省档案馆民国档案 49 –2 –452)

2. 学校章则

私立兰州雍兴小学校校长办事细则

（1944 年 3 月）

校长应办之事项如左：

1. 计划全校行政事宜；
2. 代表学校办理一切交际事项；
3. 教职员任用及解聘事宜；
4. 支配教职员之职务及薪额；
5. 召集校务会议并为主席；
6. 编造学校行事历；
7. 改善学校环境与设置计划；
8. 督促教职员组织研究会切实研究；
9. 裁决教职员之建议；
10. 考核教职员服务成绩，以为进退标准；
11. 发给儿童修业、毕业、休学、转学及一切名誉证书；
12. 处理儿童退学事宜；
13. 办理主管机关指定事项。

（件存甘肃省档案馆 49 –2 –451）

私立兰州雍兴小学校教导部办事细则

（1944 年 3 月）

本部商承校长办理左列各事项：

1. 规划教导进行并拟订工作大纲；
2. 支配各班课程及考查课程进度情形；
3. 审核教科书及分配教学时间；
4. 办理教员请假缺课暨补课及学生出缺席、入学、退学、转学、升级、降级、惩奖事项；

5. 编制各种表册并办理呈报事项；

6. 考核学生学业成绩；

7. 保管学生学业成绩；

8. 拟订训练目标实施方案及督行事项；

9. 考查学生操行事项；

10. 调查全校学生学籍、作业及绘制各项比较统计备表；

11. 规定学生请假、缺席、迟到处理办法；

12. 拟订惩奖条例及执行事项；

13. 联络学生家庭及拟订联络或访问通知方法等事项；

14. 本部各布告撰拟、公布等事项；

15. 出席本校各种会议并报告本部工作情形及执行，关于教导上之议决案；

16. 指导儿童各种集团活动；

17. 于来复日①上午八时召开谈话会一次，并于每月十三日下午召开教学会一次；

18. 逐日填写教导日志；

19. 本细则如有未尽事宜得提交校务会议修改之。

（件存甘肃省档案馆 49－2－451）

私立兰州雍兴小学校事务部办事细则

（1944 年 3 月）

本部商承校长办理左列事项：

1. 计划本部事务之推进并拟定工作计划大纲；

2. 关于银钞【出】纳账簿计算并负责保管事项；

3. 关于编制经常、临时等费之预算、决算及每月收支报告事项；

4. 关于校内一切购置设备和环境布置事项；

5. 关于保管校具、教具、体育器械等事项；

6. 关于修筑校舍及监督工程事项；

7. 掌理缮印及收发保管全校文件事项；

---

① 即星期日。

8. 关于供给学生饮料及办理教职员灶务事项；

9. 关于全校警卫事项；
10. 参观引导事项；
11. 参加本校各种集会并报告工作情形；
12. 于每月十七日下午三时召开事务会议一次；
13. 逐日填写事务日志；
14. 执行事务上议决案；
15. 校长临时指定事项；
16. 拟制各项收支及器物件数比较统计表。

附注：本细则如有未书事宜得提交校务会议修改之。

（件存甘肃省档案馆 49－2－451）

私立兰州雍兴小学校级任教员办事细则

（1944 年 3 月）

级任教员除担任教科处理所任校务外，对所任学级应办之事项如左：
1. 办理全级儿童训练事宜；
2. 指导儿童课外自习；
3. 支配儿童服务事宜；
4. 经理教室整洁及教室内各种布置；
5. 访问儿童在家日常生活状况；
6. 考查儿童个性并分别指导；
7. 指导儿童参加各种竞赛；
8. 选定儿童周报稿件；
9. 指导级会活动；
10. 指导儿童课外阅书；
11. 评阅儿童日记、大小楷及所任学科之成绩；
12. 领导儿童参加朝夕会及总理纪念周年降旗典礼；
13. 管理儿童请假事宜；
14. 总评儿童之勤惰及操行；

15. 编制年级各种统计图表；

16. 汇算各科平时、临时学期试验及操行、体格等成绩；

17. 校长指定其他事项。

（件存甘肃省档案馆 49 - 2 - 451）

私立兰州雍兴小学校科任教员办事细则

（1944 年 3 月）

科任教员除担任教课及所任校务外办理左列事项：

1. 助理教导事务等事项；

2. 协助级任教员考查儿童之勤惰及操行；

3. 协助级任教员指导儿童自习；

4. 指导儿童学科竞赛、研究、讲演会；

5. 详计所任学科平时、临时、学期、学业分数；

6. 拟定所任学科进度表；

7. 其他校长临时指定事项。

本细则如有未书事宜，可提交校务会议修正之。

（件存甘肃省档案馆 49 - 2 - 451 卷）

私立兰州雍兴小学校教导部会议规程

（1944 年 3 月）

1. 本会议由全体教职员组织之；

2. 本会议开会时由教导主任担任主席，必要时得由教导主任事前委托其他教员代理之；

3. 本会议于每月十五日下午召开常会一次，每来复日上午八时召开谈话会一次，如遇必要时得召开临时会议；

4. 本会议讨论一切教学管理等事项；

5. 本会谈话会重要议决案得于举行常会议时追认之；

6. 每次会议时间以一点半钟为限，如遇必要时延长半点钟；

7. 本规程如有尽事，得提出校务会议修正之；

8. 本规程经校务会议通过后公布施行。

（件存甘肃省档案馆 49－2－451 卷）

私立兰州雍兴小学校事务会议规程

（1944 年 3 月）

1. 本会由事务主任召集全校教职员组织之；
2. 事务主任为本会当然主席，如遇主任不能出席时得委托教员代理之；
3. 本会定于每月十七日下午开常会一次，遇必要时得开临时会议；
4. 本会以讨论设备修理及消耗转交之注销等事项为范围；
5. 每次会议时间以一点半钟为限，遇必要时得延长半点钟；
6. 本规程如有未尽事宜得提出校务会议修正之；
7. 本规程经校务会议通过后公布施行。

（件存甘肃省档案馆民国档案 49－2－451）